Microsoft® Office 2010

Collection illustrée

LES
ÉDITIONS
**REYNALD
GOULET**
INC.

Microsoft® Office 2010 – Collection illustrée

© 2011 Les Éditions Reynald Goulet inc.
Tous droits réservés. On ne peut reproduire aucun extrait de ce livre sous quelque forme ou par quelque procédé que ce soit – machine électronique, mécanique, à photocopier, à enregistrer ou autrement – sans avoir obtenu au préalable, la permission écrite des Éditions Reynald Goulet inc.

Traduction et adaptation : François Basset, Colette Michel, William Piette, Michèle Simond
Couverture : Martineau Design Graphique
Infographie : Ayotte Graphe

Diffusion exclusive
Les Éditions Reynald Goulet inc.
www.goulet.ca

Cet ouvrage est une version française de
Microsoft® Office 2010 – Illustrated Introductory
David Beskeen, Carol Cram, Jennifer Duffy, Lisa Friedrichsen, Elizabeth Reding, Lynn Wermers
© 2011 Course Technology – Une division de Cengage Learning

Nous reconnaissons l'aide financière du gouvernement du Canada par l'entremise du Fonds du livre du Canada (FLC) pour nos activités d'édition.

Gouvernement du Québec – Programme de crédit d'impôt pour l'édition de livres – Gestion SODEC

Dépôt légal :
Bibliothèque et Archives nationales du Québec
Bibliothèque et Archives Canada

Imprimé au Canada
14 13 12 11   5 4 3 2 1

ISBN 978-2-89377-426-8

Renonciation

L'auteur et l'éditeur de cet ouvrage ont fait tous les efforts pour préparer ce livre ainsi que les programmes et les fichiers qu'il contient, y compris dans l'élaboration, la recherche et les contrôles sur l'efficacité des théories et pro-grammes. L'auteur et l'éditeur n'offrent aucune garantie de quelque ordre que ce soit, expresse ou implicite, pour ce qui concerne ces programmes et fichiers ni la documentation présentés dans ce livre. L'auteur et l'éditeur ne pourront être tenus pour responsables de tout dommage accessoire ou indirect, lié à ou causé par la fourniture, la performance ou l'utilisation de ces programmes.

Les Éditions Reynald Goulet se réservent le droit d'apporter tout changement à ce livre sans préavis.

À lire avant de commencer

Installation de la suite Microsoft Office 2010

Ce livre a été rédigé et testé à l'aide de Microsoft Office 2010 – Professionnel, avec une installation complète sur Microsoft Windows 7. Le navigateur Web utilisé pour toutes les étapes qui nécessitent un navigateur est Internet Explorer 8. Il peut arriver que, pour expliquer clairement une fonctionnalité du programme, une caractéristique ne faisant pas partie de l'installation standard soit présentée. Certains exercices s'effectuent sur le web. Vous devez posséder une connexion internet pour réaliser ces exercices.

Que sont les fichiers Projets ?

Afin de réaliser les leçons et les exercices de ce livre, vous avez besoin de fichiers de travail. Ces fichiers contiennent des documents préparés pour accélérer l'exécution des leçons et centrer l'apprentissage sur la tâche en cours d'étude. Tous les fichiers nécessaires se trouvent sur le site web http://www.goulet.ca à l'adresse du livre.

Pour télécharger vos fichiers Projets, lisez les explications sur la page couverture intérieure du début du livre. Pour simplifier le texte des modules, il est seulement fait référence dans celui-ci à un « dossier Projets ». Il s'agit d'un nom générique désignant l'emplacement où se trouvent les fichiers de travail du module en cours. C'est à vous de constituer les dossiers Projets dont vous avez besoin.

Pourquoi mon écran est-il différent du livre ?

1. Les composants de votre bureau, sa présentation et les options de certaines boites de dialogue peuvent différer selon la version de Windows utilisée.

2. Selon les capacités matérielles de votre système, les paramètres régionaux et d'affichage définis dans votre ordinateur, vous pouvez remarquer les différences suivantes :
   - Votre écran peut sembler plus petit ou plus grand selon la résolution utilisée (les figures sont réalisées à partir d'une résolution de 1024 x 768) et l'aspect du Ruban peut varier selon cette résolution.
   - Les couleurs des divers éléments de l'écran peuvent être différentes.
   - Les dates, les heures, les numéros de téléphone et les symboles monétaires affichés dépendent de vos paramètres régionaux.

3. Le Ruban, la zone bleue au sommet des fenêtres de Microsoft Office 2010, s'adapte aux différentes résolutions. Si votre écran est réglé à une définition inférieure à 1024 x 768, vous ne verrez pas tous les boutons des figures du livre. Les groupes de boutons s'affichent toujours mais ces groupes peuvent être condensés en un seul bouton, sur lequel vous devez cliquer pour accéder aux boutons décrits dans les étapes.

Table des matières Office 2010

Word 2010

Excel 2010

Notions essentielles des ordinateurs

Vous aurez besoin de ce fichier :

Aucun fichier n'est nécessaire pour suivre ce module.

Les ordinateurs sont devenus indispensables dans à peu près toutes les tâches habituelles de tous les domaines d'activités. Ce module vous propose de découvrir les ordinateurs et leurs composants. Vous ferez ainsi connaissance avec les entrées et les sorties. Vous découvrirez comment un ordinateur traite et stocke les informations, comment les informations se transmettent et les moyens dont vous disposez pour sécuriser ces informations.  Voyages Tour Aventure (en abrégé, VTA) est un voyagiste dont la vocation est de promouvoir le tourisme culturel et la découverte authentique. L'entreprise vient d'acquérir Aurore Voyages, une entreprise installée depuis plus de quarante ans à Montreux, en Suisse, qui dispose d'un fichier de clients très conséquent. Malheureusement, le système informatique de cette entreprise est obsolète à l'extrême. L'agence est équipée d'un mélimélo d'ordinateurs dont la plupart ont été achetés d'occasion et un seul ordinateur est connecté à l'internet. Julien Bérubé, le directeur d'une agence de Montréal de VTA, a été dépêché dans l'agence de Montreux pour aider l'équipe à adopter les méthodes de travail de VTA. Il a d'emblée acheté et installé de nouveaux équipements informatiques et sa tâche suivante consiste à montrer au personnel comment les utiliser correctement et efficacement.

OBJECTIFS

Découvrir les types d'ordinateurs

Comprendre les ordinateurs dans leurs détails

Explorer la représentation des données

Comprendre la mémoire

Comprendre les supports de stockage

Examiner les périphériques d'entrée

Repérer les périphériques de sortie

Explorer les communications de données

Acquérir des notions de réseaux

Contrer les menaces à la sécurité

Comprendre les logiciels systèmes

Comprendre les logiciels d'application

Les types d'ordinateurs

Un **ordinateur** est avant tout un appareil électronique. Il reçoit des informations et des instructions (des ordres) d'un utilisateur, manipule ces informations en fonction des instructions, les affiche d'une manière ou d'une autre et les enregistre pour que l'utilisateur puisse les exploiter plus tard. Les ordinateurs se caractérisent par leur taille, leur vitesse et leurs capacités. ███████ La majorité du personnel d'Aurore Voyages ne connait rien des ordinateurs, à part de celui qui trônait sur leur bureau. Julien décide de commencer par une information succincte sur les différents types d'ordinateurs qui existent.

DÉTAILS

La liste suivante décrit les différents types d'ordinateurs:

- Les **ordinateurs personnels** (ou PC, pour *personal computer*) sont en principe utilisés par une seule personne, au bureau ou à domicile. Ils assurent des tâches informatiques classiques, telles que du traitement de texte, de la manipulation de chiffres, de photos ou de graphismes, de l'échange de courriers électroniques et l'accès à l'internet. Dans le langage commun, le terme PC fait référence à des ordinateurs personnels utilisant Windows de Microsoft, tandis que les ordinateurs vendus seulement par Apple sont appelés Mac (l'abrégé de Macintosh).

- Voici quelques types d'ordinateurs personnels:
  - Un **ordinateur de bureau** est conçu pour tabler sur ou à côté d'un bureau.
  - Un **ordinateur portatif** ou ordinateur bloc-notes (appelé *notebook* ou *laptop* en anglais), comme celui de la figure A-1, est un plus petit ordinateur, léger, conçu pour être emmené partout.
  - Le **PC tablette**, conçu dans l'esprit d'une utilisation dans des conditions accrues de mobilité, reconnaît l'écriture manuscrite à l'écran, grâce à un stylet.
  - L'ordinateur **ultraportatif** est un ordinateur encore plus petit et plus léger qu'un ordinateur portatif, tandis qu'une sorte d'ultraportatif, le **miniportatif** (ou *netbook*), est principalement conçu pour naviguer sur l'internet et lire du courrier électronique.
  - La **tablette tactile** est un ordinateur tout en un, de faible épaisseur, qui se passe de clavier et de souris externes. L'utilisateur utilise ses doigts ou un stylet pour toucher l'écran et accomplir les tâches habituelles. La tablette tactile sert essentiellement à lire des livres électroniques, visualiser des vidéos et accéder à l'internet.

- Les ordinateurs sont aujourd'hui miniaturisés au point qu'ils parviennent à tenir dans une main. Si ces **ordinateurs de poche** possèdent des caractéristiques à priori plus limitées que les ordinateurs personnels, ils offrent néanmoins des services appréciables.
  - Les **téléphones intelligents** (figure A-2) représentent un genre particulier d'ordinateurs de poche. En plus des appels téléphoniques qui constituent leur fonction principale, ils proposent un carnet d'adresses, un agenda, une calculatrice, un bloc-notes, des jeux; ils sont capables de naviguer sur l'internet, d'envoyer et recevoir des courriers électroniques, de prendre des photos et de filmer des vidéos, et même d'offrir des fonctions habituellement dévolues aux ordinateurs personnels, comme un traitement de texte.
  - Les **lecteurs MP3** sont des ordinateurs de poche destinés à priori à stocker et reproduire de la musique, de la vidéo, voire des émissions de télévision.

- Les **ordinateurs centraux** ou **serveurs** offrent aux grandes entreprises et aux instances gouvernementales un outil centralisé de stockage, de calcul, de gestion de vastes quantités de données. Le prix des ordinateurs centraux varie de quelques centaines de milliers à quelques millions de dollars.

- Les ordinateurs les plus puissants et les plus rapides, les **superordinateurs** ou supercalculateurs, permettent aux très grandes entreprises et institutions de faire face aux quantités de données qu'elles doivent gérer, là où ce volume gigantesque ralentirait un ordinateur central « ordinaire ». Un superordinateur tel que celui de la figure A-3 peut coûter plusieurs millions de dollars.

Convergence des technologies

Chaque année, de nouvelles niches apparaissent entre les principaux types d'ordinateurs, où s'engouffrent les fabricants pour proposer de nouveaux types d'appareils. Par ailleurs, les technologies convergent et les assistants numériques personnels (ANP) ou *PDA* (*personal digital assistants*), qui servaient généralement à assurer des tâches réduites (agenda, calculatrice, carnets d'adresses) ressemblent de plus en plus aux téléphones intelligents, et vice versa. Les ordinateurs de poche d'aujourd'hui sont plus performants et puissants que les premiers ordinateurs portatifs et les ordinateurs de bureau sont désormais bien plus puissants que les serveurs de quelques décennies. À mesure que de nouvelles technologies apparaissent, les consommateurs ont de moins en moins besoin d'appareils distincts pour accomplir leurs tâches spécifiques.

FIGURE A-1 : Un ordinateur portatif

FIGURE A-2 : Un téléphone intelligent

FIGURE A-3 : Un superordinateur

Les ordinateurs dans leurs détails

Le **système informatique** regroupe le matériel et les logiciels. Le **matériel** (*hardware*) inclut les composants physiques de l'ordinateur, tandis que les **logiciels** (*software*) sont les composants intangibles, immatériels d'un ordinateur, en particulier les **programmes**, c'est-à-dire les listes d'instructions dont un ordinateur a besoin pour exécuter une tâche précise. Le **système d'exploitation** est un logiciel particulier qui gère les entrées et sorties de base, alloue les ressources du système, administre l'espace de stockage, appréhende la sécurité et détecte les défauts de fonctionnement des équipements. Julien explique le fonctionnement des ordinateurs et pointe les principaux composants d'un système d'ordinateur.

DÉTAILS

Voici un aperçu des composants d'un ordinateur et de leur fonctionnement :

- La manière dont un ordinateur est conçu et construit s'appelle sa **configuration**. Les détails techniques de chacun des composants s'appellent ses **spécifications**. Ainsi, une configuration d'ordinateur personnel peut inclure une imprimante ; les spécifications d'une imprimante mentionnent qu'elle imprime à une vitesse de huit pages par minute ou qu'elle imprime en couleur.

- Le matériel et les logiciels d'une configuration d'ordinateur agissent ensemble pour traiter des données. Les **données** font référence aux mots, aux nombres, aux sons ou encore aux images qui décrivent des gens, des événements, des objets et des idées. La modification de ces données s'appelle le **traitement** de ces données.

- Dans l'**unité centrale** d'un ordinateur, la **carte-mère** est chargée de l'essentiel des tâches de traitement et constitue le circuit électronique principal. La carte-mère est un **circuit imprimé**, c'est-à-dire une plaque rigide de matière isolante, couverte de **circuits** et de composants électroniques qui en contrôlent les fonctions particulières. La carte-mère (figure A-4) porte des éléments matériels actifs.

  - Le **microprocesseur**, également appelé **processeur** ou **unité centrale de traitement (UCT)** (*CPU, central processing unit*), est formé de transistors et de circuits électroniques gravés sur une **puce électronique** (figure A-5). Monté sur la carte-mère, le processeur est responsable de l'exécution des instructions de programmes nécessaires pour traiter les informations.

  - Les différentes **cartes**, également des circuits imprimés chargés de composants électroniques, viennent s'insérer dans la carte-mère pour en étendre les possibilités. Par exemple, une carte son traduit les informations audio numériques envoyées par l'ordinateur en des sons analogiques que l'être humain peut entendre.

- Les données et instructions que vous introduisez dans un ordinateur constituent les **entrées**. Les résultats issus du traitement de ces entrées constituent les **sorties**. L'ordinateur se charge lui-même des fonctions de traitement mais il a besoin de composants additionnels, les **périphériques**, pour assurer les fonctionnalités d'entrée, de sortie et de stockage.

  - Pour entrer des données et des commandes dans l'ordinateur, vous utilisez un **périphérique d'entrée**, comme un clavier ou une souris. Les **commandes** sont les instructions entrées pour indiquer au système comment traiter les données. Si vous souhaitez par exemple centrer le titre et imposer un double interligne au texte d'un rapport, vous devez utiliser les commandes appropriées du programme de traitement de texte. Ainsi, l'ordinateur sait qu'il doit modifier les données que vous avez entrées, de sorte que le titre du rapport soit centré et que les lignes de texte apparaissent en double interligne.

  - Les sorties peuvent revêtir de multiples formes : des rapports, des documents, des graphes, des sons, des images. Pour produire ces sorties, l'ordinateur doit être équipé de **périphériques de sortie**, comme un moniteur ou une imprimante.

  - Les résultats que vous produisez, donc les sorties, peuvent être enregistrées, stockées soit au sein de l'ordinateur lui-même, soit dans un périphérique de stockage externe, comme un DVD ou une clé mémoire USB. Vous en apprendrez plus sur les périphériques de stockage dans la suite de ce livre.

ASTUCE

Le terme **unité centrale** désigne traditionnellement le boitier d'un ordinateur de bureau et l'ensemble des composants qu'il contient, tandis que l'unité centrale de traitement correspond au microprocesseur.

FIGURE A-4 : Une carte-mère

FIGURE A-5 : Un microprocesseur, vu de face et de l'arrière

Comparaison des vitesses des microprocesseurs

La vitesse d'exécution des instructions dont un ordinateur est capable dépend partiellement de la vitesse de son microprocesseur, déterminée par sa **vitesse d'horloge**, par la taille des mots et le fait qu'il s'agit d'un simple ou d'un double cœur. La **vitesse de l'horloge** qui cadence les opérations d'un microprocesseur se mesure en **mégahertz (MHz)**, c'est-à-dire en millions de cycles d'horloge par seconde, ou en gigahertz (GHz), soit en milliards de cycles par seconde. La **taille du mot** désigne le nombre de bits, la plus petite unité d'information d'un ordinateur, traités en une seule opération par le processeur. Un processeur 32 bits traite 32 bits à la fois. Un ordinateur de plus grande taille de mot peut calculer plus vite qu'un processeur de taille de mot inférieure. Enfin, un **processeur à double cœur** est en mesure de traiter jusqu'à deux fois plus d'instructions au même moment qu'un **processeur à simple cœur**, c'est-à-dire qui ne dispose que d'un seul processeur sur sa puce électronique. À fortiori, un **processeur à quadruple cœur** est capable de traiter jusqu'à quatre fois plus d'informations simultanément qu'un processeur à simple cœur.

La représentation des données

Pour bien comprendre comment un ordinateur traite les données, vous devez d'abord apprendre comment un ordinateur représente et emmagasine ces données. Pour un ordinateur, qui n'est qu'un appareil électronique, les caractères du langage humain, comme ceux utilisés dans un document de traitement de texte, n'ont aucun sens. Julien donne un aperçu succinct de la manière dont un ordinateur représente les informations.

DÉTAILS

Les informations suivantes sont indispensables pour comprendre le traitement des données :

- Comme une ampoule lumineuse, l'ordinateur n'est capable de comprendre que des signaux du genre « allumé » ou « éteint ». L'ordinateur représente les données sous la forme de nombres distincts. En particulier, il représente « allumé » par un 1 et « éteint » par un 0. Ces nombres s'appellent des **chiffres binaires** ou **bits**.

- Une suite de huit bits s'appelle un **octet** (ou *byte*). La figure A-6 montre que l'octet qui représente la valeur entière 0 est en fait 00000000, c'est-à-dire une suite de huit bits « éteints » ou mis à 0. L'octet 00000001 représente la valeur entière 1 et l'octet 11111111 représente la valeur entière 255.

- Le **kilooctet (Ko ou K)** contient 1 024 octets, soit environ mille octets. Le **mégaoctet (Mo)** contient 1 048 576 octets, soit plus d'un million d'octets. Le **gigaoctet (Go)** contient 1 073 741 824 octets, soit plus d'un milliard d'octets. Le **téraoctet** contient 1 024 Go, soit plus d'un trillion d'octets.

- Les ordinateurs personnels font habituellement appel à plusieurs systèmes pour représenter les données de type caractère, parmi lesquels l'**ASCII** (prononcez « aski ») et l'Unicode. L'ASCII est un standard américain (*American Standard Code for Information Interchange*) conçu pour l'échange de données informatiques. Il représente à l'origine chaque caractère anglais, non accentué, par un nombre. L'ordinateur traduit des caractères ASCII en données binaires pour être en mesure de les traiter. La figure A-7 montre des exemples de caractères ASCII.

  - Le système ASCII utilisait à l'origine 7 bits, de 0 (000000) à 127 (1111111), pour représenter 128 caractères d'usage courant et des caractères de contrôle non imprimables. Comme les bits sont habituellement disposés en octets, le huitième bit servait au contrôle d'erreur.

  - L'ASCII étendu utilise 8 bits, de valeurs décimales 0 à 255 (11111111), pour ajouter au premier jeu de caractères des symboles et des lettres accentuées. L'ASCII étendu a été conçu pour ajouter de la ponctuation, des symboles comme $ et ©, ainsi que d'autres caractères comme le é et le ü, qui n'étaient pas accessibles parmi les 128 codes initiaux.

  - La plupart des ordinateurs utilisent encore les définitions de l'ASCII original mais tous les ordinateurs n'emploient pas les mêmes définitions pour l'ASCII étendu. Les ordinateurs mus par le système d'exploitation Windows utilisent le jeu de définitions défini par l'ANSI, l'institut américain de normalisation. La figure A-7 propose des exemples de codes ASCII et de codes ASCII étendus.

  - L'Unicode est un jeu de caractères défini sur deux octets, de valeurs décimales 0 à 65535, qui représentent 65536 caractères, permettant ainsi de coder pratiquement tous les caractères de toutes les langues disponibles dans le monde.

FIGURE A-6: Représentation binaire des nombres

Nombre	Représentation binaire
0	00000000
1	00000001
2	00000010
3	00000011
4	00000100
5	00000101
6	00000110
7	00000111
8	00001000
⋮	⋮
253	11111101
254	11111110
255	11111111

FIGURE A-7: Exemples de codes ASCII, représentant des lettres et des symboles

Caractère	Code ASCII	Nombre binaire
(espace)	32	00100000
$	36	00100100
A	65	01000001
B	66	01000010
a	97	01100001
b	98	01100010
?	129	10000001
£	163	10100011
®	217	11011001
é	233	11101001

La mémoire

Outre le microprocesseur, l'ordinateur possède un composant important parmi ses éléments matériels : la **mémoire**. La mémoire emmagasine des instructions et des données. Un ordinateur utilise cinq formes de mémoire différentes : la mémoire vive, la mémoire cache, la mémoire virtuelle, la mémoire morte et une mémoire complémentaire, dite « MOS » (*metal oxide memory*). ▓▓▓▓▓ Julien prend conscience de ce qu'aucun des membres du personnel d'Aurore Voyages ne comprend les différences entre les types de mémoire. Il insiste sur ces nuances dans ses explications pour éclaircir ces notions importantes.

Les types de mémoire que vous pouvez rencontrer dans un ordinateur classique sont les suivants :

- **Random access memory (RAM)** La **mémoire vive**, ou **mémoire à accès aléatoire**, maintient temporairement les programmes et les données pendant le fonctionnement de l'ordinateur, ce qui lui permet d'accéder aux informations de façon aléatoire. En d'autres termes, l'ordinateur n'est pas obligé d'accéder aux données de la mémoire vive dans l'ordre où elles y ont été stockées. Pour mieux comprendre, imaginez que vous rédigiez un rapport. Le microprocesseur copie temporairement en mémoire le programme de traitement de texte que vous utilisez, de sorte qu'il peut très vite accéder aux instructions nécessaires pendant que vous tapez et mettez votre rapport en forme. Les caractères que vous entrez sont emmagasinés en mémoire, de même que les polices, les graphismes et tout autre objet auquel vous puissiez faire appel. Sur le plan matériel, la mémoire vive est faite de puces électroniques enfichées sur la carte-mère.

  - Les ordinateurs personnels utilisent généralement de la **mémoire dynamique synchrone** (ou **SDRAM**), c'est-à-dire qui se synchronise avec le processeur pour accélérer l'accès à son contenu.
  - La mémoire vive porte aussi le nom de **mémoire volatile** ou de **mémoire temporaire**, car son contenu change constamment, du moment que l'ordinateur est allumé, et disparait dès que l'ordinateur est éteint.
  - La **capacité de la mémoire** désigne la quantité maximale de données, exprimée en octets, que l'ordinateur peut gérer à tout moment. Vu sa taille, la capacité mémoire est plus souvent exprimée en mégaoctets ou en gigaoctets. Un ordinateur qui dispose de 2 Go de RAM est capable d'emmagasiner temporairement plus de 2 milliards d'octets de données en une fois.

- La **mémoire cache**, appelée aussi **cache mémoire** ou **cache UCT**, est une mémoire particulière, d'une rapidité extrême, intégrée directement sur la puce du processeur, qui stocke les données et les commandes les plus fréquentes et les plus récentes, pour en accélérer l'accès par le processeur. La taille de cette mémoire, appelée aussi **cache L2** parmi les caractéristiques d'un processeur, se mesure en **mégaoctets (Mo)**. Plus elle est importante, moins le processeur attend les instructions et les données provenant de la carte-mère.

- La **mémoire virtuelle** est un espace réservé des périphériques de stockage de l'ordinateur, qui simule de la mémoire vive supplémentaire. Elle permet aux programmes de fonctionner comme si l'ordinateur possédait plus de mémoire qu'en réalité, grâce à un déplacement des données et des commandes de la mémoire vive vers un disque dur et leur remplacement en mémoire vive par de nouvelles données et commandes (figure A-8). La mémoire virtuelle est plus vaste mais demeure beaucoup plus lente que la mémoire vive.

- La **mémoire morte** ou **mémoire à lecture seule** (**ROM**, *read-only memory*) est une puce de la carte-mère, préenregistrée avec des informations. La mémoire morte retient en permanence des instructions dont l'ordinateur se sert pour vérifier l'état des composants de son système et activer les logiciels essentiels de contrôle des fonctions de base lors de l'allumage de l'ordinateur.

  - La ROM contient un ensemble d'instructions d'entrée-sortie de base, appelé **BIOS (basic input/output system)**, qui ordonne à l'ordinateur d'initialiser la carte-mère, lui indique comment reconnaitre les périphériques et lui commande de lancer le processus de démarrage. La **séquence de démarrage** désigne l'ensemble des évènements qui se produisent entre le moment où vous allumez l'ordinateur et celui où vous pouvez commencer à l'utiliser. L'ensemble de ces instructions de démarrage résident dans une mémoire morte.
  - Le contenu d'une mémoire morte ne change jamais, même lorsque l'ordinateur est éteint. De ce fait, elle porte aussi le nom de **mémoire non volatile** ou de **mémoire permanente**.

- La **mémoire CMOS** (*complementary metal oxide semiconductor*), prononcez « cémos », est une puce de mémoire intégrée à la carte-mère, activée au démarrage, qui identifie l'emplacement des logiciels essentiels.

  - Une minuscule pile alimente la mémoire CMOS pour qu'elle ne perde pas son contenu quand l'ordinateur est éteint. Ce contenu change chaque fois que vous ajoutez ou supprimez un composant matériel.
  - La mémoire CMOS porte aussi le nom de **mémoire semi-permanente**. Son contenu change lors de l'ajout ou de la suppression d'un matériel mais n'est pas perdu à l'arrêt de l'ordinateur.
  - Comme la CMOS conserve son contenu à l'extinction, la date et l'heure y sont stockées.

FIGURE A-8 : Fonctionnement de la mémoire virtuelle

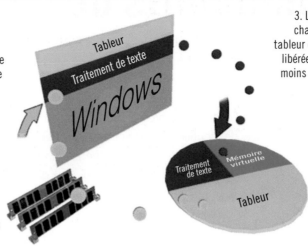

1. L'ordinateur exécute un programme de traitement de texte qui occupe dans la mémoire vive la quasi-totalité de la zone réservée aux programmes. Or vous souhaitez également lancer un programme de tableur.

2. Le système d'exploitation déplace les segments les moins utilisés du programme de traitement de texte dans la mémoire virtuelle, dans l'espace de stockage permanent de l'ordinateur (sur disque dur).

3. L'ordinateur peut alors charger le programme de tableur dans la mémoire vive, libérée par les segments les moins utilisés du traitement de texte.

4. Si, par la suite, les segments les moins utilisés du traitement de texte deviennent nécessaires, ils sont copiés de la mémoire virtuelle, donc du disque, vers la mémoire vive. Pour faire de la place, d'autres segments moins utilisés d'un des deux programmes sont transférés vers la mémoire virtuelle.

Augmenter la mémoire vive (RAM)

Une des méthodes les plus faciles pour faire fonctionner un ordinateur plus vite consiste à ajouter des barrettes de mémoire supplémentaires à la carte-mère. Plus un ordinateur possède de mémoire vive, plus il peut y emmagasiner d'instructions et de données. Le marché actuel propose des barrettes de RAM courantes de 512 Mo à 16 Go et les cartes-mères permettent d'ajouter plus d'une barrette. Vérifiez bien les caractéristiques de votre ordinateur pour connaitre le type de mémoire que sa carte-mère accepte. À noter que si votre ordinateur utilise un processeur 32 bits, il est incapable d'exploiter plus de 4 Go de mémoire vive et, ceci, même si la carte-mère présente encore des emplacements libres pour des barrettes supplémentaires.

Les supports de stockage

Du fait que la mémoire vive ne « retient » les données que pendant que l'ordinateur est allumé, celui-ci doit disposer d'une autre option de stockage, d'une plus grande pérennité. Comme l'illustre la figure A-9, un dispositif de stockage reçoit des données en provenance de la mémoire vive et les écrit sur un support de stockage, dont quelques exemples figurent ci-dessous. Par la suite, les données sont restituées vers la mémoire en vue de leur utilisation. Toutes les données et tous les programmes sont stockés dans des fichiers. Un **fichier** informatique est une collection nommée de données emmagasinées. Un **fichier** exécutable contient les instructions qui indiquent à un ordinateur comment effectuer une tâche spécifique. Les fichiers qu'un ordinateur utilise pendant son démarrage sont exécutables. L'utilisateur, quant à lui, crée des **fichiers de données**, généralement grâce à un logiciel. Par exemple, le rapport que vous rédigez à l'aide d'un programme de traitement de texte constitue des données et vous devez les enregistrer dans un fichier de données si vous souhaitez réutiliser le rapport par la suite. ░░░░░ Julien détaille les différents types de supports de stockage existants.

DÉTAILS

Les dispositifs de stockage revêtent bien des formes, comme en atteste la liste suivante :

- Les **dispositifs de stockage magnétiques** mémorisent les données sur de microscopiques particules magnétiques en surface d'un support. Le **disque dur** est le plus commun des supports de stockage magnétiques. Il contient plusieurs plateaux de métal couvert d'oxydes métalliques, scellés dans un boitier solide et rigide, installé au sein de l'ordinateur. Des disques durs externes permettent d'étendre les capacités de stockage ou de réaliser des sauvegardes de vos données essentielles.

- Les **dispositifs de stockage optique** sont généralement des disques en polycarbonate, revêtus d'une couche de métal réfléchissant sur laquelle un minuscule laser grave, c'est-à-dire creuse, des pistes de minuscules trous, ou pigmente des taches noires à la surface du disque. À la lecture, un rayon de lumière laser parcourt les trous, ou les taches, pour en déduire des données.
  - Le premier dispositif de stockage optique normalisé fut le **cédérom** (ou CD-ROM). Un **CD** (*compact disc*) est capable de stocker jusque 700 Mo de données et de programmes.
  - Le **DVD** stocke dans une taille physique identique à celle du CD, entre 4,7 et 15,9 Go de données, selon que les données sont enregistrées sur une ou deux faces du disque et selon le nombre de couches que chaque face contient. Le terme DVD n'est plus considéré comme un acronyme, bien qu'il en ait été un initialement, signifiant disque vidéo numérique (*digital video disc*), puis *digital versatile disc*.
  - Les disques **Blu-ray** sont capables de stocker 25 Go de données par couche. Ils servent en premier lieu à emmagasiner de la vidéo en haute définition, voire en 3 dimensions.

- La **mémoire flash** est comparable aux mémoires mortes, sauf qu'elle peut être réécrite plusieurs fois. Les **cartes mémoire flash** sont de toutes petites puces de mémoire, moulées dans un plastique rigide, sur lesquelles vous pouvez lire et (r)écrire des données grâce à un lecteur adéquat. Elles servent essentiellement aux appareils de loisirs miniaturisés, comme les appareils photos numériques, les ordinateurs de poche, les téléphones portables, les consoles de jeu mobiles et bien d'autres appareils, comme les cadres photos numériques.

- Une variante très connue des mémoires flash réside dans la clé mémoire USB, appelée aussi **clé USB** (figure A-10).
  - Les clés mémoires USB pour ordinateurs personnels sont disponibles dans une grande variété de capacités, de formes et de dimensions. Elles s'imposent sur le marché avec des capacités variant de 1 à 64 Go. Elles rencontrent un engouement dans leur utilisation comme support d'archivage secondaire, de données habituellement stockées sur disque dur.

  - Une clé USB s'enfiche directement sur un «port» (un connecteur) USB d'un ordinateur. L'ordinateur reconnait immédiatement le lecteur comme tout autre disque dur. La lettre qui désigne ce disque dur un peu spécial et l'emplacement réel dépendent de la marque et du type de l'ordinateur ; en outre, l'emplacement physique des connecteurs sur la face avant, latérale, supérieure ou à l'arrière, dépend complètement du fabricant de l'ordinateur.
  - Une clé mémoire USB occupe l'espace d'un petit paquet de gomme à mâcher. L'avantage de ce type de support est qu'il est suffisamment petit pour que vous l'emmeniez partout mais suffisamment imposant pour que vous ne le perdiez pas. D'ailleurs, les fabricants ont pensé à les équiper parfois d'un anneau pour qu'elles servent de portéclés.

FIGURE A-9 : Dispositifs de stockage et mémoire vive

Un dispositif de stockage reçoit les informations de la mémoire vive, les écrit sur le support de stockage, puis les lit et les renvoie à la mémoire vive

Lecteur DVD

Lecture

Écriture

Mémoire vive

Support de stockage

Dispositif de stockage

FIGURE A-10 : Une clé mémoire USB

DataTraveler 112

32GB

Effacer et graver à nouveau des CD et des DVD

Le terme **cédérom** (CD-ROM), entré dans le langage commun, signifie mémoire à lecture seule sur disque compact (*compact disc read-only memory*). Le disque compact (CD), que vous achetez avec un logiciel ou de la musique, est un cédérom : vous pouvez le lire mais il vous est impossible d'y changer quoi que ce soit, ni d'y ajouter la moindre donnée.

Si vous voulez enregistrer des données sur un disque compact, vous devez disposer d'un graveur de **disque compact enregistrable** (*CD-R, compact disc recordable*) ou de **disque compact réenregistrable** (*CD-RW, compact disc rewritable*) et d'un disque correspondant. Sur un CD-R, dès que des données sont enregistrées, vous ne pouvez plus les effacer ni les modifier, mais pouvez en ajouter, tant que le disque n'a pas été finalisé. Le disque compact réenregistrable (CD-RW), au contraire, permet plusieurs enregistrements, suivis d'effacements.

À l'instar des CD, les DVD sont, soit des DVD-ROM, lisibles seulement, soit des DVD-R, dont une seule gravure est possible, soit des DVD réenregistrables (DVD-RW). Une nuance toutefois : les DVD inscriptibles existent en **DVD+R** ou **DVD−R** et les réinscriptibles en **DVD+RW** ou **DVD−RW**. Lorsque vous achetez des DVD inscriptibles, veillez à prendre les formats acceptés par votre graveur. Les derniers graveurs du marché sont capables de lire et de graver tous les types de disques, y compris les DVD-RW et DVD+RW, ainsi que les doubles couches, qui multiplient par deux la surface sensible, donc la quantité de données qu'ils peuvent accepter. Les disques Blu-ray enregistrables (ou **BD-R**) ne peuvent recevoir qu'une séquence d'écriture, tandis que les **BD-RE** permettent plusieurs réécritures. Notez qu'il vous faut un lecteur, voire un graveur, de disques Blu-ray pour exploiter ce type de disque.

Les périphériques d'entrée

Avant qu'un ordinateur puisse produire la moindre information utile, des gens doivent entrer des données dans cet ordinateur. C'est ici qu'interviennent les périphériques d'entrée. Dans une configuration d'ordinateur usuelle, vous entrez des données et des commandes à l'aide d'un **périphérique d'entrée** tel qu'un clavier ou une souris. Un ordinateur peut aussi recevoir des entrées d'un périphérique de stockage. Alors que Julien décrit les périphériques aux membres de l'équipe d'Aurore Voyages, ceux-ci posent plusieurs questions à propos des périphériques d'entrée. Par exemple, un employé ne comprend pas la différence entre une souris et une boule de commande. Julien approfondit ses explications sur les différents périphériques d'entrée.

DÉTAILS

La liste des types de périphériques d'entrée est longue et s'allonge par de nouvelles technologies :

- Le plus connu des périphériques d'entrée est le **clavier**. Le clavier du haut de la figure A-11 est un clavier standard, tandis que le clavier du bas de cette figure est un clavier **ergonomique**, ce qui signifie qu'il a été spécialement conçu pour favoriser le positionnement naturel des mains et réduire d'autant les risques induits par des mouvements répétitifs. Nombre de claviers, tels que ceux illustrés, comportent également des touches supplémentaires de raccourci vers les fonctions les plus courantes.

- L'autre périphérique d'entrée le plus courant est le **dispositif de pointage**, terme compliqué pour désigner l'outil qui permet de contrôler le **pointeur**, la petite flèche qui apparait à l'écran et peut revêtir d'autres formes. Le dispositif de pointage permet de sélectionner des commandes, de manipuler les textes et les graphismes à l'écran.

    - Le dispositif de pointage le plus connu est la **souris** (figure A-12). Une souris ordinaire, de bas de gamme, possède une boule sous elle, dont elle mesure les déplacements. Une souris moderne utilise une sorte de petite caméra, placée sous elle pour détecter les mouvements. Les déplacements de la souris contrôlent les mouvements du pointeur à l'écran. Une souris est équipée d'un ou plusieurs boutons qui assurent les commandes de clic. Une souris comporte enfin une **molette de défilement**, dont l'action fait défiler le contenu d'une page à l'écran et qui peut éventuellement remplir le rôle d'un des boutons de la souris.

    - La **boule de commande** (la partie droite de la figure A-12) ressemble à une souris renversée, où la boule de déplacement se situe au-dessus. Les rotations de la boule déplacent le pointeur à l'écran.

    - Les ordinateurs portatifs proposent, quant à eux, un bloc à effleurement ou un ergot (figure A-13). Le **bloc à effleurement** est un carré sensible au toucher, sur lequel vous promenez un doigt pour contrôler le pointeur. Les boutons se retrouvent, dans ce cas-ci, juste au-dessus du bloc à effleurement. L'**ergot** est une petite tige couverte de gomme antidérapante, intégrée parmi les touches du clavier, dont le comportement ressemble à un manche à balai : vous le poussez vers l'avant, la gauche et la droite, ou le tirez vers l'arrière pour déplacer le pointeur. Deux boutons équivalents aux boutons d'une souris viennent compléter le dispositif, juste sous la touche d'espace du clavier.

- L'**écran tactile** est un écran, un moniteur, dont la particularité est que, outre qu'il affiche les sorties de l'ordinateur, il accepte des frôlements et des glissements du doigt ou d'un stylet pour entrer des commandes. Ils sont de plus en plus présents sur des ordinateurs tout-en-un de salon, sur des tablettes tactiles et sur des tablettes multimédias, dont les lecteurs MP3. Windows 7, le système d'exploitation le plus récent de Microsoft, supporte les écrans tactiles.

- Le **numériseur** est un périphérique dont le but est de copier en mémoire le contenu d'une feuille de papier. Lorsque vous placez une feuille de papier sur la vitre du numériseur, un rayon de lumière évolue le long de la vitre comme dans un photocopieur, pour capturer et enregistrer l'image ou les mots de la feuille, sous forme d'informations numériques. Vous pouvez numériser une photo ou un document et l'enregistrer sous forme d'une image dans un fichier mais vous pouvez aussi numériser un document et faire en sorte que le numériseur le reconnaisse, le « lise », pour l'enregistrer comme un document texte dans un fichier, pour ensuite le modifier.

- Les microphones constituent également des périphériques d'entrée. Ils capturent des sons pour les enregistrer dans un certain type de fichier mais, si vous disposez d'un logiciel de reconnaissance vocale, ils permettent également d'entrer des données et des commandes.

- Les périphériques d'entrée se connectent à l'ordinateur par fil ou sans fil. Les périphériques sans fil communiquent avec l'ordinateur par l'entremise de technologies de transmission radio ou infrarouge, comme une télécommande communique avec une télévision.

Les périphériques d'assistance

Les personnes touchées par des incapacités physiques peuvent également utiliser des ordinateurs, grâce aux avancées technologiques qui visent à rendre les ordinateurs accessibles à tout un chacun. Par exemple, les gens qui ne peuvent faire appel à leurs mains ou à leurs doigts peuvent utiliser leurs pieds, leur tête ou le mouvement des yeux pour déplacer le pointeur. Les gens qui souffrent d'une piètre vue peuvent disposer de claviers avec de grandes touches ; des loupes permettent d'agrandir le résultat de la frappe au clavier et les images sur le moniteur ; des lecteurs vocaux se chargent de lire le contenu de l'écran à haute voix. Des ordinateurs ont même été conçus pour être contrôlés par la pensée, grâce aux ondes électromagnétiques dégagées par le cerveau.

FIGURE A-11 : Des exemples de claviers

Touches de raccourci vers des fonctions usuelles

FIGURE A-12 : Des exemples de périphériques de pointage

Boutons

Molette de défilement

Boutons

FIGURE A-13 : Des périphériques de pointage pour ordinateurs portatifs

Bloc à effleurement

Ergot

Les périphériques de sortie

Vous avez vu précédemment que les sorties sont les résultats du traitement des données. Les périphériques de sortie affichent ces résultats. Les deux **périphériques de sortie** les plus communs sont le moniteur et l'imprimante. Julien poursuit son exposé des périphériques et présente ceux dédiés aux sorties.

Voici une brève description des périphériques de sortie :

- Le **moniteur** affiche les sorties d'un ordinateur.

  - Le moniteur de la figure A-14 est un **moniteur à écran plat**, un appareil léger prenant peu d'espace sur un bureau. Les moniteurs à écran plat fonctionnent pour la plupart selon la technologie des **cristaux liquides** (**LCD**, *liquid crystal display*). Ils produisent l'image que vous voyez à l'écran par une manipulation de la lumière au travers d'un masque de cristaux liquides. Ces moniteurs exigent un éclairage arrière. Les moniteurs étiquetés comme « à DEL » exploitent des **diodes électroluminescentes** (DEL ou *LED*, *light-emitting diodes*) pour fournir ce rétroéclairage. Les DEL sont plus performantes et moins consommatrices d'énergie que les solutions habituelles. Leur longévité est sans égale.

  - La **taille d'écran** d'un moniteur indique la longueur d'une diagonale de l'écran, d'un coin à l'opposé. Elle varie généralement de 15 à 30 pouces, soit d'environ 38 à 76 cm. La taille d'écran des ordinateurs portatifs varie de 10 à 20 pouces, soit de 25 à 50 cm environ.

  - La plupart des moniteurs courants possèdent un **affichage graphique**, qui divise l'écran en une matrice de minuscules points, appelés **pixels**. La **résolution** d'un moniteur est le nombre de points, de pixels, qu'il est capable d'afficher. Les résolutions habituelles vont de 640 × 480 à 1 920 × 1 200. Si la taille réelle de l'écran est faible, le choix d'une résolution de 1 600 × 1 200 fera que les objets apparaitront trop petits pour être lisibles correctement. Le **pas de masque** mesure la distance entre les pixels ; un pas de masque faible signifie une image plus claire, mieux contrastée. La valeur type du pas de masque d'un moniteur actuel est de l'ordre de 0,28 ou 0,26 millimètre.

  - Pour afficher des graphismes sur un moniteur, un ordinateur doit disposer d'une **carte graphique**, également nommée **carte vidéo**. La carte graphique est enfichée sur la carte-mère ou intégrée à celle-ci, et son **processeur graphique** contrôle les signaux que l'ordinateur envoie au moniteur.

- L'**imprimante** n'affiche pas mais imprime des sorties sur papier, produisant des **éditions**, ou tirages, des textes et graphismes traités par l'ordinateur. Nous distinguerons trois catégories usuelles d'imprimantes : les imprimantes lasers, à jet d'encre et matricielles.

  - Les **imprimantes lasers**, comme celle de gauche à la figure A-15, sont les préférées dans le milieu des affaires car elles produisent rapidement et efficacement des résultats de grande qualité. Dans une telle imprimante, une image laser temporaire est transférée sur du papier grâce à l'entremise d'une **encre en poudre** (ou *toner*).

  - Les **imprimantes à jet d'encre**, telle celle de droite de la figure A-15, sont préférées dans les usages privés. Ces appareils projettent de minuscules gouttes d'encre sur du papier pour obtenir un résultat d'une qualité comparable à celle obtenue avec une imprimante laser.

  - Les **imprimantes matricielles** transfèrent de l'encre sur le papier par la frappe d'aiguilles sur un ruban, projeté sur la feuille de papier. Une imprimante à 24 aiguilles donne une meilleure qualité d'impression qu'une 9 aiguilles. Si elles sont devenues beaucoup moins courantes que les autres types, les imprimantes matricielles demeurent encore indispensables lorsqu'il s'agit d'imprimer très rapidement de grands nombres de pages et que la qualité importe peu, ou quand une entreprise doit imprimer des formulaires sur plusieurs pages en une seule opération.

- Les haut-parleurs permettent d'entendre des sons de l'ordinateur, comme celles d'une chaine haute fidélité. Les enceintes se présentent comme des périphériques soit séparés et reliés à l'ordinateur, soit intégrés au moniteur. Pour que ces haut-parleurs fonctionnent, l'ordinateur doit posséder une carte son, soit enfichée, soit intégrée à la carte-mère. La carte son se charge de traduire les informations sonores numériques en signaux audibles dans les haut-parleurs.

FIGURE A-14 : Un moniteur LCD

FIGURE A-15 : Des imprimantes

Imprimante laser   Imprimante à jet d'encre

Les communications de données

Les **communications de données** représentent la transmission de données entre un ordinateur et un autre ou entre un ordinateur et un périphérique. L'ordinateur auteur du message est l'**expéditeur**. Le message transite via un support de communication, le **canal**, par exemple une ligne téléphonique, un câble spécifique ou des ondes radios. L'ordinateur ou le périphérique qui reçoit le message est le **récepteur**. Les règles qui établissent puis régissent le transfert des données entre l'émetteur et le récepteur s'appellent des **protocoles**. Les protocoles de transmission entre un ordinateur et ses périphériques sont gérés par un **pilote de périphérique**, ou tout simplement **pilote**, c'est-à-dire un programme capable d'établir une communication parce qu'il connait des détails de l'ordinateur et du périphérique. ▨▨▨▨▨ Comme le personnel d'Aurore Voyages devra tôt ou tard se connecter aux ordinateurs du siège de Voyages Tour Aventure et à l'internet, Julien expose les façons dont les ordinateurs communiquent entre eux.

DÉTAILS

Voici une liste des moyens qu'utilisent les ordinateurs pour communiquer entre eux et avec des périphériques :

- Sur une carte-mère, l'implantation physique des voies de communication entre un microprocesseur, la mémoire vive et les périphériques porte le nom de **bus de données**.

- Un périphérique externe doit posséder un **port** (de communications) et un **câble** communs avec l'ordinateur pour communiquer avec ce dernier. Au sein même de l'ordinateur, chaque port de communication est branché à une carte contrôleuse, appelée **contrôleur**, **carte d'extension** ou **carte d'interface**. Ces cartes viennent s'enficher sur des connecteurs électriques, appelés **ports d'extension** ou **emplacements d'extension**, bien déterminés de la carte-mère. Les ordinateurs personnels actuels possèdent de nombreux types de ports d'extension, dont tous ne sont pas nécessairement disponibles : le port parallèle, les ports série, SCSI, USB, MIDI et Ethernet. La figure A-16 illustre ces différents ports pour un ordinateur personnel.

- Le **port USB** (bus série universel ou *universal serial bus*) est un port série à très grande vitesse de transfert, qui permet plusieurs connexions sur le même port. Pour se brancher en USB, les périphériques doivent disposer d'un **connecteur USB**, illustré à la figure A-17. Lorsqu'un tel périphérique est connecté à l'ordinateur, celui-ci le reconnait automatiquement pour vous permettre de l'utiliser immédiatement. Les clés mémoire USB s'enfichent dans un tel port. Pour de nombreux périphériques USB, l'alimentation est fournie directement par le port de l'ordinateur, ce qui évite l'ajout de câbles d'alimentation supplémentaires.

- Le FireWire constitue une autre norme de transfert d'informations entre des appareils numériques, semblable à l'USB. **FireWire** a été développé par Apple et l'institut des ingénieurs en électricité et électronique (IEEE) a normalisé la technologie sous le nom d'**interface IEEE 1394**. Les transferts de données s'avèrent plus rapides par ce type de connexion qu'avec des connexions USB.

- Les moniteurs se branchent sur des ordinateurs par l'entremise de ports HDMI, DVI ou VGA. Le **HDMI (interface multimédia en haute définition)** transmet les signaux vidéo et audio sous forme numérique ; le **DVI (interface vidéo numérique)** ne transmet que de la vidéo sous forme numérique ; enfin, le **VGA (interface vidéographique)**, ne permet de transmission vidéo que sous forme analogique.

- Les haut-parleurs et le microphone se connectent à l'ordinateur par l'entremise de ports de la carte son.

- Le clavier et la souris se branchent via les **ports PS/2** ou encore via des ports USB. Un clavier et une souris sans fil se connectent grâce à un connecteur spécial qui se branche sur un port USB. Les imprimantes se branchent généralement par un port USB.

- Enfin, vous vous connectez à un autre ordinateur, à un réseau local grâce à un **modem** (un périphérique qui se branche directement à l'ordinateur et à une prise téléphonique ou à une prise câblée spéciale). Mais vous pouvez également vous connecter directement à l'internet par l'entremise d'un **port Ethernet**, qui permet d'échanger des données à haute vitesse.

FIGURE A-16 : Les ports de connexion de l'ordinateur

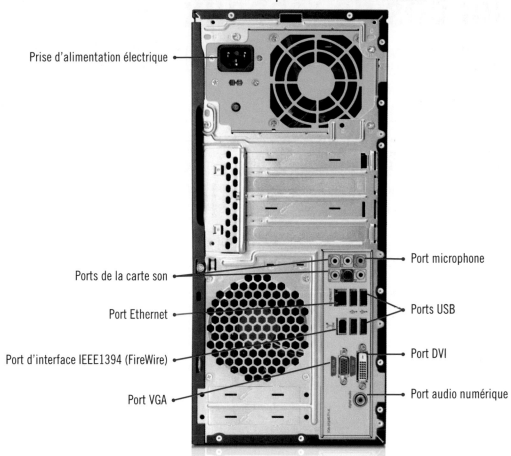

Prise d'alimentation électrique

Ports de la carte son

Port Ethernet

Port d'interface IEEE1394 (FireWire)

Port VGA

Port microphone

Ports USB

Port DVI

Port audio numérique

FIGURE A-17 : Un connecteur USB

Notions de réseaux

Un **réseau** relie un ordinateur à d'autres ordinateurs et à des périphériques, pour partager des données et des ressources avec d'autres utilisateurs. S'il existe une grande variété de configurations de réseaux, toutes possèdent les mêmes caractéristiques fondamentales et exigences, que vous devez connaitre. ▚▚▞▞▞ Julien poursuit son analyse des modes de communication des ordinateurs et insiste sur les notions des réseaux.

DÉTAILS

Voici quelques types de réseaux, leurs composants et leurs caractéristiques:

- Chaque ordinateur qui prend part à un réseau doit posséder une **carte d'interface réseau**, ou carte réseau. Cette carte crée un canal de communication entre l'ordinateur et le réseau. Un câble sert à brancher la carte réseau sur le réseau.

- Un **logiciel de réseau** s'avère indispensable pour établir les protocoles de communication en vigueur sur le réseau et pour contrôler le « flux de trafic », à mesure que les données transitent sur le réseau.

- Sur certains réseaux, un ou plusieurs ordinateurs spécialisés, appelés **serveurs**, agissent comme un emplacement de stockage centralisé, de programmes et de données qu'ils mettent à disposition des autres ordinateurs de ces réseaux. Un réseau constitué d'un serveur et d'ordinateurs dépendants de ce serveur porte le nom de réseau **client-serveur** et les ordinateurs dépendants s'appellent les **clients**.

- Quand un réseau ne comporte pas de serveur, les ordinateurs de ce réseau sont sur le même pied d'égalité et peuvent néanmoins partager des programmes et des données. Un tel réseau est dit d'**égal à égal** (*peer-to-peer*).

- Un ordinateur personnel connecté à aucun réseau s'appelle un **ordinateur autonome**. S'il vient à se connecter à un réseau, il devient une **station de travail** (*workstation*). Tout appareil présent sur le réseau constitue un **nœud**. La figure A-18 illustre une configuration de réseau type.

- Dans un **réseau local** (**LAN**, *local area network*), les ordinateurs et les périphériques réseaux sont situés à une relative proximité les uns des autres, souvent dans un même bâtiment.

- Un **réseau étendu** (**WAN**, *wide area network*) est constitué de plusieurs réseaux locaux interconnectés. L'exemple le plus vaste d'un réseau étendu est sans aucun doute l'**internet**.

- Dans un **réseau local sans fil** (**WLAN**, *wireless local area network*), les ordinateurs et les périphériques exploitent des ondes radios à hautes fréquences pour communiquer et se connecter à un réseau. Le terme WiFi, qui signifie fidélité sans fil (*wireless fidelity*), a été créé par la Wi-Fi Alliance, une association sans but lucratif, pour décrire les réseaux conçus sur des fréquences radios normalisées, définies par l'Institut des ingénieurs en électricité et en électronique (IEEE). La WiFi sert surtout pour permettre à des ordinateurs de se connecter à un réseau local sur de courtes distances.

- Un **réseau numérique personnel** (**PAN**, *personal area network*) est un réseau créé pour permettre à deux appareils ou plus, situés à proximité immédiate les uns des autres, de communiquer ou de se connecter à l'internet. Les appareils peuvent être connectés avec ou sans fil.

  - La **technologie infrarouge** exploite les ondes d'une lumière infrarouge pour transmettre des données entre deux appareils. Ceux-ci doivent bien entendu être compatibles entre eux et il faut les placer de sorte que les cellules infrarouges soient en face l'une de l'autre. C'est la même technologie que celle utilisée dans les télécommandes des téléviseurs.

  - Le **Bluetooth** exploite des ondes radios à faible portée pour connecter un appareil sans fil à un autre ou à l'internet. Les appareils doivent posséder un transmetteur Bluetooth et, au contraire des connexions infrarouges, les connexions Bluetooth peuvent franchir des murs et fonctionnent au-delà d'un obstacle visuel.

- Le **WiMAX** (*worldwide interoperability for microwave access*) est une autre norme définie par l'IEEE, pour permettre à des utilisateurs d'ordinateurs de se connecter à un réseau local à des dizaines de kilomètres. Une tour WiMAX envoie des signaux à des récepteurs intégrés ou enfichés dans des ordinateurs. Les tours WiMAX communiquent entre elles ou avec un fournisseur de services internet.

FIGURE A-18 : Un exemple de configuration réseau

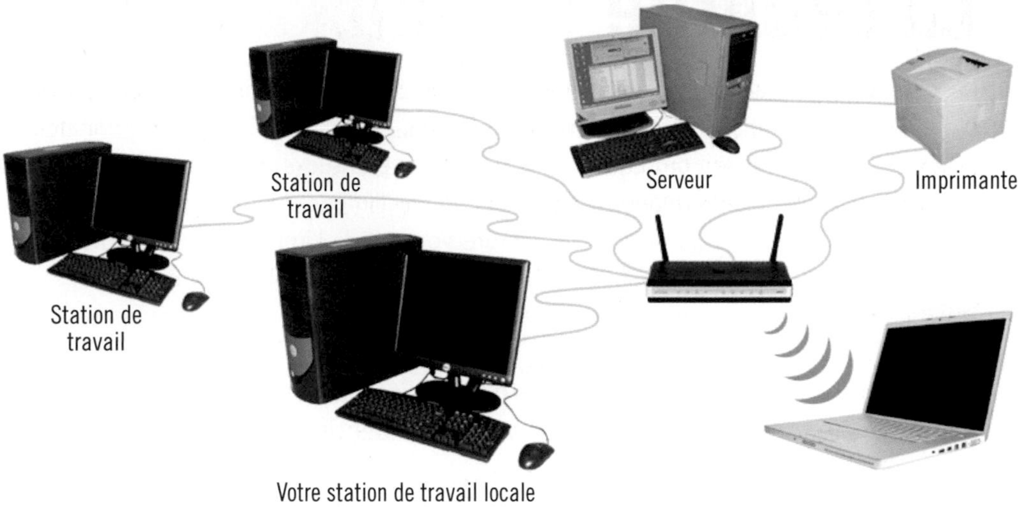

Station de travail

Station de travail

Votre station de travail locale

Serveur

Imprimante

Comprendre les télécommunications

Les **télécommunications** désignent les moyens mis en œuvre pour communiquer en temps réel au-delà d'une certaine distance, par l'entremise d'une ligne téléphonique ou de toute autre conduite de données. Quand la situation empêche les utilisateurs de se connecter à un réseau, les télécommunications permettent d'envoyer et de recevoir des données par le biais de lignes téléphoniques classiques. Pour réaliser cette connexion, vous utilisez un modem. Le **modem**, ou modulateur-démodulateur, est un appareil implanté entre un ordinateur autonome et une prise téléphonique classique. Il convertit les **signaux numériques**, faits de uns et de zéros, produits par l'ordinateur en des **signaux analogiques**, c'est-à-dire des ondes électriques, capables de transiter sur une ligne téléphonique. La figure A-19 montre comment fonctionne le processus de télécommunication, où un modem convertit les signaux numériques en signaux analogiques

(module) du côté de l'expéditeur, tandis que, du côté du récepteur, un second modem convertit les signaux analogiques en signaux numériques (démodule). Les ordinateurs sont souvent vendus avec un modem 56 K intégré, en plus du port Ethernet du réseau local. Les 56 K désignent la capacité du modem d'envoyer et de recevoir de l'ordre de 56 000 bits de données par seconde (**bits par seconde** ou **bps**). La vitesse réelle dépend de nombreux facteurs, comme la distance, les interférences techniques et bien d'autres éléments. Aujourd'hui, les utilisateurs profitent de plus en plus des performances de systèmes de connexion à très haute vitesse, tels que les connexions par des **lignes d'abonnés numériques** (**DSL**, *digital subscriber line*) ou par câble de télédistribution, qui nécessitent soit d'acquérir, soit de louer, un modem DSL ou un modem câble distinct. Les connexions à haute vitesse sont désignées également de **connexions en bande large**.

FIGURE A-19 : Utilisation de modems pour envoyer et recevoir des données

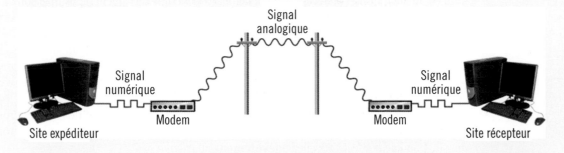

Site expéditeur — Signal numérique — Modem — Signal analogique — Modem — Signal numérique — Site récepteur

La sécurité

Le terme **sécurité** fait référence aux mesures qu'un utilisateur d'un ordinateur adopte pour se prémunir des utilisations non autorisées et de tout dégât apporté à l'ordinateur. Dès qu'un ordinateur se connecte à un réseau, il est vital qu'il soit protégé contre les menaces éventuelles de gens malintentionnés, dont le but est soit de subtiliser des informations, soit d'intenter à l'intégrité de l'ordinateur. Julien tente de convaincre les membres du personnel d'Aurore Voyages de l'importance de demeurer vigilant quant à la sécurité des ordinateurs du bureau et détaille les moyens disponibles pour ce faire.

DÉTAILS

Les menaces à la sécurité et à l'intégrité d'un ordinateur sont nombreuses et prennent des formes parfois inattendues. La liste suivante vous aide à identifier les principales et à les contrer :

- **Logiciel malveillant** (*malware*) est un terme général, qui qualifie tout programme dont le but est de provoquer des dégâts ou de détourner des informations d'un ordinateur, sans l'autorisation de son utilisateur.

  - Des programmeurs sans scrupules développent sciemment des programmes hostiles, appelés **virus**, qui ordonnent à un ordinateur d'effectuer des actes destructifs, comme effacer tout ou une partie de son disque dur. Certains virus apparaissent plus gênants que destructifs, tandis que d'autres visent clairement à commettre des dégâts, à effacer des données ou à faire en sorte qu'il ne reste plus rien d'autre à faire que de reformater le disque dur. Un **programme antivirus** ou **logiciel de protection antivirale**, recherche parmi les fichiers exécutables des séquences de caractères types capables de provoquer des dommages et désinfecte ces fichiers en supprimant ou en désactivant ces commandes malveillantes. La figure A-20 montre l'écran qui apparait à la fin d'une analyse antivirale d'un ordinateur par l'antivirus AVG.

  - Des logiciels contiennent parfois des programmes, les **logiciels espions** (ou **espiogiciels**), dont le but est de suivre minutieusement l'usage de l'internet par l'utilisateur d'un ordinateur, pour transmettre ces informations au créateur du programme ou à une entreprise commanditaire. Ceci se déroule généralement à l'insu de l'utilisateur et sans son autorisation. Un **logiciel anti-espion** détecte ce genre de programme et le supprime.

- Un **coupe-feu** (ou **pare-feu**) se comporte comme une porte fermée dans un ordinateur. Il empêche les autres ordinateurs de l'internet d'accéder à l'ordinateur protégé et interdit à des programmes de l'ordinateur d'accéder à l'internet sans la permission expresse de l'utilisateur de l'ordinateur. Le coupe-feu peut être logiciel ou matériel.

  - Un coupe-feu matériel offre une protection très forte contre les menaces entrantes. Le routeur, un des appareils qui contrôle le trafic entre les composants du réseau, comporte généralement un coupe-feu intégré.

  - Un coupe-feu logiciel surveille en permanence les trafics entrant et sortant. Si un programme qui n'a jamais accédé à l'internet tente de le faire, le coupe-feu avertit l'utilisateur qui décide d'autoriser ou non l'accès. De nombreux logiciels coupe-feux existent sur le marché, dont quelques-uns sont gratuits.

- Les criminels deviennent de plus en plus agressifs et astucieux lorsqu'ils cherchent de nouvelles voies d'accès aux données personnelles des utilisateurs d'ordinateurs et à leurs mots de passe.

  - Un site web qui reproduit à l'identique un autre site web légitime, tel que celui d'une banque en ligne, mais qui n'appartient pas à l'organisation légitime dépeinte dans le site, s'appelle un site **maquillé** ou d'**usurpation**. Le développeur du site a créé une URL (adresse de l'internet) qui ressemble à s'y méprendre à celle du site légitime usurpé. Les sites d'usurpation ont généralement pour but de convaincre les clients du site légitime d'entrer des informations personnelles, comme des numéros de cartes de crédit, des numéros de sécurité sociale et des mots de passe, que le voleur de ces informations peut immédiatement utiliser ou revendre, pour dérober à la victime de l'argent ou usurper son identité sur des sites officiels. La figure A-21 montre l'alerte générée par le navigateur web (le logiciel utilisé pour accéder aux sites de l'internet) Internet Explorer quand il rencontre un site réputé d'usurpation.

  - L'**hameçonnage** désigne la pratique répandue d'envoi de messages électroniques à des clients ou des prospects d'un site légitime pour leur demander de cliquer sur un lien présent dans le courrier électronique. Le lien conduit en réalité vers un site d'usurpation où la victime est invitée à confirmer ou à entrer des informations personnelles.

  - Certains criminels parviennent à entrer dans un **serveur DNS** (ou serveur de noms internet, chargé de rediriger le trafic de l'internet vers les serveurs adéquats), et dévient les accès à un serveur légitime vers un site frauduleux. Ceci s'appelle le **dévoiement** ou *pharming*.

FIGURE A-20 : Les résultats d'une analyse complète

FIGURE A-21 : Une alerte de sécurité produite par le navigateur web Internet Explorer lors de l'accès à un site d'usurpation réputée

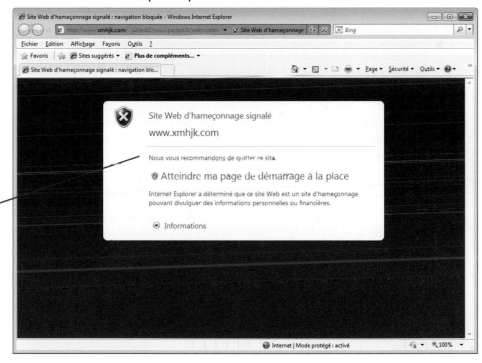

Message
d'avertissement
vous informant
que le site web a
été reporté
comme étant
non sécuritaire

Protéger des informations par des mots de passe

Des mots de passe permettent de protéger les données de l'ordinateur. Un ordinateur accepte généralement plusieurs comptes d'utilisateur et demande que ces utilisateurs s'identifient par un nom et un mot de passe, avant de pouvoir utiliser l'ordinateur. Cette démarche s'appelle l'**identification**, qui conduit à l'**ouverture de session**. Vous pouvez aussi implanter une protection au niveau de fichiers individuels pour que les gens, qui essaient d'ouvrir ou d'altérer ces fichiers, soient obligés d'introduire un mot de passe

convenu avant d'y accéder. De nombreux sites exigent un nom d'utilisateur et un mot de passe avant de donner accès aux informations qu'ils contiennent. Pour éviter que des personnes malintentionnées devinent vos mots de passe, utilisez toujours des mots de passe dits forts. Un **mot de passe fort** contient au moins huit caractères en majuscules et en minuscules, ainsi que des chiffres. N'utilisez jamais comme mots de passe des informations personnelles telles qu'une date de naissance, des prénoms et des adresses, trop simples à deviner.

Les logiciels systèmes

Si le terme logiciel système désigne parfois un simple programme, il représente souvent une suite de programmes et de données empaquetés et livrés en même temps. Un **logiciel système** aide un ordinateur à assurer ses tâches opératoires de base. Avant de décrire les divers types de logiciels auxquels les utilisateurs font appel pour des tâches courantes, comme rédiger des mémos, Julien précise ce que sont les logiciels systèmes.

DÉTAILS

Les composantes d'un système d'exploitation sont les suivantes:

- Un logiciel système gère les opérations fondamentales de l'ordinateur, comme charger des programmes et des données en mémoire vive, exécuter des programmes, enregistrer des données sur disque dur, afficher des informations à l'écran et transmettre des données par un port vers un périphérique. Quatre types de logiciels systèmes existent: les systèmes d'exploitation, les utilitaires, les pilotes de périphériques et les langages de programmation.

- Le **système d'exploitation** alloue des ressources systèmes, gère l'espace de stockage, maintient la sécurité, détecte les pannes des composants du système et assure les entrées et sorties de base. Les **entrées et sorties (E/S)** désignent les flux de données du microprocesseur vers la mémoire, vers les périphériques et vice versa.

    - Le système d'exploitation alloue des ressources systèmes pour que les programmes puissent fonctionner correctement. Une **ressource système** est une partie du système de l'ordinateur, telle que sa mémoire, ses dispositifs de stockage et son microprocesseur, qu'un programme d'ordinateur est susceptible d'utiliser.
    - Le système d'exploitation est également responsable de l'administration des fichiers sur les dispositifs de stockage, ce qui ne se limite pas à ouvrir et enregistrer des fichiers, mais également à suivre à la trace chaque partie de chaque fichier, pour vous avertir si la moindre partie manque.
    - Pendant que vous utilisez l'ordinateur, le système d'exploitation surveille en permanence les composants du système pour y détecter la moindre panne. Chaque circuit électronique est vérifié régulièrement et, dès qu'un problème est détecté, l'utilisateur reçoit un message d'avertissement à l'écran.
    - Microsoft Windows, utilisé sur nombre d'ordinateurs personnels, et le MAC OS, qui apparait exclusive-ment sur des ordinateurs Macintosh, sont appelés des **environnements d'exploitation**, parce qu'ils offrent une **interface utilisateur graphique (IUG)**, qui sert de liaison entre l'utilisateur, d'une part, et tous les logiciels et le matériel de l'ordinateur, d'autre part. La figure A-22 montre l'écran obtenu au démarrage d'un ordinateur sous Windows 7.

- Les **utilitaires** forment une catégorie de logiciels systèmes. Ils étendent le système d'exploitation par une prise en charge spécifique de certaines de ses responsabilités, notamment dans l'allocation des ressources matérielles.

- Nous avons mentionné précédemment, à propos des ports de connexion, que des pilotes de périphériques gèrent les protocoles de transmission entre l'ordinateur et ses périphériques. Lors de l'ajout d'un appareil à un ordinateur existant, une partie de son installation consiste à ajouter son pilote à la configuration de l'ordinateur.

- Les **langages de programmation**, qu'utilise un programmeur pour écrire des instructions de programme, font aussi partie des logiciels systèmes. Les instructions sont traduites en des signaux électriques que l'ordi-nateur peut manipuler et traiter.

FIGURE A-22 : L'écran de Windows 7 au démarrage

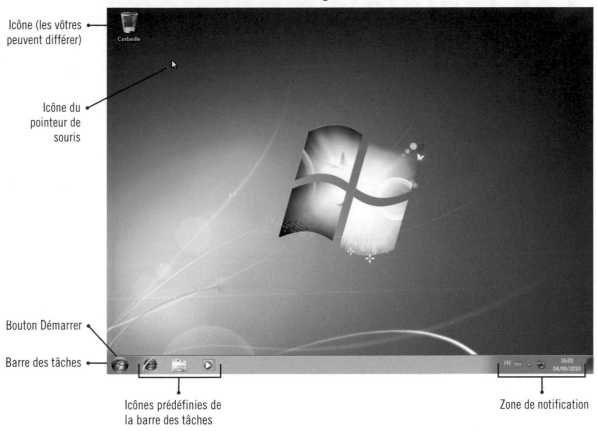

Icône (les vôtres peuvent différer)

Icône du pointeur de souris

Bouton Démarrer

Barre des tâches

Icônes prédéfinies de la barre des tâches

Zone de notification

Comprendre les exigences matérielles de Windows 7

Windows 7, la nouvelle version du système d'exploitation Windows, requiert un ordinateur équipé d'au moins un processeur, affublé de 1 Go de mémoire vive pour la version 32 bits et de 2 Go pour la version 64 bits, un processeur graphique compatible DirectX 9, 128 Mo de mémoire graphique spécialisée et 16 Go d'espace disque pour la version 32 bits ou 20 Go pour la version 64 bits. Conservez à l'esprit que ce sont là des recommandations minimales. Pour éviter de subir des ralentissements excessifs de l'ordinateur, considérez l'idée d'augmenter la taille de la mémoire et la vitesse du processeur.

Les logiciels d'application

Les **logiciels d'application** sont ceux que vous utilisez pour effectuer les tâches informatiques. Nombreux sont les programmes qui permettent d'utiliser, dans des documents, des données créées à l'aide d'autres applications. La **liaison et incorporation d'objet** (**OLE**, *object linking and embedding*) désigne la capacité à exploiter des données d'un autre fichier, appelé **source**. L'**incorporation** correspond au copier-coller des données sources dans le nouveau fichier. La **liaison** d'objet permet de créer une connexion entre les données sources et leur copie dans le nouveau fichier. La liaison est rafraichie, mise à jour, lorsque des modifications sont apportées aux données sources. La nature quasi invisible mais bien présente de l'OLE parmi des applications participe à ce qui s'appelle l'**intégration** de ces applications, les unes aux autres. Le personnel d'Aurore Voyages sait désormais ce que sont les logiciels systèmes et les systèmes d'exploitation. Julien décrit ensuite quelques logiciels d'application courants.

DÉTAILS

Voici quelques exemples de logiciels d'application courants :

- La catégorie des **logiciels de production de documents** regroupe notamment les logiciels de traitement de texte mais également les logiciels de publication assistée par ordinateur, les logiciels d'édition de courriers électroniques et les logiciels de conception de pages web. Tous ces outils de production comportent une multitude de fonctionnalités qui permettent de rédiger et de mettre en forme des documents, comme modifier la **police** (l'allure des caractères). La plupart de ces logiciels proposent un **correcteur orthographique**, véritable assistant dans la correction des erreurs typographiques, d'orthographe et de grammaire (figure A-23).

- Le **logiciel de tableur** est un véritable outil d'analyse numérique. Ce genre de logiciel fonctionne sur base d'une **feuille de calcul**, constituée de lignes et de colonnes de cellules. Vous introduisez des données dans des cellules et, dans d'autres, des formules de calcul basées sur ces données. La figure A-24 montre un exemple de feuille de calcul qui contient un calcul simple et un graphique qui représente les données de la feuille de calcul.

- Le **logiciel de gestion de base de données** permet de collecter et de gérer des données. Une **base de données** est une collection d'informations stockées dans un ou plusieurs ordinateurs, structurées selon un format uniforme d'enregistrements et de champs. L'**enregistrement** est une collection d'éléments de données de la base de données, tandis que le **champ** représente une information dans un enregistrement. Le catalogue en ligne des livres d'une bibliothèque constitue un exemple de base de données. Le catalogue contient un enregistrement par livre de la bibliothèque et chaque enregistrement contient des champs qui identifient le titre, l'auteur et les sujets traités par le livre, qui en permettent le classement.

- Les **logiciels graphiques** et **de présentation** permettent de créer des illustrations, des diagrammes, des graphes et des tableaux, présentés devant une assistance, imprimés pour servir de notes de synthèse ou transmis à des ordinateurs distants. Nombre de logiciels fournissent des collections de **cliparts**, de petits dessins qui illustrent et agrémentent les documents.

- Les **logiciels de retouche photo** permettent de manipuler des photos numériques. Ils permettent d'éclaircir les photos, de leur appliquer des effets spéciaux, d'ajouter des éléments photographiques provenant d'autres clichés, de rogner des images pour ne conserver que la partie utile des images. Parmi les nombreux exemples de logiciels de retouche photo, citons Adobe Photoshop et Picasa. Un **logiciel d'édition vidéo**, comme Windows Live Movie Maker ou Adobe Premiere, autorisent le montage de vidéos et, à cet effet, permettent de découper des séquences, d'y incruster des textes et d'y ajouter des pistes sons, puis de modifier l'ordre d'enchainement des séquences.

- Les **logiciels d'édition multimédia** enregistrent des fichiers de sons numériques, des fichiers vidéo et des animations qui viennent ensuite agrémenter des présentations et d'autres documents.

- Les **logiciels de gestion d'informations personnelles** conservent une trace des plannings, des rendez-vous, des contacts, des listes de tâches. La plupart des logiciels clients de messagerie électronique permettent à leurs utilisateurs d'ajouter de nombreuses informations sur leurs contacts à la liste des adresses de courrier électronique. D'autres logiciels plus élaborés, comme Microsoft Outlook, combinent une liste de contact avec des composants de gestion des informations, comme un calendrier et une liste de tâches.

- Les **logiciels d'édition et d'administration web** sont dédiés à la création et à la gestion de sites web. Ils permettent de voir en temps réel les pages web produites, au fur et à mesure de leur création.

FIGURE A-23 : Correction orthographique d'un document

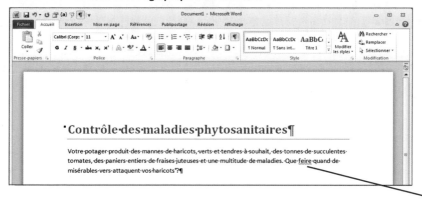

Une ligne ondulée rouge indique une erreur d'orthographe probable

FIGURE A-24 : Une feuille de calcul type avec des données numériques et un graphique

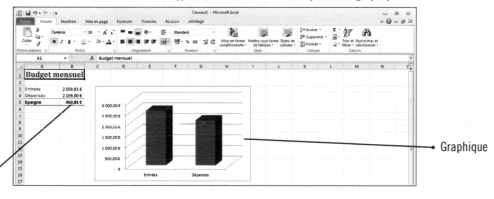

La cellule B5 contient le résultat du calcul effectué par le logiciel de tableur

Graphique

L'informatique dans les nuages

L'**infonuagique** ou **informatique en nuage** (*cloud computing*) signifie que les données, les applications et même les ressources (de stockage) sont conservées sur des serveurs et accessibles par l'entremise de l'internet, au lieu de l'être localement, sur l'ordinateur de l'utilisateur. Vous n'accédez qu'à ce dont vous avez besoin et seulement quand vous en avez besoin. De plus en plus de gens et d'entreprises évoluent vers l'infonuagique pour au moins un de leurs besoins propres. Ainsi, certaines compagnies fournissent de l'espace et de la puissance de calcul aux développeurs en

échange d'une petite participation aux frais. Les individus peuvent souscrire des services de sauvegarde comme Carbonite ou Mozy, de sorte que la sauvegarde des données importantes est assurée automatiquement sur les ordinateurs de ces sociétés. Google Docs et Microsoft Web Apps fournissent à la fois des services gratuits et payants de différentes applications, certes pas aussi robustes que celles que vous installez localement sur votre ordinateur mais dont les perspectives devraient favorablement évoluer à l'avenir.

Mise en pratique

Révision des concepts

Associez à chaque question le composant de l'ordinateur personnel identifié à la figure A-25.

FIGURE A-25

1. Quel composant sert à l'entrée de texte ?
2. Quel composant utilisez-vous pour pointer des éléments à l'écran ?
3. Quel composant traite les données ?
4. Quel composant produit les sorties ?

Associez chaque terme à sa description.

5. **Miniportatif**
6. **Commandes**
7. **Octets**
8. **Mémoire vive**
9. **Disque dur**
10. **Port d'extension**
11. **Serveur**
12. **Logiciel espion**
13. **Système d'exploitation**
14. **Base de données**

a. Emmagasine temporairement des données et des programmes pendant le fonctionnement de l'ordinateur.

b. Un genre d'ordinateur ultraportatif, principalement conçu pour naviguer sur l'internet et lire des courriers électroniques.

c. Un support de stockage magnétique généralement scellé dans un boitier et fixé dans l'unité centrale de l'ordinateur.

d. Une collection d'informations stockées dans un ou plusieurs ordinateurs, organisées selon un format uniforme d'enregistrements et de champs.

e. Une suite de huit bits.

f. Un ordinateur d'un réseau, qui agit comme un emplacement central de stockage pour des programmes et des données utilisés sur le réseau.

g. Le logiciel qui alloue les ressources, gère l'espace de stockage, assure la sécurité et contrôle les entrées et sorties.

h. Un programme qui suit à la trace l'usage fait de l'internet sans la permission de l'utilisateur.

i. Un emplacement de la carte-mère destiné à accueillir une carte contrôleuse pour un périphérique.

j. Les instructions entrées qui indiquent à l'ordinateur comment traiter les données.

Choisissez la meilleure réponse à chaque question.

15. **Parmi les propositions suivantes, laquelle n'est pas considérée comme un ordinateur personnel ?**
    a. Ordinateur de bureau
    b. Ordinateur central
    c. Ordinateur portatif
    d. Ordinateur tablette

16. **Les composants immatériels d'un système d'ordinateur, dont les programmes, sont appelés:**
    a. Périphériques
    b. Matériel
    c. Logiciels
    d. Prix

17. **Quelle partie de l'ordinateur est responsable de l'exécution des instructions de traitement des informations?**
    a. Un périphérique
    b. Une carte
    c. La carte-mère
    d. Le processeur

18. **Comment s'appellent les détails techniques relatifs à chaque composant matériel?**
    a. Configuration
    b. Spécifications
    c. Circuits
    d. Cartes

19. **Le clavier, le moniteur et une imprimante sont autant d'exemples de _____ .**
    a. Périphériques
    b. Périphériques d'entrée
    c. Périphériques de sortie
    d. Logiciels

20. **Quel est, parmi les suivants, le périphérique de pointage qui implique de le déplacer sur un bureau pour contrôler le pointeur à l'écran?**
    a. Souris
    b. Boule de commande
    c. Bloc à effleurement
    d. Ergot

21. **Pour afficher des graphismes, un ordinateur a besoin d'un moniteur et d'un(e):**
    a. Port d'extension
    b. Carte ou processeur graphique
    c. Carte réseau
    d. Carte de son

22. **Comment s'appelle chaque 1 ou 0 qui sert à la représentation des données informatiques?**
    a. Un ASCII
    b. Un pixel
    c. Un bit
    d. Un octet

23. Que représente un mégaoctet ?
- **a.** 10 kilooctets
- **b.** Environ un million d'octets
- **c.** Un demi-gigaoctet
- **d.** Environ un million de bits

24. Parmi les propositions suivantes, laquelle stocke de manière permanente les quelques instructions nécessaires à l'ordinateur pour activer les logiciels de contrôle des fonctions de traitement, au moment du démarrage de l'ordinateur ?
- **a.** La mémoire vive
- **b.** La mémoire morte
- **c.** Le disque dur
- **d.** Le cache UCT

25. Parmi les propositions suivantes, laquelle désigne de l'espace de stockage sur les périphériques de stockage de l'ordinateur, qui simule de la mémoire supplémentaire ?
- **a.** La mémoire morte
- **b.** La mémoire cache
- **c.** La mémoire volatile
- **d.** La mémoire virtuelle

26. Parmi les propositions suivantes, laquelle stocke temporairement les données et les programmes pendant que vous les utilisez ?
- **a.** La RAM
- **b.** La ROM
- **c.** Le disque dur
- **d.** Le cache d'UCT

27. Parmi les supports de stockage suivants, lequel n'est pas un support de stockage permanent ?
- **a.** Le disque dur
- **b.** Un disque optique
- **c.** Le DVD
- **d.** La RAM

28. Le protocole de communication entre un ordinateur et ses périphériques est géré par un(e) _____ .
- **a.** Pilote
- **b.** Carte contrôleuse
- **c.** Canal
- **d.** Bus de données

29. Comment s'appelle le chemin des données entre le microprocesseur, la mémoire vive et les périphériques ?
- **a.** Câble
- **b.** Bus de données
- **c.** Canal de données
- **d.** Port de données

30. L'ordinateur à l'origine d'un message envoyé à un autre ordinateur s'appelle _____ .
- **a.** Le canal
- **b.** L'expéditeur
- **c.** Le destinataire
- **d.** Le pilote

31. Comment s'appelle un ordinateur personnel connecté à un réseau ?
- **a.** Miniportatif
- **b.** Ordinateur de bureau
- **c.** Station de travail
- **d.** Canal

32. Parmi les propositions suivantes, quelle est celle qui agit comme une porte verrouillée dans l'ordinateur ?
- **a.** Le serveur DNS
- **b.** Le logiciel antivirus
- **c.** Le logiciel espion
- **d.** Le coupe-feu

33. Un _____ est composé d'ordinateurs et de périphériques connectés entre eux et placés de manière relativement proche les uns des autres.
- **a.** PAN
- **b.** LAN
- **c.** WAN
- **d.** WLAN

34. Quand des données, des applications et des ressources sont stockées sur des serveurs plutôt que les ordinateurs des utilisateurs, on parle_____ .
- **a.** De client-serveur
- **b.** D'infonuagique
- **c.** D'informatique partagée
- **d.** D'informatique louée

35. Comment s'appelle unn site web conçu pour ressembler à l'identique à un autre site web, par exemple d'une banque, mais qui n'appartient pas, en réalité, à l'organisme décrit ? (donnez la meilleure réponse) :
- **a.** Un site de maquillage
- **b.** Un site d'usurpation
- **c.** Un site desservi
- **d.** Un site malveillant

Exercice personnel 1

Vous aurez besoin d'une connexion à l'internet pour réaliser cet exercice.

La technologie évolue à une vitesse déconcertante ! Pour faire fonctionner les logiciels les plus récents, bien des gens doivent mettre à jour leurs ordinateurs ou en acquérir de nouveaux. Que faire de votre ancien ordinateur quand vous en achetez un nouveau ? Souvent, les municipalités et les institutions régionales édictent des règlementations pour réguler l'élimination des déchets électroniques. Recherchez ces lois, ces règlementations dans votre ville et votre pays, et rédigez un rapport succinct pour les décrire.

a. Démarrez votre navigateur web, allez dans votre moteur de recherche préféré, puis recherchez des informations sur les lois qui régissent l'élimination des déchets électroniques dans votre pays et votre ville. Essayez de trouver le site web de votre ville et d'y trouver des informations, ou utilisez les mots-clés de recherche législation élimination déchet électronique, suivis du nom de votre ville, puis répétez la recherche avec le nom de votre pays à la place de celui de la ville.

b. Visitez chaque site web que vous découvrez, dans un onglet distinct ou dans une nouvelle fenêtre de navigateur.

c. Lisez les informations offertes par chacun des sites web. Quels sont les composants que l'on peut jeter ? Des lois particulières s'appliquent-elles à l'élimination de moniteurs ? Les lois diffèrent-elles selon que l'on soit un particulier ou une entreprise ? La taille de l'entreprise influence-t-elle les conditions d'élimination ? Faut-il déposer ces composants dans des centres spécialisés (déchèteries) ? Certains fabricants, distributeurs ou revendeurs sont-ils obligés d'accepter les composants usagés correspondant à ceux qu'ils vendent ?

Difficultés supplémentaires

- Recherchez d'éventuelles organisations auxquelles vous pourriez donner votre ordinateur.
- Comment ces organisations garantissent-elles la protection de vos données privées ?
- Avez-vous droit à une déduction d'impôts sur les revenus si vous donnez cet ordinateur ?

d. Rédigez un court rapport pour décrire vos découvertes, ajoutez-y les URL des sites qui dispensent les informations que vous citez. (*Conseil* : Si vous utilisez un logiciel de traitement de texte pour établir votre rapport, vous pouvez copier-coller ces URL, de la barre d'adresse du navigateur web vers votre document. Cliquez du bouton droit dans la barre d'adresse, cliquez sur Copier dans le menu contextuel qui apparait, placez le point d'insertion (curseur) dans le document où vous voulez déposer l'URL, puis appuyez sur [Ctrl][V].)

Exercice personnel 2

Vous aurez besoin d'une connexion à l'internet pour réaliser cet exercice.

De nouveaux virus apparaissent pratiquement tous les jours. Si vous naviguez sur l'internet ou échangez des courriers électroniques, il est très important d'utiliser un logiciel antivirus récent et à jour. Livrez-vous à une petite enquête sur les menaces virales actuelles les plus communes et créez un tableau où vous énumérez ces menaces à la sécurité et les détails relatifs à ces menaces.

a. Démarrez votre navigateur web, allez sur le site **www.bitdefender.fr** de BitDefender, puis, tout en bas de la page, cliquez sur le lien Plan du site. Dans la partie Defense Center, cliquez sur le lien Rapport des virus en temps réel.

b. Copiez chacun des noms des cinq virus les plus actifs dans le tableau et collez-le dans votre moteur de recherche préféré pour en connaitre les détails et lire la description de chacune de ces menaces. Ouvrez les pages de description des menaces dans un nouvel onglet du navigateur.

c. Ouvrez un nouveau document de traitement de texte et créez un tableau pour y énumérer chacune des menaces virales actives, une description de ce que ces virus commettent comme dégâts et l'indication de la portée du virus selon son pourcentage de systèmes infectés. Complétez le tableau d'une information sur le niveau de risque du virus, c'est-à-dire le niveau de gravité des dommages qu'il occasionne au système infecté.

d. Avec votre navigateur web, allez sur le Portail officiel de la sécurité informatique, sur **www.securite-informatique.gouv.fr**. Dans la liste de liens de gauche, sous Je cherche..., cliquez sur Autoformation. Dans la liste des autoformations proposées, cliquez sur le lien Principes essentiels de la sécurité informatique. Une petite application interactive vous propose de vous initier aux règles de base de la protection informatique.

e. À la suite de votre document de traitement de texte, décrivez les dix commandements de la sécurité sur l'internet. (*Conseil*: Cliquez sur le lien proposé, du portail de la sécurité informatique pour connaitre ces dix commandements.)

Exercice personnel 3

Vous aurez besoin d'une connexion à l'internet pour réaliser cet exercice.

Un clavier ergonomique est présenté en exemple dans ce module. L'ergonomie étudie la conception de l'espace de travail pour que les travailleurs puissent agir efficacement et éviter l'inconfort, les blessures et les maladies professionnelles. Dans le monde, bien des institutions ont pris au sérieux l'impact des nouvelles technologies sur la qualité de vie humaine. Plus que le matériel, c'est le poste de travail dans son ensemble, et en particulier la posture, qui attire l'attention des spécialistes.

a. Démarrez votre navigateur web, puis, dans votre moteur de recherche préféré, cherchez **www.passeportsante.net**. En haut de la page qui s'affiche, cliquez dans la zone de texte de recherche, à droite de «CONTACTEZ-NOUS» et entrez **canal carpien**, puis appuyez sur [Entrée]. Dans la liste des liens proposés, avec leurs descriptions succinctes, cliquez sur le lien Syndrome du canal carpien.

b. Lisez les informations proposées sur cette page et attardez-vous sur la partie prévention.

c. L'Université Laval de Québec a mis en place un programme d'amélioration de l'environnement de travail dans le cadre de l'université et propose des audits et des conseils pour limiter les inconvénients des postes de travail. Ouvrez un nouvel onglet dans votre navigateur web favori et recherchez **Université Laval Évaluation préventive en ergonomie de bureau**. Dans la liste des résultats, cliquez sur Ressources humaines - Ergonomie de bureau. Dans le menu de gauche, cliquez sur le lien Exercices d'échauffement-étirement. Vous y découvrez une suite d'exercices simples à mettre en œuvre pour limiter la fatigue dans le contexte du poste de travail informatique. Ces propositions d'exercices viennent compléter les conseils précédents. Imprimez la page des exercices et tirez-en profit aussi souvent que vous le pouvez.

d. Le secteur bancaire et ses services est générateur de maladies professionnelles et de blessures, du fait de l'exploitation outrancière des ordinateurs dans le cadre du travail. En particulier, le Grand-Duché du Luxembourg, pays qui connaît une forte concentration d'organismes bancaires, a mis en place un service de recommandations à l'usage des employés des institutions bancaires. Dans un nouvel onglet de votre navigateur, recherchez **ASTF Le poste de travail sur écran**. Dans la liste des résultats proposés, cliquez sur le lien Travail sur écran de visualisation - Association pour la santé au... Les informations offertes sont certes plus techniques mais vous donnent une idée de l'importance d'une bonne qualité d'environnement de travail, du fait que le secteur bancaire impose largement l'utilisation de l'outil informatique.

e. Les Suisses, enfin, ne sont pas avares de réflexion à propos de la qualité d'un poste de travail et, en quelques mots, agrémentés de quelques dessins, vous conseillent sur la meilleure implantation de votre outil de travail informatique. Dans un nouvel onglet de votre navigateur web, ouvrez une nouvelle page de votre moteur de recherche préféré. Entrez les mots-clés **prevention.ch Des postes de travail ergonomiques**. Parmi la liste des liens proposés, cliquez sur Des postes de travail ergonomiques - Prevention.ch. Lisez les conseils de cette page et confrontez-les aux postures et aux réglages que vous connaissez de votre siège, de votre écran et ainsi de suite.

Difficultés supplémentaires

■ Rédigez un rapport sur papier ou dans un logiciel de traitement de texte où vous décrivez brièvement les problèmes soulevés par ces différents sites.

■ Ajoutez les solutions et les conseils de prévention proposés.

■ N'hésitez pas à reproduire les dessins qui figurent sur les pages de ces sites, lorsqu'ils vous paraissent opportuns.

■ Citez vos sources ! Si vous reproduisez des dessins et des photos de sites web, n'oubliez pas de citer l'origine de vos clichés.

Défi

Vous envisagez d'acquérir un nouvel ordinateur personnel de type de bureau. Vous voulez que cet ordinateur fonctionne sous Windows 7, utilise Microsoft Office 2010 et soit correctement protégé contre les menaces à la sécurité. Bien entendu, vous souhaitez disposer d'un vaste écran plat et vous voulez une imprimante de qualité correcte. Cependant, votre budget est limité et vous ne pouvez pas dépenser plus de 1 000 $ (750 €) pour l'ensemble, matériel et logiciels compris.

a. Pour structurer vos informations, créez un tableau comme celui de la figure A-26.

FIGURE A-26

	Vos exigences	Vendeur 1	Vendeur 2	Vendeur 3
Windows 7 (édition)				
Office 2010 (édition)				
Marque de l'ordinateur				
Processeur (marque et vitesse)				
Mémoire vive (taille)				
Mémoire vidéo (taille)				
Disque dur (taille)				
Moniteur (type et taille)				
Imprimante (type et vitesse)				
Haut-parleurs				
Logiciel antivirus				
Coupe-feu (logiciel ou routeur avec coupe-feu intégré)				
Prix de la configuration				
Logiciel antivirus				
Montant total				

b. Décidez de la version de Windows 7 que vous souhaitez utiliser, compatible avec votre usage. Entrez-la dans la colonne Vos exigences du tableau. Allez sur le site web de Microsoft et cherchez des informations sur les différentes éditions de Windows 7 disponibles.

c. Recherchez sur le site web de Microsoft les exigences matérielles de l'édition de Windows 7 que vous avez sélectionnée.

d. Décidez de la version d'Office 2010 et entrez-la dans la première colonne du tableau. Recherchez sur le site web de Microsoft la description des logiciels compris dans chacune des versions d'Office, puis recherchez les exigences matérielles et logicielles pour faire fonctionner l'édition d'Office que vous avez sélectionnée. Si nécessaire, modifiez les exigences matérielles dans le tableau.

e. Recherchez le prix de votre nouvel ordinateur. Pour commencer, visitez les commerçants locaux de votre région, décortiquez les publicités ou trouvez sur l'internet des revendeurs de matériel informatique. Ces derniers proposent souvent des offres complètes, de matériel, de périphériques, de système d'exploitation et de logiciels supplémentaires, prêts à l'emploi. Dans la colonne Vendeur 1 du tableau, écrivez les caractéristiques du système que vous aurez choisi chez ce revendeur. Si le moindre élément manque à la liste de vos exigences, cherchez le prix du composant supplémentaire et ajoutez-en le prix dans le tableau. Faites de même pour deux autres vendeurs et entrez ces informations dans les colonnes Vendeur 2 et Vendeur 3.

f. Si la configuration choisie ne comprend pas d'imprimante, recherchez sur le web le prix d'une imprimante à jet d'encre abordable.

g. De même pour le logiciel antivirus : si la configuration choisie ne propose pas d'antivirus, recherchez le prix d'une suite antivirale complète. Vérifiez que ce choix ne dépasse pas vos limites budgétaires et envisagez l'installation d'éléments disparates mais gratuits qui apportent une protection complète. Décidez si vous préférez adopter une suite payante ou des éléments gratuits. En définitive, ajoutez ce coût dans la case correspondante du tableau.

h. Si vous décidez de vous munir d'un routeur avec un coupe-feu intégré, recherchez le prix d'un tel équipement sur le web, puis écrivez son prix dans le tableau.

i. Calculez le montant total des coûts que vous avez relevés pour les différents éléments et les trois vendeurs. Si votre budget n'est pas respecté, révisez certains des éléments que vous avez définis. Pouvez-vous trouver une imprimante moins coûteuse ? Devrez-vous vous contenter d'un moniteur moins grand, moins cher ? Au contraire, si vous vous maintenez sous votre budget, pensez à une évolution d'une partie du système. Pour le confort, vous pourriez peut-être vous offrir un écran de plus grande taille, de meilleure qualité. Révisez vos exigences et respectez la limite budgétaire imposée.

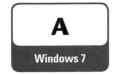

Bien débuter avec Windows 7

Vous aurez besoin de ces fichiers :

Aucun fichier n'est nécessaire pour suivre ce module.

Le système d'exploitation Windows 7 est le logiciel qui permet d'utiliser l'ordinateur. Comme Windows 7 partage de nombreuses caractéristiques avec les autres programmes pour Windows, dès que vous savez travailler avec Windows 7, vous n'éprouvez plus aucune difficulté à maitriser les autres programmes qui fonctionnent sur l'ordinateur. Le but de ce module est de vous apprendre à démarrer Windows 7, à gérer les fenêtres et les autres objets disponibles à l'écran. Vous manipulez les icônes qui représentent des programmes et des fichiers, pour ensuite déplacer et redimensionner des fenêtres. À mesure que vous utilisez l'ordinateur, l'écran se remplit de fenêtres; il est important d'apprendre à les organiser. Au cours de ce module, vous créez un dessin simple à l'aide d'un programme nommé Paint. C'est l'occasion d'apprendre à utiliser des boutons, des menus et des boites de dialogue. Vous poursuivez ce module avec une découverte de l'Aide et support de Windows 7, pour apprendre enfin à quitter une session de Windows 7. Chargé depuis peu de gérer les voyages en Océanie pour le compte de Voyages Tour Aventure (VTA), vous devez acquérir les notions de base de Windows pour suivre les réservations des voyages.

OBJECTIFS

Démarrer Windows 7

Examiner le bureau

Pointer et cliquer

Démarrer un programme de Windows

Exploiter les fenêtres

Utiliser plusieurs fenêtres

Utiliser les boutons de commande, les menus et les boites de dialogue

Obtenir de l'aide

Quitter Windows 7

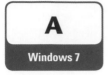
Démarrer Windows et examiner le bureau

Windows 7 est un **système d'exploitation**, un programme qui permet d'utiliser l'ordinateur. Un **programme** est un ensemble d'instructions rédigées pour l'ordinateur. Lorsque vous appuyez sur le bouton d'allumage de l'ordinateur, le système d'exploitation Windows 7 démarre automatiquement. Si l'ordinateur ne disposait pas d'un système d'exploitation, vous n'obtiendriez absolument rien à l'écran au démarrage de l'ordinateur. Le système d'exploitation réserve à l'usage de chacun de ses utilisateurs une zone particulière appelée **compte d'utilisateur**, qui conserve une trace de ses fichiers personnels. Si l'ordinateur est réglé pour accepter plusieurs utilisateurs, il est nécessaire de s'**identifier pour ouvrir une session**, c'est-à-dire sélectionner un compte d'utilisateur au démarrage de l'ordinateur. Si vous êtes le seul utilisateur de l'ordinateur, il se peut que vous n'ayez pas à sélectionner d'utilisateur. Par contre, vous devez peut-être entrer un **mot de passe**, une séquence particulière de nombres et de chiffres que chaque utilisateur peut créer pour protéger son compte. Un mot de passe complète le compte d'un utilisateur pour lui permettre d'accéder à ses fichiers et à sa propre zone de travail. Les utilisateurs ne peuvent voir les fichiers des autres comptes sans entrer leurs mots de passe, ce qui renforce la sécurité des informations enfermées dans l'ordinateur. Dès l'ouverture de session, un message de bienvenue s'affiche, puis le bureau de Windows 7. La leçon suivante détaille le contenu du bureau. En prévision de votre gestion des voyages en Océanie, vous entamez votre étude du système d'exploitation Windows 7.

ÉTAPES

1. **Appuyez sur le bouton d'allumage de l'ordinateur, qui ressemble généralement à ⏻ ou à ▭ puis, si le moniteur n'est pas allumé, appuyez sur son bouton d'allumage.**

   Sur un ordinateur de bureau, le bouton d'allumage est habituellement situé sur la façade. Sur un ordinateur portable, il se trouve généralement au-dessus des touches du clavier. Après quelques instants, un message «Démarrage de Windows» apparait. La figure A-1 montre l'écran suivant, qui demande de choisir un compte d'utilisateur.

> **PROBLÈME**
>
> Si aucun écran ne vous demande de sélectionner un utilisateur, passez à l'étape 3.

2. **Cliquez si nécessaire sur un nom d'utilisateur.**

   Le nom sur lequel vous cliquez représente votre compte d'utilisateur, avec lequel vous utilisez l'ordinateur. Le compte d'utilisateur porte un nom qui lui est affecté personnellement ou un nom général, comme Etudiant ou Labo. Un écran suit éventuellement, qui demande un mot de passe. Si cela s'impose, demandez à votre formateur ou au responsable technique le compte d'utilisateur et le mot de passe que vous devez utiliser.

> **PROBLÈME**
>
> Si vous avez cliqué sur un utilisateur inadéquat à l'étape 2, changez d'utilisateur : cliquez sur Changer d'utilisateur dans l'écran de saisie du Mot de passe.

3. **Si nécessaire, entrez votre mot de passe, avec les lettres majuscules ou en bas de casse comme illustré à la figure A-2.**

   Les mots de passe sont **sensibles à la casse**, ce qui signifie que, si vous entrez des lettres majuscules alors que des lettres minuscules sont attendues, Windows ne vous laisse pas accéder à votre session d'utilisateur. Ainsi, si «livre» est votre mot de passe et si vous entrez « LIVRE », vous ne pourrez pas accéder à votre session. À mesure que vous entrez les caractères de votre mot de passe, des points apparaissent à l'écran pour les représenter. Ceci complique la tâche d'une personne qui tente de lire les caractères de votre mot de passe par-dessus votre épaule.

> **PROBLÈME**
>
> Si vous avez introduit un mot de passe incorrect, vous voyez l'écran « Le nom d'utilisateur ou le mot de passe est incorrect. » Cliquez sur OK pour recommencer. Pour vous aider à vous remémorer votre mot de passe, Windows affiche l'indication de mot de passe que vous avez entrée quand vous avez créé votre mot de passe.

4. **Cliquez sur le bouton Suivant ➜.**

   Un message d'accueil s'affiche, puis le bureau de Windows (figure A-3).

FIGURE A-1 : Sélectionner un nom d'utilisateur

Un nom et une image représentent chaque compte d'utilisateur de l'ordinateur

Votre version de Windows 7 est peut-être différente

Le bouton Options d'ergonomie propose des outils d'accessibilités

Bouton d'arrêt

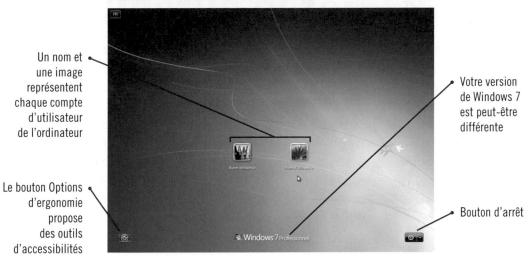

FIGURE A-2 : Écran de mot de passe

Pour des raisons de sécurité, le mot de passe affiche des points au lieu des caractères

Bouton Suivant

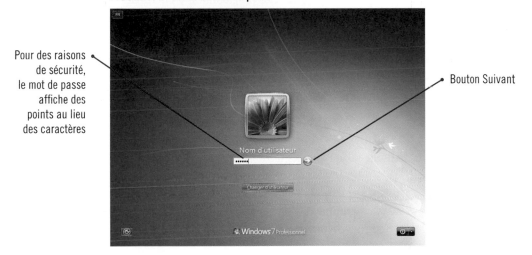

FIGURE A-3 : Bureau de Windows 7

Bien débuter avec Windows 7

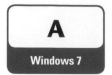

Examiner le bureau

Le démarrage de l'ordinateur achevé, Windows 7 affiche son **bureau**. Le bureau est une image ou un dégradé d'arrière-plan parsemé de petits graphismes, appelés icônes. Les icônes sont de petites images qui représentent des éléments de l'ordinateur, comme la Corbeille. Vous pouvez déplacer, ajouter ou supprimer des icônes du bureau. Le bureau se comporte comme un véritable meuble de bureau : c'est votre surface de travail. Vous l'utilisez pour gérer les dossiers et les fichiers de l'ordinateur. Un **fichier** est une collection d'informations enregistrées, comme une lettre, une vidéo ou un programme. Un **dossier** est un conteneur destiné à organiser les fichiers, tout comme le classeur de documents qui trône sur votre meuble de bureau. Si vous découvrez une nouvelle installation de Windows, le bureau peut n'afficher que l'icône de la Corbeille dans le coin supérieur gauche et la **barre des tâches**, le bandeau horizontal situé au bas de l'écran. Vous commencez votre exploration du bureau de Windows 7 pour apprendre à communiquer avec lui.

DÉTAILS

Les éléments suivants font partie du bureau de Windows 7 (figure A-4).

- **Le bouton Démarrer**

  Le **bouton Démarrer** est le point de départ de toute velléité de communication avec votre ordinateur. Le bouton Démarrer permet de lancer des programmes, d'ouvrir des fenêtres qui montrent le contenu de l'ordinateur, de terminer votre session de travail ou encore d'arrêter l'ordinateur.

- **La barre des tâches**

  La **barre des tâches** est le bandeau horizontal situé au bas du bureau. Elle contient le bouton Démarrer, ainsi que d'autres boutons qui représentent autant de programmes, de dossiers et de fichiers. Utilisez ces boutons pour ouvrir immédiatement des programmes ou pour voir les fichiers et les programmes présents dans votre ordinateur.

- **La zone de notification**

  Dans la partie droite de la barre des tâches, la **zone de notification**, regroupe des icônes qui représentent des messages d'information et des programmes qui peuvent s'avérer utiles. Elle contient également des informations quant à la date et l'heure actuelles. Certains programmes placent automatiquement des icônes dans cette zone pour y donner un accès aisé et rapide. La zone de notification affiche enfin des messages en incrustation lorsque des évènements se produisent sur l'ordinateur qui nécessitent votre attention.

- **La Corbeille**

  Comme une véritable corbeille à papier de bureau, la **Corbeille** est l'endroit où aboutissent les fichiers et les dossiers dont vous n'avez plus besoin et que vous souhaitez supprimer. Les objets placés dans la Corbeille y demeurent jusqu'à ce que vous la vidiez. Si vous y déposez un objet par erreur, vous pouvez facilement le retrouver et le restaurer à son emplacement initial, tant que vous ne videz pas la Corbeille.

- **L'arrière-plan du bureau**

  La zone graphique en dégradé ou pourvue d'une image, derrière les icônes, s'appelle l'**arrière-plan du bureau**. Vous pouvez changer cet arrière-plan pour afficher des couleurs différentes ou encore une image d'arrière-plan.

Selon les réglages de votre bureau, vous pouvez également y trouver d'autres éléments :

- **Des icônes et des raccourcis**

  L'arrière-plan du bureau peut recevoir des icônes particulières, appelées **raccourcis**, sur lesquelles vous double-cliquez pour accéder à un programme, un fichier, un dossier ou un périphérique dont l'usage est fréquent. Ces raccourcis mettent très rapidement à votre disposition les éléments qu'ils désignent.

- **Des gadgets**

  Les **gadgets** sont de petits programmes facultatifs qui affichent des informations utiles ou ludiques, à même le bureau. Ils affichent à souhait une horloge, un calendrier, les grands titres d'actualité, des albums de photos et la météo en temps réel. Windows 7 propose déjà de tels gadgets que vous pouvez ajouter à votre bureau et vous trouverez sur l'internet d'autres gadgets. La figure A-5 montre un bureau avec un papier-peint, des raccourcis de programmes, de dossiers et de périphériques, ainsi que quelques gadgets.

FIGURE A-4 : Bureau de Windows 7 à l'issue d'une nouvelle installation

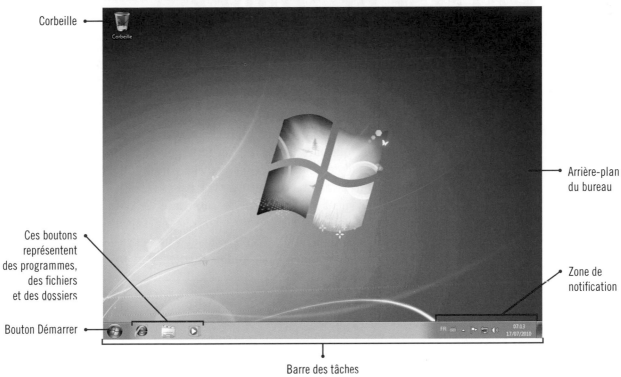

Corbeille

Ces boutons représentent des programmes, des fichiers et des dossiers

Bouton Démarrer

Arrière-plan du bureau

Zone de notification

Barre des tâches

FIGURE A-5 : Bureau de Windows 7, avec des raccourcis, des gadgets et une image d'arrière-plan

Raccourcis de périphériques

Raccourcis de dossiers

Raccourcis de programmes

Icônes de la barre des tâches

Gadgets pour l'heure, la météo et les taux de change

Image d'arrière-plan du bureau

Pourquoi mon bureau diffère-t-il de ces illustrations ?

Vous employez probablement un ordinateur déjà utilisé par d'autres personnes, dont la version de Windows 7 est différente, ou un ordinateur dans un laboratoire d'exercices pratiques. Par conséquent, votre bureau de Windows peut revêtir un aspect plus ou moins différent, avec d'autres raccourcis et d'autres gadgets. De même, votre Corbeille peut se trouver ailleurs que dans le coin supérieur gauche de l'écran. Ne vous formalisez pas de ces différences car elles n'interfèrent en aucune manière avec votre étude et les leçons de ce livre.

Pointer et cliquer

Lorsque Windows 7 a terminé son démarrage et qu'il affiche le bureau, vous pouvez commencer à communiquer avec l'ordinateur à l'aide d'un dispositif de pointage. Le **dispositif de pointage** est l'appareil connecté à l'ordinateur ou intégré à celui-ci, que vous utilisez pour déplacer et positionner le **pointeur**, la petite flèche ou le petit symbole qui indique sa position à l'écran. La forme du pointeur change en fonction de ce que vous pointez et des options disponibles. Les dispositifs de pointage les plus courants sont la souris des ordinateurs personnels ou de bureau, le bloc à effleurement ou l'ergot des ordinateurs portables et, depuis quelques temps, l'écran tactile ou la surface sensible au toucher des tablettes (figure A-6). Un dispositif de pointage est soit branché par un câble à l'ordinateur, soit intégré directement dans l'ordinateur ou l'écran, soit connecté sans fil, par ondes radios. Quel que soit le dispositif de pointage, il intègre généralement cinq **actions de pointage** de base, qui vous permettent de communiquer avec l'ordinateur : pointer, cliquer, double-cliquer, glisser et cliquer du bouton droit. Le tableau A-1 détaille ces différentes actions. Vous êtes impatient de préparer le planning de vos voyages mais, pour l'heure, vous communiquez à votre ordinateur les actions de pointage de base.

ÉTAPES

1. **Repérez le pointeur sur le bureau, puis déplacez le dispositif de pointage à gauche, à droite, vers le haut, puis vers le bas.**

   Le pointeur se déplace dans la même direction que votre dispositif de pointage.

2. **Déplacez le dispositif de pointage de sorte que le pointeur survole la Corbeille.**

   Vous pointez la Corbeille. Lors du survol, le pointeur adopte la forme d'une **flèche**, le pointeur de sélection ⌖. L'icône de la Corbeille est mise en **surbrillance** : un rectangle de couleur de fond plus claire et encadré par une bordure entoure l'icône de la Corbeille.

ASTUCE

L'extrémité du pointeur à l'écran détermine l'objet pointé.

3. **Alors que vous pointez la Corbeille, cliquez une fois très rapidement sur le bouton gauche de la souris, puis déplacez le pointeur en dehors de la Corbeille.**

   Le fait de cliquer ainsi une seule fois sur une icône du bureau revient à la **sélectionner**, avec pour conséquence que l'intérieur et la bordure qui l'enferment changent de couleurs. Quand vous sélectionnez une icône, vous indiquez à Windows 7 que vous souhaitez préparer une action. La sélection d'un élément permet aussi d'identifier cet élément.

4. **Sans cliquer, pointez sur le bouton d'Internet Explorer 🌐 dans la barre des tâches.**

   La bordure du bouton apparait et un message d'information, une **info-bulle**, s'affiche en incrustation pour identifier le programme que le bouton représente.

5. **Déplacez le pointeur jusque sur l'heure et la date dans la zone de notification, dans le coin inférieur bas de l'écran, lisez l'info-bulle, puis cliquez une fois.**

   Une fenêtre apparait en incrustation, avec un calendrier et une horloge qui indiquent le jour et l'heure.

PROBLÈME

Pour double-cliquer, cliquez très vite deux fois sans déplacer la souris. Si aucune fenêtre n'apparaît, recommencez le clic-clic plus rapidement.

6. **Placez le bout du pointeur sur la Corbeille et cliquez très vite deux fois.**

   Par cette action, vous **double-cliquez** sur la Corbeille. Une fenêtre s'ouvre et affiche le contenu de la Corbeille (figure A-7). La zone proche du haut de l'écran est la **barre d'adresse**, qui affiche le nom de l'élément ouvert. Si la Corbeille contient des éléments supprimés, ils apparaissent dans la zone blanche sous la barre d'adresse. Un simple clic suffit pour fermer cette fenêtre.

7. **Positionnez l'extrémité du pointeur sur le bouton Fermer ✖ du coin supérieur droit de la fenêtre de la Corbeille, remarquez l'info-bulle Fermer, puis cliquez une seule fois.**

   La fenêtre de la Corbeille se ferme. Vous pouvez ensuite déplacer des icônes sur le bureau.

ASTUCE

Dans nombre de programmes de Windows 7, vous utilisez le glissement pour déplacer des dossiers, des fichiers et bien d'autres objets à d'autres emplacements.

8. **Pointez sur l'icône de la Corbeille, pressez sans le relâcher le bouton gauche de la souris, déplacez le dispositif de pointage (ou glissez votre doigt sur le bloc à effleurement), de sorte que l'objet se déplace d'environ cinq centimètres vers la droite (figure A-8), puis relâchez le bouton de la souris.**

   Vous avez déplacé l'icône de la Corbeille vers un nouvel emplacement.

9. **Répétez l'étape 8 pour glisser à nouveau la Corbeille à son emplacement initial.**

FIGURE A-6 : Dispositifs de pointage

Souris

Boule de commande

Bloc à effleurement

Ergot

FIGURE A-7 : Fenêtre de la Corbeille

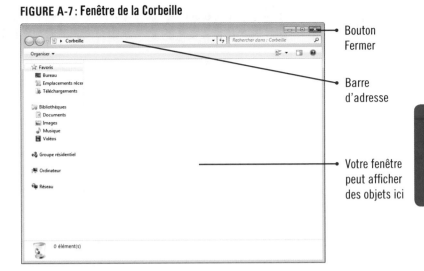

Bouton Fermer

Barre d'adresse

Votre fenêtre peut afficher des objets ici

Windows 7

FIGURE A-8 : Glisser l'icône de la Corbeille

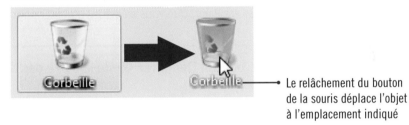

Le relâchement du bouton de la souris déplace l'objet à l'emplacement indiqué

TABLEAU A-1 : Cinq actions d'un dispositif de pointage

Action	Comment	Fonction
Pointer	Déplacer le dispositif de pointage pour placer l'extrémité du pointeur sur un objet, une option ou un élément.	Mettre en surbrillance des objets ou des options, afficher des messages en incrustation appelés info-bulles.
Cliquer	Presser et relâcher brièvement une fois le bouton gauche de la souris.	Sélectionner des objets ou des commandes, ouvrir des menus ou des éléments de la barre des tâches.
Double-cliquer	Presser et relâcher brièvement deux fois de suite le bouton gauche de la souris.	Ouvrir des programmes, des dossiers ou des fichiers représentés par des icônes du bureau.
Glisser	Pointer un objet, presser et maintenir enfoncé le bouton gauche de la souris, déplacer l'objet jusqu'à un autre emplacement, puis relâcher le bouton de la souris.	Déplacer des objets, tels que des icônes, sur le bureau.
Cliquer du bouton droit	Pointer sur un objet, presser et relâcher le bouton droit de la souris.	Afficher un menu contextuel avec des options spécifiques à l'objet ciblé.

Exploiter le clic du bouton droit ou clic droit

Certaines actions nécessitent un **clic droit**, c'est-à-dire de **cliquer du bouton droit** de la souris. Vous pouvez cliquer du bouton droit sur à peu près toutes les icônes du bureau pour ouvrir un menu contextuel. Un **menu contextuel** est une liste des commandes habituelles d'un objet. Une **commande** est une instruction donnée à un objet pour effectuer une tâche, comme vider la Corbeille. Les commandes du menu contextuel dépendent directement de l'objet qui reçoit le clic droit. La figure A-9 montre le menu contextuel obtenu par un clic droit sur la Corbeille. Le menu ouvert, cliquez cette fois sur le bouton gauche de la souris pour sélectionner une commande et l'exécuter.

FIGURE A-9 : Cliquer du bouton droit pour obtenir le menu contextuel

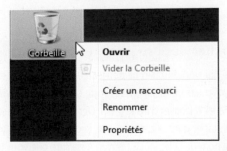

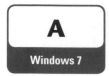
Démarrer un programme de Windows

Le système d'exploitation Windows 7 est là pour que vous puissiez piloter votre ordinateur et voir les programmes et les fichiers qu'il contient. Pour travailler, vous devez toutefois accéder à des **programmes d'application**. Les programmes d'application sont les outils indispensables qui permettent de créer des lettres, des synthèses financières et bien d'autres documents utiles, de lire des pages web sur l'internet, d'envoyer et de recevoir des courriers électroniques. Windows 7 propose déjà des programmes d'application, les **accessoires**. Le tableau A-2 illustre quelques-uns des accessoires fournis avec Windows 7. Pour utiliser un programme d'application, vous devez le démarrer, c'est-à-dire l'ouvrir, pour voir et utiliser ses outils. Pour démarrer un programme d'application sous Windows 7, vous utilisez le menu Démarrer. Un **menu** est une liste de commandes associées les unes aux autres. Avec le menu Démarrer, vous ouvrez le menu Tous les programmes pour accéder à tous les programmes d'application de l'ordinateur. Si vous pouvez en voir certains directement dans le menu Tous les programmes, d'autres sont présents dans des dossiers sur lesquels vous devez d'abord cliquer. Ensuite, pour démarrer un programme, cliquez sur son nom dans le menu. Vous découvrez le programme accessoire Paint, que vous envisagez d'utiliser pour créer des graphismes dans vos brochures.

ÉTAPES

1. **Cliquez sur le bouton Démarrer ⊕ de la barre des tâches, dans le coin inférieur gauche de l'écran.**

   Le menu Démarrer s'ouvre et montre dans sa partie gauche les programmes utilisés récemment. La zone foncée de la partie droite contient des liens vers des dossiers et d'autres emplacements que vous pourriez fréquemment utiliser. Il vous offre également la possibilité d'obtenir de l'aide et d'arrêter l'ordinateur (figure A-10). Tous les programmes disponibles sur votre ordinateur ne sont pas nécessairement énumérés ici.

2. **Pointez Tous les programmes.**

   Le menu affiche les programmes disponibles dans votre ordinateur. La liste réelle de vos programmes diffère sans doute de celle-ci, selon ce que vous avez installé sur la machine. Certains noms de programmes sont disponibles directement dans cette liste, tandis que d'autres sont regroupés dans des dossiers.

3. **Cliquez sur le dossier Accessoires.**

   Une liste des accessoires de Windows apparait (figure A-11). Les noms de ces programmes sont décalés vers la droite par rapport au dossier Accessoires, ce qui signifie qu'ils sont contenus dans ce dossier.

4. **Placez le pointeur 👆 sur Paint et cliquez une seule fois.**

   L'écran affiche la fenêtre de Paint (figure A-12). Quand Windows ouvre un programme d'application, il le démarre à partir du disque dur de l'ordinateur, où il réside en permanence. Il place ensuite le programme dans la mémoire de l'ordinateur, là où vous l'utilisez réellement.

5. **Si la fenêtre de Paint remplit la totalité de l'écran, cliquez sur le bouton Restaurer 🔲 dans le coin supérieur droit de la fenêtre (l'info-bulle affiche Niveau inf.).**

   Si la fenêtre de Paint ne revêt pas l'aspect de la figure A-12, pointez sur le coin inférieur droit de la fenêtre jusqu'à ce que le pointeur se transforme en ⤡, puis glissez le coin jusqu'à ressembler à la figure.

Rechercher des programmes et des fichiers à l'aide du menu Démarrer

À mesure que vous installez de nouveaux programmes et créez de nouveaux fichiers ou dossiers dans votre ordinateur, il devient parfois difficile de les retrouver dans le menu Démarrer. Cliquez sur le bouton Démarrer, tapez dans la zone de texte Rechercher les programmes et fichiers le nom de l'élément à trouver. À mesure que vous tapez des caractères, Windows 7 énumère au-dessus de la zone de texte les programmes, les documents, les messages de courrier électronique et les fichiers qui contiennent le texte que vous entrez. Ces éléments s'affichent sous forme de liens, de sorte qu'il vous reste à cliquer avec le pointeur main 👆 sur l'élément adéquat pour que Windows l'ouvre.

FIGURE A-10 : Menu Démarrer

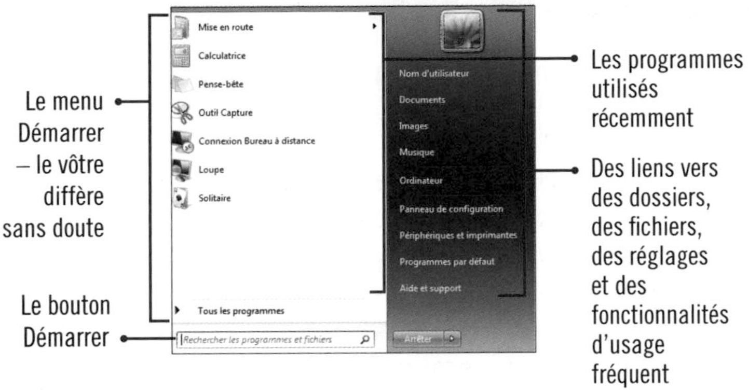

Le menu Démarrer – le vôtre diffère sans doute

Le bouton Démarrer

Les programmes utilisés récemment

Des liens vers des dossiers, des fichiers, des réglages et des fonctionnalités d'usage fréquent

FIGURE A-11 : Dossier Accessoires du menu Tous les programmes

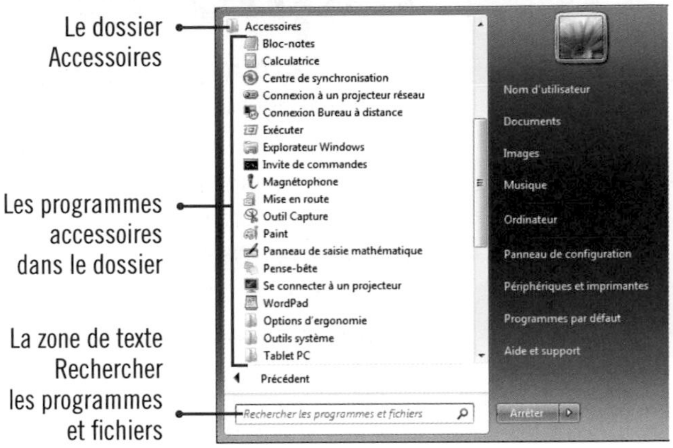

Le dossier Accessoires

Les programmes accessoires dans le dossier

La zone de texte Rechercher les programmes et fichiers

FIGURE A-12 : Fenêtre du programme Paint

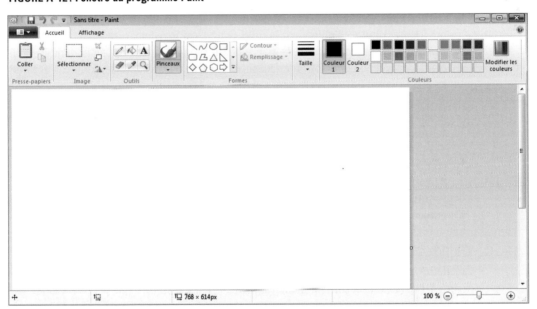

TABLEAU A-2 : Quelques programmes accessoires de Windows 7

Programme accessoire	Fonction
Bloc-notes	Créer des fichiers textes sans mise en forme.
Explorateur Windows	Voir et organiser les dossiers et les fichiers de votre ordinateur.
Outil Capture	Capturer une image dans une zone de l'écran, insérable ensuite dans un document.
Paint	Créer et modifier des dessins à l'aide de traits, de formes et de couleurs.
Panneau de saisie mathématique	Interpréter des expressions mathématiques manuscrites sur une tablette et créer une formule compatible avec l'impression et l'insertion dans un autre programme.
Pense-bête	Créer des petites notes utilisables comme pense-bêtes ou comme liste de tâches à faire à votre propre intension.
WordPad	Rédiger des documents textes avec une mise en forme élémentaire.

Exploiter les fenêtres

Lorsque vous démarrez un programme d'application, sa **fenêtre de programme** s'ouvre et affiche les outils nécessaires pour utiliser ce programme. Un nouveau fichier vide s'ouvre également. Dans le programme Paint, vous créez un dessin pour ensuite l'enregistrer sous forme d'un fichier, puis pour l'imprimer. Toutes les fenêtres du système d'exploitation Windows possèdent les mêmes éléments semblables. Par conséquent, dès que vous avez compris comment utiliser la fenêtre d'un programme, vous savez comment utiliser les fenêtres des autres programmes. ████ Alors que vous imaginez la promotion de vos voyages, vous vous exercez à l'utilisation des éléments de Windows, dans la fenêtre de Paint que vous avez ouverte.

DÉTAILS

La plupart des fenêtres comportent des éléments communs, illustrés à la figure A-13 :

- La **barre de titre** se situe tout en haut d'une fenêtre ouverte et se présente comme un rectangle de couleur unie, avec le nom du programme et du document ouvert. Comme ce document n'a pas encore été enregistré, il porte un nom temporaire, « Sans titre ». À l'extrémité droite de la barre de titre apparaissent trois icônes.

  Le **bouton Réduire** ▭ permet de masquer temporairement la fenêtre sous forme d'un bouton dans la barre des tâches. Le programme continue de fonctionner mais sa fenêtre n'est plus visible à l'écran jusqu'au prochain clic sur son bouton dans la barre des tâches. Le **bouton Agrandir** ▭ modifie la fenêtre pour qu'elle occupe la totalité de l'écran de l'ordinateur. Lorsqu'une fenêtre est déjà agrandie, le bouton Agrandir est remplacé par un autre, le **bouton Restaurer** ▭. Un clic sur le bouton Restaurer restitue à la fenêtre son état précédent, non agrandi. Enfin, le **bouton Fermer** ✕ clôture le programme et, pour l'utiliser par la suite, vous devez le redémarrer.

- Nombre de fenêtres possèdent une **barre de défilement** le long de leur bord droit et(ou) de leur bord inférieur. Les éléments de ces barres de défilement permettent d'accéder à des parties du document cachées derrière les bords droit et inférieur de la fenêtre. Le tableau A-3 détaille les parties actives d'une barre de défilement.

- Au sommet de la fenêtre de Paint, juste sous la barre de titre, apparaît le **Ruban**, un bandeau avec des onglets. Les **onglets** sont des pages de boutons qui permettent d'exécuter des actions. La fenêtre de Paint possède deux onglets : l'onglet Accueil et l'onglet Affichage. Les onglets sont scindés en **groupes** de boutons de commande. Ainsi, l'onglet Accueil comporte cinq groupes : Presse-papiers, Image, Outils, Formes et Couleurs. Certains programmes proposent également des **menus**, c'est-à-dire des mots qui, d'un clic, déroulent une liste de commandes, ou des **barres d'outils**, avec des boutons de programme.

- La **barre d'outils Accès rapide** se situe dans le coin supérieur gauche de la fenêtre et propose un accès immédiat à des actions usuelles et communes, comme enregistrer un fichier.

ASTUCE

L'apparence de votre Ruban s'éloigne peut-être de celle de la figure A-13, parce que votre fenêtre est un peu plus petite. Une fenêtre plus petite compacte les boutons pour n'afficher que les noms des groupes de boutons. Dans ce cas, cliquez d'abord sur le nom du groupe pour voir apparaître les boutons.

ÉTAPES

1. **Cliquez sur le bouton Réduire** ▭ **de la fenêtre de Paint.**

   La fenêtre de Paint disparaît de l'écran pour n'être plus représentée que par un bouton dans la barre des tâches (figure A-14). Le bouton correspondant est mis en évidence par un dégradé gris et blanc 🖌. Les boutons des programmes fermés, en revanche, sont entourés d'un fond uni, gris ou bleu 🖌.

PROBLÈME

Si la résolution de votre écran dépasse les 1024 × 768, l'ascenseur n'apparaît peut-être pas. Poursuivez la leçon sans vous en inquiéter.

2. **Dans la barre des tâches, cliquez sur le bouton du programme Paint** 🖌.

   La fenêtre de Paint réapparaît à l'écran.

3. **Glissez la case de défilement de Paint vers le bas, remarquez que le bord inférieur de la zone de dessin de Paint apparaît, puis cliquez sur la flèche de défilement vers le haut** ▲ **jusqu'à ce que le bord supérieur de la zone de dessin soit visible à nouveau.**

   Sur le Ruban, l'onglet Accueil est à l'avant-plan de l'onglet Affichage.

ASTUCE

Pour restaurer rapidement la fenêtre sélectionnée, maintenez la touche ⊞ et pressez la touche de flèche vers le bas.

4. **Pointez sur l'onglet Affichage avec l'extrémité du pointeur, puis cliquez une fois sur l'onglet Affichage.**

   L'onglet Affichage se déplace à l'avant-plan de l'onglet Accueil et affiche des commandes utiles pour visualiser le dessin selon trois groupes : Zoom, Afficher ou masquer et Afficher.

5. **Cliquez sur l'onglet Accueil.**

6. **Cliquez sur Agrandir** ▭ **de la fenêtre de Paint.**

   La fenêtre remplit l'écran et le bouton Agrandir laisse la place au bouton Restaurer ▭.

7. **Cliquez sur Restaurer** ▭ **de la fenêtre de Paint.**

   La fenêtre reprend sa taille et sa place initiales à l'écran.

FIGURE A-13 : Éléments de la fenêtre du programme Paint

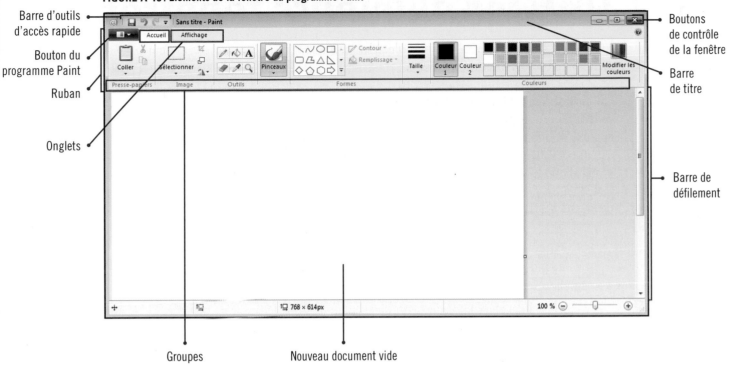

Barre d'outils d'accès rapide

Bouton du programme Paint

Ruban

Onglets

Groupes

Nouveau document vide

Boutons de contrôle de la fenêtre

Barre de titre

Barre de défilement

FIGURE A-14 : Barre des tâches affiche le bouton du programme Paint

Le bouton de Paint apparaît sur fond dégradé

TABLEAU A-3 : Parties actives d'une barre de défilement

Nom	Apparence	Fonction
Case de défilement	▤ (La taille peut varier)	Glisser pour faire défiler rapidement un long document.
Flèches de défilement	▲ ▼	Cliquer pour déplacer la vue par petites parties.
Zone vide de la barre de défilement	(Au-dessus et en dessous de la case de défilement)	Cliquer pour déplacer la vue d'un écran vers le haut ou vers le bas.

Utiliser la barre d'outils Accès rapide

Sur le côté gauche de la barre de titre, la barre d'outils Accès rapide permet d'effectuer d'un clic des tâches communes. Le bouton Enregistrer 🖫 écrit sur disque les modifications apportées à un document. Le bouton Annuler 🔄 effectue l'opération inverse (ou défait) la dernière action que vous avez menée.

Le bouton Répéter 🔄 reproduit la dernière modification que vous venez d'annuler. Pour ajouter d'autres boutons d'usage fréquent à cette barre d'outils, la déplacer sous le Ruban ou masquer le Ruban, cliquez sur le bouton Personnaliser la barre d'outils Accès rapide ⋥.

Bien débuter avec Windows 7

Utiliser plusieurs fenêtres

L'utilisation de plusieurs fenêtres de programmes simultanées est possible avec Windows 7. Quand vous ouvrez deux programmes ou plus en même temps, une fenêtre s'affiche pour chacun d'eux. Vous travaillez dans une fenêtre de programme pour passer ensuite successivement d'une fenêtre à l'autre. La fenêtre à l'avant-plan est la **fenêtre active**. À l'inverse, toutes les autres fenêtres situées derrière la fenêtre active sont des **fenêtres inactives**. Pour vous faciliter le travail parmi toutes ces fenêtres, vous pouvez en modifier la taille, les réduire et les restaurer pour les placer hors de votre vue. Les bords d'une fenêtre forment sa **bordure**. Glissez la bordure d'une fenêtre pour en modifier la taille et utilisez la barre des tâches pour passer d'une fenêtre à une autre. Le tableau A-4 propose une synthèse des actions adaptées à la barre des tâches. Le programme Paint encore ouvert, vous ouvrez le programme WordPad et jonglez avec les deux fenêtres de programmes Paint et WordPad.

ÉTAPES

1. **La fenêtre de Paint ouverte, cliquez sur Démarrer ⊕, pointez Tous les programmes, cliquez sur le dossier Accessoires, puis sur WordPad.**

   La fenêtre de WordPad s'ouvre, à l'avant-plan de la fenêtre de Paint (figure A-15). Le Ruban de la fenêtre de WordPad s'affiche en teintes foncées, ce qui signifie que c'est la fenêtre active. La fenêtre de Paint, en revanche, est inactive. Sur la barre des tâches, les fonds dégradés des boutons de WordPad et de Paint indiquent que ces deux programmes sont ouverts. Vous décidez de déplacer la fenêtre de WordPad de manière à obtenir une vue d'ensemble des deux fenêtres complètes.

2. **Pointez une partie vide de la barre de titre de la fenêtre de WordPad, puis glissez la fenêtre de WordPad pour mieux voir le contenu de la fenêtre de Paint.**

3. **Cliquez une fois sur la barre de titre de la fenêtre de Paint.**

   La fenêtre de Paint devient la fenêtre active et s'affiche à l'avant-plan de la fenêtre de WordPad. Pour activer une fenêtre, cliquez simplement dans celle-ci. La barre des tâches permet d'arriver au même résultat. Une autre technique permet de basculer d'une fenêtre à une autre : pressez et maintenez enfoncée la touche [Alt] gauche. Une petite fenêtre au centre de l'écran affiche des icônes qui représentent autant de fenêtres de programmes ouvertes. À chaque pression de la touche [Tab], associée à [Alt], vous sélectionnez la fenêtre de programme ouvert suivante. Lorsque vous relâchez [Alt] et [Tab], vous activez la fenêtre correspondant à l'icône sélectionnée.

4. **Dans la barre des tâches, cliquez sur le bouton de WordPad [A].**

   La fenêtre de WordPad devient active. Lorsque le bureau affiche plusieurs fenêtres, il est souvent nécessaire de les redimensionner pour éviter qu'elles se chevauchent. Le glissement permet de redimensionner une fenêtre.

5. **Pointez le coin inférieur droit de la fenêtre de WordPad, jusqu'à ce que le pointeur se transforme en ⤡, puis glissez vers le haut et vers la gauche d'environ trois centimètres pour réduire la taille de la fenêtre.**

   Windows 7 propose cependant une fonctionnalité intéressante qui permet de redimensionner une fenêtre pour qu'elle occupe automatiquement une moitié d'écran.

6. **Pointez la barre de titre de la fenêtre de WordPad, glissez la fenêtre vers la gauche de l'écran, jusqu'à ce que le pointeur atteigne le bord gauche de l'écran et que la moitié gauche de l'écran vire au bleu transparent, puis relâchez le bouton de la souris.**

   La fenêtre de WordPad se développe pour remplir la partie gauche de l'écran.

7. **Pointez la barre de titre de la fenêtre de Paint, puis glissez la fenêtre vers le bord droit de l'écran jusqu'à ce que la fenêtre se développe dans la moitié droite de l'écran.**

   La fenêtre de Paint remplit la moitié droite du bureau. La fonctionnalité de développement facilite l'organisation des fenêtres côte à côte, pour en visualiser simultanément les contenus.

8. **Cliquez sur Fermer [×] de la fenêtre de WordPad, pointez la barre de titre de la fenêtre de Paint, glissez la fenêtre vers la gauche jusqu'au centre et cliquez sur Agrandir [□].**

   Le programme de WordPad se ferme, ce qui signifie que vous ne pouvez plus en utiliser les outils tant que vous ne l'ouvrez pas à nouveau. La fenêtre de Paint demeure ouverte et occupe encore sa moitié de l'écran.

ASTUCE

Pour activer une fenêtre inactive, cliquez sur sa barre de titre, sur un de ses bords ou dans la zone vide d'un nouveau document. Pour déplacer une fenêtre, glissez sa barre de titre.

ASTUCE

Pour réduire en une seule opération toutes les fenêtres inactives, pointez sur la barre de la fenêtre de titre de la fenêtre active, puis « secouez » la barre de titre rapidement de gauche à droite.

PROBLÈME

Pointez sur un des bords de la fenêtre jusqu'à ce que vous voyiez le pointeur se changer en ↔ ou en ↕, puis glissez le bord pour agrandir ou réduire la fenêtre dans une seule direction.

FIGURE A-15 : Fenêtre de WordPad à l'avant de la fenêtre de Paint

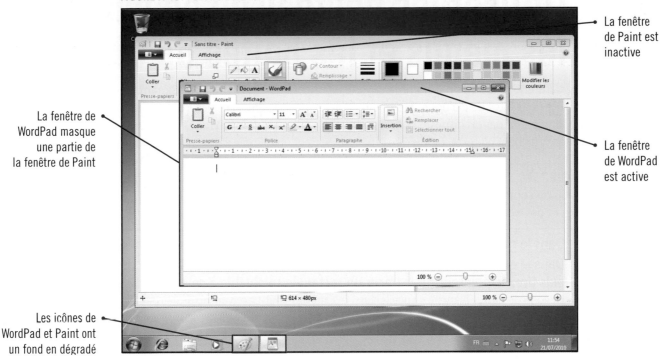

La fenêtre de Paint est inactive

La fenêtre de WordPad masque une partie de la fenêtre de Paint

La fenêtre de WordPad est active

Les icônes de WordPad et Paint ont un fond en dégradé

TABLEAU A-4 : Utilisations de la barre des tâches de Windows

Pour	Faites ceci
Ajouter des boutons à la barre des tâches	Glissez un nom de programme du menu Démarrer jusque dans la barre des tâches, jusqu'à ce qu'une info-bulle affiche Épingler à Barre des tâches.
Changer l'ordre des boutons dans la barre des tâches	Glissez une des icônes jusqu'à un autre emplacement de la barre des tâches.
Voir une liste des documents récemment ouverts dans un programme de la barre des tâches	Cliquez du bouton droit sur l'icône correspondante.
Fermer un document par la barre des tâches	Survolez un bouton de la barre des tâches, pointez un document de la liste qui se déroule vers le haut, puis cliquez sur le bouton Fermer.
Réduire toutes les fenêtres ouvertes	Cliquez sur le bouton Afficher le Bureau dans la barre des tâches à droite de la date et de l'heure.
Restaurer toutes les fenêtres réduites	Cliquez sur le bouton Afficher le Bureau dans la barre des tâches à droite de la date et de l'heure.
Afficher toutes les fenêtres en transparence (Aero seulement)	Survolez, sans cliquer, le bouton Afficher le Bureau dans la barre des tâches à droite de la date et de l'heure.
Afficher un aperçu des documents dans la barre des tâches (Aero seulement)	Survolez un bouton de la barre des tâches correspondant à un programme ouvert.

Basculer parmi les fenêtres avec Windows Aero

Windows Aero est un ensemble d'effets spéciaux disponibles dans quelques versions de Windows 7. Si vos fenêtres adoptent un aspect de verre transparent, les fonctionnalités d'Aero sont actives. Vos fenêtres sont alors affublées de subtiles animations lorsque vous réduisez, agrandissez et déplacez les fenêtres. Quand vous réorganisez vos fenêtres avec Aero, celles-ci apparaissent en une pile d'images en trois dimensions, visibles d'un coup d'œil, sans nécessiter d'appel à la barre des tâches. En outre, quand vous survolez un bouton de la barre des tâches, Aero affiche des aperçus des documents, des photos ou même des vidéos, sous forme de miniatures dynamiques. Cette fonctionnalité porte le nom d'**Aero Peek**. Windows active automatiquement Aero au démarrage, dès qu'il détecte que la carte vidéo possède les fonctions indispensables et que la mémoire de l'ordinateur est suffisante. Si ce n'est le cas et si vous voulez tout de même tenter l'expérience d'Aero, cliquez du bouton droit sur le bureau, cliquez sur Personnaliser, puis sélectionnez un des Thèmes Aero de la liste.

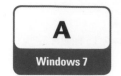
Utiliser les boutons de commande, les menus et les boites de dialogue

Lorsque vous travaillez dans une fenêtre de programme ouverte, vous communiquez avec ce programme grâce à des boutons de commande, des menus et des boites de dialogue. Les boutons de commande envoient des instructions pour modifier des objets de programme. Ces boutons sont parfois disposés dans les onglets d'un Ruban, puis organisés en groupes comme dans la fenêtre de Paint. Certains boutons affichent un texte, tandis que la plupart portent une simple icône qui représente leur fonction. Quelques boutons révèlent des menus, c'est-à-dire des listes de commandes offertes à votre choix. Certaines commandes ouvrent une boite de dialogue, une fenêtre avec des contrôles par lesquels vous indiquez à Windows ce que vous voulez faire. Le tableau A-5 énumère les types usuels de contrôles que renferment les boites de dialogue. ▦▦▦▦ Vous vous exercez à l'usage des boutons de commande, des menus et des boites de dialogue pour communiquer avec le programme Paint.

ÉTAPES

ASTUCE
Si vous devez déplacer l'ovale, utilisez les touches de curseur du clavier pour la bouger vers la gauche, la droite, le haut ou le bas.

PROBLÈME
Ne vous inquiétez pas si votre objet ne ressemble pas exactement à celui de la figure.

1. **Dans le groupe Formes de l'onglet Accueil, cliquez sur le bouton Rectangle ▢.**

2. **Dans le groupe Couleurs, cliquez sur le bouton Or ▢, pointez la zone de dessin blanche, puis tirez le pointeur pour tracer un rectangle semblable à celui de la figure A-16.**
   La zone de dessin blanche s'appelle aussi le canevas. Pour tracer un objet de dessin, pointez le coin supérieur gauche du futur objet, pressez et maintenez enfoncé le bouton gauche du dispositif de pointage, puis glissez le pointeur jusqu'à son coin inférieur droit et relâchez le bouton.

3. **Dans le groupe Formes, cliquez sur le bouton Ovale ◯, cliquez sur le bouton de couleur verte ▦ du groupe Couleurs, puis tracez une petite ovale au-dessus du rectangle, comme à la figure A-16.**

4. **Cliquez sur l'icône de Remplissage ◈ du groupe Outils, cliquez sur le bouton Turquoise clair du groupe Couleurs, cliquez ◈ dans l'ovale, cliquez sur le bouton de couleur Violet, cliquez dans le rectangle, puis comparez votre dessin à celui de la figure A-16.**

5. **Dans le groupe Image, cliquez sur la flèche de la liste Sélection, puis cliquez sur Sélectionner tout (figure A-17).**
   Le menu Sélection propose plusieurs commandes. La commande Sélectionner tout sélectionne la totalité des objets du dessin, ce qu'elle indique par un rectangle en trait interrompu autour de la zone de dessin.

6. **Dans le groupe Image, cliquez sur le bouton Faire pivoter, puis sur Pivoter à droite de 90°.**

7. **Cliquez sur le bouton de menu Paint ▦▾ juste en dessous de la barre de titre, puis cliquez sur Imprimer.**
   La boite de dialogue Imprimer s'ouvre (figure A-18). Cette boite de dialogue permet de choisir une imprimante, de spécifier les parties du document ou du dessin à imprimer et de choisir le nombre de copies à éditer. La valeur par défaut, c'est-à-dire prédéfinie, du nombre de copies est 1, ce qui correspond précisément à votre souhait.

8. **Cliquez sur Imprimer.**
   L'impression de votre dessin débute. Vous décidez de fermer le programme sans enregistrer le dessin.

9. **Cliquez sur ▦▾, cliquez sur Quitter, puis sur Ne pas enregistrer.**

TABLEAU A-5 : Éléments types d'une boite de dialogue

Élément	Exemple	Description
Zone de texte	132	Une case rectangulaire dans laquelle vous tapez des caractères.
Bouton fléché	1 ▲▼	Une zone de texte associée à deux petites flèches, l'une montant et l'autre descendant. Entrez une valeur dans la zone de texte ou cliquez sur les flèches pour modifier la valeur du réglage.
Bouton d'option	◯ ◉	Un petit cercle sur lequel vous cliquez pour sélectionner une seule option parmi d'autres possibles du même groupe.
Case à cocher	☑	Case qui active ou désactive successivement une option, selon qu'elle est respectivement cochée ou décochée.
Zone de liste	Sélectionnez une imprimante / Ajouter une imprimante / HP Photosmart 3300 series / Fax	Une liste d'options parmi lesquelles vous pouvez effectuer un choix.
Bouton de commande	Enregistrer	Un bouton pour confirmer ou annuler les modifications de réglages.

FIGURE A-16 : Le rectangle et l'ovale avec leurs remplissages

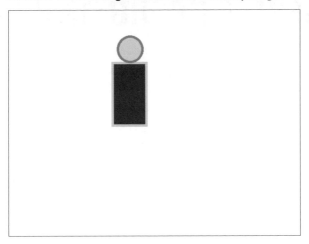

FIGURE A-17 : Flèche de liste de Sélection

Flèche de liste de Sélection

Commande Sélectionner tout

Menu de Sélection

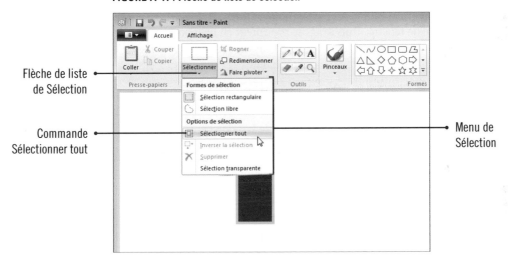

FIGURE A-18 : Boite de dialogue Imprimer

Votre imprimante diffère de celle-ci

Une copie est la valeur par défaut

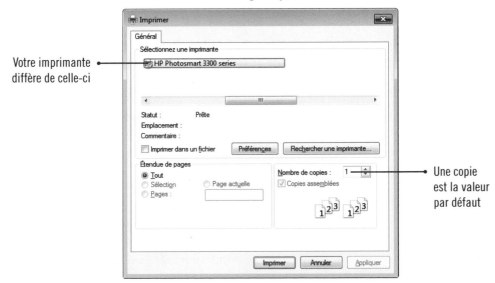

A

Windows 7

Obtenir de l'aide

Vous travaillez avec un programme de Windows ou tout autre programme, vous faites face à un problème et vous souhaitez une aide ou, au moins, des pistes de solutions. L'Aide et support Windows est faite pour vous aider à trouver les informations dont vous avez besoin. Vous pouvez aborder la navigation d'un clic sur une des catégories, telle que «Notions de base Windows: Toutes les rubriques». Au sein d'une catégorie, vous découvrez d'autres catégories plus spécifiques. Chaque catégorie comporte des textes colorés de bleu ou de violet, qui constituent autant de **liens**. Un clic sur un lien conduit à des informations plus complètes, plus précises. Une autre approche consiste à entrer un ou plusieurs mots descriptifs de ce que vous recherchez et de laisser Windows vous présenter les liens possibles vers des informations opportunes. Les mots descriptifs, comme «barre des tâches», que vous entrez s'appellent des **mots-clés**, sur base desquels Windows trouve des informations associées. La barre d'outils Aide propose des icônes (tableau A-6) qui accèdent à plus d'options d'aide. **⬛⬛⬛⬛** Vous exploitez l'aide de Windows 7 pour en apprendre plus sur Windows et son accessoire WordPad.

ÉTAPES

PROBLÈME

Si votre ordinateur n'est pas connecté à l'internet, une alerte vous en informe au sommet de la fenêtre d'aide. Vous pouvez néanmoins pour-suivre les étapes.

1. **Cliquez sur Démarrer ⊕, puis, dans la partie droite du menu Démarrer, cliquez sur Aide et support.**

   La fenêtre de l'Aide et support Windows s'ouvre (figure A-19). La zone de texte Rechercher dans l'Aide apparait en tête de fenêtre. Trois sujets se présentent en bleu ou en violet dans la partie centrale de la fenêtre, ce qui signifie que ce sont des liens. Sous ceux-ci, vous trouvez du texte descriptif et un lien vers un site web qui contient plus d'informations sur Windows.

2. **Sous le titre Vous ne savez pas trop par où commencer ?, placez le pointeur en forme de main ⟲ sur Notions de base de Windows: toutes les rubriques, puis cliquez une seule fois.**

   Plusieurs catégories de sujets de base de Windows apparaissent qui correspondent chacune à des liens.

ASTUCE

Si votre dispositif de pointage, par exem-ple une souris, est équipée d'une mo-lette de défilement, utilisez-la pour avancer et reculer plus vite dans la fenêtre d'aide. Si vous utilisez un bloc à effleurement, la partie droite fait parfois office de rou-lette de défilement.

3. **Sous Les bases du Bureau, cliquez sur Bureau (vue d'ensemble).**

   L'Aide et support affiche des informations générales sur le bureau de Windows, réparties en plusieurs catégories. Certains textes apparaissent en bleu ou en violet.

4. **Glissez la case de défilement pour lire les informations, puis ramenez la case de défile-ment en haut de la barre de défilement.**

   Vous décidez de vous informer à propos de la barre des tâches.

5. **Sous le titre Bureau (vue d'ensemble), cliquez sur le texte bleu ou violet Barre des tâches (vue d'ensemble), puis faites défiler le contenu de la fenêtre pour en lire toutes les informations.**

ASTUCE

La zone de recher-che est insensible à la casse. La recher-che conduit aux mêmes résultats, que vous entriez wordpad, WordPad ou wordPad.

6. **Cliquez dans la zone de texte Rechercher dans l'Aide, tapez wordpad, puis cliquez sur le bouton Rechercher dans l'Aide 🔍.**

   La fenêtre affiche une liste de liens associés de près ou de loin au programme accessoire WordPad (figure A-20).

7. **Cliquez sur Utilisation de WordPad, faites défiler le contenu de la fenêtre si nécessaire, puis cliquez sur Créer, ouvrir et enregistrer des documents.**

8. **Lisez toutes les informations et cliquez sur tout lien qui vous intéresse.**

9. **Cliquez sur Fermer [✕] du coin supérieur droit de la fenêtre Aide et support Windows.**

   La fenêtre Aide et support Windows se ferme.

FIGURE A-19 : Fenêtre d'Aide et support Windows

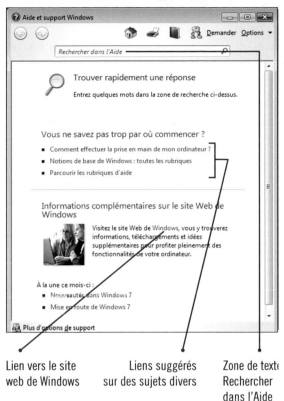

Lien vers le site
web de Windows

Liens suggérés
sur des sujets divers

Zone de texte
Rechercher
dans l'Aide

FIGURE A-20 : Résultats de la recherche sur WordPad

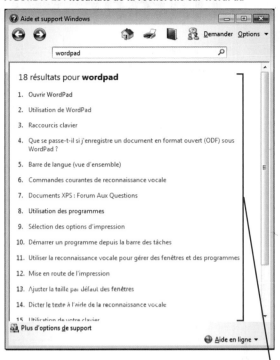

Liens suggérés vers
des sujets (les vôtres
peuvent différer)

TABLEAU A-6 : Icônes de la barre d'outils de l'Aide

Icône	Nom	Action
	Accueil Aide et support	Afficher la page d'accueil de l'Aide et support.
	Imprimer	Imprimer le sujet le plus récent.
	Accéder à l'aide	Afficher une liste de sujets d'aide triés par sujet.
Demander	**Découvrir d'autres options de support**	Proposer d'autres manières d'obtenir de l'aide.
Options ▾	**Options**	Imprimer, accéder à l'aide, modifier la taille du texte de l'aide, rechercher (dans cette page) et régler des paramètres de l'aide.

Trouver d'autres solutions d'aide

Si vous avez besoin de plus d'aide que ne peuvent vous apporter les liens et la recherche par mots-clés, vous trouverez bien d'autres méthodes dans la page d'accueil de l'Aide et support Windows. Cliquez sur le lien du site web de Windows pour découvrir des blogues (des articles sur la toile mondiale, rédigés sous forme de commentaires par des particuliers), des téléchargements, des vidéos de prise en main et bien d'autres ressources sur Windows 7. Cliquez sur le bouton Demander dans la barre d'outils de la fenêtre Aide et support Windows pour découvrir l'**Assistance à distance de Windows**.

Celle-ci vous permet de vous connecter à l'ordinateur d'un ami de confiance ou d'un instructeur, pour qu'il puisse manipuler votre ordinateur à distance par l'entremise d'une connexion à l'internet. La même fenêtre permet d'ouvrir **Windows Answers**, un site web qui permet la recherche de réponses aux questions que vous formulez dans des **forums** (des collections de sujets où tout-un-chacun peut ajouter des questions et des réponses sur des sujets liés aux ordinateurs), dans les fichiers d'aide de Microsoft et même de trouver des réponses dans des vidéos de démonstration sur les sujets traités.

Quitter Windows 7

Lorsque vous avez terminé de travailler sur votre ordinateur, vous devez vous assurer de son **arrêt** correct. Ceci suppose le respect de quelques étapes : enregistrer et fermer les fichiers ouverts, fermer les fenêtres, quitter tous les programmes en cours d'exécution et enfin arrêter Windows lui-même. Le tableau A-7 détaille quelques options d'arrêt de session sous Windows 7. Quelle que soit l'option choisie, il est important de suivre une procédure d'arrêt d'un ordinateur qui garantit la fermeture appropriée de Windows et de tous ses programmes, ce qui vous évitera tout problème ultérieur de démarrage et d'utilisation de Windows. Si vous appuyez sur le bouton d'extinction de l'ordinateur en insistant au moins quatre secondes ou si vous détachez son cordon d'alimentation alors que Windows et (ou) d'autres programmes fonctionnent encore, vous risquez de perdre irrémédiablement des données importantes. Lorsqu'un programme fonctionne encore alors que vous demandez l'arrêt correct de Windows, vous recevez une invite à enregistrer le fichier et à fermer le programme avant de poursuivre l'arrêt de l'ordinateur. Si vous utilisez un ordinateur d'un laboratoire d'exercice, suivez les instructions de votre formateur et les règles imposées de fermeture de session Windows 7. ▓▓▓▓ Vous avez fait le tour des utilisations fondamentales de Windows et vous décidez d'arrêter votre ordinateur.

ÉTAPES

1. **Cliquez sur Démarrer ⊕ de la barre des tâches.**

   Le coin inférieur droit du menu Démarrer contient les options pour arrêter l'ordinateur. Il affiche également un menu avec des options pour terminer une session de Windows 7.

   PROBLÈME

   Si un utilisateur précédent a adapté l'ordinateur à son usage, les boutons et les menus de commandes peuvent occuper d'autres emplacements que ceux prédéfinis. Par exemple, le bouton Arrêter peut afficher Redémarrer et l'option Arrêter apparaitre dans le menu.

2. **Pointez la flèche de liste du bouton Arrêter ▷ comme sur la figure A-21.**

   Le menu du bouton Arrêter propose d'autres options d'arrêt.

3. **Si vous utilisez l'ordinateur d'un laboratoire d'exercice, suivez les instructions de votre formateur ou du responsable technique pour terminer votre session Windows 7. Si vous utilisez votre propre ordinateur, cliquez sur Arrêter ou sur l'option que vous préférez pour terminer votre session.**

4. **Après l'arrêt de l'ordinateur, n'oubliez pas d'éteindre votre moniteur et tout autre appareil périphérique, comme l'imprimante, pour économiser l'énergie.**

Installer des mises à jour lors de l'arrêt de l'ordinateur

Alors que vous avez demandé l'arrêt de votre ordinateur, il apparait quelquefois que la machine ne s'arrête pas tout de suite. Au lieu de s'arrêter, Windows installe des mises à jour. Si le bouton d'arrêt de Windows affiche une icône jaune 🔘, cela signifie qu'il installera des mises à jour au moment où vous arrêterez l'ordinateur. Bien entendu, si vous voyez s'afficher un écran indiquant l'installation de mises à jour,

ne forcez pas l'arrêt : ne débranchez pas la prise d'alimentation de l'ordinateur et n'appuyez pas sur le bouton d'allumage-extinction de l'appareil ! Laissez les mises à jour s'installer complètement et correctement car, à l'issue de cette opération, l'ordinateur s'éteint automatiquement, comme vous le souhaitez.

FIGURE A-21 : Arrêt de l'ordinateur

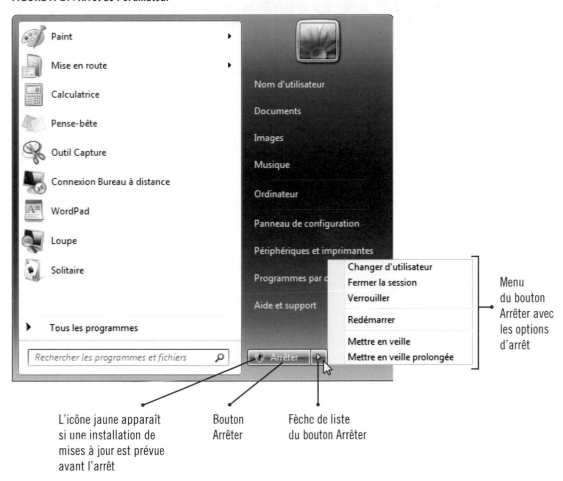

L'icône jaune apparaît si une installation de mises à jour est prévue avant l'arrêt

Bouton Arrêter

Fèche de liste du bouton Arrêter

Menu du bouton Arrêter avec les options d'arrêt

TABLEAU A-7 : Options d'arrêt

Option d'arrêt	Fonction	Où cliquer ?
Arrêter	Conduit l'ordinateur à un arrêt électrique complet.	Bouton Démarrer, Arrêter.
Changer d'utilisateur	Verrouille votre session et affiche l'écran de bienvenue pour qu'un autre utilisateur puisse ouvrir une session.	Bouton Démarrer, flèche de liste du bouton Arrêter, Changer d'utilisateur.
Fermer la session	Ferme toutes les fenêtres, tous les programmes et les documents, puis affiche l'écran de bienvenue qui permet l'ouverture de session.	Bouton Démarrer, flèche de liste du bouton Arrêter, Fermer la session.
Verrouiller	Verrouille l'ordinateur de sorte que seul l'utilisateur en cours (ou un administrateur) puisse l'utiliser.	Bouton Démarrer, flèche de liste du bouton Arrêter, Verrouiller.
Redémarrer	Arrête puis redémarre l'ordinateur et réinitialise Windows.	Bouton Démarrer, flèche de liste du bouton Arrêter, Redémarrer.
Mettre en veille	Conduit l'ordinateur dans un état de faible consommation électrique mais conserve votre session en mémoire.	Bouton Démarrer, flèche de liste du bouton Arrêter, Mettre en veille.
Mettre en veille prolongée	Enregistre votre session sur disque, éteint l'ordinateur ; restaure votre session au prochain démarrage de Windows dans le même état qu'avant la mise en veille.	Bouton Démarrer, flèche de liste du bouton Arrêter, Mettre en veille prolongée. (*Note* : Activez si nécessaire la fonctionnalité de mise en veille prolongée dans les Options d'alimentation du Panneau de configuration.)

Mise en pratique

Révision des concepts

Identifiez les éléments correspondant aux repères de la figure A-22.

FIGURE A-22

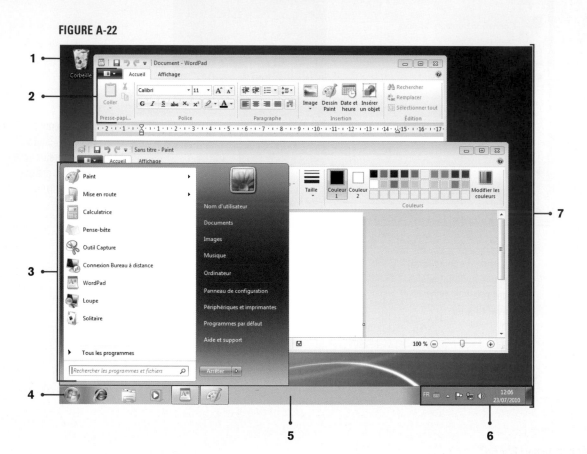

Associez chaque terme à sa disposition.

8. Accessoire

9. Mot-clé

10. Boule de commande

11. Fenêtre active

12. Mot de passe

13. Système d'exploitation

14. Barre des tâches

a. Une séquence de chiffres et de lettres créée par l'utilisateur pour assurer la sécurité de ses informations.

b. La fenêtre à l'avant-plan des autres fenêtres, avec une barre de titre plus foncée.

c. Le bandeau horizontal situé en bas de l'écran et qui contient des boutons.

d. Un dispositif de pointage.

e. Un programme d'application fourni avec Windows 7.

f. Un mot descriptif utilisé pour rechercher des informations dans l'Aide et support Windows.

g. Un programme indispensable pour faire fonctionner un ordinateur.

Choisissez la meilleure réponse à chaque question.

15. Quelle partie d'une fenêtre indique le nom du programme ouvert?

a. La barre de titre

b. La barre de défilement

c. Le Ruban

d. La barre d'outils Accès rapide

16. Vous utilisez le bouton Agrandir pour :

a. Restaurer la taille d'une fenêtre.

b. Étendre une fenêtre pour qu'elle occupe la totalité du bureau.

c. Masquer temporairement une fenêtre.

d. Faire défiler le contenu d'une fenêtre.

17. Parmi les propositions suivantes, laquelle n'est pas un programme accessoire ?

a. Outil de capture

b. Paint

c. WordPad

d. Windows 7

18. Sur quel bouton cliquez-vous pour masquer une fenêtre ouverte et l'amener à l'état de bouton dans la barre des tâches ?

a. Le bouton Agrandir

b. Le bouton Restaurer

c. Le bouton Réduire

d. Le bouton Fermer

19. Le clic droit est une action qui consiste à :

a. Démarrer un programme.

b. Exiger un mot de passe.

c. Afficher un menu contextuel.

d. Ouvrir la barre des tâches.

20. La fonctionnalité de Windows qui affiche les fenêtres avec un fond d'apparence transparente s'appelle :

a. Paint

b. Aero

c. Barre des tâches

d. Pense-bête

21. Windows 7 est un :

a. Programme accessoire

b. Programme d'application

c. Système d'exploitation

d. Gadget

Révision des techniques

1. Démarrer Windows 7.

a. Si votre ordinateur et son moniteur sont éteints, actionnez leurs boutons d'alimentation.

b. Si nécessaire, cliquez sur le nom correspondant à votre compte d'utilisateur.

c. Entrez si nécessaire le mot de passe en respectant les majuscules et les minuscules.

2. Examiner le bureau.

a. Observez le bureau de Windows 7 pour y identifier le bouton Démarrer, la barre des tâches, la zone de notification, la Corbeille, l'arrière-plan du bureau, les icônes du bureau et les gadgets éventuels.

3. Pointer et cliquer.

a. Sélectionnez la Corbeille sur le bureau de Windows.

b. Ouvrez, puis refermez le menu Démarrer.

c. Ouvrez le calendrier et l'horloge dans la partie droite de la barre des tâches.

d. Cliquez sur l'arrière-plan du bureau pour fermer le calendrier.

e. Ouvrez, puis refermez la fenêtre de la Corbeille.

4. Démarrer un programme de Windows.

a. Cliquez sur le bouton Démarrer pour ouvrir le menu Démarrer.

b. Ouvrez le menu Tous les programmes.

c. Dans le menu Tous les programmes, ouvrez le dossier Accessoires.

d. Ouvrez l'accessoire WordPad.

5. Exploiter les fenêtres.

a. Réduisez la fenêtre de WordPad.

b. Réaffichez-la à l'aide de son bouton dans la barre des tâches.

c. Dans le Ruban de la fenêtre de WordPad, cliquez sur le bouton de WordPad, puis cliquez sur la commande À propos de WordPad. (*Conseil* : Le bouton de WordPad se situe juste à gauche de l'onglet Accueil.)

d. Fermez la fenêtre À propos de WordPad.

e. Agrandissez la fenêtre de WordPad, puis restaurez sa taille initiale.

f. Sélectionnez l'onglet Affichage de la fenêtre de WordPad.

Révision des techniques (suite)

6. Utiliser plusieurs fenêtres.

   a. La fenêtre de WordPad laissée ouverte, ouvrez Paint.

   b. Activez la fenêtre de WordPad.

   c. Faites de Paint la fenêtre active.

   d. Réduisez la fenêtre de Paint.

   e. Glissez la fenêtre de WordPad pour qu'elle occupe automatiquement la moitié gauche de l'écran.

   f. Activez à nouveau la fenêtre de Paint.

   g. Glissez la fenêtre de Paint pour qu'elle occupe la moitié droite de l'écran.

   h. Fermez la fenêtre de wordPad, agrandissez la fenêtre de Paint, puis restaurez-la à sa taille initiale.

7. Utiliser les boutons de commande, les menus et les boites de dialogue.

FIGURE A-23

   a. Dans la fenêtre de Paint, tracez un triangle rouge, comme dans la figure A-23.

   b. Avec le bouton Remplissage, remplissez le triangle de couleur or.

   c. Tracez un rectangle vert juste en dessous du triangle.

   d. Avec le bouton adéquat, remplissez le rectangle vert de bleu turquoise clair.

   e. Remplissez de violet le fond de la zone de dessin, autour des deux formes et comparez le résultat à la figure A-23.

   f. Avec la flèche de liste Sélection, sélectionnez la totalité du dessin, puis faites pivoter le tout de 90° vers la gauche.

   g. Fermez le programme Paint, sans enregistrer votre dessin.

8. Obtenir de l'aide.

   a. Ouvrez la fenêtre Aide et support Windows.

   b. Ouvrez le sujet « Comment effectuer la prise en main de mon ordinateur ? ».

   c. Ouvrez le sujet « Tâches de la première semaine », cliquez sur le lien nommé Créer un compte d'utilisateur et lisez les informations proposées.

   d. Par l'entremise de la zone de texte Rechercher dans l'Aide, trouvez des informations sur les comptes d'utilisateurs.

   e. Repérez le lien qui décrit ce qu'est un compte d'utilisateur et cliquez sur ce lien.

   f. Lisez le sujet, puis fermez la fenêtre Aide et support Windows.

9. Quitter Windows 7.

   a. Arrêtez votre ordinateur à l'aide de la commande Arrêter ou de la commande réglée dans le contexte de votre entreprise ou de votre école.

   b. Éteignez votre moniteur.

Exercice personnel 1

Vous travaillez pour Les Percussions de Joël, un fabricant montréalais de batteries et de mailloches. La compagnie expédie des instruments de percussion et des accessoires dans des magasins d'instruments et chez des musiciens du Canada et des États-Unis. Le propriétaire du magasin, Joël, donne des séminaires dans des conventions de percussionnistes, sur des techniques qui limitent les blessures dues aux contraintes des mains et des bras des batteurs. Il devine que ce genre de blessure peut également affecter les utilisateurs des ordinateurs. Il vous demande d'effectuer des recherches sur le sujet et de rédiger quelques recommandations pour les employés de son entreprise.

   a. Démarrez votre ordinateur, identifiez-vous si nécessaire pour ouvrir une session Windows 7, puis ouvrez l'Aide et support Windows.

   b. Cliquez sur le lien Notions de base de Windows : toutes les rubriques.

   c. Dans la section En savoir plus sur l'ordinateur, lisez les informations relatives à l'utilisation de la souris.

   d. Au bas de ce thème, lisez les Conseils pour utiliser la souris en toute sécurité.

   e. Prenez un crayon et une feuille de papier et rédigez un petit mémo à l'intention de Joël qui énumère, avec vos propres mots, les principaux conseils pour éviter des douleurs et des blessures lors de l'utilisation fréquente d'une souris. Fermez la fenêtre d'Aide et support Windows, puis quittez Windows.

Exercice personnel 2

Vous êtes le nouveau gérant de Décors Carine, une entreprise qui distribue des décorations florales aux entreprises de la région de Montréal. Cette société entretient quatre fourgons de livraison pour livrer les montages floraux dans toute la région. Carine vous demande de rechercher des informations sur la calculatrice fournie avec Windows 7 car elle envisage de l'utiliser dans sa démarche de consommatrice d'énergie responsable, pour réduire la consommation des véhicules en carburant.

Exercice personnel 2 (suite)

a. Démarrez votre ordinateur et, si nécessaire, identifiez-vous pour ouvrir une session sous Windows 7. Ouvrez l'accessoire nommé Calculatrice.

b. Glissez la fenêtre de la Calculatrice pour l'amener dans le coin inférieur droit du bureau, juste au-dessus de la barre des tâches.

c. Réduisez la Calculatrice, puis restaurez-la.

d. Cliquez pour entrer le nombre 87 dans la Calculatrice.

e. Cliquez sur le signe division (/).

f. Cliquez sur le chiffre 2.

g. Cliquez sur le signe égal (=) et écrivez le résultat de la Calculatrice (figure A-24) sur une feuille de papier.

h. Cliquez sur le menu d'aide de la Calculatrice, puis sur Afficher l'aide. (*Conseil* : le menu Aide se cache sous le point d'interrogation (?) de la barre de menus de la Calculatrice.) Dans la fenêtre Utilisation de la Calculatrice, recherchez les trois manières d'entrer des calculs dans la Calculatrice. Écrivez ces trois méthodes sur votre feuille de papier.

i. Fermez l'écran d'Aide et support.

Difficultés supplémentaires

■ Ouvrez le menu Affichage de la fenêtre de la Calculatrice, puis cliquez sur Calcul de la date.

■ Cliquez sur la flèche de liste sous le titre Sélectionnez un type de calcul sur dates et cliquez sur Calculer la différence entre deux dates.

■ Sur votre feuille de papier, expliquez à Carine comment elle peut calculer le délai nécessaire que prend un client pour régler une facture.

■ Cliquez sur le menu Affichage, pointez Feuilles de calcul, puis cliquez sur Économie en carburant (l/100 km).

■ Cliquez dans la zone de texte Distance (kilomètres) et entrez le nombre 100 ; cliquez dans la zone de texte Carburant utilisé (litres) et entrez 5 ; cliquez enfin sur le bouton Calculer pour obtenir la consommation.

■ Décrivez en un court paragraphe l'utilisation possible de cette fonctionnalité pour que Carine puisse connaitre les consommations de ses fourgons.

■ Cliquez sur le menu Affichage et revenez à la vue Standard. (Conseil : C'est la seconde option Standard que vous devez sélectionner.)

■ Essayez de cliquer sur le bouton Agrandir de la fenêtre de la Calculatrice. Notez sur la feuille le résultat obtenu par ce clic.

j. Fermez la Calculatrice et quittez Windows.

Exercice personnel 3

Vous êtes le directeur administratif des Expéditions Animales de Saint-Pierre, une entreprise de services installée dans la banlieue de Bruxelles, chargée d'expédier des chiens et des chats dans toute l'Europe et en Suisse. La connaissance de la température de chaque destination est indispensable pour éviter de mettre les animaux en danger par des variations trop brutales de température lors de leur déchargement des avions. Vous cherchez une méthode simple pour connaitre la température des villes de destination. Vous décidez d'essayer un gadget de Windows pour surveiller en permanence les températures en degrés Celsius sur votre bureau Windows.

Pour réaliser cet exercice, une connexion à l'internet est nécessaire. Si vous travaillez sur l'ordinateur d'un laboratoire d'exercice ou dans une entreprise, vous devez éventuellement demander la permission au responsable technique ou à votre instructeur d'installer des gadgets sur le bureau de Windows.

a. Démarrez votre ordinateur, identifiez-vous si nécessaire, puis cliquez sur le bouton Démarrer, ouvrez le menu Tous les programmes, puis cliquez sur la Galerie de gadgets du Bureau.

b. Double-cliquez sur le gadget Météo, puis fermez la fenêtre de la Galerie.

c. Survolez le gadget Météo avec le pointeur et observez l'apparition de petits boutons sur la droite du gadget.

d. Cliquez sur le bouton Taille plus grande, le bouton du milieu.

e. Cliquez sur le bouton Options, soit le troisième à partir du haut pour ouvrir la fenêtre d'options du gadget Météo.

f. Dans la zone de texte Sélectionner l'emplacement actuel, entrez Genève, Suisse, puis cliquez sur le bouton de recherche, en forme de loupe.

g. Vérifiez que la fenêtre affiche bien l'emplacement choisi, « Genève, Suisse ».

h. Cliquez si nécessaire sur le bouton de l'option Celsius, puis cliquez sur OK.

i. Pour fermer le gadget, survolez le gadget avec le pointeur, puis cliquez sur le bouton Fermer, le premier à partir du haut.

j. Rédigez un mémo où vous expliquez en quelques mots comment utiliser le gadget Météo de Windows pour assurer le confort des animaux, puis quittez Windows.

Exercice personnel 4

Photographe professionnel, vous évaluez souvent des photos. Vous décidez d'explorer le gadget du bureau qui affiche un diaporama à partir des photos que vous sélectionnez.

Pour réaliser cet exercice, une connexion à l'internet est nécessaire. Si vous travaillez sur l'ordinateur d'un laboratoire d'exercice ou dans une entreprise, vous devez également demander la permission à votre instructeur ou au responsable technique d'installer des gadgets sur le bureau de Windows.

a. Démarrez votre ordinateur, identifiez-vous si nécessaire, puis cliquez sur le bouton Démarrer, ouvrez le menu Tous les programmes, puis cliquez sur la Galerie de gadgets du Bureau.

b. Double-cliquez sur le gadget Diaporama, puis fermez la fenêtre de la Galerie.

c. Survolez le gadget Diaporama avec le pointeur et observez l'apparition de petits boutons sur la droite du gadget.

d. Cliquez sur le bouton Taille plus grande, le bouton du milieu.

e. Cliquez sur le bouton Options, soit le troisième à partir du haut pour ouvrir la fenêtre d'options du Diaporama.

f. Cliquez sur la flèche de liste de Dossier et cliquez sur Mes images. Si vous ne disposez d'aucune photo personnelle dans l'ordinateur, cliquez plutôt sur Échantillons d'images.

g. Cliquez sur la flèche de liste Afficher chaque image et sélectionnez une durée.

h. Cliquez sur la flèche de liste Transition entre les images et sélectionnez un mode de transition.

i. Si vous voulez que les images s'affichent dans un ordre aléatoire, cochez la case Mêler les images.

j. Cliquez sur OK.

Difficultés supplémentaires

- Survolez la fenêtre du Diaporama, puis cliquez du bouton droit.
- Pointez l'option Opacité et cliquez sur un niveau d'opacité, puis déplacez le pointeur au-dessus du bureau. Ajustez le niveau d'opacité à votre préférence.
- Glissez le gadget à l'emplacement que vous préférez.

k. Admirez votre diaporama, puis cliquez sur le bouton Fermer de la fenêtre du Diaporama et quittez Windows.

Atelier visuel

Vous êtes employé comme graphiste chez Plus d'Icônes, une compagnie de création graphique et en particulier d'icônes. Pour vous faciliter la tâche de création avec Paint, vous décidez de personnaliser votre bureau, de déplacer et de redimensionner la fenêtre d'Aide et support Windows. Réorganisez votre bureau comme sur la figure A-25. Notez la position de la Corbeille, la disposition de la fenêtre de Paint et la taille et l'emplacement de la fenêtre d'Aide et support Windows. Rédigez sur papier un paragraphe où vous expliquez brièvement comment vous avez effectué le glissement pour que votre bureau ressemble à celui de la figure. Ensuite, quittez Windows.

FIGURE A-25

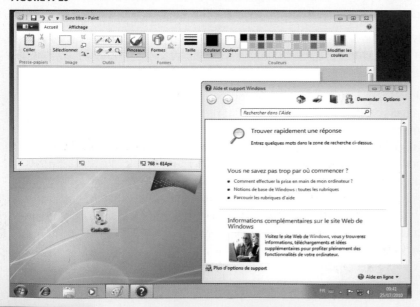

Comprendre l'organisation des fichiers

Vous aurez besoin de ces fichiers :

Aucun fichier n'est nécessaire pour suivre ce module.

Pour manipuler les dossiers et les fichiers d'un ordinateur, il est indispensable de savoir comment il les emmagasine. Ensuite, vous devez apprendre à les disposer correctement pour retrouver facilement les informations dont vous avez besoin. Ce sont là autant de compétences regroupées sous le terme d'**organisation des fichiers**. En pratique, quand vous créez un document et l'enregistrez sous forme d'un fichier, il est important de le ranger dans un emplacement où vous pouvez le récupérer rapidement par la suite. Pour bien organiser les fichiers de l'ordinateur, vous devez savoir les copier, les déplacer et les renommer. Également, quand des fichiers ne sont plus utiles, n'hésitez pas à les déplacer ou à les supprimer pour que l'ordinateur ne conserve que des fichiers à jour. Vous souhaitez apprendre à organiser les fichiers de votre ordinateur pour créer et gérer les fichiers de vos futurs voyages en Océanie.

OBJECTIFS

Comprendre les dossiers et les fichiers

Créer et enregistrer un fichier

Explorer les fichiers et les dossiers de l'ordinateur

Changer la vue des fichiers et des dossiers

Ouvrir, modifier et enregistrer des fichiers

Copier des fichiers

Déplacer et renommer des fichiers

Rechercher des fichiers, des dossiers et des programmes

Supprimer et restaurer des fichiers

Comprendre les dossiers et les fichiers

Quand vous travaillez avec les programmes d'un ordinateur, vous créez des lettres, des graphiques, des illustrations, des budgets et ainsi de suite, qui représentent autant de fichiers. Les dossiers dans lesquels vous enregistrez des fichiers forment des zones de stockage dans l'ordinateur. Les dossiers regroupent donc des fichiers en rapport étroit des uns aux autres, comme vous le feriez avec une armoire d'archivage à tiroirs. Les fichiers et les dossiers de l'ordinateur sont organisés selon une **hiérarchie de fichiers**, c'est-à-dire un système de rangement des fichiers et des dossiers selon plusieurs niveaux, comme le tronc, les branches et les feuilles d'un arbre. La figure B-1 illustre une hiérarchie de fichiers simple. ▰▰▰ Vous examinez les notions essentielles à connaitre à propos des fichiers et des dossiers pour préparer l'organisation des fichiers des voyages proposés par VTA en Océanie.

DÉTAILS

Les règles de conduite suivantes vous aident à organiser les fichiers dans la hiérarchie de fichiers de l'ordinateur :

- **Créer des dossiers et des sous-dossiers pour structurer les fichiers.**

  Au fur et à mesure de votre travail, ajoutez des dossiers à votre hiérarchie et renommez-les pour qu'ils représentent correctement leur contenu. Donnez aux dossiers des noms uniques qui vous permettent de les identifier au premier coup d'œil. Créez aussi des **sous-dossiers**, des dossiers dans d'autres dossiers. Windows crée automatiquement plusieurs dossiers, notamment Ma musique, Mes documents, Mes images, qui constituent un point de départ.

ASTUCE

Pour démarrer l'Explorateur Windows, vous pouvez aussi cliquer sur le bouton Explorateur Windows dans la barre des tâches.

- **Visualiser les fichiers dans des fenêtres.**

  Pour voir ce que renferme l'ordinateur, vous ouvrez une **fenêtre**, comme celle de la figure B-2. Une fenêtre se scinde en plusieurs sections. Le **volet de navigation**, de la partie gauche de la fenêtre, affiche la structure des dossiers de l'ordinateur. Cliquez sur un dossier du volet de navigation et la partie droite de la fenêtre, la **liste des fichiers**, montre son contenu. Le **volet des détails**, au bas de la fenêtre, fournit des informations sur les fichiers sélectionnés dans la liste des fichiers. Une fenêtre comme celle de la figure B-2 s'ouvre en fait dans un programme accessoire, l'**Explorateur Windows**, même si son nom n'apparait pas dans la barre de titre. Vous pouvez ouvrir ce programme à partir du menu Démarrer mais aussi par un double-clic sur un dossier, ce qui ouvre la fenêtre du dossier et permet d'en visualiser le contenu.

- **Comprendre les adresses de fichiers.**

  Une fenêtre d'Explorateur comporte aussi une **barre d'adresse**, la zone située juste en dessous de la barre de titre, qui montre l'emplacement ou l'adresse des fichiers de la liste. Une **adresse** est une séquence de noms de dossiers séparés par le symbole ▸, qui décrit l'emplacement du fichier dans la structure hiérarchique des fichiers. L'adresse s'affiche avec le dossier du plus haut niveau hiérarchique à gauche et mentionne vers la droite chaque niveau hiérarchique inférieur au précédent. Si, par exemple, le dossier Mes documents contient un dossier Notes et si vous visualisez le contenu de ce dernier, la barre d'adresse contient Mes documents ▸ Notes. Par conséquent, chaque emplacement entre deux symboles ▸ constitue un niveau de la hiérarchie des fichiers.

ASTUCE

Rappelez-vous : Cliquez une seule fois sur un dossier ou un sous-dossier de la barre d'adresse pour en visualiser le contenu ; dans la liste des fichiers, en revanche, double-cliquez sur un dossier pour l'ouvrir.

- **Naviguer parmi la hiérarchie de fichiers à l'aide de la barre d'adresse et de la liste des fichiers.**

  La barre d'adresse et la liste des fichiers permettent de descendre et de remonter d'un ou plusieurs niveaux en une fois dans la hiérarchie. Pour **remonter dans la hiérarchie** de dossiers, cliquez sur un nom de dossier ou de sous-dossier dans la barre d'adresse. À la figure B-2, par exemple, cliquez une fois sur Utilisateurs dans la barre d'adresse pour remonter d'un niveau. La liste des fichiers affiche alors les sous-dossiers et les fichiers du dossier Utilisateurs. Pour **descendre dans la hiérarchie**, double-cliquez sur un sous-dossier de la liste des fichiers. La barre d'adresse affiche dès lors le chemin de ce sous-dossier.

- **Naviguer parmi la hiérarchie de fichiers à l'aide du volet de navigation.**

  Le volet de navigation permet également d'évoluer parmi les dossiers. Placez le pointeur sur le volet de navigation, puis cliquez sur le petit triangle, ou juste à gauche, d'un nom de dossier pour en montrer ▷ ou masquer ◢ le contenu sous le nom de dossier. Les sous-dossiers apparaissent en retrait par rapport aux dossiers qui les contiennent, pour indiquer qu'ils sont dans ces dossiers. La figure B-2 montre un dossier nommé Utilisateurs dans le volet de navigation avec les sous-dossiers Carine, Public et Nom d'utilisateur inclus dans le dossier Utilisateurs.

FIGURE B-1 : **Exemple de hiérarchie de dossiers et de fichiers**

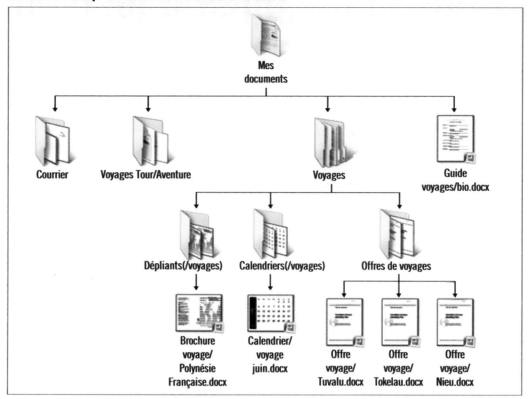

FIGURE B-2 : **Fenêtre de l'Explorateur Windows**

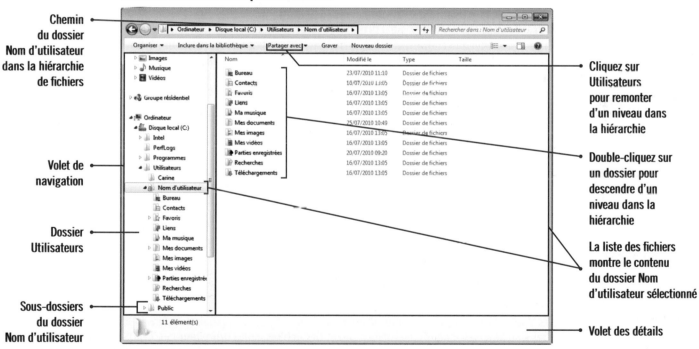

Planifier l'organisation des fichiers

Planifiez soigneusement l'organisation de vos fichiers dès le début et à mesure que vous en créez. Identifiez d'abord les types de fichiers que vous allez traiter, comme les images, les sons et les rapports. Réfléchissez aux contenus pour distinguer les informations relatives aux données personnelles ou professionnelles, aux clients et aux projets. Réfléchissez ensuite à une structure de fichiers qui en facilitera la recherche ultérieure. Utilisez par exemple des sous-dossiers du dossier Mes images pour distinguer vos photos de famille de vos photos

professionnelles, puis envisagez de les regrouper par années. Dans le dossier Mes Documents, conservez les fichiers personnels à part dans un sous-dossier et les fichiers professionnels dans un autre sous-dossier. Créez ensuite des sous-dossiers selon les sous-catégories, en fonction des concepts liés aux fichiers. Vous pouvez à tout moment déplacer et renommer les dossiers et les fichiers. Réexaminez régulièrement votre structure de dossiers pour vérifier que leurs contenus correspondent encore à vos besoins de classement et de recherche.

Créer et enregistrer un fichier

Vous venez de démarrer un programme et de créer un nouveau fichier. Votre document n'existe encore que dans la **mémoire vive** (ou **mémoire à accès aléatoire** ou encore **mémoire RAM**, pour *random access memory*) de l'ordinateur, qui ne constitue qu'une zone de stockage temporaire : elle disparait à l'arrêt de l'ordinateur. La mémoire vive ne contient ces informations que tant que l'ordinateur est allumé. Si vous éteignez l'ordinateur à ce moment précis, le contenu de la mémoire vive est perdu à jamais. Par conséquent, si vous voulez conserver le fruit de votre travail, vous devez enregistrer le document dans un fichier, sur un support de stockage qui le conserve en permanence. Ainsi, vous pourrez l'ouvrir à nouveau, le modifier et, d'une manière générale, le réutiliser. Le disque dur est un des périphériques de stockage les plus importants de l'ordinateur. Un autre périphérique de stockage s'impose aujourd'hui, vu ses capacités de stockage, sa facilité d'utilisation et son faible coût : la **clé mémoire USB.** 🖳 Vous envisagez d'utiliser le programme accessoire WordPad, fourni avec Windows 7, pour créer une courte synthèse d'une réunion sur le planning des voyages en Océanie, puis de l'enregistrer.

1. **Démarrer Windows si nécessaire, cliquez sur** Démarrer 🌐 **dans la barre des tâches, survolez** Tous les programmes, **cliquez sur** Accessoires, **puis cliquez sur** WordPad.

   Le programme WordPad démarre, sa fenêtre s'ouvre. Le Ruban affiche des boutons de commande, comme ceux que vous avez découverts au module A. L'onglet Accueil s'affiche à l'avant-plan. Un nouveau document, vierge, s'affiche dans la fenêtre du document. Le point d'insertion clignote et vous indique où viendra se loger le prochain caractère que vous entrerez au clavier.

2. **Tapez** Notes de réunion, 11 octobre, **puis appuyez sur** [Entrée].

   WordPad ajoute une nouvelle ligne et place le point d'insertion au début de la ligne suivante.

Si vous venez d'entrer un caractère erroné, appuyez sur [Ret. arr.] pour effacer le caractère fautif à gauche du pointeur d'insertion.

3. **Tapez** Le voyage de 2013 visitera :, **appuyez sur** [Entrée], **tapez** L'Australie, **appuyez sur** [Entrée], **tapez** La Micronésie, **appuyez sur** [Entrée], **tapez** La Nouvelle-Zélande, **appuyez sur** [Entrée], **puis tapez** votre nom, **comme à la figure B-3.**

4. **Cliquez sur le** bouton de WordPad 🔳▾ **dans le coin supérieur gauche de la fenêtre, sous la barre de titre, puis cliquez sur** Enregistrer **dans le menu de WordPad.**

   La première fois que vous utilisez le bouton Enregistrer, la boite de dialogue Enregistrer sous s'affiche. Elle permet de nommer le fichier du document et de choisir l'emplacement de stockage de celui-ci. Elle comporte nombre d'éléments en commun avec une fenêtre d'Explorateur Windows, dont la barre d'adresse, un volet de navigation et une liste des fichiers. Sous la barre d'adresse, la **barre d'outils** comporte des boutons de commande qui exécutent des actions. Dans la barre d'adresse, vous constatez que WordPad a choisi la bibliothèque documents (qui reprend le dossier Mes documents) en guise d'emplacement de stockage.

Si vous ne disposez pas d'une clé mémoire USB, enregistrez simplement le document dans votre dossier Projets ou dans votre dossier Mes documents.

5. **Insérez si nécessaire votre clé mémoire USB dans un port USB** 🔲 **de l'ordinateur.**

   Sur un ordinateur portable, les ports USB se cachent sur les côtés gauche ou droit, voire à l'arrière de l'ordinateur. Sur un ordinateur de bureau, les ports USB se présentent sur la face avant, sur les côtés de la façade, voire à l'arrière de l'unité centrale. Ils se cachent éventuellement derrière une petite trappe.

6. **Dans la barre de défilement du volet de navigation, cliquez si nécessaire sur la flèche de défilement bas** 🔽 **pour voir l'Ordinateur et les différents périphériques de stockage qu'il mentionne.**

   Sous l'Ordinateur, vous apercevez les emplacements de stockage disponibles pour votre ordinateur, comme le Disque local (C:), c'est-à-dire votre disque dur, et un disque amovible, par exemple CLÉ USB (I:), pour lequel le nom et la lettre peuvent différer dans votre cas. Ces emplacements de stockage se présentent comme des dossiers que vous pouvez ouvrir et dans lesquels vous pouvez stocker des fichiers.

Si la boite de dialogue Enregistrer sous ou la barre de titre n'affiche pas l'extension .rtf, ouvrez une fenêtre d'Explorateur Windows, cliquez sur Organiser dans la barre d'outils, cliquez sur Options des dossiers et de recherche, cliquez sur l'onglet Affichage, puis, dans la section Paramètres avancés, sous Fichiers et dossiers, ôtez la coche de la case Masquer les extensions des fichiers dont le type est connu. Cliquez sur Appliquer et Ok.

7. **Cliquez sur le nom de votre clé de stockage USB.**

   Les fichiers et les dossiers de votre clé mémoire USB, s'il y en a, apparaissent dans la liste des fichiers. La barre d'adresse affiche le chemin d'enregistrement des fichiers, soit Ordinateur > CLÉ USB (I:) pour l'instant. Le nom de votre clé ou de votre emplacement de stockage peut différer de ceci. Comme vous voulez retrouver facilement le document, vous lui donnez un nom significatif.

8. **Cliquez dans la** zone de texte Nom de fichier **pour sélectionner le nom prédéfini** Document, **tapez** Réunion Océanie, **comparez votre écran à celui de la figure B-4, puis cliquez sur** Enregistrer.

   Le document est enregistré sur votre clé mémoire USB. Le nom de fichier Réunion Océanie.rtf apparait dans la barre de titre du sommet de la fenêtre. Le « .rtf » à la fin du nom du fichier est l'extension de nom de fichier. Une **extension de nom de fichier** est une séquence de trois ou quatre lettres, précédée d'un point, qui permet à l'ordinateur d'identifier un fichier comme étant d'un type particulier de document, en l'occurrence, un document de format texte enrichi (RTF, rich text format). Le programme WordPad crée des fichiers de ce format RTF. Windows ajoute automatiquement l'extension de nom de fichier .rtf dès que vous cliquez sur Enregistrer.

9. **Cliquez sur Fermer** ❌ **de la fenêtre de WordPad.**

   Le programme WordPad se ferme. Vos notes de réunion sont enregistrées dans votre clé mémoire USB.

Comprendre l'organisation des fichiers

FIGURE B-3 : Enregistrement d'un document

Bouton de WordPad

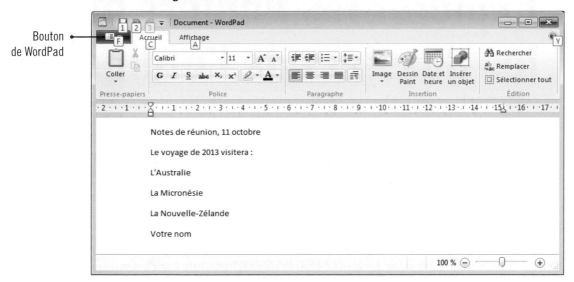

FIGURE B-4 : Boite de dialogue Enregistrer sous

Au clic sur Enregistrer, le fichier Réunion Océanie.rtf sera enregistré à cette adresse.

Périphériques de stockage de l'ordinateur (les vôtres diffèrent)

Nom du nouveau fichier

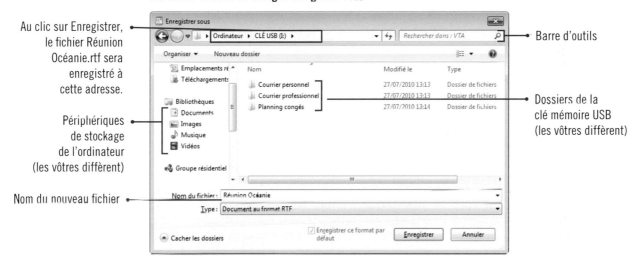

Barre d'outils

Dossiers de la clé mémoire USB (les vôtres diffèrent)

Utiliser les bibliothèques de Windows 7

Le volet de navigation ne contient pas que des fichiers et des dossiers, mais également des bibliothèques. Une **bibliothèque** concentre des fichiers et des dossiers de différents endroits de l'ordinateur et les affiche à un seul emplacement. Vous pouvez par exemple posséder une multitude d'images dans des dossiers distincts de vos périphériques de stockage et les rassembler dans des dossiers de votre bibliothèque d'images. Si vous souhaitez ensuite voir toutes vos images, il vous suffit alors d'ouvrir la bibliothèque Images au lieu d'examiner plusieurs dossiers. Les fichiers d'images demeurent dans leurs emplacements initiaux mais leurs noms apparaissent dans la bibliothèque Images. Une bibliothèque n'est donc pas un dossier de stockage de fichiers mais constitue plutôt un outil de regroupement et d'affichage de types semblables de documents, alors qu'ils sont disséminés dans des emplacements multiples de l'ordinateur. La figure B-5 montre les quatre bibliothèques proposées avec Windows 7 : Documents, Images, Musique, Vidéos. Pour vous éviter de confondre éléments de bibliothèques et emplacements réels des dossiers, les noms affichés dans la bibliothèque se démarquent des noms de leurs dossiers réels. Par exemple, le dossier Mes documents existe dans votre disque dur mais le dossier correspondant de la bibliothèque porte le nom Documents. Pour ajouter un emplacement

de dossier à une bibliothèque, cliquez sur le lien (nombre) emplacements au-dessus de la liste des fichiers, dans la bibliothèque adéquate, dans la fenêtre Emplacement de bibliothèque, cliquez sur Ajouter, naviguez jusqu'à l'emplacement du dossier à ajouter, puis cliquez sur Inclure le dossier. Attention : Si vous supprimez un fichier ou un dossier dans une bibliothèque, vous le supprimez aussi de son emplacement initial. Si vous supprimez une bibliothèque, en revanche, vous ne supprimez pas les fichiers qu'elle contient. La bibliothèque Documents, prédéfinie par Windows 7 lors de son installation, contient déjà le dossier Mes documents parmi ses emplacements de sauvegarde. Par conséquent, si vous enregistrez un document dans la bibliothèque Documents, vous l'enregistrez automatiquement dans votre dossier Mes documents.

FIGURE B-5 : Bibliothèques

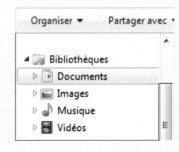

Windows 7

Explorer les fichiers et les dossiers de l'ordinateur

Dans la leçon précédente, vous avez navigué parmi les dossiers de votre clé mémoire USB pour y enregistrer un document avec la boite de dialogue Enregistrer sous. En pratique, même si vous n'enregistrez aucun document, vous avez certainement envie d'examiner l'ordinateur et la structure de dossiers et de fichiers qu'il contient. Ainsi, vous apprenez à connaitre les emplacements où vous enregistrerez les fichiers que vous créerez avec les programmes d'application de Windows. Dans une fenêtre d'Explorateur Windows, vous pouvez naviguer parmi les contenus de l'ordinateur par l'entremise de la liste des fichiers, la barre d'adresse et le volet de navigation. ▓▓▓▓ Comme vous vous préparez à gérer les voyages en Océanie, vous examinez l'état des lieux, des fichiers et dossiers de votre ordinateur.

ÉTAPES

PROBLÈME

Si vous ne voyez pas la barre colorée, cliquez sur la flèche de liste Plus d'options ▓▓▓ ▾ de la barre de menus, puis sur Mosaïques.

1. **Cliquez sur Démarrer 🌐 dans la barre des tâches, puis sur Ordinateur.**

   Les périphériques de stockage de l'ordinateur apparaissent dans une fenêtre (figure B-6), notamment le ou les disques durs, les périphériques à support amovible, comme les lecteurs de CD et de DVD, et les périphériques nomades comme les assistants numériques personnels (ANP). Le tableau B-1 propose des exemples de types de lecteurs que vous pouvez rencontrer. Une barre de couleur indique la quantité d'espace consommé dans un lecteur. Vous décidez de descendre d'un niveau dans votre clé mémoire USB pour voir ce qu'elle contient.

PROBLÈME

Si vous ne disposez d'aucune clé mémoire USB, cliquez plutôt sur la bibliothèque Documents du volet de navigation.

2. **Dans la liste des fichiers, double-cliquez sur la CLÉ USB (I:) (ou le nom et la lettre de votre clé mémoire).**

   Vous visualisez le contenu de votre clé mémoire USB avec, notamment, le fichier Réunion Océanie.rtf que vous avez enregistré à la leçon précédente. Vous décidez de remonter d'un niveau dans la hiérarchie des fichiers.

3. **Dans la barre d'adresse, cliquez sur Ordinateur.**

   Vous revenez à la fenêtre Ordinateur, qui expose vos périphériques de stockage. Vous poursuivez votre visite par un examen du contenu de votre disque dur.

4. **Dans le volet de navigation, cliquez sur Disque local (C:).**

   Le contenu de votre disque dur apparait dans la liste des fichiers. Le dossier Utilisateurs contient un sous-dossier pour chacun des utilisateurs qui possède un compte sur cet ordinateur. Rappelez-vous que vous devez double-cliquer sur des éléments de la liste des fichiers pour les ouvrir, tandis que dans la barre d'adresse et le volet de navigation, un clic suffit.

5. **Dans la liste des fichiers, cliquez sur le dossier Utilisateurs.**

   Vous voyez les dossiers de chacun des utilisateurs enregistrés sur l'ordinateur. D'ailleurs l'un d'eux porte sans doute le nom de votre compte d'utilisateur. Les noms des dossiers d'utilisateurs correspondent à ceux des comptes d'utilisateurs de leurs titulaires. Ainsi, quand un utilisateur s'identifie, l'ordinateur lui alloue un accès au dossier de même nom. Si vous utilisez un ordinateur comportant plus d'un compte d'utilisateur, vous ne pourrez peut-être pas voir le contenu des dossiers des autres utilisateurs. Il existe toutefois aussi un dossier Public que tout utilisateur peut ouvrir.

ASTUCE

Cliquez sur le bouton Précédent, à gauche de la barre d'adresse, pour revenir à la fenêtre visitée juste avant. Dans la barre d'adresse, cliquez sur le ▶ à droite d'un dossier pour voir une liste de ses sous-dossiers. Si un de ces sous-dossiers est déjà ouvert, il apparait en gras.

6. **Double-cliquez sur le dossier qui porte votre nom d'utilisateur.**

   Selon la manière dont votre ordinateur a été configuré, ce dossier peut porter votre nom mais, si vous utilisez l'ordinateur d'une école, d'une entreprise ou d'un lieu public, votre dossier peut porter un nom du genre Étudiant, Utilisateur ou tout nom semblable. Vous voyez une liste de dossiers, dont Ma musique, Mes documents et ainsi de suite (figure B-7).

7. **Double-cliquez sur Mes documents.**

   Vous visualisez les dossiers et les fichiers et les dossiers sur lesquels vous pouvez travailler. Dans la barre d'adresse, le chemin du dossier Mes documents devient Ordinateur ▶ Disque local (C:) ▶ Utilisateurs ▶ Nom d'utilisateur ▶ Mes documents. Vous revenez à la fenêtre Ordinateur.

8. **Dans le volet de navigation, cliquez sur Ordinateur.**

   Vous avez remonté trois niveaux de la hiérarchie de dossiers, de sorte que vous voyez à nouveau le contenu de la fenêtre Ordinateur. Notez que vous pouvez revenir au niveau précédent par un clic sur le bouton Précédent de la fenêtre et remonter d'un niveau dans la hiérarchie par une pression sur la touche [Ret arr].

Comprendre l'organisation des fichiers

FIGURE B-6 : Fenêtre Ordinateur et ses périphériques de stockage

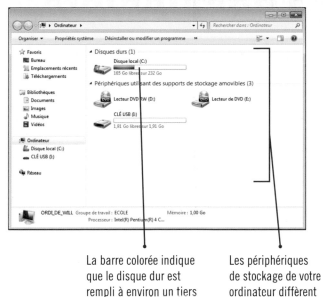

La barre colorée indique que le disque dur est rempli à environ un tiers

Les périphériques de stockage de votre ordinateur diffèrent

FIGURE B-7 : Dossier de votre nom d'utilisateur

Le chemin vers le contenu du dossier de votre nom d'utilisateur

Le contenu peut différer de ceci

TABLEAU B-1 : Noms et icônes de lecteurs

Type de lecteur	Icône	Nom de lecteur
Disque dur		C:
Lecteur de cédérom		Lettre de lecteur suivante, par exemple D:
Lecteur DVD		Lettre de lecteur suivante, par exemple E:
Clé mémoire USB		Lettre de lecteur suivante, par exemple F:

Partager des informations dans des bibliothèques et des groupes résidentiels

Windows 7 permet de créer un **groupe résidentiel**, un ensemble nommé d'ordinateurs, autorisés à partager des informations. Si votre ordinateur fait partie d'un groupe résidentiel d'autres ordinateurs Windows 7, vous pouvez partager des bibliothèques et des imprimantes avec ces ordinateurs. Cliquez sur Démarrer, sur Panneau de configuration. Sous Réseau et Internet, cliquez sur Choisir les options de groupe résidentiel et de partage. Cochez les cases des bibliothèques et des imprimantes que vous voulez partager, puis cliquez sur Suivant. Pour partager des bibliothèques que vous avez créées avec d'autres utilisateurs de votre groupe résidentiel, cliquez sur Démarrer, cliquez sur votre nom d'utilisateur, puis, dans le volet de navigation, cliquez sur la bibliothèque à partager, dans la barre d'outils, cliquez sur Partager avec, puis cliquez sur l'option de partage voulue (figure B-8).

FIGURE B-8 : Partage d'une bibliothèque

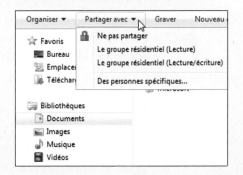

Changer la vue des fichiers et des dossiers

Vous souhaitez voir le plus possible d'éléments dans une fenêtre de l'Explorateur Windows ou, au contraire, voir des détails de ces éléments. Windows 7 propose huit **vues** différentes, qui constituent autant d'apparences du contenu des dossiers. Chaque vue fournit des informations spécifiques à propos des dossiers et des fichiers, sous forme d'icônes de tailles différentes ou de listes. Ensuite, vous pouvez **trier** ces éléments, c'est-à-dire changer l'ordre d'affichage des dossiers et des fichiers. Enfin, si vous souhaitez consulter le contenu d'un fichier sans l'ouvrir, vous pouvez le prévisualiser directement dans la fenêtre. Vous prévoyez inclure des illustrations dans vos documents de vente des voyages en Océanie et vous vous entrainez à visualiser des fichiers d'images selon des vues différentes.

ÉTAPES

1. **Dans le volet de navigation, sous Bibliothèques, double-cliquez sur Images, puis, dans la liste des fichiers, double-cliquez sur le dossier Échantillons d'images.**

   Vous avez ouvert le dossier Échantillons d'images inclus dans votre bibliothèque Images.

2. **Dans la barre d'outils, cliquez sur la flèche de liste Plus d'options, juste à droite du bouton Changer l'affichage.**

   Un menu affiche la liste des vues disponibles (figure B-9).

ASTUCE

Des clics successifs sur le bouton Changer l'affichage (pas sur sa flèche de liste) permettent de parcourir en boucle cinq modes d'affichage sur les huit vues possibles.

3. **Cliquez sur Grandes icônes.**

   Dans cette vue, les images apparaissent en grand dans la liste des fichiers (figure B-10). Dans le cas des fichiers d'images, ce mode d'affichage s'avère particulièrement utile. Le menu des options d'affichage offre un curseur que vous pouvez faire glisser pour changer de vue parmi celles proposées.

4. **Cliquez de nouveau sur la flèche de liste Plus d'option du bouton Changer l'affichage, pointez le curseur, puis faites-le glisser jusqu'à la vue Détails.**

   À mesure que le curseur se déplace, l'aperçu en temps réel montre ce que donne la vue dans la liste des fichiers. La vue Détails affiche une liste des noms de fichiers, avec leur date de création ou de modification, ainsi que d'autres informations. La vue Détails permet également de contrôler l'ordre d'affichage des dossiers et des fichiers. L'en-tête de la colonne Nom présente un petit triangle. Celui-ci indique que les échantillons d'images sont en ordre alphabétique de noms de fichiers (A, B, C et ainsi de suite).

ASTUCE

Cliquez une seconde fois sur l'entête d'une colonne pour inverser l'ordre de tri.

5. **Cliquez sur l'en-tête de colonne Nom.**

   Les éléments apparaissent cette fois en ordre alphabétique inverse (Z, Y, X et ainsi de suite). L'icône de l'entête de colonne Nom change d'aspect et devient.

ASTUCE

Le volet de navigation propose aussi des Favoris, des liens vers des dossiers souvent utilisés. Pour ajouter un dossier à votre liste de favoris, ouvrez le dossier dans la liste des fichiers, cliquez du bouton droit sur le lien Favoris dans le volet de navigation, puis cliquez sur Ajouter l'emplacement actuel dans les favoris.

6. **Cliquez sur le bouton Afficher le volet de visualisation dans la barre d'outils.**

   Le volet de visualisation s'ouvre dans la partie droite de la fenêtre. Le **volet de visualisation** est la zone de droite d'une fenêtre, qui affiche l'aperçu d'un fichier sélectionné, sans l'ouvrir. Ce volet est particulièrement utile pour des fichiers de type document car elle permet de voir les premiers paragraphes de longs documents.

7. **Cliquez sur le nom de votre clé mémoire USB dans le volet de navigation, puis cliquez sur le fichier nommé Réunion Océanie.rtf dans la liste des fichiers.**

   Un aperçu du fichier que vous avez créé précédemment dans ce module apparait dans le volet de visualisation. Le fichier WordPad n'est pas ouvert réellement et vous ne pouvez que voir son contenu, sans le modifier. La vue Détails affiche en outre des informations sur le fichier sélectionné (figure B-11).

8. **Cliquez sur le bouton Masquer le volet de visualisation.**

   Le volet de visualisation disparait, laissant la place à plus de détails sur votre fichier.

9. **Cliquez sur le bouton Fermer de la fenêtre.**

FIGURE B-9 : Menu raccourci Plus d'options et les différentes vues disponibles

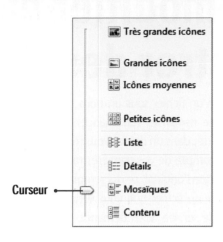

Curseur ●———⊂⊃

- Très grandes icônes
- Grandes icônes
- Icônes moyennes
- Petites icônes
- Liste
- Détails
- Mosaïques
- Contenu

FIGURE B-10 : Bibliothèque Échantillons d'images en grandes icônes

Vos images peuvent différer de celles-ci

FIGURE B-11 : Aperçu du fichier Réunion Océanie.rtf dans le volet de navigation

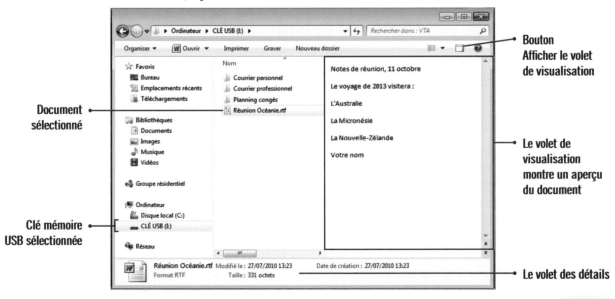

Document sélectionné

Clé mémoire USB sélectionnée

Bouton Afficher le volet de visualisation

Le volet de visualisation montre un aperçu du document

Le volet des détails

Ouvrir, modifier et enregistrer des fichiers

Vous avez créé et enregistré un fichier sous un nom, dans un dossier d'un périphérique de stockage. Vous pouvez dès lors l'ouvrir et le **modifier** (en changer le contenu). Dans un document texte, vous ajoutez, modifiez et supprimez du texte ; dans un dessin, vous modifiez une couleur. Ensuite, vous enregistrez à nouveau le fichier, pour qu'il tienne compte de vos dernières modifications. Habituellement, vous enregistrez le fichier modifié sous le même nom que l'original, ce qui remplace l'ancienne version du fichier par la dernière version, mise à jour. Pour enregistrer un fichier que vous venez de modifier, vous utilisez la commande Enregistrer. Carine, votre chef de service, vous demande de compléter vos notes de la dernière réunion sur les voyages en Océanie.

ÉTAPES

1. **Cliquez sur** Démarrer ⊙ **dans la barre des tâches, puis cliquez sur** WordPad **dans le menu Démarrer.**

   WordPad apparait dans le menu Démarrer parce que vous l'avez ouvert récemment. Ceci s'offre en guise de raccourci au lieu d'utiliser le menu Tous les Programmes, de développer le dossier Accessoires et de cliquer enfin sur WordPad.

2. **Cliquez sur le** bouton de WordPad ▣▾ **, puis sur** Ouvrir.

   La boite de dialogue Ouvrir s'affiche. Elle possède les mêmes sections que la boite de dialogue Enregistrer sous et que les fenêtres d'Explorateur Windows que vous avez rencontrées dans les leçons de ce module. Vous naviguez jusqu'à l'emplacement où vous avez enregistré le fichier Réunion Océanie.rtf et vous l'ouvrez.

3. **Si nécessaire, faites défiler le volet de navigation pour voir l'Ordinateur, puis cliquez sur** CLÉ USB (I:) **(ou le nom et la lettre de votre clé mémoire).**

   Le contenu de votre clé mémoire USB apparait dans la liste des fichiers (figure B-12).

4. **Cliquez sur** Réunion Océanie.rtf, **puis cliquez sur** Ouvrir.

   Le document s'ouvre, tel que vous l'avez créé et enregistré précédemment.

5. **Cliquez à droite du dernier « e » de Nouvelle-Zélande, appuyez sur** [Entrée], **puis tapez** Carine clôture la réunion.

   Le document modifié contient votre nouveau texte (figure B-13). S'il est présent en mémoire de l'ordinateur en ce moment précis, il ne sera toutefois exploitable à l'avenir que si vous l'enregistrez.

6. **Cliquez sur le** bouton de WordPad ▣▾ **, puis sur** Enregistrer **(figure B-14).**

   WordPad enregistre le document avec les modifications les plus récentes, sous le même nom de fichier et au même emplacement de stockage que la version originale. Quand vous enregistrez un fichier existant, la boite de dialogue Enregistrer sous ne s'affiche pas.

7. **Cliquez sur** ▣▾ **, puis sur** Quitter.

Comparer Enregistrer et Enregistrer sous

Le menu de WordPad propose deux options d'enregistrement : Enregistrer et Enregistrer sous. La première fois où vous enregistrez un fichier, la boite de dialogue Enregistrer sous s'affiche, et ceci que vous choisissiez Enregistrer ou Enregistrer sous. Dans cette boite de dialogue, vous sélectionnez l'emplacement de stockage et le nom de fichier. Quand vous modifiez un fichier existant pour l'enregistrer ensuite, vous l'enregistrez généralement dans le même emplacement et sous le même nom de fichier, avec la commande Enregistrer.

Celle-ci n'affiche pas la boite de dialogue Enregistrer sous. Dans certaines situations, il peut s'avérer nécessaire d'enregistrer les modifications dans une copie, sous un autre nom de fichier et(ou) à un autre emplacement de stockage. Dans ce cas, ouvrez le document existant, modifiez-le ou non, choisissez la commande Enregistrer sous, puis naviguez à un autre emplacement de stockage et(ou) donnez un autre nom au fichier.

FIGURE B-12 : Navigation dans la boite de dialogue Ouvrir

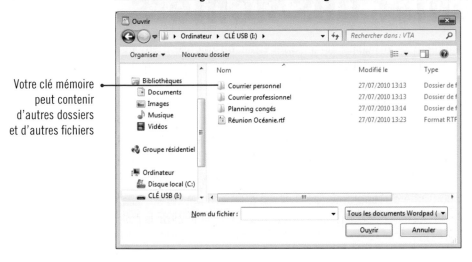

Votre clé mémoire
peut contenir
d'autres dossiers
et d'autres fichiers

FIGURE B-13 : Document modifié

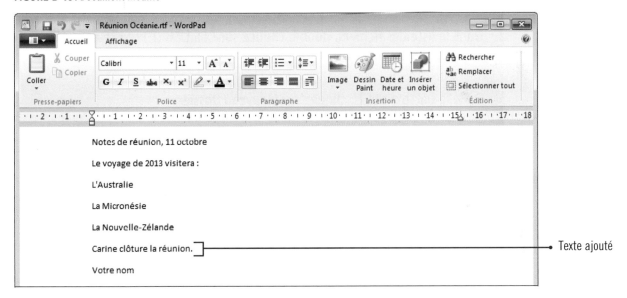

Texte ajouté

FIGURE B-14 : Enregistrement d'un document

Copier des fichiers

L'enregistrement d'un fichier sur un disque dur ou une clé mémoire le stocke en vue d'une ouverture ultérieure. Vous êtes amené à réaliser une copie d'un fichier pour plusieurs raisons. Par exemple, du disque dur, vous souhaitez copier un document vers une clé mémoire pour l'emporter avec vous et l'ouvrir sur une autre machine ou le partager avec un ami. Une bonne idée consiste également à effectuer une copie de **sauvegarde**, de remplacement, au cas où un problème se produirait sur le fichier original. Vous copiez des fichiers et des dossiers à l'aide de la commande Copier, puis vous déposez la copie dans un autre emplacement de stockage avec la commande Coller. Un même dossier ne peut jamais contenir deux fichiers du même nom. Si vous essayez, Windows 7 vous demande si vous voulez remplacer le premier par le second et vous offre l'opportunité de renommer différemment la seconde copie. ▰▰▰▰ Carine vous demande de créer une copie du document de la réunion, créé précédemment, et de la coller dans un nouveau dossier de votre clé mémoire USB.

ÉTAPES

1. **Cliquez sur le bouton Démarrer 🌐 dans la barre des tâches, puis cliquez sur Ordinateur.**

2. **Dans la liste des fichiers, double-cliquez sur CLÉ USB (I:) (ou le nom et la lettre de lecteur de votre clé mémoire).**

   Vous créez d'abord le dossier dont vous avez besoin.

3. **Dans la barre d'outils, cliquez sur Nouveau dossier.**

   Un nouveau dossier apparait dans la liste des fichiers et son nom, Nouveau dossier, est sélectionné. Comme le nom de dossier est sélectionné, le moindre caractère entré au clavier remplace le texte sélectionné dans le nom de dossier.

4. **Tapez Notes de réunions, puis appuyez sur [Entrée].**

   Vous avez nommé le nouveau dossier Notes de réunions. Vous y copiez le fichier Réunion Océanie.rtf.

ASTUCE

Pour copier un fichier, vous pouvez aussi cliquer du bouton droit sur le fichier dans la liste des fichiers, puis cliquer sur Copier. Avec le clavier, pressez et maintenez [Ctrl] appuyée et pressez [C], puis relâchez les deux touches.

5. **Dans la liste des fichiers, cliquez sur le document Réunion Océanie.rtf, cliquez sur Organiser dans la barre d'outils, puis cliquez sur Copier (figure B-15).**

   Lors de la commande Copier, Windows 7 place une copie du fichier dans une zone de la mémoire de l'ordinateur, appelée le **Presse-papiers**. Cette copie attend, prête à être collée ailleurs. Le copier-coller laisse le fichier dans son emplacement original. Le fichier mémorisé dans le Presse-papiers y demeure, tant que vous ne copiez rien d'autre et que vous ne terminez pas votre session.

6. **Dans la liste des fichiers, double-cliquez sur le dossier Notes de réunions.**

   Le dossier s'ouvre.

ASTUCE

Pour coller avec le clavier, pressez et maintenez [Ctrl] appuyée et pressez [V], puis relâchez les deux touches.

7. **Dans la barre d'outils, cliquez sur Organiser, puis cliquez sur Coller.**

   Une copie du fichier Réunion Océanie.rtf apparait dans le dossier Notes de réunions (figure B-16). Désormais, vous disposez de deux copies du même fichier Réunion Océanie.rtf : une dans le dossier principal de votre clé mémoire et une seconde dans le sous-dossier Notes de réunions de la même clé mémoire. Le fichier demeure dans le Presse-papiers, ce qui signifie que vous pouvez le déposer à votre guise dans d'autres endroits.

FIGURE B-15 : Copie d'un fichier

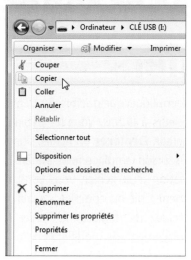

FIGURE B-16 : Copie du fichier, collée dans le dossier Notes de réunions

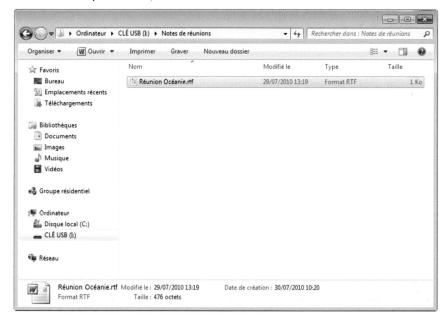

Copier des fichiers à l'aide d'Envoyer vers

Pour copier et coller un fichier vers un périphérique de stockage externe, une autre technique existe, qui emprunte la commande Envoyer vers. Dans une fenêtre de l'Explorateur Windows, cliquez du bouton droit sur le fichier à copier, pointez Envoyer vers, puis, dans le menu contextuel, cliquez sur le périphérique où vous souhaitez coller le fichier. Cette méthode laisse également intact le fichier original sur le disque dur et crée une copie sur le disque externe, en une seule commande. Le tableau B-2 propose un résumé des autres commandes du menu contextuel.

TABLEAU B-2

Option du menu	Fonction
Bureau (créer un raccourci)	Créer un raccourci (lien) du fichier sur le bureau de Windows.
Destinataire	Créer un courrier électronique avec le fichier en pièce jointe (seulement si vous disposez d'un logiciel de courrier électronique dans l'ordinateur).
Documents	Copier le fichier dans la bibliothèque Documents.
Dossier compressé (zippé)	Créer un nouveau fichier compressé (de taille réduite), d'extension .zip.
Lecteur DVD RW (D:)	Copier le fichier sur le graveur DVD de l'ordinateur (lettre E: ou autre).
CLÉ USB (I:)	Copier le fichier vers la clé mémoire USB (lettre I: ou autre).

Déplacer et renommer des fichiers

L'organisation des fichiers implique quelquefois de déplacer des fichiers ou des dossiers vers d'autres emplacements, un ou plusieurs à la fois. Vous les déplacez vers un autre dossier du même lecteur de disque ou vers un autre lecteur. **Déplacer** un fichier signifie le transférer vers un autre endroit, de sorte que le fichier n'existe plus à son emplacement initial. Les commandes Couper et Coller réalisent le déplacement. Après la création d'un fichier, vous vous rendez compte que le nom que vous lui avez donné n'est pas suffisamment clair ou complet, ce qui vous amène à le renommer d'une façon plus explicite. 🔲🔲🔲 Vous décidez de déplacer le fichier Réunion Océanie.rtf dans votre bibliothèque Documents et, après le déplacement, de modifier le nom du fichier pour mieux décrire son contenu.

ÉTAPES

ASTUCE

Pour couper un fichier, vous pouvez aussi cliquer du bouton droit sur le fichier dans la liste des fichiers, puis cliquer sur Couper. Au clavier, maintenez [Ctrl] appuyée et pressez [X], puis relâchez les deux touches.

1. **Dans la barre d'adresse, cliquez sur CLÉ USB (I:) (ou la nom et la lettre de votre clé mémoire).**

2. **Cliquez sur le document Réunion Océanie.rtf pour le sélectionner.**

3. **Dans la barre d'outils, cliquez sur Organiser, puis cliquez sur Couper.**
   L'icône du fichier coupé s'affiche en couleur plus claire, pour signifier que vous venez de le couper (figure B-17).

4. **Dans le volet de navigation, cliquez sur Bibliothèques, puis sur Documents.**

ASTUCE

Pour coller avec le clavier, une autre possibilité : cliquez du bouton droit dans une zone vide de la liste des fichiers, puis cliquez sur Coller. Au clavier, maintenez [Ctrl] appuyée et pressez [V], puis relâchez les deux touches.

5. **Dans la barre d'outils, cliquez sur Organiser, puis cliquez sur Coller.**
   Le document Réunion Océanie.rtf apparait dans votre bibliothèque Documents (figure B-18). Le nom de fichier pourrait mieux représenter le contenu de ce fichier pour vous aider à retenir qu'il contient des notes relatives à cette réunion.

6. **Le fichier Réunion Océanie.rtf sélectionné, dans la barre d'outils, cliquez sur Organiser, puis sur Renommer.**
   Le nom du fichier est placé en surbrillance. Dans une fenêtre, l'extension de nom de fichier ne peut changer car elle identifie le fichier comme étant de type document WordPad. Si vous supprimez l'extension, vous ne pourrez plus ouvrir le document. Vous pourriez donner un nouveau nom au fichier mais vous préférez ajouter « Notes de » au début du nom du fichier et de remplacer le R majuscule de Réunion par un r minuscule.

7. **Pointez le nom du fichier et, quand il devient I, cliquez entre le R et le é de Réunion, appuyez sur [Ret arr], entrez Notes de r (figure B-19), puis appuyez sur [Entrée].**
   Vous avez modifié le nom de la copie du document située dans la bibliothèque Documents. Le nom de ce fichier est désormais Notes de réunion Océanie.rtf.

8. **Fermez la fenêtre.**

FIGURE B-17 : Couper un fichier

L'apparence plus claire de l'icône indique que le fichier est coupé

FIGURE B-18 : Fichier collé

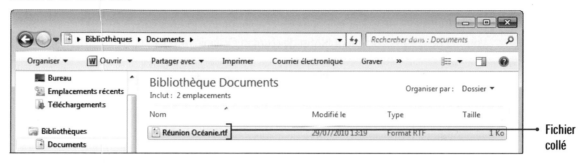

Fichier collé

FIGURE B-19 : Fichier renommé

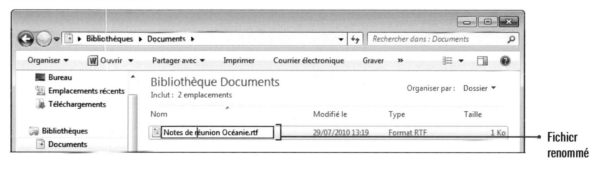

Fichier renommé

Utiliser le glisser-déposer pour copier ou déplacer des fichiers

La souris permet aussi de copier un fichier et de déposer une copie dans un autre emplacement. Le **glisser-déposer** est une technique qui emprunte le dispositif de pointage pour glisser un fichier ou un dossier dans un autre dossier ou un autre périphérique de stockage, puis l'y déposer, au relâchement du bouton de la souris. Le glisser-déposer ne fait pas transiter le fichier ou le dossier dans le Presse-papiers. Quand vous glissez-déposez un fichier ou un dossier d'un lecteur de disque vers un autre, Windows copie le fichier (figure B-20). En revanche, quand vous glissez-déposez un fichier ou un dossier vers un autre dossier du même lecteur de disque, Windows déplace l'objet dans le nouvel emplacement. Si vous voulez déplacer un fichier d'un lecteur vers un autre, maintenez la touche [Maj] pressée pendant le glisser-déposer. Pour copier un fichier d'un dossier à un autre du même lecteur, maintenez la touche [Ctrl] pressée pendant le glisser-déposer.

FIGURE B-20 : Copie d'un fichier par glisser-déposer

Comprendre l'organisation des fichiers

Rechercher des fichiers, des dossiers et des programmes

Vous avez copié, déplacé et renommé des dossiers et des fichiers et, après quelques temps, vous avez oublié où et sous quel nom vous avez déposé ces éléments. Par ailleurs, vous avez peut-être besoin d'aide pour retrouver un programme de votre ordinateur. Windows 7 met à votre disposition la **recherche de Windows**, un outil puissant et rapide de recherche de tout fichier, dossier ou programme. Entrez une ou plusieurs séquences de lettres ou de mots pour aider Windows à identifier l'élément de votre recherche. Le texte entré s'appelle votre **critère de recherche**. Un critère de recherche peut être un nom de fichier, une portion de nom de fichier ou n'importe quels autres caractères de votre choix. Windows trouve les fichiers qui comportent ces informations dans leur nom ou dans leur contenu. Par exemple, si vous tapez « *word* », Windows vous propose le programme WordPad et tout autre document qui comporte le mot « *word* » dans son titre ou dans son contenu. Pour mener une recherche dans la totalité de l'ordinateur, utilisez la zone de recherche du menu Démarrer. Pour rechercher dans un dossier particulier, la fenêtre de l'Explorateur Windows offre une zone de recherche adéquate. Vous recherchez le document Notes de réunion Océanie.rtf pour l'imprimer à l'intention d'un collègue.

ÉTAPES

1. **Cliquez sur le bouton Démarrer ⊕ dans la barre des tâches.**

   La zone de texte Rechercher dans les programmes et fichiers au bas du menu Démarrer accueille le curseur et se tient prête à recevoir les critères de recherche que vous entrez au clavier. Vous débutez l'entrée d'une partie du mot à retrouver dans le nom de fichier.

2. **Entrez re au clavier.**

   Avant même que vous ayez fini d'entrer le mot « reunion », le menu Démarrer énumère tous les programmes, fichiers et éléments du Panneau de configuration qui contiennent les lettres « re » dans leur titre, dans leur contenu ou dans leurs propriétés de fichiers (figure B-21). Les résultats de votre recherche diffèrent, bien entendu, selon les programmes et les fichiers présents dans votre ordinateur. Les **propriétés d'un fichier** sont des détails conservés par Windows à propos d'un fichier. Windows range les résultats de la recherche dans des catégories.

3. **Entrez u.**

   Les résultats de la recherche se réduisent aux seuls fichiers relatifs à « reu ». Ils s'affinent de proche en proche, deviennent de plus en plus spécifiques, à mesure que vous ajoutez des caractères au critère, pour afficher en définitive les deux versions de votre fichier de notes de réunion (figure B-22).

4. **Sous la catégorie Fichiers, pointez le nom du fichier Réunion Océanie.rtf.**

   L'info-bulle montre l'emplacement du fichier. Ce fichier Réunion Océanie.rtf est dans la clé mémoire USB, tandis que le fichier Notes de réunion Océanie.rtf est présent dans la bibliothèque Documents, ceci explique qu'aucune information n'apparaisse quant à son emplacement. Les noms des fichiers de la liste sont des liens vers les documents correspondants. Un seul clic suffit pour les ouvrir.

5. **Sous Documents, cliquez sur Notes de réunion Océanie.rtf.**

   Le document s'ouvre dans WordPad.

6. **Cliquez sur le bouton Fermer ⨯ de la barre de titre de la fenêtre.**

   L'Explorateur Windows permet, lui, d'effectuer une recherche dans un dossier ou un lecteur de disque, par l'entremise de sa zone de texte Rechercher.

7. **Cliquez sur ⊕, cliquez sur Ordinateur, puis, dans le volet de navigation, double-cliquez sur CLÉ USB (I:) (ou le nom et la lettre de votre clé mémoire).**

8. **Cliquez dans la zone de texte Rechercher dans : CLÉ USB (I:), à droite de la barre d'adresse.**

9. **Entrez reu pour obtenir la liste de tous les fichiers et de tous les dossiers de la clé mémoire qui contiennent « reu » (ou « réu »).**

   Le critère de recherche, reu, est surligné dans les noms des fichiers proposés. Les résultats reprennent le dossier Notes de réunion et les deux fichiers nommés Réunion Océanie.rtf. Comme vous avez localisé la recherche dans la clé mémoire USB, Windows n'énumère que les versions des documents et des dossiers présents sur ce lecteur (figure B-23).

10. **Double-cliquez sur le second Réunion Océanie.rtf de la liste des fichiers pour l'ouvrir dans WordPad, examinez le contenu, puis fermez WordPad et la fenêtre de l'Explorateur Windows.**

Comprendre l'organisation des fichiers

FIGURE B-21 : Recherche du critère « re »

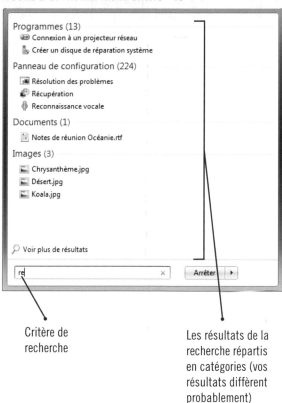

Critère de
recherche

Les résultats de la
recherche répartis
en catégories (vos
résultats diffèrent
probablement)

FIGURE B-22 : Recherche du critère « reu »

Les résultats de la recherche
se réduisent à moins de
documents (vos résultats
peuvent différer)

FIGURE B-23 : Recherche dans une fenêtre Ordinateur, avec la zone de texte Rechercher dans

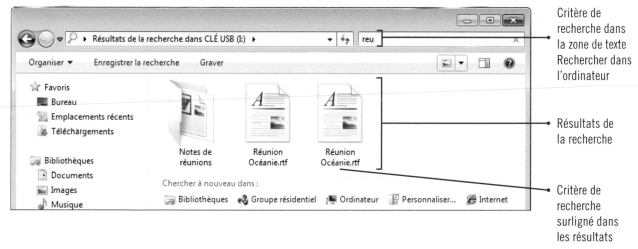

Critère de
recherche dans
la zone de texte
Rechercher dans
l'ordinateur

Résultats de
la recherche

Critère de
recherche
surligné dans
les résultats

Mener des recherches avancées

Pour retrouver des documents qui possèdent la même extension de nom de fichier (par exemple .rtf), entrez cette extension comme critère de recherche. Pour trouver les fichiers créés par une personne, entrez le prénom, le nom ou les prénom et nom de cette personne, en guise de critères de recherche. Pour isoler les fichiers créés à une certaine date, entrez la date sous la forme définie par vos habitudes culturelles (25/12/2012 ou 12-25-2012). Si vous connaissez le titre du document à retrouver, entrez ce titre comme critère de recherche. Enfin, si vous recherchez l'adresse de courrier électronique d'une personne, tapez simplement son nom complet.

Supprimer et restaurer des fichiers

Lorsque vous réorganisez le contenu d'un dossier, d'un disque ou du bureau, vous risquez de rencontrer des fichiers et des dossiers dont vous n'avez plus besoin. Vous pouvez dès lors les supprimer ou les effacer du disque. Si vous supprimez un dossier ou un fichier du bureau ou du disque dur local, Windows le place dans la Corbeille. La suppression régulière des fichiers devenus inutiles et le vidage de la Corbeille récupèrent de l'espace de stockage dans l'ordinateur. Vous conservez ainsi un ordinateur propre et net de toutes choses inutiles. Quand vous supprimez un dossier, Windows supprime ce dossier et tout ce qu'il contient, fichiers et sous-dossiers. Si vous vous rendez compte ensuite que vous aviez encore besoin d'un fichier ou d'un dossier supprimé, vous pouvez le restaurer à son emplacement initial, du moins tant que vous ne videz pas la Corbeille. Le vidage de la Corbeille supprime définitivement les éléments supprimés de l'ordinateur. Retenez cependant que si vous supprimez un fichier d'un lecteur amovible, par exemple une clé mémoire USB, ou d'un lecteur réseau, la suppression est définitive et le fichier ne passe jamais par la Corbeille. 🞂🞂 Vous supprimez la copie de vos notes de réunion de la bibliothèque Documents, puis vous les restaurez, en guise d'exercice.

ÉTAPES

1. **Dans la barre des tâches, cliquez sur ⊙, puis sur Documents.**
   La bibliothèque Documents s'ouvre.

2. **Cliquez sur Notes de réunion Océanie.rtf pour sélectionner le document, cliquez sur Organiser dans la barre d'outils, puis sur Supprimer.**
   La boite de dialogue Supprimer le fichier s'ouvre et vous demande de confirmer la suppression (figure B-24).

3. **Cliquez sur Oui.**
   Vous avez supprimé un fichier de la bibliothèque Documents ; Windows le déplace dans la Corbeille.

   ASTUCE

   Si la Corbeille ne semble pas contenir de papier froissé, cela signifie qu'elle est vide.

4. **Cliquez sur Réduire ▭ dans la barre de titre de la fenêtre et regardez attentivement l'icône de la Corbeille sur le bureau.**
   L'icône de la Corbeille semble contenir du papier froissé. Ceci indique qu'elle contient des dossiers ou des fichiers supprimés.

5. **Double-cliquez sur l'icône de la Corbeille.**
   La fenêtre de la Corbeille s'ouvre et affiche tout dossier ou fichier supprimé précédemment, dont le fichier Notes de réunion Océanie.rtf.

   ASTUCE

   Pour supprimer définitivement un fichier en une seule opération, maintenez la touche [Maj] pressée, puis appuyez sur [Suppr]. Un message apparait qui vous demande de confirmer la suppression définitive. Si vous cliquez sur Oui, Windows efface le fichier sans le faire transiter par la Corbeille. Soyez conscient que vous ne pourrez plus restaurer ce fichier.

6. **Cliquez sur le fichier Notes de réunion Océanie.rtf pour le sélectionner, puis cliquez sur Restaurer cet élément dans la barre d'outils de la Corbeille (figure B-25).**
   Le fichier retourne à son emplacement initial et disparait de la liste des fichiers de la Corbeille.

7. **Dans le volet de navigation, cliquez sur la bibliothèque Documents.**
   La fenêtre affiche le contenu de la bibliothèque Documents et montre que le fichier a été restauré à son emplacement initial. Vous décidez de supprimer définitivement ce fichier.

8. **Cliquez sur le fichier Notes de réunion Océanie.rtf, appuyez sur la touche [Suppr], puis cliquez sur Oui dans la boite de dialogue Supprimer le fichier.**
   Le fichier Notes de réunion Océanie.rtf quitte la bibliothèque Documents pour aboutir dans la Corbeille. Vous voulez supprimer définitivement tous les documents présents dans la Corbeille.
   Attention : si vous utilisez l'ordinateur d'une autre personne ou appartenant à un laboratoire d'exercices, vérifiez d'abord qu'il vous est permis de vider la Corbeille avant de vous livrer à cette opération définitive.

9. **Réduisez la fenêtre, double-cliquez sur la Corbeille, cliquez sur Vider la Corbeille dans la barre d'outils, cliquez sur Oui dans la boite de dialogue, puis fermez toutes les fenêtres ouvertes.**

Comprendre l'organisation des fichiers

FIGURE B-24 : Boite de dialogue Supprimer le fichier

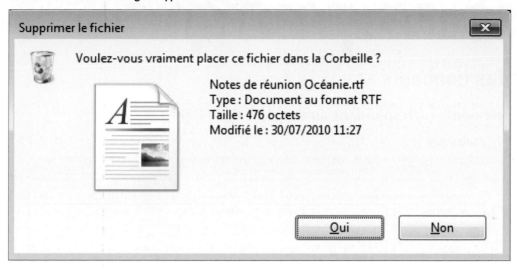

FIGURE B-25 : Élément récupéré de la corbeille

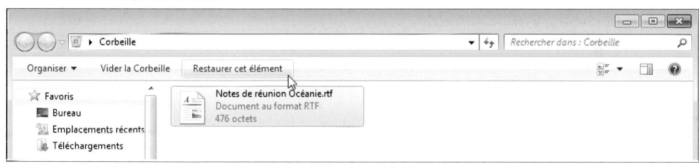

Sélectionner plusieurs fichiers

Dès lors que vous coupez, copiez, collez ou supprimez des groupes de fichiers et de dossiers, vous souhaitez quelquefois appliquer ces opérations à plus d'un élément simultanément. Sous Windows, retenez que vous sélectionnez d'abord un élément avant de lui appliquer une opération : si vous voulez supprimer un fichier, alors vous devez d'abord sélectionner le fichier, puis le supprimer. Pour sélectionner un groupe d'éléments adjacents d'une même fenêtre, cliquez sur le premier élément du groupe, maintenez [Maj] pressée pendant que vous cliquez sur le dernier élément du groupe. Le premier élément, le dernier et tous les éléments intermédiaires sont sélectionnés, prêts à recevoir l'opération. Pour sélectionner des éléments non adjacents, cliquez sur le premier de la série, maintenez [Ctrl] pressée et cliquez successivement sur chacun des éléments à sélectionner pour relâcher la touche [Ctrl] en fin de sélection. Ensuite, vous pouvez couper, copier, supprimer ou encore glisser-déposer les éléments sélectionnés.

Mise en pratique

Révision des concepts

Identifiez les éléments correspondant aux repères de la figure B-26.

FIGURE B-26

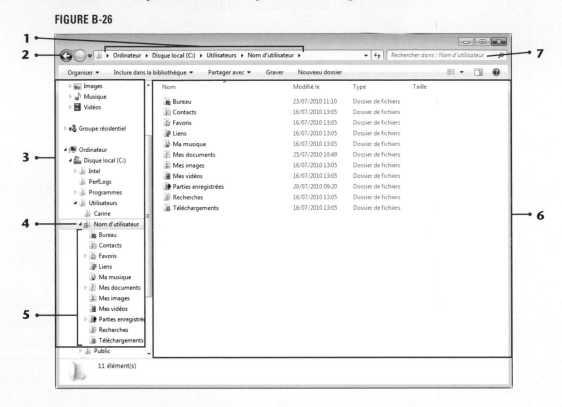

Associez chaque terme à sa description.

8. **L'organisation des fichiers**

9. **L'extension de nom de fichier**

10. **La barre d'adresse**

11. **Le chemin**

12. **Une bibliothèque**

13. **Une barre d'outils**

14. **La hiérarchie de fichiers**

a. Affiche le chemin de l'emplacement d'un fichier.

b. La structure des fichiers et des dossiers, organisés sous plusieurs niveaux.

c. Décrit l'emplacement d'un fichier dans la hiérarchie de fichiers.

d. Un ensemble de compétences qui vous permettent d'organiser vos fichiers et vos dossiers.

e. Contient des boutons dans une fenêtre d'Explorateur Windows.

f. Une séquence de trois ou quatre lettres, précédée d'un point, qui identifie le type du fichier.

g. Rassemble des fichiers et des dossiers d'emplacements multiples et divers.

Choisissez la meilleure réponse à chaque question.

15. **La façon dont les fichiers apparaissent dans le volet des détails dépend:**
    a. Du chemin.
    b. De la vue.
    c. Du sous-dossier.
    d. Du critère.

16. **Quand vous déplacez un fichier:**
    a. Il demeure à son emplacement initial.
    b. Il disparait de son emplacement initial.
    c. Une copie apparait dans un emplacement différent.
    d. Il disparait de la hiérarchie des fichiers.

17. **Le texte entré dans la zone de texte Rechercher des programmes et fichiers s'appelle:**
    a. Un critère de recherche.
    b. De la RAM.
    c. Un tri.
    d. Le Presse-papiers.

18. **Parmi les suivantes, quelle proposition n'est pas une zone d'une fenêtre ?**

    a. La barre d'adresse   **c.** Le volet de navigation

    b. La liste des fichiers   **d.** Le Presse-papiers

19. **Quelle partie de Windows permet de voir le contenu d'un fichier sans l'ouvrir ?**

    a. La liste des fichiers   **c.** Le Presse-papiers

    b. Le volet de visualisation   **d.** Le chemin du fichier

20. **Dans la hiérarchie des fichiers, un dossier contenu dans un autre dossier s'appelle :**

    a. Un sous-dossier.   **c.** La Corbeille.

    b. Un lecteur de disque interne.   **d.** Un chemin.

21. **Vous supprimez un fichier de votre lecteur de disque dur ; il est automatiquement placé dans :**

    a. La clé mémoire USB.   **c.** La Corbeille.

    b. Le Presse-papiers.   **d.** La zone de texte Rechercher dans l'Ordinateur.

22. **Quand vous copiez un fichier, il est automatiquement placé dans :**

    a. Le volet de visualisation.   **c.** La hiérarchie de fichiers.

    b. Le dossier Mes documents.   **d.** Le Presse-papiers.

Révision des techniques

1. **Comprendre les dossiers et les fichiers.**

    a. Imaginez que vous ayez une activité à domicile, de vente de livres. Comment organiseriez-vous vos fichiers et vos dossiers dans une hiérarchie ? Comment exploiteriez-vous les dossiers et les sous-dossiers ? Tracez un diagramme de cette hiérarchie et commentez ce dessin d'un court paragraphe pour expliquer vos choix.

2. **Créer et enregistrer un fichier.**

    a. Insérez si nécessaire la clé mémoire USB avec vos fichiers Projets, puis ouvrez WordPad à partir du menu Tous les programmes.

    b. Entrez en guise de titre **Plan marketing : Voyages en Océanie**, puis passez à la ligne suivante.

    c. Entrez votre nom et appuyez deux fois sur [Entrée].

    d. Créez la liste suivante :

        Dépliants

        Communication directe par courrier électronique

        Publicité sur le web

        Conventions sur les voyages

    e. Enregistrez le document WordPad sous le nom de fichier **Plan marketing Océanie.rtf** sur votre clé mémoire USB.

    f. Observez le nouveau nom de fichier dans la barre de titre, puis fermez WordPad.

3. **Explorer les fichiers et les dossiers de l'ordinateur.**

    a. Ouvrez une fenêtre d'Explorateur Windows pour afficher le contenu de votre ordinateur.

    b. Par la liste des fichiers, allez dans votre clé mémoire ou, si vous n'en utilisez pas, allez dans la bibliothèque Documents par le biais du volet de navigation.

    c. Utilisez la barre d'adresse pour revenir à l'Ordinateur.

    d. Par le volet de navigation, allez dans votre lecteur de disque dur.

    e. Utilisez la liste des fichiers pour ouvrir le dossier Utilisateurs, puis ouvrez le dossier de votre nom d'utilisateur.

    f. Ouvrez le dossier Mes documents. *Conseil* : Le chemin est Ordinateur ▸ Disque local (C:) ▸ Utilisateurs ▸ [Votre nom d'utilisateur] ▸ Mes documents.

    g. Par le volet de navigation, retournez au contenu de l'ordinateur.

4. **Changer la vue des fichiers et des dossiers.**

    a. Allez dans votre clé mémoire USB par la méthode de votre choix.

    b. Affichez-en le contenu sous forme de grandes icônes.

    c. Utilisez le curseur de visualisation pour afficher le contenu du lecteur selon les sept vues disponibles.

    d. À l'aide du bouton Changer l'affichage, bouclez parmi les cinq vues proposées.

    e. Ouvrez le volet de visualisation, cliquez sur un fichier pour observer son aperçu et répétez l'opération pour deux autres fichiers.

    f. Fermez le volet de visualisation.

Révision des techniques (suite)

5. Ouvrir, modifier et enregistrer des fichiers.

  a. Ouvrez WordPad.

  b. Avec la boite de dialogue Ouvrir, ouvrez le document Plan markéting Océanie.rtf que vous venez de créer.

  c. À la suite du texte « Conventions sur les voyages », ajoutez une ligne avec le texte **Presse périodique**.

  d. Enregistrez le document et fermez WordPad.

6. Copier des fichiers.

  a. Dans la fenêtre de l'Explorateur Windows, allez dans votre clé mémoire, si nécessaire.

  b. Copiez le document Plan markéting Océanie.rtf.

  c. Créez un nouveau dossier dénommé **marketing** dans votre clé mémoire, puis ouvrez ce dossier. (*Conseil* : Sans clé mémoire USB à votre disposition, créez ce dossier dans votre bibliothèque Documents.)

  d. Collez le document dans ce nouveau dossier.

7. Déplacer et renommer des fichiers.

  a. Allez dans votre clé mémoire (ou votre bibliothèque Documents, le cas échéant).

  b. Sélectionnez le document initial Plan marketing Océanie.rtf, puis coupez-le.

  c. Allez dans votre bibliothèque Documents et collez-y le fichier.

  d. Renommez ce fichier **Plan marketing Océanie - copie.rtf**.

8. Rechercher des fichiers, des dossiers et des programmes.

  a. Dans la zone de texte Rechercher des programmes et fichiers du menu Démarrer, entrez le critère **oc**.

  b. Affinez le critère de recherche en **oce**.

  c. Ouvrez la copie de sauvegarde du document Plan marketing Océanie à partir du menu Démarrer, puis fermez WordPad.

  d. Dans l'explorateur Windows, allez dans votre bibliothèque Documents, puis utilisez le critère **oce** dans la zone de texte Rechercher dans : Documents.

  e. Ouvrez la copie de sauvegarde du document Plan marketing Océanie au départ de la liste des fichiers, puis fermez WordPad.

9. Supprimer et restaurer des fichiers.

  a. Allez dans votre bibliothèque Documents, si nécessaire,

  b. Supprimez le fichier Plan marketing Océanie - copie.rtf.

  c. Ouvrez la Corbeille et restaurez le document à son emplacement initial, allez dans votre bibliothèque Documents, puis déplacez le fichier Plan marketing Océanie – copie vers votre clé mémoire USB.

Exercice personnel 1

Pour satisfaire les besoins exprimés par les propriétaires de nouveaux animaux de compagnie (les « NAC ») de votre ville, vous avez créé une affaire de services à la personne, où vous proposez aux clients de vous occuper de leurs chers animaux pendant leurs vacances. Pour promouvoir cette activité naissante, vous décidez de rédiger une lettre périodique d'information et un dépliant publicitaire.

  a. Branchez votre clé mémoire USB à votre ordinateur, si nécessaire.

  b. Créez un nouveau dossier dans cette clé mémoire et nommez-le **NAC**.

  c. Dans ce dossier, créez deux sous-dossiers, **Publicités** et **Dépliants**.

  d. Avec WordPad, créez une courte publicité destinée à votre lettre d'information, qui décrive votre entreprise.

    • Utilisez le nom de votre entreprise en guise de titre du document.

    • Rédigez un court paragraphe de présentation de votre activité. Ajoutez une adresse et un numéro de téléphone fictifs.

    • À la suite du paragraphe, ajoutez votre nom.

  e. Enregistrez le document WordPad sous le nom de fichier **Lettre pub** dans le dossier Publicités, puis fermez ce document et quittez WordPad.

  f. Ouvrez une fenêtre d'Explorateur Windows et allez dans le dossier Publicités.

  g. Visualisez le contenu du dossier selon au moins trois vues différentes, puis choisissez celle qui correspond à vos préférences.

  h. Copiez le fichier Lettre pub.rtf et collez une nouvelle copie dans le dossier Dépliants.

  i. Renommez la copie **Lettre pub - copie.rtf**.

  j. Fermez le dossier.

Exercice personnel 2

Rédacteur en chef indépendant pour plusieurs éditeurs nationaux, vous dépendez de votre ordinateur pour de nombreuses tâches et pour respecter des dates limites de remises de travaux. À chaque problème informatique que vous rencontrez, vous appelez un consultant externe pour vous aider à résoudre le problème. Le consultant vous demande de documenter de votre ordinateur, c'est-à-dire de tenir un registre de ses réglages actuels.

a. Connectez votre clé mémoire USB à l'ordinateur, si nécessaire.

b. Ouvrez la fenêtre Ordinateur pour y consulter les informations relatives à vos lecteurs de disques et aux matériels installés dans cet ordinateur.

c. Affichez le contenu de la fenêtre avec trois vues différentes et choisissez votre vue préférée.

d. Ouvrez WordPad et créez un document dont le titre est **La documentation de mon matériel**, suivi de votre nom sur des lignes distinctes.

e. Rédigez une liste des noms de votre disque dur (ou de vos disques durs), des appareils de stockage amovibles et de tout autre matériel mentionnés dans la fenêtre que vous utilisez. Ajoutez la taille totale et la quantité d'espace disponible de vos disques et appareils de stockage amovibles. *Conseil* : Pour vérifier ces informations dans la fenêtre Ordinateur, cliquez sur le bouton de la fenêtre Ordinateur dans la barre des tâches, puis retournez dans WordPad d'un clic sur son bouton dans la barre des tâches.

Difficultés supplémentaires

- Parcourez la hiérarchie des fichiers de l'ordinateur et repérez ses différents niveaux.
- Sur papier, tracez un diagramme de cette hiérarchie de fichiers ; débutez avec l'Ordinateur, tout en haut de la page, puis descendez d'au moins quatre niveaux, si possible, et décrivez chaque niveau.

f. Enregistrez le document WordPad sous le nom **Documentation de mon matériel** dans votre clé mémoire USB.

g. Affichez la visualisation du document WordPad, imprimez ce document, puis fermez WordPad.

Exercice personnel 3

Vous êtes avocate dans un grand cabinet d'avocats. Vous participez au programme de sensibilisation communautaire de votre entreprise, par des interventions à des journées d'orientation dans des écoles secondaires. Vous exposez aux élèves les possibilités de carrière dans le domaine du droit. Vous souhaitez définir une structure de dossiers dans votre clé mémoire pour y ranger les fichiers de chaque session.

a. Connectez si nécessaire votre clé mémoire USB à votre ordinateur, puis ouvrez une fenêtre d'Explorateur sur la clé mémoire.

b. Créez un dossier **Journées d'orientation**.

c. Dans ce dossier, créez un sous-dossier **Pointe-aux-Trembles**.

Difficultés supplémentaires

- Dans le dossier Pointe-aux-Trembles, créez des sous-dossiers : **Plan d'exposé** et **Outils pédagogiques**.
- Renommez le dossier Outils pédagogiques en **Supports de cours**.
- Dans le dossier Supports de cours, créez un autre dossier **Présentations interactives**.

d. Fermez la fenêtre de Pointe-aux-Trembles.

e. Avec WordPad, créez un document **Orientations de carrières** et indiquez votre nom à la ligne suivante.
À la ligne, ajoutez la liste :
Carrières proposées par la filière juridique :
Avocat
Greffier
Procureur
Huissier de justice
Juge

f. Enregistrez le document WordPad sous le nom de fichier **Liste des carrières.rtf** dans le dossier Pointe-aux-Trembles. *Conseil* : Dans la boite de dialogue Enregistrer sous, entrez dans votre clé mémoire, puis ouvrez le dossier Pointe-aux-Trembles avant d'enregistrer le fichier.

g. Fermez WordPad.

Exercice personnel 3 (suite)

h. Ouvrez à nouveau WordPad et le document Liste des carrières.rtf pour ajouter **Rapporteur de cour** au bas de la liste, puis enregistrez le fichier et fermez WordPad.

i. Sur une feuille de papier, dessinez un diagramme de votre nouvelle structure de dossiers.

j. Avec le menu Démarrer, recherchez le critère **car** dans l'ordinateur. Repérez le document Liste des carrières.rtf dans la liste des résultats et suivez ce lien pour ouvrir le fichier.

k. Fermez le fichier.

Exercice personnel 4

Pensez à une activité de loisir ou bénévole que vous exercez ou que vous aimeriez mener. Imaginez que vous utilisiez votre ordinateur pour agencer vos plans et vos idées dans ce cadre.

a. À l'aide d'une feuille de papier et d'un crayon, concevez une structure de dossiers d'au moins deux sous-dossiers, destinés à la clé mémoire USB et à contenir les documents de cette activité.

b. Connectez votre clé mémoire à l'ordinateur, si ce n'est déjà fait, puis ouvrez une fenêtre d'Explorateur Windows sur cette clé.

c. Créez la structure de dossiers nécessaires pour votre activité en fonction de ce que vous venez de concevoir.

d. Réfléchissez à au moins trois tâches que vous devez accomplir au sein de cette activité.

e. Ouvrez WordPad et créez un document intitulé **Étapes suivantes**, au sommet de la page, puis entrez votre nom à la ligne suivante.

f. Énumérez trois tâches, puis enregistrez le fichier dans un des dossiers que vous avez créés dans la clé mémoire, sous le nom de fichier **Tâches.rtf**.

g. Fermez WordPad et ouvrez une fenêtre d'Explorateur sur le dossier où vous avez déposé le document.

h. Créez une copie du fichier, donnez à celle-ci un nouveau nom, puis placez-en une copie dans votre bibliothèque Documents.

i. Supprimez la copie du document de la bibliothèque Documents.

j. Ouvrez la fenêtre de la Corbeille et restaurez le document dans la bibliothèque Documents.

Atelier visuel

Vous êtes responsable du soutien technique dans une compagnie de services d'urgence. Cette entreprise fournit les médicaments et appareillages médicaux aux cellules d'urgence de l'hôpital de la ville la plus proche. Vous devez répondre très rapidement et clairement aux questions des employés de l'entreprise qui vous sollicitent. Vous décidez d'examiner, d'analyser et de réorganiser la structure des dossiers de votre ordinateur. Ainsi, vous pourrez répondre plus vite aux questions des membres de l'équipe. Créez la structure de dossiers de la figure B-27 sur votre clé mémoire USB. Au fur et à mesure de votre avancée, notez dans un document WordPad les étapes que vous suivez pour obtenir cette structure. Ajoutez votre nom au bas du document et enregistrez le fichier à un emplacement adéquat de votre clé mémoire.

FIGURE B-27

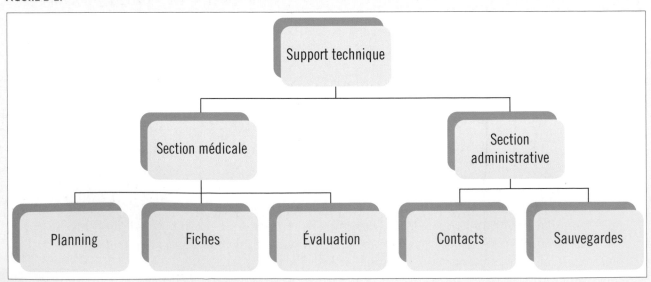

Microsoft® Word 2010

Collection illustrée

LES
ÉDITIONS
**REYNALD
GOULET**
INC.

Microsoft® Word 2010 – Collection illustrée

© 2011 Les Éditions Reynald Goulet inc.
Tous droits réservés. On ne peut reproduire aucun extrait de ce livre sous quelque forme ou par quelque procédé
que ce soit – machine électronique, mécanique, à photocopier, à enregistrer ou autrement – sans avoir obtenu
au préalable, la permission écrite des Éditions Reynald Goulet inc.

Traduction et adaptation : Michèle Simond
Couverture : Martineau Design Graphique
Infographie : Ayotte Graphe

Diffusion exclusive
Les Éditions Reynald Goulet inc.
www.goulet.ca

Cet ouvrage est une version française de
Microsoft® Word 2010 – Illustrated Introductory
Jennifer Duffy
© 2011 Course Technology – Une division de Cengage Learning

Nous reconnaissons l'aide financière du gouvernement du Canada par l'entremise du Fonds du livre du Canada (FLC)
pour nos activités d'édition.

Gouvernement du Québec – Programme de crédit d'impôt pour l'édition de livres – Gestion SODEC

Dépôt légal :
Bibliothèque et Archives nationales du Québec
Bibliothèque et Archives Canada

Imprimé au Canada
14 13 12 11   5 4 3 2 1

ISBN 978-2-89377-427-5

Renonciation

L'auteur et l'éditeur de cet ouvrage ont fait tous les efforts pour préparer ce livre ainsi que les programmes et
les fichiers qu'il contient, y compris dans l'élaboration, la recherche et les contrôles sur l'efficacité des théories et programmes. L'auteur et l'éditeur n'offrent aucune garantie de quelque ordre que ce soit, expresse ou implicite, pour ce
qui concerne ces programmes et fichiers ni la documentation présentés dans ce livre. L'auteur et l'éditeur ne pourront
être tenus pour responsables de tout dommage accessoire ou indirect, lié à ou causé par la fourniture, la performance
ou l'utilisation de ces programmes.

Les Éditions Reynald Goulet se réservent le droit d'apporter tout changement à ce livre sans préavis.

À lire avant de commencer

Installation de la suite Microsoft Office 2010

Ce livre a été rédigé et testé à l'aide de Microsoft Office 2010 – Professionnel, avec une installation complète sur Microsoft Windows 7. Le navigateur Web utilisé pour toutes les étapes qui nécessitent un navigateur est Internet Explorer 8. Il peut arriver que, pour expliquer clairement une fonctionnalité du programme, une caractéristique ne faisant pas partie de l'installation standard soit présentée. Certains exercices s'effectuent sur le web. Vous devez posséder une connexion internet pour réaliser ces exercices.

Que sont les fichiers Projets ?

Afin de réaliser les leçons et les exercices de ce livre, vous avez besoin de fichiers de travail. Ces fichiers contiennent des documents préparés pour accélérer l'exécution des leçons et centrer l'apprentissage sur la tâche en cours d'étude. Tous les fichiers nécessaires se trouvent sur le site web http://www.goulet.ca à l'adresse du livre.

Pour télécharger vos fichiers Projets, lisez les explications sur la page couverture intérieure du début du livre. Pour simplifier le texte des modules, il est seulement fait référence dans celui-ci à un « dossier Projets ». Il s'agit d'un nom générique désignant l'emplacement où se trouvent les fichiers de travail du module en cours. C'est à vous de constituer les dossiers Projets dont vous avez besoin.

Pourquoi mon écran est-il différent du livre ?

1. Les composants de votre bureau, sa présentation et les options de certaines boites de dialogue peuvent différer selon la version de Windows utilisée.

2. Selon les capacités matérielles de votre système, les paramètres régionaux et d'affichage définis dans votre ordinateur, vous pouvez remarquer les différences suivantes :
   - Votre écran peut sembler plus petit ou plus grand selon la résolution utilisée (les figures sont réalisées à partir d'une résolution de 1024 x 768) et l'aspect du Ruban peut varier selon cette résolution.
   - Les couleurs des divers éléments de l'écran peuvent être différentes.
   - Les dates, les heures, les numéros de téléphone et les symboles monétaires affichés dépendent de vos paramètres régionaux.

3. Le Ruban, la zone bleue au sommet des fenêtres de Microsoft Office 2010, s'adapte aux différentes résolutions. Si votre écran est réglé à une définition inférieure à 1024 x 768, vous ne verrez pas tous les boutons des figures du livre. Les groupes de boutons s'affichent toujours mais ces groupes peuvent être condensés en un seul bouton, sur lequel vous devez cliquer pour accéder aux boutons décrits dans les étapes.

Préface

Bienvenue dans Microsoft Word 2010 – Collection illustrée. Ce livre à l'orientation très visuelle vous propose un enseignement pratique de toutes les facettes de Microsoft Word 2010. Les leçons présentent les différents éléments illustrés ci-contre.

Comment le livre est-il organisé ?

Le livre est divisé en huit modules. Les sujets traités sont la création, la modification et la mise en forme de texte, de documents et de tableaux, l'utilisation de blocs de construction ainsi que le traitement d'images et la fusion de documents.

Quels sont les types d'instructions fournies dans le livre ? Avec quel niveau de difficulté ?

Les leçons utilisent le cadre de la société fictive Voyages Tour Aventure, une agence de voyages. Les tâches demandées dans les pages bleues à la fin de chaque module sont de difficulté croissante. Les fichiers Projets et les études de cas, utilisant de nombreux exemples internationaux et professionnels, fournissent une grande diversité d'applications réalistes et intéressantes des techniques étudiées. Ces tâches comprennent :

- La **révision des concepts**, permettant de tester la compréhension par une série de questions à choix multiples et d'identifications d'éléments visuels.

- La **révision des techniques**, fournissant un entrainement pratique supplémentaire, mettant en œuvre pas à pas tous les outils étudiés.

- Les **exercices personnels** et **défis**, fondés sur des projets précis requérant une mise en application réfléchie des techniques apprises dans le module. Ces exercices sont de difficulté croissante, le premier étant le plus facile et souvent détaillé par étape.

Chaque double page traite d'une seule technique.

Un texte concis introduit les principes de base de la leçon et présente la situation pratique étudiée.

A
Word 2010

Enregistrer un document

Pour sauvegarder un document en permanence et ainsi pouvoir l'ouvrir et le modifier ultérieurement, vous devez l'enregistrer en tant que **fichier**. Quand vous **enregistrez** un document, vous lui donnez un nom de fichier et indiquez l'emplacement où vous voulez le stocker. Dans Word 2010, les fichiers reçoivent automatiquement le suffixe .docx pour les distinguer des fichiers créés dans d'autres programmes. Vous pouvez enregistrer un fichier au moyen du bouton Enregistrer de la barre d'outils Accès rapide ou la commande Enregistrer de l'onglet Fichier. Après avoir enregistré un document pour la première fois, réenregistrez-le régulièrement et avant de l'imprimer de façon qu'il reflète vos dernières modifications. ▨▨▨▨ Vous enregistrez votre note de service sous un nom descriptif et avec le suffixe de fichier par défaut.

ÉTAPES

PROBLÈME
Si vous ne voyez pas le suffixe .docx dans le nom du fichier, c'est que Windows n'est pas réglé pour afficher les suffixes de fichier.

1. **Cliquez sur Enregistrer dans la barre d'outils Accès rapide.**
   Au tout premier enregistrement d'un document, la boite de dialogue Enregistrer sous apparait (figure A-5). Le nom de fichier par défaut, Note de service, est inscrit dans la zone de texte Nom de fichier. Ce nom par défaut est basé sur les premiers mots du document. Le suffixe, .docx, est affiché dans la zone de liste Type de fichier. Le tableau A-3 décrit les fonctions des boutons de la boite de dialogue Enregistrer sous.

2. **Tapez Mémo Circuit Maroc dans la zone de texte Nom de fichier.**
   Le nouveau nom de fichier remplace le nom par défaut. Des noms courts et descriptifs facilitent la recherche et l'organisation des documents. Il est inutile de taper .docx quand vous entrez un nouveau nom de fichier.

3. **Naviguez vers le lecteur et le dossier où vous stockez vos fichiers de projets.**
   Il y a plusieurs manières de naviguer vers un lecteur ou un dossier. Vous pouvez, par exemple, cliquer sur un lecteur ou un dossier dans la barre d'adresse ou dans le volet de navigation pour vous y rendre directement. Dans la barre d'adresse, cliquez sur la flèche double pour afficher une liste de lecteurs et de dossiers. Vous pouvez aussi modifier l'emplacement actif en double-cliquant sur un lecteur ou un dossier dans la fenêtre de dossier. Lorsque vous avez fini votre navigation vers le lecteur ou le dossier contenant vos fichiers de projets, cet emplacement s'affiche dans la barre d'adresse. Votre boite de dialogue Enregistrer sous devrait ressembler à celle de la figure A-6.

ASTUCE
Pour enregistrer un document de manière à pouvoir l'ouvrir dans une version antérieure de Word, déroulez la zone de liste Type, puis cliquez sur Document Word 97-2003 (*.doc)

4. **Cliquez sur Enregistrer.**
   Le document est enregistré à l'emplacement spécifié dans la boite de dialogue et la barre de titre montre le nouveau nom de fichier, Mémo Circuit Maroc.

5. **Placez le point d'insertion avant le mot le mot salle dans la première phrase, tapez grande, puis appuyez sur [Espace].**
   Vous pouvez continuer à travailler sur un document après l'avoir enregistré sous un nouveau nom.

6. **Cliquez sur ▨.**
   Vos modifications sont enregistrées. Après avoir sauvegardé un document une première fois, vous devez continuer à enregistrer les modification que vous lui apportez par la suite. Vous pouvez aussi enregistrer un document en appuyant sur [CTRL][S].

Windows Live et Office Web Apps

Tous les programmes Office permettent l'incorporation de commentaires et rétroactions qu'on appelle la collaboration en ligne depuis internet ou un réseau d'entreprise. Grâce à l'**informatique en nuage** (travail effectué dans un environnement virtuel), vous pouvez profiter sur la toile de programmes appelés Office Web Apps, qui sont des versions simplifiées des programmes constituant la suite Microsoft Office 2010. Ces programmes étant en ligne, ils ne prennent aucun espace disque et sont accessibles au moyen de Windows Live SkyDrive, un service gratuit de Microsoft. Grâce à Windows Live SkyDrive, vos collègues et vous pouvez créer et stocker des documents dans un « nuage » et les rendre accessibles à toute personne autorisée. Pour utiliser Windows Live SkyDrive, il vous faut un identifiant Windows Live (gratuit), que vous pouvez obtenir sur le site web de Windows Live.

Word A-8   Créer des documents avec Word 2010

Des astuces ou des problèmes sont évoqués exactement là où c'est nécessaire, à côté de l'étape elle-même.

Des conseils encadrés fournissent des informations concises qui approfondissent le sujet de la leçon ou décrivent une tâche indépendante qui lui est reliée.

iv

Chaque leçon présente de grandes illustrations claires de l'écran qui doit être obtenu à la fin de la leçon.

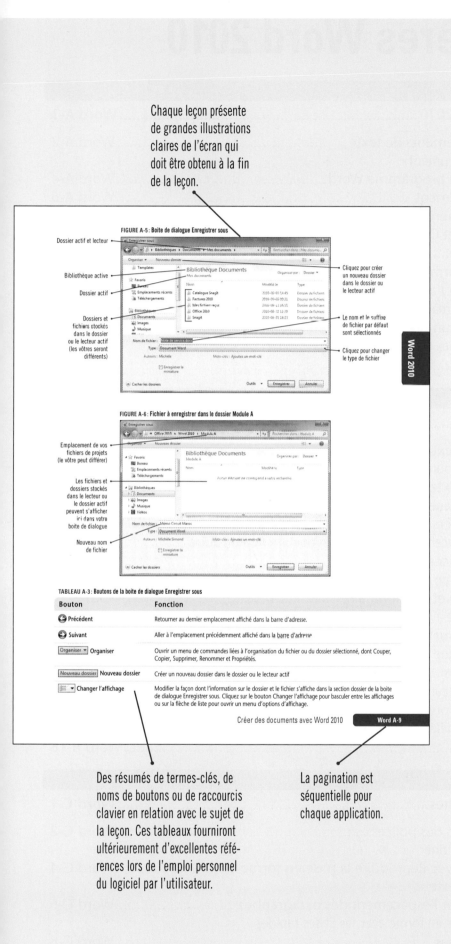

FIGURE A-5 : Boite de dialogue Enregistrer sous

Dossier actif et lecteur

Bibliothèque active

Dossier actif

Dossiers et fichiers stockés dans le dossier ou le lecteur actif (les vôtres seront différents)

Cliquez pour créer un nouveau dossier dans le dossier ou le lecteur actif

Le nom et le suffixe de fichier par défaut sont sélectionnés

Cliquez pour changer le type de fichier

FIGURE A-6 : Fichier à enregistrer dans le dossier Module A

Emplacement de vos fichiers de projets (le vôtre peut différer)

Les fichiers et dossiers stockés dans le lecteur ou le dossier actif peuvent s'afficher ici dans votre boite de dialogue

Nouveau nom de fichier

TABLEAU A-3 : Boutons de la boite de dialogue Enregistrer sous

Bouton	Fonction
Précédent	Retourner au dernier emplacement affiché dans la barre d'adresse.
Suivant	Aller à l'emplacement précédemment affiché dans la barre d'adresse
Organiser	Ouvrir un menu de commandes liées à l'organisation du fichier ou du dossier sélectionné, dont Couper, Copier, Supprimer, Renommer et Propriétés.
Nouveau dossier	Créer un nouveau dossier dans le dossier ou le lecteur actif
Changer l'affichage	Modifier la façon dont l'information sur le dossier et le fichier s'affiche dans la section dossier de la boite de dialogue Enregistrer sous. Cliquez sur le bouton Changer l'affichage pour basculer entre les affichages ou sur la flèche de liste pour ouvrir un menu d'options d'affichage.

Créer des documents avec Word 2010

Word A-9

Des résumés de termes-clés, de noms de boutons ou de raccourcis clavier en relation avec le sujet de la leçon. Ces tableaux fourniront ultérieurement d'excellentes références lors de l'emploi personnel du logiciel par l'utilisateur.

La pagination est séquentielle pour chaque application.

L'exercice suivant, nommé Défi, est plus ouvert, exigeant d'approfondir l'étude de la solution de façon plus indépendante.

• Les **ateliers visuels**, montrant une solution terminée et requérant la réalisation de cette solution sans aucune indication d'étape à suivre, obligeant ainsi l'élève à créer sa propre démarche de façon indépendante.

Quelle est l'approche utilisée ?

Pourquoi l'approche utilisée de cette collection est-elle si efficace pour enseigner les techniques informatiques ? C'est très simple. Chaque technique est présentée dans une double page en vis-à-vis, les instructions détaillées étape par étape se trouvant sur la page de gauche et les illustrations claires et explicatives, sur la page de droite. L'utilisateur peut se concentrer sur un même sujet sans avoir à tourner la page. Cette conception unique rend l'information très accessible et facile à assimiler, tout en fournissant d'excellentes références une fois le cours achevé. Cette approche pratique convient aussi bien à l'apprentissage autonome qu'aux classes dirigées par un formateur.

Fichiers Projets et solutions

Les fichiers Projets et leurs solutions sont disponibles sur le site web de l'éditeur. Vous pouvez les télécharger à l'adresse www.goulet.ca.

Pour les instructions de téléchargement, consultez la page de couverture intérieure.

Table des matières Word 2010

Module D

Module E

Créer des documents avec Word 2010

Vous aurez besoin de ce fichier :

WD A-1.docx

Microsoft Word 2010 est un traitement de texte qui permet de créer facilement des documents d'aspect professionnel, depuis la lettre ou le mémo jusqu'au bulletin, au rapport de recherche, au blogue, à la carte de visite, au CV, à l'état financier et autres documents comprenant de multiples pages de texte dotées d'une mise en forme complexe. Dans ce module, vous découvrirez les outils d'édition et de mise en forme de Word et vous créerez deux documents. Vous venez d'être embauché par le service du marketing de Voyages Tour Aventure (VTA), une agence de voyage spécialisée dans le tourisme culturel et le voyage d'aventure. Peu après votre arrivée, Luc Danis, le vice-président du marketing, vous demande d'utiliser Word pour créer une note de service au personnel et une télécopie aux développeurs de circuits touristiques.

OBJECTIFS

Comprendre les traitements de texte

Explorer la fenêtre de programme Word

Commencer un document

Enregistrer un document

Sélectionner du texte

Mettre du texte en forme avec la mini barre d'outils

Créer un document à l'aide d'un modèle

Visualiser et explorer un document

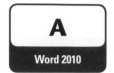
Comprendre les traitements de texte

Un **traitement de texte** est un logiciel fournissant des outils de saisie, de modification et de mise en forme de texte et de graphismes. Microsoft Word est un traitement de texte puissant permettant de créer et de rehausser une vaste gamme de documents avec rapidité et aisance. La figure A-1 présente un sommaire créé à l'aide de Word et illustre certaines des particularités de Word à votre disposition pour préparer et enrichir vos documents. Les fichiers électroniques créés par Word sont appelés des **documents**. Un des avantages de Word est que ces documents peuvent être enregistrés sur disque dur, CD, DVD, clé USB ou autre dispositif de stockage, ce qui les rend faciles à transporter et à réviser. Avant de commencer votre note de service au personnel du marketing, vous explorez les fonctions d'édition et de mise en forme de Word.

DÉTAILS

Vous pouvez utiliser Word pour réaliser les tâches suivantes :

- **Saisir et modifier du texte**

  Les outils d'édition de Word simplifient beaucoup l'insertion et la suppression du texte dans un document. Vous pouvez très facilement insérer du texte dans un paragraphe existant, remplacer un texte par un autre, annuler une modification et corriger les fautes de frappe, d'orthographe ou de grammaire.

- **Copier et déplacer du texte d'un emplacement à un autre**

  Les outils plus avancés de Word permettent de copier ou de déplacer du texte à partir d'un endroit et de l'insérer ailleurs dans le même document ou dans un autre. Il devient ainsi inutile de retaper un texte déjà saisi.

- **Formater caractères et paragraphes au moyen de polices, couleurs et autres**

  Les outils évolués de mise en forme de Word permettent de rendre votre texte vivant. Vous pouvez modifier la taille, le style et la couleur des caractères, ajouter des bordures et des ombres aux paragraphes et rehausser les listes par des puces ou des numéros. Ces outils aident à faire ressortir les idées majeures de vos documents de manière créative.

- **Concevoir des mises en page**

  Les fonctions de mise en page de Word permettent de concevoir des bulletins attrayants, de créer des CV percutants et de produire des documents tels des rapports de recherche, des cartes de visite, des étiquettes de CD et des livres. Vous pouvez modifier la taille et l'orientation de vos documents, organiser votre texte en colonnes et contrôler la disposition du texte et des graphismes sur chaque page. Pour des résultats rapides, Word offre des pages couverture, des citations mises en vedette et des en-têtes et pieds de page préformatés ainsi que des collections de styles coordonnés de textes, de tableaux et de graphismes utiles pour donner un aspect impeccable à vos documents. Si vous rédigez un mémoire de recherche, Word facilite la gestion des sources de référence et la création de notes de bas de page, de notes de fin et de bibliographies.

- **Enrichir les documents avec des tableaux, graphiques, diagrammes et images**

  Les puissants outils graphiques de Word vous permettent de rehausser vos documents à l'aide d'images, de photos, de lignes, de formes et de diagrammes. Vous pouvez aussi insérer des tableaux et des graphes dans vos documents pour vous aider à transmettre visuellement les messages de façon attrayante.

- **Utiliser le publipostage pour créer des lettres types et des étiquettes d'adresses**

  Le publipostage de Word permet d'envoyer des lettres types personnalisées à un grand nombre de personnes. Il sert aussi à créer des étiquettes d'adresses, des annuaires, des courriels et d'autres types de documents.

- **Partager des documents en toute sécurité**

  Les outils de sécurité intégrés dans Word permettent d'éliminer rapidement et facilement les commentaires, modifications suivies et renseignements personnels inutiles de vos fichiers avant que vous ne les partagiez avec d'autres personnes. Vous pouvez aussi ajouter un mot de passe ou une signature numérique à un document et convertir un fichier à un format adapté à la publication sur le web.

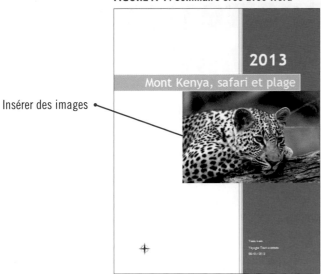

Insérer des images

Ajouter des en-têtes sur chaque page

Ajouter des lignes

Mettre en forme la taille et l'apparence du texte

Ajouter des numéros de page dans les pieds de page

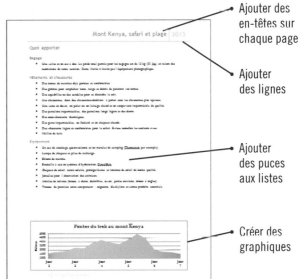

Ajouter des puces aux listes

Créer des graphiques

Word 2010

Planifier un document

Avant de créer un nouveau document, consacrez du temps à sa conception. Déterminez le message à transmettre, le public auquel il s'adresse et les éléments, tels tableaux ou graphismes, à y inclure. Pensez aussi au genre et au ton du document: s'agit-il d'une lettre d'affaires, qui doit être rédigée dans un style agréable mais sérieux et avoir une présentation conventionnelle, ou d'un dépliant qui doit être accrocheur, coloré et amusant? L'objectif et le public ciblé déterminent la présentation adéquate. Planifier la mise en page et l'organisation d'un document exige d'organiser le texte, de sélectionner les polices appropriées et d'identifier les graphismes et les éléments de mise en forme qui en renforceront le message et l'attrait. Pour les longs documents comme les bulletins, il peut être utile d'esquisser la mise en page et les éléments principaux avant de passer à la réalisation.

Explorer la fenêtre de programme Word

Quand vous démarrez Word, un document vierge apparait dans la fenêtre de document en mode Page. Vous examinez les éléments de la fenêtre Word.

ÉTAPES

1. **Démarrez Word.**

   La fenêtre Word s'ouvre (figure A-2). La ligne verticale clignotante dans la fenêtre de document est le **point d'insertion**; il indique l'endroit où le texte apparait à mesure que vous tapez.

2. **Déplacez le pointeur de la souris dans la fenêtre Word.**

   Le pointeur change de forme selon son emplacement dans la fenêtre. Vous employez ces pointeurs pour déplacer le point d'insertion ou sélectionner du texte à éditer. Le tableau A-1 décrit les pointeurs communs.

3. **Placez le pointeur sur un bouton du Ruban.**

   Quand vous placez le pointeur sur un bouton ou un autre élément de la fenêtre Word, une info-bulle apparait. Une **info-bulle** est une étiquette qui identifie le bouton ou l'outil, résume sa fonction, montre tout raccourci clavier pour la commande et, s'il y a lieu, inclut un lien vers les rubriques d'aide associées.

   En vous guidant sur la figure A-2, localisez les éléments suivants dans votre fenêtre Word.

   - La **barre de titre** affiche le nom du document et le nom du programme. Tant que vous ne donnez pas un nom différent au nouveau document, son nom provisoire est Document1. La barre de titre propose aussi des boutons de dimensionnement et le bouton de fermeture, comme dans tous les programmes Windows.

   - La **barre d'outils Accès rapide** propose des boutons pour enregistrer un document et annuler, rétablir et répéter une modification. Vous pouvez la modeler pour y inclure les commandes d'emploi fréquent.

   - L'**onglet Fichier** permet d'accéder au **mode Backstage** à partir duquel vous gérez les fichiers et leurs informations. Le mode Backstage comprend des commandes associées au travail sur les documents, comme ouvrir, imprimer et enregistrer. L'onglet Fichier permet aussi d'accéder à des ressources d'aide sur Word et à la boite de dialogue Options Word à partir de laquelle vous pouvez modeler votre façon d'utiliser Word

   - Le **Ruban** renferme les onglets de Word. Chaque onglet offre des boutons de commandes liées à l'édition et à la mise en forme des documents. Les commandes sont organisées en **groupes**. L'onglet Accueil, par exemple, propose les groupes Presse-papiers, Police, Paragraphe, Style et Modification. Le Ruban inclut aussi le **bouton Aide sur Microsoft Word**, avec lequel vous accédez à l'aide de Word.

   - La **fenêtre de document** affiche le document en cours. C'est dans cette fenêtre que vous saisissez le texte et mettez votre document en forme.

   - Les règles apparaissent dans la fenêtre de document en mode Page. La **règle horizontale** affiche les marges gauche et droite, ainsi que les tabulations et les repères de retrait de paragraphe s'il en existe pour le paragraphe où se trouve le point d'insertion. La **règle verticale** montre les marges du haut et du bas.

   - Les **barres de défilement verticale** et **horizontale** servent à afficher les différentes parties du document dans la fenêtre de document. Ces barres disposent de **curseurs** et de **flèches de défilement** que vous pouvez utiliser pour faire défiler le contenu du document.

   - La **barre d'état** affiche le numéro de page de la page en cours, le nombre total de pages et de mots dans le document et l'état de la vérification orthographique et grammaticale. Elle inclut aussi les boutons de modes d'affichage et de facteur de zoom ainsi que le curseur Zoom. Vous pouvez personnaliser la barre d'état de façon à y afficher d'autres renseignements.

   - Les **boutons de modes d'affichage** de la barre d'état permettent d'afficher le document en mode Page, en mode Lecture plein écran, en mode Web, en mode Plan ou en mode Brouillon.

   - Le bouton **Facteur de zoom** et le **curseur Zoom** servent à rapidement agrandir ou réduire la taille du document dans la fenêtre, ce qui permet de faire facilement un zoom avant sur un détail ou de visualiser la disposition entière du document.

FIGURE A-2 : Éléments de la fenêtre Word

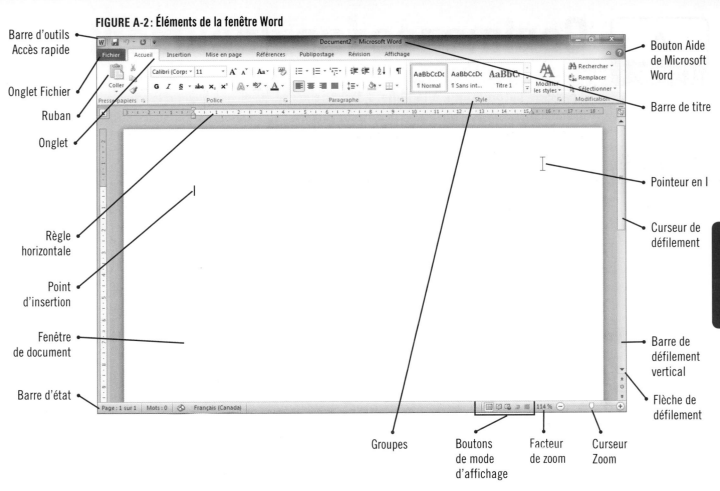

Barre d'outils Accès rapide
Onglet Fichier
Ruban
Onglet
Règle horizontale
Point d'insertion
Fenêtre de document
Barre d'état

Bouton Aide de Microsoft Word
Barre de titre
Pointeur en I
Curseur de défilement
Barre de défilement vertical
Flèche de défilement

Groupes
Boutons de mode d'affichage
Facteur de zoom
Curseur Zoom

TABLEAU A-1 : Pointeurs de souris communs dans Word

Nom	Pointeur	Utiliser pour
Pointeur en I	I	Déplacer le point d'insertion dans un document ou sélectionner du texte.
Pointeurs cliquer-et-taper, y compris aligner à gauche et aligner au centre	I≡ ou I≣	Déplacer le point d'insertion dans une zone vide d'un document en modes Page ou Web ; double-cliquer avec un pointeur cliquer-et-taper applique automatiquement les réglages de paragraphe (alignement et retrait) nécessaires pour positionner le texte ou un graphisme à cet emplacement précis du document.
Pointeur de sélection	↖	Cliquer sur un bouton ou autre élément de la fenêtre Word ; apparait lorsque vous pointez des éléments de la fenêtre Word.
Pointeur Flèche à droite	⇗	Sélectionner une ou plusieurs lignes de texte ; apparait quand vous pointez le bord gauche d'une ligne de texte dans la fenêtre de document.
Pointeur Main	�👆	Ouvrir un lien hypertexte ; apparait quand vous pointez un lien hypertexte dans un volet de tâche ou quand vous appuyez sur [Ctrl] et pointez un lien hypertexte dans un document.
Pointeur Masquer les blancs	⇕	Masquer l'espace blanche des marges du haut et du bas d'un document en mode Page.
Pointeur Afficher les blancs	⇕	Afficher l'espace blanche des marges du haut et du bas d'un document en mode Page.

Commencer un document

Vous commencez un nouveau document en tapant du texte dans un document vierge. Comme Word gère le **passage automatique à la ligne**, il déplace automatiquement le point d'insertion à la ligne suivante quand vous atteignez la marge droite. Vous n'appuyez sur [Entrée] que si vous voulez commencer un nouveau paragraphe ou insérer une ligne blanche. ⬛⬛⬛ Vous tapez une courte note de service au personnel du marketing.

ÉTAPES

PROBLÈME

Si vous enfoncez la mauvaise touche, appuyez sur [Retour arrière] pour effacer l'erreur, puis recommencez.

1. **Tapez Note de service, puis appuyez deux fois sur [Entrée].**

   Chaque fois que vous appuyez sur [Entrée], le point d'insertion passe au début de la ligne suivante.

2. **Tapez À :, puis appuyez deux fois sur [Tab].**

   Appuyer sur [Tab] déplace le point d'insertion de plusieurs espaces vers la droite. Vous pouvez l'employer pour aligner le texte dans un en-tête de mémo ou pour mettre en retrait la première ligne d'un paragraphe.

3. **Tapez Directeurs de VTA, puis appuyez sur [Entrée].**

   Le point d'insertion passe au début de la ligne suivante.

ASTUCE

Les traits ondulés et autres fonctions automatiques sont des balises d'écran seulement. Elles ne s'impriment pas.

4. **Tapez : DE : [Tab] [Tab] Luc Danis [Entrée] DATE : [Tab] [Tab] Le 28 juin 2013 [Entrée] OBJET : [Tab] Réunion du Marketing [Entrée] [Entrée].**

   Des traits rouges ou verts ondulés peuvent apparaitre sous les mots que vous avez tapés, pour signaler une possible erreur d'orthographe ou de grammaire. La vérification orthographique et grammaticale est l'une des nombreuses fonctions automatisées (tableau A-2) que vous rencontrerez en cours de frappe. Vous pouvez corriger les fautes de frappe ultérieurement.

PROBLÈME

Pour annuler une correction automatique, cliquez immédiatement sur Annuler 🔄 dans la barre d'outils Accès rapide.

5. **Tapez La prochaine réunion du service Marketing aura lieu le 1er juillet à 13h00 dans la salle de conférence du rez-de-chaussée., puis appuyez sur [Espace].**

   En tapant, observez que le point d'insertion se déplace automatiquement à la ligne suivante du document. Notez aussi que Word a changé automatiquement « 1er » en « 1er » devant juillet. Cette fonction est la **Correction automatique**, un outil qui fait des ajustements typographiques et détecte et corrige automatiquement des coquilles, certains mots mal orthographiés (comme « àl a » pour « à la ») et les majuscules fautives.

6. **Tapez Le clou de l'ordre du jour sera le lancement de Trekking dans le Haut Atlas, un circuit rigoureux de randonnée pédestre dans les vallées ensoleillées, les villages berbères isolés et les pentes raides du Haut Atlas marocain, prévu pour septembre 2015.**

   Selon les réglages de votre Word, quand vous tapez les premiers caractères de « septembre », l'outil de saisie semi-automatique peut proposer le mot complet dans une info-bulle. La **saisie semi-automatique** suggère des textes à insérer dans les documents. Vous pouvez l'ignorer pour l'instant. Votre document devrait ressembler à celui de la figure A-3.

ASTUCE

Pour uniformiser l'espacement entre les lignes et les paragraphes, appliquez le style Pas d'espacement au document. Pour cela, cliquez sur le bouton Pas d'espacement du groupe Style de l'onglet Accueil avant de commencer à taper. Vous pouvez aussi sélectionner le texte puis cliquer sur Pas d'espacement.

7. **Appuyez sur [Entrée], puis tapez Lydia Haketa est à Marrakech pour fignoler les détails. Une première ébauche de la brochure est jointe aux présentes. Venez à la réunion avec des idées créatives pour le lancement de ce nouveau circuit exceptionnel.**

   Quand vous appuyez sur [Entrée] et tapez le nouveau paragraphe, observez que Word ajoute plus d'espace entre les paragraphes qu'entre les lignes de chaque paragraphe. Cette fonctionnalité fait partie du style de paragraphe par défaut dans Word, à savoir le **style Normal**.

8. **Placez le pointeur Ⅰ après pour (mais avant l'espace) dans la dernière ligne du premier paragraphe, puis cliquez.**

   L'action de cliquer place le point d'insertion après « pour ».

9. **Appuyez dix fois sur [Retour arrière], puis tapez dont le départ se fera en.**

   Appuyer sur [Retour arrière] supprime le caractère à gauche du point d'insertion.

10. **Placez le point d'insertion avant le mot service dans la première phrase, puis appuyez sur la touche [Suppr] huit fois pour supprimer le mot service et l'espace qui le suit.**

    Appuyer sur [Suppr] efface le caractère qui suit le point d'insertion. La figure A-4 présente le mémo révisé.

FIGURE A-3 : Texte de la note de service dans la fenêtre de document

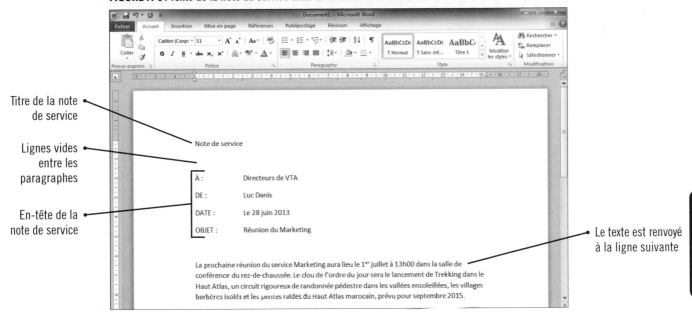

Titre de la note de service

Lignes vides entre les paragraphes

En-tête de la note de service

Le texte est renvoyé à la ligne suivante

FIGURE A-4 : Texte de la note de service modifié

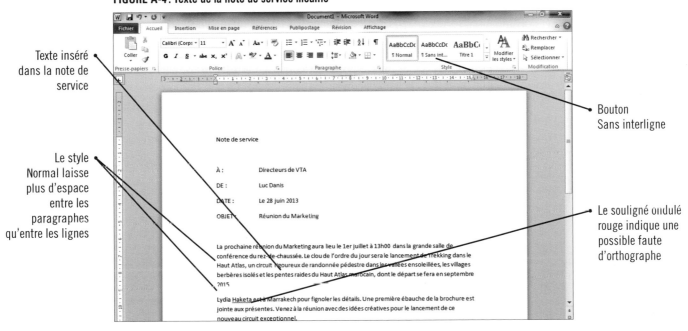

Texte inséré dans la note de service

Le style Normal laisse plus d'espace entre les paragraphes qu'entre les lignes

Bouton Sans interligne

Le souligné ondulé rouge indique une possible faute d'orthographe

TABLEAU A-2 : Outils automatiques apparaissant quand vous saisissez du texte dans Word

Outil	Visible à l'écran	Utilisation
Saisie semi-automatique	Une info-bulle suggérant un texte à insérer apparait pendant que vous tapez.	Appuyez sur [Entrée] pour insérer le texte suggéré par l'info-bulle ; continuez à taper pour ignorer la suggestion.
Correction automatique	Un petit encadré bleu apparait quand vous placez le pointeur sous le texte corrigé par une correction automatique ; le bouton d'options de correction ☷ ▾ automatique apparait quand vous pointez la case bleue.	Word corrige automatiquement des erreurs de frappe et de mise en majuscule et ajoute des symboles typographiques (tels © et ™) lorsque vous tapez ; pour annuler une correction automatique, cliquez sur la flèche des Options de correction automatique, puis cliquez sur Annuler ou sur l'option qui annulera la commande.
Orthographe et grammaire	Une ligne rouge ondulée indique un mot peut-être mal orthographié ; une ligne verte ondulée signale une possible faute de grammaire	Cliquez avec le bouton droit sur le texte souligné en rouge ou en vert pour afficher un menu des options de correction ; cliquez sur une des suggestions pour l'accepter et supprimer le soulignement.

Enregistrer un document

Pour sauvegarder un document en permanence et ainsi pouvoir l'ouvrir et le modifier ultérieurement, vous devez l'enregistrer en tant que **fichier**. Quand vous **enregistrez** un document, vous lui donnez un nom de fichier et indiquez l'emplacement où vous voulez le stocker. Dans Word 2010, les fichiers reçoivent automatiquement le suffixe .docx pour les distinguer des fichiers créés dans d'autres programmes. Vous pouvez enregistrer un fichier au moyen du bouton Enregistrer de la barre d'outils Accès rapide ou la commande Enregistrer de l'onglet Fichier. Après avoir enregistré un document pour la première fois, réenregistrez-le régulièrement et avant de l'imprimer de façon qu'il reflète vos dernières modifications. Vous enregistrez votre note de service sous un nom descriptif et avec le suffixe de fichier par défaut.

ÉTAPES

PROBLÈME

Si vous ne voyez pas le suffixe .docx dans le nom du fichier, c'est que Windows n'est pas réglé pour afficher les suffixes de fichier.

1. **Cliquez sur Enregistrer 🔲 dans la barre d'outils Accès rapide.**

   Au tout premier enregistrement d'un document, la boite de dialogue Enregistrer sous apparait (figure A-5). Le nom de fichier par défaut, Note de service, est inscrit dans la zone de texte Nom de fichier. Ce nom par défaut est basé sur les premiers mots du document. Le suffixe, .docx, est affiché dans la zone de liste Type de fichier. Le tableau A-3 décrit les fonctions des boutons de la boite de dialogue Enregistrer sous.

2. **Tapez Mémo Circuit Maroc dans la zone de texte Nom de fichier.**

   Le nouveau nom de fichier remplace le nom par défaut. Des noms courts et descriptifs facilitent la recherche et l'organisation des documents. Il est inutile de taper .docx quand vous entrez un nouveau nom de fichier.

3. **Naviguez vers le lecteur et le dossier où vous stockez vos fichiers de projets.**

   Il y a plusieurs manières de naviguer vers un lecteur ou un dossier. Vous pouvez, par exemple, cliquer sur un lecteur ou un dossier dans la barre d'adresse ou dans le volet de navigation pour vous y rendre directement. Dans la barre d'adresse, cliquez sur la flèche double pour afficher une liste de lecteurs et de dossiers. Vous pouvez aussi modifier l'emplacement actif en double-cliquant sur un lecteur ou un dossier dans la fenêtre de dossier. Lorsque vous avez fini votre navigation vers le lecteur ou le dossier contenant vos fichiers de projets, cet emplacement s'affiche dans la barre d'adresse. Votre boite de dialogue Enregistrer sous devrait ressembler à celle de la figure A-6.

ASTUCE

Pour enregistrer un document de manière à pouvoir l'ouvrir dans une version antérieure de Word, déroulez la zone de liste Type, puis cliquez sur Document Word 97-2003 (*.doc)

4. **Cliquez sur Enregistrer.**

   Le document est enregistré à l'emplacement spécifié dans la boite de dialogue et la barre de titre montre le nouveau nom de fichier, Mémo Circuit Maroc.

5. **Placez le point d'insertion avant le mot le mot salle dans la première phrase, tapez grande, puis appuyez sur [Espace].**

   Vous pouvez continuer à travailler sur un document après l'avoir enregistré sous un nouveau nom.

6. **Cliquez sur 🔲.**

   Vos modifications sont enregistrées. Après avoir sauvegardé un document une première fois, vous devez continuer à enregistrer les modification que vous lui apportez par la suite. Vous pouvez aussi enregistrer un document en appuyant sur [CTRL][S].

Windows Live et Office Web Apps

Tous les programmes Office permettent l'incorporation de commentaires et rétroactions qu'on appelle la collaboration en ligne depuis internet ou un réseau d'entreprise. Grâce à l'**informatique en nuage** (travail effectué dans un environnement virtuel), vous pouvez profiter sur la toile de programmes appelés Office Web Apps, qui sont des versions simplifiées des programmes constituant la suite Microsoft Office 2010. Ces programmes étant en ligne, ils ne prennent aucun espace disque et sont accessibles au moyen de Windows Live SkyDrive, un service gratuit de Microsoft. Grâce à Windows Live SkyDrive, vos collègues et vous pouvez créer et stocker des documents dans un «nuage» et les rendre accessibles à toute personne autorisée. Pour utiliser Windows Live SkyDrive, il vous faut un identifiant Windows Live (gratuit), que vous pouvez obtenir sur le site web de Windows Live.

FIGURE A-5 : Boite de dialogue Enregistrer sous

Dossier actif et lecteur •

Bibliothèque active •

Dossier actif •

Dossiers et fichiers stockés dans le dossier ou le lecteur actif (les vôtres seront différents)

Cliquez pour créer un nouveau dossier dans le dossier ou le lecteur actif

Le nom et le suffixe de fichier par défaut sont sélectionnés

Cliquez pour changer le type de fichier

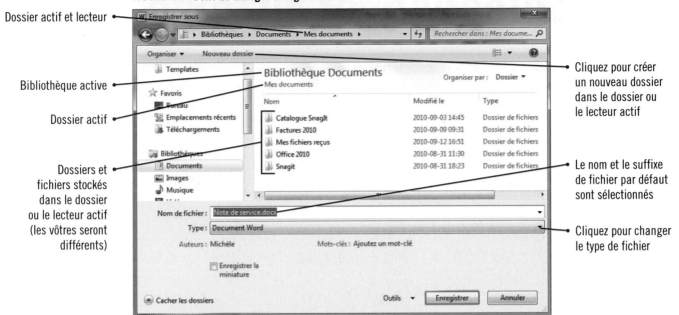

FIGURE A-6 : Fichier à enregistrer dans le dossier Module A

Emplacement de vos fichiers de projets (le vôtre peut différer) •

Les fichiers et dossiers stockés dans le lecteur ou le dossier actif peuvent s'afficher ici dans votre boite de dialogue

Nouveau nom de fichier

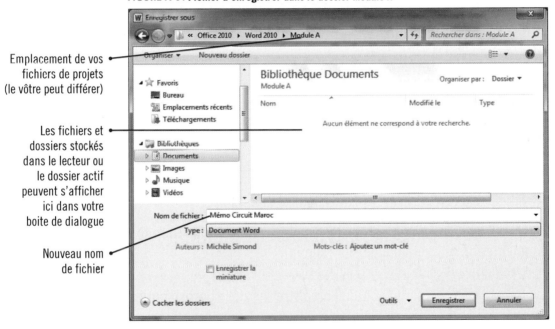

TABLEAU A-3 : Boutons de la boite de dialogue Enregistrer sous

Bouton	Fonction
⬅ Précédent	Retourner au dernier emplacement affiché dans la barre d'adresse.
➡ Suivant	Aller à l'emplacement précédemment affiché dans la barre d'adresse.
Organiser ▾ Organiser	Ouvrir un menu de commandes liées à l'organisation du fichier ou du dossier sélectionné, dont Couper, Copier, Supprimer, Renommer et Propriétés.
Nouveau dossier Nouveau dossier	Créer un nouveau dossier dans le dossier ou le lecteur actif
▤ ▾ Changer l'affichage	Modifier la façon dont l'information sur le dossier et le fichier s'affiche dans la section dossier de la boite de dialogue Enregistrer sous. Cliquez sur le bouton Changer l'affichage pour basculer entre les affichages ou sur la flèche de liste pour ouvrir un menu d'options d'affichage.

Word 2010

Sélectionner du texte

Avant de supprimer, modifier ou formater du texte, vous devez le **sélectionner** en faisant glisser le pointeur en I sur le texte pour le mettre en surbrillance. Vous pouvez aussi sélectionner des lignes ou des paragraphes entiers en cliquant dans la marge gauche avec le pointeur ⚲. Le tableau A-4 décrit les différentes méthodes de sélection. ▨▨▨▨▨ Vous révisez le mémo en sélectionnant du texte et en le remplaçant par un autre.

ÉTAPES

1. **Cliquez sur le bouton Afficher tout ¶ dans le groupe Paragraphe.**

   Les **marques de mise en forme**, qui sont des caractères spéciaux qui ne s'impriment pas, apparaissent dans la fenêtre du document. Les marques communes sont le symbole de paragraphe (¶), qui signale la fin d'un paragraphe là où vous appuyez sur [Entrée]; le point (•), qui représente une espace là où vous appuyez sur [Espace]; et la flèche (→), qui montre une tabulation créée au moyen de la touche [Tab]. L'affichage des marques de mise en forme permet de sélectionner, de modifier et de mettre en forme du texte avec précision.

   > **ASTUCE**
   > Pour désélectionner du texte, cliquez n'importe où dans la fenêtre de document.

2. **Cliquez devant Directeurs de VTA et faites glisser le pointeur I sur tout ce texte.**

   Les mots sont sélectionnés (figure A-7). Pour l'instant, vous pouvez ignorer la barre d'outils semitransparente qui apparait au-dessus du texte quand vous le sélectionnez la première fois.

3. **Tapez Personnel du Marketing.**

   Le texte saisi remplace le texte sélectionné.

4. **Double-cliquez sur Luc, tapez votre prénom, double-cliquez sur Danis, puis tapez votre nom.**

   Double-cliquer sur un mot sélectionne tout le mot.

   > **PROBLÈME**
   > Si vous supprimez du texte par erreur, cliquez immédiatement sur ↩ dans la barre d'outils Accès rapide pour remettre le texte supprimé dans le document.

5. **Placez le pointeur dans la marge à gauche de la ligne OBJET. Quand il prend la forme ⚲, cliquez pour sélectionner la ligne puis tapez OBJET : [Tab][Tab] Lancement du nouveau circuit Trekking au Maroc.**

   Cliquer à gauche d'une ligne avec le pointeur ⚲ sélectionne toute la ligne.

6. **Sélectionnez ensoleillées dans la troisième ligne du premier paragraphe, tapez verdoyantes, sélectionnez pentes raides et tapez fabuleux pics de granit.**

7. **Dans le deuxième paragraphe, sélectionnez la phrase Lydia Haketa est à Marrakech pour fignoler les détails., et appuyez sur [Suppr.].**

   Appuyer sur [Suppr.] après avoir sélectionné du texte efface celui-ci du document.

   > **ASTUCE**
   > Enregistrez toujours avant et après une modification de texte.

8. **Cliquez sur ¶, puis sur le bouton Enregistrer 🖫 de la barre d'outils Accès rapide.**

   Les marques de mise en forme sont désactivées et vos modifications sont enregistrées. Le bouton Afficher tout ¶ est un **bouton bascule**, dont vous pouvez vous servir pour tour à tour activer et désactiver l'affichage des marques de mise en forme. La note de service modifiée est illustrée à la figure A-8.

FIGURE A-7 : Texte sélectionné dans la note de service

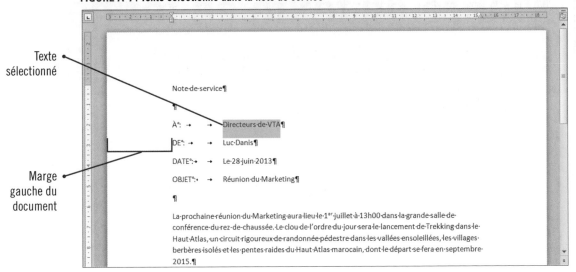

Texte sélectionné

Marge gauche du document

FIGURE A-8 : Note de service modifiée

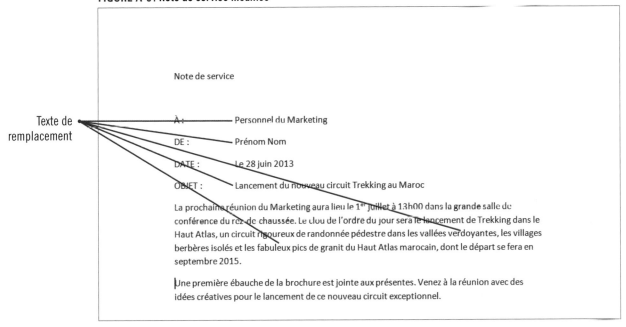

Texte de remplacement

TABLEAU A-4 : Méthodes de sélection de texte

Pour sélectionner	Faire ceci
Un texte quelconque	Faites glisser le pointeur sur le texte.
Un mot	Double-cliquez sur le mot.
Une ligne de texte	Cliquez avec le pointeur ⤢ à gauche de la ligne.
Une phrase	Maintenez la touche [Ctrl] enfoncée et cliquez dans la phrase.
Un paragraphe	Triple-cliquez dans le paragraphe ou double-cliquez avec le pointeur ⤢ à gauche du paragraphe.
Un gros bloc de texte	Cliquez au début de la sélection puis, en maintenant [Maj] enfoncée, cliquez à la fin de la sélection.
Des sélections discontinues	Sélectionnez le premier bloc, puis maintenez [Ctrl] enfoncée pendant la sélection des autres blocs.
Un document entier	Triple-cliquez avec le pointeur ⤢ à gauche d'une ligne, appuyez sur [Ctrl][A], ou cliquez sur le bouton Sélectionner dans le groupe Modification de l'onglet Accueil, puis cliquez sur Sélectionner tout.

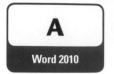

Mettre du texte en forme avec la mini barre d'outils

Changer le format du texte est une façon rapide et agréable de rehausser un document et de faire ressortir l'information importante au moyen de polices, de couleurs, de tailles, de styles et d'autres options de mise en forme. Pour ce faire, il suffit de sélectionner le texte voulu et de cliquer sur une commande de l'onglet Accueil. La **mini barre d'outils**, qui apparait estompée au-dessus du texte lors de sa première sélection, renferme aussi les commandes de mise en forme de texte et de paragraphe les plus courantes. Vous rehaussez l'apparence du mémo en mettant le texte en forme avec la mini barre d'outils. Cela fait, vous prévisualisez le document en mode Aperçu avant impression et vérifiez s'il renferme des erreurs avant de l'imprimer.

ÉTAPES

PROBLÈME

Si la mini barre d'outils disparait, cliquez du bouton droit sur la sélection pour la réafficher.

1. **Cliquez avec le pointeur ⇗ à gauche de la ligne Note de service.**

   La mini barre d'outils apparait estompée au-dessus du texte sélectionné. Quand vous pointez cette barre, elle devient solide (figure A-9) et vous pouvez alors choisir une option de mise en forme pour l'appliquer au texte sélectionné. Le tableau A-5 décrit la fonction des boutons. Ces boutons sont aussi présents dans le Ruban.

2. **Cliquez sur Centrer ☰ dans la mini barre d'outils.**

   Le texte Note de service est centré ente les marges gauche et droite du document.

ASTUCE

Cliquez sur le bouton Réduire la police pour diminuer la taille de la police.

3. **Cliquez huit fois sur Agrandir la police A˙ dans la mini barre d'outils, puis sur Gras G.**

   Chaque fois que vous cliquez sur le bouton Agrandir la police, le texte sélectionné grossit. Quant au **gras**, il rend le texte plus épais et plus foncé.

4. **Sélectionnez À:, cliquez sur G, sélectionnez DE:, cliquez sur G, sélectionnez DATE:, cliquez sur G, sélectionnez OBJET:, puis cliquez sur G.**

   Le texte des en-têtes est mis en gras.

5. **Cliquez sur la ligne vide entre la ligne OBJET et le corps du texte, puis cliquez sur Bordure inférieure ⊞ dans le groupe Paragraphe.**

   Un trait de bordure est ajouté entre l'en-tête et le corps du texte.

ASTUCE

Vous pouvez personnaliser votre barre d'outils Accès rapide en y ajoutant le bouton Impression rapide qui permet d'imprimer les documents avec les réglages par défaut.

6. **Enregistrez le document, cliquez sur l'onglet Fichier, puis sur Imprimer.**

   Des informations liées à l'impression du document apparaissent dans le volet Imprimer en mode Backstage. Les options d'impression sont affichées à gauche dans le volet Imprimer et un aperçu du document tel qu'il sera imprimé apparait à droite (figure A-10). Il est judicieux d'examiner attentivement un document avant de l'imprimer afin de repérer et corriger tout problème.

7. **Cliquez cinq fois sur le bouton Zoom avant ⊕ puis relisez attentivement votre document pour vérifier qu'il ne contient pas d'erreurs.**

   Le document est agrandi dans le volet Aperçu avant impression. Si vous y trouvez des erreurs, vous devez les corriger avant de l'imprimer. Pour ce faire, appuyez sur la touche Échapp. ou cliquez sur l'onglet Accueil pour fermer le mode Backstage, corrigez les erreurs, enregistrez les changements, cliquez sur l'onglet Fichier puis cliquez de nouveau sur Imprimer pour imprimer le document.

8. **Cliquez sur le bouton Imprimer dans le volet Imprimer.**

   Une copie de la note de service s'imprime avec les réglages par défaut. Pour utiliser une autre imprimante, changer le nombre d'exemplaires à imprimer, sélectionner quelles pages imprimer ou modifier un autre réglage d'impression, il suffit de changer le réglage adéquat dans le volet Imprimer avant de cliquer sur le bouton Imprimer.

9. **Cliquez sur l'onglet Fichier, puis cliquez sur Fermer.**

   Le document est fermé, mais la fenêtre de programme Word reste ouverte.

FIGURE A-9 : Mini barre d'outils

Bouton Gras dans le Ruban et la mini barre d'outils

Mini barre d'outils

Bouton Bordure inférieure

Bouton Centrer dans le Ruban et la mini barre d'outils

FIGURE A-10 : Aperçu avant impression du mémo terminé

Onglet Fichier

Cliquez pour Imprimer

Commande Imprimer

Options pour changer les réglages d'impression par défaut

Aperçu du document tel qu'il sera imprimé

Le texte est agrandi, mis en gras et centré

Bordure inférieure ajoutée entre l'en-tête et le corps du texte

Texte mis en gras

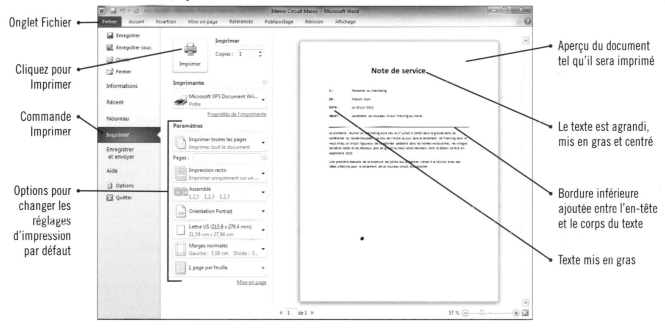

TABLEAU A-5 : Boutons de la mini barre d'outils

Bouton	Fonction	Bouton	Fonction
Calibri (E ▾)	Changer la police du texte	I	Mettre le texte en italique
11 ▾	Changer la taille de la police du texte	S	Souligner le texte
A˄	Agrandir la taille de la police	≡	Centrer le texte entre les marges
A˅	Réduire la taille de la police	ab2 ▾	Surligner le texte avec la couleur choisie
⇤	Diminuer le niveau de retrait d'un paragraphe	A ▾	Changer la couleur du texte
⇥	Augmenter le niveau de retrait d'un paragraphe	◈	Copier les formats appliqués au texte à un autre texte
G	Mettre le texte en gras		

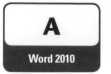
Créer un document à l'aide d'un modèle

Word offre de nombreux modèles pour créer rapidement télécopies, lettres, rapports, brochures et autres documents d'aspect professionnel. Un **modèle** est un document préformaté contenant du texte générique que vous remplacez par vos propres textes. Pour créer un document à partir d'un modèle, vous utilisez la commande Nouveau de l'onglet Fichier, puis vous sélectionnez le modèle voulu. Vous pouvez ensuite personnaliser le document et l'enregistrer sous un nouveau nom. ▰▰▰▱▱ Vous voulez télécopier une ébauche de la brochure du circuit au Maroc à Jean Hébert, développeur des circuits africains. Vous utilisez un modèle pour créer une page couverture de télécopie.

ÉTAPES

ASTUCE

Pour créer un document vierge, cliquez sur Créer.

1. **Cliquez sur l'onglet Fichier, puis sur Nouveau.**

   L'onglet Nouveau s'ouvre en mode Backstage (figure A-11).

2. **Cliquez sur Exemples de modèles dans le volet Modèles disponibles, déroulez la liste de ces modèles, puis cliquez sur Télécopie (Oriel).**

   Un aperçu du modèle de télécopie Oriel s'affiche dans le volet d'aperçu.

ASTUCE

Un double-clic sur une icône de modèle ouvre aussi un nouveau document fondé sur ce modèle.

3. **Cliquez sur Créer.**

   Le modèle de télécopie Oriel s'ouvre en tant que nouveau document dans la fenêtre de document. Il contient du texte que vous pouvez remplacer par vos propres renseignements.

4. **Cliquez sur [Choisir la date].**

   Le texte entre crochets est sélectionné et s'affiche dans un contrôle de contenu. Un **contrôle de contenu** est un objet interactif qui sert à personnaliser un document au moyen de vos propres informations. Il peut inclure du texte substituable, une liste déroulante de choix ou un calendrier. Pour désélectionner un contrôle de contenu, il suffit de cliquer dans une zone vide du document.

5. **Cliquez sur la flèche de liste Choisir la date.**

   Un calendrier, qui sert à sélectionner la date à inscrire dans le document, s'ouvre sous le contrôle de contenu. Cliquez simplement sur une date du calendrier pour l'entrer dans votre document. Les flèches à gauche et à droite du mois et de l'année permettent de défiler dans le calendrier et d'afficher un autre mois.

6. **Dans le calendrier, cliquez sur le bouton Aujourd'hui.**

   La date du jour remplace le texte entre crochets.

7. **Cliquez sur [NOM DU DESTINATAIRE], tapez Jean Hébert, Invité, cliquez sur [Numéro de télécopie du destinataire], puis tapez 1-212-44-555-1510.**

   Il est inutile de faire glisser le pointeur sur le texte d'un contrôle de contenu : il suffit de cliquer dessus. Le texte que vous tapez remplace le texte entre crochets.

ASTUCE

Vous pouvez supprimer un contrôle de contenu en cliquant dessus avec le bouton droit de la souris, puis en cliquant sur Supprimer le contrôle de contenu dans le menu déroulant.

8. **Cliquez sur [Numéro de téléphone du destinataire], appuyez deux fois sur [Suppr], appuyez 12 fois sur [Retour arrière], puis tapez HÔTEL MARRAKECH, CHAMBRE 1275.**

   Le contrôle de contenu du numéro de téléphone du destinataire est supprimé du document.

9. **Si le texte de la ligne «DE» n'est pas votre nom, faites glisser le pointeur sur le texte pour le sélectionner puis tapez votre nom.**

   À la création du document, Word entre automatiquement sur la ligne «DE» le nom d'utilisateur inscrit dans la boite de dialogue Options Word. Ce texte n'étant pas un texte substituable, vous devez donc le sélectionner.

10. **Remplacez le texte d'en-tête substituable restant par le texte de la figure A-12, supprimer le contrôle CC:, cliquez sur l'onglet Fichier, cliquez sur Enregistrer sous, puis enregistrez le document sous le nom Fax Jean dans le lecteur et le dossier où vous stockez vos fichiers Projets.**

    Le document est enregistré sous le nom Fax Jean.

FIGURE A-11 : Volet Nouveau en mode Backstage

Cliquez pour ouvrir un document existant

Types de modèles offerts avec une connexion internet active

Aperçu du modèle choisi

Cliquez pour voir les modèles installés

Cliquez pour créer un document vierge

FIGURE A-12 : Document créé au moyen du modèle de télécopie Oriel

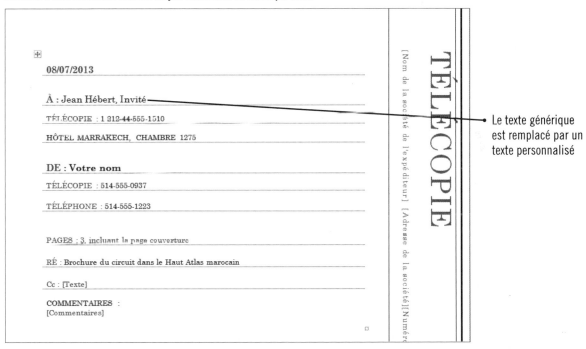

Le texte générique est remplacé par un texte personnalisé

Utiliser les commandes Annuler, Rétablir et Répéter

Word garde en mémoire les modifications apportées pour vous permettre de les annuler ou de les répéter. Vous pouvez annuler la dernière action en cliquant sur Annuler dans la barre d'outils Accès rapide, ou annuler une série d'actions en déroulant la liste Annuler et en y sélectionnant celles à annuler. Quand vous choisissez un élément dans la liste Annuler, vous défaites aussi toutes les commandes précédentes dans la liste, soit toutes les actions exécutées après l'action sélectionnée. Vous pouvez aussi rétablir l'action que vous venez d'annuler en cliquant sur Rétablir

dans la barre d'outils Accès rapide. Le bouton Rétablir apparait seulement après que vous ayez cliqué sur Annuler pour annuler un changement.

Si vous voulez réexécuter une action, utilisez le bouton Répéter de la barre d'outils Accès rapide. Par exemple, si vous venez de taper « merci », cliquer sur insère « merci » à l'emplacement du point d'insertion. Si vous veniez d'appliquer l'attribut Gras, un clic sur applique du gras au texte sélectionné. Vous pouvez aussi répéter la dernière action en appuyant sur [F4].

Visualiser et explorer un document

La fonction Zoom de Word permet d'agrandir un document dans la fenêtre de document afin de voir un détail de près, ou de diminuer la taille d'affichage du fichier pour avoir un aperçu de sa disposition globale. Vous faites un zoom avant ou un zoom arrière sur un document à l'aide des outils proposés dans le groupe Zoom de l'onglet Affichage ainsi qu'avec les boutons Facteur de zoom et le curseur Zoom sur la barre d'état. Vous trouvez utile d'agrandir et de rapetisser le document pendant que vous terminez la page de couverture de télécopie.

ÉTAPES

1. **Cliquez sur la flèche de défilement vers le bas ▼ au bas de la barre de défilement verticale jusqu'à ce que COMMENTAIRES: soit au sommet de la fenêtre de document.**

   Les flèches ou les barres de défilement permettent de défiler dans un document lorsque vous souhaitez en afficher des parties différentes dans la fenêtre. Vous pouvez aussi défiler en cliquant dans la barre de défilement au-dessus ou au-dessous du curseur de défilement ou en faisant glisser le curseur vers le haut ou le bas dans la barre de défilement. Dans les documents plus longs, vous pouvez cliquer sur les boutons Page Précédente ⬆ ou Page suivante ⬇ dans la barre de défilement pour afficher le document page par page.

2. **Cliquez sur [Commentaires] et tapez Je joins une ébauche de la brochure du circuit dans le Haut Atlas. Veuillez réviser le texte pour assurer qu'il est exact. Les photos ne sont là qu'à des fins de mise en page. Avez-vous déjà embauché un photographe?**

3. **Cliquez sur le bouton Facteur de zoom 100% dans la barre d'état.**

   La boite de dialogue Zoom s'ouvre. Vous utilisez cette boite pour sélectionner le facteur d'agrandissement du texte dans la fenêtre de document.

4. **Cliquez sur le bouton d'option Toute la page, puis sur OK.**

   Le document entier est affiché dans la fenêtre de document.

5. **Cliquez sur le texte au bas de la page pour amener le point d'insertion au bas de la page, cliquez sur l'onglet Affichage, puis sur le bouton Largeur de page dans le groupe Zoom.**

   Le document est agrandi à la largeur de la fenêtre de document. Quand vous agrandissez un document, la zone où se trouve le point d'insertion apparait dans la fenêtre.

6. **Cliquez sur la case Urgent, tapez x et cliquez sur le bouton Une page dans le groupe Zoom.**

   Le document entier est affiché dans la fenêtre de document.

7. **Cliquez sur Télécopie pour amener le point d'insertion dans le coin supérieur droit de la page, puis déplacez le curseur Zoom à droite jusqu'au pourcentage de zoom 100% (figure A-13).**

   Déplacer le curseur Zoom vers la droite agrandit le document dans la fenêtre. Le déplacer vers la gauche permet de voir une plus grande partie de la page en taille réduite. Vous pouvez aussi déplacer le curseur Zoom en cliquant sur un point dans la glissière ou sur les boutons Zoom avant et Zoom arrière.

8. **Cliquez trois fois sur Zoom avant ⊕, cliquez du bouton droit sur le texte substituable vertical [Nom de la société de l'expéditeur], cliquez sur Supprimer le contrôle de contenu, cliquez du bouton droit sur [Adresse de la société], cliquez sur Supprimer le contrôle de contenu, cliquez sur [Numéro de téléphone de la société], puis tapez Voyages Tour Aventure, Montréal, QC.**

   Le texte que vous tapez remplace le texte entre crochets. Vous n'êtes pas toujours tenu de remplacer le texte entre crochets par l'information proposée dans le contrôle de contenu.

9. **Cliquez sur 130%, cliquez sur le bouton d'option 100%, cliquez sur OK et enregistrez le document.**

   La page couverture de télécopie terminée est illustrée à la figure A-14.

10. **Enregistrez et fermez le fichier, puis quittez Word.**

FIGURE A-13 : Curseur Zoom

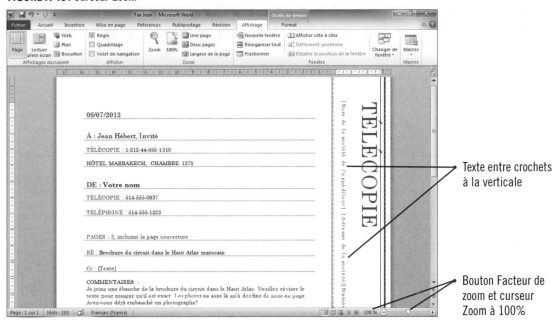

Texte entre crochets
à la verticale

Bouton Facteur de
zoom et curseur
Zoom à 100%

FIGURE A-14 : Page couverture de télécopie terminée

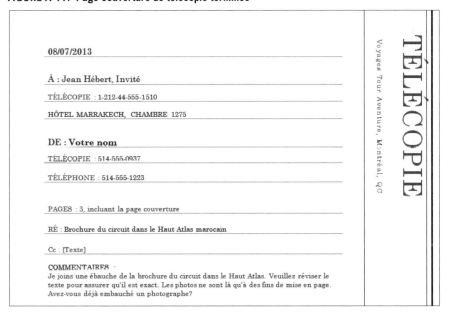

Utiliser les modes d'affichage de Word

Les **modes d'affichage** sont des manières différentes de présenter un document dans Word et chacun offre des fonctionnalités utiles pour travailler sur différents types de documents. Le mode par défaut, **Page**, affiche un document tel qu'il apparaîtra à l'impression. Ce mode est pratique pour mettre le texte et les pages en forme, notamment pour ajuster les marges, créer des colonnes, insérer des graphismes et formater les en-têtes et pieds de page. Le **mode Brouillon**, qui affiche une disposition simplifiée d'un document, sans marges, ni en-têtes, ni pieds de page ou graphismes, est lui aussi utile lorsque vous voulez taper, modifier et mettre rapidement un texte en forme. D'autres modes conviennent à des tâches spécialisées. Le **mode Lecture plein écran** présente le texte de façon qu'il soit facile à lire et à annoter. Il permet de mettre le contenu en évidence, d'ajouter des commentaires, et de repérer et réviser les modifications. Le **mode Web** permet de mettre en forme des pages web ou des documents à afficher à l'écran d'un ordinateur. En mode Web, un document s'affiche tel qu'il apparaîtra dans un navigateur web. Enfin, le **mode Plan** est utile pour modifier et mettre en forme des documents plus longs renfermant de nombreux titres. Le mode Plan permet de réorganiser le texte en déplaçant des titres. Pour changer de mode d'affichage, il suffit de cliquer sur le bouton du mode voulu dans la barre d'état ou d'utiliser les commandes de l'onglet Affichage. Changer de mode n'affecte pas l'apparence du document imprimé mais seulement la façon dont vous le voyez dans la fenêtre Word.

Mise en pratique

Révision des concepts

Identifiez les éléments de la fenêtre Word (figure A-15).

FIGURE A-15

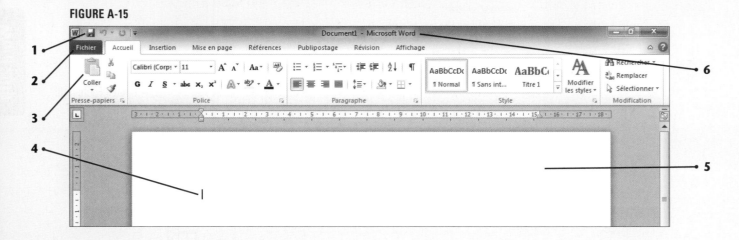

Associez chaque terme à sa description.

7. **Modèle**
8. **Marque de mise en forme**
9. **Barre d'état**
10. **Ruban**
11. **Saisie semi-automatique**
12. **Règle horizontale**
13. **Correction automatique**
14. **Curseur Zoom**

a. Donne accès aux commandes de Word
b. Document mis en forme qui contient du texte entre crochets
c. Affiche les réglages des taquets de tabulation et des retraits de paragraphe
d. Agrandit et rapetisse le document dans la fenêtre de document
e. Propose du texte à insérer dans un document
f. Affiche le nombre de pages dans le document en cours
g. Corrige certaines erreurs pendant que vous tapez
h. Caractères spéciaux qui s'affichent à l'écran mais ne s'impriment pas

Choisissez la meilleure réponse à chaque question.

15. **Quel onglet renferme des boutons de mise en forme de texte?**
    a. Affichage
    b. Disposition de page
    c. Insertion
    d. Accueil

16. **Lequel des éléments suivants montre le nombre de mots que contient le document ?**
    a. Barre d'état
    b. Mini barre d'outils
    c. Barre de titre
    d. Ruban

17. **Quel élément de la fenêtre de programme Word montre les réglages des marges du haut et du bas du document ?**
    a. Barre de défilement verticale
    b. Onglet Affichage
    c. Règle verticale
    d. Barre d'état

18. **Lequel des éléments suivants ne figure pas dans une info-bulle de commande ?**
    a. Description de la fonction de la commande
    b. Lien vers une rubrique d'aide sur la commande
    c. Raccourci clavier de la commande
    d. Emplacement auxiliaire de la commande

19. Quel mode d'affichage convient le mieux pour annoter du texte par des commentaires et des mises en évidence?

   a. Mode Lecture plein écran   **c.** Mode Page

   b. Mode Brouillon   **d.** Mode Plan

20. Quel est le suffixe de fichier par défaut pour les documents créés dans Word 2010 ?

   a. .dot   **c.** .dotx

   b. .doc   **d.** .docx

Révision des techniques

1. Explorer la fenêtre de programme Word.

   a. Démarrez Word.

   b. Identifiez autant d'éléments que vous le pouvez dans la fenêtre Word sans consulter le matériel de cours.

   c. Cliquez sur l'onglet Fichier, puis cliquez sur les commandes Informations, Récent, Nouveau, Imprimer, Enregistrer et envoyer, et Aide.

   d. Cliquez sur chacun des onglets du Ruban, examinez les groupes et boutons de chacun, puis revenez à l'onglet Accueil.

   e. Pointez chacun des boutons de l'onglet Accueil et lisez le contenu des info-bulles.

   f. Examinez le document vierge dans chacun des modes d'affichage en cliquant sur les boutons d'affichage, puis revenez au mode Page.

   g. Utilisez le curseur Zoom pour agrandir et rapetisser le document au maximum, puis revenez à 100%.

2. Commencer un document.

   a. Dans un nouveau document vierge, tapez **TÉLÉCOPIE** au haut de la page, puis appuyez deux fois sur [Entrée].

   b. Tapez ce qui suit, en appuyant sur [Tab] tel qu'indiqué et en appuyant sur [Entrée] à la fin de chaque ligne :

     À : [Tab][Tab] **Joanne Beaulieu**

     De : [Tab] [Tab] **Votre nom**

     Date : [Tab] [Tab] **Date du jour**

     Objet : [Tab] [Tab] **Confirmation de réservation**

     Pages : [Tab] [Tab] **1**

     Télécopieur : [Tab] **514-555-5478**

   c. Appuyez encore sur [Entrée], puis tapez **Merci pour l'intérêt que vous portez à notre forfait de fin de semaine de festival, qui comprend trois nuitées dans un hôtel du centre-ville de Montréal, le petit déjeuner continental et un laisser-passer pour le festival. Il reste encore des chambres pour les festivals suivants : Festival international de jazz, Festival Juste pour rire, Festival Fringe de Montréal et Le Festival des Arts du Village. Veuillez consulter l'horaire ci-joint pour les dates et les détails des festivals.**

   d. Appuyez sur [Entrée] et tapez **Pour réserver, appelez-moi au 514-555-7482. Le paiement doit être fait au complet d'ici le 3 juin pour garder la chambre. Personne ne sait célébrer l'été comme les Montréalais!**

   e. Insérer **Festival du Grand Prix** avant Festival international jazz.

   f. Avec la touche [Retour arrière], effacez **1** sur la ligne Pages : puis tapez **2**.

   g. Avec la touche [Suppr], supprimez **des festivals** dans la dernière phrase du premier paragraphe.

3. Enregistrer un document.

   a. Cliquez sur le bouton Enregistrer de la barre d'outils Accès rapide.

   b. Enregistrez le document dans votre dossier Projets, sous le nom **WD A-Fax Beaulieu** et avec le suffixe par défaut.

   c. Après votre nom, tapez une virgule, appuyez sur [Espace], et tapez **Montréal Global**.

   d. Enregistrez le document.

4. Sélectionner du texte.

   a. Activez l'affichage des marques de mise en forme.

   b. Sélectionnez la ligne **Objet :** et tapez **Objet :** [Tab] [Tab] **Forfait Fin de semaine de festival d'été**.

   c. Sélectionnez **trois** dans la première phrase et tapez **deux**.

   d. Sélectionnez **3 juin** dans la deuxième phrase du dernier paragraphe, tapez **15 mai**, sélectionnez chambre, puis tapez **réservation**.

   e. Supprimez la phrase **Personne ne sait célébrer l'été comme les Montréalais!**

   f. Désactivez l'affichage des marques de mise en forme et enregistrez le document.

Révision des techniques (suite)

5. Formater du texte avec la mini barre d'outils.

   a. Sélectionnez **TÉLÉCOPIE**, et cliquez 11 fois sur Agrandir la police dans la mini barre d'outils.

   b. Appliquez du gras au mot **TÉLÉCOPIE**, puis centrez-le sur la page.

   c. Appliquez une bordure inférieure sous **TÉLÉCOPIE**.

   d. Mettez les mots suivants de l'en-tête en gras : **À :**, **De :**, **Date :**, **Objet :**, **Pages :** et **Télécopieur :**.

   e. Affichez l'aperçu du document au moyen de la commande Imprimer.

   f. Cliquez sur le mot TÉLÉCOPIE pour agrandir le document, puis relisez le texte.

   g. Corrigez toute erreur de frappe dans votre document, puis enregistrez-le. Comparez-le à celui de la figure A-16.

   h. Fermez votre document.

6. Créer un document à l'aide d'un modèle.

   a. Cliquez sur l'onglet Fichier, cliquez sur Nouveau puis sur Exemples de modèles.

   b. Créez un document en utilisant le modèle Télécopie (Origine).

   c. Insérez la date du jour à partir du contrôle de contenu de la date.

   d. Si votre nom ne figure pas dans la ligne De, sélectionnez le texte apparaissant dans le contrôle de contenu De, puis tapez votre nom.

   e. Cliquez sur le texte [No de téléphone de l'expéditeur] et appuyez sur Suppr; cliquez sur le texte [No de télécopie de l'expéditeur] et tapez **514-555-5748**; cliquez sur le texte [Nom de la société de l'expéditeur] et tapez **Global Montréal**.

   f. Tapez **Vanessa Richard** en remplacement du texte substituable de la ligne « À : » ; sélectionnez « Téléphone » et tapez **Objet**; tapez **Forfaits Festivals d'été complets** pour remplacer le texte [No de téléphone du destinataire]; tapez **418-555-1176** pour remplacer le texte [No de télécopie du destinataire]; puis tapez **Chambre de commerce de Toronto** pour remplacer le texte [Nom de la société du destinataire].

   g. Enregistrez le document sous le nom **WD A-Fax Tout vendu** dans votre dossier Projets.

7. Visualiser et explorer un document.

   a. Déroulez le document jusqu'à ce que Commentaires soit affiché au sommet de la fenêtre de document.

   b. Remplacez le texte [Commentaires] par le texte suivant : **Tous les forfaits pour les festivals d'été suivants ont été vendus : Festival des Premières Nations, Festival de musique de chambre et Festival des courses de bateaux dragons. Nous pensions que ces forfaits seraient moins populaires que ceux des gros festivals, mais l'intérêt a été élevé. L'an prochain, nous augmenterons de 30 % nos réservations pour ces événements.**

   c. Utilisez la boite de dialogue Zoom pour afficher toute la page.

   d. Cliquez sur **Commentaires** pour amener le point d'insertion au milieu de la page, puis utilisez le curseur Zoom pour régler le pourcentage de Zoom à environ 100%.

   e. Défilez jusqu'au bas de la page, cliquez dans la case Recycler, tapez X si cela ne s'est pas fait automatiquement, puis enregistrez les changements.

   f. Affichez l'aperçu du document, corrigez toute erreur et enregistrez les changements s'il y a lieu. Comparez votre document à celui de la figure A-17. Fermez le fichier et quittez Word.

FIGURE A-16

TÉLÉCOPIE

À :   Joanne Beaulieu

De :   Votre nom, Montréal Global

Date :   Date du jour

Objet :   Forfait Fin de semaine de festival d'été

Pages :   2

Télécopieur :   514-555-5478

Merci pour l'intérêt que vous portez à notre forfait de fin de semaine de festival, qui comprend deux nuitées dans un hôtel du centre-ville de Montréal, le petit déjeuner continental et un laisser-passer pour le festival. Il reste encore des chambres pour les festivals suivants : Festival du Grand Prix, Festival international de jazz, Festival Juste pour rire, Festival Fringe de Montréal et Le Festival des Arts du Village. Veuillez consulter l'horaire ci-joint pour les dates et les détails.

Pour réserver, appelez-moi au 514-555-7482. Le paiement doit être fait au complet d'ici le 15 mai pour garder la réservation.

FIGURE A-17

Exercice personnel 1

Hier, vous avez eu une entrevue pour le poste de directeur du Marketing de la succursale française de Edo Design Services. Vous avez discuté avec plusieurs personnes d'Edo, dont Mayumi Suzuki, la directrice générale, dont la carte d'affaires est reproduite à la figure A-18. Vous devez écrire à Mme Suzuki, pour la remercier pour l'entrevue et lui exprimer votre intérêt envers sa société et le poste. Elle vous a aussi demandé de lui envoyer des exemples de votre travail, que vous joindrez à la lettre.

a. Démarrez Word et enregistrez un nouveau document vierge sous le nom **WD A-Lettre Edo** dans votre dossier Projets.

b. Commencez la lettre en cliquant sur le bouton Sans interligne du groupe Style. Ce bouton applique le style Sans interligne de façon que votre document ne comprenne pas d'espace supplémentaire entre les paragraphes.

c. Tapez un en-tête de lettre personnel incluant vos nom, adresse, numéro de téléphone et adresse courriel. Si Word formate votre adresse courriel comme un hyperlien, cliquez sur cette adresse avec le bouton droit de la souris, puis sur Supprimer l'hyperlien. (*Remarque* : Vous mettrez cet en-tête en forme après avoir tapé la lettre.)

d. Trois lignes sous l'en-tête de lettre, tapez la date du jour.

e. Quatre lignes sous la date, tapez l'adresse de Edo Design Services en vous référant à la figure A-18 pour l'information. N'oubliez pas d'inclure le titre de poste de la destinataire, ainsi que le nom et l'adresse postale complète de l'entreprise.

f. Deux lignes sous l'adresse, tapez **Madame Suzuki**, en guise de salutation.

g. Deux lignes plus bas, tapez le texte de la lettre en suivant les directives suivantes :

- Dans le premier paragraphe, remerciez-la pour l'interview, puis exprimez de nouveau votre intérêt envers le poste et votre désir de travailler pour cette entreprise. Ajoutez tout détail susceptible de donner plus de poids à votre lettre.
- Dans le deuxième paragraphe, indiquez que vous incluez trois échantillons de votre travail et donnez quelques précisions sur ces exemples.
- Tapez un paragraphe final bref.

h. Deux lignes plus bas, tapez une formule de conclusion puis, quatre lignes en dessous, tapez le bloc de signature sans oublier d'y inclure votre nom.

i. Deux lignes sous le bloc signature, tapez le bloc de pièces jointes. (*Astuce* : Ce bloc est habituellement libellé de la manière suivante : p.j. :, suivi du nombre de pièces jointes; par ex.: p.j. : 3.)

j. Mettez l'en-tête de lettre en forme en le centrant et en lui ajoutant du gras et une bordure inférieure.

k. Enregistrez vos changements.

l. Affichez l'aperçu de la lettre, puis fermez le document et quittez Word.

FIGURE A-18

Mayumi Suzuki
Directrice générale

Siège Social de France
45, Quai de Grenelle
75905 Paris cedex 15
France

Tel : 01 43 92 30 00
Fax : 01 43 92 30 30
Courriel : msuzuku@edodesign.com.fr

Exercice personnel 2

Votre société vient d'installer Word 2010 sur son réseau. À titre de responsable de la formation, vous avez pour tâche d'enseigner ce nouveau logiciel au personnel. Depuis son installation, plusieurs employés vous ont questionné sur la façon de partager des documents avec des collègues au moyen de Windows Live SkyDrive. Vous avez donc décidé d'écrire un mémo au personnel pour expliquer SkyDrive, certaines de ces caractéristiques et la manière d'obtenir un identifiant Windows Live. Vous devez maintenant mettre le mémo en forme avant de l'envoyer.

a. Démarrez Word, ouvrez le fichier **WD A-1.docx** qui est stocké dans votre dossier Projets, puis lisez le mémo pour vous imprégner de son contenu.

b. Enregistrez le fichier dans votre dossier Projets sous le nom **WD A-Mémo SkyDrive**.

Exercice personnel 2 (suite)

c. Remplacez le texte de l'en-tête du mémo par l'information illustrée à la figure A-19. Veillez à mettre votre nom sur la ligne « De » et la date du jour sur la ligne « Date ».

d. Mettez en gras les mots **À :**, **De :**, **Date :** et **Objet :**.

e. Augmentez la taille de **MÉMO DE FORMATION WORD** comme dans la figure A-19, centrez le texte sur la page, ajoutez une bordure inférieure, puis enregistrez les changements.

MÉMO DE FORMATION WORD

À :	Tous les employés
De :	Votre nom, Responsable de la formation
Date :	Date du jour
Objet :	Windows Live SkyDrive

Difficultés supplémentaires

- À l'aide de la liste Police de la mini barre d'outils, appliquez une police différente au titre **MÉMO DE FORMATION WORD**. Veillez à choisir une police convenant à un mémo d'affaires.
- À l'aide du bouton Couleur de police de la mini barre d'outils, remplacez la couleur du titre **MÉMO DE FORMATION WORD** par une couleur adéquate.
- Enregistrez une copie du mémo au format Word 97-2003 dans votre dossier Projets sous le nom **Mémo Word spécial**. (*Astuce* : Utilisez la flèche de liste de la zone Type de la boite de dialogue Enregistrer sous.)

f. Affichez l'aperçu du mémo, puis fermez le document et quittez Word.

Exercice personnel 3

Vous êtes un spécialiste du réchauffement climatique et, Nathan Cummings, le président de l'Association des parcs nationaux, vous a demandé d'être l'orateur principal lors d'une prochaine conférence sur l'effet des changements climatiques sur les parcs nationaux qui aura lieu au Parc national Jasper. Vous utilisez un des modèles de lettre de Word afin d'écrire à monsieur Cummings pour l'informer que vous acceptez son invitation et pour confirmer les détails. Votre lettre devrait mentionner les renseignements suivants :

- La conférence aura lieu du 4 au 6 juin 2013 à Jasper, à l'hôtel The Sawridge Inn.
- On vous a demandé de parler durant une heure, le samedi 5 juin, le tout suivi de 30 minutes pour les questions.
- Monsieur Cummings vous a suggéré le thème « Fonte des glaciers, écosystèmes changeants ».
- Votre conférence inclura un diaporama de 45 minutes.
- L'Association des parcs nationaux s'occupera de vos préparatifs de voyage.
- Vous souhaitez arriver le matin du vendredi 4 juin à l'aéroport de Jasper/Hinton et repartir le lundi 7 juin. Vous voulez louer une automobile à l'aéroport pour vous rendre à l'hôtel The Sawridge Inn.
- Vous voulez faire l'aller-retour depuis l'aéroport le plus près de chez vous.

a. Démarrez Word, ouvrez l'onglet Fichier, cliquez sur Nouveau, cliquez sur Modèles installés, puis sélectionnez un modèle de lettre adéquat. Enregistrez le document sous le nom **WD A-Lettre Cummings** dans votre dossier Projets.

b. Remplacez les zones substituables par vos renseignements personnels, soit vos nom, adresse, numéro de téléphone et adresse courriel. Supprimez les zones substituables inutiles. (*Astuce* : Selon le modèle choisi, l'en-tête de lettre peut se trouver en haut ou sur le côté du document. Quand vous tapez dans une zone substituable horizontale, vous pouvez appuyer sur [Entrée] pour ajouter une ligne de texte supplémentaire et changer la mise en forme du texte saisi. Si votre adresse courriel s'affiche comme un hyperlien, cliquez dessus avec le bouton droit de la souris et cliquez sur Supprimer le lien hypertexte.)

c. Utilisez le contrôle de contenu Choisir la date pour insérer la date du jour.

d. Remplacez les zones substituables dans l'adresse intérieure. Veillez à inclure le titre de monsieur Cummings et le nom de son organisation. Inventez une adresse et un code postal.

e. Tapez **Monsieur Cummings**, comme salutation.

Exercice personnel 3 (suite)

f. En vous servant de l'information présentée plus tôt, tapez le corps de la lettre :

- Dans le premier paragraphe, acceptez l'invitation comme conférencier.
- Dans le deuxième paragraphe, confirmez les grandes lignes de la conférence et le thème de votre présentation et donnez tous les détails pertinents.
- Dans le troisième paragraphe, énoncez vos préférences pour votre voyage.
- Tapez un court paragraphe de clôture.

g. Tapez **Meilleures salutations**, puis tapez votre nom dans le bloc signature.

h. Ajustez la mise en forme de la lettre au besoin. Par exemple, enlevez du gras ou remplacez la couleur de police du texte par une couleur plus appropriée.

Difficultés supplémentaires

- Faites un zoom avant sur le titre « Fonte des glaciers, écosystèmes changeants », supprimez les guillemets, puis mettez ce titre en italique.
- Choisissez un mot dans votre lettre, tel un adjectif, et remplacez-le par un mot analogue afin d'améliorer la signification de la phrase.
- S'il y a lieu, corrigez les fautes d'orthographe et de grammaire en cliquant du bouton droit sur tout texte souligné en rouge ou en vert, puis en faisant un choix parmi les options proposées dans le menu contextuel.
- Affichez la lettre en mode Lecture plein écran, puis cliquez sur le bouton Fermer pour revenir au mode Page.

i. Relisez votre lettre, apportez les corrections nécessaires, puis enregistrez vos changements.

j. Fermez le document, puis quittez Word.

Défi

La réalisation de cet exercice exige une connexion Internet.

Le clavier de l'ordinateur est aujourd'hui un outil de bureau aussi essentiel que le crayon. Plus vous maitriserez la dactylographie avec doigté—la façon la plus rapide et la plus précise de taper—plus vous vous sentirez à l'aise avec les ordinateurs et plus vos compétences seront recherchées sur le marché du travail. Le web regorge d'informations sur la dactylographie avec doigté et quelques sites francophones proposent des tests dactylographiques et des tutoriels en ligne pour vous aider à vous exercer et à améliorer vos habiletés. Dans cet exercice, vous aller passer un test en ligne pour vérifier vos compétences. Vous ferez ensuite des recherches sur les fondements de la dactylographie avec doigté et sur les facteurs ergonomiques importants pour devenir un claviste efficace.

a. Utilisez votre moteur de recherche favori pour trouver des renseignements sur la dactylographie. Choisissez des mots tels **dactylographie**, **dactilogiciel** et **clavier ergonomique**, par exemple, pour lancer votre recherche.

b. Examinez les sites web proposés. Choisissez un site qui offre un test de dactylographie en ligne gratuit, faites le test, puis, si votre formateur vous le demande, imprimez la page web montrant les résultats de votre test.

c. Démarrez Word et enregistrez un nouveau document sous le nom **WD A-Dactylo** dans votre dossier Projets.

d. Tapez votre nom au début du document.

e. Tapez un bref rapport sur les résultats de vos recherches. Ce texte doit répondre aux questions suivantes :

- Quelles sont les URL (adresse) des sites web que vous avez visités pour votre recherche sur la dactylographie avec doigté et l'ergonomie des claviers ?
- Quels sont quelques-uns des avantages de la méthode de dactylographie avec doigté ?
- Avec cette méthode, sur quelles touches les doigts des mains gauche et droite doivent-ils reposer ?
- Quels sont les facteurs ergonomiques à considérer lorsque vous tapez ?

f. Enregistrez vos changements, affichez l'aperçu du document, puis fermez le document et quittez Word.

Atelier visuel

Créez la lettre de présentation illustrée à la figure A-20. Avant de commencer à taper, cliquez sur le bouton Sans interligne du groupe Style de l'onglet Accueil. Une fois le texte tapé, ajoutez la bordure inférieure au document. Enregistrez le fichier sous le nom **WD A-Lettre Michaud** dans votre dossier Projets, imprimez la lettre, fermez le document et quittez Word.

FIGURE A-20

Votre nom

345. 11e Avenue ouest, Granby (QC) J0P 2W0
Tél. : 819-555-7283; Télécop. : 819-555-1445; courriel : votrenom@gmail.com

Le 16 juillet 2013

Mme Sylvie Michaud
Michaud et Associés
2286, boul. René-Lévesque
Bureau 501
Montréal (Québec) H3R 2T7

Madame,

À la suite de l'annonce publiée dans La Tribune du 13 juillet 2013, je désire poser ma candidature pour le poste. Je suis diplômée de l'Université Laval et suis intéressé à poursuivre une carrière en relations publiques.

Mon intérêt à l'égard des relations publiques vient de mes compétences en écriture et journalisme. Ainsi, lors de mes études, j'étais reporter pour le journal étudiant et ai souvent écrit des communiqués de presse pour les événements communautaires sur le campus.
J'ai une vaste expérience avec Microsoft Word en milieu professionnel. L'été dernier, j'ai travaillé comme adjoint administratif pour le cabinet d'architectes Bertrand et Fils, où j'ai utilisé Word pour créer des bulletins, des brochures et des rapports financiers. Durant l'année universitaire, j'ai également travaillé à mi-temps au Bureau des relations publiques de l'Université Laval où je me suis servi de la fonction de publipostage de Word pour créer des lettres types et des étiquettes.

Mon CV, dont vous trouverez copie ci-joint, détaille mes compétences et mon expérience. J'espère avoir l'occasion de discuter du poste et de mes qualifications avec vous. Vous pouvez me rejoindre au 819-555-7283.

Je vous remercie de l'attention que vous porterez à ma candidature. Dans l'attente de vos nouvelles, recevez, Madame Michaud, mes meilleures salutations.

Votre nom
P.j.

Modifier des documents

Vous aurez besoin de ces fichiers :

WD B-1.docx

WD B-2.docx

WD B-3.docx

WD B-4.docx

WD B-5.docx

WD B-6.docx

WD B-7.docx

Les outils d'édition évolués de Word facilitent la modification et le polissage de vos documents. Dans ce module, vous apprendrez à ouvrir et modifier un fichier existant, à copier et déplacer du texte et à enregistrer le document sous un nouveau nom. Vous verrez aussi comment perfectionner vos documents à l'aide des outils de vérification et de correction et comment vite préparer un document pour distribution publique. On vous a demandé de modifier et de finaliser un communiqué de presse pour une série de conférences de promotion pour VTA. Ce communiqué doit renseigner les médias écrits et parlés sur ces conférences afin qu'ils puissent transmettre l'information au public. Les communiqués de VTA sont distribués par télécopieur et par courriel. Avant d'expédier le fichier à vos listes de personnes-ressources des médias et aux clients locaux de VTA, vous ajoutez plusieurs hyperliens, puis purgez le fichier de toute information personnelle.

OBJECTIFS

Couper et coller du texte

Copier et coller du texte

Utiliser le Presse-papiers Office

Rechercher et remplacer du texte

Vérifier l'orthographe et la grammaire

Rechercher de l'information

Ajouter des hyperliens

Travailler avec les propriétés d'un document

Couper et coller du texte

Les outils d'édition de Word permettent de déplacer du texte d'un endroit à un autre dans un document, une opération connue sous le nom **couper et coller**. Lorsque vous coupez du texte, il est supprimé du document et placé dans le **Presse-papiers**, une zone de stockage temporaire pour le texte et les graphismes que vous coupez ou copiez dans un document. Vous pouvez ensuite coller (insérer) ce texte du Presse-papiers à l'emplacement du point d'insertion dans votre document. Vous coupez et collez du texte au moyen des boutons Couper et Coller qui se trouvent dans le groupe Presse-papiers de l'onglet Accueil. Vous pouvez aussi déplacer un texte sélectionné en le faisant glisser vers l'endroit voulu à l'aide de la souris. C'est ce qu'on appelle le **glisser-déplacer**. Vous ouvrez le communiqué de presse ébauché par un collègue, l'enregistrez sous un nouveau nom, puis réorganisez l'information au moyen des méthodes couper-coller et glisser-déplacer.

1. **Démarrez Word, cliquez sur l'onglet Fichier, cliquez sur Ouvrir, trouvez votre dossier Projets, cliquez sur WD B-1.docx, puis cliquez sur Ouvrir.**

   Le document s'affiche. Dès qu'un fichier est ouvert, vous pouvez le modifier et enregistrer vos changements. Si vous désirez «écraser» le fichier original avec les modifications effectuées, vous utilisez la commande **Enregistrer**. Si vous souhaitez préserver le fichier d'origine, vous utilisez la commande **Enregistrer sous** pour créer un double du fichier sous un nouveau nom, un nouveau suffixe ou un nouvel emplacement.

2. **Cliquez sur l'onglet Fichier, cliquez sur Enregistrer sous, tapez WD B-Conférences VTA dans la zone Nom de fichier, puis cliquez sur Enregistrer.**

   Vous pouvez maintenant modifier le communiqué de presse sans toucher à l'original.

3. **Remplacez Louis Vallée par votre nom, faites défiler la page vers le bas jusqu'à ce que le titre « Gilles Monticone invité à parler... » se trouve au haut de la fenêtre de document, puis cliquez sur Afficher tout ¶ dans le groupe Paragraphe de l'onglet Accueil pour afficher les repères de mise en forme.**

4. **Dans le troisième paragraphe, sélectionnez «l'alpiniste de l'Everest Maxime Jean» ainsi que la virgule et l'espace qui suivent, puis cliquez sur Couper ✂ dans le groupe Presse-papiers.**

   Le texte est effacé du document et placé dans le Presse-papiers. Word utilise deux presse-papiers : le **Presse-papiers système** (le Presse-papiers) qui ne retient qu'un seul élément, et le **Presse-papiers Office** qui peut en conserver jusqu'à 24. Le dernier élément que vous coupez ou collez est toujours ajouté aux deux presse-papiers. Vous en apprendrez plus à ce sujet dans une autre leçon.

5. **Placez le point d'insertion avant le nom Érika dans la première ligne du troisième paragraphe, puis cliquez sur Coller 📋 dans le groupe Presse-papiers.**

   Le texte est collé à l'emplacement du point d'insertion (figure B-1). Le bouton Options de collage apparait sous le texte lorsque vous le collez la première fois. Vous pouvez l'ignorer pour l'instant car vous en apprendrez plus sur ces options dans la prochaine leçon.

6. **Maintenez [Ctrl] enfoncée, cliquez sur la phrase Le repas est inclus dans le prix des billets. dans le quatrième paragraphe, puis relâchez [Ctrl].**

   La phrase entière est sélectionnée.

7. **Enfoncez et maintenez le bouton de la souris sur le texte sélectionné, jusqu'à ce que le pointeur prenne la forme ⬚.**

   Le trait vertical du pointeur désigne le point d'insertion. Vous faites glisser ce pointeur afin de positionner le point d'insertion à l'emplacement où insérer le texte quand vous relâchez le bouton de la souris.

PROBLÈME

Si vous faites une erreur, cliquez sur ↶ Annuler dans la barre d'outils Accès rapide, puis recommencez.

8. **Faites glisser le trait vertical jusqu'après le point à la fin du cinquième paragraphe (figure B-2), puis relâchez le bouton de la souris.**

   Le texte sélectionné est déplacé au point d'insertion. La méthode du glisser-déplacer est pratique lorsque les emplacements d'origine et de destination du texte sont tous deux visibles à l'écran. Avec cette méthode, le texte n'est pas transféré dans le Presse-papiers.

9. **Désélectionnez le texte et cliquez sur Enregistrer 💾 dans la barre d'outils Accès rapide.**

FIGURE B-1 : Texte déplacé avec bouton Options de collage

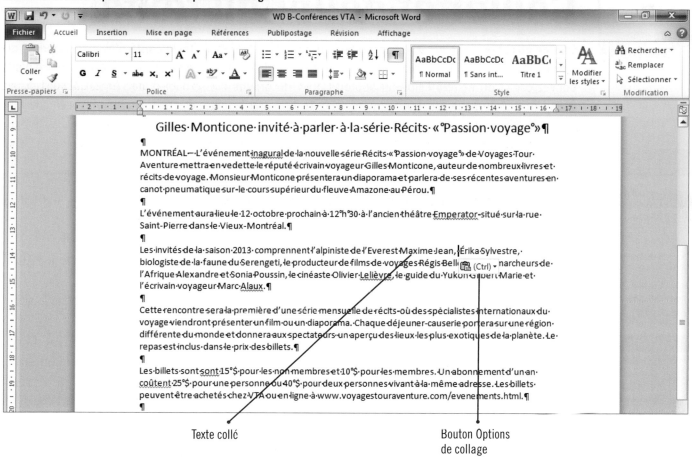

Texte collé

Bouton Options
de collage

FIGURE B-2 : Texte qui sera glissé vers un nouvel emplacement

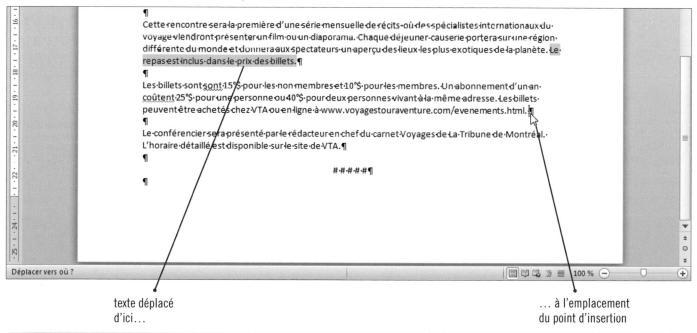

texte déplacé
d'ici...

... à l'emplacement
du point d'insertion

Utiliser les raccourcis clavier

Dans Word, au lieu d'utiliser les commandes Couper, Copier et Coller, vous pouvez vous servir des raccourcis clavier [Ctrl][X] pour couper du texte, [Ctrl][C] pour copier du texte et [Ctrl][V] pour le coller. Un **raccourci clavier** est une touche de fonction, telle [F1], ou une combinaison de touches, comme [Ctrl][S], que vous pressez pour exécuter une commande. Vous pouvez ainsi appuyer sur [Ctrl][S] pour enregistrer les modifications à un document au lieu d'utiliser le bouton Enregistrer de la barre d'outils Accès rapide ou la commande Enregistrer du menu Office. La maitrise des raccourcis clavier peut vous aider à accélérer l'exécution de plusieurs des tâches courantes de Word. Lorsqu'un raccourci clavier est offert pour une commande, il est indiqué dans l'info-bulle de cette dernière.

Copier et coller du texte

Copier et coller du texte est analogue au couper-coller, sauf que le texte **copié** n'est pas supprimé du document. À la place, une copie du texte est placée dans le Presse-papiers et l'original reste en place. Vous pouvez copier du texte à l'aide du bouton Copier du groupe Presse-papiers de l'onglet Accueil ou en appuyant sur la touche [Ctrl] pendant que vous faites glisser le texte sélectionné d'un emplacement à un autre. ▓▓▓▓ Vous poursuivez la modification de votre communiqué de presse en copiant du texte d'un endroit à un autre.

ÉTAPES

ASTUCE

Vous pouvez aussi couper ou copier un texte sélectionné en cliquant du bouton droit de la souris, puis en sélectionnant Couper ou Copier dans le menu contextuel.

1. **Sélectionnez Récits « Passion voyage » dans le titre, puis cliquez sur Copier 🖺 dans le groupe Presse-papiers.**

   Une copie du texte est transférée dans le Presse-papiers et l'original reste en place.

2. **Placez le point d'insertion après saison dans le troisième paragraphe, puis cliquez sur Coller 🖺 dans le groupe Presse-papiers.**

   Récits « Passion voyage » est inséré avant « 2013 » (figure B-3). Observez que le texte collé n'a pas la même mise en forme que le reste du paragraphe où il a été inséré.

ASTUCE

Si vous n'êtes pas satisfait du résultat d'une option de collage, essayez-en une autre ou cliquez sur Annuler 🔄 et collez de nouveau le texte.

3. **Cliquez sur Options de collage, glisser la souris sur chacun des boutons proposés dans le menu contextuel afin de lire leur info-bulle, puis cliquez sur Conserver uniquement le texte (T).**

   Le format de Récits « Passion voyage » correspond maintenant à celui du reste du paragraphe. Les boutons du menu Options de collage permettent de changer la mise en forme du texte collé. Vous avez le choix de garder le format d'origine (Conserver la mise en forme source), d'utiliser le format de destination (Fusionner la mise en forme) ou de coller le texte sans formatage (Conserver uniquement le texte).

4. **Sélectionnez www.voyagestouraventure.com/evenements.html dans le cinquième paragraphe, maintenez [Ctrl] enfoncée et appuyez sur le bouton de la souris jusqu'à ce que le pointeur prenne la forme 🖺.**

5. **Faites glisser le trait vertical du pointeur jusqu'à la fin du dernier paragraphe (après VTA), relâchez le bouton de la souris, puis relâchez [Ctrl].**

   Le texte est copié dans le dernier paragraphe. Comme le format du texte copié est identique à celui du paragraphe où vous l'avez inséré, vous pouvez ignorer le bouton Options de collage. Quand vous utilisez la méthode du glisser-déplacer, le texte n'est pas copié dans le Presse-papiers.

6. **Placez le point d'insertion avant www.voyagestouraventure.com/evenements.html dans le dernier paragraphe, tapez à suivi d'une espace, puis enregistrez le document.**

   Comparez votre document à celui de la figure B-4.

Fractionner la fenêtre pour copier et déplacer du texte dans un long document

Si vous voulez copier ou déplacer des éléments entre différentes parties d'un long document, il peut être utile de fractionner la fenêtre en deux volets de façon à afficher l'élément concerné dans un volet et sa destination dans l'autre volet. Pour partager une fenêtre, cliquez sur le bouton Fractionner dans le groupe Fenêtre de l'onglet Affichage, faites glisser la barre de fractionnement qui s'affiche jusqu'à l'endroit où vous voulez diviser la fenêtre, puis cliquez. Une fois la fenêtre partagée en deux volets, vous pouvez faire glisser la barre de fractionnement pour redimensionner les

volets et utiliser les barres de défilement de chaque volet pour afficher différentes parties du document. Pour copier ou déplacer un élément d'un volet à l'autre, vous pouvez vous servir des commandes Couper, Copier et Coller, ou faire glisser l'élément entre les volets. Une fois les modifications terminées, double-cliquez sur la barre de fractionnement pour rétablir la fenêtre à un seul volet, ou cliquez sur Annuler le fractionnement dans le groupe Fenêtre de l'onglet Affichage.

FIGURE B-3 : Texte collé dans le document

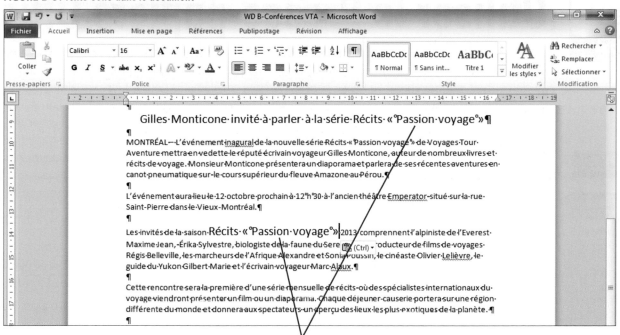

La mise en forme du texte collé
correspond à celle du titre

FIGURE B-4 : Texte copié dans le document

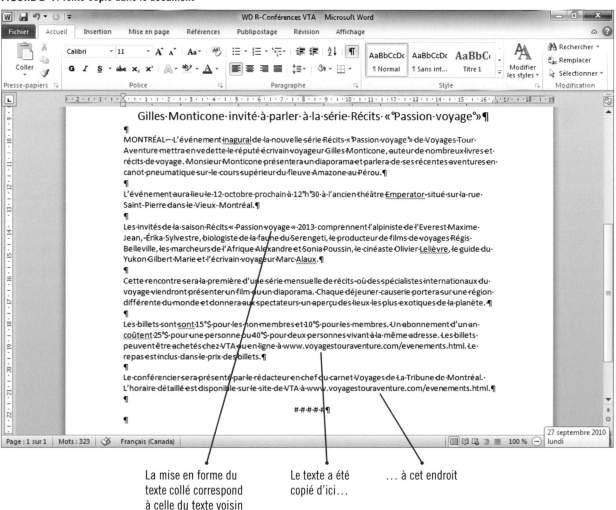

La mise en forme du
texte collé correspond
à celle du texte voisin

Le texte a été
copié d'ici…

… à cet endroit

Utiliser le Presse-papiers Office

Le Presse-papiers Office permet de recueillir du texte et des graphismes dans des fichiers créés dans n'importe quel programme Office et de les insérer dans vos documents Word. Il peut contenir jusqu'à 24 éléments et, contrairement au Presse-papiers système, ces éléments peuvent être visualisés. Pour afficher le Presse-papiers Office, il suffit de cliquer sur le lanceur dans le groupe Presse-papiers de l'onglet Accueil. Vous ajoutez des éléments au Presse-papiers Office quand vous utilisez les commandes Copier et Coller. Le dernier élément recueilli est toujours ajouté au Presse-papiers système et au Presse-papiers Office. Vous utilisez le Presse-papiers Office pour déplacer plusieurs phrases dans votre communiqué de presse.

ÉTAPES

1. **Cliquez sur le lanceur 🔲 dans le groupe Presse-papiers.**

   Le Presse-papiers Office s'ouvre dans le volet Office Presse-papiers. Il renferme l'URL du site web de VTA que vous avez copié à la leçon précédente.

2. **Sélectionnez la phrase Le conférencier sera présenté par... (y compris l'espace suivant le point) dans le dernier paragraphe, cliquez du bouton droit sur le texte sélectionné, puis cliquez sur Couper dans le menu contextuel.**

   La phrase est transférée dans le Presse-papiers Office.

3. **Sélectionnez la phrase L'horaire détaillé est disponible... (y compris le repère ¶), cliquez du bouton droit sur le texte sélectionné, puis cliquez sur Couper.**

   Le Presse-papiers Office affiche les éléments que vous avez copiés ou coupés (figure B-5). L'icône en regard de chaque élément indique que ceux-ci viennent d'un document Word. Le dernier élément recueilli est affiché au sommet du volet Presse-papiers. À mesure que vous copiez ou coupez de nouveaux éléments, les premiers descendent dans la liste.

4. **Placez le point d'insertion à la fin du deuxième paragraphe (juste avant le repère ¶), puis cliquez sur l'élément Le conférencier sera présenté par... dans le Presse-papiers Office.**

   Un clic sur un élément du Presse-papiers Office le colle dans le document à la position du point d'insertion. Les éléments stockés dans le Presse-papiers Office y restent jusqu'à ce que vous les supprimiez ou que vous fermiez tous les programmes Office actifs. De plus, si vous ajoutez un 25e élément au Presse-papiers Office, le premier est éliminé.

5. **Placez le point d'insertion à la fin du troisième paragraphe (après Alaux.), puis cliquez sur L'horaire détaillé est... dans le Presse-papiers Office.**

   La phrase est collée dans le document.

6. **Sélectionnez le quatrième paragraphe, qui commence par Cette rencontre sera la première... (repère ¶ inclus), cliquez du bouton droit sur le texte sélectionné, puis cliquez sur Couper.**

   Le paragraphe est transféré au Presse-papiers Office.

7. **Placez le point d'insertion au début du troisième paragraphe (avant Les...), cliquez sur le bouton droit, cliquez sur Coller dans le menu contextuel, puis appuyez sur [Retour arr.].**

   Les phrases du paragraphe commençant par « Cette rencontre sera la première » sont collées au début du paragraphe débutant par « Les invités de la saison ». Vous pouvez coller le dernier élément recueilli soit avec la commande Coller, soit depuis le Presse-papiers Office.

8. **Placez le point d'insertion à la fin du troisième paragraphe (après l'adresse du site web de VTA et avant le repère ¶), puis appuyez deux fois sur [Suppr].**

   Les symboles ¶ et les lignes vides supplémentaires entre le troisième et le quatrième paragraphe sont supprimés.

9. **Cliquez sur Afficher tout ¶ dans le groupe Paragraphe.**

   Comparez votre communiqué à celui de la figure B-6. Remarquez que de nombreux utilisateurs de Word préfèrent travailler avec les repères de mise en forme. Faites des essais pour voir quelle méthode vous convient le mieux.

10. **Cliquez sur Effacer tout dans le volet Presse-papiers pour supprimer les éléments du Presse-papiers Office, cliquez sur Fermer ☒ dans le volet Presse-papiers, appuyez sur [Ctrl][↖], puis enregistrez le document.**

    Le fait d'appuyer sur [Ctrl][↖] amène le point d'insertion au sommet du document.

Modifier des documents

FIGURE B-5 : Presse-papiers Office dans le volet Presse-papiers

Volet Presse-papiers

Éléments stockés dans le Presse-papiers Office (les vôtres peuvent inclure des éléments supplémentaires)

Cliquez pour changer les options d'affichage du Presse-papiers Office

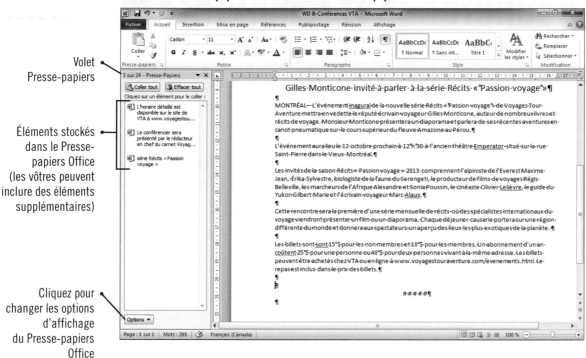

FIGURE B-6 : Communiqué de presse révisé

Cliquez pour coller tous les éléments du Presse-papiers Office

Dernier élément collecté

Le premier élément se déplace vers le bas à mesures que vous stockez des éléments

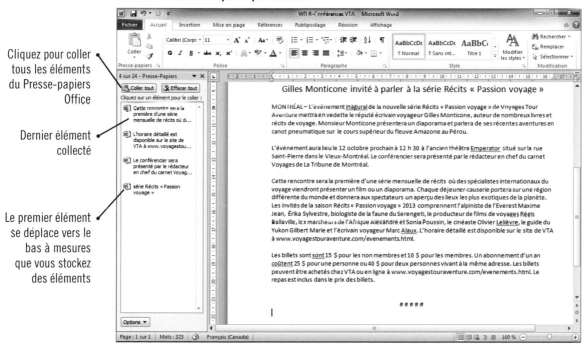

Copier et déplacer des éléments d'un document à un autre

On peut aussi utiliser les deux Presse-papiers pour copier et déplacer des éléments d'un document à un autre. Pour copier ou couper des objets dans un fichier et les coller dans un autre, ouvrez d'abord les deux documents et le volet Presse-papiers. Lorsque plusieurs fichiers sont ouverts, vous pouvez dupliquer et déplacer des éléments de l'un à l'autre en copiant ou coupant des objets dans un document, puis en passant à un autre document pour les y coller. Pour passer d'un fichier ouvert à un autre, pointez l'icône Word dans la barre des tâches, puis cliquez sur le document à activer. Vous pouvez aussi afficher plus d'un document à la fois en cliquant sur Réorganiser tout ou sur Afficher côte à côte dans le groupe Fenêtre de l'onglet Affichage.

Word 2010

Rechercher et remplacer du texte

Les outils de recherche et remplacement de Word permettent de chercher et substituer automatiquement toutes les occurrences d'un mot ou d'une phrase dans un document. Si, par exemple, vous devez remplacer le mot « voyage » par « tour », il serait fastidieux, dans un long document, de localiser à la main chaque occurrence de « voyage » et de la remplacer par « tour ». La commande Remplacer permet de trouver et remplacer d'un coup toutes les occurrences d'un texte donné ou de trouver et examiner chaque occurrence individuellement. Vous pouvez aussi utiliser la commande Rechercher pour localiser et sélectionner chaque occurrence d'un mot donné ou d'une phrase dans un document. ▰▰▰ VTA a décidé de changer le nom de la série de conférence de « Récits 'Passion voyage' » à « Causeries 'Passion voyage' ». Vous utilisez la commande Remplacer pour chercher toutes les occurrences de « Récits » et les remplacer par « Causeries ».

ÉTAPES

PROBLÈME

Si l'une quelconque des cases à cocher des Options de recherche sont sélectionnées dans votre boite de dialogue Rechercher et remplacer, décochez-les. Si l'option Format est affichée sous les zones Rechercher ou Remplacer par, cliquez dans la zone, puis cliquez sur Sans attributs.

1. **Cliquez sur Remplacer dans le groupe Modification, puis cliquez sur Plus dans la boite de dialogue Rechercher et remplacer.**

   La boite de dialogue Rechercher et remplacer s'ouvre et s'agrandit tel qu'illustré à la figure B-7.

2. **Tapez Récits dans la zone de texte Rechercher.**

   Le mot « Récits » est le texte qui sera remplacé.

3. **Appuyez sur [Tab], puis tapez Causeries dans la zone Remplacer par.**

   Le mot « Causeries » est le texte par lequel le mot « Récits » sera substitué.

4. **Dans la section Options de recherche, cliquez dans la case à cocher Respecter la casse pour l'activer.**

   Cocher la case Respecter la casse instruit Word de ne chercher que les occurrences exactes de majuscules et de minuscules que vous avez saisies dans la zone Rechercher. Vous voulez remplacer toutes les occurrences de « Récits » survenant dans le titre de la série, mais vous ne voulez pas remplacer le mot « récits » qui pourrait se trouver ailleurs dans le texte.

ASTUCE

Pour chercher, examiner et remplacer chaque occurrence individuellement, cliquez sur Suivant.

5. **Cliquez sur Remplacer tout.**

   La commande Remplacer tout substitue toutes les occurrences de « Récits » par « Causeries » dans le communiqué. Une boite de message signale que trois remplacements ont été effectués.

6. **Cliquez sur OK pour fermer la boite de message, puis cliquez sur Fermer dans la boite de dialogue Rechercher et remplacer.**

   Word a remplacé « Récits » par « Causeries » à trois endroits mais n'a pas remplacé « récits ».

ASTUCE

Vous pouvez aussi utiliser l'onglet Rechercher de la boite de dialogue Rechercher et remplacer pour trouver du texte dans un document.

7. **Cliquez sur Rechercher dans le groupe Modification.**

   Un clic sur le bouton Rechercher ouvre le volet Navigation dont vous vous servez pour explorer un document plus long par en-têtes, par pages ou par du texte ou un objet précis. La commande Rechercher permet de localiser rapidement toutes les occurrences d'un texte donné dans un document. Vous l'utilisez pour vérifier que Word n'a pas remplacé « récits ».

8. **Tapez récits dans la zone de recherche du volet Navigation, puis faites défiler le texte jusqu'à ce que le titre soit au sommet de la fenêtre de document**

   Les deux occurrences du mot « récits » sont mises en évidence dans le document et la première est sélectionnée (figure B-8).

9. **Cliquez sur le bouton Fermer dans le volet Navigation, appuyez sur [Ctrl][↖], puis enregistrez le document.**

FIGURE B-7 : Boite de dialogue Rechercher et remplacer

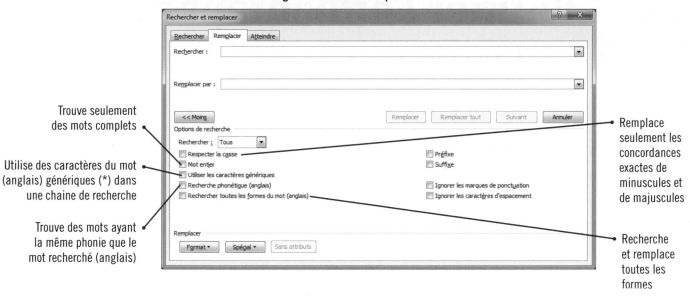

Trouve seulement des mots complets

Utilise des caractères du mot (anglais) génériques (*) dans une chaine de recherche

Trouve des mots ayant la même phonie que le mot recherché (anglais)

Remplace seulement les concordances exactes de minuscules et de majuscules

Recherche et remplace toutes les formes

FIGURE B-8 : Texte trouvé mis en évidence dans le document

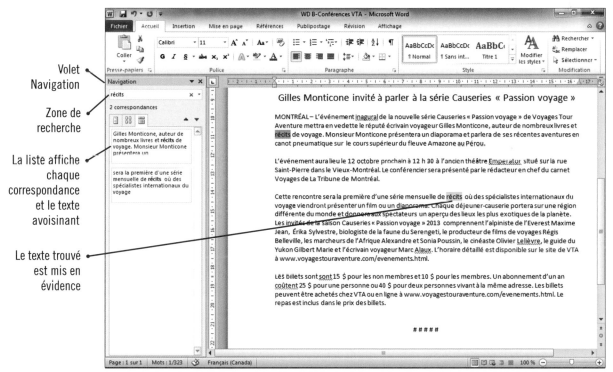

Volet Navigation

Zone de recherche

La liste affiche chaque correspondance et le texte avoisinant

Le texte trouvé est mis en évidence

Naviguer dans un document avec la commande Atteindre

Au lieu de vous déplacer dans un long document en le faisant défiler, vous pouvez utiliser la commande Atteindre pour amener rapidement le point d'insertion à un endroit précis. Pour aller à une page, une section, une ligne, un tableau, un graphisme ou autre objet donné d'un document, vous utilisez l'onglet Atteindre de la boite de dialogue Rechercher et remplacer. Pour afficher cette boite de dialogue ouverte à l'onglet Atteindre, cliquez sur le bouton Page dans la barre d'état. Dans cet onglet, sélectionnez le type d'élément à trouver dans la zone de liste Atteindre, entrez les renseignements pertinents concernant cet élément, puis cliquez sur Atteindre ou sur Suivant pour déplacer le point d'insertion à cet endroit.

Vérifier l'orthographe et la grammaire

Après avoir terminé un document, vous pouvez utiliser la commande Grammaire et orthographe pour chercher les mots mal épelés ou les fautes de grammaire. Les fonctions de vérification orthographique et grammaticale détectent les erreurs possibles, offrent des suggestions et proposent des corrections aux fautes grammaticales comme les accords sujet-verbe, les répétitions et la ponctuation. ▉▉▉▉▉ Vous utilisez l'outil de vérification orthographique et grammaticale pour rechercher les erreurs dans le communiqué. Avant de commencer, vous réglez le correcteur de façon qu'il ignore certains mots, comme Monticone, dont l'orthographe est correcte.

ÉTAPES

PROBLÈME

Si Word signale votre nom comme étant mal épelé, cliquez dessus avec le bouton droit, puis cliquez sur Ignorer tout. Si Monticone n'est pas signalé comme étant mal épelé, passez à l'étape 3.

ASTUCE

Pour changer la langue utilisée par le correcteur orthographique et grammatical de Word, cliquez sur le bouton Langue dans le groupe Vérification de l'onglet Révision, cliquez sur Définir la langue de vérification, puis cliquez sur la langue voulue dans la liste.

PROBLÈME

Il se peut que d'autres fautes d'orthographe et de grammaire soient signalées.

ASTUCE

Si Word n'offre pas de correction valable, corrigez l'erreur vous-même.

1. **Cliquez avec le bouton droit sur Monticone dans le titre.**

   Un menu contextuel s'ouvre et propose une série de suggestions de remplacement pour le mot. Vous pouvez corriger une erreur en cliquant avec le bouton droit sur un mot souligné d'un trait ondulé vert ou rouge, puis en sélectionnant une correction. Bien qu'absent du dictionnaire de Word, « Monticone » est correct.

2. **Cliquez sur Ignorer tout.**

   Cette commande instruit Word de ne pas signaler le mot « Monticone » comme étant mal épelé.

3. **Appuyez sur [Ctrl][↖], cliquez sur l'onglet Révision, puis cliquez sur Grammaire et orthographe dans le groupe Vérification.**

   La boite de dialogue Grammaire et orthographe : <langue active> s'ouvre (figure B-9). Elle signale que le mot « inagural » est mal épelé et propose des corrections dans la zone Suggestions. Le mot sélectionné dans cette zone a la bonne orthographe.

4. **Cliquez sur Modifier.**

   Le mot correct remplace le mot mal épelé. La boite de dialogue identifie ensuite « Emperator » comme mot erroné et propose les corrections « Imperator » et « Imperators ». Le nom propre du théâtre « Emperator » est correct.

5. **Cliquez sur Ignorer.**

   Word ignore cette orthographe.

6. **Au mot Lelièvre, cliquez sur Ignorer. Faites la même chose pour le mot Alaux.**

   Ces deux orthographes sont ignorées. La boite de dialogue indique ensuite que« sont » est répété dans une phrase.

7. **Cliquez sur Supprimer.**

   Le second « sont » est enlevé du document. Le correcteur signale ensuite une erreur d'accord sujet-verbe et suggère « coûte » au lieu de « coûtent » (figure B-10). La correction proposée est bonne.

8. **Cliquez sur Remplacer.**

   Le mot « coûtent » est remplacé par « coûte » et la boite de dialogue se ferme. Retenez que Word identifie beaucoup d'erreurs usuelles mais ne peut toutes les trouver. Relisez donc toujours vos documents attentivement.

9. **Cliquez sur OK pour arrêter la vérification, appuyez sur [Ctrl][↖], puis enregistrez le document.**

Modifier des documents

FIGURE B-9 : Boite de dialogue Grammaire et orthographe : <langue active>

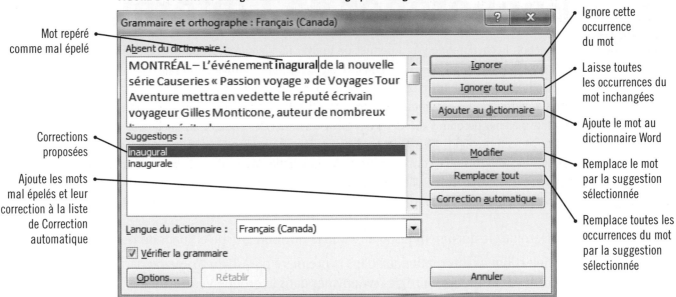

Mot repéré comme mal épelé

Corrections proposées

Ajoute les mots mal épelés et leur correction à la liste de Correction automatique

Ignore cette occurrence du mot

Laisse toutes les occurrences du mot inchangées

Ajoute le mot au dictionnaire Word

Remplace le mot par la suggestion sélectionnée

Remplace toutes les occurrences du mot par la suggestion sélectionnée

FIGURE B-10 : Faute de grammaire signalée dans la boite de dialogue Grammaire et orthographe

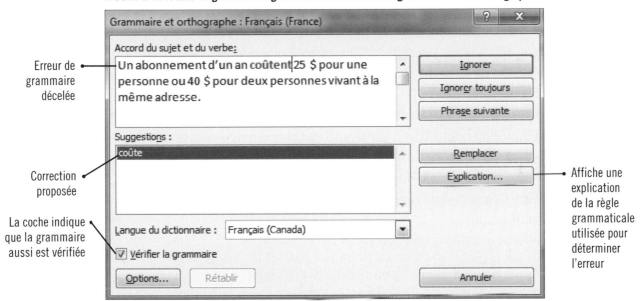

Erreur de grammaire décelée

Correction proposée

La coche indique que la grammaire aussi est vérifiée

Affiche une explication de la règle grammaticale utilisée pour déterminer l'erreur

Insérer du texte avec la correction automatique

La correction automatique remplace automatiquement des erreurs de frappe courantes. En définissant vos propres entrées, vous pouvez obliger Word à insérer du texte que vous tapez souvent, tel votre nom ou celui de votre société, et à corriger vos erreurs habituelles. Vous pouvez, par exemple, créer une entrée pour insérer automatiquement « Louis Vallée » chaque fois que vous tapez « lva » suivi d'une espace. Vous pouvez créer des entrées et personnaliser d'autres options de correction et de mise en forme automatiques au moyen de la boite de dialogue Correction automatique. Pour ouvrir cette boite de dialogue, cliquez sur l'onglet Fichier, cliquez sur Options, cliquez sur Vérification dans la boite de dialogue Options Word, puis cliquez sur Options de correction automatique. Dans l'onglet Correction automatique de la boite de dialogue Correction automatique, tapez le texte à corriger automatiquement dans la zone Remplacer (p. ex. « ch »), tapez le texte à insérer

automatiquement dans la zone Par (p. ex. « Charles Hénault »), puis cliquez sur Ajouter. L'entrée est ajoutée à la liste des corrections automatiques. Cliquez sur OK pour fermer cette boite de dialogue, puis sur OK pour fermer la boite de dialogue Options Word. Notez que Word n'insère une entrée de correction automatique dans un document que lorsque vous appuyez sur la [Barre espace] ou sur un signe de ponctuation après avoir tapé le texte que Word doit corriger. Ainsi, Word insérera « Charles Hénault » si vous tapez « ch » suivi d'une espace.

Si vous voulez supprimer une entrée de correction automatique que vous avez créée, ouvrez la boite de dialogue Correction automatique, sélectionnez l'entrée à supprimer de la liste, cliquez sur Supprimer, cliquez sur OK, puis encore sur OK pour fermer la boite de dialogue Options Word.

Rechercher de l'information

La fonction Rechercher de Word permet de trouver rapidement des sources de référence et de rechercher sur le web des renseignements liés à un mot ou une phrase. Parmi les outils de référence offerts dans le volet Rechercher, se trouve un dictionnaire des synonymes dont vous pouvez vous servir pour trouver des synonymes de mots répétitifs ou incommodes. Quand vous travaillez avec une connexion Internet active, le volet Rechercher permet d'accéder à des dictionnaires et des outils de traduction ainsi qu'à des moteurs de recherche comme Bing. ▰▰▰▰ Après avoir révisé votre communiqué, vous décidez qu'il se lirait mieux si certains des adjectifs qu'il contient étaient plus descriptifs. Vous utilisez donc le dictionnaire des synonymes pour trouver des synonymes.

ÉTAPES

ASTUCE

Vous pouvez aussi cliquer sur le bouton Rechercher du groupe Vérification pour ouvrir le volet Rechercher.

1. **Déroulez le document jusqu'à ce que le titre soit affiché en haut de l'écran.**

2. **Sélectionnez internationaux dans la première phrase du troisième paragraphe, puis cliquez sur Dictionnaire des synonymes dans le groupe Vérification.**

   Le volet Rechercher s'ouvre (figure B-11). Le mot « internationaux » est affiché dans la zone Rechercher et les synonymes possibles apparaissent sous l'en-tête Dictionnaire des synonymes:<langue active> du volet de tâches.

ASTUCE

Pour consulter des synonymes d'un autre mot, tapez le mot dans la zone Rechercher, puis cliquez sur le bouton vert Démarrer la recherche.

3. **Pointez mondiaux dans la liste des synonymes.**

   Une boite contenant une flèche de liste apparait autour du mot.

4. **Cliquez sur la flèche de liste, cliquez sur Insérer dans le menu, puis fermez le volet Rechercher.**

   Le mot « internationaux » est remplacé par « mondiaux » dans le communiqué de presse.

5. **Cliquez du bouton droit sur réputé dans la première phrase du premier paragraphe, pointez Synonymes dans le menu contextuel, puis cliquez sur célèbre.**

   Le mot «célèbre» a remplacé «réputé » dans le communiqué.

6. **Sélectionnez les quatre paragraphes de texte, puis cliquez sur Statistiques dans le groupe Vérification.**

   La boite de dialogue Statistiques s'ouvre (figure B-12). Elle indique le nombre de pages, de mots, de caractères, de paragraphes et de lignes compris dans le texte sélectionné. Remarquez que le nombre de mots figurant dans le texte sélectionné est aussi affiché sur la barre d'état, de pair avec le nombre total de mots dans le document. Si vous voulez afficher les statistiques de page, caractères, paragraphes et lignes pour le document entier, assurez-vous que rien n'est sélectionné dans le document, puis cliquez sur Statistiques dans le groupe Vérification.

ASTUCE

Pour ajouter ou supprimer des sources de référence dans la liste, cliquez sur Options de recherche dans le volet Rechercher.

7. **Cliquez sur Fermer, appuyez sur [Ctrl][↖], puis enregistrez le document.**

8. **Cliquez sur l'onglet Fichier, cliquez sur Enregistrer sous, tapez WD B-Conférences VTA Public dans la zone Nom, puis cliquez sur Enregistrer.**

   Le fichier WD B-Conférences VTA est fermé et le fichier WD B-Conférences VTA Public est affiché dans la fenêtre de document. C'est lui que vous modifierez en vue de le préparer pour une diffusion publique électronique.

FIGURE B-11: Volet Rechercher

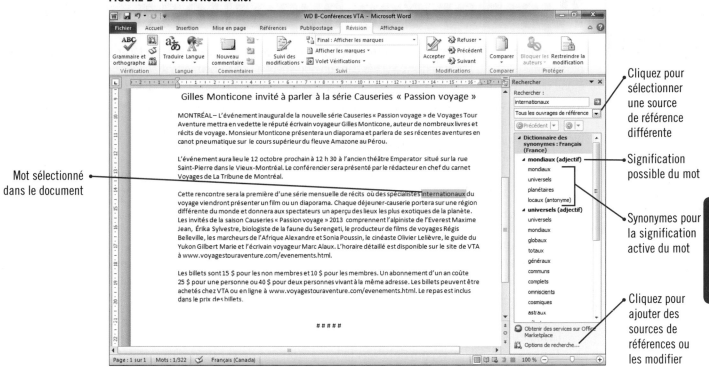

Mot sélectionné dans le document

Cliquez pour sélectionner une source de référence différente

Signification possible du mot

Synonymes pour la signification active du mot

Cliquez pour ajouter des sources de références ou les modifier

FIGURE B-12 : Boite de dialogue Statistiques

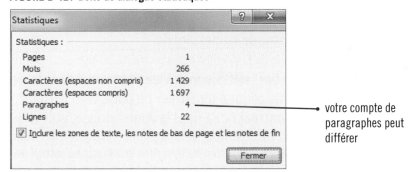

votre compte de paragraphes peut différer

Publier un blogue directement depuis Word

Un **blogue** est un genre de chronique ou de billet informel qu'une personne ou un groupe crée et met à la disposition du public sur Internet. Un blogue véhicule d'ordinaire les idées, commentaires et opinions du blogueur et est rédigé sur un ton très personnel. La personne qui crée et maintient un blogue, le blogueur, l'actualise en général tous les jours. Si vous avez déjà un blogue, ou souhaitez en créer un, vous pouvez configurer Word de manière à ce qu'il fasse un lien vers le site de votre blogue et, ainsi, vous permettre d'écrire, de mettre en forme et de publier vos chroniques directement depuis Word.

Pour créer une entrée de blogue, cliquez sur l'onglet Fichier, cliquez sur Nouveau, puis double-cliquez sur Billet de blog pour ouvrir un document de blogue prédéfini que vous pouvez adapter avec vos propres textes, mises en forme et images. Vous pouvez aussi publier comme blogue un document existant. Pour cela, ouvrez le document, ouvrez l'onglet Fichier, cliquez sur Enregistrer et envoyer, puis cliquez sur Publier en tant que billet de blog. Dans les deux cas, Word vous demande d'ouvrir une session sur votre compte de blogue personnel. Pour publier un blogue directement depuis Word, vous devez d'abord ouvrir un compte auprès d'un fournisseur de service de blogue. L'Aide de Word et des forums en ligne offrent des renseignements détaillés sur la façon d'obtenir et d'inscrire votre compte de blogue personnel avec Word.

Ajouter des hyperliens

Un **hyperlien** est un texte ou un graphisme qui, lorsqu'on clique dessus, amène le lecteur à un emplacement ou un programme différent. Les hyperliens affichés dans un document à l'écran permettent au lecteur d'aller directement à une page web, une adresse de courriel, un fichier ou un endroit précis d'un document. Quand vous créez un hyperlien dans un document, vous sélectionnez le texte ou le graphisme à utiliser comme hyperlien, puis vous indiquez l'emplacement vers lequel sauter lorsqu'on clique dessus. Les hyperliens se créent à l'aide du bouton Lien hypertexte du groupe Liens de l'onglet Insertion. Le texte mis en forme en tant qu'hyperlien apparait sous forme de texte coloré souligné. ▨▨▨▨ Des centaines de personnes inscrites sur vos listes de presse et de contacts personnels recevront votre communiqué de presse par courriel ou par télécopie Internet. Pour permettre à ces gens d'accéder facilement aux autres renseignements sur les causeries, vous ajoutez plusieurs hyperliens au communiqué.

ÉTAPES

ASTUCE

Par défaut, Word crée automatique-ment un hyperlien vers une adresse courriel ou une URL lorsque vous tapez l'adresse ou l'URL dans un document.

1. **Sélectionnez votre nom, cliquez sur l'onglet Insertion, puis sur le bouton Lien hypertexte dans le groupe Liens.**

   La boite de dialogue Insérer un lien hypertexte s'ouvre (figure B-13). Cette boite sert à préciser l'emplacement de la page web, du fichier, de l'adresse courriel ou de la position dans le document actif où vous voulez aller lorsque l'hyperlien (dans ce cas-ci votre nom) est cliqué.

2. **Cliquez sur Adresse de messagerie dans la section Lier à.**

   La boite de dialogue Insérer un lien hypertexte change pour ainsi créer un lien à votre adresse courriel.

3. **Tapez votre adresse courriel dans la zone Adresse de messagerie, tapez Causeries Passion voyage dans la zone Objet, puis cliquez sur OK.**

   Quand vous commencez à taper, Word ajoute automatiquement « mailto: » devant votre adresse courriel. Une fois la boite de dialogue fermée, le texte de l'hyperlien (votre nom) s'affiche en bleu et souligné.

ASTUCE

Pour supprimer un hyperlien, cliquez dessus du bouton droit, puis cliquez sur Supprimer le lien hypertexte. Cette opération enlève l'hyperlien mais pas le texte.

4. **Enfoncez et maintenez [Ctrl], puis cliquez sur l'hyperlien votre nom.**

   Un message adressé à votre adresse courriel et portant le sujet « Causeries Passion voyage » s'ouvre dans votre programme de messagerie par défaut. Les lecteurs de votre communiqué peuvent utiliser cet hyperlien pour vous envoyer un courriel.

5. **Fermez la fenêtre de la messagerie.**

   La couleur du texte de l'hyperlien a pris la couleur pourpre, ce qui indique que ce lien a été suivi.

6. **Défilez vers le bas, sélectionnez Vieux-Montréal dans le deuxième paragraphe, cliquez sur Lien hypertexte, cliquez sur Fichier ou page Web existant(e) dans la section Lier à, tapez www.vieux.montreal.qc.ca dans la zone Adresse, puis cliquez sur OK.**

   Quand vous tapez l'adresse web, Word ajoute automatiquement « http:// » devant « www. ». Le texte « Vieux-Montréal » est mis en forme comme hyperlien vers la page d'accueil du site officiel du Vieux-Montréal. Un clic sur ce lien ouvrira la page web dans votre navigateur par défaut.

7. **Sélectionnez horaire détaillé dans la dernière phrase du troisième paragraphe, cliquez sur Lien hypertexte, tapez www.voyagestouraventure.com dans la zone Adresse, puis cliquez sur OK.**

   Le texte « horaire détaillé » est mis en forme comme un hyperlien vers le site web de VTA. Si vous pointez un hyperlien dans Word, l'emplacement auquel il est lié apparait dans une info-bulle. Vous pouvez modifier le texte de l'info-bulle pour le rendre plus descriptif.

ASTUCE

Vous pouvez aussi modifier la destina-tion ou le texte de l'hyperlien.

8. **Cliquez du bouton droit sur l'hyperlien Vieux-Montréal, cliquez sur Modifier le lien hypertexte, cliquez sur Info-bulle dans la boite de dialogue Modifier le lien hypertexte, tapez Carte, stationnement et autres renseignements sur le Vieux-Montréal dans la zone de texte de la boite de dialogue de l'info-bulle, cliquez sur OK, cliquez sur OK, enregistrez les changements, puis pointez l'hyperlien Vieux-Montréal dans le document.**

   L'info-bulle que vous avez créée apparait au-dessus de l'hyperlien (figure B-14).

PROBLÈME

Si vous ne travaillez pas avec une con-nexion Internet active, sautez cette étape.

9. **Appuyez sur [Ctrl], cliquez sur l'hyperlien Vieux-Montréal, cliquez sur l'icône Word 🆆 dans la barre des tâches, appuyez sur [Ctrl], cliquez sur l'hyperlien horaire détaillé, vérifiez que les liens se sont ouverts dans des onglets distincts de votre navigateur, fermez les onglets, puis cliquez sur 🆆 dans la barre des tâches pour revenir à votre communiqué de presse dans Word.**

   Avant de distribuer un document, il est important de tester chaque hyperlien afin de vérifier qu'il fonctionne comme vous le voulez.

FIGURE B-13 : Boite de dialogue Insérer un lien hypertexte

Crée un hyperlien vers une page web ou un fichier

Crée un hyperlien vers un emplacement du fichier courant

Crée un hyperlien vers un nouveau document vierge

Crée un hyperlien vers une adresse de messagerie

Texte sélectionné pour être mis en forme comme un hyperlien

Fichiers stockés dans le disque ou le répertoire courant (les vôtres peuvent différer)

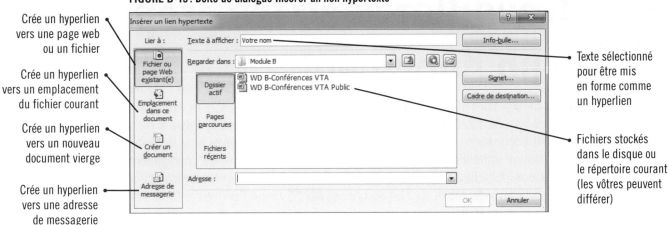

FIGURE B-14 : Hyperliens dans le document

Les hyperliens sont colorés et soulignés

Le violet indique que l'hyperlien a été suivi

Info-bulle pour le lien Vieux-Montréal

Envoyer des documents par courriel ou par télécopie directement depuis Word

Word offre plusieurs options pour distribuer et partager des documents sur l'Internet directement depuis Word. Lorsque vous envoyez un document par courriel depuis Word, le fichier est envoyé comme pièce jointe à un message créé dans votre programme de messagerie par défaut. Pour envoyer un fichier par courriel, ouvrez ce fichier dans Word, cliquez sur l'onglet Fichier, cliquez sur Enregistrer et envoyer, puis sélectionnez une des options proposées en regard de l'onglet Envoyer à l'aide de la messagerie. Vous avez le choix de joindre le document comme fichier Word, fichier PDF ou fichier XPS ou de l'envoyer en tant que télécopie Internet. Quand vous cliquez sur l'option voulue, une fenêtre de courriel s'ouvre. Elle comprend le nom de fichier du document comme objet du message et le fichier en tant que pièce jointe. Tapez l'adresse courriel du ou des destinataires dans les zones À et Cc, rédigez un message dans la fenêtre de message, puis cliquez sur Envoyer dans la barre d'outils pour l'expédier. Le programme de messagerie par défaut envoie une copie du fichier à chaque destinataire. Notez que pour pouvoir envoyer un document par télécopie directement depuis Word, vous devez être abonné à un service de télécopie par Internet. Ces services facturent d'ordinaire des frais mensuels ou par page pour l'envoi et la réception de télécopies.

Travailler avec les propriétés d'un document

Avant de distribuer un document par voie électronique à des personnes extérieures à votre organisation, il est judicieux de s'assurer que le fichier ne renferme pas de renseignements personnels ou confidentiels. L'onglet Informations du mode Backstage comprend des outils utiles pour débarrasser un document de ses informations sensibles, protéger son authenticité et le préserver de changements inopportuns après sa distribution publique. Un de ces outils, l'Inspecteur de document, détecte et supprime les informations confidentielles indésirables dans un document. ▓▓▓▓ Avant d'envoyer le communiqué de presse au public, vous en éliminez toutes les informations d'identification.

ÉTAPES

ASTUCE

Pour créer ou modifier les propriétés de document d'un fichier, tapez-les dans les zones de texte du panneau des propriétés du document.

1. **Appuyez sur [Ctrl][↖], puis cliquez sur l'onglet Fichier.**

   Le mode Backstage s'affiche ouvert à l'onglet Informations. Le volet Informations, au centre, comprend des options liées à l'élimination des renseignements privés du fichier. (Voir le tableau B-1.) Le volet Aperçu, à droite, affiche des renseignements de base sur le document. Remarquez que le fichier contient des propriétés de document. Vous voudrez peut-être les enlever avant de distribuer le communiqué de presse.

2. **Cliquez sur le bouton Propriétés, puis sur Afficher le panneau de documents.**

   Le panneau Propriétés du document s'ouvre au-dessus de la fenêtre de document (figure B-15). Il montre les propriétés standards pour le communiqué de presse. Les propriétés de document sont des détails définis par l'utilisateur qui décrivent le contenu et l'origine d'un fichier, dont le nom de l'auteur, le titre du document et des mots-clés que vous pouvez attribuer pour faciliter l'organisation et la recherche de vos fichiers. Vous décidez d'enlever cette information du fichier avant de le distribuer par voie électronique.

3. **Cliquez sur l'onglet Fichier, cliquez sur le bouton Vérifier la présence de problèmes, cliquez sur Inspecter le document, puis sur Oui si l'on vous demande de sauvegarder le document.**

   La boite de dialogue Inspecteur de document s'ouvre. Vous l'utilisez pour indiquer quelles informations personnelles ou d'identification vous voulez rechercher et éliminer du document.

4. **Vérifiez que toutes les cases sont cochées, puis cliquez sur Inspecter.**

   Au bout d'un moment, la boite de dialogue Inspecteur de document se transforme pour indiquer que le fichier contient des propriétés de document.

ASTUCE

Une propriété de document, un nom d'auteur par exemple, peut apparaitre automatiquement dans un contrôle de contenu. L'élimination des propriétés d'un document ne supprime pas cette information d'un contrôle de document.

5. **Cliquez sur Supprimer tout en regard de Propriétés du document, puis cliquez sur Fermer.**

   Les informations standards de propriétés du document sont enlevées du communiqué de presse.

6. **Cliquez sur le bouton Propriétés dans le volet d'aperçu, puis cliquez sur Afficher le panneau de documents.**

   Le panneau des propriétés du document s'ouvre et montre que toutes les propriétés du document ont été supprimées du fichier.

7. **Cliquez sur Fermer ✖ dans le panneau des propriétés du document, enregistrez le document, fermez le fichier, puis quittez Word.**

   Le communiqué de presse terminé est illustré à la figure B-16.

TABLEAU B-1 : Options proposées dans le volet Informations

Fonction	Utilisation
Protéger le document	Marquer un document comme final de façon qu'il soit en mode lecture seule et ne puisse plus être modifié; chiffrer un document de façon à demander un mot de passe pour l'ouvrir; restreindre les modifications qui peuvent être apportées à un document.
Vérifier la présence de problèmes	Détecter et supprimer les informations indésirables dans un document, dont les propriétés du document et les commentaires; vérifier le contenu que les personnes handicapées pourraient avoir de la difficulté à lire; et vérifier la présence dans le document de fonctions qui ne sont pas prises en charge par des versions précédentes de Word.
Gérer les versions	Explorer et supprimer des versions brouillon de fichiers non enregistrés.

FIGURE B-15 : Panneau Propriétés du document

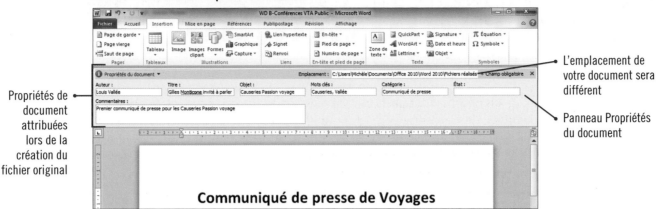

Propriétés de document attribuées lors de la création du fichier original

L'emplacement de votre document sera différent

Panneau Propriétés du document

FIGURE B-16 : Communiqué de presse prêt pour une distribution électronique

Afficher et modifier les propriétés avancées de document

Le panneau Propriétés du document renferme des informations sommaires sur le document que vous saisissez en fonction de vos besoins. Pour afficher des propriétés plus détaillées, dont celles que Word insère à la création du document, cliquez sur le bouton Propriétés du document dans le panneau des propriétés, puis cliquez sur Propriétés avancées pour ouvrir la boite de dialogue Propriétés. Vous pouvez aussi ouvrir cette boite en cliquant sur le bouton Propriétés dans le volet Informations puis en cliquant sur Propriétés avancées. Les onglets Général, Statistiques et Contenu de cette boite présentent des renseignements sur le fichier que Word crée et met à jour automatiquement. L'onglet Général montre le type de fichier, son emplacement, sa taille et les dates de création et de dernière modification. L'onglet Statistiques affiche de l'information sur les révisions apportées au document, ainsi que le nombre de pages, de

mots, de lignes, de paragraphes et de caractères qu'il contient. Quant à l'onglet Contenu, il affiche le titre du document.

Vous pouvez définir d'autres propriétés dans les onglets Résumé et Personnalisation. L'onglet Résumé montre des renseignements semblables à ceux présentés dans le panneau des propriétés du document. L'onglet Personnalisation permet de créer de nouvelles propriétés de document, telles que client, projet ou date d'achèvement. Pour créer une propriété personnalisée, sélectionnez un nom de propriété dans la zone Nom de l'onglet Personnalisation, cliquez sur la flèche de la zone Type pour sélectionner le type de données voulu pour la propriété, tapez l'identifiant (un nom de projet par exemple) dans la zone Valeur puis cliquez sur Ajouter. Lorsque vous avez fini d'examiner ou de modifier les propriétés du document, cliquez sur OK pour fermer la boite de dialogue Propriétés, puis cliquez sur Fermer dans le panneau Propriétés du document.

Mise en pratique

Révision des concepts

Identifiez les éléments de la fenêtre Word (figure B-17).

FIGURE B-17

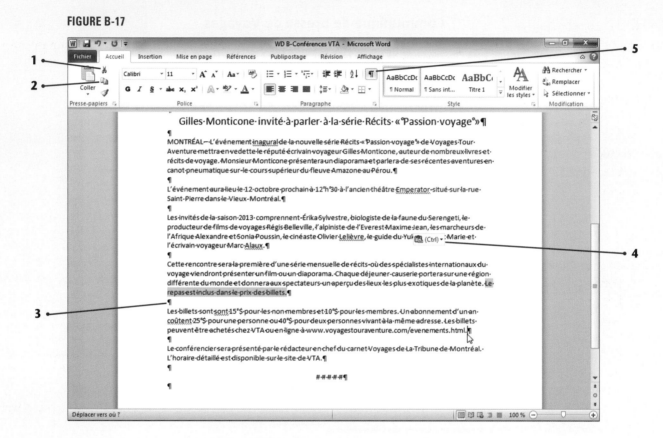

Associez chaque terme à sa description.

6. **Coller**
7. **Raccourci clavier**
8. **Presse-papiers système**
9. **Propriétés du document**
10. **Presse-papiers Office**
11. **Couper**
12. **Dictionnaire des synonymes**
13. **Hyperlien**
14. **Blogue**

a. Commande utilisée pour insérer dans un document du texte stocké dans le Presse-papiers.

b. Zone de stockage temporaire pouvant contenir jusqu'à 24 éléments recueillis dans des fichiers Office.

c. Zone de stockage temporaire pour le dernier élément coupé ou copié dans un document.

d. Touche de fonction ou combinaison de touches qui exécute une commande lorsqu'on appuie dessus.

e. Texte ou graphisme qui amène le lecteur à un emplacement ou dans un programme différent lorsqu'on clique dessus.

f. Chronique informelle mise à la disposition du public sur Internet.

g. Détails définis par l'utilisateur qui décrivent le contenu et l'origine d'un document.

h. Outil qui propose des synonymes de mots.

i. Commande utilisée pour supprimer un texte dans un document et le placer dans le Presse-papiers.

Modifier des documents

Sélectionnez la meilleure réponse à chaque question.

15. Lequel des énoncés suivants est *faux* ?
   a. Vous pouvez visualiser le contenu du Presse-papiers Office.
   b. Le Presse-papiers Office peut stocker plus d'un élément.
   c. Le dernier élément coupé ou copié dans un document est stocké dans le Presse-papiers système.
   d. Quand vous déplacez du texte en le faisant glisser, une copie de ce texte est stockée dans le Presse-papiers système.

16. Quel est le raccourci clavier de la commande Coller ?
   a. [Ctrl][P]   **c.** [Ctrl][V]
   b. [Ctrl][X]   **d.** [Ctrl][C]

17. Quelle commande sert à afficher un document dans deux volets dans la fenêtre de document ?
   a. Fractionner   **c.** Réorganiser tout
   b. Nouvelle fenêtre   **d.** Deux pages

18. Quelle commande utilise-t-on pour trouver et sélectionner toutes les occurrences d'un mot dans un document ?
   a. Chercher   **c.** Surligner
   b. Rechercher   **d.** Remplacer

19. Un hyperlien *ne peut pas* être lié auquel des éléments suivants ?
   a. Info-bulle   **c.** Page web
   b. Document   **d.** Adresse courriel

20. Lequel des éléments suivants est un exemple de propriété d'un document ?
   a. Permission   **c.** Langue
   b. URL   **d.** Mot-clé

Révision des techniques

1. Couper et coller du texte.
   a. Démarrez Word, cliquez sur l'onglet Fichier, et ouvrez le fichier WD B-2.docx de votre dossier Projets.
   b. Enregistrez le document sous le nom **WD B-ESTRIE-ARTS 2011**.
   c. Sélectionnez **Votre nom** et remplacez-le par votre nom.
   d. Si elles ne le sont pas déjà, affichez les marques de paragraphe et autres mises en forme.
   e. Utilisez les boutons Couper et Coller pour intervertir l'ordre des deux phrases du quatrième paragraphe (qui commence par « Des spectacles mettant... »).
   f. Utilisez la méthode du glisser-déplacer pour intervertir l'ordre des deuxième et troisième paragraphes.
   g. S'il y a lieu, ajustez l'espacement de sorte qu'une seule ligne vide sépare les paragraphes, puis enregistrez les changements.

2. Copier et coller du texte.
   a. Utilisez les boutons Copier et Coller pour copier **ESTRIE-ARTS 2011** dans le titre et le coller après le mot **carte** dans le troisième paragraphe.
   b. Changez la mise en forme du texte collé de façon qu'elle corresponde à la mise en forme du paragraphe de destination puis, s'il y a lieu, insérez une espace après **2011**.
   c. Utilisez le glisser-déplacer pour copier **ESTRIE-ARTS** dans le troisième paragraphe et le coller après le mot **atelier** dans la première phrase du cinquième paragraphe, puis enregistrez les changements.

3. Utiliser le Presse-papiers Office.
   a. Utilisez le lanceur du groupe Presse-papiers pour ouvrir le volet Presse-papiers.
   b. Faites défiler le texte pour afficher le premier paragraphe en haut de la fenêtre.
   c. Sélectionnez le cinquième paragraphe (commençant par « Des cartes des emplacements ») et coupez-le dans le Presse-papiers Office.
   d. Sélectionnez le troisième paragraphe (commençant par « Knowlton est facilement... ») et coupez-le.
   e. Utilisez le Presse-papiers Office pour coller l'élément « Des cartes des emplacements.... » en tant que nouveau quatrième paragraphe.
   f. Utilisez le Presse-papiers Office pour coller l'élément « Knowlton est facilement... » en tant que nouveau cinquième paragraphe.
   g. S'il y a lieu, ajuster l'espacement pour qu'il y ait une ligne vierge entre chacun des six paragraphes.
   h. Masquez les marques de mise en forme, videz et fermez le Presse-papiers Office, puis enregistrez les changements.

Révision des techniques (suite)

4. **Rechercher et remplacer du texte.**
   a. Utilisez la commande Remplacer pour remplacer toutes les occurrences de **2011** par **2013**.
   b. Remplacez toutes les occurrences de **dixième** par **douzième**.
   c. Remplacez toutes les occurrences de l'abréviation **ch par chemin**, en veillant à ne remplacer que les mots entiers lors de l'opération. (*Conseil* : S'il y a lieu, désélectionnez Respecter la casse.)
   d. Utilisez la commande Rechercher pour trouver toutes les occurrences de **ch** dans le document et vérifier qu'aucune erreur ne s'est produite lors du remplacement de ch par chemin. (*Conseil* : Décochez la case Mot entier seulement.)
   e. Enregistrez les changements au communiqué de presse.
5. **Vérifier la grammaire et l'orthographe et rechercher de l'information.**
   a. Ouvrez l'onglet Révision.
   b. Amenez le point d'insertion au début du document, puis utilisez la commande Grammaire et orthographe pour trouver et corriger toutes les fautes d'orthographe et de grammaire dans le communiqué. (*Conseil* : Knowlton, Memorial, Masonic et Lakeside ne sont pas mal épelés.)
   c. Utilisez le dictionnaire des synonymes pour remplacer **prospère** dans le deuxième paragraphe par un autre mot pertinent.
   d. Vérifiez les statistiques du communiqué de presse.
   e. Relisez attentivement votre communiqué, corrigez toute erreur, puis enregistrez les changements.
6. **Ajouter des hyperliens.**
   a. Enregistrez le document sous le nom **WD B-ESTRIE-ARTS 2013 Public**, puis ouvrez l'onglet Insertion.
   b. Sélectionnez votre nom, puis ouvrez la boite de dialogue Insérer un lien hypertexte.
   c. Créez un lien à votre adresse courriel avec **ESTRIE-ARTS 2013** comme objet.
   d. Testez cet hyperlien, puis fermez la fenêtre de message. (*Conseil* : Appuyez sur [Ctrl], puis cliquez sur l'hyperlien.)
   e. Sélectionnez **CALQ** dans le dernier paragraphe du communiqué, et créez un lien hypertexte vers l'URL **www.calq.gouv.qc.ca**.
   f. Cliquez du bouton droit sur l'hyperlien du CALQ, puis modifiez son info-bulle à **Informations sur le Conseil des arts et des lettres du Québec**.
   g. Pointez l'hyperlien du CALQ pour afficher la nouvelle info-bulle, puis enregistrez les changements.
   h. Si vous travaillez avec une connexion Internet active, appuyez sur [Ctrl], cliquez sur l'hyperlien CALQ, examinez la page d'accueil du CALQ, puis fermez le navigateur.
7. **Travailler avec les propriétés d'un document.**
   a. Cliquez sur l'onglet Fichier, cliquez sur le bouton Propriétés dans le volet d'aperçu, puis ouvrez le panneau Propriétés du document pour afficher les propriétés du communiqué de presse.
   b. Cliquez sur l'onglet Fichier pour revenir au mode Backstage ouvert à l'onglet Informations, puis utilisez la commande *Vérifier la présence de problèmes* pour exécuter l'Inspecteur de document.
   c. Supprimez les données de propriétés du document, cliquez sur l'onglet Accueil, fermez le panneau Propriétés du document, puis enregistrez les changements. Le communiqué terminé est illustré à la figure B-18.
   d. Enregistrez le document, fermez le fichier et quittez Word.

FIGURE B-18

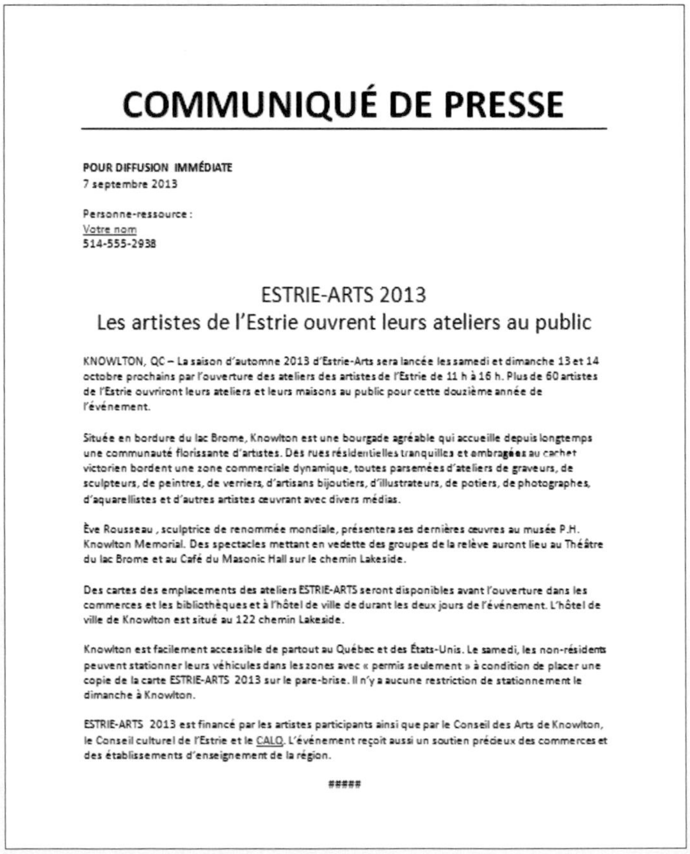

COMMUNIQUÉ DE PRESSE

POUR DIFFUSION IMMÉDIATE
7 septembre 2013

Personne-ressource :
Votre nom
514-555-2938

ESTRIE-ARTS 2013
Les artistes de l'Estrie ouvrent leurs ateliers au public

KNOWLTON, QC – La saison d'automne 2013 d'Estrie-Arts sera lancée les samedi et dimanche 13 et 14 octobre prochains par l'ouverture des ateliers des artistes de l'Estrie de 11 h à 16 h. Plus de 60 artistes de l'Estrie ouvriront leurs ateliers et leurs maisons au public pour cette douzième année de l'événement.

Située en bordure du lac Brome, Knowlton est une bourgade agréable qui accueille depuis longtemps une communauté florissante d'artistes. Des rues résidentielles tranquilles et ombragées au cachet victorien bordent une zone commerciale dynamique, toutes parsemées d'ateliers de graveurs, de sculpteurs, de peintres, de verriers, d'artisans bijoutiers, d'illustrateurs, de potiers, de photographes, d'aquarellistes et d'autres artistes œuvrant avec divers médias.

Ève Rousseau , sculptrice de renommée mondiale, présentera ses dernières œuvres au musée P.H. Knowlton Memorial. Des spectacles mettant en vedette des groupes de la relève auront lieu au Théâtre du lac Brome et au Café du Masonic Hall sur le chemin Lakeside.

Des cartes des emplacements des ateliers ESTRIE-ARTS seront disponibles avant l'ouverture dans les commerces et les bibliothèques et à l'hôtel de ville de durant les deux jours de l'événement. L'hôtel de ville de Knowlton est situé au 122 chemin Lakeside.

Knowlton est facilement accessible de partout au Québec et des États-Unis. Le samedi, les non-résidents peuvent stationner leurs véhicules dans les zones avec « permis seulement » à condition de placer une copie de la carte ESTRIE-ARTS 2013 sur le pare-brise. Il n'y a aucune restriction de stationnement le dimanche à Knowlton.

ESTRIE-ARTS 2013 est financé par les artistes participants ainsi que par le Conseil des Arts de Knowlton, le Conseil culturel de l'Estrie et le CALQ. L'événement reçoit aussi un soutien précieux des commerces et des établissements d'enseignement de la région.

#####

Exercice personnel 1

Grâce au succès que vous avez connu lors de la revitalisation d'un vieux théâtre à Wellington, Nouvelle-Zélande, vous avez été engagé comme directeur du théâtre lyrique français de Canberra en Australie afin de lui donner un nouveau souffle. Vous y êtes depuis un an et vous êtes sur le point de lancer votre première campagne de financement. Vous allez donc créer une lettre à cette fin en modifiant pour le théâtre lyrique français de Canberra une lettre que vous aviez rédigée pour celui de Wellington.

a. Démarrez Word, ouvrez le fichier WD B-3.docx de votre dossier Projets, et enregistrez-le sous le nom **WD B-Levée de fonds Canberra**.

b. Remplacez le nom et l'adresse du théâtre, la date, l'adresse intérieure et la salutation par le texte illustré à la figure B-19.

c. Avec la commande Remplacer, remplacez toutes les occurrences de **Wellington** par **Canberra**.

d. Avec la commande Remplacer, remplacez toutes les occurrences de **civique** par **lyrique**.

FIGURE B-19

Le Théâtre lyrique français de Canberra
284 Constitution Avenue, Canberra ACT 2601, Australie

Le 5 juin 2013

Robert Davies
45 Robinson St.
O'Connor ACT 2602

Monsieur Davies,

e. Avec la commande Remplacer, remplacez toutes les occurrences de **Néo-Zélandais** par **Australiens**.

f. Avec la commande Rechercher, trouvez le mot **considérables**, puis utilisez le Dictionnaire des synonymes pour le remplacer par un synonyme.

g. Déplacez le quatrième paragraphe de sorte qu'il devienne le deuxième paragraphe de la lettre.

h. Créez une correction automatique qui entrera le mot Directeur administratif chaque fois que vous taperez **dia**.

i. Remplacez Votre nom par votre nom dans le bloc de signature, sélectionnez Titre, puis tapez **dia** suivi d'une espace.

j. Utilisez la commande Grammaire et orthographe pour vérifier le document et corriger les fautes d'orthographe et de grammaire.

k. Supprimez la correction automatique que vous avez créée pour « dia ». (*Astuce* : Ouvrez la boite de dialogue Correction automatique, sélectionnez l'entrée que vous avez créée, puis cliquez sur Supprimer.)

Difficultés supplémentaires

- Ouvrez le panneau Informations sur le document, ajoutez votre nom comme auteur, remplacez le titre par **Théâtre lyrique français de Canberra**, ajoutez le mot-clé levée de fonds, puis ajoutez le commentaire **Lettre pour la campagne de financement**.
- Ouvrez la boite de dialogue Propriétés, examinez les propriétés dans l'onglet Résumé, puis examinez le compte de mots, de lignes, de paragraphes et de caractères dans l'onglet Statistiques.
- Dans l'onglet Personnalisation, ajoutez une propriété nommée **Projet** avec la valeur **Campagne de financement**, puis fermez la boite de dialogue et le panneau Informations sur le document.

l. Relisez votre lettre, corrigez toute erreur encore présente, enregistrez les changements, fermez le fichier et quittez Word.

Exercice personnel 2

Vous avez vu dans l'édition de fin de semaine de votre journal local une annonce d'offre d'emplois à Montréal et vous avez décidé de poser votre candidature à l'un des postes. Au lieu de rédiger une nouvelle lettre de présentation, vous révisez le brouillon d'une lettre que vous avez écrite il y a plusieurs années pour un stage d'été.

a. Lisez l'annonce de la figure B-20 et choisissez le poste qui vous intéresse le plus et répond le mieux à vos qualifications.

b. Démarrez Word, ouvrez le fichier WD B-4.docx de votre dossier Projets et enregistrez-le sous le nom **WD B-Lettre de présentation**.

c. Remplacez le nom, l'adresse, le numéro de téléphone et l'adresse courriel inscrits dans l'en-tête de lettre par vos propres coordonnées.

d. Supprimez le lien hypertexte de l'adresse courriel.

e. Remplacez la date par celle du jour, puis remplacez l'adresse intérieure et la salutation par le texte illustré à la figure B-20.

f. Lisez l'ébauche de la lettre pour vous familiariser avec son contenu.

g. Retravaillez le texte de la lettre en fonction de vos qualifications pour le poste que vous avez choisi :

- Supprimez le troisième paragraphe.

- Ajustez la première phrase du premier paragraphe comme suit : indiquez l'emploi auquel vous posez votre candidature, y compris le code du poste, et précisez où vous avez vu l'annonce.

- Déplacez la première phrase du dernier paragraphe, qui décrit brièvement vos qualifications et votre intérêt envers le poste, à la fin du premier paragraphe, puis retravaillez la phrase pour décrire vos qualifications actuelles.

- Ajustez le deuxième paragraphe comme suit : décrivez votre expérience de travail et vos compétences. Veillez à relier votre expérience et vos qualifications aux exigences du poste indiquées dans l'annonce. Si vous avez beaucoup de qualifications, ajoutez un troisième paragraphe, au besoin.

- Ajustez le dernier paragraphe comme suit : demandez poliment une entrevue pour le poste et indiquez votre numéro de téléphone et votre adresse courriel.

h. Incluez votre nom dans le bloc signature.

i. Une fois la lettre entièrement revue, vérifiez l'orthographe et la grammaire et corrigez les fautes. Veillez aussi à supprimer tous les hyperliens.

j. Enregistrez les changements, fermez le document et quittez Word.

FIGURE B-20

Global **Dynamique**

Possibilité de carrière à Montréal

Global Dynamique, une société réputée de conception de logiciels ayant des bureaux en Amérique du Nord, en Europe et en Asie, recherche des candidats aux postes suivants pour son bureau de Montréal :

Formateur
Responsable de la formation de notre base croissarte de clients canadiens. Les tâches comprennent : dispenser des cours pratiques, assurer le suivi des développements et, de concert avec le Directeur de la formation, assurer la haute qualité des matériels de formation. Le candidat idéal démontre d'excellentes aptitudes pour les présentations et maîtrise Microsoft PowerPoint et Microsoft Word. Réf. : B12C6

Assistant(e) administratif(ve)
Maîtrise de Microsoft Word, du courriel et de l'Internet essentielle! Les tâches administratives incluent : préparer les voyages; organiser les réunions et diffuser les procès-verbaux; traiter la correspondance et commander les fournitures de bureau. Le candidat doit pouvoir travailler dans un environnement multitâche, démontrer de bonnes aptitudes de communication, d'organisation et de relations interpersonnelles. Réf. : B16F5

Concepteur-rédacteur
Le candidat idéal a de l'expérience en rédaction publicitaire ou commerciale (spécifications, bulletins, publipostage direct) dans un milieu de haute technologie. Atout : expérience en rédaction et diffusion pour le Web. Maîtrise de Microsoft Word. Réf. : C13U4

Salaire et avantages sociaux concurrentiels, frais de déménagement et possibilités d'avancement

Envoyer c.v. et lettre de présentation incluant code de réf. à :

Thomas Bilek
Directeur du recrutement
Global Dynamique
330 ave. Université
Montréal (Québec) H3R 1R8
Canada

Exercice personnel 3

Vous êtes le directeur de l'éducation aux adultes et vous avez rédigé l'ébauche d'un mémo aux formateurs pour leur demander de vous aider à finaliser l'horaire des cours de la prochaine session. Vous examinez votre brouillon et y apportez des corrections avant de le distribuer par courrier électronique.

   a. Démarrez Word, ouvrez le fichier WD B-5.docx de votre dossier Projets et enregistrez-le sous le nom **WD B-Mémo horaire des cours**.

   b. Remplacez Votre nom par votre nom dans la ligne De, puis faites défiler le document jusqu'à ce que le premier paragraphe du mémo apparaisse en haut de la fenêtre.

Difficultés supplémentaires

- Utilisez la commande Fractionner de l'onglet Affichage pour partager la fenêtre sous le premier paragraphe, puis faites défiler le document jusqu'à ce que le dernier paragraphe du mémo s'affiche dans le panneau inférieur.
- Utilisez les boutons Couper et Coller pour déplacer la phrase **Si vous prévoyez enseigner un...** du premier paragraphe de façon à en faire la première phrase du dernier paragraphe du mémo.
- Double-cliquez sur la barre de fractionnement pour rétablir un seul panneau dans la fenêtre.

   c. Avec la touche [Suppr], fusionnez les deux premiers paragraphes en un seul.

   d. Utilisez le Presse-papiers Office pour réorganiser la liste des 12 cours par ordre alphabétique. Cela fait, videz et fermez le Presse-papiers.

   e. Utilisez le glisser-déplacer pour réorganiser la liste des séminaires d'un jour par ordre alphabétique.

   f. Sélectionnez « site Web » dans le premier paragraphe, et créez un lien hypertexte vers l'URL **www.goulet.ca** et le texte d'info-bulle **Horaire des cours en commerce de l'hiver 2014**.

   g. Sélectionnez « m'envoyer un courriel » dans le dernier paragraphe, puis créez un hyperlien vers votre adresse courriel avec l'objet **Horaire final des cours en commerce**.

   h. Avec la commande Grammaire et orthographe, vérifiez et corrigez toutes les fautes d'orthographe et de grammaire trouvées.

   i. Utilisez l'Inspecteur de document pour vider le mémo de toutes les informations de propriété du document, Ignorez tout autre contenu signalé par l'Inspecteur de document, puis fermez la boîte de dialogue.

   j. Relisez le mémo, corrigez les erreurs s'il y a lieu, enregistrez les changements, fermez le document et quittez Word.

Défi

La réalisation de cet exercice exige une connexion Internet.

Les sources de référence (dictionnaires, dictionnaires analogiques, guides de style et de grammaire et guides de procédures et de déontologie des affaires) sont essentielles dans le monde du travail. Une grande partie de ces références sont disponibles sur le web. Dans cet exercice, vous allez trouver des sources de référence sur le web et en utiliser certaines pour chercher des définitions, des synonymes et des antonymes de certains mots. Votre objectif est de vous familiariser avec les sources de référence en ligne de façon à pouvoir vous en servir ultérieurement dans le cadre de votre travail.

   a. Démarrez Word, ouvrez le fichier WD B-6.docx de votre dossier Projets et enregistrez-le sous le nom **WD B-Références Web**. Ce document contient des questions à propos des sources de référence sur le web. Vous taperez vos réponses directement dans ce document.

   b. Remplacez la ligne « Votre nom » par votre nom, et la ligne Date par la date du jour.

   c. Utilisez votre moteur de recherche préféré pour trouver des guides de style et de grammaire, des dictionnaires et des dictionnaires de synonymes. Utilisez des mots-clés comme **guide de grammaire**, **guide de style**, **dictionnaire**, **glossaire** et **dictionnaire de synonymes** pour effectuer vos recherches.

   d. Remplissez le document Références Web, puis lisez-le attentivement et corrigez les erreurs s'il y a lieu.

   e. Enregistrez le document, fermez le document et quittez Word.

Atelier visuel

Ouvrez le fichier WD B-7.docx de votre dossier Projets, puis enregistrez le document sous le nom **WD BDemande de visa**. Remplacez les paramètres substituables pour la date, l'en-tête de lettre, l'adresse intérieure, la salutation et le bloc de signature par les renseignements illustrés à la figure B-21. Utilisez ensuite le Presse-papiers Office pour réorganiser les phrases de façon qu'elles correspondent à celles de la figure B-21. Corrigez la grammaire et l'orthographe, supprimez les informations de propriété du document, puis enregistrez votre document.

FIGURE B-21

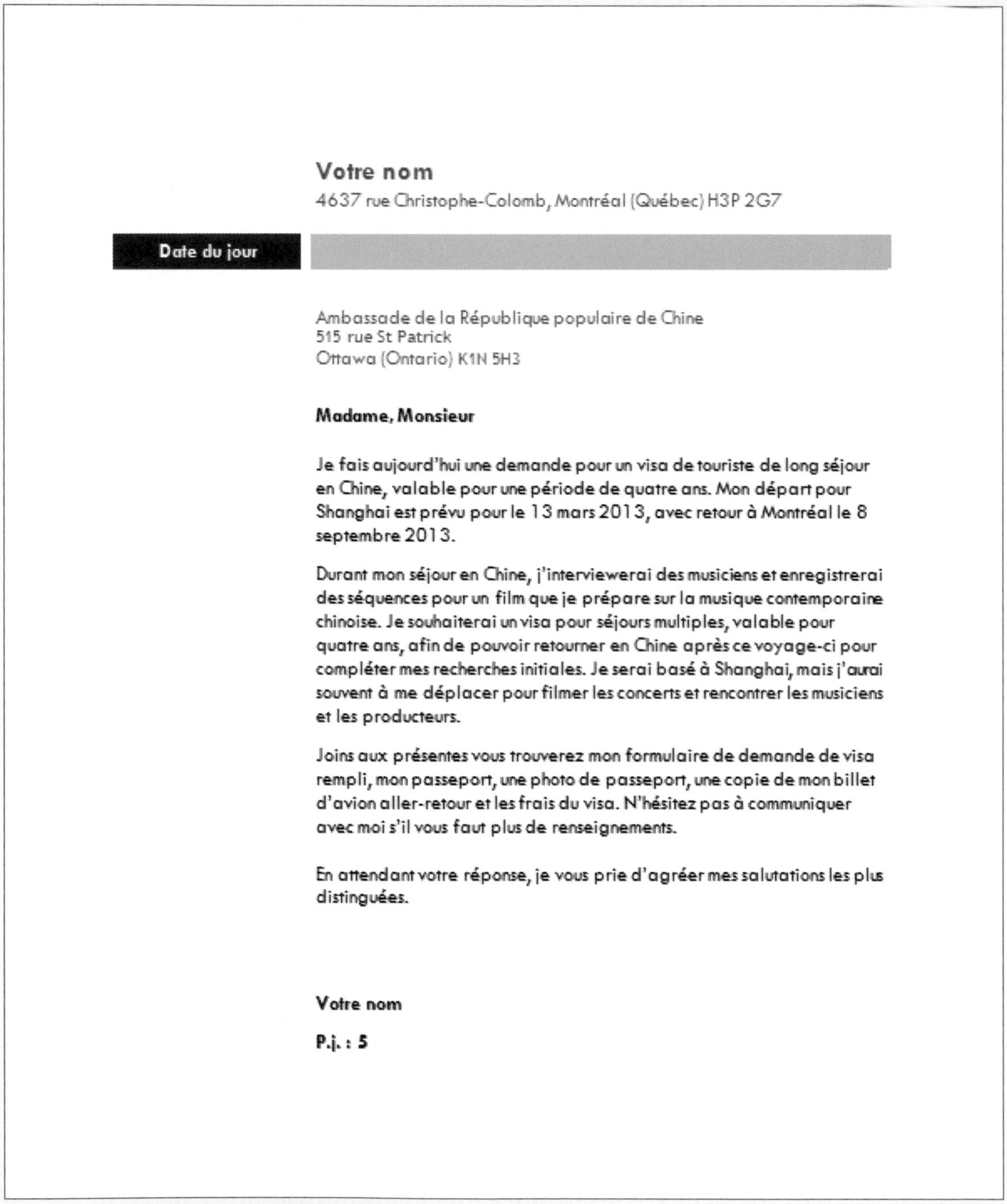

Votre nom

4637 rue Christophe-Colomb, Montréal (Québec) H3P 2G7

Date du jour

Ambassade de la République populaire de Chine
515 rue St Patrick
Ottawa (Ontario) K1N 5H3

Madame, Monsieur

Je fais aujourd'hui une demande pour un visa de touriste de long séjour en Chine, valable pour une période de quatre ans. Mon départ pour Shanghai est prévu pour le 13 mars 2013, avec retour à Montréal le 8 septembre 2013.

Durant mon séjour en Chine, j'interviewerai des musiciens et enregistrerai des séquences pour un film que je prépare sur la musique contemporaine chinoise. Je souhaiterai un visa pour séjours multiples, valable pour quatre ans, afin de pouvoir retourner en Chine après ce voyage-ci pour compléter mes recherches initiales. Je serai basé à Shanghai, mais j'aurai souvent à me déplacer pour filmer les concerts et rencontrer les musiciens et les producteurs.

Joins aux présentes vous trouverez mon formulaire de demande de visa rempli, mon passeport, une photo de passeport, une copie de mon billet d'avion aller-retour et les frais du visa. N'hésitez pas à communiquer avec moi s'il vous faut plus de renseignements.

En attendant votre réponse, je vous prie d'agréer mes salutations les plus distinguées.

Votre nom

P.j. : 5

Formater le texte et les paragraphes

Les mises en forme permettent de rehausser l'apparence et l'impact visuel d'un document et de mieux illustrer sa structure. Elles peuvent aussi établir le ton du document et laisser les lecteurs savoir d'un coup d'œil s'il s'agit d'un document commercial, informel ou amusant. Dans ce module, vous apprenez à formater le texte au moyen de différentes polices et effets de mise en forme des paragraphes, tels des bordures, des ombrages et des puces. Vous y apprenez aussi comment illustrer un document au moyen d'images clipart. Vous avez terminé le brouillon du texte de l'annonce des spéciaux de dernière minute pour les tours du mois d'octobre. Vous devez maintenant mettre le texte en forme afin de le rendre attrayant et de souligner les renseignements importants.

OBJECTIFS

Mettre en forme avec des polices

Copier des formats avec la fonction Reproduire la mise en forme

Modifier l'interligne et l'espacement des paragraphes

Aligner les paragraphes

Travailler avec des tabulations

Travailler avec des retraits

Ajouter des puces et des numéros

Ajouter des bordures et une trame de fond

Insérer une image clipart

Mettre en forme avec des polices

Mettre un texte en forme avec différentes polices est une manière rapide et efficace d'améliorer l'apparence d'un document. Une police est un jeu complet de caractères présentant le même type de dessin. Arial, Times New Roman, Courier, Tahoma et Calibri sont quelques-unes des polices les plus courantes, mais il en existe des centaines d'autres, chacune offrant son dessin et ses caractéristiques propres. Une autre façon de modifier la présentation d'un texte consiste à augmenter ou à diminuer la taille de la police, laquelle se mesure en points. Un **point** vaut environ 0,35 mm ou $1/72^e$ de pouce. Vous modifiez le texte principal, le titre et les sous-titres de votre dépliant à l'aide de polices et de tailles de police qui rehaussent le ton commercial du document et aident les lecteurs à en saisir visuellement la structure.

ÉTAPES

1. **Démarrez Word, ouvrez le fichier WD C-1.docx de votre dossier Projets, puis enregistrez-le sous le nom WD C-Spéciaux de dernière minute.**

   Le nom de la police appliquée au document, Calibri, est affiché dans la zone de liste Police du groupe Police. Le mot «(Corps)», dans la zone de liste, indique que Calibri est la police utilisée pour le corps de texte du thème actuel (le thème par défaut). Un **thème** est un jeu apparenté de polices, de couleurs, de styles et d'effets qui, appliqué à un document entier, lui donne une apparence homogène. La taille de police, 11, est indiquée dans la zone de liste Taille de police du groupe Police.

2. **Parcourez le document pour vous faire une idée de son contenu, appuyez sur [Ctrl][↖], appuyez sur [Ctrl][A] pour sélectionner tout le texte, puis déroulez la zone de liste Polices du groupe Police.**

   La liste Polices, qui montre les polices installées sur votre ordinateur, s'ouvre (figure C-1). Les noms des polices sont mis en forme avec la police correspondante et peuvent apparaitre à plus d'un endroit dans la liste.

3. **Faites glisser le pointeur lentement dans la liste Polices, utilisez le curseur de défilement pour défiler dans la liste Polices, puis cliquez sur Garamond.**

   Faire glisser le pointeur dans la liste des polices affiche un aperçu de l'apparence que prendra le texte si la police en surbrillance est choisie. Un clic sur un nom de police applique cette police. La police Garamond est appliquée au dépliant.

4. **Déroulez la zone Taille de police dans le groupe Police, faites lentement glisser le pointeur vers le haut et le bas dans la zone de liste Taille de police, puis cliquez sur 12.**

   Faire glisser le pointeur sur les tailles de police vous donne un aperçu de l'apparence que prendra le texte si la taille de police en surbrillance est choisie. La taille du texte sélectionné augmente à 12 points.

5. **Sélectionnez le titre Voyages Tour Aventure Spéciaux de dernière minute, déroulez la zone de liste Polices, cliquez sur Trebuchet MS, déroulez la zone Taille de police, cliquez sur 22, puis cliquez sur le bouton Gras [G] dans le groupe Police.**

   La police Trebuchet MS en 22 points gras est appliquée au titre.

6. **Déroulez la liste Couleur de police [A ▾] dans le groupe Police.**

   Une palette de couleurs s'ouvre. Elle comprend l'ensemble des couleurs du thème dans une gamme de teintes et de tons, ainsi qu'un jeu de couleurs standard. Vous pouvez pointer une couleur dans la palette pour voir un aperçu de son effet sur le texte sélectionné.

7. **Cliquez sur Violet, Accentuation4, plus sombre 25 % (figure C-2), puis désélectionnez le texte.**

   Le texte du titre prend la couleur violet. La couleur active affichée sur le bouton Couleur de police devient aussi violette.

8. **Sélectionnez le titre Safari au Rajasthan, puis, dans la mini boite d'outils, déroulez la zone de liste Polices, cliquez sur Trebuchet MS, déroulez la zone de liste Taille de police, cliquez sur 14, cliquez sur [A], cliquez sur [G], puis désélectionnez le texte.**

   La police Trébuchet MS gras de 14 points et de couleur violette est appliquée au titre. Notez qu'avec les boutons de la mini barre d'outils, vous ne pouvez pas prévisualiser l'effet des options de mise en forme dans le document.

9. **Appuyez sur [Ctrl][↖], puis cliquez sur Enregistrer [💾] dans la barre d'outils Accès rapide.**

   Comparez votre document à celui de la figure C-3.

Formater le texte et les paragraphes

FIGURE C-1 : Liste des polices

Polices du thème par défaut

Votre liste de polices utilisées récemment sera différente

Liste alphabétique de toutes les polices présentes sur votre ordinateur (la vôtre peut différer)

Flèche de liste Police

Flèche de liste Taille de police

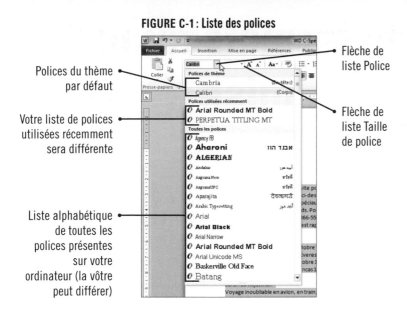

FIGURE C-2 : Palette de couleurs de police

Flèche de liste Couleur de police

Le nom de la couleur s'affiche dans une info-bulle

Cliquez ici pour créer une couleur personnalisée

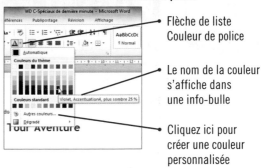

FIGURE C-3 : Document mis en forme avec des polices

Titre mis en forme avec Trebuchet MS, en 22 points, gras, violet

Corps du texte mis en forme avec Garamond 12 points

Titre mis en forme avec Trebuchet MS en 14 points, gras, violet

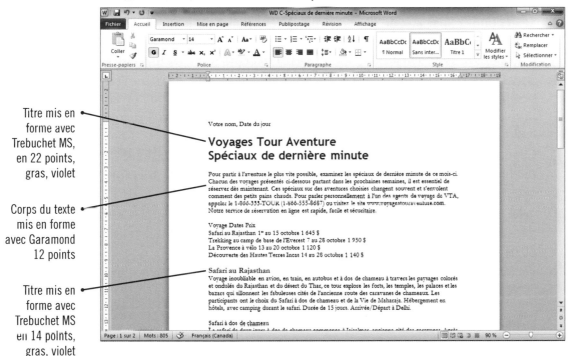

Ajouter une lettrine

Une façon amusante d'orner un document consiste à ajouter une lettrine dans un paragraphe. Une **lettrine** est une grande lettre capitale qu'on utilise souvent pour démarquer le premier paragraphe d'un article. Pour créer une lettrine, placez le point d'insertion dans le paragraphe visé, ouvrez l'onglet Insertion et cliquez sur le bouton Lettrine du groupe Texte pour ouvrir un menu d'options de lettrine. Prévisualisez et sélectionnez une option dans ce menu, ou cliquez sur Options de lettrine pour ouvrir la boite de dialogue Lettrine (figure C-4). Dans cette boite de dialogue, sélectionnez la position, la police, la hauteur du caractère en nombre de lignes et la distance entre la lettrine et le texte du paragraphe, puis cliquez sur OK. La lettrine est ajoutée dans le paragraphe comme objet graphique.

Une fois la lettrine insérée dans le paragraphe, vous pouvez la modifier en changeant ses paramètres dans la boite de dialogue Lettrine. Vous pouvez produire des effets encore plus inté- ressants au moyen de couleurs, de styles ou d'effets de police. Vous pouvez aussi remplir l'objet graphique ou l'entourer d'une bordure. Pour ce faire, sélectionnez la lettrine, puis jouez avec les options de mise en forme des boites de dialogue Police et Bordure et trame.

FIGURE C-4 : Boite de dialogue Lettrine

Copier des formats avec Reproduire la mise en forme

Vous pouvez modifier radicalement l'apparence d'un texte en lui appliquant un autre style de police et en modifiant les attributs ou l'espacement des caractères. Vous pouvez ainsi utiliser les boutons du groupe Police pour épaissir le texte en lui appliquant du **gras** ou pour l'incliner avec le style *italique*. Une fois satisfait de la mise en forme d'un texte, vous pouvez appliquer rapidement les mêmes formats à d'autres textes à l'aide de la fonction **Reproduire la mise en forme**, un outil puissant de Word qui permet de copier tous les attributs de mise en forme du texte sélectionné à un autre texte que vous voulez formater de la même manière. ▓▓▓▓ Vous agrémentez votre texte en lui appliquant différents styles de polices et d'effets.

ÉTAPES

1. **Sélectionnez il est essentiel de réserver dès maintenant dans le premier paragraphe, cliquez sur Gras** G **dans la mini barre d'outils, sélectionnez le paragraphe entier, puis cliquez sur Italique** I **dans la mini barre d'outils.**

   Le texte sélectionné est mis en gras et tout le paragraphe est désormais en italique.

2. **Sélectionnez Spéciaux de dernière minute et cliquez sur le lanceur** ▣ **du groupe Police.**

   La boite de dialogue Police (figure C-5) apparait. Les options de l'onglet Police, style et attributs modifient la police, le style, la taille et la couleur des caractères et appliquent un soulignement et divers effets au texte.

3. **Dans la liste Taille, cliquez sur 48; dans la liste Couleur de police, cliquez sur Vert olive, Accentuation3, plus sombre 25 % dans les couleurs du thème, puis cliquez sur le bouton Effets de texte.**

   La boite de dialogue Effets de mise en forme d'un texte s'ouvre. Vous l'utilisez pour appliquer des effets au texte tels que des ombres, des contours et des réflexions.

4. **Cliquez sur Ombre, cliquez sur la flèche de liste Présélections, cliquez sur Décalage diagonal vers le bas à droite dans la section Externe, cliquez sur Fermer, puis sur OK.**

   Le texte est maintenant plus gros et de couleur verte et a un effet d'ombre.

5. **Sélectionnez Spéciaux de dernière minute, cliquez avec le bouton droit, cliquez sur Police dans le menu, ouvrez l'onglet Paramètres avancés, déroulez la liste Échelle, cliquez sur 80%, cliquez sur OK et désélectionnez le texte.**

   L'onglet Espacement des caractères de la boite de dialogue Police permet de modifier l'échelle (largeur) des caractères sélectionnés, de modifier l'espacement entre les caractères et d'élever ou d'abaisser leur position. Diminuer l'échelle des caractères les rend plus étroits et donne au texte une allure allongée et plus fine (figure C-6).

6. **Défilez vers le bas, sélectionnez Safari à dos de chameau puis, dans la mini barre d'outils, déroulez la liste Polices, cliquez sur Trebuchet MS, cliquez sur** G **, cliquez sur** I **, déroulez la liste Couleur de police** A ▾ **, cliquez sur Vert olive, Accentuation3, plus sombre 25 % dans les couleurs du thème, puis désélectionnez le texte.**

   Le sous-titre est maintenant en Trebuchet MS, en gras, en italique et en vert olive.

7. **Sélectionnez Safari à dos de chameau et cliquez sur Reproduire la mise en forme** 🖌 **dans le groupe Presse-papiers.**

   Le pointeur prend la forme 🖌I.

8. **Défilez vers le bas, sélectionnez Vie de Maharaja avec le pointeur** 🖌I**, puis désélectionnez le texte.**

   Le sous-titre est à son tour mis en forme avec la police Trebuchet MS, en gras, en italique et en vert olive (figure C-7).

9. **Défilez vers le haut, sélectionnez Safari au Rajasthan, puis double-cliquez sur** 🖌**.**

   Un double-clic sur le bouton Reproduire la mise en forme garde la commande active jusqu'à ce que vous la désactiviez. Tant que la fonction est active, vous pouvez appliquer la mise en forme à de nombreux éléments.

10. **Défilez vers le bas, sélectionnez Trekking au camp de base de l'Everest, La Provence à vélo et Découverte des Hautes Terres Incas avec le pointeur** 🖌I**, cliquez sur** 🖌 **pour désactiver la fonction Reproduire la mise en forme, puis enregistrez les changements.**

    Les titres sont mis en forme en Trebuchet MS 14 points, en gras et en violet.

Formater le texte et les paragraphes

FIGURE C-5 : Onglet Police, style et attributs de la boite de dialogue Police

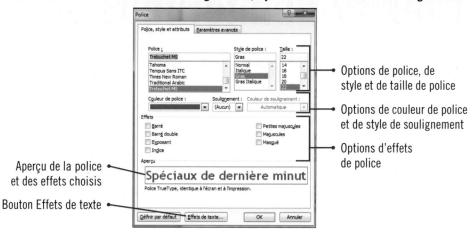

Options de police, de style et de taille de police

Options de couleur de police et de style de soulignement

Options d'effets de police

Aperçu de la police et des effets choisis

Bouton Effets de texte

FIGURE C-6 : Effets de police et d'espacement de caractère appliqués au texte

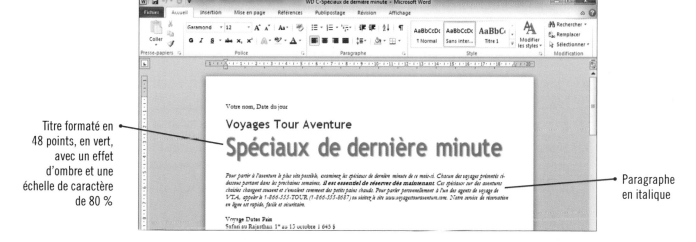

Titre formaté en 48 points, en vert, avec un effet d'ombre et une échelle de caractère de 80 %

Paragraphe en italique

FIGURE C-7 : Formats copiés et appliqués avec la fonction Reproduire la mise en forme

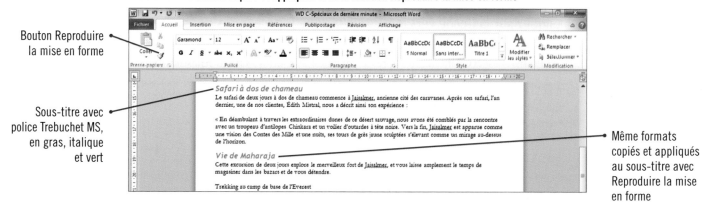

Bouton Reproduire la mise en forme

Sous-titre avec police Trebuchet MS, en gras, italique et vert

Même formats copiés et appliqués au sous-titre avec Reproduire la mise en forme

Souligner du texte

Une autre façon d'attirer l'attention sur un texte et d'animer un document consiste à appliquer un style de soulignement aux mots que vous voulez mettre en valeur. La flèche de liste du bouton Souligné du groupe Police affiche des soulignements droits, pointillés, ondulés et mixtes, ainsi qu'une palette de couleurs. Pour souligner un texte, il suffit de le sélectionner, de dérouler la liste du bouton Souligné et d'y choisir le style de soulignement voulu.

Pour afficher plus de styles de soulignés, cliquez sur Autres soulignements dans la liste, puis sélectionnez le style voulu dans la boite de dialogue Police. Pour changer la couleur du soulignement, sélectionnez le texte souligné, déroulez la liste du bouton Souligné, pointez Couleur de soulignement, puis choisissez la couleur voulue dans la palette. Pour supprimer un soulignement, sélectionnez le texte souligné, puis cliquez sur le bouton Souligné.

Formater le texte et les paragraphes

Word C-5

Modifier l'interligne et l'espacement des paragraphes

On peut faciliter la lecture d'un document en augmentant l'espacement (la quantité de blancs) entre les lignes. L'ajout d'espace avant et après les paragraphes peut aussi «aérer» un document et en améliorer l'apparence. Pour changer rapidement l'interligne, vous utilisez la flèche de liste Interligne et espacement de paragraphe du groupe Paragraphe de l'onglet Accueil. Pour modifier l'espacement entre les paragraphes, vous utilisez les options de la fonction Espacement du groupe Paragraphe de l'onglet Mise en page. L'interligne et l'espacement entre les paragraphes se mesurent en points. ████████ Vous augmentez l'interligne de plusieurs paragraphes et ajoutez de l'espace sous chaque titre afin de donner un aspect plus dégagé au dépliant. Vous travaillez avec les repères de mise en forme activés, de façon à pouvoir voir les marques de paragraphe (¶).

ÉTAPES

1. **Appuyez sur [Ctrl][↖], cliquez sur Afficher tout ¶ dans le groupe Paragraphe, placez le point d'insertion dans le paragraphe en italique suivant le titre, et déroulez la liste du bouton Interligne ‡≡▾ dans le groupe Paragraphe de l'onglet Accueil.**

   La liste des interlignes s'ouvre. Elle propose des options permettant d'augmenter l'espace entre les lignes. La case à cocher affichée dans cette liste signale l'interligne en vigueur.

   ASTUCE

   Word identifie toute chaine de texte se terminant par une marque de para-graphe comme un paragraphe, y compris les titres, les en-têtes et les lignes uniques dans une liste.

2. **Cliquez sur 1,15.**

   L'espace entre les lignes du paragraphe augmente à 1,15 ligne. Notez qu'il est inutile de sélectionner un paragraphe entier pour en modifier la mise en forme : il suffit de placer le point d'insertion dans le paragraphe concerné.

3. **Sélectionnez la liste de cinq lignes commençant par Voyage Dates Prix, cliquez sur ‡≡▾, puis sur 1,5.**

   L'interligne des paragraphes sélectionnés passe à 1,5. Pour changer les caractéristiques de mise en forme de plusieurs paragraphes, vous devez sélectionner ces paragraphes.

   ASTUCE

   Vous pouvez aussi taper un nombre dans les zones de texte Espace avant et Espace après.

4. **Défilez vers le bas, placez le point d'insertion dans le titre Safari au Rajasthan, puis cliquez sur l'onglet Mise en page.**

   Les réglages de l'espacement entre les paragraphes pour le paragraphe actif sont indiqués dans les zones de texte Espace avant et Espace après du groupe Paragraphe de l'onglet Mise en page.

5. **Cliquez sur la flèche vers le haut de la zone Espace après dans la section Espacement du groupe Paragraphe pour voir 6 pt.**

   Six points d'espace sont ajoutés après le paragraphe de titre Safari au Rajasthan.

   PROBLÈME

   Si votre touche [F4] ne fonctionne pas, utilisez la flèche vers le haut de la zone Espace après pour appliquer un espace-ment de 6 pts aux titres énumérés aux étapes 6 et 7, puis passez à l'étape 8.

6. **Amenez le point d'insertion dans le titre Trekking au camp de base de l'Everest et appuyez sur [F4].**

   La touche de fonction [F4] permet de répéter la dernière commande exécutée. Dans ce cas, elle ajoute six points d'espace après le titre Trekking au camp de base de l'Everest. Notez que [F4] n'a pas la même fonction que la commande Reproduire la mise en forme. Elle répète seulement la dernière action exécutée. Vous pouvez utiliser Reproduire la mise en forme en tout temps pour appliquer de nombreuses mises en forme.

7. **Défilez vers le bas, sélectionnez La Provence à vélo, maintenez [Ctrl] enfoncée, sélectionnez Découvertes des Hautes Terres Incas, relâchez [Ctrl] et appuyez sur [F4].**

   Quand vous appuyez sur [Ctrl] lors de la sélection d'éléments, vous pouvez sélectionner et mettre en forme plusieurs éléments en même temps. Six points d'espace sont ajoutés sous chaque titre.

   ASTUCE

   Le réglage de l'espacement entre les paragraphes est une façon plus pré-cise d'ajouter des blancs à un docu-ment que l'insertion de lignes vides.

8. **Appuyez sur [Ctrl][↖], placez le point d'insertion dans Spéciaux de dernière minute, cliquez sur la flèche vers le haut de la zone Espace avant dans la section Espacement du groupe Paragraphe de façon à afficher 12 pt.**

   Un espace de 12 points est ajouté avant la deuxième ligne du titre. Comparez votre document à celui de la figure C-8.

9. **Cliquez sur l'onglet Accueil, cliquez sur ¶, puis enregistrez les changements.**

FIGURE C-8 : Interligne et espacement entre paragraphes appliqués au document

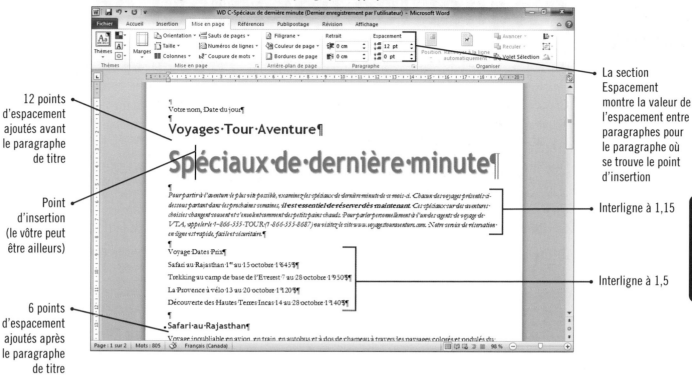

12 points d'espacement ajoutés avant le paragraphe de titre

Point d'insertion (le vôtre peut être ailleurs)

6 points d'espacement ajoutés après le paragraphe de titre

La section Espacement montre la valeur de l'espacement entre paragraphes pour le paragraphe où se trouve le point d'insertion

Interligne à 1,15

Interligne à 1,5

Mettre un texte en forme avec les Styles rapides

Vous pouvez aussi appliquer d'un coup de nombreux réglages de mise en forme à un texte à l'aide d'un style. Un **style** est un ensemble de formats, tels polices, tailles de police et alignements de paragraphes, qui sont regroupés et nommés. L'emploi de styles dans un document est un moyen facile et rapide de lui donner un aspect professionnel. Pour simplifier la tâche encore plus, Word offre des jeux de styles attrayants, appelés **Styles rapides**, conçus pour être utilisés conjointement dans un document. Un jeu de styles rapides renferme des styles pour plusieurs niveaux de titres, corps du texte, citations et listes. Ces styles utilisent des polices, couleurs et mises en formes communes qui contribuent à donner une apparence homogène à un document.

Pour voir le jeu de Styles rapides en vigueur, cliquez sur le bouton Autres ⊽ dans le groupe Style de l'onglet Accueil pour étendre la galerie Styles rapides (figure C-9). Quand vous pointez un des styles proposés, un aperçu de ce style est appliqué au texte sélectionné. Pour réellement appliquer un style au texte sélectionné, il suffit de cliquer sur le bouton de ce style dans la galerie Styles rapides. Pour supprimer un style du texte sélectionné, il faut cliquer sur Effacer la mise en forme 🗚 dans le groupe Police ou dans la galerie Styles rapides.

Si vous désirez remplacer le jeu de styles rapides actif par un jeu de conception différente, cliquez sur le bouton Modifier les styles dans le groupe Style, pointez Jeu de styles, puis sélectionnez le jeu de styles rapides (tel Élégant, Traditionnel, Moderne, Soigné, Formel)

qui convient le mieux au contenu, au ton et au public de votre document. Quand vous modifiez un jeu de styles rapides, un ensemble complet de nouvelles polices et couleurs est appliqué à tout le document. Vous pouvez aussi modifier la couleur de thème ou la police utilisée dans le jeu de styles rapides. Pour ce faire, cliquez sur Modifier les styles, pointez Couleurs ou Polices, puis faites votre choix parmi les jeux de couleurs ou de polices proposés.

FIGURE C-9 : Galerie Styles rapides

AaBbCcDc	AaBbCcDc	AaBbC(	AaBbCc
¶ Normal	¶ Sans int...	Titre 1	Titre 2
AaB	AaBbCc.	AaBbCcDc	AaBbCcDc
Titre	Sous-titre	Emphase ...	Accentuat...
AaBbCcDc	AaBbCcDc	AaBbCcD(	AaBbCcDc
Emphase i...	Élevé	Citation	Citation i...
AaBbCcDc	AaBbCcDc	AaBbCcDc	AaBbCcDc
Référence...	Référence...	Titre du liv...	¶ Paragra...

🗚 Enregistrer la sélection en tant que nouveau style rapide...

🗚 Effacer la mise en forme

🗚 Appliquer les styles...

Aligner les paragraphes

Modifier l'alignement des paragraphes est un autre moyen d'améliorer un document. Les paragraphes sont alignés par rapport aux marges gauche et droite du document. Par défaut, le texte est **aligné à gauche**; autrement dit, l'extrémité gauche de chaque ligne est parallèle à la marge gauche, la droite variant selon la longueur des mots. Les boutons d'alignement du groupe Paragraphe permettent d'autres alignements de paragraphes: **aligner le texte à droite** aligne l'extrémité droite de chaque ligne parallèlement à la marge droite, la gauche variant; **centrer** place le bout de chaque ligne à égale distance des deux marges; et justifier aligne les deux extrémités du paragraphe parallèlement aux marges gauche et droite. ▨▨▨ Vous changez l'alignement de plusieurs paragraphes au début du dépliant pour en rehausser l'aspect visuel.

ÉTAPES

1. **Remplacez** Votre nom **et** Date du jour **par votre nom, une virgule et la date.**

2. **Sélectionnez votre nom, la virgule et la date, puis cliquez sur** Aligner le texte à droite ≣ **dans le groupe Paragraphe.**

   Le texte est aligné sur la marge droite. En mode Page, la jonction des sections blanche et ombrée de la règle horizontale indique l'emplacement des marges de gauche et de droite.

3. **Placez le point d'insertion entre votre nom et la virgule, appuyez sur** [Suppr] **pour effacer la virgule, puis appuyez sur** [Entrée].

   Le nouveau paragraphe contenant la date est aussi aligné à droite. Appuyer sur [Entrée] au milieu d'un paragraphe crée un nouveau paragraphe avec les mêmes mises en forme que le paragraphe d'origine.

4. **Sélectionnez les deux lignes du titre et cliquez sur** Centrer ≣ **dans le groupe Paragraphe.**

   Les deux paragraphes de titre sont centrés entre les marges gauche et droite.

5. **Déroulez le document au besoin, placez le point d'insertion dans le titre** Safari au Rajasthan, **puis cliquez sur** ≣.

   Le titre Safari au Rajasthan est centré.

6. **Placez le point d'insertion dans le paragraphe en italique sous le titre et cliquez sur** Justifier ≣ **dans le groupe Paragraphe.**

   Le paragraphe est aligné à la fois sur les marges gauche et droite (figure C-10). Quand vous justifiez un paragraphe, Word ajuste l'espacement entre les mots de façon que les extrémités de chaque ligne suivent les marges.

7. **Placez le point d'insertion dans** Safari au Rajasthan **et cliquez sur le lanceur** 🔲 **du groupe Paragraphe.**

   La boite de dialogue Paragraphe s'ouvre (figure C-11). L'onglet Retrait et espacement montre les réglages de mise en forme du paragraphe qui contient le point d'insertion. Vous pouvez vérifier ou changer ces réglages dans cette boite de dialogue.

8. **Déroulez la liste** Alignement, **cliquez sur** Gauche **puis sur** OK, **et enregistrez les changements.**

   Le titre Safari au Rajasthan est aligné à gauche.

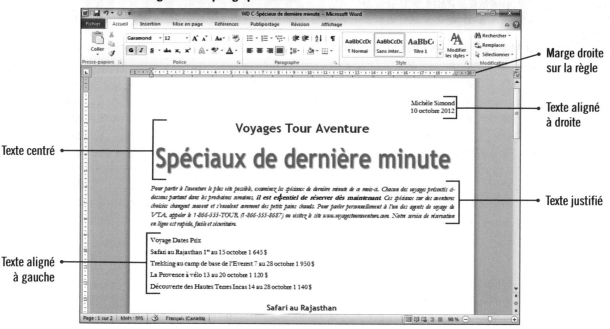

FIGURE C-10 : **Alignement du paragraphe modifié**

Texte centré

Texte aligné à gauche

Marge droite sur la règle

Texte aligné à droite

Texte justifié

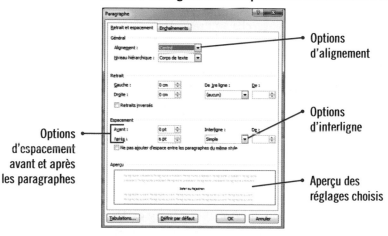

FIGURE C-11 : **Onglet Retrait et espacement dans la boite de dialogue Paragraphe**

Options d'alignement

Options d'interligne

Options d'espacement avant et après les paragraphes

Aperçu des réglages choisis

Mettre un document en forme à l'aide de thèmes

Changer le thème d'un document est une autre façon efficace d'en modeler l'aspect et la convivialité, surtout s'il a été mis en forme à l'aide d'un jeu de styles rapides. Tous les documents créés dans Word sont formatés par défaut avec le thème Office, qui utilise la police Calibri pour le corps de texte. Vous pouvez néanmoins changer le thème en tout temps pour l'adapter au contenu, au ton et au but du document. Quand vous changez le thème d'un document, un jeu complet de nouvelles couleurs, polices et effets de thème est appliqué à tout ce document.

Pour prévisualiser l'aspect de divers thèmes sur le document actif, cliquez sur le bouton Thèmes du groupe Thèmes de l'onglet Mise en page, puis déplacez le pointeur sur chacun des thèmes de la galerie et observez les changements. Lorsque vous cliquez sur le thème voulu, tout le contenu du document qui utilise des couleurs de thème, tout le texte mis en forme avec un style, y compris le corps de texte par défaut, et tous les styles de tableau et effets graphiques

prennent les couleurs, polices et effets du nouveau thème. De plus, la palette de couleurs affiche le jeu de couleurs du thème, et le jeu de styles rapide se transforme en fonction des couleurs et polices du nouveau thème. Notez que changer de thème n'affecte pas la mise en forme du texte auquel des formats de police ont déjà été appliqués, pas plus que les couleurs standards ou personnalisées utilisées dans le document.

Si vous désirez peaufiner encore plus le design du document, vous pouvez le modifier en lui appliquant un jeu de couleurs thématiques différent, d'autres polices de titre et de corps de texte ou des effets graphiques. Pour cela, cliquez simplement sur le bouton Couleurs du thème, Polices du thème ou Effets du thème dans le groupe Thèmes, déplacez le pointeur sur chaque option de la palette pour en afficher l'aperçu dans le document, puis cliquez sur l'option que vous préférez.

Travailler avec des tabulations

Les tabulations permettent d'aligner du texte à un endroit précis d'un document. Un **taquet de tabulation** est un repère sur la règle horizontale qui indique l'emplacement où aligner le texte. Par défaut, les taquets de tabulation sont définis tous les 1,27 cm (½") à partir de la marge gauche, mais vous pouvez aussi définir des taquets personnels. Les tabulations permettent d'aligner le texte à gauche, à droite ou au centre d'un taquet. Vous pouvez aussi aligner le texte sur une virgule décimale ou insérer un trait vertical. Le tableau C-1 décrit les différents types de tabulations. Vous définissez la position des taquets sur la règle horizontale ou à l'aide de la boite de dialogue Tabulations. **≋≋≋≋** Vous formatez le résumé des spéciaux de dernière minute avec des tabulations pour en faciliter la lecture.

ÉTAPES

1. **Déroulez le document au besoin, puis sélectionnez la liste de cinq lignes débutant par Voyage Dates Prix.**

   Avant de définir des taquets de tabulation, vous devez sélectionner les paragraphes où vous voulez placer des tabulations.

2. **Pointez l'indicateur de tabulation ⌊L⌋ à l'extrémité gauche de la règle horizontale.**

   L'icône figurant dans l'indicateur de tabulation identifie le type actif de tabulation; pointer l'indicateur de tabulation affiche une info-bulle donnant le nom de ce type. Par défaut, le type est Tabulation gauche. Cliquer sur l'indicateur de tabulation fait défiler un par un les différents types de tabulation et de retrait offerts.

   > **ASTUCE**
   > Pour supprimer un taquet de tabulation, faites-le glisser hors de la règle.

3. **Cliquez sur l'indicateur de tabulation pour voir chacun des types offerts, revenez au type Tabulation gauche, cliquez sur le repère 2 de la règle horizontale, puis sur le repère 9,5.**

   Des taquets de tabulation gauche sont insérés aux positions 2 cm et 9,5 cm sur la règle horizontale. Cliquer sur la règle horizontale définit un taquet de tabulation du type actif dans le ou les paragraphes sélectionnés.

4. **Cliquez deux fois sur l'indicateur de tabulation pour activer l'icône Tabulation droite ⌐⌐⌐, puis cliquez sur le repère 15 dans la règle.**

   Un taquet de tabulation droite est inséré à la position 15 cm de la règle horizontale (figure C-12).

5. **Placez le point d'insertion avant Voyage dans la première ligne de la liste, appuyez sur [Tab], placez le point d'insertion avant Dates, appuyez sur [Tab], placez le point d'insertion avant Prix, puis appuyez sur [Tab].**

   L'insertion d'une tabulation avant le mot « Voyage » aligne la gauche du texte sur le taquet 2 cm; la tabulation avant « Dates » aligne la gauche de ce texte à la position 9,5 cm et la tabulation devant « Prix » aligne ce mot à droite sous le taquet 15 cm.

6. **Insérez une tabulation au début de chaque autre ligne de la liste.**

   Les paragraphes s'alignent sous la position 2 cm de la règle horizontale.

   > **ASTUCE**
   > Pour voir les tabulations d'un paragraphe dans la règle horizontale, placez le point d'insertion dans ce paragraphe.

7. **Insérez une tabulation devant chacune des dates dans la liste, puis une autre avant chaque prix.**

   Les dates sont alignées à gauche au taquet 9,5 cm et les prix s'alignent à droite sous le taquet 15 cm.

8. **Sélectionnez les cinq lignes de la liste, faites glisser le taquet de tabulation droite jusqu'à la position 15,5 de la règle horizontale, puis désélectionnez le texte.**

   Faire glisser le taquet de tabulation le place à un nouvel emplacement. Les prix sont à présent tous alignés à droite sur le taquet 15,5 cm.

   > **ASTUCE**
   > Double-cliquez sur un taquet dans la règle pour ouvrir la boite de dialogue Tabulations.

9. **Sélectionnez les quatre dernières lignes de la liste, cliquez sur le lanceur ▣ du groupe Paragraphe, puis cliquez sur Tabulations au bas de la boite de dialogue Paragraphe.**

   La boite de dialogue Tabulations s'ouvre (figure C-13). Elle permet de définir ou de supprimer des taquets de tabulation et de changer la position ou l'alignement des taquets existants. Elle permet aussi d'appliquer des points de suite aux taquets, à savoir des pointillés qui mènent au texte aligné sur une tabulation.

10. **Cliquez sur 9,5 cm dans la zone Position, cliquez sur le bouton d'option 2 dans la section Points de suite, cliquez sur Définir, cliquez sur 15,5 cm dans la zone Position, cliquez sur option 2 dans la section Points de suite, cliquez sur Définir, cliquez sur OK, désélectionnez le texte et enregistrez les changements.**

    Une ligne de points de suite est ajoutée avant chacun des taquets aux positions 9,5 cm et 15,5 cm dans les quatre dernières lignes de la liste (figure C-14).

Formater le texte et les paragraphes

FIGURE C-12 : Taquets de tabulation gauche et droite sur la règle horizontale

Taquets de tabulation gauche

Icône de tabulation droite dans l'indicateur de tabulation

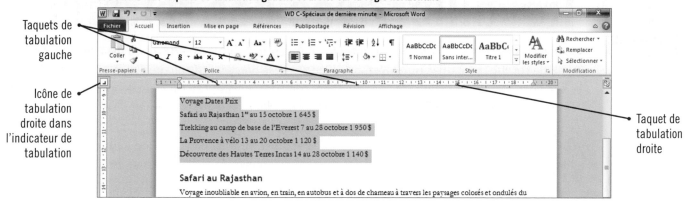

Taquet de tabulation droite

FIGURE C-13 : Boite de dialogue Tabulations

Sélectionnez le taquet de tabulation à modifier

Options Points de suite

Applique les réglages au taquet sélectionné

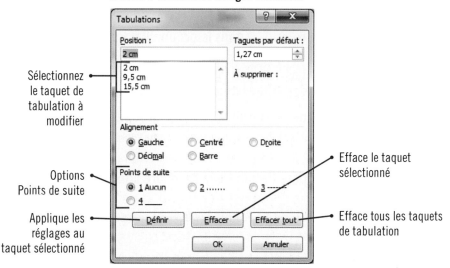

Efface le taquet sélectionné

Efface tous les taquets de tabulation

FIGURE C-14 : Points de suite

Points de suite

Texte tabulé aligné à gauche sur le taquet de tabulation gauche

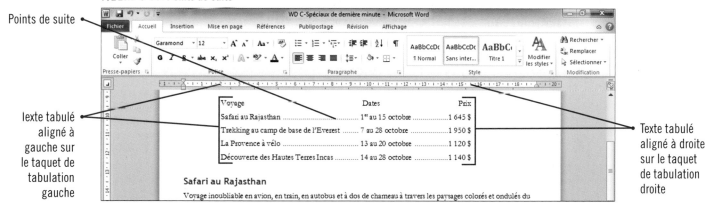

Texte tabulé aligné à droite sur le taquet de tabulation droite

TABLEAU C-1 : Types de tabulation

Tabulation	Utiliser pour
⌊ Gauche	Définir la position de départ du texte de façon que le texte défile vers la droite du taquet lors de la frappe.
⊥ Centrée	Définir la position d'alignement central du texte de sorte qu'il reste centré sur le taquet lors de la frappe.
⌋ Droite	Définir l'extrémité droite du texte de façon qu'il défile vers la gauche du taquet lors de la frappe.
⊥ Décimale	Définir la position de la virgule décimale de sorte que les nombres s'alignent de part et d'autre de la virgule lors de la frappe.
⎪ Barre	Insérer une barre verticale à la position du taquet de tabulation.

Word 2010

Travailler avec des retraits

Quand vous mettez un paragraphe en **retrait**, vous déplacez sa bordure droite ou gauche par rapport à la marge correspondante. Vous pouvez mettre en retrait le bord gauche ou droit d'un paragraphe entier, sa première ligne seulement ou toutes les lignes sauf la première. Les **repères de retrait** sur la règle horizontale indiquent les valeurs de retrait pour le paragraphe où se trouve le point d'insertion. Une façon de modifier le retrait d'un paragraphe consiste à faire glisser les repères de retrait sur la règle. Modifier les réglages de retrait dans le groupe Paragraphe de l'onglet Mise en page est une deuxième méthode et utiliser les boutons de retrait du groupe Paragraphe de l'onglet Accueil en est une troisième. Le tableau C-2 décrit différents types de retraits et les manières de les créer. Vous mettez plusieurs paragraphes du dépliant en retrait.

ÉTAPES

ASTUCE

Appuyez sur [Tab] au début d'un paragraphe pour mettre la première ligne en retrait de 1,27 cm.

1. **Appuyez sur [Ctrl][↖], placez le point d'insertion dans le paragraphe en italique et cliquez sur Augmenter le retrait ▦ dans le groupe Paragraphe de l'onglet Accueil.**

   Le paragraphe entier est mis en retrait à 1,27 cm de la marge gauche (figure C-15). Le repère de retrait se déplace aussi à la position 1,27 sur la règle horizontale. Chaque fois que vous cliquez sur Augmenter le retrait, le bord gauche du paragraphe est décalé d'un autre 1,27 cm vers la droite.

2. **Cliquez sur Diminuer le retrait ▦ dans le groupe Paragraphe.**

   Le bord gauche du paragraphe se déplace de 1,27 cm vers la gauche et le repère de retrait revient à la marge gauche.

PROBLÈME

Prenez garde de glisser seulement le repère de retrait de première ligne. En cas d'erreur, cliquez sur Annuler ↺ et recommencez.

3. **Faites glisser le repère Retrait de la première ligne ▽ à la position 2 cm sur la règle horizontale.**

   La figure C-16 montre le repère de première ligne pendant le glissement. La première ligne du paragraphe est mise en retrait de 2 cm. Cette opération ne met en retrait que la première ligne d'un paragraphe.

4. **Déroulez le texte jusqu'au bas de la page 1, placez le point d'insertion dans la citation, ouvrez l'onglet Mise en page, cliquez dans la zone Retrait à gauche dans le groupe Paragraphe, tapez 1,25, cliquez dans la zone Retrait à droite, tapez 1,25 et appuyez sur [Entrée].**

   Les bords gauche et droite du paragraphe sont mis en retrait à 1,25 cm des marges (figure C-17).

5. **Appuyez sur [Ctrl][↖], placez le point d'insertion dans le paragraphe en italique, puis cliquez sur le lanceur ▣ du groupe Paragraphe.**

   La boîte de dialogue Paragraphe s'ouvre. L'onglet Retrait et espacement permet de vérifier ou changer les valeurs d'alignement, de retrait, d'espacement entre paragraphes et d'interligne appliqués à un paragraphe.

6. **Déroulez la liste De 1ʳᵉ ligne, cliquez sur (Aucun), cliquez sur OK et enregistrez les changements.**

   Le retrait de première ligne est supprimé du paragraphe.

Effacer la mise en forme

Si vous n'aimez pas la mise en forme d'un texte, vous pouvez utiliser la commande Effacer la mise en forme pour rétablir les réglages par défaut. Ceux-ci comprennent les mises en forme de police et de paragraphe : texte en Calibri 11 points et paragraphes alignés à gauche, avec un interligne de 1,15 points, 10 points d'espacement après et aucun retrait. Pour effacer la mise en forme d'un texte et rétablir le format par défaut, sélectionnez le texte visé puis cliquez sur le bouton Effacer la mise en forme du groupe Police de l'onglet Accueil. Si vous préférez rétablir la police par défaut et effacer toutes les mises en forme de paragraphe, soit mettre le texte en Calibri 11 points, aligné à gauche, avec un interligne simple, sans espacement de paragraphe ou retraits, sélectionnez le texte puis cliquez simplement sur le bouton Sans interligne du groupe Styles de l'onglet Accueil.

FIGURE C-15 : Paragraphe en retrait

Repère Retrait
de la première ligne

Repère
Retrait négatif

Repère Retrait
à gauche

Paragraphe
mis en retrait

Bouton Augmenter
le retrait

Bouton Diminuer
le retrait

Repère Retrait
à droite

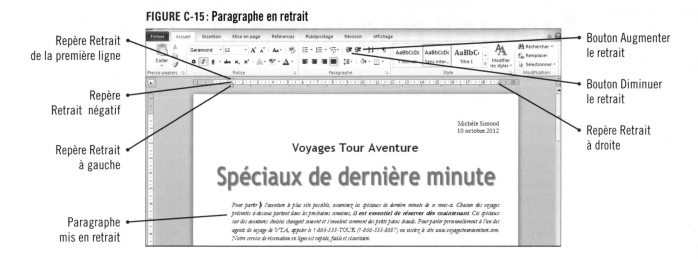

FIGURE C-16 : Glissement du repère Retrait de la première ligne

Repère
Retrait de la
première ligne
en cours de
glissement

La ligne pointillée
montre la position
du retrait de la
première ligne

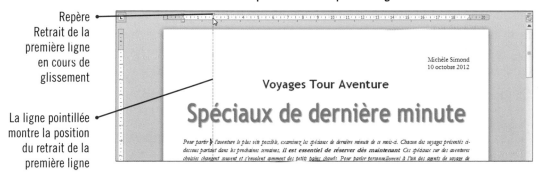

FIGURE C-17 : Paragraphe mis en retrait à gauche et à droite

Paragraphe
mis en retrait
à 1,25 cm de
la marge gauche

Paragraphe
mis en retrait
à 1,25 cm de
la marge droite

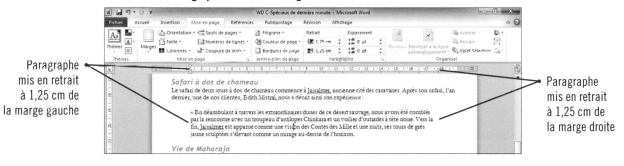

TABLEAU C-2 : Types de retrait

Description du retrait	Pour créer
Gauche : Le bord gauche d'un paragraphe est décalé vers l'intérieur de la marge gauche	Faire glisser vers la droite le repère Retrait à gauche ▭ sur la règle jusqu'à la position où aligner le bord gauche du paragraphe.
Droite : Le bord droit d'un paragraphe est décalé vers l'intérieur de la marge de droite	Faire glisser vers la gauche le repère Retrait à droite △ sur la règle jusqu'à la position où aligner le bord droit du paragraphe.
De 1ʳᵉ ligne : La première ligne d'un paragraphe est mise en retrait par rapport aux lignes suivantes	Faire glisser vers la droite le repère Retrait de la première ligne ▽ sur la règle jusqu'à la position où commence la première ligne du paragraphe; ou activer le marqueur Retrait de la première ligne ▽ dans l'indicateur de tabulation, puis cliquer dans la règle sur la position où commence la première ligne du paragraphe.
Négatif de 1ʳᵉ ligne : Les lignes suivant la première ligne d'un paragraphe sont mises en retrait mais pas la première	Faire glisser vers la droite le repère Retrait négatif △ sur la règle jusqu'à la position où le retrait négatif de première ligne doit commencer; ou activer le marqueur Retrait négatif △ dans l'indicateur de tabulation, puis cliquer dans la règle à la position où commencent la deuxième ligne du paragraphe et les suivantes.
Retrait négatif (ou Extérieur) : Le bord gauche d'un paragraphe est déplacé à la gauche de la marge gauche	Faire glisser vers la gauche le repère Retrait à gauche ▭ sur la règle jusqu'à la position où le retrait négatif doit commencer.

Formater le texte et les paragraphes

Ajouter des puces et des numéros

Mettre une liste en forme avec des puces ou des numéros peut aider à organiser les idées d'un document. Une **puce** est un caractère, souvent un petit cercle, placé devant les éléments d'une liste pour accentuer l'énumération. L'ajout de numéros à une liste illustre l'ordre et la priorité des éléments. Vous pouvez rapidement réaliser cette mise en forme à l'aide des boutons Puces et Numérotation du groupe Paragraphe de l'onglet Accueil. Vous mettez en forme les listes de votre dépliant avec des numéros et des puces.

ÉTAPES

ASTUCE

Pour changer le style, la police, le format et l'alignement des numéros dans une liste, cliquez du bouton droit sur la liste, pointez Numérotation, puis cliquez sur Définir un nouveau format de numérotation.

1. **Affichez le titre Trekking au camp de base de l'Everest en haut de l'écran.**

2. **Sélectionnez les trois lignes de séjours supplémentaires, ouvrez l'onglet Accueil, puis déroulez la liste du bouton Numérotation ⊞▾ dans le groupe Paragraphe.**

   La Bibliothèque de numérotations s'ouvre (figure C-18). Cette liste permet de choisir ou de modifier le style de numérotation appliqué à une liste. Vous pouvez faire glisser le pointeur sur les styles proposés pour afficher un aperçu de l'apparence que prendra le texte si le style choisi est appliqué.

3. **Cliquez sur le style de numérotation indiqué dans la figure C-18.**

   Les paragraphes sont formatés sous forme de liste numérotée.

ASTUCE

Pour supprimer une puce ou un numéro, sélectionnez le(s) paragraphe(s), puis cliquez sur ⊞ ou ⊞..

4. **Placez le point d'insertion après Pokhara — Vallée des lacs, appuyez sur [Entrée] et tapez Temples de Janakpur.**

   Appuyer sur [Entrée] au milieu de la liste numérotée crée un nouveau paragraphe numéroté et renumérote automatiquement le reste de la liste. De même, si vous supprimez un paragraphe d'une liste numérotée, Word renumérote automatiquement les paragraphes restants.

5. **Cliquez sur 1 dans la liste.**

   Un clic sur un numéro dans une liste sélectionne tous les numéros (figure C-19).

6. **Cliquez sur G dans le groupe Police.**

   Les numéros sont tous mis en gras. Observez que la mise en forme des éléments de la liste ne change pas quand vous modifiez la mise en forme des numéros. Vous pouvez utiliser cette même technique pour modifier le format des puces d'une liste à puces.

ASTUCE

Pour utiliser un symbole ou une image comme puce, cliquez sur Définir une puce dans la liste des puces, puis faites un choix parmi les options de la boîte de dialogue Définir une nouvelle puce.

7. **Sélectionnez la liste d'éléments sous « Les participants de dernière minute au Trekking...», puis cliquez sur le bouton Puces ⊞ dans le groupe Paragraphe.**

   Les quatre paragraphes sont mis en forme de liste à puces, avec le dernier style de puces utilisé.

8. **Cliquez sur une puce dans la liste pour sélectionner toutes les puces, déroulez la liste Puces ⊞▾ dans le groupe Paragraphe, cliquez sur le style coche, cliquez dans le document pour désélectionner le texte, puis enregistrez les changements.**

   La puce prend la forme d'une coche (figure C-20).

Créer des listes multiniveaux

Vous pouvez hiérarchises vos listes en leur appliquant un style multiniveaux. Pour créer une liste à plusieurs niveaux, aussi appelée plan, appliquez d'abord un style multiniveaux à l'aide de la liste du bouton **Liste à plusieurs niveaux** ⊞▾ du groupe Paragraphe de l'onglet Accueil. Tapez ensuite votre plan, en appuyant sur [Entrée] après chaque élément. Pour rétrograder un élément à un niveau inférieur dans le plan, placez le point d'insertion dans l'élément et cliquez sur Augmenter le retrait ⊞ dans le groupe Paragraphe de l'onglet Accueil. Chaque fois que vous mettez un paragraphe en retrait, l'élément est rétrogradé à un niveau inférieur dans le plan. Quant au bouton Diminuer le retrait ⊞, il permet de promouvoir un élément à un niveau supérieur dans le plan. Vous pouvez aussi créer une structure hiérarchique dans n'importe quelle liste numérotée ou à puces en utilisant ⊞ et ⊞ pour changer le niveau des éléments. Pour changer le style à plusieurs niveaux appliqué à une liste, sélectionnez la liste, cliquez sur ⊞▾, puis sélectionnez un nouveau style.

FIGURE C-18 : Bibliothèque de numérotations

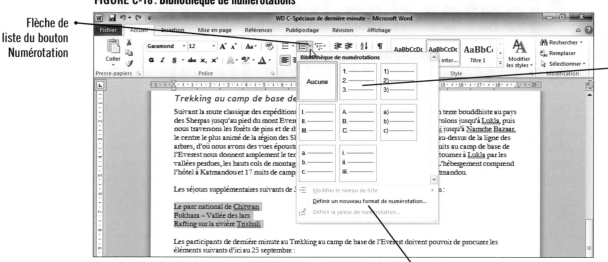

Flèche de liste du bouton Numérotation

Choisissez ce style de numérotation

Cliquez pour changer le style, le format, et l'alignement des nombres dans une lisle

FIGURE C-19 : Liste numérotée

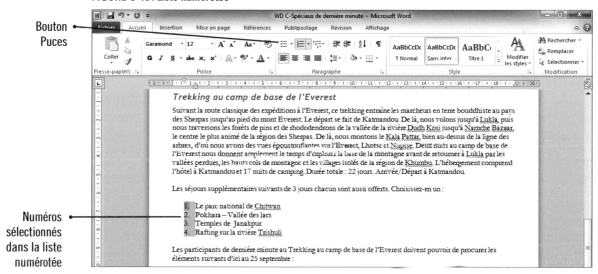

Bouton Puces

Numéros sélectionnés dans la liste numérotée

FIGURE C-20 : Puces en forme de coche appliquées à la liste

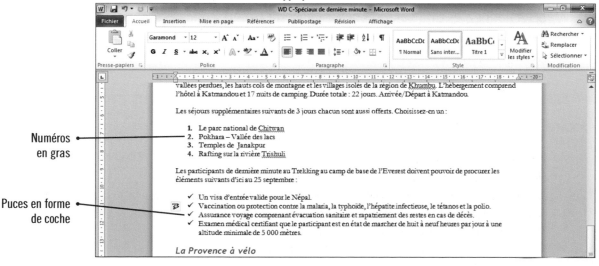

Numéros en gras

Puces en forme de coche

Formater le texte et les paragraphes

Word 2010

Ajouter des bordures et une trame de fond

Des bordures et une trame de fond ajoutent de la couleur et du piquant à un document. Les **bordures** sont des lignes que l'on ajoute aux côtés ou autour d'un paragraphe ou d'un texte. Vous pouvez leur appliquer différents styles de trait, de couleurs et de largeurs. Une **trame de fond** est une couleur ou un motif appliqué derrière un texte ou un paragraphe pour le faire ressortir sur la page. Vous ajoutez ces éléments à l'aide des boutons Bordures et Trame de fond du groupe Paragraphe de l'onglet Accueil. ▇▇▇▇ Vous améliorez la liste des spéciaux de dernière minute en lui ajoutant une trame, ainsi qu'une bordure qui démarquera cette liste du reste du dépliant.

ÉTAPES

1. **Appuyez sur [Ctrl][↖], puis défilez jusqu'à ce que le texte tabulé soit au haut de l'écran.**

2. **Sélectionnez les cinq paragraphes de texte tabulé, déroulez la liste du bouton Trame de fond ▨▾ du groupe Paragraphe de l'onglet Accueil, cliquez sur Violet, Accentuation4, plus clair 60 %, puis désélectionnez le texte.**

   Une trame de fond violet clair est appliquée aux cinq paragraphes. Observez que la trame est appliquée à la largeur complète des paragraphes, sans égard aux réglages des tabulations.

3. **Sélectionnez les cinq paragraphes, faites glisser le repère Retrait à gauche ▢ à la position 1,5 de la règle horizontale, faites glisser le repère Retrait à droite △ à la position 16, puis désélectionnez le texte.**

   La trame des paragraphes est mise en retrait à gauche et à droite ce qui la rend plus attrayante (figure C-21).

4. **Sélectionnez les cinq paragraphes, déroulez la liste du bouton Bordure inférieure ⊞▾ dans le groupe Paragraphe, cliquez sur Bordures extérieures, puis désélectionnez le texte.**

   Une bordure extérieure noire est ajoutée autour du texte sélectionné. Le style de bordure ajouté est le dernier style utilisé, dans ce cas un mince trait noir.

5. **Sélectionnez les cinq paragraphes, déroulez la liste Bordures extérieures ⊞▾, cliquez sur Aucune bordure, déroulez la liste Aucune bordure ⊞▾, puis cliquez sur Bordure et trame.**

   La boite de dialogue Bordure et trame s'ouvre (figure C-22). L'onglet Bordures sert à changer le style de bordure, sa couleur et sa largeur, et permet aussi d'ajouter des encadrés et des traits à des mots ou paragraphes.

6. **Cliquez sur Encadrement dans la section Type, défilez dans la liste Style, cliquez sur le style ligne double, déroulez la liste Couleur, cliquez sur Violet, Accentuation4, plus sombre 25 %, déroulez la liste Largeur, cliquez sur 1½ pt, cliquez sur OK, puis désélectionnez le texte.**

   Une ligne double de 1½ point de couleur violet foncé est ajoutée autour du texte tabulé.

7. **Sélectionnez les cinq paragraphes, cliquez sur Gras G dans le groupe Police, déroulez Couleur de police A▾, cliquez sur Violet, Accentuation4, plus sombre 25 %, puis désélectionnez le texte.**

   Le texte prend la couleur violet foncé en gras.

8. **Sélectionnez la première ligne du texte tabulé, cliquez sur le lanceur ▣ du groupe Police, s'il y a lieu ouvrez l'onglet Police, style et attributs, cliquez sur 14 dans la liste Taille, déroulez la liste Couleur de police, cliquez sur Vert olive, Accentuation3, plus sombre 50 %, cochez la case Petites majuscules dans la section Effets, cliquez sur OK, désélectionnez le texte et enregistrez le document.**

   Le texte de la première ligne est agrandi et transformé en petites majuscules vert olive (figure C-23). Quand vous appliquez des petites majuscules au texte, les minuscules sont transformées en majuscules de plus petite taille.

FIGURE C-21 : Trame de fond appliquée au texte tabulé

Les repères de retrait montrent la largeur des paragraphes contenant la trame

Trame appliquée aux paragraphes

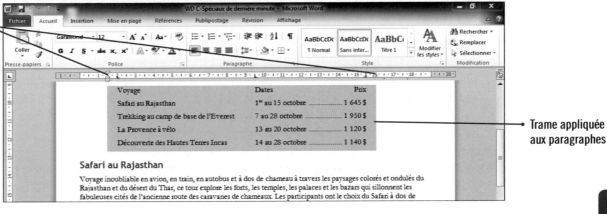

FIGURE C-22 : Onglet Bordures de la boite de dialogue Bordure et trame

Sélectionnez les formats de bordure avant de les appliquer dans la zone Aperçu

Aperçu des réglages de bordure

Cliquez sur les boutons ou sur les bords de l'aperçu pour appliquer des bordures

Appliquez les réglages à un paragraphe ou au texte sélectionné

Cliquez pour changer l'emplacement de la bordure par rapport au texte

Choisissez un style de trait

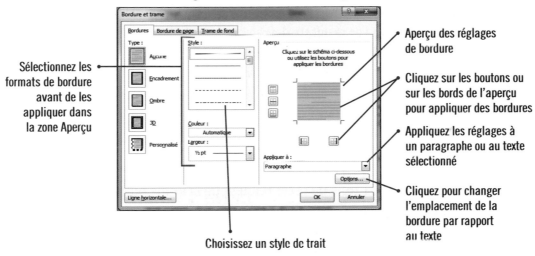

FIGURE C-23 : Bordures, trame de fond et polices appliquées au document

Texte mis en forme en vert olive et petites majuscules

Encadré à ligne double, violet et de 1½ point

Texte mis en forme en violet gras

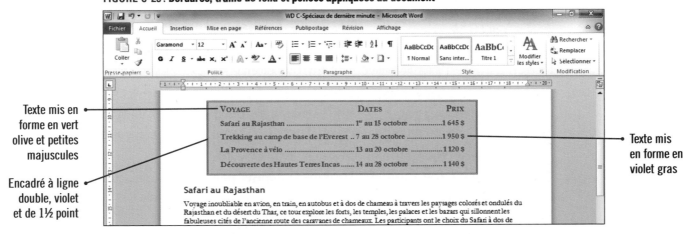

Surligner un texte dans un document

L'outil Surlignage est utile pour marquer et repérer du texte important dans un document. Le surlignage est une couleur transparente appliquée au texte à l'aide du pointeur de surlignage ✍. Pour surligner un texte, déroulez la liste du bouton Couleur de surbrillance du texte 🖊 ▾ dans le groupe Police de l'onglet Accueil, choisissez une couleur et utilisez le I du pointeur pour sélectionner le texte. Cliquez sur 🖊 pour désactiver le pointeur. Pour enlever un surlignage, sélectionnez le texte visé, cliquez sur 🖊 ▾, puis sur Aucune couleur. Le surlignage s'imprime mais est surtout efficace pour l'affichage.

Insérer une image clipart

Les images **clipart** sont des collections de graphismes que vous pouvez insérer dans un document. Elles sont stockées dans la **Bibliothèque multimédia**, qui est un répertoire des **clips** — fichiers média tels graphismes, photographies, sons, films et animations — intégrés à Word. Vous pouvez ajouter un clip à un document à l'aide de la commande Images clipart de l'onglet Insertion. Après avoir inséré une image clipart, vous pouvez habiller le texte autour d'elle, la redimensionner, l'améliorer et la déplacer ailleurs dans le document. Vous illustrez la deuxième page du dépliant avec une image clipart.

ÉTAPES

ASTUCE

La réalisation de cet exercice exige une connexion Internet active.

1. **Défilez jusqu'à ce que la page 2 soit au sommet de la fenêtre, placez le point d'insertion avant Trekking au camp de base de l'Everest, ouvrez l'onglet Insertion, cliquez sur Images clipart dans le groupe Illustrations.**

   Le volet de tâches Images clipart s'ouvre. Vous pouvez y rechercher des clips liés à un mot-clé.

2. **Au besoin, sélectionnez le texte dans la zone Rechercher, tapez Himalayas, déroulez la liste Rechercher dans, assurez-vous que la case Inclure le contenu Office.com est cochée, déroulez la liste Les résultats devraient être, vérifiez que la case Tous types de clips multimédias est cochée, puis cliquez sur OK.**

   Les clips qui renferment le mot-clé « Himalayas » s'affichent dans le volet Images clipart (figure C-24).

PROBLÈME

Sélectionnez un autre clip si vous ne trouvez pas celui de la figure C-24. Vous pouvez aussi effectuer votre recherche avec le mot-clé « montagnes » ou « cimes ».

3. **Pointez le clip indiqué dans la figure C-24, cliquez sur la flèche de liste affichée à côté du clip, cliquez sur Insérer dans le menu, puis fermez le volet Images clipart.**

   Le clip est inséré à la position du point d'insertion. Quand une image est sélectionnée, l'onglet Format des Outils Image devient l'onglet actif. Cet onglet renferme les commandes servant à ajuster, organiser et dimensionner les images. Les cercles blancs qui apparaissent tout autour de l'image sont les **poignées de dimensionnement**.

4. **Tapez 7,8 dans la zone de texte Hauteur de la forme du groupe Taille de l'onglet Format des Outils Image, puis appuyez sur [Entrée].**

   La photo est rétrécie. Observez que lorsque vous avez rétréci la photo, sa largeur a diminué proportionnellement. Vous pouvez aussi redimensionner une image en conservant ses proportions en faisant glisser une poignée de dimensionnement. Maintenant que l'image est plus petite, vous pouvez voir qu'elle a été insérée à la position du point d'insertion. Tant que le clip n'est pas « habillé », il est une image incorporée qui fait partie de la ligne de texte où elle a été insérée. Pour déplacer une image indépendamment du texte, vous devez en faire une **image flottante**.

ASTUCE

Pour positionner un graphisme à l'aide de mesures précises, cliquez sur le bouton Position, cliquez sur Autres options de disposition, puis ajustez les réglages dans l'onglet Position de la boîte de dialogue Disposition.

5. **Cliquez sur le bouton Position du groupe Organiser, puis cliquez sur Au milieu au centre avec habillage du texte carré.**

   La photo est déplacée au centre de la page et le texte s'enroule autour d'elle. L'application d'un habillage de texte à l'image l'a convertie en image flottante, c'est-à-dire un graphisme que vous pouvez déplacer n'importe où sur une page.

6. **Placez le pointeur sur l'image. Quand il prend la forme ⌖, faites glisser l'image vers le haut et à gauche de façon que son sommet s'aligne avec le haut du paragraphe suivant le titre Trekking au camp de base de l'Everest (figure C-25), puis relâchez le bouton de la souris.**

   L'image est déplacée vers le coin supérieur gauche de la page.

7. **Cliquez sur le bouton Position du groupe Organiser puis sur En haut à droite avec habillage du texte carré.**

   L'image est déplacée dans le coin supérieur droit de la page.

PROBLÈME

Si votre document contient plus de deux pages, réduisez la taille de l'image clipart en faisant glisser la poignée de dimensionnement du coin inférieur gauche vers le haut et la droite.

8. **Cliquez sur le bouton Effets des images du groupe Styles d'images, pointez Réflexion, pointez chacun des styles de réflexion pour en voir l'effet sur l'image, puis cliquez sur Réflexion rapprochée, contact.**

   Un effet de réflexion est appliqué à l'image.

9. **Cliquez sur l'onglet Affichage, puis sur le bouton Deux pages.**

   Le document terminé est illustré à la figure C-26.

10. **Enregistrez les changements, puis fermez le document et quittez Word.**

FIGURE C-24 : Volet de tâches Images clipart

Tapez le mot-clé
de recherche

Sélectionnez afin
d'inclure des
contenus de
Office.com

Sélectionnez ce clip

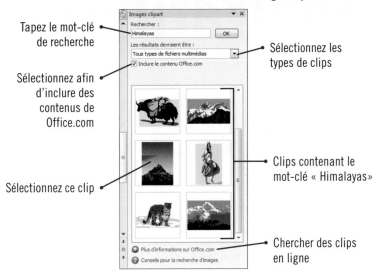

Sélectionnez les
types de clips

Clips contenant le
mot-clé « Himalayas»

Chercher des clips
en ligne

FIGURE C-25 : Image en cours de déplacement

L'image estompée
montre le graphisme
pendant qu'il est glissé;
positionnez l'image tel
qu'illustré ici

Déplacez
le pointeur

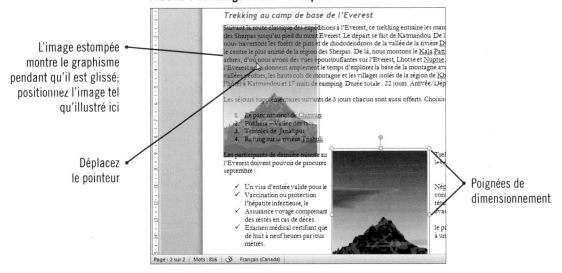

Poignées de
dimensionnement

FIGURE C-26 : Document terminé

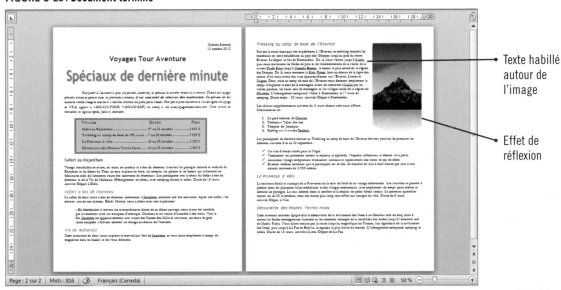

Texte habillé
autour de
l'image

Effet de
réflexion

Formater le texte et les paragraphes

Mise en pratique

Révision des concepts

Identifiez chaque élément de la fenêtre Word (figure C-27).

FIGURE C-27

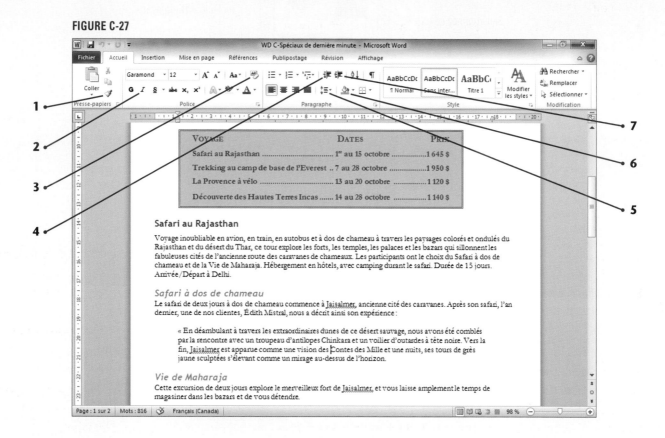

Associez chaque terme à sa description.

8. **Image incorporée**

9. **Trame de fond**

10. **Point**

11. **Style**

12. **Image flottante**

13. **Surligner**

14. **Puce**

15. **Bordure**

a. Couleur transparente appliquée à un texte pour le marquer dans un document.

b. Unité de mesure valant 0,35 mm ou $1/72^e$ de pouce.

c. Image dont le texte a été « habillé ».

d. Caractère placé au début d'une liste afin de l'accentuer.

e. Trait qui peut être appliqué au-dessus, dessous ou sur les côtés d'un paragraphe.

f. Couleur ou motif appliqué comme arrière-plan à un texte pour le rendre plus attrayant.

g. Jeu de réglages de mise en forme.

h. Image qui fait partie de la ligne de texte où elle a été insérée.

Sélectionnez la meilleure réponse à chaque question.

16. **Que désigne Calibri ?**
    - **a.** Un attribut de caractère
    - **b.** Un style
    - **c.** Une police
    - **d.** Un effet de texte

17. **Avec quel type de retrait les lignes suivantes d'un paragraphe sont-elles plus en retrait que la première ligne ?**
    - **a.** Retrait à droite
    - **b.** Retrait de première ligne
    - **c.** Retrait négatif
    - **d.** Retrait négatif de première ligne

18. **Quelle est la méthode la plus précise pour augmenter l'espace entre deux paragraphes ?**
    - **a.** Mettre les paragraphes en retrait.
    - **b.** Modifier la taille de la police.
    - **c.** Augmenter l'espace avant le paragraphe pour le deuxième paragraphe.
    - **d.** Changer l'interligne des paragraphes.

19. **Quel bouton utilise-t-on pour aligner un paragraphe sur la marge gauche et la marge droite ?**
    - **a.** ▤
    - **b.** ▤
    - **c.** ▤
    - **d.** ▤

20. **Quelle boite de dialogue sert à changer l'échelle des caractères ?**
    - **a.** Tabulations
    - **b.** Police
    - **c.** Paragraphe
    - **d.** Bordures et trame

Révision des techniques

1. **Mettre en forme avec des polices.**
   - **a.** Démarrez Word, ouvrez le fichier WD C-2.docx de votre dossier Projets, enregistrez-le sous le nom **WD C-Rapport Val-Robert**, puis parcourez le document pour vous faire une idée de son contenu.
   - **b.** Appuyez sur [Ctrl][A], puis appliquez la police Californian FB 12 points au texte. Choisissez une autre police à empattement si vous ne disposez pas de Californian FB.
   - **c.** Appuyez sur [Ctrl][↖] et mettez le titre **Ville de Val-Robert** en Berlin Sans FB Demi 28 points. Choisissez une autre police sans empattement si vous ne disposez pas de Berlin Sans FB Demi.
   - **d.** Changez la couleur du titre en Rouge, Accentuation2.
   - **e.** Mettez le sous-titre **Rapport du Conseil du développement économique Résumé analytique** en Berlin Sans FB Demi 16 points, puis appuyez sur [Entrée] avant Résumé analytique.
   - **f.** Mettez l'en-tête **Mandat** en Berlin Sans FB Demi, 14 pt et appliquez-lui la couleur Rouge, Accentuation2
   - **g.** Appuyez sur [Ctrl][↖], et enregistrez les changements.

2. **Copier des formats avec Reproduire la mise en forme.**
   - **a.** Utilisez l'outil Reproduire la mise en forme pour copier le format du titre Mandat sur les titres suivants : **Principes directeurs, Problèmes, Actions proposées**.
   - **b.** Affichez les repères de mise en forme, puis appliquez de l'italique au paragraphe situé sous le titre Mandat.
   - **c.** Dans la section Problèmes, appliquez à **Année Croissance** (la première ligne des statistiques) la couleur Rouge, Accentuation2, plus sombre 50 % et les attributs Gras et Petites majuscules.
   - **d.** Mettez aussi en Rouge, Accentuation2, plus sombre 50 % les deux lignes de texte suivantes.
   - **e.** Mettez en italique le texte **Source : Bureau de la statistique** et enregistrez les changements.

3. **Changer l'interligne et l'espacement des paragraphes.**
   - **a.** Changez à 1,5 l'interligne de la liste de trois lignes suivant le premier paragraphe de texte.
   - **b.** Ajoutez 6 pt d'espace après le titre Ville de Val-Robert. Ajoutez 18 points d'espacement avant et 6 pt après la ligne de sous-titre Résumé analytique.
   - **c.** Ajoutez 12 pt d'espace après l'en-tête Mandat, puis 12 pt d'espace après chacun des autres titres du rapport (Principes directeurs, Problèmes, Actions proposées).

Révision des techniques (suite)

d. Ajoutez 6 pt d'espace après chaque paragraphe de la liste des Principes directeurs.

e. Changez à 1,15 l'interligne de la liste de 4 lignes de la section Problèmes (commençant par Années Croissance).

f. Ajoutez 6 pt d'espace après chaque paragraphe de la section Actions proposées.

g. Appuyez sur [Ctrl][↖], et enregistrez les changements.

4. Aligner les paragraphes.

a. Appuyez sur [Ctrl][A] pour sélectionner tout le document, puis justifiez tous les paragraphes.

b. Centrez les trois lignes du titre.

c. Appuyez sur [Ctrl][Fin], tapez votre nom, appuyez sur [Entrée], tapez la date du jour, puis alignez ces deux éléments à droite.

d. Enregistrez vos modifications.

5. Travailler avec des tabulations.

a. Remontez dans le texte et sélectionnez la liste de quatre lignes d'informations sur la population dans la section Problèmes.

b. Définissez des taquets de tabulation de gauche aux positions 5 et 9 de la règle horizontale.

c. Insérez une tabulation au début de chaque ligne de la liste.

d. Dans la première ligne, insérez une tabulation avant Croissance. Dans les deuxième et troisième lignes, insérez une tabulation avant les pourcentages.

e. Sélectionnez les trois premières lignes, puis faites glisser le deuxième taquet de tabulation à la position 8,25 de la règle.

f. Appuyez sur [Ctrl][↖] et enregistrez vos changements.

6. Travailler avec des retraits.

a. Mettez le paragraphe suivant le sous-titre Mandat en retrait de 1,2 cm à gauche et à droite.

b. Mettez la première ligne du paragraphe suivant le sous-titre Principes directeurs en retrait de 1,2 cm.

c. Mettez la première ligne des trois paragraphes de texte de la section Problèmes en retrait de 1,2 cm.

d. Appuyez sur [Ctrl][↖] et enregistrez les modifications.

7. Ajouter des puces et des numéros.

a. Appliquez des puces aux trois lignes de liste suivant le premier paragraphe de texte. S'il y a lieu, remplacez le style des puces par de petits cercles noirs.

b. Appliquez la couleur Rouge, Accentuation2 aux puces.

c. Faites défiler le texte jusqu'à ce que le titre Principes directeurs soit au sommet de la fenêtre.

d. Formatez les six paragraphes de la liste des principes directeurs sous forme de liste numérotée.

e. Appliquez la police Berlin Sans FB Demi, 14 pt aux numéros, puis changez-en la couleur à Rouge, Accentuation2.

f. Faites défiler le texte jusqu'à ce que le titre Actions proposées soit au sommet de la fenêtre, puis ajoutez des puces en forme de coches à la liste des actions.

g. S'il y a lieu, appliquez la couleur Rouge, Accentuation2 aux puces, appuyez sur [Ctrl][↖] et enregistrez les changements.

8. Ajouter des bordures et une trame de fond.

a. Ajoutez une bordure inférieure de 1 pt Orange, Accentuation6, plus sombre 25 % au sous-titre Mandat.

b. Utilisez la commande Reproduire la mise en forme ou la touche [F4] pour ajouter la même bordure aux autres sous-titres du rapport (Principes directeurs, Problèmes, Actions proposées).

c. Dans la section Problèmes, sélectionnez les trois premières lignes de texte tabulé en rouge, puis appliquez une trame Orange, Accentuation6, plus clair 40 % aux paragraphes.

d. S'il y a lieu, sélectionnez de nouveau les trois premières lignes de texte tabulé, puis ajoutez un encadrement simple de 1½ pt de couleur Orange, Accentuation6, plus sombre 25 % autour des paragraphes.

e. Mettez en retrait la trame et les bordures autour des paragraphes de 4,5 cm à gauche et de 5 cm à droite.

f. Masquez les repères de mise en forme et enregistrez les changements.

9. Insérer une image clipart.

a. Appuyez sur [Ctrl][↖] et ouvrez le volet de tâches Images clipart.

b. Recherchez des clips liés au mot **ville**.

Formater le texte et les paragraphes

Révision des techniques (suite)

c. Insérez l'image clipart illustrées à la figure C-28, puis fermez le volet Images clipart. (*Note* : Une connexion Internet active est nécessaire pour accéder à l'image présentée dans la figure. Si ce clip ne vous est pas offert, choisissez-en un autre en veillant à sélectionner une image de forme semblable.)

d. Sélectionnez le graphique au besoin, puis faites glisser la poignée de dimensionnement supérieure droite vers le bas et la gauche jusqu'à ce que l'image ait environ 7,5 cm de large.

e. Au moyen de la commande Position, amenez l'image dans le coin supérieur gauche avec un habillage de texte carré.

f. Dans la zone de texte Largeur de la forme du groupe Taille, changez la largeur de l'image à 5,6 cm. Changez aussi la longueur de l'image à 10 cm.

g. Appliquez une ombre de style Décalage diagonal vers le bas à droite à l'image.

h. Enregistrez les changements, fermez le fichier et quittez Word.

FIGURE C-28

Ville de Val-Robert
Rapport du Conseil du développement économique

Résumé analytique

La Chambre de commerce (CC) de Val-Robert a rédigé un plan de politique économique pour la ville de Val-Robert. Ce plan a pour objectif de susciter des discussions dynamiques et interactives. Il sera utilisé pour favoriser et évaluer de façon continue le processus décisionnel de la ville en matière de :

- Développement
- Infrastructure
- Qualité de vie

Mandat

Le but de la CC est de favoriser un développement économique durable compatible avec les objectifs de planification de la ville. La combinaison des industries, des commerces, des espaces verts du développement résidentiel et du dynamisme culturel de Val-Robert a permis l'émergence d'une cité vigoureuse offrant une excellente qualité de vie à ses citoyens. Il est important de maintenir cet équilibre.

Principes directeurs

1. Cinq principes de base guident la politique économique de Val-Robert. Ces principes cherchent à préserver les particularités spécifiques qui donnent à la ville son caractère tout en permettant de saisir les opportunités économiques appropriées.
2. Val-Robert doit rester un centre économique majeur de la région.
3. L'activité économique doit respecter l'héritage environnemental, culturel et historique de Val-Robert.
4. Il est essentiel de maintenir un centre ville piétonnier à vocation commerciale.
5. Le maintien de la prospérité économique exige l'équilibre entre le développement résidentiel, le développement industriel et commercial et les espaces verts.
6. Il est nécessaire d'investir dans les infrastructures pour maintenir et étendre les niveaux existants d'impôt et d'emploi.

Problèmes

Sur les 30 000 hectares de terre de Val-Robert, 12 % sont consacrés aux zones commerciales ou industrielles et 88 % au développement résidentiel. Historiquement la ville a compté sur l'entreprise et l'industrie pour fournir 35 % à 40 % de l'assiette fiscale, ainsi que des possibilités d'emploi. Val-Robert n'a plus beaucoup de ce potentiel de développement non résidentiel qui était auparavant sa grande force.

On prévoit un accroissement important de la population de Val-Robert au cours des dix prochaines années. Le tableau suivant montre la progression attendue :

ANNÉE	CROISSANCE
1980-2010	4,5 %
2010-2030 5	3 % (prévision)

Source : Bureau de la statistique

Des questions se posent sur la capacité de la ville à continuer à soutenir des dépenses publiques en croissance (le secteur le plus important, la voirie) avec une base fiscale reposant sur des contribuables résidentiels. La CC croit que Val-Robert doit rester le centre commercial de la région et éviter de devenir une communauté dortoir. Val-Robert a préservé jusqu'ici le sens de la communauté en partie parce que plus de 50 % des résidents actifs peuvent gagner leur vie dans la ville elle-même. Il est vital de continuer à créer des emplois pour maintenir le pourcentage de résidents qui vivent et travaillent à Val-Robert.

Actions proposées

- ✓ Mettre en œuvre un programme de maintien entrepreneurial centré sur la croissance et l'expansion des entreprises déjà en exploitation à Val-Robert.
- ✓ Construire un consortium de ressources techniques et de développement pour assister les sociétés dans leurs besoins en formation.
- ✓ Patronner un projet de commerce électronique.
- ✓ Allouer des fonds pour développer le stationnement en ville.
- ✓ Développer un plan stratégique de gestion des espaces verts.

Votre nom
Date du jour

Exercice personnel 1

Vous êtes responsable des devis pour ÉcoVert Rénovation, une entreprise de La Malbaie. Vous avez fait le brouillon d'un devis de rénovation et il vous reste à le mettre en forme. Il est important de donner un aspect net et clair à votre document afin de refléter le professionnalisme de votre firme.

a. Démarrez Word, ouvrez le fichier WD C-3.docx de votre dossier Projets, enregistrez-le sous le nom **WD C-Écovert Rénovation** et lisez-le pour vous faire une idée de son contenu. La figure C-29 montre le format que prendra l'en-tête.

b. Sélectionnez le document entier, appliquez le style Sans interligne, puis remplacez la police par Times New Roman 12 pt.

FIGURE C-29

c. Dans la première ligne d'en-tête, appliquez la police Arial Black, en 30 pt et Majuscules à **ÉcoVert**. Appliquez la couleur Vert olive, Accentuation3, plus sombre 50 % à **Éco** et la couleur Vert olive, Accentuation3 à **Vert**. Mettez **Rénovation** en Arial, 30 pt, italique et appliquez-lui la couleur Vert olive, Accentuation3, plus sombre 50 %. (*Indice* : Tapez 30 dans la zone de texte Taille de police et appuyez sur [Entrée].)

d. Mettez la ligne de l'adresse en Arial, 10 pt avec une couleur Vert olive, Accentuation3, plus sombre 50 %.

e. Centrez les deux lignes d'en-tête.

f. Sous la dernière ligne de l'en-tête, ajoutez une bordure pointillée de 2¼ pt et de couleur Vert olive, Accentuation3, plus sombre 50 %.

g. Placez le point d'insertion dans la ligne d'adresse, ouvrez la boite de dialogue Bordure et trame, cliquez sur Options pour ouvrir la boite de dialogue Options de bordure et trame, changez la valeur du réglage Bas à **5 pt**, puis cliquez deux fois sur OK pour ajuster l'emplacement de la bordure par rapport à la ligne de texte.

h. Dans le corps du document, mettez le titre **Proposition de rénovation** en Arial Black, 14 pt, puis centrez-le.

i. Mettez les sous-titres suivants (signe deux points compris) en Arial Black, 11 pt : **Date, Travaux à exécuter pour et à, Description des travaux, Conditions de paiement** et **Convention**.

j. Dans la section Description des travaux, sélectionnez la liste des 14 travaux (commençant par Démolition de...) puis changez l'espacement des paragraphes de manière à ajouter 4 points d'espace après chaque paragraphe de la liste. (*Indice* : Sélectionnez 0 pt dans la zone Après, tapez 4 et appuyez sur [Entrée].)

k. La liste étant encore sélectionnée, définissez un taquet de tabulation droite avec points de suite à la position 15, puis insérez une tabulation avant chaque prix dans la liste.

l. Transformez la liste en liste numérotée, puis mettez les numéros en gras.

m. Mettez en gras les deux lignes de texte suivant la liste, soit **Prix total des travaux estimés** et **Durée approximative des travaux**.

n. Remplacez Votre nom par votre nom dans le bloc de signature, sélectionnez ce bloc (depuis Avec nos salutations respectueuses jusqu'à Votre nom), définissez un taquet de tabulation gauche à la position 8, puis mettez le bloc en retrait au moyen de tabulations.

o. Examinez attentivement le document pour relever les erreurs de mise en forme et apportez les ajustements nécessaires.

p. Enregistrez le document, puis fermez le fichier et quittez Word.

Exercice personnel 2

Votre employeur, le Musée des Arts Contemporains de Shawinigan, lance une campagne de recrutement de membres. Votre supérieur a rédigé le texte d'un dépliant de promotion et vous demande de le mettre en forme de façon attrayante et accrocheuse.

a. Ouvrez le fichier WD C-4.docx de votre dossier Projets, enregistrez-le sous le nom **WD C-Recrutement 2013**, puis parcourez-en le contenu. La figure C-30 montre la mise en forme que vous appliquerez aux premiers paragraphes du document.

FIGURE C-30

CAMPAGNE DE RECRUTEMENT

2013

Ce que nous faisons pour les ARTISTES

Depuis 1982, le programme de résidence au Musée des Arts Contemporains de Shawinigan (MACS) a appuyé le travail de plus de 1500 artistes canadiens et étrangers. Les Prix Résidence comprennent l'atelier et l'hébergement, une allocation mensuelle pour aider les artistes et l'usage d'équipements spécialisés pour toutes les formes d'arts visuels. Chaque artiste expose ses œuvres au Musée ou y donne des conférences sur son art.

b. Sélectionnez tout le document, appliquez-lui le style Sans interligne et la police Arial Narrow en 11 pt.

c. Centrez la première ligne, **Campagne de recrutement**, et appliquez-lui une trame de fond de la couleur foncée de votre choix. (*Indice* : Cliquez sur Autres couleurs et sélectionnez une couleur dans l'onglet Standard ou Personalisées.) Formatez le texte en Arial Narrow 26 pt et appliquez du gras et la couleur blanche à la police. Étendez l'espacement des caractères de 5 points. (*Indice* : Utilisez l'onglet Paramètres avancés de la boite de dialogue Police. Réglez l'espacement à Étendu, puis tapez **5** dans la zone de texte De.)

d. Formatez la deuxième ligne, **2013**, en Arial Black 36 pt. Étendez l'espacement des caractères de 25 points et changez l'échelle à 250 %. Centrez la ligne.

e. Formatez chaque en-tête **Ce que nous faisons...** en Arial, 12 pt gras. Appliquez à la police la même couleur que celle de la trame de fond du titre. (*Remarque* : Cette couleur apparait désormais dans la section Couleurs utilisées récemment de la palette de couleurs.) Ajoutez une bordure inférieure noire simple de ½ point sous chaque en-tête.

f. Formatez chaque sous-titre (**Galerie**, **Conférences**, **Bibliothèque**, **Tous les membres du...** et **Catégories d'adhésion**) en Arial 10 pt gras. Ajoutez 3 points d'espacement avant chacun de ces paragraphes. (*Indice* : Sélectionnez 0 dans la zone de texte Avant, tapez 3 et appuyez sur [Entrée].)

g. Mettez tous les paragraphes de corps de texte en retrait de 0,63 cm, sauf ceux situés sous l'en-tête **Ce que nous faisons pour VOUS**.

h. Formatez les quatre lignes suivant le sous-titre **Tous les membres du...** sous forme de liste à puces. Utilisez un symbole de puce de votre choix et appliquez aux puces la couleur de la trame de fond du titre.

i. Mettez les cinq lignes suivant l'en-tête **Catégories d'adhésion** en retrait de 0,63 cm. Pour ces cinq lignes, définissez des taquets de tabulation de gauche aux positions 2,75 et 5,25 de la règle horizontale. Insérez des tabulations devant les prix et devant le mot « Tous » sur chacune des cinq lignes.

j. Formatez le nom de chacune des catégories d'abonnement (**Artistique**, **Conceptuel**, etc.) en Arial 10 pt, gras et italique, et dans la couleur de la trame.

k. Formatez l'en-tête **Pour plus de renseignements** en Arial 14 pt, gras dans la couleur de la trame, puis centrez-le.

l. Centrez les trois dernières lignes de renseignements. Remplace Votre nom par votre nom, puis mettez-le en gras.

Difficultés supplémentaires

- Remplacez la couleur de police de **2013** par du gris foncé et ajoutez-lui un effet d'ombre.
- Ajoutez un effet d'ombre à chacun des en-têtes **Ce que nous faisons pour**.
- Ajoutez une bordure pointillée noire de 3 pt au-dessus de l'entête **Pour plus de renseignements**.

m. Examinez attentivement le document pour relever les erreurs de mise en forme et apportez les ajustements nécessaires.

n. Enregistrez le dépliant, fermez le fichier et quittez Word.

Exercice personnel 3

Une de vos responsabilités en tant que coordonnateur de programme chez AltiSports est d'élaborer un programme d'activités extérieures d'hiver. Vous avez rédigé un mémo pour informer votre supérieur de l'avancement de votre projet. Il vous reste à le mettre en forme pour lui donner un aspect professionnel et en faciliter la lecture.

a. Démarrez Word, ouvrez le fichier WD C-5.docx de votre dossier Projets, puis enregistrez-le sous le nom **WD C-Mémo Altisports**.

b. Sélectionnez le titre **Mémo Programme d'hiver AltiSports**, appliquez-lui le Style rapide Titre, puis centrez-le. (*Indice* : Ouvrez la galerie Styles rapides et cliquez sur le bouton Titre.)

c. Dans l'en-tête du mémo, remplacez Date du jour et Votre nom par la date du jour et votre nom.

d. Sélectionnez les quatre lignes de l'en-tête, définissez un taquet de tabulation gauche à la position 1,5, puis insérez des tabulations avant la date, le nom du destinataire, votre nom et l'objet du mémo.

e. Appliquez le Style rapide Élevé à **Date:**, **À:**, **De:** et **Réf.:**.

f. Appliquez le Style rapide Titre 2 aux titres **Aperçu**, **Ateliers**, **Hébergement**, **Tarif** et **Projet de programmation d'hiver**.

g. Sous le titre Tarif, appliquez le Style rapide Emphase intense aux mots **Prix des ateliers** et **Frais d'hébergement**.

h. Insérez une image clipart de flocon de neige sur la première page, habillez le texte autour de l'image, puis redimensionnez et positionnez le clip de façon qu'il s'intègre à l'en-tête du mémo sous le titre et s'aligne sur la marge de droite.

i. Sur la deuxième page du document, mettez la liste suivant le titre **Projet de programmation d'hiver** sous forme de liste à plusieurs niveaux. La figure C-31 montre la structure hiérarchique du plan (*Indice* : Appliquez un style de liste à plusieurs niveaux, puis utilisez les boutons Augmenter le retrait et Diminuer le retrait pour modifier le niveau de chaque élément.)

j. S'il y a lieu, remplacez le style de numérotation à plusieurs niveaux par le style à puces de la figure C-31.

k. À la page 2, ajoutez une image clipart d'un skieur ou d'un surfeur des neiges. Choisissez un graphisme adapté au ton du document. Habillez le texte autour du graphisme, puis redimensionnez l'image et positionnez-la de façon à l'aligner sur la marge de droite.

FIGURE C-31

Difficultés supplémentaires

- Réglez le Zoom de façon à afficher le document sur deux pages dans la fenêtre puis, à l'aide du bouton Modifier les styles, remplacez le jeu de styles par Moderne.

- Avec le bouton Modifier la casse, changez le titre « Mémo Programme d'hiver AltiSports » de façon que seule la première lettre de chaque mot soit en majuscules. S'il y a lieu, redimensionnez et repositionnez l'image de façon qu'elle s'ajuste dans l'en-tête du mémo et que le titre du document tienne toujours sur une seule ligne.

- Avec le bouton Thèmes, changez le thème actuel du document. Sélectionnez un thème qui convient aux images clipart que vous avez choisies.

- Avec le bouton Police du thème, changez les polices par le jeu de polices de votre choix, en veillant à ce que le document reste sur deux pages.

- Avec le bouton Couleurs du thème, remplacez les couleurs par celles de la palette de votre choix.

- Appliquez différent styles et, s'il y a lieu, ajustez d'autres éléments de mise en forme de manière à rendre le document attrayant, accrocheur et lisible. Une fois terminé, le mémo doit être sur deux pages.

l. Enregistrez le document, fermez le fichier et quittez Word.

Formater le texte et les paragraphes

Défi

Les polices que vous choisissez pour un document peuvent avoir un effet important sur le ton de ce document. Les polices ne sont pas toutes adaptées à un usage professionnel et certaines, surtout celles dotées d'un thème précis, ne conviennent qu'à des usages bien précis. Dans cet exercice, vous allez concevoir un en-tête de lettre et une page de couverture d'envoi par télé-copieur pour vous-même ou votre entreprise. Ces deux documents ne devront pas seulement avoir une allure professionnelle et attrayante, mais leur design devra aussi évoquer le caractère de votre travail ou de votre personnalité. La figure C-32 montre un exemple d'en-tête de lettre.

a. Démarrez Word et enregistrez un nouveau document vierge sous le nom **WD C-Entête personnel** dans votre dossier Projets.

b. Tapez votre nom ou celui de votre entreprise, votre adresse, votre numéro de téléphone, votre numéro de télécopieur et l'adresse votre site web ou de votre courriel.

c. Formatez votre nom ou celui de votre entreprise avec une police qui évoque votre personnalité ou la nature de vos affaires. Concevez un en-tête de lettre accrocheur et professionnel en appliquant des polices, des couleurs et effets de police, des bordures, une trame, des mises en forme de paragraphe et d'autre attributs de mise en forme pertinents.

d. Enregistrez les changements, présentez le document à votre formateur, puis fermez le fichier.

e. Ouvrez un nouveau document vierge et enregistrez-le sous le nom **WD C-Page de fax personnelle**. Au début du document, tapez TÉLÉCOPIE, votre nom ou celui de votre entreprise, votre adresse, votre numéro de téléphone, votre numéro de télécopieur et l'adresse de votre site web ou votre courriel.

f. Tapez un en-tête de télécopie incluant : Date; De; À; Objet; Nombre de pages, y compris cette page; et Commentaires.

g. Formatez les informations de votre page couverture à l'aide de polices, effets de police, bordures, mises en forme de paragraphe et autres attributs de mise en forme. Comme ce genre de document est destiné à être télécopié, toutes les polices et autres éléments de mise en forme doivent être en noir.

h. Enregistrez les changements, fermez le fichier, puis quittez Word.

FIGURE C-32

IsabelleCastaDesignIndustriel

167 St-Laurent, Montréal (Québec) H2P 2T1 • Tél. : 514-555-9767 • Fax : 514-555-9768 • www.icasta.com

Atelier visuel

Ouvrez le fichier WD C-6.docx de votre dossier Projets et reproduisez le menu de la figure C-33. (*Conseils* : Trouvez l'image clipart en utilisant le mot-clé **restaurant**. Après avoir inséré le clip, utilisez les poignées de dimensionnement pour redimensionner l'image à environ 3,75 cm de haut et 11 cm de large. Choisissez un autre clip convenable si vous ne trouvez pas celui présenté dans la figure. Pour le texte, utilisez les polices Berlin Sans FB Demi et Calibri ou des polices semblables. Changez la taille de la police du titre à 28 pt, celle de Plats du jour à 18 pt, celle des jours à 14 pt et celle des descriptions à 12 pt. Mettez les prix en forme au moyen de tabulations et de points de suite. Ajustez l'espacement entre les paragraphes de façon à faire tenir tout le texte sur une seule page. Apportez tous autres ajustements nécessaires pour obtenir un menu semblable à celui de la figure C-33.) Enregistrez le document sous **WD C-Menu du resto**.

FIGURE C-33

Café-resto chez Kina

Plats du jour

Lundi
Poulet Cajun au bleu : Poulet Cajun, Roquefort en grain, concombres, feuilles de laitue et tomates sur pain à l'ail rôti. ....6,50 $

Mardi
Chaudrée de palourdes : Chaudrée de palourdes classique du Maine riche et épaisse servie dans un bol en pain paysan. Servie avec salade printanière. ....5,95 $

Mercredi
Chili végétarien : Chili végétarien réconfortant avec cheddar fondu servi dans notre bol en pain paysan. Garni de crème sûre et ciboulette. ....5,95 $

Jeudi
Sandwich au bœuf : Tranches de rosbif maigre avec gruyère fondu sur petit pain à l'ail rôti. Servi avec purée de pomme de terre, carottes et navet.......................................6,95 $

Vendredi
Sandwich club à la dinde : Sandwich deux étages avec dinde rôtie, bacon croustillant, laitue, tomate et mayonnaise aux tomates séchées sur pain complet grillé. ....6,50 $

Samedi
Salade grecque : Grosse salade jardinière avec olives Kalamata, fromage feta et vinaigrette à l'ail. Servie avec petits pains variés. .... 5,95 $

Dimanche
Osso bucco : Délicieux osso bucco de veau accompagné d'une savoureuse grémoulata. Servi avec risotto et salade césar.. 8,95 $

Chef : Votre nom

Mettre des documents en forme

Les outils de mise en forme de Word permettent de disposer et de concevoir des documents de tous genres, tels que rapports, brochures, bulletins et mémoires de recherche. Dans ce module, vous apprendrez à changer les marges du document, à numéroter les pages, à insérer des en-têtes et des pieds de page et à mettre un texte en colonnes. Vous verrez aussi comment travailler avec les fonctions de référence de Word en vue d'ajouter des notes de bas de page, insérer des citation et créer une bibliographie. Vous avez rédigé et mis en forme le texte d'un bulletin sur la santé en voyage à l'intention des clients de VTA. Vous êtes maintenant prêt à le mettre en forme. Vous prévoyez organiser le texte en colonnes, à l'illustrer au moyen d'un tableau et à ajouter des notes de bas de page et une bibliographie.

OBJECTIFS

Définir les marges du document

Créer des sections et des colonnes

Insérer des sauts de page

Insérer des numéros de page

Ajouter des en-têtes et des pieds de page

Insérer un tableau

Ajouter des notes de bas de page et des notes de fin

Insérer des citations

Gérer les sources et créer une bibliographie

Définir les marges du document

Modifier les marges d'un document est une façon d'en changer l'apparence et de contrôler la quantité de texte dans une page. Les **marges** d'un document sont les espaces blancs entre la limite du texte et le bord de la page. Quand vous créez un document Word, les marges par défaut sont de 2,54 cm au sommet, au bas, à gauche et à droite de la page. Vous pouvez définir la taille des marges d'un document à l'aide de la commande Marges de l'onglet Mise en page ou à partir des règles. ▩▩▩ Une fois terminé, le bulletin devrait comporter quatre pages. Vous commencez donc par réduire la taille des marges afin de placer plus de texte sur chaque page.

ÉTAPES

PROBLÈME

Si les règles ne sont pas visibles, cliquez sur le bouton Règle 🔲 au sommet de la barre de défilement verticale pour les afficher.

1. **Démarrez Word, ouvrez le fichier WD D-1.docx de votre dossier Projets et enregistrez-le sous le nom WD D-Voyageur en santé.**

   Le bulletin s'ouvre en mode Page.

2. **Faites défiler le bulletin pour visualiser son contenu et appuyez sur [Ctrl][↖].**

   Le bulletin occupe actuellement six pages. Observez la barre d'état : elle indique la page où est placé le point d'insertion et le nombre total de pages du document.

3. **Ouvrez l'onglet Mise en page et cliquez sur le bouton Marges du groupe Mise en page.**

   Le menu Marges s'ouvre. Vous pouvez y sélectionner des réglages prédéfinis ou cliquer sur Marges personnalisées pour créer des réglages différents pour les marges.

ASTUCE

Vous pouvez aussi cliquer sur le lanceur 🔲 du groupe Mise en page pour ouvrir la boite de dialogue Mise en page.

4. **Cliquez sur Marges personnalisées.**

   La boite de dialogue Mise en page apparait, ouverte à l'onglet Marges (figure D-1). Elle sert à modifier les marges du haut, du bas, de gauche ou de droite, de changer l'orientation des pages et d'autres paramètres de disposition. L'**orientation Portrait** signifie qu'une page est plus haute que large, et l'**orientation Paysage** qu'elle est plus large que haute. Le bulletin utilise l'orientation Portrait. Vous pouvez aussi utiliser le bouton Orientation du groupe Mise en page de l'onglet Mise en page pour changer l'orientation d'un document.

5. **Cliquez neuf fois sur la flèche vers le bas de la zone Haut jusqu'à voir 1,7 cm, puis faites de même dans la zone Bas.**

   Les marges supérieure et inférieure du bulletin seront de 1,7 cm. Observez que les marges changent dans la section Aperçu de la boite de dialogue quand vous modifiez les valeurs.

ASTUCE

Les réglages minima pour les règles dépendent de votre imprimante et de la taille du papier utilisé. Si vous définissez des marges trop étroites pour votre imprimante, Word vous en avertit.

6. **Appuyez sur [Tab], tapez 1,7 dans la zone Gauche, appuyez sur [Tab], puis tapez 1,7 dans la zone Droite.**

   Les marges gauche et droite du bulletin seront aussi de 1,7 cm. Vous pouvez changer les marges à l'aide des flèches ou en tapant une valeur dans la zone de texte appropriée.

7. **Cliquez sur OK.**

   Comme le montre la figure D-2, les marges du document sont à 1,7 cm. L'emplacement de chaque marge (droite, gauche, haut et bas) est indiqué dans les deux règles à l'intersection des zones blanches et grises. Vous pouvez aussi changer une marge en faisant glisser son intersection vers un nouvel endroit de la règle avec le pointeur.

8. **Cliquez sur l'onglet Affichage, puis sur le bouton Deux pages du groupe Zoom.**

   Les deux premières pages du document apparaissent dans la fenêtre de document.

9. **Défilez vers le bas pour voir les cinq pages du bulletin, appuyez sur [Ctrl][↖], cliquez sur Largeur de la page dans le groupe Zoom, puis enregistrez les changements.**

Mettre des documents en forme

FIGURE D-1 : Onglet Marges de la boite de dialogue Mise en page

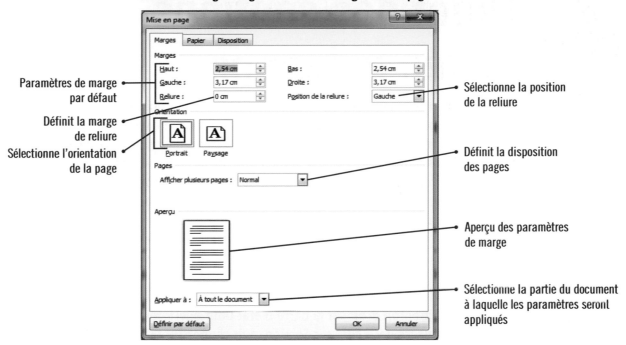

Paramètres de marge par défaut

Définit la marge de reliure

Sélectionne l'orientation de la page

Sélectionne la position de la reliure

Définit la disposition des pages

Aperçu des paramètres de marge

Sélectionne la partie du document à laquelle les paramètres seront appliqués

FIGURE D-2 : Bulletin avec marges plus étroites

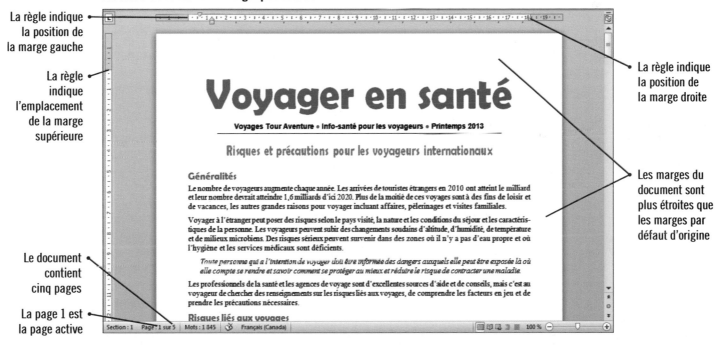

La règle indique la position de la marge gauche

La règle indique l'emplacement de la marge supérieure

Le document contient cinq pages

La page 1 est la page active

La règle indique la position de la marge droite

Les marges du document sont plus étroites que les marges par défaut d'origine

Modifier l'orientation, les marges et la taille du papier

Par défaut, les documents Word prennent la taille 8½" × 11" ou A4 (selon les paramètres régionaux), l'orientation Portrait et les marges par défaut lors de leur création. Vous pouvez remplacer ces valeurs par des réglages courants en utilisant les boutons Orientation, Marges et Taille du groupe Mise en page de l'onglet Mise en page. Vous pouvez aussi modifier ces paramètres et d'autres dans la boite de dialogue Mise en page. Par exemple, pour changer la disposition de pages multiples, utilisez la liste Afficher plusieurs pages pour créer des pages en vis-à-vis avec des marges de reliure, placer deux pages sur une feuille de papier ou les mettre en forme comme un livre avec pliure. Les **documents avec pages en vis-à-vis**, comme un

magazine, sont ceux où les marges de la page de gauche reflètent celles de la page de droite. Ces documents ont des marges intérieures et extérieures, plutôt que des marges droites et gauches. Un autre type de marge est la marge de reliure que l'on utilise pour des documents reliés, tels des livres. Une **marge de reliure** ajoute un espace à la marge gauche, supérieure ou intérieure pour permettre la reliure. Ajoutez une marge de reliure à un document en ajustant la valeur dans la zone Position de la reliure de l'onglet Marges. Pour changer la taille du papier, ouvrez l'onglet Papier, déroulez la liste Format du papier pour choisir une taille de papier standard ou entrez des valeurs personnalisées dans les zones Largeur et Hauteur.

Créer des sections et des colonnes

Diviser un document en sections permet de mettre en forme chacune de ces sections avec des paramètres de mise en page différents. Une **section** est une partie du document séparée des autres par des sauts de section. Les **sauts de section** sont des marques de mise en forme que vous insérez dans un document pour signaler la fin d'une section. Après avoir divisé un document en sections, vous pouvez appliquer à chacune des paramètres différents de colonnes, de marges, d'orientation, d'en-tête et de pied de page et autres paramètres de mise en page. Par défaut, un document forme une section unique, mais vous pouvez le diviser en autant de sections que vous le souhaitez. ▓▓▓▓▓ Vous insérez un saut de section pour diviser le document en deux sections, puis vous formatez le texte sur deux colonnes dans la seconde section. Vous commencez par personnaliser la barre d'état de façon à y afficher les informations de section.

ÉTAPES

ASTUCE

Utilisez le menu Personnaliser la barre d'état pour activer et désactiver l'affichage d'informations dans la barre d'état.

1. **Cliquez du bouton droit sur la barre d'état pour ouvrir le menu Personnaliser la barre d'état, cliquez, s'il y a lieu, sur Section, puis cliquez sur le document pour fermer le menu.**

   La barre d'état indique que le point d'insertion se trouve dans la section 1 du document.

2. **Ouvrez l'onglet Accueil et cliquez sur Afficher tout ¶ dans le groupe Paragraphe.**

   Afficher les marques de mise en forme permet de voir les sauts de section insérés dans un document.

ASTUCE

Quand vous insérez un saut de section au début d'un paragraphe, Word insère le saut à la fin du paragraphe précédent. Un saut de section stocke l'information de mise en page de la section précédente.

3. **Placez le point d'insertion devant le titre Généralités, cliquez sur l'onglet Mise en page, puis sur le bouton Sauts de pages dans le groupe Mise en page.**

   Le menu Sauts de page s'ouvre. Vous l'utilisez pour insérer différents types de sauts de section. (Voir le tableau D-1.)

4. **Cliquez sur Continu.**

   Word insère un saut de section continu, affiché sous forme d'une ligne pointillée double, au-dessus du sous-titre. Le document a maintenant deux sections. Notez que la barre d'état indique que le point d'insertion est dans la section 2.

5. **Cliquez sur le bouton Colonnes dans le groupe Mise en page.**

   Le menu Colonnes s'ouvre. Vous l'utilisez pour mettre du texte en colonnes au moyen de formats de colonnes prédéfinis ou pour créer des colonnes personnalisées.

6. **Cliquez sur Autres colonnes pour ouvrir la boite de dialogue Colonnes.**

ASTUCE

Quand vous supprimez un saut de section, vous supprimez la mise en page de section du texte qui précède le saut. Ce texte est alors intégré à la section suivante dont il prend la mise en forme.

7. **Cliquez sur Deux dans la section Prédéfinir, cliquez sur la flèche vers le bas de la zone Espacement jusqu'à ce que 0,8 cm apparaisse (figure D-3), puis appuyez sur OK.**

   La section 2 est mise en deux colonnes de largeur égale séparées par un espacement de 0,8 cm (figure D-4). La mise en colonnes du texte est une autre façon d'augmenter la quantité de texte sur une page.

8. **Cliquez sur l'onglet Affichage, cliquez sur Deux pages dans le groupe Zoom, faites défiler le document pour examiner les quatre pages, appuyez sur [Ctrl][↖] et enregistrez le document.**

   Le texte de la section 2 – tout le texte situé sous le saut de section continu – est réparti sur deux colonnes. Le texte en colonnes se renoue automatiquement du bas d'une colonne au sommet de la suivante.

TABLEAU D-1 : Types de sauts de section

Section	Fonction
Page suivante	Commence une nouvelle section et déplace le texte suivant le saut au sommet de la page suivante.
Continue	Commence une nouvelle section sur la même page.
Page paire	Commence une nouvelle section et déplace le texte suivant le saut au sommet de la prochaine page paire.
Page impaire	Commence une nouvelle section et déplace le texte suivant le saut au sommet de la prochaine page impaire.

Mettre des documents en forme

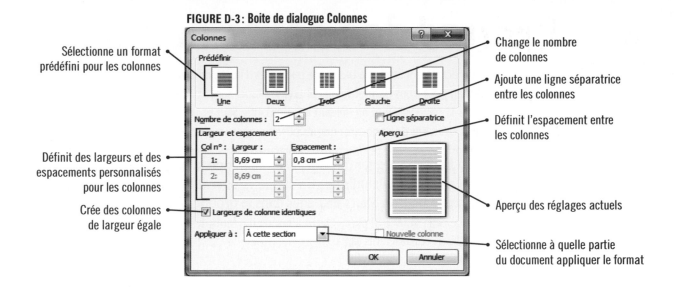

FIGURE D-3 : Boite de dialogue Colonnes

- Sélectionne un format prédéfini pour les colonnes
- Change le nombre de colonnes
- Ajoute une ligne séparatrice entre les colonnes
- Définit l'espacement entre les colonnes
- Définit des largeurs et des espacements personnalisés pour les colonnes
- Crée des colonnes de largeur égale
- Aperçu des réglages actuels
- Sélectionne à quelle partie du document appliquer le format

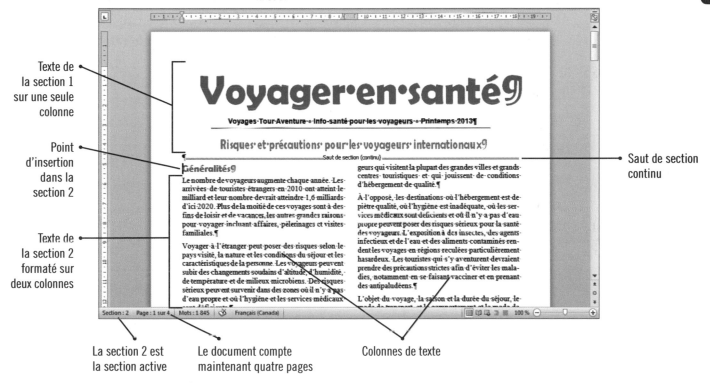

FIGURE D-4 : Saut de section continu et colonnes

- Texte de la section 1 sur une seule colonne
- Point d'insertion dans la section 2
- Texte de la section 2 formaté sur deux colonnes
- Saut de section continu
- La section 2 est la section active
- Le document compte maintenant quatre pages
- Colonnes de texte

Changer la mise en page d'une section

Diviser un document en sections permet de varier sa mise en page. En plus d'appliquer des paramètres de mise en colonne différents aux sections, vous pouvez aussi définir des valeurs différentes pour les marges, l'orientation, la taille du papier, l'alignement vertical, les en-têtes et pieds de page, la numérotation des pages, les notes de bas de page et de fin de document et autres. Par exemple, si vous mettez en forme un rapport comportant un tableau à plusieurs colonnes, vous pourriez changer l'orientation de la page du tableau à paysage afin d'en faciliter la lecture. Pour cela, il suffit d'insérer un saut de section avant et après le tableau pour en faire une section distincte et d'appliquer l'orientation paysage à la section qui contient le tableau. Si le tableau ne remplit pas la page, vous pouvez aussi en modifier l'alignement vertical afin de le centrer verticalement sur la page. Pour cela, vous utilisez la liste de la zone Alignement vertical de la boite de dialogue Mise en page.

Pour vérifier ou changer les paramètres de mise en page d'une section individuelle, placez le point d'insertion dans cette section, puis ouvrez la boite de dialogue Mise en page. Choisissez les options à changer, déroulez la liste Appliquer à, sélectionnez À cette section et cliquez sur OK. L'option À cette section applique les valeurs uniquement à la section active. Si vous choisissez l'option À tout le document, les valeurs seront appliquées à toutes les sections du document. Utilisez la liste Appliquez à de la boite de dialogue Colonnes ou de la boite de dialogue Note de bas de page et de fin de document pour changer ces paramètres dans une section.

Insérer des sauts de page

Quand le texte d'un document atteint le bas d'une page, Word insère un **saut de page automatique** (ou saut de page conditionnel) pour vous permettre de continuer à taper sur la page suivante. Vous pouvez aussi forcer le texte à continuer sur la page suivante en utilisant la commande Saut et, ainsi, créer un **saut de page manuel**. Vous insérez des sauts de page aux endroits où vous voulez commencer chaque nouvelle page du bulletin.

ÉTAPES

ASTUCE

Pour contrôler l'écoulement du texte entre les colonnes, insérez un saut de colonne pour forcer le texte qui suit le saut au sommet de la colonne suivante.

1. **Cliquez sur le bouton** Largeur de page, **allez au bas de la page 1, placez le point d'insertion avant le titre** Paludisme : Un risque…, **ouvrez l'onglet** Mise en page, **puis cliquez sur le bouton** Sauts de pages **dans le groupe Mise en page.**

   Le menu Sauts de page s'ouvre. Il permet aussi d'insérer des sauts de page, de colonne et d'habillage du texte. Le tableau D-2 décrit ces différents sauts.

2. **Cliquez sur** Page.

   Word insère un saut de page forcé avant «Paludisme : Un risque sanitaire grave» et déplace tout le texte suivant le saut de page au début de la page suivante (figure D-5). En mode Page, le saut de page s'affiche sous forme d'une ligne pointillée lorsque les marques de mise en forme sont activées. Les repères de saut de page sont visibles à l'écran mais ne s'impriment jamais.

3. **Défilez vers le bas, placez le point d'insertion devant le titre** Prévention des problèmes…, **enfoncez et maintenez [Ctrl], puis appuyez sur [Entrée].**

   Appuyer sur [Ctrl][Entrée] est une méthode rapide pour insérer un saut de page manuel. Le titre est envoyé au sommet de la troisième page.

4. **Allez au bas de la page 3, placez le point d'insertion devant le titre** Assurance-voyage **à la page 3, et appuyez sur [Ctrl][Entrée].**

   Le titre est forcé au sommet de la quatrième page.

ASTUCE

Vous pouvez aussi sélectionner un saut de page en double-cliquant dessus, puis appuyer sur [Suppr] pour le supprimer. Vous savez que le saut de page est sélectionné quand les mots et la marque de paragraphe à la fin du saut de page sont tous deux sélectionnés.

5. **Remontez dans le document, cliquez à la gauche du** saut de page **à la page 2 avec le pointeur de sélection** ⚟ **pour le sélectionner et appuyez sur [Suppr].**

   Le saut de page est supprimé et le texte des pages 2 et 3 est réuni. Vous pouvez aussi cliquer à la gauche d'un saut de section ou de colonne pour le sélectionner.

6. **Placez le point d'insertion devant le titre** Trousse médicale et… **à la page 2, puis appuyez sur [Ctrl][Entrée].**

   Le titre est forcé en haut de la page 3.

ASTUCE

Pour équilibrer des colonnes de longueurs inégales sur une page, insérez un saut de section continu à la fin de la dernière colonne d'une page.

7. **Cliquez sur l'onglet** Affichage, **cliquez sur** Deux pages **dans le groupe Zoom, faites défiler le document pour examiner les quatre pages, et enregistrez les changements.**

   Les pages 3 et 4 sont illustrées à la figure D-6.

Contrôler la pagination automatique

Une autre façon de contrôler le flux du texte entre les pages (ou les colonnes) consiste à appliquer des réglages de pagination pour préciser l'emplacement des sauts de page automatiques. Cela permet, par exemple, d'assurer qu'un article apparaisse sur la même page que son titre, ou d'empêcher une page de couper au milieu du dernier paragraphe d'un rapport. Pour manipuler la pagination automatique, sélectionnez simplement les paragraphes ou les lignes à contrôler, cliquez sur le lanceur du groupe Paragraphe de l'onglet Accueil ou Mise en page, ouvrez l'onglet Enchainements de la boite de dialogue Paragraphe, sélectionnez un ou plusieurs des réglages suivants dans la section Pagination, puis cliquez sur OK.

- Paragraphes solidaires – l'appliquer à tout paragraphe qui doit apparaitre sur la même page que le paragraphe suivant et ainsi empêcher la page de couper entre ces paragraphes.

- Lignes solidaire – l'appliquer aux paragraphes ou aux lignes sélectionnés pour empêcher la coupure de page au milieu d'un paragraphe ou entre certaines lignes.

- Saut de page avant – l'appliquer pour indiquer qu'un certain paragraphe doit suivre un saut de page automatique.

- Éviter veuves et orphelines – cette option est activée par défaut. Elle assure qu'au moins deux lignes d'un paragraphe apparaitront au sommet et au bas de chaque page. Autrement dit, il empêche qu'une page commence par la dernière ligne d'un paragraphe (une **veuve**) ou se termine par la première ligne d'un nouveau paragraphe (une **orpheline**).

Mettre des documents en forme

FIGURE D-5 : Saut de page manuel dans un document

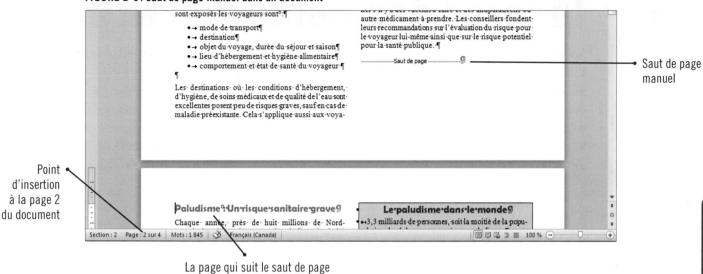

Point d'insertion à la page 2 du document

Saut de page manuel

La page qui suit le saut de page est forcée sur la page suivante

FIGURE D-6 : Pages 3 et 4

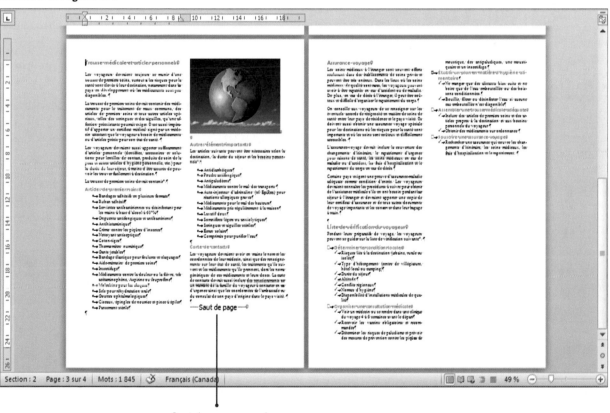

Saut de page manuel

TABLEAU D-2 : Types de sauts

Saut	Fonction
Page	Force le texte suivant le saut à commencer au sommet de la page suivante.
Colonne	Force le texte suivant le saut à commencer au sommet de la prochaine colonne.
Habillage du texte	Sépare le texte qui entoure les objets.

Insérer des numéros de page

Si vous voulez numéroter les pages d'un long document, vous pouvez insérer un champ de numéro de page pour ajouter ce numéro à chaque page. Un **champ** est un code qui marque un espace réservé à une information variable dans un document, comme un numéro de page ou la date du jour. Quand vous employez le bouton Numéro de page de l'onglet Insertion pour numéroter les pages d'un document, vous insérez le champ de numéro de page en haut, en bas ou sur le côté de n'importe quelle page, et Word se charge automatiquement de la numérotation. ▰▰▰▰▰ Vous insérez un champ de numéro de page qui affichera les numéros de page centrés entre les marges au bas de chaque page du document.

ÉTAPES

ASTUCE

Pointez Position actuelle pour insérer un champ de numéro de page à l'emplacement du point d'insertion.

1. **Appuyez sur [Ctrl][↖], cliquez sur le bouton Largeur de la page dans le groupe Zoom de l'onglet Affichage, cliquez sur l'onglet Insertion, puis sur le bouton Numéro de page dans le groupe En-tête et pied de page.**

   Le menu Numéro de page s'ouvre. Il sert à sélectionner la position des numéros de page. Si vous choisissez d'ajouter un champ de numéro de page au sommet, au bas ou sur le côté d'un document, un numéro apparaitra sur chaque page du document. Si vous décidez de l'insérer dans le document à l'emplacement du point d'insertion, le champ n'apparaitra que sur cette seule page.

2. **Pointez Bas de page.**

   Une galerie d'options de mise en forme et d'alignement des numéros de page pour les numéros situés en bas de page s'ouvre (figure D-7).

ASTUCE

Pour changer la position ou le format des numéros de page, cliquez sur le bouton Numéro de page, pointez un emplacement pour le numéro, puis sélectionnez un format dans la galerie.

3. **Faites glisser le curseur de défilement dans la galerie pour voir les options, revenez en haut de la galerie, puis cliquez sur Numéro normal 2 dans la section Simple.**

   Un champ de numéro de page contenant le chiffre 1 s'affiche centré dans la zone de pied de page au bas de la première page (figure D-8). Le texte du document est grisé (ou estompé) car la zone Pied de page est ouverte. Tout texte inséré dans une zone de pied de page apparait au bas de chaque page du document.

4. **Double-cliquez sur le texte du document, puis défilez jusqu'au bas de la page 1.**

   Un double clic sur le texte du document ferme la zone Pied de page. Le numéro de page est maintenant estompé car il se trouve dans la zone Pied de page, qui est désactivée. Lorsque le document est imprimé, les numéros de page apparaissent comme du texte normal. Vous en apprendrez plus sur la zone Pied de page dans la prochaine leçon.

5. **Défilez vers le bas dans le document pour voir le numéro de page au bas de chaque page.**

   Word a numéroté automatiquement chaque page du bulletin et chaque numéro de page est centré au bas de la page. Si vous voulez modifier le format ou le numéro de départ de la numérotation, il suffit de cliquer sur le bouton Numéro de page, puis sur Format des numéros de page, et de choisir les options voulues dans la boite de dialogue Format des numéros de page.

ASTUCE

Pour supprimer les numéros de page d'un document, cliquez sur le bouton Numéro de page, puis sur Supprimer les numéros de page.

6. **Appuyez sur [Ctrl][↖] et enregistrez le document.**

Naviguer dans un long document

Au lieu de vous déplacer dans un long document en le faisant défiler, vous pouvez utiliser l'outil de navigation par objet pour amener rapidement le point d'insertion à un endroit précis du document. La fonction de navigation par objet permet de naviguer parmi des éléments de même type (page, section, ligne, tableau, graphique ou autre) dans un document. Pour activer cet outil, cliquez sur le bouton Sélectionner l'objet parcouru ⊙ sous la barre de défilement verticale. Dans la palette qui s'ouvre, cliquez sur le bouton correspondant au type d'élément à parcourir, puis cliquez sur le bouton Suivant ⬇ ou Précédent ⬆ pour naviguer parmi les éléments de ce type dans votre document.

FIGURE D-7 : Galerie d'options pour les numéros de page

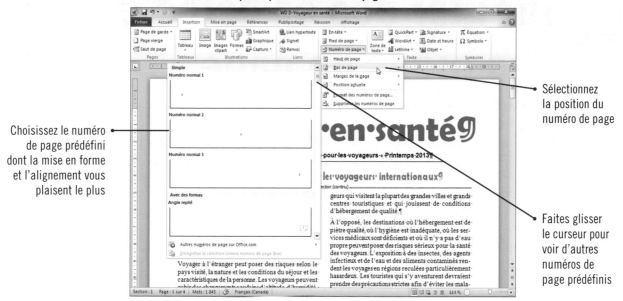

Choisissez le numéro de page prédéfini dont la mise en forme et l'alignement vous plaisent le plus

Sélectionnez la position du numéro de page

Faites glisser le curseur pour voir d'autres numéros de page prédéfinis

FIGURE D-8 : Numéro de page dans le document

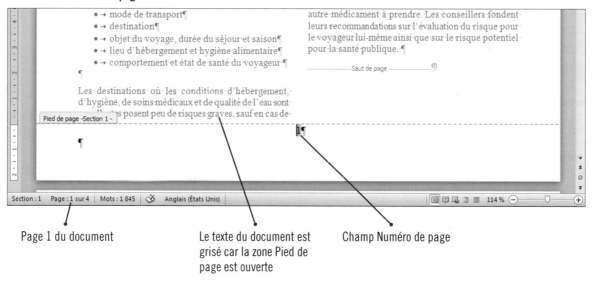

Page 1 du document

Le texte du document est grisé car la zone Pied de page est ouverte

Champ Numéro de page

Insérer des composants QuickPart

L'outil **QuickPart** de Word facilite l'insertion rapide dans un document d'éléments de contenu réutilisables. Ces éléments comprennent des champs, comme ceux pour la date du jour ou le nombre total de page dans le document, des informations de propriétés du document, tels l'auteur et le titre, et des blocs de construction qui sont du contenu personnalisé que vous créez, formatez et enregistrez pour usage futur.

Pour insérer un contenu rapide à la position du point d'insertion, cliquez sur le bouton QuickPart du groupe Texte de l'onglet Insertion — ou, si les en-têtes et pieds de page sont ouverts, cliquez sur le bouton QuickPart du groupe Insérer de l'onglet Outils des en-têtes et pieds de page — puis sélectionnez le type de contenu à insérer. Pour insérer un champ dans un document, cliquez sur Champ dans le menu QuickPart, cliquez sur le nom du champ à insérer dans la boite de dialogue Champ, puis cliquez sur OK. Les données du champ sont mises à jour automatiquement à chaque ouverture ou enregistrement du document.

Pour insérer une propriété de document, pointez Propriété du document dans le menu QuickPart, puis cliquez sur la propriété voulue. Cette propriété est ajoutée au document en tant que contrôle de contenu et contient les informations de propriété que vous avez inscrites dans le panneau Informations sur le document. Si vous n'avez pas attribué de propriétés à votre document, le contrôle de contenu renferme alors un espace réservé que vous pouvez remplacer par votre propre texte. Lorsque vous remplacez le texte d'un espace réservé — ou modifiez l'information de propriété affichée dans le contrôle de contenu — ce texte remplace les données inscrites dans le panneau Informations sur le document.

Pour insérer un bloc de construction, cliquez sur Organisateur de blocs de construction dans le menu QuickPart, sélectionnez le bloc de construction voulu, puis cliquez sur Insérer. Vous en apprendrez plus sur les blocs de construction dans des leçons ultérieures.

Ajouter des en-têtes et des pieds de page

Un **en-tête** est un texte ou un graphisme qui apparait au sommet de chaque page d'un document et un **pied de page** est celui qui s'affiche en bas. Dans les longs documents, les en-têtes et les pieds de page contiennent souvent le titre de la publication ou du chapitre, le nom de l'auteur ou un numéro de page. Vous pouvez ajouter des en-têtes et des pieds de page en double-cliquant sur la marge du haut ou du bas d'un document pour ouvrir les zones d'en-tête et de pied de page et y insérer le contenu voulu. Vous pouvez aussi utiliser la commande En-tête ou Pied de page de l'onglet Insertion pour insérer des en-têtes et des pieds de page prédéfinis que vous pouvez modifier à votre guise. ▨▨▨▨ Vous créez un en-tête qui inclut le nom du bulletin.

ÉTAPES

ASTUCE

À moins de définir des en-têtes et des pieds de page différents pour diverses sections, l'information insérée dans toute zone d'en-tête ou de pied de page s'affiche sur chaque page du document.

1. **Cliquez sur l'onglet Insertion, puis sur le bouton En-tête du groupe En-tête et pied de page.**

   Une galerie de modèles d'en-têtes prédéfinis s'ouvre.

2. **Examinez les modèles d'en-têtes proposés, revenez au sommet de la galerie et cliquez sur Vide.**

   Les zones En-tête et Pied de page s'ouvrent et le texte du document devient grisé. Vous ne pouvez pas modifier le texte quand il est estompé. L'onglet Outils En-têtes et pieds de page apparait aussi et devient l'onglet actif (figure D-9). Cet onglet s'ouvre chaque fois que les zones d'en-tête et de pied de page sont ouvertes.

3. **Tapez Voyager en santé: Informations sur les voyages et la santé de Voyages Tour Aventure dans le contrôle de contenu de la zone En-tête.**

   Ce texte apparaitra au sommet de toutes les pages du document.

ASTUCE

Vous pouvez aussi utiliser le bouton Insérer une tabulation d'alignement dans le groupe Position pour aligner le texte à gauche, à droite ou au centre dans les zones d'en-tête et de pied de page.

4. **Sélectionnez le texte d'en-tête, cliquez sur l'onglet Accueil, déroulez la liste Police dans le groupe Police, cliquez sur Berlin Sans FB Demi, déroulez la liste Couleur de police 🅰️▾, cliquez sur Vert olive, Accentuation3, plus sombre 25 %, cliquez sur le bouton Centrer ▤ dans le groupe Paragraphe, cliquez sur Bordure inférieure ▦, puis cliquez dans la zone d'en-tête pour désélectionner le texte.**

   La police est mise en Berlin Sans FB Demi vert olive et le texte est centré dans l'en-tête avec une bordure inférieure.

5. **Ouvrez l'onglet Outils En-têtes et pieds de page, puis cliquez sur le bouton Atteindre le pied de page dans le groupe Navigation.**

   Le point d'insertion se déplace dans la zone de pied de page. Un numéro de page y est centré.

ASTUCE

Pour changer la distance entre l'en-tête ou le pied de page et le bord de la page, modifiez les réglages des commandes Position de l'en-tête à partir du haut et Position du pied de page à partir du bas dans le groupe Position de l'onglet Outils des en-têtes et des pieds de page.

6. **Sélectionnez le champ de numéro de page dans le pied de page, changez sa mise en forme à Berlin Sans FB Demi et Vert olive, Accentuation3, plus sombre 25 %, puis cliquez dans la zone Pied de page pour désélectionner le champ.**

   Le texte du pied de page est formaté en Berlin Sans FB Demi et en vert olive.

7. **Cliquez sur le bouton Fermer l'en-tête et le pied de page dans le groupe Fermer, puis déroulez le document jusqu'à ce que le bas de la page 1 et le haut de la page 2 soient tous deux dans la fenêtre.**

   Les zones En-tête et Pied de page sont fermées et le texte de l'en-tête et du pied de page est estompé (figure D-10).

8. **Appuyez sur [Ctrl][↖].**

   Comme le titre du document apparait déjà en haut de la page 1, le texte de l'en-tête est donc redondant. Vous pouvez modifier les en-têtes et les pieds de page afin qu'ils n'apparaissent pas sur la première page d'un document ou d'une section.

ASTUCE

Pour supprimer des en-têtes et des pieds de page, cliquez sur le bouton En-tête ou le bouton Pied de page, puis cliquez sur Supprimer l'en-tête ou Supprimer le pied de page.

9. **Positionnez le pointeur sur le texte de l'en-tête au sommet de la page 1, puis double-cliquez.**

   Les zones En-tête et Pied de page s'ouvrent. Le groupe Options de l'onglet Outils En-têtes et pieds de page propose des options qui permettent de créer un en-tête et un pied de page différent sur la première page d'un document ou d'une section, et pour créer des en-têtes et des pieds de page différents pour les pages paires et impaires.

10. **Cochez la case Première page différente pour la sélectionner, cliquez sur le bouton Fermer l'en-tête et le pied de page, déroulez le document pour voir l'en-tête et le pied de page sur les pages 2, 3 et 4, puis enregistrez le document.**

    Le texte d'en-tête et de pied de page a été effacé des zones En-tête et Pied de page sur la première page.

FIGURE D-9 : Zone En-tête

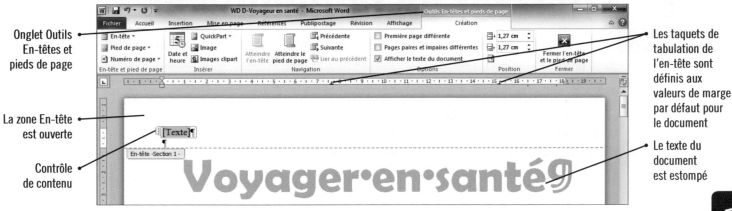

Onglet Outils
En-têtes et
pieds de page

La zone En-tête
est ouverte

Contrôle
de contenu

Les taquets de
tabulation de
l'en-tête sont
définis aux
valeurs de marge
par défaut pour
le document

Le texte du
document
est estompé

FIGURE D-10 : En-tête et pied de page dans le document

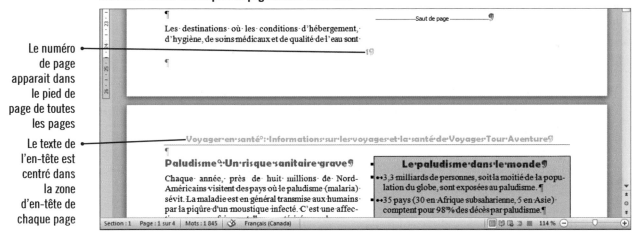

Le numéro
de page
apparait dans
le pied de
page de toutes
les pages

Le texte de
l'en-tête est
centré dans
la zone
d'en-tête de
chaque page

Ajouter un en-tête ou un pied de page personnalisé à la galerie

Quand vous concevez un en-tête que vous souhaitez utiliser dans d'autres documents, vous pouvez l'ajouter à la galerie En-têtes en l'enregistrant comme bloc de construction. Les blocs de construction sont des fragments réutilisables de contenu mis en forme ou des parties de document, dont des en-têtes et des pieds de page, des numéros de page et des zones de texte, qui sont stockés dans des galeries. Les **blocs de construction** comprennent des contenus prédéfinis intégrés à Word ainsi que des contenus que vous créez et sauvegardez pour usage ultérieur. Vous pouvez, par exemple, créer un en-tête personnel contenant le nom et le logo de votre entreprise et mis en forme avec les polices, bordures et couleurs applicables à tous les documents de cette société.

Pour ajouter un en-tête personnel à la galerie En-têtes, sélectionnez tout le texte dans l'en-tête (y compris la dernière marque de paragraphe), cliquez sur le bouton En-tête, puis sur

Enregistrer la sélection dans la galerie d'en-têtes. Dans la boite de dialogue Créer un nouveau bloc de construction, tapez un nom unique pour l'en-tête dans la zone Nom, déroulez la liste Galerie et sélectionnez la galerie appropriée, vérifiez que la zone Catégorie affiche Général, puis tapez une brève description du design du nouvel en-tête dans la zone Description. Celle-ci apparait dans une info-bulle quand vous pointez l'en-tête personnalisé dans la galerie. Quand vous êtes prêt, cliquez sur OK. Le nouvel en-tête figure dans la galerie En-têtes, dans la catégorie Général.

Pour supprimer un en-tête personnalisé dans la galerie En-têtes, cliquez dessus avec le bouton droit de la souris, ouvrez l'Organisateur de blocs de construction, sélectionnez-le dans la liste, cliquez sur Supprimer, cliquez sur Oui puis sur Fermer. Les mêmes étapes s'appliquent à la création et la suppression d'un pied de page personnalisé dans la galerie Pieds de page.

Insérer un tableau

Les tableaux sont une façon pratique d'illustrer des informations destinées à être consultées et analysées rapidement dans un document. Un **tableau** est une grille de colonnes et de rangées de cellules que vous pouvez remplir de texte et de graphismes. Une **cellule** est la zone formée par l'intersection d'une colonne et d'une rangée. Les lignes qui divisent les colonnes et rangées d'un tableau et vous aident à voir sa structure quadrillée sont appelées **bordures**. La méthode la plus simple pour insérer un tableau dans un document est la commande Insérer un tableau de l'onglet Insertion. ▨▨▨▨ Vous ajoutez un tableau à la page 2 montrant les mesures de prévention possibles contre les maladies graves en voyage.

ÉTAPES

1. **Défilez jusqu'à ce que le titre Prévention des problèmes... soit au sommet de la fenêtre.**

2. **Sélectionnez le titre Prévention des problèmes... et les deux marques de paragraphe qui le suivent, ouvrez l'onglet Mise en page, cliquez sur le bouton Colonnes dans le groupe Mise en page, cliquez sur Un, cliquez sur le titre pour le désélectionner, puis défilez vers le bas pour voir la moitié inférieure de la page 2.**

   Un saut de section continu est inséré avant le titre et après la seconde marque de paragraphe, ce qui a pour effet de créer une nouvelle section (figure D-11). Le document compte désormais quatre sections, le titre « Prévention des problèmes... » se trouvant dans la section 3. Celle-ci est formatée comme une seule colonne.

3. **Placez le point d'insertion avant la première marque de paragraphe sous le titre, ouvrez l'onglet Insertion, cliquez sur le bouton Tableau dans le groupe Tableaux, puis cliquez sur Insérer un tableau.**

   La boite de dialogue Insérer un tableau s'ouvre. Elle sert à créer un tableau vierge.

4. **Tapez 5 dans la zone Nombre de colonnes, appuyez sur [Tab], tapez 6 dans la zone Nombre de lignes, vérifiez que l'option Largeur de colonne fixe est sélectionnée, puis cliquez sur OK.**

   Un tableau de cinq colonnes et six rangées est inséré dans le document. Le point d'insertion clignote dans la cellule supérieure gauche du tableau et l'onglet Outils de tableau, Création devient l'onglet actif.

5. **Ouvrez l'onglet Accueil, cliquez sur Afficher tout ¶ dans le groupe Paragraphe, tapez Maladie dans la première cellule de la première ligne, appuyez sur [Tab], tapez Vaccin, appuyez sur [Tab], tapez Remède préventif, appuyez sur [Tab], tapez Sécurité alimentaire, appuyez sur [Tab], tapez Éviter les insectes, puis appuyez sur [Tab].**

   Appuyer sur [Tab] déplace le point d'insertion dans la cellule suivante de la rangée ou dans la première cellule de la rangée suivante.

6. **Tapez Malaria, appuyez sur [Tab][Tab], déroulez la liste du bouton Puces ▤ ▾ du groupe Para-graphe, cliquez sur le style coche, appuyez sur [Tab][Tab], puis cliquez sur Puces ▤.**

   Le style de puces actif se transforme en coche. Une coche est alors ajoutée dans une cellule lorsque vous cliquez sur le bouton Puces.

7. **Tapez le texte reproduit à la figure D-12 dans les cellules du tableau.**

   Ne vous inquiétez pas si le texte passe à la ligne suivante dans une cellule quand vous tapez. Vous ajusterez la largeur des colonnes après avoir saisi tout le texte.

8. **Ouvrez l'onglet Disposition de l'onglet Outils de tableau, cliquez sur le bouton Ajustement automatique du groupe Taille de la cellule, cliquez sur Ajustement automatique du contenu, cliquez encore sur Ajustement automatique, puis sur Ajustement automatique de la fenêtre.**

   La largeur des colonnes du tableau est ajustée en fonction du texte puis de la fenêtre.

9. **Cliquez sur le bouton Sélectionner dans le groupe Tableau, cliquez sur Sélectionner le tableau, cliquez sur Centrer ▤ dans le groupe Alignement, cliquez sur Maladie dans le tableau, cliquez sur le bouton Sélectionner, cliquez sur Sélectionner la colonne, cliquez sur Au centre à gauche ▤, puis cliquez dans le tableau pour désélectionner la colonne.**

   Le texte du tableau est centré dans chaque cellule, puis le texte de la première colonne est alignée à gauche.

10. **Ouvrez l'onglet Création de l'onglet Outils de tableau, cliquez sur Autres ▾ dans le groupe Styles de tableau pour étendre la galerie des styles de tableau, cliquez sur le style Liste claire – Accent 3, puis enregistrez le document.**

    Le style Liste claire – Accent 3 est appliqué au tableau (figure D-13). Un style de tableau comprend des réglages de mise en forme du texte, des bordures et des trames de fond pour un tableau.

Mettre des documents en forme

FIGURE D-11 : Nouvelle section

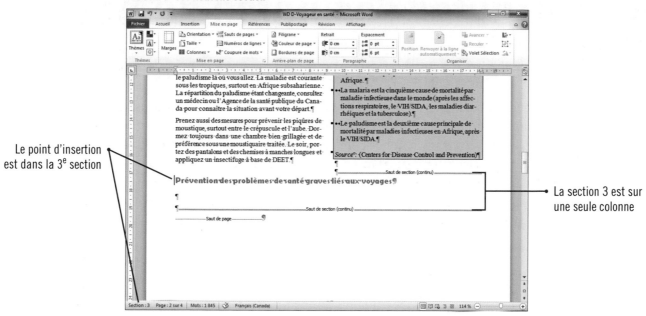

Le point d'insertion est dans la 3ᵉ section

La section 3 est sur une seule colonne

FIGURE D-12 : Texte dans un tableau

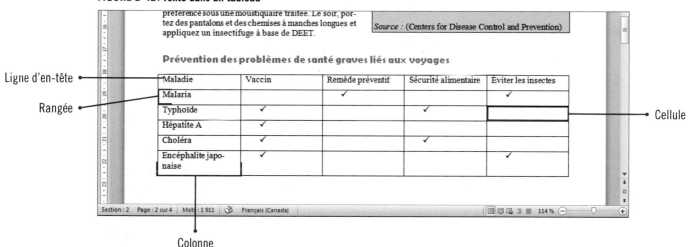

Ligne d'en-tête

Rangée

Cellule

Colonne

FIGURE D-13 : Tableau terminé

Ajouter des notes de bas de page et des notes de fin

Les notes de bas de page et les notes de fin sont utilisées dans les documents pour compléter, commenter ou fournir des références sur le texte. Une **note de bas de page** ou une **note de fin** se compose de deux parties liées : la marque d'appel de note qui apparait à côté du texte pour signaler la présence de renseignements supplémentaires dans une note de bas de page ou de fin de document, et le texte de la note de bas de page ou de fin correspondante. Word place les notes de bas de page à la fin de chaque page et les notes de fin à la fin du document. Vous insérez et gérez ces notes à l'aide des outils du groupe Notes de bas de page de l'onglet Références. Vous ajoutez plusieurs notes de bas de page au bulletin.

ÉTAPES

PROBLÈME

Remontez au besoin dans le document pour voir la marque d'appel de note ; défilez ensuite vers le bas pour voir la note de bas de page.

1. **Appuyez sur [Ctrl][↖], placez le point d'insertion à la fin du premier paragraphe dans la deuxième colonne de texte (après « de qualité. »), ouvrez l'onglet Références, puis cliquez sur le bouton Insérer une note de bas de page dans le groupe Notes de bas de page.**

   Une marque d'appel de note, ici un 1 en exposant, s'inscrit après « qualité. » et le point d'insertion se déplace sous un trait de séparation au bas de la page. Une marque d'appel de note peut être un chiffre, un symbole, un caractère ou une combinaison de caractères.

2. **Tapez Le comportement est un facteur crucial, peu importe la qualité de l'hébergement. Par exemple, sortir à l'extérieur dans une région où la malaria est endémique pourrait vous exposer à contracter la maladie.**

   Le texte de la note de bas de page s'affiche sous le trait de séparation au bas de la page 1 (figure D-14).

ASTUCE

Pour changer le format de numérotation des marques d'appel de note ou utiliser un symbole au lieu d'un caractère, cliquez sur le lanceur 🔲 du groupe Notes de bas de page, faites vos choix d'options dans la boite de dialogue Notes de bas de page et de fin de document, puis cliquez sur Appliquer.

3. **Défilez jusqu'au milieu inférieur de la page 3, placez le point d'insertion à la fin de « Médicaments pris régulièrement à la maison » dans la deuxième colonne, cliquez sur le bouton Insérer une note de bas de page, puis tapez Tous les médicaments doivent être rangés dans votre bagage à main, dans leur contenant original clairement étiqueté.**

   Le texte de la deuxième note de bas de page apparait au bas de la deuxième colonne de la page 3.

4. **Placez le point d'insertion à la fin de « Écran solaire » dans la liste à puces de la deuxième colonne, cliquez sur Insérer une note de bas de page, puis tapez FPS d'au moins 15.**

   Le texte de la troisième note de bas de page apparait sous le texte de la deuxième note au bas de la page 3.

5. **Placez le point d'insertion après « Gants jetables » dans la première colonne, cliquez sur Insérer une note de bas de page, tapez Au moins deux paires, placez le point d'insertion après « Ciseaux, épingles de nourrice et pince à épiler » dans la première colonne, cliquez sur Insérer une note de bas de page, puis tapez Ranger ces articles dans les bagages enregistrés.**

   Observez qu'au moment où vous avez inséré une nouvelle note de bas de page entre les notes existantes, Word a automatiquement renuméroté les notes. La nouvelle note de bas de page est affichée au bas de la première colonne de la page 3 (figure D-15).

6. **Appuyez sur [Ctrl][↖], cliquez sur Note de bas de page suivante dans le groupe Notes de bas de page.**

   Le point d'insertion se déplace à la première marque d'appel de note dans le document.

ASTUCE

Pour convertir toutes les notes de bas de page en notes de fin, cliquez sur le lanceur 🔲 du groupe Notes de bas de page, cliquez sur Convertir, cliquez sur OK, puis sur Fermer.

7. **Cliquez sur Note de bas de page suivante, appuyez sur [Suppr] pour sélectionner la marque d'appel de note 2 et appuyez de nouveau sur [Suppr].**

   La marque d'appel de note et la note de bas de page associée sont effacées du document et les autres notes sont renumérotées automatiquement. Vous devez sélectionner une marque d'appel de note pour supprimer une note de bas de page ; il est impossible de supprimer uniquement le texte de la note.

8. **Appuyez sur [Ctrl][↖] et enregistrez les changements.**

Mettre des documents en forme

FIGURE D-14 : Notes de bas de page dans le document

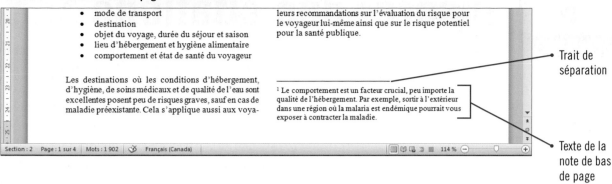

Trait de séparation

Texte de la note de bas de page

FIGURE D-15 : Notes de bas de page renumérotées dans le document

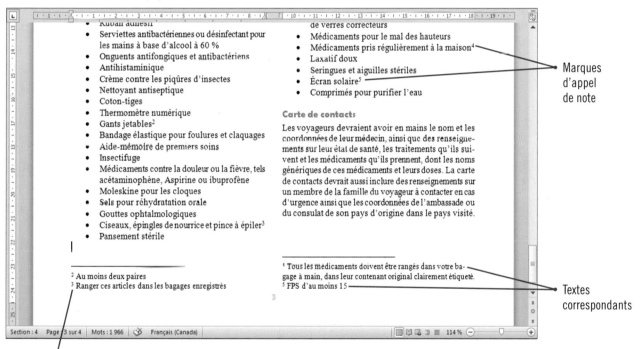

Marques d'appel de note

Textes correspondants

Notes de bas de page renumérotées quand une nouvelle note est ajoutée

Insérer des citations

La fonction Références de Word vous permet de faire le suivi des sources que vous consultez lors de la rédaction de mémoires de recherche, de rapports et autres document. Elle facilite aussi l'insertion de citations dans un document. Une **citation** est une référence mise entre parenthèses dans le texte qui mentionne la source d'une citation ou autre renseignement utilisé dans le document. Les citations comprennent d'ordinaire le nom de l'auteur et, pour les sources imprimées, un numéro de page. Lorsque vous insérez une citation, vous pouvez utiliser une source existante ou en créer une nouvelle. Chaque fois que vous créez une source, ses informations sont enregistrées dans votre ordinateur et deviennent ainsi disponibles pour tout autre document. ▨▨▨ Votre bulletin comprend déjà deux citations. Vous lui en ajoutez plusieurs autres.

ÉTAPES

1. **Placez le point d'insertion après « visites familiales » mais avant le point à la fin du premier paragraphe de la première colonne, déroulez la liste de la commande Style dans le groupe Citations et bibliographie, puis cliquez sur MLA, sixième édition.**

   Vous mettrez en forme les sources et les citations présentes dans le bulletin en utilisant le style recommandé par la *Modern Language Association* (MLA).

2. **Cliquez sur le bouton Insérer une citation dans le groupe Citations et bibliographie.**

   Une liste des sources déjà utilisées dans le document s'ouvre. Vous avez le choix de citer une de ces sources, d'en créer une nouvelle ou d'ajouter un espace réservé pour une source. Lorsque vous ajoutez une nouvelle citation, sa source est ajoutée à la liste des sources maitresses stockée sur votre ordinateur. La nouvelle source est également associée au document.

3. **Cliquez sur Ajouter une nouvelle source, déroulez la liste Type de source dans la boite de dialogue Créer une source, examinez les différents types de source offerts, cliquez sur Rapport, puis sur la case à cocher Entreprise Auteur.**

   Vous sélectionnez le genre de source et entrez les renseignements sur la source dans la boite de dialogue Créer une source. Les champs proposés dans cette boite varient selon le type de source choisi.

4. **Entrez les données présentées à la figure D-16 dans la boite de dialogue, puis cliquez sur OK.**

   La citation (Organisation mondiale du tourisme) apparait à la fin du paragraphe. Comme la source est une publication imprimée, vous devez y inclure un numéro de page.

5. **Cliquez sur la citation pour la sélectionner, déroulez la liste Options de citation à droite de la citation, puis cliquez sur Modifier la citation.**

   La boite de dialogue Modifier la citation s'affiche (figure D-17).

6. **Tapez 19 dans la zone de texte Pages, puis cliquez sur OK.**

   Le numéro de page 19 est ajouté à la citation.

7. **Défilez vers le bas, placez le point d'insertion à la fin du texte en italique (après «contracter une maladie.»), cliquez sur le bouton Insérer une citation, cliquez sur Ajouter une nouvelle source, entrez les données illustrées à la figure D-18, puis cliquez sur OK.**

   Une citation pour la publication web d'où est tirée la citation est ajoutée au bulletin. Aucun numéro de page n'est utilisé puisque la source est un site web.

8. **Allez au bas de la page 2, cliquez sous le tableau, tapez Source:, mettez Source: en italique, cliquez après Source :, cliquez sur Insérer une citation, puis cliquez sur Johnson, Margaret dans la liste des sources.**

   La citation (Johnson) apparait sous le tableau.

9. **Cliquez sur la citation, déroulez la liste Options de citation, cliquez sur Modifier la citation, tapez 55 dans la zone Pages, cliquez sur OK, puis enregistrez les changements.**

   Le numéro de page 55 est ajouté à la citation.

FIGURE D-16 : Ajout d'une source de type Rapport

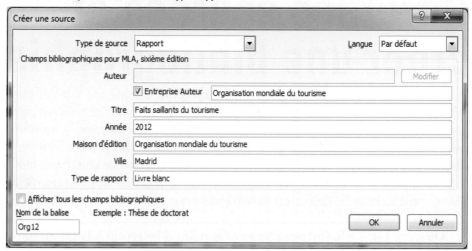

FIGURE D-17 : Boite de dialogue Modifier la citation

Citation sélectionnée dans le contrôle de contenu

Flèche dc liste Options de citaton

FIGURE D-18 : Ajout d'une source provenant d'un site web

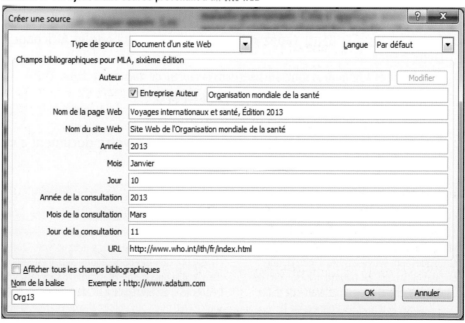

Mettre des documents en forme

Gérer les sources et créer une bibliographie

De nombreux documents nécessitent une **bibliographie**, à savoir une liste des sources utilisées durant la rédaction du document. La liste des sources peut inclure uniquement les ouvrages cités dans votre document (une liste des ouvrages cités) ou à la fois les ouvrages cités et les ouvrages consultés (une bibliographie). La fonction Bibliographie de Word permet de générer automatiquement une liste des sources citées ou une bibliographie en fonction des informations relatives aux sources que vous fournissez pour le document. La boite de dialogue Gestionnaire de source vous aide à organiser vos sources. ░░░░ Vous ajoutez une bibliographie au bulletin. Celle-ci est insérée en tant que champ et peut être mise en forme à votre gré.

ÉTAPES

ASTUCE

Vous devez copier les sources de la Liste principale à la Liste active si vous voulez qu'elles soient disponibles lorsque vous ouvrez le document sur un autre ordinateur.

1. **Appuyez sur [Ctrl][Fin] pour amener le point d'insertion à la fin du document, puis cliquez sur le bouton Gérer les sources dans le groupe Citations et bibliographie.**

   La boite de dialogue Gestionnaire de Source s'ouvre (figure D-19). La Liste principale montre les sources disponibles sur votre ordinateur et la Liste active, les sources disponibles dans le document actif. Une coche en regard d'une source indique que celle-ci est citée dans le document. Vous utilisez les outils du Gestionnaire de source pour ajouter, modifier et supprimer des sources dans les listes et pour copier des sources entre la Liste principale et la Liste active. Les sources affichées dans la Liste active sont celles qui apparaitront dans la bibliographie.

2. **Cliquez sur la source Baker, Mary dans la Liste active.**

   Un aperçu de la citation et de l'entrée de bibliographie pour la source au style MLA apparait dans la zone d'aperçu. Vous ne souhaitez pas inclure cette source dans la bibliographie de votre bulletin.

3. **Cliquez sur Supprimer.**

   La source est retirée de la Liste active.

4. **Cliquez sur Fermer, cliquez sur le bouton Bibliographie dans le groupe Citations et bibliographie, cliquez sur Bibliographie, défilez vers le haut pour voir l'intitulé Bibliographie au sommet du champ.**

   Un champ Bibliographie est ajouté à l'emplacement du point d'insertion. La bibliographie comprend toutes les sources associées au document, lesquelles sont mises en forme conformément au style MLA applicable aux bibliographies. Le texte dans le champ Bibliographie est mis en forme avec les styles par défaut. Vous voulez formater le texte de façon qu'il s'assortisse au reste de votre bulletin.

PROBLÈME

Ne vous inquiétez pas si la liste des sources devient grise quand vous sélectionnez l'intitulé Bibliographie. Cela indique simplement que le champ Bibliographie est actif. Le texte sélectionné est mis en évidence en bleu.

5. **Sélectionnez Bibliographie. Appliquez les mises en forme suivantes : Berlin Sans FB Demi, gras et la couleur de police Bleu, Accentuation 1. Faites glisser le curseur de manière à sélectionner toute la liste et changez la taille de la police à 11. Cela fait, cliquez à l'extérieur de la bibliographie pour la désélectionner.**

   Le format du texte de la bibliographie correspond désormais à celui du reste du bulletin.

6. **Appuyez sur [Ctrl][Fin], tapez votre nom, cliquez sur l'onglet Affichage, puis cliquez sur Deux pages.**

   Les pages 3 et 4 terminées sont affichées dans la fenêtre de document (figure D-20).

7. **Défilez vers le haut jusqu'à voir les pages 1 et 2.**

   Les pages 1 et 2 terminées sont illustrées à la figure D-20.

8. **Enregistrez les changements, donnez une copie de votre document à votre formateur, fermez le fichier et quittez Word.**

Travailler avec des sources du web

Les publications trouvées sur le web peuvent être problématiques. De nombreux sites web sont accessibles sous différents domaines et les URL changent souvent ou sont si longues qu'elles sont difficiles à taper. De plus, les publications électroniques sont souvent mises à jour, ce qui rend la visite d'un site web quasi unique. C'est pourquoi, lorsqu'on cite une source dans un document géré recherche, il est préférable de se fier aux informations concernant l'auteur, le titre et les données de la publication web. Si possible, incluez une URL comme complément d'information seulement, ainsi que la dernière date de mise à jour du site et la date à laquelle vous y avez accédé. Quel que soit le format choisi pour citer des publications web, il est important d'être homogène dans tout le document. Et comme la suppression de sites web est fréquente, il est aussi judicieux de télécharger et/ou imprimer toute source web que vous utilisez afin de pouvoir la vérifier ultérieurement.

FIGURE D-19 : Boite de dialogue Gestionnaire de source

Votre Liste principale de sources contiendra les deux sources que vous avez ajoutées et soit aucune autre source ou des sources supplémentaires différentes

Aperçu de la citation et de l'entrée de bibliographie pour la source sélectionnée au format MLA (tel que défini par Word)

Liste des sources associées au document

Une coche indique que la source est citée dans le document

Votre zone d'aperçu peut présenter une autre source

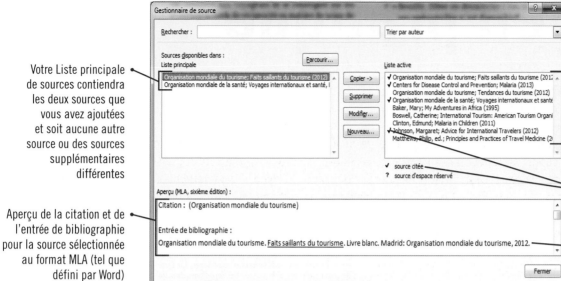

FIGURE D-20 : Pages 3 et 4 terminées

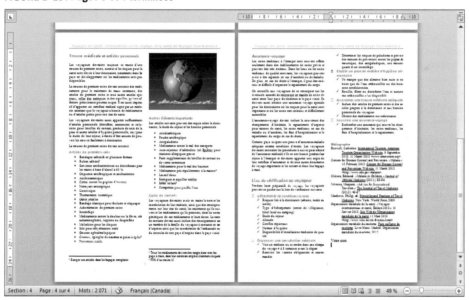

FIGURE D-21 : Pages 1 et 2 terminées

Mise en pratique

Révision des concepts

Identifiez chaque élément de la figure D-22.

FIGURE D-22

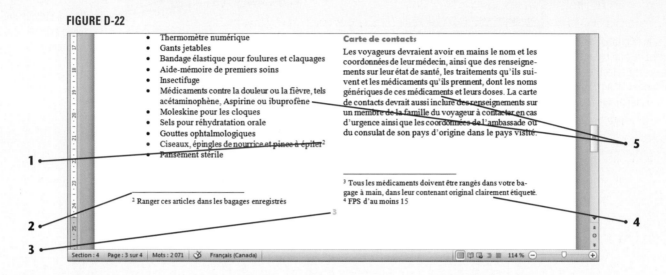

Associez chaque terme à sa description

6. **Tableau**
7. **Saut de page manuel**
8. **Saut de section**
9. **Pied de page**
10. **En-tête de page**
11. **Citation**
12. **Champ**
13. **Marge**
14. **Bibliographie**

a. Référence entre parenthèses dans le texte et qui mentionne une source.

b. Zone vide entre le bord du texte et le bord de la page.

c. Repère de mise en forme qui divise un document en parties qui peuvent être mises en forme de manière différente.

d. Texte ou graphisme qui apparait au bas de chaque page d'un document.

e. Espace réservé à une information variable.

f. Marque de mise en forme obligeant le texte qui la suit à passer au sommet de la page suivante.

g. Texte ou graphisme qui apparait au sommet de chaque page d'un document.

h. Liste des sources utilisées pour créer un document.

i. Grille de colonnes et de rangées que vous pouvez remplir de texte et de graphismes.

Sélectionnez la meilleure réponse à chaque question.

15. Quel type de saut insérez-vous pour équilibrer les colonnes d'une section ?

  a. Saut de page manuel

  b. Saut de retour à la ligne

  c. Saut de colonne

  d. Saut de section continu

16. Quel type de saut pouvez-vous insérer pour contraindre le texte à passer à la page suivante ?

  a. Saut de retour à la ligne

  b. Saut de section continu

  c. Saut de page automatique

  d. Saut de section Page suivante

17. Lequel des éléments suivants ne peut pas être inséré avec la commande QuickPart ?

  a. Propriété de document

  b. Bloc de construction Insertion automatique

  c. Saut de page

  d. Champ de numéro de page

18. Que trouve-t-on toujours dans document ayant des pages en vis-à-vis ?

  a. Des marges intérieures et extérieures

  b. Des en-têtes et pieds de première page différents

  c. Des marges de reliure

  d. Une orientation Paysage

19. Comment appelle-t-on des éléments de contenu formatés qui sont stockés dans des galeries ?

  a. Champ

  b. En-tête

  c. Propriété

  d. Blocs de construction

20. Lequel des éléments suivants apparait à la fin d'un document ?

  a. Citation

  b. Note de fin

  c. Pied de page

  d. Saut de page

Révision des techniques

1. Définir les marges du document.

  a. Démarrez Word, ouvrez le fichier WD D-2.docx de votre dossier Projets, puis enregistrez-le sous le nom **WD D-Centre Dynamo**.

  b. Changez les marges à Modéré, soit 2,54 cm en haut et en bas et 1,91 cm à gauche et à droite.

  c. Enregistrez les modifications.

2. Créer des sections et des colonnes.

  a. Affichez les repères de mise en forme puis, s'il y a lieu, personnalisez la barre d'état de manière à y afficher les sections.

  b. Insérez un saut de section continu avant l'intitulé **Bienvenue au Centre de santé Dynamo**.

  c. Mettez le texte de la section 2 sur deux colonnes, puis enregistrez les changements.

3. Insérer des sauts de page.

  a. Défilez jusqu'à la page 3, puis insérez un saut de page manuel devant le titre **Installations et services**.

  b. Défilez vers le bas et insérez un saut de page manuel devant le titre **Adhésion**, puis appuyez sur [Ctrl][↖].

  c. À la page 1, sélectionnez l'intitulé **Bienvenue au Centre de santé Dynamo** et la marque de paragraphe qui le suit, utilisez le bouton Colonnes pour formater la sélection sur une seule colonne, puis centrez l'intitulé sur la page.

  d. Répétez les directives de l'étape c pour mettre en forme sur une seule colonne et centrer l'intitulé **Installations et services** et la marque de paragraphe qui le suit à la page 3, et l'intitulé **Adhésion** et la marque de paragraphe qui le suit à la page 4. Enregistrez les modifications.

4. Insérer des numéros de page.

  a. Insérez des numéros de page au bas des pages. Sélectionnez le style Numéro normal 2 dans la galerie.

  b. Fermez la zone de pied de page, faites défiler le document pour voir les numéros de page sur chaque page, puis enregistrez les changements.

5. Ajouter des en-têtes et des pieds de page.

  a. Double-cliquez dans la marge au sommet de la page pour ouvrir les zones En-tête et Pied de page.

  b. Le point d'insertion étant dans la zone En-tête, cliquez sur le bouton QuickPart du groupe Insérer de l'onglet Outils En-têtes et pieds de page, pointez Propriété du document, puis cliquez sur Auteur.

Révision des techniques (suite)

c. Remplacez le texte du contrôle de contenu Auteur par votre nom, appuyez sur [Fin] pour sortir le point d'insertion du contrôle de contenu, puis appuyez sur [Espace]. (*Remarque* : Si votre nom ne s'affiche pas dans l'en-tête, cliquez sur bouton droit sur le contrôle de contenu Auteur, cliquez sur Supprimer le contrôle de contenu, puis tapez votre nom dans l'en-tête.)

d. Cliquez sur le bouton Insérer une tabulation d'alignement dans le groupe Position, sélectionnez le bouton d'option Droite et gardez l'alignement par rapport à la marge. Cliquez sur OK dans la boite de dialogue pour amener le point d'insertion à la marge de droite.

e. Utilisez la commande Date et heure du groupe Insérer pour insérer la date du jour au format de votre choix en tant que texte statique. (*Astuce* : Assurez-vous que la case à cocher Mettre à jour automatiquement n'est pas cochée.)

f. Mettez tout le texte de l'en-tête en italique.

g. Déplacez le point d'insertion dans la zone Pied de page.

h. Double-cliquez sur le numéro de page pour le sélectionner, puis appliquez-lui du gras et de l'italique.

i. S'il y a lieu, déplacez le point d'insertion dans l'en-tête de la page 1, utilisez l'onglet Création des Outils En-têtes et pieds de page pour créer un en-tête différent pour la première page du document, tapez votre nom dans la zone Premier en-tête puis mettez votre nom en italique.

i. Fermez l'en-tête et le pied de page, examinez chaque page, puis enregistrez les changements.

6. Insérer un tableau.

a. À la page 4, sélectionnez le mot **Tableau** à la fin de la section Tarifs d'abonnement, appuyez sur [Suppr], puis insérez un tableau deux colonnes et cinq rangées.

b. Appliquez au tableau le style Liste claire – accent 4 de couleur violette.

c. Appuyez sur [Tab] pour laisser la première cellule de l'en-tête vide, puis tapez **Tarif**.

d. Appuyez sur [Tab], puis tapez le texte qui suit dans le tableau en appuyant sur [Tab] pour aller d'une cellule à l'autre.

Inscription/Individuel	**100 $**
Inscription/Couple	**150 $**
Abonnement mensuel/Individuel	**35 $**
Abonnement mensuel/Couple	**60 $**

e. Le point d'insertion toujours dans le tableau, cliquez du bouton droit sur le tableau, utilisez la commande Ajustement automatique pour ajuster le tableau au contenu, puis pour l'ajuster à la fenêtre. (*Remarque* : Dans ce cas, l'ajustement automatique à la fenêtre ajuste le tableau à la largeur de la colonne.)

f. Enregistrez les modifications.

7. Ajouter des notes de bas de page et des notes de fin

a. Appuyez sur [Ctrl][↖], défilez vers le bas, placez le point d'insertion à la fin du premier paragraphe de texte, insérez une note de bas de page, puis tapez **Les gens actifs vivent plus longtemps et se sentent mieux.**

b. Amenez le point d'insertion à la fin du premier paragraphe de la rubrique Bienfaits de l'exercice, insérez une note de bas de page, puis tapez **Chaque journée compte 1 440 minutes. Réservez-en 30 à l'activité physique.**

c. Amenez le point d'insertion à la fin du premier paragraphe de la rubrique Astuces pour rester motivé, insérez une note de bas de page, puis tapez **Consultez toujours votre médecin avant de commencer un programme d'activité physique.**

8. Insérer des citations

a. Placez le point d'insertion à la fin du deuxième paragraphe de la rubrique Bienfaits de l'exercice, (après « par rapport à 2010 » mais avant le point), puis changez le style des citations et de la bibliographie à MLA, sixième édition.

b. Insérez une citation, ajoutez une nouvelle source, entrez dans la boite de dialogue Créer une source les renseignements présentés dans la figure D-23, puis cliquez sur OK.

FIGURE D-23

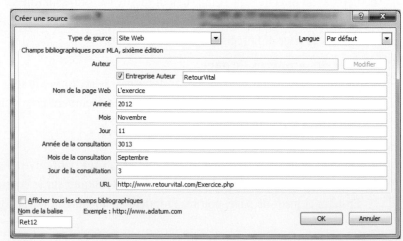

Révision des techniques (suite)

c. Amenez le point d'insertion à la fin de la citation en italique dans la deuxième colonne (avant le point), insérez une citation, puis sélectionnez **Hébert, Laure** dans la liste des sources.

d. Modifiez la citation afin d'y inclure le numéro de page **25**.

e. Défilez jusqu'à la page 2, placez le point d'insertion avant le point final du paragraphe « Faites vos exercices le matin », insérez une citation pour **Jogging International**, puis enregistrez les changements.

9. Gérer les sources et créer une bibliographie

a. Appuyez sur [Ctrl][Fin], puis ouvrez la boite de dialogue Gérer les sources.

b. Sélectionnez la source *Cœur, Fondation des maladies du cœur* dans la Liste active, cliquez sur Modifier, cochez la case Entreprise Auteur, modifiez l'entrée afin qu'elle se lise **Fondation des maladies du cœur**, cliquez sur OK, cliquez encore sur OK si vous y êtes invité, puis cliquez sur Fermer.

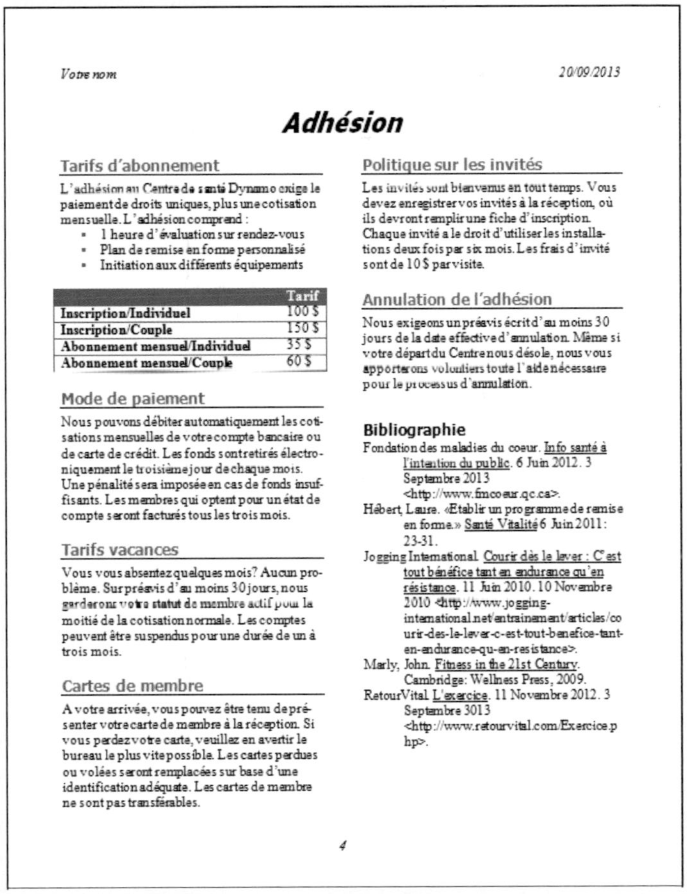

c. Insérez une bibliographie.

d. Sélectionnez Bibliographie, puis changez la police à Tahoma, 14 pt, noir. Les pages 1 et 4 du document mis en forme sont illustrées dans la figure D-24.

e. Enregistrez les modifications, fermez le document et quittez Word.

FIGURE D-24

Exercice personnel 1

Vous êtes propriétaire d'une petite entreprise de restauration appelée Traiteur La Grosse pomme. Vous avez commencé à travailler sur le texte d'une brochure publicitaire et vous êtes prêt à faire la mise en page et à organiser la disposition finale des pages. La brochure sera imprimée recto verso sur du papier au format 8½" × 11", et sera pliée en trois.

a. Démarrez Word, ouvrez le fichier WD D-3.docx de votre dossier Projets, puis enregistrez-le sous le nom **WD D-Grosse pomme**. Lisez-le pour vous faire une idée de son contenu.

b. Changez l'orientation de la page à paysage et donnez une taille de 1,5 cm aux quatre marges.

c. Mettez le texte du document en trois colonnes de largeur égale.

d. Insérez un saut de section page suivante avant le titre **Services de traiteur**.

e. À la page 1, insérez des sauts de colonne avant les titres **Exemple de banquet toscan** et **Exemple de banquet indien**.

f. Changez l'espacement entre les colonnes de la section 1 (qui est la page 1) à 1 cm, ajoutez des lignes séparatrices aux colonnes de cette page, puis centrez le texte dans les colonnes.

g. Double-cliquez dans la marge inférieure pour ouvrir la zone Pied de page, créez un en-tête et un pied de page différents pour la première page, puis tapez **Appelez-nous pour un menu personnalisé conçu en fonction de vos goûts et de votre budget** dans la zone Premier pied de page – Section 1.

h. Centrez le texte du pied de page, appliquez-lui la police Papyrus en 18 points et la couleur Rouge, Accentuation2, puis fermez les zones En-tête et Pied de page.

i. À la page 2, insérez un saut de colonne avant « Votre nom ». Appuyez 22 fois sur [Entrée] pour faire passer les informations de contact au bas de la deuxième colonne.

j. Remplacez « Votre nom » par votre nom, puis centrez les informations de contact dans la colonne.

k. Insérez un saut de colonne au bas de la deuxième colonne puis, dans la troisième colonne, tapez le texte présenté à la figure D-25 puis appliquez-lui le style Sans interligne. Guidez-vous sur la figure pour suivre les instructions suivantes de mise en forme de la troisième colonne.

l. Appliquez la police Papyrus, gras en 26 points à « Traiteur La Grosse pomme ».

m. Formatez le reste du texte en Papyrus 12 points. Centrez tout le texte de la troisième colonne.

n. Insérez l'image clipart présentée à la figure D-25 ou une autre image pertinente. N'habillez pas le texte autour de l'image.

o. Redimensionnez le graphique et ajoutez ou supprimez des paragraphes vides dans la troisième colonne de sorte que l'espacement entre les éléments corresponde à peu près à celui de la figure D-23.

Difficultés supplémentaires

- Insérez une autre image appropriée au bas de la première colonne de la page 2.
- Appliquez un habillage de texte à l'image, puis redimensionnez-le et placez-le de manière à rehausser l'aspect du dépliant.
- Appliquez un style d'image approprié au graphisme.

p. Enregistrez les modifications. Si possible, imprimez les deux pages du dépliant recto-verso afin de pouvoir le plier en trois.

q. Fermez le document et quittez Word.

Exercice personnel 2

Vous travaillez au service de la sécurité du campus du Collège Ste-Anne. Vous avez rédigé le texte d'un bulletin d'informations sur les règles de stationnement sur le campus et vous devez à présent le mettre en forme pour le rendre attrayant et facile à lire.

a. Démarrez Word, ouvrez le fichier WD D-4.docx de votre dossier Projets, puis enregistrez-le sous le nom **WD D-FAQ Stationnement**. Lisez-le pour vous faire une idée de son contenu.

b. Changez les quatre marges à 1,6 cm.

c. Insérez un saut de section Continu avant **1. Puis-je amener une voiture à l'école ?** (*Conseil* : Placez le point d'insertion avant Puis-je.)

d. Défilez vers le bas et insérez un saut de section Page suivante avant **Exemple de permis de stationnement**.

e. Divisez le texte de la section 2 en trois colonnes d'égale largeur avec un espacement de 0,7 cm entre les colonnes.

f. Activez la coupure automatique des mots dans le document (*Conseil* : Utilisez le bouton Coupure de mots du groupe Mise en page de l'onglet Mise en page.)

g. Ajoutez une bordure inférieure pointillée de 3 points sous le paragraphe vide placé sous « Service de la sécurité du campus du Collège Ste-Anne » (*Indice* : Placez le point d'insertion devant la marque de paragraphe sous Service de la sécurité...

h. Ouvrez la zone En-tête et inscrivez-y votre nom. Alignez-le à droite et mettez le en Arial 10 points.

i. Ajoutez le texte suivant dans le pied de page, en insérant le symbole approprié entre les mots, comme indiqué : **Bureau du stationnement et du service de navette • 54 Rue Trudel • Collège Ste-Anne • 450-555-2227**

j. Mettez le texte du pied de page en Arial Black 9 pt et centrez-le dans le pied de page. S'il y a lieu, ajustez la taille et la police afin que le texte occupe une seule ligne.

k. Appliquez une ligne pointillée de 3 pts au-dessus du pied de page. Assurez-vous bien d'appliquer la bordure au paragraphe.

l. Ajoutez un saut de section continu à la fin de la section 2 afin d'équilibrer les colonnes.

m. Insérez l'image clipart illustrée à la figure D-26 (ou un autre clipart pertinent) au-dessus de la ligne pointillée dans le coin supérieur droit du document. Assurez-vous que l'image ne masque pas la bordure. (*Astuce* : Appliquez une option d'habillage de texte au graphisme avant de le positionner.)

FIGURE D-26

Foire aux questions (FAQ)

Bureau du stationnement et du service de navette

Service de la sécurité du campus du Collège Ste-Anne

n. Amenez le point d'insertion à la page 2 (qui est la section 4). Changez les marges de gauche et de droite de la section 4 à 2,54 cm. Changez aussi l'orientation de la page à Paysage.

o. Changez l'alignement vertical de la section 4 à Centré. (*Astuce* : Utilisez l'onglet Disposition de la boite de dialogue Mise en page.)

p. Appliquez un style de tableau semblable à celui de la figure D-27. (*Astuce* : Pour rehausser les données du tableau, cochez et décochez les options dans le groupe Options de style de tableau de l'onglet Outils de tableau – Création.)

q. Enregistrez les changements, fermez le document et quittez Word.

FIGURE D-27

Exemple de permis de stationnement

Collège Ste-Anne
Bureau du stationnement et du service de navette

2013-2014—Permis Étudiant

Numéro d'immatriculation :	VA 498 359
Marque :	Toyota
Modèle :	Yaris
Année :	2007
Couleur :	Bleu
Date de délivrance :	8 septembre 2013
Date d'expiration :	4 juin 2014

Restrictions :
Le stationnement est autorisé sur le lot de la rue Lebel 24 heures par jour, 7 jours par semaine. Le service de navette est offert du stationnement au campus de 7 h à 19 h, du lundi au vendredi et n'importe où sur le campus du vendredi 16 h30 au dimanche minuit.

Exercice personnel 3

Un éditeur aimerait publier un de vos articles de vulgarisation sur la déforestation comme chapitre d'un livre à paraitre sous le titre *Les enjeux environnementaux du nouveau millénaire*. L'éditeur vous a demandé de mettre votre article en forme selon certaines indications avant de l'envoyer et vous a fourni une feuille de styles. Selon la feuille de style, les citations et la bibliographie devraient être mis en forme au moyen du style Chicago. Vous avez déjà créé les sources pour le chapitre, mais vous devez encore insérer les citations.

a. Démarrez Word, ouvrez le fichier WD D-5.docx de votre dossier Projets, puis enregistrez-le sous le nom **WD D-Chapitre 7**.

FIGURE D-28

b. Mettez tout le texte du document en High Tower Text 11 pt. Si vous ne disposez pas de cette police, choisissez-en une autre, adaptée au texte d'un livre. Justifiez tout le texte.

c. Appliquez un format de papier personnalisé de 16 cm sur 22 cm.

d. Mettez les pages en vis-à-vis (*Conseil* : Utilisez la zone de liste Afficher plusieurs pages.) Changez les marges supérieure et inférieure à 2 cm, la marge intérieure à 1 cm, la marge extérieure à 1,5 cm et créez une marge de reliure de 0,8 cm.

e. Changez le Zoom à Largeur de page. Ouvrez les zones En-tête et pied de page, puis définissez des en-têtes et des pieds de page différents pour les pages paires et impaires.

f. Dans l'en-tête des pages impaires, tapez **Chapitre 7**, insérez un symbole de votre choix, puis tapez **Importance des forêts tropicales**.

g. Mettez le texte de l'en-tête en High Tower Text, 9 pt, italique, puis alignez le texte à droite.

h. Dans l'en-tête des pages paires, tapez votre nom.

i. Mettez le texte de l'en-tête en High Tower Text, 9 pts, italique. L'en-tête de page paire doit être aligné à gauche.

j. Insérez un champ numéro de page aligné à gauche dans le pied de page paire et mettez-le en High Tower Text, 10 pt. Insérez un champ numéro de page aligné à droite dans le pied de page impair, puis mettez-le en High Tower Text, 10 pt.

k. Modifiez la numérotation de sorte que la première page du chapitre 7 commence à la page 101. (*Indice* : Sélectionnez le champ Numéro de page, cliquez sur le bouton Numéro de page, puis sur Format des numéros de page.)

l. Allez au début du document, appuyez 10 fois sur [Entrée], tapez **Chapitre 7 : Importance des forêts tropicales**, appuyez deux fois sur [Entrée], tapez votre nom, puis appuyez sur deux fois sur [Entrée].

m. Formatez le titre du chapitre en Calibri 16 pt gras, votre nom en Calibri 14 pt, puis alignez le titre et votre nom à gauche.

n. Ouvrez l'onglet Références et assurez-vous que le style actif pour les citations et la bibliographie est le Chicago, quinzième édition. Placez le point d'insertion à la fin de premier paragraphe de texte de la page 1 mais avant le point, insérez une citation pour ROPER, John, puis ajoutez le numéro de page 40 à la citation (figure D-28).

o. Ajoutez au document les citations présentées dans le tableau D-3 en vous servant des sources qui lui sont déjà associées.

TABLEAU D-3

Page	Emplacement de la citation	Source	Numéro de page
2	Fin du premier paragraphe (après « … et érodent le sol », mais avant le point.	CMFDD	3
3	Fin du deuxième paragraphe complet (après « l'étalon économique que l'on utilise » mais avant le point.	NOUBISSIE, Désiré	135
4	Fin du premier paragraphe (après « nouvelles terres à cultiver » mais avant le point.	CMFDD	5
4	Dernier paragraphe (après « dernière moitié du XXᵉ siècle », mais avant le point	FAO, Situation des forêts du monde 2009	Aucun
5	Fin de troisième paragraphe (après « huile de palme) » mais avant le point	ROPER, John	55
6	Dans le dernier paragraphe après « qu'il y en a d'autres » mais avant le point.	FAO Forêts	7
6	Fin du premier paragraphe du point 3 après « dans lequel ils se trouvent » mais avant le point	FAO, Situation des forêts du monde 2009	142

Exercice personnel 3 (suite)

p. Appuyez sur [Ctrl][Fin] et insérez une liste des travaux cités. Appliquez la police High Tower Text 11 pt, noir gras au titre Travaux cités. Puis appliquez la police High Tower Text 10 pt à la liste des ouvrages cités.

Difficultés supplémentaires

- Allez à la page 6 du document, défilez vers le bas, placez le point d'insertion devant la marque de paragraphe au-dessus de « (Source FAO, 2005) » et appuyez sur [Entrée]. Tapez **Tableau 1 : Les cinq têtes d'affiche de la déforestation**, mettez ce texte en gras et appuyez sur [Entrée] deux fois.

- Insérez un tableau de trois colonnes et six lignes.

- Tapez le texte de la figure D-29 dans le tableau. Ne vous inquiétez pas si le texte passe à la ligne suivante dans une cellule.

FIGURE D-29

Pays	Classement	Pertes annuelles en acres
Brésil	1	2 550 000
Indonésie	2	1 080 000
Congo	3	740 000
Bolivie	4	580 000
Mexique	5	510 000

- Appliquez le style Liste claire au tableau. Vérifiez que le texte de la ligne d'en-tête est en gras et, s'il y a lieu, supprimez tout autre attribut gras dans les autres rangées de texte.

- Ajustez le tableau au contenu, puis ajustez-le à la fenêtre.

q. Enregistrez les modifications, fermez le document et quittez Word.

Défi

Les rapports de recherche sont l'une des formes de documents qui permet le mieux d'utiliser les fonctions de mise en page de Word. Le format recommandé par le *MLA Handbook for Writers of Research Papers*, un guide de stylistique qui comprend des renseignements sur la préparation, la rédaction et la mise en forme des rapports de recherche est le format standard utilisé par de nombreux collèges et universités. Dans cet exercice, vous allez étudier les lignes directrices du MLA pour la mise en forme d'un rapport de recherche et mettre en pratique les directives trouvées pour formater les pages d'un exemple de rapport de recherche.

a. Utilisez votre outil de recherche préféré pour explorer le web et y trouver des informations sur la mise en page d'un rapport de recherche au moyen du protocole MLA. Utilisez les mots-clés **style MLA** et **mise en page de rapports de recherche** pour votre recherche.

b. Recherchez des renseignements sur les aspects suivants de la présentation d'un rapport de recherche : taille du papier, marges, page de titre ou première page du rapport, interlignage, retrait des paragraphes et numéros de page. Trouvez aussi des informations sur le format adéquat des citations et de la page des travaux cités. Imprimez les résultats de vos recherches.

c. Démarrez Word, ouvrez le fichier WD D-6.doc de votre dossier Projets et enregistrez-le sous le nom **WD D-Rapport de recherche**. Mettez ce document forme comme un rapport de recherche en vous servant des renseignements recueillis.

d. Ajustez les marges, réglez l'interlignage et ajoutez des numéros de page au document en utilisant le format recommandé par le MLA. Entrez **Histoire des Maori de Nouvelle-Zélande** comme titre de votre rapport, utilisez votre nom comme nom de l'auteur, utilisez le nom du cours que vous suivez actuellement ainsi que le nom de votre formateur. Veillez à mettre la page de titre en forme exactement comme l'indique le MLA.

e. Formatez le reste du texte comme corps de votre rapport de recherche. Mettez la première ligne de chaque paragraphe en retrait au lieu d'utiliser un quadruple espacement entre les paragraphes.

f. Créez trois sources, insérez trois citations dans le document – un livre, un article de journal et un site web – et créez une page des travaux cités en suivant les directives du MLA. Au besoin, modifiez le format des citations et de la page des travaux cités de façon qu'il se conforme aux règles du protocole MLA. (*Remarque* : Pour cet exercice de pratique, vous êtes autorisé à inventer des sources. Mais ne le faites jamais pour de véritables rapports de recherche.)

g. Enregistrez le document, fermez le document et quittez Word.

Atelier visuel

Ouvrez le fichier WD D-7.docx de votre dossier Projets, puis modifiez-le pour reproduire l'article illustré à la figure D-30. (*Conseil* : Changez toutes les marges à 1,4 cm. Ajoutez les notes de bas de page illustrées dans la figure. Pour trouver le clipart de la fleur, faites votre recherche sur les mots fleurs sauvages et assurez-vous que seule la case Photographies est cochée dans la zone de liste *Les résultats devraient être* du volet **Images clipart**. Sélectionnez un clip différent si celui de la figure n'est pas disponible.) Enregistrez le document sous le nom **WD D-Coin du jardinier**, puis imprimez-le.

FIGURE D-30

LE COIN DU JARDINIER

Aménager un jardin de vivaces

Par Votre nom

Contrairement aux annuelles qu'il faut semer ou planter à chaque saison, les vivaces repoussent et refleurissent pendant des dizaines d'années. Un jardin de vivaces bien aménagé est d'entretien facile et vous permettra de rêvasser en toute sérénité. De nombreux jardiniers amateurs ne savent cependant pas comment réaliser un tel jardin, ce à quoi notre article tentera de répondre.

Nettoyage

Le nettoyage d'un jardin de vivaces peut se faire graduellement. En effet, les plantes se fanant à des rythmes différents, vous pouvez en faire un petit peu chaque semaine.

- Délignez les massifs et les bordures et enlevez les tuteurs et autres supports.
- Déterrez et divisez les iris, hémérocalles et autres plantes à floraison hâtive.
- Coupez les plantes lorsque le feuillage commence à se détériorer; ratissez tous les débris hors du jardin et enlevez les mauvaises herbes restantes.

Plantation

L'automne est la meilleure saison pour planter les vivaces[1]. Les journées chaudes et ensoleillées et les nuits fraîches forment des conditions idéales pour la croissance des nouvelles racines.

- Creusez profondément et engraissez le sol de matière organique.
- Employez un engrais de départ pour accélérer la croissance des nouvelles racines.
- Démêlez les racines des nouveaux plants avant de les planter.
- Arrosez abondamment selon les conditions atmosphériques et gardez les plantes humides plusieurs jours après la plantation.

Compostage

La matière organique est l'ingrédient clé d'un sol sain. Le compostage ajoute des nutriments au sol, l'aide à retenir l'eau et le garde bien aéré. Un sol bien entretenu et nourri vous assurera des plantes robustes et résistantes aux maladies[2].

Avant de composter, allégez la surface du sol sur quelques centimètres de profondeur à l'aide d'un râteau en fer. Étendez de 3 à 5 cm de compost sur toute la surface du jardin puis évitez de marcher sur la zone afin de ne pas compacter le sol.

Faut-il recouvrir d'un paillis?

La protection hivernale des massifs de vivaces ne peut qu'aider les plantes à survivre à l'hiver, en contrant les cycles de gel et de dégel qui perturbent les plantes et peuvent causer leur mort. Voici ce qui est correct et incorrect :

- Toujours appliquer le paillis sur un sol gelé.
- Ne jamais utiliser de foin générique car il contient des milliards de graines d'herbe. De plus, les paillis de feuilles et d'écorce retiennent trop d'humidité[3].
- Utilisez un matériau lâche pour favoriser la filtration de l'air. La paille et le foin de marais salé font d'excellents paillis.
- Enlevez le paillis au printemps, dès que la croissance des plantes recommence.

---

[1] L'automne est aussi idéal pour planter arbres et arbustes.

[2] Vous pouvez acheter le compost ou le faire vous-même à la maison à partir des déchets de cuisine. Cette méthode permet de réduire vos rebuts de près d'un tiers.

[3] Si vous utilisez des feuilles, ne prenez que des feuilles rigides, comme celles du chêne ou du hêtre. Les feuilles molles, telles celles de l'érable, rendent la filtration de l'air et de l'eau difficile.

Créer et mettre en forme des tableaux

Vous aurez besoin de ces fichiers :

WD E-1.docx
WD E-2.docx

Les tableaux sont utiles pour afficher de l'information à des fins de référence rapide et d'analyse. Dans ce module, vous apprendrez à créer et modifier un tableau dans Word, à trier les données du tableau et à effectuer des calculs. Vous verrez aussi comment mettre un tableau en forme au moyen de bordures et de trames de fond et comment utiliser un tableau pour structurer la disposition d'une page. Vous préparez un budget pour une campagne de publicité ciblant le marché montréalais. Cette campagne a pour but de promouvoir les voyages dans le Sud durant l'hiver. Vous décidez de présenter les données du budget sous forme de tableau afin qu'il soit facile à lire et à analyser.

OBJECTIFS

Insérer un tableau

Insérer et supprimer des rangées et des colonnes

Modifier des rangées et des colonnes

Trier les données d'un tableau

Fractionner et fusionner des cellules

Effectuer des calculs dans un tableau

Appliquer un style de tableau

Créer un format de tableau personnalisé

Insérer un tableau

Un **tableau** est une grille composée de rangées et de colonnes de cellules que vous pouvez remplir de texte et de graphismes. Une **cellule** est une boite formée par l'intersection d'une colonne et d'une rangée. Les traits qui séparent les colonnes et les rangées et vous aident à voir la structure de grille d'un tableau sont appelés **bordures**. Vous pouvez créer un tableau dans un document à l'aide de la commande Tableau du groupe Tableaux de l'onglet Insertion. Une fois le tableau créé, vous pouvez y insérer du texte et des graphismes. Vous commencez par insérer un tableau vierge puis vous y ajoutez du texte.

ASTUCE

Si les règles ne sont pas déjà visibles, cliquez sur le bouton Règle au sommet de la barre de défilement vertical pour les afficher.

1. **Démarrez Word, ouvrez l'onglet Affichage, puis cliquez sur le bouton Largeur de la page du groupe Zoom.**

2. **Ouvrez l'onglet Insertion, puis cliquez sur le bouton Tableau du groupe Tableaux.**

   Le menu Insérer un tableau s'ouvre. Il comprend une grille permettant de sélectionner le nombre de colonnes et de rangées à inclure dans le tableau, ainsi que plusieurs commandes d'insertion de tableau. Ces commandes sont décrites dans le tableau E-1. À mesure que vous déplacez le pointeur dans la grille, un aperçu du tableau comportant le nombre de colonnes et de rangées correspondant apparait au point d'insertion dans le document.

3. **Pointez la deuxième boite dans la 4ᵉ rangée pour sélectionner un tableau de 4×2, puis cliquez.**

   Un tableau de deux colonnes et quatre rangées est inséré dans le document (figure E-1). Les cellules du tableau sont entourées de bordures noires et le point d'insertion clignote dans la première cellule de la première rangée.

PROBLÈME

Ne vous inquiétez pas si l'espacement des paragraphes sous le texte est différent dans votre tableau de celui illustré dans les figures.

4. **Tapez Emplacement et appuyez sur [Tab].**

   Appuyer sur [Tab] déplace le point d'insertion dans la cellule suivante de la rangée.

5. **Tapez Coût, appuyez sur [Tab], puis tapez La Presse.**

   Appuyer sur [Tab] à la fin d'une rangée déplace le point d'insertion dans la première cellule de la rangée suivante.

6. **Appuyez sur [Tab], tapez 27[Ctrl][Maj][Espace]600, appuyez sur [Tab], puis tapez le texte qui suit dans le tableau en appuyant sur [Tab] pour passer d'une cellule à l'autre. (N'oubliez pas d'insérer une espace insécable entre les milliers et les centaines.)**
   ```
   Canoe.com      25 000
   Abris-bus      18 000
   ```

7. **Appuyez sur [Tab].**

   Appuyer sur [Tab] à la fin de la dernière cellule d'un tableau crée une nouvelle rangée au bas du tableau (figure E-2). Le point d'insertion clignote dans la première cellule de la nouvelle rangée.

PROBLÈME

Si vous avez appuyé sur [Tab] après la dernière rangée, cliquez sur bouton Annuler ⤺ dans la barre d'outils Accès rapide pour supprimer la rangée superflue.

8. **Tapez ce qui suit, en appuyant sur [Tab] pour passer d'une cellule à l'autre et créer de nouvelles rangées. (N'oubliez pas l'espace insécable [Ctrl][Maj][Espace] entre les milliers et les centaines.)**
   ```
   The Gazette          18 760
   Cyberpresse.com       3 250
   Stations de métro    12 000
   Voir Montréal        12 400
   ```

9. **Cliquez sur Enregistrer 🖫 dans la barre d'outils Accès rapide et enregistrez le document dans votre dossier Projets sous le nom WD E-Budget pub Montréal.**

   Le tableau est illustré à la figure E-3.

TABLEAU E-1 : Commandes du menu Tableau

Commande	Sert à
Insérer un tableau	Créer un tableau contenant un nombre quelconque de colonnes et de rangées et à sélectionner le comportement de l'ajustement automatique.
Dessiner un tableau	Créer un tableau complexe en traçant les colonnes et les rangées du tableau.
Convertir le texte en tableau	Convertir en tableau le texte sélectionné, séparé par des tabulations, des virgules ou tout autre caractère.
Feuille de calcul Excel	Insérer une feuille de calcul Excel vierge dans le document en tant qu'objet incorporé.
Tableaux rapides	Insérer un modèle de tableau choisi dans une galerie de tableaux prédéfinis et remplacer les données variables par vos propres données.

FIGURE E-1 : Tableau vierge

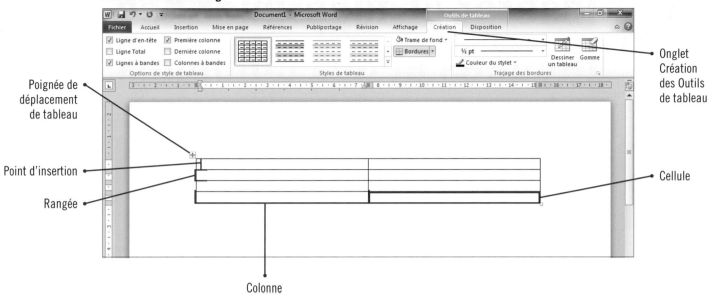

Poignée de déplacement de tableau

Point d'insertion

Rangée

Colonne

Onglet Création des Outils de tableau

Cellule

FIGURE E-2 : Nouvelle rangée dans le tableau

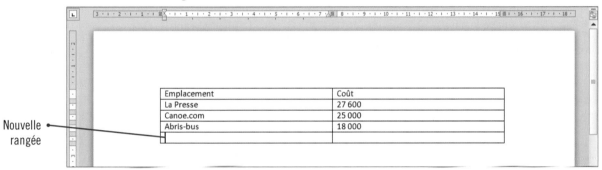

Nouvelle rangée

Emplacement	Coût
La Presse	27 600
Canoe.com	25 000
Abris-bus	18 000

FIGURE E-3 : Texte dans le tableau

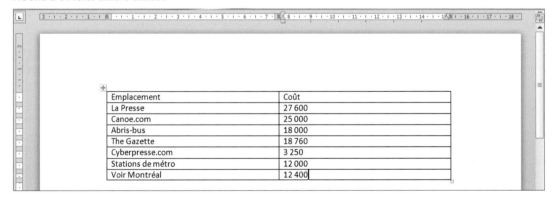

Emplacement	Coût
La Presse	27 600
Canoe.com	25 000
Abris-bus	18 000
The Gazette	18 760
Cyberpresse.com	3 250
Stations de métro	12 000
Voir Montréal	12 400

Convertir du texte en tableau et un tableau en texte

Une autre façon de créer un tableau consiste à convertir en tableau du texte qui est séparé par une tabulation, une virgule ou un autre caractère de séparation. Ainsi, pour créer un tableau de noms et prénoms sur deux colonnes, vous pourriez taper ces noms dans une liste où le nom et le prénom seraient séparés, sur chaque ligne, par une virgule, puis convertir le texte en tableau. Le caractère de séparation — une virgule dans cet exemple — indique où diviser le tableau en colonnes. Quant à la marque de paragraphe, elle indique où commencer une nouvelle rangée. Pour convertir un texte en tableau, sélectionnez ce texte, cliquez sur le bouton Tableau du groupe Tableaux de l'onglet Insertion, puis cliquez sur Convertir le texte en tableau. Dans la boite de dialogue Convertir le texte en tableau, sélectionnez les options voulues pour structurer et mettre en forme le tableau, puis cliquez sur OK.

Inversement, vous pouvez convertir un tableau en texte séparé par des tabulations, des virgules ou tout autre caractère. Pour cela, sélectionnez le tableau, ouvrez l'onglet Disposition des Outils de tableau, puis cliquez sur Convertir en texte du groupe Données.

Insérer et supprimer des rangées et des colonnes

Il est facile de modifier la structure d'un tableau en y ajoutant et supprimant des rangées et des colonnes. Vous devez d'abord préciser l'endroit où vous voulez le faire en cliquant sur la colonne ou la rangée concernée ou en la sélectionnant. Vous pouvez aussi sélectionner n'importe quel élément d'un tableau avec la commande Sélectionner du groupe Tableau de l'onglet Disposition des Outils de tableau, mais il est souvent plus facile de sélectionner des rangées et des colonnes avec la souris. Pour insérer ou supprimer des rangées et des colonnes, vous utilisez les commandes du groupe Lignes et colonnes de l'onglet Disposition des Outils de tableau. Vous ajoutez de nouvelles rangées et colonnes à votre tableau et supprimez les rangées inutiles.

ÉTAPES

1. **Cliquez sur l'onglet Accueil, puis sur le bouton Afficher tout ¶ du groupe Paragraphe pour afficher les repères de mise en forme.**

   Une marque de fin de cellule apparait à la fin de chaque cellule et une marque de fin de ligne s'affiche à la fin de chaque rangée.

ASTUCE

Vous pouvez aussi insérer une rangée en cliquant du bouton droit sur la ligne, en pointant Insérer, puis en cliquant sur Insérer des lignes au-dessus ou Insérer des lignes en dessous.

2. **Cliquez sur l'onglet Disposition des Outils de tableau, cliquez sur la première cellule de la rangée Cyberpresse.com, puis cliquez sur Insérer au-dessus dans le groupe Lignes et colonnes.**

   Une nouvelle rangée est créée juste au-dessus de la ligne Cyberpresse.com (figure E-4). Pour insérer une seule ligne, il suffit de placer le point d'insertion dans la rangée au-dessus ou en dessous de l'endroit où vous voulez ajouter la nouvelle ligne, puis de l'insérer.

3. **Cliquez sur la première cellule de la nouvelle rangée, tapez Rue Frontenac, appuyez sur [Tab], puis tapez 15 300. (N'oubliez pas l'espace insécable entre les milliers et les centaines.)**

ASTUCE

Si la marque de fin de rangée n'est pas sélectionnée, c'est que vous n'avez sélectionné que le texte de la ligne mais pas la rangée elle-même.

4. **Placez le pointeur dans la marge à gauche de la rangée Canoe.com jusqu'à ce qu'il prenne la forme ⬈, cliquez pour sélectionner la rangée, enfoncez et maintenez le bouton de la souris, faites glisser vers le bas pour sélectionner la rangée Abris-bus, puis relâchez le bouton de la souris.**

   Les deux rangées, y compris les marques de fin de rangée, sont sélectionnées.

5. **Cliquez sur le bouton Insérer en dessous dans le groupe Lignes et colonnes.**

   Deux nouvelles rangées sont ajoutées sous la sélection. Pour insérer plusieurs rangées d'un coup, il suffit de sélectionner le nombre de rangées à insérer avant de donner la commande.

6. **Cliquez sur la rangée The Gazette, cliquez sur le bouton Supprimer dans le groupe Lignes et colonnes, cliquez sur Supprimer les lignes, sélectionnez les deux rangées vides, cliquez du bouton droit sur la sélection, puis cliquez Supprimer les lignes dans le menu déroulant.**

   La rangée The Gazette et les deux lignes vides sont éliminées. Si vous sélectionnez une rangée et appuyez sur [Suppr], vous effacez seulement le contenu de la ligne et non la rangée elle-même.

7. **Placez le pointeur sur la bordure supérieure de la colonne Emplacement jusqu'à ce que le pointeur prenne la forme ⬇, puis cliquez.**

   La colonne entière est sélectionnée.

ASTUCE

Pour sélectionner une cellule, placez le pointeur ➚ près de la bordure gauche de la cellule et cliquez.

8. **Cliquez sur le bouton Insérer à gauche dans le groupe Lignes et colonnes, puis tapez Genre.**

   Une nouvelle colonne est insérée à gauche de la colonne Emplacement (figure E-5).

9. **Cliquez dans la colonne Emplacement, cliquez sur le bouton Insérer à droite dans le groupe Lignes et colonnes, puis tapez Détails dans la première cellule de la nouvelle colonne.**

   Une nouvelle colonne est ajoutée à droite de la colonne Emplacement.

10. **Appuyez sur [⬇] pour déplacer le point d'insertion dans la cellule suivante de la colonne Détails, cliquez sur l'onglet Accueil, désactivez l'affichage des repères de mise en forme ¶, entrez le texte présenté à la figure E-6 dans chacune des cellules des colonnes Détails et Genre, puis enregistrez les modifications.**

   Vous pouvez utiliser les touches fléchées pour déplacer le point d'insertion d'une cellule à l'autre. Observez que le texte se renoue à la ligne suivante dans la cellule à mesure que vous tapez. Comparez votre tableau à la figure E-6.

FIGURE E-4 : Rangée insérée

Groupe Lignes et colonnes

La nouvelle rangée est sélectionnée par défaut

Onglet Disposition des Outils de tableau

Marque de fin de cellule

Marque de fin de rangée

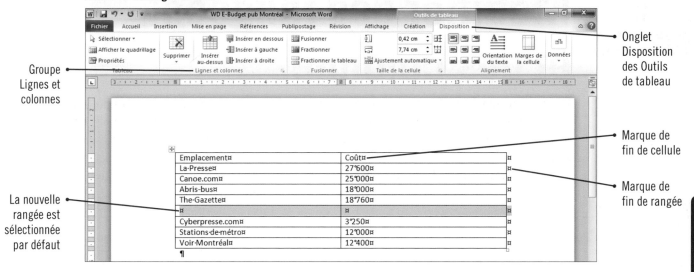

FIGURE E-5 : Colonne insérée

Nouvelle colonne

FIGURE E-6 : Texte des colonnes Genre et Détails

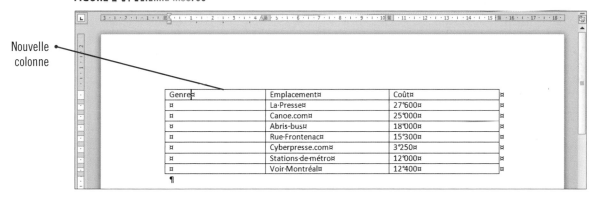

Genre	Emplacement	Détails	Coût
Imprimé	La Presse	1 pleine page, 1 fois	27 600
Web	Canoe.com	Bannière animée, sur site, 1 million d'impression	25 000
Divers	Abris-bus	60 abris-bus, 2 semaines	18 000
Imprimé	Rue Frontenac	½ page, 2 fois	15 300
Web	Cyberpresse.com	Mosaïque, 100 000 impressions	3 250
Divers	Stations de métro	50 panneaux, 2 semaines	12 000
Imprimé	Voir Montréal	½ page, 1 édition	12 400

Copier et déplacer des lignes et des colonnes

Vous pouvez copier et déplacer des lignes et des colonnes d'un tableau de la même manière que vous copiez et déplacez du texte. Sélectionnez la ligne ou la colonne à déplacer, puis utilisez le bouton Copier ou Couper pour placer la sélection dans le Presse-papiers. Placez le point d'insertion à l'emplacement d'insertion, puis cliquez sur le bouton Coller. Les lignes sont insérées au-dessus de la ligne contenant le point d'insertion et les colonnes, à gauche de celle contenant le point d'insertion. Vous pouvez aussi copier ou déplacer des colonnes et des lignes en les sélectionnant et en utilisant le pointeur pour les faire glisser ailleurs dans le tableau.

Modifier des rangées et des colonnes

Après avoir créé un tableau, vous pouvez aisément ajuster la taille des colonnes et des rangées pour en faciliter la lecture. Vous pouvez changer la largeur des colonnes et la hauteur des lignes en faisant glisser une bordure, en utilisant la commande Ajustement automatique ou en fixant des mesures précises dans les zones Tableau Hauteur Ligne et Tableau Largeur de colonne du groupe Taille de la cellule de l'onglet Disposition des Outils de tableau. ██████ Vous améliorez la présentation et la lisibilité du tableau en ajustant les dimensions des colonnes et des rangées. Vous centrez aussi le texte verticalement dans chaque cellule.

ÉTAPES

1. **Placez le pointeur sur la bordure qui sépare la première colonne de la deuxième jusqu'à ce que le pointeur prenne la forme ┿, puis faites glisser la bordure vers la gauche jusqu'au repère 2,5 cm sur la règle horizontale.**

   La ligne pointillée qui apparaît pendant le glissement représente la bordure. Faire glisser la bordure de colonne change la largeur des première et deuxième colonnes : la première est rétrécie et la seconde élargie. Lorsque vous changez la largeur d'une colonne entière en la faisant glisser, assurez-vous qu'aucune cellule n'y est sélectionnée. Vous pouvez aussi faire glisser une bordure de rangée pour modifier la hauteur de la rangée du dessus.

2. **Placez le pointeur sur la bordure droite de la colonne Emplacement jusqu'à ce que le pointeur prenne la forme ┿, puis double-cliquez.**

   Un double-clic sur une bordure de colonne redimensionne automatiquement la colonne en fonction du texte.

3. **Double-cliquez sur la bordure droite de la colonne Détails avec le pointeur ┿, puis double-cliquez sur la bordure droite de la colonne Coût avec le pointeur ┿.**

   Les largeurs des colonnes Détails et Coûts sont ajustées.

4. **Déplacez le pointeur sur le tableau, puis cliquez sur la poignée de déplacement du tableau ⊕ qui apparaît à l'extérieur du coin supérieur gauche du tableau.**

   Un clic sur la poignée de déplacement du tableau sélectionne le tableau entier. Vous pouvez aussi faire cela au moyen du bouton Sélectionner du groupe Tableau de l'onglet Disposition des Outils de tableau.

5. **Ouvrez l'onglet Accueil, puis cliquez sur le bouton Sans interligne dans le groupe Style.**

   L'application du style Sans interligne supprime l'espacement de paragraphe sous le texte de chacune des cellules du tableau (si celui-ci comportait de l'espacement de paragraphe supplémentaire).

6. **Le tableau étant toujours sélectionné, cliquez sur l'onglet Disposition des Outils de tableau, cliquez sur Distribuer les lignes ⊞ dans le groupe Taille de la cellule, puis cliquez dans le tableau pour le désélectionner.**

   Toutes les lignes du tableau prennent la même hauteur (figure E-7). Vous pouvez aussi utiliser le bouton Distribuer les colonnes pour donner la même largeur à toutes les colonnes, ou utiliser le bouton Ajustement automatique pour adapter la largeur des colonnes au texte, ou l'ajuster de façon à justifier le tableau entre les marges ou pour définir des largeurs de colonne fixes.

7. **Cliquez dans la colonne Détails, cliquez sur la zone de texte Tableau Largeur de colonne dans le groupe Taille de la cellule, tapez 8,75 puis appuyez sur [Entrée].**

   La largeur de la colonne Détails passe à 8,75 cm.

8. **Cliquez sur le bouton Sélectionner dans le groupe Tableau, cliquez sur Sélectionner le tableau, cliquez sur Au centre à gauche ▤ dans le groupe Alignement, désélectionnez le tableau, puis enregistrez les changements.**

   Le texte est centré verticalement dans chaque cellule du tableau (figure E-8). Vous pouvez vous servir des boutons du groupe Alignement pour modifier l'alignement vertical et horizontal du texte dans les cellules sélectionnées ou dans le tableau entier.

FIGURE E-7 : Rangées et colonnes redimensionnées

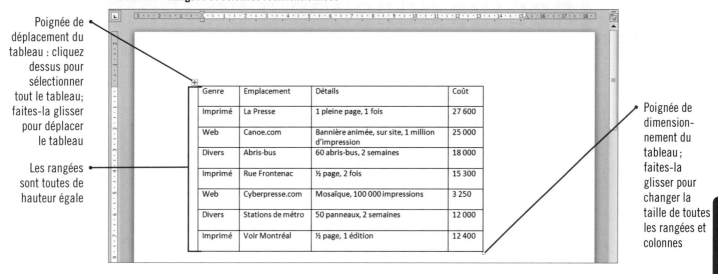

Poignée de déplacement du tableau : cliquez dessus pour sélectionner tout le tableau; faites-la glisser pour déplacer le tableau

Les rangées sont toutes de hauteur égale

Poignée de dimension-nement du tableau ; faites-la glisser pour changer la taille de toutes les rangées et colonnes

Genre	Emplacement	Détails	Coût
Imprimé	La Presse	1 pleine page, 1 fois	27 600
Web	Canoe.com	Bannière animée, sur site, 1 million d'impression	25 000
Divers	Abris-bus	60 abris-bus, 2 semaines	18 000
Imprimé	Rue Frontenac	½ page, 2 fois	15 300
Web	Cyberpresse.com	Mosaïque, 100 000 impressions	3 250
Divers	Stations de métro	50 panneaux, 2 semaines	12 000
Imprimé	Voir Montréal	½ page, 1 édition	12 400

FIGURE E-8 : Texte centré verticalement dans les cellules

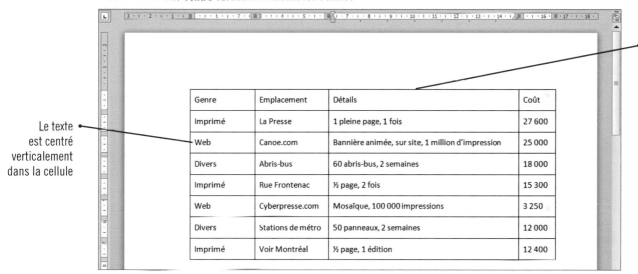

La colonne est élargie

Le texte est centré verticalement dans la cellule

Genre	Emplacement	Détails	Coût
Imprimé	La Presse	1 pleine page, 1 fois	27 600
Web	Canoe.com	Bannière animée, sur site, 1 million d'impression	25 000
Divers	Abris-bus	60 abris-bus, 2 semaines	18 000
Imprimé	Rue Frontenac	½ page, 2 fois	15 300
Web	Cyberpresse.com	Mosaïque, 100 000 impressions	3 250
Divers	Stations de métro	50 panneaux, 2 semaines	12 000
Imprimé	Voir Montréal	½ page, 1 édition	12 400

Définir des propriétés de tableau avancées

Lorsque vous voulez envelopper du texte autour d'un tableau, mettre un tableau en retrait ou définir d'autres propriétés avancées de tableau, vous devez cliquer sur la commande Propriétés dans le groupe Tableau de l'onglet Disposition des Outils de tableau pour ouvrir la boite de dialogue Propriétés du tableau (figure E-9). Sous l'onglet Tableau, vous pouvez fixer une largeur précise pour le tableau, changer l'alignement horizontal du tableau entre les marges, mettre le tableau en retrait et définir des options d'habillage de texte pour le tableau. Le bouton Options de l'onglet Tableau ouvre la boite de dialogue Options du tableau dans laquelle vous pouvez personnaliser les marges par défaut des cellules et l'espacement entre les cellules du tableau. Vous pouvez aussi cliquer sur le bouton Bordure et trame de l'onglet Tableau pour ouvrir la boite de dialogue Bordure et trame et y créer un format personnalisé pour le tableau.

Les onglets Ligne, Colonne et Cellule de la boite de dialogue Propriétés du tableau permettent de fixer une hauteur précise pour les rangées, une largeur exacte pour les colonnes et une dimension précise pour des cellules individuelles. Enfin, l'onglet Texte de remplacement sert à ajouter du texte de remplacement pour un tableau qui sera publié sur une page web.

FIGURE E-9 : Boite de dialogue Propriétés du tableau

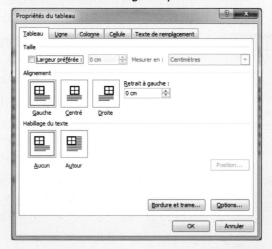

Trier les données d'un tableau

Les tableaux sont souvent plus faciles à interpréter et analyser lorsque les informations y sont triées, autrement dit que les rangées y sont organisées par ordre alphabétique ou séquentiel en fonction des données d'une ou plusieurs colonnes. Quand vous triez un tableau, Word organise toutes les données du tableau selon les critères que vous avez définis. Vous fixez les critères de tri en spécifiant la colonne (ou les colonnes) sur laquelle le tri doit s'effectuer et en indiquant l'ordre de tri voulu. L'**ordre croissant** liste les données par ordre alphabétique ou séquentiel (de A à Z, 0 à 9 ou du plus récent au plus ancien). L'**ordre décroissant** présente les données en ordre alphabétique ou séquentiel inverse (de Z à A, 9 à 0 ou du plus ancien au plus récent). Vous pouvez faire un tri avec les données d'une ou plusieurs colonnes. Dans ce dernier cas, vous devez sélectionner des critères de tri primaire, secondaire et tertiaire. Pour trier un tableau, vous utilisez la commande Trier du groupe Données de l'onglet Disposition des Outils de tableau. ▰▰▱▱▱ Vous triez le tableau de sorte que toutes les annonces du même type soient présentées ensemble. Vous ajoutez aussi des critères de tri secondaires de façon à trier les annonces de chaque type par ordre décroissant de coût.

ÉTAPES

1. **Placez le point d'insertion n'importe où dans le tableau.**

   Pour trier un tableau entier, il suffit de placer le point d'insertion n'importe où dans le tableau. Toutefois, si vous ne voulez trier que des lignes spécifiques, vous devez sélectionner les rangées visées.

2. **Cliquez sur le bouton Trier dans le groupe Données de l'onglet Disposition des Outils de tableau.**

   La boite de dialogue Trier s'ouvre (figure E-10). Vous l'utilisez pour spécifier la colonne ou les colonnes sur lesquelles le tri doit s'effectuer, le genre d'information à trier (texte, numérique ou date) et l'ordre de tri (croissant ou décroissant). Colonne 1 est sélectionnée par défaut dans la zone de liste 1re clé. Comme vous voulez trier votre tableau d'abord par l'information de la première colonne — le type d'annonce (Imprimé, Web ou Divers) — vous ne changez pas ce critère.

3. **Cliquez sur le bouton d'option Décroissant dans la section 1re clé.**

   L'information du genre d'annonce sera trié en ordre décroissant (ou alphabétique inverse), de sorte que les annonces «Web» seront présentées en premier, suivies des annonces «Imprimé», puis des annonces «Divers».

4. **Cliquez sur la flèche de liste de la section 2e clé, cliquez sur Colonne 4, cliquez sur la flèche de liste de la zone Type, cliquez sur Numérique si cette option n'est pas déjà sélectionnée, puis cliquez sur le bouton d'option Décroissant.**

   À l'intérieur des groupes web, Imprimé et Divers, les rangées seront triées par le coût de l'annonce qui est l'information figurant dans la quatrième colonne. Les rangées seront présentées en ordre décroissant au sein de chaque groupe, avec l'annonce la plus coûteuse en premier.

ASTUCE

Pour répéter la ligne d'en-tête sur chaque page d'un tableau couvrant plusieurs pages, cliquez sur le bouton Répéter les lignes d'en-tête dans le groupe Données de l'onglet Disposition des Outils de tableau.

5. **Cliquez sur le bouton Oui dans la section Ligne d'en-tête afin de sélectionner cette option.**

   Le tableau comprend une **ligne d'en-tête**, c'est-dire la première rangée d'un tableau qui contient les titres de colonnes. Vous ne voulez pas inclure cette ligne d'en-tête dans le tri.

6. **Cliquez sur OK, puis désélectionner le tableau.**

   Les rangées du tableau sont triées d'abord sur l'information de la colonne Genre puis sur l'information de la colonne Coût (figure E-11). La première ligne du tableau, soit la ligne d'en-tête, n'est pas incluse dans le tri. Si votre colonne de chiffres ne s'affiche pas en ordre décroissant, c'est que vous n'avez pas inséré d'espace insécable entre les centaines et les milliers.

7. **Enregistrez vos changements.**

FIGURE E-10 : Boîte de dialogue Trier

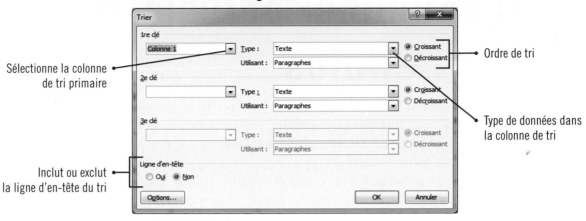

Sélectionne la colonne de tri primaire

Ordre de tri

Type de données dans la colonne de tri

Inclut ou exclut la ligne d'en-tête du tri

FIGURE E-11 : Tableau trié

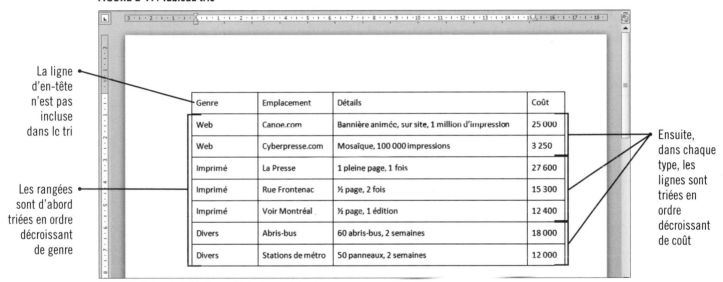

La ligne d'en-tête n'est pas incluse dans le tri

Les rangées sont d'abord triées en ordre décroissant de genre

Genre	Emplacement	Détails	Coût
Web	Canoe.com	Bannière animée, sur site, 1 million d'impression	25 000
Web	Cyberpresse.com	Mosaïque, 100 000 impressions	3 250
Imprimé	La Presse	1 pleine page, 1 fois	27 600
Imprimé	Rue Frontenac	½ page, 2 fois	15 300
Imprimé	Voir Montréal	½ page, 1 édition	12 400
Divers	Abris-bus	60 abris-bus, 2 semaines	18 000
Divers	Stations de métro	50 panneaux, 2 semaines	12 000

Ensuite, dans chaque type, les lignes sont triées en ordre décroissant de coût

Trier des listes et des paragraphes

En plus de pouvoir trier les données d'un tableau, vous pouvez aussi vous servir de la commande Trier pour alphabétiser du texte ou trier des données numériques. Lorsque vous désirez trier des données qui ne sont pas présentées en tableau, comme des listes et des paragraphes, vous utilisez la commande Trier du groupe Paragraphe de l'onglet Accueil. Pour trier des listes et des paragraphes, sélectionnez les éléments à trier et cliquez sur le bouton Trier. Dans la boite de dialogue Trier le texte, utilisez la zone de liste 1re clé pour sélectionner les critères de tri (paragraphes ou champs), utilisez la zone de liste Type pour sélectionner le genre de données (texte, numérique ou date), puis cliquez sur Croissant ou Décroissant pour préciser l'ordre de tri.

Quand vous triez de l'information textuelle dans un document, le terme « champs » désigne du texte ou des nombres qui sont séparés par un caractère comme une tabulation ou une virgule. Supposez que vous voulez trier une liste de noms en ordre alphabétique. Si les noms à trier sont présentés dans l'ordre « Nom, Prénom », le nom et le prénom sont alors chacun considérés comme un champ. Vous pouvez donc choisir de trier la liste alphabétiquement pas nom ou par prénom. Utilisez le bouton Options de la boite de dialogue Trier le texte pour préciser le caractère qui sépare les champs dans vos listes ou paragraphes et pour définir d'autres options de tri.

Fractionner et fusionner des cellules

Une façon commode de changer le format et la structure d'un tableau consiste à fusionner et fractionner des cellules. Lorsque vous **fusionnez des cellules**, vous combinez des cellules adjacentes en une plus grande cellule unique. Lorsque vous **fractionnez une cellule**, vous la divisez en plusieurs cellules. Vous pouvez fusionner et fractionner des cellules à l'aide des commandes Fusionner les cellules et Fractionner les cellules du groupe Fusionner de l'onglet Disposition des Outils de tableau. Vous fusionnez des cellules de la première colonne pour créer une seule cellule pour chaque genre d'annonce — Web, Imprimé et Divers. Vous ajoutez aussi une nouvelle rangée au bas du tableau et fractionnez les cellules pour créer trois nouvelles lignes avec une structure différente.

ÉTAPES

1. **Sélectionnez les deux cellules Web dans la première colonne du tableau, cliquez sur le bouton Fusionner dans le groupe Fusionner de l'onglet Disposition des Outils de tableau, puis désélectionnez le texte.**

   Les deux cellules Web fusionnent en une seule. Quand vous fusionnez des cellules, Word convertit le texte de chaque cellule en un paragraphe distinct dans la cellule fusionnée.

2. **Sélectionnez le premier Web dans la cellule puis appuyez sur [Suppr].**

3. **Sélectionnez les trois cellules Imprimé dans la première colonne, cliquez sur le bouton Fusionner, tapez Imprimé, sélectionnez les deux cellules Divers, cliquez sur le bouton Fusionner, puis tapez Divers.**

   Les trois cellules Imprimé fusionnent en une seule et les deux cellules Divers deviennent une seule cellule.

4. **Cliquez sur la cellule Stations de métro, puis cliquez sur le bouton Insérer en dessous dans le groupe Lignes et colonnes.**

   Une rangée est ajoutée au bas du tableau.

5. **Sélectionnez les trois premières cellules dans la dernière rangée du tableau, cliquez sur le bouton Fusionner, puis désélectionnez la cellule.**

   Les trois premières cellules de la rangée fusionnent en une seule.

6. **Cliquez sur la première cellule de la dernière rangée, puis cliquez sur le bouton Fractionner dans le groupe Fusionner.**

   La boite de dialogue Fractionner des cellules s'ouvre (figure E-12). Vous l'utilisez pour diviser la ou les cellules sélectionnées en un nombre donné de colonnes et de rangées.

7. **Tapez 1 dans la zone de texte Nombre de colonnes, appuyez sur [Tab], tapez 3 dans la zone Nombre de lignes, cliquez sur OK, puis désélectionnez les cellules.**

   La cellule est divisée en trois rangées d'égale hauteur. Quand vous fractionnez une cellule sur plusieurs lignes, la largeur de la colonne originale ne change pas. Quand vous divisez une cellule en plusieurs colonnes, la hauteur de la rangée d'origine ne change pas. Si la cellule que vous fractionnez renferme du texte, tout ce texte s'affiche dans la cellule supérieure de gauche.

8. **Cliquez sur la dernière cellule dans la colonne Coût, cliquez sur le bouton Fractionner, répétez l'étape 7, puis enregistrez les changements.**

   La cellule est divisée en trois rangées (figure E-13). Les trois dernières lignes du tableau ne comptent plus que deux colonnes.

Créer et mettre en forme des tableaux

FIGURE E-12 : Boite de dialogue Fractionner des cellules

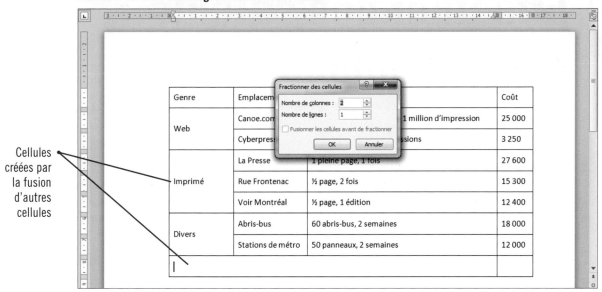

Cellules créées par la fusion d'autres cellules

FIGURE E-13 : Cellules fractionnées sur trois lignes

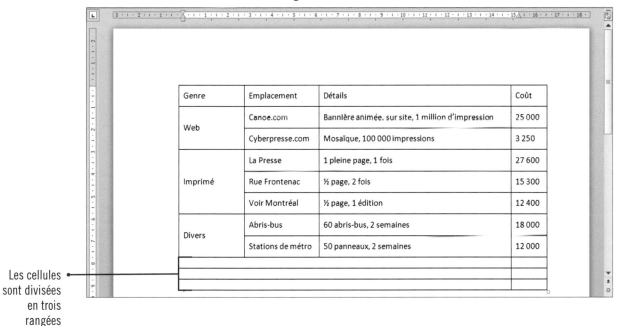

Les cellules sont divisées en trois rangées

Changer les marges des cellules

Par défaut, les marges gauche et droite des cellules d'un tableau sont de 0,19 cm, sans espacement entre les cellules. Vous pouvez cependant changer ces paramètres au moyen du bouton Marges de la cellule du groupe Alignement de l'onglet Disposition des Outils de tableau. Placez d'abord le point d'insertion dans le tableau, puis cliquez sur le bouton Marges de la cellule pour ouvrir la boite de dialogue Options du tableau. Entrez de nouvelles valeurs pour les marges haut, bas, gauche et droite dans les zones de texte de la section Marges des cellules par défaut de la boite de dialogue, ou cochez la case Autoriser l'espacement entre les cellules et entrez une valeur dans la zone Espacement des cellules pour augmenter l'espacement entre les cellules du tableau. Vous pouvez aussi désélectionner la case Redimensionner automatiquement pour ajuster au contenu dans la section Options de la boite de dialogue pour désactiver le paramètre qui élargit les cellules pour accommoder le texte quand vous tapez. Tout réglage que vous modifiez dans la boite de dialogue Options du tableau est appliqué au tableau entier.

Effectuer des calculs dans un tableau

Si votre tableau renferme des informations numériques, vous pouvez y effectuer des calculs simples. La commande Formule permet d'additionner rapidement les nombres dans une rangée ou une colonne et d'effectuer d'autres calculs standards, telles les moyennes. Lorsque vous calculez des données dans un tableau au moyen de formules, vous pouvez utiliser des références de cellule pour renvoyer à des cellules du tableau. Chaque cellule a une **référence de cellule** unique composée d'une lettre et d'un chiffre où la lettre désigne sa colonne et le chiffre sa rangée. Ainsi, la cellule de la troisième ligne de la quatrième colonne est la cellule D3. La figure E-14 montre les références de cellule dans un tableau simple. Vous utilisez la commande Formule pour calculer le coût total de votre campagne publicitaire. Vous ajoutez aussi des renseignements sur le coût budgété et créez une formule pour calculer la différence entre les coûts réels et prévus.

ÉTAPES

ASTUCE

Si une colonne ou une rangée contient des cellules vides, vous devez taper un zéro (0) dans toute cellule vide avant d'utiliser la fonction SUM.

1. **Cliquez sur la première cellule vide dans la colonne 1, tapez Coût total, appuyez sur [Tab], puis cliquez sur le bouton Formule dans le groupe Données de l'onglet Disposition des Outils de tableau.**

   La boite de dialogue Formule s'ouvre (figure E-15). La fonction SUM apparait dans la zone Formule, suivie de la référence (ABOVE) des cellules à inclure dans le calcul. La formule =SUM(ABOVE) indique que Word additionnera les nombres inscrits dans les cellules situées au-dessus de la cellule active.

2. **Cliquez sur OK.**

   Word additionne les nombres dans les cellules situées au-dessus de la cellule active et insère la somme sous forme de champ. Vous pouvez utiliser la fonction SUM pour additionner rapidement les nombres dans une colonne ou une rangée. Si la cellule sélectionnée est au bas d'une colonne de nombres, Word additionne la colonne; si elle est à l'extrémité droite d'une ligne de nombres, Word additionne la rangée.

3. **Sélectionnez 12 000 dans la cellule précédant le total, puis tapez 13 500.**

   Si vous modifiez un nombre intégré dans un calcul, vous devez recalculer le résultat du champ.

ASTUCE

Pour transformer le résultat d'un champ en texte normal, cliquez sur le champ et appuyez sur [Ctrl][Maj][F9].

4. **Appuyez sur [↓], cliquez du bouton droit dans la cellule, puis cliquez sur Mettre à jour les champs.**

   L'information dans la cellule est mise à jour. Lorsque le point d'insertion se trouve dans une cellule qui contient une formule, vous pouvez aussi appuyer sur [F9] pour actualiser le résultat du champ.

5. **Appuyez sur [Tab], tapez Budgété, appuyez sur [Tab], tapez 113 780, appuyez sur [Tab], tapez Différence, puis appuyez sur [Tab].**

   Le point d'insertion clignote dans la dernière cellule du tableau.

6. **Cliquez sur le bouton Formule.**

   La boite de dialogue Formule s'ouvre. Word propose d'additionner les nombres au-dessus de la cellule active, mais vous voulez insérer une formule qui calcule la différence entre le coût réel et le coût budgété. Vous pouvez taper des formules simples en utilisant un signe plus (+) pour additionner, un moins (–) pour soustraire, un astérisque (*) pour multiplier et une barre oblique (/) pour diviser.

ASTUCE

Les références de cellule sont déterminées par le nombre de colonnes présentes dans chaque rangée et non par le nombre de colonnes dans le tableau. Les rangées 9 et 10 n'ont donc que deux colonnes.

7. **Sélectionnez =SUM(ABOVE) dans la zone de texte Formule et tapez =B9–B10.**

   Vous devez taper un signe égal (=) pour préciser que le texte qui suit est une formule. Vous voulez soustraire le coût budgété dans la deuxième colonne de la rangée 10 du coût réel inscrit dans la deuxième colonne de la rangée 9. Vous devez donc entrer une formule qui soustraira la valeur de la cellule B10 de la valeur de la cellule B9.

8. **Cliquez sur OK, puis enregistrez les changements.**

   La différence s'affiche dans la cellule (figure E-16).

FIGURE E-14 : Références de cellules dans un tableau

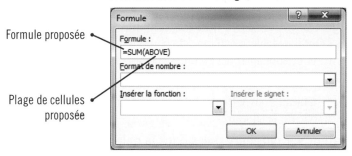

Colonne D (4ᵉ colonne)

	A	B	C	D
1	A1	B1	C1	D1
2	A2	B2	C2	D2
3	A3	B3	C3	D3

Rangée 3

La référence de cellule indique
la colonne et la rangée de la cellule

FIGURE E-15 : Boite de dialogue Formule

Formule proposée

Plage de cellules
proposée

FIGURE E-16 : Différence calculée

Cellule A9

Cellule A10

Cellule B9

Cellule B10

B9-B10=1 270

Travailler avec des formules

Outre la fonction SUM, Word offre des formules pour calculer la moyenne, dénombrer et arrondir les données. Pour utiliser une formule de Word, déroulez la liste de la zone Insérer la fonction de la boite de dialogue Formule, sélectionnez une fonction et, après le nom de cette fonction, insérez entre parenthèses les références des cellules à inclure dans le calcul. Lorsque vous entrez des formules, vous devez séparer les références de cellule par un point-virgule. Par exemple, pour calculer la moyenne des valeurs dans les cellules A1,

B3 et C4, entrez la formule =AVERAGE(A1;B3;C4). Dans le cas des plages de cellules, vous devez les séparer par le signe deux-points. Ainsi, pour additionner les valeurs des cellules A1 à A9, entrez la formule =SUM(A1:A9). Pour appliquer un format de nombre particulier au résultat d'un calcul, tel un pourcentage décimal (0,00%), déroulez la liste de la zone Format de nombre et sélectionnez le format voulu. Word insère le résultat d'un calcul en tant que champ dans la cellule sélectionnée.

Créer et mettre en forme des tableaux

Appliquer un style de tableau

L'ajout d'une trame et d'autres éléments graphiques à un tableau peut contribuer à lui donner une apparence impeccable et faciliter la lecture des données. Word offre des styles prédéfinis que vous pouvez appliquer à un tableau pour le mettre en forme rapidement. Les styles de tableau renferment des bordures, des trames, des polices, des alignements, des couleurs et d'autres effets de mise en forme. Vous pouvez appliquer un style à un tableau à l'aide des boutons du groupe Styles de tableau de l'onglet Création des Outils de tableau. ▓▓▓▓▓ Vous voulez rehausser l'apparence du tableau par des trames, des bordures et d'autres mises en forme. Vous lui appliquez donc un style de tableau. Cela fait, vous remplacez les couleurs du thème par une palette plus attrayante.

ÉTAPES

1. **Cliquez sur l'onglet Création des Outils de tableau.**

   L'onglet Création des Outils de tableau renferme des boutons qui permettent d'appliquer des styles de tableau et d'ajouter, supprimer et personnaliser des bordures et des trames dans un tableau.

2. **Cliquez sur Autres ⊡ dans le groupe Styles de tableau.**

   La galerie de styles de tableau s'ouvre (figure E-17). Vous pointez sur un style dans la galerie pour voir un aperçu de l'effet de ce style sur le tableau.

3. **Déplacez le pointeur sur plusieurs styles dans la galerie, puis cliquez sur le style Grille claire – Accent 4.**

   Le style Grille claire – Accent 4 est appliqué au tableau (figure E-18). En raison de la structure du tableau, ce style ne le rehausse pas et n'aide pas davantage à améliorer la lisibilité des données.

4. **Cliquez sur Autres ⊡ dans le groupe Styles de tableau, puis cliquez sur le style Liste claire – Accent 4.**

   Ce style convient mieux à la structure du tableau et facilite la lecture des données. Remarquez que l'alignement du texte dans le tableau est revenu à « en haut à gauche » avec ce style.

5. **Dans le groupe Options de style de tableau, cliquez sur la case à cocher Première colonne pour la désélectionner, puis cliquez sur la case Colonnes à bandes pour sélectionner cette option.**

   L'attribut gras est enlevé de la première colonne et des bordures de colonne sont ajoutées au tableau. Quand le réglage Colonnes à bandes ou Lignes à bandes est actif, les colonnes ou rangées impaires sont mises en forme différemment des colonnes ou des rangées paires pour faciliter la lecture des données du tableau.

6. **Ouvrez l'onglet Mise en page, cliquez sur la flèche de liste Couleurs du thème ▣▾ dans le groupe Thèmes, puis cliquez sur Papier dans la galerie.**

   La palette de couleurs du document est remplacée par celle du thème Papier, et la couleur du tableau devient Lavande.

7. **Cliquez sur l'onglet Création des Outils de tableau, cliquez sur Autres ⊡ dans le groupe Styles de tableau, puis cliquez sur le style Liste claire – Accent 6.**

   La couleur du tableau passe au bleu-gris.

8. **Cliquez sur l'onglet Disposition des Outils de tableau, cliquez sur la poignée de déplacement du tableau ⊞ pour sélectionner le tableau, cliquez sur Au centre à gauche ▤ dans le groupe Alignement, sélectionnez la colonne Genre, cliquez sur Centrer ▤ dans le groupe Alignement, sélectionnez la colonne Coût, puis cliquez sur Au centre à droite ▤ dans le groupe Alignement.**

   Les données du tableau sont d'abord alignées à gauche et centrées verticalement. Ensuite, les données de la colonne Genre sont centrées et les données de la colonne Coût sont alignées à droite.

9. **Sélectionnez les trois dernières rangées du tableau, cliquez sur Gras ▣G▣ dans la mini barre d'outils, puis cliquez sur Au centre à droite ▤ dans le groupe Alignement de l'onglet Disposition des Outils de tableau.**

   Le texte des trois dernières rangées est aligné à droite et mis en gras.

10. **Sélectionnez la première rangée du tableau, cliquez sur Centrer ▤ dans la mini barre d'outils, déroulez la liste du bouton Taille de police sur la mini barre d'outils, cliquez sur 14, désélectionnez la rangée, puis enregistrez les changements.**

    Le texte de la ligne d'en-tête est centré et agrandi (figure E-19). Vous pouvez aussi changer l'alignement du texte dans un tableau avec les boutons d'alignement du groupe Paragraphe de l'onglet Accueil.

Créer et mettre en forme des tableaux

FIGURE E-17 : Galerie de styles de tableau

Options de personnalisation des paramètres de style de tableau

Galerie de styles de tableau (la vôtre peut être différente)

Modifie un style de tableau existant

Supprime un style dans un tableau

Crée un nouveau style de tableau

Style Liste claire Accent 4

Style Grille claire Accent 4

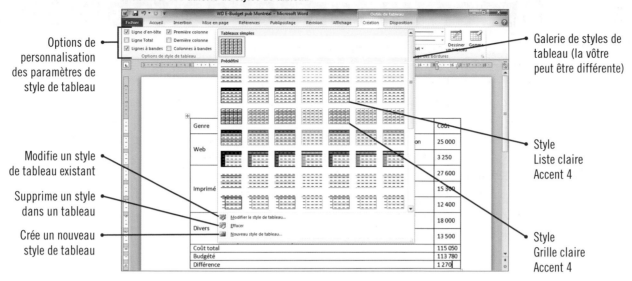

FIGURE E-18 : Style Grille claire, Accent 4 appliqué au tableau

La trame appliquée aux cellules fusionnées crée de la confusion

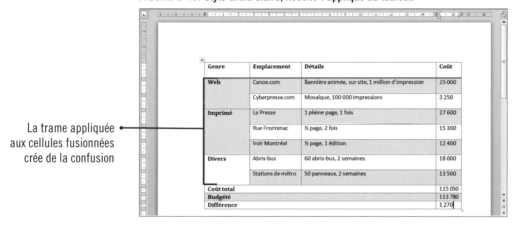

Genre	Emplacement	Détails	Coût
Web	Canoe.com	Bannière animée, sur site, 1 million d'impression	25 000
	Cyberpresse.com	Mosaïque, 100 000 impressions	3 250
Imprimé	La Presse	1 pleine page, 1 fois	27 600
	Rue Frontenac	½ page, 2 fois	15 300
	Voir Montréal	½ page, 1 édition	12 400
Divers	Abris-bus	60 abris-bus, 2 semaines	18 000
	Stations de métro	50 panneaux, 2 semaines	13 500
Coût total			115 050
Budgété			113 780
Différence			1 270

FIGURE E-19 : Style Liste claire, Accent 6 (thème Papier) appliqué au tableau

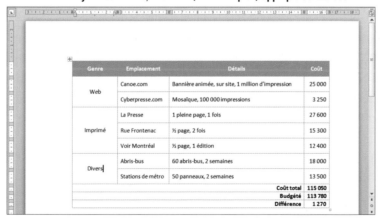

Genre	Emplacement	Détails	Coût
Web	Canoe.com	Bannière animée, sur site, 1 million d'impression	25 000
	Cyberpresse.com	Mosaïque, 100 000 impressions	3 250
Imprimé	La Presse	1 pleine page, 1 fois	27 600
	Rue Frontenac	½ page, 2 fois	15 300
	Voir Montréal	½ page, 1 édition	12 400
Divers	Abris-bus	60 abris-bus, 2 semaines	18 000
	Stations de métro	50 panneaux, 2 semaines	13 500
		Coût total	115 050
		Budgété	113 780
		Différence	1 270

Utiliser des tableaux pour la mise en page

Les tableaux sont souvent employés pour afficher de l'information à des fins de référence rapide et d'analyse. Vous pouvez aussi vous servir de tableaux pour structurer la disposition d'une page. Les cellules d'un tableau peuvent contenir n'importe quel genre d'information, tels graphismes, listes à puces, diagrammes ainsi que d'autres tableaux (appelés **tableaux imbriqués**). Vous pouvez ainsi utiliser un tableau pour disposer un curriculum vitæ, un bulletin ou une page web. Lorsque vous montez une page à l'aide d'un tableau, vous supprimez en général ses bordures afin que la structure en tableau de la page soit invisible pour le lecteur. Une fois les bordures enlevées, il peut être utile d'afficher le quadrillage du tableau pendant que vous travaillez. Les **quadrillages** sont des traits pointillés bleus qui soulignent les limites des cellules mais qui ne s'impriment pas. Si votre document est destiné à être visualisé en ligne, vous devriez désactiver l'affichage du quadrillage avant de distribuer le document; il aura ainsi le même aspect en ligne qu'à l'impression. Pour désactiver le quadrillage, cliquez sur le bouton Afficher le quadrillage dans le groupe Tableau de l'onglet Disposition des Outils de tableau.

Créer un format de tableau personnalisé

Vous pouvez aussi vous servir des outils de mise en forme de Word pour créer vos propres modèles de tableaux. Vous pouvez ainsi ajouter ou supprimer des bordures et des trames, varier le style de trait, l'épaisseur et la couleur des bordures, et changer l'orientation du texte d'horizontale à verticale. ▰▰▰▰ Vous ajustez l'orientation du texte, la trame et les bordures de votre tableau afin de le rendre plus facile à comprendre d'un coup d'œil.

ÉTAPES

1. **Sélectionnez les cellules Genre et Emplacement dans la première rangée, cliquez sur le bouton Fusionner dans le groupe Fusionner de l'onglet Disposition des Outils de tableau, puis tapez Emplacement de l'annonce.**

   Les deux cellules sont réunies en une seule cellule contenant les mots « Emplacement de l'annonce ».

2. **Sélectionnez les cellules Web, Imprimé et Divers dans la première colonne, cliquez sur Gras G dans la mini barre d'outils, cliquez deux fois sur le bouton Orientation du texte dans le groupe Alignement, puis désélectionnez les cellules.**

   Le texte pivote de 270 degrés.

3. **Placez le pointeur sur la bordure droite de la cellule Web jusqu'à ce que le pointeur prenne la forme +‖+, puis faites glisser la bordure jusqu'aux environs du repère 0,63 cm sur la règle horizontale.**

   La colonne contenant le texte à la verticale est rétrécie.

4. **Placez le point d'insertion dans la cellule Web, ouvrez l'onglet Création des Outils de tableau, puis déroulez la liste du bouton Trame de fond dans le groupe Styles de tableau.**

   La galerie des couleurs de trame de fond pour le thème Papier s'ouvre.

5. **Cliquez sur Or, Accentuation3 dans la galerie (figure E-20), cliquez sur la cellule Imprimé, déroulez la liste Trame de fond, cliquez sur Lavande, Accentuation4, cliquez sur la cellule Divers, déroulez la liste Trame de fond, puis cliquez sur Bleu gris, Accentuation6.**

   Une trame de fond est appliquée à chaque cellule.

6. **Sélectionnez les six cellules blanches des rangées Web (rangées 2 et 3), déroulez la liste Trame de fond, puis cliquez sur Or, Accentuation3, plus clair 60 %.**

7. **Répétez l'étape 6 pour appliquer la trame Lavande, Accentuation4, plus clair 60 % aux rangées Imprimer et la trame Bleu gris, Accentuation6, plus clair 60 % aux rangées Divers.**

   Des trames de fond sont appliquées à toutes les cellules des rangées 1 à 8.

8. **Sélectionnez les trois dernières rangées du tableau, déroulez la liste du bouton Bordures dans le groupe Styles de tableau, cliquez sur Aucune bordure dans le menu déroulant, puis cliquez dans le tableau pour désélectionner les rangées.**

   Les bordures supérieures, inférieures, gauches et droites sont supprimées de chacune des cellules dans les rangées sélectionnées.

9. **Déroulez la liste du bouton Couleur du style dans le groupe Traçage des bordures, cliquez sur Bleu gris, Accentuation6, sélectionnez la rangée Coût total, déroulez la liste du bouton Bordures, cliquez sur Bordure supérieure, cliquez sur la cellule 113 780, déroulez la liste du bouton Bordures, puis cliquez sur Bordure inférieure.**

   La couleur active pour le stylet des bordures devient Bleu gris, Accentuation6. Vous utilisez les boutons du groupe Traçage des bordures pour modifier la couleur, l'épaisseur et le style de trait du stylet avant d'ajouter une bordure à un tableau. Une bordure supérieure est ajoutée à chacune des cellules de la rangée Coût total, et une bordure inférieure est ajoutée sous 113 780. Le tableau terminé est illustré à la figure E-21.

10. **Appuyez sur [Ctrl][↖], appuyez sur [Entrée], tapez votre nom, enregistrez les modifications, fermez le document puis quittez Word.**

   Appuyer sur [Entrée] au début d'un tableau déplace le tableau d'une ligne sur la page.

FIGURE E-20 : Galerie des couleurs de trame du thème Papier

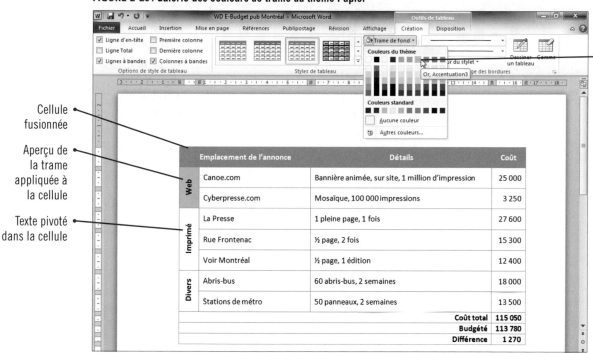

Cellule fusionnée

Aperçu de la trame appliquée à la cellule

Texte pivoté dans la cellule

Or, Accentuation3 ; au besoin, guidez-vous sur les info-bulles pour identifier les couleurs

FIGURE E-21 : Tableau terminé

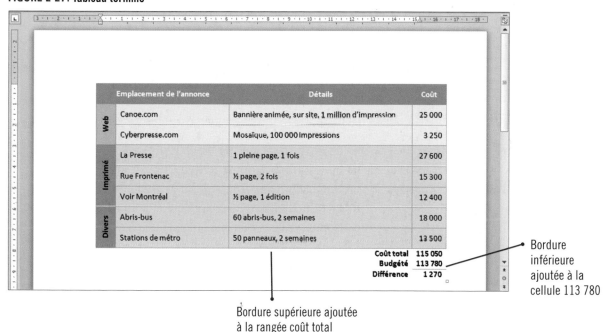

Bordure inférieure ajoutée à la cellule 113 780

Bordure supérieure ajoutée à la rangée coût total

Dessiner un tableau

La fonction Dessiner un tableau permet de dessiner les cellules à l'endroit exact où vous les voulez. Pour dessiner un tableau, cliquez sur le bouton Tableau de l'onglet Insertion, puis cliquez sur Dessiner un tableau. Si vous avez déjà commencé un tableau, vous pouvez cliquer sur le bouton Dessiner un tableau dans le groupe Traçage des bordures de l'onglet Création des Outils de tableau pour activer le pointeur Crayon ⌀. Ensuite, cliquez et faites glisser pour tracer une cellule. La même méthode permet de tracer des bordures à l'intérieur de la cellule pour créer des lignes et des colonnes ou des cellules supplémentaires liées à la première cellule. Quand vous avez terminé,

cliquez sur le bouton Dessiner un tableau pour désactiver la fonction de dessin. Les bordures que vous tracez sont ajoutées en utilisant les paramètres de style, d'épaisseur et de couleur de trait actifs.

Si vous souhaitez supprimer une bordure d'un tableau, cliquez sur le bouton Gomme dans le groupe Traçage des bordures pour activer le pointeur Gomme ⌀, puis cliquez sur la bordure à éliminer. Cliquez de nouveau sur le bouton Gomme pour désactiver la fonction. Vous pouvez utiliser le pointeur Crayon et Gomme pour modifier la structure de n'importe quel tableau, pas seulement celle des tableaux que vous dessinez entièrement.

Mise en pratique

Révision des concepts

Identifiez chaque élément de la figure E-22.

FIGURE E-22

Genre	Emplacement	Détails	Coût
Imprimé	La Presse	1 pleine page, 1 fois	27 600
Web	Canoe.com	Bannière animée, sur site, 1 million d'impression	25 000
Divers	Abris-bus	60 abris-bus, 2 semaines	18 000
Imprimé	Rue Frontenac	½ page, 2 fois	15 300
Web	Cyberpresse.com	Mosaïque, 100 000 impressions	3 250
Divers	Stations de métro	50 panneaux, 2 semaines	12 000
Imprimé	Voir Montréal	½ page, 1 édition	12 400

Associez chaque terme à sa description.

6. Fractionner
7. Bordures
8. Ordre croissant
9. Fusionner
10. Tableau imbriqué
11. Ordre décroissant
12. Cellule
13. Ligne d'en-tête
14. Référence de cellule
15. Quadrillage

a. Ordre de tri qui organise le texte de A à Z.
b. Boite formée par l'intersection d'une colonne et d'une rangée.
c. Un objet inséré dans une cellule du tableau.
d. Première rangée d'un tableau qui renferme les titres des colonnes.
e. Combiner deux cellules contiguës ou plus en une seule cellule plus grande.
f. Traits qui séparent les colonnes et les rangées d'un tableau et qui s'impriment.
g. Diviser une cellule existante en plusieurs cellules.
h. Traits qui montrent les colonnes et les rangées d'un tableau, mais qui ne s'impriment pas.
i. Adresse de cellule formée d'une lettre de colonne et d'un numéro de rangée.
j. Ordre de tri qui organise le texte de Z à A.

Sélectionnez la meilleure réponse à chaque question.

16. Quel bouton utilise-t-on pour changer l'alignement du texte dans une cellule?
   a. ▨
   b. ▤
   c. ▦ ▾
   d. ▤↓

17. Laquelle des références de cellule suivantes désigne la troisième cellule de la deuxième colonne?
   a. 3B
   b. B3
   c. C2
   d. 2C

18. Qu'arrive-t-il quand vous double-cliquez sur une bordure de colonne?
   a. La largeur de la colonne est ajustée en fonction du texte.
   b. Les colonnes du tableau sont réparties également.
   c. Une nouvelle colonne est ajoutée à gauche.
   d. Une nouvelle colonne est ajoutée à droite.

Créer et mettre en forme des tableaux

19. **Laquelle des méthodes suivantes *ne* convient *pas* pour ajouter une nouvelle rangée au bas d'un tableau ?**

   a. Cliquer dans la dernière rangée, ouvrir la boite de dialogue Propriétés du tableau, puis insérer une rangée au moyen des options de l'onglet Ligne.

   b. Placer le point d'insertion dans la dernière cellule de la dernière rangée et appuyer sur [Tab].

   c. Cliquer du bouton droit dans la dernière rangée, pointer Insérer, puis cliquer sur Insérer des lignes en dessous.

   d. Cliquer dans la dernière rangée, puis cliquer sur le bouton Insérer en dessous du groupe Lignes et colonnes de l'onglet Disposition des Outils de tableau.

20. **Laquelle des formules suivantes *n'est pas* correcte pour additionner les valeurs des cellules A1, A2 et A3 ?**

   a. =A1+A2+A3

   b. =SUM(A1~A3)

   c. =SUM(A1,A2,A3)

   d. =SUM(A1:A3)

Révision des techniques

1. Insérer un tableau.

   a. Démarrez Word, puis enregistrez le nouveau document vierge sous le nom **WD E-Fonds communs** dans votre dossier Projets.

   b. Tapez votre nom, appuyez deux fois sur [Entrée], tapez **Rendement des fonds communs de placement**, puis appuyez sur [Entrée].

   c. Insérez un tableau de quatre colonnes et quatre lignes.

   d. Tapez le texte présenté à la figure E-23, en appuyant sur [Tab] pour ajouter des rangées au besoin. (*Note* : N'appliquez encore aucun format au texte ou au tableau.)

   e. Enregistrez les changements.

FIGURE E-23

Nom du fonds	1 an	5 ans	10 ans
Ordinateurs	16,47	25,56	27,09
Europe	-6,15	13,89	10,61
Ressources naturelles	19,47	12,30	15,38
Soins de santé	32,45	24,26	22,25
Services financiers	22,18	22,79	24,44
Index 500	10,34	15,34	13,69

2. Insérer et supprimer des rangées et des colonnes.

   a. Insérez une rangée au-dessus de la ligne Soins de santé et tapez le texte suivant dans la nouvelle rangée :

   Canada   8,24   8,12   8,56

   b. Supprimez la rangée Europe.

   c. Insérez une colonne à droite de la colonne « 10 ans », tapez **Date d'achat** dans la ligne d'en-tête, puis entrez une date dans chaque cellule de la colonne, au format AA/MM/JJ (par exemple, 10/11/29).

   d. Déplacez la colonne Date d'achat à la droite de la colonne Nom du fonds, puis enregistrez les changements.

3. Modifier les rangées et les colonnes.

   a. Double-cliquez sur la bordure séparant la première colonne de la deuxième, afin de les redimensionner.

   b. Faites glisser la bordure entre la deuxième et la troisième colonne jusqu'aux environs du repère 6,25 cm sur la règle horizontale.

   c. Double-cliquez sur la bordure droite des colonnes 1 an, 5 ans et 10 ans.

   d. Sélectionnez les colonnes 1 an, 5 ans et 10 ans, puis distribuez-les uniformément.

   e. Sélectionnez le tableau, appliquez-lui le style Sans interligne, sélectionnez les rangées 2 à 7, fixez la hauteur de ligne à exactement 0,76 cm, puis enregistrez les changements.

4. Trier les données d'un tableau.

   a. Triez les données du tableau, en excluant la ligne d'en-tête, par ordre décroissant de l'information de la colonne « 1 an », puis cliquez sur OK.

   b. Triez les données du tableau, en excluant la ligne d'en-tête, par ordre croissant de date d'achat, puis cliquez sur OK.

   c. Triez les données du tableau, en excluant la ligne d'en-tête, par ordre alphabétique de nom de fonds, cliquez sur OK, puis enregistrez les changements.

5. Fractionner et fusionner des cellules.

   a. Insérez une rangée au-dessus de la ligne d'en-tête, puis fusionnez la première cellule de la nouvelle rangée avec la cellule Nom du fonds.

   b. Fusionnez la deuxième cellule de la nouvelle rangée avec la cellule Date d'achat.

   c. Fusionnez les trois cellules vides restantes de la première rangée en une seule cellule, puis tapez **Rendement annuel moyen** dans la cellule fusionnée.

   d. Ajoutez une nouvelle rangée au bas du tableau.

   e. Fusionnez les deux premières cellules dans la nouvelle rangée, puis tapez **Rendement moyen** dans la cellule fusionnée.

Révision des techniques (suite)

f. Sélectionnez les sept premières cellules de la première colonne (de Nom du fonds à Soins de santé), ouvrez la boite de dialogue Fractionner les cellules, décochez la case Fusionner les cellules avant de fractionner, puis divisez les cellules en deux colonnes.

g. Tapez **Symbole** comme titre de la nouvelle colonne, puis entrez le texte suivant dans les cellules restantes de la colonne : **CAND, FINX, COMP, NARS, FINS, HCRX**.

h. Double-cliquez sur la bordure droite de la première colonne pour la redimensionner, puis enregistrez les changements.

6. Effectuer des calculs dans un tableau.

a. Placez le point d'insertion dans la dernière cellule de la colonne « 1 an ».

b. Ouvrez la boite de dialogue Formule, supprimez le texte dans la zone Formule, tapez **=average(above)**, déroulez la zone Format de nombre, cliquez sur 0,00 %, puis cliquez sur OK.

c. Répétez l'étape « b » pour insérer le rendement moyen dans la dernière cellule des colonnes 5 ans et 10 ans.

d. Changez la valeur du rendement à 1 an du fonds Ressources naturelles à 10,35.

e. Recalculez le rendement moyen à 1 an, puis enregistrez les changements. (*Astuce* : Cliquez sur la cellule avec le bouton droit de la souris et choisissez Mettre à jour les champs, ou appuyez sur [F9].)

7. Appliquer un style de tableau.

a. Cliquez sur l'onglet Création des Outils de tableau, visualisez l'aperçu des styles lorsque appliqués à votre tableau, puis appliquez un style adéquat. Le style que vous avez choisi était-il efficace?

b. Appliquez le style Ombrage clair au tableau, puis désactivez le style dans la Première colonne et les Lignes à bandes.

c. Appliquez du gras aux en-têtes des colonnes 1 an, 5 ans et 10 ans, ainsi qu'à la dernière rangée du tableau.

d. Centrez le tableau entre les marges, centrez le titre du tableau **Rendement des fonds communs de placement**, augmentez la taille du titre à 14 points, mettez-le en gras, puis enregistrez les changements.

8. Créer un format de tableau personnalisé.

a. Sélectionnez le tableau entier, puis utilisez le bouton Centrer du groupe Alignement de l'onglet Disposition des Outils de tableau pour centrer le texte de chaque cellule verticalement et horizontalement.

b. Alignez les dates au centre à droite dans la colonne 3. Faites la même chose pour les nombres dans les colonnes 4 à 6.

c. Dans les colonnes 1 et 2, alignez les noms des fonds et les symboles au centre à gauche. N'alignez toutefois pas les entêtes de colonnes.

d. Alignez le texte de la rangée du bas au centre à droite. Assurez-vous que le texte dans la ligne d'en-tête est toujours centré.

e. Changez les couleurs du thème à Exécutif.

f. Sélectionnez toutes les cellules de la ligne d'en-tête, y compris les en-têtes 1 an, 5 ans et 10 ans, changez la couleur de la trame à **Vert foncé, Accentuation5**, puis la couleur de la police à blanc.

g. Appliquez une trame **Vert foncé, Accentuation5**, plus clair 60% aux cellules contenant les noms des fonds et les symboles, et une trame **Vert foncé, Accentuation5**, plus clair 80% aux cellules contenant les dates d'achat.

h. Aux cellules contenant les données de rendement à 1 an, 5 ans et 10 ans (sauf aux données Rendement moyen), appliquez, respectivement, les trames **Indigo, Accentuation1**, plus clair 60 %; **Orange, Accentuation3**, plus clair 60 %; et **Marron, Accentuation2**, plus clair 60 %.

i. Appliquez une trame **Vert foncé, Accentuation5**, plus clair 80 % à la dernière rangée du tableau.

j. Ajoutez une bordure inférieure blanche de ½ point à la cellule Rendement annuel moyen.

k. Ajoutez une bordure extérieure noire de 1½ point autour du tableau.

l. Ajoutez une bordure noire supérieure de ½ point à la rangée Canada et à la dernière rangée du tableau. (*Attention* : Ne supprimez aucune des bordures existantes.)

m. Comparez votre tableau à celui de la figure E-24. Apportez tous les changements nécessaires; enregistrez les modifications, fermez le fichier puis quittez Word.

FIGURE E-24

Rendement des fonds communs de placement

Nom du fonds	Symbole	Date d'achat	Rendement annuel moyen		
			1 an	5 ans	10 ans
Canada	CAND	09/06/15	8,24	8,12	8,56
Index 500	FINX	10/05/21	10,34	15,34	13,69
Ordinateurs	COMP	10/08/24	16,47	25,56	27,09
Ressources naturelles	NARS	10/09/10	10,35	12,30	15,38
Services financiers	FINS	10/11/29	22,18	22,79	24,44
Soins de santé	HCRX	10/01/22	32,45	24,26	22,25
Rendement moyen			16,67 %	18,06 %	18,57 %

Créer et mettre en forme des tableaux

Exercice personnel 1

Vous êtes le directeur commercial d'une société qui possède des succursales dans six villes autour du monde. En vue de la prochaine réunion des ventes, vous créez un tableau montrant vos prévisions pour l'exercice 2013.

  a. Démarrez Word, puis enregistrez le nouveau document sous le nom **WD E-Ventes 2013** dans votre dossier Projets.

  b. Tapez le titre **Ventes projetées en millions, Exercice 2013** au sommet du document et appuyez deux fois sur [Entrée].

  c. Insérez un tableau de cinq colonnes et quatre rangées, puis entrez-y les données illustrées à la figure E-25, en ajoutant des rangées au besoin. (*Note*: Ne formatez pas le texte à ce stade.)

  d. Redimensionnez les colonnes en fonction du contenu.

  e. Triez le tableau en ordre alphabétique de bureau.

  f. Ajoutez une nouvelle rangée au bas du tableau, tapez **Total** dans la première cellule, puis entrez une formule dans chacune des cellules restantes de la nouvelle rangée pour calculer la somme des cellules au-dessus.

FIGURE E-25

Bureau	T1	T2	T3	T4
Londres	9500	5800	3900	9800
Tokyo	6700	8900	4500	4900
Francfort	8800	8500	6800	7400
Shanghai	5800	7200	4700	8200
Paris	8500	7800	9800	9400
Melbourne	7900	6800	3800	6200

  g. Ajoutez une nouvelle colonne à l'extrémité droite du tableau. Tapez **Total** dans la première cellule, puis entrez une formule dans chacune des autres cellules de la nouvelle colonne pour additionner les cellules à gauche. (*Conseil* : Assurez-vous que la formule insérée calcule la somme des cellules à gauche (=SUM(LEFT)) et non celle des cellules au-dessus. Dans la dernière cellule de la dernière colonne, vous avez le choix d'additionner les cellules à gauche ou au-dessus; le total devrait être identique.)

  h. Appliquez un style de tableau à votre tableau. Sélectionnez un style qui met en valeur l'information présentée dans le tableau et ajustez les Options de style de tableau en fonction du contenu.

  i. Centrez le texte dans la ligne d'en-tête, alignez à gauche le reste du texte de la première colonne, puis alignez à droite les données numériques du tableau.

  j. Améliorez le tableau au moyen de polices, de couleurs de police, de trames et de bordures pour le rendre attrayant et facile à interpréter.

  k. Augmentez la taille du titre du tableau à 18 points, puis centrez le titre du tableau et le tableau sur la page.

  l. Appuyez sur [Ctrl][Fin], appuyez sur [Entrée], tapez votre nom, enregistrez les changements, fermez le fichier, puis quittez Word.

Exercice personnel 2

Vous avez été invité par votre association locale de courtiers immobiliers à venir parler des avantages économiques de votre ville. Pour illustrer votre propos, vous voulez leur distribuer un document comparant le coût de la vie et d'autres indicateurs économiques de villes américaines offrant les mêmes caractéristiques que la vôtre. Vous décidez de présenter les données dans un tableau.

  a. Démarrez Word, ouvrez le fichier WD E-1.docx, et enregistrez-le sous le nom **WD E-Données urbaines** dans votre dossier Projets.

  b. Centrez le titre du tableau, puis augmentez la taille de la police à 18 points.

  c. Activez l'affichage des mises en forme, sélectionnez le texte tabulé dans le document, puis convertissez ce texte en tableau.

  d. Ajoutez une rangée au-dessus de la première ligne du tableau, puis entrez les en-têtes de colonne suivants dans la nouvelle rangée : **Ville**, **Coût de la vie**, **Revenu moyen**, **Prix moyen des maisons**, **Pourcentage d'universitaires**.

  e. Appliquez un style de tableau approprié au tableau. S'il y a lieu, ajoutez ou supprimez le style de divers éléments du tableau au moyen des options du groupe Options de style de tableau.

  f. Ajustez les largeurs de colonne de manière à rendre le tableau attrayant et lisible. (*Conseil* : Permettez le retour à la ligne dans les en-têtes de colonnes.)

  g. Appliquez une hauteur de ligne d'au moins 0,63 cm à chaque rangée.

  h. Alignez le texte de chaque cellule de la première colonne au centre à gauche, y compris l'en-tête de colonne.

  i. Alignez le texte de chaque cellule dans les colonnes restantes au centre à droite, en-têtes de colonnes compris.

  j. Centrez le tableau entier sur la page.

  k. Triez le tableau en ordre décroissant de coût de la vie.

Exercice personnel 2 (suite)

Difficultés supplémentaires

■ Ajoutez une nouvelle rangée au bas du tableau, puis tapez **Moyenne** dans la première cellule de la novelle rangée.

■ Dans chacune des cellules suivantes de la rangée Moyenne, insérez une formule pour calculer la moyenne des cellules au-dessus (*Indice* : Dans chaque cellule, remplacez SUM par AVERAGE dans la zone de texte de la formule, mais n'apportez aucun autre changement.)

■ Au besoin, appliquez des bordures, une trame, des polices et d'autres attributs de mise en forme à la rangée Moyenne pour en rehausser les données, puis ajustez la mise en forme de sorte que le tableau tienne sur une seule page.

l. Sur la ligne vide sous le tableau, tapez **Nota : L'indice moyen du coût de la vie aux États-Unis est de 100**. Mettez ce texte en italique puis, s'il n'est pas correctement aligné, utilisez une tabulation et des retraits pour l'aligner sur le côté gauche du tableau.

m. S'il y a lieu, rehaussez l'apparence et la lisibilité du tableau au moyen de bordures, de trames, de polices et autres attributs de mise en forme.

n. Inscrivez votre nom au bas du document ou dans le pied de page, enregistrez les changements, fermez le document, puis quittez Word.

Exercice personnel 3

Vous travaillez au service de la publicité d'un magazine. Votre patron vous a demandé de créer une fiche de renseignements sur la taille des annonces publiées dans la revue. Cette fiche devrait inclure les dimensions pour chaque genre d'annonce. En prime, vous pourriez aussi ajouter une représentation visuelle des différentes formes et tailles des publicités, tel qu'illustré à la figure E-26. Vous utiliserez des tableaux pour disposer la fiche de renseignements, présenter les dimensions et, si vous réalisez les exercices de difficultés supplémentaires, illustrer les formes et les tailles.

FIGURE E-26

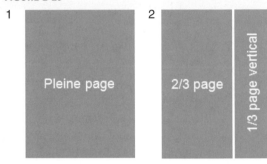

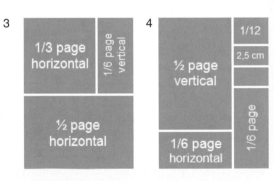

a. Démarrez Word, ouvrez le fichier WD E-2.docx de votre dossier Projets et enregistrez-le sous le nom **WD E-Fiche de renseignements pub**. Affichez le quadrillage, puis lisez le document pour prendre connaissance de son contenu.

b. Faites glisser la bordure entre la première et la deuxième colonne jusqu'aux environs du repère 7 cm sur la règle horizontale, ajustez les deuxième et troisième colonnes en fonction du contenu, puis appliquez une hauteur de 1,27 cm à chaque rangée du tableau.

c. Modifiez l'alignement du texte de la première colonne à Au centre à gauche, puis celui du texte des deuxième et troisième colonnes à Au centre à droite.

d. Supprimez toutes les bordures du tableau, puis appliquez une bordure pointillée intérieure horizontale orange de 2¼ points à tout le tableau. Cela crée une ligne pointillée orange entre chaque rangée. (*Conseil* : Utilisez la couleur Orange, Accentuation6.)

e. Dans le deuxième paragraphe vide sous le titre du tableau, insérez un nouveau tableau de trois colonnes et quatre lignes, puis fusionnez les cellules de la troisième colonne du nouveau tableau vide.

f. Faites glisser la bordure entre la première et la deuxième colonne du nouveau tableau jusqu'au repère 3,1 cm sur la règle horizontale. Faites ensuite glisser la bordure séparant la deuxième de la troisième colonne jusqu'au repère 3,8 cm.

g. Sélectionnez le tableau qui contient le texte, coupez-le dans le Presse-papiers, puis collez-le dans la cellule fusionnée du tableau vierge. Le tableau avec du texte est désormais un tableau imbriqué dans le tableau principal.

h. Fractionnez le tableau imbriqué au-dessus de la ligne Unité (à fond perdu). (*Indice* : Placez le point d'insertion dans la rangée Unité (à fond perdu), puis cliquez sur le bouton Fractionner le tableau.)

i. Remontez vers le haut, fusionnez les quatre cellules de la première colonne du tableau principal, puis fusionnez les quatre cellules de la deuxième colonne.

j. Fractionnez la première colonne en une colonne de sept lignes.

k. Dans la zone Tableau Hauteur Ligne du groupe Taille de la cellule, changez la hauteur de ligne de chacune des cellules de la première colonne de façon que les rangées alternent exactement entre 4,6 cm et 0,63 cm de hauteur, la hauteur 4,6 cm étant appliquée aux première, troisième, cinquième et septième rangées. (*Indice* : Vous pouvez aussi utiliser la boite de dialogue Propriétés du tableau pour faire cela.)

Exercice personnel 3 (suite)

l. Ajoutez une trame Orange, Accentuation6 aux première, troisième, cinquième et septième cellules de la première colonne, supprimez toutes les bordures du tableau principal, puis désactivez l'affichage du quadrillage. Les bordures pointillées orange du tableau imbriqué restent en place.

Difficultés supplémentaires

- Dans la première cellule orange tapez **Pleine page**, changez la couleur de police à Blanc, puis centrez le texte horizontalement et verticalement dans la cellule.
- Dans le groupe Traçage des bordures de l'onglet Création des Outils de tableau, remplacez le style de trait par une ligne simple, changez l'épaisseur du stylo à 2 ¼ pt (s'il y a lieu), puis changez la couleur du stylet à blanc.
- Assurez-vous que le pointeur Dessiner un tableau est actif puis, en vous référant à la figure E-26, tracez une bordure verticale qui divise la deuxième cellule orange en ⅔ et ⅓.
- Étiquetez les cellules et alignez le texte tel qu'illustré dans la figure. (*Conseil* : Changez la couleur de la police, l'orientation et l'alignement du texte avant de le taper. Prenez soin de ne pas changer la taille des cellules quand vous tapez. Au besoin, appuyez sur [Entrée] pour commencer une nouvelle ligne de texte dans une cellule, ou réduisez la taille de la police du texte.)
- En vous basant sur la figure E-26, divisez les troisième et quatrième cellules oranges, puis étiquetez les cellules comme dans la figure.

m. Vérifiez si le document comporte des erreurs, puis faites les ajustements nécessaires.

n. Appuyez sur [Ctrl][Fin], tapez votre nom, enregistrez les changements, prévisualisez le document, fermez le fichier puis quittez Word.

Défi

La réalisation de cet exercice exige une connexion internet.

Un curriculum vitæ bien écrit et bien présenté est un atout pour obtenir une entrevue d'embauche. Dans un cv gagnant, le contenu et le format appuient vos objectifs de carrière et présentent efficacement vos antécédents et qualifications. Une façon simple de créer un curriculum vitæ consiste à disposer l'information dans un tableau. Dans cet exercice, vous allez rechercher des consignes sur la manière de rédiger et de mettre un cv en page. Vous créerez ensuite votre propre cv au moyen d'un tableau.

a. Utilisez votre moteur de recherche préféré pour chercher des renseignements sur la manière de rédiger et présenter les curriculum vitæ. Utilisez les mots-clés **curriculum vitae**.

b. Imprimez les conseils utiles sur la rédaction et la présentation des cv provenant d'au moins deux sites web.

c. Pensez aux renseignements que vous voulez inclure dans votre cv L'en-tête doit inclure vos noms, adresse, numéro de téléphone et adresse de courriel. Le corps du texte doit renfermer vos objectifs de carrière et des informations sur votre scolarité, votre expérience professionnelle et vos compétences. Vous pouvez aussi y ajouter d'autres renseignements utiles.

d. Esquissez votre cv en utilisant un tableau comme grille. Incluez les lignes et les colonnes du tableau dans votre esquisse.

e. Démarrez Word, ouvrez un nouveau document vierge et enregistrez-le sous le nom **WD E-Mon CV** dans votre dossier Projets.

f. Définissez des marges adéquates, puis insérez un tableau qui vous servira de grille pour construire votre cv. Fractionnez et fusionnez des cellules et ajustez les colonnes du tableau au besoin.

g. Tapez votre cv dans les cellules du tableau. Veillez à employer un ton professionnel et utilisez un langage concis.

h. Appliquez des polices, des puces et autres attributs de mise en forme à votre cv. Ajustez l'espacement entre les diverses sections en redimensionnant les colonnes et les rangées du tableau.

i. Lorsque vous serez satisfait du contenu et du format de votre cv, enlevez les bordures du tableau, puis masquez le quadrillage s'il est visible. Vous pouvez ensuite rajouter quelques bordures au tableau afin de structurer la présentation de votre curriculum.

j. Vérifiez l'orthographe et la grammaire de votre cv.

k. Enregistrez les changements, prévisualisez votre cv, fermez le fichier puis quittez Word.

Atelier visuel

Créez le calendrier illustré à la figure E-27 en utilisant un tableau pour disposer la page. (*Conseils* : Les marges du haut et du bas sont réglées à 2,2 cm et les marges gauche et droite à 2,5 cm et la police est la Century Gothic. L'image clipart est insérée dans le tableau et se trouve au moyen du mot-clé **craie**. Si vous ne trouvez pas le clipart illustré ou n'avez pas accès à la police indiquée, utilisez-en d'autres.) Tapez votre nom dans la dernière cellule du tableau, enregistrez le calendrier sous le nom **WD E-Octobre 2013** dans votre dossier Projets, puis imprimez-en une copie.

FIGURE E-27

Octobre 2013

Dimanche	Lundi	Mardi	Mercredi	Jeudi	Vendredi	Samedi
		1	2	3	4	5
6	7	8	9	10	11	12
13	14	15	16	17	18	19
20	21	22	23	24	25	26
27	28	29	30	31		Votre nom

Illustrer des documents avec des graphismes

Les graphismes sont utiles pour illustrer les idées dans vos documents, rendre une page visuellement attrayante, et donner à vos documents du piquant et de l'originalité. Outre des images clipart, vous pouvez ajouter dans vos documents des photos ou des graphismes créés dans d'autres programmes, ou utiliser les outils graphiques de Word pour créer vos propres images. Dans ce module, vous apprenez à insérer, modifier et positionner des graphismes et des zones de texte, à dessiner vos propres images et à illustrer un document avec WordArt et des diagrammes. Vous préparez un dépliant annonçant les circuits de VTA au Mexique. Vous utilisez les fonctions graphiques de Word pour illustrer votre dépliant.

OBJECTIFS

Insérer une image

Dimensionner et réduire une image

Positionner une image

Créer une zone de texte

Créer un objet WordArt

Dessiner des formes

Créer un graphique

Finaliser la disposition d'une page

Insérer une image

Les graphismes que vous pouvez insérer dans un document comprennent les images clipart fournies avec Word, des photos prises avec un appareil photo numérique, des images numérisées et des objets créés avec d'autres programmes graphiques. Pour insérer un fichier graphique dans un document, vous utilisez la commande Image du groupe Illustrations de l'onglet Insertion. Après avoir inséré un graphisme, vous pouvez lui appliquer un style pour en rehausser l'apparence. ▓▓▓▓ Le texte de votre dépliant sur le Mexique est prêt et vous voulez maintenant lui ajouter une photo. Vous insérez un fichier photo dans le document, lui appliquez une ombre, puis habillez le texte autour de l'image pour en faire un graphique flottant.

ÉTAPES

1. **Démarrez Word, ouvrez le fichier WD F-1.docx de votre dossier Projets, enregistrez-le sous WD F-Aventure au Mexique, cliquez sur Afficher tout ¶ dans le groupe Paragraphe pour afficher les marques de mise en forme au besoin, lisez le dépliant pour avoir une idée de son format et de son contenu, puis appuyez sur [Ctrl][↖].**

   Le dépliant est divisé en cinq sections et comprend un saut de page obligatoire et plusieurs images incorporées. Les sections deux et quatre sont formatées sur trois colonnes.

2. **Ouvrez l'onglet Insertion et cliquez sur le bouton Image dans le groupe Illustrations.**

   La boite de dialogue Insérer une image s'ouvre et sert à localiser et insérer des fichiers graphiques. La plupart de ces fichiers sont des **images bitmap**, qui sont souvent enregistrées avec une extension.bmp, .png, .jpg, .tif ou .gif. Pour visionner tous les fichiers graphiques stockés à un endroit donné, déroulez la liste Type de fichiers et choisissez Toutes les images.

PROBLÈME

Si vous ne voyez pas toutes les images, cliquez sur la flèche de liste Type de fichiers, puis cliquez sur Toutes les images.

3. **Vérifiez que Toutes les images apparait dans la zone Type de fichiers, ouvrez votre dossier Projets, cliquez sur le fichier Plage.jpg, puis cliquez sur Insérer.**

   La photo est insérée en tant qu'image incorporée au point d'insertion. Lorsqu'un graphisme est sélectionné, des cercles et des carrés blancs, appelés **poignées de redimensionnement**, apparaissent sur les côtés et les coins de l'image. Une **poignée de rotation** verte apparait aussi et l'onglet Format des Outils Image s'affiche sur le ruban. Cet onglet sert à dimensionner, rogner, positionner, habiller le texte, formater et ajuster le graphisme.

4. **Cliquez sur le bouton Effets des images dans le groupe Styles d'images, pointez Ombre, déplacez le pointeur sur les styles d'ombre dans la galerie pour les prévisualiser dans le document, puis cliquez sur Décalage diagonal vers le bas à droite dans la section Externe.**

   Une ombre est appliquée à la photo. Vous pouvez utiliser le bouton Effets des images pour appliquer d'autres effets visuels à un graphisme, comme une lumière, un contour flou, une réflexion ou une rotation 3D.

5. **Cliquez sur le bouton Effets des images, pointez Ombre, puis cliquez sur Options d'ombres.**

   La boite de dialogue Format de l'image s'ouvre (figure F-1). Elle sert à ajuster les réglages de format appliqués aux objets graphiques.

ASTUCE

Vous pouvez transformer un graphique flottant en graphisme incorporé en changeant l'habillage du texte à Aligné avec le texte.

6. **Cliquez quatre fois sur la flèche vers le haut de la zone Distance dans la section Ombre jusqu'à ce que 7 pt apparaisse, puis cliquez sur Fermer.**

   La distance de l'ombre de l'image est augmentée à 7 points. Notez que lorsque vous ajustez les réglages dans la boite de dialogue, la modification est immédiatement appliquée à la photo.

ASTUCE

Pour positionner un graphisme n'importe où sur une page, vous devez lui appliquer un habillage de texte même si la page ne contient aucun texte.

7. **Cliquez sur le bouton Renvoyer à la ligne automatiquement dans le groupe Organiser, puis cliquez sur Rapproché.**

   Le texte est réparti le long des côtés de la photo (figure F-2), ce qui en fait un objet flottant. Un objet flottant fait partie de la couche dessin dans un document et peut être déplacé n'importe où sur une page, y compris au premier plan ou en arrière-plan du texte et autres objets. Notez l'ancre qui apparait dans le coin supérieur droit de la photo à côté du paragraphe Aventure Mexique. L'ancre indique que le graphique flottant est ancré au paragraphe le plus proche de façon à ce que le graphique bouge avec le paragraphe si celui-ci est déplacé. Le symbole d'ancrage n'apparait que lorsque les marques de mise en forme sont affichées.

8. **Désélectionnez la photo, puis cliquez sur Enregistrer ▣ dans la barre d'outils Accès rapide.**

FIGURE F-1 : Boite de dialogue Format de l'image

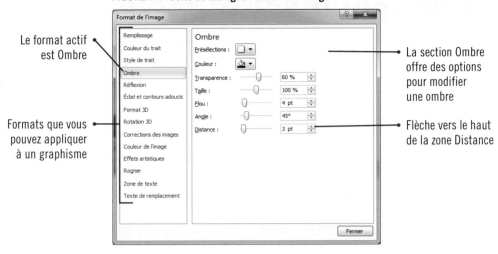

Le format actif est Ombre

Formats que vous pouvez appliquer à un graphisme

La section Ombre offre des options pour modifier une ombre

Flèche vers le haut de la zone Distance

FIGURE F-2 : Graphisme flottant

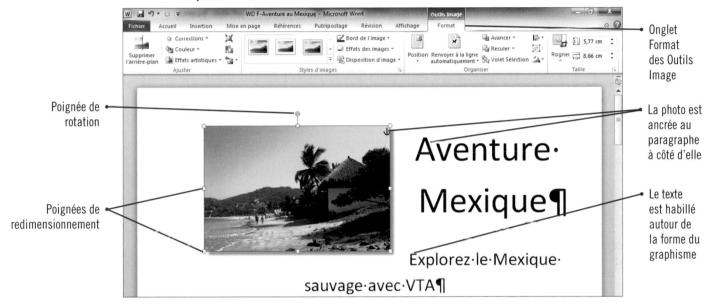

Poignée de rotation

Poignées de redimensionnement

Onglet Format des Outils Image

La photo est ancrée au paragraphe à côté d'elle

Le texte est habillé autour de la forme du graphisme

Corriger des images, changer les couleurs et appliquer des effets artistiques

La commande Corrections du groupe Ajuster permet d'ajuster la **luminosité** relative d'une image, de modifier la différence entre les zones plus sombres et plus claires (**contraste**) et de changer la **netteté** d'une image. Pour faire ces ajustements, sélectionnez l'image puis cliquez sur le bouton Corrections pour ouvrir une galerie de pourcentages dont vous pouvez prévisualiser l'effet. Vous pouvez aussi utiliser la commande Options de correction des images dans la galerie Corrections, puis ajuster les pourcentages au moyen des curseurs du volet Correction des images de la boite de dialogue Format de l'image.

La commande Couleur du groupe Ajuster sert à modifier l'intensité et la vivacité des couleurs d'une image (**saturation**) et à changer la **nuance** d'une photo en faisant ressortir les tons bleus plus froids ou les tons orange plus chauds. La commande Couleur permet aussi de recolorier une image afin de lui donner un effet stylisé, tel que sépia, nuances de gris ou duotone. Pour modifier les couleurs d'une image, sélectionnez l'image, cliquez sur le bouton Couleur, puis sélectionnez l'un des modes ou des variations de couleurs dans la galerie.

La commande Effets artistiques du groupe Ajuster permet de donner à une photo l'apparence d'un dessin, d'une peinture, d'une photocopie, d'un croquis (figure F-3) ou d'autres formes picturales.

Pour ce faire, sélectionnez une photo, cliquez sur le bouton Effets artistiques, puis pointez chaque effet pour en prévisualiser l'effet sur la photo.

Après avoir modifié une image, vous pouvez annuler n'importe quel changement en cliquant sur le bouton Rétablir l'image dans le groupe Ajuster. Cette commande rétablit également tout changement que vous avez apporté à la taille de l'image, au rognage, aux bordures et aux effets.

FIGURE F-3 : Effet artistique appliqué à une photo

Dimensionner et réduire une image

Après avoir inséré une image dans un document, vous pouvez en modifier la forme ou la taille en utilisant la souris pour glisser une poignée de redimensionnement. Vous pouvez aussi entrer une largeur et une hauteur précises pour l'image au moyen des zones Largeur de la forme et Hauteur de la forme du groupe Taille de l'onglet Format des Outils Image ou encore modifier l'échelle du graphisme à partir de l'onglet Taille de la boite de dialogue Disposition. Redimensionner une image avec la souris permet de voir l'aspect de l'image à mesure que vous la modifiez. Quant aux zones de texte du groupe Taille ou de l'onglet Taille de la boite de dialogue Disposition, elles permettent de fixer des mesures exactes. ▨▨▨▨ Vous agrandissez la photo.

ÉTAPES

1. **Cliquez sur la photo pour la sélectionner et placez le pointeur sur la poignée de redimensionnement du milieu à droite. Quand le pointeur prend la forme ⟷, faites-le glisser vers la droite jusqu'à ce que l'image mesure environ 12,7 cm de large.**

   À mesure que vous glissez le pointeur, l'image transparente montre la taille et la forme de l'image. Vous pouvez consulter la règle pour vérifier les mesures pendant le glissement. Quand vous relâchez le bouton de la souris, l'image est étirée. Si l'on glisse une poignée de redimensionnement située sur les côtés, en haut ou en bas de l'image, seule la largeur ou la hauteur du graphisme est modifiée.

2. **Cliquez sur le bouton Annuler ▨ de la barre d'outils Accès rapide et placez le pointeur sur la poignée de redimensionnement inférieure droite. Quand le pointeur devient ⬉, glissez vers le bas et la droite jusqu'à ce que la photo mesure environ 7 cm de haut et 11 cm de large, puis relâchez le bouton de la souris.**

   L'image est agrandie. Quand vous faites glisser une poignée de coin, la photo est redimensionnée proportionnellement si bien que la largeur et la hauteur sont réduites ou agrandies par le même pourcentage. Le tableau F-1 décrit d'autres façons de redimensionner des objets avec la souris.

3. **Cliquez sur le lanceur ▨ dans le groupe Taille.**

   La boite de dialogue Disposition s'ouvre (figure F-4). Elle permet d'entrer des mesures précises de hauteur et de largeur ou de changer l'échelle d'une image en entrant le pourcentage voulu pour le réduire ou l'agrandir. Quand un graphisme est **dimensionné à l'échelle**, le rapport hauteur-largeur demeure le même.

4. **Sélectionnez la mesure dans la zone Hauteur de la section Échelle, tapez 130, puis cliquez sur la zone Largeur.**

   L'échelle de la largeur passe à 130 % et les mesures absolues dans les sections Hauteur et Largeur augmentent proportionnellement. Quand la case Proportionnelle à la taille d'origine de l'image est cochée, il suffit d'entrer une mesure de hauteur ou de largeur seulement. Word calcule l'autre mesure si bien que le graphisme redimensionné est proportionnel.

5. **Cliquez sur OK.**

   La photo est agrandie à 130 % de sa taille d'origine.

6. **Tapez 11,68 dans la zone Largeur de la forme du groupe Taille, appuyez sur [Entrée], puis sauvegardez vos changements.**

   La photo est agrandie et mesure exactement 11,68 cm de large et 7,78 cm de haut (figure F-5). Comme la case Proportionnelle à la taille d'origine de l'image était cochée dans la boite de dialogue Taille pour cette image, la photo est dimensionnée proportionnellement lorsque vous ajustez un réglage dans la zone Hauteur de la forme ou Largeur de la forme.

TABLEAU F-1 : Méthodes pour redimensionner un objet avec la souris

Faites ceci	Pour
Faire glisser une poignée de redimensionnement située dans un coin	Redimensionner un clipart ou une image bitmap et garder ses proportions
Appuyer sur [Maj] et glisser une poignée de redimensionnement située dans un coin	Redimensionner tout objet graphique et préserver ses proportions
Appuyer sur [Ctrl] et glisser une poignée de redimensionnement située sur le côté, au haut ou au bas	Redimensionner tout objet graphique verticalement ou horizontalement
Appuyer sur [Ctrl] et glisser une poignée de redimensionnement située dans un coin	Redimensionner tout objet graphique en diagonale tout en gardant la position centrale fixe
Appuyer sur [Maj][Ctrl] et glisser une poignée de redimensionnement située dans un coin	Redimensionner tout objet graphique tout en gardant la position centrale fixe et en maintenant ses proportions

FIGURE F-4 : Onglet Taille dans la boite de dialogue Disposition

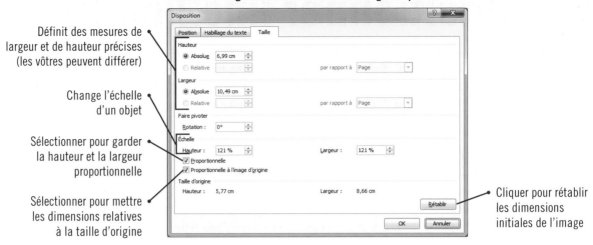

Définit des mesures de largeur et de hauteur précises (les vôtres peuvent différer)

Change l'échelle d'un objet

Sélectionner pour garder la hauteur et la largeur proportionnelle

Sélectionner pour mettre les dimensions relatives à la taille d'origine

Cliquer pour rétablir les dimensions initiales de l'image

Word 2010

FIGURE F-5 : Photo agrandie

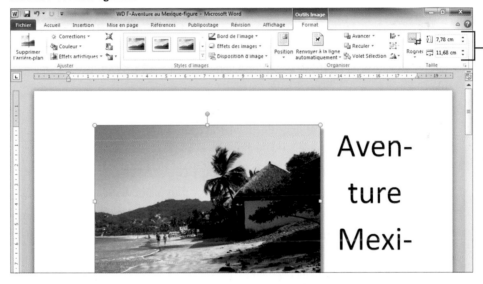

Les zoncs de texte Hauteur de la forme et Largeur de la forme indiquent les dimensions de l'objet sélectionné

Rogner des graphismes

Si vous voulez n'utiliser qu'une partie d'une image dans un document, vous pouvez la **rogner** pour éliminer les parties indésirables. Pour rogner une image, sélectionnez-la puis cliquez sur le bouton Rogner dans le groupe Taille de l'onglet Format des Outils Image. Des poignées de rognage (traits noirs solides) apparaissent aux quatre coins et sur les côtés de l'image. Pour rogner un côté de l'image, glissez une poignée de rognage latérale vers l'intérieur à l'endroit où la rogner. Pour rogner deux côtés adjacents d'un seul coup, faites glisser une poignée de rognage de coin vers l'intérieur jusqu'au point où doit se trouver le coin de l'image rognée.

Quand vous avez fini d'ajuster les paramètres de l'image, cliquez à nouveau sur le bouton Rogner pour désactiver la fonction.

Vous pouvez également rogner un graphisme en fonction d'une forme, comme une ellipse, une étoile, un soleil ou un triangle, ou encore le rogner de manière à l'adapter à un rapport largeur-hauteur donné où sa hauteur et s a largeur seront proportionnels à un rapport tel que 3:5. Pour appliquer un de ces comportements de rognage à un graphisme, sélectionnez-le, déroulez la liste du bouton Rogner, pointez Rogner à la forme ou Rapport hauteur-largeur dans le menu déroulant, puis sélectionnez l'option voulue.

Illustrer des documents avec des graphismes

Positionner une image

Après avoir inséré une image dans un document et en avoir fait un graphique flottant, vous pouvez la déplacer en la glissant avec la souris, en la positionnant avec les touches fléchées ou en définissant l'emplacement exact de l'image au moyen de la commande Position. Vous essayez différentes positions pour la photo, puis vous déplacez un graphisme incorporé de la page 2 à la page 1 par couper-coller.

ÉTAPES

1. S'il y a lieu, sélectionnez la photo, cliquez sur le bouton Position dans le groupe Organiser et cliquez sur Au milieu au centre avec habillage du texte carré.

La photo est centrée verticalement et horizontalement sur la page et le texte est bouclé autour de l'image. Le déplacement d'un graphisme incorporé au moyen du bouton Position est une façon rapide d'en faire un graphique flottant et de le positionner de façon qu'il soit centré ou aligné avec les marges.

2. Assurez-vous que le saut de section est au haut de l'écran, puis utilisez le pointeur ✣ pour glisser la photo vers le haut et sur la droite (figure F-6).

L'image transparente indique la position de la photo à mesure que vous glissez le pointeur. Quand vous relâchez le bouton de la souris, la photo est déplacée. Notez que le symbole d'ancrage s'est aussi déplacé avec l'image.

3. Cliquez sur le bouton Position, puis sur Autres options de disposition.

La boite de dialogue Disposition s'affiche ouverte à l'onglet Position. Vous l'utilisez pour spécifier une position exacte pour une image par rapport à certains aspects du document, tels qu'une marge, une colonne ou un paragraphe.

4. Tapez 6,2 dans la zone Position absolue de la section Horizontal, puis tapez 5,7 dans la zone Position absolue de la section Vertical.

Le côté gauche de la photo sera positionné précisément à 6,2 cm à droite de la marge gauche, et le haut de la photo à exactement 5,7 cm de la marge du haut.

5. Cliquez sur l'onglet Habillage du texte.

Cet onglet sert à modifier le style d'habillage du texte, à habiller du texte autour d'un seul côté de l'image, et à modifier la distance entre le bord du graphisme et le bord du texte bouclé.

6. Tapez 0,25 dans la zone de texte Bas, puis cliquez sur OK.

La position de la photo est ajustée et l'espace blanc sous la photo est augmenté à 0,25 cm.

7. Ouvrez l'onglet Affichage, cliquez sur le bouton Une page dans le groupe Zoom, localisez le symbole d'ancrage et faites-le glisser vers la marge gauche près du haut du premier paragraphe de texte s'il ne s'y trouve pas déjà.

Le glissement du symbole d'ancrage vers un paragraphe différent ancre le graphisme sélectionné à ce paragraphe.

8. Appuyez sur [Ctrl][Fin], sélectionnez la photo du marché au bas de la page 2, appuyez sur [Ctrl][X] pour la couper, remontez jusqu'à la page 1, cliquez dans le paragraphe vide dans la première colonne, puis appuyez sur [Ctrl][V].

Le graphisme incorporé est collé au bas de la première colonne.

9. Double-cliquez sur la photo du marché pour la sélectionner et activer l'onglet Format des Outils Image, cliquez sur le bouton Position, cliquez sur En bas à gauche avec habillage de texte carré, puis glissez le symbole d'ancrage vers la marge à gauche du premier paragraphe de texte.

La photo du marché devient un graphique flottant aligné dans le coin inférieur gauche de la page et ancré au premier paragraphe de texte. Les deux photos sont maintenant ancrées au même paragraphe.

10. Cliquez sur la photo de plage, cliquez sur l'onglet Accueil, cliquez sur Reproduire la mise en forme 🖌 du groupe Presse-papiers, cliquez sur la photo du marché avec le pointeur 🖌I, puis cliquez sur 🖫.

Les paramètres de l'ombre sont copiés de la photo de plage sur la photo du marché. Comparez votre document à la figure F-7.

Illustrer des documents avec des graphismes

Le symbole d'ancrage se déplace avec l'image

Le bord droit de l'image s'aligne avec la marge droite

L'image transparente indique la position du graphisme

FIGURE F-7 : Photos repositionnées

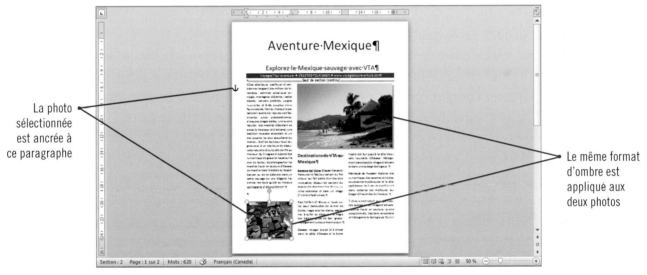

La photo sélectionnée est ancrée à ce paragraphe

Le même format d'ombre est appliqué aux deux photos

Supprimer l'arrière-plan d'une image

Lorsque vous voulez attirer l'attention sur un détail d'une image ou en supprimer un élément futile, vous pouvez utiliser la commande Supprimer l'arrière-plan pour éliminer tout l'arrière-plan ou une partie seulement. Pour ce faire, sélectionnez l'image puis cliquez sur le bouton Supprimer l'arrière-plan dans le groupe Ajuster de l'onglet Format des Outils Image. L'arrière-plan de la photo est automatiquement surligné en rose, quatre lignes de marquage apparaissent sous forme de rectangle et l'onglet Suppression de l'arrière-plan des Outils Image est activé. Vous pouvez faire glisser une poignée des lignes de marquage pour indiquer les zones de la photo que vous souhaitez conserver. La zone située à l'intérieur de ces lignes est celle qui sera conservée, tel qu'indiqué par la disparition du fond rose; la zone extérieure aux lignes de marquage sera éliminée. Pour affiner la zone d'arrière-plan (la zone rose), vous utilisez les commandes Marquer les zones à conserver et Marquer les zones à supprimer du groupe Affiner de l'onglet Suppression de l'arrière-plan. Cliquer sur

ces boutons active un pointeur dont vous vous servez pour cliquer sur une zone de l'image à marquer pour suppression (la rendre rose) ou conservation (enlever le rose). Quand vous avez terminé, cliquez sur Conserver les modifications dans le groupe Fermer pour supprimer l'arrière-plan. La figure F-8 montre la photo d'un colibri et la même photo avec l'arrière-plan supprimé.

FIGURE F-8 : Arrière-plan supprimé d'une photo

Créer une zone de texte

Vous pouvez illustrer vos documents avec du texte au moyen de zones de texte. Une **zone de texte** est un « contenant » que vous pouvez remplir avec du texte et des graphismes. Comme tous les objets dessin, une zone de texte peut être redimensionnée, formatée avec des couleurs, des lignes et de l'habillage de texte, et être placée n'importe où sur une page. Il est possible d'insérer une zone de texte prédéfinie que vous pouvez personnaliser avec votre propre texte, dessiner une zone vide et la remplir de texte ou choisir du texte existant et l'encadrer d'une zone de texte. Pour créer une zone de texte, vous pouvez utiliser deux commandes de l'onglet Insertion : le bouton Zone de texte du groupe Texte ou le bouton Formes du groupe Illustrations. Vous dessinez une zone de texte autour des renseignements sur les destinations de VTA au Mexique, vous redimensionnez et positionnez la zone de texte sur la page et vous la reformatez en lui appliquant un style de zone de texte.

ÉTAPES

1. **Sélectionnez tout le texte des colonnes 2 et 3, y compris le titre et la dernière marque de paragraphe avant le saut de section.**

   Le texte des colonnes 2 et 3 est sélectionné.

2. **Cliquez sur l'onglet Insertion, puis sur le bouton Zone de texte dans le groupe texte.**

   Une galerie de zones de texte et de bordures préformatées s'ouvre.

3. **Cliquez sur le bouton Dessiner une zone de texte.**

   Le texte sélectionné est formaté en tant que zone de texte (figure F-9). Lorsque vous dessinez une zone de texte autour d'un texte ou de graphismes existants, celle-ci fait partie de la couche dessin (un objet flottant).

4. **Ouvrez l'onglet Format des outils de dessin, cliquez sur le bouton Position dans le groupe organiser, cliquez sur En bas à droite avec habillage de texte carré.**

   La zone de texte est déplacée dans le coin inférieur droit de la page.

5. **S'il y a lieu, cliquez sur le bouton Taille du groupe Taille, tapez 10,76 dans la zone Hauteur de la forme, tapez 11,9 dans la zone Largeur de la forme, puis appuyez sur [Entrée].**

   La zone est redimensionnée pour mesurer exactement 10,76 cm de haut par 11,9 cm de large.

6. **Faites glisser le symbole d'ancrage vers la marge gauche du premier paragraphe de texte.**

   La zone de texte est dorénavant ancrée au premier paragraphe de texte.

7. **Dans le groupe Styles de formes, cliquez sur Autres ▼, déplacez le pointeur sur les différents styles proposés dans la galerie pour en prévisualiser l'effet sur la zone de texte, puis cliquez sur Effet discret - Bleu, 4 accentué.**

   Un style comprenant un fond bleu dégradé, une fine bordure bleue et une ombre légère est appliqué à la zone de texte. Vous pouvez aussi créer vos propres modèles au moyen des boutons Remplissage de forme et Contour de forme du groupe Styles des zones de texte.

8. **Supprimez la marque de paragraphe au-dessus de la photo du marché en prenant garde de ne pas supprimer le saut de section.**

   Le paragraphe vide est supprimé.

9. **Placez le point d'insertion dans le paragraphe au-dessus de la photo du marché, ouvrez l'onglet Insertion, cliquez sur le bouton Lettrine dans le groupe Texte, sélectionnez Options de lettrine, cliquez sur Dans le texte dans la zone Position, déroulez la liste Police, défilez vers le bas, cliquez sur Segoe Script, cliquez une fois sur la flèche vers le haut de la zone Hauteur (lignes), cliquez une fois sur la flèche vers le haut de la zone Distance du texte, cliquez sur OK, puis désélectionnez la lettrine.**

   Une lettrine est ajoutée au paragraphe.

10. **Cliquez sur Afficher tout ¶ dans le groupe paragraphe de l'onglet Accueil puis enregistrez les changements.**

    Comparez votre document à celui de la figure F-10.

Illustrer des documents avec des graphismes

FIGURE F-9 : Texte mis en forme en tant que zone de texte

Le cadre de la zone de texte est sélectionné

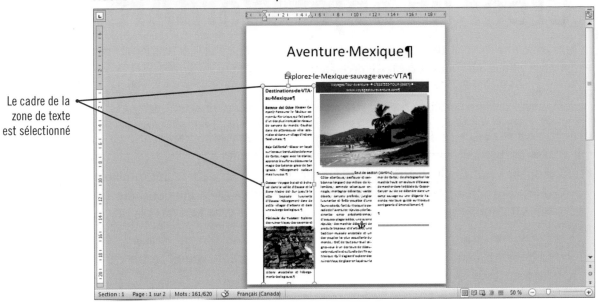

FIGURE F-10 : Zone de texte mise en forme et lettrine ajoutée

Lettrine insérée dans le texte, sur quatre lignes de haut et à 0,1 cm de distance du texte

La zone de texte est redimensionnée, positionnée et habillée d'un style

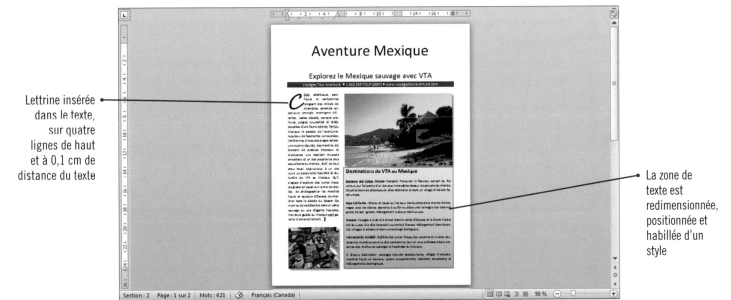

Lier des zones de texte

Si vous travaillez sur un plus long document, il se peut que vous vouliez commencer une zone de texte sur une page et la continuer sur une autre. En créant une **liaison** entre deux zones de texte ou plus, vous pouvez forcer le texte à s'enchaîner automatiquement d'une zone à l'autre, ce qui vous permet de dimensionner et formater les zones de texte à volonté. Pour lier une ou plusieurs zones de texte, vous devez d'abord créer la zone de texte d'origine, y insérer le texte, puis créer une seconde zone vide. Pour créer la liaison, sélectionnez la première zone, cliquez sur le bouton Créer un lien dans le groupe Texte de l'onglet Outils de zone de texte pour activer le pointeur 🍶, puis cliquez sur la seconde zone avec le pointeur 🖑. Tout texte en trop dans la première zone de texte s'enchaînera automatiquement dans la deuxième. Si vous redimensionnez la première zone, l'enchaînement du texte s'ajuste automatiquement entre les deux zones de texte liées. Pour rompre une liaison entre deux zones de texte liées pour placer tout le texte dans la zone d'origine, sélectionnez la zone d'origine, et cliquez sur le bouton Rompre la liaison dans le groupe Texte.

Créer un objet WordArt

Une autre manière d'ajouter du piquant à un document consiste à utiliser WordArt. Un objet **WordArt** est un objet dessin qui contient du texte décoratif et que vous créez au moyen du bouton WordArt dans le groupe Texte de l'onglet Insertion. Après avoir créé un objet WordArt, vous pouvez changer sa police et sa forme ainsi que ses couleurs, bordures et ombres. Vous pouvez aussi lui ajouter des effets afin de créer l'impact que vous désirez. ▓▓▓▓ Vous utilisez WordArt pour créer un titre accrocheur pour votre dépliant.

ÉTAPES

1. **Appuyez sur [Ctrl][↖], ouvrez l'onglet Affichage, cliquez sur le bouton Largeur de la page dans le groupe Zoom, cliquez trois fois sur Aventure Mexique pour sélectionner ce texte, ouvrez l'onglet Insertion, puis cliquez sur le bouton WordArt dans le groupe Texte.**

   La galerie WordArt s'ouvre. Elle renferme les styles que vous pouvez choisir pour votre objet WordArt.

2. **Cliquez sur Remplissage dégradé – violet foncé, Accentuation 6, ombre intérieure (le deuxième style de la quatrième rangée).**

   L'objet WordArt apparait à l'endroit du point d'insertion et l'onglet Format des Outils de dessin devient l'onglet actif. L'objet WordArt est inséré en tant que graphisme flottant avec un habillage de texte carré.

3. **S'il y a lieu, cliquez sur le bouton Taille dans le groupe Taille, tapez 3,3 dans la zone Hauteur de la forme, tapez 17,78 dans la zone Largeur de la forme, puis appuyez sur [Entrée].**

   L'objet WordArt est agrandi pour occuper toute la largeur de la page entre les marges gauche et droite. Pour modifier l'apparence du texte WordArt, vous devez lui appliquer des mises en forme.

4. **Cliquez sur le bouton Effets du texte dans le groupe Styles WordArt, puis pointez Transformer.**

   Le bouton Effets du texte sert à appliquer une ombre, une lumière, une réflexion ou une rotation 3D au texte ainsi qu'à en changer la forme. La galerie Transformer présente les formes offertes pour le texte WordArt.

5. **Cliquez sur Carré dans la section Déformation (la première option dans la première rangée).**

   La forme du texte change et remplit maintenant tout l'objet (figure F-11).

6. **Déroulez la liste du bouton Remplissage du texte dans le groupe Styles WordArt, pointez Dégradé, puis cliquez sur Plus de dégradés.**

   La boite de dialogue Effets de mise en forme d'un texte s'ouvre. Vous l'utilisez pour changer les couleurs et les effets de remplissage de l'objet WordArt. Dans le volet Remplissage du texte, vous pouvez sélectionner un effet de dégradé prédéfini ou choisir des styles de couleurs et de remplissage afin de créer votre propre effet de dégradé. Vous allez créer un dégradé violet et bleu.

7. **Cliquez sur le curseur Arrêter 3 de 3 dans le curseur Points de dégradés, déroulez la liste du bouton Couleur, cliquez sur Bleu, Accentuation4, glissez le curseur Arrêter 2 de 3 vers la gauche jusqu'à la position 50% sur le curseur Points de dégradés (figure F-12), puis cliquez sur Fermer.**

   Vous pouvez ajouter, supprimer ou changer la position ou la couleur d'un point de dégradé afin de créer un dégradé personnalisé pour le texte.

8. **Désélectionnez l'objet et enregistrez les changements.**

   Les nouveaux effets de remplissage sont appliqués à l'objet WordArt (figure F-13).

FIGURE F-11 : Objet WordArt

Style carré
de déformation
appliqué à
l'objet WordArt

FIGURE F-12 : Boite de dialogue Effets de mise en forme d'un texte

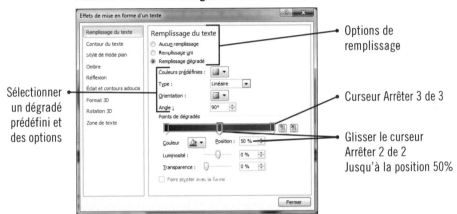

Options de
remplissage

Sélectionner
un dégradé
prédéfini et
des options

Curseur Arrêter 3 de 3

Glisser le curseur
Arrêter 2 de 2
Jusqu'à la position 50%

FIGURE F-13 : Objet WordArt terminé

Style WordArt
personnalisé

Rehausser des objets graphiques au moyen de styles et d'effets

Une autre façon plaisante d'animer un document consiste à appliquer un style ou un effet à un objet graphique. Pour appliquer un style, sélectionnez l'objet puis choisissez parmi les options de styles proposées dans le groupe Styles de l'onglet Format activé pour ce genre d'objet. Les styles comprennent un alliage d'effets tels que remplissages, bordures, ombres et autres attributs. La commande Effets du groupe Styles de l'onglet Format actif vous permet d'appliquer une variété personnelle d'effets (ombre, biseau, lumière,

réflexion, contour adouci ou rotation 3D) à un objet. Pour appliquer un effet, sélectionnez l'objet, cliquez sur la commande Effets pertinente au type d'objet choisi, pointez le genre d'effet voulu, puis faites votre choix parmi les options proposées dans la galerie. Pour personnaliser davantage un effet, cliquez sur la commande Options affichée au bas de la galerie afin d'ouvrir la boite de dialogue Format. La meilleure façon de se renseigner sur les styles et les effets est d'en faire l'essai en les appliquant à un objet afin de déterminer ce qui convient.

Dessiner des formes

Une façon de créer vos propres graphiques consiste à tracer des formes. Les **formes** sont les rectangles, ellipses, traits, bulles, flèches pleines, étoiles et autres objets dessin que vous pouvez créer au moyen de la commande Formes du groupe Illustrations de l'onglet Insertion. Après avoir tracé une forme, vous pouvez lui ajouter des couleurs, des bordures, des effets de remplissage, des ombres et des effets 3-D. ▰▰▰▰ Vous utilisez l'outil Formes pour tracer une pyramide Maya dans le document.

ÉTAPES

1. Appuyez sur [Ctrl][Fin], ouvrez l'onglet Insertion, cliquez sur le bouton Formes dans le groupe Illustrations, puis cliquez sur Plaque dans la section Formes de base du menu Formes.

Quand vous cliquez sur une forme dans le menu Formes, le pointeur prend la forme ┼. Vous tracez une forme en cliquant et en faisant glisser ce pointeur.

> **ASTUCE**
> Pour dessiner un cercle, cliquez sur l'ellipse, puis appuyez sur [Maj] tout en glissant le pointeur.

2. Positionnez le pointeur ┼ dans la zone vide au bas de la page, appuyez sur [Maj], puis glissez à droite vers le bas pour créer une plaque carrée d'environ 5 cm de haut et de large.

Appuyer sur [Maj] tout en glissant, permet de tracer une plaque biseautée parfaitement carrée. Quand vous relâchez le bouton de la souris, des poignées de redimensionnement apparaissent autour de la forme pour indiquer qu'elle est sélectionnée (figure F-14).

> **PROBLÈME**
> Si la forme n'est pas celle attendue, cliquez sur le bouton Annuler de la barre d'outils Accès rapide et recommencez.

3. Cliquez sur la forme Plaque dans le groupe Insérer des formes, placez le pointeur exactement sur le coin intérieur supérieur gauche de la dernière plaque tracée, appuyez sur [Maj], glissez vers le bas et vers la droite pour créer une plaque carrée remplissant l'intérieur de la plaque précédente. Répétez ces mêmes opérations pour créer deux autres plaques à l'intérieur de la pile de plaques.

Quand vous aurez terminé, la pile de plaques ressemblera à une vue aérienne d'une pyramide.

4. La plaque intérieure étant toujours sélectionnée, enfoncez et maintenez [Ctrl], cliquez sur les trois autres plaques pour les sélectionner, cliquez sur le bouton Grouper 🔲 dans le groupe Organiser, puis cliquez sur Grouper.

Le groupage convertit des formes multiples en un seul objet qui peut être dimensionné, positionné et formaté comme un tout.

> **ASTUCE**
> Pour ajouter du texte dans une forme, cliquez dessus avec le bouton droit de la souris, puis cliquez sur Ajouter du texte.

5. Cliquez sur Autres ▾ dans le groupe Styles de formes, cliquez sur Contour couleur – Violet foncé, 6 accentué, déroulez la liste du bouton Contour de forme dans le groupe Styles de formes, pointez Épaisseur, puis cliquez sur 1 pt.

Un style de forme différent est appliqué au graphisme et l'épaisseur des traits passe à point.

6. Cliquez sur Autres ▾ dans le groupe Insérer des formes, cliquez sur Soleil dans la section Formes de base, placez le pointeur ┼ dans le coin intérieur gauche de la plaque intérieure, puis glissez vers le bas et la droite pour créer un soleil remplissant le sommet de la pyramide.

La forme Soleil comprend une **poignée d'ajustement** jaune ayant la forme d'un diamant.

> **ASTUCE**
> Pour modifier la forme mais pas la dimension d'un objet graphique, faites glisser une poignée d'ajustement.

7. Positionnez le pointeur sur la poignée d'ajustement jusqu'à ce qu'il prenne la forme ▷, glissez la poignée d'environ 0,46 cm vers la droite, cliquez sur Autres ▾ dans le groupe Styles de formes, cliquez sur Contour couleur – Violet foncé, 6 accentué, déroulez la liste du bouton Contour de forme dans le groupe Styles de formes, pointez Épaisseur, cliquez sur 1 pt, déroulez la liste du bouton Remplissage de forme dans le groupe Styles de formes, cliquez sur Or, Accentuation3, puis désélectionnez le soleil.

La forme du soleil devient plus étroite, violette et remplie de couleur or (figure F-15).

8. Cliquez sur la forme groupée de plaques pour la sélectionner, appuyez et maintenez [Ctrl], cliquez sur la forme de soleil pour la sélectionner, cliquez sur 🔲, puis cliquez sur Grouper.

La forme de pyramide et celle du soleil sont groupées en un seul objet.

> **ASTUCE**
> Pour inverser l'ordre des couches dans une pile d'objets graphiques, utilisez les commandes des zones de liste des boutons Avancer et Reculer.

9. Cliquez sur Rotation 🔁 dans le groupe Organiser, puis sur Faire pivoter à droite de 90°.

Le dessin pivote de 90°. Vous pouvez faire pivoter un graphisme en faisant glisser la poignée de rotation verte.

10. Glissez le dessin de pyramide vers le haut pour la positionner temporairement sur la troisième colonne de texte (figure F-16), puis enregistrez les changements, comme démontré à la colonne de texte (figure F-16), puis sauvegardez vos changements.

L'objet dessin est automatiquement formaté en tant que graphique flottant avec le style d'habillage Devant le texte appliqué, ce qui l'intègre à la couche dessin. Vous finaliserez ultérieurement la position de l'objet.

FIGURE F-14 : Forme Plaque

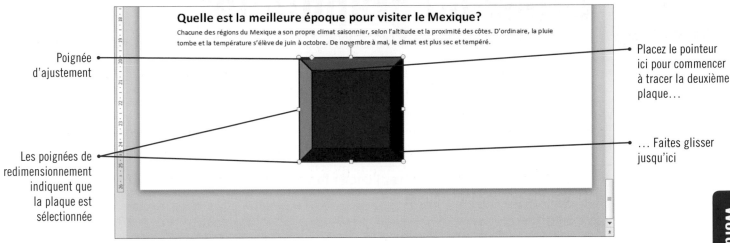

Poignée
d'ajustement

Placez le pointeur
ici pour commencer
à tracer la deuxième
plaque…

… Faites glisser
jusqu'ici

Les poignées de
redimensionnement
indiquent que
la plaque est
sélectionnée

FIGURE F-15 : Soleil ajouté à la pyramide

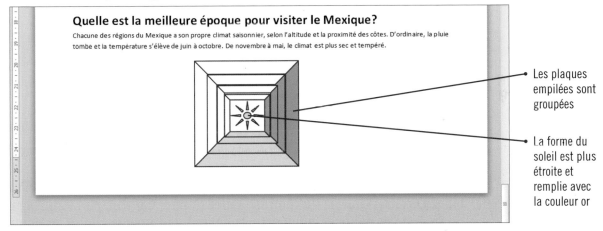

Les plaques
empilées sont
groupées

La forme du
soleil est plus
étroite et
remplie avec
la couleur or

FIGURE F-16 : Dessin pivoté et déplacé à sa nouvelle position

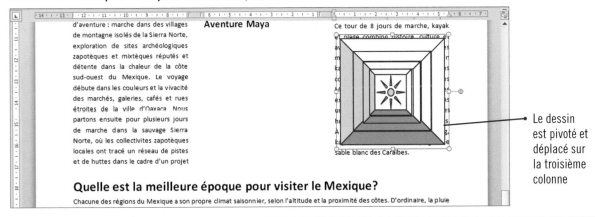

Le dessin
est pivoté et
déplacé sur
la troisième
colonne

Créer une illustration dans une zone de dessin

Une **zone de dessin** est un espace de travail pour créer vos propres graphismes. Elle fait office de limite encadrée entre une illustration et le reste du document et permet de dimensionner, formater et positionner une illustration comme un objet graphique unique. Si vous créez une illustration comprenant plusieurs formes, tel un organigramme, il est utile de créer cette illustration dans une zone de dessin. Pour dessiner des formes ou des lignes dans une zone de dessin, cliquez sur le bouton Formes du groupe Illustrations, cliquez sur Nouvelle zone de dessin pour ouvrir une zone de dessin dans le document, puis créez et formatez votre illustration dans cette zone. Une fois terminé, cliquez du bouton droit sur la zone de dessin, puis cliquez sur Ajuster pour redimensionner automatiquement la zone de dessin en fonction de l'illustration. Cliquez de nouveau sur la zone de dessin avec le bouton droit de la souris et cliquez sur Mettre le dessin à l'échelle pour changer les poignées de rognage entourant la zone en poignées de redimensionnement que vous pouvez utiliser pour redimensionner l'illustration. Après avoir redimensionné une zone de dessin, vous pouvez habiller du texte autour d'elle en utilisant le Ruban ou en glissant le cadre de la zone de dessin. Par défaut, une zone de dessin n'a pas de bordure ou d'arrière-plan si bien qu'elle est transparente dans un document, mais vous pouvez fort bien lui ajouter du remplissage et des bordures.

Créer un graphique

L'ajout d'un graphique peut être un moyen intéressant d'illustrer un document qui contient des données numériques. Un **graphique** est une représentation visuelle de données numériques et sert habituellement à illustrer des tendances, des modèles ou des relations. L'outil graphique de Word permet de créer plusieurs types de graphiques, incluant des histogrammes, des graphiques à barres, à secteurs, de surface et des graphiques linéaires simples. Pour créer un graphique, utilisez le bouton Graphique du groupe Illustrations de l'onglet Insertion. ░░░░░ Vous créez un graphique indiquant la température moyenne pour chaque saison dans les quatre régions géographiques du tour de VTA au Mexique.

1. **Appuyez sur [Ctrl][Fin], ouvrez l'onglet Insertion, puis cliquez sur le bouton Graphique dans le groupe Illustrations.**

   La boite de dialogue Insérer graphique s'ouvre. Elle sert à choisir le type et le style de graphique à créer. Les types de graphique sont listés dans le volet gauche de la boite de dialogue et les styles pour chaque type de graphique sont listés dans le volet droit. Vous voulez créer un simple graphique à colonnes.

ASTUCE

Cliquez sur le bouton Modifier le type de graphique du groupe Type de l'onglet Création des Outils de graphique pour changer le genre de graphique.

2. **Cliquez sur OK.**

   Une feuille de calcul s'ouvre dans une fenêtre Excel et un histogramme apparait dans le document Word. La feuille de calcul et le graphique contiennent des données fictives que vous remplacerez par vos propres données. Le graphique est basé sur les données de la feuille de calcul. Tout changement apporté aux données est reporté sur le graphique.

3. **Cliquez sur n'importe quelle cellule vide dans la feuille de calcul Excel.**

   Vous utilisez le pointeur ✛ pour sélectionner les cellules dans la feuille de calcul. Les traits bleus dans la feuille désignent la plage de données à inclure dans le graphique.

4. **Déplacez le pointeur sur le coin inférieur droit de l'encadré bleu. Quand le pointeur devient ⬉, faites glisser la plage d'une colonne vers la droite, puis relâchez le bouton de la souris.**

   La plage est élargie et comprend maintenant cinq colonnes et cinq rangées.

PROBLÈME

Cliquez sur le bouton Modifier les données du groupe Données de l'onglet Création des Outils de graphique pour ouvrir la feuille de calcul Excel et modifier les données du graphique.

5. **Cliquez sur la cellule Catégorie 1, tapez Baja California, cliquez sur la cellule Catégorie 2, tapez Oaxaca, appuyez sur [Entrée], tapez Copper Canyon, puis remplacez le texte fictif restant par les données indiquées à la figure F-17. Une fois toutes les données entrées, cliquez sur une cellule vide, puis cliquez sur le bouton Fermer dans la fenêtre Excel.**

   Quand vous cliquez sur une cellule et tapez, les données présentes dans la cellule sont remplacées par votre texte. Les changements se répercutent dans le graphique à mesure que vous modifiez la feuille de calcul.

6. **S'il y a lieu, cliquez sur la bordure du graphique pour sélectionner l'objet, cliquez sur le bouton Autres ⊡ dans le groupe Styles du graphique de l'onglet Création des Outils de graphique, puis cliquez sur Style 26.**

   Un style de graphique est appliqué au graphique.

ASTUCE

Pointez sur n'importe quelle partie d'un graphique pour afficher une info-bulle qui identifie cette partie.

7. **Cliquez sur l'onglet Disposition, cliquez sur le bouton Titre du graphique dans le groupe Étiquettes, cliquez sur Au-dessus du graphique, tapez Température moyenne, cliquez sur le bouton Titres des axes dans le groupe Étiquettes, pointez Titre de l'axe vertical principal, cliquez sur Titre pivoté, puis tapez Degrés Celsius.**

   Un titre de graphique et un titre d'axe vertical sont ajoutés au graphique.

8. **Cliquez sur le bouton Légende dans le groupe Étiquettes, puis cliquez sur Afficher la légende au-dessus.**

   La légende se déplace au-dessus du graphique.

ASTUCE

Pour changer la mise en forme d'un élément quelconque du graphique, sélectionnez-le puis cliquez sur le bouton Mise en forme de la sélection dans le groupe Sélection active pour ouvrir la boite de dialogue de mise en forme de l'élément choisi.

9. **Cliquez du bouton droit sur Yucatan pour sélectionner l'axe horizontal, cliquez sur le bouton Réduire la taille de police Ａˇ sur la mini barre d'outils, cliquez du bouton droit sur le titre du graphique, puis cliquez deux fois sur Ａˇ.**

   Les polices utilisées pour le nom des destinations sur l'axe horizontal et pour le titre du graphique sont de taille plus petite. Vous pouvez aussi cliquer sur un élément du graphique pour le sélectionner.

10. **Cliquez sur la bordure de l'objet graphique pour sélectionner la zone de graphique, cliquez sur l'onglet Mise en forme des Outils de graphique, cliquez sur Autres ⊡ dans le groupe Styles de formes, cliquez sur Contour couleur - Noir, 1 foncé, tapez 6,35 dans la zone Hauteur de la forme du groupe Taille, tapez 10,41 dans la zone Largeur de la forme, appuyez sur [Entrée], désélectionnez le graphique, puis enregistrez les changements.**

    Le graphique terminé est illustré à la figure F-18.

FIGURE F-17 : Objet graphique dans Word et feuille de calcul dans Excel

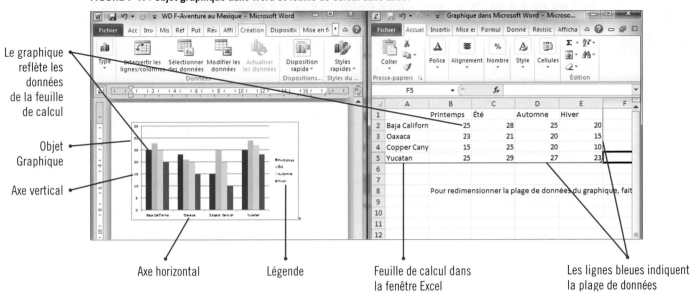

Le graphique reflète les données de la feuille de calcul

Objet Graphique

Axe vertical

Axe horizontal

Légende

Feuille de calcul dans la fenêtre Excel

Les lignes bleues indiquent la plage de données

FIGURE F-18 : Graphique terminé

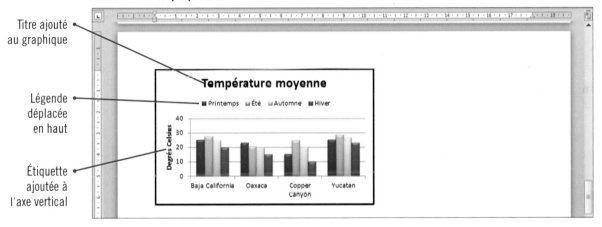

Titre ajouté au graphique

Légende déplacée en haut

Étiquette ajoutée à l'axe vertical

Créer des graphiques SmartArt

Les diagrammes sont une autre façon d'illustrer des concepts dans vos documents. La puissante fonction **SmartArt** de Word permet de créer et de mettre facilement en formes plusieurs genres de diagrammes pyramidaux, cycliques, relationnels et radiaux ainsi que des listes et des organigrammes. Pour insérer un graphique SmartArt dans un document, cliquez sur le bouton SmartArt du groupe Illustrations de l'onglet Insertion pour ouvrir la boite de dialogue Choisir un graphique SmartArt. Dans cette boite, sélectionnez une catégorie de diagramme dans le volet de gauche, une disposition et un design précis dans le volet central, prévisualisez la disposition choisie dans le volet de droite et cliquez sur OK. L'objet SmartArt apparait dans le document avec du texte fictif, et les onglets Création et Format des Outils SmartArt sont activés. Ces onglets contiennent les commandes et les styles qui permettent de personnaliser et de mettre en forme les diagrammes SmartArt, et de dimensionner et positionner le diagramme dans le document.

Finaliser la disposition d'une page

Après avoir créé les illustrations d'un document, vous devez affiner la position et la mise en forme du texte et des graphismes sur chaque page. ▓▓▓▓▓ Vous formatez les renseignements météorologiques dans une zone de texte et ajustez la taille et la position des autres objets graphiques de manière à ce que le texte s'enchaine sans problème entre les colonnes. Pour terminer, vous ajoutez une petite zone de texte incluant l'adresse de VTA.

ÉTAPES

PROBLÈME

Si vous ne parvenez pas à redimensionner la zone de texte, faites simplement glisser une poignée de redimensionnement de coin pour changer la taille de la zone de texte, puis tapez 10,4 dans la zone Hauteur de la forme, tapez 11,8 dans la zone Largeur de la forme et appuyez sur [Entrée].

PROBLÈME

Si la taille de la zone de texte change, redimensionnez-la de façon qu'elle mesure 10,4 cm de haut et 111,8 cm de large.

ASTUCE

Vous pouvez confirmer ou modifier la dimension de l'objet sélectionné en vérifiant les mesures de hauteur et de largeur dans le groupe Taille de l'onglet Format des Outils de dessin.

ASTUCE

Pour aligner deux ou plusieurs objets les uns avec les autres, sélectionnez-les, cliquez sur le bouton Aligner dans le groupe Organiser, puis choisissez une option.

1. **Affichez les repères de mise en forme, amenez le pointeur au sommet de la page 3, double-cliquez avec le pointeur ⊞ afin de masquer l'espace blanc, défilez vers le haut puis faites glisser le pointeur pour sélectionner le titre Quelle est la meilleure époque..., le paragraphe suivant ce titre et l'objet graphique.**

2. **Ouvrez l'onglet Insertion, cliquez sur le bouton Zone de texte, cliquez sur Dessiner une zone de texte, ouvrez l'onglet Affichage, cliquez sur le bouton Une page dans le groupe Zoom, double-cliquez sur le sommet de la page avec le pointeur ⊞, puis défilez jusqu'à ce que la zone de texte soit visible à l'écran.**

   Le titre, le corps de texte et l'objet graphiques sont déplacés dans une zone de texte.

3. **Cliquez du bouton droit sur l'objet graphique, cliquez sur Centrer ▤ dans la mini barre d'outils, double-cliquez sur le cadre de la zone de texte, cliquez sur le bouton Taille dans le groupe Taille, tapez 10,4 dans la zone Hauteur de la forme, tapez 11,8 dans la zone Largeur de la forme, puis appuyez sur [Entrée].**

   L'objet graphique est centré dans la zone de texte; redimensionnée, elle se déplace au sommet de la page 2.

4. **Défilez afin d'afficher toute la page 2 puis, la zone de texte étant sélectionnée, cliquez sur Position dans le groupe Organiser, cliquez sur En bas à gauche avec habillage de texte carré, glissez le symbole d'ancrage vers la marge gauche de la page 2, cliquez sur Autres ▾ dans le groupe Styles de formes, puis sur Effet discret – Violet foncé, 6 accentué.**

   La zone de texte est déplacée dans le coin inférieur gauche de la page 2, le texte est habillé autour et un style est appliqué.

5. **Ouvrez l'onglet Accueil, désactivez l'affichage des repères de mise en forme, ouvrez l'onglet Affichage, cliquez sur la case Quadrillage dans le groupe Afficher, cliquez sur le bouton Largeur de la page dans le groupe Zoom, puis défilez vers le bas pour voir le bas de la page.**

   Une **grille** non imprimable apparait à l'intérieur des marges en mode Page. Cette grille est utile pour dimensionner, aligner et positionner des objets.

6. **Double-cliquez sur le dessin de pyramide pour le sélectionner. À l'aide du pointeur, glissez l'objet vers le bas sur une zone vide de la grille de dessin, appuyez sur [Maj] puis, avec le pointeur, faites glisser la poignée de redimensionnement inférieure gauche vers le haut et la droite jusqu'à ce que l'objet mesure environ 2,5 cm carrés.**

   Guidez-vous sur la règle et la grille pour évaluer la taille de l'objet pendant que vous le faites glisser.

7. **Glissez l'objet pour le positionner tel qu'illustré à la figure F-19.**

   S'il y a lieu, vous pouvez déplacer l'objet par incréments au moyen des touches fléchées afin de le positionner avec plus de précision sur la grille.

8. **Cliquez sur le bouton Zone de texte dans le groupe Insérer des formes, s'il y a lieu cliquez sur Dessiner une zone de texte, cliquez sous la pyramide avec le pointeur ┼, redimensionnez la nouvelle zone de texte comme celle illustrée à la figure F-19, cliquez sur Autres ▾ dans le groupe Styles de formes, puis cliquez sur Effet discret – Bleu, 4 accentué.**

   Cliquer avec le pointeur ┼ insère une zone de texte vide.

9. **Cliquez dans la zone de texte, cliquez avec le bouton droit de la souris puis, en vous servant de la mini barre d'outils, cliquez sur Centrer ▤, sur Gras G, tapez votre nom, appuyez sur [Entrée], tapez Voyages Tour Aventure, puis désélectionnez la zone de texte.**

   La figure F-19 montre le dessin de la pyramide plus petit et repositionné ainsi que la nouvelle zone de texte.

10. **Ouvrez l'onglet Affichage, cliquez sur la case Quadrillage, cliquez sur le bouton Deux pages, enregistrez les changements, fermez le fichier et quittez Word.**

    Le document terminé est présenté à la figure F-20.

FIGURE F-19 : Objet repositionné et nouvelle zone de texte

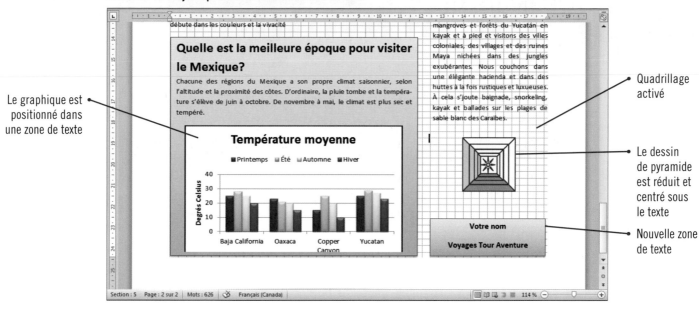

Le graphique est positionné dans une zone de texte

Quadrillage activé

Le dessin de pyramide est réduit et centré sous le texte

Nouvelle zone de texte

FIGURE F-20 : Dépliant terminé

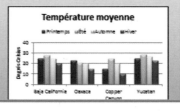

Mise en pratique

Révision des concepts

Identifiez les éléments de la figure F-21.

FIGURE F-21

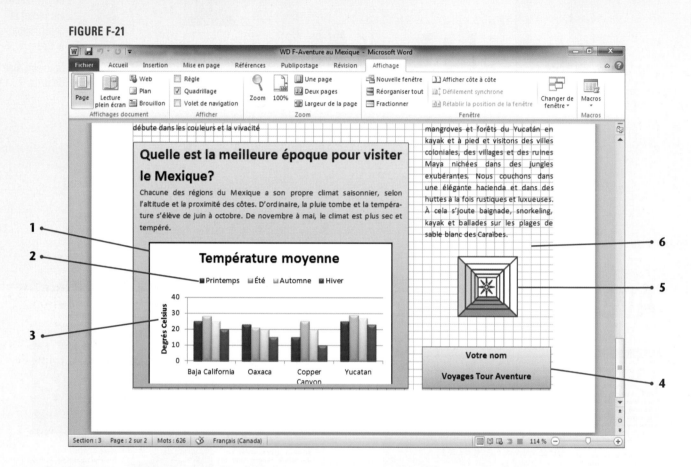

Associez chaque terme à sa description.

7. **WordArt**

8. **Zone de dessin**

9. **Grille de dessin**

10. **Zone de texte**

11. **Graphique flottant**

12. **Contraste**

13. **Graphique**

14. **Luminosité**

a. Espace de travail pour créer des graphismes.

b. Représentation visuelle de données numériques.

c. Objet graphique composé de texte spécialement formaté.

d. Différence entre les zones les plus sombres et les plus claires d'une image.

e. Objet graphique qui est un contenant pour du texte et des graphismes.

f. Lumière relative d'une image.

g. Graphisme auquel un habillage de texte a été appliqué.

h. Quadrillage non imprimable utilisé pour aligner, dimensionner et positionner des objets.

Sélectionnez la meilleure réponse dans la liste.

15. Que faut-il faire glisser pour changer la forme d'un objet mais non ses dimensions?

a. Poignée de rognage   c. Poignée d'ajustement

b. Poignée de rotation   d. Poignée de redimensionnement

16. Quel bouton permet de transformer une photo en croquis au crayon?

a. Effets artistiques   c. Couleur

b. Corrections   d. Effets des images

17. Quel bouton sert à changer un graphisme incorporé en graphisme flottant?

a. Reculer   c. Position

b. Avancer   d. Remplacer l'image

18. Lequel des effets suivants n'est pas un exemple d'effet d'image?

a. Lumière   c. Ombre

b. Biseau   d. Pinceau

19. Quel style d'habillage de texte est appliqué par défaut à un graphisme?

a. Aligné sur le texte   c. Rapproché

b. Carré   d. Devant le texte

20. Quelle méthode utilise-t-on pour déplacer une image par incréments?

a. Sélectionner l'image, puis glisser une poignée de redimensionnement du haut, du bas ou latérale.

b. Sélectionner l'image, puis appuyer sur une touche fléchée.

c. Sélectionner l'image, puis glisser une poignée de redimensionnement de coin.

d. Sélectionner l'image, puis la glisser vers un nouvel emplacement.

Révision des techniques

1. Insérer une image.

a. Démarrez Word, ouvrez le fichier WD F-2.docx de votre dossier Projets, et sauvegardez-le sous le nom **WD F-Dépliant PAC**.

b. Afficher les marques de mise en forme, défilez vers le bas, lisez le document pour vous familiariser avec son contenu et son format, puis appuyez sur [Ctrl][↖].

c. Sélectionnez la photo de carottes de la page 1, appliquez-lui un habillage de texte carré, puis le style d'image Cadre simple, noir. Utilisez ensuite le bouton Reproduire la mise en forme pour copier les paramètres de mise en forme de la photo de carottes à la photo du garçon.

d. Appliquez un habillage de texte carré à la photo du garçon. (*Astuce*: Utilisez la position En bas à gauche avec habillage de texte carré.)

e. Défilez vers le bas, placez le point d'insertion au haut de la page 2, insérez le fichier Grange en pierre.jpg de votre dossier Projets, et enregistrez les changements.

2. Dimensionner et réduire une image.

a. La photo de la Grange en pierre étant toujours sélectionnée, cliquez sur le bouton Rogner dans le groupe Taille.

b. Glissez la poignée de rognage centrale du bas d'environ 2,5 cm vers le haut, puis glissez la poignée de rognage centrale du haut d'environ 1,25 cm vers le bas. Vérifiez que la photo mesure environ 7,1 cm de haut, ajustez-la au besoin au moyen des poignées de rognage, puis cliquez de nouveau sur le bouton Rogner.

c. Désélectionnez la photo, puis revenez à la page 1.

d. Redimensionnez la photo de carottes proportionnellement pour qu'elle mesure environ 6,93 cm de haut par 4,6 cm de large.

e. Redimensionnez la photo du garçon proportionnellement afin qu'elle mesure environ 4,32 cm de haut et 2,85 cm de large.

f. Défilez jusqu'à la page 2, puis redimensionnez la photo de légumes proportionnellement pour qu'elle mesure précisément 6,85 cm de haut.

g. Appuyez sur [Ctrl][↖], puis enregistrez les changements.

3. Positionner une image.

a. Faites glisser la photo de carottes de façon à aligner le sommet de l'image avec la première ligne du texte principal et son côté droit avec la marge droite. (*Astuce*: Enfoncez et maintenez la touche [Ctrl], puis utilisez les touches fléchées pour déplacer l'image par petits incréments.)

b. Changez le niveau de Zoom à Toute la page, puis utilisez la commande Position pour aligner la photo du garçon au centre de la marge de gauche.

Révision des techniques (suite)

c. Allez à la page 2, utilisez la commande Position pour aligner la photo de légumes avec les marges du bas et de droite, et enregistrez les changements.

4. Créer une zone de texte.

a. Changez le niveau de Zoom à Largeur de la page, puis défilez jusqu'en haut de la page 1.

b. Ajoutez une lettrine dans le premier paragraphe en utilisant les réglages par défaut de l'option Dans le texte, puis changez la couleur de la police de la lettrine à Vert foncé, Accentuation4.

c. Sélectionnez le titre «Que produit la ferme La Vieille grange?», le paragraphe au-dessous et les deux marques de paragraphe au-dessus du saut de page, puis insérez une zone de texte.

d. Supprimez la marque de paragraphe après 19 h dans la dernière ligne de texte du paragraphe «Comment cela fonctionne-t-il?» à la page 1, puis sélectionnez la zone de texte. (*Remarque*: La zone de texte aura changé de position et vous devrez peut-être défiler dans le document pour la trouver.)

e. Appliquez le style de forme Effet modéré – Vert foncé, 4 accentué à la zone de texte, utilisez la commande Position pour l'aligner sur les marges du bas et de droite, puis faites glisser le symbole d'ancrage vers le haut jusqu'au titre « Comment cela fonctionne-t-il? » (*Astuce* : Le symbole d'ancrage se trouve sur la photo du garçon.)

f. Défilez jusqu'à la page 2 puis, dans le bas de la photo de la grange de pierre, dessinez une zone de texte qui couvre la largeur de la photo et mesure environ 1 cm de haut.

g. Tapez **Bienvenue à la ferme communautaire La Vieille grange - Une ferme certifiée bio** dans la zone, centrez le texte, changez la police à Arial Rounded MT Bold 12 pts, puis changez la couleur de la police à Orange, Accentuation1, plus clair 80 %.

h. Supprimez le remplissage de la zone de texte, ajustez au besoin la position de la zone pour que le texte soit placé de manière attrayante dans le bas de la photo, puis supprimez les contours de la zone de texte.

i. Défilez vers le bas, sélectionnez tout le texte vert et brun, et insérez une zone de texte.

j. Désactivez les marques de paragraphe, redimensionnez la zone de texte à environ 6,85 cm de haut et 13,7 cm de large, alignez-la avec le coin inférieur gauche de la page.

k. Supprimez le contour de la zone de texte et enregistrez les changements.

5. Créer un objet WordArt.

a. Appuyez sur [Ctrl][\], triple-cliquez pour sélectionner Ferme communautaire La Vieille grange, insérez un objet WordArt, puis sélectionnez le style Remplissage - Blanc, contour – Accentuation 1 (dans la première rangée). (*Astuce* : Si la photo des carottes vous gêne, repositionnez-la.)

b. Redimensionnez l'objet WordArt pour qu'il mesure 18 cm de large et 2,85 cm de haut, puis centrez-le entre les marges.

c. Cliquez sur le bouton Effets du texte, pointez Transformer, puis cliquez sur Carré dans la section Déformation.

d. Changez la couleur de remplissage du texte à Vert foncé, Accentuation4.

e. Changez la couleur du contour du texte à Vert foncé, Accentuation4, plus sombre 50%.

f. Changez la couleur de l'ombre à Orange, Accentuation1, plus claire 40%, puis enregistrez les modifications. (*Astuce* : Utilisez le bouton Effets sur la forme.)

6. Dessiner des formes.

a. Défilez vers le milieu de la page 2, sélectionnez l'adresse de trois lignes, puis entourez-la d'une zone de texte.

b. Déplacez la zone de texte d'environ 2 cm vers la droite.

c. Cliquez sur le bouton Formes, puis cliquez sur la forme Soleil.

d. Dans une zone vide, dessinez un soleil mesurant environ 1,25 cm de haut et de large.

e. Remplissez le soleil en Orange, Accentuation1, appliquez le style de dégradé Du centre de la section Variations claires, changez la couleur du contour de la forme à Orange. Accentuation1, puis changez l'épaisseur du contour à ¼ pt.

f. S'il y a lieu, déplacez le soleil à la gauche de la zone d'adresse, puis supprimez le contour de la zone de texte.

g. Cliquez sur le bouton Formes dans le groupe Illustrations de l'onglet Insertion, puis cliquez sur Rectangle à coins arrondis.

h. Dessinez un rectangle arrondi autour du soleil et de l'adresse, supprimez le remplissage, puis changez la couleur du contour de la forme à Orange, Accentuation1 et l'épaisseur du contour à 1 pt.

i. Ajustez la dimension du rectangle pour qu'il ressemble à une étiquette d'adresse, et enregistrez les changements.

7. Créer un graphique.

a. Défilez vers le haut, placez le point d'insertion dans la zone de texte de la page 1, appuyez sur [▼] le nombre de fois nécessaire pour amener le point d'insertion sur la dernière ligne de la zone de texte.

Révision des techniques (suite)

b. Insérez un graphique, sélectionnez Barres dans le volet Modèles, sélectionnez Barres groupées pour le style, puis cliquez sur OK.

c. Entrez l'information montrée à la figure F-22, ajustez la plage pour n'inclure que les colonnes et les rangées qui renferment des données, puis fermez Excel.

d. Sélectionnez la zone de texte et, à l'aide de la commande Position, alignez-la avec les marges du bas et de droite. Sélectionnez ensuite le graphique, puis appliquez-lui le style de graphique Style 18. (*Remarque* : Ne vous inquiétez pas si la zone de texte se déplace à la page 2 et si d'autres objets changent de place. Vous finaliserez la mise en page du document dans la prochaine section.)

e. Sélectionnez le texte du titre du graphique, tapez **Ventes des récoltes**, remplacez la police du titre par Arial Rounded MT Bold en 12 pt, supprimez le gras, puis changez la couleur de la police à Orange, Accentuation1, plus sombre 25 %.

f. Cliquez sur le bouton Légende, et désactivez la légende du graphique.

g. Cliquez sur le bouton Axes, pointez sur Axe horizontal principal, puis cliquez sur Autres options de l'axe horizontal principal pour ouvrir la boite de dialogue Format de l'axe.

h. Cliquez sur Nombre dans le volet de gauche, sélectionnez Pourcentage dans la liste Catégorie, changez le nombre de décimales à 0, puis cliquez sur Fermer.

i. Redimensionnez l'objet graphique pour qu'il mesure environ 5,1 cm de haut par 8,38 cm de large, centrez le graphique dans la zone de texte, puis enregistrez les changements.

8. Finaliser la mise en page.

a. Redimensionnez la zone de texte qui contient le graphique de façon qu'elle mesure environ 8,1 cm de haut et 12,2 cm de large, puis changez la couleur du titre de la zone de texte à Orange, Accentuation1, plus clair 40%.

b. Activez le quadrillage dans le groupe Afficher de l'onglet Affichage, puis changez le niveau de zoom à Une page. (*Remarque* : Le quadrillage montre les marges.)

c. Redimensionnez et décalez les photos et la zone de texte jusqu'à ce que tout le texte tienne sur la page 1 et que la disposition de la page 1 du dépliant ressemble à celle illustrée dans le dépliant terminé (figure F-23). Votre dépliant n'a pas besoin de correspondre exactement à celui de la figure.

d. Tapez votre nom dans le pied de page du document, enregistrez les changements et quittez Word.

FIGURE F-22

	A	B
1		Série 1
2	PAC	0,38
3	Autocueillette	0,12
4	Kiosque	0,23
5	Marché	0,19
6	Autre	0,08

FIGURE F-23

Exercice personnel 1

La société pour laquelle vous travaillez vient de terminer une étude d'envergure de sa clientèle, et votre chef vous a demandé de préparer un résumé des résultats pour vos collègues. Vous créez à cette fin un graphique montrant la distribution des clients par groupe d'âge et de sexe.

a. Démarrez Word, puis sauvegardez un document vierge sous le nom **WD F-Graphique âge et sexe** dans votre dossier Projets.

b. Tapez **Préparé par** suivi de votre nom au haut du document, appuyez deux fois sur [Entrée], puis insérez un objet graphique en histogramme groupé dans le document.

c. Entrez les données montrées à la figure F-24 dans la feuille de calcul. Pour commencer, supprimez les données des rangées 4 et 5 de la feuille de calcul et ajustez la plage pour inclure 5 colonnes et 3 rangées. Une fois terminé, réduisez la fenêtre Excel et agrandissez la fenêtre de Word au maximum.

FIGURE F-24

	18-34	35-44	45-54	55+
Hommes	0,13	0,16	0,1	0,07
Femmes	0,17	0,21	0,12	0,09

d. Utilisez le bouton Intervertir les lignes/colonnes dans le groupe Données de l'onglet Création des Outils de graphique afin de basculer les données et faire passer les groupes d'âge sur l'axe horizontal.

e. Appliquez un style de graphique, puis ajoutez le titre **Clients par groupes d'âge et de sexe** au-dessus du graphique.

f. Déplacez la légende à la gauche du graphique et ajoutez le titre de l'axe horizontal **Plages d'âges**.

g. Cliquez sur le bouton Axes, pointez Axe vertical principal, puis cliquez sur Autres options de l'axe vertical principal pour ouvrir la boite de dialogue Format de l'axe. Cliquez sur Nombre dans le volet de gauche, sélectionnez Pourcentage dans la liste Catégorie, changez le nombre de décimales à **0**, puis cliquez sur Fermer.

h. Utilisez le bouton Modifier le type de graphique du groupe Type de l'onglet Création des Outils de graphique pour appliquer un type différent d'histogramme, en prenant soin de choisir un type approprié pour les données, puis formatez le graphique en lui appliquant des styles, des remplissages, des contours et autres effets pour le rendre intéressant et lisible.

i. Sauvegardez vos changements, fermez le fichier et quittez Word.

Exercice personnel 2

Vous dessinez une annonce pour belles-vacances.com, une société spécialisée dans les forfaits de vacances personnalisés. Votre prochain travail consiste à concevoir une publicité pleine page pour une revue de voyage. Votre annonce doit contenir trois photos illustrant des vacances en ski, telles que les photos montrées à la figure F-25, le texte « Vos vacances de ski commencent ici et maintenant », et l'adresse web « www.vacancesdeski.com ». Si vous réalisez l'exercice Difficultés supplémentaires, votre annonce comprendra aussi un logo de la société.

FIGURE F-25

a. Démarrez Word et enregistrez un nouveau document vierge dans votre dossier Projets sous le nom **WD F-Pub vacances**.

b. Modifiez les quatre marges de la page à 1,6 cm.

c. En utilisant des mots clés tels que ski, neige et montagne, trouvez et insérez au moins trois photos clipart dans le document.

d. À l'aide d'un crayon et de papier, esquissez une maquette pour votre annonce.

e. Changez les photos en graphiques flottants, puis formatez-les. Vous pouvez les rogner, les redimensionner, les déplacer et les associer à d'autres éléments de communication graphique, ou les rehausser avec des styles, des formes, des bordures et des effets.

f. Au moyen d'une zone de texte ou de WordArt, ajoutez le texte **Vos vacances de ski commencent ici** et l'adresse **www.belles-vacances.com**.

Difficultés supplémentaires

■ En utilisant des formes et une zone, créez un logo qui inclut un graphique et le nom de la société **belles-vacances.com**.

■ Au moyen du bouton Remplissage de forme, remplissez les formes avec de la couleur, des dégradés, des motifs ou des textures.

■ Groupez les objets et redimensionnez les objets groupés selon vos besoins, puis positionnez le logo dans l'annonce.

g. Ajustez la mise en page, la conception et les couleurs de l'annonce au besoin. Lorsque vous êtes satisfait de votre travail, entrez votre nom dans l'en-tête de page du document, enregistrez les changements, fermez le fichier et quittez Word.

Exercice personnel 3

Vous êtes concepteur graphique. La bibliothèque municipale vous a engagé pour concevoir un signet pour la *Semaine de la Terre*. Leur seule exigence est que le signet doit comporter les mots « Semaine de la Terre ». Vous concevez trois signets différents pour la bibliothèque.

a. Démarrez Word, créez un document vierge et enregistrez-le sous le nom **WD F-Signets Jour de la Terre** dans votre dossier Projets.

b. Changez les quatre marges de la page à 1,7 cm, changez l'orientation à paysage et changez le niveau de zoom à Toute la page.

c. Dessinez trois rectangles. Redimensionnez les rectangles pour qu'ils mesurent 16,5 cm de haut sur 6,3 cm de large et déplacez-les de manière à ce qu'ils ne se chevauchent pas. Chaque rectangle deviendra un signet.

d. Lors de la création des signets, utilisez au moins une image clip art, un objet WordArt ou des effets de texte, ou une photographie (soit une photo personnelle ou une que vous trouverez par l'insertion d'un clipart). (*Astuces* : Lorsque vous insérez un graphisme dans une zone de texte, vous ne pouvez pas habiller le texte autour de cette image. Vous devez donc concevoir des signets qui utilisent des graphismes incorporés. Vous pouvez, si vous le préférez, insérer une image clipart dans le document, puis la rogner et la redimensionner de façon à lui donner la forme et la taille d'un signet.)

e. Formatez les signets avec des remplissages, des couleurs, des contours, des formes, des ombres et autres effets. Assurez-vous d'ajouter les mots **Semaine de la Terre** sur chaque signet.

Difficultés supplémentaires

Ajustez vos signets ou créez-en de nouveaux incluant les éléments qui suivent. Ces attributs peuvent être ajoutés aux signets seuls ou en combinaison.

- Mettez une image clipart ou une photo en forme à l'aide d'effets artistiques.
- Remplissez au moins un signet avec un dégradé ou une texture.
- Ajoutez une photo et supprimez-en l'arrière-plan.

f. Tapez votre nom dans l'en-tête du document, enregistrez les changements, fermez le fichier et quittez Word.

Défi

Une manière de trouver des images et des photos pour vos documents consiste à les télécharger sur internet. De nombreux sites web proposent des images qui sont du domaine public, ce qui veut dire qu'elles ne sont pas assujetties à des droits d'auteur et qu'on peut les utiliser sans autorisation. Vous êtes libre de télécharger ces images et de les utiliser dans vos documents, à condition de citer l'artiste ou d'identifier la source. D'autres sites web offrent des images assorties de droits d'auteur et pour lesquelles il faut obtenir une autorisation écrite, et souvent payer, pour pouvoir les utiliser. Avant de télécharger et d'utiliser des images du web, il est important de rechercher et d'établir si elles sont assorties de droits d'auteur et s'il faut obtenir une autorisation. Dans cet exercice, vous téléchargez des photos et recherchez si des droits d'auteur s'appliquent.

a. Démarrez Word, puis créez un document vierge et enregistrez-le sous le nom **WD F-Copyright photos** dans votre dossier Projets.

b. Tapez votre nom au haut de la page, appuyez sur [Entrée], puis créez un tableau de quatre lignes et trois colonnes. Tapez les entêtes de colonnes suivants dans la ligne de titre : **Photo**, **URL**, **Copyright**. Vous compléterez ce tableau avec les photos que vous trouvez sur le web et les restrictions de droits d'auteur pour ces photos.

c. Utilisez votre moteur de recherche préféré pour trouver des photos que vous pourriez utiliser pour votre travail ou un projet personnel. Utilisez les mots **archives photos gratuites** ou **photos du domaine public**. Vous pouvez aussi ajouter un mot clé qui décrit le sujet des photos que vous cherchez.

d. Trouvez au moins trois sites web qui proposent des photos que vous pourriez utiliser dans un document. Sauvegardez une photo de chaque site sur votre ordinateur, et inscrivez l'URL et les restrictions de droits d'auteur. Pour sauvegarder une image d'une page web, cliquez sur l'image avec le bouton droit de la souris, puis cliquez sur la commande appropriée dans le menu contextuel.

e. Insérez les photos que vous avez enregistrées du web dans la colonne Photo du tableau. Redimensionnez proportionnellement les photos pour qu'elles ne mesurent pas plus de 3,8 cm de haut ou de large. Habillez le texte autour des photos et centrez-les dans les cellules du tableau.

f. Entrez l'URL et les restrictions de droits d'auteur pour les photos dans le tableau. Dans la colonne Copyright, indiquez si la photo est protégée par des droits d'auteur ou appartient au domaine public, et indiquez les exigences pour utiliser la photo en question dans un document.

g. Ajustez la mise en forme du tableau pour qu'il soit facile à lire, enregistrez les changements, fermez le fichier, puis quittez Word.

Atelier visuel

Ouvrez le fichier WD F-3.docx de votre dossier Projets et créez la feuille d'information présentée à la figure F-26. La photographie est une image clipart trouvée à l'aide du mot-clé **surfeur**. (*Indice* : Insérez un saut de section continu avant le texte « Respecter les règles »). Afin d'habiller le texte autour de la photo mais pas autour de la réflexion, dessinez un rectangle autour de la photo, envoyez ce rectangle à l'arrière-plan, supprimez son contour et, s'il y a lieu, son remplissage, appliquez-lui un habillage de texte carré. Appliquez l'habillage *Derrière le texte* à la photo et mettez-la en forme avec un effet artistique (emballage plastique) et une réflexion (Pleine réflexion, décalage 8 pt). Pour l'objet WordArt, utilisez le style *Remplissage – Blanc, contour dégradé, Accentuation1*, changez la police à Arial Black, appliquez une déformation carrée et servez-vous de la poignée de rotation pour faire pivoter l'objet. Tapez votre nom dans le pied de page, puis enregistrez le document sous le nom **WD F-Surfer en sécurité**.

FIGURE F-26

Respectez les règles
Tous les surfistes doivent respecter les règles élémentaires de sécurité avant de se lancer dans les vagues. La clé de la sécurité réside dans la prudence et la sensibilisation.

Étudiez la vague
Étudiez toujours la vague avant de vous lancer. Pour débuter, sélectionnez une plage sécuritaire avec des vagues de moins d'un mètre et choisissez les vagues adaptées à vos capacités.

Ayez une planche sûre
Une planche de surf sécuritaire est une planche qui convient à votre niveau de compétence. Les débutants donneront la préférence à une planche plus grande et plus épaisse, pour la stabilité.

Tenue adéquate et écran solaire
Portez une combinaison isotherme adaptée à la température de l'eau ou une veste de protection contre les UV. Utilisez un écran solaire large spectre d'au moins 30 SPF. Les crèmes à base de zinc aussi préviennent les coups de soleil et protègent contre les rayons UV.

Attention au courant de retour
Un courant de retour est un volume d'eau refluant vers le large : plus grandes sont les vagues, plus forts sont les courants de retour associés. Un courant de retour se reconnaît par :

- Eau trouble provoquée par le sable brassé
- Mousse à la surface de l'eau au-delà de la rupture des vagues
- Rupture des vagues des deux côtés d'un courant de retour
- Mer ridée parmi de l'eau calme
- Débris flottant vers le large

Apprenez à échapper aux courants de retour
Si vous êtes entraîné par un courant de retour, ne paniquez pas! Restez calme et examinez les conditions environnantes avant d'essayer d'y échapper. Les mauvais nageurs essayeront de nager parallèlement à la plage sur 30 ou 40 mètres. Une fois sorti du courant, vous pouvez nager vers la côte où les vagues se brisent. Vous pouvez aussi sonder avec vos pieds car des bancs de sable se forment parfois à l'extrémité du courant de retour. Les bons nageurs peuvent tenter de traverser le courant à un angle de 45°.

Surfer en sécurité

Travailler avec des thèmes et des blocs de construction

Les fonctionnalités de thèmes et de blocs de construction de Word permettent de faciliter la conception de documents d'apparence professionnelle. Les thèmes permettent de coordonner polices de caractères, couleurs et effets afin de les appliquer à un document en une étape simple. Quant aux blocs de construction, ils offrent des dizaines de composants préformatés que vous pouvez insérer et personnaliser dans un document. Dans ce module, vous apprendrez à travailler avec des thèmes, comment ajouter et modifier des encadrés et des pages de garde et comment adapter le contenu prédéfini rapidement et efficacement. Vous apprendrez enfin comment créer et enregistrer vos propres blocs de construction utilisables ultérieurement dans d'autres documents. Vous préparez un document récapitulatif pour un nouveau forfait de voyage au Kenya offert par VTA. Pour ce document, vous allez créer un thème personnalisé et simplifier le processus de conception en utilisant des blocs de construction prédéfinis. Une fois la rédaction complétée, vous sauvegarderez le thème et plusieurs éléments personnalisés que vous pourrez réutiliser pour d'autres documents de voyage.

OBJECTIFS

Appliquer des styles rapides à du texte

Appliquer un thème

Personnaliser un thème

Insérer un encadré

Insérer des composants QuickPart

Ajouter une page de garde

Créer des blocs de construction

Insérer des blocs de construction

Appliquer des styles rapides à du texte

L'application d'un style à du texte permet de définir en une seule étape de nombreux réglages de mise en forme. Un **style** est un ensemble de paramètres de mise en forme, comme les polices, les tailles et couleurs de police, l'espacement des paragraphes et l'alignement, qui sont nommés et stockés ensemble. Word comprend aussi de nombreux **jeux de styles rapides**, que vous utilisez pour donner une apparence distinguée et cohésive à vos documents. Chaque jeu regroupe des styles similaires en termes de polices de caractères, de couleurs et de mises en forme. Chaque jeu de styles rapides comprend des styles pour les titres, les sous-titres, les en-têtes, le corps du texte, les listes et autres éléments de texte. Vous devez maintenant appliquer des styles à votre document de voyage pour créer un texte attrayant et facile à lire.

ÉTAPES

1. **Démarrez Word, ouvrez le fichier WD G-1.docx à partir de votre dossier Projets, enregistrez-le sous le nom WD G-Circuit Mont Kenya, déroulez le document pour en examiner le contenu, puis appuyez sur [Ctrl][↖].**

   Le document de quatre pages contient du texte, des illustrations et un graphique.

   > **ASTUCE**
   > Pour changer le jeu de styles actif, cliquez sur le bouton Modifier les styles dans le groupe Style, pointez Jeu de styles et cliquez sur un nouveau jeu.

2. **Sélectionnez Mont Kenya, safari et plage, cliquez sur Autres ▽ dans le groupe Style, puis déplacez le pointeur sur les différents styles offerts dans la galerie.**

   Lorsque le pointeur passe sur un des styles affichés, un aperçu de ce style est appliqué au texte sélectionné.

3. **Cliquez sur le style Titre.**

   Le style Titre est appliqué au texte sélectionné.

4. **Sélectionnez 15 jours/14 nuits, de Nairobi à Mombasa, cliquez sur Sous-titre dans le groupe Style, cliquez sur la flèche de liste Couleur de police 🅰 ▾ dans le groupe Police et cliquez sur Vert olive, Accentuation3, plus sombre 25 %.**

   Le style Sous-titre est appliqué au texte sélectionné à la ligne sous le titre du document, puis la couleur change pour le vert olive. Vous pouvez modifier la mise en forme d'un texte auquel vous avez appliqué un style, et ce, sans changer le style lui-même.

   > **ASTUCE**
   > Pour changer les couleurs ou les polices dans le jeu de styles actif, cliquez sur le bouton Modifier les styles dans le groupe Style, pointez Couleurs ou Polices, puis faites votre choix parmi les options proposées.

5. **Sélectionnez Grandes lignes du tour, cliquez sur Autres ▽ dans le groupe Style, sélectionnez le style Titre 1, puis désélectionnez le texte.**

   Le style Titre 1 est appliqué au texte Grandes lignes du tour (figure G-1).

6. **Défilez vers le bas et appliquez le style Titre 1 à chaque sous-titre en rouge dans le document.**

   Le style Titre 1 est appliqué aux sous-titres Résumé du tour, Planifier votre voyage et Quoi apporter.

7. **Allez à la page 2 du document, sélectionnez Climat, puis cliquez sur Titre 2 dans le groupe Style.**

   Le style Titre 2 est appliqué au sous-titre Climat. Toutefois, ce style semble trop similaire au style Titre 1 pour votre document.

8. **Sélectionnez Climat au besoin, cliquez sur Autres ▽ dans le groupe Style, cliquez sur Titre 3, cliquez sur la flèche de liste Couleur de police 🅰 ▾, cliquez sur Rouge, Accentuation2, puis désélectionnez le texte.**

   Le style Titre 3 est appliqué au sous-titre Climat, avec la police de caractères en Rouge, Accentuation 2 (figure G-2).

9. **Défilez vers le bas et utilisez le bouton Reproduire la mise en forme pour appliquer le style Titre 3 et la couleur Rouge, Accentuation2 à chaque sous-titre mauve dans le document, puis enregistrez les changements.**

   Le style Titre 3 et la couleur de police Rouge, Accentuation 2 sont appliqués aux sous-titres Climat, Visas et vaccins, Bagage, Vêtements et chaussures et Équipement.

Travailler avec des thèmes et des blocs de construction

FIGURE G-1 : Styles rapides appliqués au document

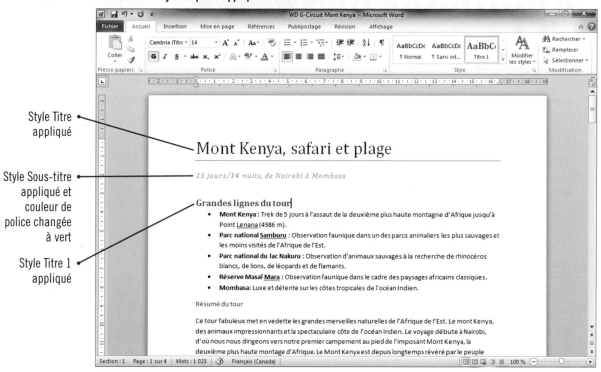

Style Titre appliqué

Style Sous-titre appliqué et couleur de police changée à vert

Style Titre 1 appliqué

FIGURE G-2 : Style Titre 3

Style Titre 3 appliqué et couleur de police changée à rouge

Enregistrer un document en tant que page web

Créer une page web pour ensuite la publier sur l'internet ou un intranet est un excellent moyen de partager des informations avec d'autres personnes. Avec Word, vous pouvez concevoir une page web de A à Z ou utiliser la commande Enregistrer sous pour sauvegarder un document existant au format HTML afin qu'il soit lisible dans un navigateur. Lorsque vous enregistrez un document existant en tant que page web, Word convertit le contenu et la mise en forme du fichier Word en HTML et affiche le document sous forme de page web, comme vous le verriez apparaitre dans un navigateur. Toute mise en forme non prise en charge par les navigateurs est soit convertie à un format similaire compatible, soit éliminée du document. Si, par exemple, vous sauvegardez en HTML un document contenant un graphique flottant, ce dernier sera automatiquement aligné à gauche ou à droite sur la page web. Pour positionner avec précision du texte et des graphiques dans un document à enregistrer comme page web, il vaut mieux créer un tableau dans le document, puis insérer le texte et les graphismes dans les cellules du tableau.

Pour enregistrer un document en tant que page web, ouvrez la boite de dialogue Enregistrer sous, puis sélectionnez un format de page Web dans la zone de liste Type. Vous avez le choix de sauvegarder le document comme une page web à fichier unique (.mht ou .mhtml), ou comme une page web de format .htm ou .html. Dans le cas d'une page web à fichier unique, tous les éléments de page comme le texte et les graphismes sont enregistrés ensemble dans un seul fichier HTML de type agrégat encapsulé MIME (MHTML), afin d'en simplifier la publication ou la transmission par courrier électronique. Par contre, si vous choisissez d'enregistrer la page au format .htm, Word crée automatiquement un dossier au même emplacement que le fichier .htm. Ce dossier, qui porte alors le même nom que celui du fichier .htm, est suivi du suffixe _fichiers et regroupe tous les fichiers accessoires associés à la page web, tels les graphiques.

Appliquer un thème

Changer le thème appliqué à un document est une autre façon rapide d'en établir le ton et de lui donner une apparence raffinée et homogène, surtout si le texte et son contenu (tableaux, graphiques, formes, objets SmartArt ou zones de texte) sont mis en forme au moyen de styles. Un **thème** est un ensemble unifié d'éléments de conception formé, notamment, de couleurs thématiques, de polices pour le corps de texte et les titres, et d'effets pour les graphismes. Par défaut, tous les documents que vous créez dans Word sont mis en forme avec le thème Office, mais vous pouvez facilement appliquer un autre des thèmes intégrés. Pour ce faire, vous utilisez la commande Thèmes du groupe Thèmes de l'onglet Mise en page. ▓▓▓▓ Vous faites des essais avec différents thèmes prédéfinis puis vous appliquez un thème qui convient bien au message que vous voulez transmettre dans votre sommaire du circuit au Kenya.

ÉTAPES

1. **Appuyez sur [Ctrl][↖], ouvrez l'onglet Mise en page, cliquez sur le bouton Thèmes dans le groupe Thèmes, puis pointez Austin.**

   Une galerie de thèmes prédéfinis s'ouvre. Lorsque vous pointez le thème Austin dans la galerie, un aperçu de ce thème est appliqué au document (figure G-3).

2. **Survolez chacun des thèmes proposés dans la galerie avec le pointeur.**

   Quand vous survolez un thème de la galerie avec le pointeur, un aperçu de ce thème est appliqué au document. Les couleurs de polices et les polices du corps du texte et des en-têtes auxquelles un style a été appliqué changent à chaque nouvel aperçu.

3. **Cliquez sur Oriel, puis déroulez le document afin de voir le thème appliqué à chaque page du document.**

   Un jeu complet de couleurs, polices, styles et effets thématiques différents est appliqué au document. Notez que même si la police du corps de texte a changé, l'attribut gras qui a été appliqué au texte suivant le titre « Grandes lignes du tour » au sommet de la page 1 reste en place. Changer le thème d'un document n'a aucune incidence sur la mise en forme d'un texte auquel un formatage de police a été appliqué. Seuls les contenus qui utilisent des couleurs de thème, les textes mis en forme avec un style (y compris le corps de texte par défaut), les styles de tableau et les effets graphiques changent lors de l'application d'un nouveau thème.

4. **Ouvrez l'onglet Affichage, cliquez sur le bouton Deux pages dans le groupe Zoom, puis défilez vers le bas pour voir les pages 3 et 4.**

   L'effet de remplissage dans le tableau au bas de la dernière page a été remplacé par celui du thème Oriel (figure G-4).

5. **Ouvrez l'onglet Mise en page, cliquez sur le bouton Thèmes, puis pointez chacun des thèmes offerts dans la galerie.**

   Observez comment chaque thème affecte la mise en forme du graphique et, parfois, la pagination du document. Il est important de choisir un thème reflétant l'apparence, le contenu et l'objectif de votre document, tout en respectant la longueur voulue pour ce document.

6. **Cliquez sur Médian.**

   Le thème Médian est appliqué au document.

7. **Ouvrez l'onglet Affichage, cliquez sur le bouton 100% dans le groupe Zoom, appuyez sur [Ctrl][↖], puis enregistrez les changements.**

   Après l'application du nouveau thème, le document compte désormais trois pages.

FIGURE G-3: Aperçu du thème Austin dans le document

Thème Austin

Galerie de thèmes

Aperçu du thème Austin appliqué au document

FIGURE G-4: Thème Oriel appliqué au document

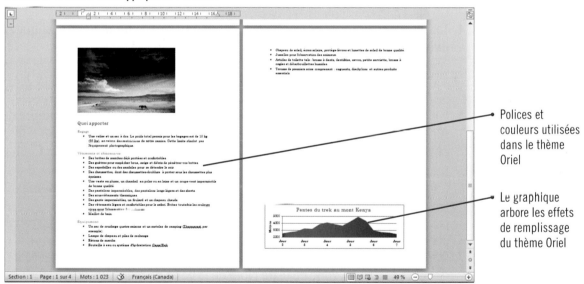

Polices et couleurs utilisées dans le thème Oriel

Le graphique arbore les effets de remplissage du thème Oriel

Changer le thème par défaut

Par défaut, tous les nouveaux documents créés dans Word sont mis en forme avec le thème Office mais vous pouvez changer vos réglages afin d'utiliser un thème différent. Pour remplacer le thème par défaut par un autre thème prédéfini ou personnalisé, appuyez sur [Ctrl][N] pour ouvrir un nouveau document vierge, cliquez sur le bouton Thèmes dans le groupe Thèmes de l'onglet Mise en page, puis cliquez sur le thème que vous voulez utiliser par défaut. Si vous voulez personnaliser le thème avant de le sauvegarder comme nouveau thème par défaut, utilisez les boutons Couleurs du thème, Polices du thème et Effets du thème du groupe Thèmes pour modifier ces paramètres à votre gré. Par ailleurs, vous pouvez cliquer sur le bouton Modifier les styles dans le groupe Style de l'onglet Accueil, puis utiliser les options Jeu de Styles, Couleurs et Polices pour définir un nouveau thème par défaut. Lorsque vous êtes satisfait de vos modifications avec le nouveau thème par défaut, cliquez de nouveau sur le bouton Modifier les styles, puis sur Définir par défaut. La galerie des thèmes sera mise à jour pour refléter vos modifications.

Personnaliser un thème

Lorsqu'un des thèmes prédéfinis de Word ne convient pas parfaitement à votre document, vous pouvez le personnaliser en modifiant ses couleurs, en sélectionnant d'autres polices pour les titres et le corps du texte et en modifiant ses effets. Vous pouvez ensuite enregistrer le thème personnalisé en tant que nouveau thème, que vous pourrez par la suite appliquer à d'autres documents. ▰▰▰ Vous allez modifier les couleurs, polices et effets du thème actif afin de créer un nouveau thème utilisant des couleurs et un aspect reflétant l'esprit du Kenya et utilisant des polices attrayantes et faciles à lire. Vous enregistrez ensuite vos modifications dans un nouveau thème que vous pourrez appliquer ultérieurement à tous les autres documents liés aux circuits vers le Kenya.

ÉTAPES

1. Ouvrez l'onglet Mise en page, puis cliquez sur Couleurs du thème ■▾ du groupe Thèmes.

La galerie des couleurs de thème s'ouvre. Vous pouvez choisir parmi la palette de couleurs d'un thème prédéfini ou personnaliser les couleurs de la palette active. Pour cet exercice, vous voulez une palette mettant en relief les couleurs du paysage kenyan visible sur les illustrations présentes dans le document.

2. Cliquez sur Austin, cliquez sur Couleurs du thème ■▾, puis sur Nouvelles couleurs de thème.

Les couleurs Austin sont appliquées au document et la boite de dialogue Créer de nouvelles couleurs de thème s'ouvre (figure G-5). Vous utilisez cette boite de dialogue pour modifier les couleurs de la palette active et enregistrer le nouveau jeu de couleurs sous un autre nom.

3. Déroulez la liste Accentuation 2, cliquez sur Autres couleurs, ouvrez l'onglet Personnalisées s'il n'est pas déjà activé dans la boite de dialogue Couleurs, tapez 204 dans la zone de texte Rouge, tapez 102 dans la zone de texte Vert, tapez 2 dans la zone de texte Bleu, puis cliquez sur OK.

La couleur Accentuation 2 passe du gris au brun.

ASTUCE

Pour supprimer un thème personnalisé de la galerie, cliquez avec le bouton droit sur le thème, puis cliquez sur Supprimer.

4. Tapez Kenya dans la zone de texte Nom de la boite de dialogue, cliquez sur Enregistrer, puis sur ■▾.

Le nouveau jeu de couleurs est enregistré sous le nom Kenya, les sous-titres (Titre 3) gris sur les pages 2 et 3 deviennent bruns, et le jeu de couleurs Kenya apparait dans la section Personnalisé de la galerie de couleurs de thème. Les couleurs Kenya peuvent désormais être appliquées à n'importe quel document.

5. S'il y a lieu, cliquez sur le document pour fermer la galerie de couleurs du thème, cliquez sur Polices du thème A▾ dans le groupe Thèmes, défilez dans la galerie de polices, pointez-en plusieurs pour en afficher l'aperçu dans le document, puis cliquez sur Capitaux.

Les polices pour les titres et le corps du texte du thème Capitaux sont appliquées au document.

6. Cliquez sur Polices du thème A▾, puis sur Nouvelles polices de thème.

La boite de dialogue Créer de nouvelles polices de thème s'ouvre (figure G-6). Elle sert à sélectionner différentes polices pour les titres et le corps du texte, et à enregistrer la combinaison de polices comme nouveau jeu de polices de thème.

7. Déroulez la liste Police du titre, défilez vers le bas, cliquez sur Trebuchet MS, tapez Sommaires des circuits dans la zone de texte Nom de la boite de dialogue, puis cliquez sur Enregistrer.

La police des titres présents dans le document est maintenant Trebuchet MS, et le jeu de police de thème « Sommaires des circuits » est ajouté à la section Personnalisé de la galerie des polices de thème.

PROBLÈME

Au besoin, faites défiler le document vers le bas pour apercevoir le tableau.

8. Appuyez sur [Ctrl][Fin], cliquez sur le bouton Effets du thème ◉▾ dans le groupe Thèmes, pointez chaque effet dans la galerie pour en afficher l'aperçu dans le graphique, puis cliquez sur Papier journal.

Les effets du thème Papier journal sont appliqués au document.

9. Cliquez sur le bouton Thèmes, cliquez sur Enregistrer le thème actif, tapez Sommaire circuit Kenya dans la zone Nom de fichier de la boite de dialogue Enregistrer le thème actif, puis cliquez sur Enregistrer.

Les couleurs de thème Kenya, les polices de thème Sommaires des circuits et les effets du thème Papier journal sont enregistrés ensemble comme un nouveau thème nommé Sommaire circuit Kenya à l'emplacement par défaut pour les thèmes de documents.

10. Enregistrez les changements, puis cliquez sur le bouton Thèmes.

Le nouveau thème apparait dans la section Personnalisé de la galerie de thèmes (figure G-7).

FIGURE G-5 : Boite de dialogue Créer de nouvelles couleurs de thème

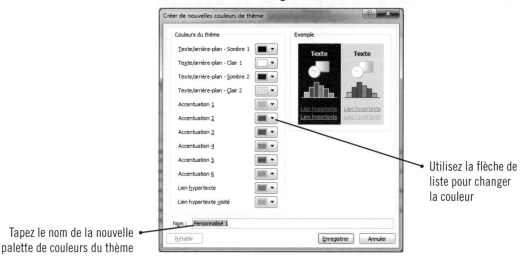

Utilisez la flèche de liste pour changer la couleur

Tapez le nom de la nouvelle palette de couleurs du thème

FIGURE G-6 : Boite de dialogue Créer de nouvelles polices de thème

Choisissez la nouvelle police pour le titre

Choisissez la nouvelle police pour le corps du texte

Aperçu des polices

Tapez le nom du nouveau jeu de polices de thème

FIGURE G-7 : Thème personnalisé dans la galerie des thèmes

Nouveau thème personnalisé Sommaire circuit Kenya

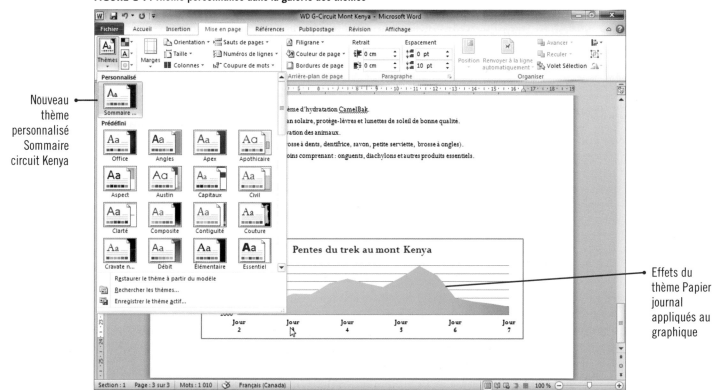

Effets du thème Papier journal appliqués au graphique

Insérer un encadré

Une autre façon de concevoir rapidement un document d'aspect professionnel consiste à utiliser des blocs de construction préformatés. Les **blocs de construction**, qui sont stockés dans des galeries, sont des composants réutilisables de contenu ou d'éléments mis en forme, dont des en-têtes et des pieds de page, des pages de garde et des zones de texte. Les encadrés et les citations sont deux genres de blocs de zones de texte que l'on utilise souvent pour rehausser l'apparence d'une page contenant beaucoup de texte et pour mettre certaines informations en évidence. Un **encadré** est une zone de texte contiguë au corps de texte d'un document et qui contient des renseignements complémentaires. Une **citation** est une zone de texte contenant une citation ou un extrait d'un article, par exemple. Elle est mise en forme avec une police plus grande et est placée sur la même page. Vous insérez des encadrés et des citations au moyen de la commande Zone de texte de l'onglet Insertion. Vous créez un encadré pour afficher les grandes lignes du circuit sur la page 1 et un second encadré pour placer les renseignements aux voyageurs sur la page 2.

ÉTAPES

1. **S'il y a lieu, cliquez dans le document pour fermer la galerie de thèmes, appuyez sur [Ctrl][↖], ouvrez l'onglet Insertion, puis cliquez sur le bouton Zone de texte dans le groupe texte.**

   La galerie Zone de texte s'ouvre. Elle comprend des styles intégrés pour les encadrés et les citations.

2. **Défilez vers le bas dans la galerie, puis cliquez sur Encadré mosaïques.**

   L'Encadré mosaïques est inséré au sommet de la page. Il est formé d'une zone de texte orange foncé comprenant du texte substituable et d'une ombre orange plus pâle. Vous pouvez remplacer le texte substituable en tapant directement dans la zone de texte ou en y collant du texte.

   > **ASTUCE**
   > L'encadré est ancré au paragraphe où se trouve le point d'insertion.

3. **Sélectionnez Grandes lignes du tour et la liste à puces qui suit, appuyez sur [Ctrl][X] pour couper le texte, cliquez sur la zone de texte, appuyez sur [Ctrl][V] pour y coller le texte, puis appuyez sur [Ret. arr.].**

   Le texte est coupé du corps du document et est collé dans l'encadré.

   > **ASTUCE**
   > Vous pouvez modifier un encadré en appliquant un style de zone de texte, en ajoutant une ombre ou en utilisant les autres commandes de l'onglet Format des Outils de dessin.

4. **Sélectionnez Grandes lignes du tour, déroulez la liste Couleur de police [A▾] sur la mini barre d'outils, pointez les couleurs et lisez les info-bulles, cliquez sur Marron, Accentuation5, plus sombre 25%, puis cliquez sur l'Encadré mosaïques pour désélectionner le texte.**

   La couleur du titre dans l'encadré devient marron.

5. **Ouvrez l'onglet Format des Outils de dessin, cliquez sur le bouton Effets sur la forme dans le groupe Styles de formes, pointez Ombre, cliquez sur Options d'ombres, déroulez la liste Couleur, cliquez sur Marron, Accentuation5, cliquez sur Fermer, puis désélectionnez l'encadré.**

   La couleur de l'ombre devient brune. L'encadré terminé est illustré à la figure G-8.

   > **ASTUCE**
   > Vous pouvez changer la position d'un encadré en le faisant glisser. Vous pouvez aussi cliquer sur le bouton Position dans le groupe Organiser de l'onglet Format des Outils de dessin, cliquer sur Autres options de disposition, puis en changeant les réglages dans l'onglet Position de la boîte de dialogue Disposition.

6. **Allez à la page 2, placez le point d'insertion dans le texte Planifier votre voyage, ouvrez l'onglet Affichage, cliquez sur le bouton Une page dans le groupe Zoom, ouvrez l'onglet Insertion, cliquez sur le bouton Zone de texte, puis sur Encadré annuel.**

   L'Encadré annuel est inséré du côté gauche de la page et est ancré au paragraphe du titre « Planifier votre voyage ». Au lieu de taper du texte dans l'encadré, vous allez insérer du texte provenant d'un fichier.

7. **Ouvrez l'onglet Insertion, déroulez la liste Objet dans le groupe Texte, puis cliquez sur Texte d'un fichier.**

   La boîte de dialogue Insérer un fichier s'ouvre. Vous l'utilisez pour sélectionner le texte à insérer dans l'encadré.

8. **Naviguez jusqu'à votre dossier Projets, cliquez sur le fichier WD G-2.docx, puis cliquez sur Insérer.**

   Le contenu du fichier WD G-2.docx est inséré dans l'encadré. Quand vous insérez un fichier de texte dans une zone de texte, il est important de vérifier que tout le texte entre dans la zone. Si tel n'est pas le cas, ajustez la taille de la zone de texte, ou modifiez le texte selon vos besoins.

   > **PROBLÈME**
   > Il vous faudra peut-être repositionner et redimensionner les photos sur les pages 1 et 2 pour obtenir un résultat semblable à celui de la figure G-9.

9. **Ouvrez l'onglet Format des Outils de dessin, cliquez sur Autres [▾] dans le groupe Styles de formes, cliquez sur Remplissage couleur – Marron, 5 accentué, désélectionnez l'encadré, apportez les ajustements nécessaires au document pour que la page ressemble à celle de la figure G-9, puis enregistrez les changements.**

Travailler avec des thèmes et des blocs de construction

FIGURE G-8 : Encadré mosaïques

Couleur d'ombre
marron

Encadré
mosaïques

Texte collé dans la zone de
texte et mis en forme

FIGURE G-9 : Encadré annuel

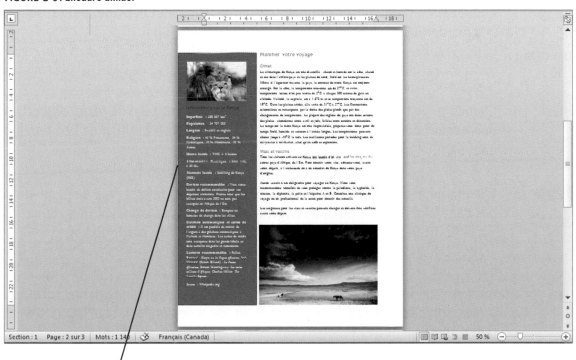

Le texte et graphisme provenant d'un
fichier ont été insérés dans l'encadré

Insérer des composants QuickParts

La fonction Quick Parts de Word facilite l'insertion d'éléments de contenu réutilisables dans un document. Les composants QuickPart comprennent des champs, pour la date ou le numéro de page par exemple, des propriétés de document, comme le titre ou l'auteur du document, et des blocs de construction. Pour insérer un composant QuickPart dans un document, vous utilisez la commande QuickPart de l'onglet Insertion ou la commande QuickPart de l'onglet Création des Outils des en-têtes et pieds de pages. Vous finalisez la conception des trois pages du document en ajoutant des blocs de construction d'en-tête et de pied de page. Vous personnalisez ensuite le pied de page en lui ajoutant des propriétés de document à l'aide de la commande QuickPart.

ÉTAPES

1. **Ouvrez l'onglet Affichage, cliquez sur le bouton 100% dans le groupe Zoom, ouvrez l'onglet Insertion, puis cliquez sur le bouton En-tête dans le groupe En-tête et pied de page.**

   La galerie En-tête s'ouvre et affiche la liste des en-têtes prédéfinis.

2. **Explorez la galerie En-tête, puis cliquez sur Exposition.**

   L'en-tête Exposition est ajouté au document et la zone d'en-tête s'ouvre. L'en-tête Exposition comprend un contrôle de propriété pour le titre du document et un contrôle de contenu pour la date. Un contrôle de propriété est un contrôle de contenu qui renferme des données de propriété, tel qu'un titre, un nom d'entreprise ou d'auteur. Il contient les informations de propriété entrées dans le Panneau des propriétés du document ou du texte substituable si aucune propriété de document n'a été entrée. Vous pouvez attribuer une propriété de document ou en mettre une à jour en tapant directement dans un contrôle de propriété ou dans le Panneau des propriétés du document.

> **ASTUCE**
>
> Quand vous mettez une propriété de document à jour dans le panneau Propriétés du document, les contrôles de propriété de même type dans le document sont actualisés pour refléter les nouvelles informations saisies.

3. **Cliquez sur Titre du document, tapez Mont Kenya, safari et plage, cliquez sur Choisir la date, déroulez la liste Date, puis cliquez sur Aujourd'hui.**

   Le titre et la date du jour sont insérés dans l'en-tête. Lorsque vous attribuez ou actualisez une propriété de document en tapant dans un contrôle de propriété, tous les contrôles du même type sont mis à jour ainsi que le champ de propriété correspondant dans le Panneau des propriétés du document.

4. **Cliquez sur le bouton En-tête dans le groupe En-tête et pied de page, cliquez sur Annuel, puis cliquez deux fois sur la flèche vers le bas du bouton Position de l'en-tête à partir du haut dans le groupe Position.**

   Le style de l'en-tête est remplacé par le style Annuel et la position de l'en-tête est ajustée (figure G-10).

> **ASTUCE**
>
> Pour afficher ou masquer le quadrillage du tableau, ouvrez l'onglet Disposition des Outils de tableau, puis cliquez sur le bouton Afficher le quadrillage dans le groupe Tableau.

5. **Cliquez sur le bouton Pied de page dans le groupe En-tête et pied de page, défilez vers le bas dans la galerie des pieds de page, cliquez sur Lignes latérales, puis cliquez quatre fois sur la flèche vers le bas du bouton Position de l'en-tête à partir du bas.**

   Le pied de page Lignes latérales comprend un champ de numéro de page. Notez qu'il a une mise en forme de tableau.

6. **Appuyez sur [Tab] pour déplacer le point d'insertion dans la prochaine cellule du tableau, cliquez sur le bouton Quick Parts dans le groupe Insertion, pointez Propriété de document, puis cliquez sur Société.**

   Le contrôle de propriété Société est ajouté au pied de page (figure G-11).

> **PROBLÈME**
>
> Si votre contrôle de propriété Société contient déjà du texte, sélectionnez ce texte puis poursuivez l'étape 7.

7. **Tapez Voyages Tour Aventure.**

   La propriété Société est mise à jour et est devenue Voyages Tour Aventure.

8. **Déplacez le pointeur dans le pied de page, cliquez sur la poignée de déplacement de tableau ⊹ pour sélectionner le tableau, cliquez sur Gras G dans la mini barre d'outils, fermez la zone de pied de page, puis enregistrez les changements.**

   Du gras est appliqué au texte du pied de page. Le pied de page personnalisé est illustré à la figure G-12.

FIGURE G-10 : En-tête mis en forme avec le style d'en-tête Annuel

Contrôle de propriété Titre

Titre et date dans l'en-tête

Flèche Position de l'en-tête depuis le haut

Votre date sera différente

Le texte du document est estompé quand la zone d'en-tête est ouverte

FIGURE G-11 : Contrôle de propriété Société dans le pied de page Lignes latérales

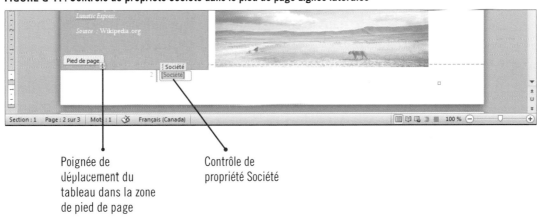

Poignée de déplacement du tableau dans la zone de pied de page

Contrôle de propriété Société

FIGURE G-12 : Pied de page personnalisé

Gras appliqué au pied de page

Travailler avec des thèmes et des blocs de construction

Ajouter une page de garde

Pour finaliser un document avec simplicité ou style, vous pouvez insérer l'une des nombreuses pages de garde prédéfinies offertes dans Word. Les designs de ces pages varient de styles conservateurs ou d'affaires à des présentations colorées et accrocheuses. Chaque page de garde inclut du texte substituable et des contrôles de propriété que vous pouvez personnaliser à votre guise. ▓▓▓ Vous finalisez votre document en y insérant une page de garde attrayante reflétant le contenu du document.

ÉTAPES

1. **Ouvrez l'onglet Affichage, cliquez sur le bouton Une page dans le groupe Zoom, ouvrez l'onglet Insertion, puis déroulez la liste du bouton Page de garde dans le groupe Pages.**

   La galerie de pages de garde s'ouvre. Chaque style de page comprend du texte substituable et des contrôles de propriété.

2. **Explorez la galerie de pages de garde, puis cliquez sur Guide.**

   La page de garde Guide est ajoutée au début du document. Remarquez que le nom du circuit a été ajouté automatiquement au contrôle de propriété Titre et l'année au contrôle de contenu Date.

3. **Faites glisser le curseur de zoom vers la droite pour agrandir la page de garde, puis défilez vers le bas pour voir l'auteur, le nom de la société et la date au bas de la page.**

   Le nom de la société se trouve dans le contrôle de propriété Société et la date dans le contrôle de contenu Date.

4. **Cliquez sur le contrôle de propriété Auteur (la première ligne de texte).**

   Le texte inscrit dans le contrôle de propriété Auteur est le nom d'auteur par défaut pour tous les documents créés dans votre ordinateur. Cette information est fondée sur le nom d'utilisateur entré dans la boite de dialogue Options Word.

5. **Sélectionnez le texte dans le contrôle de propriété Auteur, tapez votre nom, ouvrez l'onglet Affichage, puis cliquez sur le bouton Une page.**

   Votre nom remplace le nom d'utilisateur en tant que propriété Auteur pour le document.

6. **Sélectionnez la photographie, appuyez sur [Suppr], ouvrez l'onglet Insertion, cliquez sur le bouton Images clipart dans le groupe Illustrations, vérifiez que la case Inclure le contenu Office.com est cochée dans le volet Images clipart, tapez léopard dans la zone Rechercher, cliquez sur OK, cliquez sur la photo de léopard, puis fermez le volet Images clipart.**

   Une photographie de léopard est insérée dans la page de garde. Vous pouvez choisir une photo différente si celle présentée dans les figures n'est pas disponible. Vous pouvez aussi effectuer votre recherche avec un mot-clé différent, comme « safari » ou « félin ».

7. **Déroulez la liste du bouton Renvoyer à la ligne automatiquement dans le groupe Organiser de l'onglet Format des Outils Image, cliquez sur Devant le texte, puis faites glisser la photo vers le bas et la droite pour la positionner sous le titre et collée au bord droit de la page (figure G-13).**

8. **Appuyez sur [Ctrl][↖], ouvrez l'onglet Insertion, cliquez sur le bouton Image dans le groupe Illustrations, naviguez vers le dossier où vous stockez vos fichiers projets, cliquez sur le fichier Logo VTA.jpg, puis cliquez sur Insérer.**

   Le logo de VTA est ajouté à la page de garde.

9. **Cliquez sur le bouton Position dans le groupe Organiser, cliquez sur En bas à gauche avec habillage de texte carré, désélectionnez le logo, puis enregistrez les changements.**

   Le logo est déplacé dans le coin inférieur gauche de la page. Le sommaire du circuit terminé est illustré à la figure G-14.

10. **Donnez une copie de votre document à votre formateur.**

FIGURE G-13 : Page de garde

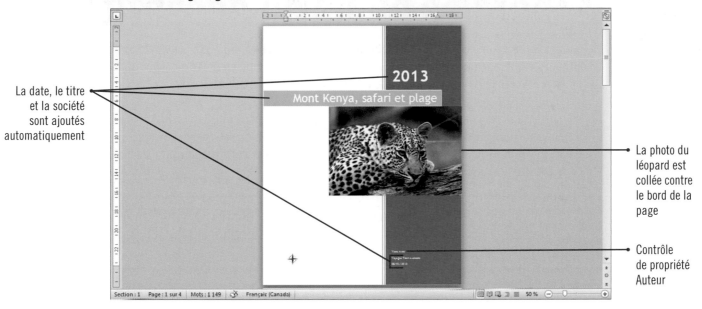

La date, le titre et la société sont ajoutés automatiquement

La photo du léopard est collée contre le bord de la page

Contrôle de propriété Auteur

FIGURE G-14 : Sommaire du circuit au Kenya terminé

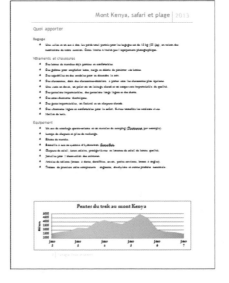

Travailler avec des thèmes et des blocs de construction

Créer des blocs de construction

Quand vous créez un élément de contenu que vous voulez réutiliser dans d'autres documents, vous pouvez l'enregistrer en tant que bloc de construction dans une des galeries Word. Vous pouvez, par exemple, enregistrer l'énoncé de mission de votre entreprise ou une liste de votre personnel pour éviter de toujours retaper et mettre en forme ces informations lorsque vous devez les insérer dans un document. Pour sauvegarder un composant en tant que bloc de construction, vous utilisez la commande QuickPart. Vous allez maintenant enregistrer le logo de VTA, l'encadré d'informations du voyage au Kenya, le titre et le paragraphe Climat et le pied de page en tant que blocs de construction afin de pouvoir les réutiliser facilement dans d'autres sommaires de voyage.

ÉTAPES

1. **Cliquez sur le logo au bas de la page 1 pour le sélectionner, ouvrez l'onglet Insertion, cliquez sur le bouton QuickPart dans le groupe Texte, puis cliquez sur Enregistrer la sélection dans la galerie de composants QuickPart.**

    La boite de dialogue Créer un nouveau bloc de construction s'ouvre (figure G-15). Elle permet de définir un nom unique et une description pour le composant et d'indiquer dans quelle galerie vous désirez le voir apparaitre. Ici, vous voulez voir le logo dans la galerie des composants QuickPart.

2. **Tapez Logo VTA dans la zone Nom, cliquez sur la zone Description, tapez Logo de VTA dans le coin inférieur gauche de la page de garde des sommaires de circuits, puis cliquez sur OK.**

    Le logo est ajouté à la galerie de composants QuickPart.

3. **Allez à la page 3, sélectionnez l'encadré marron, cliquez sur le bouton QuickPart, cliquez sur Enregistrer la sélection dans la galerie de composants QuickPart, tapez Encadré Infos Kenya dans la zone Nom, déroulez la liste Galerie, cliquez sur Zones de texte, déroulez la liste Catégorie, cliquez sur Créer une catégorie, tapez Kenya, cliquez sur OK, cliquez sur la zone Description, tapez Renseignements généraux pour les voyageurs vers le Kenya, cliquez sur OK, puis désélectionnez l'encadré.**

    Vous avez ajouté l'encadré à la galerie Zones de texte et créé la nouvelle catégorie Kenya. Il est judicieux d'attribuer un nom de catégorie évocateur à un élément de bloc de construction car cela facilite le tri, l'organisation et la recherche de vos blocs de construction.

4. **Cliquez sur le bouton Zone de texte dans le groupe Texte.**

    Le bloc de construction Encadré Infos Kenya est affiché dans la catégorie Kenya de la galerie Zones de texte (figure G-16).

5. **Cliquez sur le document pour fermer la galerie, sélectionnez le titre Climat et le paragraphe qui suit à la page 3, cliquez sur le bouton QuickPart, cliquez sur Enregistrer la sélection dans la galerie de composants QuickPart, tapez Infos climat au Kenya dans la zone Nom, déroulez la liste Catégorie, cliquez sur Créer une catégorie, tapez Kenya, cliquez sur OK, puis encore sur OK.**

    Le titre Climat et son paragraphe de texte sont enregistrés dans la catégorie Kenya de la galerie QuickPart.

6. **Cliquez sur le bouton QuickPart pour vérifier que l'élément a bien été ajouté à la galerie, puis pointez le composant Logo VTA dans la galerie.**

    La galerie présente le Logo VTA dans la catégorie Général et le composant Infos climat au Kenya dans la catégorie Kenya. Quand vous pointez le composant Logo VTA dans la galerie, son nom et sa description apparaissent dans une info-bulle (figure G-17).

7. **Cliquez sur le document, défilez vers le bas, double-cliquez sur le pied de page, cliquez sur la poignée de déplacement du tableau ⊞ pour sélectionner le tableau dans le pied de page, cliquez sur le bouton Pied de page dans le groupe En-tête et pied de page de l'onglet Création des Outils En-têtes et pieds de page, puis cliquez sur Enregistrer la sélection dans la galerie de pieds de page.**

    La boite de dialogue Créer un nouveau bloc de construction s'ouvre. La galerie Pieds de page y est sélectionnée automatiquement.

8. **Tapez Sommaires voyages dans la zone Nom, cliquez sur OK, puis enregistrez et fermez le document.**

    Le pied de page est ajouté à la galerie Pieds de page dans la catégorie Général. Dans la prochaine leçon, vous insérerez dans un nouveau document les blocs de construction que vous venez de créer.

FIGURE G-15 : Boite de dialogue Créer un nouveau bloc de construction

Tapez le nom du composant

Spécifiez la galerie pour le composant

Sélectionnez la catégorie pour le composant

FIGURE G-16 : Nouveau bloc de construction dans la galerie Zones de texte

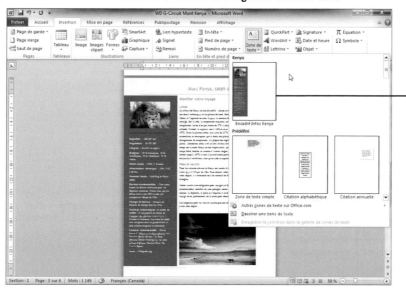

Encadré Infos Kenya enregistré dans la catégorie Kenya de la galerie Zones de texte

FIGURE G-17 : Composants enregistrés dans la galerie QuickPart

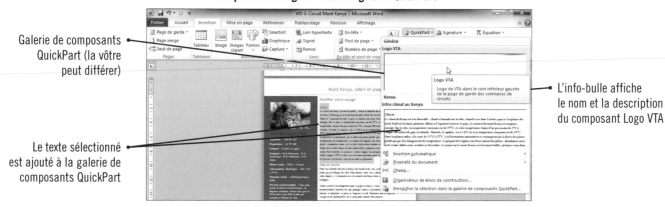

Galerie de composants QuickPart (la vôtre peut différer)

Le texte sélectionné est ajouté à la galerie de composants QuickPart

L'info-bulle affiche le nom et la description du composant Logo VTA

Renommer et modifier d'autres propriétés d'un bloc de construction

Vous pouvez en tout temps modifier les propriétés d'un bloc de construction. Vous pouvez le renommer, le déplacer dans une autre galerie et changer sa catégorie et sa description. Pour modifier les propriétés d'un bloc de construction, cliquez du bouton droit sur le composant dans une galerie, puis cliquez sur Modifier les propriétés. Dans la boite de dialogue Modifier un bloc de construction, changez le nom, la description, la galerie ou la catégorie à votre gré, puis cliquez sur OK et sur Oui pour confirmer vos changements. Vous pouvez également modifier les propriétés d'un bloc de construction en sélectionnant le composant dans l'Organisateur de blocs de construction et en cliquant sur Modifier les propriétés.

Travailler avec des thèmes et des blocs de construction

Insérer des blocs de construction

Après avoir créé des blocs de construction personnalisés, vous pouvez aisément les insérer dans vos documents. Vous pouvez insérer un bloc de construction directement à partir d'une galerie ou encore utiliser l'organisateur de blocs de construction pour rechercher, arranger et insérer des blocs de construction. Vous devez créer un document pour un autre voyage organisé au Kenya. Vous devez ouvrir le sommaire du circuit, lui appliquer le thème Kenya et y insérer les blocs de construction personnalisés créés plus tôt pour uniformiser le contenu et l'apparence de tous les documents relatifs aux voyages au Kenya.

ÉTAPES

1. **Ouvrez le fichier WD G-3.docx de votre dossier Projets, enregistrez-le sous le nom WD G-Safari familial au Kenya, défilez dans le document, remplacez Louis Vallée par votre nom au bas de la page 1, ouvrez l'onglet Affichage, puis cliquez sur le bouton Deux pages dans le groupe Zoom.**

   Le sommaire du Safari familial au Kenya comprend une page de garde, deux pages de texte mises en forme avec des styles, un encadré, des photographies et un graphique.

2. **Ouvrez l'onglet Mise en page, cliquez sur le bouton Thèmes dans le groupe Thèmes, puis cliquez sur le thème Sommaire circuits Kenya dans la section Personnalisé de la galerie.**

   Le thème Sommaire circuits Kenya que vous avez créé à la leçon précédente est appliqué au document.

3. **Appuyez sur [Ctrl][↖], ouvrez l'onglet Insertion, cliquez sur le bouton QuickPart dans le groupe Texte, cliquez sur le composant Logo VTA dans la galerie QuickPart, puis ramenez la photo du zèbre à sa place si elle s'est déplacée.**

   Le logo est ajouté dans le coin inférieur gauche de la page de garde.

4. **Cliquez n'importe où sur la page 2, cliquez sur le bouton Pied de page dans le groupe En-tête et pied de page, cliquez sur le pied de page Sommaires voyages dans la section Général de la galerie, agrandissez la page au besoin pour examiner le pied de page dans le document, puis fermez l'en-tête et le pied de page.**

   Le pied de page personnalisé créé à la leçon précédente est ajouté à la zone de pied de page des pages 2 et 3. L'information de propriété qui apparait dans ce pied de page, dans ce cas le nom de la société, est l'information de propriété pour le document actif.

5. **Allez à la page 3, cliquez sur le titre Renseignements pratiques, cliquez sur l'onglet Insertion, cliquez sur le bouton QuickPart dans le groupe Texte, puis cliquez sur Organisateur de blocs de construction.**

   L'Organisateur de blocs de construction s'ouvre (figure G-18). Cet outil comprend une liste complète des blocs de construction intégrés et des blocs personnalisés provenant de toutes les galeries. L'Organisateur de blocs de construction sert à trier, prévisualiser, insérer, supprimer et modifier les propriétés des blocs de construction.

6. **Cliquez sur l'en-tête de la colonne Catégorie dans la liste des blocs de construction.**

   Les blocs de construction sont triés et regroupés par catégorie.

7. **Explorez la liste pour trouver les deux éléments de la catégorie Kenya, cliquez sur le composant Encadré Infos Kenya pour le sélectionner, puis cliquez sur Insérer.**

   L'encadré des informations sur les circuits au Kenya est inséré à la page 3 et est ancré au titre Renseignements pratiques sur lequel se trouve le point d'insertion.

8. **Cliquez dans le paragraphe vide au-dessus du graphique à la page 3, ouvrez l'onglet Insertion, cliquez sur le bouton QuickPart, cliquez sur le composant Infos climat au Kenya. S'il y a lieu, ramenez la photo de l'éléphant au bas de la page 2 et apportez-lui les changements nécessaires. Ceci fait, enregistrez les modifications.**

   Le titre Climat et son paragraphe associé sont insérés au-dessus du graphique. Le sommaire du safari familial au Kenya terminé est présenté à la figure G-19.

9. **Fermez le fichier, quittez Word, puis cliquez sur Ne pas enregistrer dans la boite d'alerte qui s'affiche.**

   Vous venez de supprimer de l'Organisateur de blocs de construction les blocs personnalisés que vous avez créés dans ce module. Si vous vouliez réutiliser ces blocs personnalisés ultérieurement, vous devriez les enregistrer lorsque vous y êtes invité en quittant Word.

PROBLÈME

Si le point d'insertion est sur la page de garde, le pied de page apparaitra seulement sur cette page.

ASTUCE

Pour modifier le contenu d'un bloc de construction, insérez le composant dans un document, modifiez le composant, puis enregistrez la sélection dans la même galerie QuickPart en utilisant le même nom.

ASTUCE

Pour supprimer un bloc de construction, sélectionnez-le dans l'Organisateur de blocs de construction, puis cliquez sur Supprimer.

PROBLÈME

Si vous travaillez sur votre propre ordinateur et que vous voulez sauvegarder vos blocs de construction personnalisés, cliquez sur Oui dans le message d'alerte pour enregistrer les changements apportés au fichier BuildingBlocks.docx.

FIGURE G-18 : Organisateur de blocs de construction

Cliquez sur l'en-tête d'une colonne pour trier les blocs de construction en fonction de ce critère

Liste complète des blocs de construction

Aperçu du bloc de construction sélectionné

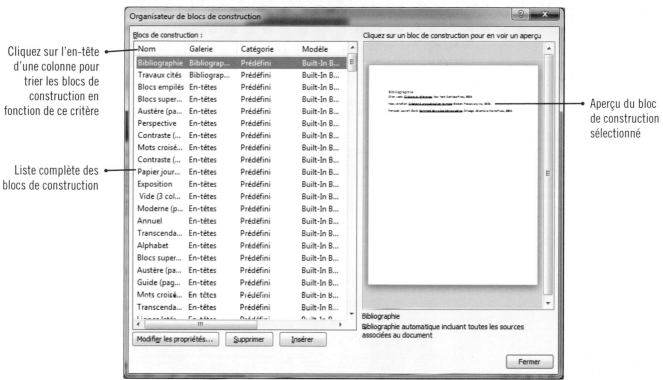

FIGURE G-19 : Sommaire du safari familial au Kenya terminé

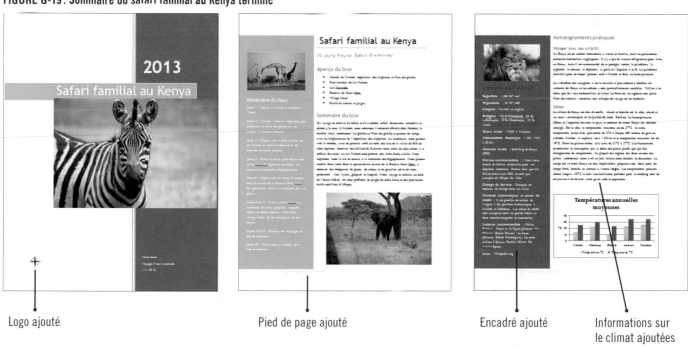

Logo ajouté

Pied de page ajouté

Encadré ajouté

Informations sur le climat ajoutées

Word 2010

Mise en pratique

Révision des concepts

Identifiez chaque élément illustré à la figure G-20.

FIGURE G-20

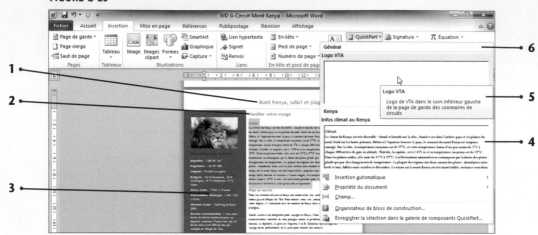

Faites correspondre chaque élément à sa description.

7. **Thème**

8. **QuickPart**

9. **Bloc de construction**

10. **Style**

11. **Citation**

12. **Encadré**

13. **Jeu de styles rapides**

a. Zone de texte adjacente au corps d'un document et qui contient des informations complémentaires.

b. Champ, propriété de document ou autre pièce de contenu pouvant être inséré dans un document.

c. Zone de texte contenant une citation ou un extrait d'article, mise en forme avec une police de plus grande taille et placée sur la même page.

d. Série d'éléments de conception unifiés comme des couleurs, des polices et des effets, qui sont nommés et enregistrés ensemble.

e. Groupe de styles communs qui partagent des polices, des couleurs et une mise en forme similaires.

f. Série de paramètres de mise en forme tels que polices, couleurs de police et alignement des paragraphes, qui sont nommés et enregistrés ensemble.

g. Composant réutilisable au contenu mis en forme ou élément de document stocké dans une galerie.

Sélectionnez la meilleure réponse parmi les choix proposés.

14. **Lequel des éléments suivants _n'est pas_ un élément de conception inclus dans un thème?**
    - **a.** Couleurs
    - **b.** Effets
    - **c.** Polices
    - **d.** Styles d'images

15. **Lequel des éléments suivants _ne change pas_ la police de caractères utilisée pour le corps du texte d'un document?**
    - **a.** Effets du thème
    - **b.** Thème
    - **c.** Polices du thème
    - **d.** Jeu de styles

16. **Lequel des éléments suivants utilisent des effets de thème?**
    - **a.** Styles
    - **b.** Graphiques
    - **c.** En-têtes et pieds de page
    - **d.** Tables

17. **Lequel des éléments suivants _n'est pas_ un exemple de bloc de construction?**
    - **a.** Page de garde
    - **b.** Pied de page
    - **c.** Propriété de document
    - **d.** Citation

18. Lequel des énoncés suivants est faux?

- **a.** On utilise la commande Objet pour créer un nouveau bloc de construction.
- **b.** Changer une propriété de document dans un contrôle de propriété met à jour la propriété dans le panneau Propriétés du document.
- **c.** Quand on ajoute un bloc de construction à une galerie, il est aussi ajouté à l'Organisateur de blocs de construction.
- **d.** Quand on change le thème d'un document, le format du texte auquel on a déjà appliqué une mise en forme de police ne change pas.

Révision des techniques

1. Appliquer des styles rapides à du texte.

- **a.** Démarrez Word, ouvrez le fichier WD G-4.docx de votre dossier Projets, enregistrez-le sous le nom **WD G-Maison écologique**, lisez le document, puis appuyez sur [Ctrl][↖].
- **b.** Appliquez le style Titre au titre Mettre votre foyer au « vert ».
- **c.** Appliquez le style Sous-titre au sous-titre Réduire vos émissions personnelles de gaz à effet de serre, puis changez la couleur de la police à Bleu, Accentuation1, plus sombre 25%.
- **d.** Appliquez le style Titre 1 à toutes les rubriques en rouge : « De petits pas dans la maison et dans la cour » et « Optez pour l'énergie verte ».
- **e.** Appliquez le style Titre 3 aux sous-titres violets, puis enregistrez les changements. (*Conseil* : Pour activer le style Titre 3, appliquez d'abord le style Titre 2 à un sous-titre, puis appliquez le style Titre 3 au même sous-titre.)

2. Appliquer un thème.

- **a.** Changez l'affichage à Deux pages, ouvrez la galerie de thèmes et examinez l'aperçu de chaque thème appliqué au document.
- **b.** Appliquez le thème Urbain, puis faites défiler le document vers la bas jusqu'à la page 3.
- **c.** Appliquez le thème Solstice et enregistrez vos changements.

3. Personnaliser un thème.

- **a.** Cliquez sur le bouton Couleurs du thème, puis remplacez les couleurs du thème par Composite.
- **b.** Cliquez de nouveau sur le bouton Couleurs du thème, cliquez sur Nouvelles couleurs de thème, déroulez la liste Accentuation 4, cliquez sur Autres couleurs, ouvrez l'onglet Personnalisées s'il n'est pas déjà actif, tapez **102** dans la zone Rouge, type **153** dans la zone Vert, tapez **0** dans la zone Bleu, cliquez sur OK. La couleur Accentuation 4 est désormais vert foncé.
- **c.** Enregistrez la palette des nouvelles couleurs de thème sous le nom **Terre**.
- **d.** Changez les polices du thème à Médian, défilez jusqu'au bas du document, puis changez les effets du thème à Promenade.
- **e.** Enregistrez le thème actif sous le nom **Terre**.
- **f.** Appuyez sur [Ctrl][↖], changez la couleur du titre à Vert foncé, Accentuation4, plus sombre 25%, puis enregistrez les changements.

4. Insérer un encadré.

- **a.** Placez le point d'insertion dans le titre du document, puis insérez l'encadré Transcendant.
- **b.** Sélectionnez le deuxième paragraphe du corps de texte, coupez-le et collez-le dans l'encadré, cliquez sur le bouton Options de collage, cliquez sur Fusionner la mise en forme (F), puis appuyez sur [Rct. Arr.].
- **c.** S'il ne l'est pas déjà, sélectionnez l'encadré, ouvrez l'onglet Format des Outils de dessin, puis changez le remplissage de la forme à Citron vert, Accentuation1.
- **d.** Changez l'affichage à Une page, cliquez sur le sous-titre « Un jardin écologique » à la page 2, puis insérez l'encadré Annuel.
- **e.** Insérez le document WD G-5.docx de votre dossier Projets dans l'encadré. Changez le remplissage de forme de l'encadré à Citron vert, Accentuation1, sélectionnez tout le texte dans l'encadré, puis changez la couleur de la police à Blanc, Arrière-plan 1.
- **f.** Allez à la page 3, cliquez sur le titre « Optez pour l'énergie verte », insérez l'encadré Annuel, déroulez la liste du bouton Position, cliquez sur Autres options de disposition, puis remplacez l'alignement horizontal de l'encadré par droite relatif à la page.
- **g.** Insérez le fichier WD G-6.docx de votre dossier Projets dans l'encadré. Changez le remplissage de forme à Citron vert, Accentuation1, sélectionnez tout le texte de l'encadré, changez la couleur de la police à Blanc, Arrière-plan 1, puis enregistrez les changements.

5. Insérer des composants QuickPart.

- **a.** Changez l'affichage à 100%, insérez l'en-tête Lignes latérales depuis la galerie En-tête, cliquez sur le contrôle de propriété Titre, tapez **Rendre votre maison plus écologique**, puis appuyez sur [Fin] pour sortir le point d'insertion du contrôle.
- **b.** Appuyez sur [Espace], insérez un petit symbole de puce de votre choix, appuyez sur [Espace], insérez un contrôle de propriété Auteur, puis tapez votre nom dans ce contrôle.
- **c.** Insérez le pied de page Lignes latérales depuis la galerie Pied de page, fermez l'en-tête et le pied de page et enregistrez les changements.

Révision des techniques (suite)

6. Ajouter une page de garde.

a. Changez l'affichage à Deux pages, appuyez sur [Ctrl][↖], insérez la page de garde Ligne latérale, agrandissez un peu la page, cliquez sur le contrôle Sous-titre, puis tapez **Réduire vos émissions personnelles de gaz à effet de serre**.

b. Vérifiez que votre nom est affiché dans le contrôle Auteur, puis utilisez le contrôle Date pour sélectionner la date du jour.

c. Changez le style de la page de garde à Rayures fines, cliquez du bouton droit sur le contrôle Société, sélectionnez Supprimer le contrôle de contenu, supprimez tout texte pouvant rester du nom de la société, y compris toute ligne vide entre la date et votre nom, puis vérifiez l'exactitude des renseignements restants.

d. Sélectionnez les rectangles orange en haut et en bas de la page, changez le remplissage de forme à Vert foncé, Accentuation 4, apportez les ajustements nécessaires et enregistrez les changements. Le document terminé est illustré à la figure G-21.

7. Créer des blocs de construction.

a. Changez l'affichage à Deux pages, cliquez sur la bordure de l'encadré de la page 2 pour le sélectionnez, puis utilisez le bouton QuickPart pour enregistrer la sélection comme composant QuickPart. (*Note* : Des poignées de redimensionnement et des bordures solides apparaissent autour de la boite verte lorsque l'encadré est sélectionné.)

b. Donnez le nom **Encadré d'introduction** au bloc de construction, affectez-le à la galerie Zones de texte, créez la catégorie **Rapports Écologie**, puis cliquez deux fois sur OK.

c. Défilez vers le bas, sélectionnez l'encadré de la page 4, enregistrez-le comme composant QuickPart, donnez le nom **Encadré Mesurez votre impact**, affectez-le à la galerie Zones de texte et à la catégorie Rapports Écologie, puis cliquez autant de fois qu'il le faut sur OK pour revenir au document.

d. Agrandissez le document, ouvrez la zone d'en-tête, cliquez sur la poignée de déplacement de tableau pour sélectionnez tout l'en-tête, puis enregistrez cet en-tête dans la galerie En-têtes.

e. Donnez le nom **En-tête pour Rapports Écologie**, créez une catégorie **Rapports Écologie**, puis cliquez sur OK autant de fois que nécessaire pour revenir au document.

f. Fermez la zone d'en-tête, enregistrez les changements, puis fermez le document sans quitter Word.

FIGURE G-21

8. Insérer des blocs de construction.

a. Ouvrez le fichier WD G-7.docx de votre dossier Projets, enregistrez-le sous le nom **WD G-Travailler vert**, lisez le document, puis appliquez-lui le thème Terre.

b. Allez à la page 2, puis insérez l'en-tête En-tête pour Rapports Écologie de la catégorie Rapports Écologie de la galerie En-têtes.

c. S'il y a lieu, remplacez le contenu du contrôle Auteur par votre nom.

d. Insérez le pied de page Lignes latérales dans le document, puis fermez l'en-tête et le pied de page.

e. Cliquez sur le titre de la page 2, ouvrez la galerie Zones de texte, puis insérez le composant Encadré d'introduction de la catégorie Rapports Écologie.

f. Sélectionnez le deuxième paragraphe de texte dans le document, coupez-le, sélectionnez tout le texte dans l'encadré sauf le point final, collez le texte, cliquez sur le bouton Options de collage, sélectionnez Fusionner la mise en forme, puis appuyez deux fois sur [Ret.arr.] pour supprimer la ligne supplémentaire et le point.

g. Allez à la page 3, cliquez sur « Sur la route », puis ouvrez l'Organisateur de blocs de construction.

h. Cliquez sur l'en-tête Catégorie pour trier les éléments par Catégorie, défilez jusqu'à trouver les composants de la catégorie Rapports Écologie, cliquez sur Encadré Mesurez votre impact, puis cliquez sur Insérer.

i. Enregistrez les changements puis imprimez le document. Les pages 2 et 3 du document terminé sont illustrées à la figure G-22.

j. Fermez le fichier et quittez Word sans enregistrer les changements apportés au fichier Building Blocks.dotx si un message vous y invite.

FIGURE G-22

Exercice personnel 1

Vous êtes bénévole auprès d'un organisme qui fait la promotion de l'alphabétisation dans votre communauté. Vous avez déjà rédigé une fiche de renseignements sur le sujet et voulez maintenant la mettre en forme rapidement et de manière attrayante. Vous décidez de lui appliquer des styles, des thèmes et des blocs de construction prédéfinis. Si vous réalisez les exercices de difficultés supplémentaires, vous enregistrerez également une partie du contenu mis en forme comme blocs de construction afin de pouvoir les réutiliser dans d'autres documents.

a. Démarrez Word, ouvrez le fichier WD G-8.docx de votre dossier Projets, enregistrez-le sous le nom **WD G-Analphabétisme**, puis lisez le document pour vous faire une idée de son contenu.

b. Appliquez le style Titre au titre Faits sur l'analphabétisme.

c. Appliquez le style Titre 2 aux rubriques Analphabétisme et pauvreté, Alphabétisation et enfants, et Comment aider?

d. Appuyez sur [Ctrl][↵], ajoutez un Encadré des blocs superposés au document, puis utilisez la commande Position pour changer la disposition horizontale de la Mise en page livre à À l'extérieur de la page.

e. Sélectionnez le titre « Comment aider? » et les paragraphes qui suivent, appuyez sur [Ctrl][X], cliquez sur le texte substituable dans l'encadré, puis appuyez sur [Ctrl][V].

f. Réglez l'espacement du titre de l'encadré Comment aider? à 6 points avant et 12 points après.

g. Ajoutez un pied de page Mots croisés (page paire) au document. Supprimez le contrôle de propriété Société, supprimez tout autre texte concernant une société, tapez **Pour plus d'information, appelez** suivi de votre nom, puis remplacez Confidentiel par **613-555-8799**.

h. Prévisualisez plusieurs thèmes sur le document, puis sélectionnez un thème adapté.

i. Si le texte se poursuit sur la page 2 ou ne tient pas entièrement dans l'encadré, remplacez les polices du thème par un jeu de police qui permet au texte de tenir sur une seule page ou au complet dans l'encadré. S'il y a lieu, supprimez la page 2 vide.

j. S'il y a lieu, changez les couleurs du thème appliqué aux éléments du document de façon à rendre le document attrayant.

Difficultés supplémentaires

■ Sélectionnez l'encadré, puis enregistrez-le comme bloc de construction dans la catégorie Général de la galerie Zones de texte. Donnez un nom et une description évocateurs à ce bloc de construction.

■ Ouvrez la zone de pied de page, cliquez sur la poignée de déplacement de tableau pour sélectionner le tableau dans le pied de page, puis ajoutez ce pied de page à la catégorie Général de la galerie Pieds de page. Veillez à donner un nom et une description évocateurs à ce composant.

■ Créez un nouveau document, tapez **Apprendre à lire à un enfant**, appliquez le style Titre à ce texte, puis enregistrez le document dans votre dossier Projets sous le nom **WD G-Analphabétisme_supplément**.

■ Insérez le bloc de construction de l'encadré que vous avez créé précédemment.

■ Insérez le composant pied de page que vous avez créé, enregistrez les changements, puis fermez le fichier.

k. Enregistrez les changements, puis fermez le fichier et quittez Word sans enregistrer les changements au fichier Building Blocks.dotx.

Exercice personnel 2

Vous travaillez pour le service des Relations avec la communauté de votre hôpital. Vous avez rédigé le texte d'un compte-rendu sur les dons annuels et vous devez maintenant le mettre en forme. Vous décidez de commencer par un modèle de rapport que vous personnaliserez ensuite à l'aide d'une zone de texte prédéfinie, d'un encadré, d'une nouvelle page de garde et d'éléments thématiques.

a. Démarrez Word, créer un document en utilisant le modèle Rapport Oriel, puis enregistrez-le sous le nom **WD G-Rapport sur les dons au CHG**.

b. Lisez le document pour vous familiariser avec son contenu et sa disposition, puis appuyez sur [Ctrl][↵].

c. Dans le contrôle de propriété Titre sur la page de garde, tapez **Dons au Centre hospitalier de Gaspé** (*Note* : La police du texte entré dans le contrôle de propriété Titre est mis en forme en petites majuscules.)

d. Tapez **Appel aux donateurs** dans le contrôle de propriété Sous-titre, supprimez le contrôle de contenu Résumé, tapez votre nom dans le contrôle de propriété Auteur, puis sélectionnez la date du jour dans le contrôle de contenu Date.

e. Allez à la page 2, cliquez dans le corps du rapport pour sélectionner ce contrôle de contenu, insérez le fichier WD G-9.docx de votre dossier Projets, puis naviguez dans le document pour examiner le format et le contenu du rapport.

f. Appuyez sur [Ctrl][↵], puis appliquez le style Titre 1 aux titres suivants : La campagne de capitalisation dépasse son objectif, Types de dons, Dons planifiés ou différés, Les fonds de dotation laissent des traces durables, et Fondation Lévesque.

Exercice personnel 2 (suite)

g. À la page 3, faites des essais en appliquant les styles de titres suivants au sous-titre Dons au Fonds annuel sous le titre Types de dons : le style Titre 2, le style Titre 3, puis le style Titre 4.

h. Appliquez le style Titre 4 aux sous-titres suivants : Dons commémoratifs ou offrandes, Legs caritatifs, Rente de bienfaisance, Fiducie avec droit réversible à une œuvre de bienfaisance, Membres de la Fondation Lévesque.

i. Allez à la page 2, sélectionnez le dernier paragraphe de texte sous le titre « La campagne de capitalisation dépasse son objectif », coupez ce paragraphe, collez le texte dans la citation et utilisez le bouton Options de collage pour fusionner la mise en forme, ajustez la zone de texte au besoin afin d'y inclure tout le texte puis, s'il y a lieu, repositionnez la zone de texte pour rendre la page attrayante.

j. Allez à la page 4, cliquez sur le titre Fondation Lévesque, insérez un encadré de votre choix, puis coupez le titre Membres de la Fondation et la liste qui le suit et collez ce texte dans l'encadré.

k. Fusionnez la mise en forme à l'aide du bouton Options de collage, puis appliquez le style Titre 4 au titre de l'encadré.

l. Supprimez la page de garde active à l'aide de la commande Page de garde. Utilisez de nouveau cette commande pour insérer une page de garde différente à partir de la catégorie Prédéfini. Actualisez ou supprimez les contrôles de contenu et de propriété au besoin. (*Conseil* : Défilez dans la galerie pour voir les options prédéfinies.)

m. Faites des essais avec différents thèmes, couleurs, polices et effets de thème, puis utilisez ces outils pour personnaliser l'apparence du rapport. Ajustez les éléments du rapport au besoin pour vous assurer que chaque page est attrayante et que le texte tient confortablement sur quatre pages. La figure G-23 présente un exemple du rapport terminé.

n. Enregistrez les changements, puis quittez Word.

FIGURE G-23

Exercice personnel 3

Vous êtes responsable de la publicité pour la Coupe du monde de Triathlon Sydney 2010. L'une de vos responsabilités consiste à créer un document de deux pages évoquant le caractère de l'événement et en donnant les grandes lignes. Pour la mise en page, vous utiliserez des styles, des thèmes et des blocs de construction, tout en respectant une longueur maximale de deux pages.

La figure G-24 illustre un exemple de document possible, mais vous créerez votre propre design. Si vous réalisez l'exercice des difficultés supplémentaires, vous créerez un thème personnalisé réutilisable pour d'autres documents liés au triathlon.

a. Démarrez Word, ouvrez le fichier WD G-10.docx de votre dossier Projets, enregistrez-le sous le nom **WD G-Triathlon**, puis lisez le document.

b. Appliquez le style Titre au titre et le style Titre 1 aux rubriques suivantes : Le Triathlon, Les épreuves, Meilleurs points de vue, Transports en commun et fermetures de routes, et Les athlètes. Appliquez d'autres styles que vous jugez utiles pour le texte. Mettez aussi le titre du document dans un encadré de votre choix en haut de la page.

c. Changez le Jeu de styles à Moderne, appliquez un thème adéquat, puis changez les couleurs ou les polices du thème à votre gré jusqu'à ce que vous obteniez l'aspect voulu.

d. Ajoutez un saut de section continu avant Les athlètes, puis mettez cette deuxième section sur deux colonnes en vous servant des réglages de colonnes par défaut.

FIGURE G-24

Travailler avec des thèmes et des blocs de construction

Exercice personnel 3 (suite)

e. Ajoutez un saut de page manuel avant le titre Transports en commun et fermetures de routes.

f. Cliquez sur le titre Le triathlon à la page 1, insérez un encadré de votre choix sur cette page, puis coupez le titre Meilleurs points de vue et les paragraphes qui suivent, y compris la photo de l'Opéra de Sydney, puis collez cela dans l'encadré. (*Conseil* : Ne coupez pas le saut de page.) Conservez la mise en forme source pour la sélection.

g. Cliquez sur le titre Les athlètes à la page 2, insérez un encadré de votre choix à la page 2, puis coupez le titre Transports en commun et fermetures de routes et les paragraphes qui le suivent, puis collez-les dans l'encadré en conservant la mise en forme source.

h. Ajustez la taille, la couleur, l'alignement, l'habillage du texte et la position des encadrés et des photographie de façon que la disposition de chaque page soit attrayante.

i. Ajustez la police et la mise en forme des paragraphes du texte du document de façon que ce texte soit lisible et que l'ensemble du document soit harmonieux. Tout le texte devrait tenir sur deux pages.

Difficultés supplémentaires

■ Personnalisez une ou plusieurs des couleurs du thème appliqué à votre document, puis enregistrez la nouvelle palette de couleurs de thème sous le nom **Triathlon**.

■ Ajustez les couleurs du texte et d'autres éléments au besoin.

■ Enregistrez le thème personnalisé sous le nom **Triathlon**.

j. Ajoutez votre nom dans l'en-tête ou le pied de page, enregistrez les changements, fermez le fichier et quittez Word.

Défi

Vous devez concevoir et enregistrer au moins un bloc de construction pour votre travail ou usage personnel. Votre bloc de construction peut être un encadré pour un bulletin d'informations, une page de garde pour vos documents scolaires ou professionnels, un en-tête ou un pied de page incorporant le logo de votre société, un objet SmartArt, un objet graphique ou tout autre composant que vous utilisez à maintes reprises quand vous créez des documents.

a. Déterminez les blocs de construction à créer. Vous voudrez certainement créer plusieurs blocs de construction si vous créez souvent des documents qui contiennent plusieurs éléments standards. Ce pourrait ainsi être un bulletin renfermant un grand titre, un en-tête, un pied de page et une zone de texte pour l'adresse de votre organisation.

b. Démarrez Word, puis enregistrez le document vierge sous le nom **WD G-Bloc de construction 1** dans votre dossier Projets.

c. Créez votre premier bloc de construction. Lorsque possible, insérez des champs ou des contrôles de propriété, selon ce qui convient. Mettez le composant en forme au moyen d'un thème, de styles, de polices, couleurs, bordures, effets de remplissage, ombres et autres effets.

d. Une fois satisfait du contenu et du format de l'élément, sélectionnez-le, y compris la marque du paragraphe final et enregistrez-le comme nouveau bloc de construction. Veillez à donner un nom et une description évocateurs au composant, à l'affecter à une catégorie adéquate et à l'enregistrer dans la galerie appropriée. Ceci vous permettra de le retrouver facilement.

e. Répétez les étapes (c) et (d) pour créer autant de blocs de construction que nécessaires pour vos documents.

f. Tapez votre nom en haut du document, enregistrez le fichier, donnez-en une copie à votre formateur, puis fermez le document.

g. Ouvrez un nouveau document vierge et enregistrez-le dans votre dossier Projets sous le nom **WD G- Bloc de construction 2**.

h. Ce nouveau document doit utiliser les blocs de construction que vous avez créés précédemment. Insérez-les dans le document, puis mettez-les en forme, ajustez-les et positionnez-les adéquatement.

i. Tapez votre nom dans l'en-tête du document(ou ailleurs), enregistrez le fichier, puis fermez le document et quittez Word. Si vous voulez conserver les blocs de construction créés dans cet exercice, enregistrez le fichier Building Blocks.dotx à l'invite.

Atelier visuel

Créez l'annonce illustrée à la figure G-25 en utilisant le modèle de page de garde Exposition. Remplacez la photographie par la photo clipart présente dans la figure, remplacez le texte substituable par le texte de la figure, augmentez la taille de la police du texte cité à 16 points et ajoutez votre nom dans le pied de page. Enregistrez le document sous le nom **WD G-Art du vent**. (*Astuces* : Recherchez la photo à l'aide du mot-clé **vent**. Choisissez une autre photo si celle utilisée ici est inaccessible.)

FIGURE G-25

Travailler avec des thèmes et des blocs de construction

Fusionner des documents Word

Un publipostage combine un document standard, telle une lettre type, à des données personnelles, comme un jeu de noms et adresses, en vue de créer un ensemble de documents personnalisés. Vous pouvez exécuter un publipostage pour produire des lettres, des étiquettes et d'autres documents servant à des envois de masse, ou pour créer des documents standards qui renferment d'ordinaire des renseignements personnalisés (des cartes d'affaires, par exemple). Dans ce module, vous apprenez comment utiliser le volet de tâches Publipostage ainsi que les commande de l'onglet Publipostage pour réaliser un publipostage. Vous devez envoyer une lettre aux personnes qui ont récemment acheté un des forfaits voyage de VTA pour confirmer leur réservation et la réception de leur dépôt non remboursable. Vous devez aussi envoyer un dépliant sur les circuits à venir à tous les participants. Vous utilisez le publipostage pour créer une lettre type à l'intention des gens inscrits à un voyage organisé par VTA et des étiquettes postales pour le dépliant.

OBJECTIFS

Comprendre le publipostage

Créer un document principal

Concevoir une source de données

Saisir et modifier des enregistrements

Insérer des champs de fusion

Fusionner les données

Créer des étiquettes

Trier et filtrer des enregistrements

Comprendre le publipostage

Lorsque vous réalisez un **publipostage**, vous fusionnez un document Word standard à un fichier contenant des renseignements personnels sur de nombreuses personnes ou éléments. Le document qui contient le texte type se nomme **document principal** et le fichier qui renferme les données individuelles sur des gens ou des éléments est la source de données. La fusion du document principal et de la source de données produit un **document fusionné** contenant des versions personnalisées du document principal (figure H-1). Le volet de tâches Publipostage vous guide étape par étape dans la réalisation d'un publipostage. Vous pouvez aussi exécuter un publipostage au moyen des commandes de l'onglet Publipostage. Vous décidez d'utiliser le volet Publipostage pour créer vos lettres types et les commandes de l'onglet Publipostage pour créer vos étiquettes postales. Avant de commencer, vous explorez les étapes nécessaires à l'exécution de ce processus.

DÉTAILS

- ### Créer le document principal

  Le document principal contient le texte, souvent appelé **texte de fond**, qui apparait dans chaque version du document fusionné. Il renferme aussi des champs de fusion qui précisent l'endroit où seront insérées les informations personnelles lors de la fusion. Vous insérez les champs de fusion après avoir créé ou sélectionné la source de données. Vous pouvez créer un document principal à partir du document actif, d'un modèle ou d'un document existant.

- ### Créer ou sélectionner une source de données

  La source de données est un fichier qui contient les renseignements individuels pour chaque personne ou élément (un nom de personne par exemple). Cette source fournit les informations qui varient dans chaque version du document fusionné. Une source de donnée est formée de champs et d'enregistrements. Un **champ de données** est une catégorie d'information, comme un prénom, une adresse civique, une ville ou code postal. Un **enregistrement de données** est un ensemble complet d'informations connexes pour une personne ou un élément (le nom et l'adresse d'une personne par exemple). On peut comparer un fichier source de données à un tableau : la ligne d'en-tête contient les **noms des champs** et chaque rangée du tableau est un enregistrement individuel de données. Vous avez le choix de créer une nouvelle source de données, ou d'utiliser une source existante comme un fichier source créé dans Word, une liste de contacts Outlook, une base de données Access ou une feuille Excel.

- ### Déterminer les champs à inclure dans la source de données et saisir les enregistrements

  Pour créer une nouvelle source de données, vous devez d'abord déterminer les champs à inclure, comme un prénom, un nom et une adresse civique si votre source de données doit inclure des adresses. Il est aussi important d'examiner et d'inclure tous les champs dont vous aurez besoin avant de commencer à saisir les données. Par exemple, si vous créez une source de données incluant des noms et des adresses, il vous faudra peut-être y inclure des champs pour un titre, un numéro d'appartement, une province ou un pays, même si ces renseignements ne seront pas inclus dans tous les enregistrements de la source de données. Vous êtes prêt à entrer les données de chaque enregistrement dès que vous avez déterminé les champs et défini votre source de données.

- ### Ajouter des champs de fusion au document principal

  Un **champ de fusion** est un emplacement réservé que vous insérez dans le document principal pour préciser à quel endroit les données de chaque enregistrement doivent être placées lors de la fusion. Par exemple, vous ajoutez un champ de fusion *Code postal* à l'emplacement où vous voulez insérer un code postal dans le document fusionné. Les champs de fusion entrés dans un document principal doivent correspondre aux noms des champs dans la source de données associée. Ces champs ne doivent pas être tapés dans le document principal mais y être insérés. Le volet et l'onglet Publipostage donnent accès aux boites de dialogue servant à insérer les champs de fusion.

- ### Fusionner les données de la source de données dans le document principal

  Après avoir défini votre source de données et inséré les champs de fusion dans le document principal, vous êtes prêt à exécuter la fusion. Vous pouvez la réaliser vers un nouveau fichier qui contiendra une version personnalisée du document principal pour chaque enregistrement de la source de données, ou effectuer une fusion directement vers une imprimante ou un message courriel.

FIGURE H-1 : Processus du publipostage

Enregistrement de données → | Nom de champ →

Titre	Prénom	Nom	Adresse Ligne 1	Ville	Département	Code postal	Pays	Circuit
Mlle	Sylvie	Lebeau	62, rue Principale	Granby	Québec	J0P4X0	Canada	Japon ancien
M.	Paul	Desjoyaux	55, rue de la Grange-aux-Belles	Paris		F-75010	France	Égypte
Dr	Anne	Van Hassel	74, av. de la Couronne	Bruxelles		B-1050	Belgique	Japon ancien
M.	Pierre	Reymond	12, chemin de la Tour	Villeneuve		CH-1291	Suisse	Yucatan
Mlle	Valérie	Cavalier	11, rue des Guibouts	Bry-sur-Marne		F-94360	France	Alaska

Fichier source de données

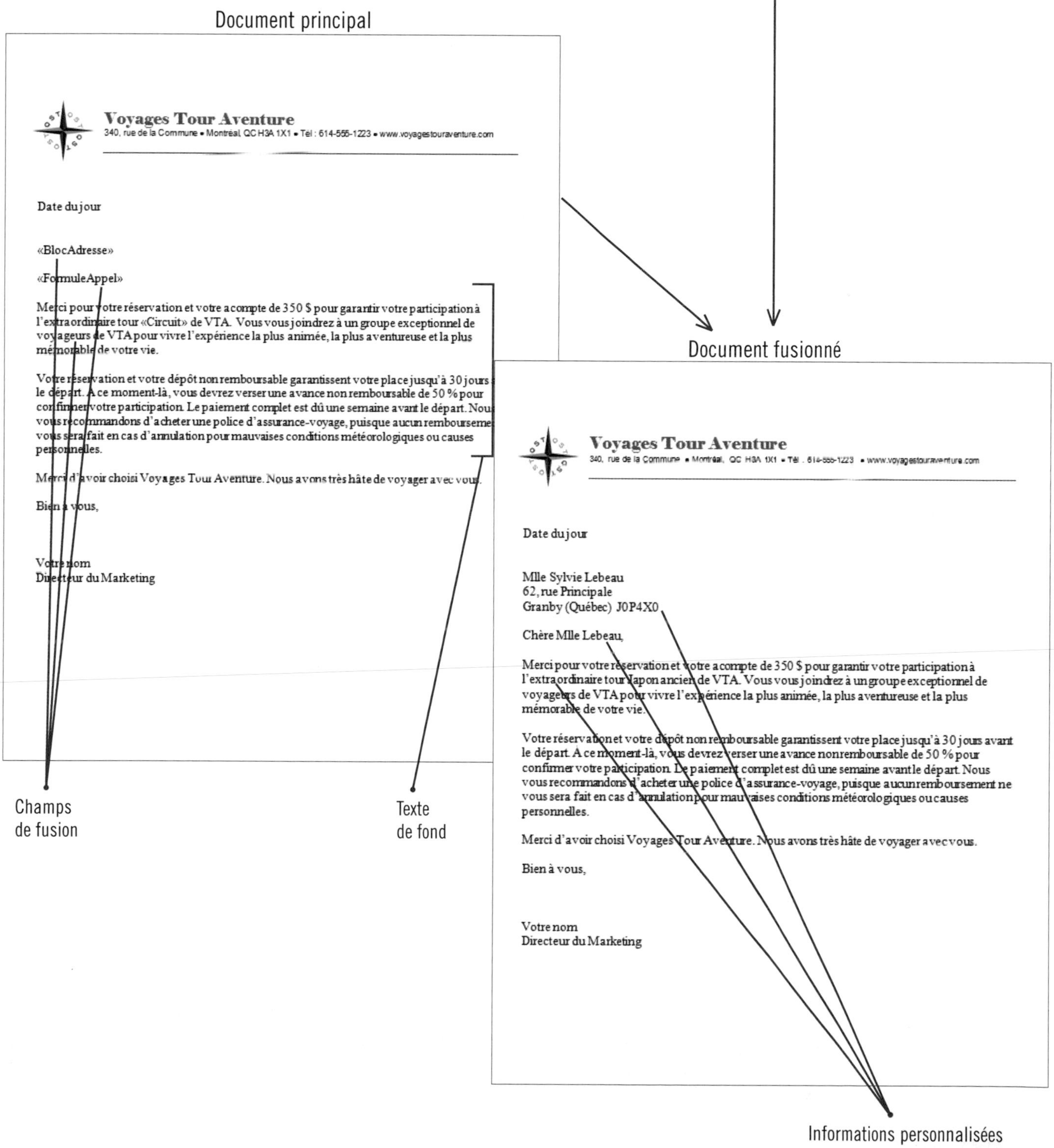

Document principal

Voyages Tour Aventure
340, rue de la Commune • Montréal, QC H3A 1X1 • Tel : 614-555-1223 • www.voyagestouraventure.com

Date du jour

«BlocAdresse»

«FormuleAppel»

Merci pour votre réservation et votre acompte de 350 $ pour garantir votre participation à l'extraordinaire tour «Circuit» de VTA. Vous vous joindrez à un groupe exceptionnel de voyageurs de VTA pour vivre l'expérience la plus animée, la plus aventureuse et la plus mémorable de votre vie.

Votre réservation et votre dépôt non remboursable garantissent votre place jusqu'à 30 jours le départ. A ce moment-là, vous devrez verser une avance non remboursable de 50 % pour confirmer votre participation. Le paiement complet est dû une semaine avant le départ. Nous vous recommandons d'acheter une police d'assurance-voyage, puisque aucun remboursement vous sera fait en cas d'annulation pour mauvaises conditions météorologiques ou causes personnelles.

Merci d'avoir choisi Voyages Tour Aventure. Nous avons très hâte de voyager avec vous.

Bien à vous,

Votre nom
Directeur du Marketing

Document fusionné

Voyages Tour Aventure
340, rue de la Commune • Montréal, QC H3A 1X1 • Tél : 614-555-1223 • www.voyagestouraventure.com

Date du jour

Mlle Sylvie Lebeau
62, rue Principale
Granby (Québec) J0P4X0

Chère Mlle Lebeau,

Merci pour votre réservation et votre acompte de 350 $ pour garantir votre participation à l'extraordinaire tour Japon ancien de VTA. Vous vous joindrez à un groupe exceptionnel de voyageurs de VTA pour vivre l'expérience la plus animée, la plus aventureuse et la plus mémorable de votre vie.

Votre réservation et votre dépôt non remboursable garantissent votre place jusqu'à 30 jours avant le départ. A ce moment-là, vous devrez verser une avance non remboursable de 50 % pour confirmer votre participation. Le paiement complet est dû une semaine avant le départ. Nous vous recommandons d'acheter une police d'assurance-voyage, puisque aucun remboursement ne vous sera fait en cas d'annulation pour mauvaises conditions météorologiques ou causes personnelles.

Merci d'avoir choisi Voyages Tour Aventure. Nous avons très hâte de voyager avec vous.

Bien à vous,

Votre nom
Directeur du Marketing

Champs de fusion

Texte de fond

Informations personnalisées

Créer un document principal

La première étape d'un publipostage consiste à créer le document principal, à savoir le fichier qui contient le texte de fond. Vous pouvez créer un document principal entièrement nouveau, enregistrer un document existant comme document principal ou encore utiliser un modèle de publipostage. Le volet de tâches Publipostage vous conduit étape par étape dans le processus de sélection du genre de document à créer. Vous utilisez une lettre type existante comme document principal. Vous commencez par ouvrir le volet Publipostage.

ÉTAPES

PROBLÈME

Un document, vide ou non, doit être ouvert dans la fenêtre du programme pour activer les commandes de l'onglet Publipostage.

1. **Démarrez Word, ouvrez l'onglet Publipostage, cliquez sur le bouton Démarrer la fusion et le publipostage dans le groupe du même nom, puis cliquez sur Assistant Fusion et publipostage pas à pas.**

   Le volet de tâches Publipostage s'ouvre (figure H-2). Il affiche les renseignements pour la première étape du processus de publipostage : Sélection du type de document (genre de document de publipostage à créer).

2. **Vérifiez que l'option Lettres est activée, puis cliquez sur Suivante : Document de base pour passer à l'étape suivante.**

   Le volet de tâches affiche les options de la deuxième étape : Sélection du document de base (le document principal). Vous avez le choix d'utiliser le document actuel, un modèle ou un fichier existant.

ASTUCE

Si vous choisissez « Utiliser le document actuel » et que ce document est vide, vous pouvez créer un tout nouveau document principal. Tapez le texte de fond à cette étape ou attendez que l'assistant vous demande de le faire.

3. **Sélectionnez l'option Utiliser un document existant, assurez-vous que (Autres fichiers...) est sélectionné dans la zone de liste À partir d'un/une, puis cliquez sur Ouvrir.**

   La boite de dialogue Ouvrir s'affiche.

4. **Naviguez vers l'emplacement où vous stockez vos fichiers Projets, sélectionnez le document WD H-1.docx, puis cliquez sur Ouvrir.**

   La lettre qui s'ouvre renferme le texte de fond pour le document principal. Observez que le nom de fichier affiché dans la barre de titre est Document1. Lorsque vous créez un document principal à partir d'un document existant, Word lui donne un nom de fichier temporaire par défaut.

5. **Cliquez sur Enregistrer 🖫 de la barre d'outils Accès rapide, puis sauvegardez le document principal dans votre dossier Projets sous le nom WD HLettre Dépôt principal.**

   Il est judicieux d'inclure le mot « principal » dans le nom de fichier pour vous permettre de reconnaitre facilement le fichier comme un document principal de publipostage.

6. **Cliquez sur le bouton Facteur de zoom dans la barre d'état, cliquez sur le bouton d'option 100%, cliquez sur OK, sélectionnez 9 octobre 2013 dans la lettre, tapez la date du jour, défilez vers le bas, sélectionnez Louis Vallée, tapez votre nom, appuyez sur [Ctrl][↖], puis enregistrez les changements.**

   Le document principal modifié est présenté dans la figure H-3.

7. **Cliquez sur Suivante : Sélection des destinataires pour passer à l'étape suivante.**

   Vous continuerez à l'étape 3 sur 6 dans la prochaine leçon.

Utiliser un modèle de fusion

Si vous créez une lettre ou une télécopie, vous pouvez utiliser un modèle pour créer le document principal. Chaque modèle comprend un texte de fond que vous pouvez modifier et des champs de fusion auxquels vous faites correspondre les noms de champs de votre source de données. Pour créer un document principal d'après un modèle, sélectionnez cette option à l'étape 2 de 6 dans le volet de tâche Publipostage, puis cliquez sur Sélection du modèle. Dans la boite de dialogue Modèles, sélectionnez un modèle avec un nom de fichier contenant le mot « Publipostage » sous l'onglet Lettres ou Télécopies, puis cliquez sur OK pour créer le

document. Cela fait, modifiez le document principal à votre goût : changez le texte de fond, modifiez la mise en forme et ajoutez, supprimez ou modifiez les champs de fusion.

Avant d'exécuter la fusion, vérifiez que les noms de champs utilisés dans le modèle correspondent à ceux de la source de données. Pour réaliser cela, cliquez sur le bouton Faire correspondre les champs dans le groupe Champs d'écriture et d'insertion de l'onglet Publipostage, puis utilisez les listes déroulantes de la boite de dialogue Correspondance des champs pour sélectionner les noms de champs de la source de données correspondant à chaque champ de fusion du document principal.

FIGURE H-2 : Étape 1 de 6 du volet de tâche Publipostage

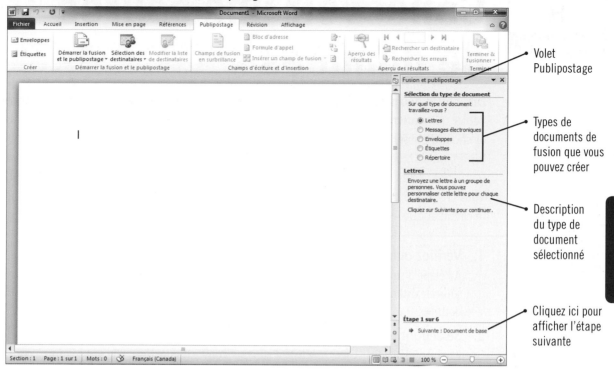

Volet Publipostage

Types de documents de fusion que vous pouvez créer

Description du type de document sélectionné

Cliquez ici pour afficher l'étape suivante

FIGURE H-3 : Document principal et étape 2 de 6 du volet Publipostage

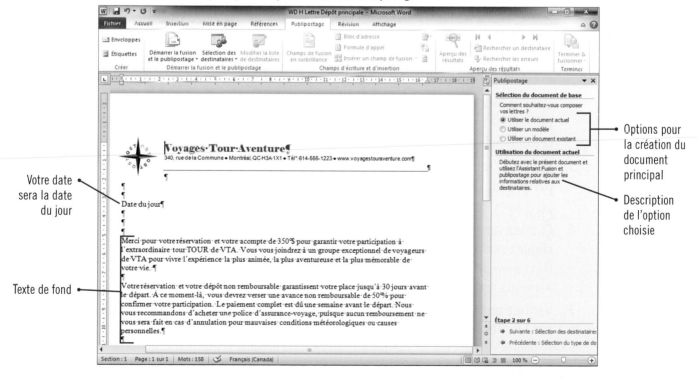

Votre date sera la date du jour

Texte de fond

Options pour la création du document principal

Description de l'option choisie

Concevoir une source de données

Une fois le document principal défini, il vous faut ensuite identifier la source de données, c'est-à-dire le fichier qui renferme l'information servant à personnaliser chaque version du document fusionné. Vous avez le choix d'utiliser une source de données existante qui contient déjà les enregistrements à inclure dans la fusion, ou de créer une nouvelle source de données. Dans ce dernier cas, vous devez déterminer les champs (catégories telles que prénom, nom, ville ou code postal) à inclure puis ajouter les enregistrements. Vous créez une nouvelle source de données comprenant des champs pour le nom du client, son adresse et le circuit auquel il est inscrit.

ÉTAPES

1. **Vérifiez que « Étape 3 sur 6 » est affiché au bas du volet Publipostage.**

   À l'étape 3 sur 6, vous sélectionnez une source de données à utiliser pour la fusion. Vous pouvez utiliser une source existante, utiliser une liste de contacts créée dans Microsoft Outlook, ou créer une nouvelle source de données.

2. **Sélectionnez l'option Saisie d'une nouvelle liste, puis cliquez sur Créer.**

   La boite de dialogue Créer une liste d'adresses s'ouvre (figure H-4). Elle sert à la fois à concevoir une source de données et à saisir des enregistrements. Les en-têtes de colonnes dans la section « Tapez les informations concernant le destinataire... » de la boite de dialogue sont des champs couramment utilisés dans les lettres types. Vous pouvez néanmoins personnaliser votre source de données en ajoutant et supprimant des colonnes (champs) de la table. Comme une source de données peut être fusionnée avec plus d'un document, il est donc important de la concevoir avec le maximum de souplesse. Plus elle contiendra de champs, plus elle sera souple. Ainsi, si vous incluez des champs distincts pour le titre, le prénom, le deuxième prénom et le nom, vous pouvez utiliser la même source de données pour créer une enveloppe adressée à « Monsieur Jacques Alain Michaud » et une lettre type avec la salutation « Monsieur Michaud ».

3. **Cliquez sur Personnaliser colonnes.**

   La boite de dialogue Personnaliser la liste d'adresses s'ouvre. Elle sert à ajouter, supprimer, renommer et réorganiser les champs dans la source de données.

4. **Dans la liste des noms de champs, cliquez sur Nom de la société, cliquez sur Supprimer, puis cliquez sur Oui dans la boite d'invite qui s'ouvre.**

   Le champ Nom de la société est enlevé de la liste des noms de champs et ne fait plus partie de la source de données.

5. **Répétez l'étape 4 pour supprimer les champs suivants : Adresse Ligne 2, Téléphone personnel, Téléphone professionnel et Adresse de messagerie.**

   Les champs sont éliminés de la source de données.

6. **Cliquez sur Ajouter, tapez Circuit dans la boite de dialogue Ajouter un champ, puis cliquez sur OK.**

   Un champ nommé « Circuit », dont vous vous servirez pour indiquer le circuit réservé par le client, est ajouté à la source de données.

7. **Vérifiez que Circuit est sélectionné dans la liste des noms de champs, puis cliquez huit fois sur Monter (ou jusqu'à ce que Circuit soit au sommet de la liste).**

   Le nom de champ « Circuit » se trouve maintenant au début de la liste (figure H-5). Même si l'ordre des noms de champs importe peu dans une source de données, il est utile d'organiser ces noms de façon logique pour faciliter la saisie et la modification des enregistrements.

8. **Cliquez sur OK.**

   La boite de dialogue Créer une liste d'adresses présente la liste personnalisée des champs avec le champ Circuit en tête de liste. La prochaine étape est celle de la saisie des enregistrements à inclure dans la source de données. Vous ajouterez des enregistrements à votre source de données dans la prochaine leçon.

FIGURE H-4 : Boite de dialogue Créer une liste d'adresses

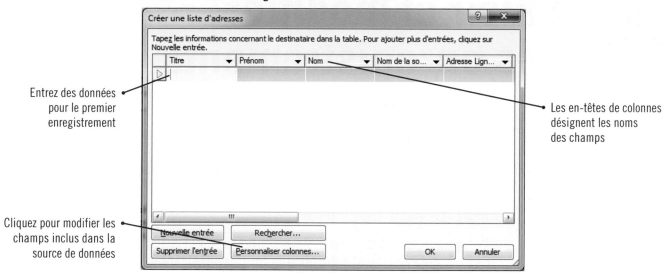

Entrez des données pour le premier enregistrement

Les en-têtes de colonnes désignent les noms des champs

Cliquez pour modifier les champs inclus dans la source de données

FIGURE H-5 : Boite de dialogue Personnaliser la liste d'adresses

Champs dans la source de données, avec le champ Circuit en haut de la liste

Fusionner avec une source de données Outlook

Si vous maintenez des listes de contacts dans Microsoft Outlook, vous pouvez en utiliser une comme source de données pour un publipostage. Pour exécuter une fusion au moyen d'une source de données Outlook, cliquez l'option Sélection à partir des contacts Outlook à l'étape 3 sur 6 du volet Publipostage, puis cliquez sur Choisir le dossier Contacts pour ouvrir la boite de dialogue Choisir le profil. Dans cette boite de dialogue, utilisez la flèche de liste Nom du profil pour sélectionner le profil à utiliser, puis cliquez sur OK

pour ouvrir la boite de dialogue Sélectionner les contacts. Dans cette boite, sélectionnez la liste de contacts à utiliser comme source de données, puis cliquez sur OK. Tous les contacts compris dans le dossier choisi apparaissent dans la boite de dialogue Fusion et publipostage : Destinataires. Là, vous pouvez raffiner la liste des destinataires à inclure dans la fusion en triant ou filtrant les enregistrements. Quand vous êtes satisfait, cliquez sur OK.

Saisir et modifier des enregistrements

Après avoir établi la structure d'une source de données, vous êtes prêt à saisir les données. Chaque enregistrement contiendra le jeu complet d'information sur chaque personne ou élément que vous ajoutez à la source de données. Vous créez un enregistrement pour chaque nouveau client de VTA.

ÉTAPES

ASTUCE

Veillez à ne pas saisir d'espaces ou de ponctuation inutiles dans un champ, sinon ils apparaitront dans les données fusionnées.

1. **Vérifiez que le point d'insertion est dans la zone Circuit dans la boite de dialogue Créer une liste d'adresses, tapez Japon ancien, puis appuyez sur [Tab].**

   « Japon ancien » s'affiche dans le champ Circuit et le point d'insertion se déplace dans la prochaine colonne de la table, soit le champ Titre.

2. **Tapez Mlle, appuyez sur [Tab], tapez Sylvie, appuyez sur [Tab], tapez Lebeau, appuyez sur [Tab], tapez 62, rue Principale, appuyez sur [Tab], tapez Granby, appuyez sur [Tab], tapez Québec, appuyez sur [Tab], tapez J0P4X0, appuyez sur [Tab], puis tapez Canada.**

   Les données sont entrées dans tous les champs du premier enregistrement. Vous avez utilisé tous les champs pour cet enregistrement, mais vous pouvez aussi laisser un champ vide si vous n'en avez pas besoin pour un enregistrement.

3. **Cliquez sur Nouvelle entrée.**

   L'enregistrement pour Sylvie Lebeau est ajouté à la source de données et la boite de dialogue affiche des champs vides pour le prochain enregistrement (figure H-6).

ASTUCE

Vous pouvez aussi appuyer sur [Tab] à la fin du dernier champ pour amorcer un nouvel enregistrement.

4. **Entrez les quatre enregistrements suivants, en appuyant sur [Tab] pour passer d'un champ à l'autre et cliquez sur Nouvelle entrée à la fin de chaque enregistrement sauf le dernier :**

Circuit	Titre	Prénom	Nom	Adresse Ligne 1	Ville	Code postal	Pays
Égypte	M.	Paul	Desjoyaux	55, rue de la Grange-aux-Belles	Paris	F-75010	France
Japon ancien	Mme	Anne	Van Hassel	74, av. de la Couronne	Bruxelles	B-1050	Belgique
Yucatan	M.	Pierre	Reymond	12, chemin de la Tour	Villeneuve	CH-1291	Suisse
Alaska	Mlle	Valérie	Cavalier	11, rue des Guibouts	Bry-sur-Marne	F-94360	France

5. **Cliquez sur OK.**

   La boite de dialogue Enregistrer la liste d'adresses s'ouvre. Par défaut, les sources de données sont sauvegardées dans le dossier Mes sources de données pour les retrouver facilement. Les sources de données créées dans Word sont enregistrée au format Listes d'adresses de Microsoft Office (*.mdb).

PROBLÈME

Si une coche apparait à côté de l'enregistrement vide sous Cavalier, cliquez sur la coche pour enlever l'enregistrement de la fusion.

6. **Tapez WD H-Données Clients de VTA dans la zone Nom de fichier, naviguez jusqu'à votre dossier Projets, puis cliquez sur Enregistrer.**

   La source de données est enregistrée et la boite de dialogue Fusion et publipostage : Destinataires s'ouvre (figure H-7). Cette boite affiche les enregistrements présents dans la source de données sous forme de table. Vous pouvez l'utiliser pour trier et filtrer les enregistrements, et pour sélectionner les destinataires à inclure dans la fusion. Vous en apprendrez plus sur le tri et le filtrage dans une leçon ultérieure. Les cases à cocher dans la deuxième colonne indiquent que les enregistrements seront inclus dans la fusion.

7. **Cliquez sur WD H-Données Clients de VTA.mdb dans la zone de liste Source de données au bas de la boite de dialogue, puis cliquez sur Modifier.**

   La boite de dialogue Modifier la source de données s'ouvre (figure H-8). Vous l'utilisez pour ajouter et supprimer des champs, changer les noms des champs, ajouter et supprimer des enregistrements et modifier les enregistrements existants.

ASTUCE

Pour ajouter ou modifier des enregistrements, cliquez sur Modifier la liste des destinataires dans le volet de tâche.

8. **Cliquez sur Mme dans le champ Titre de l'enregistrement Anne Van Hassel pour le sélectionner, tapez Dr, cliquez sur OK, puis cliquez sur Oui.**

   Le champ Titre de l'enregistrement Anne Van Hassel passe de « Mme » à « Dr » et la boite de dialogue Modifier la source de données est fermée.

9. **Cliquez sur OK dans la boite de dialogue Fusion et publipostage : Destinataires.**

   La boite de dialogue est fermée. Le type et le nom de fichier de la source de données liée au document principal apparaissent maintenant dans la section Utilisation d'une liste existante du volet Publipostage.

Fusionner des documents Word

FIGURE H-6 : Enregistrement dans la boite de dialogue Créer une liste d'adresses

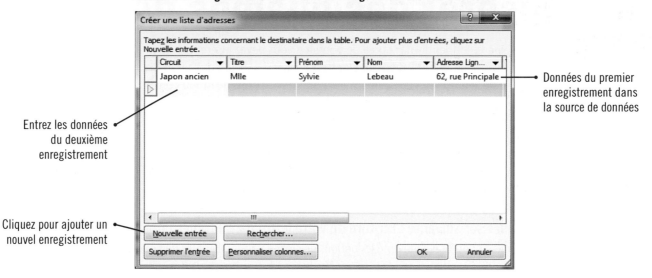

Entrez les données du deuxième enregistrement

Données du premier enregistrement dans la source de données

Cliquez pour ajouter un nouvel enregistrement

FIGURE H-7 : Boite de dialogue Fusion et publipostage : Destinataires

Cliquez ici pour inclure tous les enregistrements dans la fusion

Enregistrements

Cliquez ici pour activer le bouton Modifier

FIGURE H-8 : Boite de dialogue Modifier la source de données

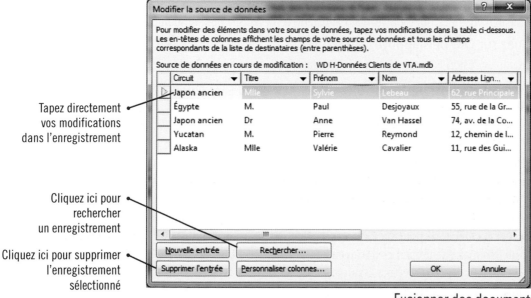

Tapez directement vos modifications dans l'enregistrement

Cliquez ici pour rechercher un enregistrement

Cliquez ici pour supprimer l'enregistrement sélectionné

Fusionner des documents Word

Insérer des champs de fusion

Après avoir créé et identifié la source de données, vous devez insérer des champs de fusion dans le document principal. Les champs de fusion sont des espaces réservés indiquant où seront placées les données de la source lors de la fusion des documents. Les noms des champs de fusion correspondent aux noms des champs de la source de données. Pour insérer les champs de fusion dans le document principal, vous pouvez utiliser le volet Publipostage ou les boutons Bloc d'adresse, Ligne de salutation ou Insérer un champ de fusion dans le groupe Champs d'écriture et d'insertion de l'onglet Publipostage. Vous ne pouvez pas taper vous-même les noms de champ dans le document principal. Vous utilisez le volet Publipostage pour insérer les champs de l'adresse des destinataires et la salutation de la lettre. Vous insérez aussi dans le corps de la lettre un champ pour la destination du circuit.

ÉTAPES

1. **Cliquez sur Suivante : Écriture de votre lettre dans le volet Publipostage.**

   Le volet Publipostage présente les options de l'étape 4 sur 6 : Écriture de votre lettre. À ce stade, vous rédigez ou modifiez le texte de fond et insérez les champs de fusion dans le document principal. Comme votre lettre est déjà écrite, vous êtes prêt à y ajouter les champs de fusion.

2. **Cliquez sur la ligne vide au-dessus du premier paragraphe de texte, puis cliquez sur Bloc d'adresse dans le volet Publipostage.**

   La boite de dialogue Insertion du bloc d'adresse apparait (figure H-9). Elle permet de spécifier les champs à inclure dans le bloc d'adresse. Dans cette fusion, le bloc d'adresse est l'adresse du destinataire dans la lettre. Un bloc d'adresse comprend automatiquement les champs de la rue, de la ville, du code postal et du département (ou province), mais vous pouvez sélectionner le format du nom du destinataire et indiquer s'il faut inclure un nom de société et le pays dans l'adresse.

   > **ASTUCE**
   >
   > Pour insérer un bloc d'adresse vous pouvez aussi cliquer sur le bouton Bloc d'adresse dans le groupe Écriture et Insertion de champs de l'onglet Publipostage.

3. **Faites défiler la liste des formats du nom du destinataire pour vous en faire une idée, puis, s'il y a lieu, cliquez sur M. Pierre Martin Jr.**

   Le format sélectionné utilise le titre du destinataire, le prénom et le nom.

4. **Vérifiez que l'option N'inclure le pays que lorsqu'il est différent de : est activée, si Canada apparait dans la zone de texte ne faites rien; sinon, tapez Canada.**

   Vous n'avez besoin d'inclure le nom du pays que s'il est différent de Canada. Vous indiquez donc que toutes les entrées dans le champ Pays à l'exception de Canada doivent être incluses dans l'adresse imprimée.

   > **ASTUCE**
   >
   > Vous ne pouvez pas taper les chevrons autour d'un nom de champ. Vous devez insérer des champs de fusion au moyen du volet Publipostage ou des boutons du groupe Écriture et insertion de champs de l'onglet Publipostage.

5. **Désélectionnez la case à cocher Format de l'adresse selon la région/le pays de destination, cliquez sur OK, puis appuyez deux fois sur [Entrée].**

   Le champ de fusion BlocAdresse est inséré dans le document principal. Les chevrons (<< et >>) qui entourent un champ de fusion servent à le distinguer du texte de fond.

6. **Cliquez sur Formule d'appel dans le volet Publipostage.**

   La boite de dialogue Insérer une formule d'appel s'ouvre. Vous voulez utiliser le format « Cher M. Martin, » comme ligne d'appel, qui est le format par défaut. Il n'y a donc rien à modifier.

7. **Cliquez sur OK, puis appuyez sur [Entrée].**

   Le champ de fusion FormuleAppel est inséré dans le document principal.

   > **ASTUCE**
   >
   > Vous pouvez aussi insérer un champ de fusion en cliquant sur le bouton Insérer un champ de fusion ou en déroulant sa liste dans le groupe Écriture et insertion de champs de l'onglet Publipostage.

8. **Dans le corps de la lettre, sélectionnez « Voyage », puis cliquez sur Autres éléments dans le volet Publipostage.**

   La boite de dialogue Insérer un champ de fusion s'ouvre et affiche la liste des noms de champs figurant dans la source de données.

9. **Vérifiez que Circuit est sélectionné, cliquez sur Insérer, cliquez sur Fermer, s'il y a lieu appuyez sur [Espace] pour ajouter une espace entre le champ de fusion « circuit » et le mot «de», puis enregistrez les changements.**

   Le champ de fusion Circuit est inséré dans le document principal (figure H-10). Si vous voulez ajouter des espaces et des signes de ponctuation après les champs de fusion, vous devez les taper à l'emplacement voulu pour qu'ils apparaissent dans les documents fusionnés.

FIGURE H-9 : Boîte de dialogue Insérer un bloc d'adresse

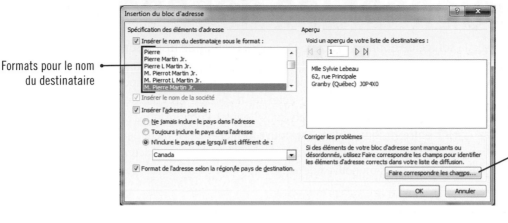

Formats pour le nom du destinataire

FIGURE H-10 : Champs de fusion dans le document principal

Champs de fusion

Faire correspondre les champs

Les champs de fusion insérés dans un document principal doivent correspondre aux noms des champs de la source de données associée. Si vous utilisez le champ Bloc d'adresse, vous devez être certain que les noms de champ de votre source de données correspondent à ceux utilisés par défaut. Si ce n'est pas le cas, cliquez sur le bouton Faire correspondre les champs dans la boite de dialogue Insertion du bloc d'adresse, puis utilisez les listes

déroulantes de la boite de dialogue Correspondance des champs pour indiquer les noms de la source de données à utiliser pour chaque champ d'adresse par défaut. Vous pouvez aussi cliquer sur le bouton Faire correspondre les champs dans le groupe Champs d'écriture et d'insertion de l'onglet Publipostage pour ouvrir la boite de dialogue Correspondance des champs.

Fusionner les données

Une fois que la source de données est prête et que les champs de fusion sont en place dans le document principal, vous êtes prêt à réaliser la fusion. Avant la fusion effective, il est prudent de consulter l'aperçu des données fusionnées pour s'assurer que les documents terminés correspondent à ce que vous vouliez. Vous pouvez examiner l'aperçu à l'aide du volet de tâches ou en vous servant du bouton Aperçu des résultats dans le groupe Aperçu des résultats sous l'onglet Publipostage. Lorsque vous lancez la fusion, vous devez choisir entre fusionner dans un nouveau fichier ou directement vers l'imprimante. Avant de lancer la fusion des données, vous examinez l'aperçu de chacune des lettres. Vous fusionnez ensuite les deux fichiers dans un nouveau document.

ÉTAPES

ASTUCE

Pour ajuster le document principal, cliquez sur le bouton Aperçu des résultats dans le groupe Aperçu des résultats de l'onglet Publipostage puis, s'il y a lieu, apportez tous les changements nécessaires. Cliquez de nouveau sur le bouton Aperçu des résultats pour prévisualiser les données fusionnées.

1. **Cliquez sur Suivante : Aperçu de vos lettres dans le volet Publipostage, puis défilez vers le bas jusqu'à voir le nom du circuit dans le document.**

   Les données du premier enregistrement dans la source de données apparaissent à la place des champs de fusion dans le document principal (figure H-11). Affichez toujours l'aperçu d'un document avant d'exécuter la fusion afin de vérifier que les champs de fusion, la ponctuation, les sauts de page et l'espacement correspondent à ce que vous voulez.

2. **Cliquez sur le bouton Destinataire suivant `>>` dans le volet Publipostage.**

   Les données du deuxième enregistrement de la source de données apparaissent à la place des champs de fusion.

3. **Cliquez sur la zone Enregistrement dans le groupe Aperçu des résultats de l'onglet Publipostage, tapez 4, puis appuyez sur [Entrée].**

   Les données du quatrième enregistrement s'affichent dans la fenêtre. Le nom du pays figure dans l'adresse comme vous l'aviez indiqué, puisqu'il ne s'agit pas du Canada. Vous pouvez aussi utiliser les boutons Premier, Précédent, Suivant et Dernier pour examiner les données fusionnées. Le tableau H-1 décrit les autres commandes de l'onglet Publipostage.

ASTUCE

Si vous devez remettre un imprimé de votre document à votre formateur, n'imprimez qu'une seule lettre.

4. **Cliquez sur Suivante : Fin de la fusion dans le volet Publipostage.**

   Les options de l'étape 6 sur 6 apparaissent dans le volet Publipostage. Exécuter la fusion vers un nouveau document crée un document comportant une lettre pour chacun des enregistrements de la source de données, ce qui vous permet de modifier les lettres individuellement.

5. **Cliquez sur Modifier les lettres individuelles pour fusionner les données dans un nouveau document.**

   La boite de dialogue Fusionner avec un nouveau document s'ouvre. Elle sert à indiquer quels enregistrements inclure dans la fusion.

6. **Vérifiez que l'option Tous est sélectionnée, puis cliquez sur OK.**

   Le document principal et la source de données sont fusionnés dans un nouveau document intitulé Lettres1, qui contient une lettre type personnalisée pour chaque enregistrement de la source de données. Vous pouvez maintenant encore adapter les lettres sans toucher le document principal ni la source de données.

7. **Dans la première lettre (adressée à Mlle Sylvie Lebeau), placez le point d'insertion avant J0P dans le bloc d'adresse, puis appuyez sur [Entrée].**

   Le code postal est maintenant conforme au format adéquat pour un code postal canadien.

PROBLÈME

Si votre source de données contient de nombreux enregistrements, vous pouvez fusionner directement vers l'imprimante pour éviter de créer un fichier volumineux.

8. **Cliquez sur Enregistrer 🖫 dans la barre d'outils d'accès rapide pour ouvrir la boite de dialogue Enregistrer sous, puis enregistrez le document fusionné sous le nom WD H-Lettre de dépôt Fusion dans votre dossier Projets.**

   Vous pouvez décider de ne pas enregistrer un fichier fusionné, surtout si votre source de données est volumineuse. Après avoir créé le document principal et la source de données, vous pouvez réexécuter la fusion pour créer les lettres.

9. **Fermez toutes les fenêtres Word en enregistrant les changements si vous y êtes invité.**

FIGURE H-11 : Aperçu des données fusionnées

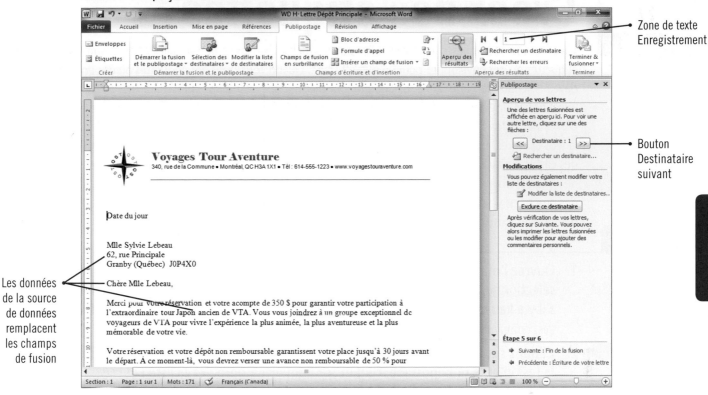

Zone de texte
Enregistrement

Bouton
Destinataire
suivant

Les données
de la source
de données
remplacent
les champs
de fusion

TABLEAU H-1 : Commandes de l'onglet Publipostage

Commande	Fonction
Enveloppes	Créer et imprimer une enveloppe individuelle.
Étiquettes	Créer et imprimer une étiquette individuelle.
Démarrer la fusion et le publipostage	Sélectionner le type de document à fusionner pour créer et amorcer le processus de fusion et de publipostage.
Sélection des destinataires	Lier une source de données à un document principal ou créer une nouvelle source de données.
Modifier la liste des destinataires	Modifier, trier ou filtrer la source de données associée.
Champs de fusion en surbrillance	Mettre en surbrillance les champs de fusion dans le document principal.
Bloc d'adresse	Insérer un champ bloc d'adresse dans le document principal.
Formule d'appel	Insérer un champ formule d'appel dans le document principal.
Insérer un champ de fusion	Insérer un champ de fusion de la source de données dans le document principal.
Règles	Spécifier des règles pour définir comment Word fusionne les données de la source dans le document principal.
Faire correspondre les champs	Faire correspondre les champs d'adresse avec les noms de champ utilisés dans la source de données.
Mettre à jour les étiquettes	Mettre à jour toutes les étiquettes d'un document d'étiquettes pour les assortir au contenu et au format de la première étiquette.
Aperçu des résultats	Basculer entre l'affichage du document principal avec les champs de fusion et les données fusionnées.
Rechercher un destinataire	Rechercher un enregistrement dans le document fusionné.
Rechercher les erreurs	Rechercher les erreurs durant la fusion des données.
Terminer et fusionner	Diriger la fusion vers un nouveau document ou l'envoyer directement à l'imprimante ou par courrier électronique, puis compléter la fusion.

Créer des étiquettes

Vous pouvez aussi utiliser le volet Publipostage ou les commandes de l'onglet Publipostage pour créer des étiquettes ou des enveloppes pour un publipostage. Quand vous créez des étiquettes ou des enveloppes, vous devez sélectionner une taille d'étiquette ou d'enveloppe standard qui servira de document principal, sélectionner une source de données, puis insérer les champs de fusion dans le document principal avant d'exécuter la fusion. Outre des étiquettes postales, vous pouvez aussi créer des étiquettes pour des CD, des vidéos et autres, et créer des documents fondés sur des tailles d'étiquette standards ou personnalisées, comme des cartes d'affaires, des insignes d'identification et des cartes postales. Vous utilisez les commandes de l'onglet Publipostage pour créer des étiquettes d'adresses afin d'expédier un dépliant à tous les participants des prochains voyages VTA. Vous créez un nouveau document principal d'étiquette et lui attachez une source de données existante.

ÉTAPES

1. **Ouvrez l'onglet Fichier, cliquez sur Nouveau, assurez-vous que Document vierge est sélectionné, cliquez sur Créer, cliquez sur le bouton Facteur de zoom dans la barre d'état, s'il y a lieu cliquez sur l'option 100%, cliquez sur OK, puis ouvrez l'onglet Publipostage.**

   Les commandes de l'onglet Publipostage ne peuvent s'afficher que si un document vierge est ouvert.

2. **Cliquez sur le bouton Démarrer la fusion et le publipostage dans le groupe Démarrer la fusion et le publipostage, cliquez sur Étiquettes, déroulez la liste Fournisseur des étiquettes puis, s'il y a lieu, cliquez sur Microsoft.**

   La boite de dialogue Options pour les étiquettes s'ouvre (figure H-12). Vous l'utilisez pour sélectionner la taille de vos étiquettes et pour spécifier le type d'imprimante que vous prévoyez utiliser. Le nom Microsoft est affiché dans la zone de liste Fournisseurs des étiquettes. Vous pouvez dérouler cette liste pour choisir d'autres fournisseurs, comme Avery ou Bureau en gros. La boite de liste Numéro de référence énumère de nombreux types standards d'étiquettes pour le publipostage, pochettes de CD ou DVD, cartes d'affaires, cartes postales et autres. La section Description montre le type, la hauteur, la largeur et la taille de page du produit sélectionné.

3. **Cliquez sur la deuxième instance de 30 par page dans la liste Numéro de référence, cliquez sur OK, cliquez sur l'onglet Disposition des Outils de tableau, cliquez sur Afficher le quadrillage dans le groupe Tableau pour activer l'affichage du quadrillage au besoin, puis ouvrez l'onglet Publipostage.**

   Le quadrillage d'un tableau apparait dans le document principal (figure H-13). Chaque cellule du tableau a la taille d'une étiquette du produit choisi.

4. **Enregistrez le document principal d'étiquettes dans votre dossier Projets sous le nom WD H-Étiquettes client Principal.**

   Vous devez ensuite sélectionner une source de données pour les étiquettes.

5. **Cliquez sur le bouton Sélection des destinataires dans le groupe Démarrer la fusion et le publipostage, puis cliquez sur Utiliser la liste existante.**

   La boite de dialogue Sélectionner la source de données s'ouvre.

6. **Trouvez votre dossier Projets, ouvrez le fichier WD H-2.accdb, puis enregistrez les changements.**

   Le fichier de données source est attaché au document d'étiquettes principal et « Enregistrement suivant » apparait dans chacune des cellules du tableau sauf la première qui est vide. Dans la leçon suivante, vous allez trier et filtrer les enregistrements avant de réaliser la fusion.

FIGURE H-12 : Boite de dialogue Options pour les étiquettes

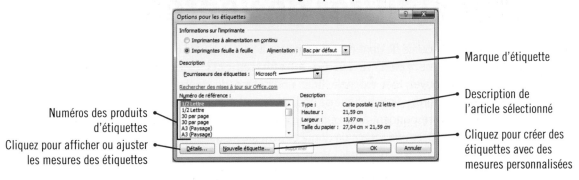

Marque d'étiquette

Description de l'article sélectionné

Numéros des produits d'étiquettes

Cliquez pour afficher ou ajuster les mesures des étiquettes

Cliquez pour créer des étiquettes avec des mesures personnalisées

FIGURE H-13 : Document principal d'étiquettes

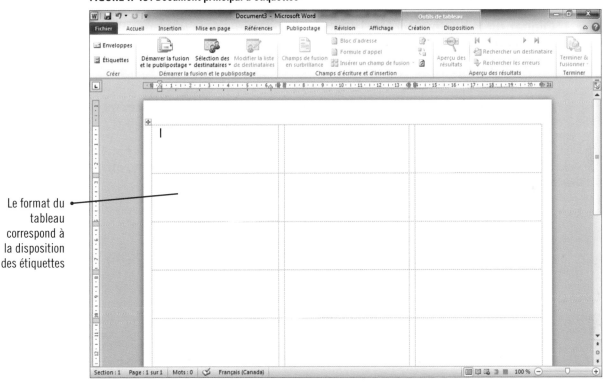

Le format du tableau correspond à la disposition des étiquettes

Imprimer une enveloppe ou une étiquette individuelle

La fonction Fusion et publipostage permet d'imprimer aisément des enveloppes et des étiquettes pour un envoi de masse. Elle permet aussi de mettre en forme et d'imprimer des enveloppes et des étiquettes individuelles au moyen des commandes Enveloppes ou Étiquettes du groupe Création de l'onglet Publipostage. Il suffit de cliquer sur le bouton Enveloppes ou sur le bouton Étiquettes pour ouvrir la boite de dialogue Enveloppes et étiquettes. Dans l'onglet Enveloppes (figure H-14), tapez l'adresse du destinataire dans la zone Destinataire et l'adresse de retour dans la zone Adresse de l'expéditeur. Cliquez sur Options pour ouvrir la boite de dialogue Options pour les enveloppes, pour sélectionner la taille de l'enveloppe, changer la police et la taille de police pour les adresses du destinataire et de l'expéditeur, et changer les options d'impression. Quand vous êtes prêt à imprimer l'enveloppe, cliquez sur Imprimer dans la boite de dialogue Enveloppes et étiquettes. La procédure pour imprimer une étiquette individuelle est semblable : entrez l'adresse du destinataire dans la zone Adresse de l'onglet Étiquettes, cliquez sur Options pour choisir un numéro d'étiquette, cliquez sur OK puis cliquez sur Imprimer.

FIGURE H-14 : Boite de dialogue Enveloppes et étiquettes

Trier et filtrer des enregistrements

Si vous utilisez une source de données volumineuse, il peut être utile de trier et/ou de filtrer les enregistrements avant d'exécuter une fusion. Le **tri des enregistrements** détermine l'ordre dans lequel ceux-ci sont fusionnés. Vous pouvez, par exemple, trier une source de données d'adresses de façon à fusionner les enregistrements en ordre alphabétique de nom ou en ordre de codes postaux. Le **filtrage** des enregistrements extrait ceux qui correspondent à des critères précis et n'inclut que ces seuls enregistrements dans la fusion. Vous pouvez ainsi filtrer une source de données de manière à limiter votre publipostage aux seules personnes qui vivent en Canada, par exemple. Vous pouvez utiliser la boite de dialogue Fusion et publipostage : Destinataires.  Vous appliquez un filtre à la source de données de manière à n'inclure dans la fusion que les adresses situées en France. Après cela, vous triez les enregistrements retenus en ordre de code postal.

ÉTAPES

1. Cliquez sur le bouton Modifier la liste de destinataires dans le groupe Démarrer la fusion et le publipostage.

La boite de dialogue Fusion et publipostage : Destinataires s'ouvre et présente les enregistrements de la source de données.

2. Défilez vers la droite pour afficher le champ Pays, puis cliquez sur l'en-tête de la colonne Pays.

Les enregistrements sont maintenant triés par pays, en ordre alphabétique ascendant. Pour inverser cet ordre, cliquez de nouveau sur l'en-tête de cette colonne.

3. Déroulez la liste de la colonne Pays et cliquez sur France dans le menu affiché.

Un filtre est appliqué à la source de données de sorte que seuls les enregistrements ayant « France » dans le champ Pays seront retenus pour la fusion. La flèche bleu-gris dans la colonne Pays indique qu'un filtre a été appliqué à cette colonne. Vous pouvez filtrer une source sur autant de critères que vous le voulez. Pour supprimer un filtre, déroulez de nouveau la liste d'en-tête et sélectionnez Tout.

> **ASTUCE**
>
> Utilisez les options de l'onglet Filtrer les enregistrements pour appliquer plus d'un filtre à la source de données.

4. Cliquez sur Trier dans la section Affiner la liste de destinataires de la boite de dialogue.

La boite de dialogue Filtrer et trier s'affiche, ouverte à l'onglet Trier les enregistrements. Vous pouvez l'utiliser pour appliquer des options avancées de tri et de filtrage à la source de données.

5. Déroulez la liste Trier par, cliquez sur Code postal, cliquez sur la première flèche de liste Puis par, cliquez sur Nom, puis sur OK.

La boite de dialogue Fusion et publipostage : Destinataires (figure H-15) n'affiche plus que les enregistrements ayant une adresse en France, triés d'abord par ordre de code postal, puis en ordre alphabétique de nom.

> **ASTUCE**
>
> Le tri et le filtrage d'une source de données ne modifient pas les enregistrements de cette dernière. Ils ne font que les réorganiser pour la fusion en cours.

6. Cliquez sur OK.

Les critères de tri et de filtrage que vous avez définis sont enregistrés pour la fusion en cours.

7. Cliquez sur le bouton Bloc d'adresse dans le groupe Champs d'écriture et d'insertion, puis cliquez sur OK dans la boite de dialogue Insertion du bloc d'adresse.

Le champ de fusion BlocAdresse est ajouté à la première étiquette.

8. Cliquez sur le bouton Mettre à jour les étiquettes dans le groupe Champs d'écriture et d'insertion.

Le champ de fusion est recopié de la première étiquette vers toutes les autres étiquettes du document principal.

> **ASTUCE**
>
> Pour changer la police ou la mise en forme des paragraphes des données fusionnées, formatez les champs de fusion (chevrons compris) avant d'exécuter la fusion.

9. Cliquez sur le bouton Aperçu des résultats dans le groupe du même nom.

Un aperçu des données d'étiquette fusionnées est maintenant affiché dans le document principal (figure H-16). Seules les adresses de France sont incluses. Les étiquettes sont organisées en ordre de code postal et les destinataires ayant le même code postal sont triés en ordre alphabétique.

10. Cliquez sur le bouton Terminer et fusionner dans le groupe Terminer, cliquez sur Modifier des documents individuels, cliquez sur OK dans la boite de dialogue Fusionner avec un nouveau document, remplacez M. Ludovic Basset par votre nom dans la première étiquette, enregistrez le document dans votre dossier Projets sous le nom WD H-Étiquettes France seulement Fusion, présentez votre travail à votre formateur, enregistrez et fermez tous les fichiers ouverts, puis quittez Word.

FIGURE H-15 : Enregistrements de France triés par code postal

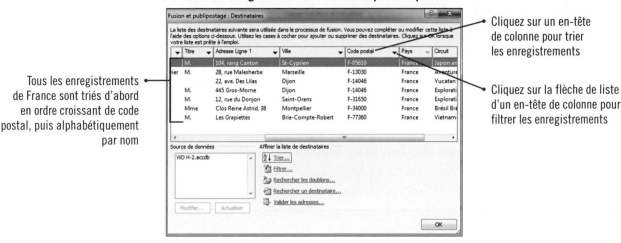

Tous les enregistrements de France sont triés d'abord en ordre croissant de code postal, puis alphabétiquement par nom

Cliquez sur un en-tête de colonne pour trier les enregistrements

Cliquez sur la flèche de liste d'un en-tête de colonne pour filtrer les enregistrements

FIGURE H-16 : Étiquettes fusionnées

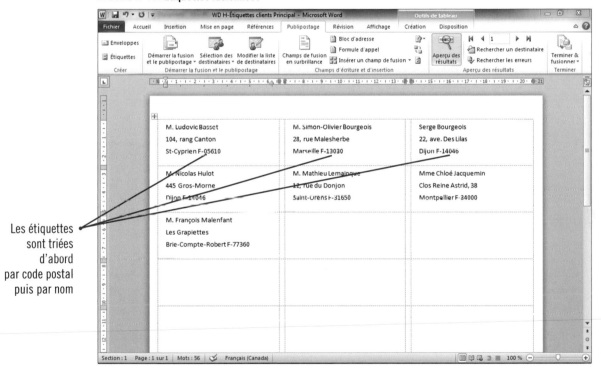

Les étiquettes sont triées d'abord par code postal puis par nom

Insérer des champs de fusion individuels

Si vous voulez que des signes de ponctuation, des espaces et des lignes vides apparaissent entre les champs de fusion dans un document fusionné, vous devez les insérer vous-même dans le document principal. Par exemple, pour créer une ligne d'adresse comportant une ville, une province et un code postal, vous insérez le champ de fusion Ville, tapez une virgule et une espace, insérez le champ de fusion État, tapez une espace puis insérez le champ Code postal. Cela doit donner : <<Ville>>, <<État>> <<Code postal>>.

Vous pouvez insérer un champ de fusion individuel en cliquant sur la flèche de liste du bouton Insérer un champ de fusion dans

le groupe Champs d'écriture et d'insertion, puis en sélectionnant le nom du champ voulu dans le menu. Vous pouvez également cliquer sur le bouton Insérer un champ de fusion pour ouvrir la boite de dialogue Insérer un champ de fusion dans laquelle vous pouvez insérer plusieurs champs d'un coup en sélectionnant le nom d'un champ, en cliquant sur Insérer, en sélectionnant un autre champ, en cliquant sur Insérer et ainsi de suite. Une fois tous les champs voulus insérés, cliquez sur Fermer pour fermer la boite de dialogue. Vous pouvez ensuite ajouter des espaces, de la ponctuation et des lignes entre les champs de fusion insérés dans le document principal.

Fusionner des documents Word

Mise en pratique

Révision des concepts

Décrivez la fonction de chacun des boutons indiqués dans la figure H-17.

FIGURE H-17

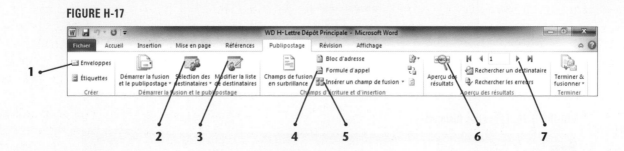

Faites correspondre chaque élément à sa description.

8. **Enregistrement de données**
9. **Document principal**
10. **Champ de données**
11. **Source de données**
12. **Trier**
13. **Texte de fond**
14. **Filtrer**
15. **Champ de fusion**

a. Organiser les enregistrements dans un ordre défini
b. Fichier contenant les données personnalisées de chaque personne ou élément
c. Jeu complet de données pour un élément ou une personne
d. Catégorie d'informations dans une source de données
e. Espace réservé aux données à fusionner dans le document principal
f. Texte type qui se répète dans chaque version d'un document fusionné
g. Fichier contenant le texte de fond et les champs de fusion
h. Extraire les enregistrements correspondant à certains critères

Sélectionnez la meilleure réponse parmi les choix proposés.

16. **Dans un publipostage, quel type de fichier contient les données qui varient pour chaque personne ou élément?**
    a. Source de données
    b. Document principal
    c. Document trié
    d. Document filtré

17. **Quel élément faut-il mettre en forme pour changer la police des données fusionnées?**
    a. Texte de fond
    b. Nom de champ
    c. Enregistrement de données
    d. Champ de fusion

18. **Quelle commande sert à synchroniser les noms de champ d'une source de données avec les champs de fusion dans un document?**
    a. Règles
    b. Mettre à jour les étiquettes
    c. Faire correspondre les champs
    d. Champs de fusion en surbrillance

19. **Quelle action permet de fusionner seulement certains enregistrements dans une source de données?**
    a. Filtrer les enregistrements
    b. Supprimer des enregistrements
    c. Modifier les enregistrements
    d. Trier les enregistrements

20. **Quelle action permet de changer l'ordre des enregistrements dans une source de données?**
    a. Modifier les enregistrements
    b. Trier les enregistrements
    c. Filtrer les enregistrements
    d. Supprimer des enregistrements

Révision des techniques

1. Créer un document principal.

   a. Démarrez Word, changez le style du document à Sans interligne, puis ouvrez le volet Publipostage.

   b. Utilisez l'Assistant Fusion et publipostage pas à pas du volet Publipostage pour créer un document principal de lettre, cliquez sur Suivante : Document de base et sélectionnez le document actuel (vierge).

   c. Au sommet du document vierge, tapez **Société de Conservation de la Mauricie**, appuyez sur [Entrée], puis tapez **1375, des Moulins, St-Marc, QC G0W 1X0; Tél : 418-555-8457; www.conservation_mauricie.org**.

   d. Appuyez cinq fois sur [Entrée], tapez la date du jour, appuyez cinq fois sur [Entrée], puis tapez **Nous sommes ravis de votre généreuse contribution de MONTANT à la Société de Conservation de la Mauricie (SCM)**.

   e. Appuyez deux fois sur [Entrée], puis tapez **Qu'il s'agisse de contribuer à la protection des ressources naturelles de notre région ou de faire connaitre les études sur la nature et l'environnement dans nos écoles, nos centres pour personnes âgées et nos collectivités, la SCM dépend des contributions privées pour assurer la pérennité des programmes environnementaux publics gratuits à VILLE et dans toute la région de RÉGION.**

   f. Appuyez deux fois sur [Entrée], tapez **Merci encore**, appuyez quatre fois sur [Entrée], tapez votre nom, appuyez sur [Entrée], puis tapez **Directeur général**.

   g. Centrez les deux premières lignes de texte, remplacez la police de Société de Conservation de la Mauricie par la police Gill Sans Ultra Bold, 18 points, puis supprimez le lien hypertexte dans la deuxième ligne de texte. (*Astuce* : Cliquez du bouton droit sur l'hyperlien.)

   h. Enregistrez le document principal dans votre dossier Projets sous le nom **WD H-Merci aux donateurs Principal**.

2. Concevoir une source de données.

   a. Cliquez sur Suivante : Sélection des destinataires. Dans le volet Étape 3 de 6, sélectionnez l'option Saisie d'une nouvelle liste, puis cliquez sur Créer.

   b. Cliquez sur Personnaliser colonnes dans la boite de dialogue Créer une liste d'adresses, puis supprimez les champs suivants de la source de données : Nom de la société, Adresse Ligne 2, Pays, Téléphone personnel, Téléphone professionnel et Adresse de messagerie.

   c. Ajoutez les champs **Montant** et **Région** à la source de données. Veillez bien à ce que ces deux champs suivent le champ Code postal.

   d. Renommez le champ Adresse Ligne 1 à **Rue** et le champ Département à **Province**, puis cliquez sur OK pour fermer la boite de dialogue Personnaliser la liste d'adresses.

3. Entrer et modifier des enregistrements.

   a. Ajoutez les enregistrements suivants (tableau H-2) à la source de données.

TABLEAU H-2

Titre	Prénom	Nom	Rue	Ville	Province	Code postal	Montant	Région
M.	Simon	Arcand	34, rue du Moulin	St-Tite	QC	J2R 2T0	250 $	Méklnac
Mme	Laurence	Rochat	22, rue Notre-Dame	Trois-Rivières	QC	J3H 6E4	500 $	Laviolette
M.	Jean	Lavoie	549, rte de la Pointe	Rivière-à-Pierre	QC	G2T 1Y0	25 $	Portneuf
Mme	Gisèle	Lizotte	11, Bay Street	Northbury	ON	L2M 3D0	50 $	Northernio
Mlle	Anne	Chevrier	555, route du Lac	La Tuque	QC	J0Z 5R0	300 $	Mauricie
M.	Luc	Derome	26, ch. de la Traverse	Lac-aux-Sables	QC	J1W 2X0	1000 $	Mékinac
Mlle	Maryse	Joubert	741, Island Road	Kingston	ON	M2P 4K0	100 $	Mille Iles

   b. Enregistrez la source de données dans votre dossier Projets sous le nom **WD H-Donateurs Données**.

   c. Dans l'enregistrement 2 (Laurence Rochat), remplacez la région Laviolette par **Mauricie**.

   d. Cliquez sur OK pour fermer la boite de dialogue Fusion et publipostage : Destinataires.

4. Insérer des champs de fusion.

   a. Cliquez sur Suivante, puis, dans la ligne vide au-dessus du premier paragraphe de texte, insérez un champ de fusion Bloc d'adresse.

   b. Dans la boite de dialogue Insertion du bloc d'adresse, cliquez sur Faire correspondre les champs.

   c. Dans la boite de dialogue Correspondance des champs, déroulez la liste Adresse 1, sélectionnez Rue et cliquez sur OK.

   d. Cliquez sur OK pour fermer la boîte de dialogue Insertion du bloc d'adresse.

e. Appuyez deux fois sur [Entrée], insérez un champ de fusion Formule d'appel, conservez le format par défaut de la formule d'appel, puis appuyez sur [Entrée].

f. Dans le premier paragraphe de texte, remplacez MONTANT par le champ de fusion Montant et, s'il y a lieu, insérez une espace après.

g. Dans le deuxième paragraphe de texte, remplacez VILLE par le champ de fusion Ville et RÉGION par le champ de fusion Région. (*Remarque* : Veillez, s'il y a lieu, à insérer une espace avant ou après chaque champ de fusion.) Enregistrez les changements apportés au document principal.

5. Fusionner les données.

a. Cliquez sur Suivante pour afficher l'aperçu des données fusionnées, puis utilisez le bouton Enregistrement suivant pour défiler dans chaque lettre et vérifier si elles contiennent des erreurs.

b. Cliquez sur le bouton Aperçu des résultats sous l'onglet Publipostage, apportez tous les ajustements nécessaires au document principal, enregistrez les changements, puis cliquez sur le bouton Aperçu des résultats pour réafficher l'aperçu.

c. Cliquez sur Suivante, cliquez sur Modifier les lettres individuelles, puis fusionnez tous les enregistrements dans un nouveau document.

d. Enregistrez le document fusionné dans votre dossier Projets sous le nom **WD H- Merci aux donateurs Fusion**. La dernière lettre est illustrée à la figure H-18. Enregistrez et fermez tous les fichiers ouverts.

FIGURE H-18

Société de conservation de la Mauricie

1375 des Moulins, St-Marc, QC G0W 1X0; Tél : 418-555-8457; www.conservation_mauricie.org.

Date du jour

Mme Maryse Joubert
741, Island Road
Kingston (ON) M2P 4K0

Chère Mme Joubert,

Nous sommes ravis de votre généreuse contribution de 100 $ à la Société de Conservation de la Mauricie (SCM).

Qu'il s'agisse de contribuer à la protection des ressources naturelles de notre région ou de faire connaître les études sur la nature et l'environnement dans nos écoles, nos centres pour personnes âgées et nos collectivités, la SCM dépend des contributions privées pour assurer la pérennité des programmes environnementaux publics gratuits à Kingston et dans toute la région de Mille Îles.

Merci encore.

6. Créer des étiquettes.

a. Ouvrez un nouveau document vierge, cliquez sur le bouton Démarrer la fusion et le publipostage de l'onglet Publipostage, puis créez un document principal d'étiquettes.

b. Dans la boite de dialogue Options pour les étiquettes, sélectionnez Avery US Letter 5160 Étiquettes d'adresse Easy Peel, puis cliquez sur OK.

c. Cliquez sur le bouton Sélection des destinataires, puis ouvrez le fichier WD H-Donateurs Données.accdb que vous avez créé.

d. Enregistrez le document principal d'étiquettes dans votre dossier Projets, sous le nom **WD H-Étiquettes des donateurs Principal**.

7. Trier et filtrer les enregistrements.

a. Cliquez sur le bouton Modifier la liste de destinataires, filtrez les enregistrements de manière à inclure dans la fusion seulement les enregistrements ayant QC dans le champ Province, triez les enregistrements par code postal, puis cliquez sur OK.

b. Insérez un champ Bloc d'adresse en utilisant les réglages par défaut, cliquez sur le bouton Aperçu des résultats, puis remarquez que l'adresse de la rue manque.

c. Cliquez sur le bouton Aperçu des résultats, puis sur le bouton Faire correspondre les champs pour ouvrir la boite de dialogue Correspondance des champs.

d. Cliquez sur la flèche de liste en regard de Adresse 1, cliquez sur Rue, puis sur OK.

e. Cliquez sur le bouton Aperçu des résultats pour prévisualiser les données fusionnées, et observez que le bloc d'adresse comprend désormais l'adresse civique, puis cliquez sur OK.

f. Cliquez sur le bouton Mettre à jour les étiquettes, vérifiez que les étiquettes fusionnées ne contiennent pas d'erreurs et, s'il y a lieu, apportez les corrections nécessaires.

g. Fusionnez tous les enregistrements dans un document individuel (figure H-19), puis enregistrez le document fusionné dans votre dossier Projets sous le nom **WD H-Étiquettes des donateurs QC seulement Fusion**.

h. Dans la première étiquette, remplacez M. Simon Arcand par votre nom, enregistrez et fermez tous les fichiers ouverts, puis quittez Word.

FIGURE H-19

M. Jean Lavoie	Mlle Anne Chevrier	M. Luc Derome
549, rte de la Pointe	555, route du Lac	26, ch. de la Traverse
Rivière-à-Pierre (QC) G2T 1Y0	La Tuque (QC) J0Z 5R0	Lac-aux-Sables (QC) J1W 2X0
M. Simon Arcand	Mme Laurence Rochat	
34, rue du Moulin	22, rue Notre-Dame	
St-Tite (QC) J2R 2T0	Trois-Rivières (QC) J3H 6E4	

Exercice personnel 1

Vous travaillez au Centre d'Arts de Flitwick. Le Centre présente actuellement une exposition de céramiques dans la ville de Hogwarts, Ontario, et vous avez pour tâche d'envoyer une lettre d'invitation à tous les membres du Centre d'Arts vivant à Hogwarts. Vous allez utiliser le publipostage pour créer cette lettre. Si votre imprimante peut imprimer des enveloppes, vous utiliserez aussi Word pour produire l'enveloppe d'une seule lettre.

a. Démarrez Word, puis utilisez l'onglet ou le volet Publipostage pour créer un document principal de lettre d'après le fichier WD H-3.doc de votre dossier Projets.

b. Dans le bloc de signature, remplacez Votre nom par votre nom, puis enregistrez le document dans votre dossier Projets sous le nom **WD H-Exposition céramiques Principal**.

c. Comme source de données, utilisez le fichier WD H-4.accdb de votre dossier Projets.

d. Triez la source de données par nom, puis filtrez les données de façon à n'inclure dans la fusion que les enregistrements ayant Hogwarts comme ville.

e. Insérez un bloc d'adresse et un champ de formule d'appel dans le document principal, puis affichez l'aperçu des lettres fusionnées.

f. Fusionnez tous les enregistrements dans un nouveau document et enregistrez-le sous le nom **WD H- Exposition céramiques Fusion**.

Difficultés supplémentaires

- Si votre imprimante peut imprimer les enveloppes, sélectionnez l'adresse du destinataire de la première lettre fusionnée, puis cliquez sur le bouton Enveloppe dans le groupe Création de l'onglet Publipostage.
- Sous l'onglet Enveloppes, vérifiez que la case Omettre n'est pas cochée, tapez votre nom dans la zone Adresse de l'expéditeur, tapez **60 rue Crandall, Flitwick, ON M3C 2Y2**.
- Cliquez sur Options. Sous l'onglet Options pour les enveloppes, assurez-vous que la taille de l'enveloppe est réglée à US 10, puis changez la police des deux adresses à Times New Roman.
- Dans l'onglet Options d'impression, sélectionnez la méthode d'alimentation des enveloppes de votre imprimante, puis cliquez sur OK.
- Cliquez sur Ajouter au document, cliquez sur Non si un message vous demande si vous voulez enregistrer la nouvelle adresse de l'expéditeur comme adresse de retour par défaut, puis imprimez l'enveloppe.

g. Fermez tous les fichiers ouverts en prenant soin d'enregistrer les changements, puis quittez Word.

Exercice personnel 2

Une de vos responsabilités au sein du groupe RBJ, EnviroConseil, une société émergente de services de consultation en environnement durable, consiste à créer les cartes d'affaires du personnel. Vous utilisez le publipostage pour créer les cartes de façon à pouvoir produire facilement des cartes standards pour les futurs employés.

a. Démarrez Word, puis utilisez l'onglet ou le volet de tâche Publipostage pour créer des étiquettes dans le document vierge ouvert.

b. Pour le fournisseur Microsoft, sélectionnez Taille de l'Amérique du Nord, qui est décrite comme « Carte horizontale, Hauteur : 5,08 cm et Largeur : 8,89 cm ». (*Conseil* : Sélectionnez la deuxième instance de Taille de l'Amérique du Nord dans la zone de liste Numéro de référence.)

c. Créez une nouvelle source de données incluant les champs et les enregistrements présentés dans le tableau H-3 :

TABLEAU H-3

Titre	Prénom	Nom	Téléphone	Télécopieur	Courriel	Embauché
Présidente	Julie	Bresson	(503) 555-3982	(503) 555-6654	jbresson@rbj.com	2011/01/12
Vice-Président	Félix	Harvey	(503) 555-2323	(503) 555-4956	fharvey@rbj.com	2012/11/18

d. Ajoutez six autres enregistrements à la source de données, dont un ayant votre nom en tant qu'adjoint de direction. (*Attention* : Prenez garde de ne pas ajouter de rangée vide au bas de la source de données.)

e. Enregistrez la source de données dans votre dossier Projets, sous le nom **WD H-RBJ Données du personnel**, puis triez les données par Titre.

Exercice personnel 2 (suite)

f. Dans la première cellule du tableau, créez la carte d'affaires de RBJ, EnviroConseil. La figure H-20 présente un exemple de carte d'affaires, mais vous devez créer votre propre modèle. Incluez le nom de l'entreprise, une adresse civique et l'URL du site web **www.rbjconseil.com**. Incluez aussi des champs de fusion pour le prénom, le nom, le titre, les numéros de téléphone et de télécopieur et le courriel. (*Conseil* : Si votre modèle comprend un graphisme, insérez-le avant les champs de fusion. Insérez chaque champ individuellement, en ajustant l'espacement entre eux au besoin.)

FIGURE H-20

g. Appliquez des polices, des couleurs et d'autres attributs de mise en forme à votre carte d'affaires. (*Attention* : Veillez à sélectionner tout le champ de fusion, chevrons compris, avant de le mettre en forme.)

h. Mettez toutes les étiquettes à jour, prévisualisez les données, apportez tous les ajustements nécessaires, puis fusionnez tous les enregistrements dans un nouveau document.

i. Enregistrez le document fusionné dans votre dossier Projets sous le nom **WD H-Carte affaires RBJ Fusion**, puis fermez le fichier.

j. Enregistrez le document principal dans votre dossier Projets sous le nom **WD H-Cartes affaires RBJ Principal**, fermez le fichier puis quittez Word.

Exercice personnel 3

Vous devez créer une liste des fillettes membres de l'équipe féminine de soccer dont vous êtes l'entraineur. Vous allez utiliser le publipostage pour créer à la fois la liste et les étiquettes d'adresse.

a. Démarrez Word, puis utilisez l'onglet ou le volet Publipostage pour créer un répertoire à partir du document vierge ouvert.

b. Créez une nouvelle source de données contenant les champs suivants : Prénom, Nom, Âge, Position, Nom complet du parent, Adresse, Ville, Province, Code postal et Téléphone personnel.

c. Entrez les enregistrements suivants (tableau H-4) dans la source de données :

TABLEAU H-4

Prénom	Nom	Âge	Position	Nom complet du parent	Adresse	Ville	Province	Code postal	Téléphone personnel
Sophie	Guay	8	Ailier	Chantal Boucher	94, des Cèdres	St-Antoine	Québec		819-555-8523
Valérie	Parent	9	Gardien	Michel Parent	412, rte 185	St-André	Québec	G0L 2K0	819-555-7412
Noémie	Beaulieu	9	Défense	Robert Beaulieu	53, rang 4	St-Antoine	Québec	G0L 2Y0	819-555-9632
Sarah	Coallier	8	Centre	Louise Jalbert	479, ch. du Lac	St-André	Québec	G0L 2K0	819-555-4567

d. Ajoutez cinq autres enregistrements utilisant les champs Nom et Position suivant et inventez les autres données :
Champoux, Défense
Roussel, Attaquant
Deschamps, Ailier
Roy, Centre
Gilbert, Attaquant

e. Enregistrez la source de données dans votre dossier Projets sous le nom **WD H-Équipe Soccer filles Données**, puis triez les données par nom.

f. Insérez un tableau de cinq colonnes et une ligne dans le document principal.

g. Dans la première cellule du tableau, insérez les champs de fusion Prénom et Nom, séparés par une espace.

h. Dans la deuxième cellule, insérez le champ de fusion Position.

i. Dans la troisième cellule, insérez les champs de fusion Adresse et Ville, séparés par une virgule et une espace.

Exercice personnel 3 (suite)

j. Dans la quatrième cellule, insérez le champ de fusion Téléphone.

k. Dans la cinquième cellule, insérez le champ de fusion Nom complet du parent.

l. Affichez l'aperçu des données fusionnées et apportez les ajustements nécessaires. (*Remarque* : Seul le premier enregistrement s'affiche dans l'aperçu.)

m. Fusionnez tous les enregistrements dans un nouveau document, puis enregistrez-le dans votre dossier Projets sous le nom **WD H- Équipe Soccer filles Fusion**.

n. Appuyez sur [Ctrl][↖], appuyez sur [Entrée], tapez **Équipe des Tigres 2013** au sommet du document, appuyez sur [Entrée], tapez **Entraineur :** suivi de votre nom, puis centrez les deux lignes.

o. Insérez une nouvelle rangée au sommet du tableau, puis tapez les en-têtes de colonne suivants dans la nouvelle rangée : **Nom**, **Position**, **Adresse**, **Téléphone**, **Nom du parent**.

p. Mettez la liste en forme de manière à la rendre attrayante et lisible, enregistrez les changements, puis fermez le fichier.

q. Fermez le document principal sans enregistrer les changements.

Difficultés supplémentaires

■ Ouvrez un nouveau document vide, puis utilisez la fusion et le publipostage pour créer des étiquettes utilisant le modèle Avery US Letter 5162 Étiquettes d'adresses Easy Peel.

■ Utilisez la source de données WD H-Équipe Soccer filles Données que vous avez créée plus tôt et triez les enregistrements d'abord par code postal puis alphabétiquement par ordre de nom.

■ Dans la première cellule du tableau, créez votre propre bloc d'adresse en utilisant les champs Nom complet du parent, Adresse, Ville, Province et Code postal. Veillez à inclure les espaces et les ponctuations adéquates.

■ Mettez toutes les étiquettes à jour, affichez l'aperçu des données fusionnées, fusionnez tous les enregistrements dans un nouveau document, puis tapez votre nom centré dans l'en-tête du document.

■ Enregistrez le document dans votre dossier Projets sous le nom **WD H-Étiquettes soccer Fusion**, fermez le fichier, puis fermez le document principal sans enregistrer les changements.

r. Quittez Word.

Défi

Le publipostage ne sert pas exclusivement aux envois postaux de masse, mais est aussi utile pour une foule d'autres choses : étiquettes de CD/DVD, étiquettes de dossiers, bottins téléphoniques, cartes d'affaires, et autres. Dans cet exercice, vous allez concevoir et créer une source de données dont vous pourrez vous servir au travail ou pour vos besoins personnels. Ensuite, vous fusionnerez cette source de données avec le document principal que vous aurez créé. Votre source données peut inclure les coordonnées de vos amis et collègues, un inventaire de vos biens, les détails d'un événement comme un mariage (liste des invités, réponses, cadeaux reçus, etc.), des données sur une collection (photos ou DVD de films), ou tout autre genre d'information.

a. Déterminez le contenu de votre source de données, dressez une liste des champs que vous voulez y inclure, puis déterminez l'ordre logique pour les champs. Sélectionnez vos champs soigneusement pour que votre source de données soit souple et facile à fusionner avec différents types de documents. Il est généralement préférable d'inclure plus de champs, même si vous n'y entrez pas de données pour chaque enregistrement.

b. Démarrez Word, lancez un publipostage pour le genre de document que vous souhaitez créer (tel un bottin téléphonique ou une étiquette), puis créez la source de données.

c. Personnalisez les colonnes dans la source de données conformément aux champs et à la structure que vous avez définis à l'étape « a ».

d. Ajoutez au moins cinq enregistrements à la source de données, puis enregistrez-la dans votre dossier Projets sous le nom **WD H-Votre nom Données**.

e. Rédigez le document principal et mettez-le en forme, insérez les champs de fusion, affichez l'aperçu de la fusion, apportez tous les ajustements nécessaires, puis exécutez la fusion vers un nouveau document.

f. S'il y a lieu, ajustez la mise en page du document fusionné, ajoutez votre nom dans l'en-tête du document, enregistrez le document fusionné dans votre dossier Projets sous le nom **WD H-Votre nom Fusion**, fermez le fichier, fermez le document principal sans enregistrer les changements, puis quittez Word.

Atelier visuel

Utilisez le publipostage pour créer les cartes postales illustrées à la figure H-21. Utilisez le modèle d'étiquettes Avery US Letter 3263 Cartes postales pour le document principal, puis créez une source de données contenant au moins quatre enregistrements, dont un comportant votre nom. Enregistrez les différents documents dans votre dossier Projets comme suit : le document principal sous le nom **WD H-Carte de rappel aux patients Principal**, la source de données sous le nom **WD H-Patients Données** et le document fusionné sous le nom **WD H-Carte de rappel aux patients Fusion**. (*Indices* : Notez que le document de carte postale est mis en page sous forme de tableau. Pour disposer la carte postale, insérez un tableau imbriqué de deux colonnes et une rangée dans le coin supérieur gauche de la carte; ajoutez le texte, l'image et le champ de fusion dans le tableau imbriqué, puis supprimez les bordures extérieures du tableau imbriqué. L'image clipart se trouve au moyen des mots-clés « échelle visuelle » et le document utilise les polices Berlin Sans FB Demi et Calibri.)

FIGURE H-21

Elizabeth Marchand, Optométriste

974 rue Jean-Talon ouest, Bureau 100
Montréal (Québec) H2P 3T2
Téléphone : 514-555-8634

M. Louis Gendron

18, Place Richelieu

Longueuil QC

J4P 2V4

Selon nos dossiers, vous êtes dû pour votre examen visuel annuel. Veuillez nous appeler pour prendre rendez-vous.

Élizabeth Marchand, Optométriste

974 rue Jean-Talon ouest, Bureau 100
Montréal (Québec) H2P 3T2
Téléphone : 514-555-8634

Mme Line Morneault

6775, rue Adam

Montréal QC

H3T 3X6

Selon nos dossiers, vous êtes dû pour votre examen visuel annuel. Veuillez nous appeler pour prendre rendez-vous.

Glossaire

Aligné à droite Forme d'alignement de paragraphe qui aligne le côté droit d'un paragraphe le long de la marge de droite.

Aligné à gauche Forme d'alignement de paragraphe qui aligne le côté gauche d'un paragraphe le long de la marge de gauche.

Alignement vertical Position d'un texte sur une page par rapport aux limites supérieures et inférieures de la page.

Aligner Placer les bords ou les centres d'un objet sur le même plan.

Annuler Fonction qui annule les modifications au texte ou à la mise en forme d'un document. Vous pouvez annuler jusqu'à 100 actions antérieures.

Barre d'état Barre située au bas de la fenêtre Word qui affiche le numéro de page de la page en cours, le nombre total de pages et de mots dans le document et l'état de la vérification orthographique et grammaticale. Elle contient aussi les boutons de mode d'affichage, le bouton Facteur de zoom et le curseur Zoom.

Barre d'outils Accès Rapide Petite barre d'outils personnalisable qui apparait au sommet d'une fenêtre d'un programme Office et qui renferme les boutons des commandes usuelles, comme Enregistrer et Annuler.

Barre de défilement Barre permettant d'atteindre les différentes parties d'un document. Une barre de défilement apparait en bas et à droite du bord d'une fenêtre lorsque son contenu n'est pas entièrement visible.

Barre de titre Barre située au sommet d'une fenêtre et qui affiche le nom de fichier du document ouvert et le nom du programme.

Bibliographie Liste de sources qui ont été consultées ou citées lors de la création d'un document.

Bibliothèque multimédia Collection d'images, de dessins, de fichiers de son et de clips vidéo qui peuvent être insérés dans tout document Office.

Blocs de construction Partie réutilisable d'un contenu ou d'un document mis en forme qui est stockée dans une galerie. Les blocs de construction peuvent comprendre, notamment, des en-têtes et des pieds de page, des pages couvertures et des zones de texte.

Blogue Journal informel créé par une personne ou un groupe et qui est publié sur internet.

Bordure Ligne verticale ou horizontale qui peut être ajoutée au-dessus, en dessous ou sur les côtés d'un paragraphe, d'un texte ou d'une cellule de tableau ; désigne aussi les lignes formant les délimitations des cellules d'un tableau.

Bouton Aide sur Microsoft Office Word Bouton servant à accéder au système d'aide de Word.

Bouton bascule Bouton employé pour activer et/ou désactiver une fonction.

Bouton d'option Petit cercle dans une boite de dialogue sur lequel vous cliquez pour sélectionner une option.

Boutons de mode d'affichage Boutons situés sur la barre d'état qui permettent de changer de mode d'affichage

Caractères spéciaux Caractères comme les puces, les symboles monétaires et les caractères de langues étrangères qui ne sont pas accessibles par les touches du clavier ou caractères non imprimables comme les espaces insécables ou les marques de paragraphe (¶).

Cellule Petite boite formée par l'intersection d'une ligne et d'une colonne dans un tableau.

Centré Forme d'alignement de paragraphe où les lignes du texte sont centrées entre les marges de gauche et de droite.

Champ 1) Code qui sert d'espace réservé pour des données qui changent dans un document, comme un numéro de page ou la date; 2) en publipostage, catégorie de données, tels nom, prénom, adresse, ville, etc.

Champ de fusion Dans un publipostage, emplacement réservé indiquant dans le document principal où les données de chaque enregistrement seront placées lors de la fusion des documents.

Citation Zone de texte qui contient une citation ou un extrait d'un article, mis en forme avec une police plus grosse et placée sur la même page.

Clip Fichier multimédia comprenant des graphismes, des photos, des sons, des films ou des animations que l'on peut insérer dans un document.

Clipart Collection d'images prédéfinies que l'on peut insérer dans des documents, des présentations, des pages web, des feuilles de calcul et autres fichiers Office pour rehausser leur apparence.

Contraste Différence de luminosité entre les zones les plus sombres et les plus claires d'une photographie.

Contrôle de contenu Objet interactif qui est intégré dans un document créé à partir d'un modèle et qui accélère votre capacité à personnaliser le document avec vos propres informations.

Contrôle de propriété Contrôle qui contient des informations de propriété du document ou un espace réservé et que l'on peut utiliser pour attribuer ou mettre à jour une propriété de document directement depuis le document.

Correction automatique Outil qui détecte et corrige automatiquement des fautes de frappes. Des fautes d'orthographe mineures et des erreurs de casse et qui insère certains symboles typographiques en cours de frappe.

Couper-coller Fonction de la production de documents qui permet de supprimer des mots et des objets à un endroit dans un document et de les placer ailleurs, dans le même document ou dans un autre.

Curseur de défilement Rectangle mobile dans les barres de défilement horizontal et vertical qui indique votre position relative dans un fichier et que vous pouvez faire glisser pour voir d'autres parties du fichier ou de la fenêtre. Voir aussi Barre de défilement.

Curseur Zoom Barre de réglage située sur la barre d'état qui permet d'agrandir ou de réduire la taille d'affichage du document dans la fenêtre.

Document Fichier électronique que vous créez à l'aide d'un programme de traitement de texte tel Word.

Document fusionné Fusion du document principal et de la source de données.

Document principal Dans un publipostage, document qui contient le texte de fond et les champs de fusion.

Encadré Zone de texte contigüe au corps d'un document et qui contient des renseignements complémentaires.

Enregistrement Dans un publipostage, ensemble complet des données concernant un même individu ou un même élément, par exemple, le nom, le prénom, l'adresse, la ville, le code postal, et la province ou le pays.

Enregistrer Commande utilisée pour conserver de façon permanente sur disque un document et les modifications apportées à un fichier (synonyme : sauvegarder).

Enregistrer sous Commande utilisée pour enregistrer un document la première fois ou pour créer un nouveau fichier sous un nom différent et ainsi garder l'original intact.

En-tête Emplacement réservé au sommet des pages d'un document. Il peut contenir du texte, un numéro de page ou une image qui seront répétés au haut de chaque page.

Faire défiler Déplacer le texte dans une fenêtre en vue d'afficher les parties d'un document qui ne sont pas actuellement visibles.

Faire glisser Déplacer la souris tout en maintenant le bouton gauche de la souris enfoncé.

Fenêtre de document Zone de la fenêtre Word dans laquelle vous affichez et modifiez vos documents.

Fichier Ensemble de données électroniques doté d'un nom unique (formé d'un nom et d'une extension) permettant de le distinguer des autres fichiers. Dans Word, chaque document est enregistré sous forme de fichier.

Flèche de défilement Flèche située à l'extrémité d'une barre de défilement que l'on clique pour défiler dans un document ligne par ligne, ou pour défiler vers la gauche et la droite dans le fenêtre de document.

Forme Rectangles, ellipses, traits, bulles, flèches pleines, étoiles, bannières, cœurs, soleils et autres objets dessin que vous pouvez créer au moyen de la commande Formes de l'onglet Insertion.

Fractionner les cellules Commande utilisée dans un tableau pour diviser une cellule en deux ou plusieurs cellules.

Fusionner les cellules Combiner deux ou plusieurs cellules d'un tableau pour former une seule cellule.

Galerie Emplacement où sont stockés des styles, des thèmes ou des blocs de construction tels que des en-têtes, des pieds de page et des zones de texte.

Glisser-déplacer Méthode qui consiste à sélectionner du texte ou une image et à le faire glisser ailleurs avec la souris.

Graphisme Image, diagramme, graphique ou dessin dans un document. On dit aussi « objet graphique ».

Graphisme flottant Graphisme auquel une option d'habillage du texte a été appliquée pour le rendre indépendant et facile à déplacer.

Graphique Représentation visuelle de données numériques utilisée pour illustrer une tendance ou des relations.

Gras Attribut de mise en forme qui rend les caractères plus épais et plus foncés.

Grille non imprimable Quadrillage qui s'affiche dans un document pour vous aider à dimensionner, aligner et positionner des objets. Ce quadrillage ne s'imprime pas.

Groupe 1) Collection de commandes apparentées dans un onglet du Ruban; 2) Combinaison d'objets transformée en un objet unique de façon que si vous déplacez un des objets du groupe, tous les autres sont déplacés avec lui.

Hyperlien Texte ou graphisme qui ouvre un fichier, une page web ou un autre élément dans le même document ou un autre lorsque vous cliquez dessus. Aussi appelé « lien ».

Info-bulle Étiquette qui apparait lorsque vous pointez un élément de la fenêtre et qui affiche une brève description de sa fonction.

Inspecteur de document Outil Office qui examine un document pour y chercher des données cachées ou des renseignements personnels.

Interligne Quantité d'espace entre les lignes d'un texte.

Italique Attribut de mise en forme dont les caractères sont inclinés.

Jeu de styles rapides Groupe de styles apparentés qui partagent des polices, des couleurs et des formats communs et que l'on peut utiliser ensemble dans un document pour lui donner un fini poli.

Justifier Forme d'alignement de paragraphe qui répartit le texte uniformément entre les marges de droite et de gauche pour aligner les bordures gauche et droite.

Lanceur Icône présente dans de nombreux groupes du Ruban. Un clic sur un Lanceur ouvre une boite de dialogue ou un volet de tâche où vous pouvez sélectionner des commandes.

Lettrine Grande lettre capitale utilisée pour démarquer le premier paragraphe d'un article.

Liaison Connexion entre deux zones de texte ou plus qui fait en sorte que le texte s'écoule automatiquement d'une zone de texte à l'autre. Voir aussi Hyperlien.

Ligne d'en-tête 1) Dans un publipostage, première ligne du tableau de la source de données contenant les noms des champs de données; 2) dans un tableau, première ligne d'un tableau qui contient les titres des colonnes.

Liste multiniveaux Liste dotée d'une structure hiérarchique; un plan.

Luminosité Intensité lumineuse relative d'une photographie.

Marge Espace entre le bord du texte sans retrait (ou de la zone d'impression) et le bord de la page. Les marges d'un document sont visibles dans le mode Aperçu avant impression ou le mode Page.

Marge de reliure Espace supplémentaire pour la reliure ajouté à la marge supérieure ou intérieure.

Marques de mise en forme Caractères non imprimables qui apparaissent à l'écran pour indiquer la fin des paragraphes, les tabulations et d'autres éléments de mise en forme.

Mini barre d'outils Barre d'outils qui apparait estompée au-dessus du texte lorsque vous le sélectionnez la première fois. Inclut les commandes de mise en forme de texte et de paragraphe les plus communes.

Mode d'affichage Manière de présenter un document dans la fenêtre de document. Chaque mode d'affichage offre des fonctions utiles pour éditer et mettre en forme différents types de documents.

Mode Backstage Mode disponible dans tous les programmes Office permettant d'effectuer des tâches courantes telles que ouvrir et enregistrer un fichier, afficher l'aperçu et imprimer un document et protéger un document avant son partage.

Mode Brouillon Mode d'affichage qui montre un document sans marges, sans en-têtes ni pieds de page et sans graphismes.

Mode Lecture plein écran Mode d'affichage affichant le texte de façon qu'il soit facile à lire et à annoter.

Mode Page Mode d'affichage imitant l'apparence d'une page imprimée ; particulièrement utile pour voir les marges, l'alignement et la disposition du texte.

Mode Plan Utile pour éditer et mettre en forme des documents plus longs comprenant de multiples titres.

Mode Web Mode d'affichage qui montre un document tel qu'il apparaitra lorsqu'il est visualisé dans un navigateur web.

Modèle Document mis en forme contenant des espaces réservés que vous pouvez remplacer par votre propre texte.

Nom de champ Dans un publipostage, chaque champ a un nom unique qui est placé dans la ligne d'en-tête de la source de données.

Nom de fichier Nom attribué à un fichier ou à un document lorsque vous l'enregistrez sur disque.

Note de bas de page Texte qui donne des renseignements supplémentaires ou indique les sources du texte dans un document et qui apparait au bas du texte dans le document. Cette note est liée au numéro de référence qui apparait en regard du texte dans le corps du document.

Note de fin Note explicative ou de référence qui s'affiche à la fin d'un document et qui est liée à un texte dans le document.

Nuance Tons chauds et froids d'une photographie.

Onglet 1) Dans les programmes Office 2010, partie du Ruban qui renferme des groupes de boutons correspondant à des commandes; 2) Dans une boite de dialogue, partie où sont regroupées des commandes et des options apparentées.

Onglet contextuel Onglet qui apparait au besoin sur le Ruban pour effectuer une tâche particulière. Par exemple, si vous sélectionnez un graphique dans Word, trois onglets contextuels Outils de graphique s'ouvrent: Création, Disposition et Mise en forme.

Onglet Fichier Permet d'accéder au mode Backstage et à la boite de dialogue Options de Word.

Ordre croissant Présente les données en ordre alphabétique ou numérique (de A à Z, de 0 à 9 ou du premier au dernier).

Ordre décroissant Présente les données en ordre alphabétique ou numérique inverse (de Z à A, de 9 à 0 ou du dernier au premier).

Organisateur de clips Bibliothèque d'images, de photos, de sons, de clips vidéo et d'animations que tous les programmes Office partagent.

Orientation Sens dans lequel est positionnée la page de support du document. On parle d'orientation Portrait (sens vertical) ou Paysage (sens horizontal).

Orpheline Première ligne d'un paragraphe qui apparait seule au bas d'une page.

Passage automatique à la ligne Fonction qui envoie automatiquement le point d'insertion à la ligne suivante d'un paragraphe quand le texte atteint la marge de droite.

Paysage Orientation horizontale d'une page dans laquelle la largeur est supérieure à la hauteur.

Pied de page Emplacement réservé au bas des pages d'un document. Il peut contenir du texte, un numéro de page ou des images qui seront répétés au bas de chaque page.

Poignée de dimensionnement Petit carré apparaissant au coin et au milieu des côtés d'un objet sélectionné et que l'on fait glisser pour en modifier les dimensions.

Poignée de rotation Petit rond vert apparaissant en haut d'un objet graphique sélectionné et permettant de le faire pivoter de l'angle voulu.

Point (pt) Unité de mesure des caractères d'un texte et de l'espacement entre les lignes et les paragraphes. Un point mesure approximativement 0,35 mm; on compte 72 points dans un pouce (2,54 cm).

Point d'insertion Ligne verticale clignotante dans la fenêtre de document qui indique où les caractères seront placés lors de la frappe.

Portrait Orientation verticale d'une page dans laquelle la hauteur est supérieure à la largeur. Orientation par défaut d'un document Word.

Presse-papiers Zone de stockage temporaire d'un objet copié ou coupé et prêt à être collé dans un document ou dans n'importe quel autre programme Office. Voir aussi Presse-papiers Office et Presse-papiers système.

Presse-papiers Office Zone de stockage temporaire partagée par tous les programmes Office que l'on peut utiliser pour copier, couper et coller de nombreux éléments à l'intérieur d'un document ou entre programmes et documents. Le Presse-papier Office peut conserver jusqu'à 24 éléments provenant de n'importe quel programme Office.

Presse-papiers système Presse-papiers qui ne stocke que le dernier élément copié ou coupé dans un document.

Propriétés de document Détails qui décrivent le contenu et l'origine d'un fichier, dont le nom de l'auteur, le titre du document, la date de création du document et des mots-clés que vous pouvez attribuer pour faciliter l'organisation et la recherche de vos fichiers.

Publipostage Outil qui permet de combiner un document principal, comme une lettre type, avec une source de données, contenant par exemple des noms et des adresses, pour créer un ensemble de documents personnalisés.

Puce Petit symbole graphique, souvent rond ou carré, généralement utilisé pour identifier les éléments d'une liste.

Quadrillage 1) Dans un tableau, lignes pointillées bleues non imprimables qui montrent les délimitations des cellules; 2) commande qui affiche un quadrillage dans le document pour vous permettre de positionner facilement des objets.

QuickPart Fonction de Word qui permet d'insérer rapidement des parties de contenu réutilisables, tels des champs, des informations sur les propriétés du document, l'auteur et le titre d'un document, et des blocs de construction. Voir aussi Blocs de construction.

Raccourci clavier Combinaison de touches ou touche de fonction sur laquelle on appuie pour exécuter une commande.

Référence de cellule Adresse ou nom qui identifie la position d'une cellule dans un tableau. Elle est formée d'une lettre désignant la colonne et d'un nombre désignant la ligne : par exemple, la cellule B3.

Règle horizontale Règle qui s'affiche au sommet de la fenêtre de document en modes Page, Brouillon et Web. Utile pour positionner ou aligner du texte.

Règle verticale Règle qui s'affiche sur le côté gauche d'une fenêtre de document en mode Page.

Repères de retrait Boutons mobiles sur la règle horizontale qui indiquent les valeurs des retraits pour le ou les paragraphes sélectionnés.

Reproduire la mise en forme Outil qui permet de copier tous les réglages de mise en forme d'un texte sélectionné et de les appliquer à un autre texte.

Retrait Distance entre la marge de la page et le début ou la fin d'une ligne de texte ou d'un paragraphe.

Rogner Masquer une partie d'un objet, tel une image clipart, au moyen de l'outil de rognage ou découper une partie d'une image.

Ruban Barre située près du sommet d'une fenêtre de programme Office, qui contient des onglets nommés qui, eux-mêmes, renferment les commandes les plus utilisées dans les programmes Office.

Saisie semi-automatique Fonction qui suggère automatiquement un texte à insérer.

Saturation Intensité et vivacité des couleurs d'une image.

Saut de page automatique Coupure de page insérée automatiquement par Word au bas d'une page.

Saut de page manuel Saut de page inséré manuellement pour forcer la suite du texte à passer à la page suivante.

Saut de section Séparateur divisant un document en sections qui peuvent chacune recevoir une mise en forme différente.

Section Partie d'un document séparée du reste du document par un ou des sauts de section. La mise en forme d'une section est indépendante de celle des autres sections.

Sélectionner Mettre un élément en surbrillance afin d'exécuter une action quelconque sur cet élément. Voir aussi Mettre en évidence.

SmartArt Diagramme, liste, organigramme ou autre graphique créé à l'aide de la commande SmartArt.

Source de données Dans un publipostage, document qui contient les informations variables à fusionner avec le texte de fond du document principal.

Style Ensemble prédéfini de caractéristiques de mise en forme de paragraphe ou de police qui peut être appliqué à un texte pour le mettre en forme d'un coup et de façon harmonisée.

Style de tableau Ensemble nommé de réglages de mise en forme de tableau que l'on peut appliquer d'un coup à un tableau.

Style rapide Détermine la manière dont les polices, les couleurs et les effets du thème s'agencent et quelle couleur, police et effet domine. Un style rapide peut être appliqué à du texte, des objets SmartArt et des formes.

Style SmartArt Combinaison prédéfinie d'options de mise en forme qui suit le thème choisi et que vous pouvez appliquer à des diagrammes SmartArt.

Surlignage Couleur transparente appliquée au texte à l'aide du pointeur de Surlignage.

Symbole d'ancrage Apparait en regard du paragraphe ou de l'objet lorsque le graphisme flottant est sélectionné et que les marques de paragraphes sont visibles.

Tableau Grille de lignes et de colonnes délimitées par des bordures; sert surtout à présenter des textes, des nombres et des graphismes.

Tableau imbriqué Tableau inséré dans une cellule d'un autre tableau.

Taille de police Taille du texte mesurée en points (pt). Plus le nombre de points est élevé, plus la taille de la police est grande.

Taquet de tabulation Position mesurée qui permet de placer et d'aligner un texte horizontalement à une position précise dans un document. Word offre cinq types de taquets de tabulation : gauche (par défaut), centré, droite, décimale et barre.

Thème Ensemble prédéfini de couleurs, de polices, de traits et d'effets de remplissage que l'on peut appliquer à un document pour lui donner une présentation harmonieuse et professionnelle.

Traitement de texte Application servant à créer des documents de manière efficace.

Trame de fond Couleur d'arrière-plan ou motif que vous pouvez appliquer à un texte, à un tableau ou à un graphisme.

WordArt Objet dessin qui contient du texte formaté avec des formes, des motifs et des orientations spéciaux.

Zone de dessin Espace de travail dans lequel vous pouvez créer vos propres graphismes.

Zone de texte Objet graphique contenant du texte et/ou des graphismes.

Index

Microsoft® Excel 2010

Collection illustrée

LES
ÉDITIONS
REYNALD
GOULET
INC.

Microsoft® Excel 2010 – Collection illustrée

© 2011 Les Éditions Reynald Goulet inc.

Tous droits réservés. On ne peut reproduire aucun extrait de ce livre sous quelque forme ou par quelque procédé que ce soit – machine électronique, mécanique, à photocopier, à enregistrer ou autrement – sans avoir obtenu au préalable, la permission écrite des Éditions Reynald Goulet inc.

Traduction et adaptation : François Basset, Colette Michel, William Piette
Couverture : Martineau Design Graphique
Infographie : Ayotte Graphe

Diffusion exclusive
Les Éditions Reynald Goulet inc.
www.goulet.ca

Cet ouvrage est une version française de
Microsoft® Excel 2010 – Illustrated Introductory
Elizabeth Reding, Lynn Wermers
© 2011 Course Technology – Une division de Cengage Learning

Nous reconnaissons l'aide financière du gouvernement du Canada par l'entremise du Fonds du livre du Canada (FLC) pour nos activités d'édition.

Gouvernement du Québec – Programme de crédit d'impôt pour l'édition de livres – Gestion SODEC

Dépôt légal :
Bibliothèque et Archives nationales du Québec
Bibliothèque et Archives Canada

Imprimé au Canada
14 13 12 11   5 4 3 2 1

ISBN 978-2-89377-428-2

Renonciation

L'auteur et l'éditeur de cet ouvrage ont fait tous les efforts pour préparer ce livre ainsi que les programmes et les fichiers qu'il contient, y compris dans l'élaboration, la recherche et les contrôles sur l'efficacité des théories et programmes. L'auteur et l'éditeur n'offrent aucune garantie de quelque ordre que ce soit, expresse ou implicite, pour ce qui concerne ces programmes et fichiers ni la documentation présentés dans ce livre. L'auteur et l'éditeur ne pourront être tenus pour responsables de tout dommage accessoire ou indirect, lié à ou causé par la fourniture, la performance ou l'utilisation de ces programmes.

Les Éditions Reynald Goulet se réservent le droit d'apporter tout changement à ce livre sans préavis.

À lire avant de commencer

Installation de la suite Microsoft Office 2010

Ce livre a été rédigé et testé à l'aide de Microsoft Office 2010 – Professionnel, avec une installation complète sur Microsoft Windows 7. Le navigateur Web utilisé pour toutes les étapes qui nécessitent un navigateur est Internet Explorer 8. Il peut arriver que, pour expliquer clairement une fonctionnalité du programme, une caractéristique ne faisant pas partie de l'installation standard soit présentée. Certains exercices s'effectuent sur le web. Vous devez posséder une connexion internet pour réaliser ces exercices.

Que sont les fichiers Projets?

Afin de réaliser les leçons et les exercices de ce livre, vous avez besoin de fichiers de travail. Ces fichiers contiennent des documents préparés pour accélérer l'exécution des leçons et centrer l'apprentissage sur la tâche en cours d'étude. Tous les fichiers nécessaires se trouvent sur le site web http://www.goulet.ca à l'adresse du livre.

Pour télécharger vos fichiers Projets, lisez les explications sur la page couverture intérieure du début du livre. Pour simplifier le texte des modules, il est seulement fait référence dans celui-ci à un « dossier Projets ». Il s'agit d'un nom générique désignant l'emplacement où se trouvent les fichiers de travail du module en cours. C'est à vous de constituer les dossiers Projets dont vous avez besoin.

Pourquoi mon écran est-il différent du livre?

1. Les composants de votre bureau, sa présentation et les options de certaines boites de dialogue peuvent différer selon la version de Windows utilisée.

2. Selon les capacités matérielles de votre système, les paramètres régionaux et d'affichage définis dans votre ordinateur, vous pouvez remarquer les différences suivantes :
   - Votre écran peut sembler plus petit ou plus grand selon la résolution utilisée (les figures sont réalisées à partir d'une résolution de 1024 x 768) et l'aspect du Ruban peut varier selon cette résolution.
   - Les couleurs des divers éléments de l'écran peuvent être différentes.
   - Les dates, les heures, les numéros de téléphone et les symboles monétaires affichés dépendent de vos paramètres régionaux.

3. Le Ruban, la zone bleue au sommet des fenêtres de Microsoft Office 2010, s'adapte aux différentes résolutions. Si votre écran est réglé à une définition inférieure à 1024 x 768, vous ne verrez pas tous les boutons des figures du livre. Les groupes de boutons s'affichent toujours mais ces groupes peuvent être condensés en un seul bouton, sur lequel vous devez cliquer pour accéder aux boutons décrits dans les étapes.

Préface

Bienvenue dans Microsoft Excel 2010 – Collection illustrée. Ce livre à l'orientation très visuelle vous propose un enseignement pratique de toutes les facettes de Microsoft Excel 2010. Les leçons présentent les différents éléments illustrés ci-contre.

Comment le livre est-il organisé ?

Le livre est divisé en huit modules. Ces modules étudient la création, la modification et la mise en forme d'une feuille de calcul, les graphiques, les formules et les fonctions, la gestion des classeurs ainsi que la création et l'analyse de tableaux.

Quels sont les types d'instructions fournies dans le livre ? Avec quel niveau de difficulté ?

Les leçons utilisent le cadre de la société fictive Voyages Tour Aventure, une agence de voyages. Les tâches demandées dans les pages bleues à la fin de chaque module sont de difficulté croissante. Les fichiers Projets et les études de cas, utilisant de nombreux exemples internationaux et professionnels, fournissent une grande diversité d'applications réalistes et intéressantes des techniques étudiées. Ces tâches comprennent :

- La **révision des concepts**, permettant de tester la compréhension par une série de questions à choix multiples et d'identifications d'éléments visuels.

- La **révision des techniques**, fournissant un entrainement pratique supplémentaire, mettant en œuvre pas à pas tous les outils étudiés.

- Les **exercices personnels** et **défis**, fondés sur des projets précis requérant une mise en application réfléchie des techniques apprises dans le module. Ces exercices sont de difficulté croissante, le premier étant le plus facile et souvent détaillé par étape.

Chaque double page traite d'une seule technique.

Un texte concis introduit les principes de base de la leçon et présente la situation pratique étudiée.

| **A** |
| Excel 2010 |

Modifier le contenu de cellules

Le contenu d'une cellule active peut être modifié en tout temps. Pour ce faire, double-cliquez dans la cellule, cliquez dans la barre de formule ou commencez simplement la saisie. Excel bascule en mode Modifier dès que vous touchez au contenu d'une cellule. Le tableau A-3 montre les différents pointeurs qu'Excel affiche et qui vous aident dans vos modifications. ▶▶▶▶ Vous remarquez quelques erreurs dans la feuille de calcul auxquelles vous voulez apporter des corrections. La première réside dans un nom incorrect à la cellule A5.

ÉTAPES

1. **Cliquez dans la cellule A5, puis cliquez juste à gauche du premier r de Pierrre dans la barre de formule.**
   Dès le premier clic dans la barre de formule, une barre verticale clignotante, appelée **point d'insertion**, apparait dans la barre de formule à l'endroit où tout nouveau texte sera inséré. (figure A-9). Le pointeur de souris se transforme en I lorsque vous déplacez le pointeur dans la barre de formule.

2. **Appuyez sur [Suppr], puis cliquez sur Entrer dans la barre de formule.**
   Le clic sur le bouton Entrer valide la modification et l'orthographe du prénom du premier employé est corrigée. Vous pouvez aussi appuyer sur [Entrée] ou [Tab] pour valider une modification. Une pression sur [Entrée] valide également la saisie dans la cellule mais déplace le pointeur d'une cellule vers le bas.

   > **ASTUCE**
   > Sur certains claviers, l'appui sur une touche de verrouillage des fonctions (Ver. F) est nécessaire pour accéder aux touches de fonction.

3. **Cliquez dans la cellule B6, puis appuyez sur [F2].**
   Excel entre en mode Modifier et le point d'insertion clignote dans la cellule. Appuyer sur [F2] permet de modifier directement le contenu de la cellule active, sans passer par la barre de formule. Selon vos préférences, vous pouvez modifier le contenu d'une cellule soit directement dans la cellule, soit par le biais de la barre de formule. Le résultat dans la feuille de calcul est identique.

   > **ASTUCE**
   > Le bouton Annuler permet de revenir en arrière d'une action à la fois et, ceci, jusqu'aux 100 dernières actions.

4. **Appuyez sur [Ret arr], tapez 8, puis appuyez sur [Entrée].**
   La valeur de la cellule change de 35 en 38 et la cellule B7 devient la cellule active. Vous remarquez que le résultat des cellules B15 et E15 a également changé parce que ces cellules contiennent des formules qui utilisent B6 dans leurs calculs. Si vous avez commis une erreur, vous pouvez cliquer sur Annuler ✗ dans la barre de formule avant de valider l'entrée. Les boutons Entrer et Annuler n'apparaissent qu'en mode Modifier. Si vous constatez une erreur de saisie après avoir validé une modification, cliquez sur Annuler ↩ dans la barre d'outils Accès rapide.

   > **ASTUCE**
   > Vous pouvez utiliser le clavier pour sélectionner tout le contenu d'une cellule : cliquez dans la cellule ou la barre de formule, à droite du contenu de la cellule, pressez et maintenez la touche [Maj.] pressée, puis appuyez sur [↖].

5. **Cliquez dans la cellule A9, puis double-cliquez sur le mot Marsin dans la barre de formule.**
   Un double-clic sur un mot d'une cellule sélectionne ce mot, y compris la virgule qui le suit.

6. **Tapez Martin, puis appuyez sur [Entrée].**
   Quand un texte est sélectionné, le premier caractère que vous tapez au clavier remplace toute la sélection.

7. **Double-cliquez dans la cellule C12, appuyez sur [Suppr], tapez 4, puis cliquez sur ✓.**
   Un double-clic dans une cellule l'active en mode de modification directe dans la cellule. Comparez votre fenêtre avec la figure A-10.

8. **Enregistrez votre travail.**
   Les modifications apportées au classeur sont enregistrées.

Récupérer les modifications non enregistrées d'un fichier de classeur

La récupération automatique d'Excel enregistre automatiquement votre travail aussi souvent que vous le souhaitez. Ceci signifie que si, pendant l'utilisation d'Excel, vous subissez une panne de courant ou si votre ordinateur « gèle » subitement, vous pouvez récupérer une partie, voire la totalité, des modifications que vous avez apportées à votre classeur depuis le dernier enregistrement manuel. Bien entendu, il ne s'agit pas là d'un substitut à l'enregistrement régulier et volontaire de vos travaux mais plutôt d'une assurance, en cas de panne. Pour personnaliser les réglages de la récupération automatique, cliquez sur l'onglet Fichier, cliquez sur Options, puis cliquez sur Enregistrement. La zone Enregistrer les classeurs regroupe des options de fréquence des enregistrements automatiques et d'où il faut déposer ces fichiers d'enregistrement automatique. Quand vous relancez Excel après une panne de courant, un volet Récupération de document s'ouvre pour vous donner accès aux documents ouverts au moment où Excel a été fermé inopinément. Vous pouvez aussi cliquer sur l'onglet Fichier, cliquer dans la barre de navigation sur Récent, puis cliquer sur Récupérer des classeurs non enregistrés pour ouvrir un classeur autoenregistré à l'aide de la boite de dialogue Ouvrir.

Des astuces ou des problèmes sont évoqués exactement là où c'est nécessaire, à côté de l'étape elle-même.

Des conseils encadrés fournissent des informations concises qui approfondissent le sujet de la leçon ou décrivent une tâche indépendante qui lui est reliée.

L'exercice suivant, nommé Défi, est plus ouvert, exigeant d'approfondir l'étude de la solution de façon plus indépendante.

- Les **ateliers visuels**, montrant une solution terminée et requérant la réalisation de cette solution sans aucune indication d'étape à suivre, obligeant ainsi l'élève à créer sa propre démarche de façon indépendante.

Quelle est l'approche utilisée ?

Pourquoi l'approche utilisée de cette collection est-elle si efficace pour enseigner les techniques informatiques ? C'est très simple. Chaque technique est présentée dans une double page en vis-à-vis, les instructions détaillées étape par étape se trouvant sur la page de gauche et les illustrations claires et explicatives, sur la page de droite. L'utilisateur peut se concentrer sur un même sujet sans avoir à tourner la page. Cette conception unique rend l'information très accessible et facile à assimiler, tout en fournissant d'excellentes références une fois le cours achevé. Cette approche pratique convient aussi bien à l'apprentissage autonome qu'aux classes dirigées par un formateur.

Fichiers Projets et solutions

Les fichiers Projets et leurs solutions sont disponibles sur le site web de l'éditeur. Vous pouvez les télécharger à l'adresse www.goulet.ca.

Pour les instructions de téléchargement, consultez la page de couverture intérieure.

Chaque leçon présente de grandes illustrations claires de l'écran qui doit être obtenu à la fin de la leçon.

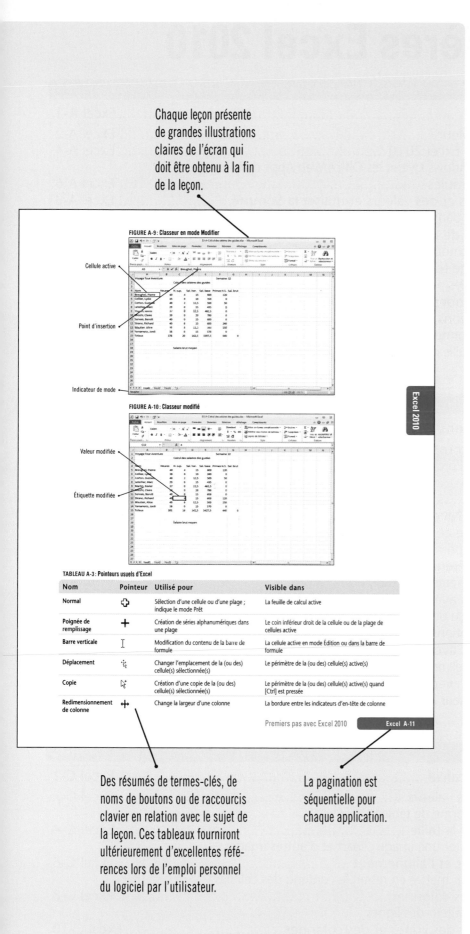

Des résumés de termes-clés, de noms de boutons ou de raccourcis clavier en relation avec le sujet de la leçon. Ces tableaux fourniront ultérieurement d'excellentes références lors de l'emploi personnel du logiciel par l'utilisateur.

La pagination est séquentielle pour chaque application.

Table des matières Excel 2010

Module D

Module E

Module F

Module G

Module H

Premiers pas avec Excel 2010

Dans ce module, vous apprendrez à exploiter un tableur pour analyser des données et prendre des décisions professionnelles, même si vous n'êtes pas un expert en mathématiques. Vous vous familiariserez avec les différents éléments d'un tableur et apprendrez à utiliser la fenêtre Excel. Vous verrez aussi comment travailler dans une feuille de calcul Excel et y effectuer quelques calculs simples.  Manon Lemaire est directrice générale des finances chez Voyages Tour Aventure, un voyagiste dont la particularité est d'immerger ses clients au sein des cultures régionales. Vous avez été embauché pour travailler comme assistant de Manon. Dans ce cadre, vous créez des feuilles de calcul pour analyser des données en provenance des différentes filiales de la société et, ainsi, aider Manon à prendre des décisions avisées quant à l'expansion de la société et aux investissements à consentir.

OBJECTIFS

Définir un tableur

Découvrir la fenêtre Excel 2010

Comprendre les formules

Entrer des étiquettes et des valeurs et utiliser la Somme

Modifier le contenu de cellules

Créer et modifier une formule simple

Évoluer parmi les modes d'affichage d'une feuille

Sélectionner les options d'impression

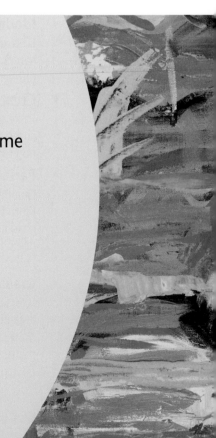

Qu'est-ce qu'un tableur ?

Le logiciel Microsoft Excel est le tableur de la suite Microsoft Office. Un **tableur** est une application destinée à effectuer des calculs numériques, analyser et présenter des données numériques. Ces calculs sont actualisés automatiquement à chaque modification, si bien que les résultats exacts sont toujours disponibles, sans le moindre calcul manuel. Le tableau A-1 montre quelques tâches courantes qu'Excel permet d'accomplir. La feuille électronique de valeurs produite par Excel s'appelle une **feuille de calcul**. Les feuilles de calcul individuelles sont enregistrées dans un **classeur**, un fichier dont l'extension est .xlsx. Chez Voyages Tour Aventure, vous allez devoir utiliser intensivement Excel pour suivre les informations financières et de gestion de l'entreprise.

DÉTAILS

Excel offre de nombreux avantages, dont :

- ### Saisie précise et rapide des données

  Excel permet de saisir des informations plus rapidement et plus précisément qu'une méthode manuelle. La figure A-1 montre un tableau de calcul de salaires créé manuellement, tandis que la figure A-2 montre le même tableau de chiffres réalisé à l'aide d'Excel. Des équations ont été ajoutées dans le second pour calculer les heures et les salaires. Vous pouvez recréer les informations qui ne changent pas, comme les taux de charges sociales relatives aux salaires, de semaine en semaine, en recopiant la structure de la feuille de calcul, puis demander à Excel de calculer les salaires bruts et nets en lui fournissant simplement les données variables et les formules de calcul pour chaque semaine.

- ### Recalcul facile des données

  La correction des erreurs de saisie ou la mise à jour des données est facile sous Excel. Par exemple, si vous obtenez les toutes dernières valeurs pour les heures de prestations, il suffit d'entrer les nouveaux nombres pour qu'Excel recalcule l'ensemble de la feuille.

- ### Vérification d'hypothèses

  Une des caractéristiques les plus utiles d'Excel en gestion est la possibilité de modifier des données pour obtenir rapidement de nouveaux résultats. Si vous envisagez par exemple d'augmenter, de 12,50 à 15,00 $, le salaire horaire de base d'un de vos guides, entrez la nouvelle valeur dans la feuille de calcul pour connaître immédiatement les implications, tant pour l'ensemble de votre personnel que pour le guide intéressé par cette augmentation. Chaque fois que vous utilisez une feuille de calcul pour répondre à la question « que se passe-t-il si ? », vous effectuez une **analyse par hypothèse**.

- ### Modification de la présentation des données

  Des outils puissants permettent de présenter les informations d'une manière visuelle attrayante et facile à comprendre. Vous pouvez mettre en forme du texte et des nombres avec des polices, des couleurs et des styles différents pour attirer l'attention sur les éléments importants d'une feuille.

- ### Création de graphiques

  Excel permet de générer facilement des graphiques à partir des données d'une feuille de calcul. Excel modifie automatiquement ces graphiques dès que les données changent. La feuille de calcul de la figure A-2 présente un graphique en secteurs en trois dimensions.

- ### Partage d'informations avec d'autres utilisateurs

  Comme la majorité des employés de Voyages Tour Aventure utilisent Excel, ils peuvent collaborer via l'intranet de la société, Internet ou un périphérique de stockage en réseau. Grâce à cela, vous pouvez compléter chaque mois les feuilles de salaires que Manon a commencé à rédiger. Vous pouvez également profiter d'outils de collaboration en ligne tels que les classeurs partagés, sur lesquels plusieurs personnes peuvent simultanément intervenir pour y apporter des modifications.

- ### Création rapide de nouvelles feuilles de calcul à partir de feuilles existantes

  Il est facile d'utiliser une feuille existante et de la modifier pour en créer une nouvelle. Au moment de préparer la feuille de salaires d'un mois suivant, vous pouvez ouvrir le fichier du mois courant, l'enregistrer sous un nouveau nom et utiliser les données en place comme point de départ. Un fichier Excel peut aussi être créé à partir d'un type spécial, appelé **modèle**. De nouveaux classeurs peuvent être conçus et fondés sur le contenu ou la présentation d'un modèle existant. Office contient de nombreux modèles prêts à l'emploi.

FIGURE A-1 : Tableau classique sur papier

Voyages Tour Aventure
Calcul des salaires des guides

Nom	Heures	H. sup.	Sal. hor.	Sal. base	Primes H.S.	Sal. brut
Breughel, Pierrre	40	4	16–	640–	128–	768–
Collier, Lydie	35	0	10–	350–	0–	350–
Corton, Gustave	40	2	12⁵⁰	500–	50–	550–
Letellier, Marc	29	0	15–	435–	0–	435–
Martin, Xavier	37	0	12⁵⁰	462.50	0–	462.50
Mioshi, Claire	39	0	20–	780–	0–	780–
Servais, Benoît	40	0	16–	640–	0–	640–
Strano, Richard	40	8	15–	600–	240–	840–
Wautier, Alice	40	5	12⁵⁰	500–	125–	625–
...Jordi	38	0	15			

FIGURE A-2 : Feuille de calcul Excel

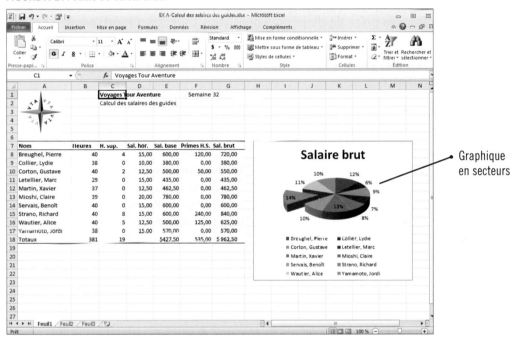

Graphique en secteurs

TABLEAU A-1 : Usages courants des feuilles de calcul

Les feuilles de calcul servent à :	Comment ?
Effectuer des calculs	En ajoutant des formules et des fonctions aux données des feuilles de calcul ; par exemple, en ajoutant une liste de résultats de ventes ou en calculant l'amortissement d'un véhicule.
Représenter visuellement des valeurs	En générant des graphiques à partir des données d'une feuille de calcul ; par exemple en créant un graphique qui affiche des dépenses.
Créer des rapports de synthèse de données	En créant des classeurs de plusieurs feuilles de calcul avec des données associées, comme les données de vente de plusieurs magasins.
Classer des données	En triant les données en ordre croissant ou décroissant ; par exemple en triant par ordre alphabétique une liste de produits ou de noms de clients, ou en organisant des commandes clients par dates.
Analyser des données	En créant des résumés et des synthèses à l'aide de tableaux croisés dynamiques ou de filtres automatiques ; par exemple, pour éditer une liste des dix meilleurs clients en fonction de leurs habitudes d'achats.
Créer des scénarios	En utilisant des valeurs variables pour étudier et tester différentes hypothèses, comme le changement d'un taux d'intérêt ou un étalement des remboursements d'un emprunt.

Excel 2010

Découvrir la fenêtre Excel 2010

Pour démarrer Excel, Windows doit être en cours d'exécution. Pour démarrer un programme de la suite Office, il suffit de cliquer sur Démarrer dans la barre des tâches ou, le cas échéant, de double-cliquer sur un raccourci du bureau correspondant au logiciel. Si vous avez besoin d'aide, demandez à votre formateur ou à un responsable.  Vous décidez de démarrer Excel et de vous familiariser avec la fenêtre du tableur.

ÉTAPES

1. **Démarrez Excel, cliquez sur l'onglet Fichier, puis cliquez sur Ouvrir pour obtenir la boite de dialogue Ouvrir.**

2. **Dans la boite de dialogue Ouvrir, allez dans votre dossier Projets, cliquez sur EX A-1.xlsx, puis sur Ouvrir.**

   Le fichier s'ouvre dans la fenêtre d'Excel.

3. **Cliquez sur l'onglet Fichier, puis sur Enregistrer sous dans la barre de navigation pour ouvrir la boite de dialogue Enregistrer sous.**

4. **Dans la boite de dialogue Enregistrer sous, allez jusqu'à votre dossier Projets, tapez EX A-Calcul des salaires des guides dans la zone de texte Nom de fichier, puis cliquez sur Enregistrer.**

   À l'aide de la figure A-3, identifiez les éléments suivants :

   - La **zone Nom** affiche l'adresse de la cellule active. Dans la figure A-3, « A1 » apparait à cet endroit.
   - La **barre de formule** permet d'entrer ou de modifier les données de la feuille de calcul.
   - La fenêtre de la feuille de calcul contient un quadrillage de colonnes et de lignes. Les colonnes sont étiquetées alphabétiquement (A, B, C, etc.) et les lignes le sont numériquement (1, 2, 3, etc.). Une feuille de calcul peut contenir jusqu'à 16 384 colonnes et 1 048 576 lignes.
   - L'intersection d'une colonne et d'une ligne s'appelle une **cellule**. Les cellules peuvent contenir du texte, des nombres, des formules ou une combinaison de ces trois éléments. Chaque cellule possède un emplacement unique (**adresse de cellule**), identifié par les coordonnées de la colonne et de la ligne.
   - Le **pointeur de cellule** est un rectangle noir qui marque ou indique la cellule dans laquelle vous travaillez, soit la cellule active. À la figure A-3, le pointeur de cellule est situé en A1 ; cette cellule est donc la cellule active. Les en-têtes de ligne et de colonne de la cellule active sont mis en évidence, ce qui en facilite le repérage.
   - Les **onglets de feuille** au bas de la feuille de calcul permettent de passer de feuille en feuille dans un classeur. Chaque classeur contient par défaut trois feuilles, mais peut en comprendre jusqu'à 255. Le bouton Insérer une feuille de calcul, à droite de l'onglet Feuil3, permet d'ajouter des feuilles de calcul au classeur. Vous pouvez renommer les feuilles dans ces onglets pour leur donner des noms plus évocateurs.
   - Les **boutons de défilement des onglets de feuilles** autorisent la navigation parmi d'autres feuilles si vous en ajoutez.
   - Les **barres de défilement** permettent de vous déplacer dans un document trop vaste pour s'afficher d'une pièce dans la fenêtre.
   - La **barre d'état** se trouve au bas de la fenêtre Excel. Elle fournit une brève description de la commande active ou de la tâche en cours. L'**indicateur de mode** du coin inférieur gauche de la barre d'état donne des indications supplémentaires sur certaines tâches.

5. **Cliquez sur la cellule A4.**

   La cellule A4 devient la cellule active. Pour en activer une autre, cliquez dans celle-ci ou utilisez les touches de navigation du clavier pour déplacer le pointeur vers une autre cellule.

6. **Cliquez dans la cellule B5, appuyez sur le bouton de la souris et maintenez-le enfoncé, déplacez la ⊕ jusqu'à la cellule B14, puis relâchez la souris.**

   Vous avez sélectionné un groupe de cellules qui sont à présent mises en évidence, comme à la figure A-4. Une sélection de deux ou plusieurs cellules comme B5:B15 s'appelle une **plage de cellules**. La sélection d'une plage de cellules permet d'appliquer ensuite en une seule fois à toutes ces cellules une action comme les déplacer ou les mettre en forme. Dès qu'une plage de cellules est sélectionnée, la barre d'état affiche la moyenne, le nombre (d'éléments) et la somme des cellules sélectionnées.

PROBLÈME

Si vous ne voyez pas l'extension .xlsx parmi les noms de fichiers dans la boite de dialogue Ouvrir, pas d'inquiétude : Windows peut être réglé pour afficher ou non les extensions de noms de fichiers.

FIGURE A-3 : Classeur ouvert

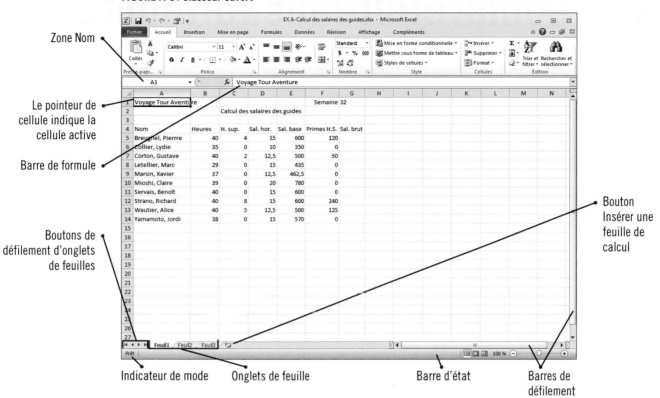

Zone Nom

Le pointeur de cellule indique la cellule active

Barre de formule

Boutons de défilement d'onglets de feuilles

Bouton Insérer une feuille de calcul

Indicateur de mode   Onglets de feuille   Barre d'état   Barres de défilement

FIGURE A-4 : Sélection d'une plage

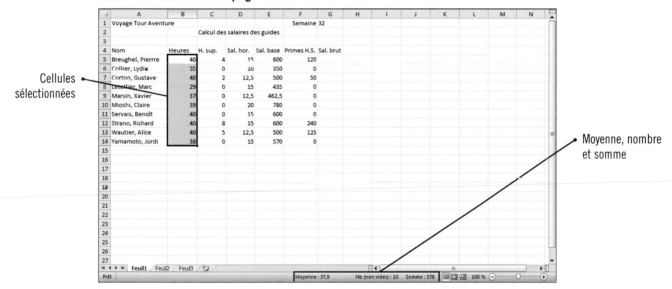

Cellules sélectionnées

Moyenne, nombre et somme

Découvrir Windows Live et les Office Web Apps de Microsoft

Tous les programmes de la suite Office offre la possibilité d'intégrer des retours sur expérience, appelés collaboration en ligne, par l'entremise de l'internet ou du réseau local d'une entreprise. Grâce à l'**infonuagique** ou **informatique en nuage** (*cloud computing*), qui permet de travailler dans un environnement virtuel, vous pouvez tirer parti de programmes web dénommés Office Web Apps de Microsoft, des versions simplifiées des programmes inclus dans la suite Microsoft Office 2010. Comme ces programmes sont disponibles en ligne, ils n'occupent aucun espace sur votre ordinateur. Ils sont accessibles via Windows Live Skydrive, un service gratuit proposé par Microsoft. Windows Live SkyDrive vous permet, à vous, à vos collègues et amis, d'enregistrer des fichiers dans un « nuage » et de les récupérer à tout moment, dès que vous êtes connecté à l'internet. De la sorte, vous et toute personne que vous autorisez à le faire, pouvez accéder à des fichiers contenant des données, partout où vous en avez besoin. Pour accéder à ce service, vous avez besoin d'un identifiant Windows Live ID également gratuit, disponible sur le site web de Windows Live.

Comprendre les formules

Excel montre une véritable puissance, dans la mesure où des utilisateurs de n'importe quel niveau en mathématiques sont capables d'effectuer des calculs avec une grande précision. C'est là qu'entrent en jeu les formules. Les **formules** sont des équations établies dans une feuille de calcul, aussi simples que de calculer la somme d'une colonne de nombres ou aussi complexes que de projeter les profits et pertes d'une société internationale. Pour bien saisir toute la puissance d'Excel, il faut comprendre comment fonctionnent les formules. 🔲🔲🔲 Les gérants de Voyages Tour Aventure exploitent le classeur Calcul des salaires des guides pour relever les heures de prestation de leurs employés avant de les soumettre au service Paie. Comme vous devrez souvent utiliser ce classeur, il est important que vous maitrisiez les formules qu'il contient et la façon dont Excel calcule les résultats.

ÉTAPES

1. Cliquez dans la cellule E5.

La cellule active contient une formule, comme l'indique la barre de formule. Toutes les formules Excel commencent avec le signe égal (=). Si vous voulez montrer le résultat de l'addition de 4 et 2 dans une cellule, celle-ci devra contenir une formule telle que =4+2. Si vous voulez qu'une cellule affiche le résultat de la multiplication de deux valeurs de la feuille de calcul, comme celles des cellules B5 et D5, la formule prend la forme =B5*D5, comme indiqué à la figure A-5. Lorsque vous entrez une formule dans une cellule, les références des cellules et les opérateurs arithmétiques apparaissent au fur et à mesure dans la barre de formule. Le tableau A-2 décrit les opérateurs arithmétiques usuels. Dès que vous avez terminé la saisie d'une formule, vous devez la valider. Pour ce faire, vous pouvez soit cliquer sur Entrer dans la barre de formule, soit appuyer sur [Entrée].

2. Cliquez dans la cellule F5.

Le calcul des primes d'heures supplémentaires constitue un exemple plus complexe de formule. Chez Voyages Tour Aventure, ces primes sont calculées comme égales au double du salaire horaire, fois le nombre d'heures supplémentaires. La formule qui sert de référence pour l'employé de la ligne 5 est : H. sup. fois (2 fois Sal. hor.). Comme le montre la figure A-6, ceci se traduit dans une cellule Excel par =C5*(2*D5). L'utilisation de parenthèses crée des groupes dans la formule qui indiquent les calculs à effectuer en premier lieu, ce qui correspond à une notion très importante dans les formules complexes. Dans cette formule, le salaire horaire est d'abord doublé, puis le résultat de ce calcul est multiplié par le nombre d'heures supplémentaires. Comme la prime d'heures supplémentaires vaut deux fois le salaire horaire, les gérants savent qu'ils doivent particulièrement surveiller cette dépense.

DÉTAILS

Lors de l'entrée de calculs dans Excel, il est important de :

- **Savoir où la formule doit se trouver.**

  C'est dans la cellule où elle sera vue que vous devez créer une formule Excel. Par exemple, la formule qui calcule le salaire brut de l'employé de la ligne 5 doit être entrée dans la cellule G5.

- **Connaître avec exactitude les cellules et les opérations nécessaires.**

  Ne vous livrez à aucune devinette ; sachez quelles cellules vous allez impliquer dans un calcul avant de créer la formule.

- **Créer les formules avec soin.**

  Vérifiez que vous savez exactement ce que vous souhaitez qu'une formule accomplisse avant de la rédiger. Une formule incorrecte peut avoir des répercussions très lointaines si son résultat sert de référence dans les formules d'autres cellules.

- **Préférer les références de cellules aux valeurs.**

  La beauté d'Excel réside dans le fait que dès que la valeur d'une cellule change, toute formule contenant une référence à cette cellule est automatiquement mise à jour. Donc, placez les valeurs dans des cellules et utilisez plutôt des références à ces cellules dans vos formules au lieu de taper directement ces valeurs dans les formules.

- **Déterminer les opérations nécessaires.**

  Il est parfois difficile de prédire les données nécessaires au sein d'une feuille de calcul, mais efforcez-vous d'anticiper les informations statistiques dont vous risquez d'avoir besoin. Par exemple, si vous établissez des colonnes de nombres, prévoyez dès le départ des totaux par lignes et par colonnes.

FIGURE A-5 : Visualisation d'une formule

La formule apparait dans la barre de formule

Le résultat de la formule s'inscrit dans la cellule

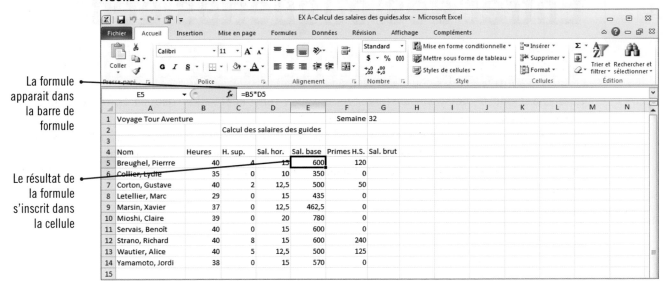

FIGURE A-6 : Formule avec plusieurs opérateurs

Formule de calcul du salaire des heures supplémentaires

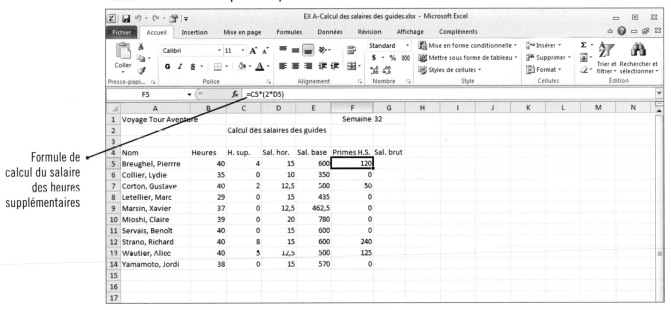

TABLEAU A-2 : Opérateurs arithmétiques d'Excel

Opérateur	But	Exemple
+	Addition	=A5+A7
-	Soustraction ou négation	=A5-10
*	Multiplication	=A5*A7
/	Division	=A5/A7
%	Pourcentage	=35%
^ (accent circonflexe)	Exposant	=6^2 (équivalent de 6^2)

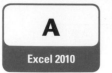
Entrer des étiquettes et des valeurs et utiliser la Somme

Pour entrer une information dans une cellule, tapez cette information dans la barre de formule ou directement dans la cellule. Vous devriez inscrire toutes les étiquettes sur la feuille avant d'y placer les données. Une étiquette peut contenir du texte ou des informations numériques inutilisées dans les calculs, comme « Ventes 2011 » ou « Frais de déplacement ». Les **étiquettes** identifient les données des lignes et des colonnes d'une feuille pour en faciliter la compréhension. En revanche, les **valeurs** sont les nombres, les formules et les fonctions qui servent aux calculs. L'entrée d'un calcul débute toujours par un signe égal (=), suivi de la formule du calcul, comme **=2+2** ou **=C5+C6**. Excel propose des fonctions, c'est-à-dire des formules toutes faites, qui constituent le sujet de la section suivante. ▰▰▰ Vous voulez ajouter quelques informations au classeur Calcul des salaires des guides et utiliser une fonction simple pour calculer la somme d'une plage de cellules.

ÉTAPES

1. **Cliquez dans la cellule A15, puis dans la barre de formule.**

   L'**indicateur de mode** de la barre d'état affiche à présent « Modifier », qui signifie que vous êtes désormais en mode de modification d'une cellule. Le mode Modifier s'active chaque fois que vous entrez ou modifiez le contenu d'une cellule.

   ASTUCE

   Si vous changez d'avis et préférez annuler une modification dans la barre de formule, cliquez sur Annuler ☒ dans la barre de formule.

2. **Tapez Totaux, puis cliquez sur Entrer ☑ dans la barre de formule.**

   Le clic sur Entrer valide la saisie que vous venez d'effectuer. Ce texte est aligné à gauche dans la cellule car Excel aligne toutes les étiquettes à gauche par défaut, tandis qu'il aligne les valeurs à droite par défaut. Excel reconnait une entrée comme une valeur dès lors qu'il s'agit d'un nombre ou qu'elle débute par un des symboles +, -, =, @, # ou $. Lorsqu'une cellule contient à la fois du texte et des nombres, Excel la considère comme une étiquette.

3. **Cliquez dans la cellule B15.**

   Cette cellule contiendra le total des heures prestées par les guides. Votre premier réflexe est sans doute de construire une formule du genre =B5+B6+B7+B8+B9+B10+B11+B12+B13+B14 mais une manière plus simple permet d'obtenir le même résultat.

4. **Cliquez sur le bouton Somme Σ dans le groupe Edition de l'onglet Accueil du Ruban.**

   Excel insère la fonction SOMME dans la formule et propose une plage entre parenthèses, comme à la figure A-7. Une **fonction** est une formule préétablie ; elle comprend des **arguments** (les informations nécessaires pour calculer un résultat), ainsi que des références de cellules et d'autres informations uniques. Cliquer sur Somme additionne automatiquement la plage adjacente, c'est-à-dire les cellules proches de la cellule active, placée à gauche ou au-dessus de celle-ci, tout en vous permettant d'ajuster cette plage avant d'accepter l'entrée dans la cellule active. La fonction SOMME est beaucoup plus rapide que l'entrée d'une formule et l'indication de la plage B5:B14 est bien plus efficace que la saisie de toutes les références de cellules impliquées dans le calcul.

   ASTUCE

   Créez des formules dans une cellule avant même d'y entrer les valeurs à calculer : les résultats seront calculés dès que vous aurez entré les données.

5. **Cliquez sur ☑ dans la barre de formule.**

   Excel calcule le total des valeurs contenues dans la plage B5:B14 et en affiche le résultat, 378, dans la cellule B15. En réalité, la cellule contient la formule =SOMME(B5:B14) mais seul le résultat est affiché.

6. **Cliquez dans la cellule C13, tapez 6, appuyez sur [Entrée].**

   Le nombre 6 s'affiche aligné à droite, le pointeur de cellule se déplace en C14 et la valeur de F13 change.

7. **Cliquez dans la cellule C18, tapez Salaire brut moyen, puis appuyez sur [Entrée].**

   Cette nouvelle étiquette apparait dans la cellule C18 et son contenu déborde sur les cellules vierges à sa droite.

   ASTUCE

   Une pression sur [Tab] achève la saisie du contenu d'une cellule, tandis que le pointeur de cellule se déplace dans la cellule de droite.

8. **Cliquez dans la cellule B15, placez le pointeur de souris dans le coin inférieur droit de la cellule (la poignée de remplissage) de sorte que le pointeur se change en ✚, tirez le pointeur ✚ jusqu'à la cellule G15, puis relâchez le bouton de la souris.**

   Le fait de tirer la poignée de remplissage sur une plage de cellules revient à copier le contenu de la première cellule dans les autres cellules de la plage. Dans la plage B15:F15, chaque cellule ainsi remplie contient une fonction qui calcule la somme des cellules de la plage située au-dessus (figure A-8).

9. **Enregistrez votre travail.**

FIGURE A-7 : Création d'une formule avec le bouton Somme

Cellules sélectionnées dans la formule

Bouton Entrée

Encadré des cellules incluses dans la formule

Bouton Somme

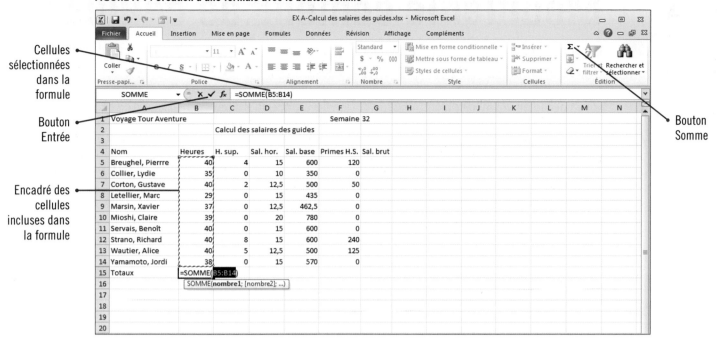

FIGURE A-8 : Valeurs calculées avec la fonction SOMME

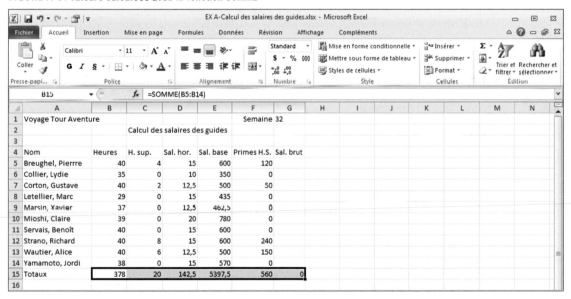

Déplacement dans une feuille de calcul

Avec plus d'un million de cellules disponibles, il est important de savoir se déplacer ou **naviguer** dans une feuille de calcul. Vous pouvez utiliser les touches fléchées du clavier ([↑], [↓], [→] ou [←]) pour vous déplacer d'une cellule à la fois ou [Pg suiv] et [Pg préc] pour vous déplacer d'un écran à la fois. Pour vous déplacer d'un écran vers la gauche, appuyez sur [Alt] et [Pg préc] ; vers la droite, appuyez sur [Alt] et [Pg suiv]. Vous

pouvez aussi cliquer dans la cellule voulue avec la souris. Si la cellule n'est pas visible dans la fenêtre, utilisez les barres de défilement ou la commande Atteindre. Cliquez sur l'onglet Accueil du Ruban, puis, dans le groupe Édition, sur Rechercher et sélectionner, puis sur le menu Atteindre. Pour revenir à la première cellule de la feuille, appuyez sur [Ctrl] [↖] ; pour atteindre la dernière cellule, appuyez sur [Ctrl] [Fin].

Modifier le contenu de cellules

Le contenu d'une cellule active peut être modifié en tout temps. Pour ce faire, double-cliquez dans la cellule, cliquez dans la barre de formule ou commencez simplement la saisie. Excel bascule en mode Modifier dès que vous touchez au contenu d'une cellule. Le tableau A-3 montre les différents pointeurs qu'Excel affiche et qui vous aident dans vos modifications. ▓▓▓▓▓ Vous remarquez quelques erreurs dans la feuille de calcul auxquelles vous voulez apporter des corrections. La première réside dans un nom incorrect à la cellule A5.

ÉTAPES

1. **Cliquez dans la cellule A5, puis cliquez juste à gauche du premier r de Pierrre dans la barre de formule.**

   Dès le premier clic dans la barre de formule, une barre verticale clignotante, appelée **point d'insertion**, apparait dans la barre de formule à l'endroit où tout nouveau texte sera inséré. (figure A-9). Le pointeur de souris se transforme en $\mathbb{I}$ lorsque vous déplacez le pointeur dans la barre de formule.

2. **Appuyez sur [Suppr], puis cliquez sur Entrer ✓ dans la barre de formule.**

   Le clic sur le bouton Entrer valide la modification et l'orthographe du prénom du premier employé est corrigée. Vous pouvez aussi appuyer sur [Entrée] ou [Tab] pour valider une modification. Une pression sur [Entrée] valide également la saisie dans la cellule mais déplace le pointeur d'une cellule vers le bas.

3. **Cliquez dans la cellule B6, puis appuyez sur [F2].**

   Excel entre en mode Modifier et le point d'insertion clignote dans la cellule. Appuyer sur [F2] permet de modifier directement le contenu de la cellule active, sans passer par la barre de formule. Selon vos préférences, vous pouvez modifier le contenu d'une cellule soit directement dans la cellule, soit par le biais de la barre de formule. Le résultat dans la feuille est identique.

4. **Appuyez sur [Ret arr], tapez 8, puis appuyez sur [Entrée].**

   La valeur de la cellule change de 35 en 38 et la cellule B7 devient la cellule active. Vous remarquerez que le résultat des cellules B15 et E15 a également changé parce que ces cellules contiennent des formules qui utilisent B6 dans leurs calculs. Si vous avez commis une erreur, vous pouvez cliquer sur Annuler ✗ dans la barre de formule avant de valider l'entrée. Les boutons Entrer et Annuler n'apparaissent qu'en mode Modifier. Si vous constatez une erreur de saisie après avoir validé une modification, cliquez sur Annuler ↺ dans la barre d'outils Accès rapide.

5. **Cliquez dans la cellule A9, puis double-cliquez sur le mot Marsin dans la barre de formule.**

   Un double-clic sur un mot d'une cellule sélectionne ce mot, y compris la virgule qui le suit.

6. **Tapez Martin, puis appuyez sur [Entrée].**

   Quand un texte est sélectionné, le premier caractère que vous tapez au clavier remplace toute la sélection.

7. **Double-cliquez dans la cellule C12, appuyez sur [Suppr], tapez 4, puis cliquez sur ✓.**

   Un double-clic dans une cellule l'active en mode de modification directe dans la cellule. Comparez votre fenêtre avec la figure A-10.

8. **Enregistrez votre travail.**

   Les modifications apportées au classeur sont enregistrées.

Récupérer les modifications non enregistrées d'un fichier de classeur

La récupération automatique d'Excel enregistre automatiquement votre travail aussi souvent que vous le souhaitez. Ceci signifie que si, pendant l'utilisation d'Excel, vous subissez une panne de courant ou si votre ordinateur « gèle » subitement, vous pouvez récupérer une partie, voire la totalité, des modifications que vous avez apportées à votre classeur depuis le dernier enregistrement manuel. Bien entendu, il ne s'agit pas là d'un substitut à l'enregistrement régulier et volontaire de vos travaux mais plutôt d'une assurance, en cas de panne. Pour personnaliser les réglages de la récupération automatique, cliquez sur l'onglet Fichier, cliquez sur Options, puis cliquez sur Enregistrement. La zone Enregistrer les classeurs regroupe des options de fréquence des enregistrements automatiques et d'où il faut déposer ces fichiers d'enregistrement automatique. Quand vous relancez Excel après une panne de courant, un volet Récupération de document s'ouvre pour vous donner accès aux documents ouverts au moment où Excel a été fermé inopinément. Vous pouvez aussi cliquer sur l'onglet Fichier, cliquer dans la barre de navigation sur Récent, puis cliquer sur Récupérer des classeurs non enregistrés pour ouvrir un classeur autoenregistré à l'aide de la boite de dialogue Ouvrir.

FIGURE A-9 : Classeur en mode Modifier

Cellule active

Point d'insertion

Indicateur de mode

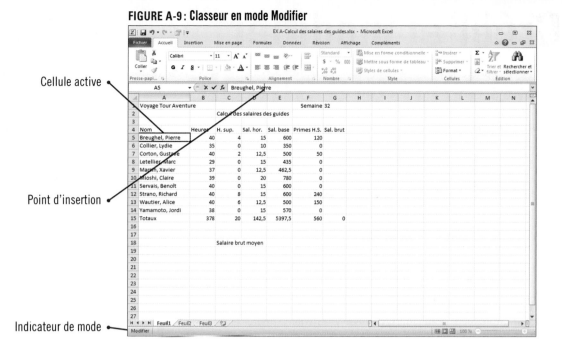

FIGURE A-10 : Classeur modifié

Valeur modifiée

Étiquette modifiée

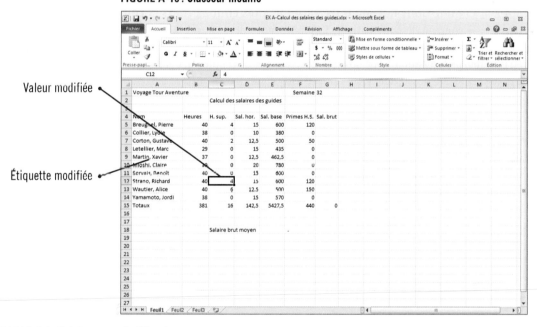

TABLEAU A-3 : Pointeurs usuels d'Excel

Nom	Pointeur	Utilisé pour	Visible dans
Normal	⊕	Sélection d'une cellule ou d'une plage ; indique le mode Prêt	La feuille de calcul active
Poignée de remplissage	+	Création de séries alphanumériques dans une plage	Le coin inférieur droit de la cellule ou de la plage de cellules active
Barre verticale	I	Modification du contenu de la barre de formule	La cellule active en mode Édition ou dans la barre de formule
Déplacement	✣	Changer l'emplacement de la (ou des) cellule(s) sélectionnée(s)	Le périmètre de la (ou des) cellule(s) active(s)
Copie	▷+	Création d'une copie de la (ou des) cellule(s) sélectionnée(s)	Le périmètre de la (ou des) cellule(s) active(s) quand [Ctrl] est pressée
Redimensionnement de colonne	↔	Change la largeur d'une colonne	La bordure entre les indicateurs d'en-tête de colonne

Créer et modifier une formule simple

Les formules permettent d'effectuer des calculs numériques comme l'addition, la multiplication et la moyenne. Une formule d'une feuille de calcul Excel commence habituellement par l'**indicateur de formule**, le signe égal (=), suivi d'adresses de cellules, de noms de plages, de valeurs et d'opérateurs de calcul. Les **opérateurs de calcul** indiquent le type de calcul à effectuer sur les cellules, les plages et les valeurs. Parmi ces opérateurs de calcul, citons les **opérateurs arithmétiques** qui effectuent des calculs mathématiques (voir le tableau A-2 de la leçon « Comprendre les formules »), les **opérateurs de comparaison**, qui comparent des valeurs pour obtenir un résultat vrai ou faux, les **opérateurs de concaténation de texte**, qui fusionnent des chaînes de texte de cellules différentes et les **opérateurs de référence**, qui permettent l'utilisation de plages dans des calculs. Vous devez créer une formule dans la feuille pour calculer le salaire moyen des employés.

ÉTAPES

1. **Cliquez dans la cellule G5.**

   C'est la première cellule dans laquelle vous voulez insérer la formule. Le calcul du salaire moyen exige que vous additionniez le salaire de base et la prime d'heures supplémentaires. L'employé Pierre Breughel reçoit le salaire de base indiqué dans la cellule E5 et une prime d'heures supplémentaires donnée en F5.

2. **Tapez =, cliquez dans la cellule E5, tapez +, puis cliquez dans la cellule F5.**

   > **ASTUCE**
   >
   > Dans une formule, vous faites référence à une cellule soit en tapant la référence de celle-ci, soit en cliquant dans la cellule de la feuille ; quand vous cliquez dans une cellule pour la référencer dans une autre, l'indicateur de mode affiche « Pointer ».

   Comparez le contenu de votre barre de formule avec celui montré à la figure A-11. Les références de cellules en bleu et en vert dans la cellule G5 correspondent aux encadrés de cellules colorés. Lorsque vous devez entrer une formule, préférez autant que possible les références de cellules aux valeurs elles-mêmes. De cette manière, en cas de changement ultérieur de la valeur d'une cellule, par exemple si le salaire de base de Pierre est modifié en 615, toute formule incluant cette information reflètera des résultats précis et à jour.

3. **Cliquez sur Entrer ☑ dans la barre de formule.**

   Le résultat 720 de la formule =E5+F5 apparait dans la cellule G5. Cette même valeur apparait aussi dans la cellule G15 car celle-ci contient une formule qui additionne les valeurs des cellules de la plage G5:G14 alors qu'il n'y a encore aucune autre valeur dans cette plage.

4. **Cliquez dans la cellule F5.**

   La formule de cette cellule calcule la prime correspondant aux heures supplémentaires en multipliant les heures supplémentaires par deux fois le salaire horaire normal (2*D5). Vous décidez de modifier cette formule pour y définir un nouveau salaire horaire.

5. **Cliquez à droite du 2 dans la barre de formule, puis tapez ,5, comme indiqué à la figure A-12.**

   Vous venez de modifier la formule qui calcule la prime due aux heures supplémentaires.

6. **Cliquez sur ☑ dans la barre de formule.**

   Comparez votre écran à celui de la figure A-13. Les valeurs calculées dans les cellules G5, F15 et G15 ont toutes été corrigées automatiquement selon vos modifications dans la cellule F5.

7. **Enregistrez votre travail.**

Comprendre les plages nommées

La mémorisation des références des cellules qui contiennent des informations importantes dans une feuille de calcul présente une certaine difficulté, tandis qu'il suffirait de renommer ces cellules pour faciliter cette tâche. Dans ce but, Excel permet de renommer une cellule simple ou une plage de cellules adjacentes et contigües. L'intérêt ? Au lieu de vous efforcer à retenir que la cellule C18 contient le salaire brut moyen des employés, vous pouvez nommer cette cellule SB_MOY. Un nom de plage doit toujours commencer par une lettre ou un caractère de soulignement. Il ne peut contenir d'espace, ni de nom prédéfini, tel que celui d'une fonction ou d'un autre objet (y compris le nom d'une autre plage déjà nommée) du même classeur. Pour nommer une plage, sélectionnez la ou les cellules souhaitées, cliquez dans la zone Nom de la barre de formule, tapez le nom voulu, puis appuyez sur [Entrée] ;

ou cliquez sur l'onglet Formules, puis sur le bouton Définir un nom du groupe Noms définis. Dans la boite de dialogue Nouveau nom qui s'affiche, tapez ensuite le nom de la nouvelle plage dans le champ Nom, vérifiez la plage sélectionnée, puis cliquez sur OK. Lorsque vous utilisez une plage nommée dans une formule, c'est le nom de la plage qui intervient dans celle-ci, au lieu des adresses des cellules. Vous pouvez aussi créer une plage nommée à partir du contenu d'une cellule que comprend la plage. Sélectionnez la plage contenant le texte que vous souhaitez utiliser comme nom, puis cliquez sur Créer à partir de la sélection dans le groupe Noms définis. La boite de dialogue Créer des noms à partir de la sélection s'affiche. Choisissez l'emplacement du nom que vous souhaitez, puis cliquez sur OK.

FIGURE A-11 : Formule simple dans une feuille

La couleur du cadre de la cellule correspond à la référence de cellule

Les cellules référencées sont insérées dans la formule

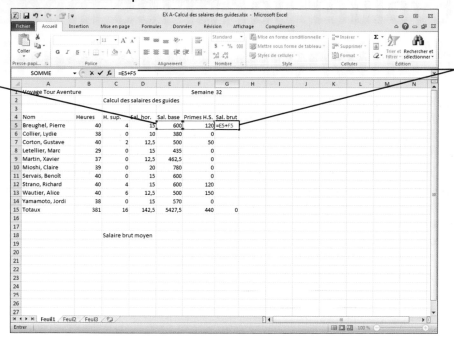

FIGURE A-12 : Formule modifiée dans une feuille

Valeur modifiée dans la formule

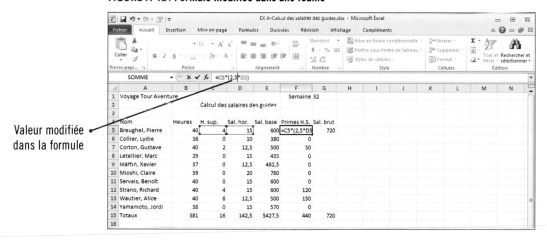

FIGURE A-13 : Formule modifiée et changements conséquents

La formule modifiée entraine des modifications dans ces autres cellules

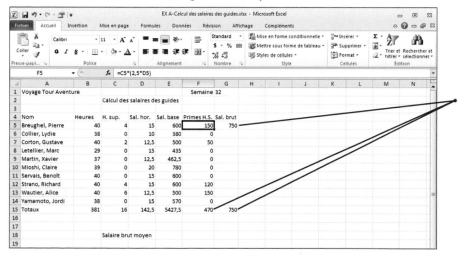

Premiers pas avec Excel 2010

Évoluer parmi les modes d'affichage d'une feuille

Le mode de visualisation d'une fenêtre de feuille de calcul peut changer à tout moment, soit par l'onglet Affichage du Ruban, soit par le biais des boutons d'affichage de la barre d'état. Le changement de vue n'affecte en rien le contenu d'une feuille : il vous aide à vous focaliser sur des tâches diverses, comme la saisie d'informations de contenu ou la préparation de l'impression d'une feuille. L'onglet Affichage comporte une grande variété d'options, comme les boutons d'affichage, les commandes de zoom ou encore le masquage ou l'affichage d'éléments de feuille de calcul, notamment du quadrillage. La barre d'état n'offre que peu d'options d'affichage, mais avec l'avantage d'un plus grand confort d'utilisation. ▒▒▒ Vous apportez quelques ajustements à la feuille de calcul comme l'ajout d'un titre pour améliorer la présentation du document.

ÉTAPES

ASTUCE

Bien qu'une feuille de calcul puisse contenir plus d'un million de lignes et de colonnes, un document ne contient que le nombre de pages nécessaires au projet en cours.

1. **Cliquez sur l'onglet Affichage du Ruban, puis sur le bouton Mise en page du groupe Affichages classeur.**

   Le mode d'affichage bascule du mode d'affichage Normal, par défaut, au mode d'affichage Mise en page. Le **mode d'affichage Normal** montre la feuille sans un certain nombre de détails tels que les en-têtes, les pieds de page, ni les outils comme les règles et les numéros de page. Ce mode d'affichage convient pour la création et la modification d'une feuille de calcul mais s'avère trop peu détaillé lorsqu'il s'agit d'apporter une touche finale au document. Le **mode d'affichage Mise en page** offre une visualisation plus précise de l'aspect du document lors de son impression, comme l'indique la figure A-14. Les marges de la page imprimée s'affichent, ainsi qu'une zone de texte destinée à recevoir un en-tête. Une zone de pied de page apparait au pied de page ; votre écran est peut-être insuffisamment grand pour la voir sans faire défiler la feuille. Les règles apparaissent en haut et à gauche de la feuille. Sur la droite de cette page, une partie d'une autre page s'affiche assombrie parce qu'elle ne contient aucune donnée. Un indicateur de numéro de page dans la barre d'état indique le numéro de la page actuelle et le nombre total de pages dans cette feuille de calcul.

2. **Glissez le pointeur ▷ jusqu'au-dessus de l'en-tête, *sans cliquer*.**

   L'en-tête comporte jusqu'à trois zones de texte : gauche, centre et droite. Chacune de ces zones s'affiche en bleu au survol du pointeur.

ASTUCE

Vous pouvez modifier les informations d'entête et de pied de page à l'aide de l'onglet Création des Outils En-têtes et pieds de page qui apparait automatiquement sur le Ruban lorsqu'un en-tête ou un pied de page est activé. Par exemple, pour insérer la date, cliquez sur le bouton Date actuelle du groupe Éléments en-tête et pied de page, ou pour ajouter l'heure, cliquez sur le bouton Heure actuelle.

3. **Cliquez dans la zone d'en-tête gauche, tapez Voyages Tour Aventure, cliquez dans la zone de texte du centre, tapez Calcul des salaires des guides, cliquez dans la zone de texte d'en-tête droit, puis tapez Semaine 32.**

   Les nouveaux textes apparaissent dans les zones de texte, comme le montre la figure A-15.

4. **Sélectionnez la plage A1:G2, puis appuyez sur [Suppr].**

   Les informations que vous venez d'ajouter justifient la suppression de leurs doubles dans les cellules de la feuille.

5. **Cliquez si nécessaire sur l'onglet Affichage, cliquez dans la case à cocher Règles du groupe Afficher ; faites de même pour la case à cocher Quadrillage du groupe Afficher.**

   Les règles et le quadrillage disparaissent. Par défaut, le quadrillage d'une feuille ne s'imprime pas, son masquage donne une idée plus réaliste du document final.

6. **Cliquez sur le bouton Aperçu des sauts de page ▦ de la barre d'état, puis, si nécessaire, cliquez sur OK dans la boite de dialogue Aperçu des sauts de page.**

   Le mode d'affichage bascule en mode **Aperçu des sauts de page**, qui montre une vue réduite de chacune des pages existantes de la feuille, avec des délimiteurs de page.

7. **Avec le pointeur ↕, glissez l'indicateur de saut de page inférieur jusqu'au bas de la ligne 21.**

   Comparez avec la figure A-16. Lorsque vous travaillez sur des grandes feuilles de calcul comprenant plusieurs pages, vous devez parfois ajuster les sauts de page, tandis que dans le cas de notre feuille, toutes les informations tiennent place dans une seule page.

ASTUCE

Dès que vous avez visualisé une feuille en mode Aperçu des sauts de page, les indicateurs de sauts de page apparaissent sous la forme de traits en pointillés lorsque vous revenez à l'affichage Normal.

8. **Cliquez si nécessaire sur l'onglet Affichage, cliquez sur Mise en page dans le groupe Affichages classeur, cliquez dans la case à cocher Règle du groupe Afficher, puis cliquez dans la case à cocher Quadrillage du groupe Afficher.**

   Les règles et le quadrillage s'affichent à nouveau. Si vous sélectionniez le mode Normal, vous constateriez que la case à cocher Règle est cochée mais désactivée, ce qui signifie que les règles ne peuvent s'afficher en mode Normal. Elles ne sont visibles qu'en mode Mise en page. Le quadrillage, par contre, est accessible dans n'importe quel mode d'affichage.

9. **Enregistrez votre travail.**

FIGURE A-14 : Mode d'affichage Mise en page

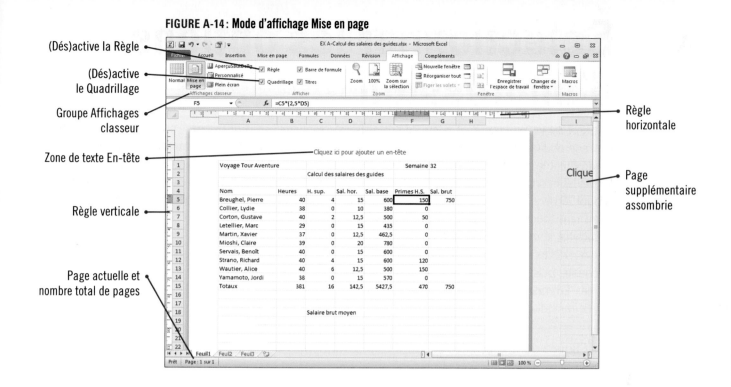

(Dés)active la Règle

(Dés)active le Quadrillage

Groupe Affichages classeur

Zone de texte En-tête

Règle verticale

Page actuelle et nombre total de pages

Règle horizontale

Page supplémentaire assombrie

FIGURE A-15 : Zones d'en-têtes

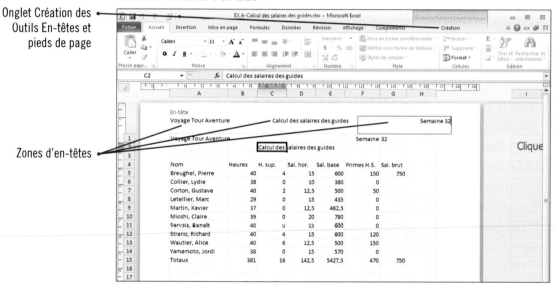

Onglet Création des Outils En-têtes et pieds de page

Zones d'en-têtes

FIGURE A-16 : Aperçu des sauts de page

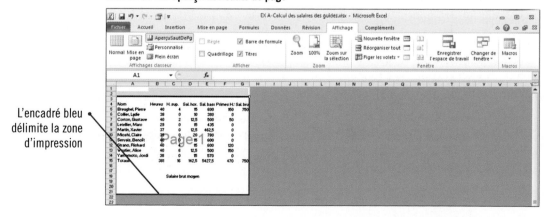

L'encadré bleu délimite la zone d'impression

Excel 2010

A

Excel 2010

Sélectionner les options d'impression

L'instant est venu d'imprimer le document mais vous souhaitez en vérifier l'aspect à l'aide de l'onglet Mise en page pour ajuster au mieux l'impression du document. L'onglet Mise en page propose des outils utiles, notamment le groupe Mise en page, qui permet de choisir l'orientation de la page, c'est-à-dire le sens dans lequel les informations s'impriment sur le papier, la taille de la page et l'emplacement des sauts de page. Le groupe Mise à l'échelle permet de forcer l'impression d'une grande quantité de données sur une même page sans toucher aux marges individuelles. Dans le groupe Options de feuille de calcul, vous activez ou désactivez le quadrillage et les en-têtes de lignes et de colonnes. Quand vous êtes prêt à imprimer, vous pouvez définir des options d'impression comme le nombre de copies ou de sélectionner l'imprimante adéquate, puis vous pouvez afficher votre document en mode Aperçu avant impression à l'aide de l'onglet Fichier. En mode Aperçu avant impression, vous réglez aussi des paramètres de mise en page, dont vous voyez immédiatement les résultats dans l'aperçu. 📇 Vous préparez votre feuille en vue de l'impression.

ÉTAPES

1. **Cliquez dans la cellule A21, tapez votre nom, puis appuyez sur [Entrée].**

2. **Cliquez sur l'onglet Mise en page du Ruban.**

   Comparez votre fenêtre avec la figure A-17. Les lignes en pointillés indiquent la **zone d'impression**, c'est-à-dire la zone à imprimer.

   > **ASTUCE**
   > La glissière du Zoom, dans la barre d'état, permet à tout moment d'agrandir la visualisation de zones données de la feuille.

3. **Cliquez sur le bouton Orientation du groupe Mise en page, puis sur Paysage.**

   L'orientation du papier change en **paysage**, où le contenu s'imprime sur la longueur de la page et non sur sa largeur.

4. **Cliquez sur le bouton Orientation dans le groupe Mise en page, puis sur Portrait.**

   L'orientation du papier revient en **portrait**, pour que le contenu s'imprime sur la largeur de la page.

5. **Dans le groupe Options de la feuille de calcul de l'onglet Mise en page, cochez la case Afficher Quadrillage et, si nécessaire, la case Imprimer Quadrillage, puis enregistrez votre classeur.**

   L'impression du quadrillage facilite la lecture des données mais il ne s'imprimera que si vous cochez la case Imprimer, sous l'option Quadrillage.

   > **ASTUCE**
   > Pour changer l'imprimante active, cliquez sur le nom de l'imprimante en mode Aperçu avant impression et sélectionnez une autre imprimante.

6. **Cliquez sur l'onglet Fichier, puis cliquez sur Imprimer, dans la barre de navigation.**

   L'onglet Imprimer en mode Aperçu avant impression présente la feuille de calcul exactement comme elle apparaitra sur une feuille de papier. À gauche de l'aperçu de la feuille de calcul, un certain nombre de réglages de document et d'impression sont accessibles. Pour ouvrir la boite de dialogue Mise en page et ajuster les options de disposition de page, cliquez sur le lien Mise en page, proposé au pied de la section Paramètres. Comparez votre fenêtre d'aperçu à celle de la figure A-18. Vous pouvez imprimer à partir de cette vue en cliquant sur le bouton Imprimer. Pour revenir à la feuille de calcul sans imprimer, cliquez à nouveau sur l'onglet Fichier.

   > **ASTUCE**
   > Si le bouton Impression rapide 🖨 est présent dans la barre d'outils Accès rapide, cliquez sur ce bouton pour imprimer la feuille de calcul avec les réglages prédéfinis.

7. **Comparez vos réglages à ceux de la figure A-18, puis cliquez sur le bouton Imprimer.**

   Une copie de la feuille s'imprime.

8. **Remettez votre travail à votre professeur comme indiqué, puis quittez Excel.**

Imprimer les formules d'une feuille de calcul

Au cours de la création d'une feuille de calcul, vous éprouverez quelquefois le besoin d'imprimer la feuille avec toutes ses formules au lieu du contenu des cellules. En particulier, vous voudrez voir exactement la manière dont vous êtes arrivé à obtenir un calcul complexe pour l'expliquer à d'autres personnes. Pour ce faire, ouvrez le classeur avec les formules à imprimer. Cliquez sur l'onglet Formules, puis cliquez sur le bouton Afficher les formules pour le sélectionner. Quand ce bouton est activé, les formules sont affichées à l'écran et imprimées sur papier, en lieu et place des valeurs résultantes de ces formules.

FIGURE A-17 : Feuille de calcul en mode d'orientation Portrait

Des traits en pointillés délimitent la zone d'impression

Votre nom s'affiche ici

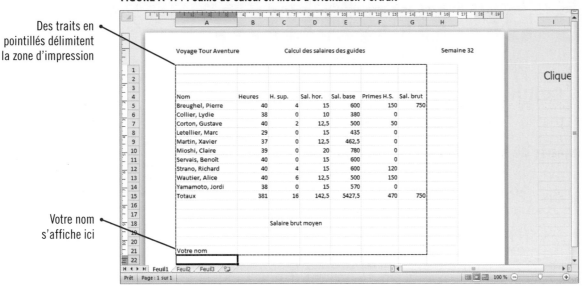

FIGURE A-18 : Feuille dans l'Aperçu avant impression

Cliquez ici pour changer le nombre de copies

Bouton Imprimer

Imprimante active ; la vôtre diffère sans doute

Choisissez les pages à imprimer

Cliquez ici pour régler l'échelle

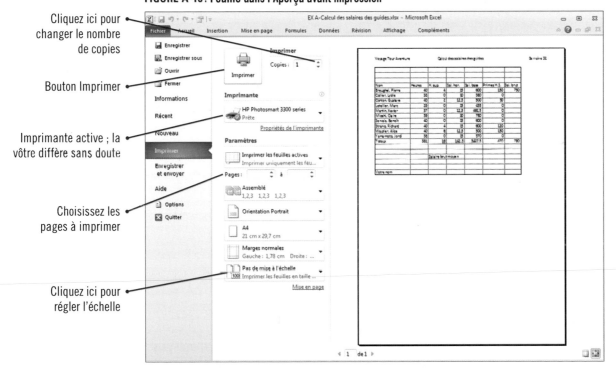

Ajuster une feuille de calcul à une page

Lorsque vous disposez d'un grand nombre de données et que vous souhaitez les imprimer sur une seule feuille de papier, sans perdre trop de temps à ajuster les marges et autres réglages, vous disposez de plusieurs possibilités. Vous pouvez imprimer facilement votre travail sur une seule feuille en cliquant sur la liste Pas de mise à l'échelle de la section Paramètres de l'Aperçu avant impression, puis en sélectionnant Ajuster la feuille à une page. Une autre méthode d'ajustement d'une feuille de calcul sur une page consiste à cliquer sur l'onglet Mise en page, puis à modifier à 1 les réglages de Largeur

et de Hauteur du groupe Mise à l'échelle. Vous pouvez également utiliser l'option Ajuster de la boite de dialogue Mise en page. Pour ouvrir la boite de dialogue Mise en page, cliquez sur le lanceur de la boite de dialogue du groupe Mise à l'échelle, sous l'onglet Mise en page ou encore, si vous êtes en mode Aperçu avant impression, cliquez sur le lien Mise en page, sis au pied de la section Paramètres. Vérifiez que l'onglet Page est sélectionné dans la boite de dialogue Mise en page, puis cliquez sur le bouton d'option Ajuster.

Mise en pratique

Révision des concepts

Identifiez les éléments de la feuille Excel de la figure A-19.

FIGURE A-19

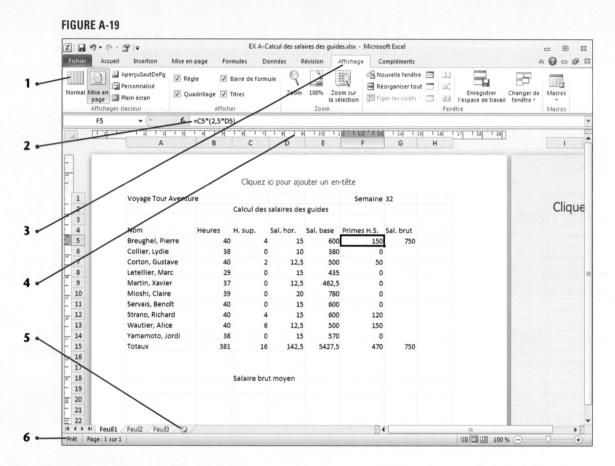

Associez chaque terme à sa description.

7. **Indicateur de formule**

8. **Mode Normal**

9. **Zone Nom**

10. **Cellule**

11. **Orientation**

12. **Classeur**

   a. Mode d'affichage par défaut d'Excel

   b. Direction suivant laquelle le contenu d'une page s'imprime sur papier

   c. Signe égal qui précède une formule

   d. Fichier constitué d'une ou plusieurs feuilles de calcul

   e. Intersection d'une colonne et d'une ligne

   f. Partie de la fenêtre de programme d'Excel qui affiche l'adresse de la cellule active

Choisissez la meilleure réponse à chaque question.

13. **Quel est le nombre maximum de feuilles de calcul qu'un classeur peut inclure?**
    - **a.** 3
    - **b.** 250
    - **c.** 255
    - **d.** Illimité

14. **L'utilisation de l'adresse d'une cellule dans une formule est connue sous le terme:**
    - **a.** Formulation
    - **b.** Prefixage
    - **c.** Référencement de cellule
    - **d.** Mathématiques de cellule

15. **Quelle fonctionnalité utilisez-vous pour imprimer une longue feuille de calcul sur une seule feuille de papier?**
    - **a.** Affichage des formules
    - **b.** Mise à l'échelle
    - **c.** Aperçu des sauts de pages
    - **d.** Plages nommées

16. **Une sélection de plusieurs cellules s'appelle:**
    - **a.** Groupe
    - **b.** Plage
    - **c.** Référence
    - **d.** Emballage

17. **Quel mode d'affichage montre une feuille de calcul telle qu'elle sera imprimée?**
    - **a.** Mise en page
    - **b.** Données
    - **c.** Prévisualisation
    - **d.** Affichage

18. **Sur quelle touche faut-il appuyer pour entrer en mode Modifier?**
    - **a.** [F1]
    - **b.** [F2]
    - **c.** [F4]
    - **d.** [F6]

19. **Quel mode d'affichage présente une vue réduite de chaque page d'une feuille de calcul?**
    - **a.** Normal
    - **b.** Mise en page
    - **c.** Miniature
    - **d.** Aperçu des sauts de page

20. **Dans quelle zone pouvez-vous visualiser une feuille de calcul telle qu'elle sera imprimée et, ceci, juste avant de l'imprimer?**
    - **a.** Paramètres de page
    - **b.** Aperçu avant impression
    - **c.** Paramétrage de l'imprimante
    - **d.** Onglet Affichage

21. **Dans quel mode d'affichage pouvez-vous voir les zones d'en-tête et de pied de page d'une feuille?**
    - **a.** Normal
    - **b.** Mise en page
    - **c.** Aperçu des sauts de page
    - **d.** En-tête et pied de page

Révision des techniques

1. **Définir un tableur.**
   - **a.** Quelle différence y a-t-il entre un classeur et une feuille de calcul ?
   - **b.** Identifiez cinq utilisations professionnelles usuelles des tableurs.
   - **c.** Qu'est-ce que l'analyse par hypothèse?

2. **Découvrir la fenêtre Excel 2010.**
   - **a.** Démarrez Excel.
   - **b.** Ouvrez le fichier EX A-2.xlsx de votre dossier Projets, puis enregistrez-le sous le nom **EX A-Statistiques météorologiques**.
   - **c.** Repérez la barre de formule, les onglets de feuilles, l'indicateur de mode et le pointeur de cellule.

3. **Comprendre les formules.**
   - **a.** Quelle est la moyenne des températures maximales dans les villes citées ? (*Indice*: Sélectionnez la plage B5:G5 et consultez la barre d'état.)
   - **b.** Quelle formule devez-vous créer pour calculer la différence d'altitude entre Genève et Montréal ? Entrez cette formule dans la cellule D13.

4. **Entrer des étiquettes et des valeurs et utiliser la Somme.**
   - **a.** Cliquez dans la cellule H7, puis faites appel à la Somme pour calculer le total des précipitations (chutes de pluie et de neige).
   - **b.** Cliquez dans la cellule H8, puis faites appel à la Somme pour calculer le total des nombres de jours de précipitations.
   - **c.** Enregistrez votre travail.

Révision des techniques (suite)

5. Modifier le contenu de cellules.

a. À l'aide de [F2], corrigez l'écriture de Tokio dans une cellule de la feuille de calcul (l'orthographe correcte est Tokyo).

b. Cliquez dans A17, puis entrez-y votre nom.

c. Enregistrez le classeur.

6. Créer et modifier une formule simple.

a. Modifiez la valeur 73 de la cellule B8 en **81**.

b. Modifiez la valeur 854 de la cellule C7 en **860**.

c. Sélectionncz la cellule J4, puis utilisez la poignée de remplissage pour recopier la formule de la cellule J4 dans les cellules J5:J8.

d. Enregistrez le classeur.

7. Évoluer parmi les modes d'affichage d'une feuille.

a. Cliquez sur l'onglet Affichage du Ruban, puis basculez en mode Mise en page.

b. Ajoutez un en-tête **Statistiques météorologiques annuelles** dans la zone d'en-tête du centre.

c. Ajoutez votre nom dans la zone d'en-tête de droite.

d. Supprimez le contenu de la cellule A1.

e. Supprimez le contenu de la cellule A17.

f. Enregistrez le classeur.

8. Sélectionner les options d'impression.

a. Sous l'onglet Mise en page, changez l'orientation de la page en Portrait.

b. Masquez le quadrillage : ôtez la coche des cases Quadrillage Afficher et Quadrillage Imprimer dans le groupe Options de la feuille de calcul.

c. Modifiez l'échelle de la feuille de calcul pour que toutes les informations s'affichent et s'impriment sur une seule feuille de papier. (*Indice* : Dans le groupe Mise à l'échelle, déroulez la liste Largeur et sélectionnez 1 page, puis déroulez la liste Hauteur et sélectionnez 1 page.) Comparez votre fenêtre à celle de la figure A-20.

FIGURE A-20

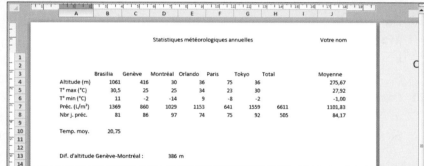

d. Visualisez la feuille en mode Aperçu avant impression (onglet Fichier, Imprimer), puis imprimez une copie de la feuille.

e. Enregistrez le classeur, présentez vos travaux à votre professeur, selon ses indications, puis fermez le classeur et quittez Excel.

Exercice personnel 1

Une agence immobilière de votre région vous engage pour assurer l'introduction de l'usage d'Excel dans ses bureaux. Le personnel souhaite regrouper son portefeuille de propriétés dans une feuille de calcul. Vous édifiez une feuille pour ce projet qui contient des étiquettes mais aucune autre donnée.

a. Ouvrez le classeur EX A-3.xlsx de votre dossier Projets et enregistrez-le sous le nom **EX A-Liste des propriétés.**

b. Entrez les données du tableau A-4 dans les colonnes A, C, D et E (les adresses des propriétés débordent dans la colonne B).

TABLEAU A-4

Adresse	Prix	Chambres	Salles d'eau
145 av. des Cactus	350000	3	2,5
32 av. des Ibiscus	325000	3	4
60 allée des Potiers	475500	2	2
902 ch. des Liserons	295000	4	3

Exercice personnel 1 (suite)

c. En mode d'affichage Mise en page, ajoutez un en-tête avec les composants suivants : le titre **Liste des propriétés** au centre, votre nom à droite.

d. Créez des formules pour calculer les totaux dans les cellules C6:E6.

e. Enregistrez le classeur, puis comparez le résultat à celui de la figure A-21.

f. Présentez vos travaux à votre professeur, selon ses indications.

g. Fermez le classeur et quittez Excel.

FIGURE A-21

Adresse propriété	Prix	Chambres	Salles d'eau
145 av. des Cactus	350000	3	2,5
32 av. des Ibiscus	325000	3	4
60 allée des Potiers	475500	2	2
902 ch. des Liserons	295000	4	3
Total	1445500	12	11,5

Exercice personnel 2

Vous êtes le gérant de Trucs d'autos, une petite entreprise de vente de pièces d'automobiles. Bien que l'entreprise ne soit âgée que de trois ans, elle connaît une croissance rapide et vous êtes continuellement à la recherche de moyens pour faciliter votre travail. Dans ce contexte, vous venez de commencer à utiliser Excel pour gérer et mettre à jour des données sur votre inventaire et vos ventes, dans le but de suivre avec précision et efficacité vos informations.

a. Démarrez Excel.

b. Enregistrez un nouveau classeur sous le nom **EX A-Ventes Trucs d'autos** dans votre dossier Projets.

c. Adoptez le mode d'affichage adéquat pour ajouter un en-tête contenant votre nom dans la zone d'entête de gauche et le titre **Ventes Trucs d'autos** dans l'en-tête du centre.

d. En vous inspirant de la figure A-22, créez des étiquettes pour au moins sept constructeurs de voitures et des chiffres de vente sur trois mois. Ajoutez les autres étiquettes appropriées. Placez les constructeurs de voitures dans la colonne A et les ventes pour chaque mois dans les colonnes B, C et D. Indiquez une étiquette de totaux dans une ligne en dessous des données et une colonne Totaux dans la colonne E.

FIGURE A-22

Placez vos formules ici

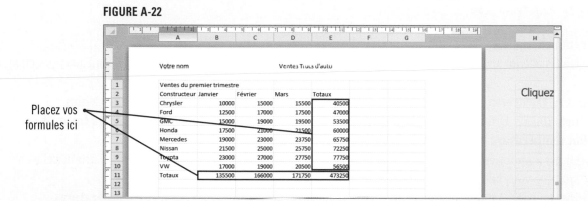

Constructeur	Janvier	Février	Mars	Totaux
Chrysler	10000	15000	15500	40500
Ford	12500	17000	17500	47000
GMC	15000	19000	19500	53500
Honda	17500	21000	21500	60000
Mercedes	19000	23000	23750	65750
Nissan	21500	25000	25750	72250
Toyota	23000	27000	27750	77750
VW	17000	19000	20500	56500
Totaux	135500	166000	171750	473250

e. Entrez des valeurs de votre choix dans les colonnes de ventes de chaque mois, pour chacun des constructeurs.

f. Ajoutez des formules dans la colonne Totaux pour calculer la somme des ventes mensuelles de chaque constructeur. Ajoutez des formules au bas de chaque colonne de valeurs pour obtenir la somme de la colonne. Pour rappel, la fonction Somme vous fera gagner du temps.

g. Enregistrez le classeur, affichez la feuille en mode Aperçu avant impression, puis présentez votre travail à votre professeur, selon ses indications.

Exercice personnel 2 (suite)

Difficultés supplémentaires

■ Créez une étiquette deux lignes en dessous des données de la colonne A qui mentionne une augmentation de 15 %.

■ Créez une formule dans chaque cellule B13, C13 et D13 qui calcule une augmentation de 15 % des totaux des ventes mensuelles.

■ Affichez les formules du classeur et imprimez une copie de la feuille de calcul avec ses formules.

■ Enregistrez le classeur.

h. Fermez le classeur et quittez Excel.

Exercice personnel 3

Votre superviseur, d'origine américaine, est un fanatique du contrôle thermostatique de la température. Il tient à maintenir une température constante à chaque saison. Comme il n'arrive pas à se faire aux degrés Celsius et ne sait pas convertir les degrés Fahrenheit, il vous demande de lui fournir une table d'équivalence des températures. Vous utilisez le web et Excel pour créer cette table d'équivalence.

a. Démarrez Excel et enregistrez un classeur vierge sous le nom **Conversions de températures** dans votre dossier Projets.

b. Créez des intitulés de colonnes et de lignes comme à la figure A-23. (*Indice* : Pour élargir la colonne B, vous pouvez aussi cliquer sur la cellule B1, cliquer sur le bouton Format du groupe Cellules, puis cliquer sur Ajuster la largeur de colonne.)

FIGURE A-23

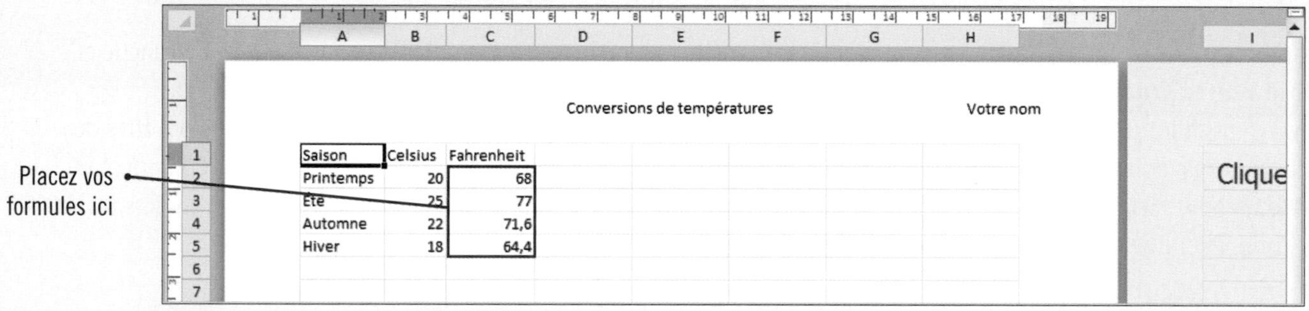

c. Créez des étiquettes pour chacune des saisons.

d. Dans les cellules adéquates, tapez ce que vous considérez comme une température idéale dans les bureaux pour chaque saison.

e. Utilisez un navigateur web pour trouver une équation qui calcule la conversion de température de Celsius en Fahrenheit. (*Indice*: Utilisez votre moteur de recherche favori pour rechercher des termes du genre **formule conversion température**.)

f. Dans les cellules appropriées, créez une formule qui calcule la température en degrés Fahrenheit à partir de celle en degrés Celsius que vous lui donnez.

g. En mode Mise en page, ajoutez un en-tête avec votre nom, ainsi que le titre **Conversions de températures**.

h. Enregistrez le classeur et imprimez la feuille.

i. Fermez le classeur, puis quittez Excel.

Défi

Vous avez enfin décidé d'organiser votre vie. Vous voulez structurer vos finances personnelles pour épargner un peu d'argent et vous décidez d'utiliser Excel pour suivre les dépenses que vous engagez.

a. Démarrez Excel, ouvrez le fichier EX A-4.xlsx de votre dossier Projets et enregistrez-le sous le nom **EX A-Carnet de chèques personnel**.

b. Indiquez les numéros de chèques (à partir d'un premier numéro de votre choix) dans les cellules A5 à A9.

c. Créez des données d'exemples pour la date, le libellé et le montant, dans les cellules B5 à D9.

d. Enregistrez le classeur.

Difficultés supplémentaires

- Recherchez dans l'aide d'Excel la technique qui permet de créer une suite de nombres.
- Supprimez le contenu des cellules A5 à A9.
- Créez une suite de numéros dans la plage A5:A9.
- Dans la cellule C15, rédigez une brève description de la méthode utilisée pour créer la suite.
- Enregistrez le classeur.

e. Créez des formules dans les cellules de la plage E5:E9 qui calculent un solde mobile. (*Indice* : Pour le premier chèque, le solde mobile est égal au solde initial moins le montant du chèque ; pour chacun des chèques suivants, le solde mobile est égal au solde précédent moins le montant du chèque.)

f. En D10, créez la formule qui totalise les montants des chèques.

g. Entrez votre nom dans la cellule C12, puis comparez votre feuille de calcul à celle de la figure A-24.

h. Enregistrez le classeur, présentez votre travail à votre professeur, puis quittez Excel.

FIGURE A-24

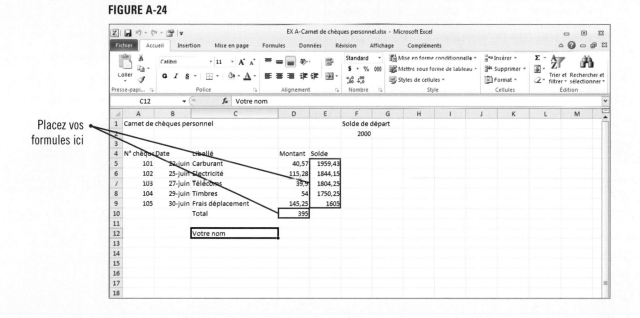

Placez vos formules ici

Atelier visuel

Ouvrez le fichier EX A-5.xlsx de votre dossier Projets et enregistrez-le sous le nom **EX A-Inventaire**. Utilisez tout ce que vous avez appris dans ce module pour modifier la feuille de calcul, de manière à la faire correspondre à la figure A-25. Entrez des formules dans les cellules D4 à D13, ainsi que dans les cellules C14 et D14. Entrez vos formules plus facilement à l'aide de la Somme. Ajoutez votre nom dans la zone d'en-tête de gauche, puis imprimez une copie de la feuille avec les formules affichées.

FIGURE A-25

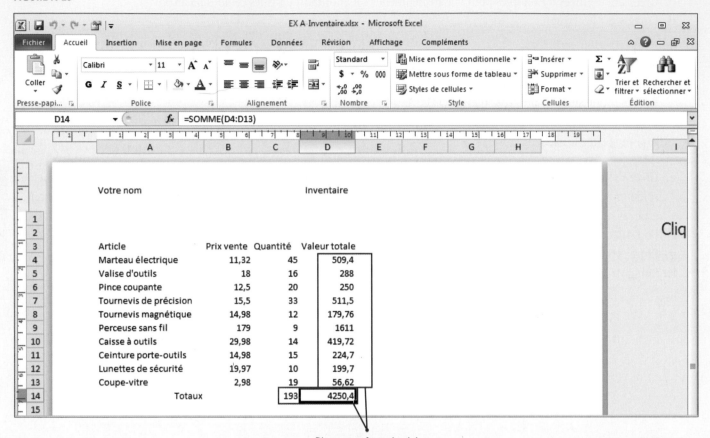

Placez vos formules ici

Utiliser les formules et les fonctions

Connaissant les éléments de base d'Excel, vous pouvez développer vos feuilles de calcul pour y inclure des formules et des fonctions plus complexes. Pour plus d'efficacité, vous pouvez copier et déplacer des formules existantes dans d'autres cellules au lieu de taper de nouveau les mêmes informations. Lorsque vous procédez à des copies et des déplacements, vous contrôlez la façon de gérer les références de cellules, pour que les formules fassent toujours référence aux cellules voulues. Directrice générale des finances de Voyages Tour Aventure, Manon Lemaire doit analyser les ventes de voyages au cours de l'année. Elle vous demande de préparer une feuille de calcul qui relève les données des ventes et comporte quelques éléments d'analyse statistique. Elle souhaite également que vous effectuiez quelques analyses par hypothèse, pour évaluer les ventes trimestrielles de voyages touristiques en fonction de quelques augmentations prévues.

OBJECTIFS

Créer une formule complexe

Insérer une fonction

Taper une fonction

Copier et déplacer le contenu des cellules

Comprendre les références relatives et absolues

Copier des formules avec des références relatives

Copier des formules avec des références absolues

Arrondir une valeur avec une fonction

Créer une formule complexe

Une **formule complexe** est une formule utilisant plusieurs opérateurs arithmétiques. Par exemple, vous pouvez créer une formule combinant l'addition et la multiplication. Au sein d'une équation complexe, vous utiliserez des opérateurs arithmétiques pour séparer les tâches. Lorsqu'une formule comprend plusieurs opérateurs arithmétiques, Excel détermine l'ordre d'exécution des opérateurs selon les **règles de préséance**. Cet ordre d'exécution peut être modifié à l'aide de parenthèses autour de la partie que vous voulez exécuter en premier lieu. Par exemple, la formule =4+2*5 donne 14 parce que l'ordre de préséance indique que la multiplication est effectuée avant l'addition. Par contre, la formule =(4+2)*5 est égale à 30, parce que les parenthèses imposent d'abord le calcul de 4+2 avant la multiplication. ▰▰▰▰▰ Vous créez une formule qui calcule une augmentation de 20 % des ventes de voyages touristiques.

ÉTAPES

1. **Démarrez Excel, ouvrez le classeur EX B-1.xlsx de votre dossier Projets et enregistrez-le sous le nom Analyse des ventes de voyages.**

> **ASTUCE**
>
> Lorsque vous cliquez dans une cellule pour en extraire la référence, l'indicateur de mode de la barre d'état devient «Pointer». Il indique que vous pouvez cliquer dans une autre cellule pour en ajouter la référence à la formule.

2. **Cliquez dans la cellule B14, tapez =, cliquez dans la cellule B12, puis tapez +.**

   Dans cette première partie de la formule, vous créez une référence au total du premier trimestre.

3. **Cliquez dans la cellule B12, puis tapez *,2.**

   Cette seconde partie de la formule ajoute 20 % (B12*,2) à la valeur initiale de la cellule. Comparez votre feuille à celle de la figure B-1.

4. **Cliquez sur Entrer ✔ dans la barre de formule.**

   Le résultat, 386122,344, apparait dans la cellule B14.

5. **Appuyez sur [Tab], tapez =, cliquez dans la cellule C12, tapez +, cliquez dans la cellule C12, tapez *,2, puis cliquez sur ✔.**

   Le résultat 410969,712 s'affiche en C14.

> **ASTUCE**
>
> Vous pouvez copier les formules en sélectionnant la plage C14:E14, en cliquant sur le bouton Remplissage 🔽 du groupe Édition de l'onglet Accueil du Ruban, puis en cliquant sur À droite.

6. **Glissez le pointeur 🔡 de la cellule C14 à la cellule E14.**

   La plage sélectionnée affiche les valeurs calculées, comme le montre la figure B-2. Faire glisser la poignée de recopie sur une cellule copie le contenu de la cellule ou poursuit une série (par exemple Trimestre 1, Trimestre 2...) dans les cellules adjacentes. Cette option est nommée **Recopie automatique**.

7. **Enregistrez le classeur.**

Comprendre l'ordre de préséance

Une formule peut contenir plusieurs opérateurs mathématiques et l'ordre de préséance est très important parce qu'il détermine le résultat. Si une formule contient deux ou plusieurs opérateurs, comme 4+0,55/4000*25, Excel exécute les calculs dans l'ordre basé sur les règles de préséance suivantes : les opérations incluses entre parenthèses sont calculées en premier lieu, avant toute autre opération. Les opérateurs de référence (comme les plages) sont calculés d'abord, suivis du calcul des exposants, puis des multiplications et divisions effectuées de la gauche vers la droite. Finalement, les additions et soustractions sont évaluées de gauche à droite. Dans l'exemple précédent, Excel effectue les opérations en divisant d'abord 0,55 par 4000, en multipliant le résultat par 25, puis en y ajoutant 4. L'ordre de calcul peut être modifié par l'emploi de parenthèses. Par exemple, dans la formule (4+0,55)/4000*25, Excel additionnerait 4 et 0,55, diviserait le résultat par 4000, puis le multiplierait par 25.

FIGURE B-1 : Éléments d'une formule complexe

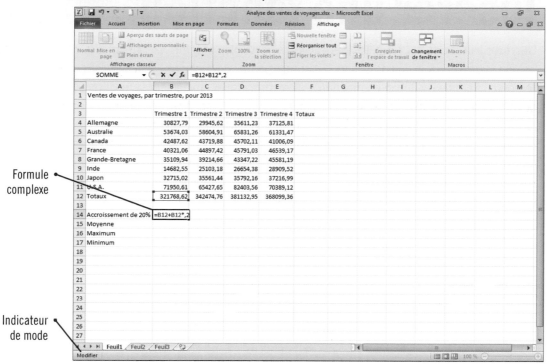

Formule complexe

Indicateur de mode

FIGURE B-2 : Plusieurs formules complexes

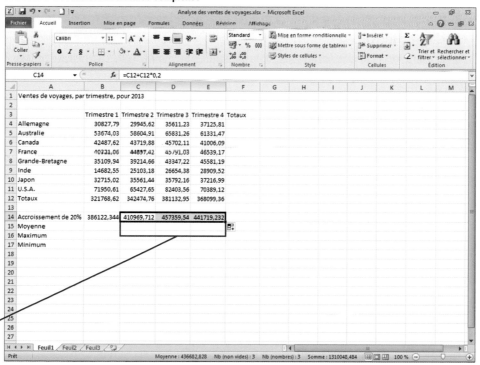

La formule de la cellule C14 est recopiée dans les cellules D14 et E14

Excel 2010

Insérer une fonction

Les **fonctions** sont des formules prédéfinies permettant d'effectuer facilement des calculs complexes. Le bouton Insérer une fonction de la barre de formule permet de choisir une fonction dans une boite de dialogue. Le bouton Somme du Ruban permet non seulement d'insérer rapidement la fonction SOMME, mais la flèche de liste associée à ce bouton permet également d'entrer d'autres fonctions usuelles comme MOYENNE. Les fonctions sont classées par catégories, selon leur but : Finances, Date et heure, Statistiques. Vous pouvez insérer une fonction unique ou en tant que partie d'une autre formule. Par exemple, vous avez utilisé SOMME seule pour additionner une plage de cellules, mais vous pourriez également utiliser SOMME dans une formule qui additionne une plage de cellules, pour multiplier ensuite ce total par un nombre. Lorsque vous utilisez une fonction seule, elle débute toujours par l'indicateur de formule, le signe égal (=). ░░░░ Vous devez calculer la moyenne des ventes du premier trimestre de l'année et décidez de faire appel à une fonction pour y parvenir.

ÉTAPES

ASTUCE

Lorsque vous utilisez le bouton Insérer une fonction ou la flèche de liste de Somme, il n'est pas nécessaire de taper le signe égal (=) car Excel l'ajoute automatiquement si nécessaire.

1. **Cliquez dans la cellule B15.**

   C'est la cellule où vous placerez le calcul de la moyenne des ventes du premier trimestre. Vous décidez d'utiliser la boite de dialogue Insérer une fonction pour rédiger cette formule.

2. **Cliquez sur Insérer une fonction f_x dans la barre de formule.**

   Le signe égal est inséré dans la cellule active et dans la barre de formule, et la boite de dialogue Insérer une fonction apparait (figure B-3). Vous y choisissez la fonction que vous souhaitez en cliquant dessus dans la liste Sélectionnez une fonction. Cette liste affiche initialement les fonctions les plus récemment utilisées. Si vous ne voyez pas celle que vous voulez, vous pouvez soit cliquer sur la flèche de liste Ou sélectionnez une catégorie, pour choisir la catégorie de fonctions adéquate, soit, si vous n'êtes pas certain de la catégorie de la fonction, taper un nom de fonction ou une brève description dans la zone de texte Recherchez une fonction. La fonction MOYENNE est une fonction statistique, mais vous n'aurez pas besoin de la rechercher dans la catégorie Statistiques car elle est déjà affichée dans la liste des dernières utilisées.

ASTUCE

Pour connaitre les détails d'utilisation d'une fonction, cliquez dessus dans la liste Sélectionner une fonction, lisez les arguments et leurs formats requis pour cette fonction.

3. **Cliquez sur MOYENNE et, si nécessaire, lisez les informations proposées sous la liste, puis cliquez sur OK.**

   La boite de dialogue Arguments de la fonction s'ouvre, où vous définissez la plage des cellules dont vous voulez calculer la moyenne.

ASTUCE

Quand vous sélectionnez une plage, incluez les deux cellules aux extrémités de la plage et toutes les cellules comprises entre elles.

4. **Cliquez sur Réduire 📧 dans la zone de texte Nombre1 de la boite de dialogue Arguments de la fonction, sélectionnez la plage B4:B11, puis cliquez sur Agrandir 📧.**

   Le clic sur Réduire rapetisse la boite de dialogue pour que vous puissiez sélectionner des cellules dans la feuille. À l'inverse, le clic sur Agrandir restaure la boite de dialogue à sa taille initiale (figure B-4). Notez que si vous commencez à sélectionner des cellules avec la souris, la boite de dialogue se réduit automatiquement et, après la sélection des cellules, elle se développe à nouveau.

5. **Cliquez sur OK.**

   La boite de dialogue Arguments de la fonction se ferme et la valeur calculée s'affiche dans la cellule B15. Le revenu moyen par pays pour le premier trimestre est de 40221,0775.

6. **Cliquez dans la cellule C15, cliquez sur la flèche de la liste Somme Σ ▾ du groupe Édition de l'onglet Accueil, puis sur Moyenne.**

   Une info-bulle sous la cellule C15 affiche les arguments nécessaires pour compléter la fonction. Le texte « nombre1 » est affiché en gras, ce qui vous indique que l'étape suivante consiste à préciser la première cellule du groupe dont vous voulez calculer la moyenne. Vous voulez la moyenne d'une plage de cellules.

7. **Sélectionnez la plage C4:C11, puis cliquez sur Entrer ✓ dans la barre de formule.**

   La moyenne des ventes par pays pour le deuxième trimestre s'affiche dans la cellule C15.

8. **Glissez la poignée de recopie de la cellule C15 à la cellule E15.**

   La formule de la cellule C15 est recopiée dans les autres cellules de la plage sélectionnée (figure B-5).

9. **Enregistrez le classeur.**

FIGURE B-3 : Boite de dialogue Insérer une fonction

Zone Recherchez une fonction

Votre liste de fonctions dernièrement utilisées peut différer de celle-ci

Flèche de la liste Ou sélectionnez une catégorie

Description de la fonction sélectionnée

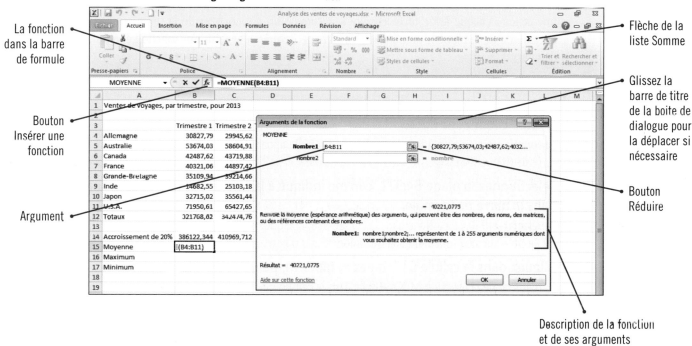

FIGURE B-4 : Boite de dialogue Arguments de la fonction

La fonction dans la barre de formule

Bouton Insérer une fonction

Argument

Flèche de la liste Somme

Glissez la barre de titre de la boite de dialogue pour la déplacer si nécessaire

Bouton Réduire

Description de la fonction et de ses arguments

FIGURE B-5 : Fonctions Moyenne dans la feuille

La fonction terminée apparait dans la barre de formule

La formule de la cellule C15 est copiée dans les cellules D15 et E15

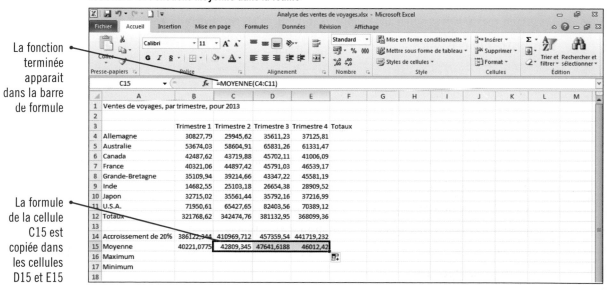

Taper une fonction

L'insertion d'une fonction peut se faire à l'aide de la boite de dialogue Insérer une fonction ou du bouton Somme du Ruban, mais également en tapant manuellement la fonction dans une cellule et en la complétant avec les arguments appropriés. Cette méthode impose de connaitre le nom et les premiers caractères de cette fonction, mais elle est souvent plus rapide que l'ouverture de plusieurs boites de dialogue. Les utilisateurs expérimentés préfèrent cette méthode ; elle ne constitue cependant qu'une alternative, ni meilleure ni plus correcte que les autres méthodes. La fonctionnalité Saisie semi-automatique facilite la saisie des noms de fonctions parce qu'elle suggère des fonctions d'après les premiers caractères tapés. Vous voulez calculer les valeurs maximales et minimales des ventes de chaque trimestre dans la feuille de calcul et vous décidez d'entrer manuellement ces fonctions statistiques.

ÉTAPES

1. **Cliquez dans la cellule B16, tapez =, puis tapez m.**

   Comme vous tapez cette fonction manuellement, vous devez commencer par le signe égal (=). La saisie semi-automatique affiche une liste de noms de fonction commençant par M. Dès que vous tapez un signe égal dans une cellule, chaque lettre tapée ensuite agit comme un déclencheur de la saisie semi-automatique. Cette fonctionnalité diminue le nombre de caractères nécessaires pour saisir une fonction et réduit donc les risques d'erreurs de syntaxe.

2. **Dans la liste, cliquez sur MAX.**

   Une info-bulle apparait, qui décrit la fonction.

3. **Double-cliquez sur MAX.**

   La fonction est ajoutée à la cellule et une info-bulle apparait sous la cellule pour vous aider à compléter la formule (figure B-6).

4. **Sélectionnez la plage B4:B11, comme indiqué à la figure B-7, puis cliquez sur Entrer ✔ dans la barre de formule.**

   Le résultat 71950,61 s'affiche dans la cellule B16. Lorsque vous terminez la saisie, la parenthèse de fermeture est ajoutée automatiquement à la formule.

5. **Cliquez dans la cellule B17, tapez =, tapez m, puis double-cliquez sur MIN.**

   L'argument de la fonction MIN s'affiche dans la cellule.

6. **Sélectionnez la plage B4:B11, puis appuyez sur [Entrée].**

   Le résultat 14682,55 apparait dans la cellule B17.

7. **Sélectionnez la plage B16:B17, puis glissez la poignée de recopie de la cellule B17 à la cellule E17.**

   Les valeurs maximales et minimales de tous les trimestres s'affichent dans la plage sélectionnée (figure B-8).

8. **Enregistrez le classeur.**

Les fonctions NB et NBVAL

Lorsque vous sélectionnez une plage, le nombre de cellules non vides apparait dans la barre d'état. Par exemple, si vous sélectionnez la plage A1:A5 et que seules les cellules A1 et A2 contiennent des valeurs, la barre d'état affiche « Nb (non vides) : 2 ». Les fonctions NB et NBVAL permettent de compter précisément les cellules non vides. La fonction NB renvoie le nombre de cellules de la plage contenant des valeurs numériques, que ce soit des nombres, des dates ou des formules. La fonction NBVAL renvoie le nombre de cellules de la plage contenant une donnée quelconque, y compris des valeurs numériques, des étiquettes de texte ou même un espace. Ainsi, la formule =NB(A1:A5) renvoie le nombre de cellules de la plage contenant des valeurs numériques et la formule =NBVAL(A1:A5) renvoie le nombre de cellules de la plage qui ne sont pas vides.

FIGURE B-6 : La fonction MAX en cours de saisie

13					
14	Accroissement de 20%	386122,344	410969,712	457359,54	441719,232
15	Moyenne	40221,0775	42809,345	47641,6188	46012,42
16	Maximum	=MAX(			
17	Minimum	MAX(**nombre1**; [nombre2]; ...)			
18					

FIGURE B-7 : Terminer la saisie de la fonction MAX

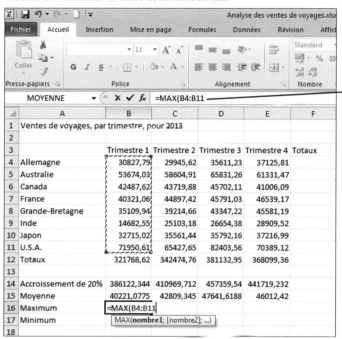

La parenthèse de fermeture sera ajoutée automatiquement à la validation de la saisie

FIGURE B-8 : Les fonctions MAX et MIN terminées

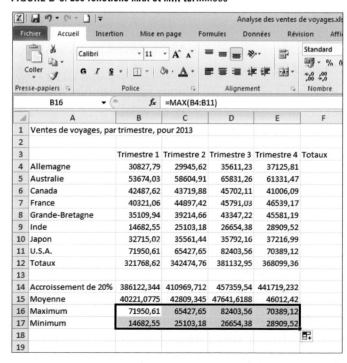

Copier et déplacer le contenu des cellules

Trois méthodes permettent de copier ou de déplacer des cellules ou des plages d'un endroit à l'autre : les boutons Couper, Copier et Coller de l'onglet Accueil du Ruban, la poignée de recopie du coin inférieur droit de la cellule active et la méthode Glisser-Déposer. Lorsque vous copiez des cellules, les données d'origine demeurent à leur emplacement initial ; lorsque vous les coupez ou les déplacez, les données d'origine sont effacées. Vous pouvez couper, copier et coller des cellules ou des plages de cellules d'une feuille à une autre.
En plus de l'augmentation de 20 % des ventes de voyages, vous voulez afficher les effets d'une augmentation de 30 %. Au lieu de retaper toutes les informations, vous copiez et déplacez les étiquettes de ces cellules.

ÉTAPES

ASTUCE

Pour couper ou copier seulement une partie du contenu d'une cellule, activez la cellule, puis sélectionnez dans la barre de formule les caractères à couper ou coller.

1. **Sélectionnez la plage B3:E3, puis cliquez sur Copier 🖺 dans le groupe Presse-papiers de l'onglet Accueil.**

   La plage sélectionnée, B3:E3, est copiée dans le **Presse-papiers** d'Office, un fichier temporaire contenant l'information copiée ou coupée. Une bordure animée entoure la plage sélectionnée jusqu'à ce que vous appuyiez sur [Echap] ou que vous copiez d'autres données dans le Presse-papiers.

2. **Cliquez sur le lanceur 🖺 du groupe Presse-papiers.**

   Le volet Presse-papiers d'Office s'ouvre (figure B-9). Ce que vous copiez ou coupez est placé dans le Presse-papiers de Windows et dans celui d'Office. Le Presse-papiers de Windows ne peut contenir qu'un élément, alors que celui d'Office contient jusqu'aux 24 derniers éléments copiés ou coupés dans un des programmes de la suite Office. Votre Presse-papiers pourrait contenir d'autres éléments.

ASTUCE

Lorsque le Presse-papiers contient 24 éléments, son maximum, l'élément existant le plus ancien est automatiquement effacé à l'ajout d'un nouvel élément.

3. **Cliquez dans la cellule B19, puis sur Coller dans le groupe Presse-papiers.**

   Une copie du contenu de la plage B3:E3 est collé dans la plage B19:E19. Lorsque vous collez un élément du Presse-papiers dans la feuille de calcul, n'indiquez que la cellule supérieure gauche de la plage où vous voulez coller la sélection. Le contenu de la plage B3:E3 est inchangé. Si vous aviez coupé au lieu de coller, les données auraient été supprimées de l'emplacement d'origine après avoir été collées.

4. **Appuyez sur [Suppr].**

   Les cellules sélectionnées sont vidées de leur contenu. Vous décidez de coller les cellules sur une autre ligne. Vous pouvez coller un élément du Presse-papiers autant de fois que vous le souhaitez, tant que cet élément est présent dans le Presse-papiers.

ASTUCE

Vous pouvez aussi fermer le volet du Presse-papiers en cliquant sur le lanceur du groupe Presse-papiers.

5. **Cliquez dans la cellule B20, cliquez sur le premier élément du Presse-papiers Office, puis cliquez sur le bouton Fermer ☒ du volet Presse-papiers.**

   Les cellules B20:E20 contiennent les données copiées.

6. **Cliquez dans la cellule A14, appuyez sur [Ctrl] et maintenez-la enfoncée, pointez une bordure de la cellule jusqu'à ce que le pointeur se change en ⬚, glissez ⬚ jusqu'à la cellule A21, relâchez le bouton de la souris, puis relâchez [Ctrl].**

   Le pointeur de copie ⬚ apparait pendant tout le glissement, comme à la figure B-10. Lorsque le bouton de la souris est relâché, le contenu de la cellule A14 est copié dans la cellule A21.

7. **Cliquez juste à gauche du 2 dans la barre de formule, enfoncez [Suppr], tapez 3, puis appuyez sur [Entrée].**

8. **Cliquez dans la cellule B21, tapez =, cliquez dans la cellule B12, tapez *1,3, cliquez sur ✓ dans la barre de formule, puis enregistrez le classeur.**

   Cette nouvelle formule calcule un accroissement de 30 % des ventes du trimestre 1 à l'aide d'une autre méthode que la précédente. Tout montant que vous multipliez par 1,3 donne un montant égal à 130 % du montant initial, soit une augmentation de 30 %. Comparez votre feuille à celle de la figure B-11.

FIGURE B-9 : Données copiées dans le Presse-papiers

Bouton Coller

Bouton Copier

Lanceur du Presse-papiers

Un élément dans le Presse-papiers Office

Volet Presse-papiers

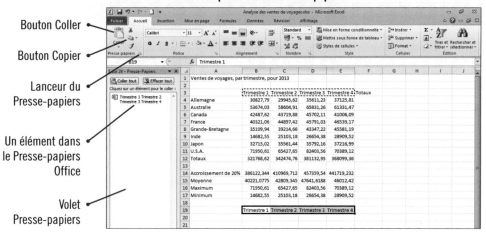

FIGURE B-10 : Copie du contenu d'une cellule avec le Glisser-Déposer

Cellule copiée

Le plus (+) indique que la copie est en cours

Indique l'emplacement de la copie

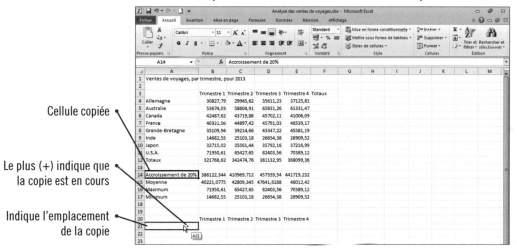

FIGURE B-11 : Formule de calcul d'un accroissement de 30 %

Formule de l'augmentation de 30 %

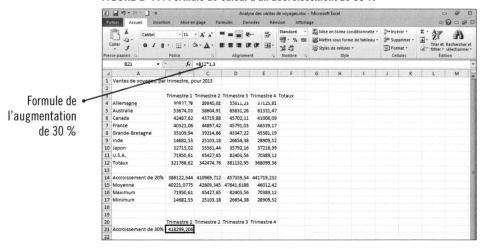

Insérer et supprimer des cellules sélectionnées

Lorsque vous ajoutez des formules à vos feuilles de calcul, vous pouvez être amené à insérer ou à supprimer des cellules spécifiques. Dans ce cas, Excel ajuste automatiquement les références des cellules pour tenir compte des nouvelles adresses. Pour insérer des cellules, cliquez sur la flèche de liste du bouton Insérer du groupe Cellules de l'onglet Accueil, puis cliquez sur Insérer des cellules. La boite de dialogue Insertion de cellule apparait et vous demande si, pour insérer une cellule, vous voulez décaler la cellule sélectionnée vers le bas ou vers la droite de la nouvelle. Pour supprimer une ou plusieurs cellules sélectionnées, cliquez sur la flèche de liste de Supprimer dans le groupe Cellules, cliquez sur Supprimer les cellules et, dans la boite de dialogue Supprimer, indiquez la façon dont vous voulez décaler les cellules adjacentes. Lorsque vous utilisez cette option, veillez à ne pas perturber l'alignement nécessaire à assurer l'exactitude des références des cellules dans la feuille de calcul. Cliquez sur Insérer ou Supprimer dans le groupe Cellules pour, respectivement, ajouter ou supprimer une seule cellule.

Comprendre les références relatives et absolues

En cours de travail avec Excel, vous souhaiterez fréquemment réutiliser une formule à un autre emplacement de la feuille, afin de réduire la quantité de données à retaper. Par exemple, vous pourriez définir un scénario dans une partie d'une feuille, montrant une série de données de prévisions de ventes avec une augmentation de 10 % et définir un autre scénario dans une autre partie de la feuille, montrant les prévisions avec une augmentation de 50 %; il suffit dans ce cas de copier les formules de la première partie vers la seconde et de changer le « 1 » en « 5 ». Mais lorsqu'une formule est copiée, il est important de s'assurer qu'elle fait référence aux bonnes cellules. Pour vérifier cela, il est nécessaire de comprendre les références relatives et les références absolues de cellules. Vous prévoyez réutiliser des formules dans différentes parties de vos feuilles de calcul et vous voulez comprendre les références relatives et absolues de cellules.

DÉTAILS

- **Utilisez des références relatives pour conserver intacte la relation à l'emplacement de la formule**

  Lorsque vous créez une formule qui réfère à d'autres cellules, Excel « n'enregistre » pas les adresses exactes des cellules mais plutôt leur relation à la cellule contenant la formule. Par exemple, à la figure B-12, la cellule F5 contient la formule =SOMME(B5:E5). Quand Excel recherche les valeurs pour calculer le résultat dans la cellule F5, il cherche en réalité « les quatre cellules à gauche de la formule », c'est-à-dire les cellules B5:E5. De cette façon, si la formule est copiée ailleurs, par exemple en F6, le résultat reflète le nouvel emplacement et retrouve automatiquement les valeurs des cellules B6, C6, D6 et E6. C'est ce que l'on appelle une **référence relative de cellule** car Excel enregistre les cellules d'entrée en relation avec la cellule de la formule.

  Dans la plupart des cas, vous utiliserez les références relatives de cellule lorsque vous copierez ou déplacerez des cellules, ce qui explique que ce soit l'option par défaut d'Excel. Dans la figure B-12, les formules des cellules F5 à F12 et B13 à F13 contiennent des références relatives de cellules. Elles additionnent « les quatre cellules de gauche » ou « les huit cellules du dessus » des formules.

- **Utilisez des références absolues pour conserver l'adresse exacte d'une cellule dans une formule**

  Dans certains cas, vous aurez besoin de renvoyer à une cellule précise dont l'adresse devra demeurer la même lorsque la formule sera copiée ailleurs. Par exemple, vous pourriez disposer d'une valeur donnée dans une cellule utilisée dans toutes les formules, indépendamment de leur emplacement. Si vous utilisiez une référence relative, le résultat de la formule serait incorrect car Excel se servirait d'une cellule différente dans chaque copie de la formule. Vous devez donc utiliser une **référence absolue de cellule**, une référence qui ne change pas lors de la copie de la formule.

  Vous créez une référence absolue en plaçant un $ (symbole dollar) devant la lettre de colonne et devant le numéro de ligne de l'adresse de la cellule. Vous pouvez soit taper le signe dollar lorsque vous tapez l'adresse de la cellule dans une formule (par exemple =C12*$B$16), soit sélectionner une adresse de cellule dans la barre de formule, puis appuyer sur [F4], auquel cas les signes dollar sont automatiquement ajoutés. La figure B-13 affiche les formules de la figure B-12. Remarquez que les formules de la plage B19:E26 contiennent des références absolues et des références relatives. Les formules des cellules de la plage B19 à E26 utilisent une même référence absolue à la cellule $B$16, contenant l'augmentation potentielle des ventes de 50 %.

FIGURE B-12 : Formules contenant des références relatives

Formule contenant des références relatives

Les formules copiées s'ajustent pour conserver la relation des formules avec les cellules auxquelles elle se réfèrent

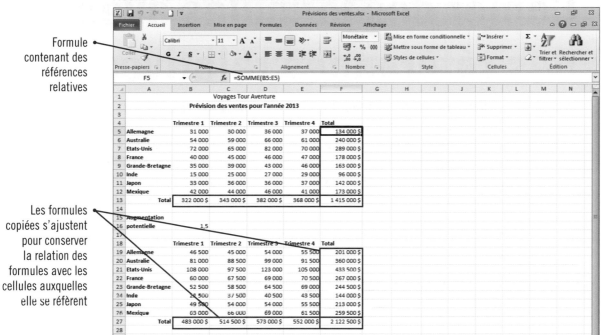

FIGURE B-13 : Formules contenant des références absolues et relatives

Les références absolues ne s'ajustent pas dans les formules copiées

Cellule utilisée dans les références absolues

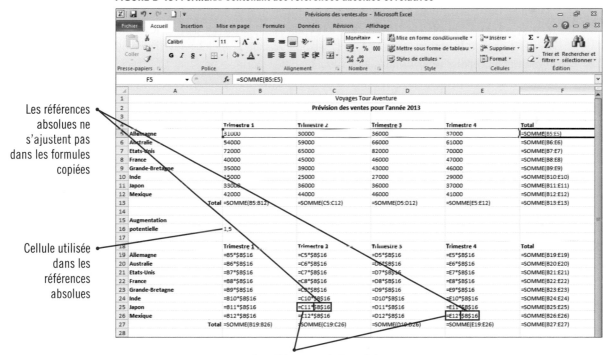

Les références relatives s'ajustent dans les formules copiées

SUM
Average.

Utiliser une référence mixte

Lors de la copie d'une formule, vous pouvez avoir besoin de modifier la référence de ligne tout en conservant la référence de colonne, ou l'inverse. Ce type de référence contenant à la fois une référence absolue et une référence relative s'appelle une **référence mixte**. Par exemple, lorsqu'elle est copiée, une formule contenant la référence mixte C$14 changera de colonne en relation avec le nouvel emplacement, mais ne changera pas de numéro de ligne.

Dans la référence mixte $C14, la lettre de colonne demeure constante, tandis que le numéro de ligne est modifié selon le nouvel emplacement. Comme la référence absolue, la référence mixte peut être obtenue par la touche de fonction [F4]. En appuyant à plusieurs reprises sur la touche [F4], vous parcourez toutes les combinaisons possibles de références relatives, absolues et mixtes ($C14, C$14, $C14, C14).

Utiliser les formules et les fonctions

Copier des formules avec des références relatives

La copie et le déplacement de cellules permettent de réutiliser des formules existantes. Copier des cellules est généralement plus rapide que de récrire les formules qu'elles contiennent et aide à éviter les fautes de frappe. Si les cellules que vous voulez copier contiennent des références relatives de cellules et que vous souhaitiez conserver ces références relatives, aucune modification n'est nécessaire aux cellules avant la copie. ▓▓▓▓▓ Vous voulez copier la formule de la cellule B21, qui calcule l'accroissement de 30 % des ventes du trimestre 1, dans les cellules C21 à E21. Vous décidez aussi de créer des formules de calcul des ventes totales de l'année pour chacun des pays visités.

ÉTAPES

1. **Cliquez dans la cellule B21, si nécessaire, puis sur le bouton Copier 📋 du groupe Presse-papiers.**

   La formule de calcul de l'augmentation de 30 % des ventes du premier trimestre est copiée dans le Presse-papiers. Remarquez que la formule =B12*1,3 apparait dans la barre de formule et qu'une bordure animée entoure la cellule active.

ASTUCE

Pour coller seulement des composantes spécifiques d'une cellule ou d'une plage, cliquez sur la flèche de liste du bouton Coller du groupe Presse-papiers, puis sur Collage spécial. Dans la boite de dialogue Collage spécial, vous pouvez imposer de ne coller sélectivement que les formules, les valeurs ou tout autre choix.

2. **Cliquez dans la cellule C21, puis cliquez sur Coller dans le groupe Presse-papiers.**

   La formule de la cellule B21 est copiée en C21 où apparait le nouveau résultat, 445217,188. Remarquez que les références ont changé dans la barre de formule et que la cellule C12 est référencée dans la formule. Cette formule contient une référence relative qui, lors d'une copie, demande à Excel de remplacer les références afin de préserver dans le nouvel emplacement la relation existant entre les nouvelles cellules qui contiennent la formule et les cellules de la formule. Ici, Excel a modifié la formule pour que C12, la cellule située neuf lignes au-dessus de C21, remplace B12, la cellule située neuf lignes au-dessus de B21.

3. **Glissez la poignée de recopie de la cellule C21 jusqu'à la cellule E21.**

   Une formule semblable à celle de la cellule C21 est recopiée dans la plage D21:E21. Lorsque vous relâchez le bouton de la souris, le bouton Options de recopie incrémentée apparait (figure B-14). Les options de ce bouton vous permettent de ne remplir les cellules qu'avec des éléments spécifiques de la cellule copiée.

4. **Cliquez dans la cellule F4, cliquez sur Somme Σ dans le groupe Édition, puis cliquez sur ✔ dans la barre de formule.**

5. **Cliquez sur 📋 dans le groupe Presse-papiers, sélectionnez la plage F5:F6, puis cliquez sur Coller.**

   Voir la figure B-15. Dès que vous relâchez le bouton de la souris, le **bouton Options de collage** apparait qui permet de sélectionner les éléments de la sélection copiée à coller dans les cellules sélectionnées. La barre de formule affiche les ventes des voyages en Grande-Bretagne. Vous voulez que ces totaux apparaissent aussi dans les cellules F7:F11. La commande Remplissage du groupe Édition est celle que vous allez utiliser pour recopier la formule dans les dernières cellules.

6. **Sélectionnez la plage F6:F11.**

7. **Cliquez sur la flèche de liste Remplissage 🔽 du groupe Édition, puis sur En bas.**

   Les formules sont copiées dans chaque cellule. Comparez votre feuille à celle de la figure B-16.

8. **Enregistrez le classeur.**

Utiliser l'aperçu du collage

Le bouton Coller permet de coller une formule, une valeur ou une autre option tout en affichant un aperçu du résultat de l'opération. Lorsque vous cliquez sur la flèche du bouton Coller, une galerie d'options apparait. Pointez une icône pour afficher un aperçu du contenu collé avec cette option. Parmi les options, vous pouvez coller les valeurs, les valeurs et format de nombre, les formules, la mise en forme, les données transposées (les colonnes deviennent des lignes et les lignes des colonnes) et coller sans bordure.

FIGURE B-14 : Copier une formule avec la poignée de recopie

Bouton Options de recopie incrémentée

FIGURE B-15 : Formules collées dans la plage F5:F6

Bouton Coller

Flèche de liste Coller

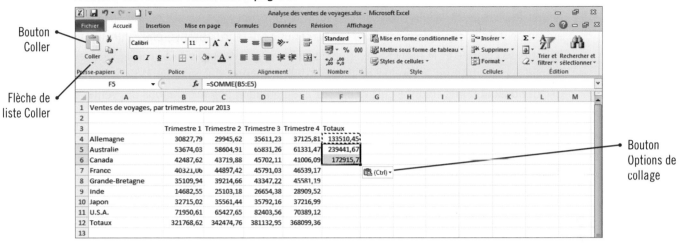

Bouton Options de collage

FIGURE B-16 : Copie de cellules avec le Remplissage En bas

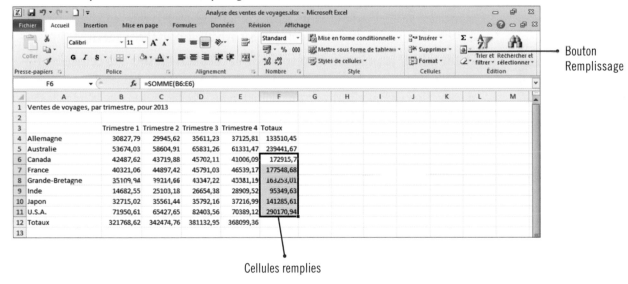

Bouton Remplissage

Cellules remplies

Utiliser les Options de recopie incrémentée

Lorsque vous utilisez la poignée de recopie pour copier des cellules, le bouton Options de recopie incrémentée apparait. Les options varient selon ce que vous recopiez. Si vous avez sélectionné des cellules contenant une série (par exemple « lundi » et « mardi ») et utilisez la poignée de recopie, vous obtenez des options continuant la série (avec « mercredi » et « jeudi ») ou permettant de coller simplement les cellules copiées. Un clic sur le bouton Options de recopie incrémentée ouvre une liste d'options dans laquelle vous

pouvez choisir : Copier les cellules, Incrémenter une série (si c'est le cas), Ne recopier que la mise en forme, Recopier les valeurs sans la mise en forme. Copier les cellules signifie que la cellule et sa mise en forme seront copiées. L'option Ne recopier que la mise en forme ne copie que les attributs de mise en forme et non le contenu. Copier les cellules est l'option prédéfinie de la poignée de recopie ; par conséquent, si vous voulez copier la cellule, ses références et sa mise en forme, vous pouvez ignorer ce bouton.

Copier des formules avec des références absolues

Lorsque vous copiez des formules, vous pouvez avoir besoin qu'une ou plusieurs références de cellules d'une formule demeurent inchangées en relation avec la formule. Dans ce cas, vous devrez appliquer une référence absolue de cellule avant de copier la formule, pour conserver une adresse de cellule spécifique au moment de la copie de la formule. Pour créer une référence absolue, placez un signe dollar ($) avant la lettre de colonne et le numéro de ligne de l'adresse (par exemple $A$1). ▨▨▨▨ Vous avez besoin de scénarios qui montrent le résultat de différents pourcentages d'augmentation des ventes globales. Vous décidez d'ajouter une colonne qui calcule une augmentation possible du total des ventes de voyages, puis de changer le pourcentage pour en voir différents résultats potentiels.

ÉTAPES

1. **Cliquez dans la cellule H1, tapez Variation, puis appuyez sur [→].**

2. **Tapez 1,1 et appuyez sur [Entrée].**

   Vous placez dans cette cellule le facteur d'accroissement qui servira aux scénarios. La valeur 1,1 représente une augmentation de 10 % ; tout ce que vous multipliez par 1,1 renvoie un montant égal à 110 % du montant initial, soit 10 % d'augmentation.

3. **Cliquez dans la cellule H3, tapez Résultat ? et appuyez sur ✓.**

4. **Dans la cellule H4, tapez =, cliquez dans F4, tapez *, cliquez dans la cellule I1, puis cliquez sur Entrer ✓ dans la barre de formule.**

   Le résultat 146861,5 apparait en H4. Cette valeur représente les ventes en Allemagne avec une augmentation de 10 %. Vous voulez effectuer une analyse par hypothèse pour chacun des pays visités.

5. **Faites glisser la poignée de recopie de la cellule H4 jusqu'à la cellule H11.**

   Les valeurs obtenues dans la plage H5:H11 sont toutes égales à zéro, ce qui ne correspond pas au résultat attendu. Une référence relative est modifiée lors de la copie, si bien que la formule devient =F5*I2 dans la cellule H5. Comme il n'y a aucune valeur en I2, le résultat est zéro, c'est-à-dire une erreur. Il faut utiliser une référence absolue dans la formule pour empêcher son ajustement. Ainsi, ce sera la cellule I1 qui servira chaque fois de base au calcul.

6. **Cliquez dans la cellule H4, appuyez sur [F2] pour activer le mode Modifier et appuyez sur [F4].**

   Lorsque vous appuyez sur [F2], le sélecteur de plage affiche les arguments de l'équation en bleu ct en vert. Lorsque vous appuyez sur [F4], des symboles dollar apparaissent pour modifier en référence absolue l'adresse I1 (figure B-17).

7. **Cliquez sur ✓ dans la barre de formule, puis faites glisser la poignée de recopie ⬚⁺ pour étendre la sélection à la plage H4:H11.**

   La formule contient correctement une référence absolue et la valeur de H4 demeure inchangée. Les valeurs correspondant à une augmentation de 10 % apparaissent dans les cellules H4:H11. Vous souhaitez voir l'impact d'une augmentation de 20 % des ventes.

8. **Cliquez dans la cellule I1, tapez 1,2, puis cliquez sur ✓.**

   Les valeurs de la plage H4:H11 sont modifiées pour refléter l'augmentation de 20 %. Comparez vos résultats à ceux de la figure B-18.

9. **Enregistrez le classeur.**

FIGURE B-17 : Création d'une référence absolue dans une formule

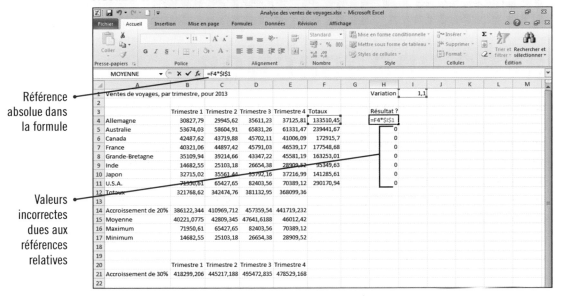

Référence absolue dans la formule

Valeurs incorrectes dues aux références relatives

FIGURE B-18 : Facteur de croissance modifié dans l'analyse

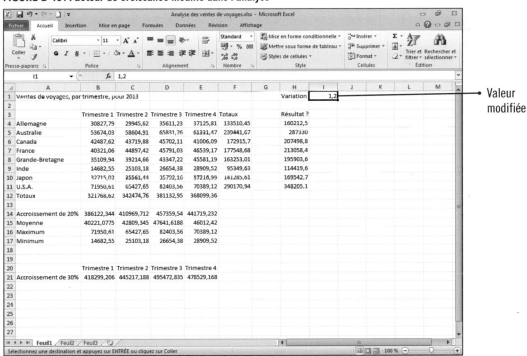

Valeur modifiée

Remplir des cellules avec du texte ou des valeurs incrémentées

Il arrive souvent que l'on remplisse des cellules avec un texte incrémenté : les mois de l'année, les jours de la semaine, du texte accompagné d'un nombre (trimestre 1, trimestre 2 et ainsi de suite). Par exemple, vous pourriez décider de créer une feuille qui calcule des données pour chacun des mois de l'année. Vous pouvez rapidement et facilement créer des étiquettes avec les mois de l'année en tapant Janvier dans une cellule et en faisant glisser la poignée de recopie. Glissez la poignée de recopie de la cellule contenant Janvier jusqu'à obtenir le nombre d'étiquettes mensuelles nécessaires. Vous remplirez des cellules avec des dates consécutives en glissant la poignée de recopie d'une cellule contenant une date. Vous remplirez des cellules avec une suite numérique (par exemple 1, 2, 3, …) en glissant la poignée de recopie depuis deux ou plusieurs cellules. Pour créer une suite numérique à partir d'une seule cellule, maintenez appuyée [Ctrl] en faisant glisser la poignée de recopie. Lors du déplacement de la poignée, Excel continue automatiquement la série. Le contenu de la dernière cellule est affiché dans une info-bulle. Utilisez la flèche de liste Remplissage du Groupe Édition, puis cliquez sur Série pour examiner les différentes options disponibles pour la sélection courante.

Arrondir une valeur avec une fonction

Plus vous explorez les fonctionnalités et les outils d'Excel, plus vous découvrez de façons de simplifier votre travail et de transmettre efficacement les résultats. Par exemple, les cellules qui contiennent des données financières sont plus lisibles lorsqu'elles sont affichées avec moins de décimales que le nombre par défaut. Vous obtiendrez ce résultat à l'aide de la fonction ARRONDI, qui permet d'arrondir vos résultats. Dans votre feuille de calcul, vous souhaitez arrondir à moins de décimales les résultats qui affichent les 20 % de croissance des ventes; les décimales ne sont pas utiles dans les prévisions; seules les unités comptent. Vous demandez à Excel d'arrondir les valeurs calculées à l'entier le plus proche. Vous décidez de modifier la cellule B14 pour y inclure la fonction ARRONDI, puis de copier la formule modifiée dans les autres formules de la même ligne.

ÉTAPES

1. **Cliquez dans la cellule B14, puis juste à droite du signe = dans la barre de formule.**

   Vous voulez insérer la fonction au début de la formule, avant toute valeur et tout argument.

> **ASTUCE**
>
> Dans la boite de dialogue Insérer une fonction, la fonction ARRONDI est dans la catégorie Math & Trigo.

2. **Tapez AR.**

   La saisie semi-automatique vous propose une liste de fonctions commençant par AR.

3. **Double-cliquez sur ARRONDI dans la liste de la saisie semi-automatique.**

   La fonction et une parenthèse d'ouverture sont ajoutées à la formule (figure B-19). Quelques modifications supplémentaires sont nécessaires pour terminer la formule. Vous devez indiquer le nombre de chiffres auquel la fonction doit abréger le nombre et ajouter une parenthèse de fermeture à la fin des arguments qui suivent la fonction ARRONDI.

> **PROBLÈME**
>
> Si vous avez trop ou trop peu de parenthèses, les parenthèses en excès s'affichent en vert ou une boite de dialogue s'ouvre pour vous suggérer une solution à l'erreur détectée.

4. **Appuyez sur [Fin], tapez ;0), puis cliquez sur Entrer ☑ dans la barre de formule.**

   Le point-virgule sépare les arguments dans la formule et le 0 indique que vous ne voulez aucune décimale dans le nombre calculé. Lorsque vous terminez la modification, les parenthèses de début et de fin de la formule s'affichent brièvement en gras, pour indiquer que la formule possède le nombre adéquat de parenthèses d'ouverture et de fermeture et qu'elle est équilibrée.

5. **Glissez la poignée de recopie de la cellule B14 à la cellule E14.**

   La formule de la cellule B14 est copiée dans la plage C14:E14. Toutes les valeurs sont arrondies pour n'afficher aucune décimale. Comparez votre feuille de calcul à celle de la figure B-20.

6. **Cliquez dans la cellule A25, tapez votre nom, puis cliquez sur ☑ dans la barre de formule.**

7. **Enregistrez le classeur, affichez l'Aperçu avant impression.**

8. **Quittez Excel.**

FIGURE B-19 : Fonction ARRONDI ajoutée à une formule existante

La fonction ARRONDI
et une parenthèse
d'ouverture sont insérées
dans la formule

Une info-bulle
indique les
arguments
nécessaires

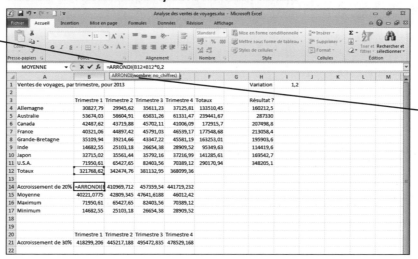

FIGURE B-20 : Fonction ajoutée à la formule

La fonction entoure
la formule existante

Valeurs calculées
sans décimale

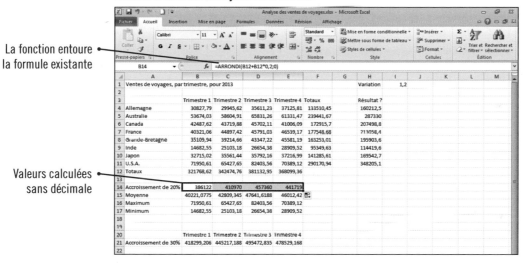

ARRONDI

Créer un classeur à partir d'un modèle

Les **modèles** Excel sont des fichiers de classeurs prédéfinis, conçus pour gagner du temps lorsque vous créez des documents usuels tels que des feuilles de solde comptable, des feuilles de frais, des amortissements d'emprunts, des factures ou des feuilles de pointage. Ils contiennent des étiquettes, des valeurs, des formules et des mises en forme, de sorte que votre seule tâche lorsque vous les utilisez consiste à les remplir avec vos propres données. Excel est livré avec de nombreux modèles, mais vous pouvez aussi créer les vôtres ou en trouver d'autres sur Internet. Au contraire d'un classeur normal, qui porte l'extension de nom de fichier .xlsx, un fichier de modèle porte l'extension .xltx. Pour créer un classeur à partir d'un modèle, cliquez sur l'onglet Fichier, puis sur Nouveau. Les modèles disponibles sur votre ordinateur et sur Office.com sont affichés en mode Backstage. Nouveau classeur Excel est le modèle par défaut car c'est le modèle utilisé pour créer un classeur vide, vierge de tout contenu ou mise en forme spéciale. Un aperçu du modèle sélectionné est affiché dans le volet droit. Pour sélectionner un modèle, cliquez dans une des catégories du volet des modèles disponibles, sélectionnez le modèle, puis cliquez sur Créer si le modèle est installé ou sur Télécharger s'il s'agit d'un modèle Office.com. La figure B-21 montre un modèle sélectionné dans la catégorie Budgets des modèles Office.com (la liste de vos modèles peut être différente). Lorsque vous cliquez sur Créer ou Télécharger, un nouveau classeur est créé à partir du modèle. Lorsque vous enregistrerez le nouveau fichier avec son format par défaut, il aura l'extension normale .xlsx. Pour enregistrer un de vos propres classeurs en tant que modèle, ouvrez la boite de dialogue Enregistrer sous, puis cliquez sur la flèche de liste Type et sélectionnez Modèle Excel dans la liste.

FIGURE B-21 : Modèle de budget sélectionné en mode Backstage

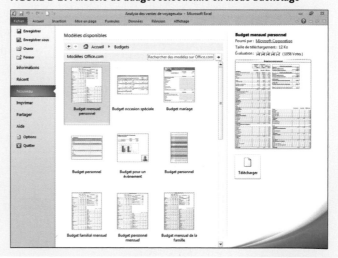

Mise en pratique

Révision des concepts

Identifiez les éléments de la feuille Excel de la figure B-22.

FIGURE B-22

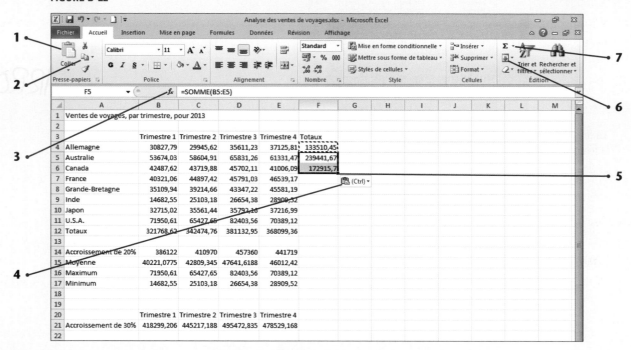

Associez chaque terme ou bouton à la description qui lui convient.

8. **Lanceur de boite de dialogue**

9. **Saisie semi-automatique de formule**

10. **Glisser-Déposer**

11. **Poignée de recopie**

12. **[Suppr]**

a. Efface le contenu des cellules sélectionnées.

b. Élément du Ruban qui ouvre une boite de dialogue ou un volet.

c. Permet de déplacer des données d'une cellule à une autre sans le Presse-papiers.

d. Affiche une liste alphabétique de fonctions parmi lesquelles vous choisissez celle qui vous convient.

e. Permet de copier le contenu de cellules ou de continuer une série de données dans une plage de cellules sélectionnées.

Choisissez la meilleure réponse à chaque question.

13. Sur quelle touche appuyez-vous en même temps que le Glisser-Déposer pour copier des cellules sélectionnées?

a. [Alt]

b. [Ctrl]

c. [F2]

d. [Tab]

14. De quel type de référence est C$19?

a. Relative

b. Absolue

c. Mixe

d. Certaine

15. Quel type de référence de cellule est modifié lors de la copie?

a. Circulaire

b. Absolue

c. Relative

d. Spécifique

16. Sur quelle touche devez-vous appuyer pour convertir une référence relative de cellule en une référence absolue de cellule?

a. [F2]

b. [F4]

c. [F5]

d. [F6]

17. Les fonctionnalités suivantes permettent d'entrer une fonction, *sauf*:

a. Bouton Insérer une fonction.

b. Saisie semi-automatique de formule.

c. Flèche de liste du bouton Somme.

d. Presse-papiers.

Révision des techniques

1. Créer une formule complexe.

    a. Ouvrez le fichier EX B-2.xlsx de votre dossier Projets et enregistrez-le sous le nom **Inventaire fabrique de sucreries**.

    b. Dans la cellule B11, créez une formule complexe qui calcule une réduction de 30 % du nombre total de caisses de barres chocolatées Snickers.

    c. Utilisez le bouton Remplissage pour copier cette formule dans les cellules C11 à E11.

    d. Enregistrez le classeur.

2. Insérer une fonction.

    a. Utilisez la liste du bouton Somme pour créer une formule dans la cellule B13 qui calcule la moyenne des nombres de caisses de barres chocolatées Snickers dans les emplacements de stockage.

    b. À l'aide du bouton Insérer une fonction, créez une formule dans la cellule B14 qui calcule le plus grand nombre de caisses de barres Snickers parmi les emplacements.

    c. Utilisez la liste du bouton Somme pour créer une formule dans la cellule B13 qui détermine le plus petit nombre de caisses de Snickers stockées parmi les emplacements.

    d. Enregistrez le classeur.

3. Taper une fonction.

    a. Dans la cellule C13, tapez une formule avec la fonction qui calcule la moyenne du nombre de caisses de barres chocolatées Twix. (*Indice* : Utilisez la saisie semi-automatique de formules pour entrer la fonction.)

    b. Dans la cellule C14, tapez une formule contenant une fonction pour calculer le nombre maximum de caisses de Twix parmi les emplacements de stockage.

    c. Dans la cellule C15, tapez une formule contenant une fonction pour calculer le nombre minimum de caisses de Twix parmi les emplacements de stockage.

    d. Enregistrez le classeur.

4. Copier et déplacer le contenu des cellules.

    a. Sélectionnez la plage B3:F3.

    b. Copiez la sélection dans le Presse-papiers.

Révision des techniques (suite)

c. Ouvrez le volet du Presse-papiers, puis collez la sélection dans la cellule B17.

d. Sélectionnez la plage A4:A9.

e. Par la technique Glisser-Déposer, copiez la sélection dans la cellule A18. (*Indice* : Les résultats doivent couvrir la plage A18:A23.)

f. Enregistrez le classeur.

5. Comprendre les références relatives et absolues.

a. Rédigez une brève description de la différence entre les références relatives et absolues de cellules.

b. Énumérez au moins trois situations dans lesquelles une entreprise utiliserait une référence absolue dans des calculs. Prenez comme exemples des formules de différents types de feuilles de calcul, telles que des factures, des feuilles de pointage, des prévisions de budgets.

6. Copier des formules avec des références relatives.

a. Calculez le total dans la cellule F4.

b. Utilisez le bouton Remplissage pour recopier cette formule en bas, dans les cellules F5:F8.

c. Sélectionnez la plage C13:C15.

d. À l'aide de la poignée de recopie, copiez ces cellules dans la plage D13:F15.

e. Enregistrez le classeur.

7. Copier des formules avec des références absolues.

a. Dans la cellule H1, entrez la valeur **1,575**.

b. Dans la cellule H4, créez une formule qui multiplie F4 et une référence absolue à la cellule H1.

c. À l'aide de la poignée de recopie, copiez la formule de la cellule H4 dans les cellules H5 et H6.

d. Utilisez les boutons Copier et Coller pour copier la formule de la cellule H4 dans les cellules H7 et H8.

e. Changez la valeur de la cellule H1 en **2,3**.

f. Enregistrez le classeur.

8. Arrondir une valeur avec une fonction.

a. Cliquez dans la cellule H4.

b. Modifiez la formule pour y insérer la fonction ARRONDI avec un chiffre après la virgule.

c. Recopiez la formule de la cellule H4 dans les cellules de la plage H5:H8 avec la poignée de recopie.

d. Tapez votre nom dans la cellule A25 et comparez votre feuille à celle de la figure B-23.

e. Enregistrez le classeur, affichez l'aperçu avant impression, imprimez la feuille, fermez le classeur et quittez Excel.

FIGURE B-23

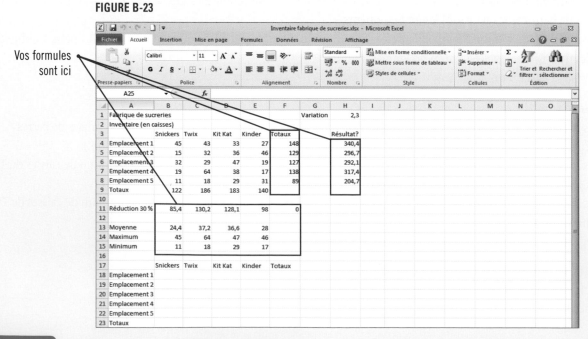

Exercice personnel 1

Vous pensez ouvrir un petit resto routier qui propose des petits déjeuners et des diners mais, avant de vous lancer, vous devez préparer un plan financier et estimer vos dépenses mensuelles. Vous avez entamé un classeur dans lequel vous devez ajouter vos données et quelques formules.

a. Ouvrez le fichier EX B-3.xlsx de votre dossier Projets et enregistrez-le sous le nom **Estimation des dépenses du restaurant**.

b. Entrez vos propres données d'estimation de dépenses dans les cellules B4 à B10 (les ventes mensuelles sont déjà estimées dans la feuille de calcul).

c. Créez une formule dans la cellule C4 calculant le loyer annuel.

d. Copiez la formule de la cellule C4 dans la plage C5:C10.

e. Déplacez l'étiquette de la cellule A15 dans la cellule A14.

f. Créez une formule dans les cellules B11 et C11 qui calcule les totaux des dépenses.

g. Créez une formule dans la cellule C13 qui calcule les ventes annuelles.

h. Créez une formule dans la cellule B14 qui détermine votre bénéfice (ou votre perte) et copiez cette formule dans la cellule C14.

i. Copiez les étiquettes des cellules B3:C3 dans les cellules E3:F3.

j. Tapez **Croissance projetée** dans la cellule E1, puis tapez **,2** dans la cellule G1.

k. Créez une formule dans cellule E4 qui calcule une augmentation de la dépense mensuelle avec le contenu de la cellule G1. Vous devrez copier cette formule dans les autres cellules, donc n'oubliez pas d'utiliser une référence absolue.

l. Entrez une formule dans la cellule F4 qui calcule une augmentation annuelle sur base du calcul de la cellule E4.

m. Copiez les formules des cellules E4:F4 dans les cellules E5:F10 pour totaliser les autres dépenses mensuelles et annuelles.

n. Créez une formule dans la cellule E11 pour calculer le total des dépenses mensuelles, puis copiez-la dans la cellule F11.

o. Copiez les formules des cellules B13:C13 dans les cellules E13:F13.

p. Créez des formules dans les cellules E14 et F14 pour calculer votre bénéfice (ou votre perte) projeté.

q. Changez la valeur de la croissance projetée en **,15** et comparez votre feuille à celle de la figure B-24.

r. Entrez votre nom dans une cellule de la feuille.

s. Enregistrez le classeur, affichez l'aperçu avant impression, imprimez la feuille, fermez le classeur et quittez Excel.

FIGURE B-24

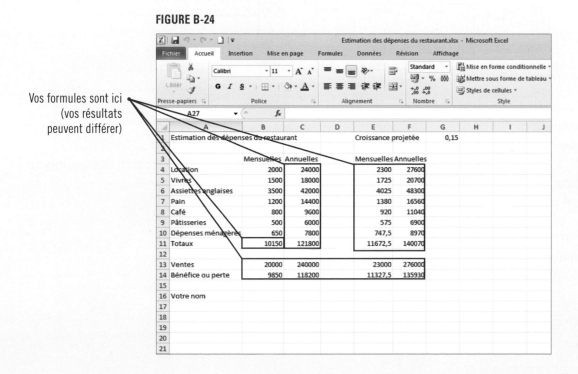

Exercice personnel 2

L'institut thermal Pomponnez-vous propose des installations de détente telles que des hammams, des cabines de sauna, des bains à bulles et des spas. Il connait une croissance importante. Le gérant de l'institut vient de vous engager pour l'aider à classer les relevés comptables de ses dépenses. Auparavant, le comptable avait commencé à entrer les dépenses de l'année précédente dans un classeur mais l'analyse n'a jamais été achevée.

a. Démarrez Excel, ouvrez le classeur EX B-4.xlsx et enregistrez-le sous le nom **Finances de Pomponnez-Vous**. La feuille de calcul comporte déjà les étiquettes des fonctions telles que la moyenne, le maximum et le minimum des dépenses des quatre trimestres.

b. Réfléchissez aux informations importantes que le comptable doit connaitre.

c. Créez des formules dans la ligne et la colonne Totaux à l'aide de la fonction SOMME.

d. Créez les formules des lignes et colonnes Moyenne, Maximum et Minimum avec la méthode de votre choix.

e. Enregistrez le classeur et comparez la feuille à la figure B-25.

FIGURE B-25

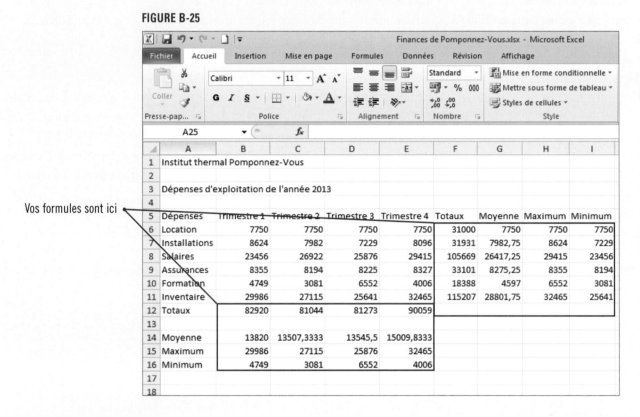

Difficultés supplémentaires

- Ajoutez l'étiquette **catégories de dépenses** dans la cellule B19.
- Dans la cellule A19, créez une formule, à l'aide de la fonction NB, qui détermine le nombre total de catégories de dépenses indiquées par trimestre.
- Enregistrez le classeur.

f. Tapez votre nom en A25.

g. Visualisez la feuille avant l'impression, puis imprimez-la.

h. Enregistrez, puis fermez le classeur et quittez Excel.

Exercice personnel 3

Comptable d'une petite chaine de boutiques de vêtements, votre responsabilité réside notamment dans le calcul et le paiement à l'État des taxes sur les ventes effectuées chaque mois. Vous utilisez un classeur Excel pour établir les calculs préliminaires à votre déclaration.

a. Démarrez Excel et enregistrez un nouveau classeur vide dans votre dossier Projets, sous le nom **Relevé des taxes sur les ventes**.

b. Concevez des lignes et colonnes de votre propre cru. La feuille devra contenir les données de quatre magasins, que vous nommerez avec des numéros, en fonction de la ville, de la rue ou toute autre méthode de votre choix. Pour chacun des points de vente, vous devrez calculer les taxes totales sur les ventes en fonction du taux de taxes locales sur les ventes. Vous calculerez également le total des taxes dues sur l'ensemble des magasins.

c. Tapez des données de ventes pour les quatre boutiques.

d. Saisissez le pourcentage de taxes à appliquer aux ventes.

e. Créez les formules de calcul des taxes pour chacun des magasins. Si vous ne connaissez pas le pourcentage de taxes locales, utilisez par exemple **6,5 %**.

f. Créez une formule de calcul du total des taxes et comparez votre feuille à l'exemple de la figure B-26.

FIGURE B-26

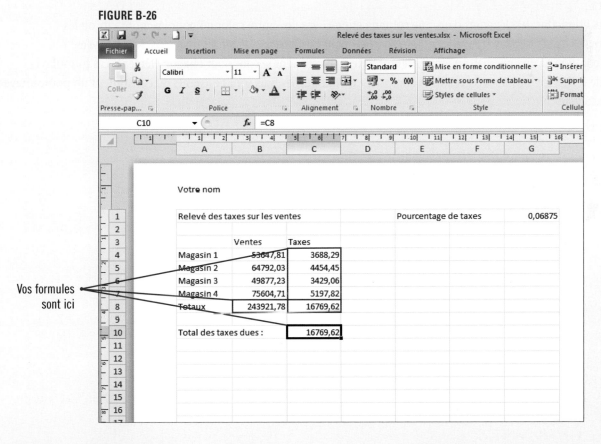

Difficultés supplémentaires

- Utilisez la fonction ARRONDI pour n'afficher que deux chiffres après la virgule dans les calculs des taxes de chacune des boutiques et le total des taxes.
- Enregistrez le classeur.

g. Ajoutez votre nom dans l'en-tête.

h. Enregistrez le classeur, affichez l'aperçu avant impression.

i. Fermez le classeur et quittez Excel.

Défi

Nombre de vos amis achètent des maisons et vous songez à faire de même. En examinant les listes d'immeubles des agences immobilières, vous constatez que de nombreux frais sont à comptabiliser lors de l'achat d'une maison. Certains de ces frais, comme les commissions d'agence, représentent un pourcentage du prix d'achat, tandis que d'autres sont des montants fixes. Dans l'ensemble, ces frais semblent représenter un montant substantiel ajouté au prix de vente des maisons. Vous avez repéré trois habitations qui vous intéressent : une à un prix modéré, une autre plus chère et la troisième encore plus coûteuse. Vous décidez de créer un classeur Excel pour évaluer le coût réel de ces propriétés.

a. Recherchez les montants ou les pourcentages types de trois surcoûts habituellement appliqués lors de l'achat d'une maison et la souscription d'un emprunt immobilier (*Indice* : Si vous avez accès à Internet, recherchez des termes du genre achat immobilier ou demandez à vos amis les tarifs et taux appliqués pour des postes tels que les intérêts de prêt hypothécaire, les frais d'évaluation de la valeur ou d'inspection de l'habitation par l'organisme de crédit et les taxes locales.)

b. Démarrez Excel, enregistrez un nouveau classeur vide dans votre dossier Projets, sous le nom **Frais achat de maisons**.

c. Créez des étiquettes et entrez des données pour trois maisons. Si vous les disposez en colonnes dans la feuille, vous devez avoir une colonne par maison, avec le prix, différent pour chaque maison, dans la cellule juste en dessous de l'étiquette.

d. Placez les étiquettes des dépenses dans une colonne et prévoyez une autre colonne pour les montants ou les pourcentages de ces dépenses. Entrez ces informations pour chacune des dépenses que vous avez trouvées.

e. Dans la colonne de chaque maison, entrez les formules qui calculent le coût pour chaque élément. Les formules et l'usage de références absolues ou relatives dépendent du fait que les frais sont constants ou constituent un pourcentage du prix d'achat.

Défi (suite)

   f. Calculez le total des frais pour chaque maison, créez les formules qui ajoutent les frais au prix de la maison et comparez votre feuille de calcul à la figure B-27.

   g. Entrez le titre de la feuille dans l'en-tête.

   h. Tapez votre nom dans l'en-tête, examinez l'aperçu avant impression et imprimez la feuille.

   i. Enregistrez et fermez le classeur. Quittez Excel.

FIGURE B-27

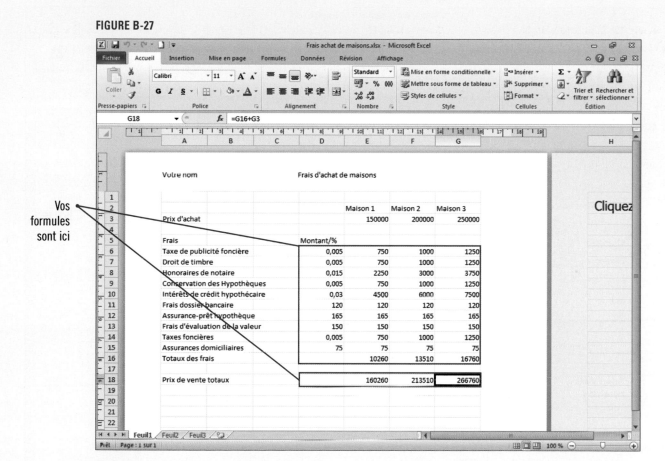

Atelier visuel

Utilisez tout ce que vous avez appris dans ce module pour créer la feuille de calcul de la figure B-28. Enregistrez le classeur sous le nom **Analyse des ventes**. Entrez votre nom dans l'en-tête comme indiqué, masquez le quadrillage, examinez l'aperçu avant impression et imprimez une copie de la feuille.

FIGURE B-28

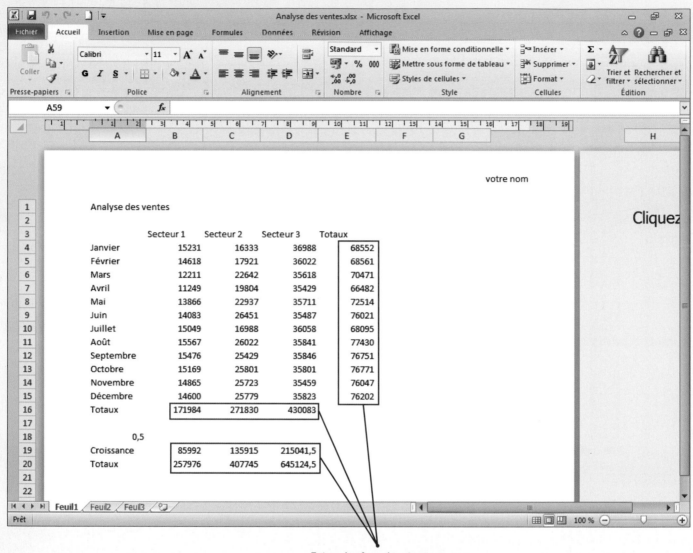

Entrez des formules et non
des valeurs dans ces cellules

Utiliser les formules et les fonctions

Mettre en forme une feuille de calcul

Les outils de mise en forme d'Excel permettent de rendre une feuille plus attrayante et plus facile à lire ou de mettre en valeur les données importantes. Vous réalisez cela en modifiant la couleur ou la police d'une cellule, en ajustant la largeur des colonnes et en insérant ou supprimant des lignes et des colonnes. Vous pouvez aussi appliquer une mise en forme conditionnelle afin que les cellules correspondant à certains critères soient mises en forme avec un style différent. Ceci facilite la mise en évidence de certaines informations, comme les valeurs de ventes qui excèdent un certain montant ou qui, au contraire, demeurent en dessous d'un niveau donné. ▓▓▓ Les responsables du marketing de VTA demandent des informations sur les dépenses publicitaires de toutes les filiales de l'entreprise pendant les quatre derniers trimestres. Manon Lemaire a rédigé une feuille de calcul avec ces informations et elle vous demande de mettre la feuille en forme pour en faciliter la lecture et attirer l'attention sur les données essentielles.

OBJECTIFS

Mettre en forme des valeurs

Modifier la police et la taille

Modifier les attributs et l'alignement

Ajuster la largeur des colonnes

Insérer et supprimer des lignes et des colonnes

Ajouter des couleurs, des motifs et des bordures

Appliquer la mise en forme conditionnelle

Nommer et déplacer une feuille

Vérifier l'orthographe

Mettre en forme des valeurs

La **mise en forme** détermine l'affichage des étiquettes et des valeurs dans les cellules, par exemple en caractères gras ou italiques ou bien avec un symbole monétaire, sans modifier en aucune façon les données elles-mêmes. Pour modifier la présentation d'une cellule ou d'une plage, il faut d'abord la sélectionner, puis lui appliquer une mise en forme à l'aide du Ruban, de la mini barre d'outils ou d'un raccourci clavier. Cette mise en forme peut s'appliquer aux cellules et aux plages avant ou après avoir saisi les données. Manon vous a fourni une feuille de calcul avec la liste des dépenses publicitaires et vous devez améliorer son apparence et sa lisibilité. Vous commencez par mettre en forme quelques valeurs pour qu'elles s'affichent en tant que valeurs monétaires, pourcentages et dates.

ÉTAPES

1. **Démarrez Excel, ouvrez le classeur EX C-1.xlsx de votre dossier Projets et enregistrez-le sous le nom Dépenses publicitaires de VTA.**

   Cette feuille est difficile à interpréter car toutes les informations se ressemblent. Le contenu de certaines colonnes est tronqué parce que les valeurs sont plus longues que l'espace fourni par la largeur de colonne. Vous décidez de ne pas élargir tout de suite les colonnes parce que les autres modifications que vous envisagez risquent d'affecter la largeur des colonnes et la hauteur des lignes. La première chose que vous voulez modifier, c'est le format des données présentant le prix des publicités.

2. **Sélectionnez la plage E4:E32, puis cliquez sur le bouton Format Nombre Comptabilité $ du groupe Nombre de l'onglet Accueil.**

   Par défaut, le format de Nombre Comptabilité ajoute aux données un symbole monétaire et deux décimales après la virgule, comme à la figure C-1. Ce format appliqué à des données monétaires facilite leur reconnaissance visuelle. Excel ajuste automatiquement la largeur de la colonne pour afficher correctement le nouveau format. Les formats Monétaire et Comptabilité permettent tous deux d'afficher des données monétaires mais le second aligne les valeurs sur la virgule et ajoute un retrait.

3. **Sélectionnez la plage G4:I32 et cliquez sur Séparateur de milliers 000 du groupe Nombre.**

   Les valeurs des colonnes G, H et I s'affichent en mode Séparateur de milliers, qui ne contient pas le signe monétaire mais permet néanmoins d'aligner correctement des types de données comptables.

4. **Sélectionnez la plage J4:J32, cliquez sur la flèche de liste Format de nombre, cliquez sur Pourcentage, puis sur Ajouter une décimale dans le groupe Nombre.**

   Les données de la colonne % du total apparaissent avec un signe « pour cent » (%) et trois décimales après la virgule. La flèche de la liste Format de nombre présente les formats usuels de nombres accompagnés d'un exemple de mise en forme de la première cellule sélectionnée si vous lui appliquiez ce format. Chaque clic sur Ajouter une décimale en ajoute un chiffre après la virgule ; deux clics successifs ajoutent deux décimales.

5. **Cliquez deux fois de suite sur Réduire les décimales dans le groupe Nombre.**

   Deux décimales disparaissent derrière la virgule dans la colonne des pourcentages.

6. **Sélectionnez la plage B4:B31, cliquez sur le lanceur du groupe Nombre.**

   La boite de dialogue Format de cellule s'ouvre ; la catégorie Date y est sélectionnée dans l'onglet Nombre.

7. **Sélectionnez le format 14 mars 2001 au bas de la liste Type (figure C-2) et cliquez sur OK.**

   Les dates de la colonne B s'affichent sous la forme 1 janv. 2013. Le format 14 mars, 2001 affiche les mois au complet, tandis que celui que vous avez sélectionné affiche le mois en abrégé sur quatre lettres, suivi d'un point.

8. **Sélectionnez la plage C4:C31, cliquez du bouton droit dans la plage, cliquez sur Format de cellule dans le menu contextuel, cliquez sur Personnalisée dans liste Catégorie, sélectionnez le type jj-mmm.**

   Le format jj-mmm affiche les dates sous la forme 14-mars, avec les jours en deux chiffres (il ajoute un zéro aux neuf premiers jours du mois) et sans l'année, tandis que le type j-mmm affiche une date semblable mais sans le premier zéro pour les jours à un chiffre. La zone Type permet de modifier le format.

9. **Cliquez dans la zone Type, placez le pointeur à gauche du premier j, appuyez sur [Suppr], puis cliquez sur OK.**

   Lorsque vous modifiez le type personnalisé existant, le nouveau type se place en bas de la liste. Comparez votre feuille de calcul à la figure C-3.

10. **Appuyez sur [Ctrl] [↖] et enregistrez le classeur.**

FIGURE C-1 : Format Nombre Comptabilité appliqué à une plage

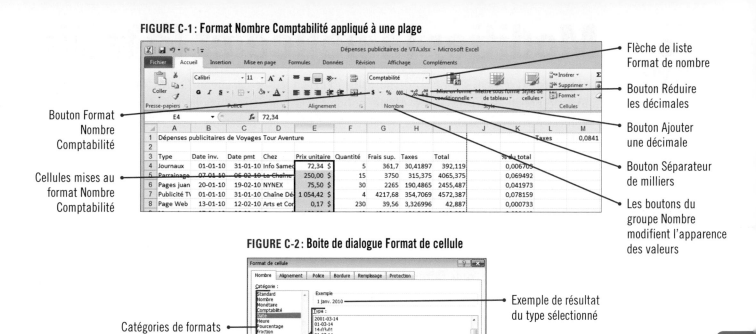

Flèche de liste
Format de nombre

Bouton Réduire
les décimales

Bouton Ajouter
une décimale

Bouton Séparateur
de milliers

Les boutons du
groupe Nombre
modifient l'apparence
des valeurs

Bouton Format
Nombre
Comptabilité

Cellules mises au
format Nombre
Comptabilité

FIGURE C-2 : Boite de dialogue Format de cellule

Catégories de formats
de nombre

Formats de date

Exemple de résultat
du type sélectionné

Ce format semble identique au
précédent mais il affiche les mois
en abrégé.

Excel 2010

FIGURE C-3 : Feuille de calcul avec les valeurs mises en forme

Le nouveau format
s'affiche dans la
zone Format de
nombre

Les dates mises en
forme apparaissent
sans l'année

Mettre sous forme de tableau

Excel propose une soixantaine de **styles de tableaux** prédéfinis pour faciliter la mise sous
forme de tableau des cellules sélectionnées d'une feuille de calcul. Vous pouvez ainsi appliquer
rapidement un style de tableau à n'importe quelle plage de cellules, voire à la totalité d'une
feuille de calcul. Cette fonctionnalité est particulièrement utile aux plages comportant des
étiquettes dans la colonne de gauche et la ligne supérieure, ainsi que des totaux dans la colonne
de droite ou la ligne inférieure. Pour mettre une plage de cellules sous forme de tableau,
sélectionnez la plage ou, plus simplement, cliquez dans une des cellules de la plage (Excel est
capable de détecter automatiquement une plage de cellules), cliquez sur Mettre sous forme
de tableau dans le groupe Style de l'onglet Accueil, puis cliquez sur un des styles de la galerie
présentée à la figure C-4. Les styles de tableaux sont organisés en trois catégories (Clair,
Moyen, Foncé). Dès que vous cliquez sur un style, Excel vous demande de confirmer la plage
sélectionnée, puis applique le style. Lorsqu'une plage est mise sous forme de tableau, grâce à
l'Aperçu instantané, vous pouvez en voir un aperçu dans un autre style en survolant simplement
avec le pointeur les différents styles proposés dans la galerie de styles.

FIGURE C-4 : Galerie des styles de tableaux

Modifier la police et la taille

Une **police** est le nom donné au dessin particulier d'un jeu de caractères (lettres, nombres, symboles et signes de ponctuation). La **taille d'une police** est la grandeur physique du texte mesurée en unités nommées points. Un **point** vaut 0,35 mm ou 1/72 pouce. La police par défaut d'Excel est Calibri en 11 points. Le tableau C-1 présente quelques exemples de polices en différentes tailles. Vous pouvez modifier la police et la taille dans toute cellule ou plage de cellules à l'aide des listes Police et Taille de police figurant dans l'onglet Accueil du Ruban et dans la mini barre d'outils, qui s'ouvre d'un clic droit dans une cellule ou une plage. ▓▓▓▓ Vous voulez changer la police et la taille des étiquettes et du titre de la feuille de calcul pour les mettre en valeur par rapport aux données.

ÉTAPES

ASTUCE

Une fois que vous avez cliqué dans la liste des polices, vous accédez rapidement à une police en tapant les premiers caractères de son nom.

1. **Cliquez dans la cellule A1, cliquez sur la flèche de la liste Police dans le groupe Police de l'onglet Accueil, puis faites défiler les polices disponibles sur votre ordinateur listées en ordre alphabétique et sélectionnez Times New Roman (figure C-5).**

   La police de la cellule A1 devient le Times New Roman. Remarquez que les noms de polices de la liste sont affichés dans la police qu'ils représentent.

ASTUCE

Lorsque vous pointez une option de la liste Police ou Taille de police, l'Aperçu instantané applique temporairement cette option aux cellules sélectionnées.

2. **Cliquez sur la flèche de la liste Taille de police dans le groupe Police, puis cliquez sur 20.**

   Le titre apparait en Times New Roman 20 points et les listes Police et Taille de police de l'onglet Accueil affichent le nom et la taille de police choisis.

3. **Cliquez deux fois sur Augmenter la taille de police $\boxed{A^{\hat{}}}$ dans le groupe Police.**

   La taille du titre passe à 24 points.

4. **Sélectionnez la plage A3:J3, cliquez du bouton droit, puis cliquez sur la flèche de la liste Police de la mini barre d'outils.**

   La mini barre d'outils reprend les outils de mise en forme les plus courants, ce qui la rend utile pour des modifications rapides de mise en forme.

ASTUCE

Vous pouvez aussi mettre en forme toute une ligne en cliquant sur l'en-tête de ligne (ou toute une colonne en cliquant sur l'en-tête de colonne) avant d'appliquer la mise en forme.

5. **Faites défiler la liste, cliquez sur Times New Roman, déroulez la liste Taille de police et sélectionnez 14.**

   La mini barre d'outils se ferme dès que vous éloignez le pointeur de la sélection. Comparez votre feuille à celle de la figure C-6. Remarquez que quelques étiquettes de colonnes sont trop longues pour s'afficher entièrement. Excel n'ajuste pas automatiquement la largeur des colonnes, vous devez le faire manuellement, ce que vous apprendrez à faire dans une leçon ultérieure.

6. **Enregistrez votre travail.**

TABLEAU C-1 : Exemples de polices et de tailles de polices

Police	12 points	24 points
Calibri	Excel	Excel
Playbill	Excel	Excel
Comic Sans MS	Excel	Excel
Times New Roman	Excel	Excel

FIGURE C-5 : Liste Police

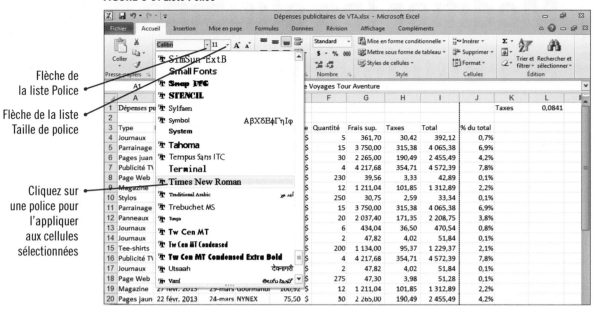

Flèche de la liste Police

Flèche de la liste Taille de police

Cliquez sur une police pour l'appliquer aux cellules sélectionnées

FIGURE C-6 : Titre et étiquettes de colonnes mis en forme dans la feuille

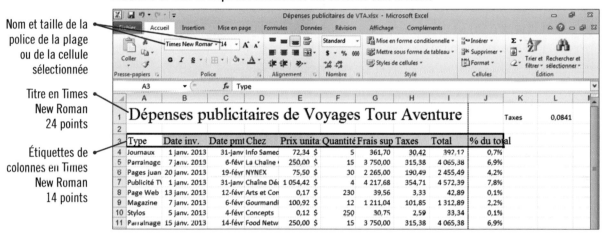

Nom et taille de la police de la plage ou de la cellule sélectionnée

Titre en Times New Roman 24 points

Étiquettes de colonnes en Times New Roman 14 points

Insérer et ajuster une image clipart et d'autres images

Vous pouvez illustrer vos feuilles de calcul à l'aide d'images clipart et d'autres images. Un **clip** est un fichier multimédia qui peut être un dessin, un son, une animation ou un film. Une **image clipart** est plus particulièrement un fichier d'image contenant un dessin, un logo ou une photo. Microsoft Office est fourni avec de nombreux clips prêts à l'emploi. Pour ajouter une image, cliquez sur le bouton Images clipart dans le groupe Illustrations de l'onglet Insertion. Le volet Images clipart apparait. Vous pouvez y lancer la recherche d'une image en tapant un ou plusieurs mots-clés (mots relatifs au sujet recherché) dans la zone Rechercher, puis en cliquant sur OK. Les images obtenues apparaissent dans le volet (figure C-7). (Si vous avez choisi l'installation standard d'Office et si vous disposez d'une connexion Internet, vous obtiendrez des résultats supplémentaires provenant de Office Online en cochant la case Inclure le contenu Office.com.) Cliquez sur l'image choisie et elle s'insère à l'emplacement de la cellule active. Il est aussi possible d'insérer vos propres images dans une feuille en cliquant sur l'onglet Insertion, puis sur Image dans le groupe Illustrations. Localisez le fichier souhaité, puis cliquez sur Insérer. Pour redimensionner une image, faites glisser la poignée de redimensionnement d'un de ses coins. Pour déplacer une image, placez le pointeur dans l'image, et lorsqu'il se change en ⁺ᵢ faites-la glisser à l'endroit voulu.

FIGURE C-7 : Résultat de la recherche d'images clipart

Cliquez pour lancer la recherche

Indiquez un ou plusieurs mots-clés

Modifier les attributs et l'alignement

Les **attributs** sont des styles, tels gras, italique et souligné, que l'on peut appliquer afin de modifier l'apparence du texte ou des nombres dans une feuille. L'**alignement** des étiquettes et des valeurs peut se faire à gauche, à droite ou au centre de la cellule. Les attributs et l'alignement peuvent être définis à l'aide de l'onglet Accueil, de la boite de dialogue Format de cellule ou de la mini barre d'outils. Le tableau C-2 donne une description des principaux boutons d'attribut et d'alignement disponibles dans l'onglet Accueil et la mini barre d'outils. Vous pouvez copier la mise en forme d'une cellule dans d'autres cellules à l'aide du bouton Reproduire la mise en forme du groupe Presse-papiers de l'onglet Accueil. Ceci équivaut à la technique copier-coller mais au lieu de copier le contenu d'une cellule, ce bouton ne copie que la mise en forme de la cellule. Vous souhaitez améliorer la présentation de la feuille de calcul en appliquant les attributs gras et souligné et en centrant certaines étiquettes.

ÉTAPES

ASTUCE

Utilisez les raccourcis clavier pour mettre en forme une plage sélectionnée : [Ctrl] [G] pour Gras, [Ctrl] [I] pour Italique et [Ctrl] [U] pour Souligné.

1. **Appuyez sur [Ctrl] [↖], puis cliquez sur Gras G dans le groupe Police de l'onglet Accueil.**

   Le titre de la cellule A1 apparait en gras.

2. **Cliquez dans la cellule A3, puis cliquez sur Souligner S dans le groupe Police.**

   L'en-tête de la colonne est à présent souligné, bien que ce soit peu visible dans la cellule sélectionnée.

3. **Cliquez sur Italique I dans le groupe Police, puis sur Gras G.**

   Le mot « Type » apparait en gras italique souligné. Remarquez que les boutons Gras, Italique et Souligner du groupe Police sont tous sélectionnés.

ASTUCE

L'abus des attributs ou la mise en forme surchargée peuvent rendre la feuille moins lisible. Soyez cohérent et placez la mise en valeur de la même façon sur les éléments semblables d'une même feuille et dans les feuilles d'un même projet.

4. **Cliquez sur Italique I afin de désactiver l'attribut.**

   La cellule A3 perd l'attribut italique mais conserve les attributs gras et souligné.

5. **Cliquez sur Reproduire la Mise en forme ✎ dans le groupe Presse-papiers, puis sélectionnez la plage B3:J3.**

   La mise en forme de la cellule A3 est recopiée dans les autres étiquettes de colonnes. Pour peindre la mise en forme sur plusieurs plages, double-cliquez dessus afin qu'il reste activé. Vous le désactiverez en appuyant sur [Echap] ou en cliquant sur ✎ de nouveau. Vous pensez que le titre se présenterait mieux s'il était centré au-dessus des colonnes de données.

6. **Sélectionnez la plage A1:J1, puis cliquez sur Fusionner et centrer ▦ dans le groupe Alignement.**

   L'action « Fusionner » crée une cellule unique à partir des dix cellules sélectionnées et « centrer » positionne le texte au centre de cette cellule élargie. Le titre « Dépenses publicitaires de Voyages Tour Aventure » est centré sur les dix colonnes. Il est possible de scinder une cellule fusionnée en ses composants d'origine en cliquant dans la cellule, puis en cliquant sur Fusionner et centrer pour le désélectionner.

ASTUCE

Pour enlever toute la mise en forme d'une plage sélectionnée, cliquez sur la flèche de la liste Effacer ✐▾ du groupe Édition de l'onglet Accueil, puis cliquez sur Effacer les formats.

7. **Sélectionnez la plage A3:J3, cliquez du bouton droit, puis cliquez sur Centrer ▤ dans la mini barre d'outils.**

   Comparez l'écran obtenu à celui de la figure C-8. Bien que les étiquettes ne soient pas toutes faciles à lire, remarquez qu'elles sont centrées dans leur cellule.

8. **Enregistrez votre travail.**

FIGURE C-8 : Feuille de calcul après modification de l'alignement et des attributs de mise en forme

Boutons Gras
et Souligner
sélectionnés

Titre centré
dans les
colonnes

Bouton
Fusionner
et centrer

Bouton
Centrer

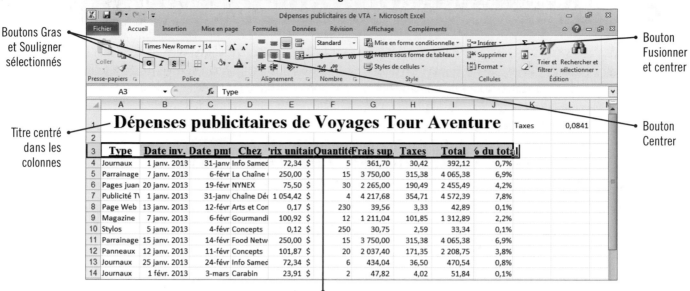

Étiquettes de colonnes
centrées, soulignées et
mises en gras

TABLEAU C-2 : Boutons d'attributs et d'alignement usuels

Bouton	Description	Bouton	Description
G	Met le texte en gras	☰	Aligne le texte à gauche de la cellule
I	Met le texte en italique	☰	Centre le texte horizontalement dans la cellule
S	Souligne le texte	☰	Aligne le texte à droite de la cellule
⊞	Centre le texte dans les colonnes et crée une cellule à partir d'une ou de plusieurs cellules		

Faire pivoter et mettre en retrait le contenu des cellules

Non seulement vous pouvez modifier les polices et les attributs de mise en forme, mais vous pouvez aussi faire pivoter ou mettre en retrait les données d'une cellule. La rotation du texte dans la cellule est une option d'alignement. Pour modifier l'alignement, sélectionnez les cellules à modifier, cliquez sur le lanceur ▣ du groupe Alignement, pour obtenir l'onglet Alignement de la boite de dialogue Format de cellule. Choisissez une position dans la section Orientation ou tapez une valeur dans la zone degrés pour modifier l'orientation horizontale par défaut, puis cliquez sur OK. Vous mettez le contenu d'une cellule en retrait vers la droite ou la gauche en cliquant respectivement sur Augmenter le retrait ▣ ou Diminuer le retrait ▣ dans le groupe Alignement.

Ajuster la largeur des colonnes

Au cours de la mise en forme de la feuille, il est souvent nécessaire de modifier la largeur des colonnes. Par défaut, celle-ci est de 10,38 caractères, soit 88 pixels. On peut changer la largeur d'une ou de plusieurs colonnes avec la souris, le bouton Format du groupe Cellules dans l'onglet Accueil ou le menu contextuel. Avec la souris, glissez la bordure droite d'un en-tête de colonne ou double-cliquez dessus. Le bouton Format et le menu contextuel offrent des commandes de réglage de largeur de colonne plus précises. Le tableau C-3 décrit les commandes usuelles d'ajustement de colonne. Vous remarquez que certaines étiquettes des colonnes A à J ne sont pas totalement visibles dans leurs cellules. Vous voulez ajuster la largeur des colonnes pour que les étiquettes soient lisibles.

ÉTAPES

1. **Placez le pointeur sur la ligne séparant les en-têtes des colonnes A et B jusqu'à ce qu'il devienne ⬌.**

   Regardez la figure C-9. L'**en-tête de colonne** est la case affichant une lettre au sommet de chaque colonne. Avant d'ajuster la largeur d'une colonne à l'aide de la souris, il est nécessaire de placer le pointeur sur la bordure droite de l'en-tête de colonne à ajuster. L'étiquette « Parrainage TV » est la plus large de la colonne.

   > **ASTUCE**
   > Si « ####### » apparait dans une cellule après la modification de la largeur de colonne, ceci indique que la colonne est trop étroite pour afficher la valeur en entier. Il faut alors élargir la colonne.

2. **Cliquez et faites glisser le pointeur ⬌ vers la droite jusqu'à ce que la colonne affiche en totalité Parrainage TV (environ 11,63 ou 98 pixels).**

   Lorsque vous ajustez la largeur de colonne, une info-bulle indique la largeur actuelle. En mode Normal, l'info-bulle donne la largeur en caractères et en pixels. En mode Mise en page, elle l'affiche en centimètres et en pixels.

3. **Placez le pointeur sur la ligne séparant les en-têtes des colonnes C et D jusqu'à ce qu'il devienne ⬌, puis double-cliquez.**

   Double-cliquer la bordure droite de l'en-tête active l'**ajustement automatique**, qui redimensionne automatiquement la colonne afin qu'elle affiche entièrement la plus large entrée de la colonne. La colonne C s'élargit automatiquement pour afficher l'entrée la plus large, ici l'étiquette de colonne.

4. **Utilisez l'ajustement automatique pour modifier la largeur des colonnes D, E et J.**

5. **Sélectionnez la plage F5:I5.**

   Vous pouvez modifier en une fois la largeur de plusieurs colonnes en sélectionnant soit les en-têtes de ces colonnes, soit au moins une cellule de chacune des colonnes.

   > **ASTUCE**
   > Si une colonne entière est sélectionnée, vous pouvez changer sa largeur en cliquant du bouton droit, puis en cliquant sur Largeur de colonne dans le menu contextuel.

6. **Cliquez sur Format dans le groupe Cellules, puis cliquez sur Largeur de colonne.**

   La boite de dialogue Largeur de colonne apparait. La largeur des colonnes est mesurée en caractères, mesure héritée de l'époque lointaine où les caractères avaient une largeur fixe.

7. **S'il y a lieu, déplacez la boite de dialogue en faisant glisser sa barre de titre afin de dégager la zone de travail, tapez 10 dans la zone de texte Largeur de colonne, puis cliquez sur OK.**

   La largeur des colonnes F, G, H et I prend la nouvelle valeur (figure C-10).

8. **Enregistrez votre travail.**

TABLEAU C-3 : Commandes usuelles de mise en forme de colonnes

Commande	Description	Accessible par
Largeur de colonne	Définit la largeur en nombre de caractères ou en centimètres	bouton Format, menu contextuel
Ajuster la largeur de colonne	Ajuste une colonne à son entrée la plus longue	bouton Format, souris
Masquer et afficher	Masque les colonnes ou affiche les colonnes masquées	bouton Format, menu contextuel
Largeur par défaut	Modifie la largeur prédéfinie des colonnes de la feuille active	bouton Format

FIGURE C-9 : Prêt à modifier la largeur de la colonne

Pointeur de redimensionnement

Bouton Format

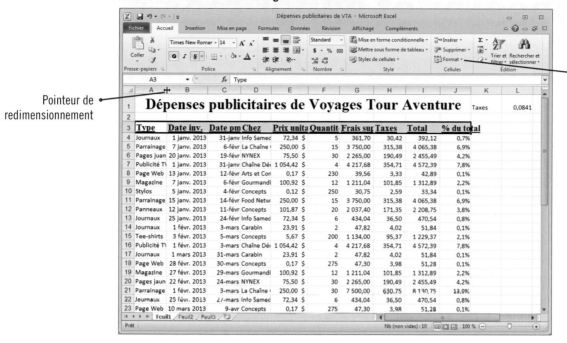

FIGURE C-10 : Largeurs des colonnes ajustées dans la feuille

Colonnes élargies pour afficher le texte

Colonnes élargies à la même largeur

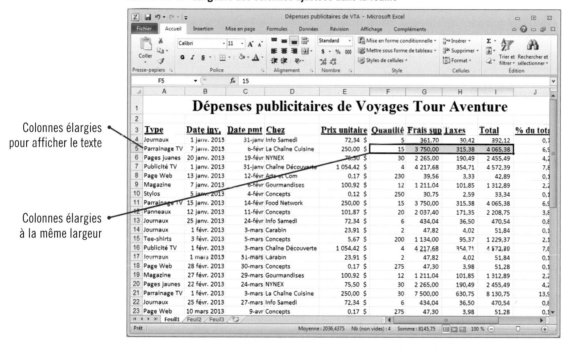

Modifier la hauteur des lignes

Modifier la hauteur des lignes est aussi simple que de modifier la largeur des colonnes. Comme la largeur des colonnes, la hauteur est mesurée différemment selon le mode d'affichage de la feuille. En mode Normal, la hauteur est mesurée en points, comme les polices. La hauteur de la ligne doit être supérieure à la taille de police utilisée. En mode d'affichage Mise en page, la hauteur des lignes se mesure en centimètres. Il n'est habituellement pas nécessaire d'ajuster manuellement les hauteurs de lignes car Excel ajuste automatiquement la hauteur des lignes en fonction de la nouvelle taille de police. Vous disposez toutefois d'autant de façons d'ajuster la hauteur des

lignes que de manières d'ajuster la largeur des colonnes. À l'aide de la souris, placez le pointeur ✛ sur la ligne de séparation entre deux en-têtes de ligne et faites glissez la ligne de séparation pour modifier la hauteur de la ligne supérieure ; double-cliquez sur cette ligne de séparation pour ajuster la hauteur de la ligne en fonction de son contenu. Vous pouvez également sélectionner une ou plusieurs lignes, puis cliquer sur Hauteur de ligne dans le menu contextuel ou encore cliquer sur le bouton Format dans l'onglet Accueil, puis sur Hauteur de ligne ou Ajuster la hauteur de ligne.

Insérer et supprimer des lignes et des colonnes

Au cours de la modification d'une feuille de calcul, il peut être nécessaire d'insérer ou de supprimer des lignes et des colonnes. Par exemple, vous pouvez insérer des lignes pour ajouter de nouveaux articles en inventaire ou supprimer une colonne de totaux annuels devenus inutiles. Quand vous insérez une ligne, le contenu de la feuille se décale vers le bas à partir de la nouvelle ligne insérée et, quand vous insérez une colonne, le contenu de la feuille se décale vers la droite à partir de l'emplacement de la nouvelle colonne. Excel insère les lignes au-dessus du pointeur de cellule et insère les nouvelles colonnes à gauche de celui-ci. Pour insérer plusieurs lignes, sélectionnez autant d'en-têtes de lignes que de lignes à insérer avant d'exécuter la commande d'insertion. ▓▓▓▓▓ Vous décidez d'améliorer l'apparence générale de la feuille de calcul en insérant une ligne entre la dernière ligne de données et les totaux. De plus, vous avez appris que la ligne 27, incorrecte, et la colonne J, superflue, doivent disparaitre de la feuille de calcul.

ÉTAPES

1. **Cliquez du bouton droit dans la cellule A32, puis cliquez sur Insérer dans le menu contextuel.**

   La boite de dialogue Insertion de cellules s'ouvre (figure C-11). Vous pouvez choisir d'insérer une ligne ou une colonne entière ou d'insérer une seule cellule et de décaler les cellules vers la droite ou vers le bas. Une nouvelle ligne placée après les données séparera visuellement ces dernières des totaux.

2. **Cliquez sur Ligne entière, puis sur OK.**

   Une ligne vierge est insérée entre les données de publicité et les totaux. Le résultat de la formule de la cellule E33 n'a pas changé. Le bouton Options d'insertion 🖌 apparait sous la cellule A33. Lorsque vous placez le pointeur sur ce bouton, celui-ci affiche une flèche de liste, sur lequel vous pouvez cliquer pour choisir une des options suivantes : Format identique à celui du dessus (valeur par défaut), Format identique à celui du dessous ou Effacer la mise en forme.

3. **Cliquez sur l'en-tête de la ligne 27.**

   Toute la ligne 27 est sélectionnée (figure C-12).

4. **Cliquez sur le bouton Supprimer du groupe Cellules ; *ne cliquez pas sur la flèche de liste du bouton.***

   Excel supprime la ligne 27 et toutes les lignes situées dessous sont déplacées vers le haut. Vous devez utiliser le bouton Supprimer ou la commande Supprimer du menu contextuel pour supprimer une ligne ou une colonne ; l'appui sur la touche [Suppr] ne supprime pas la ligne mais vide seulement le contenu d'une ligne ou d'une colonne sélectionnée.

5. **Cliquez sur l'en-tête de colonne J.**

   Les pourcentages sont calculés ailleurs et ne sont plus nécessaires dans cette feuille de calcul.

6. **Cliquez sur le bouton Supprimer du groupe Cellules.**

   Excel supprime la colonne J et les colonnes à sa droite sont déplacées d'une colonne vers la gauche.

7. **Enregistrez votre travail.**

Masquer et afficher des colonnes et des lignes

Lorsque vous voulez rendre une colonne ou une ligne invisible, sans la supprimer, vous pouvez la masquer. Pour masquer une colonne sélectionnée, cliquez sur le bouton Format du groupe Cellule, pointez Masquer et afficher, puis cliquez sur Masquer les colonnes. La colonne masquée est indiquée par un trait vertical noir à son emplacement d'origine. Ce trait noir disparait quand vous cliquez ailleurs dans la feuille. Pour afficher une colonne masquée, sélectionnez les colonnes de part et d'autre de ce trait noir, puis cliquez sur le bouton Format du groupe Cellule, pointez Masquer et afficher, et cliquez sur Afficher les colonnes. (Pour masquer ou afficher une ou plusieurs lignes, substituez Masquer les lignes et Afficher les lignes à Masquer les colonnes et Afficher les colonnes dans ces explications.)

FIGURE C-11 : Boîte de dialogue Insertion de cellule

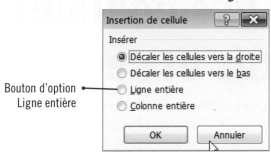

Bouton d'option
Ligne entière

FIGURE C-12 : Ligne 27 sélectionnée dans la feuille

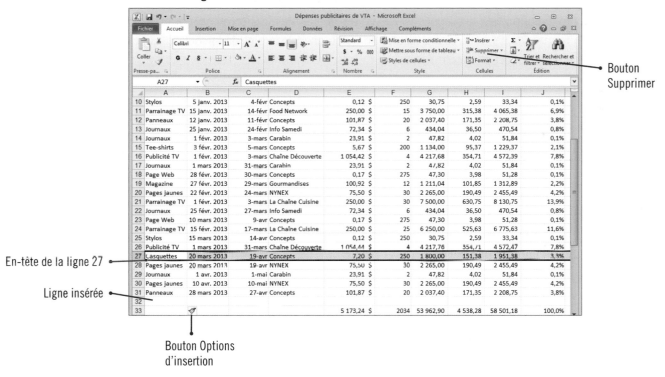

Bouton Supprimer

En-tête de la ligne 27

Ligne insérée

Bouton Options d'insertion

Ajouter ou supprimer des commentaires

Le travail réalisé avec Excel est souvent partagé au sein d'une équipe de collaborateurs. Vous pouvez transmettre des idées à vos équipiers en ajoutant des commentaires à des cellules sélectionnées. Pour insérer un commentaire, cliquez dans la cellule concernée, cliquez sur l'onglet Révision, puis sur Nouveau commentaire dans le groupe Commentaires. Vous pouvez taper votre commentaire dans la zone de texte dimensionnable donnant le nom de l'utilisateur de l'ordinateur. Un petit triangle rouge apparaît dans le coin supérieur droit de la cellule contenant un commentaire. Si les commentaires ne sont pas encore affichés dans un classeur, les autres utilisateurs peuvent pointer le triangle pour afficher le commentaire. Pour voir tous les commentaires, comme dans la figure C-13, cliquez sur Afficher tous les commentaires dans le groupe Commentaires. Pour modifier un commentaire, cliquez dans la cellule qui le contient, puis

cliquez sur Modifier le commentaire dans le groupe Commentaires. Pour le supprimer, cliquez dans la cellule qui le contient, puis cliquez sur Supprimer dans le groupe Commentaires.

FIGURE C-13 : Commentaires dans la feuille de calcul

15	Tee-shirts	3 févr. 2013	5-mars	Concepts	5,67 $	200
16	Publicité TV	1 févr. 2013	3-mars	Chaîne Découverte	1 054,42 $	4
17	Journaux	1 mars 2013	31-mars	Carabin	23,91 $	2
18	Page Web	28 févr. 2013	30-mars	Concepts	0,17 $	275
19	Magazine	27 févr. 2		dises	100,92 $	12
20	Pages jaunes	22 févr. 2		Cuisine	75,50 $	30
21	Parrainage TV	1 févr. 2			250,00 $	30
22	Journaux	25 févr. 2		edi	72,34 $	6
23	Page Web	10 mars 2			0,17 $	275
24	Parrainage TV	15 févr. 2013	17-mars	La Chaîne Cuisine	250,00 $	25
25	Stylos	15 mars 2013	14-avr	Concepts	0,12 $	250
26	Publicité TV	1 mars 2013		écouverte	1 054,44 $	4
27	Pages jaunes	20 mars 2013			75,50 $	30
28	Journaux	1 avr. 2013			23,91 $	2
29	Pages jaunes	10 avr. 2013			75,50 $	30
30	Panneaux	28 mars 2013	27-avr	Concepts	101,87 $	20
31						

Manon Lemaire :
Serait-il intéressant de chercher de nouveaux périodiques correspondant à notre clientèle ?

Manon Lemaire :
Je pense que cette idée est excellente.

Mettre en forme une feuille de calcul

Ajouter des couleurs, des motifs et des bordures

La présentation et la lisibilité d'une feuille seront améliorées par l'utilisation judicieuse de couleurs, de motifs et de bordures. Vous appliquerez ces enrichissements à l'aide des boutons Bordures, Couleur de police et Couleur de remplissage proposés dans le groupe Police de l'onglet Accueil et dans la mini barre d'outils ou à l'aide des onglets Bordure et Remplissage de la boite de dialogue Format de cellule. Pour ouvrir la boite de dialogue Format de cellules, cliquez sur le lanceur de boite de dialogue d'un des groupes Police, Alignement ou Nombre dans l'onglet Accueil ou en cliquant sur une sélection du bouton droit et en choisissant Format de cellules dans le menu contextuel. La couleur peut s'appliquer au contenu (les caractères) d'une cellule ou d'une plage ou à son arrière-plan, alors qu'un motif ne se placera qu'à l'arrière-plan. Les bordures peuvent concerner toutes les cellules de la feuille ou encadrer seulement celles sur lesquelles vous voulez attirer l'attention. Pour gagner du temps, vous pouvez aussi appliquer des **styles de cellules**, des combinaisons prédéfinies d'attributs de mise en forme. Vous voulez ajouter un motif, une bordure et de la couleur au titre de la feuille pour lui donner un aspect plus professionnel.

ÉTAPES

1. **Sélectionnez la cellule A1, déroulez la zone de liste Couleur de remplissage du groupe Police, puis survolez avec le pointeur la couleur Turquoise, Accentuation2 (première ligne, sixième colonne à partir de la gauche).**
   L'Aperçu instantané montre ce que donne la couleur avant de l'appliquer (figure C-14). N'oubliez pas que la cellule A1 s'étend sur les colonnes A à I, à cause de l'application de la commande Fusionner et centrer.

2. **Cliquez sur Turquoise, Accentuation2.**
   La couleur turquoise est appliquée sur l'arrière-plan de la cellule. La couleur affichée sur les boutons Couleur de remplissage et Couleur de police est celle de la dernière couleur sélectionnée.

> **ASTUCE**
> Utilisez parcimonieusement la couleur car son abus peut distraire ou détourner l'attention des informations importantes.

3. **Cliquez du bouton droit sur la cellule A1, puis cliquez sur Format de cellule dans le menu contextuel.**
   La boite de dialogue Format de cellule s'ouvre.

4. **Cliquez sur l'onglet Remplissage, déroulez la liste Style de motif, cliquez sur Gris 6,25 % (première ligne, sixième colonne à partir de la gauche), puis cliquez sur OK.**

5. **Déroulez la liste Bordures du groupe Police et cliquez sur Bordure épaisse en bas.**
   Au contraire du soulignement, qui est un attribut de texte, les bordures s'étendent sur toute la largeur des cellules. Elles peuvent apparaitre sur le côté inférieur, supérieur, gauche ou droit d'une cellule. Il peut être difficile de discerner une bordure lorsque la plage à laquelle elle est appliquée est sélectionnée.

> **ASTUCE**
> Pour créer des bordures personnalisées, déroulez la liste Bordure du groupe Police, cliquez sur Autres bordures, puis définissez la mise en valeur des cellules sélectionnées à l'aide des boutons individuels de bordures.

6. **Sélectionnez la plage A3:I3, déroulez la liste Couleur de police du groupe Police, puis cliquez sur Bleu, Accentuation1 (première ligne des Couleurs du thème, cinquième colonne à partir de la gauche) dans la palette.**
   La nouvelle couleur est appliquée au texte de la sélection.

7. **Sélectionnez la plage J1:K1, déroulez la liste Styles de cellules du groupe Style, puis cliquez sur Neutre (première ligne, troisième colonne à partir de la gauche) dans la palette.**
   La police et la couleur sont modifiées (figure C-15).

8. **Enregistrez votre travail.**

FIGURE C-14 : Aperçu instantané de la couleur de remplissage

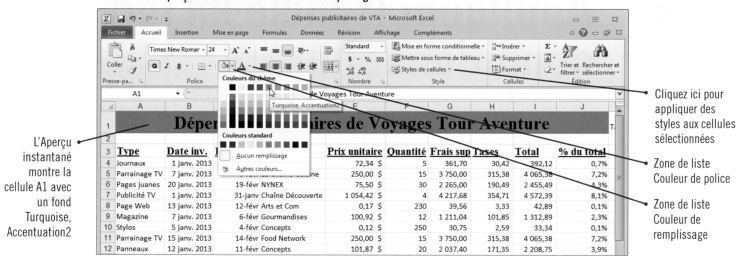

Cliquez ici pour appliquer des styles aux cellules sélectionnées

Zone de liste Couleur de police

Zone de liste Couleur de remplissage

L'Aperçu instantané montre la cellule A1 avec un fond Turquoise, Accentuation2

FIGURE C-15 : Couleurs, motifs, bordures et styles appliqués à la feuille

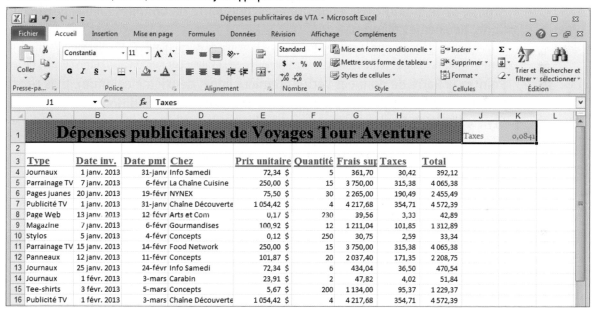

Travailler avec les thèmes et les styles de cellules

Les thèmes et les styles de cellules facilitent l'harmonisation de la mise en forme des feuilles de calcul. Un **thème** est un ensemble prédéfini d'attributs conçus pour donner à vos feuilles Excel un aspect professionnel. Les couleurs, les polices et les effets de remplissage sont autant d'options de mise en forme harmonisées dans chaque thème. Un thème peut être choisi dans la galerie obtenue à l'aide du bouton Thèmes du groupe Thème de l'onglet Mise en page (figure C-16). Les **styles de cellules** sont des ensembles d'attributs fondés sur les thèmes, de sorte qu'ils sont automatiquement actualisés si vous changez de thème. Par exemple, si vous appliquez le style 20 % Accentuation1 à la cellule A1 dans une feuille de calcul qui ne possède pas de thème, sa couleur de remplissage passe au Bleu clair et sa police devient Constantia. Si vous appliquez ensuite le thème Métro à cette feuille, la couleur de la cellule A1 est modifiée en Vert clair et la police en Corbel, parce que ce sont les attributs correspondant au nouveau thème sélectionné.

FIGURE C-16 : Galerie des thèmes

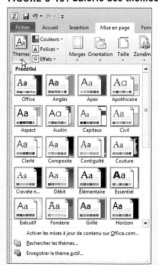

Appliquer la mise en forme conditionnelle

Jusqu'ici, vous avez utilisé la mise en forme pour modifier l'apparence de différents types de données, mais vous pourriez également mettre en évidence des aspects importants des données elles-mêmes. Par exemple, vous pouvez définir une mise en forme qui met automatiquement en rouge le contenu des cellules lorsque le prix d'une publicité dépasse 100 $ et en vert celles où le prix est inférieur à 50 $. Ce genre de mise en forme s'appelle la **mise en forme conditionnelle** parce qu'Excel applique des formats différents aux données lorsqu'elles rencontrent des conditions que vous définissez. La mise en forme est actualisée si les données de la feuille sont modifiées. Vous pouvez copier les mises en forme conditionnelles de la même façon que les autres formats. Manon est préoccupée à propos des frais publicitaires qui dépassent le budget annuel. Vous décidez de mettre à profit la mise en forme conditionnelle pour mettre en évidence certaines tendances dans les données, afin de repérer les dépenses les plus élevées.

ÉTAPES

1. **Sélectionnez la plage I4:I30, cliquez sur le bouton Mise en forme conditionnelle du groupe Style, pointez Barres de données, puis Barre de données bleu clair (deuxième ligne, deuxième colonne).**

   L'Aperçu instantané montre la mise en forme dans la feuille de calcul (figure C-17). Remarquez que la largeur de la barre colorée de chaque cellule reflète la valeur relative de la valeur par rapport aux autres cellules de la sélection.

2. **Pointez la Barre de données verte (première ligne, deuxième colonne), puis cliquez.**

3. **Sélectionnez la plage G4:G30, cliquez sur Mise en forme conditionnelle dans le groupe Style et pointez Règles de mise en surbrillance des cellules.**

   Le menu de mise en forme conditionnelle affiche des options permettant de créer divers types de règles de mise en forme. Par exemple, vous pouvez créer une règle pour les valeurs supérieures ou inférieures à un seuil donné ou situées entre deux montants.

4. **Cliquez sur Entre.**

   La boite de dialogue Entre apparait, affichant des zones de saisie permettant de définir la condition, ainsi qu'un format prédéfini (Remplissage rouge clair avec texte rouge foncé) pour les cellules remplissant la condition. Selon l'opérateur logique choisi dans le menu Règles de mise en surbrillance des cellules (comme « Supérieur à », « Inférieur à »), la boite de dialogue présente différentes zone de saisie. Comme vous avez choisi l'option Entre, la boite de dialogue présente deux zones de texte, où vous indiquez les valeurs de seuil minimale et maximale de la condition, puis vous précisez la mise en forme à utiliser pour les cellules répondant au critère. Les valeurs des zones de saisie de la condition peuvent être des constantes, des formules, des références de cellules ou des dates.

5. **Tapez 2000 dans la première zone de texte, tapez 4000 dans la deuxième, déroulez la liste Avec, cliquez sur Remplissage rouge clair, comparez vos valeurs à celles de la figure C-18, puis cliquez sur OK.**

   Toutes les cellules de la colonne G dont la valeur est comprise entre 2000 et 4000 sont sur fond rouge clair.

6. **Cliquez dans la cellule G7, tapez 3975,55 et appuyez sur [Entrée].**

   Dès que la valeur de G7 change, la mise en forme est modifiée parce que la nouvelle valeur remplit les conditions d'application de la mise en forme. Comparez vos résultats à ceux de la figure C-19.

7. **Appuyez sur [Ctrl] [↖] pour sélectionner la cellule A1, puis enregistrez votre travail.**

ASTUCE
Appliquez facilement un jeu d'icônes à une plage sélectionnée en cliquant sur le bouton Mise en forme conditionnelle du groupe Style, puis en pointant sur Jeux d'icônes ; les icônes s'affichent au sein des cellules pour illustrer les différences dans les valeurs.

ASTUCE
Pour définir une mise en forme personnalisée pour les données correspondant aux conditions, cliquez sur Format personnalisé au bas de la liste « avec », puis servez-vous de la boite de dialogue Format de cellule pour définir la mise en forme à appliquer.

Gérer les règles de mise en forme conditionnelle

Lorsque vous avez créé une règle de mise en forme conditionnelle et que vous souhaitez modifier les conditions pour repérer une valeur différente ou appliquer une autre mise en forme, il n'est pas nécessaire de créer une nouvelle règle car il suffit de corriger la règle existante à l'aide du gestionnaire de règles. Sélectionnez la plage contenant la mise en forme conditionnelle, cliquez sur Mise en forme conditionnelle dans le groupe Style et cliquez sur Gérer les règles. La boite de dialogue Gestionnaire des règles de mise en forme conditionnelle s'ouvre. Sélectionnez la règle à modifier, cliquez sur Modifier la règle, modifiez

les paramètres dans la zone Modifier la description de la règle. Pour modifier la mise en forme d'une règle, cliquez sur le bouton Format dans cette même zone, sélectionnez les attributs de mise en forme que vous voulez appliquer, puis cliquez sur OK trois fois pour fermer les boites de dialogue. La règle est modifiée et les nouvelles conditions sont appliquées aux cellules sélectionnées. Pour supprimer une règle, sélectionnez-la dans la boite de dialogue Gestionnaire des règles de mise en forme conditionnelle, puis cliquez sur le bouton Supprimer la règle.

FIGURE C-17 : Aperçu instantané des barres de données dans une plage

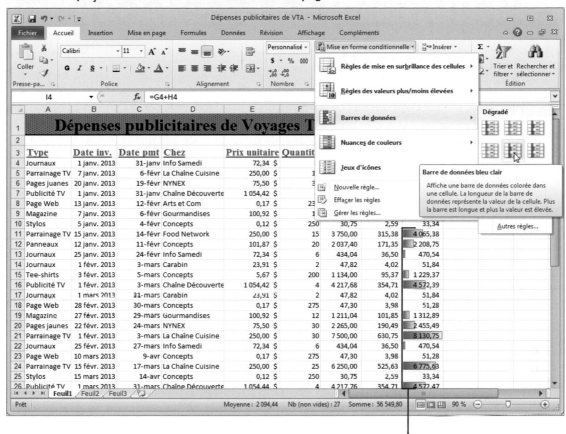

L'Aperçu instantané montre les barres de données affichées dans la plage sélectionnée

FIGURE C-18 : Boite de dialogue Entre

Zones de saisie

Mise en forme des cellules remplissant la condition

FIGURE C-19 : Résultat de la mise en forme conditionnelle

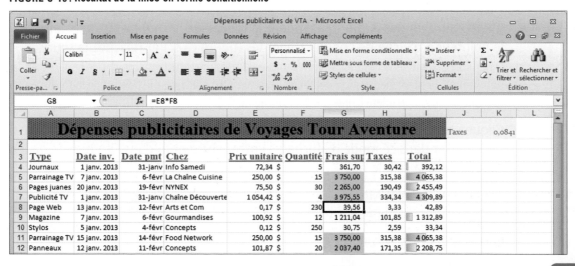

Mettre en forme une feuille de calcul

Renommer et déplacer une feuille

Par défaut, chaque classeur Excel contient au départ trois feuilles de calcul nommées Feuil1, Feuil2 et Feuil3. Ces noms apparaissent dans les onglets de feuille au bas de la feuille. La première, Feuil1, est la feuille active à l'ouverture du classeur. Pour vous déplacer d'une feuille à l'autre, cliquez sur l'onglet voulu, dans le bas de la fenêtre Excel. Des boutons de défilement d'onglet, situés à la gauche des onglets, permettent un déplacement rapide parmi les onglets lorsque le nombre de feuilles est trop élevé pour voir tous les onglets en même temps. Pour mieux identifier chaque feuille d'un classeur, vous pouvez la renommer et changer la couleur de son onglet. Les feuilles peuvent aussi être classées d'une façon logique. Par exemple, pour mieux suivre les objectifs de performance, vous pourriez renommer chaque feuille du classeur avec le nom d'un vendeur et les classer ensuite par ordre alphabétique. Dans votre classeur, Feuil1 contient les dépenses relatives à la publicité, Feuil2 contient le budget du secteur publicité et Feuil3 ne contient aucune donnée. Vous allez renommer les deux feuilles du classeur afin d'identifier clairement leur contenu, appliquer une couleur distincte aux onglets de feuille et changer leur ordre.

ÉTAPES

ASTUCE

Pour renommer une feuille, vous pouvez aussi cliquer avec le bouton droit sur l'onglet, cliquer sur Renommer dans le menu contextuel, taper le nouveau nom, puis appuyer sur [Entrée].

ASTUCE

Pour supprimer une feuille, cliquez sur son onglet, déroulez la liste du bouton Supprimer dans le groupe Cellules, puis cliquez sur Supprimer une feuille. Pour insérer une feuille, cliquez sur le bouton Insérer une feuille, à droite des onglets de feuille.

ASTUCE

Si vous avez trop d'onglets de feuille pour les voir tous, déplacez-vous dans les onglets grâce aux boutons de défilement à gauche des onglets : Première feuille, Dernière feuille, Feuille précédente et Feuille suivante.

1. **Cliquez sur l'onglet Feuil2.**

   La feuille Feuil2 devient active et elle apparait à l'avant-plan de l'onglet Feuil1. Cette feuille contient le budget des dépenses publicitaires (figure C-20).

2. **Cliquez sur l'onglet Feuil1.**

   Feuil1, qui contient les données réelles de dépenses publicitaires, redevient la feuille active.

3. **Double-cliquez sur l'onglet Feuil2, tapez Budget et appuyez sur [Entrée].**

   Le nouveau nom remplace Feuil2 dans l'onglet de feuille. Un nom de feuille peut être formé d'au plus 31 caractères, y compris les espaces et la ponctuation.

4. **Cliquez avec le bouton droit sur l'onglet Budget, pointez Couleur d'onglet dans le menu contextuel, puis cliquez sur Vert brillant, Accentuation4, plus clair 60 %, comme à la figure C-21.**

   La couleur de l'onglet devient un dégradé vert clair.

5. **Double-cliquez sur l'onglet Feuil1, tapez Dépenses et appuyez sur [Entrée].**

   Observez que la couleur de l'onglet Budget change selon que la feuille est ou non active ; lorsque l'onglet Dépenses est actif, l'onglet Budget devient vert. Vous décidez de modifier l'ordre des feuilles pour placer Budget avant Dépenses.

6. **Cliquez sur l'onglet Budget, maintenez la touche de la souris enfoncée, faites glisser le pointeur à gauche de l'onglet Dépenses (figure C-22) et relâchez la souris.**

   Durant le glissement, le pointeur prend la forme, le pointeur de déplacement de feuille, et un petit triangle noir indique la nouvelle position de l'onglet lorsque vous relâcherez le bouton de la souris. La feuille Budget est maintenant la première feuille du classeur (figure C-23).

7. **Cliquez sur l'onglet Dépenses, cliquez sur Mode Mise en page dans la barre d'état pour passer dans ce mode d'affichage, entrez votre nom dans l'en-tête de gauche et cliquez dans la cellule A1.**

8. **Cliquez sur l'onglet Mise en page du Ruban, cliquez sur le bouton Orientation du groupe Mise en page et cliquez sur Paysage.**

9. **Enregistrez votre travail.**

Mettre en forme une feuille de calcul

FIGURE C-20 : Onglets du classeur

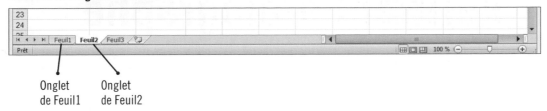

Onglet
de Feuil1

Onglet
de Feuil2

FIGURE C-21 : Palette de Couleur d'onglet

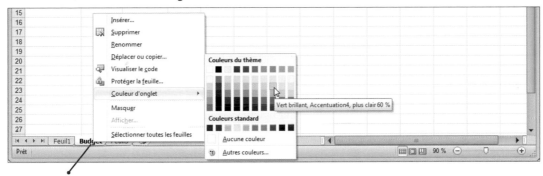

Feuil2 renommée

FIGURE C-22 : La feuille pendant le déplacement

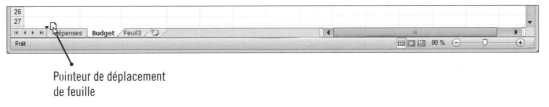

Pointeur de déplacement
de feuille

FIGURE C-23 : Les feuilles reclassées

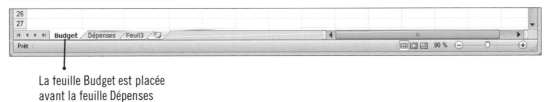

La feuille Budget est placée
avant la feuille Dépenses

Excel 2010

Copier des feuilles de calcul

Il est parfois nécessaire de copier une feuille de calcul. Par exemple, un classeur contient une feuille avec les dépenses du premier trimestre et vous voulez l'utiliser comme point de départ pour une feuille contenant les dépenses du deuxième trimestre. Pour copier une feuille au sein du même classeur, maintenez la touche [Ctrl] enfoncée en faisant glisser l'onglet de la feuille à l'emplacement désiré et relâchez le bouton de la souris avant de relâcher la touche [Ctrl]. Un doublon de la feuille initiale apparait avec le même nom que celle d'origine, suivi de « (2) », ce qui indique une copie. Donnez ensuite à la nouvelle feuille un nom significatif.

Pour copier ou déplacer une feuille dans un classeur distinct, les deux classeurs, le classeur source et le classeur destination, doivent être ouverts. Sélectionnez la feuille à copier ou à déplacer, cliquez du bouton droit sur son onglet, puis cliquez sur Déplacer ou Copier dans le menu contextuel. Choisissez les options dans la boite de dialogue Déplacer ou copier. N'oubliez pas de cocher la case Créer une copie si vous voulez copier et non simplement déplacer la feuille. Vérifiez soigneusement les résultats de vos calculs lorsque vous copiez ou déplacez une feuille.

Vérifier l'orthographe

Excel comprend un vérificateur orthographique. Ce vérificateur orthographique parcourt le texte de la feuille de calcul, affiche les mots non reconnus par son dictionnaire et, si c'est possible, propose des suggestions de remplacement. Pour vérifier toutes les feuilles d'un classeur, il faut les afficher une à une et lancer chaque fois la vérification orthographique. Comme le dictionnaire ne peut pas contenir tous les mots possibles, il est possible de lui ajouter des mots, tels les noms de société, des acronymes ou des termes techniques particuliers. Ces mots ne seront plus repris comme inexacts par la suite. Le dictionnaire d'Excel est partagé par Word, PowerPoint et Access ; les mots ajoutés au dictionnaire dans ces programmes sont disponibles dans Excel. ▰▰▰▰ Avant d'envoyer ce classeur à Manon Lemaire et aux directeurs du marketing, vous en vérifiez l'orthographe.

ÉTAPES

ASTUCE

Le dictionnaire utilisé est celui de la langue définie dans vos paramètres régionaux. Vous pouvez changer de langue en déroulant la liste Langue.

1. **Cliquez sur l'onglet Révision du Ruban, puis sur le bouton Orthographe du groupe Vérification.**

   La boite de dialogue Orthographe s'ouvre (figure C-24) en indiquant le premier mot mal orthographié de la feuille. Vous pouvez choisir de l'ignorer une fois, de l'ignorer chaque fois qu'il est rencontré, de le remplacer cette fois par la suggestion, de le remplacer chaque fois par la suggestion ou de l'ajouter au dictionnaire actif.

2. **Cliquez sur Ignorer tout.**

   Ensuite, le vérificateur trouve le mot « juanes » qu'il suggère de remplacer par « jaunes ».

3. **Vérifiez que le mot jaunes est sélectionné dans la liste Suggestions, puis cliquez sur Remplacer.**

   Après la vérification de tous les mots, Excel affiche un message indiquant que la vérification est terminée.

4. **Cliquez sur OK.**

5. **Cliquez sur l'onglet Accueil du Ruban, cliquez sur Rechercher et sélectionner dans le groupe Édition, puis sur Remplacer.**

   La boite de dialogue Rechercher et remplacer s'ouvre. Elle permet de remplacer un mot ou une phrase. Ce peut être un mot incorrect que le vérificateur n'a pas reconnu comme mal orthographié ou une expression que vous souhaitez modifier. Manon vient de vous demander de remplacer toutes les occurrences de « Panneaux » par « Signalisation ».

6. **Tapez Panneaux dans la zone de texte Rechercher, appuyez sur [Tab], puis tapez Signalisation dans la zone de texte Remplacer par.**

   Comparez votre boite de dialogue à celle de la figure C-25.

7. **Cliquez sur Remplacer tout, cliquez sur OK pour fermer le message d'avertissement, puis cliquez sur Fermer pour clore la boite de dialogue Rechercher et remplacer.**

   Excel a effectué deux remplacements.

8. **Cliquez sur l'onglet Fichier, cliquez sur Imprimer dans la barre de navigation, cliquez sur Pas de mise à l'échelle dans la section Paramètres de l'onglet Imprimer, puis cliquez Ajuster la feuille à une page.**

9. **Cliquez sur l'onglet Fichier pour revenir à la feuille, enregistrez votre travail, fermez le classeur et quittez Excel.**

   La feuille terminée est présentée à la figure C-26.

Envoyer un classeur par courrier électronique

Vous pouvez expédier un classeur complet par courrier électronique directement depuis Excel par l'entremise de votre programme de messagerie, par exemple Microsoft Outlook. Pour envoyer un classeur en pièce jointe à un courriel, ouvrez le classeur, cliquez sur l'onglet Fichier, puis cliquez sur Enregistrer et envoyer dans la barre de navigation. L'option Envoyer à l'aide de la messagerie étant sélectionnée dans la section Enregistrer et envoyer, cliquez sur Envoyer en tant que pièce jointe dans le volet droit. Un message électronique s'ouvre dans votre messagerie par défaut avec le classeur automatiquement placé en pièce jointe ; le nom de fichier du classeur apparait dans la zone de texte des pièces jointes. Remplissez les zones de texte À et éventuellement Cc., ajoutez un message si vous le souhaitez, puis cliquez sur Envoyer.

FIGURE C-24 : Boîte de dialogue Orthographe

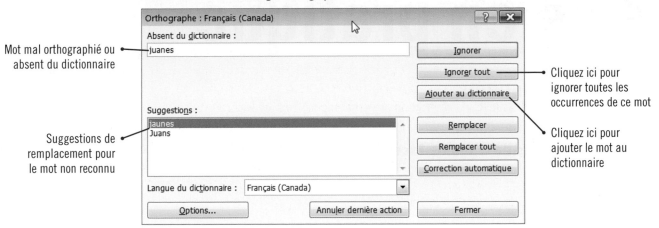

Mot mal orthographié ou absent du dictionnaire

Suggestions de remplacement pour le mot non reconnu

Cliquez ici pour ignorer toutes les occurrences de ce mot

Cliquez ici pour ajouter le mot au dictionnaire

FIGURE C-25 : Boîte de dialogue Rechercher et remplacer

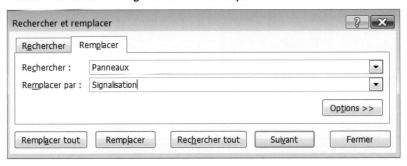

FIGURE C-26 : Aperçu de la feuille terminée

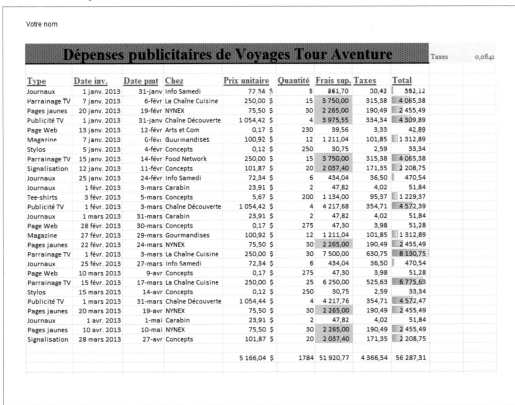

Votre nom

Dépenses publicitaires de Voyages Tour Aventure

Taxes   0,0841

Type	Date inv.	Date pmt	Chez	Prix unitaire	Quantité	Frais sup.	Taxes	Total
Journaux	1 janv. 2013	31-janv	Info Samedi	72,34 $	5	361,70	30,42	392,12
Parrainage TV	7 janv. 2013	6-févr	La Chaîne Cuisine	250,00 $	15	3 750,00	315,38	4 065,38
Pages jaunes	20 janv. 2013	19-févr	NYNEX	75,50 $	30	2 265,00	190,49	2 455,49
Publicité TV	1 janv. 2013	31-janv	Chaîne Découverte	1 054,42 $	4	3 975,55	334,34	4 309,89
Page Web	13 janv. 2013	12-févr	Arts et Com	0,17 $	230	39,56	3,33	42,89
Magazine	7 janv. 2013	6-févr	Gourmandises	100,92 $	12	1 211,04	101,85	1 312,89
Stylos	5 janv. 2013	4-févr	Concepts	0,12 $	250	30,75	2,59	33,34
Parrainage TV	15 janv. 2013	14-févr	Food Network	250,00 $	15	3 750,00	315,38	4 065,38
Signalisation	12 janv. 2013	11-févr	Concepts	101,87 $	20	2 037,40	171,35	2 208,75
Journaux	25 janv. 2013	24-févr	Info Samedi	72,34 $	6	434,04	36,50	470,54
Journaux	1 févr. 2013	3-mars	Carabin	23,91 $	2	47,82	4,02	51,84
Tee-shirts	3 févr. 2013	5-mars	Concepts	5,67 $	200	1 134,00	95,37	1 229,37
Publicité TV	1 févr. 2013	3-mars	Chaîne Découverte	1 054,42 $	4	4 217,68	354,71	4 572,39
Journaux	1 mars 2013	31-mars	Carabin	23,91 $	2	47,82	4,02	51,84
Page Web	28 févr. 2013	30-mars	Concepts	0,17 $	275	47,30	3,98	51,28
Magazine	27 févr. 2013	29-mars	Gourmandises	100,92 $	12	1 211,04	101,85	1 312,89
Pages jaunes	22 févr. 2013	24-mars	NYNEX	75,50 $	30	2 265,00	190,49	2 455,49
Parrainage TV	1 févr. 2013	3-mars	La Chaîne Cuisine	250,00 $	30	7 500,00	630,75	8 130,75
Journaux	25 févr. 2013	27-mars	Info Samedi	72,34 $	6	434,04	36,50	470,54
Page Web	10 mars 2013	9-avr	Concepts	0,17 $	275	47,30	3,98	51,28
Parrainage TV	15 févr. 2013	17-mars	La Chaîne Cuisine	250,00 $	25	6 250,00	525,63	6 775,63
Stylos	15 mars 2013	14-avr	Concepts	0,12 $	250	30,75	2,59	33,34
Publicité TV	1 mars 2013	31-mars	Chaîne Découverte	1 054,44 $	4	4 217,76	354,71	4 572,47
Pages jaunes	20 mars 2013	19-avr	NYNEX	75,50 $	30	2 265,00	190,49	2 455,49
Journaux	1 avr. 2013	1-mai	Carabin	23,91 $	2	47,82	4,02	51,84
Pages jaunes	10 avr. 2013	10-mai	NYNEX	75,50 $	30	2 265,00	190,49	2 455,49
Signalisation	28 mars 2013	27-avr	Concepts	101,87 $	20	2 037,40	171,35	2 208,75
				5 166,04 $	1784	51 920,77	4 366,54	56 287,31

Mise en pratique

Révision des concepts

Identifiez les éléments de la feuille Excel de la figure C-27.

FIGURE C-27

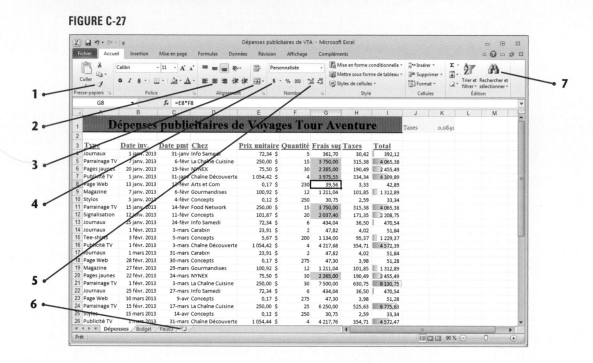

Associez chaque terme ou bouton à la description qui lui convient.

8. Mise en forme conditionnelle

9. 🔲

10. Bouton Orthographe

11. [Ctrl] [↖]

12. 🪣 ▾

13. $ $ $

a. Centre le contenu d'une cellule sur plusieurs cellules.

b. Ajoute un symbole de devise et uniformise à deux décimales les données sélectionnées.

c. Modifie la mise en forme des cellules qui répondent à certains critères.

d. Affiche un choix de couleurs à appliquer en arrière-plan.

e. Place le pointeur de cellule dans la cellule A1.

f. Cherche la présence de mots apparemment mal orthographiés.

Choisissez la meilleure réponse à chaque question.

14. Quel est le résultat obtenu par l'application du format Nombre Comptabilité?

- **a.** 5555
- **b.** 5 555,55 $
- **c.** 55,55 %
- **d.** 5 555,55

15. Quel outil permet de supprimer une règle de mise en forme conditionnelle?

- **a.** Rappel de règle
- **b.** Gestionnaire de règles de mise en forme conditionnelle
- **c.** Gestionnaire de conditions
- **d.** Gestionnaire de format

16. Quel bouton permet d'ôter l'attribut Italique de cellules sélectionnées?

- **a.** I
- **b.** G
- **c.** ✔
- **d.** I

17. Quel est le nom de l'outil utilisé pour donner à une colonne la largeur de sa donnée la plus longue?

- **a.** Mise en forme automatique
- **b.** Ajustement automatique
- **c.** Redimensionnement automatique
- **d.** Réajustement automatique

18. Quel bouton augmente le nombre de décimales dans les cellules sélectionnées?

- **a.**
- **b.**
- **c.**
- **d.**

19. Quel bouton copie plusieurs styles de mise en forme de cellules sélectionnées pour les appliquer à d'autres cellules?

- **a.**
- **b.**
- **c.**
- **d.**

Révision des techniques

1. Mettre en forme des valeurs.

- **a.** Démarrez Excel, ouvrez le fichier EX C-2.xlsx de votre dossier Projets et enregistrez-le sous le nom **Primes assurance maladie**.
- **b.** Entrez une formule dans la cellule B10 pour calculer le nombre total d'employés.
- **c.** Créez une formule dans la cellule C5 pour calculer la prime d'assurance mensuelle du département Comptabilité. (*Indice*: Vérifiez que vous utilisez le type de référence de cellule adéquat dans la formule. Pour calculer la prime mensuelle du département, multipliez le nombre d'employés par la prime mensuelle de la cellule C14.)
- **d.** Copiez votre formule de la cellule C5 dans la plage C6:C10.
- **e.** Appliquez à la plage C5:C10 le format Nombre Comptabilité.
- **f.** Modifiez le format de la plage C6:C9 en Séparateur de milliers.
- **g.** Supprimez les décimales dans la cellule B14, à l'aide d'un bouton du groupe Nombre.
- **h.** Enregistrez votre travail.

2. Modifier la police et la taille.

- **a.** Sélectionnez la plage des cellules qui contiennent les étiquettes de colonnes (ligne 4).
- **b.** Modifiez la police de cette sélection en Times New Roman.
- **c.** Augmentez la taille de police de la sélection à 12 points.
- **d.** Augmentez la taille de police de l'étiquette de la cellule A1 afin d'atteindre 14 points.
- **e.** Enregistrez vos modifications.

3. Modifier les attributs et l'alignement.

- **a.** Appliquez les attributs gras et italique au titre de la feuille de calcul dans la cellule A1.
- **b.** Avec le bouton Fusionner et centrer, centrez l'étiquette Primes d'assurance maladie sur les colonnes A à C.
- **c.** Appliquez l'attribut italique à l'étiquette Primes d'assurance maladie.
- **d.** Ajoutez l'attribut gras aux étiquettes de la ligne 4.
- **e.** À l'aide du bouton Reproduire la mise en forme, copiez la mise en forme de la cellule A4 dans la plage A5:A10.
- **f.** Appliquez la mise en forme de la cellule C10 à la cellule B14.

Révision des techniques (suite)

g. Modifiez l'alignement de la cellule A10 pour l'aligner à droite.

h. À l'aide de l'ajustement automatique, redimensionnez les colonnes A et B.

i. Effacez le contenu de la cellule A13, sans supprimer la cellule.

j. Dans la cellule A14, modifiez le texte en **Prime d'assurance mensuelle**, puis modifiez la largeur de la colonne pour l'amener à 26.

k. Enregistrez vos modifications.

5. Insérer et supprimer des lignes et des colonnes.

a. Insérez une ligne entre les lignes 5 et 6.

b. Ajoutez à cette ligne un nouveau département, **Aide humanitaire**. Donnez **6** comme nombre d'employés.

c. Copiez la formule de la cellule C7 dans la cellule C6.

d. Ajoutez ce commentaire à la cellule A6 : **Nouveau département**. Affichez le commentaire, puis faites-le glisser si nécessaire, pour qu'il ne masque aucune donnée.

e. Ajoutez une colonne entre les colonnes Département et Employé, avec le titre **Couverture familiale**, puis ajustez automatiquement la largeur de colonne.

f. Supprimez la ligne du département Juridique.

g. Déplacez la valeur de la cellule C14 vers la cellule B14.

h. Enregistrez vos modifications.

6. Utiliser la couleur, les motifs et les bordures.

a. Ajoutez des bordures extérieures autour de la plage A4:D10.

b. Ajoutez une bordure double au bas des cellules C9 et D9 (afin de séparer les totaux des données).

c. Appliquez la couleur de remplissage Vert d'eau, Accentuation5, plus clair 80 % aux étiquettes de la colonne Département, à l'exception du Total.

d. Appliquez la couleur de remplissage Orange, Accentuation6, plus clair 60 % à la plage A4:D4.

e. Appliquez aux cellules de la plage A4:D4 la couleur de police Rouge, Accentuation2, plus sombre 25 %.

f. Ajoutez au titre de la cellule A1 un motif de remplissage Gris 12,5 %.

g. Appliquez à la plage A14:B14 la couleur de remplissage Bleu foncé, Texte2, plus clair 40 %, choisissez la couleur de police Blanc, Arrière-plan1, puis mettez le texte en gras.

h. Enregistrez vos modifications.

7. Appliquer la mise en forme conditionnelle.

a. Sélectionnez la plage D5:D9, créez une mise en forme conditionnelle qui colore en vert avec un texte vert foncé les cellules dont la valeur est comprise entre 150 et 275.

b. Sélectionnez la plage C5:C9, ajoutez une mise en forme conditionnelle qui colore en rouge le texte si le nombre d'employés dépasse 10.

c. Appliquez des barres de données bleues à la plage C5:C9 (*Indice* : Cliquez sur Barre de données bleue dans la section Dégradé).

d. À l'aide du Gestionnaire de règles de mise en forme conditionnelle, corrigez la mise en forme conditionnelle de la plage C5:C9 pour que le texte des cellules dont la valeur est supérieure à 10 soit affiché en rouge foncé et en gras.

e. Fusionnez et centrez le titre (cellule A1) sur les colonnes A à D.

f. Enregistrez vos modifications.

8. Nommer et déplacer une feuille.

a. Nommez **Données assurance** l'onglet Feuil1.

b. Nommez **Données employés** l'onglet Feuil3.

c. Colorez l'onglet Données assurance en Rouge, Accentuation2, plus clair 40 %.

d. Colorez l'onglet Données employés en Vert d'eau, Accentuation5, plus clair 40 %.

e. Déplacez la feuille Données employés pour la placer juste à droite de la feuille Données assurances.

f. Activez la feuille Données assurance, entrez votre nom dans la cellule A20 et enregistrez votre travail.

Révision des techniques (suite)

9. **Vérifier l'orthographe.**

   a. Placez le pointeur de cellule en A1.

   b. Utilisez Rechercher et sélectionner pour remplacer l'étiquette Comptabilité de la cellule A5 par Comptabilité/Juridique.

   c. Vérifiez l'orthographe de la feuille de calcul et corrigez les erreurs si besoin.

   d. Enregistrez vos modifications et comparez votre feuille à la figure C-28.

   e. Examinez l'aperçu avant impression de la feuille Données assurance dans l'onglet Fichier, imprimez la feuille, fermez le classeur et quittez Excel.

FIGURE C-28

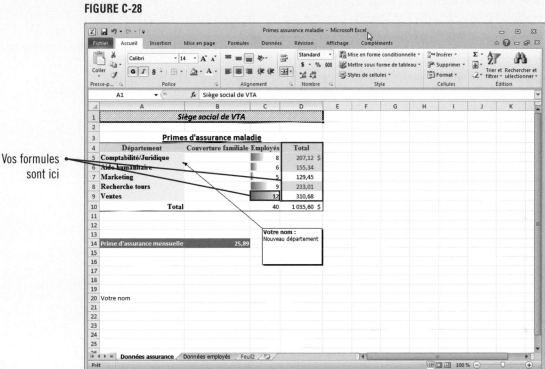

Excel 2010

Exercice personnel 1

Vous gérez un cabinet comptable indépendant et vous comptez parmi vos nouveaux clients le salon de beauté Si belle. Vous venez de convertir les données comptables en une feuille Excel et la propriétaire du salon de beauté vous demande une analyse de l'inventaire. D'autres articles s'ajouteront par la suite, mais le nombre de données déjà saisies dans la feuille est suffisant pour commencer le travail.

   a. Démarrez Excel, ouvrez le fichier EX C-3.xlsx de votre dossier Projets et enregistrez-le sous le nom **Inventaire Si belle**.

   b. Créez dans la cellule E4 une formule calculant la valeur en stock de chaque article en fonction de son prix d'achat indiqué dans la cellule B4. Appliquez à la cellule le format Séparateur de milliers.

   c. Dans la cellule F4, calculez le prix de vente de l'article en stock en utilisant une référence absolue pour la marge donnée dans la cellule I1.

   d. Copiez les formules créées ci-dessus dans la plage E5:F14 mais auparavant, convertissez si nécessaire les références aux cellules en références absolues pour que les formules recopiées soient correctes.

   e. Appliquez l'attribut gras aux étiquettes de colonnes et l'attribut italique aux articles de la colonne A.

   f. Ajustez la largeur de toutes les colonnes pour que les données et les étiquettes soient lisibles.

   g. Appliquez le format Nombre Comptabilité avec deux décimales aux données de la colonne Prix de vente.

   h. Appliquez le format Séparateur de milliers avec deux décimales aux données de la colonne Prix d'achat.

Exercice personnel 1 (suite)

i. Ajoutez une ligne en dessous de l'article Bigoudis N°1 et ajoutez des **Limes à ongles**, coûtant **0,31 $**, vendues à l'**unité** et dont la quantité disponible est de **56** unités. Copiez les formules nécessaires dans la plage E7:F7.

j. Vérifiez que toutes les données sont visibles et toutes les formules, correctes. Apportez les modifications nécessaires et vérifiez l'orthographe.

k. Utilisez la mise en forme conditionnelle pour appliquer un remplissage jaune avec texte jaune foncé aux articles dont la quantité en stock est inférieure à 25.

l. Créez un jeu d'icônes de votre choix dans la plage D4:D15 pour illustrer les différences relatives entre les valeurs de la plage.

m. Ajoutez des bordures extérieures autour des données de la colonne Articles.

n. Supprimez la ligne contenant l'article Barrettes.

o. Entrez votre nom dans une cellule libre, sous les données de la feuille et enregistrez le classeur. Comparez votre travail à l'exemple de la figure C-29.

p. Examinez l'aperçu avant impression, fermez le classeur et quittez Excel.

FIGURE C-29

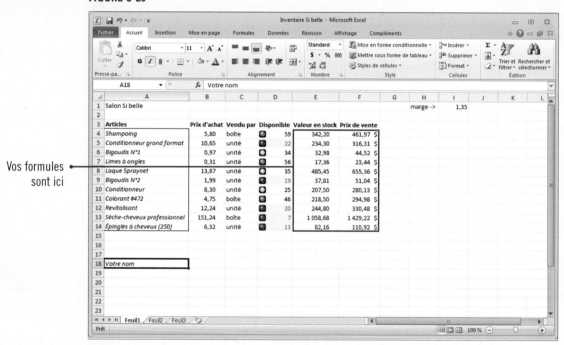

Vos formules sont ici

Exercice personnel 2

Vous offrez quelques heures de votre temps chaque semaine à la Ligue d'Assistance de votre région, une association philanthropique qui aide les entreprises en difficulté dans certaines démarches administratives. Dans ce contexte, vous avez la responsabilité de tenir à jour le registre des membres de l'association. Vous planifiez une campagne de publipostage destinée aux membres de certaines municipalités de la région. Vous souhaitez aussi envoyer une lettre de renouvellement d'adhésion aux membres dont le mandat arrive à échéance. Vous décidez de mettre la liste en forme pour en améliorer la présentation et faciliter la planification de vos prochaines tâches.

a. Démarrez Excel, ouvrez le classeur EX C-4.xlsx de votre dossier Projets et enregistrez-le sous le nom **Ligue Assistance**.

b. Supprimez les colonnes vierges.

c. Créez une mise en forme conditionnelle dans la colonne Téléphone pour que les entrées contenant 450 apparaissent en rouge foncé sur fond rouge clair (*Indice* : Les numéros de téléphone sont des données de type Texte).

d. Ajustez la largeur des colonnes pour rendre les données complètement visibles.

e. Améliorez la présentation en appliquant des modifications de mise en forme (police, taille de police, attributs, couleur).

f. Centrez les étiquettes de colonnes.

Exercice personnel 2 (suite)

g. Utilisez la mise en forme conditionnelle pour que les entrées de la colonne Année Expiration comprises entre 2014 et 2017 s'affichent en gras, sur un fond vert (*Indice* : Créez un format personnalisé).

h. Ajustez tous les éléments nécessaires et vérifiez l'orthographe.

i. Donnez à Feuil1 un nom qui reflète son contenu et ajoutez une couleur d'onglet de votre choix.

j. Entrez votre nom dans une cellule vierge et enregistrez votre travail.

k. Avant d'imprimer, vérifiez le résultat dans l'aperçu avant impression, apportez les dernières modifications qui vous semblent utiles, puis imprimez une copie de la feuille. Comparez votre feuille à celle de la figure C-30.

l. Fermez le classeur et quittez Excel.

FIGURE C-30

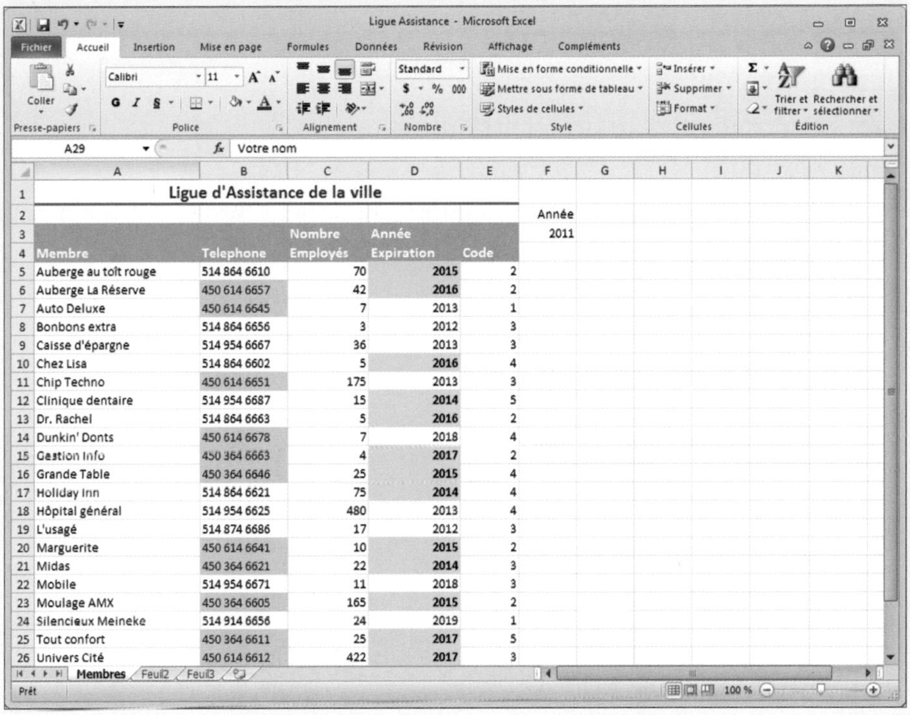

Ligue d'Assistance de la ville				
Membre	Telephone	Nombre Employés	Année Expiration	Code
Auberge au toît rouge	514 864 6610	70	**2015**	2
Auberge La Réserve	450 614 6657	42	**2016**	2
Auto Deluxe	450 614 6645	7	2013	1
Bonbons extra	514 864 6656	3	2012	3
Caisse d'épargne	514 954 6667	36	2013	3
Chez Lisa	514 864 6602	5	**2016**	4
Chip Techno	450 614 6651	175	2013	3
Clinique dentaire	514 954 6687	15	**2014**	5
Dr. Rachel	514 864 6663	5	**2016**	2
Dunkin' Donts	450 614 6678	7	2018	4
Gestion Info	450 364 6663	4	**2017**	2
Grande Table	450 364 6646	25	**2015**	4
Holiday Inn	514 864 6621	75	**2014**	4
Hôpital général	514 954 6625	480	2013	4
L'usagé	514 874 6686	17	2012	3
Marguerite	450 614 6641	10	**2015**	2
Midas	450 364 6621	22	**2014**	3
Mobile	514 954 6671	11	2018	3
Moulage AMX	450 364 6605	165	**2015**	2
Silencieux Meineke	514 914 6656	24	2019	1
Tout confort	450 364 6611	25	**2017**	5
Univers Cité	450 614 6612	422	**2017**	3

Exercice personnel 3

Bureau classique est un fabricant de crayons et de stylos de grande qualité. Une de vos responsabilités à titre de directeur des finances est d'analyser les rapports mensuels des cinq bureaux régionaux. Votre supérieure, Valérie Pomerleau, vous a demandé de préparer un rapport des ventes trimestrielles pour la prochaine réunion et elle insiste sur l'importance de l'aspect professionnel du rapport. Elle veut en particulier que vous mettiez l'accent sur l'augmentation des profits du dernier mois et que vous fassiez ressortir que les ventes de la région Nord-Est continuent de dépasser celles des autres régions.

a. Concevez et construisez une feuille présentant les ventes des trois derniers mois de la société. N'oubliez pas d'inclure :
- Les calculs des totaux mensuels de janvier, février et mars, ainsi que les cumulatifs trimestriels.
- Les calculs du pourcentage du résultat réalisé dans chaque région (pourcentage du chiffre d'affaires).
- Des étiquettes qui identifient les données mensuelles et les données cumulées.
- Des attributs de mise en forme et des barres de données mettant en valeur les résultats du dernier mois et la position en tête de la région Nord-Est.

b. Posez-vous les questions suivantes à propos de l'organisation et de la présentation de la feuille : De quels titres de feuille et étiquettes avez-vous besoin et comment les placer ? Comment allez-vous calculer les totaux ? Quelles formules peuvent être copiées pour gagner du temps ? Est-ce que certaines formules doivent utiliser des références absolues ? Comment allez-vous afficher les montants ? Quelles sont les informations qui doivent apparaitre en gras ? Allez-vous utiliser plusieurs polices ? Plusieurs tailles de police ?

c. Démarrez Excel et enregistrez un nouveau classeur vierge sous le nom **Bureau classique** dans votre dossier Projets.

Exercice personnel 3 (suite)

d. Construisez une feuille avec vos propres données. Tapez les titres et les étiquettes, puis les valeurs et les formules. Servez-vous du tableau C-4 pour démarrer.

TABLEAU C-4

Bureau classique

Rapport des ventes du premier Trimestre

Région	Prix un.	Janvier		Février		Mars		Total		Total %
		Nb articles	Valeur	Nb articles	Valeur	Nb articles	Valeur	Nb articles	Valeur	
Nord-Est										
Centre										
Sud-Est										
Sud										
Ouest										

e. Ajoutez une ligne sous les données pour les totaux de chaque colonne.

f. Ajustez la largeur des colonnes au besoin.

g. Attribuez une hauteur de 33 points à la première ligne.

h. Mettez en forme les étiquettes et les valeurs ; modifiez les attributs et l'alignement.

i. Redimensionnez les colonnes au besoin et ajustez les attributs de mise en forme.

j. Ajoutez des barres de données aux colonnes Nbre d'articles.

k. Ajoutez une colonne calculant une augmentation de 25 % des ventes. Utilisez une référence absolue dans ces calculs (*Indice* : Vérifiez que la mise en forme des données s'applique également aux nouvelles valeurs).

Difficultés supplémentaires

■ Supprimez au besoin le contenu des cellules J4:K4, puis fusionnez et centrez la cellule I4 sur les colonnes I:K.

■ Insérez une image clipart en relation avec les stylos à un emplacement adéquat et redimensionnez-la au besoin.

■ Enregistrez votre travail.

l. Tapez votre nom dans une cellule vide de la feuille.

m. Vérifiez l'orthographe du classeur, changez l'orientation de la feuille en Paysage, enregistrez votre travail et comparez-le à la figure C-31.

n. Examinez l'aperçu avant impression de la feuille, puis imprimez-la.

o. Fermez le classeur et quittez Excel.

FIGURE C-31

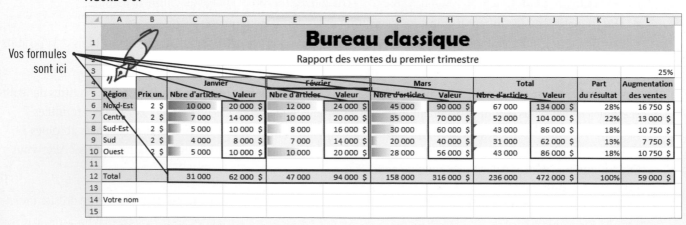

Défi

Ce projet requiert une connexion Internet.

Vous épargnez pour vous offrir le voyage autour du monde dont vous avez toujours rêvé. Vous comptez visiter sept pays durant deux mois et concevez votre budget de manière à dépenser le même montant global dans chacun de ces pays. Pour vous aider, vous voulez créer une feuille de calcul qui calcule l'équivalent en monnaie locale de chacun des pays du montant de base prévu dans le budget dans votre devise. Le classeur contiendra le cours de chacune des devises nécessaires.

a. Démarrez Excel et enregistrez un nouveau classeur vierge sous le nom **Budget tour du monde** dans votre dossier Projets.

b. Ajoutez un titre au sommet de la feuille.

c. Réfléchissez et choisissez sept pays que vous souhaiteriez visiter, créez ensuite les étiquettes de colonnes et de lignes de la feuille. (*Indice* : Par exemple, définissez une étiquette de ligne pour chacun des pays, une colonne pour l'équivalent d'un dollar en monnaie locale, l'équivalent en monnaie locale dont vous disposerez dans chaque pays, ainsi que le nom de la devise locale.)

d. Décidez du montant que vous souhaitez allouer à la visite de chaque pays (par exemple 1 000 $) et indiquez ce montant dans la feuille.

e. Servez-vous d'un moteur de recherche pour trouver des informations sur les conversions monétaires.

f. Trouvez l'équivalent de 1 $ canadien dans la devise de chaque pays de votre liste. Ajoutez également le nom de la monnaie locale de chacun des pays.

g. Créez une formule qui calcule le montant en monnaie locale dont vous disposerez dans chaque pays, en utilisant une référence absolue dans la formule.

h. Modifiez le format des données de la colonne contenant l'équivalent d'un dollar en devise locale pour qu'elles affichent trois décimales et de la colonne du montant en devises pour qu'elles affichent deux décimales, avec la bonne devise pour chaque pays. (*Indice* : Utilisez l'onglet Nombre de la boîte de dialogue Format de cellule, sélectionnez le format monétaire dans la liste Symbole, avec deux décimales.)

i. Créez une mise en forme conditionnelle qui affiche les montants calculés en rouge foncé avec un remplissage rouge clair si le montant est supérieur à **1 000 unités** de la monnaie locale.

j. Fusionnez et centrez le titre sur l'ensemble des colonnes utilisées.

k. Ajoutez des attributs de mise en forme aux étiquettes de colonnes et redimensionnez les colonnes si nécessaire.

l. Ajoutez une couleur d'arrière-plan au titre.

Difficultés supplémentaires

■ Modifiez la mise en forme conditionnelle de la colonne du montant en devises pour que les montants compris entre 1 500 et 7 999 s'affichent en rouge et en gras, et que les montants supérieurs à 8000 apparaissent en bleu et en gras avec un remplissage rouge clair.

■ Supprimez les feuilles inutilisées du classeur.

■ Enregistrez le classeur sous le nom **Budget tour du monde DS** dans votre dossier Projets.

■ Si vous disposez d'un accès à une messagerie électronique, envoyez le classeur à votre responsable ou à votre formateur en tant que pièce jointe à un courrier.

m. Tapez votre nom dans l'en-tête de la feuille.

n. Vérifiez l'orthographe, enregistrez le classeur, examinez la feuille dans l'aperçu avant impression et comparez votre résultat à celui de la figure C-32.

o. Fermez le classeur et quittez Excel.

FIGURE C-32

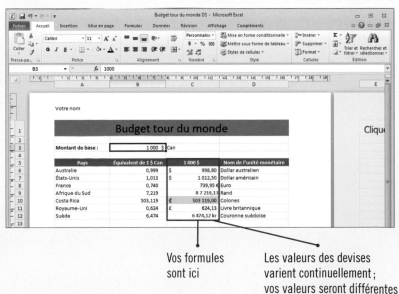

Vos formules sont ici

Les valeurs des devises varient continuellement ; vos valeurs seront différentes

Atelier visuel

Ouvrez le classeur EX C-5.xlsx de votre dossier Projets et enregistrez-le sous le nom **Liste du personnel**. Utilisez tout ce que vous avez appris dans ce module pour mettre la feuille en forme en lui donnant la présentation de la figure C-33. Créez une mise en forme conditionnelle dans la colonne Niveau afin que les données supérieures à 3 apparaissent en texte rouge. Ajoutez une mise en forme conditionnelle à la colonne Cycle révision pour que toute valeur égale à 3 s'affiche en texte vert et en gras. Dans la colonne Département, remplacez l'étiquette Marketing par Communications. (*Indice* : La seule police supplémentaire utilisée dans cet exercice est Cambria en 16 points à la ligne 1.) Entrez votre nom dans la cellule A25, vérifiez l'orthographe de la feuille, puis enregistrez et imprimez votre travail.

FIGURE C-33

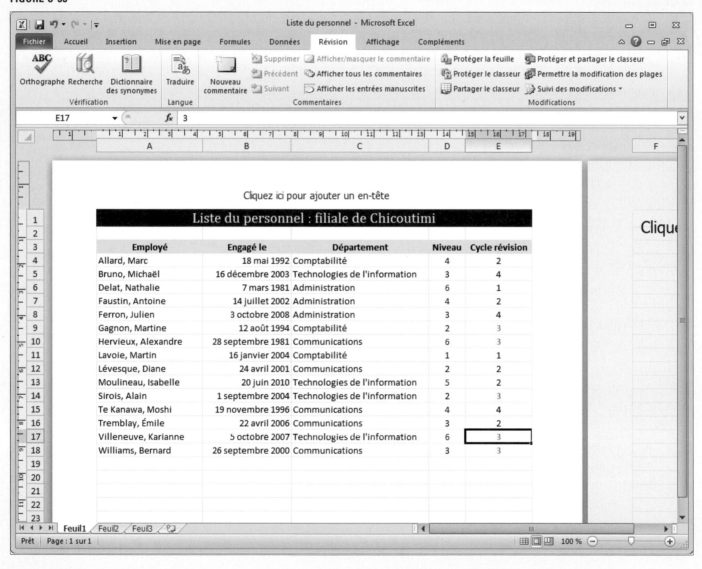

Mettre en forme une feuille de calcul

Travailler avec des graphiques

Les feuilles de calcul offrent une bonne façon d'organiser et de calculer les informations mais leur disposition en tableau n'est pas toujours le meilleur mode de présentation des données dès qu'il s'agit de communiquer avec d'autres personnes. La création d'un graphique facilite l'interprétation des données. Les **graphiques** présentent les informations sous une forme visuelle imagée qui permet de dégager des tendances, des constances et des relations parmi les données. Dans ce module, vous verrez comment créer et modifier un graphique, changer le type de graphique, ajouter du texte et des flèches, afficher et imprimer un graphique. Lors de la prochaine assemblée annuelle, Manon Lemaire souhaite mettre en évidence la tendance à la croissance de Voyages Tour Aventure. Elle vous demande de créer un graphique qui montre l'augmentation des ventes durant les quatre derniers trimestres.

OBJECTIFS

Concevoir un graphique

Créer un graphique

Déplacer et redimensionner un graphique

Modifier la disposition générale d'un graphique

Modifier les détails d'un graphique

Mettre en forme un graphique

Ajouter une note et dessiner sur un graphique

Créer un graphique en secteurs

Concevoir un graphique

Avant de créer un graphique, il faut réfléchir aux informations à transmettre et à sa présentation. Pendant cette phase de conception préalable, vous décidez du type de graphique que vous allez créer et de la manière dont vous devez organiser les données. La bonne compréhension des parties d'un graphique facilite sa mise en forme et la modification des éléments qu'il comporte, pour mieux illustrer des données. En guise de préparation à la création du graphique qui fera partie de la présentation de Manon, vous identifiez les buts et abordez la conception du graphique.

DÉTAILS

Utilisez les indications suivantes pour concevoir un graphique :

- **Déterminer l'objectif du graphique et identifier les relations entre les données à communiquer graphiquement**

  Vous voulez créer un graphique présentant les ventes trimestrielles de Voyages Tour Aventure. La feuille de calcul de la figure D-1 montre les informations sous forme d'un tableau de données. Vous souhaitez créer un graphique qui illustre les variations des ventes tout au long des trimestres dans chaque pays.

- **Déterminer les résultats voulus et décider du type de graphique le mieux adapté**

  Les types de graphiques ont chacun leurs forces et affichent les données de façons différentes. Par exemple, le graphique en secteurs compare les parties d'un tout, ce qui le rend particulièrement utile pour montrer la proportion d'un budget global, dépensée pour des publicités dans la presse, par rapport aux dépenses affectées aux publicités par courrier électronique ou à la TV. Les graphiques en courbes présentent plus efficacement les tendances sur une période donnée. Pour décider du meilleur type de graphique à appliquer à vos données, vous devez d'abord déterminer la manière dont vous voulez afficher et interpréter vos informations. Le tableau D-1 décrit quelques types de graphiques différents qu'Excel permet de créer et les boutons correspondants dans l'onglet Insertion du Ruban. Comme vous voulez comparer les ventes de VTA dans plusieurs pays sur une période de quatre trimestres, vous décidez d'utiliser un histogramme.

- **Identifier les données de la feuille à illustrer dans le graphique**

  Dans certains cas, vous utiliserez toutes les données d'une feuille de calcul pour créer un graphique, dans d'autres cas, vous devrez sélectionner une plage de données au sein de la feuille de calcul. La feuille de calcul dont vous disposez contient des données de ventes de l'année précédente et vous devez utiliser toutes les données trimestrielles contenues dans cette feuille.

- **Comprendre les éléments d'un graphique**

  Le graphique de la figure D-2 contient les éléments de base d'un graphique, où les pays d'activité de VTA se présentent sur l'axe horizontal (**abscisse** ou **axe des X**) et les ventes mensuelles sont sur l'axe vertical (**ordonnée** ou **axe des Y**). On appelle également **axe des catégories** l'axe horizontal parce qu'il contient souvent les noms des groupes de données, comme les emplacements, les mois ou les années. L'axe vertical porte aussi le nom d'**axe des valeurs** parce qu'il reprend souvent les valeurs numériques qui permettent d'interpréter la taille des éléments du graphique. Les graphiques en trois dimensions (ou en 3D) possèdent en plus un **axe des Z**, dont le rôle est de comparer les données selon d'autres catégories ou valeurs. La zone à l'intérieur des axes est appelée la **zone de traçage**. Les **graduations** sur l'axe des Y montrent les divisions de l'échelle de cet axe. Chaque valeur d'une cellule affichée dans le graphique est un **point de données**. Dans tous les types de graphiques, une **marque de donnée** représente visuellement chaque valeur ; dans cet exemple, chaque valeur est représentée par une colonne. Un ensemble de points liés logiquement est une **série de données**. Dans ce graphique, il y a quatre séries de données (Trimestre 1, Trimestre 2, Trimestre 3, Trimestre 4), vous incluez donc une **légende** pour les identifier.

FIGURE D-1 : Feuille contenant les chiffres d'affaires

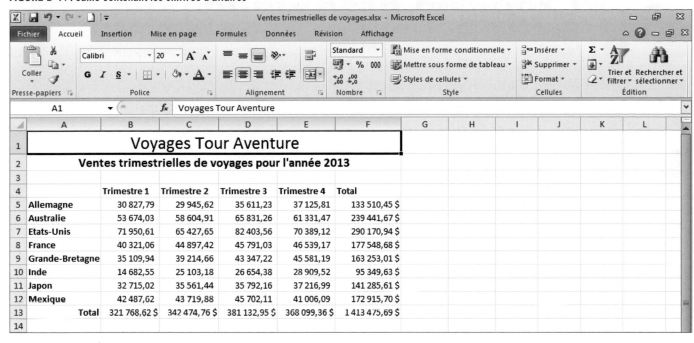

FIGURE D-2 : Éléments d'un graphique

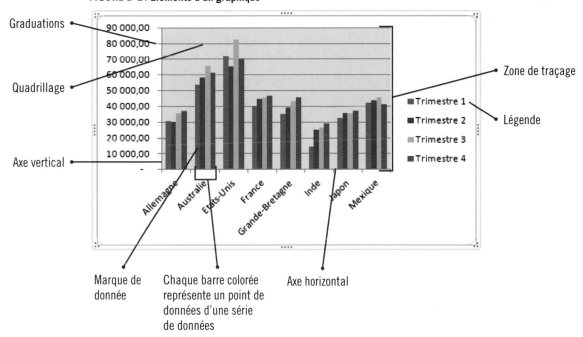

TABLEAU D-1 : Types usuels de graphiques

Type	Bouton	Description
Histogramme		Compare des données dans un format vertical ; c'est le format par défaut d'Excel. Il peut s'appeler histogramme vertical dans d'autres tableurs.
Courbes		Compare des tendances sur des intervalles égaux ; il est assez similaire à un graphique en aires, mais il ne fait pas ressortir le total.
Secteurs		Compare des données à un tout ; utilisé pour une seule série de valeurs.
Barres		Compare des objets dans un format horizontal ; il est parfois appelé histogramme horizontal dans d'autres tableurs.
Aires		Montre comment les quantités évoluent dans le temps par rapport aux quantités totales.
Nuage de points		Compare des tendances sur des intervalles inégaux dans le temps ; utilisé en sciences et en ingénierie pour l'extrapolation et la recherche de tendances.

Créer un graphique

Avant de créer un graphique sous Excel, vous devez d'abord sélectionner la plage de la feuille de calcul contenant les données. Une fois cette sélection effectuée, vous pouvez utiliser les boutons de l'onglet Insertion du Ruban pour créer et modifier un graphique. ▰▰▰▰ Au départ de la feuille de calcul contenant les données des ventes, vous créez un graphique qui illustre la variation de la croissance des ventes.

ÉTAPES

ASTUCE

Lorsque vous créez un graphique des données sur une période précise, vérifiez que toutes les séries de données appartiennent à la même période.

1. **Démarrez Excel, ouvrez le classeur EX D-1.xlsx de votre dossier Projets et enregistrez-le sous le nom Ventes trimestrielles de voyages.**

    Vous voulez que le graphique comprenne les chiffres d'affaires trimestriels, ainsi que les étiquettes des trimestres et des pays. Vous n'incluez ni la colonne ni la ligne de totaux car ces chiffres fausseraient le graphique.

2. **Sélectionnez la plage A4:E12, puis cliquez sur l'onglet Insertion du Ruban.**

    L'onglet Insertion contient des groupes autorisant l'insertion de divers types d'objets, dont des graphiques. Le groupe Graphiques reprend des boutons pour les principaux types de graphiques et un bouton Autres graphiques pour d'autres types de graphiques, tels que les graphiques Stock pour la mise en graphes de variations des valeurs d'actions.

ASTUCE

Pour créer un graphique à partir de données non contiguës, maintenez [Ctrl] enfoncée pendant que vous sélectionnez chacune des plages de données, puis utilisez l'onglet Insertion pour créer le graphique.

3. **Cliquez sur le bouton Colonne, puis sur Histogramme groupé dans la palette Colonne (figure D-3).**

    Le graphique est inséré au centre de la feuille de calcul et trois onglets contextuels d'Outils de graphique s'affichent dans le Ruban : Création, Disposition et Mise en forme. Sous l'onglet Création, actuellement à l'avant-plan, vous trouvez des options pour modifier rapidement le type, l'aspect et la mise en forme du graphique. Vous pouvez également permuter les données entre les colonnes et les lignes. Pour l'instant, les pays sont disposés le long de l'axe horizontal et les ventes trimestrielles, le long de l'axe vertical. Cette disposition facilite la comparaison des ventes trimestrielles pour chaque pays.

4. **Cliquez sur Intervertir les lignes/colonnes dans le groupe Données de l'onglet Création.**

    Un clic sur ce bouton permute les données des colonnes et des lignes (figure D-4), de sorte que les pays sont tracés le long de l'ordonnée, ce que reflète la légende.

5. **Cliquez sur le bouton Annuler 🔄 de la barre d'outils Accès rapide.**

    Le graphique revient à sa configuration initiale.

6. **Cliquez sur l'onglet Disposition, cliquez sur le bouton Titre du graphique du groupe Étiquettes, puis sur Au-dessus du graphique.**

    Un cadre d'invite apparait au-dessus du graphique.

ASTUCE

Un triple-clic permet de sélectionner une ligne de texte.

7. **Cliquez dans le cadre Titre du graphique, appuyez sur [Ctrl] [A] pour sélectionner le texte, tapez Ventes trimestrielles de voyages, puis cliquez dans le graphique en dehors du titre pour le désélectionner.**

    Un titre facilite l'identification du graphique. Les poignées de redimensionnement, les petits points aux coins et sur les bordures du graphique, indiquent que le graphique est sélectionné (figure D-5). Le graphique que vous avez créé peut être ailleurs dans votre feuille de calcul ou se présenter différemment. Vous apprendrez dans le module suivant à le redimensionner et à le déplacer. Chaque fois qu'un graphique est sélectionné, comme en ce moment, un cadre bleu entoure la plage des données qui interviennent dans ce graphique, un cadre violet entoure les étiquettes de lignes et un cadre vert entoure les étiquettes de colonnes. Ce type de graphique est dit intégré parce qu'il est inséré directement dans la feuille de calcul actuelle et ne fait pas partie d'un fichier séparé. L'intégration du graphique à la feuille de calcul active est faite par défaut lors de la création d'un graphique mais vous pouvez le placer sur une feuille différente ou dans une nouvelle feuille de graphique. Une feuille de graphique est une feuille d'un classeur qui ne contient qu'un graphique, lié aux données du classeur.

8. **Enregistrez votre travail.**

FIGURE D-3 : Galerie de graphiques Colonne

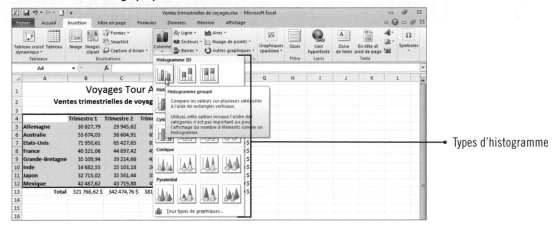

Types d'histogramme

FIGURE D-4 : Histogramme groupé avec les lignes et colonnes permutées

Bouton Annuler

Bouton Intervertir les lignes/colonnes

Étiquettes de l'axe des X

Étiquettes des séries de données

Plage des données

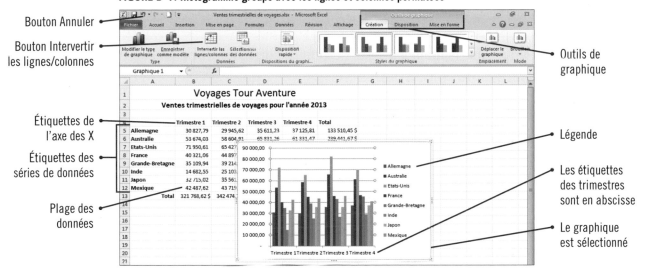

Outils de graphique

Légende

Les étiquettes des trimestres sont en abscisse

Le graphique est sélectionné

FIGURE D-5 : Graphique avec son titre et les lignes et colonnes restaurées à leur réglage initial

Titre du graphique

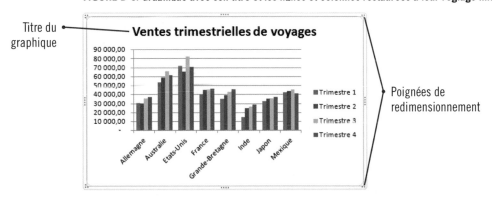

Poignées de redimensionnement

Créer des graphiques sparkline

Vous pouvez créer rapidement un graphique miniature pour représenter visuellement les tendances dans les données. Sélectionnez une plage de données, cliquez sur le bouton Graphiques sparkline, puis cliquez une des options : Courbe, Colonne ou Conclusions/Pertes. Dans la boite de dialogue Créer des graphiques sparkline, définissez la cellule qui recevra le graphique, puis cliquez OK. Quatre graphiques sparkline ont été créés dans la figure D-6. Toute modification aux données est répercutée dans le graphique. Pour supprimer un graphique d'une cellule, cliquez sur le bouton Effacer du groupe Groupe de l'onglet Création des Outils sparkline.

FIGURE D-6 : Graphiques sparkline dans des cellules

C	D	E	F
Trimestre 1	Trimestre 2	Trimestre 3	Trimestre 4
▁▁█▁▁▁▁▁▁	▁▁█▁▁▁▁▁▁	▁▁█▁▁▁▁▁▁	▁▁█▁▁▁▁▁▁

Déplacer et redimensionner un graphique

Les graphiques sont des objets qui ne sont pas attachés à une cellule ou à une plage. Un **objet** est un élément indépendant sur une feuille de calcul. Vous sélectionnez un objet en le cliquant ; des poignées de redimensionnement apparaissent et leur présence indique que l'objet est sélectionné. Lorsqu'un graphique est sélectionné, la zone Nom qui affiche normalement l'adresse de la cellule active, affiche le numéro du graphique. Vous pouvez déplacer un graphique sélectionné partout sur une feuille sans affecter les formules ni les données de cette feuille. Cependant, toute modification des données de la feuille sera répercutée dans le graphique. Vous pouvez même placer un graphique sur une autre feuille et il présentera les mêmes données. Vous redimensionnez un graphique pour améliorer sa présentation, en faisant glisser ses poignées de redimensionnement. Les objets graphiques contiennent d'autres objets, tels un titre et une légende, que vous pouvez déplacer et redimensionner. Les commandes de l'onglet Disposition du Ruban permettent de définir les emplacements de ces éléments mais vous pouvez aussi déplacer librement un objet à l'aide de la souris ou encore le couper puis le coller à un autre emplacement. Lorsque le pointeur de souris se déplace au-dessus d'un objet d'un graphique, le nom de cet objet apparait dans une info-bulle. Vous voulez agrandir le graphique, le placer sous les données de la feuille et déplacer la légende.

ÉTAPES

ASTUCE

Pour supprimer un graphique, sélectionnez-le et faites [Suppr].

1. **Vérifiez que le graphique est sélectionné, puis placez le pointeur sur le graphique.**

   La forme du pointeur indique que vous pouvez déplacer le graphique ou le redimensionner à l'aide d'une poignée de redimensionnement. Le tableau D-2 présente les pointeurs usuels des objets graphiques.

PROBLÈME

Pour déplacer un graphique, sélectionnez une zone de celui-ci libre de tout objet, sinon vous risquez de déplacer un élément dans le graphique au lieu du graphique dans sa globalité ; si c'est le cas, annulez l'opération et réessayez.

2. **Placez le pointeur dans une zone libre, près de la bordure supérieure gauche du graphique, maintenez le bouton gauche de la souris enfoncé et glissez le coin supérieur gauche du graphique dans le coin supérieur gauche de la cellule A16, puis relâchez le bouton de la souris.**

   Un contour du graphique en trait fin est affiché pendant le déplacement. Le graphique est maintenant à sa nouvelle position.

3. **Placez le pointeur sur la poignée de redimensionnement du centre de la bordure droite jusqu'à ce qu'il prenne la forme ⟺, puis faites glisser la bordure droite du graphique jusque sur le côté droit de la colonne G.**

   Le graphique est agrandi (figure D-7).

ASTUCE

Pour dimensionner un objet selon des réglages précis, cliquez sur l'onglet Mise en forme du Ruban, et indiquez la hauteur et la largeur souhaitée dans le groupe Taille.

4. **Placez le pointeur sur la poignée de redimensionnement au centre de la bordure supérieure jusqu'à ce qu'il prenne la forme ↕ ; faites glisser la bordure jusqu'au côté supérieur, ligne 15.**

5. **Faites défiler l'écran vers le bas si nécessaire, placez le pointeur sur la poignée de redimensionnement au milieu de la bordure inférieure jusqu'à ce qu'il se change en ↕ et faites glisser la bordure inférieure jusqu'en bas de la ligne 26.**

   Vous pouvez déplacer tout objet contenu dans un graphique. Vous voulez aligner le haut de la légende avec le haut de la zone de traçage.

ASTUCE

La légende peut être placée à droite, au-dessus, à gauche ou au bas. Cliquez sur le bouton Légende du groupe Étiquettes de l'onglet Disposition et sélectionnez une des options.

6. **Cliquez sur la légende pour la sélectionner, maintenez la touche [Maj] enfoncée, faites glisser la légende vers le haut à l'aide de jusqu'à ce que le cadre de la légende dépasse de quelques millimètres la zone de traçage, puis relâchez [Maj].**

   Des poignées de dimensionnement apparaissent autour de la légende lorsque vous cliquez dessus et le mot «Légende» s'affiche dans une info-bulle quand la souris passe au-dessus du cadre de l'objet. Un contour pointillé apparait lorsque vous déplacez la légende. Le fait d'appuyer sur [Maj] fige la position horizontale de la légende pendant que vous la déplacez verticalement. Bien que les poignées de redimensionnement des objets au sein d'un graphique semblent différentes de celles qui entourent le graphique, elles se comportent exactement de la même manière.

7. **Cliquez dans la cellule A9, tapez Royaume-Uni, cliquez sur Entrer ✓, utilisez l'Ajustement automatique pour corriger la largeur de la colonne A, puis appuyez sur [Ctrl] [↖].**

   L'étiquette de l'abscisse reflète le contenu de la cellule corrigée (figure D-8). Comme le graphique n'est plus sélectionné, les onglets Outils de graphique ont disparu du Ruban.

8. **Enregistrez votre travail.**

FIGURE D-7 : Graphique redimensionné et déplacé

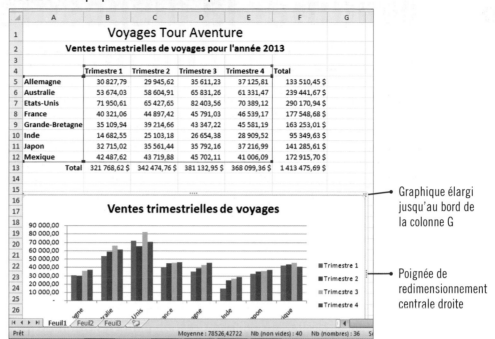

Graphique élargi jusqu'au bord de la colonne G

Poignée de redimensionnement centrale droite

FIGURE D-8 : Graphique avec la légende et les étiquettes modifiées

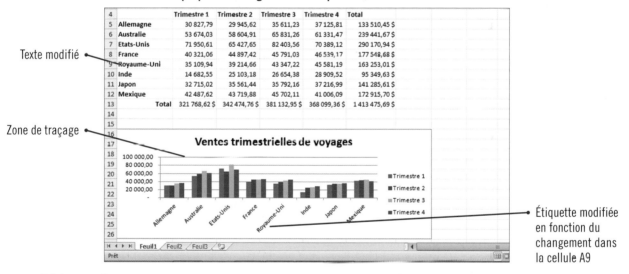

Texte modifié

Zone de traçage

Étiquette modifiée en fonction du changement dans la cellule A9

TABLEAU D-2 : Pointeur usuels

Nom	Pointeur	Utilisation	Nom	Pointeur	Utilisation
Dimensionnement diagonal	⤢ ou ⤡	Redimensionner un graphique avec les coins	**En I**	I	Modifier le texte d'un graphique
Dessin	+	Créer des formes	**Déplacement**	⊹	Changer l'emplacement d'un graphique
Dimensionnement horizontal	⟺	Redimensionner un graphique dans le sens de la longueur	**Dimensionnement vertical**	↕	Redimensionner un graphique dans le sens de la hauteur

Déplacer un graphique intégré vers une feuille

Admettons que vous ayez créé un graphique dans une feuille de données et que vous décidiez de changer l'emplacement de ce graphique pour l'insérer dans une feuille graphique d'une autre feuille. Cette opération est réalisable sans devoir recréer le graphique. Cliquez sur le graphique pour le sélectionner, cliquez sur l'onglet Création des Outils de graphique, puis cliquez sur le bouton

Déplacer le graphique du groupe Emplacement. La boite de dialogue Déplacer le graphique s'ouvre. Pour déplacer le graphique sur sa propre feuille graphique, cliquez sur Nouvelle feuille, puis sur OK. À l'inverse, si le graphique est dans sa propre feuille, cliquez sur l'option Objet dans et indiquez la feuille où vous voulez le déposer, puis cliquez sur OK.

Modifier la disposition générale d'un graphique

Vous pouvez changer le type du graphique, modifier la plage des données et la configuration colonne/ligne, appliquer un style différent et modifier la disposition des objets dans le graphique. Les propositions de présentation du groupe Styles du graphique suggèrent des dispositions préconfigurées des objets du graphique, tels que la légende, le titre ou un quadrillage; ces présentations sont une alternative à la mise en forme et aux modifications manuelles. ▄▄▄▄ Vous examinez votre graphique et constatez que les données des deuxième et quatrième trimestres sont incorrectes pour les États-Unis. Après avoir corrigé les données, vous voulez essayer d'autres types et présentations de graphiques.

ÉTAPES

1. **Cliquez dans la cellule C7, tapez 75432,29, appuyez deux fois sur [Tab], tapez 84295,27, puis appuyez sur [Entrée].**
   Dans la feuille de calcul, les données des trimestres 2 et 4 des États-Unis sont modifiées, ainsi que les totaux de la colonne F et de la ligne 13 (figure D-9).

2. **Sélectionnez le graphique en cliquant dans une zone vide entre les bordures du graphique, cliquez sur l'onglet Création parmi les Outils de graphique du Ruban, puis cliquez sur Mise en forme 3 dans le groupe Dispositions du graphique.**
   La légende se déplace au bas du graphique. Vous préférez la disposition précédente.

3. **Cliquez sur Annuler ↶ dans la barre d'outils Accès rapide, puis sur le bouton Modifier le type de graphique du groupe Type.**
   La boite de dialogue Modifier le type de graphique s'ouvre (figure D-10). Le volet de gauche liste les catégories disponibles tandis que le volet de droite affiche individuellement les types. Une bordure orange indique le type de graphique sélectionné actuellement.

4. **Cliquez sur la catégorie Barres dans le volet de gauche de la boite de dialogue Modifier le type de graphique, vérifiez que le type Barres groupées est sélectionné, puis cliquez sur OK.**
   Le graphique en histogrammes se transforme en un diagramme en barres groupées (figure D-11). Vous inspectez le résultat obtenu et vous décidez de voir si la forte augmentation des ventes est plus visible dans un histogramme en trois dimensions.

5. **Cliquez sur Modifier le type de graphique dans le groupe Type, cliquez sur Histogramme dans le volet de gauche de la boite de dialogue Modifier le type de graphique, cliquez sur Histogramme 3D groupé (première ligne, quatrième colonne à partir de la gauche), puis sur OK.**
   Un histogramme tridimensionnel apparait. Vous remarquez que la dimension supplémentaire donne une impression de volume mais qu'elle produit un graphique plus serré qu'en deux dimensions.

6. **Cliquez sur Modifier le type de graphique dans le groupe Type, cliquez sur Histogramme groupé (première ligne et première colonne), puis sur OK.**

7. **Cliquez sur le bouton Style 3 du groupe Styles du graphique.**
   Les barres sont colorées dans des variations de bleu. Vous préférez le style de coloriage précédent.

8. **Cliquez sur ↶ dans la barre d'outils Accès rapide, puis enregistrez votre travail.**

Créer un graphique combiné

Un **graphique combiné** peut combiner deux types de représentation des données, par exemple un histogramme et une courbe. Ce type de graphique, qui ne convient pas à toutes les données, permet de représenter des données différentes mais liées. Par exemple, un graphique combiné pourrait représenter les prix de maisons en histogramme et leurs surfaces en courbes. Dans ce type de graphique, un **axe secondaire**, tel un axe vertical à droite du graphique, donnerait l'échelle des surfaces. Pour créer un graphique combiné, vous appliquez un type de graphique à une série de données d'un graphique existant. Sélectionnez la série de données que vous voulez tracer selon un axe secondaire, puis cliquez sur

Mise en forme de la sélection dans le groupe Sélection active de l'onglet Disposition ou de l'onglet Mise en forme du Ruban. Dans la boite de dialogue, cliquez si nécessaire sur Options des séries, cliquez sur Axe secondaire dans la zone Tracer la série avec, puis cliquez sur Fermer. Cliquez ensuite sur l'onglet Disposition, sur Axes dans le groupe Axes, puis sur le type d'axe secondaire que vous souhaitez et comment vous voulez qu'il apparaisse. Pour terminer, cliquez sur Modifier le type de graphique dans le groupe Type de l'onglet Création et sélectionnez un type de graphique pour la série de données.

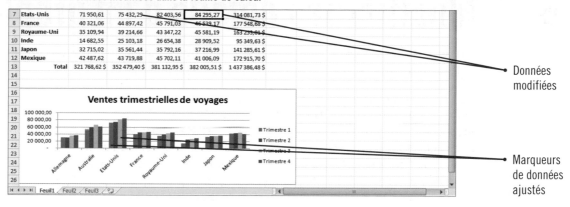

FIGURE D-9 : Données modifiées dans la feuille de calcul

7	Etats-Unis	71 950,61	75 432,29	82 403,56	84 295,27	314 081,73 $
8	France	40 321,06	44 897,42	45 791,03	46 539,17	177 548,68 $
9	Royaume-Uni	35 109,94	39 214,66	43 347,22	45 581,19	163 253,01 $
10	Inde	14 682,55	25 103,18	26 654,38	28 909,52	95 349,63 $
11	Japon	32 715,02	35 561,44	35 792,16	37 216,99	141 285,61 $
12	Mexique	42 487,62	43 719,88	45 702,11	41 006,09	172 915,70 $
13	Total	321 768,62 $	352 479,40 $	381 132,95 $	382 005,51 $	1 437 386,48 $

Données modifiées

Marqueurs de données ajustés

FIGURE D-10 : Boite de dialogue Modifier le type de graphique

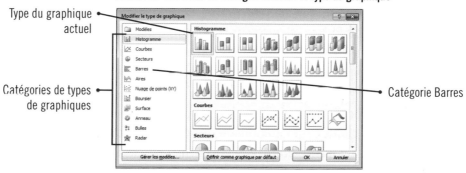

Type du graphique actuel

Catégories de types de graphiques

Catégorie Barres

FIGURE D-11 : Graphique en colonne changé en histogramme

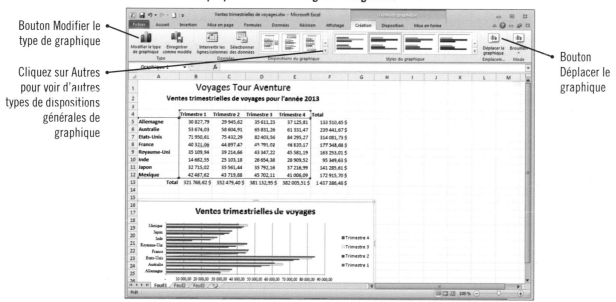

Bouton Modifier le type de graphique

Cliquez sur Autres pour voir d'autres types de dispositions générales de graphique

Bouton Déplacer le graphique

Travailler avec les graphiques en 3D

Excel comprend de vrais types de graphiques en 3D, ainsi que des types de graphiques simplement présentés en 3D. Dans un vrai graphique en 3D, un troisième axe, l'axe des Z, permet de comparer des points de données au-delà des catégories et des valeurs. L'axe des Z s'étend sur la profondeur du graphique, de sorte qu'il semble provenir de l'arrière du graphique. Pour créer un vrai graphique 3D, recherchez les sous-types de graphiques qui comportent la mention « 3D », comme Histogramme 3D. Il en va tout autrement des graphiques présentés en 3D, qui ne travaillent que sur deux axes mais dont la présentation donne une illusion tridimensionnelle. Pour créer un graphique présenté en 3D, recherchez les sous-types de graphiques utilisant des formes cylindriques, pyramidales et coniques, mais qui ne portent pas la mention « 3D ».

Dans un graphique en 3D, certaines séries de données d'un même graphique peuvent créer des ombres ou se masquer mutuellement, mais vous pouvez faire pivoter le graphique pour obtenir un meilleur angle de vue. Cliquez du bouton droit sur le graphique, cliquez sur Rotation 3D. La boite de dialogue Forme de la zone de graphique s'ouvre avec la catégorie Rotation 3D sélectionnée. Les options de Rotation 3D vous donnent le choix de l'orientation et de la perspective de la zone du graphique, de la zone de traçage, des murs et du plancher d'un graphique en 3D. Les options de Format 3D permettent de choisir les effets tridimensionnels que vous souhaitez appliquer aux éléments sélectionnés du graphique. Notez que les options de Format 3D ne sont pas toutes disponibles pour tous les types de graphiques.

Modifier les détails d'un graphique

L'onglet Création des Outils de graphique inclut des présentations globales préconfigurées que l'on peut appliquer telles quelles, tandis que l'onglet Disposition regroupe les outils de création et de modification des objets individuels comme le titre ou la légende. Les commandes de cet onglet permettent en outre d'ajouter des formes et du texte à un graphique, d'ajouter ou de modifier des étiquettes, de changer l'affichage des axes et de modifier l'arrière-plan de la zone de traçage. Vous pouvez aussi éliminer ou changer l'aspect du quadrillage. Vous pouvez mettre en forme le texte d'un objet en utilisant l'onglet Accueil ou la mini barre d'outils. Vous voulez modifier quelques détails de la présentation du graphique pour en faciliter l'interprétation et en améliorer l'apparence générale.

ÉTAPES

1. **Vérifiez que le graphique est sélectionné, cliquez sur l'onglet Disposition des Outils de graphique du Ruban, cliquez sur le bouton Quadrillage du groupe Axes, pointez Quadrillage horizontal principal, puis cliquez sur Aucun.**

   Les lignes de quadrillage qui s'étendaient des graduations de l'axe des valeurs dans la totalité de la zone de traçage disparaissent du graphique (figure D-12).

2. **Cliquez sur le bouton Quadrillage du groupe Axes, pointez Quadrillage horizontal principal, puis cliquez sur Quadrillage principal et secondaire.**

   Les quadrillages principal et secondaire apparaissent à présent dans le graphique. Le quadrillage principal représente les unités principales et le quadrillage secondaire représente les valeurs comprises entre ces unités.

> **ASTUCE**
>
> Déplacez un titre à un autre emplacement en cliquant sur un des côtés du texte, puis en le faisant glisser jusqu'à l'endroit voulu.

3. **Cliquez sur Titres des axes dans le groupe Étiquettes, pointez Titre de l'axe horizontal principal, cliquez sur Titre en dessous de l'axe, triple-cliquez sur le titre de l'axe, puis tapez Pays visités.**

   Ce texte descriptif de l'axe des catégories aide le lecteur à comprendre le graphique.

> **ASTUCE**
>
> Pour modifier le texte d'un élément de graphique, placez le pointeur sur la zone de texte sélectionnée jusqu'à ce qu'il prenne la forme I, cliquez dans la zone de texte, puis corrigez le texte.

4. **Cliquez sur Titres des axes dans le groupe Étiquettes, pointez Titre de l'axe vertical principal, puis cliquez sur Titre pivoté.**

   Une zone de texte intitulée Titre de l'axe est ajoutée à la gauche de l'axe vertical.

5. **Triple-cliquez sur le Titre de l'axe, puis tapez Ventes ($).**

   Le texte « Ventes ($) » apparait désormais à gauche de l'axe vertical (figure D-13).

6. **Cliquez du bouton droit sur les étiquettes d'axe horizontal (« Allemagne », « Australie », etc.), déroulez la liste Police de la mini barre d'outils, cliquez sur Times New Roman, déroulez la liste Taille de police de la mini barre d'outils, puis cliquez sur 8.**

   La police des textes de l'axe horizontal est modifiée en Times New Roman et la police est réduite, laissant plus de place à la zone de traçage.

> **ASTUCE**
>
> Vous pouvez appliquer une bordure à un objet sélectionné en cliquant sur Contour de forme dans l'onglet Mise en forme, puis en sélectionnant une des options.

7. **Cliquez du bouton droit sur les étiquettes d'axe vertical, déroulez la liste Police de la mini barre d'outils, cliquez sur Times New Roman, déroulez la liste Taille de police de la mini barre d'outils, puis cliquez sur 8.**

8. **Cliquez du bouton droit sur le titre du graphique (« Ventes trimestrielles de voyages »), cliquez sur Mise en forme du titre du graphique dans le menu contextuel, cliquez sur Couleur de la bordure dans le volet de gauche, puis sur l'option Trait plein dans le volet de droite.**

   Une bordure pleine de couleur bleue par défaut entourera le titre du graphique.

> **ASTUCE**
>
> Vous pouvez appliquer une ombre à un objet sélectionné en cliquant sur Effets sur la forme dans l'onglet Mise en forme, en pointant Ombre, puis en sélectionnant une des options.

9. **Cliquez sur Ombre dans le volet de gauche, déroulez la liste Présélections, cliquez sur le style Décalage diagonal vers le bas à droite (première ligne et première colonne à partir de la gauche) dans le groupe Externe, cliquez sur Fermer et enregistrez votre travail.**

   Un cadre ombré entoure le titre. Comparez votre feuille à celle de la figure D-14.

FIGURE D-12 : Quadrillage supprimé du graphique

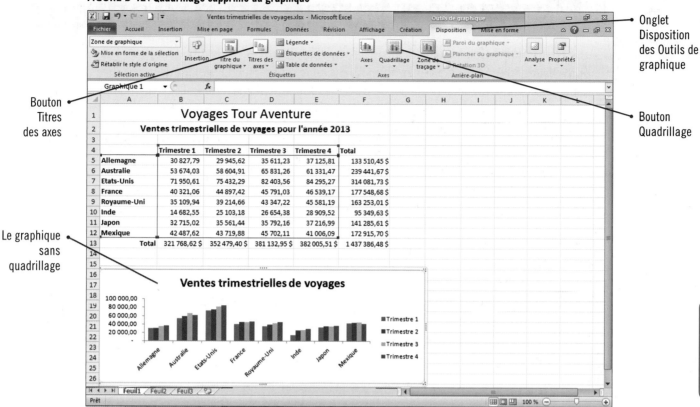

Onglet
Disposition
des Outils de
graphique

Bouton
Quadrillage

Bouton
Titres
des axes

Le graphique
sans
quadrillage

FIGURE D-13 : Titres d'axes ajoutés au graphique

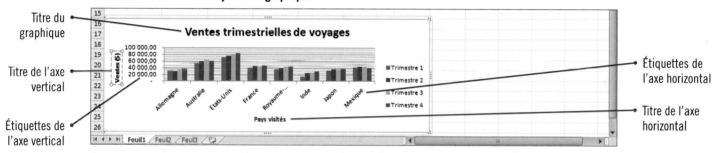

Titre du
graphique

Titre de l'axe
vertical

Étiquettes de
l'axe vertical

Étiquettes de
l'axe horizontal

Titre de l'axe
horizontal

FIGURE D-14 : Graphique amélioré

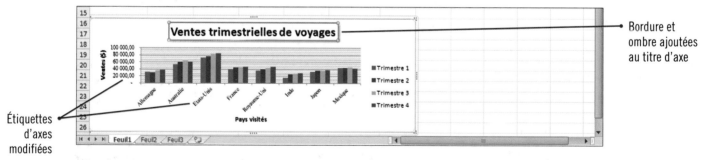

Bordure et
ombre ajoutées
au titre d'axe

Étiquettes
d'axes
modifiées

Ajouter des étiquettes de données à un graphique

Dans certains cas, il est intéressant de permettre à votre public de voir les étiquettes de données sur un graphique. Ces étiquettes peuvent identifier le nom de la série de données, le nom d'une catégorie et (ou) la valeur d'une ou plusieurs données importantes. Sélectionnez le graphique, sous l'onglet Disposition des Outils de graphique du Ruban, cliquez sur Étiquettes de données. Dès que vous avez ajouté les étiquettes de données, appliquez-leur une mise en forme de votre choix ou supprimez individuellement certaines étiquettes de données. Pour supprimer des étiquettes de données, cliquez dessus, attendez que les poignées de redimensionnement entourent le jeu d'étiquettes et appuyez sur [Suppr].

Mettre en forme un graphique

La mise en forme d'un graphique en facilite la lecture et l'interprétation. Excel propose de nombreuses possibilités sous l'onglet Mise en forme des Outils de graphique, notamment changer les couleurs ou appliquer un style à une série de données avec le groupe Styles de formes. Les styles permettent d'appliquer en un seul clic plusieurs mises en forme comme un cadre et des couleurs de remplissage et de texte. Le groupe Styles de formes autorise aussi des sélections individuelles de cadre, de couleur de remplissage et d'autres effets. ▰▰▰▰▱ Vous voulez représenter une série de données dans une autre couleur et appliquer un style de forme à une autre série.

ÉTAPES

1. **Sélectionnez le graphique si nécessaire, cliquez sur l'onglet Mise en forme des Outils de graphique du Ruban, puis sur une colonne de la série de données du Trimestre 4.**

   L'onglet Mise en forme est ouvert et des poignées apparaissent sur toutes les colonnes de la série de données du Trimestre 4, indiquant que cette série est sélectionnée en totalité.

2. **Cliquez sur Remplissage de forme dans le groupe Styles de formes de l'onglet Mise en forme.**

3. **Cliquez sur Orange, Accentuation6 (première ligne, dernière colonne) comme à la figure D-15.**

   Les colonnes de la série deviennent oranges et la légende est modifiée pour correspondre à la nouvelle couleur. Vous pouvez aussi changer la couleur d'objets sélectionnés en leur appliquant un style de forme.

4. **Cliquez sur une colonne de la série de données du Trimestre 3.**

   Des poignées apparaissent autour de chacune des colonnes de la série Trimestre 3.

5. **Cliquez sur Autres ⊡ dans la galerie de Styles de formes, pointez Effet modéré – Vert olive, 3 accentué (cinquième ligne, quatrième colonne) comme à la figure D-16.**

   L'aperçu instantané montre le style appliqué à la série de données.

> **ASTUCE**
>
> Pour appliquer un style WordArt à un texte, sélectionnez un objet texte, comme le titre du graphique, puis cliquez sur un style du groupe Styles WordArt de l'onglet Mise en forme des Outils de graphique.

6. **Cliquez sur Effet discret – Vert olive, 3 accentué (quatrième ligne, quatrième colonne) dans la palette.**

   La couleur de la série de données est modifiée (figure D-17).

7. **Enregistrez votre travail.**

Modifier l'alignement des textes et des titres d'axes

Les boutons de l'onglet Disposition offrent peu d'options d'alignement des textes et des titres d'axes. En revanche, les boites de dialogue Mettre en forme le titre de l'axe et Format de l'axe autorisent un réglage très précis de la position et de la rotation de ceux-ci. Sélectionnez le graphique, cliquez du bouton droit sur le texte d'axe à modifier, puis cliquez sur Mise en forme du titre de l'axe ou Mise en forme de l'axe dans le menu contextuel. Dans la boite de dialogue ouverte, cliquez sur Alignement, puis sur l'option appropriée. Réglez l'angle du texte au nombre de degrés voulu dans la zone de texte Angle personnalisé. Les modifications terminées, cliquez sur Fermer.

FIGURE D-15 : Nouveau remplissage de forme appliqué à la série de données

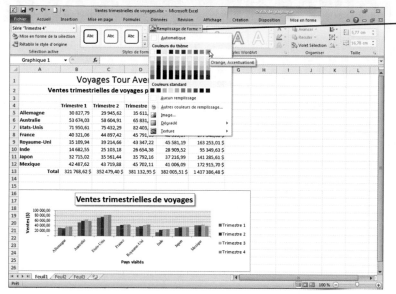

Flèche du bouton Remplissage de forme

FIGURE D-16 : Aperçu instantané d'un nouveau style appliqué aux séries de données

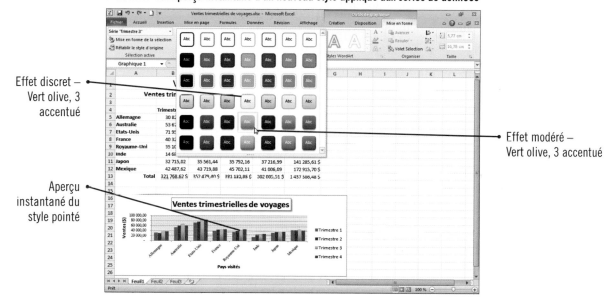

Effet discret – Vert olive, 3 accentué

Effet modéré – Vert olive, 3 accentué

Aperçu instantané du style pointé

FIGURE D-17 : Série de données après la modification du style

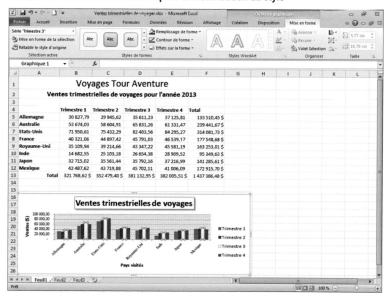

Ajouter une note et dessiner sur un graphique

Vous pouvez ajouter des flèches et du texte pour signaler les données phares de vos graphiques. Les **notes** sont des étiquettes de texte que vous pouvez ajouter à un graphique pour décrire plus amplement les données. Vous pouvez dessiner des lignes ou des flèches pointant vers les endroits que vous voulez mettre en lumière. Excel permet d'ajouter des formes telles que des flèches et des cadres soit avec le groupe Illustrations de l'onglet Insertion, soit avec le bouton Insertion de l'onglet Disposition des Outils de graphique du Ruban. Ces groupes servent aussi à insérer des photos et des images clipart. Vous souhaitez faire ressortir l'augmentation des ventes en Inde ; vous décidez donc d'ajouter au graphique une note et une flèche vers cette information.

ÉTAPES

1. **Vérifiez que le graphique est sélectionné, cliquez sur l'onglet Disposition des Outils de graphique, cliquez sur le bouton Zone de texte du groupe Insertion et déplacez le pointeur sur la feuille de calcul.**

   Le pointeur se transforme en ↧, indiquant que vous ajouterez une zone du texte à l'emplacement du prochain clic.

2. **Cliquez à droite du graphique (en dehors des bordures du graphique).**

   Une zone de texte s'affiche dans la feuille de calcul et l'onglet Format des Outils de dessin apparait dans le Ruban pour vous permettre de mettre en forme ce nouvel objet. Vous tapez d'abord le texte.

3. **Tapez Forte croissance.**

   Le texte est inséré au fur et à mesure dans la zone de texte sélectionnée de la feuille de calcul et le graphique n'est plus sélectionné (figure D-18). Votre propre zone de texte peut occuper un autre emplacement, sans que cela aie d'importance car vous devrez la déplacer à l'étape suivante.

4. **Pointez une des bordures de la zone de texte jusqu'à ce que le pointeur se change en ⛶, faites glisser la zone de texte dans le graphique, à droite du titre de graphique (figure D-19), puis relâchez le bouton de la souris.**

   Vous voulez ajouter une flèche simple dans le graphique.

5. **Cliquez dans le graphique pour le sélectionner, cliquez sur l'onglet Disposition des Outils de graphique, cliquez sur le bouton Formes du groupe Insertion, puis sur Flèche dans la catégorie Lignes de la palette, et enfin, placez le pointeur sur le graphique.**

   Le pointeur prend la forme ╋ et la barre d'état affiche «Cliquez et faites glisser pour insérer une forme automatique». Quand le ╋ entre dans le voisinage de la zone de texte Forte croissance, les poignées de celle-ci se colorent en rouge. Ces poignées rouges agissent comme des ancres qui attirent le point de départ de la flèche.

6. **Placez le ╋ sur le carré rouge à gauche du F du mot « Forte » de la zone de texte, maintenez le bouton gauche de la souris enfoncé et glissez la ligne jusqu'à la colonne du Trimestre 2 de la série de données Inde, puis relâchez le bouton de la souris.**

   Une flèche apparait, qui pointe vers les ventes du deuxième trimestre en Inde. L'onglet Format des Outils de dessin affiche toutes sortes d'options de mise en forme de ce nouvel objet. Vous pouvez le redimensionner, lui appliquer des styles ou des mises en forme ou simplement le supprimer comme tout autre objet d'un graphique.

7. **Déroulez la liste Contour de forme du groupe Styles de formes, cliquez la couleur Automatique, cliquez à nouveau sur la liste Contour de forme, pointez Épaisseur et cliquez sur 1½ pt.**

   Comparez votre graphique terminé à celui de la figure D-20.

8. **Enregistrez votre travail.**

FIGURE D-18 : Zone de texte ajoutée

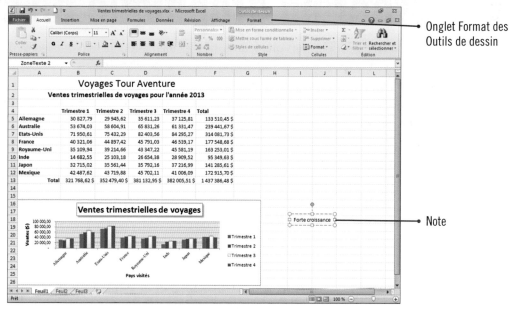

Onglet Format des Outils de dessin

Note

FIGURE D-19 : Note dans le graphique

Note déplacée

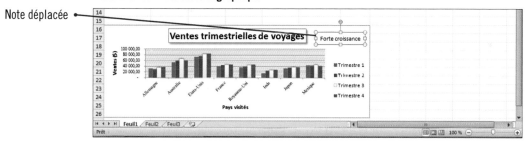

FIGURE D-20 : Objet flèche ajouté au graphique

Flèche ajoutée et mise en forme

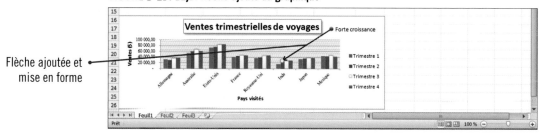

Ajouter un graphisme SmartArt

En plus de graphiques, d'annotations et d'objets dessinés, vous pouvez ajouter à une feuille de calcul toute une série de diagrammes à l'aide de SmartArt. Parmi les types proposés, citons les catégories de diagrammes Liste, Processus, Cycle, Hiérarchie, Relation, Matrice et Pyramide. Pour insérer un **diagramme SmartArt**, cliquez sur SmartArt dans le groupe Illustrations de l'onglet Insertion du Ruban, cliquez sur la catégorie de diagramme que vous souhaitez dans le volet de gauche, puis cliquez sur le style précis dans le volet central. Le volet de droite montre un exemple de ce que donne votre sélection (figure D-21). Le diagramme s'affiche dans la feuille de calcul sous forme d'un objet intégré avec des poignées de redimensionnement. Cliquez sur le bouton Volet Texte de l'onglet Création des Outils SmartArt pour ouvrir un volet à côté du graphique. Vous pouvez saisir le texte dans ce volet ou directement dans les formes du diagramme.

FIGURE D-21 : Boite de dialogue Choisir un graphique SmartArt

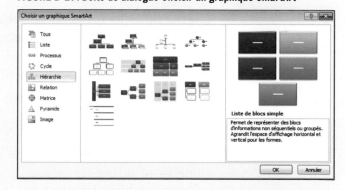

Travailler avec des graphiques

Créer un graphique en secteurs

Vous pouvez créer plusieurs graphiques avec les mêmes données d'une feuille de calcul. Si un histogramme illustre bien certains aspects importants d'un jeu de données, rien ne vous empêche d'ajouter un autre graphique pour mettre en valeur un point précis à souligner. Selon le type de graphique créé, vous disposez d'autres options pour attirer l'attention sur des tendances et des constances parmi les données. Par exemple, avec un graphique en secteurs, vous pouvez **éclater** un point de données, c'est-à-dire extraire son secteur de l'ensemble du graphique. Une fois satisfait de votre graphique, vous pouvez l'examiner avant de l'imprimer, tout comme vous le feriez avec une feuille de calcul, et vérifier le résultat avant de le figer sur papier. Vous pouvez imprimer un graphique seul ou comme élément d'une feuille. 🔳🔳🔳 Lors d'une prochaine réunion, Manon envisage de débattre du total des ventes de voyages et des pays qui nécessitent une promotion particulière. Vous voulez créer un graphique en secteurs pour illustrer les ventes totales. Enfin, vous décidez de faire tenir la feuille de calcul et les graphiques sur une même page.

ÉTAPES

ASTUCE

Le bouton Secteurs éclatés en 3D crée un graphique en secteurs dont tous les secteurs sont éclatés.

1. **Sélectionnez la plage A5:A12, maintenez [Ctrl] enfoncée, sélectionnez la plage F5:F12, relâchez [Ctrl], cliquez sur l'onglet Insertion, cliquez sur le bouton Secteurs du groupe Graphiques, puis cliquez sur Secteurs en 3D dans la galerie.**

   Le nouveau graphique apparait au centre de la feuille de calcul affichée. Vous pouvez ensuite déplacer le graphique et le mettre en forme à l'aide d'une disposition rapide.

2. **Faites glisser le graphique pour que son coin supérieur gauche se place dans le coin supérieur gauche de la cellule G1, puis cliquez sur le bouton Mise en forme 2 dans le groupe Dispositions du graphique.**

3. **Sélectionnez le texte Titre du graphique, puis tapez Ventes totales par pays.**

PROBLÈME

Si la commande Mettre en forme une série de données s'affiche à la place de Mettre en forme le point de données, double-cliquez sur le point de données du secteur que vous voulez éclater avant de cliquer du bouton droit.

4. **Cliquez sur le secteur du point de données Inde, cliquez à nouveau pour ne sélectionner que ce point, cliquez du bouton droit, puis cliquez sur Mettre en forme le point de données.**

   La boite de dialogue Mettre en forme le point de données s'ouvre (figure D-22). Le curseur Éclatement de point contrôle la distance du secteur éclaté par rapport au reste du graphique ; vous pouvez aussi taper une valeur dans la zone de texte Éclatement de point.

5. **Double-cliquez sur le 0 dans la zone de texte Éclatement de point, tapez 40, puis cliquez sur Fermer.**

   Comparez votre graphique à celui de la figure D-23. Vous décidez de visualiser le graphique et les données dans l'Aperçu avant impression.

6. **Cliquez dans la cellule A1, basculez en mode Mise en page, tapez votre nom dans l'en-tête de gauche, puis cliquez dans la cellule A1.**

   Vous pensez que le graphique et les données s'imprimeraient mieux en orientation paysage.

7. **Cliquez sur l'onglet Mise en page, cliquez sur Orientation dans le groupe Mise en page, puis cliquez sur Paysage.**

8. **Cliquez sur Fichier, cliquez sur Imprimer, cliquez sur Pas de mise à l'échelle de la section Paramètres, puis cliquez sur Ajuster la feuille à une page.**

   Les données et les graphiques se positionnent horizontalement pour occuper une seule page (figure D-24). L'imprimante sélectionnée affecte l'apparence de l'aperçu.

9. **Enregistrez votre travail et fermez le classeur, puis quittez Excel.**

Aperçu d'un graphique

Pour imprimer ou afficher l'aperçu d'un graphique, sélectionnez le graphique ou la feuille graphique, cliquez sur l'onglet Fichier, puis cliquez sur Imprimer. Pour replacer un graphique en modifiant les marges du papier, cliquez sur le bouton Afficher les marges 🔲

dans le coin inférieur droit de l'aperçu. Vous pouvez ensuite glisser avec précision les traits de marges ; pendant le déplacement des marges, la taille et la position du graphique sur la page sont modifiées.

FIGURE D-22 : Boite de dialogue Mettre en forme le point de données

Curseur
Éclatement
de point

Zone de texte
Éclatement
de point

FIGURE D-23 : Secteur éclaté

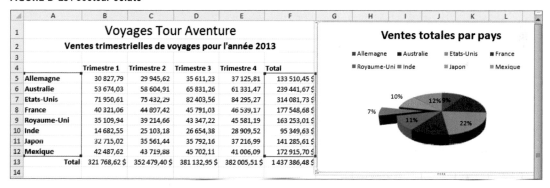

	A	B	C	D	E	F	G H I J K L
1		Voyages Tour Aventure					**Ventes totales par pays**
2	**Ventes trimestrielles de voyages pour l'année 2013**						
3							■ Allemagne ■ Australie ■ Etats-Unis ■ France
4		Trimestre 1	Trimestre 2	Trimestre 3	Trimestre 4	Total	■ Royaume-Uni ■ Inde ■ Japon ■ Mexique
5	**Allemagne**	30 827,79	29 945,62	35 611,23	37 125,81	133 510,45 $	
6	**Australie**	53 674,03	58 604,91	65 831,26	61 331,47	239 441,67 $	
7	**Etats-Unis**	71 950,61	75 432,29	82 403,56	84 295,27	314 081,73 $	
8	**France**	40 321,06	44 897,42	45 791,03	46 539,17	177 548,68 $	
9	**Royaume-Uni**	35 109,94	39 214,66	43 347,22	45 581,19	163 253,01 $	
10	**Inde**	14 682,55	25 103,18	26 654,38	28 909,52	95 349,63 $	
11	**Japon**	32 715,02	35 561,44	35 792,16	37 216,99	141 285,61 $	
12	**Mexique**	42 487,62	43 719,88	45 702,11	41 006,09	172 915,70 $	
13	**Total**	321 768,62 $	352 479,40 $	381 132,95 $	382 005,51 $	1 437 386,48 $	
14							

FIGURE D-24 : Aperçu de la feuille et des graphiques en mode Backstage

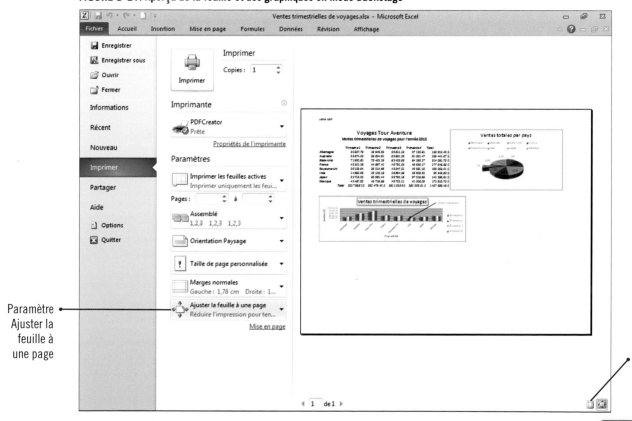

Paramètre
Ajuster la
feuille à
une page

Bouton
Afficher
les marges

Travailler avec des graphiques

Mise en pratique

Révision des concepts

Identifiez les éléments de la feuille Excel de la figure D-25.

FIGURE D-25

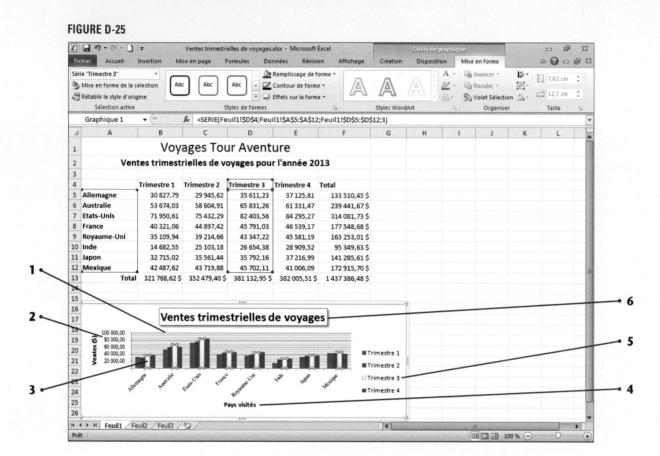

Associez chaque type de graphique à la description qui lui convient.

7. **Histogramme**

8. **Ligne**

9. **Combiné**

10. **Secteurs**

11. **Aires**

a. Affiche un graphique en colonnes et en courbes avec plusieurs échelles de mesure.

b. Compare des tendances sur des intervalles de temps.

c. Compare des données à l'aide de colonnes.

d. Compare des données faisant partie d'un tout.

e. Montre les variations de quantités en fonction du temps.

Choisissez la meilleure réponse à chaque question.

12. Quel pointeur apparait quand vous redimensionnez un graphique ?

- **a.** ┼
- **b.** I
- **c.** ↕
- **d.** ╋

13. Comment s'appelle l'objet qui, dans un graphique, identifie les tendances de chacune des séries de données ?

- **a.** Marque de donnée
- **b.** Point de données
- **c.** Organiseur
- **d.** Légende

14. Quel onglet, parmi les suivants, n'apparait que lorsqu'un graphique est sélectionné ?

- **a.** Insertion
- **b.** Mise en forme des Outils de graphique
- **c.** Révision
- **d.** Mise en page

15. Comment déplacez-vous un graphique intégré dans une feuille de graphique ?

- **a.** Cliquer sur un bouton de l'onglet Création des Outils de graphique.
- **b.** Glisser le graphique jusqu'à la feuille de graphique.
- **c.** Supprimer le graphique, sélectionner la feuille de graphique, puis créer un nouveau graphique.
- **d.** Utiliser les outils Couper et Coller du Ruban.

16. Quel onglet du Ruban utilisez-vous pour créer un graphique ?

- **a.** Création
- **b.** Insertion
- **c.** Disposition
- **d.** Mise en forme

17. Comment s'appelle une collection de points de données associés dans un graphique ?

- **a.** Série de données
- **b.** Graduation de données
- **c.** Adresse de cellule
- **d.** Intitulé de valeurs

Révision des techniques

1. Concevoir un graphique.

- **a.** Démarrez Excel, ouvrez le classeur EX D-2.xlsx de votre dossier Projets et enregistrez-le sous le nom **Utilisation de logiciels par service**.
- **b.** Décrivez le type de graphique que vous pourriez choisir pour représenter ces données.
- **c.** Quel type de graphique utiliseriez-vous pour comparer le nombre d'utilisateurs d'Excel par service ?

2. Créer un graphique.

- **a.** Dans la feuille de calcul, sélectionnez la plage contenant les données et les titres.
- **b.** Cliquez sur l'onglet Insertion, si nécessaire.
- **c.** Créez un histogramme groupé, puis ajoutez le titre Utilisation de logiciels par service au-dessus du graphique.
- **d.** Enregistrez votre travail.

Révision des techniques (suite)

3. Déplacer et redimensionner un graphique.

a. Vérifiez que le graphique est sélectionné.

b. Placez le graphique sous les données.

c. Redimensionnez le graphique pour l'étendre jusqu'au côté gauche de la colonne I.

d. À l'aide de l'onglet Disposition des Outils de graphique, déplacez la légende sous les données du graphique.

e. Redimensionnez le graphique pour que sa bordure inférieure soit sur le côté supérieur de la ligne 25.

f. Enregistrez votre travail.

4. Modifier la disposition générale d'un graphique.

a. Écrivez **15** dans la cellule B3 et observez la modification du graphique.

b. Sélectionnez le graphique.

c. À l'aide du groupe Dispositions du graphique de l'onglet Création des Outils de graphique, appliquez la Mise en forme 7, puis annulez la modification.

d. À l'aide du bouton Modifier le type de graphique du groupe Type de l'onglet Création, changez le type de graphique en barres groupées.

e. Changez le type de graphique en histogramme 3D groupé, puis revenez à l'histogramme groupé.

f. Enregistrez votre travail.

5. Modifier les détails d'un graphique.

a. À l'aide de l'onglet Disposition, masquez le quadrillage horizontal principal du graphique.

b. Utilisez la police Times New Roman pour les étiquettes des axes horizontal et vertical.

c. Affichez les traits de quadrillage principaux des axes horizontal et vertical.

d. Modifiez le titre du graphique pour lui donner la police Times New Roman et la taille de police 20.

e. Écrivez **Services** comme titre de l'axe horizontal.

f. Écrivez **Nombres d'utilisateurs** comme titre de l'axe vertical.

g. Modifiez si nécessaire le titre de l'axe horizontal et celui de l'axe horizontal pour lui donner la police Times New Roman de taille 10.

h. Dans la feuille de calcul, renommez **Ressources humaines** l'étiquette de colonne Personnel et redimensionnez automatiquement la colonne.

i. Portez à 14 la taille de police de la légende.

j. Ajoutez au titre du graphique une ombre externe de type décalage diagonal vers le bas à droite.

k. Enregistrez votre travail.

6. Mettre en forme un graphique.

a. Vérifiez que le graphique est sélectionné, puis cliquez si nécessaire sur l'onglet Mise en forme.

b. Modifiez la couleur de remplissage de la série de données Excel en Bleu foncé, Texte 2.

c. Modifiez le style de la série de données Excel en Effet discret – Orange,6 accentué, Texte 2.

d. Enregistrez vos modifications.

7. Ajouter une note et dessiner sur un graphique.

a. Sélectionnez le graphique et ajoutez la note **Nouveaux utilisateurs nécessaires**.

b. Déplacez la note pour que le mot « Nouveaux » soit placé sous le mot «Utilisation» du titre.

c. Sélectionnez le graphique, puis à l'aide du groupe Formes de l'onglet Insertion, dessinez une flèche de 1 ½ pt d'épaisseur qui pointe de la note vers les utilisateurs d'Excel du service Recherche.

d. Désélectionnez le graphique.

e. Enregistrez vos modifications.

Révision des techniques (suite)

8. Créer un graphique en secteurs.

- **a.** Sélectionnez la plage A1:F2, puis créez un graphique de type Secteurs en 3D.
- **b.** Faites glisser le graphique en dessous de l'autre graphique.
- **c.** Écrivez **Utilisateurs d'Excel** comme titre du graphique.
- **d.** Appliquez le Style 42 au graphique.
- **e.** Éclatez le secteur des Ressources humaines avec un éclatement de point de **25 %**.
- **f.** Écrivez votre nom dans la section gauche de l'en-tête de page.
- **g.** Affichez la feuille et les graphiques en mode Backstage, vérifiez que tout le contenu tient en une seule page, puis comparez le résultat à la figure D-26.
- **h.** Enregistrez votre travail.
- **i.** Fermez le classeur et quittez Excel.

FIGURE D-26

L'emplacement de la note peut être différent

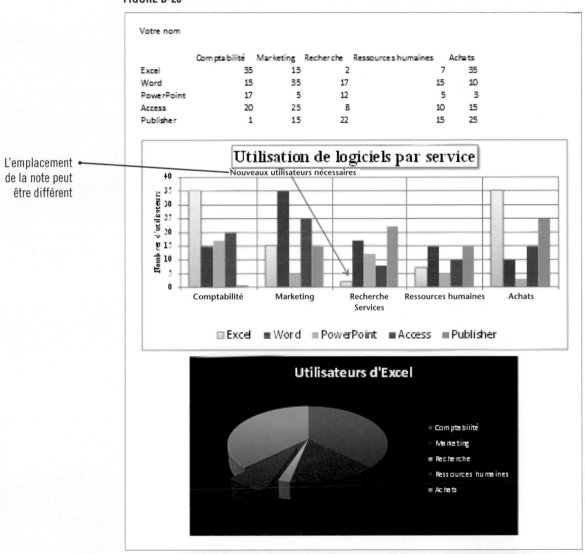

Exercice personnel 1

Vous êtes le directeur du théâtre La Relève. Chaque année, la ville demande des fonds au Ministère de la Culture au nom de ses différents récipiendaires. Le service du marketing de la ville vous demande des graphiques qui serviront à la présentation d'un rapport sur les productions théâtrales des années précédentes. Vous devez créer des graphiques montrant le nombre de pièces produites.

a. Démarrez Excel, ouvrez le classeur EX D-3.xlsx de votre dossier Projets et enregistrez-le sous le nom **Théâtre La Relève**.

b. Rédigez un brouillon décrivant comment vous allez créer les graphiques. Quel type de graphique convient le mieux aux données à présenter ? Quelles améliorations devrez-vous apporter aux graphiques ? Un effet 3D rendra-t-il votre graphique plus compréhensible ?

c. Créez un histogramme groupé des données.

d. Changez au moins une des couleurs des séries de données.

e. Apportez les modifications nécessaires au graphique pour en faciliter la lecture et la compréhension, tout en le rendant visuellement attractif. Placez une légende à droite, des titres de graphique, d'axes de catégories et de valeurs, en vous servant des suggestions du tableau D-3.

TABLEAU D-3

Titre	Texte
Titre de l'organigramme	**Genres et nombres de pièces**
Titre de l'ordonnée	**Nombres de pièces**
Titre de l'abscisse	**Genres de pièces**

f. Créez au moins deux autres graphiques avec les mêmes données pour montrer les différences d'affichage des types de graphiques. Placez les nouveaux graphiques dans la feuille afin qu'ils soient tous visibles. Un de ces graphiques sera un graphe en secteurs, l'autre sera à votre discrétion.

g. Apportez les modifications nécessaires aux graphiques pour les rendre efficaces et visuellement attractifs. Un exemple du résultat est présenté à la figure D-27.

h. Entrez votre nom dans l'en-tête de la feuille de calcul.

i. Enregistrez votre travail. Examinez l'aperçu avant impression en mode Backstage. Apportez les modifications nécessaires pour que toutes les données et les graphiques s'impriment sur une seule page.

j. Fermez le classeur et quittez Excel.

FIGURE D-27

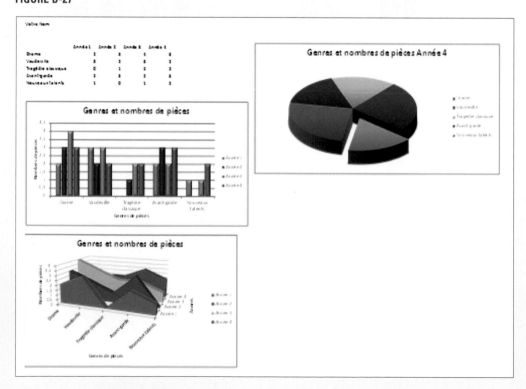

Exercice personnel 2

Une de vos responsabilités chez Spécialités Duchien, une entreprise de fabrication et de vente d'articles et de nourriture pour chiens, est de tenir le registre des ventes et des dépenses à l'aide d'Excel. Une autre est de convaincre le personnel qu'Excel peut faciliter et accélérer les décisions quotidiennes. Pour la prochaine réunion mensuelle, vous avez décidé de créer des graphiques des dépenses de l'année précédente, reprenant les frais de location, les coûts de fonctionnement et la paie du personnel.

a. Démarrez Excel, ouvrez le classeur EX D-4.xlsx de votre dossier Projets et enregistrez-le sous le nom **Analyse Spécialités Duchien**.

b. Décidez quelles données contiendra le graphique. Quel type de graphique convient le mieux aux données à présenter ? Quelles améliorations devrez-vous apporter aux graphiques ?

c. Créez un histogramme 3D groupé à partir des lignes de données des dépenses des quatre trimestres. (*Indice* : N'incluez pas les totaux.)

d. Changez l'échelle de l'ordonnée (données des dépenses) pour n'afficher aucune décimale après la virgule. (*Indice* : Cliquez du bouton droit sur l'échelle de l'axe à modifier, cliquez sur Format des données de l'axe, cliquez dans la catégorie Nombre, corrigez le nombre de décimales et cliquez sur Fermer.)

e. À partir des données des ventes, créez deux autres graphiques dans la feuille de calcul qui illustrent les ventes. (*Indice* : Placez chaque graphique dans une zone libre de la feuille de calcul, puis désélectionnez le graphique avant de créer le suivant.)

f. Dans un des graphiques de ventes, ajoutez des étiquettes de points de données, puis ajoutez des titres aux graphiques.

g. Apportez toutes les modifications nécessaires à la mise en forme pour améliorer l'attrait des graphiques, puis entrez votre nom dans une cellule de la feuille de calcul.

h. Enregistrez votre travail.

i. Avant d'imprimer, examinez les graphiques dans l'aperçu avant impression. Réduisez les données et les graphiques à une seule page, puis imprimez une copie. Comparez votre travail à la figure D-28.

j. Fermez le classeur et quittez Excel.

FIGURE D-28

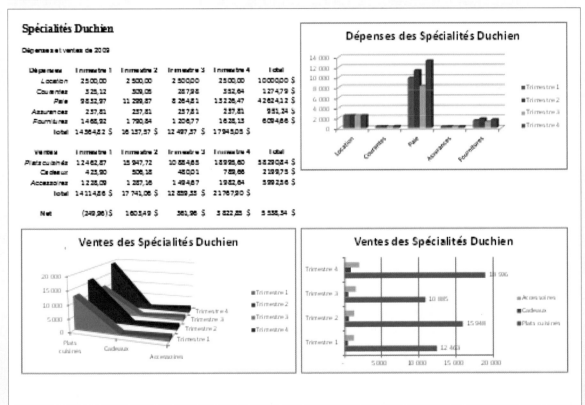

Exercice personnel 3

L'agence En Douceur est très satisfaite de votre travail en tant que comptable de la société. Vous avez examiné les dépenses récentes. Le conseil d'administration veut vérifier certains frais de publicité et vous demande de préparer quelques graphiques utiles à cette vérification. En particulier, vous voulez comparer les différentes dépenses et examiner la part de ces dépenses dans les frais totaux.

a. Démarrez Excel, ouvrez le classeur EX D-5.xlsx de votre dossier Projets et enregistrez-le sous le nom **Dépenses En Douceur**.

b. Choisissez trois types de graphiques qui semblent particulièrement intéressants pour illustrer les données de la plage A16:B24. Quelles améliorations devrez-vous apporter aux graphiques ?

c. Créez au moins deux types de graphiques différents qui montrent la répartition des dépenses publicitaires. (*Indice* : Placez chaque graphique dans une zone libre de la feuille de calcul.) Un des graphiques devra être en secteurs.

d. Dans au moins un des graphiques, ajoutez des notes et des flèches pour souligner les données importantes : par exemple, la plus forte dépense.

e. Changez la couleur d'au moins une série de données.

f. Ajoutez des titres aux graphiques et aux axes. Choisissez une police pour les titres et appliquez une ombre au titre d'au moins un des graphiques.

g. Tapez votre nom dans une section d'en-tête et enregistrez votre travail.

h. Affichez la feuille et les graphiques. Ajustez tous les détails nécessaires, vérifiez que tous les graphiques sont visibles sur une seule page et comparez votre travail à l'exemple de la figure D-29.

FIGURE D-29

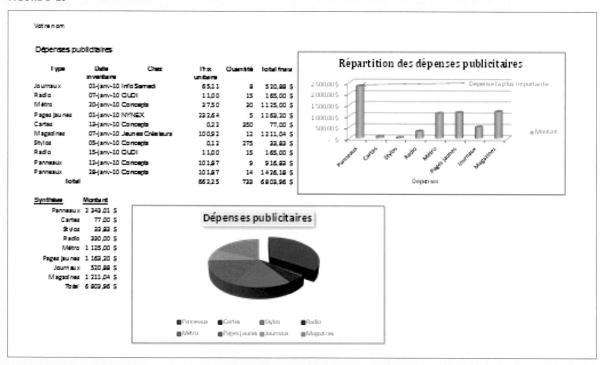

Difficultés supplémentaires

- Éclatez un secteur du graphique en secteurs 3D groupés.
- Ajoutez une étiquette de données au secteur éclaté.
- Changez le format de nombre des étiquettes dans les graphiques autres qu'en secteurs pour n'afficher aucune décimale après les virgules.
- Enregistrez votre travail et examinez-le dans l'aperçu avant impression.

i. Imprimez les graphiques, fermez le classeur et quittez Excel.

Défi

Ce projet requiert une connexion internet.

L'héritage d'un parent éloigné vient d'être versé sur votre compte bancaire. Vous avez envie de quitter votre emploi et de vous installer dans la ville de vos rêves. Vous avez déjà une idée de l'endroit où vous voudriez résider et vous décidez de consulter la toile mondiale pour examiner les maisons que l'on trouve actuellement dans cette ville.

a. Démarrez Excel et enregistrez un nouveau classeur vierge sous le nom **La maison de mes rêves** dans votre dossier Projets.

b. Décidez de la ville où vous voulez habiter et utilisez votre moteur de recherche pour trouver des sources d'informations sur les maisons à vendre dans cette région.

c. Déterminez les gammes de prix et les caractéristiques des habitations. Trouvez des données pour au moins cinq maisons qui correspondent à vos exigences de prix et d'implantation, et entrez-les dans la feuille de calcul. Inspirez-vous du tableau D-4 pour la disposition des données.

TABLEAU D-4

Disposition des données					
Ville					
Gamme de prix					
	Maison 1	Maison 2	Maison 3	Maison 4	Maison 5
Prix demandé					
Nbre de chambres					
Nbre de salles de bain					
Année de construction					
Taille (en m²)					

d. Donnez un aspect professionnel et attractif à vos données.

e. Créez un histogramme du type de votre choix reprenant les données des maisons et des prix demandés. Placez ce graphique sur la même feuille que les données. Ajoutez un titre évocateur.

f. Changez les couleurs des colonnes du graphique à l'aide du style de graphique de votre choix.

g. Écrivez votre nom dans une section de l'en-tête.

h. Enregistrez le classeur. Affichez le graphique dans l'aperçu et réglez les marges et l'orientation si nécessaire. Comparez votre graphique à l'exemple de la figure D-30.

i. Effectuez les réglages adéquats, puis imprimez la feuille de calcul avec son graphique sur une seule page.

FIGURE D-30

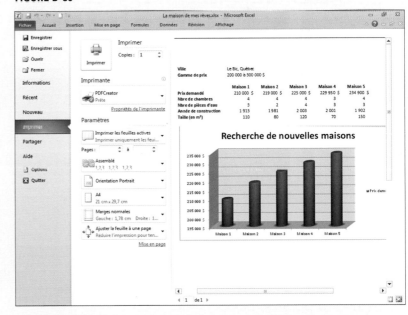

Difficultés supplémentaires

- Créez un graphique combiné reprenant le prix demandé sur un axe et la taille de la maison sur l'autre axe. (*Indice*: Utilisez l'aide pour obtenir des informations sur le tracé de graphiques avec un axe secondaire.)

- Changez la couleur de la série de données dans l'histogramme.

j. Enregistrez, puis fermez le classeur et quittez Excel.

Atelier visuel

Ouvrez le classeur EX C-6.xlsx de votre dossier Projets et enregistrez-le sous le nom **Bénéfices estimés des projets**. Modifiez les données de la feuille de calcul pour leur donner un aspect semblable à celui de la figure D-31. Créez et modifiez deux graphiques identiques à ceux de la figure. Vous devrez apporter des modifications de disposition générale, de détails et de mise en forme pour atteindre ces résultats. (*Indice* : L'ombre du titre du graphique en secteurs est Décalage diagonal vers le haut à droite.) Entrez votre nom dans la section de gauche de l'en-tête de page, puis enregistrez et imprimez votre travail.

FIGURE D-31

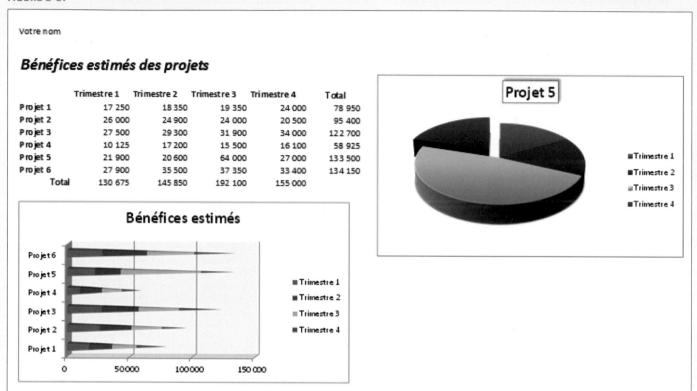

Analyser des données à l'aide de formules

Les formules et les fonctions vous aident à analyser les données d'une feuille de calcul. À mesure que vous apprendrez l'usage de différents types de formules et de fonctions, vous découvrirez les utilisations les plus intéressantes et efficaces d'Excel. Vous retirerez de ce module une compréhension plus approfondie des formules d'Excel et de l'usage de plusieurs fonctions d'Excel. Catherine Morgane, vice-présidente des ventes chez VTA, utilise les formules et les fonctions d'Excel pour analyser les données des ventes dans la province de Québec et pour consolider les chiffres d'affaires de plusieurs feuilles de calcul. Comme la direction envisage de créer une nouvelle agence régionale, Catherine vous demande d'estimer les coûts d'emprunt pour un nouveau bâtiment de bureaux et de comparer les ventes des agences existantes dans la province de Québec.

OBJECTIFS

Mettre en forme des données avec des fonctions de texte

Totaliser une plage de données selon des conditions

Consolider des données à l'aide d'une formule

Utiliser la vérification des erreurs dans les formules

Construire des formules avec des plages nommées

Construire une formule logique avec la fonction SI

Construire une formule logique avec la fonction ET

Calculer un remboursement avec la fonction VPM

Mettre en forme des données avec des fonctions de texte

Lorsque vous importez des données externes, provenant d'un autre programme ou d'internet, vous devez souvent les remettre en forme pour qu'elles deviennent compréhensibles et attractives ou, simplement, pour les harmoniser avec les autres données du classeur. Au lieu de gérer ces tâches manuellement dans chaque cellule, vous pouvez tirer profit des fonctions de texte d'Excel pour effectuer ce travail sur une plage de cellules de données. L'outil Conversion de texte en colonnes permet, par exemple, de séparer un champ de données en plusieurs colonnes distinctes. La fonction de texte NOMPROPRE met en majuscule la première lettre de chaque mot d'une chaine de texte, ainsi que tout texte suivant un espace. La fonction CONCATENER permet de joindre deux ou plusieurs chaines de texte en une seule chaine. ▓▓▓▓▓▓ Catherine a reçu de la direction des ressources humaines les données des agents commerciaux. Elle vous demande d'utiliser les fonctions de texte pour mettre ces données en forme et obtenir une présentation mieux exploitable.

ÉTAPES

1. **Démarrez Excel, ouvrez le classeur EX E-1.xlsx de votre dossier Projets et enregistrez-le sous le nom Ventes VTA.**

2. **Dans la feuille Représentants, sélectionnez la plage A4:A15, cliquez sur l'onglet Données du Ruban, puis cliquez sur le bouton Convertir du groupe Outils de données.**

   L'Assistant Conversion s'ouvre (figure E-1). Les champs de données de la feuille de calcul sont séparés par des virgules qui jouent le rôle de séparateurs de données. Un séparateur, tel un espace, une virgule ou un point-virgule, divise les données. Excel sépare les données en colonnes d'après le séparateur.

3. **Si nécessaire, cliquez sur l'option Délimité pour la sélectionner, cliquez sur Suivant, dans la zone Séparateurs de la boite de dialogue, cochez la case Virgule pour la sélectionner si nécessaire, cliquez dans toute autre case cochée pour ôter la coche, puis cliquez sur Suivant.**

   Vous avez indiqué à Excel de dissocier vos données d'après le séparateur virgule.

4. **Cliquez sur l'option Texte dans la zone Format des données en colonne, cliquez dans la deuxième colonne de la zone Aperçu de données pour la sélectionner, puis cliquez de nouveau sur Texte dans la zone Format des données en colonne, observez les en-têtes de colonne et cliquez sur Terminer.**

   Les données sont réorganisées en trois colonnes de texte. Vous décidez de mettre en forme les noms pour leur donner la casse (majuscule ou minuscule) appropriée.

ASTUCE

Déplacez la boite de dialogue Arguments de la fonction si elle chevauche une cellule ou une plage dans laquelle vous devez cliquer. Vous pouvez aussi cliquer sur le bouton Réduire la boite de dialogue ▣, sélectionner la cellule ou la plage, puis cliquer sur le bouton Agrandir la boite de dialogue ▣ pour revenir à la boite de dialogue Arguments de la fonction.

5. **Cliquez dans la cellule D4, cliquez sur l'onglet Formules, cliquez sur le bouton Texte du groupe Bibliothèque de fonctions, cliquez sur NOMPROPRE, le point d'insertion étant dans la zone Texte, cliquez dans la cellule A4, puis cliquez sur OK.**

   Le nom est recopié de la cellule A4 dans la cellule D4 avec les majuscules appropriées aux noms propres. Les autres noms et les villes sont encore en caractères minuscules.

6. **Faites glissez la poignée de recopie pour copier la formule de la cellule D4 dans la cellule E4, puis copiez les formules de la plage D4:E4 dans toute la plage D5:E15.**

   Vous voulez ensuite donner au nombre d'années une forme plus expressive.

ASTUCE

Excel ajoute auto-matiquement des **délimiteurs** de texte, ici des guil-lemets verticaux, autour de l'espace et du texte années.

7. **Cliquez dans la cellule F4, cliquez sur le bouton Texte du groupe Bibliothèque de fonc-tions, cliquez sur CONCATENER, le point d'insertion étant dans la zone Texte1, cliquez dans la cellule C4, appuyez sur [Tab], le point d'insertion étant dans la zone Texte2, appuyez sur [Espace], tapez années, puis cliquez sur OK.**

8. **Copiez la formule de la cellule F4 dans la plage F5:F15, comparez le résultat à la figure E-2, cliquez sur l'onglet Insertion, cliquez sur le bouton En-tête/Pied du groupe Texte, cliquez sur le bouton Atteindre le pied de page du groupe Navigation, entrez votre nom dans la zone de texte du centre, cliquez dans la feuille de calcul, faites défiler la feuille et cliquez dans la cellule A1, puis cliquez sur le bouton Normal ▦ de la barre d'état.**

9. **Enregistrez le classeur et examinez l'aperçu avant impression.**

FIGURE E-1 : Boite de dialogue Assistant Conversion

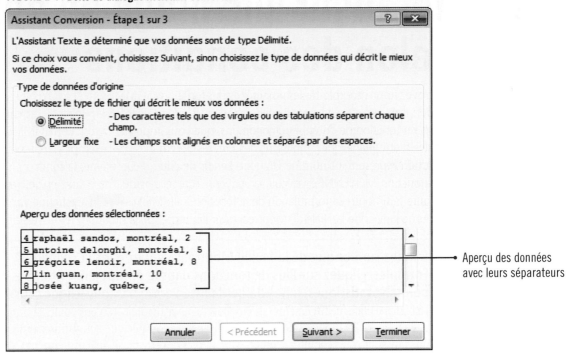

Aperçu des données avec leurs séparateurs

FIGURE E-2 : Feuille de calcul avec les données mises en colonnes

	A	B	C	D	E	F
1				VTA		
2				Représentants du Québec		
3				Nom	Agence	Années de service
4	raphaël sandoz	montréal	2	Raphaël Sandoz	Montréal	2 années
5	antoine delonghi	montréal	5	Antoine Delonghi	Montréal	5 années
6	grégoire lenoir	montréal	8	Grégoire Lenoir	Montréal	8 années
7	lin guan	montréal	10	Lin Guan	Montréal	10 années
8	josée kuang	québec	4	Josée Kuang	Québec	4 années
9	georges barelli	québec	7	Georges Barelli	Québec	7 années
10	catherine jacques	québec	5	Catherine Jacques	Québec	5 années
11	alizée lemieux	québec	4	Alizée Lemieux	Québec	4 années
12	isabelle limon	trois-riviè	6	Isabelle Limon	Trois-Rivières	6 années
13	josé castlllan	trois-riviè	7	José Castillan	Trois-Rivières	7 années
14	fatima habib	trois-riviè	4	Fatima Habib	Trois-Rivières	4 années
15	benjamin zola	trois-riviè	7	Benjamin Zola	Trois-Rivières	7 années
16						

Utiliser les fonctions de texte

Excel propose bien d'autres fonctions de texte, comme MAJUSCULE, MINUSCULE et SUBSTITUE. La fonction MAJUSCULE convertit tout le texte en capitales, MINUSCULE convertit le texte en minuscules, SUBSTITUE remplace un texte à l'intérieur d'un autre texte. Par exemple, si la cellule A1 contient la chaine de texte « Aujourd'hui, c'est Noël », alors =MINUSCULE(A1) produit le résultat « aujourd'hui, c'est noël », =MAJUSCULE(A1) donne « AUJOURD'HUI, C'EST

NOËL » et =SUBSTITUE(A1;" Noël ";"Pâques") donne « Aujourd'hui, c'est Pâques ».

Si vous voulez copier et coller des données mises en forme à l'aide de fonctions de texte, vous devez sélectionner l'option Valeurs uniquement dans la liste du bouton Options de collage, pour ne coller que les valeurs des cellules et non les formules de texte.

Totaliser une plage de données selon des conditions

Vous avez appris à exploiter les possibilités des fonctions SOMME, NB et MOYENNE, appliquées à des plages de données. Vous pouvez aussi utiliser des fonctions pour totaliser, compter et calculer la moyenne d'une plage, en fonction de critères, ou conditions, que vous imposez. La fonction SOMME.SI calcule la somme des cellules d'une plage qui remplissent des critères déterminés. Par exemple, vous pouvez calculer le total des ventes du représentant nommé Grégoire Lenoir (le critère). De même, la fonction NB.SI compte des cellules et la fonction MOYENNE.SI calcule la moyenne de cellules qui, dans une plage, remplissent une condition. La figure E-3 montre la formulation de la fonction SOMME.SI. ▅▅▅▅ Catherine vous demande d'analyser les ventes de janvier de la filiale de Montréal pour l'informer de la situation des ventes de chaque voyage.

ÉTAPES

1. **Cliquez sur l'onglet de la feuille Montréal, cliquez dans la cellule G7, cliquez sur l'onglet Formules, cliquez sur Plus de fonctions dans le groupe Bibliothèques de fonctions, pointez Statistiques, faites défiler la liste vers le bas, puis cliquez sur NB.SI.**

   La boite de dialogue Arguments de la fonction s'ouvre (figure E-4). Vous voulez compter le nombre d'apparitions d'Odyssée du Pacifique dans la colonne Voyages. La formule que vous utilisez dit, en fait, « Examiner la plage que j'indique, puis compter le nombre de cellules de cette plage qui contiennent Odyssée du Pacifique ». Vous utilisez des adresses absolues de cellules pour la plage, afin de pouvoir ensuite recopier la formule.

2. **Avec le point d'insertion dans la zone de texte Plage, sélectionnez la plage A6:A25, appuyez sur [F4], appuyez sur [Tab], avec le point d'insertion dans la zone de texte Critère, cliquez dans la cellule F7, puis sur OK.**

   Votre formule demande à Excel de parcourir la plage A6:A25 et d'ajouter 1 au total chaque fois qu'elle rencontre la valeur de la cellule F7, c'est-à-dire «Odyssée du Pacifique». Le nombre de voyages intitulés Odyssée du Pacifique, soit 4, apparait dans la cellule G7. Vous voulez calculer le revenu total des ventes du voyage Odyssée du Pacifique.

3. **Cliquez dans la cellule H7, cliquez sur Maths et trigonométrie dans le groupe Bibliothèque de fonctions, faites défiler la liste des fonctions vers le bas, puis cliquez sur SOMME.SI.**

   La boite de dialogue Arguments de la fonction s'ouvre. Vous voulez ajouter deux plages et un critère. La première plage est celle où Excel doit rechercher la présence du critère indiqué. La deuxième plage contient les cellules à totaliser quand les cellules correspondantes de la première plage respectent le critère fixé.

4. **Avec le point d'insertion dans la zone de texte Plage, sélectionnez la plage A6:A25, appuyez sur [F4], appuyez sur [Tab]; avec le point d'insertion dans la zone de texte Critère, cliquez dans la cellule F7, appuyez sur [Tab]; avec le point d'insertion dans la zone de texte Somme_plage, sélectionnez la plage B6:B25, appuyez sur [F4]; puis cliquez sur OK.**

   Votre formule demande à Excel de parcourir la plage A6:A25 et chaque fois qu'elle rencontre la valeur de la cellule F7, c'est-à-dire « Odyssée du Pacifique », d'additionner les montants correspondants de la colonne B. Le revenu total des ventes du voyage Odyssée du Pacifique, soit 12 403 $, apparait dans la cellule H7. Vous voulez calculer ensuite le prix moyen des voyages Odyssée du Pacifique.

5. **Cliquez dans I7, cliquez sur Plus de fonctions dans le groupe Bibliothèque de fonctions, pointez Statistiques, puis cliquez sur MOYENNE.SI.**

6. **Avec le point d'insertion dans la zone de texte Plage, sélectionnez la plage A6:A25, appuyez sur [F4], appuyez sur [Tab] ; avec le point d'insertion dans la zone de texte Critère, cliquez dans la cellule F7, appuyez sur [Tab]; avec le point d'insertion dans la zone de texte Plage_moyenne, sélectionnez la plage B6:B25, appuyez sur [F4], puis cliquez sur OK.**

   Le prix moyen payé pour les voyages Odyssée du Pacifique, 3 101 $, apparait dans la cellule I7.

7. **Sélectionnez la plage G7:I7 et faites glisser la poignée de recopie pour remplir la plage G8:I10.**

   Comparez vos résultats à ceux de la figure E-5.

8. **Ajoutez votre nom au centre du pied de page, enregistrez le classeur, puis affichez l'aperçu de la feuille de calcul et imprimez-la.**

SOMME.SI(Plage; Critère; [Somme_plage])

La plage dans
laquelle la
fonction effectue
la recherche

La condition
à satisfaire
dans la plage

La plage des cellules
qui seront totalisées si
elles remplissent le critère

SUM. iF (

FIGURE E-4 : Boite de dialogue Arguments de la fonction de la fonction NB.SI

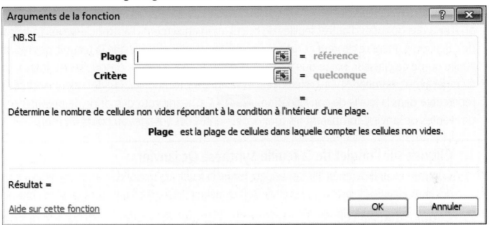

FIGURE E-5 : Feuille de calcul avec des statistiques conditionnelles

Voyage	Ventes voyages	Total ventes	Prix moyen
Odyssée du Pacifique	4	12 403 $	3 101 $
Japon authentique	5	10 505 $	2 101 $
Exode français	5	14 016 $	2 803 $
Inde essentielle	6	23 583 $	3 931 $

Représentants Montréal Québec Trois-Rivières Synthèse Qc janvier

Statistiques conditionnelles

Excel 2010

Consolider des données à l'aide d'une formule

Quand vous voulez résumer des données présentes dans des feuilles ou des classeurs différents, vous pouvez **consolider** les données, c'est-à-dire les combiner et les afficher, sur une même feuille. Si, par exemple, vous avez entré les chiffres de vente de quatre magasins dans quatre feuilles de données distinctes, une par magasin, vous pouvez consolider ces données en une seule feuille de synthèse, présentant les totaux des ventes de tous les magasins. La meilleure façon de consolider les données consiste à utiliser dans la feuille de consolidation, ou de synthèse, des références aux cellules des différentes feuilles. Comme ces références font appel à d'autres feuilles habituellement placées en arrière-plan de la feuille de synthèse, elles créent véritablement une autre dimension dans un classeur et sont de ce fait appelées des **références 3D** (figure E-6). Vous pouvez référencer ou **lier** à des données d'autres feuilles de calcul, mais également d'autres classeurs. La liaison à une autre feuille de calcul ou à un autre classeur constitue une méthode plus efficace que la recopie des résultats calculés de cette feuille ou de ce classeur, parce que les valeurs des données sur base desquelles les totaux sont calculés peuvent changer à tout moment. Si vous référencez ces valeurs, toute modification des valeurs source est automatiquement répercutée dans la feuille de consolidation. ▓▓▓▓ Catherine vous demande de préparer une feuille de synthèse des ventes de janvier, comparant les totaux des ventes des voyages au cours du mois.

ÉTAPES

1. **Cliquez sur l'onglet de la feuille Synthèse Qc janvier.**

   Comme la feuille Synthèse Qc janvier, qui forme la feuille de consolidation, contiendra les références aux données des autres feuilles, le pointeur de cellule doit demeurer dans cette feuille lorsque vous commencez à référencer.

2. **Cliquez dans la cellule B7, cliquez sur l'onglet Formules, cliquez sur le bouton Somme automatique du groupe Bibliothèque de fonctions, cliquez sur l'onglet de la feuille de calcul Montréal, maintenez la touche [Maj] enfoncée et cliquez sur l'onglet de la feuille Trois-Rivières, cliquez sur G7, puis cliquez sur Entrer ✓ dans la barre de formule.**

   La feuille Synthèse Qc janvier est activée et la barre de formule indique =SOMME('Montréal:Trois-Rivières'!G7) comme l'indique la figure E-7. 'Montréal:Trois-Rivières' fait référence aux feuilles Montréal, Québec et Trois-Rivières. Le point d'exclamation (!) est un **indicateur de référence externe** qui signifie que les cellules référencées sont à l'extérieur de la feuille de calcul active. G7 est la référence à la cellule réelle que vous voulez totaliser dans les feuilles externes. Le résultat, 12, s'affiche dans la cellule B7 de la feuille Synthèse Qc janvier. C'est la somme de tous les nombres de voyages Odyssée du Pacifique vendus et référencés dans la cellule G7 des feuilles Montréal, Québec et Trois-Rivières. Comme les données de total des ventes sont dans la colonne directement à droite de celle du nombre de voyages dans les feuilles Montréal, Québec et Trois-Rivières, il suffit de recopier la formule de synthèse des nombres de voyages vendus, avec ses adresses relatives, dans la cellule destinée à accueillir l'information de synthèse des totaux de ventes.

3. **Faites glisser la poignée de recopie de la cellule B7 sur la cellule C7 pour copier la formule de synthèse, cliquez sur le bouton Options de recopie incrémentée ▤ ▾, puis cliquez sur l'option Recopier les valeurs sans la mise en forme.**

   Le résultat, 37 405 $, apparait dans la cellule C7 de la feuille Synthèse Qc janvier, indiquant le total des ventes du voyage Odyssée du Pacifique référencées dans la cellule H7 des feuilles Montréal, Québec et Trois-Rivières.

4. **Dans la feuille Synthèse Qc janvier, la plage B7:C7 étant sélectionnée, faites glisser la poignée de recopie sur la plage B8:C10.**

   Vous pouvez tester une référence de consolidation en changeant la valeur d'une cellule sur laquelle la formule est bâtie et vérifier que le résultat de la formule change également.

ASTUCE

Vous pouvez examiner l'aperçu avec le quadrillage et les en-têtes de colonnes et de lignes afin de l'imprimer ainsi ultérieurement. Cochez les cases Imprimer sous Quadrillage et sous En-têtes dans le groupe Options de la feuille de calcul de l'onglet Mise en page.

5. **Cliquez sur l'onglet de la feuille Québec, remplacez le contenu de la cellule A6 par Odyssée du Pacifique, puis cliquez sur l'onglet de la feuille Synthèse Qc janvier.**

   Le nombre de voyages Odyssée du Pacifique vendus est automatiquement corrigé en 13 et Total ventes devient 40 280 $ (figure E-8).

6. **Enregistrez le classeur, puis examinez l'aperçu avant impression.**

FIGURE E-6 : Consolidation des données de trois feuilles de calcul

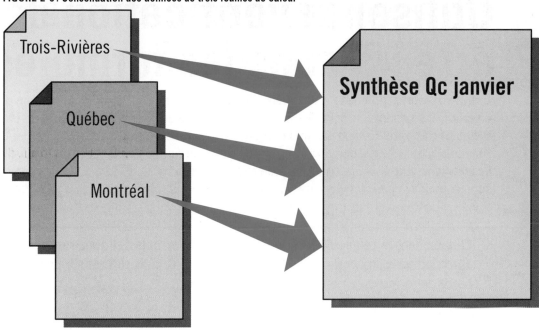

FIGURE E-7 : Feuille de calcul avec le nombre total de voyages Odyssée du Pacifique vendus

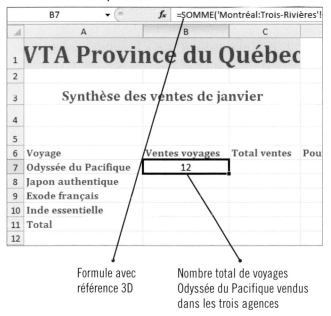

Formule avec référence 3D

Nombre total de voyages Odyssée du Pacifique vendus dans les trois agences

FIGURE E-8 : Feuille de calcul Synthèse Qc janvier avec les totaux mis à jour

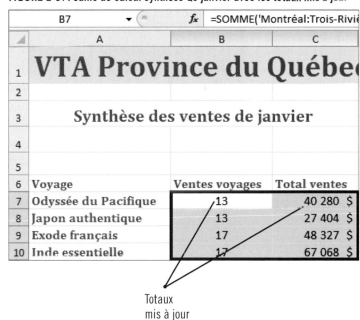

Totaux mis à jour

Lier des données entre des classeurs

Tout comme vous pouvez référencer des données de cellules de la même feuille ou de feuilles différentes, vous pouvez référencer dynamiquement des données entre des classeurs pour que les modifications apportées dans les cellules d'un classeur se répercutent dans la feuille de consolidation d'un autre classeur. Pour lier une simple cellule entre deux classeurs, ouvrez les deux classeurs, sélectionnez la cellule devant recevoir les données, appuyez sur =

(signe d'égalité), sélectionnez la cellule de l'autre classeur contenant les données, puis appuyez sur [Entrée]. Excel insère automatiquement le nom du classeur référencé dans la formule. Par exemple, si la donnée liée se trouve dans la cellule C7 de la feuille Résultats du classeur Produits, la référence sera ='[Produits.xlsx]Résultats'!$C$7. Pour effectuer des calculs, entrez des formules dans la feuille de consolidation en utilisant les cellules des autres feuilles.

Utiliser la vérification des erreurs dans les formules

Lorsque des formules produisent des erreurs, Excel affiche une valeur d'erreur en fonction du type d'erreur. Le tableau E-1 propose une description des types et des codes d'erreur qui peuvent se produire dans des feuilles de calcul. La fonction SIERREUR simplifie la vérification d'erreurs dans vos feuilles de calcul. Cette fonction affiche un message ou une valeur que vous spécifiez au lieu de celui ou celle généré(e) automatiquement par Excel si une erreur se produit dans une formule. █████ Catherine voudrait utiliser des formules pour comparer les ventes de voyages en janvier. Vous utilisez la fonction SIERREUR pour intercepter les erreurs de formules.

ÉTAPES

1. **Cliquez dans la cellule B11, cliquez sur l'onglet Formules, cliquez sur le bouton Somme automatique du groupe Bibliothèque de fonctions, puis cliquez sur Entrer ☑ dans la barre de formule.**

   Le nombre de voyages vendus, 60, s'affiche en B11.

2. **Glissez la poignée de recopie pour copier la formule de B11 dans la cellule C11, cliquez sur le bouton Options de recopie incrémentée ▦ ⁃, puis cliquez sur l'option Recopier les valeurs sans la mise en forme.**

   Le total des ventes de voyages, 183 079 $, apparait dans la cellule C11. Vous décidez d'entrer une formule qui calcule le pourcentage que les ventes du voyage Odyssée du Pacifique représentent par rapport à l'ensemble des voyages en divisant les totaux de ventes des différents voyages par le total des ventes de voyages. Pour assurer la vérification des erreurs, vous entrez la formule avec la fonction SIERREUR.

3. **Cliquez dans la cellule D7, cliquez sur le bouton Logique du groupe Bibliothèque de fonctions, cliquez sur SIERREUR, le point d'insertion étant dans la zone de texte Valeur, cliquez dans la cellule C7, tapez /, cliquez dans la cellule C11, appuyez sur [Tab], tapez ERREUR dans la zone de texte Valeur_si_erreur, puis cliquez sur OK.**

   Le pourcentage que représentent les ventes d'Odyssée du Pacifique par rapport au total des ventes de voyages apparait en D7. Il est de 22,00 %. Vous voulez vous assurer que le message d'erreur s'affiche correctement; vous décidez de le tester en provoquant volontairement une erreur. Vous copiez la formule qui possède une adresse relative au dénominateur, alors qu'il faudrait utiliser une adresse absolue.

4. **Faites glisser la poignée de recopie pour copier la formule de la cellule D7 dans la plage D8:D10.**

   La valeur ERREUR s'affiche dans les cellules D8 à D10 (figure E-9). Ces erreurs résultent de l'utilisation d'une adresse relative de la cellule C11 dans le dénominateur de la formule copiée. La conversion de l'adresse relative C11 en une adresse absolue $C$11 dans la formule corrigera l'erreur.

5. **Double-cliquez dans la cellule D7, sélectionnez C11 dans la formule, appuyez sur [F4], puis cliquez sur ☑ dans la barre de formule.**

   La formule contient à présent une référence absolue à la cellule C11.

6. **Copiez la formule corrigée de la cellule D7 dans la plage D8:D10.**

   Les différents pourcentages de ventes des voyages s'affichent dans les quatre cellules, sans message d'erreur (figure E-10). Vous souhaitez vérifier toutes les formules de la feuille en les affichant.

7. **Cliquez sur le bouton Afficher les formules du groupe Audit de formules.**

   Les formules apparaissent dans les colonnes B, C et D. Vous voulez afficher de nouveau les résultats des formules. Le bouton Afficher les formules fonctionne comme un interrupteur, activant et désactivant l'outil à chaque clic.

8. **Cliquez sur le bouton Afficher les formules du groupe Audit de formules.**

   Les résultats des formules apparaissent dans la feuille.

9. **Ajoutez votre nom au centre du pied de page, enregistrez le classeur, imprimez la feuille et fermez le classeur.**

FIGURE E-9 : Feuille de calcul avec des codes d'erreur

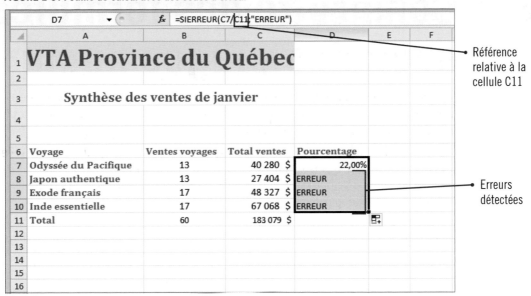

Référence relative à la cellule C11

Erreurs détectées

FIGURE E-10 : Feuille de calcul avec les pourcentages des ventes par voyage

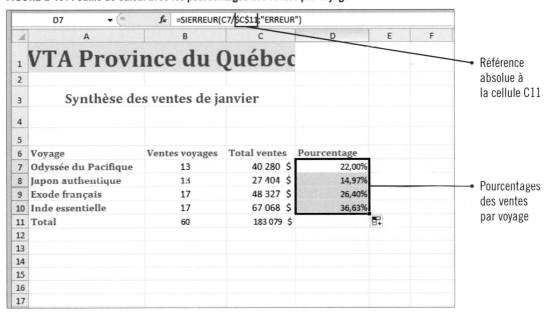

Référence absolue à la cellule C11

Pourcentages des ventes par voyage

TABLEAU E-1 : Comprendre les valeurs d'erreurs

Valeur d'erreur	Cause de l'erreur	Valeur d'erreur	Cause de l'erreur
#DIV/0!	Un nombre est divisé par 0	#NOM?	La formule contient un texte erroné
#NA	Une valeur dans une formule n'est pas disponible	#NUL!	Intersection de données non valable
#NUM!	Utilisation incorrecte d'un nombre dans une formule	#REF!	Référence de cellule incorrecte
#VALUE!	Erreur de type d'argument ou d'opérande dans une formule	#####	Largeur de colonne insuffisante pour afficher toute la donnée

Corriger les références circulaires

Une référence circulaire signifie qu'une cellule contient une formule faisant référence à elle-même. Si vous entrez une formule comprenant une référence circulaire, Excel vous en informe dans une boite de dialogue. Cliquez sur OK pour ouvrir une fenêtre d'aide qui explique comment trouver la référence circulaire. Dans des formules simples, une référence circulaire est facile à repérer. Pour la corriger, modifiez la formule et supprimez toute référence à la cellule qui contient la formule.

Construire des formules avec des plages nommées

Pour faciliter le suivi de vos feuilles de calcul, affectez des noms à des cellules ou des plages. Vous utiliserez ensuite ces noms dans les formules, ce qui facilitera leur construction et réduira les erreurs de formule. Par exemple, la formule « Revenu-Depenses » est plus facile à comprendre que la formule A5-A8. Les noms sont formés de lettres minuscules et majuscules et de chiffres, mais ne peuvent comporter d'espace. Après avoir nommé une cellule ou une plage de cellules, vous pouvez en préciser la **portée**, c'est-à-dire les feuilles de calcul où ce nom peut être utilisé. Lors de la définition de la portée d'un nom, vous pouvez en limiter l'usage à une feuille ou le rendre disponible à tout le classeur. Si vous déplacez une cellule ou une plage nommée, son nom se déplace avec elle et, si vous ajoutez ou supprimez des lignes ou des colonnes à la feuille de calcul, les plages nommées sont ajustées à leur nouvelle position dans la feuille. Lors de leur utilisation dans des formules, les noms deviennent des références absolues par défaut. ▟▟▟▟ Catherine souhaite que vous calculiez le nombre de jours avant la date de départ de chaque voyage. Vous utilisez des noms de plages pour construire la formule.

ÉTAPES

1. **Ouvrez le classeur EX E-2.xlsx de votre dossier Projets et enregistrez-le sous le nom Voyages.**

2. **Cliquez dans la cellule B4, cliquez si nécessaire sur l'onglet Formules, cliquez sur le bouton Définir un nom du groupe Noms définis.**

   La boite de dialogue Nouveau nom s'ouvre (figure E-11). Vous pouvez nommer une cellule contenant une date pour faciliter la rédaction de formules qui calculent des dates.

3. **Tapez date_du_jour dans la zone de texte Nom, déroulez la liste Zone, cliquez sur Voyages en avril, puis cliquez sur OK.**

   Le nom affecté à la cellule B4, date_du_jour, apparait dans la zone Nom. Comme sa portée est limitée à la feuille de calcul Voyages en avril, le nom de plage date_du_jour n'apparaitra que dans la liste de noms de cette feuille de calcul. Vous pouvez aussi nommer des plages qui contiennent des dates.

4. **Sélectionnez la plage B7:B13, cliquez sur le bouton Définir un nom du groupe Noms définis, entrez date_voyage dans la zone de texte Nom, déroulez la liste Zone, cliquez sur Voyages en avril, puis cliquez sur OK.**

   Désormais, vous pourrez utiliser la plage nommée et la cellule nommée dans des formules. La formule =date_voyage-date__du_jour est bien plus facile à comprendre que =B7-$B$4.

5. **Cliquez dans la cellule C7, tapez =, cliquez sur le bouton UtiliserDsFormule du groupe Noms définis, cliquez sur date_voyage, tapez –, cliquez sur UtiliserDsFormule, cliquez sur date_du_jour, puis cliquez sur Entrer ☑ de la barre de formule.**

   Le nombre de jours avant le départ du voyage Odyssée du Pacifique, 10, s'affiche dans la cellule C7. La même formule sert au calcul du nombre de jours avant le départ des autres voyages.

6. **Faites glisser la poignée de recopie de la cellule C7 pour recopier la formule dans la plage C8:C13, puis comparez vos résultats à ceux de la figure E-12.**

7. **Enregistrez le classeur.**

Consolider des données au moyen de plages nommées

Vous pouvez consolider des données en vous servant des cellules et des plages nommées. Par exemple, vous pourriez avoir saisi les chiffres d'affaires de différents secteurs, nommés Secteur1, Secteur2, Secteur3, dans des feuilles correspondant à chaque trimestre que vous souhaiteriez consolider sur une feuille de résumé. En créant la formule de résumé, cliquez sur l'onglet Formules, cliquez sur le bouton UtiliserDsFormule du groupe Noms définis et sélectionnez le nom de la cellule ou de la plage à utiliser.

Entrez ici le nom de cellule ou de plage

FIGURE E-12 : Feuille de calcul avec le nombre de jours avant le départ

Zone Nom

Formule utilisant des noms à la place de références de cellules

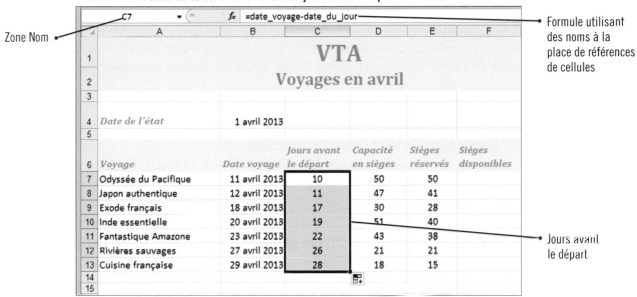

Jours avant le départ

Gérer les noms dans un classeur

Le Gestionnaire de noms permet de créer, de supprimer et de modifier des noms dans un classeur. Sous l'onglet Formules, cliquez sur le bouton Gestionnaire de noms du groupe Noms définis pour ouvrir la boite de dialogue Gestionnaire de noms (figure E-13). Cliquez sur

Nouveau pour créer une nouvelle cellule ou plage nommée, sur Modifier pour corriger le nom sélectionné et sur Supprimer pour éliminer un nom sélectionné. Cliquez sur Filtrer pour accéder à des options d'affichage de noms correspondant à des critères spécifiques.

FIGURE E-13 : Boite de dialogue Gestionnaire de noms

Crée un nouveau nom

Filtre les noms

Supprime un nom

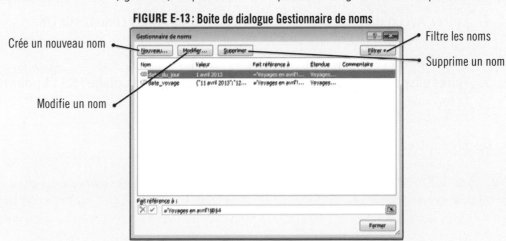

Modifie un nom

Construire une formule logique avec la fonction SI

Vous pouvez construire une formule logique avec une fonction SI. Une **formule logique** est une formule dont les calculs sont basés sur des critères que vous définissez, appelés **conditions d'état**. Par exemple, une formule de calcul de prime pourrait dépendre de la performance d'une personne. Si l'évaluation de la personne est de 5 (la condition d'état) sur une échelle de 1 à 5, elle reçoit une prime de 10 % du salaire, sinon elle ne reçoit rien. Lorsque la condition est une question dont la réponse est oui ou non, Excel appelle cette condition un **test logique**. La fonction SI comporte trois parties séparées par des points-virgules : une condition, ou test logique, le calcul à effectuer si la condition est vraie et le calcul à effectuer si la condition est fausse. On peut l'exprimer ainsi : SI(test_logique;valeur_si_vrai;valeur_si_faux). Traduit en fonction SI d'Excel, la formule de calcul de la prime aurait la forme suivante : SI(Performance=5;Salaire*0,10;0). En langage courant, si la performance est égale à 5, multiplier le salaire par 0,10 (équivalent à 10 %) et placer le résultat dans la cellule ; si la performance n'est pas égale à 5, placer 0 dans la cellule. Pour écrire l'argument de test, vous utilisez habituellement les opérateurs de comparaison du tableau E-2. Catherine vous demande d'utiliser une fonction SI pour calculer le nombre de sièges disponibles pour chaque voyage en avril.

ÉTAPES

1. **Cliquez dans la cellule F7, cliquez sur le bouton Logique du groupe Bibliothèque de fonctions de l'onglet Formules, puis cliquez sur SI.**

   La boite de dialogue Arguments de la fonction s'ouvre. La fonction doit calculer le nombre de sièges disponibles comme suit : si la capacité en sièges est supérieure au nombre de sièges réservés, calculer le nombre de sièges disponibles (capacité-nombre réservés) et placer le résultat dans la cellule F7, sinon, placer le texte « Aucun » dans la cellule.

2. **Avec le point d'insertion dans la zone de texte Test_logique, cliquez dans la cellule D7, tapez >, cliquez dans la cellule E7, puis appuyez sur [Tab].**

   Le symbole (>) signifie «supérieur à». Le début de la formule peut se lire ainsi: si la capacité en sièges est supérieure au nombre de sièges réservés. La deuxième partie de la fonction indique à Excel l'action à effectuer si la capacité est supérieure au nombre de sièges réservés.

3. **Avec le point d'insertion dans la zone de texte Valeur_si_vrai, cliquez dans la cellule D7, tapez –, cliquez dans la cellule E7, puis appuyez sur [Tab].**

   Cette partie de la formule indique au programme ce qu'il doit faire si le test logique est vrai. En poursuivant l'interprétation de la formule, nous pourrions traduire ainsi cette partie : soustraire le nombre de sièges réservés de la capacité en sièges. La dernière partie de la formule indique à Excel l'action à effectuer si le test logique est faux, c'est-à-dire si la capacité n'est pas supérieure au nombre de sièges réservés.

4. **Entrez Aucun dans la zone de texte Valeur_si_faux, puis cliquez sur OK.**

   La fonction est complète et le résultat, Aucun, qui représente le nombre de sièges disponibles, apparait dans la cellule F7 (figure E-14).

5. **Faites glisser la poignée de recopie de la cellule F7 sur la plage F8:F13 pour recopier la formule.**

   Comparez vos résultats à ceux de la figure E-15.

6. **Enregistrez le classeur.**

FIGURE E-14 : Fonction SI dans la feuille de calcul

| | F7 | ▼ | *f_x* | =SI(D7>E7;D7-E7;"Aucun") |

	A	B	C	D	E	F	G
1				**VTA**			
2				**Voyages en avril**			
3							
4	*Date de l'état*		1 avril 2013				
5							
6	*Voyage*	*Date voyage*	*Jours avant le départ*	*Capacité en sièges*	*Sièges réservés*	*Sièges disponibles*	*Possibilité de remise*
7	Odyssée du Pacifique	11 avril 2013	10	50	50	Aucun	
8	Japon authentique	12 avril 2013	11	47	41		
9	Exode français	18 avril 2013	17	30	28		
10	Inde essentielle	20 avril 2013	19	51	40		
11	Fantastique Amazone	23 avril 2013	22	43	38		
12	Rivières sauvages	27 avril 2013	26	21	21		
13	Cuisine française	29 avril 2013	28	18	15		
14							

Fonction SI   Sièges disponibles

FIGURE E-15 : Feuille donnant la disponibilité des sièges

| | F7 | ▼ | *f_x* | =SI(D7>E7;D7-E7;"Aucun") |

	A	B	C	D	E	F	G
1				**VTA**			
2				**Voyages en avril**			
3							
4	*Date de l'état*		1 avril 2013				
5							
6	*Voyage*	*Date voyage*	*Jours avant le départ*	*Capacité en sièges*	*Sièges réservés*	*Sièges disponibles*	*Possibilité de remise*
7	Odyssée du Pacifique	11 avril 2013	10	50	50	Aucun	
8	Japon authentique	12 avril 2013	11	47	41	6	
9	Exode français	18 avril 2013	17	30	28	2	
10	Inde essentielle	20 avril 2013	19	51	40	11	
11	Fantastique Amazone	23 avril 2013	22	43	38	5	
12	Rivières sauvages	27 avril 2013	26	21	21	Aucun	
13	Cuisine française	29 avril 2013	28	18	15	3	
14							

Sièges disponibles

TABLEAU E-2 : Opérateurs de comparaison

Opérateur	Signification	Opérateur	Signification
<	inférieur à	<=	inférieur ou égal à
>	supérieur à	>=	supérieur ou égal à
=	égal à	<>	différent de

Construire une formule logique avec la fonction ET

Vous pouvez aussi rédiger une fonction logique à l'aide de la fonction ET. La fonction ET évalue tous ses arguments et **renvoie**, c'est-à-dire affiche VRAI, si tous les tests logiques de la formule sont vrais. La fonction ET renvoie la valeur FAUX si au moins un des tests logiques de la formule est faux. Les arguments de la fonction ET peuvent comprendre du texte, des nombres ou des références de cellules. ▓▓▓▓▓ Catherine souhaite analyser les données des voyages pour déterminer ceux qui pourraient bénéficier de remises. Vous utilisez la fonction ET pour repérer les voyages où des sièges sont encore disponibles et qui partent dans moins de trois semaines.

ÉTAPES

1. **Cliquez dans la cellule G7, cliquez sur le bouton Logique du groupe Bibliothèque de fonctions, puis cliquez sur ET.**

   La boite de dialogue Arguments de la fonction s'ouvre. La fonction doit évaluer la possibilité de remise comme suit : des sièges sont disponibles et le voyage doit débuter dans les 21 jours.

PROBLÈME

Si vous obtenez une erreur de formule, vérifiez que vous avez tapé des guillemets droits autour de Aucun.

2. **Avec le point d'insertion dans la zone de texte Valeur_logique1, cliquez dans la cellule F7, tapez <>, tapez "Aucun", puis appuyez sur [Tab].**

   Le symbole (<>) représente «différent de» ou «non égal à». Le début de la formule peut se lire ainsi: si le nombre de sièges disponibles n'est pas égal à Aucun. Autrement dit, s'il s'agit d'un nombre entier. Le test logique suivant vérifie le nombre de jours avant la date de départ du voyage.

3. **Avec le point d'insertion dans la zone de texte Valeur_logique2, cliquez dans la cellule C7, tapez <21, puis cliquez sur OK.**

   La fonction est complète et le résultat, FAUX, apparait dans la cellule G7 (figure E-16).

4. **Faites glisser la poignée de recopie de la cellule G7 sur la plage G8:G13 pour recopier la formule.**

   Comparez vos résultats à ceux de la figure E-17.

5. **Ajoutez votre nom au centre du pied de page, enregistrez le classeur et examinez l'aperçu avant impression.**

TABLEAU E-3 : Exemples de fonctions ET, OU et NON pour des valeurs de cellules A1 = 10 et B1 = 20

Fonction	Formule	Résultat
ET	=ET(A1>5,B1>25)	FAUX
OU	=OU(A1>5,B1>25)	VRAI
NON	=NON(A1=0)	VRAI

Utiliser les fonctions logiques OU et NON

La fonction logique OU possède la même syntaxe que la fonction ET mais, au lieu de renvoyer VRAI si *tous* les arguments sont vrais, la fonction OU renvoie VRAI si *au moins un* de ses arguments est vrai. Elle ne renvoie donc FAUX que si tous ses arguments sont FAUX. La fonction logique NON inverse la valeur de son argument.

Par exemple, NON(VRAI) inverse son argument VRAI et renvoie FAUX. Appliquée dans une feuille de calcul, elle permet de garantir qu'une cellule n'est pas égale à une valeur donnée. Le tableau E-3 présente des exemples d'utilisation des fonctions ET, OU et NON.

FIGURE E-16 : Fonction ET dans la feuille de calcul

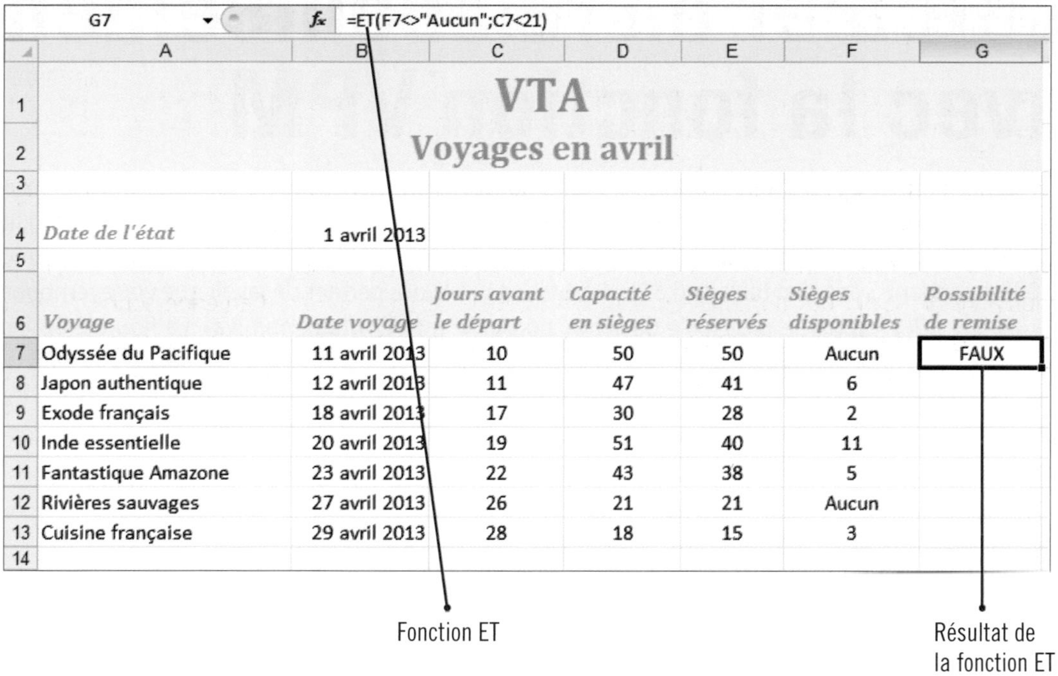

Fonction ET

Résultat de
la fonction ET

FIGURE E-17 : Évaluation des possibilités de remise sur les voyages

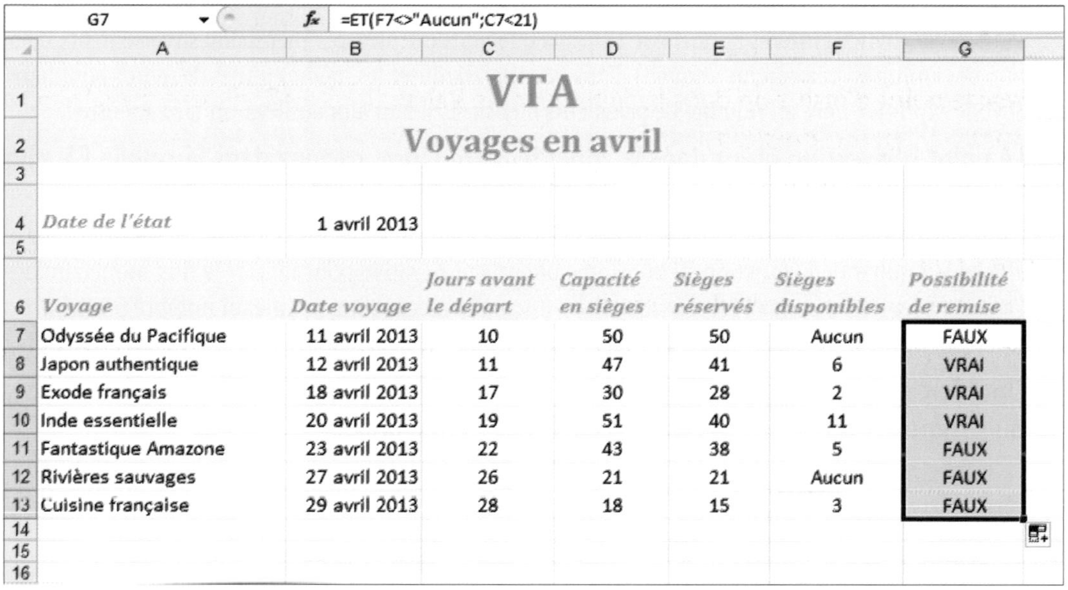

Insérer une équation dans une feuille de calcul

Si votre feuille contient des formules, vous pourriez vouloir y placer une équation pour expliquer comment vous avez obtenu vos résultats. Commencez par créer une zone de texte pour contenir l'équation. Cliquez sur l'onglet Insertion, cliquez sur le bouton Zone de texte du groupe Texte, puis cliquez à l'emplacement de la feuille où l'équation doit apparaitre. Pour placer l'équation dans la zone de texte, cliquez à nouveau sur l'onglet Insertion, puis cliquez sur le bouton Équation dans le groupe Symboles. Lorsque vous voyez apparaitre « Tapez une équation ici », construisez l'équation en cliquant sur les symboles mathématiques du groupe Structures de l'onglet Outils d'équation Conception. Par exemple, si vous voulez saisir la fraction 2/7, cliquez sur le bouton Fraction, choisissez la

première option, cliquez dans la zone supérieure, entrez 2, appuyez sur [Tab], entrez 7, puis cliquez à l'extérieur de la fraction. Pour insérer le symbole x^2 dans une zone de texte, cliquez sur le bouton Script du groupe Structures, cliquez sur la première option, cliquez sur la zone inférieure gauche et entrez « x », appuyez sur [Tab], entrez 2 dans la zone supérieure droite, puis cliquez à l'extérieur pour quitter le symbole. Vous pouvez aussi ajouter des équations prédéfinies dans une zone de texte. Dans l'onglet Outils d'équation Conception, cliquez sur le bouton Équation du groupe Outils, puis sélectionnez une équation. Parmi les équations prédéfinies, vous trouvez l'aire du cercle, la loi binomiale, le théorème de Pythagore et l'équation quadratique.

Calculer un remboursement avec la fonction VPM

VPM est une fonction financière qui calcule le remboursement périodique d'un emprunt. Par exemple, si vous souhaitez emprunter pour acheter une automobile, à partir du montant emprunté, du taux d'intérêt et de la durée, cette fonction peut calculer le remboursement mensuel. Supposons que vous empruntiez 20 000 $ pendant 5 ans à un taux de 6,5 % ; la fonction VPM vous permet de savoir que votre remboursement sera de 391,32 $. La partie principale de la fonction VPM est VPM(taux;npm;va). La figure E-18 illustre un exemple de calcul de remboursement d'un prêt automobile avec la fonction VPM. ▄▄▄▄▄ Depuis quelques mois, la direction de VTA au Québec envisage l'implantation d'une nouvelle succursale à Ottawa. Catherine a reçu les soumissions de trois prêteurs, pour un emprunt initial de 359 000 $. Elle a obtenu les propositions d'une banque commerciale, d'une société de capital-risque et d'une banque d'investissement. Elle vous demande de résumer les informations à l'aide de la fonction VPM d'Excel.

ÉTAPES

1. **Cliquez sur l'onglet de feuille Emprunt, cliquez dans la cellule F5, cliquez sur l'onglet Formules, cliquez sur le bouton Financier du groupe Bibliothèque de fonctions, faites défiler la liste des fonctions et cliquez sur VPM.**

2. **Le point d'insertion étant dans la zone de texte Taux, cliquez dans la cellule D5 de la feuille, tapez /12, puis appuyez sur [Tab].**

   Vous devez diviser l'intérêt annuel par 12 parce que vous calculez des mensualités (versements mensuels) et non des annuités (versements annuels). Il est essentiel d'utiliser les mêmes unités de temps pour taux et npm. Si vous exprimez npm en nombre de paiements mensuels, il faut alors utiliser un taux mensuel.

3. **Le point d'insertion étant dans la zone de texte Npm, cliquez dans la cellule E5, cliquez dans la zone de texte Va, cliquez dans la cellule B5, puis cliquez sur OK.**

   La mensualité (7 548,44 $) apparait dans la cellule F5 en rouge, ce qui indique un montant négatif. Excel affiche le résultat de la fonction VPM comme une valeur négative pour refléter le flux monétaire négatif que l'emprunt représente pour l'emprunteur. Pour afficher la mensualité comme un nombre positif, vous pouvez placer un signe moins, juste avant la référence à la cellule de la valeur actuelle (Va) dans la fonction.

4. **Double-cliquez dans la cellule F5 et modifiez sa formule ainsi: =VPM(D5/12;E5;-B5), puis cliquez sur le bouton Entrer de la barre de formule.**

   La cellule F5 affiche cette fois la valeur positive 7 548,44 $ (figure E-19). La même formule peut servir à générer les mensualités des autres emprunts.

5. **La cellule F5 sélectionnée, faites glisser sa poignée de recopie sur la plage F6:F7.**

   Une mensualité de 11 457,92 $ apparait dans la cellule F6, correspondant au prêt octroyé par la société de capital-risque. La cellule F7 affiche une mensualité de 16 392,59 $ pour l'emprunt auprès de la banque d'investissement. Les prêts à court terme présentent des mensualités bien plus élevées et vous n'aurez une idée globale des résultats que lorsque vous aurez calculé le total des remboursements et des intérêts demandés par chaque organisme de crédit.

6. **Cliquez dans la cellule G5, tapez =, cliquez dans E5, tapez *, cliquez dans F5, puis appuyez sur [Tab]; dans la cellule H5, tapez =, cliquez dans G5, tapez –, cliquez dans B5, puis cliquez sur ✓.**

7. **Recopiez les formules des cellules G5 et H5 dans la plage G6:H7, puis cliquez dans la cellule A1.**

   Vous pouvez faire des essais de calcul en faisant varier le taux, le montant et la durée des différents emprunts. La fonction VPM affiche automatiquement chaque nouveau jeu de valeurs.

8. **Tapez votre nom dans la zone de texte centrale du pied de page de la feuille, enregistrez le classeur, affichez l'aperçu avant impression et imprimez la feuille**

   La figure E-20 montre la feuille de calcul, telle que vous l'obtenez.

9. **Fermez le classeur et quittez Excel.**

$$VPM(0,065/12; 60; 20000) = 391,32\ \$$$

Taux d'intérêt par mois (taux)

Nombre de paiements mensuels (npm)

Valeur actuelle du montant à emprunter (va)

Paiement mensuel calculé

FIGURE E-19 : Calcul de mensualités de remboursement d'un emprunt avec VPM

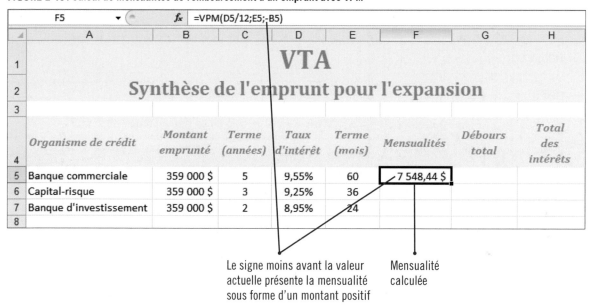

| F5 | | fx | =VPM(D5/12;E5;-B5) | | | | |

VTA
Synthèse de l'emprunt pour l'expansion

Organisme de crédit	Montant emprunté	Terme (années)	Taux d'intérêt	Terme (mois)	Mensualités	Débours total	Total des intérêts
Banque commerciale	359 000 $	5	9,55%	60	7 548,44 $		
Capital-risque	359 000 $	3	9,25%	36			
Banque d'investissement	359 000 $	2	8,95%	24			

Le signe moins avant la valeur actuelle présente la mensualité sous forme d'un montant positif

Mensualité calculée

FIGURE E-20 : Feuille de calcul complète

VTA
Synthèse de l'emprunt pour l'expansion

Organisme de crédit	Montant emprunté	Terme (années)	Taux d'intérêt	Terme (mois)	Mensualités	Débours total	Total des intérêts
Banque commerciale	359 000 $	5	9,55%	60	7 548,44 $	452 906,59 $	93 906,59 $
Capital-risque	359 000 $	3	9,25%	36	11 457,92 $	412 485,14 $	53 485,14 $
Banque d'investissement	359 000 $	2	8,95%	24	16 392,59 $	393 422,11 $	34 422,11 $

Les formules recopiées calculent les montants totaux et les intérêts des deux autres options d'emprunt

Calculer la valeur future d'un investissement avec la fonction VC

Vous pouvez utiliser la fonction VC (valeur capitalisée) pour calculer la valeur future d'un investissement à versements périodiques à un intérêt constant pendant une période donnée. La syntaxe est semblable à celle de la fonction VPM : VC(taux;npm;vpm;va;type). Le *taux* est l'intérêt payé par l'institution financière, *npm* est le nombre de périodes et *vpm* est le montant que vous déposez. Par exemple, vous voulez investir 1 000 $ par mois pendant les 12 prochains mois à un taux annuel de 2 % et vous voulez savoir quel montant vous obtiendrez à la fin des 12 mois (la valeur capitalisée ou future). Vous écrivez VC(,02/12;12; -1000) pour qu'Excel renvoie la valeur capitalisée de l'investissement, soit 12 110,61 $. Comme c'est le cas avec la fonction VPM, les unités de temps, du taux et de la période doivent être identiques.

Excel 2010

Mise en pratique

Révision des concepts

FIGURE E-21

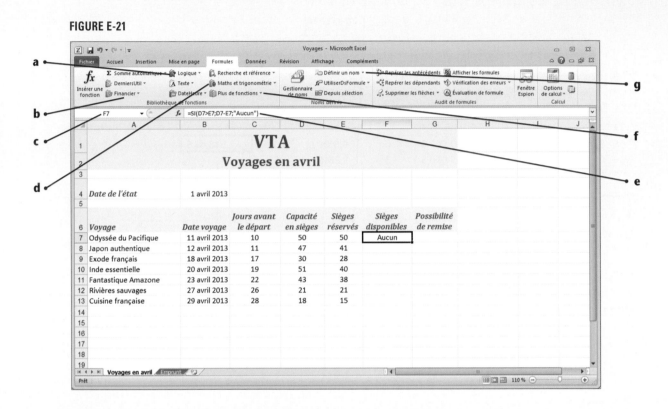

1. **Sur quel élément devez-vous cliquer pour nommer une cellule ou une plage?**
2. **Sur quel élément devez-vous cliquer pour ajouter une fonction statistique dans une feuille de calcul?**
3. **Quel élément pointe vers une formule logique?**
4. **Quel élément pointe vers la zone qui indique le nom associé à une cellule ou une plage?**
5. **Sur quel élément devez-vous cliquer pour ajouter une fonction VPM dans une feuille de calcul?**
6. **Sur quel élément devez-vous cliquer pour ajouter une fonction SOMME.SI dans une feuille de calcul?**
7. **Sur quel élément devez-vous cliquer pour insérer une fonction SI dans une feuille de calcul?**

Associez chaque terme à sa description.

8. **vc**
9. **va**
10. **SOMME.SI**
11. **NOMPROPRE**
12. **test_logique**

a. La fonction utilisée pour mettre en majuscule la première lettre des mots d'une chaine de caractères.

b. La fonction qui détermine la valeur capitalisée d'un investissement.

c. La partie de la fonction VPM qui représente le montant à emprunter.

d. La partie de la fonction SI qui reçoit les conditions.

e. La fonction qui permet de totaliser conditionnellement des cellules.

Choisissez la meilleure réponse à chaque question.

13. Lorsque vous entrez les arguments taux et npm dans la fonction VPM, vous devez:

    a. Multiplier les deux unités par 12.   **c.** Diviser les deux unités par 12.

    b. Demeurer cohérent dans les unités utilisées.   **d.** Toujours utiliser des unités annuelles.

14. Pour exprimer des conditions de type inférieur à ou égal à, vous utilisez:

    a. Un opérateur de comparaison.   **c.** La fonction VPM.

    b. Une formule textuelle.   **d.** Une fonction statistique.

Révision des techniques

1. Mettre en forme des données avec des fonctions de texte.

  a. Démarrez Excel, ouvrez le classeur EX E-3.xlsx de votre dossier Projets et enregistrez-le sous le nom **Révisions**.

  b. Dans la feuille Directeurs, sélectionnez la plage A2:A9 et, à l'aide du bouton Convertir de l'onglet Données, séparez les noms en deux colonnes de texte. *Indice*: Le séparateur est le caractère espace.

  c. Dans la cellule D2, entrez la formule textuelle pour convertir la première lettre du nom du service de la cellule C2 en majuscule, puis copiez la formule de la cellule D2 dans la plage D3:D9.

  d. Dans la cellule E2, entrez la formule de texte qui convertit toutes les lettres du nom de service de la cellule en majuscules, puis copiez la formule de la cellule E2 dans la plage E3:E9.

  e. Dans la cellule F2, entrez la formule textuelle qui convertit toutes les lettres du nom de service de la cellule en minuscules, puis copiez la formule de la cellule F2 dans la plage F3:F9.

  f. Dans la cellule G2, utilisez la formule textuelle qui remplace "rh" par "Ressources humaines" dans le contenu de la cellule F2. (*Indice*: Dans la boite de dialogue Arguments de la fonction, Texte est F2, Ancien_texte est rh et Nouveau_texte est Ressources humaines.) Copiez la formule de la cellule G2 dans la plage G3:G9 pour corriger en Ressources humaines les autres cellules qui contiennent rh. Notez que les entrées marketing et ventes ne seront pas modifiées puisque la formule recherche la chaine rh.

  g. Enregistrez votre travail, puis entrez votre nom dans le pied de page de la feuille de calcul. Comparez vos résultats à la figure E-22.

FIGURE E-22

	A	B	C	D	E	F	G
1	**Nom**		**Service**	**NOMPROPRE**	**MAJUSCULE**	**MINUSCULE**	**SUBSTITUE**
2	Paul	Cleyfs	rH	Rh	RH	rh	Ressources humaines
3	Étienne	Migeotte	rH	Rh	RH	rh	Ressources humaines
4	Christine	Luthers	MarKeting	Marketing	MARKETING	marketing	marketing
5	Albert	Tignac	MarKeting	Marketing	MARKETING	marketing	marketing
6	Amélie	Bouchard	venTEs	Ventes	VENTES	ventes	ventes
7	Harry	Clooney	venTEs	Ventes	VENTES	ventes	ventes
8	Thierry	Lavoie	rH	Rh	RH	rh	Ressources humaines
9	Jean	Lemieux	MarKeting	Marketing	MARKETING	marketing	marketing

  h. Affichez les formules dans la feuille de calcul, puis imprimez la feuille de calcul.

  i. Affichez à nouveau les résultats des formules.

2. Totaliser une plage de données selon des conditions.

  a. Activez la feuille RH.

  b. Dans la cellule B20, comptez avec la fonction NB.SI le nombre d'employés dont le classement est 5.

  c. Dans la cellule B21, comptez avec la fonction MOYENNE.SI la moyenne des salaires des employés dont le classement est 5.

FIGURE E-23

	A	B
18	**Statistiques du service**	
19	**Classement de 5**	
20	Nombre	4
21	Salaire moyen	29 600
22	Total salaires	118 400

  d. Dans la cellule B22, comptez avec la fonction SOMME.SI la somme des salaires des employés dont le classement est 5.

  e. Appliquez aux cellules B21 et B22 le format de nombre appliquant un séparateur de milliers et aucune décimale. Enregistrez votre travail et comparez vos résultats à la figure E-23.

3. Consolider des données avec une formule.

  a. Activez la feuille Synthèse.

  b. Dans la cellule B4, utilisez la fonction Somme Automatique pour calculer le total de la cellule F15 des feuilles RH et Comptabilité.

  c. Appliquez à la cellule B4 le format de nombre Comptabilité.

FIGURE E-24

	A	B
1	**Synthèse salaires**	
2		
3		**Salaire**
4	TOTAL	565 787,00 $
5		

  d. Entrez votre nom dans le pied de page de la feuille de calcul, puis enregistrez votre travail. Comparez votre écran à la figure E-24.

  e. Affichez la formule dans la feuille, puis réaffichez les résultats.

4. Utiliser la vérification des erreurs dans des formules.

  a. Activez la feuille RH.

  b. Dans la cellule I6, utilisez la fonction SIERREUR afin d'afficher « ERREUR » dans le cas où la formule F6/F15 génèrerait une erreur. (*Note*: Cette formule engendrera une erreur intentionnelle, que vous corrigerez plus loin.)

Révision des techniques (suite)

  c. Copiez la formule de la cellule I6 dans la plage I7:I14.

  d. Corrigez la formule de la cellule I6 en changeant le dénominateur, F15, en une référence absolue de cellule.

  e. Recopiez la nouvelle formule de la cellule I6 dans la plage I7:I14, puis enregistrez votre travail.

5. Construire des formules avec des plages nommées.

  a. Dans la feuille RH, nommez **date_évaluation** la plage C6:C14 et limitez la portée du nom à la feuille de calcul RH.

  b. Dans la cellule E6, entrez la formule **=date_évaluation+183** et aidez-vous du bouton UtiliserDsFormule de l'onglet Formules pour choisir le nom de plage.

  c. Copiez la formule de la cellule E6 dans la plage E7:E14.

  d. Utilisez le Gestionnaire de noms pour ajouter le commentaire « Date de la dernière évaluation » au nom date_évaluation. (*Indice*: Dans le Gestionnaire de noms, cliquez sur le nom date_évaluation, puis cliquez sur Modifier pour atteindre la zone de commentaire.) Enregistrez votre travail.

6. Construire une formule logique avec la fonction SI.

  a. Dans la cellule G6, utilisez la boite de dialogue Arguments de la fonction pour entrer la formule **=SI(D6=5;F6*0,05;0)**.

  b. Copiez la formule de la cellule G6 dans la plage G7:G14.

  c. Dans la cellule G15, utilisez la Somme automatique pour totaliser la plage G6:G14.

  d. Appliquez le format Monétaire avec le symbole $ sans décimale à la plage G6:G15.

  e. Enregistrez votre travail.

7. Construire une formule logique avec la fonction ET.

FIGURE E-25

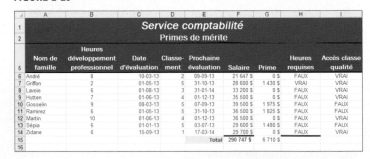

  a. Dans la cellule H6, utilisez la boite de dialogue Arguments de la fonction pour entrer la formule **=ET(G6>0;B6>5)**.

  b. Copiez la formule de la cellule H6 dans la plage H7:H14.

  c. Placez votre nom dans le pied de page de la feuille, enregistrez votre travail et comparez vos résultats à ceux de la figure E-25.

  d. Activez la feuille Comptabilité.

  e. Dans la cellule H6, indiquez si l'employé a besoin de plus d'heures de développement pour atteindre le niveau minimum de 5. Utilisez la boite de dialogue Arguments de la fonction NON pour entrer **B6>5** dans la zone de texte Valeur_logique. Copiez la formule de la cellule H6 dans la plage H7:H14.

  f. Dans la cellule I6, indiquez si l'employé doit participer à un cours sur la qualité, ce qui est indiqué par un classement inférieur à 5 et le fait qu'il ait eu moins de 5 heures de développement. À l'aide de la boite de dialogue Arguments de la fonction OU, entrez **D6<5** dans la zone de texte Valeur_logique1 et **B6<=5** dans la zone de texte Valeur_logique2. Copiez la formule de la cellule I6 dans la plage I7:I14.

FIGURE E-26

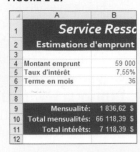

  g. Placez votre nom dans le pied de page de la feuille, enregistrez votre travail et comparez vos résultats à ceux de la figure E-26.

FIGURE E-27

8. Calculer un remboursement avec la fonction VPM.

  a. Activez la feuille Emprunt.

  b. Dans la cellule B9, déterminez la mensualité à partir des informations données. Utilisez la boite de dialogue Arguments de la fonction pour rédiger la formule **=VPM(B5/12;B6;-B4)**.

  c. Dans la cellule B10, entrez la formule **qui multiplie le nombre de paiements par le remboursement mensuel**.

  d. Dans la cellule B11, entrez une formule **qui soustrait le montant emprunt du total des mensualités**, puis comparez vos résultats à ceux de la figure E-27.

Révision des techniques (suite)

e. Placez votre nom dans le pied de page de la feuille, enregistrez votre travail et imprimez la feuille de calcul.

f. Fermez le classeur et quittez Excel.

Exercice personnel 1

Vous êtes le directeur de la comptabilité de Voyagez Bien !, une entreprise d'assurances de voyage. Vous révisez les informations des comptes fournisseurs de publicité et vous voulez établir une priorité parmi les factures à payer qui sont en retard afin de transmettre la liste au service de recouvrement. Vous allez analyser les factures et exploiter les fonctions logiques pour mettre en évidence les comptes les plus urgents.

a. Démarrez Excel, ouvrez le classeur EX E-4.xlsx de votre dossier Projets et enregistrez-le sous le nom **Comptes pub**.

b. Nommez **date_facture** la plage B7:B13 et ajustez la portée du nom à la feuille de calcul Comptes fournisseurs.

c. Nommez **date_courante** la cellule B4 et ajustez la portée du nom à la feuille de calcul Comptes fournisseurs.

d. Entrez une formule dans la cellule E7 qui calcule la date d'exigibilité de la facture à partir de la plage date_facture, en ajoutant 30 à la date de facture.

e. Copiez la formule de la cellule dans la plage E8:E13.

f. Dans la cellule F7, entrez une formule utilisant la plage nommée date_facture et la cellule nommée date_courante pour calculer l'âge de la facture par différence entre la date courante et la date de facture.

g. Copiez la formule de la cellule dans la plage F8:F13.

h. Dans la cellule G7, entrez une fonction SI qui calcule le nombre de jours de retard d'une facture, en supposant qu'une facture doit être payée dans les 30 jours. (*Indice*: Le Test_logique doit vérifier si l'âge de la facture est supérieur à 30, la Valeur_si_vrai doit calculer la date courante moins la date d'exigibilité de la facture et la Valeur_si_faux est égale à 0.) Copiez la fonction SI dans la plage G8:G13.

i. Dans la cellule H7, entrez une fonction ET pour accorder une priorité aux factures de plus de 1000 $ de services de collecte. (*Indice*: La condition Valeur_logique1 doit vérifier si le nombre de jours de dépassement est supérieur à 0 et la condition Valeur_logique2 doit vérifier si le montant est supérieur à 1000.) Copiez la fonction ET dans la plage H8:H13.

j. Placez votre nom dans le pied de page de la feuille, enregistrez le classeur, examinez l'aperçu et imprimez la feuille.

Difficultés supplémentaires

- Utilisez la zone de texte Fait référence à dans la boite de dialogue Gestionnaire de noms pour vérifier que les noms définis dans la feuille de calcul font référence aux bonnes plages.
- Utilisez le filtre de la boite de dialogue Gestionnaire de noms pour contrôler que les noms que vous avez définis ont leur portée dans la feuille et non dans le classeur.
- Vérifiez avec le filtre de la boite de dialogue Gestionnaire de noms que vos noms sont définis sans aucune erreur et qu'ils ne font pas partie d'un tableau.

k. Fermez le classeur et quittez Excel.

Exercice personnel 2

Vous êtes vérificateur au sein d'une firme comptable reconnue. Sports Jeunes, fabricant de patins et d'accessoires vous a chargé de vérifier son classeur des ventes du premier trimestre. La direction de Sports Jeunes envisage d'ouvrir une filiale en Suisse et souhaite faire vérifier ses comptes avant de préparer son plan d'entreprise. En particulier, la direction vous demande de montrer le pourcentage représentant chaque catégorie dans le total du chiffre d'affaires annuel. Vous utiliserez une formule dans une feuille de synthèse pour résumer les ventes de janvier, février et mars, puis vous calculerez le pourcentage de chaque catégorie dans les ventes du trimestre.

a. Démarrez Excel, ouvrez le classeur EX E-5.xlsx de votre dossier Projets et enregistrez-le sous le nom **Ventes Sports Jeunes**.

b. Dans la cellule B10 des feuilles janvier, février et mars, entrez les formules qui calculent le total des ventes du mois.

Exercice personnel 2 (suite)

c. Pour chaque mois, dans la cellule C5, créez une formule qui calcule le pourcentage de ventes de la catégorie Bâtons. Utilisez une fonction pour afficher «FAUTE» dans la cellule s'il y a une erreur dans la formule. Vérifiez que les pourcentages s'affichent avec deux décimales. Copiez la formule dans les cellules de pourcentage des autres catégories. Si une des cellules affiche «FAUTE», corrigez la formule correspondante.

d. En colonne B de la feuille Résumé, rédigez les formules pour calculer le total des ventes des différentes catégories à partir des feuilles de janvier à mars.

e. Calculez le total des ventes du premier trimestre dans la cellule B10 de la feuille Résumé. Calculez les pourcentages de ventes de chaque catégorie dans la feuille Résumé. Utilisez une fonction pour afficher «**INEXACT**» dans la cellule s'il y a une erreur dans la formule. Recopiez la formule dans les cellules de pourcentage des autres catégories. Si une des cellules affiche «INEXACT», corrigez la formule correspondante.

f. Placez votre nom dans le pied de page de la feuille Résumé, puis enregistrez, examinez l'aperçu et imprimez la feuille.

g. Dans la feuille Articles, séparez les articles en liste dans la cellule A1 en des colonnes distinctes de données textuelles. (*Indice*: Les articles sont séparés par des virgules.) Élargissez les colonnes si nécessaire. Dans la deuxième ligne, affichez les articles avec la première lettre de chaque mot en majuscule (figure E-28).

FIGURE E-28

	A	B	C	D	E
1	bâtons	patins à glace	protections	casques	sacs
2	Bâtons	Patins À Glace	Protections	Casques	Sacs
3					

h. Entrez votre nom dans le pied de page de la feuille Articles, enregistrez le classeur, examinez l'aperçu et imprimez la feuille.

Difficultés supplémentaires

- Ajoutez une nouvelle feuille au classeur et nommez-la **Equations**.
- Utilisez les équations prédéfinies pour placer le théorème de Pythagore dans une zone de texte sur la feuille. (*Indice*: Cliquez sur le bouton Equation du groupe Outils de l'onglet Outils d'équations Conception et cliquez sur Théorème de Pythagore. Voyez le conseil « Insérer une équation dans une feuille de calcul » pour en savoir plus sur l'ajout d'une équation.)
- Dans une nouvelle zone de texte sous l'équation prédéfinie, construisez le théorème de Pythagore à l'aide de symboles mathématiques.
- Entrez votre nom dans le pied de page de la feuille Equations, enregistrez le classeur, examinez l'aperçu de la feuille et imprimez la feuille. (*Indice*: Pour insérer a^2 dans une zone de texte, cliquez sur le bouton Script du groupe Structures de l'onglet Outils d'équations Conception, cliquez sur la première option, cliquez sur la zone inférieure gauche et entrez «a», appuyez sur [Tab], entrez 2 dans la zone supérieure droite, puis cliquez à droites des zones pour quitter le symbole.)

i. Fermez le classeur et quittez Excel.

Exercice personnel 3

Propriétaire de Bien Mis, une boutique de vêtements dont la clientèle ne cesse de croitre, vous envisagez d'étendre votre entreprise dans une ville voisine. Comme vous devrez acheter de la marchandise supplémentaire et rénover le nouvel espace loué, vous décidez de souscrire un emprunt de 50 000 $ pour financer les dépenses de développement. Vous examinez trois sources de crédit : le Service d'Aide au Développement (SAD), votre agent bancaire habituel et une société d'investissement. Le SAD vous prête l'argent à 7,5 % d'intérêt, mais vous devez rembourser dans les trois ans. Votre banquier habituel vous propose la même somme à 8,25 %, mais sur quatre ans. La société d'investissement, elle, vous offre 7 %, mais vous devrez lui rembourser dans les deux ans. Pour comparer et analyser les trois offres de prêt, vous décidez de rédiger une synthèse des trois offres dans une feuille de calcul. Sur base des informations reçues pour ces trois prêts, créez une feuille de calcul qui résume vos propositions de prêt.

a. Démarrez Excel, créez un nouveau classeur et enregistrez-le dans votre dossier Projets sous le nom **Crédit boutique vêtements**.

b. En vous servant de la figure E-29 comme guide, entrez dans les colonnes A à D les étiquettes et les données de la feuille de calcul pour les trois offres de crédit. (*Indice*: Le thème Verve est appliqué, avec du Rose, Accentuation2 pour la couleur de remplissage des deux premières lignes et du Rose, Accentuation2, plus sombre 25 % pour la couleur de police dans la feuille.)

FIGURE E-29

	A	B	C	D	E	F	G
1				**Bien mis**			
2				Comparaison des offres de crédit			
3							
4	Prêteur	Montant emprunté	Taux d'intérê	Nombre mensualité	Mensualité	Total à payer	Total intérêts
5	SAD	50 000	7,50%	36	1 555,31 $	55 991,19 $	5 991,19 $
6	Banque	50 000	8,25%	48	1 226,52 $	58 873,06 $	8 873,06 $
7	Investisseur	50 000	7,00%	24	2 238,63 $	53 727,09 $	3 727,09 $
8							

Vos formules sont ici

Exercice personnel 3 (suite)

c. Entrez la formule de calcul des mensualités pour le premier prêteur (en vérifiant que la mensualité s'affiche sous forme d'un nombre positif), copiez la formule comme il se doit, puis nommez la plage contenant les formules de calcul des mensualités **Mensualité** avec le classeur comme portée.

d. Nommez **Nombre_mensualités** la plage de cellules contenant les nombres de paiements, avec la portée du classeur.

e. Entrez la formule du calcul du total à payer pour votre première source de financement, à l'aide des plages nommées Mensualité et Nombre_mensualités, puis recopiez la formule pour les autres prêteurs.

f. Nommez **Total_à_payer** la plage de cellules contenant les formules de calcul des totaux à payer. Nommez **Montant_emprunté** la plage des montants empruntés.

g. Rédigez la formule du calcul du total des intérêts pour votre première source de financement à l'aide des plages nommées Total_à_payer et Montant_emprunté, puis recopiez la formule dans les cellules correspondantes des autres prêteurs.

h. Mettez en forme la feuille de calcul à l'aide des outils appropriés, puis entrez votre nom dans le pied de page de la feuille.

i. Enregistrez, examinez l'aperçu et changez l'orientation en paysage sur une seule page, puis imprimez la feuille de calcul.

Difficultés supplémentaires

- Activez l'impression du quadrillage pour cette feuille de calcul, puis activez l'impression des en-têtes de lignes et de colonnes.
- Affichez les formules de la feuille de calcul, enregistrez le classeur et imprimez la feuille avec les formules sur une page.

j. Fermez le classeur et quittez Excel.

Défi

Vous décidez de dresser un journal hebdomadaire de vos exercices de mise en forme. Dans une partie du journal, vous enregistrez vos activités avec le nombre de minutes passées à vous entraîner. Si vous pratiquez plusieurs activités dans une journée, par exemple, si vous pratiquez le cyclisme et la marche, vous enregistrez ces activités séparément. Avec chaque activité, vous notez le lieu où vous vous entraînez. Par exemple, vous pouvez marcher en salle, mais aussi à l'extérieur. Vous souhaitez exploiter ce journal pour analyser le temps que vous consacrez à chaque type d'exercice.

a. Démarrez Excel, ouvrez le classeur EX E-6.xlsx de votre dossier Projets et enregistrez-le sous le nom **Condition physique**.

b. Utilisez la structure de la feuille de calcul pour enregistrer vos activités de mise en forme. Remplacez les données des colonnes A à F pour mieux refléter vos propres activités, vos emplacements et vos durées. Si vous n'avez aucune donnée personnelle à entrer dans cette feuille, utilisez celles proposées en exemple.

c. Utilisez la fonction SOMME.SI dans les cellules de la colonne G pour calculer le nombre total de minutes consacrées à chaque activité.

d. Construisez une formule avec la fonction MOYENNE.SI dans les cellules de la colonne H pour obtenir la moyenne des nombres de minutes accordées à chaque exercice.

e. Utilisez la fonction NB.SI dans les cellules de la colonne I pour calculer le nombre de séances de pratique de chaque activité. (*Indice* : La plage de cellules à prendre en compte est $B$2:$B$12 et le critère est dans la cellule F3.)

f. Mettez en forme la colonne Moyenne minute en tant que nombre avec deux décimales.

Difficultés supplémentaires

- Entrez une de vos propres activités avec son lieu spécifique, comme la marche extérieure, dans une cellule de la colonne F, puis utilisez la fonction SOMME.SI.ENS dans la cellule de la colonne G adjacente pour calculer le nombre total de minutes accordées à cette activité, dans ce lieu spécifique (par exemple marche… en forêt).
- Utilisez la fonction MOYENNE.SI.ENS dans la cellule correspondante de la colonne H pour calculer le nombre moyen de minutes accordées à cette activité et en ce lieu.
- Utilisez la fonction NB.SI.ENS dans la cellule correspondante de la colonne I pour calculer le nombre de jours où vous vous êtes livré à cette activité et en ce lieu.

g. Placez votre nom dans le pied de page de la feuille de calcul, puis enregistrez le classeur, examinez l'aperçu et imprimez la feuille.

h. Fermez le classeur et quittez Excel.

Atelier visuel

Ouvrez le classeur EX E-7.xlsx de votre dossier Projets et enregistrez-le sous le nom **Synthèse primes objectifs**.
Créez la feuille de calcul présentée à la figure E-30 sur base des données des colonnes B, C et D, avec les critères suivants :

- L'employé a droit à une prime si :

    - son classement de performance est supérieur ou égal à sept

    ET

    - ses ventes dépassent son objectif.

- La prime de chaque employé éligible vaut 1 % du montant de ses ventes, les autres n'ont pas de prime.

Placez votre nom dans le pied de page de la feuille, enregistrez le classeur, examinez l'aperçu et imprimez la feuille.

Indice : Utilisez une formule ET pour déterminer si une personne a droit à une prime et une formule SI pour vérifier le droit et calculer le montant de la prime.

FIGURE E-30

	A	B	C	D	E	F
1			Synthèse des primes d'objectifs			
2						
3	Nom	Objectif	Ventes	Classement performances	Éligible	Montant prime
4	André	$175 000	$182 557	7	VRAI	1 826 $
5	Bélanger	$95 774	$94 223	3	FAUX	- $
6	Garnaud	$102 663	$99 887	9	FAUX	- $
7	Hunter	$145 335	$151 887	5	FAUX	- $
8	Lavoie	$145 000	$151 228	8	VRAI	1 512 $
9	Martin	$130 000	$152 774	5	FAUX	- $
10	Ouellet	$152 885	$160 224	7	VRAI	1 602 $
11	Tulimano	$98 000	$87 224	3	FAUX	- $
12	Zidane	$90 000	$86 700	9	FAUX	- $
13						

Analyser des données à l'aide de formules

Gérer les classeurs

À mesure que vous analysez des données avec Excel, vous notez que les feuilles de calcul et les classeurs deviennent de plus en plus complexes. Dans ce module, vous apprendrez à exploiter certaines fonctionnalités d'Excel qui facilitent la gestion des données des classeurs. Vous verrez en outre comment partager des classeurs avec vos collègues, tout en garantissant qu'ils puissent lire les données, mais sans y apporter des modifications inconsidérées. Vous découvrirez aussi comment enregistrer vos classeurs dans d'autres formats et préparer des classeurs en vue de leur distribution. Catherine Morgane, vice-présidente des ventes chez VTA, requiert votre aide pour analyser les ventes annuelles des filiales du Québec. L'analyse achevée, elle compte envoyer le classeur aux directeurs d'agences pour connaitre leur avis.

OBJECTIFS

Visualiser et réorganiser les feuilles de calcul

Protéger les feuilles de calcul et les classeurs

Enregistrer des affichages de feuille personnalisés

Ajouter un arrière-plan à une feuille de calcul

Préparer un classeur à sa distribution

Insérer des liens hypertextes

Enregistrer un classeur pour le distribuer

Regrouper des feuilles de calcul

Visualiser et réorganiser les feuilles de calcul

Le travail dans des classeurs constitués de plusieurs feuilles de calcul nécessite parfois de comparer des données de feuilles différentes. Dans ce cas, vous pouvez visualiser chaque feuille de calcul dans sa propre fenêtre de classeur, qui s'appelle une **instance**, et afficher les différentes fenêtres dans une disposition qui permet de comparer facilement les données. Lorsque vous travaillez avec des feuilles de calcul dans leurs propres fenêtres, vous utilisez en fait des vues différentes de la même feuille de calcul, tandis que les données proviennent, quant à elles, du même classeur. ░░░░░ Catherine vous demande de comparer les ventes totales mensuelles de deux magasins, implantés dans les filiales de Montréal et Québec. Comme les ventes totales sont placées dans des feuilles de données différentes, vous décidez de disposer les feuilles de calcul l'une à côté de l'autre dans des fenêtres distinctes.

ÉTAPES

1. **Démarrez Excel, ouvrez le classeur EX F-1.xlsx de votre dossier Projets et enregistrez-le sous le nom Ventes magasins.**

2. **La feuille de Montréal étant active, cliquez sur l'onglet Affichage, puis cliquez sur le bouton Nouvelle fenêtre du groupe Fenêtre.**

   À présent, deux instances du classeur Ventes magasins sont ouvertes. Vous le vérifiez en plaçant le pointeur sur le bouton Excel dans la barre des tâches : Ventes mag.xlsx:1 et Ventes mag.xlsx:2. La fenêtre Ventes mag.xlsx:2 est active ; la barre de titre porte le suffixe :2.

3. **Cliquez sur l'onglet de la feuille de calcul Québec, cliquez sur le bouton Changer de fenêtre du groupe Fenêtre, puis cliquez sur Ventes magasins.xls:1.**

   L'instance Ventes magasins.xlsx:1 est à présent active. La feuille de calcul Montréal est active dans le classeur Ventes magasins.xlsx:1, tandis que la feuille de calcul Québec est active dans le classeur Ventes magasins.xlsx:2.

4. **Cliquez sur le bouton Réorganiser tout du groupe Fenêtre.**

   La boite de dialogue Réorganiser s'ouvre (figure F-1) et propose différentes configurations d'affichage des feuilles de calcul. Vous voulez afficher les classeurs côte à côte.

5. **Cliquez sur l'option Vertical pour la sélectionner, puis cliquez sur OK.**

   Les fenêtres sont disposées verticalement (figure F-2). Vous activez un classeur en cliquant dans une de ses cellules. Vous pouvez aussi visualiser un seul des classeurs en masquant celui que nous ne voulons pas voir.

6. **Faites défiler horizontalement le classeur Ventes magasins.xlsx:1, cliquez n'importe où dans le classeur Ventes magasins.xlsx:2, faites défiler horizontalement la feuille de calcul pour voir les données du classeur Ventes magasins.xlsx:2, puis cliquez sur le bouton Masquer la fenêtre du groupe Fenêtre.**

   Lorsque vous masquez la seconde instance, seul le classeur Ventes magasins.xlsx:1 demeure visible.

7. **Cliquez sur le bouton Afficher la fenêtre du groupe Fenêtre, cliquez si nécessaire sur Ventes magasins.xlsx:2 dans la boite de dialogue Afficher, puis cliquez sur OK.**

   Le classeur Ventes magasins.xlsx:2 réapparait.

8. **Fermez l'instance Ventes magasins.xlsx:2, puis agrandissez la feuille de calcul Montréal du classeur Ventes magasins.xlsx.**

   La fermeture de la seconde instance, Ventes magasins.xlsx:2, ne laisse qu'une instance ouverte, renommée Ventes magasins.xlsx dans la barre de titre.

FIGURE F-1 : Boîte de dialogue Réorganiser

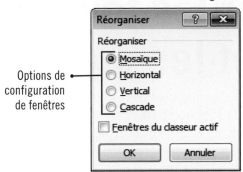

Options de configuration de fenêtres

FIGURE F-2 : Fenêtres disposées verticalement

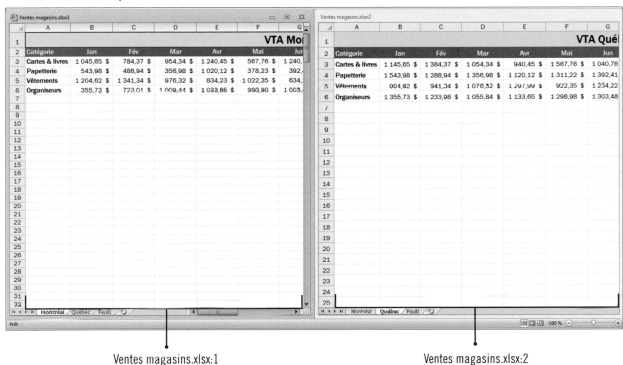

Ventes magasins.xlsx:1   Ventes magasins.xlsx:2

Partager une feuille de calcul en plusieurs volets

Excel offre un mode de partage d'une feuille en volets verticaux et (ou) horizontaux vous permettant de cliquer dans un des volets et de le faire défiler pour rechercher une donnée, pendant que les autres volets demeurent fixes (figure F-3). Pour scinder une feuille en volets, faites glisser la barre de fractionnement (le petit rectangle en haut de la barre de défilement verticale ou à droite de la barre de défilement horizontale) dans la direction où vous voulez effectuer le partage. Pour supprimer le fractionnement, placez le pointeur sur la ligne de partage jusqu'à ce qu'il se transforme en une flèche à double tête, puis double-cliquez.

FIGURE F-3 : Feuille de calcul divisée en deux volets horizontaux et en deux volets verticaux

La rupture dans les lettres de colonnes indique que la feuille est fractionnée

La rupture dans les numéros de lignes indique que la feuille est fractionnée

Feuille de calcul scindée en quatre volets

Barre de fractionnement verticale

Barre de fractionnement horizontale

Protéger les feuilles de calcul et les classeurs

Pour protéger les données importantes, Excel propose de **verrouiller** des cellules sélectionnées afin que les autres utilisateurs puissent voir les données (valeurs, nombres, étiquettes, formules, etc.) dans ces cellules, mais sans pouvoir les modifier. Par défaut, Excel verrouille toutes les cellules mais ce verrouillage n'entre réellement en action que lorsque vous activez le mécanisme de protection de la feuille. Une stratégie de protection habituellement mise en œuvre consiste à déverrouiller les cellules qui contiennent les données destinées à être modifiées, constituant des **zones d'entrée de données**, et à verrouiller les cellules dont les données ne doivent pas être modifiées. Ainsi, quand vous protégez la feuille de calcul, les zones déverrouillées demeurent modifiables. Comme les données de ventes de Montréal de janvier à mars ont été confirmées dans leur état définitif, Catherine demande que vous protégiez cette zone de la feuille de calcul pour que les chiffres ne puissent être altérés.

1. **Dans la feuille Montréal, sélectionnez la plage E3:M6, cliquez sur l'onglet Accueil, cliquez sur le bouton Format du groupe Cellules, cliquez sur Format de cellule, puis, dans la boite de dialogue Format de cellule, cliquez sur l'onglet Protection.**

   La case à cocher Verrouillée de l'onglet Protection est déjà cochée (figure F-4). Cette case à cocher est sélectionnée par défaut, ce qui signifie que toutes les cellules d'un nouveau classeur sont verrouillées d'office. La protection du classeur est désactivée par défaut. Comme les chiffres de vente d'avril à décembre n'ont pas encore été confirmés, ils sont susceptibles de changer et vous ne voulez pas verrouiller ces cellules lorsque la protection de classeur sera activée.

2. **Cliquez dans la case Verrouillée pour ôter la coche, puis cliquez sur OK. Cliquez sur l'onglet Révision, puis sur le bouton Protéger la feuille du groupe Modifications.**

   La boite de dialogue Protéger la feuille s'ouvre (figure F-5). Dans la liste « Autoriser tous les utilisateurs de cette feuille à », vous pouvez sélectionner les actions que vous laissez à disposition des utilisateurs de la feuille de calcul. Les options par défaut protègent la feuille de calcul et n'autorisent les utilisateurs qu'à sélectionner des cellules verrouillées et déverrouillées. Vous choisissez de ne pas utiliser de mot de passe.

3. **Vérifiez que la case Protéger la feuille et le contenu des cellules verrouillées est cochée et que les cases Sélectionner les cellules verrouillées et Sélectionner les cellules déverrouillées sont cochées également, puis cliquez sur OK.**

   Vous êtes prêt à tester la nouvelle protection de la feuille.

4. **Dans la cellule B3, tapez 1 pour contrôler que les cellules verrouillées ne peuvent être modifiées, puis cliquez sur OK. Cliquez dans la cellule F3, tapez 1 et notez qu'Excel vous autorise à commencer une nouvelle entrée, puis appuyez sur [Échap] pour annuler cette entrée, et enregistrez le classeur.**

   Lorsque vous tentez de modifier une cellule verrouillée, une boite de dialogue (figure F-6) vous avertit de l'état en lecture seule de la cellule protégée. Le **format en lecture seule** signifie que les utilisateurs peuvent lire les données, mais pas les modifier. Comme vous avez déverrouillé les cellules des colonnes E à M avant de protéger la feuille de calcul, vous pouvez encore effectuer des modifications dans ces cellules. Vous décidez de protéger le classeur, mais de laisser les utilisateurs ouvrir le classeur sans devoir donner de mot de passe préalable.

5. **Cliquez sur le bouton Protéger le classeur du groupe Modifications, vérifiez que la case Structure est cochée dans la boite de dialogue Protéger la structure et les fenêtres, cochez la case Fenêtres, vérifiez qu'il n'y a pas de mot de passe, puis cliquez sur OK.**

   Vous êtes prêt à tester le nouveau mécanisme de protection du classeur.

6. **Cliquez du bouton droit sur l'onglet de feuille Montréal.**

   Les options de menu Insérer, Supprimer, Renommer, Déplacer ou copier, Couleur d'onglet, Masquer et Afficher du menu contextuel sont grisées, indiquant qu'elles sont inaccessibles. Vous décidez de supprimer les protections de classeur et de feuille.

7. **Cliquez sur le bouton Protéger le classeur du groupe Modifications pour désactiver la protection, puis cliquez sur le bouton Ôter la protection de la feuille pour supprimer la protection de feuille de calcul.**

FIGURE F-4 : Onglet Protection de la boite de dialogue Format de cellule

Cliquez ici pour
ôter la coche

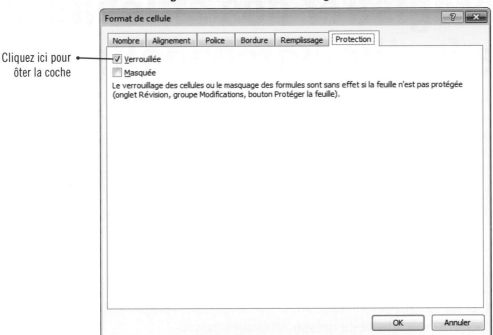

FIGURE F-5 : Boite de dialogue Protéger la feuille

Empêche la
modification des
cellules verrouillées

Permet aux utilisateurs de
sélectionner les cellules
de la feuille de calcul

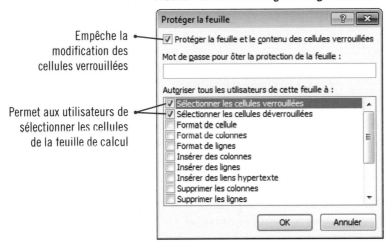

FIGURE F-6 : Rappel de l'état de lecture seule des cellules protégées

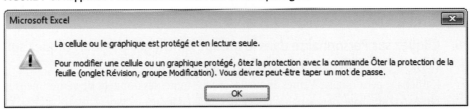

Figer des lignes et des colonnes

À mesure que les lignes et les colonnes d'une feuille de calcul se remplissent de données, vous devez faire défiler la feuille de calcul pour ajouter, modifier, supprimer et voir des données. Vous pouvez temporairement figer des lignes et des colonnes pour maintenir à l'écran l'affichage des étiquettes, pendant le défilement de l'écran. Les **volets** sont les colonnes et les lignes que vous souhaitez **figer**, ou conserver en place, pendant que vous faites défiler le reste de la feuille de calcul. Pour figer des volets, cliquez dans la première cellule devant appartenir à la zone de défilement, cliquez sur l'onglet Affichage, cliquez sur le bouton Figer les volets du groupe Fenêtre, puis cliquez sur Figer les volets. Excel gèle les colonnes à gauche et les lignes au-dessus de la cellule sélectionnée. Vous pouvez aussi sélectionner Figer la ligne supérieure ou Figer la première colonne pour ne conserver que cette ligne ou cette colonne.

Enregistrer des affichages de feuille personnalisés

Un **affichage personnalisé** est un ensemble de paramètres d'affichage et d'impression que vous pouvez nommer et enregistrer pour le réutiliser par la suite. En utilisant les affichages personnalisés, vous pouvez créer plusieurs vues différentes d'une feuille, sans devoir créer des feuilles différentes. Par exemple, si vous masquez souvent des colonnes d'une feuille de calcul, vous pouvez créer deux vues, l'une qui affiche toutes les colonnes et l'autre qui masque ces colonnes. Vous devez d'abord créer l'affichage de la feuille de calcul, puis nommer cette vue. ▰▰▰▰ Comme Catherine souhaite générer un état des ventes à partir des données confirmées de janvier à mars, elle vous demande d'enregistrer les données de ventes du premier trimestre dans un affichage personnalisé. Vous entamez la tâche en créant une vue affichant toutes les données de la feuille de calcul.

ÉTAPES

1. **La feuille de calcul Montréal étant active, cliquez sur l'onglet Affichage, puis cliquez sur le bouton Personnalisé du groupe Affichages classeur.**

   La boite de dialogue Affichages personnalisés s'ouvre. Tout affichage personnalisé défini précédemment pour la feuille active apparait dans la liste Affichages. Aucun affichage personnalisé n'est encore défini pour la feuille de calcul Montréal. Vous créez un affichage personnalisé qui montre toutes les colonnes de la feuille de calcul. Vous pourrez ainsi revenir à cet affichage à partir d'un autre.

ASTUCE

Pour supprimer un affichage du classeur, sélectionnez l'affichage dans la liste, puis cliquez sur Supprimer.

2. **Cliquez sur Ajouter.**

   La boite de dialogue Ajouter un affichage s'ouvre (figure F-7). C'est ici que vous donnez un nom à cet affichage et que vous décidez d'inclure les réglages d'impression, les colonnes et les lignes masquées, ainsi que les paramétrages de filtres. Vous choisissez d'inclure les options sélectionnées.

3. **Dans la zone Nom, tapez Ventes annuelles, puis cliquez sur OK.**

   Vous venez de créer un affichage personnalisé nommé Ventes annuelles, montrant toutes les colonnes de la feuille de calcul. Vous devez créer un autre affichage personnalisé qui, cette fois, masque les colonnes d'avril à décembre.

4. **Sélectionnez les colonnes E à M, cliquez du bouton droit dans la zone sélectionnée, puis cliquez sur Masquer dans le menu contextuel.**

   Vous êtes prêt à créer l'affichage personnalisé des ventes de janvier à mars.

5. **Cliquez dans la cellule A1, cliquez sur Personnalisé dans le groupe Affichages classeur, cliquez sur Ajouter, tapez Premier trimestre dans la zone Nom, puis cliquez sur OK.**

   Les deux affichages définis, vous les testez.

PROBLÈME

Si le message «Certains paramètres d'affichage n'ont pas pu être appliqués» apparait, déverrouillez la protection de la feuille de calcul en cliquant sur le bouton Ôter la protection de la feuille du groupe Modifications de l'onglet Révision et recommencez.

6. **Cliquez sur Personnalisé dans le groupe Affichages classeur, cliquez sur Ventes annuelles dans la liste Affichages, puis cliquez sur Afficher.**

   L'affichage personnalisé Ventes annuelles affiche toutes les données de ventes mensuelles. Vous enchainez le test avec l'affichage personnalisé des ventes du Premier trimestre.

7. **Cliquez sur Personnalisé dans le groupe Affichages classeur, cliquez sur Premier trimestre dans la liste Affichages, puis cliquez sur Afficher.**

   Seuls les chiffres des ventes des trois premiers mois s'affichent à l'écran (figure F-8).

8. **Retournez à l'affichage personnalisé Ventes annuelles, puis enregistrez le classeur.**

FIGURE F-7 : Boite de dialogue Ajouter un affichage

Tapez ici le nom de l'affichage personnalisé

Ajouter un affichage

Nom :

Inclure dans l'affichage
- ☑ Paramètres d'impression
- ☑ Paramètres masqués des lignes, colonnes et filtres

OK   Annuler

FIGURE F-8 : Affichage personnalisé Premier trimestre

	A	B	C	D	N	O	P
1	**VTA Montréal**						
2	Catégorie	Jan	Fév	Mar			
3	**Cartes & livres**	1 045,65 $	784,37 $	954,34 $			
4	**Papetterie**	543,98 $	488,94 $	356,98 $			
5	**Vêtements**	1 204,62 $	1 341,34 $	976,32 $			
6	**Organiseurs**	355,73 $	723,01 $	1 009,44 $			
7							

Chiffres de vente de janvier à mars

La rupture dans les lettres de colonnes indique la présence de colonnes masquées

Utiliser l'aperçu des sauts de page

Les lignes verticale et horizontale en trait interrompu qui apparaissent dans les feuilles de calcul en mode d'affichage Normal représentent des sauts de page. Excel insère automatiquement un saut de page lorsque les données d'une feuille de calcul ne tiennent pas dans une seule page. Ces sauts de page sont **dynamiques**, ce qui signifie qu'ils s'adaptent automatiquement lors de l'insertion ou de la suppression de lignes et de colonnes, ou encore lorsque vous modifiez la largeur des colonnes et la hauteur des lignes. Tout ce qui se situe dans la partie à gauche de la première ligne verticale pointillée et au-dessus de la première ligne horizontale pointillée s'imprime sur la première page. Pour ajouter ou supprimer manuellement des sauts de page, cliquez sur l'onglet Mise en page, cliquez sur le bouton Sauts de page du groupe Mise en page, puis

cliquez sur la commande adéquate. Pour afficher et modifier manuellement les sauts de page, cliquez sur l'onglet Affichage, cliquez sur le bouton Aperçu des sauts de page du groupe Affichages classeur ou cliquez sur le bouton Aperçu des sauts de page 🔲 de la barre d'état, puis cliquez sur OK. Vous pouvez ensuite faire glisser les traits bleus de saut de page à l'emplacement souhaité (figure F-9). Certaines cellules peuvent afficher ##### en mode Aperçu des sauts de page. Si vous glissez un saut de page vers la droite pour inclure plus de données dans une page, Excel réduit la taille des caractères lors de l'impression, pour insérer dans la page les données délimitées par les sauts. Pour quitter le mode Aperçu des sauts de page, cliquez sur le bouton Normal dans le groupe Affichages classeur.

FIGURE F-9 : Fenêtre Aperçu des sauts de page

Faites glisser les traits bleus pour modifier les sauts de page

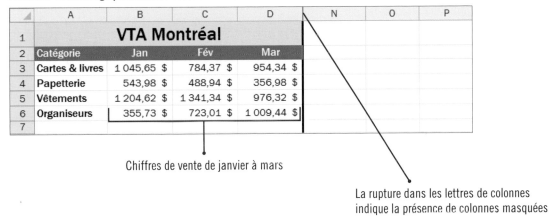

	A	B	C	D	E	F	G	H	I	J	K	L	M
1							VTA Montréal						
2	Catégorie	Jan	Fév	Mar	Avr	Mai	Jun	Jul	Aou	Sep	Oct	Nov	Déc
3	Cartes & livre	1045,65 $	784,37 $	954,34 $	1240,45 $	567,76 $	1240,76 $	1240,43 $	1240,34 $	675,54 $	1240,54 $	1240,34 $	1240,34 $
4	Papetterie	543,98 $	488,94 $	356,98 $	1020,12 $	378,23 $	392,41 $	934,62 $	145,89 $	345,98 $	435,78 $	359,76 $	289,88 $
5	Vêtements	1204,62 $	1341,34 $	976,32 $	834,23 $	1022,35 $	634,22 $	1309,22 $	749,33 $	1209,04 $	1383,11 $	1456,21 $	1341,47 $
6	Organiseurs	355,73 $	723,01 $	1009,44 $	1033,65 $	998,98 $	1003,48 $	1006,23 $	942,56 $	1097,99 $	865,11 $	898,99 $	1012,75 $
7													

Ajouter un arrière-plan à une feuille de calcul

En plus de thèmes appliquant des couleurs de police et de remplissage, Excel autorise d'autres agréments visuels pour rendre les données plus attractives, comme l'adjonction d'une image à l'arrière-plan d'une feuille de calcul. Les entreprises placent souvent leur logo à l'arrière-plan de leurs feuilles de calcul ; celui-ci s'affiche à l'écran mais ne parait pas à l'impression. Si vous voulez ajouter à vos feuilles de calcul un arrière-plan qui puisse s'imprimer, vous pouvez ajouter un **filigrane**, un graphisme translucide qui s'imprime avec les données des feuilles de calcul. Pour ajouter un filigrane à une feuille de calcul, vous l'ajoutez à l'en-tête ou au pied de page de la feuille de calcul. Catherine vous demande d'ajouter le logo de VTA à l'arrière-plan imprimé de la feuille de calcul des ventes de Montréal. Vous commencez par ajouter le logo à l'arrière-plan de la feuille.

ÉTAPES

1. **La feuille de calcul Montréal étant active, cliquez sur l'onglet Mise en page, puis cliquez sur le bouton Arrière-plan du groupe Mise en page.**

    La boite de dialogue Feuille d'arrière-plan s'ouvre.

2. **Allez dans votre dossier Projets, cliquez sur Logo.gif, puis cliquez sur Insérer.**

    Le logo de VTA apparait, atténué, derrière les données de la feuille de calcul. Il s'affiche deux fois parce que le graphique est **disposé en mosaïque**, c'est-à-dire répété pour occuper tout l'arrière-plan.

3. **Cliquez sur l'onglet Fichier, cliquez Imprimer, affichez l'Aperçu avant impression de la feuille Montréal, puis cliquez sur l'onglet Mise en page.**

    Comme le logo sert à des fins d'affichage, il ne s'imprime pas avec les données de la feuille de calcul et il n'est pas visible dans l'aperçu. Vous voulez qu'il s'imprime, vous décidez donc de supprimer l'arrière-plan et d'ajouter le logo à l'en-tête de feuille.

4. **Cliquez sur Supprimer l'arrière-plan dans le groupe Mise en page, cliquez sur l'onglet Insertion, puis cliquez sur le bouton En-tête et pied de page du groupe Texte.**

    L'onglet Création des Outils des en-têtes et pieds de page s'affiche (figure F-10). Les boutons du groupe En-tête et pied de page ajoutent des en-têtes et des pieds de page prédéfinis à la feuille de calcul. Les boutons du groupe Éléments en-tête et pied de page permettent d'ajouter des numéros de page, la date, l'heure, des images et des noms aux en-têtes et pieds de page. Les boutons du groupe Navigation déplacent rapidement le point d'insertion de l'en-tête au pied de page et inversement. Vous souhaitez ajouter une image à l'en-tête.

5. **Le point d'insertion placé dans la section centrale de l'en-tête, cliquez sur le bouton Image du groupe Éléments en-tête et pied de page, allez dans votre dossier Projets, cliquez sur Logo.gif, puis cliquez sur Insérer.**

    L'en-tête central affiche le code « &[Image] » qui représente une image.

6. **Cliquez dans la cellule A1, puis cliquez sur le bouton Normal ⊞ de la barre d'état.**

    Vous devez modifier l'échelle des données de la feuille de calcul pour qu'elles s'impriment toutes sur une seule page.

7. **Cliquez sur l'onglet Mise en page, déroulez la liste Largeur du groupe Mise à l'échelle, cliquez sur 1 page, déroulez la liste Hauteur du groupe Mise à l'échelle, cliquez sur 1 page, puis affichez l'aperçu avant impression de la feuille de calcul.**

    La figure F-11 montre le résultat.

8. **Cliquez sur l'onglet Accueil, puis enregistrez le classeur.**

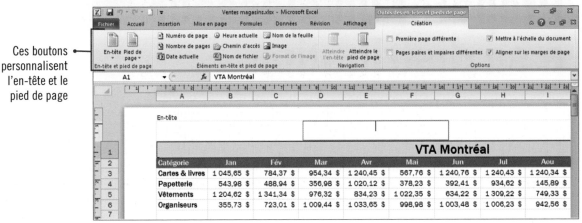

Ces boutons
personnalisent
l'en-tête et le
pied de page

FIGURE F-11 : Aperçu de la feuille de calcul Montréal avec le logo en filigrane

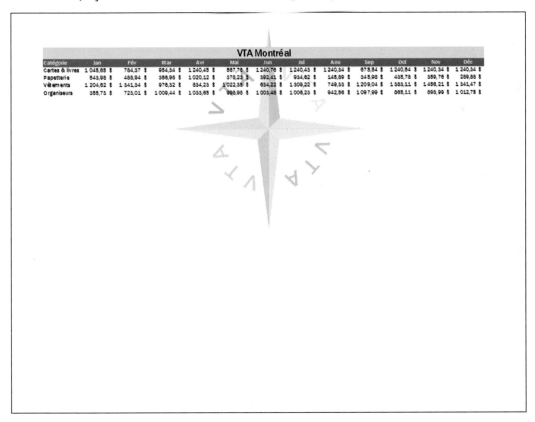

Ajouter une signature numérique à un classeur

Vous pouvez coller l'image d'un fichier ouvert dans un classeur Excel ou un autre programme Office. La capture d'écran sera collée dans le document comme une image que vous pouvez déplacer, copier ou modifier. Cliquez sur l'onglet Insertion, cliquez sur le bouton Capture d'écran du groupe Illustrations, puis sélectionnez une des fenêtres de la galerie. Cette commande place dans le document Excel actuel une capture d'écran de la fenêtre cliquée. Le bouton Capture d'écran au bas de la galerie permet de sélectionner une partie d'une fenêtre ouverte. Après avoir collé l'image dans la feuille, vous pouvez couper ou copier cette image pour la coller dans un autre programme ou dans un courriel. En plus de coller des captures d'écran d'autres programmes, vous pouvez utiliser cet outil pour coller des captures d'écran Excel dans un autre programme comme Word, PowerPoint ou Outlook. Vous pouvez ainsi documenter un problème rencontré avec Excel et obtenir de l'aide.

Préparer un classeur à sa distribution

Vous collaborez avec d'autres personnes et vous souhaitez partager un classeur Excel avec elles. Avant de distribuer le classeur, vous souhaitez en éliminer des informations sensibles, comme des en-têtes, des pieds de page ou des éléments masqués. L'Inspecteur de document du mode Backstage est une fonctionnalité d'Excel qui permet de rechercher et de supprimer des données masquées et des informations personnelles dans un classeur. À l'inverse, vous pouvez ajouter à un fichier des informations utiles, appelées **propriétés**, pour faciliter à d'autres personnes les tâches d'identification, de compréhension et de recherche de ce fichier. Parmi les propriétés utiles, citons les mots-clés, le nom de l'auteur, le titre, l'état et des commentaires. Les **mots-clés** sont des termes que les utilisateurs peuvent utiliser pour retrouver votre classeur. Les propriétés constituent des **métadonnées**, des informations qui décrivent les données et que Microsoft Windows exploite pour effectuer des recherches sur les documents. Ces données sont inscrites dans le volet Propriétés du document. Pour garantir en outre que les autres personnes ne puissent apporter de modifications non autorisées à votre classeur, vous pouvez indiquer que son état est final, auquel cas il se transforme en un fichier en lecture seule que d'autres peuvent ouvrir sans pouvoir le modifier. Catherine vous demande de protéger le classeur et le préparer en vue de sa distribution.

ÉTAPES

1. **Cliquez sur l'onglet Fichier.**

   Le mode Backstage est activé sur l'onglet Informations qui présente un aperçu de l'impression et des informations sur le fichier. Parmi ces informations se trouvent les autorisations d'ouverture, de copie et de modification du classeur et des outils de vérification de problèmes de partage.

2. **Cliquez sur le bouton Vérifier la présence de problèmes dans la section Préparer pour le partage, puis cliquez sur Inspecter le document.**

   La boite de dialogue Inspecteur de document apparait (figure F-12). Elle affiche une liste de tous les points contenant des informations ou personnelles à vérifier. Tous sont sélectionnés par défaut.

3. **Cliquez sur Inspecter.**

   Après l'évaluation, l'inspecteur affiche ses résultats. Les zones qui contiennent des données personnelles sont pourvues d'un «!». Les en-têtes et les pieds de page sont également marqués. Vous décidez de laisser les en-têtes et les pieds de page, mais de supprimer les autres informations personnelles.

4. **Cliquez sur Supprimer tout, à droite de Propriétés du document et informations personnelles, puis cliquez sur Fermer.**

   Vous voulez ensuite ajouter des mots-clés au classeur pour aider les directeurs des ventes à trouver la feuille de calcul à l'aide des mots Montréal et Québec.

5. **Cliquez la flèche Propriétés dans la partie droite du mode Backstage, puis cliquez sur Afficher le panneau de documents.**

   Le volet Propriétés du document s'affiche au sommet de la feuille de calcul (figure F-13). Vous ajoutez un titre, l'état du classeur, des mots-clés et des commentaires.

6. **Dans la zone de texte Titre, tapez Ventes des magasins, dans la zone de texte Mots clés, tapez ventes magasins Montréal Québec, dans la zone de texte État, tapez Brouillon, puis, dans la zone de texte Commentaires, tapez Les chiffres du premier trimestre sont à l'état final., puis cliquez sur le bouton Fermer du volet Propriétés du document.**

   Vous pouvez ensuite indiquer que l'état du classeur est final.

7. **Cliquez sur l'onglet Fichier, cliquez sur Protéger le classeur dans la section Autorisations, cliquez sur Marquer comme final, cliquez sur OK, puis cliquez de nouveau sur OK.**

   Le classeur est enregistré dans un fichier désormais en lecture seule. [Lecture seule] apparait d'ailleurs dans la barre de titre.

8. **Cliquez sur l'onglet Accueil, cliquez dans la cellule B3, puis tapez 1 pour vérifier que vous ne pouvez pas modifier le contenu de la cellule.**

   Cette forme de protection de classeur n'est pas très forte, puisqu'un destinataire du classeur peut ôter l'état final à ce classeur pour le rendre modifiable.

FIGURE F-12 : Boite de dialogue Inspecteur de document

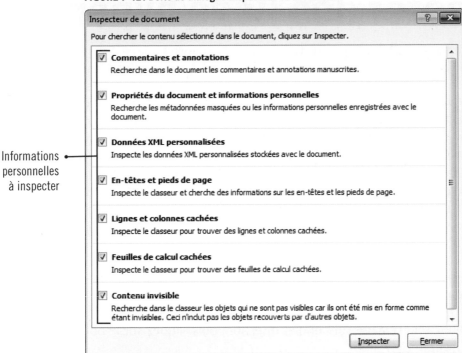

Informations personnelles à inspecter

FIGURE F-13 : Volet Propriétés du document

Les informations sur le fichier sont ajoutées dans les zones de texte

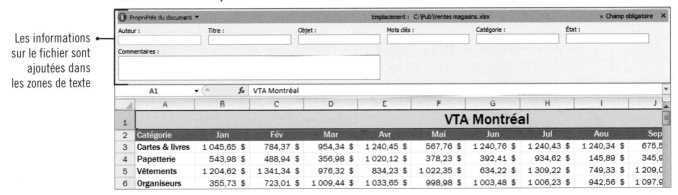

Partager un classeur

Le partage d'un document Excel sous forme d'un **classeur partagé** permet à plusieurs utilisateurs de l'ouvrir et de le modifier simultanément. Cliquez sur l'onglet Révision, cliquez sur le bouton Partager le classeur du groupe Modifications, puis, sous l'onglet Modification de la boite de dialogue, cochez la case « Permettre une modification multi-utilisateur. Ceci permet également de fusionner des classeurs » et cliquez sur OK. Si vous obtenez un message d'erreur indiquant que le classeur ne peut être partagé parce que l'option de confidentialité est activée, cliquez sur l'onglet Fichier, cliquez sur Options dans le volet de gauche, cliquez sur la catégorie Centre de gestion de la confidentialité dans le volet de gauche de la boite de dialogue, cliquez sur Paramètres du Centre de gestion de la confidentialité, cliquez sur Options de confidentialité dans la partie gauche de la boite de dialogue, cliquez dans la case « Supprimer les

informations personnelles des propriétés du fichier lors de l'enregistrement » pour ôter la coche, puis cliquez deux fois sur OK. Lorsque vous partagez un classeur, il est souvent utile de **suivre** les modifications à la trace ou d'identifier les auteurs des modifications. Pour suivre toutes les modifications apportées à un classeur, cliquez sur l'onglet Révision, cliquez sur le bouton Suivi des modifications du groupe Modifications, puis sur Afficher les modifications. Dans la boite de dialogue Afficher les modifications, cliquez sur la case Le pour la cocher, déroulez la liste à sa droite et sélectionnez Tous. Pour résoudre les conflits de modifications suivies dans un classeur, cliquez sur le bouton Suivi des modifications, puis sur Accepter ou refuser les modifications. Tous les changements apportés au classeur s'affichent un à un. Vous pouvez les accepter ou, si vous vous y opposez, les refuser.

Insérer des liens hypertextes

À mesure que vous gérez le contenu et l'apparence de vos classeurs, il se peut que vous souhaitiez que l'utilisateur d'un de vos classeurs puisse voir une information située à un autre emplacement. Cette donnée n'est pas nécessairement essentielle ou cette information est trop détaillée pour faire partie du classeur et une référence à cette information suffit dans le classeur. Dans ce genre de situation, vous pouvez créer un lien hypertexte. Un **lien hypertexte** ou **hyperlien** est un objet (un nom de fichier, un mot, une phrase ou un graphisme) d'un classeur qui, lorsque vous cliquez dessus, permet d'afficher ou de «sauter vers» un autre emplacement, appelé la **cible** du lien. La cible peut être une autre feuille de calcul, un autre document ou encore un site web. Dans une liste de factures de clients, vous pourriez par exemple créer, sous chaque nom de client, un lien hypertexte vers un fichier Excel contenant les conditions de paiement accordées à ce client. ████ Catherine souhaite que les directeurs qui consultent le classeur des ventes des magasins puissent voir les totaux des ventes de chaque catégorie de la feuille de Montréal. Elle vous demande donc de créer sous l'en-tête Catégorie un lien hypertexte sur lequel les utilisateurs cliqueront pour atteindre les éléments de chacune des catégories.

ÉTAPES

1. **Cliquez dans la cellule A2 de la feuille Montréal.**

2. **Cliquez si nécessaire sur l'onglet Insertion, puis cliquez sur le bouton Lien hypertexte du groupe Liens.**

   La boite de dialogue Insérer un lien hypertexte s'ouvre (figure F-14). Les icônes sous Lier à, dans la partie gauche, permettent d'indiquer le type d'emplacement vers lequel le lien doit pointer : un fichier ou une page web existante, un emplacement dans le même document, un nouveau document ou une adresse de courrier électronique. Comme le lien que vous souhaitez créer doit cibler un document existant, l'icône présélectionnée, Fichier ou Page Web existant(e) est le bon choix.

3. **Déroulez la liste Regarder dans, allez dans votre dossier Projets, puis cliquez sur Ventes Montréal.xlsx, dans la liste de fichiers.**

   Le nom de fichier que vous sélectionnez et son chemin s'affichent dans la zone de texte Adresse. C'est le document que les utilisateurs verront, lorsqu'ils cliqueront sur le lien hypertexte. Vous pouvez également indiquer un texte d'info-bulle que les utilisateurs verront lorsqu'ils laisseront leur pointeur de souris un instant sur le lien hypertexte.

ASTUCE

Pour supprimer un hyperlien ou changer sa cible, cliquez du bouton droit sur le lien, puis cliquez sur Supprimer le lien hypertexte ou sur Modifier le lien hypertexte.

4. **Cliquez sur Info-bulle, tapez Articles de chaque catégorie, cliquez sur OK, puis encore sur OK.**

   La cellule A2 contient à présent un texte rouge souligné qui indique que c'est un lien hypertexte. La couleur d'un lien hypertexte dépend du thème de couleurs de la feuille de calcul. Vous décidez de changer la couleur du lien hypertexte pour qu'il soit correctement visible sur l'arrière-plan sombre. Après la création du lien, vous vérifiez qu'il mène à la destination prévue.

ASTUCE

Quand vous créez un lien vers une page web, vous devez disposer d'une connexion internet pour tester le lien.

5. **Cliquez sur l'onglet Accueil, déroulez la liste Couleur de police 🔻 du groupe Police, cliquez sur Blanc, Arrière-plan 1 (première couleur des Couleurs du thème), placez le pointeur sur le texte Catégorie, examinez l'info-bulle, puis cliquez une fois.**

   Après le clic, le classeur Ventes Montréal.xlsx s'ouvre, affichant la feuille Ventes (figure F-15).

6. **Fermez le classeur Ventes Montréal sans l'enregistrer, puis enregistrez le classeur Ventes magasins.**

Revenir au document initial

Après avoir cliqué sur un lien hypertexte et examiné le document cible, vous préférez souvent revenir au document initial qui contient le lien hypertexte. Pour vous faciliter la tâche, vous pouvez ajouter le bouton Précédent à la barre d'outils Accès rapide. Cependant, le bouton Précédent n'est pas présent par défaut dans la barre d'outils Accès rapide ; pour l'y ajouter, vous devez personnaliser la barre d'outils. (Si vous utilisez un ordinateur de laboratoire, vérifiez auprès de l'administrateur du système que vous avez les autorisations de le faire.) Pour personnaliser la barre d'outils Accès rapide, cliquez sur le bouton Personnaliser la barre d'outils Accès rapide, cliquez sur Autres commandes, déroulez la liste Choisir les commandes dans les catégories suivantes, cliquez sur Toutes les commandes, faites défiler la liste des commandes de gauche et cliquez sur Précédent, cliquez sur Ajouter, puis cliquez sur OK.

FIGURE F-14 : Boite de dialogue Insérer un lien

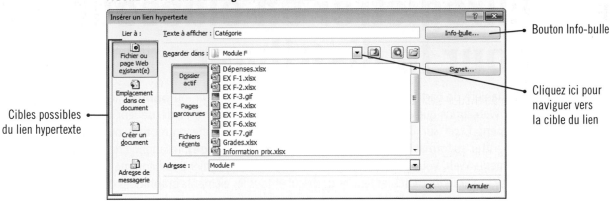

Bouton Info-bulle

Cibles possibles du lien hypertexte

Cliquez ici pour naviguer vers la cible du lien

FIGURE F-15 : Document cible

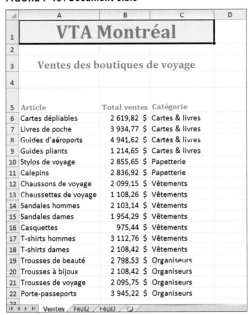

Utiliser les services de recherche

Grâce au volet Rechercher, vous pouvez accéder à des ressources disponibles tant en ligne (sur internet) que sur votre propre ordinateur. Pour ouvrir le volet Rechercher, cliquez sur l'onglet Révision, cliquez sur le bouton Recherche du groupe Vérification. Vous saisirez le sujet de la recherche dans la zone de texte Rechercher sous laquelle se trouve une série de ressources disponibles, parmi lesquelles vous pouvez effectuer les recherches. Vous avez accès à des dictionnaires de synonymes, à un dictionnaire, à des sites financiers et à des sites web de recherche. L'accès au dictionnaire des synonymes (français) peut se faire directement en cliquant sur le bouton du même nom dans le groupe Vérification de l'onglet Révision.

Enregistrer un classeur pour le distribuer

Une manière de partager des données d'Excel consiste à placer, ou **publier**, les données sur un réseau ou sur le web, pour que d'autres personnes puissent y accéder à l'aide de leur navigateur. Pour publier un document Excel sur un **intranet** (le site web interne d'une entreprise) ou sur le web, vous pouvez l'enregistrer au format **HTML (Hypertext Markup Language)**, le langage de codage utilisé pour tous les documents Web. Vous pouvez désormais enregistrer votre fichier Excel comme une **page web en un seul fichier**, qui intègre toutes les feuilles de calcul et tous les éléments graphiques du classeur en un seul fichier. Ce format s'appelle MHTML. En plus de distribuer les fichiers sur le web, vous devrez parfois distribuer vos fichiers à des personnes travaillant avec une version précédente d'Excel. Dans ce cas, enregistrez vos fichiers sous la forme de classeurs Excel 97-2003. Le tableau F-1 énumère les formats les plus utilisés. Catherine vous demande de créer une version du classeur des ventes que les directeurs utilisant des versions plus anciennes d'Excel puissent ouvrir. Elle souhaite aussi que vous enregistriez le classeur des ventes au format MHT pour qu'elle puisse le publier sur l'intranet de VTA à l'intention des directeurs des ventes.

ÉTAPES

1. **Cliquez sur l'onglet Fichier, cliquez Enregistrer sous, déroulez la liste Type dans la boite de dialogue Enregistrer sous, cliquez sur Classeur Excel 97-2003 (*.xls), naviguez vers votre dossier Projets, puis cliquez sur Enregistrer.**

   Le vérificateur de compatibilité apparait à l'écran et vous prévient des fonctionnalités que vous perdrez en enregistrant le fichier dans un format plus ancien. Certaines fonctionnalités d'Excel 2010 ne sont en effet pas disponibles dans les anciennes versions d'Excel.

2. **Cliquez sur Continuer, fermez le classeur, puis rouvrez le classeur Ventes magasins.xls.**

   L'indication [Mode de compatibilité] s'affiche dans la barre de titre (figure F-16). Le mode de compatibilité vous empêche d'utiliser dans ce classeur des fonctionnalités qui n'existent pas dans un classeur Excel 97-2003. Pour quitter le mode de compatibilité, vous devez enregistrer le classeur dans un des formats d'Excel 2010, puis rouvrir ce fichier.

3. **Cliquez sur l'onglet Fichier, cliquez Enregistrer sous, déroulez la liste Type dans la boite de dialogue Enregistrer sous, cliquez sur Classeur Excel (*.xlsx), allez si nécessaire dans votre dossier Projets, cliquez sur Enregistrer, puis cliquez sur Oui lorsqu'Excel demande s'il faut remplacer le fichier existant.**

   L'indication [Mode de compatibilité] demeure encore dans la barre de titre. Vous fermez le fichier et le rouvrez pour quitter le mode de compatibilité.

4. **Fermez le classeur, puis rouvrez le classeur Ventes magasins.xlsx.**

   La barre de titre n'affiche plus l'indicateur [Mode de compatibilité]. Vous enchainez avec cette fois l'enregistrement du classeur dans un format destiné à la distribution sur le web.

5. **Cliquez sur l'onglet Fichier, cliquez sur Enregistrer sous, dans la boite de dialogue Enregistrer sous, allez dans votre dossier Projets, remplacez le nom du fichier par ventes, puis déroulez la liste Type et cliquez sur Page Web à fichier unique (*.mht, *.mhtml).**

   Le choix de la liste Type indique que le classeur sera enregistré sous la forme d'une page web à fichier unique, donc au format mhtml ou mht. Pour éviter des problèmes lorsque vous publiez des pages sur un serveur web, il est préférable d'utiliser toujours des noms formés de caractères en minuscules, sans caractères spéciaux, ni caractères accentués, ni espace et de limiter si possible le nom de fichier à huit caractères, avec une extension de trois caractères.

6. **Cliquez sur Enregistrer, puis sur Oui.**

   La boite de dialogue indique que certaines fonctionnalités seront éludées dans le fichier de la page web. Excel enregistre le classeur dans un fichier MHT à l'emplacement indiqué dans la boite de dialogue Enregistrer sous. La figure F-17 présente le résultat obtenu lorsqu'un tel fichier est ouvert dans Excel. À titre de vérification, vous essayez d'ouvrir le fichier MHT dans votre navigateur pour avoir une idée de la façon dont il se présente dans un navigateur.

7. **Fermez le fichier ventes.mht dans Excel, ouvrez l'explorateur Windows, ouvrez le fichier ventes.mht, cliquez sur l'onglet de feuille Québec, puis fermez le navigateur.**

ASTUCE

Pour garantir qu'un classeur soit visible et consultable de la même manière sur toutes les plateformes d'ordinateurs et sur toutes les configurations d'écran, publiez-le au format PDF.

ASTUCE

Vous pouvez convertir un fichier .xls en fichier .xlsx. Ouvrez le fichier avec Excel 2010, cliquez sur l'onglet Fichier, puis cliquez sur Convertir dans le volet Informations. Prenez note que cette opération supprime le fichier .xls d'origine.

PROBLÈME

Un message au-dessus du classeur ouvert dans le navigateur vous informe que l'exécution du contenu actif a été bloqué. Ce type de contenu interactif est généralement sous la forme de petits programmes qui présentent un risque de sécurité. N'autorisez ce contenu que si vous faites confiance à la source du fichier.

FIGURE F-16 : Classeur en mode de compatibilité

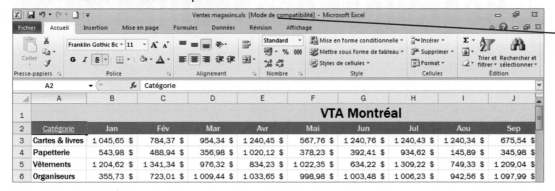

Le fichier
est ouvert
en mode de
compatibilité

FIGURE F-17 : Classeur enregistré comme une page web à fichier unique

Fichier web
sous un
nouveau nom

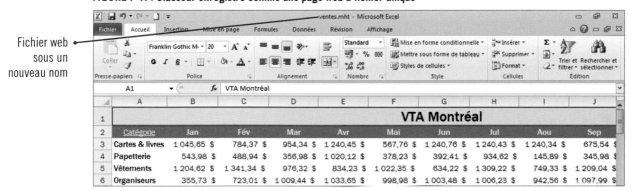

Excel 2010

TABLEAU F-1 : Formats de classeur

Type de fichier	Extension(s) de fichier	Utilisé pour
Classeur Excel prenant en charge les macros	.xlsm	Fichiers contenant des macros
Classeur Excel 97-2003	.xls	Collaboration avec des gens disposant d'anciennes versions d'Excel
Page web à fichier unique	.mht, .mhtml	Sites web avec des pages et des graphiques multiples
Page web	.htm, .html	Sites web d'une seule page simple
Modèle Excel	.xltx	Fichiers Excel réutilisables avec quelques changements
Modèle Excel prenant en charge les macros	.xltm	Fichiers Excel réutilisables et contenant des macros
Format de document portable	.pdf	Fichiers avec une mise en forme préservée
Spécification de pages XML	.xps	Fichiers avec une mise en forme préservée et fichiers à partager
Feuille de calcul OpenDocument	.ods	Fichiers créés avec OpenOffice

Comprendre les formats de fichier Excel

Le format de fichier par défaut des fichiers Excel est le format Office Open XML, qui accepte toutes les fonctionnalités d'Excel. C'est le format par défaut des fichiers Office depuis la version 2007. Ce format enregistre les classeurs Excel dans de petits composants en XML compressés. Le format plus fréquent, xlsx, n'accepte pas les macros. Les **macros** sont des instructions de programme qui effectuent des tâches et présentent de ce fait un certain risque pour la sécurité. Si une de vos feuilles de calcul contient des macros, vous devez l'enregistrer avec l'extension xlsm. Si vous utilisez fréquemment et répétitivement les mêmes textes et les mêmes mises en forme, vous avez tout intérêt à enregistrer le classeur sous forme de modèle, avec l'extension xltx ou, si le classeur contient des macros, avec l'extension xltm.

Regrouper des feuilles de calcul

Le regroupement de feuilles de calcul permet de travailler sur celles-ci comme sur une collection de feuilles, de sorte que les données entrées dans l'une sont automatiquement recopiées dans toutes les autres feuilles sélectionnées. Ceci présente un intérêt évident pour les données communes des feuilles de calcul d'un classeur, comme les en-têtes, les pieds de page ou les en-têtes de colonnes qui s'appliquent à toutes les feuilles mensuelles d'un rapport annuel. Le regroupement de feuilles de calcul permet également d'imprimer en une seule opération plusieurs feuilles. ████████ Catherine vous demande d'ajouter le texte Voyages Tour Aventure au pied des deux feuilles de calcul Montréal et Québec. Vous appliquez aussi des marges de 2,5 cm en haut des deux feuilles de calcul.

ÉTAPES

ASTUCE

Pour regrouper des feuilles non contigües, maintenez enfoncée la touche [Ctrl] et cliquez sur chacune des feuilles à grouper.

1. **Ouvrez le classeur Ventes magasins.xlsx de votre dossier Projets.**

2. **La feuille de calcul Montréal étant active, maintenez [Maj] enfoncée, cliquez sur l'onglet de feuille Québec, puis relâchez [Maj].**

   Les deux onglets de feuilles sont sélectionnés et la barre de titre affiche l'indicateur [Groupe de travail], qui signifie que les feuilles de calcul sont groupées, de sorte que toute modification appliquée à la feuille de calcul Montréal sera reproduite dans la feuille de calcul Québec.

3. **Cliquez sur l'onglet Insertion, cliquez sur En-tête et pied de page dans le groupe Texte.**

4. **Sous l'onglet Création des Outils des en-têtes et pieds de page, cliquez sur le bouton Atteindre le pied de page du groupe Navigation, tapez Voyages Tour Aventure dans la section centrale du pied de page, tapez votre nom dans la section de gauche du pied de page, cliquez dans la cellule A1, puis cliquez sur le bouton Normal ⊞ de la barre d'état.**

   Vous allez vérifier les pieds de page dans l'Aperçu avant impression.

5. **Les deux feuilles de calcul étant encore groupées, cliquez sur l'onglet Fichier, cliquez sur Imprimer, examinez la première page, puis cliquez sur le bouton Page suivante ▶.**

   Comme les deux feuilles de calcul sont groupées, elles possèdent toutes deux le même pied de page. Les feuilles de calcul auront meilleure allure avec une marge supérieure plus grande.

6. **Cliquez sur la flèche Marges normales, cliquez sur Marges personnalisées, tapez 2,5 dans la zone de texte Haut de la boite de dialogue Mise en page, puis cliquez sur OK.**

7. **Cliquez sur l'onglet Accueil, cliquez du bouton droit sur l'onglet de feuille Montréal, puis cliquez sur Dissocier les feuilles.**

8. **Enregistrez, puis fermez le classeur et quittez Excel.**

   Les figures F-18 et F-19 présentent les feuilles terminées.

Ajouter une signature numérique à un classeur

Pour attester de la validité d'un classeur et en interdire la modification, vous pouvez signer numériquement ce classeur. Pour cela, vous devez obtenir un certificat valable auprès d'une autorité de confiance pour authentifier le classeur ou créer la vôtre. Pour ajouter une ligne de signature à un classeur, cliquez sur l'onglet Insertion, cliquez sur le bouton Ligne de signature du groupe Texte, puis cliquez sur OK. Dans la boite de dialogue Configuration de signature, entrez les informations relatives au signataire de la feuille de calcul puis cliquez sur OK. Pour ajouter une signature, double-cliquez sur la ligne de signature, cliquez sur OK ; si la boite de dialogue Obtenir une

identification numérique s'affiche, cliquez sur le bouton d'option Créer votre propre identification numérique, puis cliquez sur OK. Cliquez sur Créer, cliquez sur le lien Sélectionner une image dans la boite de dialogue Signature, allez à l'emplacement du fichier de signature, cliquez sur Signer, puis cliquez sur OK. Pour ensuite ajouter le certificat authentifiant le classeur, cliquez sur l'onglet Fichier, cliquez sur Protéger le classeur, cliquez sur Ajouter une signature numérique, puis cliquez sur OK. Dans la boite de dialogue Signature, cliquez sur Signer, puis sur OK. Le classeur est enregistré en lecture seule et les autres utilisateurs ne pourront pas le modifier.

FIGURE F-18 : Feuille de calcul Montréal

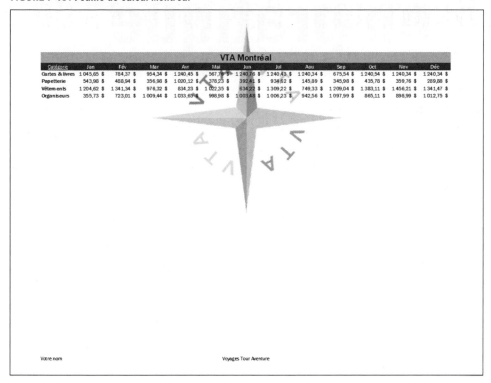

VTA Montréal												
Catégorie	Jan	Fév	Mar	Avr	Mai	Jun	Jul	Aou	Sep	Oct	Nov	Déc
Cartes & livres	1 045,65 $	784,37 $	954,34 $	1 240,45 $	567,76 $	1 240,76 $	1 240,43 $	1 240,34 $	675,54 $	1 240,54 $	1 240,34 $	1 240,34 $
Papetterie	543,98 $	488,94 $	356,98 $	1 020,12 $	378,23 $	392,41 $	934,62 $	145,89 $	345,98 $	435,78 $	359,76 $	289,88 $
Vêtements	1 204,62 $	1 341,34 $	976,32 $	834,23 $	1 022,35 $	634,22 $	1 309,22 $	749,33 $	1 209,04 $	1 383,11 $	1 456,21 $	1 341,47 $
Organiseurs	355,73 $	723,01 $	1 009,44 $	1 033,65 $	998,98 $	1 003,48 $	1 006,23 $	942,56 $	1 097,99 $	865,11 $	898,99 $	1 012,75 $

Votre nom   Voyages Tour Aventure

FIGURE F-19 : Feuille de calcul Québec

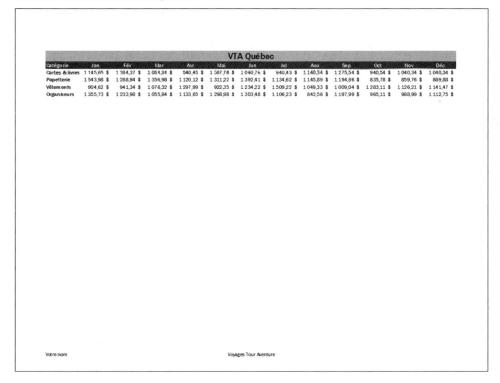

VTA Québec												
Catégorie	Jan	Fév	Mar	Avr	Mai	Jun	Jul	Aou	Sep	Oct	Nov	Déc
Cartes & livres	1 145,65 $	1 384,37 $	1 064,34 $	940,45 $	1 567,76 $	1 040,76 $	940,43 $	1 140,34 $	1 275,54 $	940,54 $	1 040,34 $	1 040,34 $
Papetterie	1 543,98 $	1 288,94 $	1 356,98 $	1 120,12 $	1 311,22 $	1 392,41 $	1 134,62 $	1 145,89 $	1 194,86 $	835,78 $	859,76 $	889,88 $
Vêtements	904,62 $	941,34 $	1 076,32 $	1 297,99 $	922,35 $	1 234,22 $	1 509,22 $	1 049,33 $	1 009,04 $	1 283,11 $	1 126,21 $	1 141,47 $
Organiseurs	1 355,73 $	1 233,98 $	1 055,84 $	1 133,65 $	1 298,98 $	1 303,48 $	1 106,23 $	842,56 $	1 197,99 $	965,11 $	988,99 $	1 112,75 $

Votre nom   Voyages Tour Aventure

Créer un espace de travail

Quand vous devez travailler sur plusieurs classeurs simultanément, vous pouvez grouper ceux-ci pour ensuite les ouvrir tous en une seule opération, grâce à la création d'un **espace de travail**, un fichier d'extension .xlw. Ainsi, au lieu d'ouvrir individuellement chacun des classeurs, vous ouvrez l'espace de travail. Pour créer un espace de travail, ouvrez les classeurs à grouper, redimensionnez-les et disposez-les comme vous souhaitez qu'ils apparaissent. Cliquez sur l'onglet Affichage, cliquez sur le bouton Enregistrer l'espace de travail du groupe Fenêtre, tapez un nom pour ce fichier d'espace de travail, allez dans votre dossier Projets, puis cliquez sur Enregistrer. Retenez toutefois que le fichier d'espace de travail ne contient en aucun cas les classeurs eux-mêmes, de sorte que vous devez toujours enregistrer indépendamment les modifications apportées aux différents classeurs de l'espace de travail dans leurs fichiers initiaux. Si vous désirez poursuivre votre travail sur un autre ordinateur, vous devez y transférer le fichier espace de travail *et* les classeurs qui en font partie.

Mise en pratique

Révision des concepts

FIGURE F-20

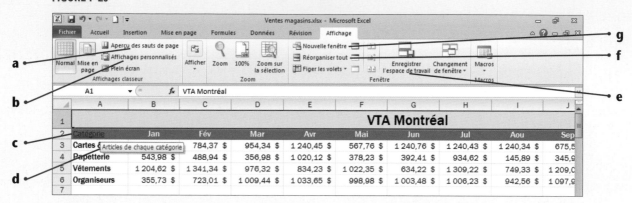

1. **Sur quel élément cliqueriez-vous pour afficher et modifier la manière dont s'affichent les données d'une feuille de calcul sur des pages imprimées?**

2. **Sur quel élément devez-vous cliquer pour grouper plusieurs classeurs en une unité?**

3. **Sur quel élément cliquez-vous pour nommer et enregistrer un ensemble de paramètres d'affichage et (ou) d'impression?**

4. **Sur quel élément devez-vous cliquer pour ouvrir la fenêtre active dans une nouvelle fenêtre?**

5. **Quel élément pointe vers un lien hypertexte?**

6. **Quel élément pointe vers l'info-bulle d'un lien hypertexte?**

7. **Sur quel élément cliquez-vous pour organiser les fenêtres selon une configuration spécifique?**

Associez chaque terme à sa description.

8. **Zone d'entrée de données**
9. **Lien hypertexte**
10. **Filigrane**
11. **HTML**
12. **Saut de page dynamique**

   a. Un format de page web.

   b. Partie modifiable d'une feuille de calcul.

   c. Dessin translucide d'arrière-plan dans une feuille de calcul imprimée.

   d. Un objet qui, lorsqu'un utilisateur clique dessus, provoque l'affichage d'une autre feuille de calcul ou d'une page web.

   e. S'ajuste automatiquement quand des lignes et des colonnes sont ajoutées ou supprimées dans une feuille de calcul.

Choisissez la meilleure réponse à chaque question.

13. **Vous pouvez attester de la validité d'un classeur en ajoutant un(e):**
    - **a.** Mot clé.
    - **b.** Vue personnalisée.
    - **c.** Signature numérique.
    - **d.** Modèle.

14. **Le regroupement de plusieurs classeurs dans un(e) _____ permet de les ouvrir simultanément au lieu de les ouvrir individuellement.**
    - **a.** Groupe de travail
    - **b.** Classeur consolidé
    - **c.** Espace de travail
    - **d.** Unité de travail

Révision des techniques

1. **Visualiser et réorganiser les feuilles de calcul.**
   - **a.** Démarrez Excel, ouvrez le classeur EX F-2.xlsx de votre dossier Projets et enregistrez-le sous le nom **Budget Ottawa**.
   - **b.** Activez la feuille 2013 si nécessaire, puis ouvrez la feuille 2014 dans une nouvelle fenêtre.
   - **c.** Activez la feuille 2013 du classeur Budget Ottawa.xlsx:1. Activez la feuille 2014 du classeur Budget Ottawa.xlsx:2.
   - **d.** Examinez les classeurs Budget Ottawa.xlsx:1 et Budget Ottawa.xlsx:2 dans deux fenêtres disposées horizontalement. Affichez-les selon une disposition verticale.
   - **e.** Masquez l'instance Budget Ottawa.xlsx:2, puis réaffichez l'instance. Fermez l'instance Budget Ottawa.xlsx:2 et agrandissez le classeur Budget Ottawa.xlsx.
   - **f.** Divisez la feuille 2013 en deux volets horizontaux. (*Indice*: Glissez la barre de fractionnement horizontale.) Supprimez le fractionnement en double-cliquant sur la barre de fractionnement, puis enregistrez votre travail.

2. **Protéger les feuilles de calcul et les classeurs.**
   - **a.** Dans la feuille 2013, déverrouillez les données de dépenses de la plage C9:F17.
   - **b.** Protégez la feuille sans utiliser de mot de passe.
   - **c.** Pour vérifier que les autres cellules sont verrouillées, essayez de taper une donnée dans la cellule D4. Vous devriez recevoir un message d'erreur.
   - **d.** Remplacez la dépense de location du premier trimestre par **4500**.
   - **e.** Protégez la structure et les fenêtres du classeur sans appliquer de mot de passe. Cliquez du bouton droit sur les feuilles 2013 et 2014 pour vérifier que vous ne pouvez insérer, supprimer, renommer, déplacer, copier, masquer ni réafficher les feuilles, ni en changer la couleur d'onglet.
   - **f.** Déprotégez le classeur. Déverrouillez la feuille 2013.
   - **g.** Enregistrez le classeur.

3. **Enregistrer des affichages de feuille personnalisés.**
   - **a.** La feuille 2013 active, créez un affichage personnalisé de toute la feuille, appelé **Budget annuel 2013**.
   - **b.** Masquez les lignes 8 à 19, puis créez un nouvel affichage personnalisé nommé **Entrées**, n'affichant que les données des entrées.
   - **c.** À l'aide de la boite de dialogue Affichages personnalisés, affichez de nouveau toutes les données de la feuille 2013.
   - **d.** À l'aide de la boite de dialogue Affichages personnalisés, n'affichez que les données des entrées de 2013.
   - **e.** À l'aide de la boite de dialogue Affichages personnalisés, réaffichez les données de l'affichage Budget annuel 2013.
   - **f.** Enregistrez le classeur.

4. **Ajouter un arrière-plan à une feuille de calcul.**
   - **a.** Utilisez le fichier EX F-3.gif comme arrière-plan de la feuille de calcul 2013, puis supprimez cet arrière-plan.
   - **b.** Ajoutez le fichier EX F-3.gif dans l'en-tête de la feuille 2013 et vérifiez dans l'aperçu avant impression que l'arrière-plan s'imprimera.
   - **c.** Ajoutez votre nom à la section centrale du pied de page de la feuille, puis enregistrez le classeur.

5. **Préparer un classeur à sa distribution.**
   - **a.** Inspectez le document et supprimez les propriétés du document, les informations personnelles, ainsi que les données d'en-tête et de pied de page.
   - **b.** Utilisez le volet Propriétés du document pour ajouter le titre **Budget trimestriel** et les mots clés **café** et **Ottawa**.
   - **c.** Marquez l'état du classeur comme final et vérifiez que la barre de titre comporte l'indicateur « [Lecture seule] ».
   - **d.** Supprimez l'état final du classeur, puis enregistrez le classeur.

6. **Insérer des liens hypertextes.**
   - **a.** Dans la feuille 2013, créez un lien hypertexte dans la cellule A8, qui cible le fichier **Dépenses.xlsx** de votre dossier Projets.
   - **b.** Testez le lien et vérifiez que la feuille Feuil1 affiche les dépenses.

Révision des techniques (suite)

c. Retournez au classeur Budget Ottawa, modifiez le lien hypertexte de la cellule A8 pour lui ajouter l'info-bulle **Détails des dépenses**, puis vérifiez que l'info-bulle apparaît.

d. Dans la feuille de calcul 2014, entrez le texte **Fondé sur le budget 2013** dans la cellule A21.

e. Du texte de la cellule A21, faites un lien hypertexte vers la cellule A1 de la feuille de calcul 2013 (*Indice*: Utilisez le bouton Emplacement dans ce document et notez la référence de cellule dans la zone de texte Tapez la référence de la cellule.)

f. Testez le lien hypertexte.

g. Supprimez le lien hypertexte de la cellule A21 de la feuille 2014, puis enregistrez le classeur.

7. Enregistrer un classeur pour le distribuer.

a. Enregistrez le classeur Budget Ottawa sous forme d'une page web à fichier unique, sous le nom **ottawa.mht**. Fermez le fichier ottawa.mht dans Excel et ouvrez-le avec votre navigateur web. (Un message vous informe que du contenu a été bloqué. La page ne contient aucun script à exécuter et vous pouvez ignorer cet avertissement.) Fermez le navigateur web et rouvrez le fichier Budget Ottawa.xlsx avec Excel.

b. Avec la feuille 2013 active, enregistrez le classeur Budget Ottawa sous forme d'un fichier PDF.

c. Enregistrez le classeur Budget Ottawa comme un classeur Excel 97-2003 et vérifiez les résultats du Vérificateur de compatibilité.

d. Fermez le fichier Budget Ottawa.xls et rouvrez le fichier Budget Ottawa.xlsx.

e. Enregistrez le classeur dans votre dossier Projets comme un modèle Excel prenant en charge les macros (*Indice* : Sélectionnez le type Modèle Excel (prenant en charge les macros) (*.xltm), dans la liste Type de la boite de dialogue Enregistrer sous.)

f. Fermez le fichier du modèle, puis rouvrez le classeur Budget Ottawa.xlsx.

8. Regrouper des feuilles de calcul.

a. Groupez les feuilles de calcul 2013 et 2014, puis ajoutez votre nom dans la section centrale du pied de page de ces feuilles.

b. Enregistrez le classeur, affichez l'aperçu avant impression des deux feuilles, comparez vos résultats à la figure F-21, puis dissociez les feuilles.

c. Fermez tous les fichiers ouverts et quittez Excel.

FIGURE F-21

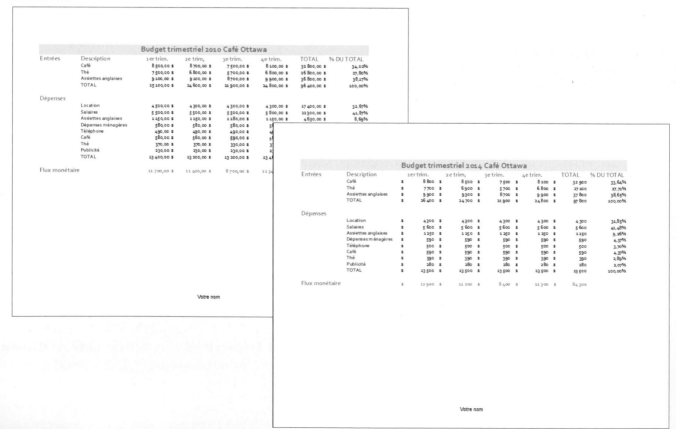

Exercice personnel 1

Vous gérez Photo Vieille Ville, une entreprise de fourniture de matériel et de consommables photographiques située à Montréal. Vous enregistrez vos ventes du premier trimestre dans une feuille de calcul Excel. Comme la feuille de calcul de janvier comporte les mêmes informations que celles dont vous avez besoin pour février et mars, vous décidez d'entrer les en-têtes des trois mois en une seule opération. Vous utilisez bien entendu une feuille de calcul distincte pour chaque mois et créez les données pour les trois mois.

a. Démarrez Excel, créez un nouveau classeur et enregistrez-le dans votre dossier Projets sous le nom **Ventes Photo.xlsx**.

b. Renommez la première feuille **Janvier**, la deuxième, **Février** et la troisième, **Mars**.

c. Groupez les feuilles de calcul.

d. Une fois les trois feuilles groupées, centrez le titre **Photo Vieille Ville** dans les cellules A1 et B1. Écrivez l'étiquette Ventes dans la cellule B2. Entrez ces étiquettes de données dans la plage A3:A9 : **Appareils photo**, **Traitements couleur**, **Traitements noir et blanc**, **Films**, **Supports numériques**, **Cadres**, **Fournitures pour chambre noire**. Ajoutez l'étiquette **TOTAL** dans la cellule B10.

e. Écrivez dans la cellule B10 la formule qui calcule la somme des données de la colonne Montant. Dissociez les feuilles de calcul et entrez des données de votre choix dans la plage B3:B9 de chacune des feuilles Janvier, Février et Mars.

f. Affichez chaque feuille de calcul dans sa propre fenêtre et disposez-les verticalement côte à côte.

g. Masquez la fenêtre qui affiche la feuille de calcul Mars. Réaffichez la feuille de calcul Mars.

h. Scindez la fenêtre Mars en deux volets, le volet supérieur affichant les lignes 1 à 5 et le volet inférieur, les lignes 6 à 10. Faites défiler les données de chacun des volets, puis supprimez la séparation.

i. Fermez les fenêtres qui affichent Ventes Photo.xlsx:2 et Ventes Photo.xlsx:3, puis agrandissez le classeur Ventes Photo.xlsx.

j. Ajoutez, dans le volet Propriétés du document du classeur, les mots clés **fournitures photo**.

k. Groupez de nouveau les feuilles de calcul.

l. Ajoutez des en-têtes avec votre nom dans la section de gauche des trois feuilles de calcul et le nom de la feuille au centre.

m. Les feuilles de calcul toujours groupées, apportez une mise en forme adéquate aux feuilles de calcul.

n. Dissociez les feuilles de calcul, puis marquez l'état du classeur comme final.

o. Enregistrez le classeur, affichez l'aperçu avant impression et imprimez les trois feuilles, puis quittez Excel.

Exercice personnel 2

En charge de la paie chez Média Communication, une agence de publicité, vous décidez de gérer les données de pointage de vos salariés avec des feuilles Excel. Vous utilisez une feuille de calcul distincte pour chaque semaine et vous relevez les heures de pointage d'employés avec des grades professionnels différents. Un hyperlien dans la feuille de calcul donne des informations sur les taux horaires de chaque grade et des affichages personnalisés limitent les informations affichées.

a. Démarrez Excel, ouvrez le classeur EX F-4.xlsx de votre dossier Projets et enregistrez-le sous le nom **Pointages**.

b. Pour comparez les données des feuilles du classeur, disposez les trois feuilles de calcul côte à côte horizontalement.

c. Agrandissez la fenêtre de la feuille Semaine 1. Déverrouillez les données des heures de la feuille Semaine 1 et protégez la feuille de calcul. Vérifiez que les noms, numéros et grades des employés ne peuvent pas être altérés, mais que les heures totales sont modifiables. Ne modifiez pas les données.

d. Déverrouillez la feuille Semaine 1 et créez un affichage personnalisé nommée **Feuille de calcul complète** qui affiche toutes les données de la feuille de calcul.

e. Masquez la colonne E et créez un affichage personnalisé des données de la plage A1:D22. Nommez l'affichage **Grade des employés**. Examinez chacun des affichages, puis retournez à l'affichage Feuille de calcul complète.

f. Ajoutez un saut de page entre les colonnes D et E pour que les totaux des heures s'impriment sur une autre page. Affichez l'aperçu avant impression de la feuille de calcul, puis supprimez le saut de page. (*Indice*: Utilisez le bouton Sauts de page de l'onglet Mise en page.)

Exercice personnel 2 (suite)

g. Ajoutez un lien hypertexte à l'en-tête de colonne Grade de la cellule D1 qui cible le fichier Grades.xlsx. Ajoutez une info-bulle avec le texte Taux horaires, puis testez le lien hypertexte. Comparez votre écran à la figure F-22.

h. Enregistrez le classeur Grades comme un classeur Excel 97-2003 et examinez le résultat de l'inspecteur de compatibilité. Fermez le fichier Grades.xls.

i. Groupez les trois feuilles de calcul du classeur Pointages.xlsx et ajoutez votre nom à la section centrale du pied de page.

j. Enregistrez le classeur, puis examinez l'aperçu avant impression des trois feuilles de calcul.

k. Dissociez les feuilles de calcul et ajoutez des marges gauche et haute de 5 cm à la feuille de calcul Semaine 1.

l. Masquez les feuilles de calcul Semaine 2 et Semaine 3, inspectez le fichier et supprimez toutes les propriétés du document, les informations personnelles et les feuilles de calcul masquées. Ne supprimez pas les données d'en-tête et de pied de page.

m. Ajoutez le mot clé **heures** au classeur, enregistrez le classeur, puis marquez celui-ci comme final.

	A	B
1	**Média Communication**	
2	Grades	Taux horaires
3	Associé	37 $
4	Associé sénior	45 $
5	Assistant	22 $
6	Assistant principal	30 $

Difficultés supplémentaires

- Supprimez l'état final du classeur.
- Si vous avez accès à un serveur Information Rights Management, restreignez les permissions d'accès au classeur en accordant à vous seul la permission de modifier le classeur.
- Si vous disposez d'une identité numérique, ajoutez une signature numérique au classeur.
- Supprimez les données des heures de la feuille de calcul et enregistrez le classeur sous la forme d'un modèle Excel.

n. Ajoutez votre nom dans la section centrale du pied de page, enregistrez le classeur, imprimez la feuille de calcul Semaine. Fermez le classeur et quittez Excel.

Exercice personnel 3

Une de vos responsabilités en tant que directeur de votre société de formation aux technologies est de commander des fournitures pour vos bureaux. Vous décidez de créer un tableau de données pour suivre ces commandes sur une feuille distincte pour chaque mois. Vous créez des affichages personnalisés qui concentrent l'attention sur les catégories de fournitures. Un lien hypertexte fournit des informations sur le fournisseur.

a. Démarrez Excel, ouvrez le classeur EX F-5.xlsx de votre dossier Projets et enregistrez-le sous le nom **Fournitures**.

b. Disposez horizontalement les feuilles des trois mois pour comparer les dépenses de fournitures, puis fermez toutes les fenêtres du classeur, sauf une et agrandissez-la.

c. Créez un affichage personnalisé de la feuille Janvier complète, nommée **Toutes fournitures**. Masquez les catégories papier, stylos et divers pour créer un affichage personnalisé ne montrant que la catégorie matériel. Nommez cet affichage **Matériel**.

d. Utilisez l'affichage personnalisé Toutes fournitures, groupez les trois feuilles de calcul et créez un total des montants dans la cellule D28 de chacune des feuilles.

e. Les feuilles étant groupées, ajoutez le nom de la feuille dans la section centrale de l'en-tête de chaque feuille de calcul, ainsi que votre nom dans la section centrale du bas de page de chaque feuille de calcul.

f. Dissociez les feuilles. À l'aide du Vérificateur de compatibilité, repérez les fonctionnalités non prises en charge dans les versions précédentes d'Excel.

g. Ajoutez dans la cellule A1 de la feuille de janvier un lien hypertexte qui ouvre le fichier Matériel.xlsx. Ajoutez l'info-bulle **Fournisseur de matériel**. Testez l'info-bulle et le lien hypertexte, puis retournez au classeur Fournitures sans fermer le classeur Matériel.xlsx. Enregistrez le classeur Fournitures.xlsx.

h. Créez un espace de travail contenant les classeurs Fournitures.xlsx et Matériel.xlsx avec les deux fenêtres disposées en mosaïque. Nommez cet espace de travail **Fournitures de bureau**. (*Indice* : Enregistrer l'espace de travail est un bouton du groupe Fenêtre, sous l'onglet Affichage.)

i. Masquez le classeur Matériel.xlsx, puis réaffichez-le.

j. Fermez le classeur Matériel.xlsx et agrandissez la fenêtre du classeur Fournitures.xlsx.

k. Enregistrez le classeur Fournitures comme un classeur Excel avec prise en charge des macros. Fermez le classeur et quittez Excel.

Défi

Excel s'avère un outil intéressant pour planifier des vacances. Que vous prévoyiez un voyage prochainement ou dans un avenir lointain, Excel vous aide à établir le budget de votre voyage. Une fois les données entrées, créez des affichages personnalisés des données, ajoutez un lien hypertexte et des mots-clés, puis enregistrez le fichier dans une version précédente d'Excel.

a. Démarrez Excel, créez un nouveau classeur et enregistrez-le dans votre dossier Projets sous le nom **Budget de voyage**.

b. Entrez les données de votre budget de voyage à l'aide des éléments correspondants du tableau F-2.

c. Ajoutez un lien hypertexte à l'étiquette Hébergements pour cibler une page web contenant des informations à propos des hôtels, campings, lits et couettes ou les auberges où vous logerez pendant votre voyage. (*Indice*: Dans la boite de dialogue Insérer un lien hypertexte, cliquez le bouton Fichier ou page Web existant(e), puis entrez l'adresse de la page web dans la zone de texte Adresse.)

d. Créez un affichage personnalisé **Budget complet** qui présente toutes les informations budgétaires. Créez un autre affichage personnalisé **Transports**, qui ne montre que les frais de transport. Vérifiez ces deux affichages, puis affichez le budget complet.

e. Dans le volet Propriétés du document, ajoutez votre nom dans la zone de texte Auteur, écrivez **voyage** dans la zone de texte Objet et entrez les mots-clés **budget** et **dépenses**.

f. Ajoutez un pied de page qui imprime votre nom dans la section de gauche et affichez l'aperçu.

g. Déverrouillez les montants de la feuille de calcul. Protégez la feuille de calcul avec un mot de passe.

h. Supprimez la protection, puis enregistrez le classeur.

i. Enregistrez le classeur au format Excel 97-2003, puis fermez le classeur Budget de voyage.xls.

TABLEAU F-2

	Montant
Transports	
Avion	
Voiture	
Train	
Taxi	
Bus	
Hébergements	
Hôtel	
Camping	
Lit et couette	
Auberge	
Repas	
Nourriture	
Boissons	
Divers	
Droits d'entrée	
Souvenirs	

Difficultés supplémentaires

- Ouvrez le fichier Budget de voyage.xlsx et vérifiez que la protection est inactive.
- Permettez la modification simultanée du classeur par plusieurs personnes.
- Paramétrez le classeur partagé pour assurer le suivi des modifications à venir, puis modifiez les données de deux montants de frais de voyage.
- Examinez le suivi des modifications, acceptez la première modification et rejetez la seconde.
- Enregistrez et fermez le classeur.

j. Quittez Excel.

Atelier visuel

Démarrez Excel, ouvrez le classeur EX F-6.xlsx de votre dossier Projets et enregistrez-le sous le nom **Locations estivales**. Créez la feuille de calcul présentée à la figure F-23. Le texte de la cellule A18 est un hyperlien vers le classeur Information prix. xlsx ; l'arrière-plan de la feuille de calcul est obtenu à partir de l'image du fichier EX F-7.gif. Placez votre nom dans le pied de page de la feuille de calcul, puis affichez la feuille en mode Aperçu.

FIGURE F-23

	A	B	C	D	E	F	G	H	I	J
1		Vue sur Mer								
2		Locations estivales								
3	N° propriété	Emplacement	Type	Lits	Bains	Animaux				
4	1023	Bord de mer	Maison	3	1	Oui				
5	1562	Arrière-pays	Appartement	2	1	Non				
6	1987	1 pâté de maison du bord de mer	Maison	4	2	Oui				
7	1471	2 km du bord de mer	Appartement	2	2	Non				
8	1132	Bord de mer	Maison	4	2	Non				
9	1462	Arrière-pays	Maison	2	1	Non				
10	1024	Bord de mer	Maison	3	1	Oui				
11	1563	Arrière-pays	Appartement	3	2	Non				
12	1988	1 pâté de maison du bord de mer	Maison	4	2	Oui				
13	1478	2 km du bord de mer	Appartement	2	2	Non				
14	1133	Bord de mer	Maison	4	2	Non				
15	1469	Arrière-pays	Maison	2	1	Non				
16	1887	Arrière-pays	Appartement	2	1	Non				
17	1964	1 pâté de maison du bord de mer	Maison	2	2	Oui				
18	1756	2 km du bord de mer	Appartement	3	2	Non				

Utiliser les tableaux

Vous aurez besoin de ces fichiers :

EX G-1.xlsx
EX G-2.xlsx
EX G-3.xlsx
EX G-4.xlsx
EX G-5.xlsx

En plus d'utiliser les fonctionnalités de tableur d'Excel, vous pouvez analyser et manipuler des données dans une structure de tableau. Un **tableau** Excel est une collection de données structurées de façon identique, organisée en lignes et en colonnes. Un tableau pourrait, par exemple, contenir des informations sur les clients, avec un client par ligne, les colonnes reprenant le nom, l'adresse, le téléphone et le total de ses achats. Vous pouvez utiliser un tableau pour gérer et analyser des données indépendamment du reste de la feuille de calcul. Lorsque vous désignez une plage particulière d'une feuille de calcul comme étant un tableau, sa mise en forme est automatiquement étendue aux données que vous ajoutez et toutes les formules de cc tableau sont mises à jour pour tenir compte des nouvelles données. Sans cette fonctionnalité de tableau, vous seriez obligé de modifier la mise en forme et les formules, chaque fois qu'une donnée est ajoutée à la plage. Un tableau permet de modifier facilement l'ordre des données tout en conservant le lien de la ligne. Il permet aussi de présenter et de réaliser des calculs sur une partie des données seulement, simplifiant ainsi la synthèse de grandes quantités de données. Dans ce module, vous apprendrez à concevoir et à créer un tableau, à ajouter, modifier, rechercher et supprimer des données dans un tableau, puis à trier les données, effectuer des calculs à l'échelle du tableau et, enfin, à imprimer un tableau. Voyages Tour Aventure utilise des tableaux pour analyser des données de ses voyages organisés. Catherine Morgane, vice-présidente des ventes chez VTA, requiert votre aide pour l'aider à édifier et à gérer un tableau des voyages organisés en 2013.

OBJECTIFS

Concevoir un tableau

Créer un tableau

Ajouter des données à un tableau

Rechercher et remplacer des données d'un tableau

Supprimer des données d'un tableau

Trier un tableau

Utiliser des formules dans un tableau

Imprimer un tableau

Concevoir un tableau

Les tableaux constituent un moyen très pratique de comprendre et d'exploiter de grandes quantités d'informations. En élaborant un tableau, il faut réfléchir aux données qu'il devra contenir et à la manière de travailler avec les données actuelles et à venir. Avant de concevoir un tableau, vous devez en comprendre les composants les plus importants. Les tableaux sont composés de lignes, appelés enregistrements; un **enregistrement** contient des données concernant un objet, une personne ou tout autre type d'élément. Un enregistrement est divisé en champs, les colonnes du tableau ; chaque **champ** représente une caractéristique de l'enregistrement, comme l'adresse ou le nom d'un client. Chaque champ possède un **nom de champ**, une étiquette de colonne décrivant ce champ, par exemple « Adresse ». Un tableau comporte généralement une **ligne d'en-tête**, une première ligne composée des noms des champs. Pour construire un tableau, respectez les étapes ci-dessous. Catherine vous demande de rédiger un tableau des voyages de 2013. Avant d'entrer les données des voyages dans une feuille de calcul Excel, vous devez concevoir, faire le plan du contenu du tableau.

DÉTAILS

Pour concevoir un tableau, tenez compte des principes suivants :

- **Identifier l'objectif du tableau**

  L'objectif du tableau détermine le type d'information qu'il contiendra. Vous voulez utiliser le tableau des voyages pour rechercher rapidement toutes les dates de départ d'un voyage déterminé et afficher les voyages dans l'ordre de leurs dates de départ. Vous souhaitez aussi calculer rapidement le nombre de places disponibles dans un voyage.

- **Définir la structure du tableau**

  Identifiez les champs (les colonnes) nécessaires pour atteindre l'objectif du tableau. Vous avez travaillé en collaboration avec le service commercial afin d'identifier le type d'information dont ils ont besoin pour chaque voyage. La figure G-1 propose une esquisse de structure du tableau. Chaque ligne contient l'enregistrement d'un voyage. Les colonnes représentent les champs contenant des éléments d'information descriptifs que vous devrez entrer pour chaque voyage, comme le nom, la date de départ et la durée.

- **Définir la structure des lignes et des colonnes**

  N'importe quelle série de cellules adjacentes d'une feuille de calcul peut devenir un tableau. Dessinez votre tableau de façon à ce que chaque ligne reprenne les mêmes types de données dans la même colonne. Un tableau ne doit pas contenir de ligne ou de colonne vide. Au lieu d'utiliser des lignes vides pour séparer les titres des données, utilisez un style de tableau appliquant une mise en forme qui fera ressortir les en-têtes. La figure G-2 présente un tableau contenant des données mises en forme avec un style de tableau.

- **Documenter la structure du tableau**

  En plus de la structure du tableau, établissez une liste des champs pour décrire le type des données et tout format de nombre spécial nécessaire pour chaque champ. Un nom de champ doit être le plus court possible, mais veillez à donner des noms expressifs décrivant clairement son contenu. Lorsque vous nommez des champs, préférez le texte aux nombres car un nombre risque d'être interprété comme une partie d'une formule. Utilisez des noms uniques pour les colonnes et qui se distinguent clairement d'adresses de cellules, du type D2. Votre tableau des voyages contiendra huit noms de champs, chacun correspondant à l'une des caractéristiques principales des voyages de 2013. Le tableau G-1 présente la documentation des noms de champs de votre tableau.

Voyages 2013

Voyage	Date de départ	Nombre de jours	Nombre de sièges	Réservation	Prix	Vol inclus	Assurance comprise

- La ligne d'en-tête contient les noms des champs
- Chaque voyage sera placé dans une ligne du tableau

FIGURE G-2 : Tableau avec des données mis en forme

	A	B	C	D	E	F	G	H
1	Voyage	Date départ	Nombre de jours	Nombre de places	Places réservée	Prix	Vol compri	Assurances
2	Odyssée du Pacifique	11-01-13	14	50	50	3 105 $	Oui	Non
3	Japon authentique	12-01-13	21	47	41	2 100 $	Oui	Non
4	Yellowstone	18-01-13	10	30	28	2 800 $	Oui	Oui
5	Inde essentielle	20-01-13	18	51	40	3 933 $	Oui	Oui
6	Amazone au naturel	23-02-13	14	43	38	2 877 $	Non	Non
7	Cuisine française	28-02-13	7	18	15	2 822 $	Oui	Non
8	Perles d'Orient	12-03-13	14	50	15	3 400 $	Oui	Non
9	Sur la route de la soie	18-03-13	18	25	19	2 190 $	Oui	Oui
10	Forêt équatoriale du Costa Rica	20-03-13	7	20	20	2 590 $	Oui	Oui
11	Aventure verte en Équateur	23-03-13	18	25	22	2 450 $	Non	Non
12	Grands parcs nationaux africains	07-04-13	30	12	10	4 870 $	Oui	Oui
13	Expérience cambodgienne	10-04-13	12	40	21	2 908 $	Oui	Non
14	Japon authentique	14-04-13	21	47	30	2 100 $	Oui	Non
15	Yellowstone	18-04-13	10	30	20	2 800 $	Oui	Oui
16	Inde essentielle	20-04-13	18	51	31	3 933 $	Oui	Oui
17	Amazone au naturel	23-04-13	14	43	30	2 877 $	Non	Non
18	Aventure en Catalogne	09-05-13	14	51	30	3 100 $	Oui	Non
19	Trésors d'Éthopie	18-05-13	10	41	15	3 200 $	Oui	Oui
20	Monastères bulgares	20-05-13	7	19	11	2 103 $	Oui	Oui

TABLEAU G-1 : Documentation du tableau

Nom du champ	Type de données	Description des données
Voyage	Texte	Nom du voyage
Date départ	Date	Date de départ du voyage
Nombre de jours	Nombre entier (0 décimale)	Durée du voyage organisé
Nombre de places	Nombre entier (0 décimale)	Nombre maximum de participants au voyage
Réservations	Nombre entier (0 décimale)	Nombre de réservations enregistrées pour le voyage
Prix	Nombre Comptabilité entier (0 décimale et symbole $)	Prix du voyage (ce prix n'est garanti qu'après réception d'un acompte de 30 %)
Vol compris	Texte	Oui : Le billet d'avion est inclus dans le prix Non : Le billet d'avion n'est pas inclus dans le prix
Assurance comprise	Texte	Oui : Assurances bagages et annulation incluses dans le prix Non : Aucune assurance n'est incluse dans le prix

Créer un tableau

Après avoir défini la structure du tableau, la série de champs et les types de données appropriés, vous êtes prêt à créer le tableau avec Excel. Une fois le tableau créé, l'onglet Outils de tableau Création apparait avec une galerie de styles de tableau. Un **style de tableau** permet de mettre en forme un tableau rapidement et facilement, grâce à des combinaisons prédéfinies de présentations, qui définissent les couleurs d'arrière-plan, les bordures, la police de caractères et sa couleur. ▓▓▓▓▓ Catherine vous demande de créer un tableau avec les données des voyages de l'année 2013. Vous commencez par entrer les différents noms de champs, puis vous entrez les données des voyages correspondant à chaque champ, vous créez le tableau et vous le mettez en forme à l'aide d'un style de tableau.

ÉTAPES

PROBLÈME

Ne vous inquiétez pas si les noms de champs sont plus larges que les cellules, vous règlerez cela plus loin.

1. Démarrez Excel, ouvrez le classeur EX G-1.xlsx de votre dossier Projets et enregistrez-le sous le nom Voyages 2013.

2. En commençant à la cellule A1 de la feuille Pratique, entrez chacun des noms des champs dans une colonne distincte (figure G-3).

   Les noms des champs figurent généralement dans la première ligne du tableau.

ASTUCE

N'insérez pas d'espace en début de cellule, car cela peut affecter le tri et la recherche de données dans le tableau.

3. Entrez les données de la figure G-4 dans les lignes immédiatement sous les noms des champs, sans laisser de ligne vide.

   Les données sont réparties dans les colonnes, organisées par nom de champ.

4. Sélectionnez la plage A1:H4, cliquez sur le bouton Format du groupe Cellules, cliquez sur Ajuster la largeur de colonne, puis cliquez dans la cellule A1.

   Redimensionner les colonnes de cette manière est plus rapide que le double-clic sur les lignes de séparation des colonnes.

ASTUCE

Vous pouvez aussi créer un tableau à l'aide du raccourci [Ctrl] + T.

5. La cellule A1 étant sélectionnée, cliquez sur l'onglet Insertion, puis cliquez sur le bouton Tableau du groupe Tableau. Dans la boite de dialogue Créer un tableau, vérifiez que la plage du tableau est $A$1:$H$4 et que la case Mon tableau comporte des en-têtes est cochée (figure G-5), puis cliquez sur OK.

   La plage de données est maintenant définie comme un tableau. Des flèches de Filtre automatique, qui permettent d'afficher sélectivement les données, apparaissent à droite des en-têtes de colonnes. Quand vous créez un tableau, Excel lui applique automatiquement un style de tableau par défaut. Le style par défaut met la ligne d'en-tête en bleu foncé et affiche les lignes de données en bandes grises et blanches. L'onglet Outils de tableau Création apparait et le groupe Styles de tableau permet d'accéder à une galerie d'options de mise en forme. Vous décidez de choisir un autre style de tableau dans la galerie.

6. Cliquez sur le bouton Autres ⊡ du groupe Styles de tableau, faites défiler les styles de tableau et pointez, sans cliquer, quelques-uns des styles proposés.

   La galerie des styles de tableau de l'onglet Outils de tableau Création propose trois catégories de style : Clair, Moyen et Foncé. Chaque catégorie comprend de nombreux types : par exemple dans certains types, la ligne des en-têtes et celle des totaux sont plus foncées et les lignes sont en couleurs alternées. Les styles disponibles sont dans la palette de couleurs du thème courant, ils sont donc coordonnés avec le contenu présent dans le classeur. Si vous changez de thème ou de palette de couleurs dans le groupe Thèmes de l'onglet Mise en page, la galerie adoptera ces nouvelles couleurs. En pointant quelques styles de tableau, vous voyez le résultat du style pointé appliqué à votre tableau. L'Aperçu ne fait que présenter l'aspect que vous obtiendriez. Pour appliquer un style de tableau, vous devez cliquer sur ce style.

7. Cliquez sur le Style de tableau moyen 21 pour l'appliquer au tableau, puis cliquez dans la cellule A1.

   Comparez votre tableau à la figure G-6.

FIGURE G-3 : Noms des champs entrés dans la ligne 1

	A	B	C	D	E	F	G	H
1	Voyage	Date départ	Nombre de jours	Nombre de places	Places réservées	Prix	Vol compris	Assurances

FIGURE G-4 : Trois enregistrements saisis dans la feuille de calcul

	A	B	C	D	E	F	G	H
1	Voyage	Date départ	Nombre de jours	Nombre de places	Places réservées	Prix	Vol compris	Assurances
2	Odyssée du Pacifique	11-01-13	14	50	50	3105	Oui	Non
3	Japon authentique	12-01-13	21	46	41	2100	Oui	Non
4	Yellowstone	18-01-13	10	31	28	1500	Oui	Oui
5								

FIGURE G-5 : Boite de dialogue Créer un tableau

Plage du tableau

Vérifiez que la case est cochée

FIGURE G-6 : Tableau mis en forme avec trois enregistrements

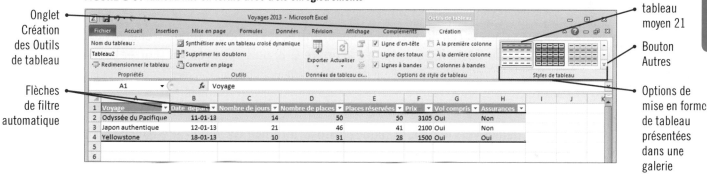

Onglet Création des Outils de tableau

Flèches de filtre automatique

Style de tableau moyen 21

Bouton Autres

Options de mise en forme de tableau présentées dans une galerie

Modifier les options des styles rapides de tableau

Vous pouvez modifier l'apparence du tableau à l'aide de cases à cocher du groupe Options de style de tableau, dans l'onglet Outils de tableau Création. Vous activerez ou désactiverez ainsi les options suivantes : **bandes**, qui applique des mises en forme différentes aux lignes ou aux colonnes adjacentes, une mise en forme particulière des premières et dernière colonnes, une Ligne des totaux, qui calcule des totaux pour chaque colonne et une Ligne d'en-tête, qui affiche ou masque la ligne des noms de champs. Utilisez ces cases à cocher pour modifier le tableau avant ou après l'application d'un style rapide. Si, par exemple, votre tableau affiche des lignes en bandes, vous pouvez cocher la case Colonnes à bandes pour afficher aussi des colonnes adjacentes de couleurs différentes. Ou bien vous ôterez la coche de la case Ligne d'en-tête pour masquer la ligne

d'en-tête afin d'intégrer le tableau à une présentation. La figure G-7 illustre les options de style de tableau.

Pour créer votre propre style de tableau, cliquez sur le bouton Autres ou le bouton Styles rapides, cliquez sur Nouveau style de tableau au bas de la galerie des styles rapides. Dans la boite de dialogue Nouveau style rapide de tableau, nommez ce nouveau style, cliquez sur un élément du tableau, puis définissez la mise en forme de chacun des éléments du tableau en cliquant sur Format. Vous définirez ce style personnalisé comme style par défaut des nouveaux tableaux en cochant la case Définir comme style rapide de tableau par défaut pour ce document. Pour supprimer un style rapide, sélectionnez-le dans la galerie, puis cliquez sur Effacer, au bas de la galerie.

FIGURE G-7 : Options de style de tableau

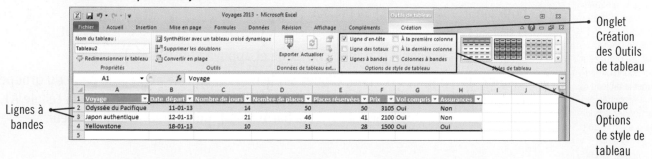

Lignes à bandes

Onglet Création des Outils de tableau

Groupe Options de style de tableau

Ajouter des données à un tableau

Vous pouvez ajouter des enregistrements à une liste en tapant les données directement dans les cellules, sous la dernière ligne du tableau. Après l'appui sur [Entrée], la nouvelle ligne est ajoutée au tableau et la mise en forme de celui-ci est étendue aux nouvelles données. Quand la cellule active est la dernière d'un tableau, appuyer sur [Tab] entraine l'ajout d'une nouvelle ligne. Vous pouvez ajouter des lignes de données à tout emplacement d'un tableau. Si vous avez besoin de champs de données supplémentaires, ajoutez de nouvelles colonnes au tableau. Une autre façon d'étendre un tableau consiste à glisser la poignée de redimensionnement du coin inférieur droit du tableau ; étirez-la vers le bas pour ajouter des lignes ou vers la droite pour ajouter des colonnes. ▨▨▨ Une fois toutes les données des voyages de 2013 placées dans le tableau, Catherine décide de proposer deux autres voyages organisés. Elle voudrait aussi afficher dans le tableau le nombre de sièges disponibles pour chaque voyage et indiquer les destinations exigeant un visa.

ÉTAPES

1. **Activez la feuille Voyages 2013.**

   Cette feuille contient déjà les voyages prévus en 2013.

2. **Cliquez dans la cellule A65 du tableau, entrez les données du nouveau voyage Forêt primaire du Costa Rica, comme à la figure G-8, puis appuyez sur [Entrée].**

   Lorsque vous faites défiler le tableau, les en-têtes restent visibles au sommet des colonnes tant que la cellule active est dans le tableau. Le nouveau voyage fait maintenant partie intégrante du tableau. Vous décidez d'ajouter un enregistrement pour la période de janvier au-dessus de la ligne 6.

3. **Faites défiler vers le haut et cliquez juste à l'intérieur de la bordure gauche de la cellule A6, pour sélectionner la ligne de données du tableau, cliquez sur l'onglet Accueil, puis déroulez la liste Insérer du groupe Cellules et cliquez sur Insérer des lignes de tableau au-dessus.**

   Le clic sur la bordure gauche de la première cellule d'une ligne d'un tableau sélectionne la ligne complète du tableau et non la ligne de la feuille de calcul. Une nouvelle ligne 6 vierge apparait, disponible pour un nouvel enregistrement.

4. **Cliquez dans la cellule A6 et entrez l'enregistrement Yellowstone de la figure G-9.**

   Le nouveau voyage au Yellowstone fait désormais partie du tableau. Vous devez maintenant ajouter un nouveau champ, qui affiche, pour chaque voyage, le nombre de places disponibles.

5. **Cliquez dans la cellule I1, tapez Places disponibles, puis appuyez sur [Entrée].**

   Le nouveau champ est également intégré au tableau et la mise en forme des en-têtes s'étend au nouveau champ. Le menu Correction automatique permet d'annuler ou d'arrêter l'extension automatique du tableau mais, dans ce cas-ci, vous ne devez pas l'annuler. Vous devez ajouter un autre champ au tableau, pour afficher les voyages qui nécessitent un visa. Cette fois, vous ajoutez le champ par un redimensionnement du tableau.

ASTUCE

Une autre méthode permet de redimensionner un tableau : cliquez sur l'onglet Outils de tableau Création, cliquez sur le bouton Redimensionner le tableau du groupe Propriétés, sélectionnez la nouvelle plage que doit occuper la table, puis cliquez sur OK.

6. **Faites défiler le tableau pour que la cellule I66 soit visible, glissez la poignée de redimensionnement du coin inférieur droit du tableau d'une colonne vers la droite, pour ajouter la colonne J au tableau (Figure G-10).**

   Le tableau s'étend cette fois sur la plage A1:J66 et le nouveau champ porte le nom Colonne1.

7. **Cliquez dans la cellule J1, tapez Visa exigé et appuyez sur [Entrée].**

8. **Cliquez sur l'onglet Insertion, cliquez sur le bouton En-tête et pied de page du groupe Texte, tapez votre nom dans la section centrale de l'en-tête, cliquez dans la cellule A1, cliquez sur le bouton Normal ▦ de la barre d'état, puis enregistrez le classeur.**

62	Odyssée du Pacifique	21-12-13	14	50	10	3 105 $	Oui	Non
63	Inde essentielle	30-12-13	18	51	15	3 933 $	Oui	Oui
64	Japon authentique	31-12-13	21	47	4	2 100 $	Oui	Non
65	Forêt primaire du Costa Rica	30-01-13	7	20	0	1 927 $	Oui	Oui
66								
67								
68								

Nouvel enregistrement à la ligne 65

FIGURE G-9 : Nouvel enregistrement à la ligne 6

	A	B	C	D	E	F	G	H
1	Voyage	Date départ	Nombre de jours	Nombre de places	Places réservée	Prix	Vol compri	Assurances
2	Odyssée du Pacifique	11-01-13	14	50	50	3 105 $	Oui	Non
3	Japon authentique	12-01-13	21	47	41	2 100 $	Oui	Non
4	Yellowstone	18-01-13	10	30	28	1 500 $	Oui	Oui
5	Inde essentielle	20-01-13	18	51	40	3 933 $	Oui	Oui
6	Yellowstone	31-01-13	10	18	0	999 $	Oui	Oui
7	Amazone au naturel	23-02-13	14	43	38	2 877 $	Non	Non
8	Cuisine française	28-02-13	7	18	15	2 822 $	Oui	Non
9	Perles d'Orient	12-03-13	14	50	15	3 400 $	Oui	Non
10	Sur la route de la soie	18-03-13	18	25	19	2 190 $	Oui	Oui

Nouvel enregistrement à la ligne 6

FIGURE G-10 : Étendre un tableau à l'aide des poignées de redimensionnement

54	Grands parcs nationaux africains	27-10-13	30	12	8	4 870 $	Oui	Oui
55	Randonnée au Népal	29-10-13	14	18	8	4 200 $	Oui	Oui
56	Maroc exotique	31-10-13	7	38	15	1 900 $	Oui	Non
57	Experience Cambodia	31-10-13	12	40	2	2 908 $	Oui	Non
58	Trésors d'Éthopie	18-11-13	10	41	12	3 200 $	Oui	Oui
59	Aventure à Panama	18-12-13	10	50	21	2 304 $	Oui	Oui
60	Aventure à Panama	18-12-13	10	50	21	2 304 $	Oui	Oui
61	Aventure aux Galapagos	20-12-13	14	15	1	3 100 $	Oui	Oui
62	Aventure aux Galapagos	20-12-13	14	15	1	3 100 $	Oui	Oui
63	Odyssée du Pacifique	21-12-13	14	50	10	3 105 $	Oui	Non
64	Inde essentielle	30-12-13	18	51	15	3 933 $	Oui	Oui
65	Japon authentique	31-12-13	21	47	4	2 100 $	Oui	Non
66	Forêt primaire du Costa Rica	30-01-13	7	20	0	1 927 $	Oui	Oui
67								

Faites glisser la poignée pour ajouter la colonne J au tableau

Sélectionner des éléments de tableau

En travaillant avec les tableaux, vous aurez souvent besoin de sélectionner des lignes, des colonnes, voire le tableau entier. Cliquer à droite d'un numéro de ligne, dans la colonne A, sélectionne la ligne entière. Pour sélectionner une colonne d'un tableau, cliquez sur la bordure supérieure du nom de champ. Veillez cependant à ne pas cliquer sur une lettre de colonne ni sur un numéro d'une ligne car ceci aurait pour effet de sélectionner la colonne ou la ligne de la feuille de calcul entière. Pour sélectionner toutes les données d'un tableau, cliquez sur le coin supérieur gauche de la première cellule de la table. Lorsque vous cliquez pour sélectionner une colonne ou le tableau, le premier clic sélectionne seulement les données et un second clic inclut aussi l'en-tête du tableau dans la sélection.

Rechercher et remplacer des données d'un tableau

Régulièrement, vous devez retrouver certains enregistrements dans un tableau. La commande Rechercher d'Excel permet d'effectuer une recherche dans un tableau. Vous pouvez aussi utiliser l'outil Remplacer pour trouver le contenu d'une cellule ou d'une partie de cellule et le remplacer par une nouvelle donnée. Si vous ignorez l'orthographe exacte du texte que vous recherchez, les **caractères génériques** faciliteront votre recherche. Les caractères génériques sont des symboles particuliers qui prennent la place des caractères inconnus. ▓▓▓▓▓ À cause d'un changement dans le voyage en Istrie, Catherine doit remplacer Istrie par Croatie dans la liste des voyages. Elle voudrait aussi connaitre le nombre de voyages « Odyssée du Pacifique », prévus tout au long de l'année. Vous commencez la recherche par les enregistrements comportant le nom « Odyssée du Pacifique ».

ÉTAPES

1. **Cliquez si nécessaire dans la cellule A1, cliquez sur l'onglet Accueil, cliquez sur le bouton Rechercher et sélectionner du groupe Édition, puis cliquez sur Rechercher.**

   La boite de dialogue Rechercher et remplacer s'ouvre (figure G-11). Vous entrez dans la zone de texte Rechercher, les critères identifiant les enregistrements que vous voulez trouver. Vous voulez repérer les enregistrements dont le champ Voyage contient le texte « Odyssée du Pacifique ».

2. **Tapez Odyssée du Pacifique dans la zone de texte Rechercher, puis cliquez sur Suivant.**

   A2 est la cellule active parce que c'est la première instance d'Odyssée du Pacifique dans le tableau.

3. **Cliquez sur Suivant et examinez les différents enregistrements trouvés avec des voyages intitulés Odyssée du Pacifique, jusqu'à ce que plus aucune cellule ne soit trouvée avec ce texte et que la cellule A2 devienne à nouveau active, puis cliquez sur Fermer.**

   Quatre voyages portent le nom Odyssée du Pacifique.

4. **Retournez à la cellule A1, cliquez sur le bouton Rechercher et sélectionner du groupe Édition, puis cliquez sur Remplacer.**

   La boite de dialogue Rechercher et remplacer s'ouvre, cette fois avec l'onglet Remplacer sélectionné et le texte « Odyssée du Pacifique » dans la zone de texte Rechercher (figure G-12). Vous voulez trouver les entrées qui contiennent « Istrie », où vous remplacerez « Istrie » par « Croatie ». Comme vous n'êtes pas certain de l'orthographe d'Istrie, vous utilisez le caractère générique * pour repérer les enregistrements contenant l'intitulé de voyage correct.

ASTUCE

Utilisez aussi le caractère générique point d'interrogation (?) pour représenter un seul caractère. Par exemple, si vous effectuez une recherche sur « ven? », vous obtenez seulement les mots de quatre lettres commençant par « ven », comme vent, vend et venu, mais vous ne trouverez pas vendu ni vente.

5. **Supprimez tout le contenu de la zone de texte Rechercher, tapez Is* dans la zone de texte Rechercher, cliquez dans la zone de texte Remplacer par et tapez Croatie.**

   Le caractère générique astérisque (*) représente un ou plusieurs caractères, ce qui signifie que la recherche portant sur Is* trouvera tous les mots tels que Islande et Isthme. Or, vous remarquez que d'autres entrées du tableau contiennent le texte « is » avec un i minuscule (française, disponible et Visa). Par conséquent, vous devez imposer le remplacement des seuls mots dont le I est en majuscule.

6. **Cliquez sur Options >>, cliquez dans la case Respecter la casse pour la cocher, cliquez sur Options <<, puis cliquez sur Suivant.**

   Excel déplace le pointeur de cellule vers la première occurrence d'Istrie.

7. **Cliquez sur Remplacer tout, cliquez sur OK, puis cliquez sur Fermer.**

   La boite de dialogue se ferme. Excel a modifié deux données, dans les cellules A22 et A51. Les autres données contenant is avec le i en minuscule demeurent inchangées.

8. **Enregistrez le classeur.**

FIGURE G-11 : Boite de dialogue Rechercher et remplacer

Tapez Odyssée du Pacifique

FIGURE G-12 : Onglet Remplacer de la boite de dialogue Rechercher et remplacer

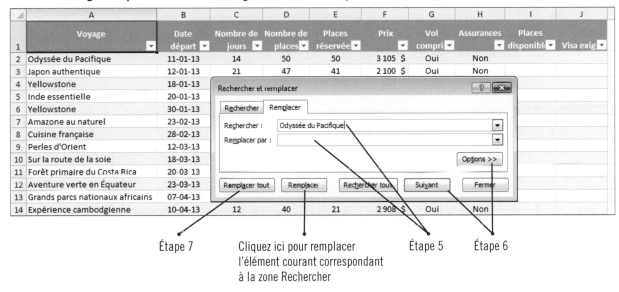

Étape 7

Cliquez ici pour remplacer l'élément courant correspondant à la zone Rechercher

Étape 5

Étape 6

Utiliser les outils Rechercher et sélectionner

Pour atteindre un emplacement déterminé dans un classeur, la commande de recherche s'avère utile : cliquez sur le bouton Rechercher et sélectionner du groupe Édition, cliquez sur Atteindre, tapez une adresse de cellule, puis cliquez sur OK. Le bouton Rechercher et sélectionner permet aussi de trouver des commentaires et une mise en forme conditionnelle dans un classeur grâce à l'option Sélectionner les cellules. Avec la boite de dialogue Sélectionner les cellules, vous pouvez sélectionner des cellules contenant

différents types de formules, d'objets ou de validation de données. Certaines commandes de Sélectionner les cellules apparaissent déjà parmi les options du menu Rechercher et sélectionner. À l'aide de ce menu, vous pouvez aussi sélectionner le pointeur de sélection d'objet, qui modifie la forme du pointeur de souris et permet de sélectionner rapidement des objets graphiques. Pour revenir au pointeur normal d'Excel, appuyez sur [Échap].

Supprimer des données d'un tableau

Pour maintenir un tableau à jour, vous devez avoir la possibilité de supprimer régulièrement des enregistrements, ou éventuellement supprimer des champs, si les informations qu'ils contiennent deviennent superflues. Vous supprimez des données d'un tableau à l'aide du bouton Supprimer ou en faisant glisser la poignée de redimensionnement du coin inférieur droit du tableau. Vous pouvez également reproduire facilement des enregistrements d'un tableau. ■■■■■■ Catherine annule le départ du voyage Japon authentique du 12 janvier et vous demande de supprimer son enregistrement. Vous devez aussi supprimer les enregistrements en double dans le tableau. Comme l'exigence du visa est une notion difficile à gérer, Catherine y renonce et vous demande également de supprimer le champ qui contient ces données.

ÉTAPES

1. **Cliquez sur le bord gauche de la cellule A3 pour sélectionner les données de l'enregistrement correspondant, déroulez la liste Supprimer du groupe Cellules, puis cliquez sur Supprimer des lignes de tableau.**

   Le voyage Japon authentique est supprimé et le voyage Yellowstone passe en ligne 3 (figure G-13). Vous pouvez aussi supprimer une ligne ou une colonne d'un tableau à l'aide du bouton Redimensionner le tableau du groupe Propriétés, dans l'onglet Création des Outils de tableau, ou encore en cliquant dans la ligne ou la colonne, en pointant Supprimer dans le menu contextuel, puis en cliquant sur Lignes de tableau ou Colonnes de tableau. Vous poursuivez le travail avec la recherche des doublons.

ASTUCE

Pour supprimer les doublons d'une feuille de calcul, vous pouvez aussi cliquer sur l'onglet Données, puis cliquer sur le bouton Supprimer les doublons du groupe Outils de données.

2. **Cliquez sur l'onglet Création des Outils de tableau, puis cliquez sur le bouton Supprimer les doublons du groupe Outils.**

   La boite de dialogue Supprimer les doublons s'affiche (figure G-14). Vous devez sélectionner les colonnes que le programme utilisera pour évaluer les doublons. Comme vous ne souhaitez pas supprimer les voyages de même destination avec des dates de départ différentes, vous recherchez les doublons dans toutes les colonnes.

3. **Vérifiez que la case Mes données ont des en-têtes est cochée et que toutes les colonnes sont sélectionnées, puis cliquez sur OK.**

   Deux enregistrements en double ont été découverts et supprimés, ce qui laisse 62 lignes dans le tableau, y compris la ligne d'en-tête. Vous voulez supprimer la dernière colonne qui contient de la place pour l'information concernant le visa.

4. **Cliquez sur OK, faites défiler la fenêtre pour que la cellule J63 soit visible, faites glisser la poignée de redimensionnement d'une colonne vers la gauche pour supprimer la colonne J du tableau.**

   Le tableau couvre désormais la plage A1:I63 et le champ Visa exigé ne fait plus partie du tableau.

5. **Supprimez le contenu de la cellule J1, retournez à la cellule A1 et enregistrez le classeur.**

FIGURE G-13 : Tableau avec une ligne supprimée

	A	B	C	D	E	F	G	H	I
1	Voyage	Date départ	Nombre de jours	Nombre de places	Places réservée	Prix	Vol compri	Assurances	Places disponible
2	Odyssée du Pacifique	11-01-13	14	50	50	3 105 $	Oui	Non	
3	Yellowstone	18-01-13	10	30	28	1 500 $	Oui	Oui	
4	Inde essentielle	20-01-13	18	51	40	3 933 $	Oui	Oui	
5	Yellowstone	30-01-13	10	18	0	999 $	Oui	Oui	
6	Amazone au naturel	23-02-13	14	43	38	2 877 $	Non	Non	
7	Cuisine française	28-02-13	7	18	15	2 822 $	Oui	Non	
8	Perles d'Orient	12-03-13	14	50	15	3 400 $	Oui	Non	
9	Sur la route de la soie	18-03-13	18	25	19	2 190 $	Oui	Oui	
10	Forêt primaire du Costa Rica	20-03-13	7	20	20	1 950 $	Oui	Oui	
11	Aventure verte en Équateur	23-03-13	18	25	22	2 450 $	Non	Non	
12	Grands parcs nationaux africains	07-04-13	30	12	10	4 870 $	Oui	Oui	
13	Expérience cambodgienne	10-04-13	12	40	21	2 908 $	Oui	Non	
14	Japon authentique	14-04-13	21	47	30	2 100 $	Oui	Non	
15	Yellowstone	18-04-13	10	30	20	1 500 $	Oui	Oui	
16	Inde essentielle	20-04-13	18	51	31	3 933 $	Oui	Oui	
17	Amazone au naturel	23-04-13	14	43	30	2 877 $	Non	Non	
18	Aventure en Catalogne	09-05-13	14	51	30	3 100 $	Non	Non	
19	Trésors d'Éthiopie	18-05-13	10	41	15	3 200 $	Oui	Oui	
20	Monastères bulgares	20-05-13	7	19	11	2 103 $	Oui	Oui	
21	Étapes gourmandes en Croatie	23-05-13	7	12	10	2 110 $	Non	Non	

Pratique | **Voyages 2013** | Feuil2

La ligne est supprimée et les voyages décalés d'une ligne vers le haut

FIGURE G-14 : Boite de dialogue Supprimer les doublons

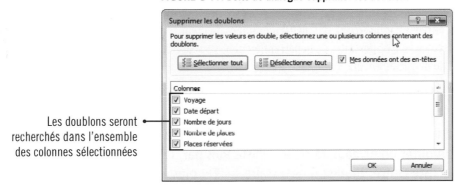

Les doublons seront recherchés dans l'ensemble des colonnes sélectionnées

Excel 2010

Trier un tableau

Généralement, vous entrez les enregistrements dans l'ordre de leur réception plutôt qu'en ordre alphabétique ou numérique. Lorsque vous ajoutez des enregistrements à un tableau, vous les placez le plus souvent à la fin du tableau. Vous pouvez modifier l'ordre des enregistrements à tout moment, à l'aide des commandes de tri d'Excel. Comme les données sont structurées en tableau, Excel change l'ordre des enregistrements, en conservant l'intégrité de chaque enregistrement, ou ligne de données. Vous pouvez trier un tableau en ordre croissant ou décroissant selon un champ, en vous servant de la flèche de liste située à droite de chaque nom de champ. En **ordre croissant**, la plus petite valeur (par exemple le début de l'alphabet ou la date la plus ancienne) est placée en haut du tableau. Dans un champ contenant des étiquettes et des nombres, les nombres apparaissent en premier dans le tableau trié. En **ordre décroissant**, la valeur la plus grande (la fin de l'alphabet ou la date la plus récente) apparait en début de tableau. Dans un champ contenant des étiquettes et des nombres, les étiquettes apparaissent en premier. Le tableau G-3 propose des exemples de tris croissants et décroissants. Comme les données sont structurées dans un tableau, Excel change l'ordre des enregistrements, tout en conservant l'unité des lignes d'informations. ▟▟▟▟ Catherine souhaite obtenir les voyages triés par dates de départ, les départs les plus proches étant placés au début du tableau.

ÉTAPES

ASTUCE

Avant de trier les enregistrements, il est utile d'effectuer une copie de sauvegarde ou de créer un champ numérotant les enregistrements, pour être en mesure de revenir à l'ordre initial, si nécessaire.

1. **Déroulez la liste du filtre du champ Date départ, cliquez ensuite sur Trier du plus ancien au plus récent.**

   Excel replace les enregistrements en ordre croissant de date de départ (figure G-15). La flèche de liste du filtre Date départ devient une flèche pointée vers le haut, indiquant un tri croissant selon ce champ. Vous pouvez aussi trier le tableau selon un champ à l'aide du bouton Trier.

2. **Cliquez sur l'onglet Accueil, cliquez dans une cellule de la colonne Prix, cliquez sur le bouton Trier et filtrer du groupe Édition, puis cliquez sur Trier du plus grand au plus petit.**

   Excel trie le tableau et place au sommet du tableau les enregistrements dont le prix est le plus élevé. La flèche de liste du filtre Prix devient une flèche pointée vers le bas, à droite de la flèche de liste déroulante, ce qui indique le tri décroissant de ce champ. Les données du tableau peuvent aussi être triées selon un ordre de **tri multiniveau**, qui réorganise les enregistrements en appliquant plusieurs niveaux de tri. Dans le cas d'un tri à deux niveaux, les données sont d'abord triées selon un premier champ, puis les données du second niveau sont triées au sein de chaque groupe de valeurs identiques du premier champ. Comme votre tableau comporte de nombreux voyages avec des dates de départ différentes, vous le triez sur plusieurs niveaux selon le voyage, puis par date de départ de chaque voyage.

ASTUCE

Un tri à plusieurs niveaux est tout à fait possible : cliquez sur l'onglet Données, puis cliquez sur le bouton Trier du groupe Trier et filtrer.

3. **Cliquez sur le bouton Trier et filtrer du groupe Édition, puis cliquez sur Tri personnalisé.**

   La boite de dialogue Tri s'ouvre (figure G-16).

ASTUCE

Pour tenir compte de la casse (minuscules et majuscules) des caractères au cours du tri, cliquez sur le bouton Options de la boite de dialogue Tri, puis cochez la case Respecter la casse. Si cette case est cochée, les minuscules précèdent les majuscules dans un tri croissant.

4. **Déroulez la liste Trier par, cliquez sur Voyage, déroulez la liste Ordre, cliquez sur A à Z, cliquez sur Ajouter un niveau, déroulez la liste Puis par, cliquez sur Date départ, déroulez la deuxième liste Ordre, cliquez si nécessaire sur Du plus ancien au plus récent, puis cliquez sur OK.**

   La figure G-17 montre le tableau trié au premier niveau par Voyage en ordre alphabétique croissant (de A à Z) et, en deuxième niveau, trié dans chaque voyage en ordre croissant de Date départ.

5. **Enregistrez le classeur.**

Trier un tableau avec la mise en forme conditionnelle

Si des mises en forme conditionnelles ont été appliquées à un tableau, vous pouvez trier le tableau pour disposer les lignes en fonction des couleurs obtenues par la mise en forme conditionnelle.

Par exemple, si les cellules sont colorées conditionnellement, vous pouvez trier un champ en fonction de la couleur de cellule, avec la couleur soit En haut, soit En bas, dans la boite de dialogue Tri.

FIGURE G-15 : Tableau trié par date de départ

La flèche vers le haut indique que le champ est trié en ordre croissant

	A	B	C	D	E	F	G	H	I
1	Voyage	Date départ	Nombre de jours	Nombre de places	Places réservée	Prix	Vol compri	Assurances	Places disponibl
2	Odyssée du Pacifique	11-01-13	14	50	50	3 105 $	Oui	Non	
3	Yellowstone	18-01-13	10	30	28	1 500 $	Oui	Oui	
4	Inde essentielle	20-01-13	18	51	40	3 933 $	Oui	Oui	
5	Forêt primaire du Costa Rica	30-01-13	7	20	0	1 927 $	Oui	Oui	
6	Yellowstone	30-01-13	10	18	0	999 $	Oui	Oui	
7	Amazone au naturel	23-02-13	14	43	38	2 877 $	Non	Non	
8	Cuisine française	28-02-13	7	18	15	2 822 $	Oui	Non	
9	Perles d'Orient	12-03-13	14	50	15	3 400 $	Oui	Non	
10	Sur la route de la soie	18-03-13	18	25	19	2 190 $	Oui	Oui	
11	Forêt primaire du Costa Rica	20-03-13	7	20	20	1 950 $	Oui	Oui	
12	Aventure verte en Équateur	23-03-13	18	25	22	2 450 $	Non	Non	
13	Grands parcs nationaux africains	07-04-13	30	12	10	4 870 $	Oui	Oui	
14	Expérience cambodgienne	10-04-13	12	40	21	2 908 $	Oui	Non	
15	Japon authentique	14-04-13	21	47	30	2 100 $	Oui	Non	
16	Yellowstone	18-04-13	10	30	20	1 500 $	Oui	Oui	
17	Inde essentielle	20-04-13	18	51	31	3 933 $	Oui	Oui	
18	Amazone au naturel	23-04-13	14	43	30	2 877 $	Non	Non	
19	Aventure en Catalogne	09-05-13	14	51	30	3 100 $	Oui	Non	
20	Trésors d'Éthopie	18-05-13	10	41	15	3 200 $	Oui	Oui	
21	Monastères bulgares	20-05-13	7	19	11	2 103 $	Oui	Oui	

Pratique | **Voyages 2013** | Feuil2

FIGURE G-16 : Boite de dialogue Tri

Cliquez ici pour ajouter des niveaux de tri

Cliquez ici pour supprimer les niveaux de tri

Cliquez ici pour afficher les champs

Tri — Ajouter un niveau | Supprimer un niveau | Copier un niveau | Options... | Mes données ont des en-têtes

Colonne		Trier sur	Ordre
Trier par	Prix	Valeurs	Du plus grand au plus petit

OK | Annuler

FIGURE G-17 : Tableau trié à deux niveaux

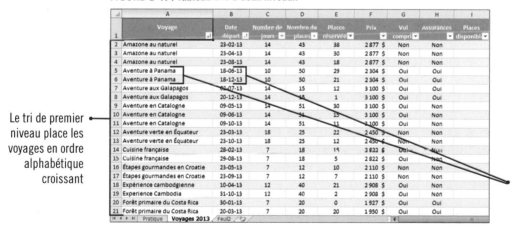

Le tri de premier niveau place les voyages en ordre alphabétique croissant

Le tri de deuxième niveau place les enregistrements par date de départ pour chaque voyage

	A	B	C	D	E	F	G	H	I
1	Voyage	Date départ	Nombre de jours	Nombre de places	Places réservée	Prix	Vol compri	Assurances	Places disponibl
2	Amazone au naturel	23-02-13	14	43	38	2 877 $	Non	Non	
3	Amazone au naturel	23-04-13	14	43	30	2 877 $	Non	Non	
4	Amazone au naturel	23-08-13	14	43	18	2 877 $	Non	Non	
5	Aventure à Panama	18-06-13	10	50	29	2 304 $	Oui	Oui	
6	Aventure à Panama	18-12-13	10	50	21	2 304 $	Oui	Oui	
7	Aventure aux Galápagos	02-07-13	14	15	12	3 100 $	Oui	Oui	
8	Aventure aux Galápagos	20-12-13	14	15	1	3 100 $	Oui	Oui	
9	Aventure en Catalogne	09-05-13	14	51	30	3 100 $	Oui	Non	
10	Aventure en Catalogne	09-06-13	14	51	15	3 100 $	Oui	Non	
11	Aventure en Catalogne	09-10-13	14	51	11	3 100 $	Oui	Non	
12	Aventure verte en Équateur	23-03-13	18	25	22	2 450 $	Non	Non	
13	Aventure verte en Équateur	23-10-13	18	25	12	2 450 $	Non	Non	
14	Cuisine française	28-02-13	7	18	15	2 822 $	Oui	Non	
15	Cuisine française	29-08-13	7	18	5	2 822 $	Oui	Non	
16	Étapes gourmandes en Croatie	23-05-13	7	12	10	2 110 $	Non	Non	
17	Étapes gourmandes en Croatie	23-09-13	7	12	7	2 110 $	Non	Non	
18	Expérience cambodgienne	10-04-13	12	40	21	2 908 $	Oui	Non	
19	Experience Cambodia	31-10-13	12	40	2	2 908 $	Oui	Non	
20	Forêt primaire du Costa Rica	30-01-13	7	20	0	1 927 $	Oui	Oui	
21	Forêt primaire du Costa Rica	20-03-13	7	20	20	1 950 $	Oui	Oui	

Pratique | **Voyages 2013** | Feuil2

TABLEAU G-2 : Options d'ordre de tri et exemples

Option	Alphabétique	Numérique	Date	Alphabétique
Croissant	A, B, C	7, 8, 9	1/1, 2/1, 3/1	12A, 99B, DX8, QT7
Décroissant	C, B, A	9, 8, 7	3/1, 2/1, 1/1	QT7, DX8, 99B, 12A

Imposer un ordre de tri personnalisé

Dans la boite de dialogue Tri, vous pouvez définir un ordre de tri personnalisé pour le champ sélectionné. Déroulez la liste Ordre de la boite de dialogue Tri, cliquez sur Liste personnalisée, puis cliquez sur la liste personnalisée souhaitée. Les listes personnalisées fréquemment utilisées sont les jours de la semaine (Dim, Lun, Mar, etc.) et les mois de l'année (janv. févr., mars, etc.) ; le tri alphabétique ne trie en effet pas correctement ces éléments.

Utiliser des formules dans un tableau

Nombre de tableaux sont vastes, ce qui complique la lecture au premier coup d'œil de « l'histoire » que ces tableaux nous content. Les outils de calcul sur les tableaux permettent de synthétiser les données d'un tableau pour en dégager les principales tendances. Dès que vous avez entré une seule formule dans une cellule d'un tableau, l'outil **colonnes calculées** remplit les autres cellules avec les résultats de la formule. La colonne continue à se remplir avec les résultats de la formule, à mesure que vous entrez de nouvelles lignes dans le tableau. Ceci simplifie la mise à jour des formules, puisqu'il suffit de la modifier une seule fois pour que la modification se répercute dans tout le tableau. L'outil **référence structurée** autorise vos formules à faire référence aux colonnes de tableau par leurs noms, générés automatiquement au moment de la création du tableau. Ces noms s'ajustent automatiquement lorsque vous ajoutez ou supprimez des champs au tableau. Si Ventes et Coûts sont les noms de deux colonnes d'un tableau, un exemple de référence de tableau serait =[Ventes]-[Coûts]. Les tableaux possèdent également une zone particulière à leur pied, appelée la **ligne des totaux du tableau**, qui reçoit les calculs effectués sur les données de colonnes du tableau. Les cellules de cette ligne contiennent une liste déroulante de fonctions utilisables dans ces calculs de colonne. La ligne de total d'un tableau s'adapte à toute modification apportée à la taille du tableau. ▨▨▨ Catherine souhaite vous voir utiliser une formule pour calculer le nombre de sièges encore disponibles pour chaque voyage. Vous ajouterez aussi des informations de synthèse au bas du tableau.

ÉTAPES

1. **Cliquez dans la cellule I2, puis tapez =[.**
   Une liste des noms de champs apparait (figure G-18). Les références structurées permettent d'utiliser les noms créés par Excel au moment de la définition du tableau pour référencer des champs du tableau. Pour sélectionner un champ, cliquez sur son nom dans la liste, puis appuyez sur [Tab] ou, plus simplement, double-cliquez sur le nom du champ.

2. **Cliquez sur Nombre de places, appuyez sur [Tab], puis tapez].**
   Excel entame la formule, place [Nombre de places] en bleu dans la cellule et entoure d'une bordure bleue les données de la colonne Nombre de places.

3. **Tapez –[, double-cliquez sur Places réservés, puis tapez].**
   Excel place [Places réservées] en vert dans la cellule et entoure d'une bordure verte les données de la colonne Places réservées.

4. **Appuyez sur [Entrée].**
   Le résultat de la formule, 5, s'affiche dans la cellule I2. La colonne est automatiquement remplie par la formule qui calcule le nombre de places disponibles pour chaque voyage.

5. **Déroulez la liste des Options de correction automatique ☷ ▾.**
   Comme l'outil colonnes calculées économise bien du temps, vous décidez de le laisser activé. Vous voulez aussi indiquer le nombre total de places disponibles pour les voyages.

6. **Cliquez dans une cellule du tableau, cliquez sur l'onglet Création des Outils de tableau et cochez la case Ligne des totaux dans le groupe Options de style de tableau.**
   Une ligne de totaux apparait en bas du tableau et le nombre total de sièges disponibles, 1035, s'affiche dans la cellule I64. Vous pouvez choisir d'autres formules dans cette ligne de totaux.

7. **Cliquez dans la cellule C64, puis cliquez sur la flèche de liste de la cellule, apparue à droite.**
   Une liste des fonctions disponibles s'affiche (figure G-19). Vous souhaitez connaitre la moyenne des durées des voyages.

8. **Cliquez sur Moyenne, puis enregistrez le classeur.**
   La durée moyenne des voyages, 13 jours, apparait dans la cellule C64.

FIGURE G-18 : Noms des champs du tableau

	A	B	C	D	E	F	G	H	I	J
1	Voyage	Date départ	Nombre de jours	Nombre de places	Places réservée	Prix	Vol compri	Assurances	Places disponibl	
2	Amazone au naturel	23-02-13	14	43	38	2 877 $	Non	Non	=[	
3	Amazone au naturel	23-04-13	14	43	30	2 877 $	Non	Non		
4	Amazone au naturel	23-08-13	14	43	18	2 877 $	Non	Non		
5	Aventure à Panama	18-06-13	10	50	29	2 304 $	Oui	Oui		
6	Aventure à Panama	18-12-13	10	50	21	2 304 $	Oui	Oui		
7	Aventure aux Galapagos	02-07-13	14	15	12	3 100 $	Oui	Oui		
8	Aventure aux Galapagos	20-12-13	14	15	1	3 100 $	Oui	Oui		
9	Aventure en Catalogne	09-05-13	14	51	30	3 100 $	Oui	Non		
10	Aventure en Catalogne	09-06-13	14	51	15	3 100 $	Oui	Non		
11	Aventure en Catalogne	09-10-13	14	51	11	3 100 $	Oui	Non		
12	Aventure verte en Équateur	23-03-13	18	25	22	2 450 $	Non	Non		
13	Aventure verte en Équateur	23-10-13	18	25	12	2 450 $	Non	Non		
14	Cuisine française	28-02-13	7	18	15	2 822 $	Oui	Non		
15	Cuisine française	29-08-13	7	18	5	2 822 $	Oui	Non		
16	Étapes gourmandes en Croatie	23-05-13	7	12	10	2 110 $	Non	Non		

Liste déroulante : Voyage, Datedépart, Nombre de jours, Nombre de places, Places réservées, Prix, Vol compris, Assurances, Places disponibles

Noms des champs du tableau

FIGURE G-19 : Fonctions dans la ligne des totaux

	Voyage	Date dépa	Nombre d	Nombre	Places rés	Prix	Vol comp	Assurance	Places dis
54	Rivière sauvage	27-08-13	10	21	11	1 944 $	Non	Non	10
55	Sur la route de la soie	18-03-13	18	25	19	2 190 $	Oui	Oui	6
56	Sur la route de la soie	18-09-13	18	25	9	2 190 $	Oui	Oui	16
57	Trésors d'Éthopie	18-05-13	10	41	15	3 200 $	Oui	Oui	26
58	Trésors d'Éthopie	18-11-13	10	41	12	3 200 $	Oui	Oui	29
59	Voile à Corfou	10-06-13	21	12	10	3 190 $	Oui	Non	2
60	Voile à Corfou	09-07-13	21	12	1	3 190 $	Oui	Non	11
61	Yellowstone	18-01-13	10	30	28	1 500 $	Oui	Oui	2
62	Yellowstone	30-01-13	10	18	0	999 $	Oui	Oui	18
63	Yellowstone	18-04-13	10	30	20	1 500 $	Oui	Oui	10
64	Total								1035

Liste déroulante : Aucun, Moyenne, Nombre, Chiffres, Max, Min, Somme, Écartype, Var, Autres fonctions…

Fonctions disponibles dans la ligne des totaux

Utiliser les références structurées

Quand vous créez un tableau à partir des données d'une feuille de calcul, Excel crée un nom de tableau par défaut, tel que Tableau1. Ce nom de tableau apparait dans les références structurées. Les références structurées simplifient beaucoup la manipulation des formules élaborées sur les données de tableau. Vous pouvez référencer tout le tableau, des colonnes du tableau ou des données bien précises (des cellules). Le principal intérêt des références structurées dans les formules réside dans le fait qu'elles s'adaptent automatiquement aux modifications de structure du tableau, ce qui vous évite de devoir réactualiser les formules.

Imprimer un tableau

Vous pouvez définir la manière dont un tableau sera imprimé, à l'aide de l'onglet Mise en page. Comme les tableaux comportent généralement plus de lignes qu'une page imprimée ne peut en accueillir, la première ligne du tableau, contenant les noms des champs, peut-être définie comme **titre d'impression**, afin qu'elle s'imprime au sommet de toutes les pages. La plupart des tableaux ne comportent pas d'information descriptive dans la feuille de calcul, au-dessus de la ligne des noms des champs, aussi vous pouvez vous servir des en-têtes et pieds de pages pour ajouter un texte informatif, par exemple le titre du tableau ou la date du rapport. ▓▓▓▓▓ Catherine vous demande un rapport des informations sur les voyages. Vous commencez par examiner l'aperçu avant impression du tableau.

ÉTAPES

1. **Cliquez sur l'onglet Fichier, cliquez sur Imprimer, puis examinez l'aperçu avant impression.**
   Sous le tableau, vous voyez « 1 de 3 ».

2. **Dans l'aperçu avant impression, cliquez sur le bouton Page suivante ▶ pour voir la deuxième page, puis cliquez à nouveau sur ▶ pour voir la dernière page.**
   Tous les noms de champs du tableau tiennent dans la largeur de la page. Comme les enregistrements des pages 2 et 3 apparaissent sans en-têtes de colonne, vous devez définir comme titre d'impression à répéter la première ligne du tableau, celle qui contient les noms de champs.

   ASTUCE

   Pour masquer ou imprimer les en-têtes et le quadrillage, utilisez les cases à cocher du groupe Options de page de l'onglet Mise en page. Par exemple, vous pourriez décider de masquer l'en-tête d'une feuille de calcul lors une présentation en public.

3. **Cliquez sur l'onglet Mise en page, cliquez sur le bouton Imprimer les titres du groupe Mise en page, cliquez dans la zone Lignes à répéter en haut de la section Titres à imprimer, puis faites défiler la feuille jusqu'à la ligne 1, cliquez dans n'importe quelle cellule de la ligne 1 dans le tableau et comparez votre boite de dialogue à la figure G-20.**
   Lorsque vous sélectionnez la ligne 1 comme titre à imprimer, Excel insère automatiquement une référence absolue à cette ligne qui sera reproduite au sommet de chaque page.

4. **Cliquez sur le bouton Aperçu dans la boite de dialogue Mise en page, cliquez sur ▶ dans la fenêtre d'aperçu afin de voir la page suivante, puis cliquez de nouveau sur ▶ pour voir la dernière page.**
   Définir un titre de page qui reproduise la ligne 1 entraine l'apparition des noms des champs au sommet de chaque page imprimée. Le résultat de l'impression serait encore plus explicite avec un en-tête identifiant clairement le contenu du tableau.

   ASTUCE

   Vous pouvez aussi ajouter un en-tête ou un pied de page en cliquant sur le bouton Mise en page de la barre d'état, puis en cliquant dans la zone d'en-tête ou de pied de page.

5. **Cliquez sur l'onglet Insertion, cliquez sur le bouton En-tête/Pied du groupe Texte, cliquez dans la section gauche de l'en-tête, puis tapez Voyages 2013.**

6. **Sélectionnez le texte de la section gauche de l'en-tête, cliquez sur l'onglet Accueil, cliquez sur le bouton Augmenter la taille de police [A⁺] du groupe Police à deux reprises afin de porter la taille de police à 14, cliquez sur le bouton Gras [G] du groupe Police, cliquez dans une cellule du tableau, puis cliquez sur le bouton Normal [▦] de la barre d'état.**

7. **Enregistrez le classeur, examinez l'aperçu avant impression, imprimez le tableau, fermez le classeur et quittez Excel.**
   Comparez le tableau imprimé à la figure G-21.

FIGURE G-20 : Boîte de dialogue Mise en page

Le titre
d'impression
défini est la
ligne 1

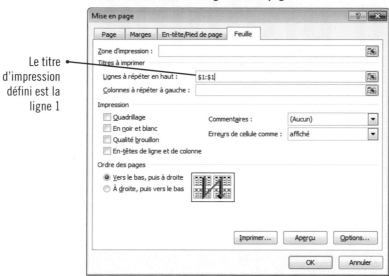

FIGURE G-21 : Tableau imprimé

Voyage	Date départ	Nombre de jours	Nombre de places	Places réservées	Prix Vol compris		Assurances	Places disponibles
Amazone au naturel	23-02-13	14	43	38	2 877 $	Non	Non	5
Amazone au naturel	23-04-13	14	43	30	2 877 $	Non	Non	13
Amazone au naturel	23-08-13	14	43	18	2 877 $	Non	Non	25
Aventure à Panama	18-06-13	10	50	29	2 304 $	Oui	Oui	21
Aventure à Panama	18-12-13	10	50	21	2 304 $	Oui	Oui	29
Aventure aux Galapagos	02-07-13	14	15	12	3 100 $	Oui	Oui	3
Aventure aux Galapagos	20-12-13	14	15	1	3 100 $	Oui	Oui	14
Aventure en Catalogne	09-05-13	14	51	50	3 100 $	Oui	Non	21
Aventure en Catalogne	09-06-13	14	51	15	3 100 $	Oui	Non	36
Aventure en Catalogne	09-10-13	14	51	11	3 100 $	Oui	Non	40
Aventure verte en Équateur	23-03-13	18	25	22	2 450 $	Non	Non	3
Aventure verte en Équateur	23-10-13	18	25	12	2 450 $	Non	Non	13
Cuisine française	28-02-13	7	18	15	2 822 $	Oui	Non	3
Cuisine française	29-08-13	7	18	5	2 822 $	Oui	Non	13
Étapes gourmandes en Croatie	23-05-13	7	12	10	2 110 $	Non	Non	2
Étapes gourmandes en Croatie	23-09-13	7	12	7	2 110 $	Non	Non	5
Expérience cambodgienne	10-04-13	12	40	21	2 908 $	Oui	Non	19
Experience Cambodia	31-10-13	12	40	2	2 908 $	Oui	Non	38
Forêt primaire du Costa Rica	30-01-13	7	20	0	1 927 $	Oui	Oui	20
Forêt primaire du Costa Rica	20-03-13	7	20	20	1 950 $	Oui	Oui	0
Forêt primaire du Costa Rica	20-06-13	7	20	2	2 590 $	Oui	Oui	18
Grands parcs nationaux africains	07-04-13	30	12	10	4 870 $	Oui	Oui	2
Grands parcs nationaux africains	27-10-13	30	12	8	4 870 $	Oui	Oui	4
Inde essentielle	20-01-13	18	51	40	3 933 $	Oui	Oui	11
Inde essentielle	20-04-13	18	51	31	3 933 $	Oui	Oui	20
Inde essentielle	20-08-13	18	51	20	3 933 $	Oui	Oui	31
Perles d'Orient	12-09-13	14	50	11	3 400 $	Oui	Non	39
Randonnée au Népal	09-06-13	14	18	18	4 200 $	Oui	Oui	0
Randonnée au Népal	29-10-13	14	18	8	4 200 $	Oui	Oui	10
Rivière sauvage	27-06-13	10	21	21	1 944 $	Non	Non	0

Définir une zone d'impression

Parfois, vous ne voulez imprimer qu'une partie d'une feuille de calcul. Pour l'imprimer une fois, sélectionnez la plage voulue, cliquez sur l'onglet Fichier, cliquez sur Imprimer, cliquez sur Imprimer les feuilles actives dans la section Paramètres et choisissez Imprimer la sélection. Si vous voulez imprimer plusieurs fois une zone précise, la meilleure approche consiste à définir une **zone d'impression**, zone qui s'affichera dans l'aperçu avant impression et s'imprimera lorsque vous utiliserez la commande Imprimer en mode Backstage.

Pour définir une zone d'impression, sélectionnez la plage de données dans la feuille, cliquez sur l'onglet Mise en page, cliquez sur le bouton ZoneImpr du groupe Mise en page, puis cliquez sur Définir. Vous pouvez ensuite agrandir la zone d'impression : sélectionnez la plage à ajouter, cliquez sur le bouton ZoneImpr, puis sur Ajouter à la zone d'impression. Une zone d'impression peut être formée d'une seule plage de cellules adjacentes ou de multiples sections différentes de la feuille de calcul.

Mise en pratique

Révision des concepts

FIGURE G-22

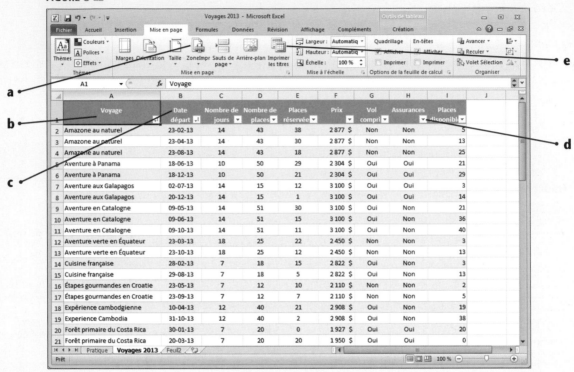

1. Sur quel élément devez-vous cliquer pour définir dans un tableau une partie de la plage à imprimer ?
2. Sur quel élément cliquez-vous pour imprimer les noms des champs au sommet de chaque page ?
3. Sur quel élément devez-vous cliquer pour trier les données d'un champ dans une feuille ?
4. Quel élément pointe vers un champ de tri de deuxième niveau ?
5. Quel élément pointe vers un champ de tri de premier niveau ?

Associez chaque terme à sa description.

6. **Tri**	**a.** Collection organisée d'informations associées
7. **Champ**	**b.** Arrangement des enregistrements dans un ordre particulier
8. **Tableau**	**c.** Colonne d'un tableau Excel
9. **Enregistrement**	**d.** Première ligne d'un tableau contenant les noms des champs
10. **Ligne d'en-tête**	**e.** Ligne dans un tableau Excel

Choisissez la meilleure réponse à chaque question.

11. Parmi les suivantes, quelle option de tri d'Excel utilisez-vous pour trier un tableau de noms d'employés dans l'ordre de Z à A ?

a. Croissant

b. Absolu

c. Décroissant

d. Alphabétique

12. Parmi les suivantes, quelle suite est triée en ordre décroissant ?

a. 8, 6, 4, C, B, A

b. 4, 5, 6, A, B, C

c. C, B, A, 6, 5, 4

d. 8, 7, 6, 5, 6, 7

13. Un tableau peut facilement être mis en forme grâce aux :

a. Titres d'impression

b. Styles rapides de table

c. Zones d'impression

d. Colonnes calculées

14. Lors de l'impression d'un tableau sur plusieurs pages, vous pouvez définir un titre d'impression pour :

a. Ajouter le nom de feuille dans des rapports du tableau

b. Inclure les champs adéquats dans le document imprimé

c. Exclure de l'impression toutes les lignes sous la première ligne

d. Inclure les noms des champs au sommet de chaque page imprimée

Révision des techniques

1. Créer un tableau.

a. Démarrez Excel, ouvrez le classeur EX G-2.xlsx de votre dossier Projets et enregistrez-le sous le nom **Employés**.

b. Dans la feuille Exercice, entrez les noms des champs et les deux premiers enregistrements dans les lignes deux et trois comme dans le tableau G-3. Créez un tableau avec les données que vous avez entrées.

TABLEAU G-3

Nom	Prénom	Années ancienneté	Secteur	Temps plein/partie	Formation achevée
Nourcy	Stéphanie	4	Librairie	F	Y
Bergeron	Éric	3	Vidéo	P	N

c. Dans la feuille Employés, créez un tableau avec une ligne d'en-têtes. Ajustez les largeurs de colonnes, si nécessaire, pour afficher complètement les noms des champs.

d. Appliquez le Style de tableau clair 10 et ajustez les largeurs des colonnes au besoin.

e. Entrez votre nom dans la section centrale du pied de page de la feuille de calcul, puis enregistrez le classeur.

2. Ajouter des données à un tableau.

a. Ajoutez un enregistrement à la ligne 7, pour **Axel Gauvin**, employé depuis cinq ans à la librairie. Axel travaille à temps plein et a terminé sa formation. Ajustez la hauteur de la nouvelle ligne à la même hauteur que les autres lignes.

b. Insérez une ligne au-dessus de l'enregistrement d'Yves Lemieux et entrez l'enregistrement de **Anouk Merkel**. Anouk travaille à temps plein depuis deux ans au rayon Vidéo et n'a pas achevé sa formation.

c. Ajoutez un nouveau champ de donnée dans la cellule G1, intitulé **Semaines de vacances**. Ajustez la largeur de la colonne pour que les trois mots soient visibles en totalité et que « Semaines de » apparaisse au-dessus de « vacances » (*Indice* : Utilisez le bouton Renvoyer à la ligne automatiquement du groupe Alignement dans l'onglet Accueil.)

d. Ajoutez une colonne au tableau, par glissement de la poignée de redimensionnement du tableau, et nommez le nouveau champ **Num employé**. Élargissez la colonne pour l'ajuster au titre.

e. Enregistrez le classeur.

3. Rechercher et remplacer des données d'un tableau.

a. Retournez à la cellule A1.

b. Ouvrez la boite de dialogue Rechercher et remplacer, et ôtez la coche de la case Respecter la casse, si nécessaire. Recherchez le premier enregistrement qui contient le texte **Vidéo**.

c. Trouvez le deuxième et le troisième enregistrement contenant le texte **Vidéo**.

d. Remplacez tous les textes **Vidéo** par **Magazine**, puis enregistrez le classeur.

Révision des techniques (suite)

4. Supprimer des données d'un tableau.

    a. Allez à la cellule A1.

    b. Supprimez l'enregistrement de Stéphanie Nourcy.

    c. Utilisez la commande Supprimer les doublons pour confirmer qu'aucun enregistrement en double n'existe dans le tableau.

    d. Supprimez la colonne Num employé du tableau, puis supprimez l'en-tête de cette colonne, si nécessaire.

    e. Enregistrez le classeur.

5. Trier un tableau.

    a. Triez le tableau par années d'ancienneté en l'ordre du plus grand au plus petit.

    b. Triez le tableau dans l'ordre des noms, de A à Z.

    c. Triez le tableau sur deux niveaux : d'abord en ordre de A à Z sur le champ Temps plein/partiel, puis en ordre de A à Z des noms.

    d. Vérifiez que les enregistrements du tableau apparaissent dans le bon ordre.

    e. Enregistrez le classeur.

6. Utiliser des formules dans un tableau.

    a. Dans la cellule G2, entrez la formule qui calcule la durée de vacances des employés. La formule se fonde sur la politique de l'entreprise, selon laquelle un employé qui travaille dans l'entreprise depuis moins de trois ans a droit à deux semaines de vacances, tandis qu'un employé qui travaille dans l'entreprise depuis trois ans ou plus a droit à trois semaines de vacances par an. Utilisez autant que possible les noms des champs dans la formule. (*Indice* : La formule est **=SI([Années ancienneté]<3;2;3)**.)

    b. Vérifiez le tableau pour contrôler que la formule est reproduite dans les cellules de la colonne G et que les durées de vacances sont calculées dans toutes les cellules de la colonne.

    c. Ajoutez une ligne de totaux affichant le total des semaines de vacances.

    d. Modifiez la fonction de la ligne de totaux pour afficher la durée moyenne des vacances.

    e. Comparez votre tableau à celui de la figure G-23, puis enregistrez le classeur.

FIGURE G-23

	A	B	C	D	E	F	G
1	Nom	Prénom	Années ancienneté	Secteur	Temps plein/partiel	Formation achevée	Semaines de vacances
2	Bergeron	Éric	3	Magazine	Partiel	N	3
3	Bouin	Michèle	1	Magazine	Partiel	O	2
4	Gauvin	Axel	5	Librairie	Plein	O	3
5	Lemieux	Yves	1	Librairie	Plein	O	2
6	Merkel	Anouk	2	Magazine	Plein	N	2
7	Pavaro	Jasmina	1	Librairie	Plein	N	2
8	Total						2,333333333
9							

7. Imprimer un tableau.

    a. Ajoutez le nom de la feuille dans la section centrale de l'en-tête et mettez-le en gras avec une taille de police de 16.

    b. Définissez la colonne A comme colonne de titre d'impression pour qu'elle se répète sur toutes les pages imprimées.

    c. Examinez l'aperçu avant impression du tableau pour vérifier que les noms apparaissent sur les deux pages.

    d. Appliquez l'orientation paysage à la feuille, enregistrez le classeur, puis imprimez la feuille.

    e. Fermez le classeur, puis quittez Excel.

Exercice personnel 1

Vous êtes le directeur du marketing d'un magasin d'articles de sport. Votre assistant a créé une feuille de calcul Excel où il a repris des données sur les clients et leurs réponses à une enquête de marketing. Vous allez créer un tableau à partir de ces données et analyser les résultats de l'enquête, pour aider votre société à concentrer les dépenses les plus coûteuses dans les secteurs les plus porteurs.

a. Démarrez Excel, ouvrez le classeur EX G-3.xlsx de votre dossier Projets et enregistrez-le sous le nom **Clients**.

b. Créez un tableau à partir des données de la feuille de calcul et appliquez le Style de tableau Moyen 20.

c. Ajoutez deux enregistrements au tableau à partir des données du tableau G-4.

TABLEAU G-4

Nom	Prénom	Adresse	Ville	Prov.	CP	Code zone	Source pub.
Audet	Brian	27, Av. des Pionniers	Balmoral	Nouveau-Brunswick	E4S 3J5	506	Pages jaunes
Boucher	Julie	91, rue Champlain	Dieppe	Nouveau-Brunswick	E1A 1N4	506	Journal

d. Trouvez, puis supprimez l'enregistrement de Marie Laurier.

e. Cliquez dans la cellule A1 et remplacez toutes les occurrences de **TV** par **RDS**, en vous assurant de respecter la casse. Comparez votre tableau à la figure G-24.

FIGURE G-24

	A	B	C	D	E	F	G	H
1	Nom	Prénom	Adresse	Ville	Prov.	CP	Code zone	Source pub.
2	Allard	Martine	694, Hochelaga	Montréal	Québec	H1N 1Y9	514	Journal
3	Ferron	Julienne	217, Montagne	Montréal	Québec	H3G 1ZB	514	Métro
4	Moulineau	Catherine	542 Métropolitain Est	Saint-Léonard	Québec	H1P 1X2	514	Radio
5	Beaulieu	Cendrine	117, Sherbrooke Ouest	Montréal	Québec	H3A 1H6	514	Journal
6	Hervieux	Gaëlle	Rockland, Mont-Royal	Montréal	Québec	H3P 3E9	514	Journal
7	Chavant	Jeanne	130, Ste-Catherine Ouest	Montréal	Québec	H3G 1P7	514	RDS
8	Côté	Yvonne	145, Peel	Montréal	Québec	H3A 1S8	514	Journal
9	Sirois	Caroline	597, Côte des Neiges	Montréal	Québec	H3S 1Z5	514	Journal
10	Caver	Serge	15, Laurier Ouest	Montréal	Québec	H2T 2N7	450	Journal
11	Juneau	Sauveur	820, 19e Avenue	Montréal	Québec	H1Z 4J8	514	Journal
12	Ribaudeau	Robert	379, Bd St-Laurent	Montréal	Québec	H2W 1X6	514	Journal
13	Martin	Alban	385, St-Denis	Montréal	Québec	H2W 2M2	514	Journal
14	Durant	Marie	447 Métropolitain Est	Saint-Léonard	Québec	H1R 1Z4	514	Journal
15	Ribaudeau	Robert	379, Bd St-Laurent	Montréal	Québec	H2W 1X6	514	Journal
16	Levesque	Francine	474 Wellington	Verdun	Québec	H4G 1X2	514	Pages jaunes
17	Boilard	Jeanine	996, St-Michel	Montréal-Nord	Québec	H1H 5G7	514	Journal
18	Boilard	Jeanine	996, St-Michel	Montréal-Nord	Québec	H1H 5G7	514	Journal
19	Vaillancourt	Monique	408, Bd Ste-Anne	Québec	Québec	G1C 2J3	418	Journal
20	Gouin	François	573, Ferncroft	Hampstead	Québec	H3X 1C4	514	Journal
21	Boilard	Laurette	659, 3E Avenue	Québec	Québec	G1L 2W5	418	Pages jaunes
22	Levalois	Pierre	368, rue du Campanile	Québec	Québec	G1X 4G6	418	RDS
23	Lacoste	Serge	4253, Laurier	Québec	Québec	G1V 2L8	418	Pages jaunes
24	Bourgeoys	Virginie	120, d'Auteuil	Québec	Québec	G1V 3M7	418	Radio
25	Denault	Carole	333, du Carrefour	Québec	Québec	G1C 5R9	418	Journal
26	Ernest	Crystelle	220, Bd Le Corbusier	Laval	Québec	H7S 2C9	450	Radio
27	Lussier	Nathalie	642, Bd Monk	Montréal	Québec	H4E 3H9	514	Journal
28	Garneau	Élodie	31, Bd Labelle	Sainte-Thérèse	Québec	H7U 3J8	450	Journal
29	Simon	Quentin	119, St-Jean	Québec	Québec	G1R 1S7	418	Radio
30	Lavoie	Louis	383, Bd St-Martin Ouest	Laval	Québec	H7T 1B3	450	RDS

f. Supprimez les enregistrements dont tous les champs sont identiques.

g. Triez le tableau en ordre de Nom de A à Z.

h. Triez à nouveau le tableau en ordre du Code zone, du plus petit au plus grand.

i. Triez le tableau d'abord par Province, de A à Z, puis par CP, de A à Z.

j. Entrez votre nom dans la section centrale du pied de page de la feuille de calcul.

k. Ajoutez un en-tête centré avec le texte **Données de l'enquête marketing** en gras et avec une taille de 16.

l. Ajoutez un titre d'impression répétant la première ligne du tableau en haut de chaque page imprimée.

m. Enregistrez le classeur, puis examinez l'aperçu avant impression.

Difficultés supplémentaires

- Créez une zone d'impression pour n'imprimer que les six premières colonnes du tableau.
- Imprimez la zone d'impression.
- Annulez la zone d'impression.

n. Enregistrez, puis fermez le classeur et quittez Excel.

Exercice personnel 2

Vous êtes propriétaire de Autour du Monde, une librairie de livres de voyage. Le magasin vend des articles liés au tourisme et aux voyages, comme des cartes géographiques, des guides de voyage, des annuaires et des DVD pour toutes sortes de destinations touristiques. Vous décidez de concevoir et de créer un tableau des informations de ventes avec huit enregistrements décrivant des articles que vous vendez.

a. Préparez le plan d'un tableau qui définit vos objectifs, mettez en évidence les données dont vous avez besoin et identifiez les éléments du tableau.

b. Dessinez sur papier un exemple de tableau indiquant la structure de ce tableau. Décrivez votre projet avec les noms des champs, le type et la description des données.

c. Démarrez Excel, créez un nouveau classeur et enregistrez-le dans votre dossier Projets sous le nom **Articles en magasin**. Entrez les noms de champs du tableau G-6 dans les colonnes indiquées.

d. Entrez huit enregistrements en créant vos propres données.

e. Créez un tableau à partir des données de la plage A1:E9. Ajustez la largeur des colonnes, si nécessaire.

f. Appliquez le Style de tableau clair 4 au tableau.

g. Ajoutez au tableau le champ **Total** dans la cellule F1.

h. Rédigez la formule qui calcule le total (Quantité*Prix) dans la cellule F2. Vérifiez que la formule se répète dans les cellules de la colonne.

i. Mettez en forme les colonnes Prix et Total avec le format de nombre Comptabilité, deux décimales et le symbole $. Ajustez la largeur des colonnes, si nécessaire.

j. Ajoutez un enregistrement en ligne 10 du tableau. Insérez un autre enregistrement au-dessus de la ligne 4 du tableau.

k. Triez le tableau en ordre croissant des articles.

l. Entrez votre nom dans le pied de page de la feuille de calcul, puis enregistrez le classeur.

m. Examinez l'aperçu avant impression de la feuille, puis imprimez-la.

n. Fermez le classeur, puis quittez Excel.

TABLEAU G-6

Cellule	Nom de champ
A1	Nom client
B1	Prénom client
C1	Article
D1	Quantité
E1	Prix

Exercice personnel 3

Vous êtes chef de projet dans une société locale de publicité. Vous gérez vos comptes à l'aide d'une feuille Excel et vous avez décidé de créer un tableau à partir de ces chiffres pour faciliter le suivi des comptes. Vous exploitez les possibilités de tri et de formules de tableau pour analyser les données de vos comptes.

a. Démarrez Excel, ouvrez le classeur EX G-4.xlsx de votre dossier Projets et enregistrez-le sous le nom **Comptes**.

b. Créez un tableau à partir des données de la feuille de calcul et appliquez le Style de tableau clair 10. Ajustez les largeurs de colonne au besoin.

c. Triez le tableau selon le champ Budget, du plus petit au plus grand.

d. Triez le tableau selon deux champs, par Contact de A à Z et par Budget, du plus petit au plus grand. Comparez votre tableau à la figure G-25.

FIGURE G-25

▲	A	B	C	D	E	F
1	Projet ▼	Date limite ▼	Code ▼	Budget ↓↑	Dépenses ▼	Contact ↓↑
2	Garnaud	10-07-13	V13	390000	400000	Charles Sirois
3	Ribaudeau	01-02-13	AA1	100000	30000	Corine Lenoir
4	Karim	30-04-13	C43	200000	170000	Corine Lenoir
5	Laloux	10-10-13	C21	450000	400000	Corine Lenoir
6	Beaulieu	15-03-13	A3A	200000	210000	Jean-François Lévesque
7	Boilard	15-12-13	B12	810000	700000	Jean-François Lévesque
8	Vaillancour	15-01-13	C43	100000	150000	Jeanne Martin
9	Levalois	15-11-13	V53	200000	210000	Jeanne Martin
10	Hervieux	30-09-13	V51	300000	320000	Jeanne Martin
11	Moulineau	01-06-13	AA5	500000	430210	Jeanne Martin
12						

Exercice personnel 3 (suite)

e. Ajoutez la nouvelle étiquette de champ **Solde** dans la cellule G1. Appliquez aux colonnes Budget, Dépenses et Solde le format de nombre Comptabilité, sans décimale et ajustez les largeurs de colonne, si nécessaire.

f. Entrez une formule en G2 qui utilise des références nommées pour calculer le solde d'un compte, qui vaut le budget moins les dépenses.

g. Ajoutez un nouvel enregistrement pour le projet **Frenette**, avec la date limite du **15 février 2013**, le code **AB2**, un budget de **200000**, des dépenses de **150000** et le contact **Charles Sirois**.

h. Vérifiez que la formule calcule correctement le solde du nouvel enregistrement.

i. Remplacez tous les contacts Jeanne Martin par **Gaëlle Martin**.

j. Entrez votre nom dans la section centrale du pied de page de la feuille, ajoutez dans l'en-tête un texte centré **Relevé de comptes** avec la mise en forme de votre choix, puis enregistrez le classeur.

Difficultés supplémentaires

- Triez le tableau selon le champ Solde, du plus petit au plus grand.
- À l'aide de la mise en forme conditionnelle, affichez en texte vert foncé sur fond vert, les cellules du tableau qui contiennent des soldes négatifs.
- Triez de nouveau le tableau pour que les cellules non colorées apparaissent en haut du tableau.
- Mettez le tableau en forme pour accentuer la colonne Solde et supprimer l'affichage des lignes à bandes (*Indice* : Utilisez les Options de style de tableau de l'onglet Outils de tableau Création.)
- Comparez votre tableau à celui de la figure G-26. Enregistrez le classeur.

k. Imprimez le tableau, fermez le classeur et quittez Excel.

FIGURE G-26

	A	B	C	D	E	F	G
1	Projet	Date limite	Code	Budget	Dépenses	Contact	Solde
2	Karim	30-04-13	C43	200 000 $	170 000 $	Corine Lenoir	30 000 $
3	Frenette	15-02-13	AB2	200 000 $	150 000 $	Charles Sirois	50 000 $
4	Laloux	10-10-13	C21	450 000 $	400 000 $	Corine Lenoir	50 000 $
5	Moulineau	01-06-13	AA5	500 000 $	430 210 $	Gaëlle Martin	69 790 $
6	Ribaudeau	01-02-13	AA1	100 000 $	30 000 $	Corine Lenoir	70 000 $
7	Boilard	15-12-13	B12	810 000 $	700 000 $	Jean-François Lévesque	110 000 $
8	Vaillancourt	15-01-13	C43	100 000 $	150 000 $	Gaëlle Martin	(50 000) $
9	Hervieux	30-09-13	V51	300 000 $	320 000 $	Gaëlle Martin	(20 000) $
10	Garnaud	10-07-13	V13	390 000 $	400 000 $	Charles Sirois	(10 000) $
11	Levalois	15-11-13	V53	200 000 $	210 000 $	Gaëlle Martin	(10 000) $
12	Beaulieu	15-03-13	A3A	200 000 $	210 000 $	Jean-François Lévesque	(10 000) $
13							

Défi

Vous vous êtes enfin décidé à ranger votre collection de CD et, pour joindre l'utile à l'agréable, de constituer un tableau Excel de toutes les chansons que vous possédez. Ce tableau vous permettra de retrouver facilement les morceaux de votre médiathèque. Vous ajouterez les disques que vous achèterez et supprimerez ceux que vous ne gardez pas.

a. Dessinez une structure de tableau utilisant les champs Titre, Artiste, Genre et Format.

b. Documentez cette structure et notez soigneusement le type de donnée de chaque champ et la description des données. Par exemple, dans le champ Format, vous pourriez avoir mp3, aac, wma ou d'autres formats.

c. Démarrez Excel, créez un nouveau classeur et enregistrez-le dans votre dossier Projets sous le nom **Titres musicaux**.

d. Placez les noms de champs dans la feuille de calcul, entrez les enregistrements de sept pièces musicales de votre choix, puis enregistrez le classeur.

e. Créez un tableau qui reprend vos données musicales. Redimensionnez les colonnes si nécessaire.

f. Choisissez un style de tableau et appliquez-le à votre tableau.

g. Ajoutez un nouveau champ avec l'étiquette **Support**. Entrez des données dans cette colonne, décrivant où est enregistré le morceau de musique correspondant, par exemple iPod, iPhone, CD ou ordinateur.

h. Ajoutez un enregistrement au tableau pour le prochain titre que vous pensez acheter.

i. Triez les enregistrements selon le Format, de A à Z.

j. Ajoutez une ligne de totaux au tableau et vérifiez que la fonction Nombre a correctement dénombré vos titres.

k. Entrez votre nom dans le pied de page de la feuille de calcul et enregistrez le classeur.

l. Imprimez le tableau, fermez le classeur et quittez Excel.

Atelier visuel

Démarrez Excel, ouvrez le classeur EX G-5.xlsx de votre dossier Projets et enregistrez-le sous le nom **Produits**. Créez le tableau et triez les données comme à la figure G-27. Le tableau est mis en forme avec le Style de tableau Moyen 7. Dans l'en-tête de feuille de calcul, ajoutez le nom du fichier, centré, en gras, avec la taille 18. Entrez votre nom au centre du pied de page. Enregistrez le classeur, examinez l'aperçu avant impression, puis imprimez la feuille de calcul, fermez le classeur et quittez Excel.

FIGURE G-27

	A	B	C	D	E
1	N° commande	Date commande	Montant	Expédition	Délégué commercial
2	1134	30-04-13	200 000 $	Air	Robert Juneau
3	1465	15-11-13	210 000 $	Air	Robert Juneau
4	7733	15-03-13	230 000 $	Air	Robert Juneau
5	2889	15-02-13	300 000 $	Air	Robert Juneau
6	1532	10-10-13	450 000 $	Air	Robert Juneau
7	9345	15-01-13	100 000 $	Terre	Gérard Gouin
8	5623	01-02-13	130 000 $	Air	Gérard Gouin
9	1112	30-09-13	300 000 $	Terre	Gérard Gouin
10	2156	01-06-13	500 000 $	Terre	Gérard Gouin
11	2134	10-07-13	390 000 $	Terre	Émile Bernier
12	2144	15-12-13	810 000 $	Terre	Émile Bernier

Analyser des tableaux

Avec les tableaux, Excel offre de nombreuses possibilités d'analyse et de manipulation des données. L'une d'elles consiste à filtrer un tableau pour n'afficher que les lignes respectant certains critères. Ce module vous propose d'apprendre à afficher les enregistrements sélectionnés à l'aide du filtre automatique, à créer un filtre personnalisé et à utiliser un filtre avancé. Vous verrez en outre comment insérer des sous-totaux automatiques, utiliser des fonctions de recherche de données et appliquer des fonctions de base de données pour résumer les données d'un tableau correspondant à des critères déterminés. Vous découvrirez enfin comment restreindre les entrées dans une colonne à l'aide du mécanisme de validation des données. Catherine Morgane, vice-présidente des ventes chez VTA, vous demande d'extraire des informations du tableau des voyages prévus en 2013, afin d'aider les délégués commerciaux à répondre aux demandes d'informations de la clientèle. Elle souhaite également que vous prépariez des synthèses des ventes de voyages pour une présentation destinée à une prochaine réunion commerciale internationale.

OBJECTIFS

Filtrer un tableau

Créer un filtre personnalisé

Utiliser le filtre avancé

Extraire des données d'un tableau

Calculer des valeurs à partir d'un tableau

Résumer les données d'un tableau

Valider les données d'un tableau

Créer des sous-totaux

Filtrer un tableau

L'outil **Filtre automatique** permet de n'afficher que certaines données extraites d'un tableau en contenant de grandes quantités. À la création d'un tableau, Excel place automatiquement des flèches à droite de chaque en-tête de colonne. Ce sont des **flèches de liste de filtre**, des **flèches de liste de filtre automatique** ou **flèches de liste** permettant de **filtrer** un tableau pour n'afficher que les enregistrements respectant des critères que vous spécifiez, en masquant temporairement les enregistrements qui ne correspondent pas aux critères. Par exemple, vous pouvez utiliser la flèche de liste de filtre de l'en-tête du champ Voyage pour afficher les seuls enregistrements dont le champ Voyage contient Randonnée au Népal. Vous pouvez ensuite traduire les données filtrées en un graphique, les copier et les imprimer. Pour afficher à nouveau tous les enregistrements, supprimez simplement le filtre. ██████ Catherine vous demande de n'afficher que les enregistrements du voyage Odyssée du Pacifique. Elle vous demande aussi des informations sur les voyages pour lesquels VTA a vendu le plus de sièges et les voyages qui partent en mars.

ÉTAPES

1. **Démarrez Excel, ouvrez le fichier EX H-1.xlsx de votre dossier Projets et enregistrez-le sous le nom Voyages.**

2. **Cliquez sur la flèche de liste Voyage.**

   Des options de tri apparaissent au sommet du menu, des options de tri avancé s'affichent au milieu et, au bas, figure une liste des données de la colonne A (figure H-1). Comme vous ne voulez afficher que les données des voyages Odyssée du Pacifique, votre **critère de recherche** (le texte que vous voulez trouver) est Odyssée du Pacifique. Vous pouvez aussi sélectionner une des options de données de Voyage dans le menu, qui agit comme un critère de recherche.

3. **Dans la liste des voyages du champ Voyage, cliquez sur Sélectionner tout pour ôter toutes les coches des voyages, faites défiler la liste des voyages, cliquez dans la case à cocher Odyssée du Pacifique, puis cliquez sur OK.**

   Seuls les enregistrements contenant Odyssée du Pacifique dans le champ Voyage apparaissent (figure H-2). Les numéros de ligne des enregistrements sélectionnés s'affichent en bleu et la flèche de liste du champ filtré reçoit un symbole de filtrage. Ces deux indicateurs signifient qu'un filtre est actif et que certains enregistrements sont temporairement masqués.

4. **Déplacez le pointeur au-dessus de la flèche de liste de filtre de Voyage.**

   L'info-bulle (Voyage: Est égal à « Odyssée du Pacifique ») décrit le filtre appliqué à ce champ et indique que seuls les enregistrements d'Odyssée du Pacifique apparaissent. Vous décidez de supprimer le filtre pour voir toutes les données du tableau.

5. **Cliquez sur la flèche de liste de filtre du champ Voyage, puis cliquez sur Effacer le filtre de «Voyage».**

   Le filtre Odyssée du Pacifique est supprimé et tous les enregistrements réapparaissent. Vous voulez afficher les voyages les plus appréciés, ceux qui font partie des 5% supérieurs parmi les places réservées.

6. **Cliquez sur la flèche de liste Places réservées, pointez Filtres numériques, cliquez sur 10 premiers, sélectionnez 10 dans la zone du centre, tapez 5 à la place, déroulez la liste Éléments, cliquez sur Pourcentage, puis cliquez sur OK.**

   Excel affiche les enregistrements qui font partie des 5 % supérieurs du nombre de places réservées (figure H-3). Vous décidez d'effacer le filtre pour réafficher tous les enregistrements.

7. **Cliquez sur l'onglet Accueil, cliquez sur le bouton Trier et filtrer du groupe Édition, puis cliquez sur Effacer.**

   Un filtre peut être supprimé à l'aide de la commande du Filtre automatique ou du menu Trier et filtrer de l'onglet Accueil. Vous avez supprimé le filtre et tous les enregistrements réapparaissent. Vous recherchez à présent tous les voyages dont le départ a lieu en mars.

8. **Cliquez sur la flèche de liste Date départ, pointez Filtres chronologiques, pointez Toutes les dates de cette période, puis cliquez sur Mars.**

   Excel affiche les enregistrements des quatre voyages prévus pour mars. Vous supprimez le filtre et affichez à nouveau tous les enregistrements.

9. **Cliquez sur le bouton Trier et filtrer du groupe Édition, cliquez sur Effacer, puis enregistrez le classeur.**

FIGURE H-1 : Feuille de calcul avec les options de filtre

Flèche de liste
Voyage

Options de tri

Options de
filtre avancé

Liste des voyages

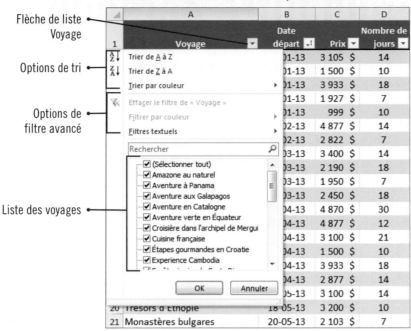

	Voyage	Date départ	Prix	Nombre de jours
	Trier de A à Z	01-13	3 105 $	14
	Trier de Z à A	01-13	1 500 $	10
	Trier par couleur ▸	01-13	3 933 $	18
	Effacer le filtre de « Voyage »	01-13	1 927 $	7
	Filtrer par couleur ▸	01-13	999 $	10
	Filtres textuels ▸	02-13	4 877 $	14
	Rechercher 🔎	02-13	2 822 $	7
	☑ (Sélectionner tout)	03-13	3 400 $	14
	☑ Amazone au naturel	03-13	2 190 $	18
	☑ Aventure à Panama	03-13	1 950 $	7
	☑ Aventure aux Galapagos	03-13	2 450 $	18
	☑ Aventure en Catalogne	04-13	4 870 $	30
	☑ Aventure verte en Équateur	04-13	4 877 $	12
	☑ Croisière dans l'archipel de Mergui	04-13	3 100 $	21
	☑ Cuisine française	04-13	1 500 $	10
	☑ Étapes gourmandes en Croatie	04-13	3 933 $	18
	☑ Experience Cambodia	04-13	2 877 $	14
	OK Annuler	05-13	3 100 $	14
20	Trésors d'Éthiopie	18-05-13	3 200 $	10
21	Monastères bulgares	20-05-13	2 103 $	7

FIGURE H-2 : Tableau filtré pour afficher les voyages Odyssée du Pacifique

Flèche de liste
remplacée par une
icône de filtrage

Les numéros de
ligne sont en bleu
et leur séquence
indique que les
lignes ne sont pas
toutes affichées

	Voyage	Date départ	Prix	Nombre de jours	Places	Places réservées	Places disponible	Vol inclus	Assurance
2	Odyssée du Pacifique	11-01-13	3 105 $	14	50	50	0	Oui	Non
34	Odyssée du Pacifique	07-07-13	3 105 $	14	50	35	15	Oui	Non
48	Odyssée du Pacifique	14-09-13	3 105 $	14	50	20	30	Oui	Non
61	Odyssée du Pacifique	21-12-13	3 105 $	14	50	10	40	Oui	Non

Le filtre affiche seulement les
voyages Odyssée du Pacifique

FIGURE H-3 : Tableau filtré avec les 5 % des plus grands nombres de Places réservées

	A	B	C	D	E	F	G	H	I
1	Voyage	Date départ	Prix	Nombre de jours	Places	Places réservées	Places disponible	Vol inclus	Assurance
2	Odyssée du Pacifique	11-01-13	3 105 $	14	50	50	0	Oui	Non
4	Inde essentielle	20-01-13	3 933 $	18	51	40	11	Oui	Oui
7	Amazone au naturel	23-02-13	2 877 $	14	43	38	5	Non	Non

Tableau filtré
sur les 5 % des
valeurs supérieures
pour ce champ

Créer un filtre personnalisé

Un filtre automatique affiche les enregistrements égaux à certaines valeurs, mais vous aurez souvent besoin de critères plus précis. Les options de la boite de dialogue Filtre personnalisé offrent cependant des possibilités de filtrage bien plus complexes. Dans vos critères, vous pouvez par exemple utiliser des opérateurs de comparaison, comme « supérieur à » ou « inférieur à », pour afficher les valeurs supérieures ou inférieures à un certain montant. Des **conditions logiques**, telles que Et et Ou, permettent aussi d'affiner une recherche. Excel peut afficher à la demande les enregistrements qui respectent un critère dans un champ et un autre critère pour ce même champ. Ceci s'avère souvent utile pour trouver les enregistrements compris entre deux valeurs. Par exemple, en spécifiant une condition logique Et, vous pouvez afficher les enregistrements des clients qui possèdent un revenu compris entre 40 000 $ et 70 000 $. Vous pouvez également demander à Excel de rechercher les enregistrements dont un champ correspond soit à une valeur, soit à une autre, grâce à une condition Ou. Par exemple, dans un tableau de données sur des livres, vous utiliserez une condition Ou pour trouver ceux dont le titre commence par Débuter ou Introduction. Catherine souhaite repérer dans le tableau les voyages qui parlent d'eau, à l'intention des clients qui aiment les aventures nautiques. Elle souhaite aussi connaitre les voyages qui partent entre le 15 février 2013 et le 15 avril 2013. Elle vous demande de créer des filtres personnalisés pour rechercher les voyages qui satisfont ces critères.

ÉTAPES

1. **Cliquez sur la flèche de liste Voyage, pointez Filtres textuels, puis cliquez sur Contient.**

   La boite de dialogue Filtre automatique personnalisé s'ouvre. Vous entrez des critères dans les zones de texte. La zone de texte de la première ligne et de gauche indique « contient ». Vous voulez afficher les voyages qui contiennent « voile » dans leur intitulé.

2. **Tapez voile dans la zone de texte de droite sur la première ligne.**

   Vous voulez voir les voyages dont le nom comprend voile ou rivière.

> **ASTUCE**
>
> Dans les critères de la boite de dialogue Filtre personnalisé, utilisez le caractère générique ? pour représenter n'importe quel caractère et le caractère générique * pour représenter n'importe quelle suite de caractères.

3. **Cliquez sur l'option Ou pour la sélectionner, puis, sur la deuxième ligne, déroulez la liste de gauche, sélectionnez contient, puis entrez rivière dans la zone de texte de droite.**

   La boite de dialogue Filtre automatique personnalisé est prête (figure H-4).

4. **Cliquez sur OK.**

   La boite de dialogue se ferme et la feuille de calcul affiche les seuls enregistrements qui possèdent un des mots voile ou rivière dans leur intitulé. Vous recherchez ensuite tous les voyages, dont la date de départ est comprise entre le 15 février et le 15 avril 2013.

5. **Cliquez sur la flèche de liste de filtre Voyage, cliquez sur Effacer le filtre de « Voyage », déroulez la liste Date départ, pointez Filtres chronologiques, puis cliquez sur Filtre personnalisé.**

   La boite de dialogue Filtre automatique personnalisé s'affiche. Les mots Est égal à apparaissent dans la zone de texte de gauche de la première ligne. Vous recherchez les dates de départ entre le 15 février 2013 et le 15 avril 2013, soit, en d'autres termes, postérieures au 14 février et antérieures au 16 avril.

6. **Dans la première ligne de la boite de dialogue, déroulez la liste de gauche, cliquez sur postérieur au, entrez 14-02-2013 dans la zone de texte de droite.**

   La condition Et est sélectionnée, ce qui est correct.

7. **Dans la deuxième ligne de la boite de dialogue, déroulez la liste de gauche, cliquez sur antérieur au, entrez 16-04-2013 dans la zone de texte de droite, puis cliquez sur OK.**

   Les enregistrements affichés correspondent tous à des dates de départ comprises entre les deux dates choisies (figure H-5).

8. **Cliquez sur la flèche de liste de filtre Date départ, puis cliquez sur Effacer le filtre de « Date départ », puis ajoutez votre nom dans la section centrale du pied de page.**

   Vous avez supprimé le filtre, donc tous les voyages réapparaissent.

FIGURE H-4 : Boite de dialogue Filtre automatique personnalisé

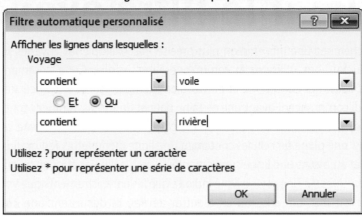

FIGURE H-5 : Résultat du filtre personnalisé

	A	B	C	D	E	F	G	H	I
1	Voyage	Date départ	Prix	Nombre de jours	Places	Places réservées	Places disponible	Vol inclus	Assurance
7	Amazone au naturel	23-02-13	2 877 $	14	43	38	5	Non	Non
8	Cuisine française	28-02-13	2 822 $	7	18	15	3	Oui	Non
9	Perles d'Orient	12-03-13	3 400 $	14	50	15	35	Oui	Non
10	Sur la route de la soie	18-03-13	2 190 $	18	25	19	6	Oui	Oui
11	Forêt primaire du Costa Rica	20-03-13	1 950 $	7	20	20	0	Oui	Oui
12	Aventure verte en Équateur	23-03-13	2 450 $	18	25	22	3	Non	Non
13	Grands parcs nationaux africair	07-04-13	4 870 $	30	12	10	2	Oui	Oui
14	Expérience cambodgienne	10-04-13	2 908 $	12	40	21	19	Oui	Non
15	Japon authentique	14-04-13	2 100 $	21	47	30	17	Oui	Non

Dates de départ entre le 15 février et le 15 avril

Utiliser plusieurs règles dans la mise en forme conditionnelle des données

La mise en forme conditionnelle s'applique aux cellules d'un tableau de la même manière qu'elle s'applique à une plage de cellules dans une feuille de calcul classique. Pour ajouter d'autres règles, cliquez sur l'onglet Accueil, cliquez sur le bouton Mise en forme conditionnelle du groupe Style, puis cliquez sur Nouvelle règle pour chacune des règles que vous souhaitez appliquer. Vous pouvez également ajouter des règles à l'aide du Gestionnaire des règles de mise en forme conditionnelle, qui affiche toutes les règles appliquées à une plage

de données. Pour utiliser le gestionnaire des règles, cliquez sur l'onglet Accueil, cliquez sur le bouton Mise en forme conditionnelle du groupe Style, cliquez sur Gérer les règles, puis cliquez sur Nouvelle règle pour chaque règle que vous voulez appliquer à la plage de données. Après avoir appliqué une mise en forme conditionnelle, tels des nuances de couleurs, des jeux d'icônes ou des barres de données, à un champ numérique, vous pouvez utiliser le filtre automatique pour trier ou filtrer selon les couleurs ou les symboles.

Utiliser le filtre avancé

Si vous recherchez une information plus précise, par exemple les voyages postérieurs à une date et d'une certaine durée, vous utiliserez la commande Filtre avancé. Cette commande permet de rechercher des données à l'aide de conditions Et et Ou. Par exemple, le Filtre avancé s'avère utile pour rechercher les Voyages qui commencent avant une certaine date et dont les assurances sont comprises dans le prix. Au lieu de saisir des critères dans une boite de dialogue, vous le faites dans une zone de critères. Une **zone de critères** est une plage de cellules contenant une ligne d'étiquettes (en pratique, une copie des étiquettes de colonnes) et au moins une ligne supplémentaire, sous celle des étiquettes, contenant les critères à satisfaire. Placer des critères sur une même ligne indique que les enregistrements que vous recherchez doivent satisfaire simultanément tous ces critères; en d'autres termes, ils définissent une **condition Et**. Le placement de critères sur des lignes différentes signifie que les enregistrements recherchés doivent satisfaire au moins un critère; en d'autres termes, ils définissent une **condition Ou**. La présence des critères dans la feuille permet de voir facilement quels critères ont servi au tri du tableau. La zone de critères peut servir à créer une macro à l'aide de la fonction Avancé du Filtre automatique afin d'automatiser le filtrage de données. Le Filtre avancé permet de copier les données filtrées à un autre emplacement de la feuille ou dans une autre feuille, ce que vous verrez dans la prochaine leçon. 📇🖊 Catherine vous demande d'identifier les voyages partant après le 1er juin 2013 et dont le prix est inférieur à 2 000 $. Vous utiliserez un filtre avancé pour trouver ces enregistrements. Vous entamez le travail en définissant la plage de critères.

ÉTAPES

1. **Sélectionnez les lignes 1 à 6 du tableau, déroulez la liste Insérer du groupe Cellules, cliquez sur Insérer des lignes dans la feuille; cliquez dans la cellule A1, tapez Zone de critères, puis cliquez sur Entrer ☑ dans la barre de formule.**

   Six lignes vierges sont ajoutées au-dessus du tableau. Excel n'exige pas l'étiquette Zone de critères mais celle-ci est utile pour la bonne organisation de la feuille de calcul et pour distinguer les étiquettes des colonnes.

2. **Sélectionnez la plage A7:I7, cliquez sur Copier 📋 du groupe Presse-papiers, cliquez dans la cellule A2, cliquez sur le bouton Coller du Presse-papiers et appuyez sur [Échap].**

   Vous souhaitez ensuite afficher la liste des seuls enregistrements dont la date de départ a lieu après le 1er juin 2013 et qui coûtent moins de 2 000 $.

3. ▶ **Cliquez dans la cellule B3, tapez >01-06-2013, cliquez dans la cellule C3, tapez <2000, puis cliquez sur ☑.**

   Vous avez entré les critères dans les cellules immédiatement sous les étiquettes de la Zone de critères (figure H-6).

4. **Cliquez dans une cellule du tableau, cliquez sur l'onglet Données, puis sur le bouton Avancé du groupe Trier et filtrer.**

   La boite de dialogue Filtre avancé s'ouvre avec la plage de données présélectionnée. Le réglage par défaut de la zone Action consiste à filtrer le tableau dans son emplacement actuel, ou « sur place », et non à le copier vers un autre emplacement.

5. **Cliquez dans la zone de texte Zone de critères, sélectionnez la plage A2:I3 de la feuille de calcul, puis cliquez sur OK.**

   Vous avez indiqué la zone de critères et exécuté le filtre. Le tableau filtré contient huit enregistrements qui satisfont les deux critères: la date de départ après le 1er juin 2013 et le prix inférieur à 2 000 $ (figure H-7). À la leçon suivante, vous filtrerez encore plus finement le tableau.

FIGURE H-6 : Critères sur la même ligne

	A	B	C	D	E	F	G	H	I
1	Zone de critères								
2	Voyage	Date départ	Prix	Nombre de jours	Places	Places réservées	Places disponibles	Vol inclus	Assurances
3		>01-06-2013	<2000						
4									
5									
6									
7	Voyage	Date départ	Prix	Nombre de jours	Places	Places réservées	Places disponible	Vol inclus	Assurance
8	Odyssée du Pacifique	11-01-13	3 105 $	14	50	50	0	Oui	Non

Les enregistrements issus
du filtre respecteront
ces critères

FIGURE H-7 : Tableau filtré

	A	B	C	D	E	F	G	H	I
1	Zone de critères								
2	Voyage	Date départ	Prix	Nombre de jours	Places	Places réservées	Places disponibles	Vol inclus	Assurances
3		>01-06-2013	<2000						
4									
5									
6									
7	Voyage	Date départ	Prix	Nombre de jours	Places	Places réservées	Places disponibles	Vol inclus	Assurances
34	Kayak à Terre-Neuve	12-06-13	1 970 $	7	20	15	5	Oui	Oui
35	Maroc exotique	12-06-13	1 900 $	7	38	25	13	Oui	Non
38	Rivière sauvage	27-06-13	1 944 $	10	21	21	0	Non	Non
44	Kayak à Terre-Neuve	12-07-13	1 970 $	7	20	15	5	Oui	Oui
45	Montenegro fantastique	27-07-13	1 890 $	10	48	0	48	Non	Non
47	Kayak à Terre-Neuve	12-08-13	1 970 $	7	20	12	8	Oui	Oui
50	Rivière sauvage	27-08-13	1 944 $	10	21	11	10	Non	Non
63	Maroc exotique	31-10-13	1 900 $	7	38	15	23	Oui	Non

Les dates sont au-delà
du 1er juin 2013

Les prix sont inférieurs
à 2 000 $

Utiliser les options de mise en forme conditionnelle avancées

Pour mettre en évidence les plus grandes et les plus petites valeurs d'un champ, utilisez la mise en forme conditionnelle avancée comme suit. Sélectionnez les données du champ, cliquez sur le bouton Mise en forme conditionnelle de l'onglet Accueil, pointez Règles des valeurs plus/moins élevées, sélectionnez une règle parmi les plus élevées ou parmi les moins élevées, entrez si nécessaire le pourcentage ou le nombre de cellules de la plage sélectionnée que vous voulez mettre en forme, sélectionnez le format des cellules qui correspondent aux critères supérieur ou inférieur, puis cliquez sur OK. Vous pouvez aussi mettre en forme la feuille de calcul ou les données d'un tableau à l'aide de jeux d'icônes ou de nuances de couleurs. Les **nuances de couleurs** utilisent un jeu de deux, trois ou quatre couleurs d'arrière-plan pour accentuer des valeurs relatives. Par exemple, le rouge peut remplir le fond de cellules pour indiquer qu'elles ont des valeurs élevées, tandis que le vert peut signifier que les valeurs correspondantes sont faibles. Pour ajouter une nuance de couleurs, sélectionnez une plage de données, cliquez sur l'onglet Accueil, cliquez sur le bouton Mise

en forme conditionnelle du groupe Style, puis pointez Nuances de couleurs ; dans le sous-menu, pointez un des jeux prédéfinis de nuances de couleurs ou cliquez sur Autres règles pour créer votre propre jeu de nuances de couleurs. Les **jeux d'icônes** permettent de communiquer sur un plan visuel des valeurs relatives de cellules, en ajoutant des icônes aux cellules en fonction des valeurs qu'elles contiennent. Une flèche verte pointant vers le haut peut par exemple représenter les valeurs les plus élevées, tandis qu'une flèche rouge pointée vers le bas représenterait les valeurs les plus faibles. Pour ajouter un jeu d'icônes à une plage de données, sélectionnez la plage, cliquez sur le bouton Mise en forme conditionnelle du groupe Style, puis pointez Jeux d'icônes. Pour adapter à vos propres besoins les valeurs qui servent de paliers aux nuances de couleurs et aux jeux d'icônes, cliquez sur le bouton Mise en forme conditionnelle du groupe Style, cliquez sur Gérer les règles, cliquez sur la règle dans la boite de dialogue Gestionnaire des règles de mise en forme conditionnelle, puis cliquez sur Modifier la règle.

Extraire des données d'un tableau

Chaque fois que vous prenez le temps de définir un ensemble complexe de critères de recherche, une approche intéressante consiste à **extraire** les enregistrements issus du filtre au lieu de les filtrer sur place. Lorsque vous extrayez des données, vous placez une copie d'un tableau filtré dans une plage que vous indiquez dans la boite de dialogue Filtre avancé. De cette manière, vous ne risquez pas d'effacer accidentellement le filtre, ni de perdre le suivi des enregistrements que vous avec pris le temps de rassembler. Pour extraire des données, utilisez le filtre avancé et entrez les critères sous les noms de champs, copiés comme à la leçon précédente. Indiquez ensuite l'emplacement où copier les données extraites.

Catherine a besoin d'un filtre sur le tableau, avec une étape supplémentaire qui consiste à isoler les voyages intitulés Rivière sauvage et Kayak à Terre-Neuve du tableau filtré actuellement. Elle vous demande de compléter ce filtre en spécifiant une condition Ou. Pour cela, vous devez entrer deux jeux de critères sur deux lignes distinctes. Vous décidez de conserver les enregistrements filtrés et, donc, de les extraire vers un emplacement différent de la feuille de calcul.

ÉTAPES

1. **Dans la cellule A3, entrez Rivière sauvage, puis, dans la cellule A4, entrez Kayak à Terre-Neuve.**

   Le nouveau jeu de critères doit apparaitre sur deux lignes distinctes. Vous devez donc recopier les critères de filtre précédents dans la deuxième ligne.

2. **Copiez les critères de B3:C3 dans B4:C4.**

   La figure H-8 présente les critères. Cette fois, en rédigeant le filtre, vous indiquez que vous voulez copier le tableau filtré dans une plage à partir de la cellule A75, pour que Catherine puisse facilement retrouver les données, même si vous appliquez d'autres filtres par la suite.

3. **Cliquez si nécessaire sur l'onglet Données, puis cliquez sur Avancé dans le groupe Trier et filtrer.**

4. **Sous Action, cliquez sur Copier vers un autre emplacement, cliquez dans la zone de texte Copier dans, puis tapez A75.**

   La dernière fois que vous avez filtré le tableau, la zone de critères n'incluait que les lignes 2 et 3, tandis qu'ici, vous avez des critères supplémentaires dans la ligne 4.

ASTUCE

Vérifiez que la zone de critères de la boite de dialogue Filtre avancé englobe les noms des champs et toutes les lignes en dessous de ces noms, qui contiennent les critères. Si vous laissez une ligne vierge dans la zone de critères, Excel n'applique aucun filtre et affiche tous les enregistrements.

5. **Modifiez le contenu de la zone de texte Zone de critères pour obtenir \$A\$2:\$I\$4, cliquez sur OK, puis, si nécessaire, faites défiler la feuille de calcul pour que la ligne 75 soit visible.**

   Les enregistrements correspondants apparaissent dans une zone commençant à la cellule A75 (figure H-9). Le tableau initial, qui débute à la cellule A7, contient toujours les enregistrements obtenus par le filtre de la leçon précédente.

6. **Appuyez sur [Ctrl] [↖], puis cliquez sur le bouton Effacer du groupe Filtrer et trier.**

   Le tableau original s'affiche à partir de la cellule A7, tandis que le tableau extrait demeure en A75:I80.

7. **Enregistrez le classeur.**

FIGURE H-8 : Critères dans les lignes distinctes

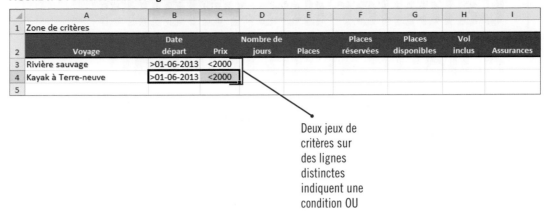

	A	B	C	D	E	F	G	H	I
1	Zone de critères								
2	Voyage	Date départ	Prix	Nombre de jours	Places	Places réservées	Places disponibles	Vol inclus	Assurances
3	Rivière sauvage	>01-06-2013	<2000						
4	Kayak à Terre-neuve	>01-06-2013	<2000						
5									

Deux jeux de critères sur des lignes distinctes indiquent une condition OU

FIGURE H-9 : Enregistrements extraits

	Voyage	Date départ	Prix	Nombre de jours	Places	Places réservées	Places disponibles	Vol inclus	Assurances
34	Kayak à Terre-Neuve	12-06-13	1 970 $	7	20	15	5	Oui	Oui
35	Maroc exotique	12-06-13	1 900 $	7	38	25	13	Oui	Non
38	Rivière sauvage	27-06-13	1 944 $	10	21	21	0	Non	Non
44	Kayak à Terre-Neuve	12-07-13	1 970 $	7	20	15	5	Oui	Oui
45	Montenegro fantastique	27-07-13	1 890 $	10	48	0	48	Non	Non
47	Kayak à Terre-Neuve	12-08-13	1 970 $	7	20	12	8	Oui	Oui
50	Rivière sauvage	27-08-13	1 944 $	10	21	11	10	Non	Non
63	Maroc exotique	31-10-13	1 900 $	7	38	15	23	Oui	Non

Seuls les voyages Rivière sauvage et Kayak à Terre-Neuve apparaissent

Date de départ après le 1er juin 2010

Prix inférieur à 2 000 $

Comprendre la zone de critères et l'emplacement cible de copie

Lorsque vous définissez la zone de critères et l'emplacement de destination de copie dans la boite de dialogue Filtre avancé, Excel crée automatiquement les noms Critères et Extraire pour désigner respectivement ces deux plages dans la feuille de calcul. La zone Critères englobe les noms des champs et toutes les lignes de critères situées sous ceux-ci. La zone Extraire reprend uniquement les noms des champs placés en haut du tableau extrait. Pour sélectionnez ces plages, déroulez la liste de la zone de texte Nom, puis cliquez sur le nom de plage. Si vous cliquez sur le bouton Gestionnaire de noms du groupe Noms définis sous l'onglet Formules, vous trouvez ces noms et les plages associées.

Calculer des valeurs à partir d'un tableau

La fonction RECHERCHEV s'avère très utile pour repérer des valeurs dans un tableau. RECHERCHEV inspecte verticalement (V) la colonne la plus à gauche d'un tableau, puis lit les lignes pour trouver la valeur dans la colonne que vous avez indiquée, un peu comme vous chercheriez un numéro de téléphone dans un annuaire téléphonique : vous recherchez le nom de la personne, puis vous lisez sur la même ligne le numéro de téléphone associé. ▓▓▓▓ Catherine voudrait connaitre la destination d'un voyage en entrant simplement le code de ce voyage. Vous utilisez la fonction RECHERCHEV pour obtenir ce résultat. Vous commencez par identifier le nom du tableau pour vous y référer ensuite dans la fonction de recherche.

ÉTAPES

ASTUCE

N'hésitez pas à changer le nom des tableaux pour mieux en identifier le contenu et simplifier leur sélection dans les formules. Cliquez sur le tableau dans la liste des noms de la boite de dialogue Gestionnaire de noms, cliquez sur Modifier, entrez le nouveau nom de tableau dans la zone de texte Nom, puis cliquez sur OK.

1. **Cliquez sur l'onglet de feuille Liste de recherche, cliquez sur l'onglet Formules du Ruban, puis cliquez sur le bouton Gestionnaire de noms du groupe Noms définis.**

   Les plages nommées du classeur apparaissent dans la boite de dialogue Gestionnaire de noms (figure H-10). Les plages Criteres et Extraire sont les premières de la liste des noms. En bas de la liste, les trois tableaux du classeur sont également présents avec leurs informations. Tableau1 fait référence au tableau de la feuille Voyages, Tableau2 correspond au tableau de la feuille Liste de recherche et Tableau3 au tableau de la feuille de calcul Sous-totaux. Ces noms de tableaux ont été automatiquement générés au moment de la création de ces tableaux par la fonctionnalité de référence structurée d'Excel.

2. **Cliquez sur Fermer.**

   Vous souhaitez trouver le voyage représenté par le code 675Y. La fonction RECHERCHEV se charge de retrouver pour vous le nom d'un voyage correspondant à un code donné. Vous entrerez le code de voyage dans la cellule L2 et la fonction RECHERCHEV dans la cellule M2.

3. **Cliquez dans la cellule L2, tapez 675Y, cliquez dans M2, cliquez sur le bouton Recherche et référence du groupe Bibliothèque de fonctions, puis cliquez sur RECHERCHEV.**

   La boite de dialogue Arguments de la fonction s'affiche, avec des zones de texte pour chacun des arguments de RECHERCHEV. Comme la valeur à rechercher est dans la cellule L2, L2 est la Valeur_cherchée. Le tableau dans lequel vous effectuez la recherche est le tableau de la feuille de calcul Liste de recherche ; le nom qui lui est affecté, Tableau2, est l'argument Table_matrice.

ASTUCE

Pour rechercher seulement la valeur la plus proche d'une donnée, entrez VRAI dans la zone de texte Valeur_proche. Cette méthode risque cependant de donner des résultats inattendus si vous recherchez une correspondance exacte. Lorsque vous utilisez FAUX et qu'Excel ne trouve pas la valeur, vous obtenez un message d'erreur.

4. **Le point d'insertion se trouvant dans la zone de texte Valeur_cherchée, cliquez dans la cellule L2 de la feuille, cliquez dans la zone de texte Table_matrice, puis tapez Tableau2.**

   La colonne contenant les informations que vous souhaitez retrouver et afficher dans la cellule M2 est la deuxième colonne du tableau nommé, donc No_index_col (numéro d'index de la colonne) vaut 2. Comme vous voulez une correspondance exacte à la valeur indiquée dans la cellule L2, vous donnez la valeur FAUX à l'argument Valeur_proche.

5. **Cliquez dans la zone de texte No_index_col, tapez 2, cliquez dans la zone de texte Valeur_proche et entrez FAUX.**

   Vous avez complété la boite de dialogue Arguments de la fonction RECHERCHEV (figure H-11) ; vous êtes prêt à exécuter la fonction.

6. **Cliquez sur OK.**

   Excel commence sa recherche à partir de la première cellule de donnée de la colonne la plus à gauche du tableau et la poursuit jusqu'au moment où il rencontre une valeur correspondant exactement au contenu de la cellule L2. Il lit la colonne 2 correspondant à cet enregistrement, Aventure en Catalogne, et affiche cette valeur dans la cellule M2. Vous testez la fonction en déterminant le voyage associé à un autre code de voyage.

7. **Cliquez dans la cellule L2, tapez 439U, puis cliquez sur Entrer ☑ dans la barre de formule.**

   La fonction RECHERCHEV renvoie la valeur Cuisine française dans la cellule M2.

8. **Appuyez sur [Ctrl] [↖], puis enregistrez le classeur.**

Trouver des enregistrements à l'aide de la fonction BDLIRE

La fonction BDLIRE recherche un enregistrement d'un tableau qui correspond à un critère spécifié. L1:L2 est un exemple de critère de la fonction BDLIRE. Lors de l'utilisation de BDLIRE, vous devez inclure [#Tout] après le nom du tableau dans la formule, pour que les étiquettes des colonnes soient prises en compte dans la zone de critères.

FIGURE H-10 : Plages nommées du classeur

Créées par le Filtre avancé •⟶

Les tableaux du classeur •⟶

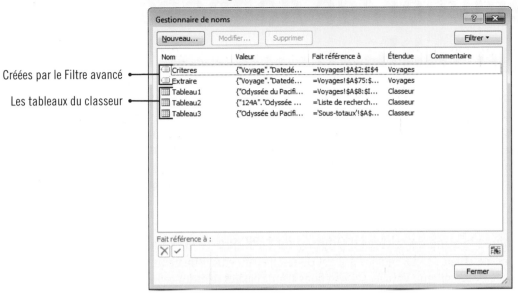

FIGURE H-11 : Boite de dialogue Arguments de la fonction remplie pour RECHERCHEV

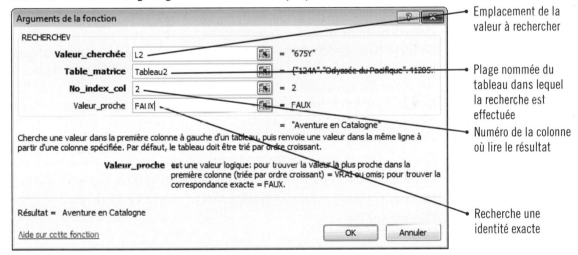

⟶ Emplacement de la valeur à rechercher

⟶ Plage nommée du tableau dans lequel la recherche est effectuée

⟶ Numéro de la colonne où lire le résultat

⟶ Recherche une identité exacte

Utiliser les fonctions RECHERCHEH et EQUIV

La fonction RECHERCHEV (V pour *verticale*) s'avère utile lorsque les données sont placées verticalement, en colonnes. La fonction RECHERCHEH (H pour *horizontale*) s'avère tout aussi utile lorsque les données sont placées horizontalement, en lignes. RECHERCHEH lance sa recherche dans la première ligne d'un tableau et s'arrête lorsqu'elle trouve une valeur correspondant au critère ; elle parcourt ensuite le contenu de la colonne et retourne la valeur de la cellule du numéro de ligne spécifié. Les arguments de cette fonction sont identiques à ceux de RECHERCHEV, à la seule exception qu'au lieu de No_index_col, RECHERCHEH attend un No_index_lig, qui indique le numéro de ligne dans laquelle se trouve la valeur à renvoyer. Ainsi,

par exemple, si vous souhaitez renvoyer la valeur de la quatrième ligne à partir du haut de la plage de données, No_index_lig doit être égal à 4. Vous pouvez également utiliser la fonction EQUIV, lorsque vous voulez l'emplacement d'un élément dans une plage. Utilisez la syntaxe EQUIV(valeur_cherchée;tableau_recherche;type), où valeur_cherchée est la valeur dont une correspondance doit exister dans la plage de données tableau_recherche. Le type vaut 0 pour une correspondance identique, 1 pour trouver la plus grande valeur inférieure ou égale à valeur_cherchée ou -1 pour trouver la plus petite valeur supérieure ou égale à valeur_cherchée.

Résumer les données d'un tableau

Comme un tableau se comporte de la même manière qu'une table d'une base de données, des fonctions de base de données permettent de résumer de maintes façons les données d'un tableau. Lorsque vous travaillez par exemple sur un tableau de données d'activités de vente, Excel peut compter le nombre de contacts de clients par délégué commercial ou le total des ventes par mois de certains comptes. Le tableau H1 énumère les fonctions de base de données usuelles qui permettent de synthétiser les données d'un tableau.  Catherine envisage d'ajouter des voyages à l'agenda de 2013. Elle requiert votre aide pour évaluer le nombre de places disponibles dans les voyages prévus.

1. **Examinez la zone de critères d'Odyssée du Pacifique de la plage L5:L6.**

   La zone de critères L5:L6 indique à Excel de résumer les enregistrements relatifs aux entrées Odyssée du Pacifique de la colonne Voyage. Les fonctions seront placées dans les cellules N7 et N8. Vous utilisez cette zone de critères dans une fonction BDSOMME pour additionner les places disponibles dans tous les voyages intitulés Odyssée du Pacifique et uniquement dans ceux-ci.

2. **Cliquez dans la cellule N7, cliquez sur le bouton Insérer une fonction du groupe Bibliothèque de fonctions ; dans la zone de texte Rechercher une fonction, tapez base de données, puis cliquez sur OK à droite de la zone de texte, cliquez sur BDSOMME dans la liste Sélectionnez une fonction, puis cliquez sur OK en bas de la boite de dialogue.**

   Le premier argument de la fonction BDSOMME est le tableau, c'est-à-dire la base de données.

   > **ASTUCE**
   > Comme BDSOMME utilise les en-têtes de colonnes pour retrouver et additionner les données du tableau, vous devez inclure la ligne d'en-têtes dans la plage de la base de données.

3. **Dans la boite de dialogue Arguments de la fonction, le point d'insertion étant dans la zone de texte Base_de_données, placez le pointeur dans le coin supérieur gauche de la colonne A1 jusqu'à ce qu'il se change en ↘, cliquez une première fois, puis cliquez une seconde fois.**

   Le premier clic sélectionne la plage de données du tableau, tandis que le second clic sélectionne la totalité du tableau, y compris la ligne d'en-têtes. Le deuxième argument de la fonction BDSOMME est l'étiquette de la colonne dont vous voulez la somme. Vous voulez le total du nombre de places disponibles. Le dernier argument de la fonction est le critère qui détermine les valeurs à totaliser.

   > **ASTUCE**
   > Vous pouvez déplacer la boite de dialogue Arguments de la fonction pour atteindre une cellule ou une plage. Vous pouvez aussi cliquer sur le bouton Réduire ▦, sélectionner une cellule ou une plage, puis cliquer sur le bouton Agrandir ▦ pour rétablir la boite de dialogue à sa taille normale.

4. **Cliquez dans la zone de texte Champ, cliquez dans la cellule H1, Places disponibles ; cliquez dans la zone de texte Critères et sélectionnez la plage L5:L6.**

   La boite de dialogue Arguments de la fonction est remplie (figure H-12).

5. **Cliquez sur OK.**

   Le résultat de la cellule N7 est 85. Excel a calculé le total de la colonne Places disponibles, pour tous les enregistrements qui respectent le critère donné, à savoir que Voyage est égal à Odyssée du Pacifique. Les fonctions BDNB et BDNBVAL servent à déterminer le nombre d'enregistrements qui satisfont à une condition donnée dans un champ d'une base de données. BDNBVAL compte le nombre de cellules non vides ; vous l'utilisez pour déterminer le nombre de voyages prévus.

6. **Cliquez dans la cellule N8, cliquez sur ƒ dans la barre de formule ; déroulez la liste Ou sélectionnez une catégorie et cliquez si nécessaire sur Base de données ; dans la liste Sélectionnez une fonction, double-cliquez sur BDNBVAL.**

7. **Le point d'insertion étant dans la zone de texte Base_de_données, placez le pointeur dans le coin supérieur gauche de la cellule A1 jusqu'à ce que le pointeur se change en ↘, cliquez une première fois, puis une seconde fois ; cliquez ensuite dans la zone de texte Champ, puis cliquez dans la cellule B1 ; cliquez dans la zone de texte Critères, sélectionnez la plage L5:L6, puis cliquez sur OK.**

   Le résultat, 4, s'affiche dans la cellule N8, ce qui signifie que quatre voyages Odyssée du Pacifique sont prévus cette année. Vous voulez également afficher le nombre de places disponibles pour les voyages Kayak à Terre-Neuve.

8. **Cliquez dans la cellule L6, tapez Kayak à Terre-Neuve, puis cliquez sur Entrer ✔ dans la barre de formule.**

   La figure H-13 montre que 18 sièges sont disponibles pour les trois voyages Kayak à Terre-Neuve prévus cette année.

FIGURE H-12 : Boite de dialogue Arguments de la fonction **BDSOMME** remplie

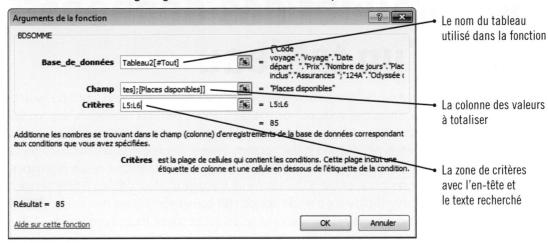

Le nom du tableau utilisé dans la fonction

La colonne des valeurs à totaliser

La zone de critères avec l'en-tête et le texte recherché

FIGURE H-13 : Résultats obtenus par les fonctions de base de données

	F	G	H	I	J	K	L	M	N
1	Places	Places réservées	Places disponible	Vol inclus	Assurance		Code voyage	Voyage	
2	50	50	0	Oui	Non		439U	Cuisine française	
3	30	28	2	Oui	Oui				
4	51	40	11	Oui	Oui				
5	20	0	20	Oui	Oui			Voyage	
6	18	0	18	Oui	Oui		Kayak à Terre-Neuve		
7	43	38	5	Non	Non			Sièges disponibles	18
8	18	15	3	Oui	Non			Nombre de voyages prévus	3
9	50	15	35	Oui	Non				
10	25	19	6	Oui	Oui				

Résultats pour le voyage Kayak à Terre-Neuve

TABLEAU H-1 : Fonctions usuelles de base de données

Fonction	Résultat
BDLIRE	Extrait un seul enregistrement d'un tableau, correspondant au critère spécifié.
BDSOMME	Calcule le total des valeurs d'une colonne donnée d'un tableau, correspondant au critère spécifié.
BDMOYENNE	Calcule la moyenne des valeurs d'une colonne donnée d'un tableau, correspondant au critère spécifié.
BDNB	Compte, dans une colonne donnée d'un tableau, le nombre de cellules qui contiennent des nombres et correspondent au critère spécifié.
BDNBVAL	Compte, dans une colonne donnée d'un tableau, le nombre de cellules non vides qui correspondent à la condition spécifiée.

Valider des données d'un tableau

Lorsque vous édifiez patiemment des tableaux de données, vous souhaitez garantir la précision et l'exactitude des données que vous, ou vos collègues, entrez dans ces tableaux. L'outil de validation de données d'Excel vous permet de définir les données que les utilisateurs peuvent entrer dans une plage de cellules. Vous pouvez restreindre ces données à des nombres entiers, des nombres décimaux ou du texte. Il est aussi possible de définir une liste de valeurs acceptables. Quand vous avez indiqué ce que le programme peut considérer comme valide pour une cellule, Excel affiche un message d'erreur sitôt qu'il détecte une donnée non valable et peut empêcher l'utilisateur d'entrer une donnée considérée comme non valide. ▄▄▄▄ Catherine voudrait que les informations entrées dans la colonne Vol inclus soient toujours cohérentes à l'avenir et, à ce titre, elle vous demande de restreindre les entrées dans cette colonne aux deux seules options possibles: Oui et Non. Vous commencez par sélectionner la colonne du tableau dans laquelle vous voulez restreindre les saisies.

ÉTAPES

1. **Cliquez une seule fois sur le bord supérieur de l'en-tête de colonne Vol inclus.**
   Ceci sélectionne les données de la colonne sans l'en-tête.

ASTUCE

Pour spécifier une longue liste d'entrées valides, tapez la liste dans une colonne à l'écart, dans la feuille de calcul, puis entrez la plage de cette liste dans la zone de texte Source.

2. **Cliquez sur l'onglet Données, cliquez sur le bouton Validation des données dans le groupe Outils de données, cliquez si nécessaire sur l'onglet Options, déroulez la liste Autoriser, puis cliquez sur Liste.**
   Sélectionner l'option Liste vous permet d'entrer une liste d'options spécifiques.

3. **Cliquez dans la zone de texte Source et tapez Oui; Non.**
   Vous avez ainsi indiqué la liste des entrées valides, séparées par des points-virgules (figure H-14). Vous voulez que la personne chargée de la saisie des données puisse choisir une entrée à partir d'une liste déroulante.

PROBLÈME

Si vous recevez le message d'erreur « La valeur dans cette cellule est non valide ou manquante », vérifiez que la cellule I1 n'est pas comprise dans la sélection. Si I1 y est comprise, ouvrez la boite de dialogue Validation des données, cliquez sur Effacer tout, cliquez sur OK, puis recommencez à l'étape 1.

4. **Cliquez, si nécessaire, dans la case Liste déroulante dans la cellule pour la cocher, puis cliquez sur OK.**
   La boite de dialogue disparait et vous revenez à la feuille de calcul.

5. **Cliquez sur l'onglet Accueil, cliquez dans une cellule, au choix, de la dernière ligne du tableau, déroulez la liste Insérer du groupe Cellules, cliquez sur Insérer une ligne de tableau en dessous, cliquez dans la cellule I64, puis cliquez sur la flèche de liste située à droite de la cellule pour afficher la liste des entrées valides.**
   La figure H-15 montre la liste déroulante. Vous pouvez cliquer sur un des éléments de la liste ou le saisir au clavier dans la cellule, mais vous décidez de tester la restriction de donnée en tapant une entrée incorrecte.

6. **Cliquez sur la flèche de liste pour la fermer, tapez Parfois, puis appuyez sur [Entrée].**
   Une boite de dialogue d'avertissement s'affiche instantanément (figure H-16), pour vous empêcher d'entrer cette donnée incorrecte.

7. **Cliquez sur Annuler, déroulez la liste de choix de la cellule et cliquez sur Oui.**
   La cellule accepte la donnée valide. La restriction de données garantit que les enregistrements ne contiennent qu'une des deux entrées valides dans la colonne Vol inclus. Le tableau est prêt pour de futures saisies de données.

8. **Supprimez la dernière ligne du tableau, ajoutez votre nom dans la section centrale du pied de page, puis enregistrez le classeur.**

Limiter la saisie dans une cellule à des valeurs ou à une longueur de données

En plus de fournir une zone de liste déroulante avec les entrées possibles pour une cellule, la validation de données permet de restreindre les valeurs de saisie possibles à des valeurs spécifiées. Par exemple, si vous voulez obliger la donnée à être une valeur inférieure à un certain nombre entier ou décimal, une date ou une heure, cliquez sur l'onglet Données, cliquez sur le bouton Validation des données du groupe Outils de données, puis, sous l'onglet Options, déroulez la liste Autoriser, sélectionnez respectivement Nombre entier, Décimal, Date ou Heure, puis, dans la liste Données, cliquez sur « inférieure à » et, dans la zone de texte du bas, indiquez la valeur maximale. Pour limiter la longueur d'une donnée à saisir, sélectionnez Longueur du texte dans la liste Autoriser, sélectionnez « inférieure à » dans la liste Données et entrez la longueur maximale dans la zone de texte Maximum.

FIGURE H-14 : Créer des restrictions sur les données

Restreint la saisie à une liste d'options valides

Liste des options valides

Affiche une liste des options valides pendant la saisie des données

FIGURE H-15 : Entrée de données dans une cellule avec validation

55	524Z	Randonnée au Népal	29-10-13	4 200 $	14	18	8	10	Oui	Oui
56	509V	Experience Cambodia	31-10-13	2 908 $	12	40	2	38	Oui	Non
57	397S	Maroc exotique	31-10-13	1 900 $	7	38	15	23	Oui	Non
58	621R	Trésors d'Éthopie	18-11-13	3 200 $	10	41	12	29	Oui	Oui
59	793T	Aventure à Panama	18-12-13	2 304 $	10	50	21	29	Oui	Oui
60	592D	Aventure aux Galapagos	20-12-13	3 100 $	14	15	1	14	Oui	Oui
61	307R	Odyssée du Pacifique	21-12-13	3 105 $	14	50	10	40	Oui	Non
62	927F	Inde essentielle	30-12-13	3 933 $	18	51	15	36	Oui	Oui
63	448G	Japon authentique	31-12-13	3 100 $	21	47	4	43	Oui	Non
64								0		
65									Oui	
66									Non	

Liste déroulante

FIGURE H-16 : Avertissement de donnée non valide

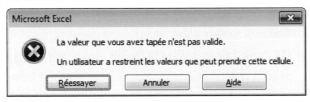

Ajouter des messages de saisie et d'alerte d'erreur

Pour personnaliser encore plus finement le fonctionnement de la validation des données, la boite de dialogue Validation des données vous propose deux autres onglets : Message de saisie et Alerte d'erreur. Le premier permet de définir une info-bulle, qui apparait lorsque l'utilisateur sélectionne la cellule. Ce message peut contenir, par exemple, les instructions sur le type de données à saisir dans la cellule. Dans l'onglet Message de saisie, entrez un titre de message et le message de saisie proprement dit, puis cliquez sur OK. L'onglet Alerte d'erreur permet de définir un niveau d'alerte parmi trois,

lorsque l'utilisateur entre des données incorrectes. Le niveau Informations affiche votre message avec l'icône d'information et autorise l'utilisateur à poursuivre la saisie de la donnée, même non valide. Le niveau Avertissement affiche votre message avec l'icône d'avertissement et propose à l'utilisateur de poursuivre ou non la saisie de donnée. Enfin, le niveau Arrêt, défini par défaut et utilisé dans cette leçon, affiche le message et ne permet à l'utilisateur que de réessayer avec une donnée valide ou d'annuler la saisie de cette donnée.

Créer des sous-totaux

Dans une vaste plage de données, il est souvent nécessaire d'effectuer des opérations qui résument des groupes parmi les données. Par exemple, vous pourriez demander les sous-totaux des données de chaque point de vente dans un tableau reprenant toutes les ventes détaillées de la société. L'outil Sous-totaux d'Excel fournit un moyen rapide et facile de grouper et de résumer une plage de données. Non seulement permet-il de créer des sous-totaux avec la fonction SOMME, mais aussi de présenter d'autres statistiques comme NB, MOYENNE, MAX et MIN. Attention, les sous-totaux ne peuvent être utilisés dans un tableau Excel. Avant de calculer des sous-totaux, vous devez d'abord convertir le tableau en plage et trier les données. Catherine vous demande de grouper les données par voyages et de calculer les sous-totaux de regroupement des places disponibles et réservées. Vous commencez par convertir le tableau en plage.

ÉTAPES

1. **Cliquez sur l'onglet de feuille Sous-totaux, cliquez dans une cellule du tableau, cliquez sur l'onglet Outils de tableau Création, cliquez sur le bouton Convertir en plage du groupe Outils, puis cliquez sur Oui.**

   Avant d'ajouter des sous-totaux, vous devez trier correctement les données. Vous décidez de les trier en ordre croissant, d'abord par voyage, ensuite par date de départ.

2. **Cliquez sur l'onglet Données, cliquez sur le bouton Trier du groupe Trier et filtrer ; dans la boite de dialogue Tri, déroulez la liste Trier par, cliquez sur Voyage, puis cliquez sur le bouton Ajouter un niveau, déroulez la liste Puis par et cliquez sur Date départ ; vérifiez que l'ordre est Du plus ancien au plus récent, puis cliquez sur OK.**

   Vous avez trié la plage en ordre croissant des voyages, puis des dates de départ.

3. **Cliquez dans une cellule de la plage et cliquez sur le bouton Sous-total du groupe Plan.**

   La boite de dialogue Sous-total apparait. Celle-ci permet de préciser les éléments sur lesquels vous voulez calculer les sous-totaux, la fonction à appliquer aux valeurs et les champs sur lesquels porte la synthèse.

4. **Déroulez la liste À chaque changement de, cliquez sur Voyage, déroulez la liste Utiliser la fonction et cliquez sur Somme ; dans la liste Ajouter un sous-total à, cochez si nécessaire les cases Places réservées et Places disponibles, puis ôtez la coche de la case Assurances.**

5. **Si nécessaire, cochez les cases Remplacer les sous-totaux existants et Synthèse sous les données.**

   La boite de dialogue est remplie (figure H-17).

ASTUCE
Cliquez sur ⊟ pour replier ou sur ⊞ pour présenter un groupe d'enregistrements dans la structure regroupée.

6. **Cliquez sur OK, puis faites défiler la feuille pour voir la ligne 90.**

   Les données résumées apparaissent, présentant les sous-totaux et les totaux généraux dans les colonnes F et G (figure H-18). Excel affiche des symboles de plan à gauche de la feuille de calcul, avec des boutons de regroupement pour contrôler le niveau de détail affiché. Les numéros des boutons correspondent au niveau de détail affiché. Vous souhaitez voir le deuxième niveau de détail, les sous-totaux et les totaux généraux.

7. **Cliquez sur le symbole de plan ②.**

   Seuls les sous-totaux et le total général apparaissent, sans les détails des voyages.

ASTUCE
Pour supprimer un regroupement dans une feuille de calcul, cliquez sur le bouton Sous-totaux, puis sur Supprimer tout. Les sous-totaux disparaissent et la présentation sous forme de plan est automatiquement désactivée.

8. **Ajoutez votre nom dans la section centrale du pied de page, examinez l'aperçu, corrigez l'échelle d'impression de la feuille pour que tout s'imprime sur une seule page, enregistrez le classeur et imprimez la feuille de calcul.**

9. **Fermez le classeur et quittez Excel.**

FIGURE H-17 : Boîte de dialogue Sous-total remplie

Champ à utiliser pour regrouper les données

Fonction à appliquer aux groupes

La fonction est appliquée aux champs cochés

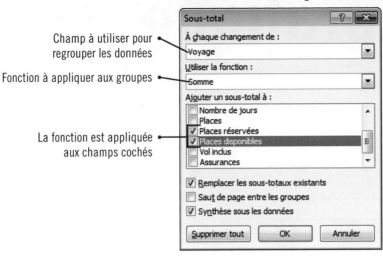

FIGURE H-18 : Extrait du tableau avec ses sous-totaux

Symboles des niveaux du plan

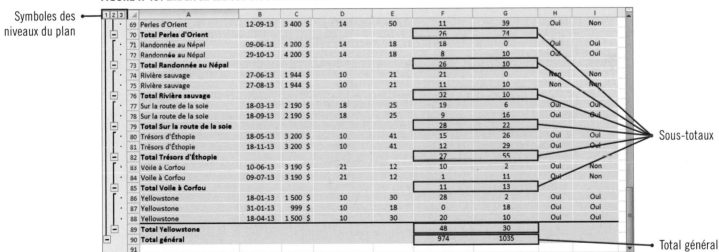

Sous-totaux

Total général

Analyser des tableaux

Excel 2010

Excel H-17

Mise en pratiqu

Révision des concepts

FIGURE H-19

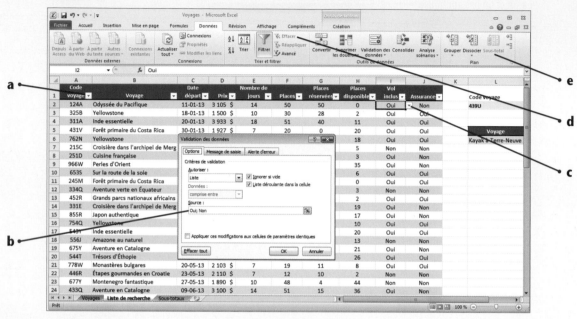

1. **Sur quel élément cliqueriez-vous pour supprimer un filtre?**
2. **Quel élément pointe vers une liste déroulante dans une cellule?**
3. **Sur quel élément devez-vous cliquer pour regrouper et résumer des données?**
4. **Quel élément pointe vers la flèche de liste d'un champ?**
5. **Où indiquez-vous les données valides pour un champ d'un tableau?**

Associez chaque terme à sa description.

6. **Tableau extrait**
7. **Table_matrice**
8. **Zone de critères**
9. **Validation des données**
10. **BDSOMME**

a. La plage de cellules où sont copiés les résultats extraits par un Filtre avancé.

b. La plage où sont définies les conditions de recherche.

c. Restreint les données saisies à des options définies.

d. Nom du tableau au sein duquel RECHERCHEV effectue les recherches.

e. Fonction utilisée pour calculer dans un tableau le total des valeurs qui correspondent à des critères donnés.

Choisissez la meilleure réponse à chaque question.

11. **La condition logique _____ recherche les enregistrements qui respectent les deux critères indiqués.**
    a. Et
    b. Ou
    c. Vrai
    d. Faux

12. **Si vous sélectionnez l'option Ou lors de la création d'un filtre personnalisé, que cela signifie-t-il?**
    a. Au moins une des deux conditions doit être vraie pour donner un résultat.
    b. Aucune des deux conditions ne doit être vraie à 100 %.
    c. Les deux conditions doivent être vraies pour donner un résultat.
    d. Un filtre personnalisé exige une zone de critères.

Révision des techniques

1. Filtrer un tableau.

a. Démarrez Excel, ouvrez le classeur EX H-2.xlsx de votre dossier Projets et enregistrez-le sous le nom **Synthèse salaires**.

b. La feuille de calcul Rémunération étant active, filtrez le tableau pour n'afficher que les enregistrements des employés de Québec.

c. Effacez le filtre, ajoutez un filtre qui affiche les enregistrements des employés des filiales de Québec et de Trois-Rivières.

d. Affichez tous les employés, puis utilisez un filtre pour montrer les trois employés qui reçoivent les salaires annuels les plus élevés.

e. Affichez tous les enregistrements et enregistrez le classeur.

2. Créer un filtre personnalisé.

a. Créez un filtre personnalisé montrant les employés engagés avant le 1er janvier 2010 ou après le 31 décembre 2010.

b. Créez un filtre personnalisé affichant les employés engagés entre le 1er janvier 2010 et le 31 décembre 2010.

c. Entrez votre nom dans le pied de page de la feuille, puis examinez l'aperçu avant impression de la feuille filtrée.

d. Réaffichez tous les enregistrements.

e. Enregistrez le classeur.

3. Filtrer et extraire un tableau à l'aide d'un filtre avancé.

a. Vous voulez obtenir une liste des employés engagés avant le 1er janvier 2011 et qui reçoivent un salaire annuel de plus de 70 000 $. Définissez une zone de critères : insérez six lignes dans la feuille de calcul, au-dessus du tableau, et copiez les noms des champs dans la première ligne.

b. Dans la cellule D2, saisissez le critère **<01-01-11**, puis, dans la cellule G2, entrez **>70000**.

c. Cliquez dans une cellule du tableau.

d. Ouvrez la boite de dialogue Filtre avancé.

e. Indiquez que vous voulez copier le résultat vers un autre emplacement, entrez la zone de critères **A1:J2**, vérifiez que le critère Plages vaut $A$7:$J$17, puis indiquez que le tableau extrait doit être placé dans la plage qui commence à la cellule **A20**.

f. Vérifiez que la liste obtenue respecte les critères, comme à la figure H-20.

g. Enregistrez le classeur et examinez l'aperçu avant impression.

FIGURE H-20

	A	B	C	D	E	F	G	H	I	J
1	Numéro employé	Prénom	Nom	Date engagement	Filiale	Salaire mensuel	Salaire annuel	Prime annuelle	Prime sur bénéfices	Rémunération annuelle
2				<01-01-11			>70000			
3										
4										
5										
6										
7	Numéro employé	Prénom	Nom	Date engagement	Filiale	Salaire mensuel	Salaire annuel	Prime annuelle	Prime sur bénéfices	Rémunération annuelle
8	1311	Aurélie	Laflamme	12-02-10	Montréal	4 500 $	54 000 $	1 200 $	12 420 $	67 620 $
9	4522	Laurie	Villeneuve	01-04-11	Québec	5 800 $	69 600 $	5 400 $	16 008 $	91 008 $
10	4177	India	Desjardins	06-05-09	Trois-Rivières	7 500 $	90 000 $	16 000 $	20 700 $	126 700 $
11	2571	Sung Lee	Martin	10-12-10	Québec	8 000 $	96 000 $	18 000 $	22 080 $	136 080 $
12	2214	Paul	Gamache	15-02-12	Québec	2 900 $	34 800 $	570 $	8 004 $	43 374 $
13	6587	Pierre	Ernest	25-03-10	Montréal	2 775 $	33 300 $	770 $	7 669 $	41 729 $
14	2123	Éric	Moulineau	23-06-07	Montréal	3 990 $	47 880 $	2 500 $	11 012 $	61 392 $
15	4439	François	Morency	03-08-12	Trois-Rivières	6 770 $	81 240 $	5 000 $	18 685 $	104 925 $
16	9807	Hugo	Renaud	29-09-08	Trois-Rivières	8 600 $	103 200 $	14 000 $	23 736 $	140 936 $
17	3944	Yasmina	Lenoir	12-05-10	Québec	3 500 $	42 000 $	900 $	9 660 $	52 560 $
18										
19										
20	Numéro employé	Prénom	Nom	Date engagement	Filiale	Salaire mensuel	Salaire annuel	Prime annuelle	Prime sur bénéfices	Rémunération annuelle
21	4177	India	Desjardins	06-05-09	Trois-Rivières	7 500 $	90 000 $	16 000 $	20 700 $	126 700 $
22	2571	Sung Lee	Martin	10-12-10	Québec	8 000 $	96 000 $	18 000 $	22 080 $	136 080 $
23	9807	Hugo	Renaud	29-09-08	Trois-Rivières	8 600 $	103 200 $	14 000 $	23 736 $	140 936 $
24										

4. Calculer des valeurs à partir d'un tableau.

a. Cliquez sur l'onglet de la feuille Résumé. À l'aide du Gestionnaire de noms, examinez les noms des tableaux du classeur, puis fermez la boite de dialogue.

b. Vous utilisez une fonction de recherche pour trouver la rémunération annuelle d'un employé. Entrez le numéro d'employé **2214** dans la cellule A17.

c. Dans la cellule B17, utilisez la fonction RECHERCHEV et entrez **A17** comme Valeur_cherchée, **Tableau2** dans Table_matrice, **10** pour le No_index_col et **FAUX** pour la Valeur_proche ; notez la rémunération trouvée et comparez cette valeur à celle du tableau, pour vérifier qu'elle est correcte.

d. Entrez un autre numéro d'employé, **4177**, dans la cellule A17 et voyez la rémunération annuelle de cet employé.

e. Appliquez à la cellule B17 le format Nombre Comptabilité sans décimales et avec le symbole $.

f. Enregistrez le classeur.

5. Résumer les données d'un tableau.

a. Vous devez entrer une fonction de base de données qui calcule la moyenne des salaires annuels par filiale, avec comme critère initial, la filiale de Montréal. Dans la cellule E17, utilisez la fonction BDMOYENNE ; cliquez deux fois de suite dans le coin supérieur gauche de la cellule A1 pour sélectionner le tableau et sa ligne d'en-têtes, en guise de Base_de_données ; sélectionnez la cellule G1 pour le Champ ; sélectionnez la plage D16:D17 dans Critères.

b. Testez ensuite la fonction pour le texte **Trois-Rivières** dans la cellule D17. Le critère entré, la fonction doit afficher 91480 dans la cellule E17.

Révision des techniques (suite)

   c. Appliquez à la cellule E17 le format Nombre Comptabilité, sans décimales et avec le symbole $.

   d. Enregistrez le classeur.

6. Valider des données d'un tableau.

   a. Sélectionnez les données de la colonne E du tableau et définissez un critère de validation, qui autorise une liste d'options valides.

   b. Entrez la liste des options valides qui limite les saisies à **Montréal**, **Québec** et **Trois-Rivières**. N'oubliez pas de séparer ces données par des points-virgules.

   c. Indiquez que les options doivent apparaitre sous la forme d'une liste déroulante dans la cellule, puis fermez la boite de dialogue.

   d. Ajoutez une ligne au tableau. Dans la cellule E12, sélectionnez Québec dans la liste déroulante.

   e. Sélectionnez la colonne F du tableau et indiquez que les données doivent y être entrées sous la forme de nombres entiers. Dans la zone de texte Minimum, tapez **1000** ; dans la zone de texte Maximum, tapez **20000**. Fermez la boite de dialogue.

   f. Cliquez dans la cellule F12, entrez **25000** et appuyez sur [Entrée]. Vous devriez obtenir un message d'erreur.

   g. Cliquez sur Annuler, puis tapez **17000**.

   h. Complétez le nouvel enregistrement avec les données suivantes : Numéro d'employé **1112**, Prénom **Caroline**, Nom **Dunod**, Date engagement **01-02-2013** et Prime annuelle **1000 $**. Appliquez si nécessaire aux valeurs du nouvel enregistrement le format Comptabilité, sans décimales et avec le symbole $. Comparez vos résultats à ceux de la figure H-21.

FIGURE H-21

	A	B	C	D	E	F	G	H	I	J
1	Numéro employé	Prénom	Nom	Date engagement	Filiale	Salaire mensuel	Salaire annuel	Prime annuelle	Prime sur bénéfices	Rémunération annuelle
2	1311	Aurélie	Laflamme	12-02-10	Montréal	4 500 $	54 000 $	1 200 $	12 420 $	67 620 $
3	4522	Laurie	Villeneuve	01-04-11	Québec	5 800 $	69 600 $	5 400 $	16 008 $	91 008 $
4	4177	India	Desjardins	06-05-09	Trois-Rivières	7 500 $	90 000 $	16 000 $	20 700 $	126 700 $
5	2571	Sung Lee	Martin	10-12-10	Québec	8 000 $	96 000 $	18 000 $	22 080 $	136 080 $
6	2214	Paul	Gamache	15-02-12	Québec	2 900 $	34 800 $	570 $	8 004 $	43 374 $
7	6587	Pierre	Ernest	25-03-10	Montréal	2 775 $	33 300 $	770 $	7 659 $	41 729 $
8	2123	Éric	Moulineau	23-06-07	Montréal	3 990 $	47 880 $	2 500 $	11 012 $	61 392 $
9	4439	François	Morency	03-08-12	Trois-Rivières	6 770 $	81 240 $	5 000 $	18 685 $	104 925 $
10	9807	Hugo	Renaud	29-09-08	Trois-Rivières	8 600 $	103 200 $	14 000 $	23 736 $	140 936 $
11	3944	Yasmina	Lenoir	12-05-10	Québec	3 500 $	42 000 $	900 $	9 660 $	52 560 $
12	1112	Caroline	Dunod	01-02-13	Québec	17 000 $	204 000 $	1 000 $	46 920 $	251 920 $
13										
14										
15										
16	Numéro employé	Rémunération annuelle			Filiale	Salaire annuel moyen				
17	4177	126 700 $			Trois-Rivières	91 480 $				

   i. Entrez votre nom dans la section centrale du pied de page de la feuille, enregistrez le classeur et examinez l'aperçu avant impression de la feuille de calcul.

7. Créer des sous-totaux de regroupement et utiliser les symboles du plan.

   a. Cliquez sur l'onglet de la feuille Sous-totaux.

   b. À l'aide de la liste déroulante du champ Filiale, triez le tableau en ordre croissant de nom de filiale.

   c. Convertissez le tableau en une plage de données.

   d. Groupez et créez des sous-totaux de la rémunération annuelle par filiale, à l'aide de la fonction SOMME.

   e. Cliquez sur le bouton 2 des symboles du plan, pour afficher seulement les sous-totaux et le total général. Comparez votre écran à la figure H-22.

FIGURE H-22

1 2 3		A	B	C	D	E	F	G	H
	1	Numéro employé	Prénom	Nom	Date engagement	Filiale	Salaire mensuel	Salaire annuel	Prime annuelle
+	5					Total Montréal			
+	10					Total Québec			
+	14					Total Trois-Rivières			
−	15					Total général			

   f. Entrez votre nom dans le pied de page de la feuille, enregistrez le classeur, puis examinez l'aperçu avant impression.

   g. Enregistrez et fermez le classeur, puis quittez Excel.

Exercice personnel 1

En temps que propriétaire de La Réserve, une boutique de nourriture fine implantée à Québec, vous passez beaucoup de temps à gérer votre inventaire. Pour vous faciliter la tâche, vous avez créé un tableau Excel dont vous pouvez extraire des informations à l'aide de filtres. Vous avez également besoin d'une validation des données et d'informations de synthèse dans ce tableau.

   a. Démarrez Excel, ouvrez le classeur EX H-3.xlsx de votre dossier Projets et enregistrez-le sous le nom **Confitures**.

   b. Dans le tableau de données de la feuille Inventaire, créez un filtre pour obtenir la liste des confitures d'abricot. Effacez le filtre.

Exercice personnel 1 (suite)

c. Créez un filtre personnalisé pour obtenir une liste des confitures dont la quantité est supérieure à 20. Effacez le filtre.

d. Copiez les étiquettes des cellules A1:F1 dans la plage A16:F16. Tapez **Framboise** dans la cellule B17 et **Petite** dans la cellule C17. Utilisez un Filtre avancé avec la plage de critères A16:F17 pour extraire un tableau des petits pots de confiture de framboise dans la plage qui commence en A20. Entrez votre nom dans le pied de page de la feuille, enregistrez le classeur et examinez l'aperçu avant impression.

e. Cliquez sur l'onglet de la feuille Résumé, sélectionnez les données de la colonne B du tableau. Ouvrez une boite de dialogue Validation des données et imposez une liste de validation, dont les entrées valables sont **Framboise**, **Mûre** et **Abricot**. Vérifiez que la case Liste déroulante dans la cellule est cochée.

f. Testez la validation en essayant de remplacer le contenu d'une cellule de la colonne B du tableau par **Fraise**.

g. Utilisez la figure H-23 comme guide pour entrer dans la cellule E18 une fonction qui calcule la quantité totale de pots de confiture de mûre dans votre magasin. Entrez votre nom dans le pied de page de la feuille, examinez l'aperçu avant impression, puis enregistrez le classeur.

FIGURE H-23

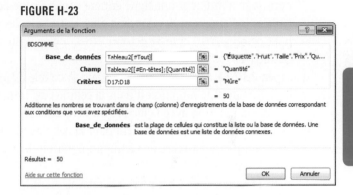

h. Dans la feuille Sous-totaux, triez le tableau en ordre croissant de Fruit. Convertissez le tableau en plage. Insérez des sous-totaux par fruit avec l'outil Sous-total, puis sélectionnez Quantité dans la liste Ajouter un sous-total à. Supprimez la coche de la case Total si nécessaire. Cliquez sur le bouton des symboles du plan qui permet de n'afficher que les sous-totaux et le total général. Enregistrez le classeur, puis examinez l'aperçu de la feuille.

Difficultés supplémentaires

- Supprimez les sous-totaux de la feuille de calcul.
- Appliquez une mise en forme conditionnelle pour ajouter des icônes au champ Quantité, selon les critères suivants : les quantités supérieures ou égales à 20 reçoivent une coche verte, les quantités supérieures ou égales à 10, mais inférieures à 20, reçoivent un point d'exclamation jaune et les quantités inférieures à 10 reçoivent un X rouge. Inspirez-vous de la figure H-24 pour créer les règles de mise en forme, puis comparez le résultat à la figure H-25. (*Indice* : Lorsque la valeur plafond 20 est entrée dans la zone de texte « Valeur » du haut, elle est placée automatiquement comme valeur limite pour l'icône suivante.)
- Enregistrez le classeur, puis examinez l'aperçu avant impression.

i. Fermez le classeur et quittez Excel.

FIGURE H-24

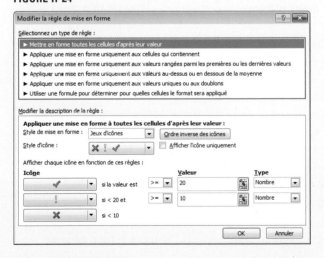

FIGURE H-25

	A	B	C	D	E	F
1	Marque	Fruit	Taille	Prix	Quantité	Total
2	Grand-Mère	Abricot	Petite	4,50 $ ✗	5	22,50 $
3	Beaux Fruits	Abricot	Petite	3,25 $!	11	35,75 $
4	Les Collines	Abricot	Petite	4,25 $ ✔	31	131,75 $
5	Champs d'Or	Abricot	Moyenne	7,55 $ ✔	24	181,20 $
6	Grand-Mère	Framboise	Petite	4,75 $ ✗	6	28,50 $
7	Aubel	Framboise	Petite	5,75 $ ✗	8	46,00 $
8	Les Collines	Framboise	Petite	3,75 $ ✔	21	78,75 $
9	Champs d'Or	Framboise	Moyenne	7,25 $!	18	130,50 $
10	Grand-Mère	Mûre	Moyenne	6,00 $!	11	66,00 $
11	Beaux Fruits	Mûre	Petite	4,25 $!	12	51,00 $
12	Les Collines	Mûre	Moyenne	6,75 $!	15	101,25 $
13	Champs d'Or	Mûre	Petite	5,55 $!	12	66,60 $

Exercice personnel 2

Vous venez d'implanter une entreprise de création et de gravure de médailles pour animaux de compagnie, appelée Plaques-à-Pattes. Vos clients commandent des médailles pour leur animal, ils vous fournissent le nom et indiquent s'ils veulent une gravure en simple ou double face. Vous avez constitué un tableau de vos factures pour suivre vos ventes du mois d'octobre. Ce tableau réalisé, vous voulez le manipuler de diverses manières. D'abord, vous voulez filtrer le tableau, pour ne retenir que les médailles vendues au détail pour un prix supérieur à un prix donné et commandées pendant une partie donnée du mois. Vous voulez également connaitre les sous-totaux des colonnes prix unitaire et total par médaille, et limiter les erreurs en imposant des restrictions sur les entrées dans la colonne Date de commande. Enfin, vous aimeriez ajouter à votre feuille de calcul des fonctions de base de données et de recherche pour extraire efficacement des données du tableau.

a. Démarrez Excel, ouvrez le classeur EX H-4.xlsx de votre dossier Projets et enregistrez-le sous le nom **Plaques-a-Pattes**.

b. Tirez parti du Filtre avancé pour afficher les médailles d'un prix de 12,99 $, vendues avant le 15 octobre 2013 ; utilisez les cellules A27:B28 pour saisir vos critères et placez les résultats extraits dans la cellule A33. (*Indice* : Il n'est pas nécessaire d'indiquer une ligne entière comme zone de critères.) Entrez votre nom dans le pied de page de la feuille.

c. Utilisez la Validation des données pour restreindre les saisies à celles dont la date de commande est comprise entre le 1ᵉʳ octobre 2010 et le 31 octobre 2013, inclus. Testez la restriction en essayant d'entrer une date incorrecte dans la cellule D25.

d. Tapez **23721** dans la cellule F28. Dans la cellule G28, entrez une fonction RECHERCHEV qui recherche le total de la facture dont le numéro est dans la cellule F28. Imposez une correspondance exacte du numéro de facture. Testez ensuite la fonction avec la facture numéro 23718.

e. Tapez la date du 1ᵉʳ octobre 2013 dans la cellule I28. Dans la cellule J28, utilisez la fonction de base de données BDNB pour compter le nombre de factures qui portent la date indiquée en I28. Enregistrez le classeur, puis examinez l'aperçu avant impression.

f. Dans la feuille Sous-totaux, triez le tableau en ordre croissant de Médaille, puis convertissez-le en plage. Créez des sous-totaux montrant les nombres distincts de médailles pour chat et pour chien dans la colonne de votre choix (*Indice* : Utilisez la fonction Nombre.) Affichez seulement les sous-totaux et le total général.

g. Enregistrez le classeur, examinez l'aperçu avant impression, fermez le classeur et quittez Excel.

Exercice personnel 3

Vous êtes le gérant de Monts Verts, une petite boutique de cadeaux et d'articles de dépannage à Chicoutimi. Vous avez créé un tableau Excel contenant les données de vos commandes, ainsi que les quantités commandées de chaque article avec la date de commande. Vous manipulez ce tableau pour afficher les catégories de produits et les articles commandés répondant à certains critères. Vous désirez en outre ajouter des sous-totaux au tableau et ajouter des fonctions de base de données pour totaliser les commandes. Pour terminer, vous voulez contrôler la validité des données saisies dans la colonne Catégorie.

a. Démarrez Excel, ouvrez le classeur EX H-5.xlsx de votre dossier Projets et enregistrez-le sous le nom **Cadeaux**.

b. Créez un filtre avancé qui extrait les enregistrements respectant les critères suivants : les commandes de plus de 1 000 $, datant d'avant le 10 septembre 2013 ou d'après le 24 septembre 2013. (*Indice* : Rappelez-vous que, lorsque des enregistrements doivent satisfaire un critère ou un autre, vous devez placer ces critères sur des lignes différentes.) Entrez votre nom dans le pied de page de la feuille de calcul.

c. Dans la cellule H2, exploitez la fonction BDSOMME pour permettre aux utilisateurs de connaitre le total des commandes de la catégorie saisie en G2. Appliquez à la cellule du total calculé le format Nombre Comptabilité avec le symbole monétaire et sans décimale. Testez la fonction avec le nom de catégorie Alimentation. (Le total de cette catégorie devrait être égal à 5 998 $.) Examinez l'aperçu de la feuille.

d. Utilisez la validation des données pour créer une liste déroulante de cellule qui restreint les entrées de catégorie à la liste « Alimentation », « Habillement », « Hygiène corporelle » et « Librairie ». Sous l'onglet Alerte d'erreur de la boite de dialogue Validation des données, réglez le niveau d'alerte à Avertissement et indiquez, comme titre, « Catégorie d'article » et, comme message, « La donnée n'est pas valable. » Testez la validation dans le tableau, avec des entrées permises et des entrées non valides. Enregistrez le classeur, puis examinez l'aperçu avant impression.

e. Dans la feuille Sous-totaux, triez le tableau en ordre croissant de catégories. Convertissez-le en plage et calculez les sous-totaux des commandes par catégorie.

f. À l'aide des symboles du plan, affichez uniquement les noms de catégories, avec les sous-totaux et le total général.

Exercice personnel 3 (suite)

Difficultés supplémentaires

- Supprimez tous les sous-totaux de la feuille de calcul.
- Appliquez une mise en forme conditionnelle aux données de la colonne Commande du mois, à l'aide de règles des valeurs plus/moins élevées, qui accentue les cellules qui contiennent les 10 % des valeurs supérieures avec un remplissage jaune et un texte jaune foncé.
- Ajoutez une autre règle qui accentue avec un remplissage rouge clair les 10 % des valeurs les moins élevées de la colonne Commande du mois.

g. Enregistrez le classeur, puis examinez l'aperçu avant impression.

h. Fermez le classeur et quittez Excel.

Défi personnel inspiré de la vie réelle

Vous entreprenez de classer vos contacts professionnels et personnels sous forme d'un tableau Excel afin de retrouver facilement les numéros de téléphone. Vous décidez en outre d'ajouter les adresses et un champ qui indique le type du contact, personnel ou professionnel. Vous entrez les informations de contact dans une feuille de calcul que vous convertissez en tableau, pour en faciliter le filtrage. Vous utilisez également des fonctions de base de données pour retrouver les numéros de téléphone lorsque vous donnez le nom de famille d'un contact du tableau. Enfin vous limitez les données du champ Type aux valeurs fournies par une liste déroulante, pour simplifier l'ajout ultérieur de données et éviter les erreurs de saisie.

a. Démarrez Excel, créez un nouveau classeur et enregistrez-le dans votre dossier Projets sous le nom **Contacts**.

b. Sur base de la structure du tableau H-2, entrez au moins six de vos propres contacts personnels ou professionnels dans la nouvelle feuille de calcul. (*Indice* : Mettez en forme les numéros de téléphone à l'aide du type Numéro de téléphone, de la catégorie Spécial.) Dans le champ Relation, entrez soit Professionnel, soit Personnel. Si vous ne connaissez pas tous les numéros de téléphone de vos contacts, laissez vides ceux dont vous ne disposez pas.

TABLEAU H-2

Nom	Prénom	Tél. cell.	Tél. privé	Tél. travail	Adresse	Code	Ville	Province	Type

c. Créez un tableau à partir de ces informations. Utilisez la boite de dialogue Gestionnaire des noms pour corriger le nom du tableau en Contacts.

d. Créez un filtre qui affiche les enregistrements des contacts personnels. Effacez le filtre.

e. Créez un filtre qui affiche les enregistrements des contacts professionnels. Effacez le filtre.

f. Limitez le champ Type aux seules entrées « Personnel » ou « Professionnel ». Fournissez une liste déroulante permettant la sélection de ces deux options. Ajoutez le message de saisie **Choisissez dans la liste**. Ajoutez le message d'alerte d'erreur **Choisissez Personnel ou Professionnel**. Testez la validation en ajoutant un enregistrement à votre tableau.

g. Sous le tableau, créez une zone de recherche de téléphone avec les étiquettes suivantes, dans des colonnes contigües : **Nom**, **Tél. cell**, **Tél. privé**, **Tél. travail**.

h. Sous l'étiquette Nom de la zone de recherche de numéros de téléphone, tapez un des noms de votre tableau.

i. Dans la zone de recherche de numéro de téléphone, entrez les fonctions de recherche qui repèrent le téléphone cellulaire, le téléphone privé et le téléphone professionnel du contact pour le nom saisi à l'étape précédente. Veillez à prendre une correspondance exacte.

j. Entrez votre nom dans la section centrale du pied de page, enregistrez le classeur, puis examinez l'aperçu avant impression.

k. Fermez le classeur et quittez Excel.

Atelier visuel

Démarrez Excel, ouvrez le classeur EX H-6.xlsx de votre dossier Projets et enregistrez-le sous le nom **Agenda**. Complétez la feuille de calcul comme le montre la figure H-26. Une liste déroulante à été ajoutée aux cellules de la colonne Salle. La plage A18:G21 est extraite du tableau à partir des critères des cellules A15:A16. Entrez votre nom dans le pied de page, enregistrez le classeur, examinez l'aperçu avant impression, puis imprimez la feuille de calcul, fermez le classeur et quittez Excel.

FIGURE H-26

	A	B	C	D	E	F	G	H
1		Agenda 2013 des cours d'Histoire						
2								
3	Numéro cours	Cours	Heure	Jour	Salle	Crédit	Professeur	
4	HIS100	Intro	08:00	Lu, Me, Ve	G-105	3	Boilard	
5	HIS101	Antiquité	08:00	Ma, Je	B-123	3	Chavant	
6	HIS102	Amérique	09:00	Lu, Me, Ve	B-123	4	Déchêne	
7	HIS103	Contemporain	10:00	Ma, Je	G-105	4	Boilard	
8	HIS104	Intro	14:00	Lu, Me, Ve	G-105	3	Juneau	
9	HIS200	Antiquité	13:00	Ma, Je	B-123	3	Chavant	
10	HIS300	Amérique	15:00	Lu, Me, Ve	B-123	4	Côté	
11	HIS400	Amérique	11:00	Lu, Me, Ve	B-123	4	Ricaud	
12	HIS500	Intro	15:00	Ma, Je	G-105	3	Boilard	
13					G-105			
14					B-123			
15	Cours							
16	Intro							
17								
18	Numéro cours	Cours	Heure	Jour	Salle	Crédit	Professeur	
19	HIS100	Intro	08:00	Lu, Me, Ve	G-105	3	Boilard	
20	HIS104	Intro	14:00	Lu, Me, Ve	G-105	3	Juneau	
21	HIS500	Intro	15:00	Ma, Je	G-105	3	Boilard	
22								
23								

Glossaire

Adresse de cellule Emplacement unique identifié par les coordonnées de l'intersection d'une colonne et d'une ligne ; par exemple, l'adresse de la cellule située dans la colonne A et la ligne 1 est A1.

Affichage personnalisé Un ensemble de réglages d'affichage ou d'impression nommable et enregistrable en vue d'un accès ultérieur. Vous pouvez enregistrer plusieurs affichages personnalisés différents d'une même feuille de calcul.

Ajustement automatique La fonctionnalité qui ajuste automatiquement la largeur d'une colonne ou la hauteur d'une ligne en fonction de l'entrée la plus large ou la plus haute.

Alignement Placement horizontal du contenu d'une cellule; par exemple, gauche, centré ou droite.

Analyse par hypothèse Un outil de prise de décision qui modifie les données et recalcule les formules pour prédire des résultats possibles.

Aperçu des sauts de page Mode d'affichage d'une feuille de calcul qui montre les indicateurs de saut de page, que vous pouvez glisser pour inclure plus ou moins d'informations sur les pages d'une feuille de calcul.

Arrière-plan de feuille de calcul Un dessin appliqué à l'arrière-plan d'une feuille de calcul ; créé à l'aide du bouton Arrière-plan de l'onglet Mise en page. Visible seulement à l'écran, il n'est pas imprimé avec la feuille de calcul.

Attributs Caractéristiques de style telles que gras, italique et souligné, que l'on peut appliquer au contenu d'une cellule pour modifier l'apparence des textes et des nombres dans une feuille de calcul ou un graphique.

Axe des valeurs Dans un graphique, désigne l'axe vertical, qui contient les valeurs numériques ; dans un graphique bidimensionnel, il est connu aussi sous le nom d'axe des Y.

Axe des X Axe horizontal d'un graphique (abscisse) ; comme il affiche souvent des catégories de données, par exemple des mois, il porte aussi le nom d'axe des catégories.

Axe des Y Axe vertical d'un graphique (ordonnée) ; comme il affiche souvent des valeurs numériques dans un graphique à deux dimensions, il porte aussi le nom d'axe des valeurs.

Axe des Z Le troisième axe d'un vrai graphique tridimensionnel permet de comparer des points de données par rapport aux catégories et aux valeurs.

Axes des catégories L'axe horizontal d'un graphique, contenant généralement les noms des groupes de données ; dans un graphique bidimensionnel, s'appelle aussi l'axe des X.

Bandes Une mise en forme des feuilles de calcul où les lignes et (ou) les colonnes adjacentes reçoivent une mise en forme différente, alternée.

Barre d'état La barre au pied de la fenêtre Excel qui fournit des informations sur certaines touches, commandes et procédures.

Barre de formule La zone située au-dessus de la grille de la feuille de calcul où vous entrez ou modifiez les données de la cellule active.

Barres de défilement Les barres placées sur les bords droit (barre de défilement verticale) et inférieur (barre de défilement horizontale) de la fenêtre de document qui permettent de se déplacer dans une feuille de calcul trop grande pour s'afficher en totalité à l'écran.

Caractère générique Symbole particulier qui se substitue à des caractères inconnus dans la définition de critères de recherche, dans la boite de dialogue Rechercher et remplacer. Le point d'interrogation (?) représente un seul caractère, tandis que l'astérisque (*) représente une suite de caractères.

Cellule active Position actuelle du pointeur de cellule.

Cellule Intersection d'une colonne et d'une ligne dans une feuille de calcul, une feuille de données ou un tableau.

Champ Dans un tableau (une base de données Excel), une colonne qui décrit une particularité des enregistrements, comme prénom ou ville.

Cible L'emplacement visé par un lien hypertexte, affiché lors d'un clic sur le lien.

Classeur Collection de feuilles de calcul apparentées, contenue dans un seul fichier.

Classeur partagé Un classeur Excel que plusieurs utilisateurs peuvent ouvrir et modifier simultanément.

Clés de tri Critères utilisés pour trier ou reclasser les données.

Clip Fichier multimédia constitué d'image, de son, d'animation ou d'une séquence filmée.

Colonnes calculées Dans un tableau, désigne une colonne utilisant une formule qui s'adapte automatiquement pour accepter de nouvelles lignes.

Complément Un programme complémentaire tel que le Complément Solver ou l'Analysis Toolpack, qui offre des fonctionnalités supplémentaires à Excel. Pour activer un complément, cliquez sur le bouton Office, cliquez sur Options Excel, cliquez sur Compléments, puis sur Gérer. Sélectionnez les compléments dans la liste proposée.

Condition Et Une possibilité de filtre qui recherche des enregistrements en spécifiant les critères qui doivent tous être respectés simultanément.

Condition Ou Les enregistrements d'une recherche ne doivent respecter qu'un seul de ces critères.

Conditions d'état Dans une formule logique, désigne les critères que vous définissez.

Conditions logiques Utilisation des opérateurs Et et Ou pour réduire les critères de sélection d'un filtre personnalisé.

Consolider Réunir dans une feuille les données provenant de plusieurs feuilles.

Critères de recherche Dans une recherche dans un classeur ou dans un tableau, désigne le texte recherché.

Délimiteur Un caractère de séparation tel qu'un espace ou un point-virgule, entre des données importées.

Éclater un secteur Éloigner un secteur d'un graphique pour attirer l'attention.

Enregistrement Dans un tableau désigne des données sur un objet ou une personne.

En-tête de colonne Identifie la lettre de colonne (A, B, et ainsi de suite) au-dessus de chaque colonne dans une feuille de calcul.

Espace de travail Fichier Excel d'extension .xlw, contenant les données d'emplacement et de taille de plusieurs classeurs. Au lieu d'ouvrir chacun des classeurs, vous pouvez ouvrir l'espace de travail.

Étiquette Texte descriptif ou toute autre information qui identifie des lignes, des colonnes d'une feuille de calcul ou des données dans un graphique mais qui n'interviennent pas dans les calculs.

Extraire Placer une copie d'un tableau filtré dans une plage indiquée dans la boite de dialogue Filtre avancé.

Fenêtre de la feuille de calcul La zone de la fenêtre du programme qui affiche une partie de la feuille de calcul courante, qui contient au total 1 048 576 lignes de 16 384 colonnes.

Feuille de calcul Une seule feuille au sein d'un classeur ; désigne aussi la zone complète d'un tableur qui contient un quadrillage avec des lignes et des colonnes.

Feuille graphique Feuille séparée qui contient uniquement un graphique lié aux données d'une feuille de calcul.

Figer Maintenir en place des colonnes ou des lignes sélectionnées lors du défilement dans une feuille de calcul divisée en volets. *Voir aussi* Volets.

Filigrane Un graphisme d'arrière-plan transparent affiché lors de l'impression de la feuille de calcul. Le filigrane est un fichier graphique inséré dans l'en-tête du document.

Filtre automatique Une fonctionnalité de tableau qui permet de dérouler une liste de critères pour afficher seulement certains types d'enregistrements, également appelée filtre.

Filtrer Afficher des données d'un tableau Excel qui respectent des critères données. *Voir aussi* Listes déroulantes de Filtre automatique.

Fonction Une formule spéciale, prédéfinie, qui assure un raccourci vers un calcul usuel ou complexe ; par exemple Somme (pour le calcul d'un total) ou VC (calcul de la valeur capitalisée d'un investissement).

Format de nombre Un format appliqué aux valeurs pour exprimer des concepts numériques, comme des valeurs monétaires, des dates et des pourcentages.

Format en lecture seule Qualifie des données que les utilisateurs peuvent lire mais pas modifier.

Formule logique Une formule dont le calcul est établi sur des conditions d'état.

Formules Un ensemble d'instructions qui permettent d'effectuer un ou plusieurs calculs numériques comme l'addition, la multiplication ou le calcul de moyenne, sur les valeurs des cellules.

Graduations Marques appliquées à une échelle de mesure affichée sur un axe d'un graphique.

Graphique combiné Deux graphiques en un, par exemple un histogramme et une courbe, représentant des séries différentes mais liées.

Graphique intégré Un graphique affiché en tant qu'objet d'une feuille de calcul.

Graphiques Représentations imagées des données d'une feuille de calcul qui facilitent la perception des tendances et des relations ; également appelés graphes.

HTML (Hypertext Markup Language) Le langage de balisage et le format des pages qu'un navigateur web est capable de lire et d'interpréter.

Image clipart Un graphisme, comme un logo, une image ou une photo, insérable dans un document.

Indicateur de mode Une zone du coin inférieur gauche de la barre d'état qui vous informe sur l'état du programme. Par exemple, quand vous changez le contenu d'une cellule, le mot Entrer y apparait.

Indicateur de référence externe Le point d'exclamation (!) sert, dans une formule, à indiquer qu'une cellule référencée ne fait pas partie de la feuille active.

Instance Une feuille de calcul dans sa propre fenêtre de classeur.

Intranet Réseau interne reliant les ordinateurs d'un groupe de personnes qui travaillent en collaboration.

Jeu d'icônes Dans le contexte de la mise en forme conditionnelle, désigne des groupes d'images utilisés pour communiquer la valeur relative de cellules en fonction des valeurs qu'elles contiennent.

Légende Dans un graphique, désigne une information qui explique la représentation des données et les repères par des couleurs ou des motifs.

Liaison La référence dynamique de données d'un même classeur ou d'un autre classeur, pour que, lorsque les données de l'autre emplacement changent, les références dans le classeur en cours soient automatiquement mises à jour.

Lien hypertexte Un objet (un nom de fichier, un mot, une phrase ou un graphisme) d'une feuille de calcul qui, d'un clic, permet d'afficher une autre feuille de calcul ou une page web, appelée cible.

Ligne d'en-tête Dans un tableau, la première ligne qui contient les noms des champs.

Ligne de totaux d'un tableau Une ligne que l'on ajoute au bas d'un tableau pour y afficher des calculs sur les données des colonnes du tableau. Cette ligne de totaux suit l'évolution des lignes du tableau.

Liste de filtre Voir Listes déroulantes de Filtre automatique.

Listes déroulantes de Filtre automatique Listes déroulantes qui s'affichent à côté des noms des champs dans un tableau Excel, pour extraire seulement des parties de données. Appelées aussi listes de filtre.

Macros Instructions programmées effectuant une tâche dans un classeur.

Marque de donnée Représentation graphique d'un point de donnée, comme une barre ou une colonne d'histogramme.

Métadonnées Informations qui décrivent les données et qui permettent à Microsoft Windows de mener des recherches sur les documents.

Mise en forme L'apparence d'un texte et de nombres, en termes de couleur, de police, d'attributs, de bordures et l'ombre.

Mise en forme conditionnelle Type de mise en forme qui change en fonction de la valeur d'une cellule ou du résultat d'une formule.

Mode Backstage Mode disponible dans tous les programmes Office permettant d'effectuer des tâches courantes telles que ouvrir et enregistrer un fichier, afficher l'aperçu et imprimer un document et protéger un document avant son partage.

Mode Mise en page Mode d'affichage offrant une vue précise d'une feuille de calcul comme elle sera imprimée, avec ses en-têtes et pieds de pages.

Mode Normal L'affichage par défaut d'une feuille de calcul, qui montre la feuille de calcul sans les détails des en-têtes et pieds de page, idéal pour créer et modifier une feuille de calcul mais insuffisamment détaillé lors de la phase de mise en forme du document.

Modèle Un fichier dont le contenu et la mise en forme servent de base à la création d'un nouveau classeur ; les modèles Excel portent l'extension de fichier .xltx.

Modifier Apporter un changement au contenu d'une cellule active.

Mosaïque Mode d'affichage répété, comme une image à l'arrière-plan d'une feuille de calcul.

Mots clés Termes ajoutés aux propriétés d'un document, permettant de le retrouver facilement lors d'une recherche.

Naviguer Se déplacer dans une feuille de calcul. Les touches fléchées permettent par exemple de naviguer de cellule en cellule, tandis que [Pg Suiv] et [Pg Préc] vous déplacent d'un écran à la fois.

Nom de champ Une étiquette de colonne qui décrit un champ.

Notes Les étiquettes ajoutées à un graphique pour attirer l'attention sur une zone donnée.

Nuances de couleurs Dans la mise en forme conditionnelle, schéma de couleurs constitué d'un ensemble de deux à quatre couleurs de remplissage pour mettre en évidence des valeurs relatives des données.

Objet Un graphique ou un graphisme déplaçable et redimensionnable ; affiche des poignées lorsqu'il est sélectionné.

Onglet de feuille Identifie la feuille dans le classeur et permet de changer de feuille ; les onglets de feuilles sont situés en dessous du quadrillage de la feuille de calcul.

Opérateur arithmétique Symbole utilisé dans une formule pour effectuer des opérations mathématiques, telles que l'addition (+), la soustraction (–), la multiplication (*), la division (/), ou l'exponentielle (^).

Opérateurs de calcul Symboles qui indiquent le type de calcul à effectuer sur des champs, des plages ou des valeurs.

Opérateurs de comparaison Dans un calcul, désigne les symboles qui comparent des valeurs pour obtenir un résultat vrai ou faux.

Opérateurs de concaténation de texte Calculs mathématiques qui joignent du texte de plusieurs cellules.

Opérateurs de référence Calculs mathématiques qui permettent d'utiliser des plages dans des calculs.

Options de collage (bouton) Permet de ne coller que des éléments de la sélection, comme la mise en forme ou les valeurs.

Options de recopie incrémentée (bouton) Fonctionnalité permettant de remplir des cellules avec des éléments (tels que la mise en forme) de la cellule copiée.

Ordre croissant Dans le contexte du tri des feuilles de calcul, la plus petite valeur (le début de l'alphabet ou la date la plus ancienne) apparait au début des données triées.

Ordre décroissant Lors du tri d'un champ Excel (colonne), désigne l'ordre qui place les valeurs du champ avec, au début, la lettre Z ou le nombre le plus élevé.

Ordre de préséance Règles déterminant l'ordre d'exécution des opérations d'une formule.

Orientation paysage Réglage d'impression qui place le document de sorte qu'il s'imprime en longueur sur la page, la hauteur de la page étant inférieure à celle-ci.

Orientation portrait Un réglage d'impression qui place le document de telle manière qu'il s'imprime sur la largeur de la page, la hauteur étant supérieure à la largeur.

Page web en un seul fichier Une page web qui intègre toutes les feuilles de calcul et les éléments graphiques d'un classeur dans un seul fichier au format MHTML, ce qui en facilite la publication sur le Web.

Plage de critères Dans le contexte du filtrage avancé, une plage de cellules contenant une ligne d'étiquettes (copiées à partir des étiquettes de colonnes) et au moins une ligne juste en dessous avec les critères de sélection à respecter.

Plage nommée Une plage de cellules avec un nom descriptif tel que Ventes de juillet, au lieu des habituelles coordonnées de la plage, comme C7:G7 ; ce système facilite le référencement de données dans une feuille de calcul.

Plage Une sélection de deux cellules ou plus, par exemple B5:B14.

Poignées de (re)dimensionnement Les petits points placés aux quatre coins d'un graphique qui indiquent que le graphique est sélectionné.

Point d'insertion Le trait vertical clignotant qui apparait lors d'un clic dans la barre de formule, qui indique où le texte sera inséré.

Point de donnée Une donnée tracée dans un graphique.

Point Unité de mesure des polices et des hauteurs de lignes. Un cm vaut un 28,35 points, un point vaut donc 0,035 cm.

Pointeur de cellule Rectangle épais qui entoure la cellule active dans une feuille.

Police Le type ou dessin d'un jeu de caractères (lettres, chiffres, symboles et signes de ponctuation).

Portée Dans une cellule ou une plage nommée, les feuilles de calcul où le nom peut être utilisé.

Préfixe de formule Un symbole arithmétique, comme le signe égal (=) qui débute une formule.

Propriétés Caractéristiques d'un fichier, telles que le nom de l'auteur, les mots clés et le titre qui permettent de comprendre, d'identifier et de rechercher le fichier.

Publier Placer un classeur ou une feuille de calcul Excel sur un site web ou dans un intranet en format HTML pour que d'autres personnes puissent y accéder à l'aide de leur navigateur web.

Quadrillage Traits horizontaux et (ou) verticaux espacés régulièrement dans une feuille de calcul ou un graphique, qui aident à la lecture.

Référence 3D Une référence de feuille de calcul qui utilise les valeurs d'autres feuilles de calcul ou classeurs, créant ainsi une véritable dimension supplémentaire dans un classeur.

Référence absolue de cellule Dans une formule, désigne un type d'adresse qui ne change pas lors de la copie de la formule ; indiquée par un signe dollar avant la lettre de la colonne et (ou) avant le numéro de la ligne. *Voir aussi* référence relative de cellule.

Référence mixte Une référence de cellule qui combine les adressages absolu et relatif.

Référence relative de cellule Dans une formule, type de référence de cellule qui change automatiquement quand la formule est copiée ou déplacée, pour refléter son nouvel emplacement ; type de référence par défaut des feuilles de calcul Excel. *Voir aussi* Référence absolue de cellule.

Référence structurée Permet à des formules de tableau de faire référence à des colonnes du tableau à l'aide de noms, automatiquement générés lorsque le tableau est créé.

Retourner Dans une fonction, signifie afficher le résultat.

Sauts de page automatiques Dans un grand classeur, désigne les traits verticaux et horizontaux qui représentent les séparations des pages imprimées. Ils s'ajustent automatiquement lors de l'ajout ou de la suppression de lignes ou de colonnes, ou lors du changement de largeur de colonnes et de hauteur de lignes.

Série de données Une colonne ou une ligne d'une feuille de données. Désigne aussi la plage sélectionnée d'une feuille de calcul qu'Excel convertit en graphique.

SmartArt Types de diagrammes prédéfinis pour afficher des types de données divers (Liste, Processus, Cycle, Hiérarchie, Relation, Matrice et Pyramide).

Sparkline Un graphique simple contenu dans une cellule qui sert à présenter les tendances des données.

Styles de cellules Combinaisons prédéfinies d'attributs de mise en forme applicables à des cellules sélectionnées, pour améliorer l'aspect d'une feuille de calcul.

Styles de tableau Combinaisons prédéfinies de mise en forme applicables à un tableau.

Suivi Identification et conservation d'une trace de la personne qui a apporté des modifications à un classeur.

Tableau Une collection organisée de lignes et de colonnes de données de structure semblable dans une feuille de calcul.

Tableur Un logiciel spécialisé dans l'exécution de calcul et la présentation de données numériques.

Taille de police La taille des caractères, mesurée en une unité nommée points (pt).

Test logique La première partie d'une fonction SI ; si le test logique est vrai, alors la deuxième partie de la fonction est calculée ; s'il est faux, alors la troisième partie de la fonction est calculée.

Thème Un jeu prédéfini de couleurs, de polices, de traits et d'effets de remplissage qui s'appliquent facilement à une feuille de calcul Excel et lui donnent un aspect cohérent et professionnel.

Titre d'impression Dans un tableau qui s'étend sur plus d'une page en hauteur, le titre d'impression est l'ensemble des noms des champs qui s'impriment en haut de toutes les pages.

Tri multiniveau Un mode de tri des données d'un tableau qui utilise plus d'une colonne simultanément.

Trier Changer l'ordre d'affichage d'enregistrements dans un tableau en fonction d'un ou plusieurs champs, comme un Nom.

Valeurs Les nombres, les formules et les fonctions qui interviennent dans des calculs.

Verrouiller Sécuriser une ligne, une colonne ou une feuille pour empêcher toute modification de ses données.

Volets Les sections d'affichage en lesquelles vous pouvez fractionner une feuille de calcul lorsque vous voulez travailler sur plusieurs parties distinctes d'une feuille ; un volet est figé ou demeure en place, pendant que vous faites défiler une autre section jusqu'à atteindre l'information souhaitée.

Zone d'impression Une partie d'une feuille de calcul définie à l'aide du bouton Zone d'impression de l'onglet Mise en page.

Zone de saisie des données La partie déverrouillée d'une feuille de calcul où les utilisateurs sont invités à entrer et modifier les données.

Zone de traçage Dans un graphique, désigne la zone à l'intérieur des axes vertical et horizontal.

Zone Nom La zone la plus à gauche de la barre de formule, qui montre la référence de cellule ou le nom de la cellule active.

Index

Microsoft® Access 2010

Collection illustrée

LES
ÉDITIONS
**REYNALD
GOULET**
INC.

Microsoft® Access 2010 – Collection illustrée

© 2011 Les Éditions Reynald Goulet inc.
Tous droits réservés. On ne peut reproduire aucun extrait de ce livre sous quelque forme ou par quelque procédé que ce soit – machine électronique, mécanique, à photocopier, à enregistrer ou autrement – sans avoir obtenu au préalable, la permission écrite des Éditions Reynald Goulet inc.

Traduction et adaptation : William Piette
Couverture : Martineau Design Graphique
Infographie : Ayotte Graphe

Diffusion exclusive
Les Éditions Reynald Goulet inc.
www.goulet.ca

Cet ouvrage est une version française de
Microsoft® Access 2010 – Illustrated Introductory
Lisa Friedrichsen
© 2011 Course Technology – Une division de Cengage Learning

Nous reconnaissons l'aide financière du gouvernement du Canada par l'entremise du Fonds du livre du Canada (FLC) pour nos activités d'édition.

Gouvernement du Québec – Programme de crédit d'impôt pour l'édition de livres – Gestion SODEC

Dépôt légal :
Bibliothèque et Archives nationales du Québec
Bibliothèque et Archives Canada

Imprimé au Canada
14 13 12 11   5 4 3 2 1

ISBN 978-2-89377-429-9

Renonciation

L'auteur et l'éditeur de cet ouvrage ont fait tous les efforts pour préparer ce livre ainsi que les programmes et les fichiers qu'il contient, y compris dans l'élaboration, la recherche et les contrôles sur l'efficacité des théories et pro-grammes. L'auteur et l'éditeur n'offrent aucune garantie de quelque ordre que ce soit, expresse ou implicite, pour ce qui concerne ces programmes et fichiers ni la documentation présentés dans ce livre. L'auteur et l'éditeur ne pourront être tenus pour responsables de tout dommage accessoire ou indirect, lié à ou causé par la fourniture, la performance ou l'utilisation de ces programmes.

Les Éditions Reynald Goulet se réservent le droit d'apporter tout changement à ce livre sans préavis.

À lire avant de commencer

Installation de la suite Microsoft Office 2010

Ce livre a été rédigé et testé à l'aide de Microsoft Office 2010 – Professionnel, avec une installation complète sur Microsoft Windows 7. Le navigateur Web utilisé pour toutes les étapes qui nécessitent un navigateur est Internet Explorer 8. Il peut arriver que, pour expliquer clairement une fonctionnalité du programme, une caractéristique ne faisant pas partie de l'installation standard soit présentée. Certains exercices s'effectuent sur le web. Vous devez posséder une connexion internet pour réaliser ces exercices.

Que sont les fichiers Projets ?

Afin de réaliser les leçons et les exercices de ce livre, vous avez besoin de fichiers de travail. Ces fichiers contiennent des documents préparés pour accélérer l'exécution des leçons et centrer l'apprentissage sur la tâche en cours d'étude. Tous les fichiers nécessaires se trouvent sur le site web http://www.goulet.ca à l'adresse du livre.

Pour télécharger vos fichiers Projets, lisez les explications sur la page couverture intérieure du début du livre. Pour simplifier le texte des modules, il est seulement fait référence dans celui-ci à un « dossier Projets ». Il s'agit d'un nom générique désignant l'emplacement où se trouvent les fichiers de travail du module en cours. C'est à vous de constituer les dossiers Projets dont vous avez besoin.

Pourquoi mon écran est-il différent du livre ?

1. Les composants de votre bureau, sa présentation et les options de certaines boites de dialogue peuvent différer selon la version de Windows utilisée.

2. Selon les capacités matérielles de votre système, les paramètres régionaux et d'affichage définis dans votre ordinateur, vous pouvez remarquer les différences suivantes :
   - Votre écran peut sembler plus petit ou plus grand selon la résolution utilisée (les figures sont réalisées à partir d'une résolution de 1024 x 768) et l'aspect du Ruban peut varier selon cette résolution.
   - Les couleurs des divers éléments de l'écran peuvent être différentes.
   - Les dates, les heures, les numéros de téléphone et les symboles monétaires affichés dépendent de vos paramètres régionaux.

3. Le Ruban, la zone bleue au sommet des fenêtres de Microsoft Office 2010, s'adapte aux différentes résolutions. Si votre écran est réglé à une définition inférieure à 1024 x 768, vous ne verrez pas tous les boutons des figures du livre. Les groupes de boutons s'affichent toujours mais ces groupes peuvent être condensés en un seul bouton, sur lequel vous devez cliquer pour accéder aux boutons décrits dans les étapes.

Préface

Bienvenue dans Microsoft Access 2010 – Collection illustrée. Ce livre à l'orientation très visuelle vous propose un enseignement pratique de toutes les facettes de Microsoft Access 2010. Les leçons présentent les différents éléments illustrés ci-contre.

Comment le livre est-il organisé ?

Le livre est divisé en huit modules. Ces modules étudient en profondeur les tables, les requêtes, les formulaires, les états et la structure d'une base de données.

Quels sont les types d'instructions fournies dans le livre ? Avec quel niveau de difficulté ?

Les leçons utilisent le cadre de la société fictive Voyages Tour Aventure, une agence de voyages. Les tâches demandées dans les pages bleues à la fin de chaque module sont de difficulté croissante. Les fichiers Projets et les études de cas, utilisant de nombreux exemples internationaux et professionnels, fournissent une grande diversité d'applications réalistes et intéressantes des techniques étudiées. Ces tâches comprennent :

- La **révision des concepts**, permettant de tester la compréhension par une série de questions à choix multiples et d'identifications d'éléments visuels.

- La **révision des techniques**, fournissant un entrainement pratique supplémentaire, mettant en œuvre pas à pas tous les outils étudiés.

- Les **exercices personnels** et **défis**, fondés sur des projets précis requérant une mise en application réfléchie des techniques apprises dans le module. Ces exercices sont de difficulté croissante, le premier étant le plus facile et souvent détaillé par étape.

Chaque double page traite d'une seule technique.

Un texte concis introduit les principes de base de la leçon et présente la situation pratique étudiée.

B
Access 2010

Appliquer des critères ET

Vous venez de voir que vous pouvez limiter le nombre des enregistrements affichés dans la feuille de données d'une requête grâce à des critères placés dans la grille de requête en mode Création. Les critères sont des tests ou des conditions de restriction, que chaque enregistrement doit respecter pour être sélectionné dans la feuille de données. Pour créer des **critères ET**, ce qui exige que tous les critères soient simultanément vrais pour chaque enregistrement affiché, entrez deux critères ou plus dans la même ligne Critère de la grille de requête. ▸▸▸▸ Michèle vous demande d'imprimer une liste des visites du département de Paris (75) et de catégorie Formation, dont la durée est de sept jours ou plus. Vous utilisez la grille de requête en mode Création pour entrer les critères ET qui constituent la requête.

ÉTAPES

1. **Cliquez sur l'onglet Créer du Ruban, cliquez sur le bouton Création de requête du groupe Requêtes, double-cliquez sur Voyages, puis cliquez sur Fermer dans la boite de dialogue Afficher la table.**
   Vous voulez ajouter à la requête quatre champs de la table Voyages.

2. **Faites glisser vers le bas le bord inférieur de la liste des champs de Voyages pour afficher tous les champs, double-cliquez sur NomVoyage, double-cliquez sur Durée, double-cliquez sur CodeDépartement, puis double-cliquez sur Catégorie pour ajouter tous ces champs à la grille de requête.**
   Vous commencez la définition des critères par sélectionner les enregistrements de Paris. Comme vous utilisez le champ CodeDépartement, vous devez utiliser comme valeur de Critère le code en deux caractères de Paris, soit 75.

3. **Cliquez dans la première cellule Critère du champ CodeDépartement, tapez 75, puis cliquez sur Affichage ▦ pour afficher les résultats.**
   La requête qui limite l'affichage aux voyages qui se déroulent à Paris affiche 6 enregistrements. Ensuite, vous ajoutez un critère pour ne sélectionner que les enregistrements de la catégorie Formation.

4. **Cliquez sur Affichage ▨ pour basculer en mode Création, cliquez dans la première cellule Critère du champ Catégorie, entrez Formation, puis cliquez sur ▦.**
   Les critères ajoutés sur la même ligne de la grille de création de requête sont des critères ET. Lorsqu'entrés sur la même ligne, les critères doivent être tous vrais pour que des enregistrements apparaissent dans la feuille de données résultante. Ainsi, la requête qui sélectionne les enregistrements respectant à la fois le code de département 75 et la catégorie Formation sont au nombre de trois, dont les durées sont de 3, 7 et 9 jours. Chaque fois que vous ajoutez des critères ET, vous réduisez le nombre d'enregistrements sélectionnés car les enregistrements doivent être vrais pour *tous* les critères.

5. **Cliquez sur ▨, cliquez dans la première cellule Critère du champ Durée, puis entrez >=7, comme à la figure B-13.**
   Access vous assiste dans la **syntaxe des critères**, c'est-à-dire règles qui régissent l'entrée des critères. Ainsi, il entre automatiquement des guillemets verticaux (") autour des critères textuels des champs de type Texte ("75" et "Formation") et des signes dièse (#) autour des dates dans les critères des champs de type Date/Heure. Les critères des champs de types Numérique, Monétaire et Oui/Non ne sont entourés d'aucun caractère. Le tableau B-2 donne des informations supplémentaires sur les opérateurs de comparaison, comme > (supérieur à).

   PROBLÈME
   Si votre feuille de données ne correspond pas à la figure B-14, revenez en mode Création et comparez vos critères à ceux de la figure B-13.

6. **Cliquez sur ▦ pour afficher la feuille de données de la requête.**
   Le troisième critère ET réduit le nombre d'enregistrements sélectionnés à deux (figure B-14).

7. **Cliquez sur Enregistrer ▣ dans la barre d'outils Accès rapide, entrez Formation75 en guise de nom de requête, cliquez sur OK, puis fermez la requête.**
   La requête est enregistrée sous un nouveau nom, Formation75, en tant que nouvel objet de la base de données VTA-B.

Rechercher des champs vides

Est Null et Est Pas Null sont deux autres types de critères usuels de recherche. Le critère **Est Null** recherche tous les enregistrements pour lesquels aucune information n'est présente dans le champ correspondant. **Est Pas Null** recherche tous les enregistrements qui comportent une information, quelle qu'elle soit, même 0, dans le champ correspondant. Notez cependant que les champs clés primaires ne peuvent jamais être vides.

Access B-12   Créer et utiliser des requêtes

Des astuces ou des problèmes sont évoqués exactement là où c'est nécessaire, à côté de l'étape elle-même.

Des conseils encadrés fournissent des informations concises qui approfondissent le sujet de la leçon ou décrivent une tâche indépendante qui lui est reliée.

L'exercice suivant, nommé Défi, est plus ouvert, exigeant d'approfondir l'étude de la solution de façon plus indépendante.

- Les **ateliers visuels**, montrant une solution terminée et requérant la réalisation de cette solution sans aucune indication d'étape à suivre, obligeant ainsi l'élève à créer sa propre démarche de façon indépendante.

Quelle est l'approche utilisée?

Pourquoi l'approche utilisée de cette collection est-elle si efficace pour enseigner les techniques informatiques? C'est très simple. Chaque technique est présentée dans une double page en vis-à-vis, les instructions détaillées étape par étape se trouvant sur la page de gauche et les illustrations claires et explicatives, sur la page de droite. L'utilisateur peut se concentrer sur un même sujet sans avoir à tourner la page. Cette conception unique rend l'information très accessible et facile à assimiler, tout en fournissant d'excellentes références une fois le cours achevé. Cette approche pratique convient aussi bien à l'apprentissage autonome qu'aux classes dirigées par un formateur.

Fichiers Projets et solutions

Les fichiers Projets et leurs solutions sont disponibles sur le site web de l'éditeur. Vous pouvez les télécharger à l'adresse www.goulet.ca.

Pour les instructions de téléchargement, consultez la page de couverture intérieure.

Chaque leçon présente de grandes illustrations claires de l'écran qui doit être obtenu à la fin de la leçon.

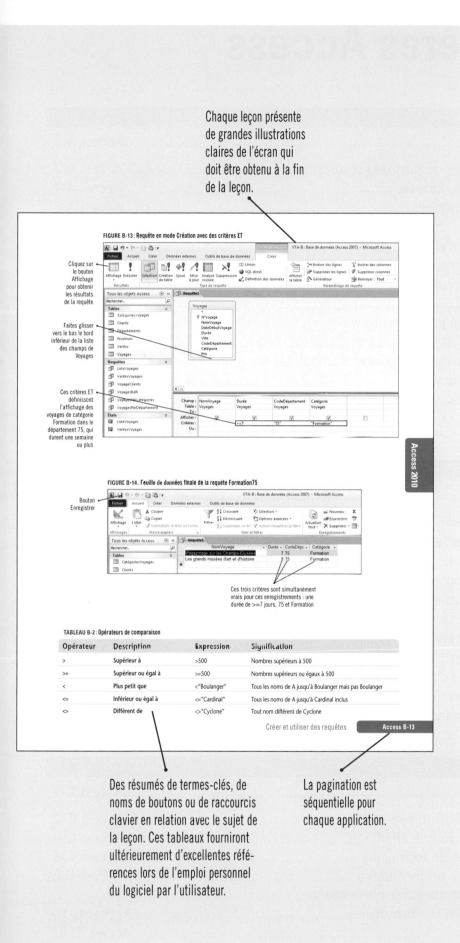

FIGURE B-13 : Requête en mode Création avec des critères ET

Cliquez sur le bouton Affichage pour obtenir les résultats de la requête

Faites glisser vers le bas le bord inférieur de la liste des champs de Voyages

Ces critères ET définissent l'affichage des voyages de catégorie Formation dans le département 75, qui durent une semaine ou plus

FIGURE B-14 : Feuille de données finale de la requête Formation75

Bouton Enregistrer

Ces trois critères sont simultanément vrais pour ces enregistrements : une durée de >=7 jours, 75 et Formation

TABLEAU B-2 : Opérateurs de comparaison

Opérateur	Description	Expression	Signification
>	Supérieur à	>500	Nombres supérieurs à 500
>=	Supérieur ou égal à	>=500	Nombres supérieurs ou égaux à 500
<	Plus petit que	<"Boulanger"	Tous les noms de A jusqu'à Boulanger mais pas Boulanger
<=	Inférieur ou égal à	<="Cardinal"	Tous les noms de A jusqu'à Cardinal inclus
<>	Différent de	<>"Cyclone"	Tout nom différent de Cyclone

Créer et utiliser des requêtes
Access B-13

Des résumés de termes-clés, de noms de boutons ou de raccourcis clavier en relation avec le sujet de la leçon. Ces tableaux fourniront ultérieurement d'excellentes références lors de l'emploi personnel du logiciel par l'utilisateur.

La pagination est séquentielle pour chaque application.

Table des matières Access

Module G

Module H

Premiers pas avec Access 2010

Dans ce module, vous apprendrez les buts, les avantages et la terminologie de Microsoft Office Access 2010, le logiciel de gestion de bases de données relationnelles intégré à la suite logicielle Microsoft Office 2010. Vous créerez, modifierez et lierez des tables, les blocs de construction d'une base de données relationnelle Access. Vous apprendrez aussi à naviguer dans une base de données, à saisir et modifier des données. Michèle Piloubeau est la responsable du développement des tours organisés en France chez Voyages Tour Aventure, une société spécialisée dans le tourisme culturel et les voyages de groupes. Michèle utilise Access pour stocker, gérer et analyser les données des clients et des voyages proposés par la compagnie. En tant que son assistant, vous êtes appelé à intervenir sur ses données et à préparer les informations qui lui seront utiles.

OBJECTIFS

Comprendre les bases de données relationnelles

Explorer une base de données

Créer une base de données

Créer une table

Créer des clés primaires

Lier deux tables

Entrer des données

Modifier des données

Comprendre les bases de données relationnelles

Microsoft Access 2010 est un **logiciel de gestion de bases de données relationnelles** fonctionnant sous le système d'exploitation Windows. Ce genre de logiciel permet de gérer des données organisées dans des listes, par exemple de clients, de produits, de vendeurs, d'employés, de projets ou de chiffres de ventes. Nombre de petites entreprises enregistrent des données sur leurs clients, leurs inventaires et leurs ventes dans des tableurs tels que Microsoft Excel. Si Excel offre certaines fonctionnalités de gestion de listes, Access présente bien plus d'outils et d'avantages, principalement dus à la nature « relationnelle » des listes que gère Access. Le tableau A-1 compare les deux programmes. Michèle Piloubeau et vous évaluez les avantages des logiciels de gestion de base de données par rapport aux tableurs, lorsqu'il s'agit de gérer des listes d'informations.

DÉTAILS

Access présente de nombreux avantages dans la gestion de bases de données, dont :

- **Une duplication des données réduite au minimum**

  Les figures A-1 et A-2 comparent les façons de gérer des données de ventes en magasin dans une liste de tableur Excel, d'une part, et dans trois tables Access liées, d'autre part. Avec Access, vous n'entrez qu'une seule fois les informations, telles que le nom et l'adresse d'un client ou la description d'un voyage, lors de chaque vente, parce que les listes sont liées par une association (ou relation) dans le logiciel de base de données relationnelle.

- **Des informations plus précises, fiables et cohérentes parce que la duplication des données est réduite**

  La nature relationnelle des données stockées dans une base de données Access réduit au minimum la répétition des données, garantie d'une information meilleure, plus exacte, plus fiable et plus cohérente. Ainsi, les données des clients de la table Clients ne sont entrées qu'une seule fois, et non à chaque achat d'un client.

- **Saisie des données plus facile et plus rapide grâce aux formulaires Access**

  Les formulaires (ou canevas) de saisie des données, qui organisent l'information à l'écran, facilitent et accélèrent l'entrée de données, mieux que ne le ferait un tableur.

- **Affichage et tri des informations sous plusieurs formes à l'aide des requêtes, des formulaires et des états d'Access**

  Sous Access, vous enregistrez des requêtes (questions à propos des données), des formulaires de saisie de données et des états, pour les réutiliser ensuite, sans refaire tout le travail de création d'une vue particulière des données.

- **Une sécurité accrue des données grâce aux mots de passe Access et aux fonctionnalités de sécurité**

  Une base de données Access peut être chiffrée et protégée par un mot de passe.

- **Le partage des données parmi plusieurs utilisateurs simultanés, en lecture et en écriture**

  À l'inverse des feuilles de calcul des tableurs et des documents des traitements de texte, les bases de données Access sont par nature multiutilisateurs. Plusieurs personnes peuvent simultanément saisir des données d'une base Access, les modifier et les analyser.

FIGURE A-1 : Utilisation d'un tableur pour organiser des données

	A	B	C	D	E	F	G	H	I
1	N° client	Prénom	Nom	Facture	Date	Voyage	DébutVoyage	Ville	Prix
2	1	Gilles	Beaulieu	13	2012-07-11	Séjours séniors en forme	2012-07-24	Bastia	1 500,00 $
3	2	Jacques	Lallemand	14	2012-07-11	Séjours séniors en forme	2012-07-24	Bastia	1 500,00 $
4	3	Julie	Bouchard	15	2012-07-11	Séjours séniors en forme	2012-07-24	Bastia	1 500,00 $
5	3	Julie	Bouchard	81	2012-06-01	Mariage Barilla	2012-06-17	Foix	825,00 $
6	4	Annette	Lavoie	5	2012-06-01	Paradis tropical	2012-09-11	Antibes	200,00 $
7	4	Annette	Lavoie	82	2012-05-11	Séjours séniors en forme	2012-07-24	Bastia	1 500,00 $
8	5	Louise	Lebel	16	2012-07-11	Troupe de dance Fandango	2012-12-19	Arles	150,00 $
9	5	Louise	Lebel	16	2012-07-11	Séjours séniors en forme	2012-07-24	Bastia	1 500,00 $
10	6	Christine	Rousseau	1	2012-04-30	Club de ski Cyclones	2012-01-20	Tarbes	1 000,00 $
11	6	Christine	Rousseau	4	2012-06-01	Réserve naturelle de Scandolo	2012-07-08	Porto	1 100,00 $
12	6	Christine	Rousseau	8	2012-07-07	Troupe de dance Fandango	2012-12-19	Arles	150,00 $
13	6	Christine	Rousseau	84	2012-06-01	Paradis tropical	2012-09-11	Antibes	200,00 $

Les données du client sont dupliquées chaque fois que ce client effectue un achat

Les données du voyage sont dupliquées à chaque vente de ce voyage

FIGURE A-2 : Organisation des données de ventes dans une base de données relationnelle

Table Clients

Num client	Prénom	Nom	Rue		Ville	Province	CP	Téléphone
1	Gilles	Beaulieu	222	Charles	Québec	QC	G7P 0A1	418-555-0000
2	Jacques	Lallemand	400	Birch	Ottawa	ON	K2P 1X4	613-555-8877
3	Julie	Bouchard	971	Rousseau	Longueuil	QC	J4P 1L3	450-555-6743

Table Ventes

Num client	Num voyage	Date	Facture
1	2	2012-07-11	13
2	2	2012-07-11	14
3	2	2012-07-11	15

Table Voyages

Num Voyage	Nom Voyage	Date début	Ville	Prix
1	Club de ski Cyclones	2012-01-20	Tarbes	1 000 $
2	Séjour séniors en forme	2012-07-24	Bastia	1 500 $
3	Paradis tropical	2012-09-11	Antibes	200 $

TABLEAU A-1 : Comparaison d'Excel et d'Access

Caractéristique	Excel	Access
Disposition	Fournit une disposition tabulaire intuitive facilitant la saisie des données	Fournit une disposition tabulaire intuitive ainsi que la possibilité de créer des écrans personnalisés de saisie de données, appelés formulaires
Capacité	Restreinte par les limites du fichier	Virtuellement illimitée, surtout si associée à la possibilité d'utiliser le serveur SQL de Microsoft pour stocker les données
Tables liées	Gère des listes uniques de données – sans possibilité de liaison comme dans les bases de données relationnelles	Permet d'établir des liens entre des listes d'informations pour limiter la redondance des données et créer une base de données relationnelle
Rapports	Limités à la feuille de calcul	Assure la création d'une quantité illimitée d'états, sous des présentations différentes
Sécurité	Options de sécurité limitées à la lecture seule du classeur ou à la protection d'une plage de cellules	Quand utilisé avec le serveur SQL, garantit un accès sécurisé au niveau de l'utilisateur et au niveau de la donnée
Possibilités multiutilisateurs	Aucune	Permet à plusieurs utilisateurs d'entrer et de modifier simultanément des données
Saisie des données	Fournit un nombre limité d'écrans de saisie de données	Donne la possibilité de créer un nombre illimité de formulaires de saisie

Explorer une base de données

Plusieurs méthodes permettent de démarrer Access 2010 et d'explorer une base de données. Vous pouvez lancer Access à partir du raccourci d'Access, s'il se trouve affiché sur le bureau de Windows, à partir d'une icône inscrite dans la barre des tâches de Windows, du bouton Démarrer ou encore d'un double-clic sur un fichier de base de données Access dans l'ordinateur. Lancé à partir du menu Démarrer, Access ouvre une fenêtre qui permet d'ouvrir une base de données existante ou d'en créer une nouvelle, soit sur la base d'un modèle existant, soit selon un modèle totalement vide. ▆▆▆▆ Michèle Piloubeau a déjà entré quelques informations sur les voyages dans une base de données nommée VTA-A. Elle vous demande de démarrer Access et d'examiner cette base de données.

ÉTAPES

1. **Démarrez Access par le menu Démarrer.**

   Access démarre (figure A-3). Cette fenêtre permet d'ouvrir une base de données existante, de créer une nouvelle base de données à partir d'un modèle ou de créer une base de données vide. À ce stade, si vous cliquez sur les onglets Accueil, Créer, Données externes ou outils de base de données, aucune option n'est disponible parce que, si Access fonctionne, aucune base de données n'est encore ouverte à ce stade.

   > **PROBLÈME**
   > Si un message d'avertissement de sécurité apparait en jaune sous le Ruban, cliquez sur Activer le contenu.

2. **Cliquez sur le bouton Ouvrir, allez dans votre dossier Projets, cliquez sur le fichier de base de données VTA-A.accdb, cliquez sur Ouvrir, puis sur le bouton Agrandir 🔲 si la fenêtre d'Access n'est pas déjà agrandie.**

   La base de données VTA-A contient six tables de données, nommées CatégoriesVoyages, Clients, Départements, Provinces, Ventes et Voyages. Elle contient également quatre requêtes, deux formulaires et deux états. Chacun de ces éléments (table, requête, formulaire et état) est un **objet** d'un type spécifique d'une base de données Access et est visible dans le **volet de navigation**. Le tableau A-2 définit le rôle de chacun de ces objets. Pour connaitre le contenu d'une base de données Access, examinez ses objets.

   > **PROBLÈME**
   > Si le volet de navigation ne s'affiche pas, cliquez sur le bouton ≪ Ouvrir/Fermer la barre de redimensionnement pour l'ouvrir et visualiser les noms des tables de la base de données.

3. **Dans le volet de navigation, double-cliquez sur la table Voyages pour l'ouvrir, puis double-cliquez sur la table Clients pour l'ouvrir également.**

   Les tables Voyages et Clients s'ouvrent et affichent les données qu'elles contiennent. La **table** est l'élément fondamental de construction d'une base de données relationnelle, du fait qu'elle contient toutes les données.

4. **Dans le volet de navigation, double-cliquez sur la requête VentesVoyages pour l'ouvrir, puis double-cliquez sur n'importe quelle occurrence de canyons (comme dans Amicale de randonnée des canyons du Verdon), entrez Gorges, puis cliquez sur une autre ligne.**

   Une **requête** sélectionne un sous-ensemble de données en provenance d'une ou de plusieurs tables. Dans ce cas-ci, la requête VentesVoyages sélectionne des données des tables Voyages, Ventes et Clients. Toute modification d'une donnée dans un des objets change automatiquement la même donnée dans chacun des autres objets de la base de données, ce qui démontre la puissance et la productivité d'une base de données relationnelle.

5. **Double-cliquez sur le formulaire VoyageSaisieFormulaire pour l'ouvrir, double-cliquez sur des dans «Amicale de randonnée des Gorges du Verdon», tapez pédestre des, puis cliquez sur un des noms de la partie centrale de la fenêtre.**

   Un **formulaire** Access est un écran de saisie de données. Les utilisateurs préfèrent généralement utiliser des formulaires pour entrer des données, plutôt que des tables et des requêtes, parce que les informations sont présentées d'une façon plus pratique et conviviale.

6. **Double-cliquez sur l'état VentesVoyages pour l'ouvrir.**

   Un **état** d'Access est un rapport professionnel imprimé. Un état sert uniquement à des fins d'impressions, jamais à des saisies de données. La figure A-4 confirme que les modifications apportées à Amicale de randonnée pédestre des Gorges du Verdon ont été répercutées dans l'état.

7. **Cliquez sur l'onglet Fichier, puis cliquez sur Quitter.**

   Le fait de quitter Access ferme la base de données sur laquelle vous venez de travailler. Si vous avez apporté des modifications à la base de données qui nécessitent un enregistrement, rappelez-vous de les effectuer avant de quitter. Les modifications aux données, comme celles que vous avez apportées au voyage Amicale de randonnée pédestre des Gorges du Verdon, sont automatiquement enregistrées tout au long de votre travail.

FIGURE A-3 : Fenêtre d'ouverture de Microsoft Access 2010

Onglet Fichier

Ouvrir une base de données existante

Bases de données ouvertes récemment

Quitter Access

Créer une nouvelle base de données à partir d'un modèle

Parcourir les dossiers pour définir l'emplacement d'une nouvelle base de données vide

Modèles recherchés sur Office.com

Créer une nouvelle base de données, vierge

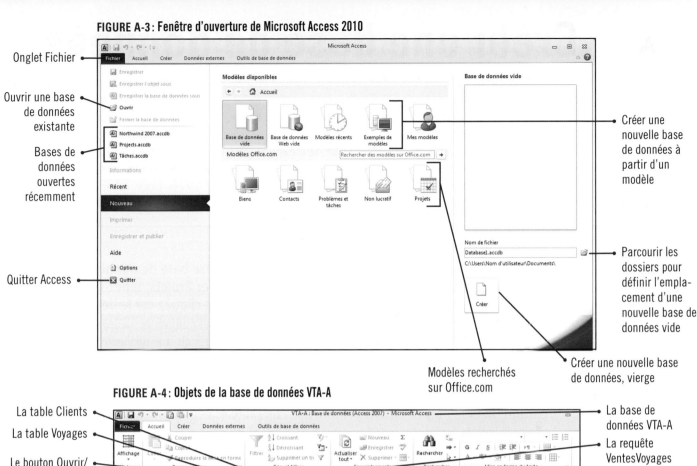

FIGURE A-4 : Objets de la base de données VTA-A

La table Clients

La table Voyages

Le bouton Ouvrir/ Fermer de la barre de redimensionnement

Le volet de navigation affiche tous les objets – les vôtres peuvent s'afficher selon une vue différente

La base de données VTA-A

La requête VentesVoyages

L'état VentesVoyages

Le formulaire VoyageSaisie Formulaire

La largeur de votre fenêtre Access peut varier de celle-ci

Le voyage nommé Amicale de randonnée pédestre des Gorges du Verdon est mis à jour dans l'état VentesVoyages

TABLEAU A-2 : Icônes du volet de navigation

Objet	Icône	Rôle
Table		Contient toutes les données brutes de la base de données dans un affichage de type feuille de calcul d'un tableur ; les tables sont liées par un champ commun pour créer une base de données relationnelle, ce qui réduit la redondance des données.
Requête		Permet à un utilisateur de sélectionner un sous-ensemble de champs et d'enregistrements d'une ou de plusieurs tables ; les requêtes sont créées pour traduire une question qu'un utilisateur émet à propos des données.
Formulaire		Fournit un écran de saisie d'usage aisé.
État		Offre une impression professionnelle des données, ainsi que des améliorations de présentation, telles que des titres, des pieds de page, des graphismes et des calculs sur des groupes d'enregistrements.

Access 2010

Créer une base de données

Pour créer une base de données, vous pouvez utiliser un **modèle** Access, une base de données exemple proposée au sein du programme Microsoft Access ou créer votre propre base de A à Z, à partir d'une base de données vide. Votre décision dépend du fait qu'Access propose ou non un modèle s'apparentant de près aux types de données que vous voulez gérer. Si c'est le cas, l'édification de votre base de données à partir d'un modèle peut s'avérer bien plus rapide que de créer une base de données complète. Quelle que soit la méthode que vous adoptez, vous pouvez toujours modifier ultérieurement la base de données. ▰▰▰ Michèle Piloubeau vous demande de créer une base de données Access pour gérer les coordonnées téléphoniques des clients.

ÉTAPES

1. **Démarrez Access.**

2. **Cliquez sur le bouton Chercher un emplacement pour votre base de données 🗁, à droite de la zone de texte Nom de fichier, allez dans votre dossier Projets, tapez Contacts VTA dans la zone de texte Nom de fichier, cliquez sur OK, puis cliquez sur le bouton Créer.**

   Un nouveau fichier de base de données est créé, avec une seule table nommée Table1 (figure A-5). Vous pourriez être tenté de commencer à entrer des données dans la table mais une meilleure façon de procéder consiste à définir d'abord les colonnes, autrement dit les champs de données qui viendront s'insérer dans la table. Le mode Création fournit l'essentiel des options pour définir des champs.

3. **Cliquez sur le bouton Affichage 🗹 de l'onglet Champs pour basculer l'affichage en mode Création de table, tapez Clients comme nom de table et cliquez sur OK.**

   Le nom de la table Table1 devient Clients et vous aboutissez dans le mode d'affichage Création, c'est-à-dire une fenêtre qui permet de nommer et de définir les champs d'une table. Access a automatiquement créé un champ dénommé N°, de type de donnée NuméroAuto. Le type de donnée est une caractéristique significative d'un champ, parce qu'il détermine le **type de données** que le champ peut accueillir: du texte, des dates ou des nombres. Le tableau A-3 détaille les différents types de données que vous pouvez rencontrer dans Access.

4. **Tapez N°Client pour renommer le champ N°, appuyez sur [▼] pour aller dans le premier nom de champ libre suivant, entrez Prénom, appuyez sur [▼], tapez Nom au clavier, appuyez sur [▼], entrez Téléphone, appuyez sur [▼], entrez DateNaissance, puis appuyez sur [▼].**

   Vérifiez que vous entrez le prénom et le nom dans des champs distincts pour pouvoir aisément les trier, les rechercher et les filtrer sur chacun des éléments du nom complet. Le champ DateNaissance ne contiendra que des dates; par conséquent, vous devez modifier son type de données Texte (prédéfini) en un type de données Date/Heure.

5. **Cliquez dans la cellule Texte de la ligne DateNaissance, cliquez sur la flèche de liste à droite de Texte, puis cliquez sur Date/Heure.**

   Avec ces cinq champs définis dans la nouvelle table Clients (figure A-6), vous êtes prêt à entrer des données. Vous devez basculer l'affichage en mode Feuille de données pour entrer et modifier des données de cette table. L'**affichage Feuille de données** est un mode de visualisation qui s'apparente à celui d'une feuille de calcul pour présenter les données de la table. La **feuille de données** est un tableau dont chaque colonne représente un champ et chaque ligne un enregistrement. Les noms des champs que vous venez de créer s'affichent d'ailleurs en tête de chacune des colonnes.

6. **Cliquez sur Affichage 🗔 pour basculer en mode Feuille de données, cliquez sur Oui pour confirmer l'enregistrement de la table, appuyez sur [Tab] pour aller dans le champ Prénom, entrez votre prénom, appuyez sur [Tab] pour vous déplacer dans le champ Nom, tapez votre nom de famille, appuyez sur [Tab] pour entrer dans le champ Téléphone, entrez (111) 222/3333, appuyez sur [Tab], entrez 32 janvier 1980, puis appuyez sur [Tab].**

   Comme la date du 32 janvier 1980 n'existe pas, Access interdit cette valeur et affiche un message d'erreur (figure A-7). Ceci montre tout l'intérêt de choisir le meilleur type de données pour chaque champ, en mode création, avant de collecter la moindre donnée dans une table.

7. **Modifiez le contenu de la DateNaissance du premier enregistrement pour lui donner la valeur 31 janvier 1980, appuyez sur [Tab], ajoutez deux autres exemples d'enregistrements avec des données réalistes, puis cliquez du bouton droit sur l'onglet de la table Clients et cliquez sur Fermer pour fermer la table.**

FIGURE A-5 : Création d'une base de données avec une nouvelle table

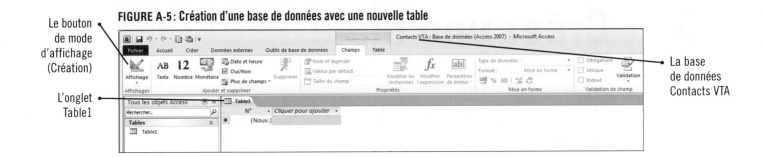

Le bouton de mode d'affichage (Création)

L'onglet Table1

La base de données Contacts VTA

FIGURE A-6 : Définition des noms des champs et des types de données de la table Clients en mode Création de table

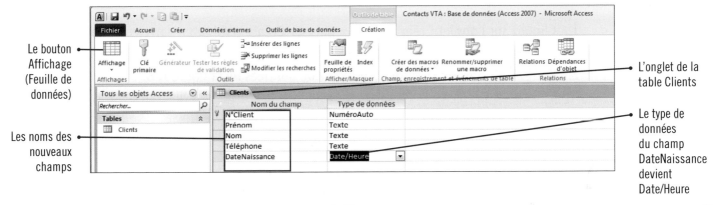

Le bouton Affichage (Feuille de données)

Les noms des nouveaux champs

L'onglet de la table Clients

Le type de données du champ DateNaissance devient Date/Heure

FIGURE A-7 : Votre premier enregistrement dans la table Clients

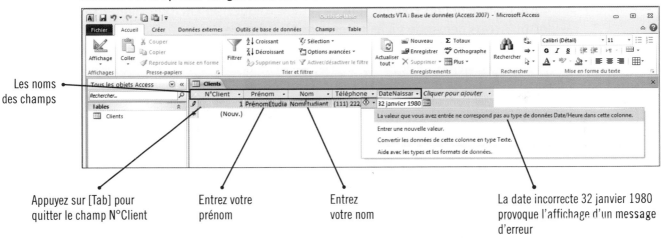

Les noms des champs

Appuyez sur [Tab] pour quitter le champ N°Client

Entrez votre prénom

Entrez votre nom

La date incorrecte 32 janvier 1980 provoque l'affichage d'un message d'erreur

TABLEAU A-3 : Types de données

Types de données	Description des données
Texte	Information textuelle ou combinaison de texte et de nombres, comme une adresse, un nom ou un numéro de téléphone, non prévus pour une utilisation dans des calculs
Mémo	Texte long, de plus de 255 caractères, comme un commentaire ou des notes
Numérique	Données numériques utilisables dans des calculs, par exemple des quantités
Date/Heure	Valeurs de dates et d'heures
Monétaire	Valeurs monétaires
NuméroAuto	Entiers générés séquentiellement par Access pour ordonner chaque enregistrement ajouté à une table
Oui/Non	Une seule valeur stockée parmi deux possibles : Oui ou Non
Lien hypertexte	Adresses web et de courrier électronique
Pièce jointe	Des fichiers externes, par exemple des images .jpg, des feuilles de calcul et des documents

Créer une table

Après avoir créé votre base de données et votre première table, vous devez créer d'autres tables, liées, pour constituer une base de données relationnelle. La création d'une table réside dans quatre tâches essentielles : déterminer comment cette table intervient dans la base de données, nommer de manière explicite chacun des champs de la table, choisir un type de données pour chaque champ et nommer la table elle-même. Michèle Piloubeau souhaite que vous créiez une autre table destinée à recevoir les commentaires des clients. Cette nouvelle table sera associée à la table Clients, de sorte que les commentaires soient associés aux clients respectifs.

ÉTAPES

1. **Cliquez sur l'onglet Créer du Ruban puis sur Création de table dans le groupe Tables.**

   Le **mode d'affichage Création** est celui dans lequel vous créez et manipulez la structure d'un objet.

2. **Entrez les noms de champs et les types de données de la figure A-8.**

   La table Commentaires contient quatre champs. N°Commentaire est défini comme de type NuméroAuto, pour que chaque enregistrement soit numéroté automatiquement par Access. Le champ Commentaire est défini avec le type Mémo, pour accueillir de longs commentaires d'appréciation, si nécessaire. La DateCommentaire est un champ de type Date/Heure et reçoit la date du commentaire. Enfin, le champ N°Client, de type Numérique, permettra de lier ultérieurement la table Commentaires à la table Clients.

3. **Cliquez sur l'onglet Accueil, cliquez sur le bouton Affichage 🖾 pour basculer en mode Feuille de données, cliquez sur Oui quand Access vous demande d'enregistrer la table, tapez Commentaires comme nom de la table, cliquez sur OK, puis cliquez sur Non lorsqu'Access demande s'il faut créer une clé primaire.**

   Un **champ de clé primaire** contient une donnée unique pour chaque enregistrement. Vous identifierez plus tard un champ de clé primaire pour la table Commentaires. Pour l'instant, vous allez entrer un premier enregistrement dans la table Commentaires, en mode Feuille de données. Un **enregistrement** est une ligne de données dans une table. Le tableau A-4 résume la terminologie essentielle des bases de données.

4. **Pressez [Tab] pour aller dans le champ Commentaire, tapez Intéressé par un futur voyage en Ardèche, appuyez sur [Tab], tapez 7 janvier 2013 dans le champ DateCommentaire, appuyez sur [Tab], puis tapez 1 dans le champ N°Client.**

   La figure A-9 montre le 1 que vous avez entré dans le champ N°Client. Cette valeur relie ce commentaire précis au client de la table Clients, dont le N°Client est 1. Connaitre exactement la valeur à entrer dans le champ N°Client pour chaque commentaire est relativement difficile. Quand vous aurez lié les deux tables, ce que vous n'avez pas encore fait, Access pourra associer plus facilement les commentaires et les clients.

5. **Cliquez du bouton droit sur l'onglet de la table Commentaires et cliquez sur Fermer.**

Créer une table en mode feuille de données

Access 2010 permet de créer une table en mode Feuille de données, à l'aide des commandes présentes sous l'onglet Champs du Ruban. Vous pouvez aussi entrer des données en mode Feuille de données. L'entrée de données en mode Feuille de données avant de finir les activités de définition des champs peut entrainer une grande variété d'erreurs de saisie de données, comme l'introduction de données textuelles dans ce qui devrait être défini plutôt comme un champ de type Numérique ou Date/Heure. En réservant la définition des champs au mode Création, vous écartez la tentation de taper des données au clavier avant de clôturer la définition des champs, ce qui vous aide à éviter de nombreuses erreurs usuelles de saisie en tous genres.

FIGURE A-8: Création de la table **Commentaires**

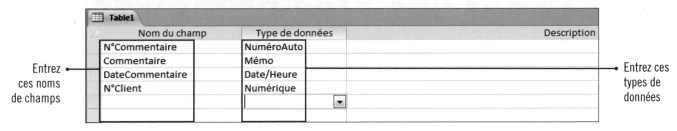

Entrez ces noms de champs

Entrez ces types de données

FIGURE A-9: Entrée d'un premier enregistrement dans la table **Commentaires**

Onglet de la table Commentaires

Premier enregistrement de la table Commentaires

TABLEAU A-4: Terminologie importante des bases de données

Terme	Description
Champ	Un élément ou une catégorie spécifique de données, tel qu'un nom, une ville, un pays ou un numéro de téléphone.
Enregistrement	Un groupe de champs apparentés qui décrivent une personne, un lieu, une chose ou une transaction, comme un client, un lieu, un article ou une vente.
Champ clé	Un champ contenant de l'information unique à chaque enregistrement, comme le numéro de client, dans le cas d'un client.
Table	Une collection d'enregistrements sur un seul sujet, par exemple Clients, Produits, Ventes et ainsi de suite.
Base de données relationnelle	Une collection de plusieurs tables associées entre elles pour répondre à un processus professionnel, comme, chez Voyages Tour Aventure, la gestion des voyages, des ventes et des clients.
Objet	Toute partie d'une base de données Access qui permet de saisir, d'afficher et d'analyser les données, comme une **table**, une **requête**, un **formulaire**, un **état**, une **macro** et un **module**.

Créer des clés primaires

Le champ clé primaire d'une table remplit deux rôles importants. Primo, il contient des données qui identifient de manière unique chaque enregistrement. Deux enregistrements ne peuvent posséder exactement la même entrée dans le champ désigné comme clé primaire. Secundo, le champ clé primaire permet de lier une table à une autre selon une **relation un-à-plusieurs**, où un enregistrement d'une première table est associé à zéro, un ou plusieurs enregistrements d'une seconde table. Par exemple, un enregistrement de la table Clients peut être relié à zéro, un ou plusieurs enregistrements de la table Commentaires. Ceci revient à déclarer qu'un client peut émettre plusieurs commentaires. Le champ clé primaire occupe toujours le côté « un » de la relation un-à-plusieurs entre deux tables. ▓▓▓▓ Michèle Piloubeau vous demande de vérifier que chacune des tables possède un champ clé primaire correctement identifié dans la base de données Contacts VTA.

ÉTAPES

1. **Dans le volet de navigation, cliquez du bouton droit sur la table Commentaires, puis cliquez sur Mode création.**

   La table Commentaires s'affiche en mode Création. Le champ de type NuméroAuto est généralement le meilleur candidat pour devenir la clé primaire d'une table, parce qu'il contient automatiquement un numéro unique pour chaque enregistrement.

   PROBLÈME

   Assurez-vous que l'onglet Création est sélectionné dans le Ruban.

2. **S'il n'est pas déjà sélectionné, cliquez sur le champ N°Commentaire, puis cliquez sur le bouton Clé primaire 🔑 du groupe Outils de l'onglet Création des Outils de table.**

   Le champ N°Commentaire est désormais le champ clé primaire de la table Commentaires (figure A-10).

   ASTUCE

   Pour enregistrer une table, vous pouvez également cliquer sur le bouton Enregistrer 🖫 de la barre d'outils Accès rapide.

3. **Cliquez du bouton droit sur l'onglet de la table Commentaires, cliquez sur Fermer, puis sur Oui pour enregistrer la table.**

   Chaque fois qu'il y a lieu d'enregistrer des modifications effectuées dans un objet, comme une table, Access affiche une boite de message pour vous rappeler d'enregistrer l'objet.

4. **Dans le volet de navigation, cliquez du bouton droit sur la table Clients, puis cliquez sur Mode création.**

   Access a déjà défini N°Client comme champ clé primaire, comme l'indique la figure A-11.

5. **Cliquez du bouton droit sur l'onglet de la table Clients, puis cliquez sur Fermer.**

   Access ne vous invite pas à enregistrer la table Clients parce que vous n'avez effectué aucune modification parmi les définitions. Comme vous êtes certain que les deux tables de la base de données Contacts VTA possèdent une clé primaire, vous êtes prêt à lier les deux tables. Le champ clé primaire joue un rôle capital dans cette association.

FIGURE A-10: Création du champ clé primaire dans la table Commentaires

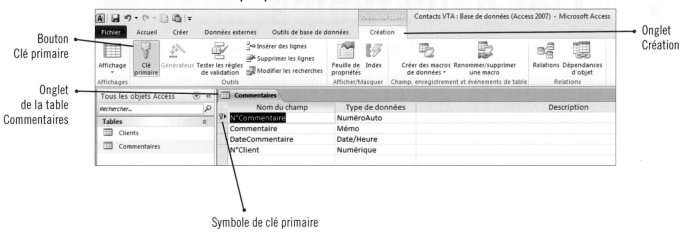

Bouton Clé primaire

Onglet de la table Commentaires

Onglet Création

Symbole de clé primaire

FIGURE A-11: Vérification du champ clé primaire dans la table Clients

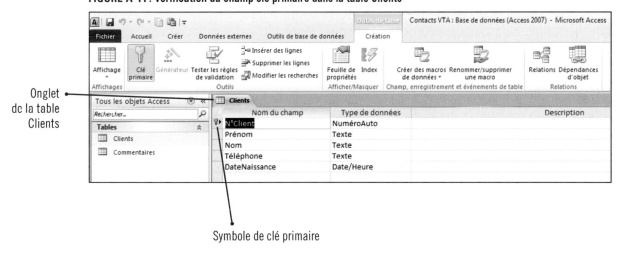

Onglet dc la table Clients

Symbole de clé primaire

Connaitre les propriétés d'un champ

Les **propriétés** d'un champ sont des caractéristiques qui le définissent. Deux propriétés sont obligatoires pour un champ : le nom du champ et son type de données. Plusieurs autres propriétés, comme la Taille du champ, le Format, la Légende et la Valeur par défaut, sont définies dans le volet Propriétés du champ, dans la moitié inférieure de l'écran Création de table. Plus vous attribuez dé propriétés à un champ, plus vous réduisez la quantité ou le genre des données insérables dans ce champ. En contrepartie, cela accroit la précision des saisies des données. Vous pourriez, par exemple, régler la propriété Taille du champ du champ CodeProvinceDépartement à 2, éliminant du coup des erreurs comme «QCC» ou «2AA». Les propriétés varient selon le type de données du champ sélectionné. Ainsi, un champ de type Date ne possède pas de propriété Taille du champ puisque la taille de ce type de champ est déterminée par Access.

Lier deux tables

Après la création de tables et la définition de champs de clé primaire, vous devez associer les tables dans des relations un-à-plusieurs pour bénéficier des avantages d'une base de données relationnelle. Une relation un-à-plusieurs entre deux tables signifie qu'un enregistrement d'une première table est associé à plusieurs enregistrements d'une seconde table. Pour établir une telle association, vous utilisez un champ de relation commun, qui est toujours le champ clé primaire de la table située du côté «un» de la relation. Michèle Piloubeau annonce qu'elle a relevé six autres commentaires de la part de clients, à insérer dans la base de données Contacts VTA. Pour identifier facilement quel client est lié à chaque commentaire, vous définissez une relation un-à-plusieurs entre les tables Clients et Commentaires.

ÉTAPES

PROBLÈME

Si la boite de dialogue Afficher la table n'apparait pas, cliquez sur le bouton Afficher la table de l'onglet Créer des Outils de relation.

ASTUCE

Glissez la barre de titre d'une table pour déplacer la liste de ses champs.

PROBLÈME

Pour supprimer une relation incorrecte, cliquez du bouton droit sur une ligne de relation, puis cliquez sur Supprimer.

ASTUCE

Pour imprimer le contenu de la fenêtre Relations, cliquez sur le bouton Rapport de relations, puis sur Imprimer.

1. Cliquez sur l'onglet Outils de base de données du Ruban, puis cliquez sur Relations.

2. Dans la fenêtre Afficher la table, double-cliquez sur Clients, double-cliquez sur Commentaires, puis cliquez sur Fermer.

   Chaque table est représentée par une petite fenêtre de **liste de champs**, qui énumère les noms des champs de la table. Le champ clé primaire est identifié dans chacune des tables par le symbole de champ clé primaire. Pour lier deux tables dans une relation un-à-plusieurs, vous les associez par l'entremise d'un champ commun, qui est toujours le champ clé primaire de la table du côté «un» de l'association.

3. Glissez N°Client de la liste de champs Clients jusque sur le champ N°Client de la liste de champs Commentaires.

   La boite de dialogue Modifier les relations s'ouvre (figure A-12). L'**intégrité référentielle**, un ensemble de règles Access qui régissent les entrées de données, assure l'exactitude des données.

4. Cliquez dans la case à cocher Appliquer l'intégrité référentielle dans la boite de dialogue Modifier des relations, puis cliquez sur Créer.

   La figure A-13 montre la **ligne un-à-plusieurs**, c'est-à-dire l'association entre le champ N°Client de la table Clients (le côté «un») et le champ N°Client de la table Commentaire (le côté «plusieurs», indiqué par le **symbole infini**). Le champ du côté «plusieurs» est appelé le **champ clé étrangère**. À présent, comme ces tables sont jointes, il devient plus facile d'entrer des commentaires pour un client donné.

5. Cliquez sur le bouton Fermer de l'onglet Créer des Outils de relation, cliquez sur Oui pour confirmer l'enregistrement des modifications, puis double-cliquez sur la table Clients dans le volet de navigation pour l'ouvrir en mode Feuille de données.

   Dès que vous liez deux tables dans une relation un-à-plusieurs, des boutons de développement ⊞ apparaissent à gauche de chaque enregistrement de la table située du côté «un» de la relation, soit la table Clients dans ce cas-ci.

6. Cliquez sur le bouton Développer ⊞ du premier enregistrement, puis glissez le pointeur ↔ pour élargir la colonne du champ Commentaire.

   Une **sous-feuille de données** affiche les enregistrements de commentaires de chaque client. En d'autres termes, la sous-feuille de données montre les enregistrements du côté «plusieurs» de la relation un-à-plusieurs. Le bouton Développer ⊞ se transforme en un bouton replier ⊟ pour le premier client. L'élargissement du champ Commentaire permet de lire la totalité du texte dans la sous-feuille de données de Commentaires. Grâce à ces aménagements, l'entrée des commentaires du client adéquat devient plus intuitive et efficace.

7. Entrez deux autres commentaires, comme à la figure A-14.

   Notez que, fort judicieusement, le champ N°Client, qui constitue la clé étrangère, n'apparait pas dans la sous-feuille de données Commentaires. En coulisses, Access entre la valeur correcte du N°Client dans la table Commentaires, ce qui assure le «ciment» qui lie chaque commentaire au client approprié.

8. Fermez la table Clients et cliquez sur Oui pour enregistrer les modifications.

FIGURE A-12 : Boite de dialogue Modifier des relations

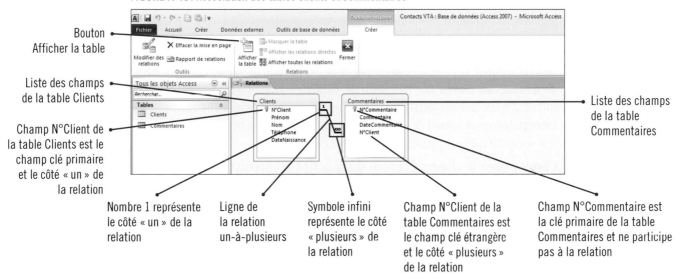

Champ N°Client de la table Clients

Case à cocher Appliquer l'intégrité référentielle

Champ N°Client de la table Commentaires

Relation un-à-plusieurs de Clients à Commentaires

FIGURE A-13 : Association des tables Clients et Commentaires

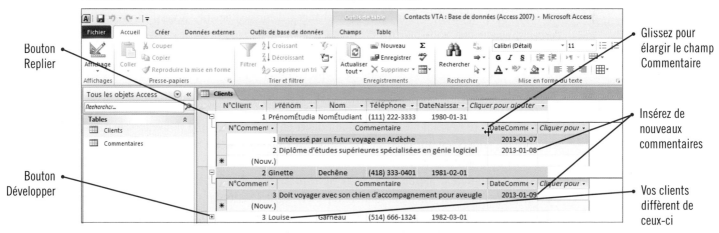

Bouton Afficher la table

Liste des champs de la table Clients

Champ N°Client de la table Clients est le champ clé primaire et le côté « un » de la relation

Liste des champs de la table Commentaires

Nombre 1 représente le côté « un » de la relation

Ligne de la relation un-à-plusieurs

Symbole infini représente le côté « plusieurs » de la relation

Champ N°Client de la table Commentaires est le champ clé étrangère et le côté « plusieurs » de la relation

Champ N°Commentaire est la clé primaire de la table Commentaires et ne participe pas à la relation

FIGURE A-14 : Entrée de commentaires à l'aide des sous-feuilles de données

Bouton Replier

Bouton Développer

Glissez pour élargir le champ Commentaire

Insérez de nouveaux commentaires

Vos clients diffèrent de ceux-ci

Appliquer l'intégrité référentielle

L'intégrité référentielle est un ensemble de règles qui permettent de réduire les risques d'entrées incorrectes et d'enregistrements orphelins. Un **enregistrement orphelin** est un enregistrement de la table du côté « plusieurs » qui ne correspond à aucune entrée dans le champ lié de la table du côté « un ». Lorsque l'intégrité référentielle est appliquée à une relation un-à-plusieurs, il est impossible d'entrer une valeur dans un champ clé étrangère de la table « plusieurs » qui n'existe déjà dans le champ lié de la table « un ». L'intégrité référentielle

vous empêche également de supprimer un enregistrement de la table « un » si des entrées correspondantes existent dans le champ clé étrangère de la table « plusieurs ». D'une manière générale, vous avez tout intérêt à appliquer l'intégrité référentielle à toutes les relations un-à-plusieurs, si cela est possible. Si vous travaillez dans une base de données qui contient déjà des enregistrements orphelins, vous ne pouvez appliquer l'intégrité référentielle à cette relation.

Entrer des données

Votre réussite dans la gestion d'une base de données relationnelle dépend de votre habileté à vous déplacer parmi les données et à les entrer. Vous utilisez soit la souris, soit le clavier pour naviguer parmi les données stockées dans la feuille de données d'une table. ▰▰▰ Michèle Piloubeau vous encourage à développer vos habiletés par l'entrée de nouveaux clients dans la base de données Contacts VTA.

ÉTAPES

1. **Dans le volet de navigation, double-cliquez sur la table Clients pour l'ouvrir, appuyez trois fois sur [Tab] et appuyez trois fois sur [Entrée].**

   La table Clients s'ouvre à nouveau. Les sous-feuilles de données des commentaires sont repliées. Les touches [Tab] et [Entrée] déplacent le curseur sur le champ suivant. Le **focus**, ou **cible de saisie**, désigne la donnée que vous modifieriez si vous commenciez à taper. L'enregistrement qui possède le focus s'affiche en bleu clair, tandis que le nom du champ cible de saisie s'affiche en orange clair. Lorsque vous atteignez le dernier champ d'un enregistrement, une nouvelle pression sur [Tab] ou [Entrée] avance le focus sur le premier champ de l'enregistrement suivant, ce qui en fait la nouvelle cible de saisie. On peut aussi naviguer dans la feuille de données au moyen des **boutons de déplacement** Enregistrement précédent ◀ et Enregistrement suivant ▶ de la barre de navigation du coin inférieur gauche de la feuille de données. La zone de texte **Enregistrement actuel** de la barre de navigation indique le numéro de l'enregistrement en cours, ainsi que le nombre total d'enregistrements dans la feuille de données.

2. **Cliquez dans le champ Prénom du quatrième enregistrement pour placer le point d'insertion dans un nouvel enregistrement.**

   Vous pouvez aussi utiliser le bouton Nouvel enregistrement (vide) ▶✱ de la barre de navigation pour vous déplacer dans un nouvel enregistrement. Les nouveaux enregistrements sont entrés à la fin de la feuille de données. Vous apprendrez plus loin à les trier et à les classer. Le tableau A-5 reprend une liste de touches de raccourci de navigation parmi les enregistrements.

3. **À la fin de la liste de la feuille de données, entrez les trois enregistrements de la figure A-15.**

   Le **symbole de modification d'enregistrement** 🖉 (figure A-16) apparait à gauche de l'enregistrement en cours de modification. Dès que vous changez d'enregistrement, Access enregistre les données de l'enregistrement que vous quittez, sans vous demander de confirmer la sauvegarde, parce qu'il effectue automatiquement cette tâche. L'enregistrement automatique d'une ligne de données permet de gérer l'aspect **multiutilisateur** d'une base de données, ce qui signifie que plusieurs personnes peuvent entrer et modifier simultanément des données de la même base de données.

   Vos valeurs de N°Client peuvent différer de celles inscrites à la figure A-16, parce que ce champ est de type **NuméroAuto**, ce qui signifie qu'à chaque nouvel enregistrement, une nouvelle valeur, suivante dans la séquence des entiers, est attribuée à l'enregistrement en cours d'ajout. Si vous supprimez un enregistrement ou si votre insertion est interrompue pour une raison ou une autre, Access élimine la valeur prévue dans le champ à numérotation automatique et ne la réutilise plus. Par conséquent, un champ NuméroAuto ne correspond pas nécessairement au nombre total d'enregistrements dans une table mais constitue une valeur unique par enregistrement, un peu comme les numéros des chèques d'un carnet. Chaque numéro de chèque est unique mais ne représente pas le nombre total des chèques réellement émis.

Basculer du mode Déplacement au mode Modification

Si vous cliquez dans une autre zone de la feuille de données au lieu d'appuyer sur [Tab] ou [Entrée] pour naviguer dans la feuille de données, vous passez du **mode Déplacement** au mode Modification. Sous le **mode Modification**, Access suppose que vous voulez modifier ce champ donc les combinaisons de touches [Ctrl] [Fin],

[Ctrl] [↖], [←] et [→] déplacent le point d'insertion à l'intérieur du champ. Pour revenir en mode déplacement, appuyez sur [Tab] ou [Entrée] pour déplacer le focus au champ suivant, ou sur [▲] ou [▼] pour le déplacer vers un autre enregistrement.

FIGURE A-15 : Les trois enregistrements à ajouter dans la table Clients

N°Client	Prénom	Nom	Téléphone	DateNaissance
N°Client	Michel	Hébert	(444) 555-6666	1 avril 1983
N°Client	Joseph	Hervieux	(555) 666-7777	1 mai 1984
N°Client	Claude	Huberty	(666) 777-8888	1 juin 1985

FIGURE A-16 : Les nouveaux enregistrements de la table Clients

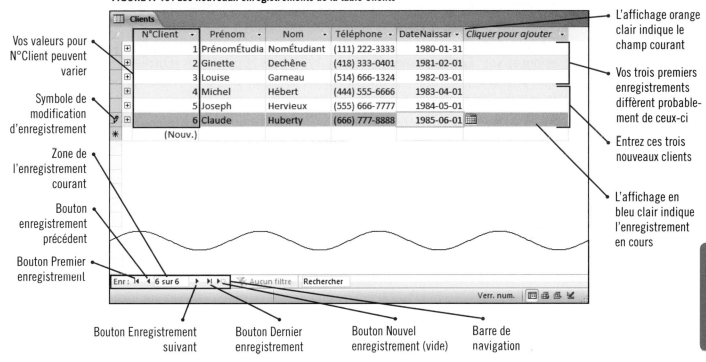

Vos valeurs pour N°Client peuvent varier

Symbole de modification d'enregistrement

Zone de l'enregistrement courant

Bouton enregistrement précédent

Bouton Premier enregistrement

L'affichage orange clair indique le champ courant

Vos trois premiers enregistrements diffèrent probablement de ceux-ci

Entrez ces trois nouveaux clients

L'affichage en bleu clair indique l'enregistrement en cours

Bouton Enregistrement suivant

Bouton Dernier enregistrement

Bouton Nouvel enregistrement (vide)

Barre de navigation

TABLEAU A-5 : Raccourcis clavier de déplacement

Raccourci clavier	déplace vers le
[Tab], [Entrée] ou [→]	Champ suivant de l'enregistrement en cours
[Maj][Tab] ou [←]	Champ précédent de l'enregistrement en cours
[↖]	Premier champ de l'enregistrement en cours
[Fin]	Dernier champ de l'enregistrement en cours
[Ctrl][↖] ou [F5]	Premier champ du premier enregistrement
[Ctrl][Fin]	Dernier champ du premier enregistrement
[▲]	Champ actuel de l'enregistrement précédent
[▼]	Champ actuel de l'enregistrement suivant

Découvrir Windows Live

Grâce à l'**infonuagique** ou **informatique en nuage** (*cloud computing*), qui permet de travailler dans un environnement virtuel, vous pouvez tirer parti de Windows Live Skydrive, un service gratuit proposé par Microsoft. Windows Live SkyDrive vous permet, à vous, à vos collègues et amis, d'enregistrer des fichiers dans un « nuage » et de les récupérer à tout moment, dès que vous êtes connecté à l'internet. De la sorte, vous pouvez accéder à des fichiers contenant des données, partout où vous en avez besoin. Pour accéder à ce service, vous avez besoin d'un identifiant Windows Live ID également gratuit, disponible sur le site web de Windows Live.

Modifier des données

La mise à jour d'une base de données est une autre tâche cruciale. Pour modifier le contenu d'un enregistrement existant, allez dans le champ à modifier et tapez les nouvelles informations. Vous pouvez supprimer des données en cliquant dans le champ et en utilisant les touches [Ret. Arr.] et [Suppr] pour effacer le texte à la gauche ou à la droite du point d'insertion. L'utilisation des autres touches du clavier est présentée au tableau A-6. ░░░░ Michèle Piloubeau vous demande d'apporter des corrections à deux enregistrements de la table Clients.

ÉTAPES

1. **Double-cliquez sur le prénom dans le champ Prénom du deuxième enregistrement, tapez Jacques, appuyez sur [Entrée], tapez Dubois, appuyez sur [Entrée], tapez (111) 222-4444, appuyez sur [Entrée], tapez 15 février 1981, puis appuyez sur [Entrée].**

   Vous avez modifié le prénom, le nom, le numéro de téléphone et la date de naissance du deuxième client. Vous changez également les données du troisième client.

> **ASTUCE**
> L'info-bulle du bouton Annuler ↩ affiche l'action que vous pouvez défaire.

2. **Appuyez sur [Entrée] pour aller dans le champ Prénom du troisième enregistrement, tapez Claude, appuyez sur [Entrée], tapez Lefebvre, appuyez sur [Entrée], tapez (111) 222-5555, puis appuyez sur [Échap].**

   La première pression sur [Échap] annule les modifications au champ en cours, de sorte que le Téléphone redevient le (514) 666-1324. Une seconde pression sur [Échap] supprime toutes les modifications à l'enregistrement en cours. Access enregistre vos modifications dès que vous passez à un autre enregistrement; par conséquent, la touche [Échap] ne permet plus d'annuler les modifications. Vous pouvez cependant cliquer sur le bouton Annuler ↩ de la barre d'outils Accès rapide pour annuler une modification apportée à un enregistrement précédent.

> **ASTUCE**
> L'affichage des dates dépend de vos paramètres régionaux. L'utilisation de l'icône Calendrier garantit que vous entrerez une date correcte, quels que soient vos paramètres régionaux.

3. **Tapez de nouveau (111) 222-5555, appuyez sur [Entrée], cliquez sur l'icône Calendrier, cliquez sur le 15 mars 1982 (figure A-17).**

   Quand vous devez entrer une date dans un champ de type Date/Heure, comme ici, dans le champ DateNaissance, vous pouvez entrer directement la date dans le champ sous une des formes 15/3/1982, 1982-3-15 ou 15 mars 1982. Mais vous pouvez aussi tirer parti du **calendrier interactif intégré**, un calendrier qui s'affiche automatiquement et dans lequel vous pouvez rechercher et sélectionner des dates.

4. **Cliquez sur le sélecteur d'enregistrement du dernier enregistrement (celui de Claude Huberty), cliquez sur le bouton Supprimer dans le groupe Enregistrements de l'onglet Accueil, puis cliquez sur Oui.**

   Un message vous avertit que vous ne pouvez pas annuler une suppression. Le bouton Annuler est affiché en gris, ce qui signifie que vous ne pouvez pas l'utiliser. La table Clients possède désormais cinq clients (figure A-18). Conservez à l'esprit que les valeurs de N°Client peuvent différer chez vous de celles de la figure, parce qu'elles sont contrôlées par Access.

5. **Cliquez sur l'onglet Fichier, cliquez sur Imprimer, cliquez sur Aperçu avant impression pour vérifier l'allure de la table Clients avant de l'imprimer, cliquez sur le bouton Imprimer, cliquez sur OK, puis cliquez sur le bouton Fermer l'aperçu avant impression.**

6. **Cliquez sur l'onglet Fichier, cliquez sur Quitter pour fermer la base de données Contacts VTA et quitter Access 2010, puis cliquez sur Oui si vous êtes invité à enregistrer des modifications de conception à la table Clients.**

Redimensionner et déplacer des colonnes de la feuille de données

Vous pouvez modifier la largeur d'un champ d'une feuille de données en déplaçant vers la droite ou la gauche le **séparateur de colonne**, la ligne noire séparant les noms des champs. Le pointeur se change en ↔ lorsque vous élargissez ou rétrécissez un champ. Relâchez le bouton de la souris lorsque la colonne a la largeur voulue.

Pour qu'une colonne s'adapte à la plus large valeur du champ, double-cliquez sur le séparateur à droite de la colonne. Pour déplacer une colonne, cliquez sur le nom du champ pour sélectionner toute la colonne, puis faites glisser le nom du champ vers la gauche ou la droite.

Barre d'outils Accès rapide – vos boutons peuvent différer de ceux-ci

Bouton Annuler

Sélecteur du dernier enregistrement

Bouton Supprimer

Icône Calendrier

Le 15 mars 1982

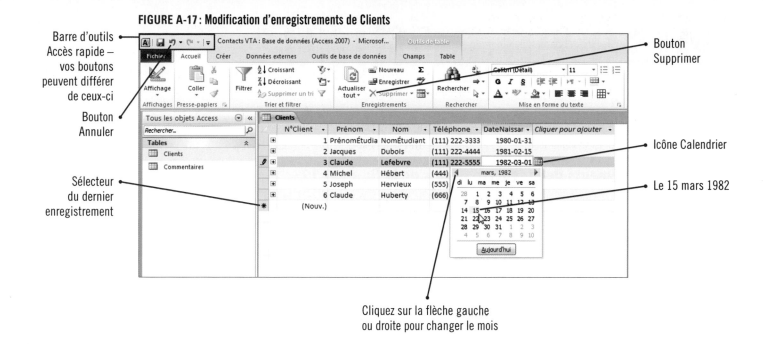

Cliquez sur la flèche gauche ou droite pour changer le mois

FIGURE A-18 : Feuille de données finale de Clients

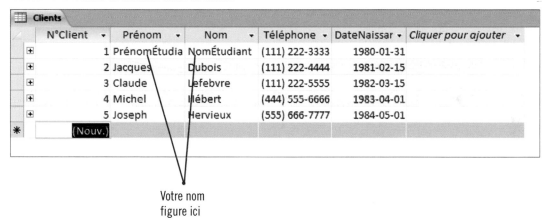

Votre nom figure ici

TABLEAU A-6 : Touches de raccourci clavier en mode Modification

Touche de modification	Résultat
[Ret. Arr.]	Supprime un caractère à la gauche du point d'insertion.
[Suppr]	Supprime le caractère à la droite du point d'insertion.
[F2]	Bascule entre le mode Navigation et le mode Modification.
[Échap]	Annule la modification au champ en cours.
[Échap] [Échap]	Annule les modifications à l'enregistrement en cours.
[F7]	Active la vérification orthographique.
[Ctrl][']	Insère dans le champ en cours la valeur du même champ de l'enregistrement précédent.
[Ctrl][;]	Insère la date du jour dans un champ de type Date.

Mise en pratique

Révision des concepts

Identifiez les éléments de la fenêtre Access de la figure A-19.

FIGURE A-19

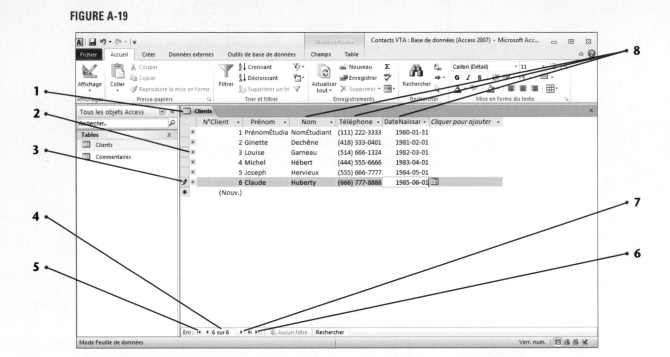

Associez chaque terme à sa description.

9. **Table**
10. **Requête**
11. **Champ**
12. **Enregistrement**
13. **Feuille de données**
14. **Formulaire**
15. **État**

a. Un sous-ensemble de données d'une ou de plusieurs tables.

b. Une collection d'enregistrements qui correspondent à un même sujet, tels que tous les enregistrements des clients.

c. Un rapport professionnel imprimé avec des informations d'une base de données.

d. Une grille qui ressemble à un quadrillage de feuille de calcul, affichant les champs sous forme de colonnes et les enregistrements sous forme de lignes.

e. Un groupe de champs associés qui décrivent un élément, comme toutes les informations d'un client.

f. Une catégorie d'information au sein d'une table, comme le nom, la ville ou la province d'un client.

g. Un écran d'entrée de données, d'un usage aisé.

Choisissez la meilleure réponse à chaque question.

16. Parmi les suivantes, quelle proposition *n'est pas* un avantage consacré des bases de données relationnelles ?

    a. Des données plus précises

    b. Recherche plus rapide d'informations

    c. Plus usitées que les feuilles de calcul

    d. Réduction des doublons de données

17. Parmi les suivantes, quelle proposition *n'est pas* un avantage de la gestion de données avec un logiciel de gestion de base de données relationnelle tel qu'Access, par rapport à un logiciel de tableur comme Excel ?

    a. Plusieurs utilisateurs peuvent entrer simultanément des données.

    b. Fournit des formulaires d'entrée de données.

    c. Réduit les doublons de données.

    d. Utilise une seule table pour stocker toutes les données.

18. L'objet qui crée une impression professionnelle des données avec des en-têtes, des pieds de page et des graphismes s'appelle :

    a. Requête

    b. État

    c. Formulaire

    d. Table

19. Quel est l'objet qui contient toutes les données de la base de données ?

    a. État

    b. Page

    c. Formulaire

    d. Table

20. Quel est le premier objet que vous créez lorsque vous créez une nouvelle base de données ?

    a. Requête

    b. Module

    c. Table

    d. Formulaire

Révision des techniques

1. Comprendre les bases de données relationnelles.

    a. Identifiez cinq avantages de la gestion d'informations dans une base de données Access par rapport à l'utilisation d'un tableur à cet usage.

    b. Rédigez une seule phrase pour expliquer la relation entre un *champ*, un *enregistrement*, une *table* et une *base de données relationnelle*.

2. Explorer une base de données.

    a. Démarrez Access.

    b. Ouvrez la base de données AgencesImmo-A.accdb de votre dossier Projets, puis autorisez le contenu actif si le message de sécurité apparaît.

    c. Ouvrez chacune des trois tables pour en étudier les données. Sur une feuille de papier, dressez et complétez le tableau A-7.

TABLEAU A-7

Nom de la table	Nombre d'enregistrements	Nombre de champs

    d. Dans le volet de navigation, double-cliquez sur la requête PropriétésParAgent pour l'ouvrir. Modifiez un des enregistrements de Georges Huard pour vos prénom et nom. Allez dans un autre enregistrement pour enregistrer vos modifications.

    e. Dans le volet de navigation, double-cliquez sur Agents Formulaire pour l'ouvrir. Utilisez les boutons de navigation pour vous déplacer parmi les enregistrements des onze agents, pour en observer les propriétés associées.

    f. Double-cliquez sur l'état AgentsPropriétés État pour l'ouvrir. Faites défiler le contenu de l'état pour voir où se situe votre nom parmi cette liste. L'état est trié en ordre croissant des prénoms des agents immobiliers.

    g. Fermez la base de données AgencesImmo-A, puis fermez Access 2010.

3. Créer une base de données.

    a. Ouvrez Access 2010, utilisez le bouton Parcourir les dossiers pour aller dans votre dossier Projets, entrez **MarketingImmo** comme nom de fichier, cliquez sur OK, puis cliquez sur Créer pour créer la nouvelle base de données nommée MarketingImmo.accdb.

Révision des techniques (suite)

b. Basculez en mode Création, nommez la table **ClientsPotentiels**, puis insérez les champs de types de données suivants:

Nom de champ	Type de données
N°ClientPotentiel	NuméroAuto
PrénomClient	Texte
NomClient	Texte
Téléphone	Texte
Courriel	Lien hypertexte
Rue	Texte
Ville	Texte
Province	Texte
CP	Texte

c. Enregistrez la table, basculez en mode Feuille de données et entrez deux enregistrements avec votre nom dans le premier, puis celui de votre professeur dans le second. Quittez le champ N°ClientPotentiel à l'aide d'une pression sur [Tab] car c'est un champ NuméroAuto.

d. Entrez **QC** (Québec) comme valeur du champ Province dans les deux enregistrements. Utilisez des données fictives, comme le nom de votre école (évitez des données personnelles) pour chacun des champs de données et vérifiez que vous entrez des données dans tous les champs des deux enregistrements.

e. Élargissez chaque colonne de la table ClientsPotentiels pour que toutes les données soient visibles, puis enregistrez et fermez la table ClientsPotentiels.

4. Créer une table.

a. Cliquez sur l'onglet Créer du Ruban, cliquez sur Création de table, puis créez une nouvelle table avec les deux champs suivants et leurs types de données:

Nom de champ	Type de données
AbréviationProv	Texte
Province	Texte

b. Enregistrez la table sous le nom **Provinces**. Cliquez sur Non quand Access vous invite à créer le champ de clé primaire.

5. Créer des clés primaires.

a. En mode Création de la table **Provinces**, définissez AbréviationProv comme clé primaire.

b. Enregistrez la table Provinces et ouvrez-la en mode Feuille de données.

c. Entrez une province, avec **QC** pour l'AbréviationProv et **Québec** comme nom de Province. Cette valeur devra coïncider avec celle que vous entrez dans les deux enregistrements de la table ClientsPotentiels.

d. Fermez la table Provinces.

6. Lier deux tables.

a. Sous l'onglet Outils de base de données, ouvrez la fenêtre Relations.

b. Ajoutez la table Provinces, puis la table ClientsPotentiels à la fenêtre Relations.

c. Glissez le bord inférieur de la table ClientsPotentiels pour agrandir la liste des champs et visualiser correctement l'ensemble des champs.

d. Glissez le champ AbréviationProv de la table Provinces jusqu'sur le champ Province de la table ClientsPotentiels.

e. Dans la boite de dialogue Modifier des relations, cochez la case Appliquer l'intégrité référentielle, puis cliquez sur Créer. La figure A-20 montre le résultat obtenu dans la fenêtre Relations. Si vous avez connecté par erreur des champs inappropriés, cliquez du bouton droit sur la ligne de connexion des deux champs, cliquez sur Supprimer et recommencez.

f. Fermez la fenêtre Relations et enregistrez les modifications à l'invite.

FIGURE A-20

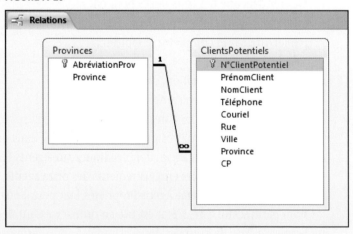

Révision des techniques (suite)

7. Entrer des données.

a. Ouvrez la table Provinces et entrez les enregistrements suivants :

Champ AbréviationProv	Champ Province	Champ AbréviationProv	Champ Province
AB	Alberta	ON	Ontario
BC	Colombie-Britannique	SK	Saskatchewan
NB	Nouveau-Brunswick	NT	Territoires du Nord-Ouest

b. Entrez quelques autres provinces que vous connaissez dans de nouveaux enregistrements, avec les abréviations postales des provinces et le nom correct des provinces correspondantes.

c. Fermez et rouvrez la table Provinces. Constatez qu'Access classe automatiquement les enregistrements en ordre croissant des valeurs du champ clé primaire, le champ AbréviationProv.

8. Modifier des données.

a. Cliquez sur le bouton de développement de l'enregistrement QC pour voir les deux enregistrements liés de la table ClientsPotentiels.

b. Entrez deux autres enregistrements dans la sous-feuille de données avec des données fictives mais réalistes, comme à la figure A-21. Remarquez que vous ne devez pas entrer de valeur pour le champ Province, le champ clé étrangère de la sous-feuille de données.

c. Si votre professeur vous y invite, imprimez la feuille de données de Provinces et la feuille de données de ClientsPotentiels.

d. Cliquez sur l'onglet Fichier, puis sur Quitter pour fermer tous objets ouverts, la base de données MarketingImmo. accdb et quitter Access 2010. Si vous êtes invité à enregistrer des modifications, cliquez sur Oui.

FIGURE A-21

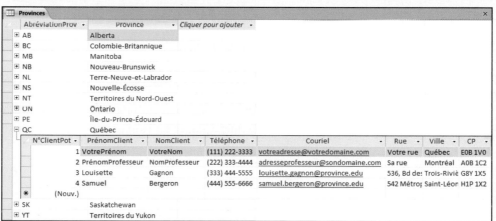

Exercice personnel 1

Examinez les douze exemples suivants de tables de bases de données :

- Répertoire téléphonique
- Cursus universitaire
- Menu d'un restaurant
- Livre de cuisine
- Liste de films
- Îles des Caraïbes
- Encyclopédie
- Catalogue d'un magasin
- Inventaire d'articles international
- Liste d'invités à une soirée
- Membres de la Chambre de commerce de votre municipalité
- Les grandes merveilles du monde antique

Dans un document Word, effectuez les tâches suivantes.

a. Pour chacun de ces exemples, créez un tableau Word de quatre à cinq colonnes. Dans la première ligne, identifiez quatre ou cinq noms de champs qui vous semblent opportuns dans la table.

b. Dans les deuxième et troisième lignes du tableau, entrez deux enregistrements qui vous paraissent probants. En guise d'exemple, la figure A-22 vous propose une ébauche pour la première table, Répertoire téléphonique.

FIGURE A-22

Table : Répertoire téléphonique				
Prénom	**Nom**	**Rue**	**CP**	**Téléphone**
Georges	Borderon	338, boul. de la Concorde Est	H7E 2C2	(450) 555-1687
Christian	Frenette	215, avenue Pierre-Péladeau	H7T 3C2	(450) 555-8542

Exercice personnel 2

Vous collaborez avec plusieurs groupes de bénévoles afin de coordonner un travail d'embellissement de la communauté. Vous avez commencé une base de données nommée Recyclage-A pour gérer les associations, leurs sites d'entreposage et les centres de recyclage participants.

   a. Démarrez Access, puis ouvrez la base de données Recyclage-A.accdb de votre dossier Projets.

   b. Ouvrez la feuille de données de chacune des tables pour étudier le nombre d'enregistrements et de champs existants dans chacune.

   c. Dans un document Word, recréez et complétez le tableau A-8.

TABLEAU A-8

Nom de la table	Nombre de champs	Nombre d'enregistrements

   d. Fermez toutes les feuilles de données, puis ouvrez la fenêtre Relations et créez la relation un-à-plusieurs de la figure A-23. Cliquez sur le bouton Afficher la table pour ajouter les listes de champs de toutes les tables dans la fenêtre Relations et glissez leurs listes de champs pour les placer comme dans la figure A-23.

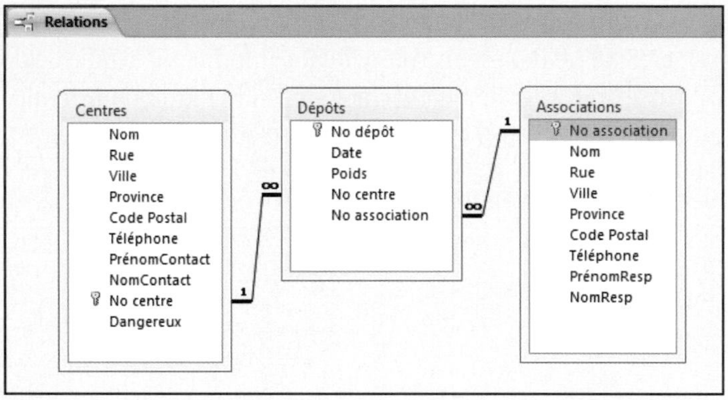

   e. Assurez-vous d'appliquer l'intégrité référentielle à toutes les relations. Si vous créez une relation incorrecte, cliquez du bouton droit sur la ligne d'association des champs, cliquez sur Supprimer et essayez à nouveau. La figure A-23 montre le résultat que vous devriez obtenir.

FIGURE A-23

   f. Si votre professeur vous le demande, cliquez sur le bouton Rapport de relations de l'onglet Créer des Outils de relation, puis cliquez sur Imprimer pour obtenir une copie sur papier des Relations pour Recyclage-A. Pour fermer ce rapport, cliquez du bouton droit sur l'onglet des Relations pour Recyclage-A et cliquez sur Fermer. Cliquez sur Non quand vous êtes invité à enregistrer les modifications à l'état obtenu.

   g. Enregistrez les modifications apportées à la fenêtre Relations, si nécessaire, fermez la base de données Recyclage-A.accdb et quittez Access 2010.

Exercice personnel 3

Cet exercice nécessite une connexion à l'internet.

Vous travaillez dans une agence de publicité qui propose des emplacements publicitaires à des entreprises de toutes tailles dans la province de Québec. Vous avez établi une base de données nommée ContactsProfessionnels-A pour suivre l'évolution de votre clientèle.

   a. Démarrez Access et ouvrez la base de données ContactsProfessionnels-A.accdb de votre dossier Projets. Activez le contenu si nécessaire.

   b. Ajoutez un enregistrement à la table Clients avec vos propres prénom et nom, 7 788,99 $ pour le champ Ventes, ainsi que des valeurs de votre choix pour les autres champs.

   c. Modifiez l'enregistrement de Systèmes Courses (le premier enregistrement de la liste). La société devrait être Embarquement Immédiat Inc. et la rue devient 2244, rue du Collège.

   d. Supprimez l'enregistrement de l'Hôpital Saint-Luc (le vingtième enregistrement), puis fermez la table Clients.

   e. Créez une table avec deux champs, CodeProvince2 et NomProvince, de type Texte. Le champ CodeProvince2 devra contenir l'abréviation postale en deux lettres des provinces canadiennes, tandis que le champ NomProvince contiendra le nom complet de la province correspondante.

   f. Définissez le champ CodeProvince2 comme clé primaire, puis enregistrez cette table sous le nom **Provinces**.

Exercice personnel 3 (suite)

g. Entrez au moins trois enregistrements dans la table Provinces, dont les codes de provinces utilisés dans la table Clients, c'est-à-dire Ontario ON, Québec QC et toute autre province que vous avez entrée dans les étapes précédentes.

h. Fermez toutes les tables ouvertes. Ouvrez la fenêtre Relations, ajoutez les listes des champs des tables Provinces et Clients, redimensionnez-les pour que tous les champs soient visibles.

i. Créez une relation un-à-plusieurs entre les tables Provinces et Clients. Pour ce faire, glissez le champ CodeProvince2 de la table Provinces jusque sur le champ Province de la table Clients. Appliquez l'intégrité référentielle à cette relation. Si vous ne pouvez appliquer l'intégrité référentielle, cela signifie qu'une valeur du champ Province de la table Clients ne possède pas d'équivalent dans le champ CodeProvince2 de la table Provinces. Ouvrez les deux feuilles de données et vérifiez que chaque province citée dans la table Clients existe aussi dans la table Provinces, fermez les deux feuilles de données, puis rétablissez la relation un-à-plusieurs entre les deux tables avec l'intégrité référentielle.

j. Fermez la fenêtre Relations et enregistrez vos modifications.

Difficultés supplémentaires

- À l'aide de votre moteur de recherche favori, recherchez les abréviations postales en deux caractères des treize provinces du Canada. Utilisez le critère de recherche abréviations des provinces du Canada.
- Entrez les treize enregistrements dans la table Provinces, l'abréviation dans le champ CodeProvince2 et le nom de la province dans le champ NomProvince.
- Faites de même pour rechercher les codes à deux caractères, essentiellement des chiffres, pour déterminer les départements français. Utilisez le critère de recherche codes des départements français.
- Entrez au moins cinq départements avec le code à deux chiffres dans le champ CodeProvince2 et le nom du département dans le champ NomProvince. Fermez la table Provinces.
- Dans le volet de navigation, cliquez du bouton droit sur la table Provinces et cliquez sur Renommer. Entrez **ProvincesDépartements** comme nom de table.
- Rouvrez la fenêtre Relations, cliquez sur le bouton Afficher la table, double-cliquez sur ProvincesDépartements, puis cliquez sur Fermer. La relation entre la table ProvincesDépartements et la table Clients est demeurée intacte mais, chaque fois que vous renommez une table impliquée dans une relation, vérifiez dans la fenêtre Relations que toutes les tables sont visibles.
- Cliquez sur le bouton Rapport de relations dans l'onglet Créer des Outils de relation, puis cliquez sur Imprimer pour obtenir une copie sur papier des relations.
- Cliquez du bouton droit sur Relations pour ContactsProfessionnels-A, puis cliquez sur Fermer. Cliquez sur Oui pour enregistrer l'état obtenu, puis cliquez sur OK pour nommer cet état Relations pour ContactsProfessionnels-A.
- Fermez la fenêtre Relations et enregistrez les modifications à l'invite.

k. Fermez la base de données ContactsProfessionnels-A.accdb, puis quittez Access 2010.

Défi

Vous avez appris beaucoup de choses à propos de Microsoft Access et des bases de données relationnelles. Essayez à présent de réfléchir aux façons dont vous pourriez utiliser Access dans votre vie quotidienne ou votre carrière. Commencez par visiter le site web de Microsoft pour y rechercher les nouveautés proposées par Access 2010.

a. À l'aide de votre moteur de recherche favori, recherchez les mots-clés avantages d'une base de données relationnelle ou avantages de Microsoft Access pour trouver des articles qui dépeignent les avantages de l'organisation de données dans une base de données relationnelle.

b. Lisez plusieurs articles à propos des bénéfices de l'organisation des données dans une base de données relationnelle telle qu'Access, en identifiant trois avantages distincts. Notez dans un document Word ces trois avantages. Copiez et collez également dans le document Word les adresses des sites web où vous glanez les informations sur ces trois avantages.

c. En outre, notez dans le document les éléments de terminologie que vous rencontrez et que vous ne connaissez pas, en identifiant au moins cinq termes.

Défi (suite)

d. À l'aide d'un moteur de recherche ou d'un site web contenant un glossaire, tel que fr.wikipedia.org, recherchez les définitions des cinq termes que vous avez identifiés. Entrez pour chacun, le terme et sa définition, dans le document, avec l'adresse du site web où vous avez trouvé la définition.

e. Enfin, fort des recherches que vous avez menées sur la toile mondiale, qui vous apportent une meilleure compréhension et une meilleure connaissance d'Access 2010, énumérez trois manières dont vous pourriez tirer profit d'une base de données Access pour organiser, améliorer ou faciliter vos tâches dans la vie quotidienne ou au cours de votre carrière professionnelle. Indiquez votre nom en tête du document et remettez-le à votre professeur, comme il vous demande de le faire.

Atelier visuel

Ouvrez la base de données Basketball-A.accdb de votre dossier Projets et autorisez le contenu actif si le message de sécurité apparait. Ouvrez la feuille de données de la requête Offensives, qui propose des statistiques sur les offensives par joueuse et par rencontre. Remplacez le prénom et le nom d'un des enregistrements de la joueuse Claudia Brassard par vos prénom et nom, déplacez la cible de saisie dans un nouvel enregistrement et observez l'aisance d'une base de données relationnelle, lorsqu'il s'agit de modifier toutes les occurrences de ce nom. Fermez la requête Offensives et ouvrez la table Joueuses (figure A-24). Notez que votre nom apparait en ordre alphabétique du champ de tri actuel, Nom. Si votre professeur vous y invite, imprimez la feuille de données, fermez la table Joueuses, fermez la base de données Basketball-A.accdb et quittez Access.

FIGURE A-24

Joueuses								
Prénom ▾	Nom ▾	Taille ▾	N°Joueuse ▾	Année ▾	Position ▾	VilleOrigine ▾	ProvOrigine ▾	Lettrée?
⊞ Chelsea	Aubry	1,73	4	1e	G	Kitchener	ON	☐
⊞ PrénomÉtudia	NomÉtudiant	1,75	5	2e	A	Québec	QC	☑
⊞ Amanda	Brown	1,78	12	2e	C	Kennet Square	PA	☑
⊞ Kaela	Chapdelaine	1,83	21	3e	G	Vancouver	BC	☑
⊞ Dawn	Cressman	1,85	22	3e	G	Guelph	ON	☐
⊞ Sarah	Crooks	1,65	23	2e	C	Fife Lake	MI	☐
⊞ Margaret	DeCiman	1,91	30	3e	C	Regina	SK	☐
⊞ Katie	Donovan	1,93	32	3e	A	Kingston	ON	☐
⊞ Carolyn	Ganes	1,85	35	2e	A	Saskatoon	SK	☐
⊞ Isabelle	Grenier	1,83	42	1e	G	Sainte-Foy	QC	☑
⊞ Nikki	Johnson	1,88	45	1e	A	Niagara Falls	ON	☑
⊞ Theresa	Kleindienst	1,80	51	2e	G	Mission	BC	☐
⊞ Sarah	McKay	1,91	52	3e	C	Montréal	QC	☐
＊		0,00	0					☐

Créer et utiliser des requêtes

Dans une base de données Access, les requêtes servent à répondre à des questions à propos des données, comme par exemple, quels sont les voyages organisés prévus en juin ou quels types de voyages se dérouleront en Corse-du-Sud. Les requêtes présentent les réponses dans une feuille de données, que vous pouvez ensuite trier, filtrer et mettre en forme. Comme les requêtes sont enregistrées dans la base de données, elles sont réutilisables plusieurs fois. Chaque fois que vous ouvrez une requête, vous obtenez une vue mise à jour des dernières modifications apportées aux données de la base. Michèle Piloubeau, responsable du développement des tours organisés en France chez Voyages Tour Aventure, souhaite poser quelques questions à propos des clients et des voyages de la base de données VTA. Vous devez développer des requêtes pour fournir à Michèle des réponses actualisées.

OBJECTIFS

Exploiter l'Assistant Requête

Travailler sur les données d'une requête

Utiliser le mode Création de requête

Trier et rechercher des données

Filtrer des données

Appliquer des critères ET

Appliquer des critères OU

Mettre en forme une feuille de données

Exploiter l'Assistant Requête

Une **requête** sélectionne un sous-ensemble de champs et d'enregistrements d'une ou de plusieurs tables, pour présenter ensuite les données choisies dans une seule feuille de données. Un avantage majeur de l'utilisation d'une requête réside dans le fait qu'elle permet de focaliser sur les informations dont vous avez besoin pour satisfaire vos interrogations, au lieu de vous imposer de naviguer parmi les champs et les enregistrements de nombreuses tables. Vous pouvez modifier, entrer et manipuler les données d'une feuille de requête avec la même facilité que vous le feriez dans la feuille de données d'une table. Retenez cependant que les données Access n'existent physiquement que dans les tables, même si vous les visualisez ou les modifiez dans d'autres objets Access, comme les requêtes et les formulaires. Du fait qu'une requête n'emmagasine pas réellement les données, on appelle parfois une feuille de données de requête une **vue logique** des données. Au plan technique, une requête est formée d'un ensemble d'instructions **SQL** (langage de requête structuré) mais, comme Access fournit plusieurs outils de requête faciles d'emploi tels que le mode de création de requête, la connaissance de SQL n'est pas requise pour construire et utiliser des requêtes Access. ▚▚▟▟ Vous utilisez l'Assistant Requête simple pour édifier une requête qui affiche quelques champs des tables Voyages et Clients dans une feuille de données.

ÉTAPES

1. **Démarrez Access, ouvrez la base de données VTA-B.accdb, activez le contenu si vous y êtes invité, puis agrandissez la fenêtre.**

   Access offre plusieurs outils pour créer une nouvelle requête, dont l'**Assistant Requête simple**, qui vous invite à entrer les informations nécessaires pour créer une nouvelle requête.

2. **Cliquez sur l'onglet Créer du Ruban, cliquez sur le bouton Assistant Requête du groupe Requêtes, puis sur OK pour démarrer l'Assistant Requête simple.**

   La première boite de dialogue Assistant Requête simple s'ouvre, vous invitant à sélectionner les champs que vous voulez voir dans la nouvelle requête.

3. **Déroulez la liste Tables/Requêtes, cliquez sur Table : Voyages, double-cliquez sur NomVoyage, double-cliquez sur Ville, double-cliquez sur Catégorie, puis double-cliquez sur Prix.**

   Jusqu'ici, vous avez sélectionné quatre champs de la table Voyages pour cette requête. Vous voulez aussi ajouter les champs du prénom et du nom de la table Clients, pour connaitre les noms des clients qui ont acheté chaque voyage.

4. **Déroulez la liste Tables/Requêtes, cliquez sur Table : Clients, double-cliquez sur Prénom, puis double-cliquez sur Nom.**

   Pour cette nouvelle requête, vous avez sélectionné quatre champs de la table Voyages et deux champs de la table Clients (figure B-1).

5. **Cliquez sur Suivant, cliquez sur Suivant pour accepter la requête détaillée proposée, sélectionnez Voyages Requête dans la zone de texte, tapez VoyageClients comme titre (et nom) de requête, puis cliquez sur Terminer.**

   La feuille de données de VoyageClients s'affiche avec les quatre champs de la table Voyages et les deux champs de la table Clients (figure B-2). La requête peut afficher les clients qui ont acheté des voyages grâce à la relation un-à-plusieurs établie dans la fenêtre Relations.

FIGURE B-1 : Choix des champs dans l'Assistant Requête simple

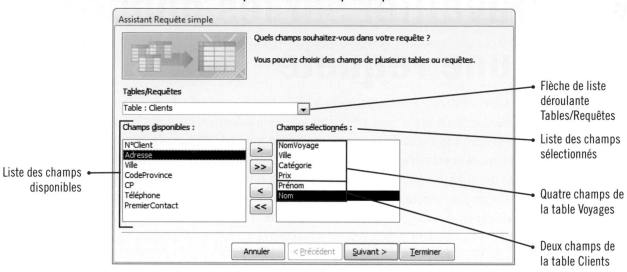

Flèche de liste déroulante Tables/Requêtes

Liste des champs sélectionnés

Quatre champs de la table Voyages

Deux champs de la table Clients

Liste des champs disponibles

FIGURE B-2 : Feuille de données de la requête VoyageClients

Requête VoyageClients

NomVoyage	Ville	Catégorie	Prix	Prénom	Nom
Club de ski Cyclone	Tarbes	Aventure	850 $	Christine	Caver
Découverte marine	Nice	Aventure	750 $	Mérisa	Vachon
Découverte marine	Nice	Aventure	750 $	Camille	Turcotte
Les bâtisseurs de villages perdus	Lamothe	Bénévolat	950 $	Christine	Caver
Musée de volcanologie	Saint-Denis	Formation	800 $	Alicia	Beaulieu
Musée de volcanologie	Saint-Denis	Formation	800 $	Fugène	Clovis
Musée de volcanologie	Saint-Denis	Formation	800 $	Jean	Gagnon
Amicale de randonnée pédestre des Gor	Esparron de Verdon	Aventure	950 $	Christine	Caver
Amicale de randonnée pédestre des Gor	Esparron de Verdon	Aventure	950 $	Denise	Chavant
Amicale de randonnée pédestre des Gor	Esparron de Verdon	Aventure	950 $	Eugène	Clovis
Amicale de randonnée pédestre des Gor	Esparron de Verdon	Aventure	950 $	Jacques	Côté
Musée de volcanologie	Saint-Denis	Formation	800 $	Jacques	Côté
Club de plongée Baie de St-Jean	Saint-Jean-Cap-Ferrat	Aventure	1 500 $	Bernard	Moulineau
Club de plongée Baie de St-Jean	Saint-Jean-Cap-Ferrat	Aventure	1 500 $	Martine	Allard
Club de plongée Baie de St-Jean	Saint-Jean-Cap-Ferrat	Aventure	1 500 $	Camille	Boucher
Amicale de randonnée pédestre des Gor	Esparron de Verdon	Aventure	950 $	Bertrand	Bédard
Club de plongée Baie de St-Jean	Saint-Jean-Cap-Ferrat	Aventure	1 500 $	Ginette	Déchêne
Club de ski Cyclone	Tarbes	Aventure	850 $	Claude	Huberty
Club de ski Cyclone	Tarbes	Aventure	850 $	Francine	Levesque
Club de ski Cyclone	Tarbes	Aventure	850 $	Catherine	Morency
Club de ski Cyclone	Tarbes	Aventure	850 $	Grégoire	Normand
Club de ski Cyclone	Tarbes	Aventure	850 $	Gabriel	Ouelet
Sixième Troupe de Scouts	Lourdes	Aventure	1 900 $	Andrée	Ernest
Jachères sauvages	Arthès-de-Béarn	Aventure	1 200 $	Ginette	Déchêne
Jachères sauvages	Arthès-de-Béarn	Aventure	1 200 $	Carole	Denault

Enr : 1 sur 80 ▸ ▸I ▸ᴵᴱ ❌ Aucun filtre Rechercher

Quatre champs de la table Voyages

Deux champs de la table Clients

80 enregistrements au total

Travailler sur les données d'une requête

Une feuille de données issue d'une requête permet d'entrer et de modifier des données de la même manière que dans une feuille de données d'une table. Comme les données sont emmagasinées dans les tables, chaque modification apportée dans la feuille de données d'une requête est reproduite de manière permanente dans les tables sous-jacentes et sont automatiquement répercutées dans toutes les vues des données des autres requêtes, des formulaires et des états. ▰▰▰▰▰ Vous souhaitez changer le nom de deux voyages et corriger le nom d'un client. La feuille de données de la requête VoyageClients permet d'effectuer ces modifications.

ÉTAPES

1. **Double-cliquez sur marine dans le nom de voyage du premier ou du second enregistrement de Découverte marine, entrez de la vie sous-marine, puis cliquez sur un autre enregistrement.**

   Toutes les occurrences de Découverte marine sont automatiquement corrigées en Découverte de la vie sous-marine parce que ce nom de voyage est enregistré une seule fois dans la table Voyages (figure B-3). Le nom du voyage est extrait, sélectionné, à partir de la table Voyages et affiché dans la requête VoyageClients pour chacun des clients ayant réservé ce voyage.

2. **Double-cliquez sur Côté dans le champ Nom, entrez Martin, puis cliquez dans un autre enregistrement.**

   Toutes les occurrences de Côté sont modifiées automatiquement en Martin car cette valeur du nom de famille du client est enregistrée une seule fois dans la table Clients. Ce nom est sélectionné dans la table Clients et est affiché dans la requête VoyageClients pour chaque voyage que ce client a acheté.

3. **Cliquez sur le bouton du sélecteur d'enregistrement à gauche du premier enregistrement, cliquez sur l'onglet Accueil, cliquez sur le bouton Supprimer du groupe Enregistrements, puis cliquez sur Supprimer et sur Oui.**

   La suppression d'enregistrements dans la feuille de données d'une requête se déroule de la même manière que la suppression dans la feuille de données d'une table. Notez que la barre de navigation indique désormais 79 enregistrements dans la feuille de données (figure B-4).

4. **Cliquez du bouton droit sur l'onglet de la requête VoyageClients, puis cliquez sur Fermer.**

FIGURE B-3 : Travailler sur les données dans la feuille de données d'une requête

Sélecteur d'enregistrement du premier enregistrement

La modification d'un enregistrement de Découverte de la vie sous-marine met à jour tous ses enregistrements

Changez Côté en Martin

NomVoyage	Ville	Catégorie	Prix	Prénom	Nom
Club de ski Cyclone	Tarbes	Aventure	850 $	Christine	Caver
Découverte de la vie sous-marine	Nice	Aventure	750 $	Mérisa	Vachon
Découverte de la vie sous-marine	Nice	Aventure	750 $	Camille	Turcotte
Les bâtisseurs de villages perdus	Lamothe	Bénévolat	950 $	Christine	Caver
Musée de volcanologie	Saint-Denis	Formation	800 $	Alicia	Beaulieu
Musée de volcanologie	Saint-Denis	Formation	800 $	Eugène	Clovis
Musée de volcanologie	Saint-Denis	Formation	800 $	Jean	Gagnon
Amicale de randonnée pédestre des Gor	Esparron de Verdon	Aventure	950 $	Christine	Caver
Amicale de randonnée pédestre des Gor	Esparron de Verdon	Aventure	950 $	Denise	Chavant
Amicale de randonnée pédestre des Gor	Esparron de Verdon	Aventure	950 $	Eugène	Clovis
Amicale de randonnée pédestre des Gor	Esparron de Verdon	Aventure	950 $	Jacques	Côté
Musée de volcanologie	Saint-Denis	Formation	800 $	Jacques	Côté
Club de plongée Baie de St-Jean	Saint-Jean-Cap-Ferrat	Aventure	1 500 $	Bernard	Moulineau

FIGURE B-4 : Feuille de données finale de VoyageClients

Onglet de la requête VoyageClients

Bouton Supprimer

La feuille de données contient 79 enregistrements

Côté est remplacé par Martin dans le Nom

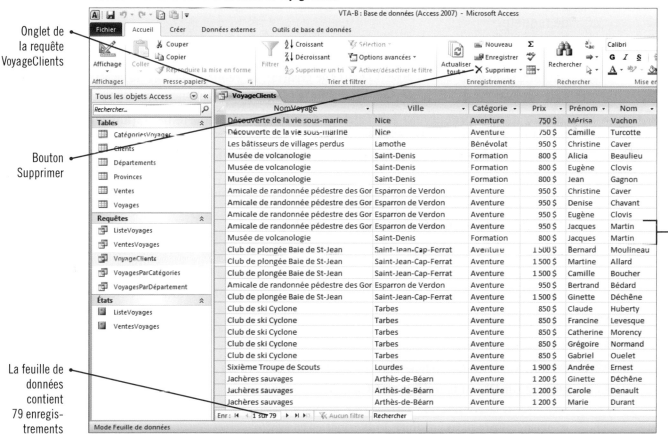

Access 2010

Utiliser le mode Création de requête

Le **mode Création de requête** permet d'ajouter, de supprimer ou de déplacer les champs d'une requête existante, de définir un ordre de tri ou encore d'ajouter un **critère** pour limiter le nombre d'enregistrements affichés dans la feuille de données résultante. C'est aussi en mode Création de requête que vous édifierez de nouvelles requêtes à partir de zéro. Le mode Création de requête énumère les champs que vous pouvez utiliser dans cette requête, dans de petites fenêtres, les listes de champs. Si des champs de plusieurs tables interviennent dans la requête, la relation entre deux tables est indiquée par une **ligne de jointure**, ou **ligne de lien**, identifiant les champs qui servent à établir les relations. 🔳🔳🔳 Michèle vous demande d'imprimer une liste des voyages de type Aventure qui se déroulent dans les Alpes-Maritimes. Le mode Création (de requête) vous aide à modifier la requête VoyagesParDépartement pour obtenir le résultat demandé.

ÉTAPES

1. **Double-cliquez sur la requête VoyagesParDépartement pour revoir la feuille de données.**

   La requête VoyagesParDépartement contient le champ NomDépartement de la table Départements, ainsi que les champs NomVoyage, DateDébutVoyage et Prix de la table Voyages.

2. **Cliquez sur le bouton Affichage 🖾 du groupe Affichages pour basculer en mode Création de requête.**

   Le mode Création de requête affiche dans le volet supérieur de la fenêtre les tables utilisées dans la requête. La ligne de jointure montre qu'un seul enregistrement de la table Départements peut être associé à plusieurs enregistrements de la table Voyages. La **grille de création de requête**, ou grille de requête, dans le volet inférieur de la fenêtre, affiche les noms des champs, les ordres de tri et les critères qui définissent la requête.

ASTUCE

Les critères de requête sont insensibles à la casse des caractères (majuscules et minuscules sont considérées comme identiques) ; par conséquent, Alpes-Maritimes équivaut à ALPES-MARITIMES et à alpes-maritimes.

3. **Cliquez dans la première cellule Critères du champ NomDépartement, puis tapez Bouches-du-Rhône, comme à la figure B-5.**

   Les critères sont des conditions de restriction que l'on définit dans la grille de création de requête. Dans ce cas-ci, l'ajout de Bouches-du-Rhône à la première cellule Critères du champ NomDépartement réduit les enregistrements sélectionnés aux seuls enregistrements qui comportent cette valeur pour le champ NomDépartement.

4. **Cliquez sur le bouton Affichage 🔳 du groupe Résultats pour revenir au mode Feuille de données.**

   Cette fois, seuls trois enregistrements sont sélectionnés, parce que seulement trois voyages contiennent « Bouches-du-Rhône » dans leur champ NomDépartement (figure B-6). Retenez que cette requête comporte deux ordres de tri : le NomDépartement et le NomVoyage. Comme tous ces enregistrements possèdent le même NomDépartement, ils sont automatiquement triés en ordre croissant de NomVoyage. Vous décidez d'enregistrer cette requête sous un nouveau nom de requête.

5. **Cliquez sur l'onglet Fichier, cliquez sur Enregistrer l'objet sous, entrez VoyagesBdR, cliquez sur OK, puis sur l'onglet Accueil.**

   Sous Access, la **commande Enregistrer** de l'onglet Fichier enregistre l'objet en cours, tandis que la commande **Enregistrer l'objet sous** permet d'enregistrer l'objet courant sous un nouveau nom. Ne confondez pas : Access enregistre *automatiquement* les données quand vous vous déplacez d'un enregistrement à un autre.

6. **Cliquez du bouton droit sur l'onglet de la requête VoyagesBdR, puis cliquez sur Fermer.**

FIGURE B-5 : Requête VoyagesParDépartement en mode Création de requête

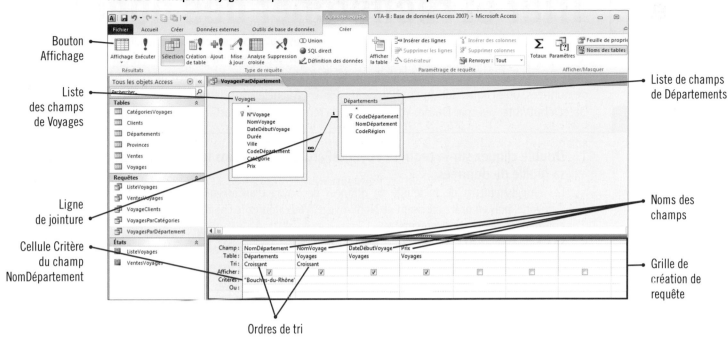

Bouton Affichage

Liste des champs de Voyages

Ligne de jointure

Cellule Critère du champ NomDépartement

Liste de champs de Départements

Noms des champs

Grille de création de requête

Ordres de tri

FIGURE B-6 : Feuille de données des VoyagesParDépartement avec le critère Bouches-du-Rhône

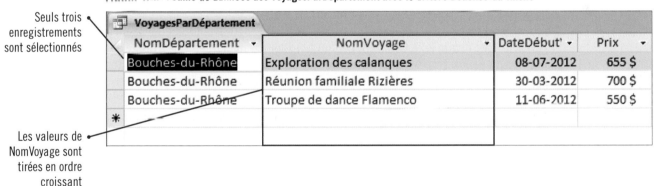

Seuls trois enregistrements sont sélectionnés

Les valeurs de NomVoyage sont tirées en ordre croissant

Ajouter ou supprimer une table dans une requête

Vous pourriez souhaiter ajouter la liste de champs d'une autre table à la partie supérieure de la fenêtre du mode Création de requête pour extraire des champs de cette table et les ajouter à la requête. Pour ajouter une table à la requête, cliquez sur Afficher la table dans le groupe Paramétrage de requête, puis ajoutez la (ou les) table(s) souhaitée(s). Pour supprimer une table inutile de la requête, cliquez sur sa barre de titre et appuyez sur [Suppr].

Trier et rechercher des données

Les fonctions de tri et de recherche d'Access sont des outils pratiques qui vous aident à organiser et à retrouver rapidement des données dans la feuille de données d'une table ou d'une requête. En plus de ces boutons, vous pouvez à tout moment cliquer sur la flèche de liste de l'en-tête d'une colonne dans une feuille de données, puis cliquer sur une option de tri. 🔳🔳 Michèle vous demande une liste des voyages triés par DateDébutVisite, puis par Durée. Vous modifiez la requête VoyagesParCatégories pour obtenir cette requête.

ÉTAPES

1. **Double-cliquez sur la requête VoyagesParCatégories dans le volet Navigation pour ouvrir sa feuille de données.**

   Les enregistrements de la feuille de données de VoyagesParCatégories sont actuellement triés selon la Catégorie, puis en ordre croissant de NomVoyage. Vous ajoutez le champ Durée à cette requête puis modifiez l'ordre de tri des enregistrements.

2. **Cliquez sur Affichage 📐 du groupe Affichages pour entrer dans le mode Création de requête, puis double-cliquez sur le champ Durée de la liste des champs de Voyages.**

   Quand vous double-cliquez sur un champ d'une liste de champs, Access insère ce champ à l'emplacement libre suivant de la grille de requête. Une autre possibilité consiste à sélectionner un champ d'une liste de champs, puis à le glisser jusqu'à une colonne déterminée de la grille de requête. Pour sélectionner un champ dans la grille de requête, cliquez sur son sélecteur de champ. Le **sélecteur de champ** est la mince barre grise qui surplombe chaque champ dans la grille de requête. Si vous souhaitez supprimer un champ de la requête, cliquez sur son sélecteur de champ, puis appuyez sur [Suppr]. Retenez que la suppression d'un champ dans la grille de requête ne supprime en aucun cas le champ de la table sous-jacente ; ce champ n'est supprimé que de la vue logique des données offerte par la requête.

   Actuellement, la requête VoyagesParCatégories est triée en ordre croissant de Catégorie, puis de NomVoyage. Access évalue les ordres de tri de gauche à droite. Vous voulez trier cette requête d'abord en ordre de DateDébutVoyage, puis de Durée.

3. **Cliquez sur Croissant dans la cellule Tri de Catégorie, cliquez sur la flèche de liste de la cellule, cliquez sur (Non trié), cliquez sur Croissant dans la cellule Tri de NomVoyage, cliquez sur la flèche de liste de la cellule, cliquez sur (Non trié), double-cliquez dans la cellule Tri de DateDébutVoyage pour imposer un tri croissant, puis double-cliquez dans la cellule Tri de Durée pour imposer un tri Croissant.**

   Les enregistrements sont à présent réglés pour que l'ordre de tri soit croissant, d'abord par DateDébutVoyage, puis par Durée (figure B-7). Comme les ordres de tri sont évalués de gauche à droite dans la grille de requête, vous devrez parfois réarranger les champs avant de leur appliquer des ordres de tri lorsqu'ils s'appliquent à plusieurs champs. Pour déplacer un champ dans la grille de création de requête, cliquez sur son sélecteur de champ puis glissez-le vers la gauche ou vers la droite.

4. **Cliquez sur Affichage 🔲 du groupe Résultats pour afficher la feuille de données de la requête.**

   La nouvelle feuille de données affiche le champ Durée dans la cinquième colonne. Les enregistrements sont triés en ordre croissant du champ DateDébutVoyage. Si deux enregistrements possèdent la même date de début de voyage, ils sont ensuite triés en ordre croissant de Durée. En mode feuille de données, vous pouvez imposer directement un ordre de tri, grâce aux boutons Croissant et Décroissant de l'onglet Accueil mais, pour spécifier des ordres de tri sur des champs multiples et non consécutifs, le mieux est de corriger la requête en mode Création. Votre tâche suivante consiste à remplacer toutes les occurrences de « Visite de site » par « Culture » dans le champ Catégorie.

5. **Cliquez sur le bouton Rechercher de l'onglet Accueil, entrez Visite de site dans la zone de texte Rechercher, cliquez sur l'onglet Remplacer, cliquez dans la zone de texte Remplacer par, puis entrez Culture.**

   La boite de dialogue Rechercher et remplacer adopte l'aspect de la figure B-8.

PROBLÈME

Si votre recherche et remplacement n'a pas fonctionné correctement, cliquez sur le bouton Annuler 🔄 de la barre d'outils Accès rapide et reprenez les étapes 5 et 6.

6. **Cliquez sur le bouton Remplacer tout dans la boite de dialogue Rechercher et remplacer, cliquez sur Oui pour poursuivre, puis cliquez sur Annuler pour fermer la boite de dialogue.**

   Access a remplacé toutes les occurrences de « Visite de site » par « Culture » dans le champ Catégorie (figure B-9).

7. **Cliquez du bouton droit sur l'onglet de la requête VoyagesParCatégories, cliquez sur Fermer, puis cliquez sur Oui si vous êtes invité à enregistrer les modifications.**

FIGURE B-7 : Changement d'ordres de tri dans la requête VoyagesParCatégories

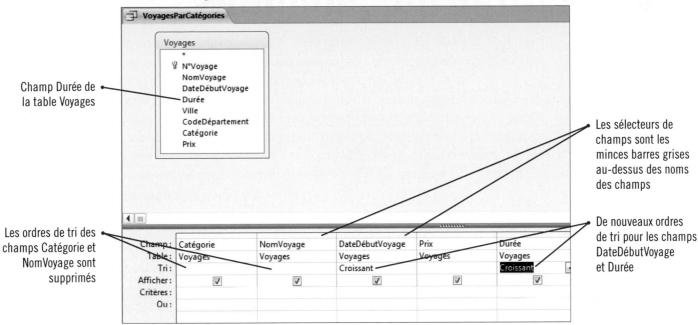

Champ Durée de la table Voyages

Les sélecteurs de champs sont les minces barres grises au-dessus des noms des champs

Les ordres de tri des champs Catégorie et NomVoyage sont supprimés

De nouveaux ordres de tri pour les champs DateDébutVoyage et Durée

FIGURE B-8 : Boîte de dialogue Rechercher et remplacer

Visite de site dans la zone de texte Rechercher

Culture dans la zone Remplacer par

Des options de recherche et de remplacement existent pour affiner la recherche

Bouton Remplacer tout

FIGURE B-9 : Feuille de données de VoyagesParCatégories avec ses nouveaux ordres de tri

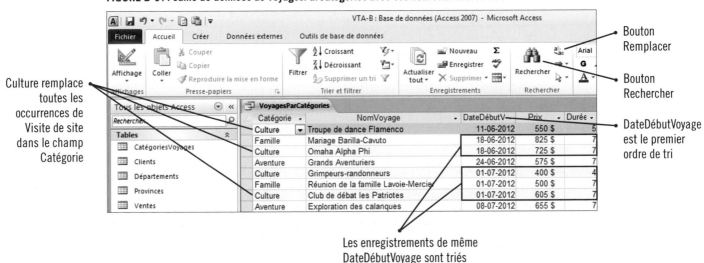

Culture remplace toutes les occurrences de Visite de site dans le champ Catégorie

Bouton Remplacer

Bouton Rechercher

DateDébutVoyage est le premier ordre de tri

Les enregistrements de même DateDébutVoyage sont triés selon les valeurs de Durée

Créer et utiliser des requêtes

Filtrer des données

Le **filtrage** de la feuille de données d'une table ou d'une requête n'affiche temporairement que les enregistrements qui satisfont un critère donné. Vous pourriez souhaiter n'afficher par exemple que les visites possibles dans le département des Bouches-du-Rhône ou seulement les visites d'une durée de moins de sept jours. Si les filtres offrent une manière rapide et simple d'afficher des sous-ensembles d'enregistrements dans la feuille de données en cours, ils ne présentent pas toute la souplesse ni la puissance des requêtes. Plus important, une requête se présente comme un objet enregistré dans la base de données, tandis qu'un filtre n'est que temporaire et fugitif car Access le supprime à la fermeture de la feuille de données. Le tableau B-1 compare les filtres et les requêtes. ▓▓▓▓ Michèle vous demande de rechercher tous les voyages de catégorie Aventure proposés au mois de juillet. Vous filtrez la feuille de données de Voyages pour obtenir ces informations.

ÉTAPES

ASTUCE

Pour appliquer un tri ou un filtre, vous pouvez aussi cliquer sur la flèche de liste à droite d'un nom de champ et choisir l'ordre de tri ou les valeurs de filtre que vous souhaitez.

1. **Double-cliquez sur la table Voyages pour l'ouvrir, cliquez sur une des occurrences d'Aventure dans la colonne Catégorie, cliquez sur le bouton Sélection du groupe Trier et filtrer, puis cliquez sur Égal à «Aventure».**

   Vingt enregistrements sont sélectionnés dont la figure B-10 montre une portion. Une icône de filtrage apparait à droite du champ Catégorie. Le filtrage en fonction d'une valeur sélectionnée, appelé **Filtre par sélection**, est une manière rapide et aisée de filtrer les enregistrements selon une correspondance exacte (« Égal à »). Pour filtrer une colonne en fonction de données comparatives, par exemple où DateDébutVoyage est *égale ou supérieure* au 1er juillet 2012, vous utilisez de préférence la fonctionnalité **Filtre par formulaire**.

2. **Cliquez sur le bouton Options avancées du groupe Trier et filtrer, puis cliquez sur Filtrer par formulaire.**

   La fenêtre Filtre par formulaire s'ouvre. Le critère de filtrage précédent, « Aventure » dans le champ Catégorie, apparait déjà dans la grille. Access opère une distinction entre les entrées textuelles et numériques en plaçant des guillemets verticaux (") autour des critères de type texte.

ASTUCE

Si vous devez effacer tous les critères précédents, cliquez sur le bouton Options avancées, puis sur Effacer tous les filtres.

3. **Cliquez dans la cellule DateDébutVoyage, puis entrez 2012-07-* (ou */07/2012, selon vos options régionales de dates, pourvu que l'astérisque figure à la place du jour), comme à la figure B-11.**

   Le filtre par formulaire permet d'appliquer plusieurs critères simultanés. L'astérisque à la position du jour dans le critère de date fonctionne comme un caractère générique, c'est-à-dire qu'il sélectionne toute date dont le mois est juillet, soit le 7e mois, de l'année 2012.

ASTUCE

Assurez-vous de supprimer les filtres existants avant de créer un tout nouveau filtre, sinon, votre nouveau filtre s'appliquera au sous-ensemble d'enregistrements en cours, au lieu de s'appliquer à l'ensemble des enregistrements de la feuille de données.

4. **Cliquez sur le bouton Activer/désactiver le filtre du groupe Trier et filtrer.**

   La feuille de données sélectionne neuf enregistrements correspondant aux deux critères de filtrage (figure B-12). Notez que des icônes de filtrage apparaissent à droite des noms des champs DateDébutVoyage et Catégorie, impliqués dans le filtre.

5. **Fermez la feuille de données de Voyages, puis cliquez sur Oui à l'invite d'enregistrement des modifications.**

   L'enregistrement des modifications de la feuille de données sauvegarde les dernières modifications apportées aux ordres de tri et aux largeurs de colonnes mais pas aux filtres.

Utiliser des caractères génériques

Pour rechercher des données selon un patron, vous pouvez utiliser des **caractères génériques** pour représenter tout caractère dans la définition des critères. Parmi les caractères génériques, le point d'interrogation (?) représente un seul caractère et l'astérisque (*) représente toute séquence d'un ou plusieurs caractères.

Les caractères génériques s'associent souvent à l'**opérateur Comme**. Ainsi, le critère Comme "2010-12-*" tente de retrouver les dates de décembre 2012 et le critère Comme "F*" recherche toutes les entrées commençant par la lettre F.

FIGURE B-10 : Filtrage de la table Voyages

Bouton Sélection

Le bouton Activer/ désactiver le filtre est enclenché, indiquant le filtrage des enregistrements

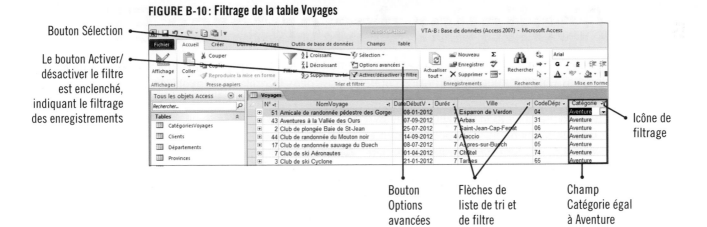

Bouton Options avancées

Flèches de liste de tri et de filtre

Champ Catégorie égal à Aventure

Icône de filtrage

FIGURE B-11 : Critères du Filtrage par formulaire

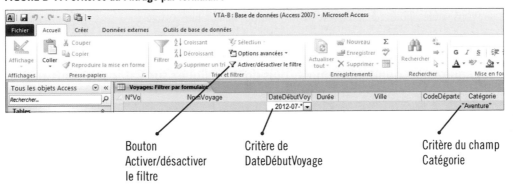

Bouton Activer/désactiver le filtre

Critère de DateDébutVoyage

Critère du champ Catégorie

FIGURE B-12 : Résultats du Filtre par formulaire

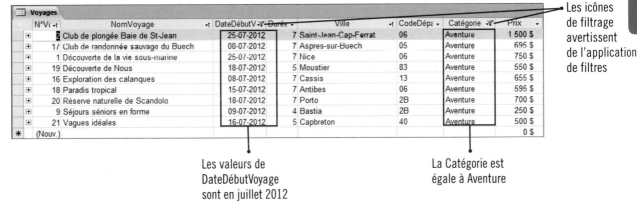

Les icônes de filtrage avertissent de l'application de filtres

Les valeurs de DateDébutVoyage sont en juillet 2012

La Catégorie est égale à Aventure

TABLEAU B-1 : Comparaison des filtres et des requêtes

Caractéristiques	Filtres	Requêtes
Sont enregistrés en tant qu'objet dans la base de données	Non	Oui
Permettent de sélectionner un sous-ensemble d'enregistrements dans une feuille de données	Oui	Oui
Permettent de sélectionner un sous-ensemble de champs dans une feuille de données	Non	Oui
La feuille de données résultante autorise l'entrée et la modification de données	Oui	Oui
La feuille de données résultante accepte le tri, le filtrage et la recherche d'enregistrements	Oui	Oui
Servent habituellement de source de données à un formulaire ou un état	Non	Oui
Permettent de calculer des sommes, des moyennes, des comptages et d'autres statistiques parmi les enregistrements	Non	Oui
Autorisent la création de champs calculés	Non	Oui

Appliquer des critères ET

Vous venez de voir que vous pouvez limiter le nombre des enregistrements affichés dans la feuille de données d'une requête grâce à des critères placés dans la grille de requête en mode Création. Les critères sont des tests ou des conditions de restriction, que chaque enregistrement doit respecter pour être sélectionné dans la feuille de données. Pour créer des **critères ET**, ce qui exige que tous les critères soient simultanément vrais pour chaque enregistrement affiché, entrez deux critères ou plus dans la même ligne Critère de la grille de requête. ░░░░░ Michèle vous demande d'imprimer une liste des visites du département de Paris (75) et de catégorie Formation, dont la durée est de sept jours ou plus. Vous utilisez la grille de requête en mode Création pour entrer les critères ET qui constituent la requête.

ÉTAPES

1. **Cliquez sur l'onglet Créer du Ruban, cliquez sur le bouton Création de requête du groupe Requêtes, double-cliquez sur Voyages, puis cliquez sur Fermer dans la boite de dialogue Afficher la table.**

   Vous voulez ajouter à la requête quatre champs de la table Voyages.

2. **Faites glisser vers le bas le bord inférieur de la liste des champs de Voyages pour afficher tous les champs, double-cliquez sur NomVoyage, double-cliquez sur Durée, double-cliquez sur CodeDépartement, puis double-cliquez sur Catégorie pour ajouter tous ces champs à la grille de requête.**

   Vous commencez la définition des critères par sélectionner les enregistrements de Paris. Comme vous utilisez le champ CodeDépartement, vous devez utiliser comme valeur de Critère le code en deux caractères de Paris, soit 75.

3. **Cliquez dans la première cellule Critère du champ CodeDépartement, tapez 75, puis cliquez sur Affichage ▦ pour afficher les résultats.**

   La requête qui limite l'affichage aux voyages qui se déroulent à Paris affiche 6 enregistrements. Ensuite, vous ajoutez un critère pour ne sélectionner que les enregistrements de la catégorie Formation.

4. **Cliquez sur Affichage ◪ pour basculer en mode Création, cliquez dans la première cellule Critère du champ Catégorie, entrez Formation, puis cliquez sur ▦.**

   Les critères ajoutés sur la même ligne de la grille de création de requête sont des critères ET. Lorsqu'entrés sur la même ligne, les critères doivent être tous vrais pour que des enregistrements apparaissent dans la feuille de données résultante. Ainsi, la requête qui sélectionne les enregistrements respectant à la fois le code de département 75 et la catégorie Formation sont au nombre de trois, dont les durées sont de 3, 7 et 9 jours. Chaque fois que vous ajoutez des critères ET, vous réduisez le nombre d'enregistrements sélectionnés car les enregistrements doivent être vrais pour *tous* les critères.

5. **Cliquez sur ◪, cliquez dans la première cellule Critère du champ Durée, puis entrez >=7, comme à la figure B-13.**

   Access vous assiste dans la **syntaxe des critères**, c'est-à-dire les règles qui régissent l'entrée des critères. Ainsi, il entre automatiquement des guillemets verticaux (") autour des critères textuels des champs de type Texte ("75" et "Formation") et des signes dièse (#) autour des dates dans les critères des champs de type Date/Heure. Les critères des champs de types Numérique, Monétaire et Oui/Non ne sont entourés d'aucun caractère. Le tableau B-2 donne des informations supplémentaires sur les opérateurs de comparaison, comme > (supérieur à).

   PROBLÈME

   Si votre feuille de données ne correspond pas à la figure B-14, revenez en mode Création et comparez vos critères à ceux de la figure B-13.

6. **Cliquez sur ▦ pour afficher la feuille de données de la requête.**

   Le troisième critère ET réduit le nombre d'enregistrements sélectionnés à deux (figure B-14).

7. **Cliquez sur Enregistrer 🖫 dans la barre d'outils Accès rapide, entrez Formation75 en guise de nom de requête, cliquez sur OK, puis fermez la requête.**

   La requête est enregistrée sous un nouveau nom, Formation75, en tant que nouvel objet de la base de données VTA-B.

Rechercher des champs vides

Est Null et Est Pas Null sont deux autres types de critères usuels de recherche. Le critère **Est Null** recherche tous les enregistrements pour lesquels aucune information n'est présente dans le champ correspondant. **Est Pas Null** recherche tous les enregistrements qui comportent une information, quelle qu'elle soit, même 0, dans le champ correspondant. Notez cependant que les champs clés primaires ne peuvent jamais être vides.

FIGURE B-13 : Requête en mode Création avec des critères ET

Cliquez sur le bouton Affichage pour obtenir les résultats de la requête

Faites glisser vers le bas le bord inférieur de la liste des champs de Voyages

Ces critères ET définissent l'affichage des voyages de catégorie Formation dans le département 75, qui durent une semaine ou plus

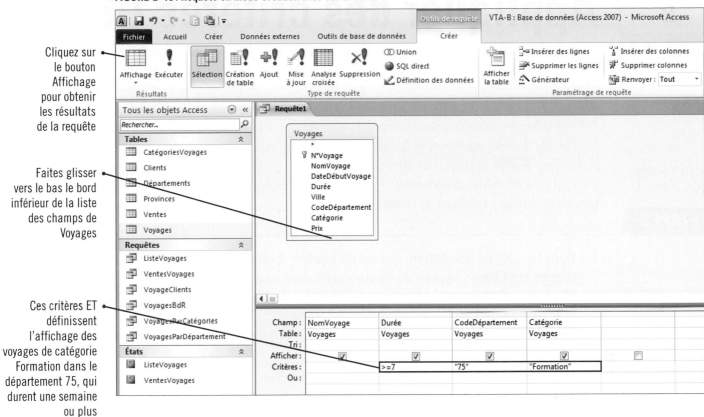

FIGURE B-14 : Feuille de données finale de la requête Formation75

Bouton Enregistrer

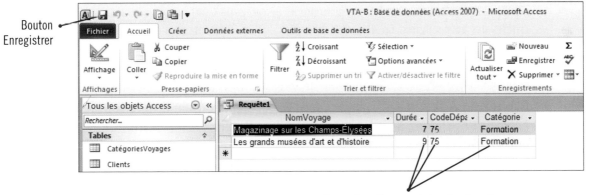

Ces trois critères sont simultanément vrais pour ces enregistrements : une durée de >=7 jours, 75 et Formation

TABLEAU B-2 : Opérateurs de comparaison

Opérateur	Description	Expression	Signification
>	Supérieur à	>500	Nombres supérieurs à 500
>=	Supérieur ou égal à	>=500	Nombres supérieurs ou égaux à 500
<	Plus petit que	<"Boulanger"	Tous les noms de A jusqu'à Boulanger mais pas Boulanger
<=	Inférieur ou égal à	<="Cardinal"	Tous les noms de A jusqu'à Cardinal inclus
<>	Différent de	<>"Cyclone"	Tout nom différent de Cyclone

Appliquer des critères OU

Les **critères OU** signifient qu'*au moins un* des critères doit être vrai pour qu'un enregistrement soit sélectionné. Pour créer des critères OU, entrez deux critères ou plus sur des lignes Critère *différentes* dans la grille de requête. Pour créer des critères OU pour le même champ, vous pouvez aussi entrer les deux critères dans la même cellule, séparés par l'opérateur OU. À mesure que vous ajoutez des lignes de critères OU à la grille de la requête, vous *augmentez* le nombre d'enregistrements sélectionnés dans la feuille de données de résultats car les enregistrements ne doivent satisfaire qu'*une seule* des lignes de critères pour apparaitre dans la sélection. ▓▓▓▓▓ Michèle vous demande d'ajouter à la requête précédente les voyages culturels de sept jours ou plus du même département. Pour obtenir ces résultats, vous modifiez une copie de la requête Formation75 pour y appliquer les critères OU.

ÉTAPES

1. **Dans le volet de navigation, cliquez du bouton droit sur la requête Formation75, cliquez sur Copier, cliquez du bouton droit dans une zone vide du volet de navigation, cliquez sur Coller, entrez FormationCulture75 dans la boite de dialogue Coller sous, puis cliquez sur OK.**

   En copiant ainsi la requête Formation75 avant d'y apporter des modifications, vous évitez d'abimer par erreur la requête originale.

2. **Dans le volet de navigation, cliquez du bouton droit sur la requête FormationCulture75, cliquez sur Mode création, cliquez dans la deuxième cellule Critère du champ Catégorie, entrez Culture, puis cliquez sur le bouton Affichage 🔲 pour visualiser la feuille de données de la requête.**

   Cette requête sélectionne onze enregistrements, dont tous les voyages qui contiennent Culture dans le champ Catégorie. Notez au passage que certains de ces enregistrements ont une durée inférieure à 7 et que certains enregistrements concernent d'autres départements que le 75. Comme chaque ligne de critère est évaluée séparément des autres, tous les enregistrements de catégorie Culture sont sélectionnés, quels que soient les critères des autres lignes. En d'autres termes, les critères d'une ligne n'ont aucun effet sur ceux des autres lignes. Pour garantir que les voyages sélectionnés se passent dans le département 75 et qu'ils durent sept jours ou plus, vous devez modifier la seconde ligne Critère de la grille de requête (la ligne « ou ») pour y indiquer également ces critères.

ASTUCE

Les boutons Mode Feuille de données, Création et d'autres sont également disponibles dans le coin inférieur droit de la fenêtre d'Access.

3. **Cliquez sur Affichage 🔳, cliquez dans la deuxième cellule Critère sous le champ Durée, entrez >=7 , cliquez dans la deuxième cellule Critère sous le champ CodeDépartement, entrez 75.**

   La figure B-15 montre les critères appliqués dans la grille de création de requête.

4. **Cliquez sur 🔲 pour afficher la feuille de données de la requête.**

   Trois enregistrements satisfont aux trois critères de la première ligne ou de la seconde ligne de la grille de requête, comme en atteste la figure B-16.

5. **Cliquez du bouton droit sur l'onglet de la requête FormationCulture75, cliquez sur Fermer, puis cliquez sur Oui pour enregistrer et fermer la feuille de données de la requête.**

FIGURE B-15 : Grille de création de requête avec les critères OU

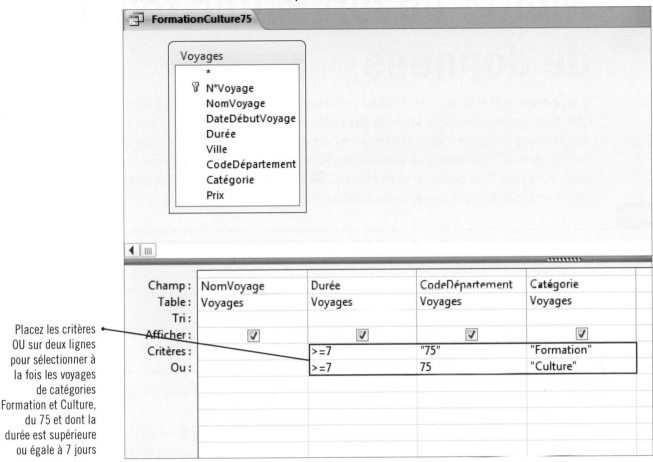

Placez les critères OU sur deux lignes pour sélectionner à la fois les voyages de catégories Formation et Culture, du 75 et dont la durée est supérieure ou égale à 7 jours

FIGURE B-16 : Feuille de données finale de la requête FormationCulture75

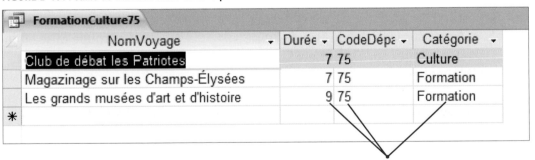

Les trois critères sont vrais au moins pour une des deux lignes de critères : une durée >= 7, 75 et Formation ou une durée >=7, 75 et Culture

Mettre en forme une feuille de données

Si le principal outil d'Access pour créer un rapport de qualité professionnelle est l'objet état, vous pouvez néanmoins mettre en forme et imprimer une feuille de données. L'impression d'une feuille de données ne vous permet pas d'ajouter des en-têtes ni des pieds de page personnalisés, ni des images, ni des sous-totaux comme les états l'autorisent mais vous pouvez modifier quelques éléments de mise en forme, tels que la police et sa taille, les couleurs et le quadrillage. ▰▰▰▰▱ Michèle vous demande d'imprimer une liste des clients. Vous décidez de mettre en forme la feuille de données de la table Clients avant de l'imprimer.

ÉTAPES

1. **Dans le volet de navigation, double-cliquez sur la table Clients pour l'ouvrir en mode Feuille de données.**

   Avant d'appliquer les améliorations de présentation, vous visualisez l'aperçu avant impression de la table dans sa forme actuelle.

2. **Cliquez sur l'onglet Fichier, cliquez sur Imprimer, cliquez sur Aperçu avant impression, puis cliquez sur l'en-tête de l'aperçu pour zoomer dans l'image.**

   La fenêtre de prévisualisation affiche l'aperçu de la future page imprimée (figure B-17). Par défaut, l'aperçu de la feuille de données place le nom de l'objet et la date dans l'en-tête, tandis qu'un numéro de page figure en pied de page.

3. **Cliquez sur le bouton Page suivante ▶ dans la barre de navigation pour afficher le contenu de la page suivante de l'aperçu.**

   Les trois derniers champs figurent sur la deuxième page parce que la première page n'est pas suffisamment large pour les accueillir. Vous décidez de modifier en paysage l'orientation de la page, pour que tous les champs soient imprimés sur la même page, puis d'augmenter la taille de police pour faciliter la lecture.

4. **Cliquez sur le bouton Paysage du groupe Mise en page, puis cliquez sur le bouton Fermer l'aperçu avant impression.**

   Vous revenez à l'affichage en mode Feuille de données, où vous pouvez appliquer des choix de police, de taille et de couleur de police, ainsi que de couleurs de quadrillage et d'arrière-plan.

5. **Cliquez sur la flèche de liste de Police** Calibri **du groupe Mise en forme du texte, cliquez sur Times New Roman, déroulez la liste de Taille de police** 11 **, puis cliquez sur 12.**

   Avec cette taille de police plus grande, le contenu de certains champs n'est plus visible en totalité et vous devez corriger la largeur de certaines colonnes pour en imprimer et afficher le contenu complet.

6. **Utilisez le pointeur ╫ pour double-cliquer sur le séparateur des noms des champs Adresse et Ville, faites de même sur le séparateur des noms des champs CP et Téléphone, procédez de même sur le séparateur des noms des champs Téléphone et PremierContact, puis avec le séparateur à droite du nom de champ PremierContact.**

   Le double-clic sur le séparateur à droite d'un champ augmente ou réduit, si nécessaire, la largeur de la colonne pour qu'elle affiche la totalité du contenu de ce champ (figure B-18).

ASTUCE
S'il vous faut une copie sur papier de cette feuille de données, cliquez sur le bouton Imprimer de l'onglet Aperçu avant impression, puis cliquez sur OK.

7. **Cliquez sur l'onglet Fichier, cliquez sur Imprimer, puis cliquez sur Aperçu avant impression.**

   Tous les champs apparaissent à présent sur une seule page en largeur, en orientation paysage. L'aperçu occupe encore deux pages, mais grâce à la taille de police légèrement plus importante, la lecture des données est facilitée.

8. **Cliquez du bouton droit sur l'onglet de la table Clients, cliquez sur Fermer, puis sur Oui à l'invite d'enregistrement des modifications, cliquez sur l'onglet Fichier, puis cliquez sur Quitter pour fermer la base de données VTA-B.accdb et quitter Access 2010.**

FIGURE B-17 : Aperçu avant impression de la feuille de données Clients

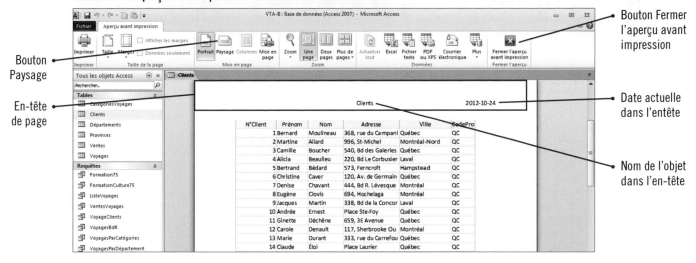

Bouton Paysage

En-tête de page

Bouton Fermer l'aperçu avant impression

Date actuelle dans l'entête

Nom de l'objet dans l'en-tête

FIGURE B-18 : Feuille de données mise en forme

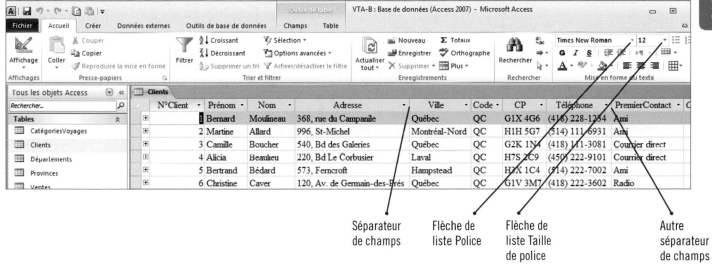

Séparateur de champs

Flèche de liste Police

Flèche de liste Taille de police

Autre séparateur de champs

Mise en pratique

Révision des concepts

Identifiez les éléments de la fenêtre Access de la figure B-19.

FIGURE B-19

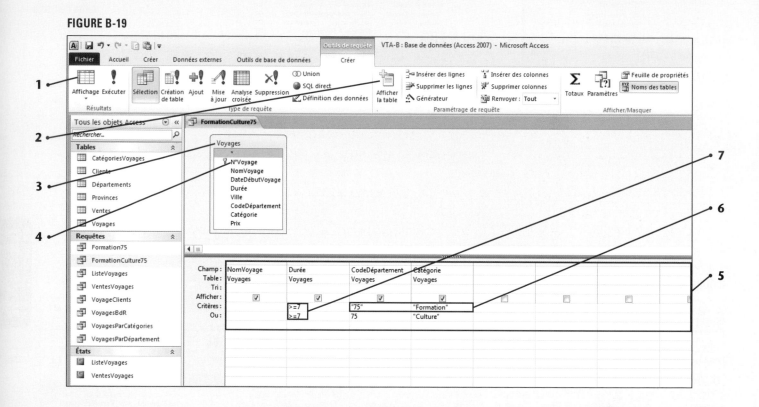

Associez chaque terme à sa description.

8. **Grille de requête**

9. **Critères**

10. **Filtre**

11. **Syntaxe**

12. **Listes de champs**

13. **Tri**

14. **Caractère générique**

15. **Est Null**

a. Crée un sous-ensemble temporaire d'enregistrements.

b. De petites fenêtres qui affichent les noms des champs d'une table ou d'une requête.

c. Les règles qui régissent l'entrée des critères.

d. Conditions de restriction utilisées pour réduire le nombre d'enregistrements qui apparaissent dans une feuille de données.

e. Permet de rechercher des données selon un patron ou une allure globale.

f. Ce critère recherche tous les enregistrements qui ne comportent aucune donnée dans le champ correspondant.

g. La partie inférieure de la fenêtre de requête en mode Création.

h. Classe des enregistrements en ordre croissant ou décroissant des valeurs d'un champ.

Choisissez la meilleure réponse à chaque question.

16. **Les critères ET :**
    a. Doivent être tous vrais pour les enregistrements sélectionnés.
    b. Déterminent les ordres de tri.
    c. Déterminent les champs sélectionnés dans une requête.
    d. Permettent de définir des lignes de jointure entre les tables d'une requête.

17. **Parmi les propositions suivantes, quelle est celle qui représente au mieux la dénomination SQL ?**
    a. Langage de requête standardisé.
    b. Langage de requête spécialisé.
    c. Langage de requête structuré.
    d. Langage de requête simple.

18. **Une requête est parfois appelée « vue logique des données », parce que :**
    a. L'assistant Requête logique est l'outil généralement utilisé pour créer des requêtes.
    b. Les requêtes ne stockent pas les données, elles affichent seulement une vue des données.
    c. Les requêtes contiennent des critères logiques.
    d. Les conventions de noms des requêtes sont logiques.

19. **Quelle est, parmi les propositions suivantes, celle qui décrit les critères OU ?**
    a. La sélection d'un sous-ensemble de champs et (ou) d'enregistrements d'une ou plusieurs tables, pour les visualiser sous la forme d'une feuille de données.
    b. L'utilisation de deux lignes ou plus de la grille de requête pour sélectionner les seuls enregistrements qui satisfont à des critères donnés.
    c. La réorganisation des enregistrements en ordre croissant ou décroissant en fonction du contenu d'un ou plusieurs champs.
    d. L'usage de plusieurs champs dans la grille de création de requête.

20. **Quelle proposition, parmi les suivantes, n'est pas vraie à propos d'une requête ?**
    a. Une requête permet de créer des champs calculés.
    b. Une requête permet de créer des statistiques de synthèse des données.
    c. Une requête autorise la saisie et la modification des données.
    d. Une requête représente la même chose qu'un filtre.

Révision des techniques

1. **Exploiter l'Assistant Requête.**
   a. Ouvrez la base de données Recyclage-B.accdb de votre dossier Projets. Activez le contenu si vous y êtes invité.
   b. Créez une requête à l'aide de l'Assistant Requête simple. Sélectionnez le champ NomCentre de la table Centres, les champs DateDépôt et Poids de la table Dépôts, puis le champ NomAssociation de la table Associations. Sélectionnez la requête Détaillée et nommez la requête **CentreDépôts**.
   c. Ouvrez la requête en mode Feuille de données, changez une des occurrences de la valeur RecycTout du champ NomCentre, en un nom de centre de dépôt basé sur votre propre nom.

2. **Travailler sur les données d'une requête.**
   a. Supprimez le premier enregistrement.
   b. Remplacez une des occurrences de Club Lions dans le champ NomAssociation par **Club Lions d'Okoboji**.
   c. Cliquez dans une des valeurs du champ DateDépôt, puis cliquez sur le bouton Décroissant du groupe Trier et filtrer sous l'onglet Accueil, pour trier les enregistrements en ordre décroissant des dates de dépôt.
   d. Pour le premier enregistrement, utilisez l'icône du calendrier interactif intégré pour sélectionner la date du **1er septembre 2013**.
   e. Enregistrez et fermez la requête CentreDépôts.

3. **Utiliser le mode Création de requête.**
   a. Cliquez sur l'onglet Créer, cliquez sur le bouton Création de requête, double-cliquez sur Associations, double-cliquez sur Dépôts, puis cliquez sur Fermer pour ajouter les tables Associations et Dépôts à la requête en mode Création.
   b. Glissez le bord inférieur de la liste des champs de la table Associations pour afficher tous les champs.

Révision des techniques (suite)

c. Ajoutez dans l'ordre les champs suivants de la table Associations à la grille de requête : PrénomResp, NomResp, NomAssociation. Ajoutez ensuite dans l'ordre les champs suivants de la table Dépôts : NoDépôt, DateDépôt, Poids. Affichez les résultats de la requête en mode Feuille de données et observez le nombre d'enregistrements sélectionnés.

d. En mode Création de requête, entrez un critère qui sélectionne les enregistrements dont le Poids soit **supérieur ou égal à 100** et notez le nombre d'enregistrements sélectionnés.

e. Enregistrez cette requête sous le nom **DépôtsDe100OuPlus** et fermez la requête.

4. Trier et rechercher des données.

a. Ouvrez la requête CentreDépôts en mode Feuille de données et observez l'ordre de tri actuel des données, soit en ordre décroissant des valeurs du champ DateDépôt.

b. En mode Création, sélectionnez les ordres croissants pour les champs NomCentre et DateDépôt. Notez que les requêtes créées avec l'assistant Requête simple n'affichent pas le 1 et le symbole infini sur les lignes de jointure entre les tables. Ces relations un-à-plusieurs n'en demeurent pas moins d'actualité.

c. Affichez la requête en mode Feuille de données et observez le nouveau tri des données.

d. Cliquez sur n'importe quelle valeur du champ NomAssociation et, à l'aide la boite de dialogue Rechercher et remplacer, corrigez toutes les valeurs **Les Vertueux** en **Les Adeptes du Recyclage**. Cliquez sur Oui lorsque vous êtes invité à confirmer le remplacement définitif.

5. Filtrer des données.

a. Filtrez la feuille de données de la requête CentreDépôts pour n'afficher que les enregistrements où le NomAssociation est égal à **Les Adeptes du Recyclage**.

b. Appliquez un filtre avancé par formulaire et exploitez les caractères génériques pour réduire encore la liste des enregistrements à ceux dont les dépôts concernent l'année 2012.

c. Si votre professeur vous le demande, imprimez la feuille de données filtrée de CentreDépôts.

d. Enregistrez et fermez la requête CentreDépôts.

6. Appliquer des critères ET.

a. Ouvrez la requête DépôtsDe100OuPlus en mode Création de requête.

b. Ajoutez un critère pour ne sélectionner que les enregistrements dont le NomAssociation est **Vers Demain** et dont la valeur de Poids est supérieure ou égale à 100.

c. Parmi les résultats, remplacez une des occurrences de Sylvie (Tardif) par vos initiales.

7. Appliquer des critères OU.

a. Ouvrez à nouveau la requête DépôtsDe100OuPlus en mode Création de requête.

b. Ajoutez un critère à la sélection actuelle pour inclure également les enregistrements qui concernent **JEC** comme valeur de NomAssociation et le Poids **égal ou supérieur à 100**.

c. Enregistrez la requête DépôtsDe100OuPlus, puis basculez en mode Feuille de données.

8. Mettre en forme une feuille de données.

a. À la feuille de données de la requête DépôtsDe100OuPlus, imposez la police Arial Narrow et la taille de police 14.

b. Redimensionnez toutes les colonnes pour que toutes les données s'affichent en totalité, comme à la figure B-20.

c. Enregistrez la requête DépôtsDe100OuPlus.

d. Fermez la requête DépôtsDe100OuPlus et la base de données Recyclage-B.accdb, puis quittez Access 2010.

FIGURE B-20

DépôtsDe100OuPlus					
PrénomResp	NomResp	NomAssociation	NoDépôt	DateDépôt	Poids
Tony	de la Peltrie	JEC	25	2012-08-22	105
Tony	de la Peltrie	JEC	59	2011-03-07	200
Tony	de la Peltrie	JEC	63	2011-04-23	105
Tony	de la Peltrie	JEC	75	2011-07-09	200
Tony	de la Peltrie	JEC	82	2010-01-31	100
Tony	de la Peltrie	JEC	99	2010-03-07	200
Vos initiales	Tardif	Vers Demain	6	2012-02-23	100
Vos initiales	Tardif	Vers Demain	42	2011-01-31	100
Vos initiales	Tardif	Vers Demain	46	2011-02-14	185
Vos initiales	Tardif	Vers Demain	50	2011-02-19	185
Vos initiales	Tardif	Vers Demain	60	2011-03-08	145
Vos initiales	Tardif	Vers Demain	61	2011-04-20	115
Vos initiales	Tardif	Vers Demain	67	2011-05-02	105
Vos initiales	Tardif	Vers Demain	86	2010-02-14	200
Vos initiales	Tardif	Vers Demain	94	2010-02-27	100
*				(Nouv.)	

Exercice personnel 1

Vous avez édifié une base de données Access pour suivre les membres d'une association d'aide à la communauté. La base de données contient les noms des membres et leurs adresses, ainsi que leurs niveaux de coopération dans l'association, qui évoluent en fonction des heures de contribution bénévole à la communauté.

a. Démarrez Access, ouvrez la base de données Membres-B.accdb de votre dossier Projets, activez le contenu à l'invite, ouvrez les feuilles de données des tables Membres, Activités et CodesPostaux pour examiner les données.

b. Dans la table CodesPostaux, cliquez sur le bouton déplier, à gauche de l'enregistrement G6P 4F3, Québec, QC, pour afficher les données du membre de l'association correspondant à ce code postal. Cliquez ensuite sur le bouton déplier à gauche de l'enregistrement de Bruno Damboise pour voir les deux activités auxquelles ce membre a participé.

c. Fermez les trois feuilles de données, cliquez sur l'onglet Outils de base de données, puis cliquez sur le bouton Relations. La fenêtre Relations indique qu'un enregistrement de la table CodesPostaux s'associe à plusieurs enregistrements de la table Membres par l'entremise du champ commun CodePostal et qu'un enregistrement de la table Membres est associé à plusieurs enregistrements de la table Activités par le biais du champ commun NoMembre.

d. Fermez la fenêtre relations.

e. En mode Création de requête, construisez une requête bâtie sur les champs suivants : Prénom et Nom de la table Membres, DateActivité et HeuresPrestées de la table Activités.

f. Visualisez la feuille de données, observez le nombre d'enregistrements sélectionnés, puis revenez au mode Création de requête.

g. Ajoutez un critère pour ne sélectionner que les enregistrements dont la DateActivité correspond au mois de mars 2012. *Conseil* : Employez un caractère générique à la place du jour de la date imposée et n'oubliez pas le zéro du mois. Ajoutez un ordre de tri croissant aux champs Nom et DateActivité, puis visualisez la feuille de données.

h. Entrez votre nom dans le premier enregistrement, élargissez toutes les colonnes pour que les noms des champs soient visibles en totalité, puis enregistrez la requête sous le nom Mars2012, comme à la figure B-21.

i. Si votre professeur vous le demande, imprimez la feuille de données.

j. Fermez la requête Mars2012 et la base de données Membres-B.accdb, puis quittez Access 2010.

FIGURE B-21

Mars2012			
Prénom	Nom	DateActivité	HeuresPrestées
Daniel	Arno	2012-3-29	4
Éloïse	Bonhomme	2012-3-31	8
Jean	Couturier	2012-3-29	5
Patrick	Cyr	2012-3-29	4
Bruno	Damboise	2012-3-29	5
Jean	Dujardin	2012-3-30	10
Jane	Eagan	2012-3-29	5
Aaron	Friedrichsen	2012-3-29	4
Sylvain	Gagnon	2012-3-27	4
Carl	Garrett	2012-3-27	4
France	Gustavsen	2012-3-30	8
France	Gustavsen	2012-3-31	8
Georges	Harbour	2012-3-30	4
Irma	Ladouce	2012-3-30	4
Marie	Laforce	2012-3-29	4
Hervé	Lebel	2012-3-29	5
Yvon	Malenfant	2012-3-29	4
Yvon	Malenfant	2012-3-30	8
Robert	Maxim	2012-3-30	8
Jeanne	Nange	2012-3-30	8
Marcia	Ringer	2012-3-29	4
Luc	Rossignol	2012-3-31	8
*			

Exercice personnel 2

Access s'avère un excellent outil pour conserver une trace de vos expériences de vie comme, par exemple, les lieux que vous visitez. Imaginez que vous décidiez d'entreprendre un long voyage à travers les États-Unis, dont vous voulez visiter les capitales des cinquante états. De plus, grâce aux sites de discussion en ligne, vous avez noté les adresses de divers contacts qui habitent ces villes et vous souhaitez les rencontrer de visu. Une base de données est déjà établie dans votre dossier Projets, qui comprend une table de tous les États avec leur capitale et une autre table avec les contacts (fictifs) que vous auriez pu établir dans chacun de ces états et qui pourraient vous fournir de plus amples informations sur leurs états respectifs.

a. Démarrez Access, ouvrez la base de données Capitales-B.accdb de votre dossier Projets et activez le contenu à l'invite.

b. Ouvrez les feuilles de données des tables États et Contacts pour en examiner les données. Observez qu'une relation un-à-plusieurs existe entre ces tables, de sorte qu'un état peut compter plusieurs contacts, ce qu'indique le bouton déplier à gauche de chaque enregistrement de la table États.

Exercice personnel 2 (suite)

c. Fermez les deux feuilles de données. En mode Création, créez une requête avec, dans l'ordre, les champs AbrévEtat, NomEtat et Capitale de la table États, ainsi que le champ NomContact de la table Contacts.

d. Triez les enregistrements en ordre croissant du champ NomEtat, puis du champ NomContact.

e. Ajoutez des critères pour sélectionner les contacts de Caroline du Nord et de Caroline du Sud. Utilisez le champ AbrévEtat pour indiquer vos critères, à partir des abréviations des états en deux caractères : NC ou SC.

f. Enregistrez la requête sous le nom **Carolines**, affichez les résultats, puis remplacez le nom Boelhert par le vôtre. Redimensionnez les colonnes pour afficher la totalité des noms des champs et des données.

g. Si votre professeur vous le demande, imprimez la feuille de données, puis enregistrez et fermez la requête.

h. Fermez la base de données Capitales-B.accdb, puis quittez Access 2010.

Exercice personnel 3

Vous avez construit une base de données pour collationner les vétérinaires et les cliniques où ils exercent dans votre région.

a. Démarrez Access, ouvrez la base de données Vétos-B.accdb de votre dossier Projets et activez le contenu à l'invite.

b. Ouvrez la table Vétos et la table Cliniques pour visiter la feuille de données des deux tables.

c. Dans la table Cliniques, cliquez sur le bouton déplier à gauche de l'enregistrement relatif aux Spécialistes vétérinaires et ajoutez vos propres prénom et nom dans un nouvel enregistrement de la sous-feuille de données des Vétos.

d. Fermez les deux feuilles de données.

e. À l'aide de l'Assistant Requête simple, sélectionnez les champs Nom et Prénom de la table Vétos, puis les champs NomClinique et Téléphone de la table Cliniques. Nommez la requête **ListeCliniques**, puis visualisez la feuille de données.

f. Trouvez la seule occurrence de Doctorman dans le champ Nom et remplacez-la par **Doolittle**.

g. Trouvez une des occurrences de la Clinique vétérinaire générale et remplacez vétérinaire générale par **d'urgences vétérinaires**.

h. En mode Création, ajoutez des critères pour sélectionner seulement les « Clinique d'urgences vétérinaires » et « Spécialistes vétérinaires » dans le champ NomClinique, puis affichez les résultats.

Difficultés supplémentaires

■ En mode Création de requête, déplacez le champ NomClinique en première colonne, puis ajoutez un ordre de tri croissant sur les champs NomClinique et Nom.

■ Affichez la feuille de données de la requête ListeCliniques, redimensionnez les champs comme à la figure B-22, puis imprimez la feuille de données si votre professeur le demande.

■ Retournez au mode Création de la requête ListeCliniques. Observez la ligne de jointure entre les tables. Celle-ci a été créée par l'Assistant Requête simple.

■ Enregistrez et fermez la requête ListeCliniques, puis ouvrez la fenêtre Relations. Remarquez la ligne de jointure entre les tables. Dans un document Word, expliquez la différence d'apparence et la signification de la ligne qui relie la table Vétos et la table Cliniques dans la fenêtre Relations, par rapport à celle de la requête en mode Création.

i. Si vous ne l'avez pas encore fait, enregistrez et fermez la requête ListeCliniques, fermez la base de données Vétos-B.accdb et quittez Access 2010.

FIGURE B-22

NomClinique	Nom	Prénom	Téléphone
Clinique d'urgences vétérinaires	Bérubé	Claude	(418) 555-0884
Clinique d'urgences vétérinaires	Douglas	Carl	(418) 555-0884
Clinique d'urgences vétérinaires	Hileman	Richard	(418) 555-0884
Spécialistes vétérinaires	Grenier	Marc	(450) 555-4000
Spécialistes vétérinaires	Major	Marc	(450) 555-4000
Spécialistes vétérinaires	Manheim	Thomas	(450) 555-4000
Spécialistes vétérinaires	Stewart	Frank	(450) 555-4000
Spécialistes vétérinaires	Votre nom	Votre prénom	(450) 555-4000
*			

Défi

La recherche d'emploi est une activité à temps plein qui nécessite une rigueur et une organisation certaines. Une base de données Access constitue un excellent outil pour collecter, gérer et suivre des offres d'emploi et les candidatures à ces offres. Cet exercice vous propose de créer une base de données vide pour y entrer, modifier et interroger des données dans le cadre d'une recherche d'emploi.

a. Créez une nouvelle base de données vide, nommée **OffresEmploi.accdb**.

b. Créez une table nommée **Postes** avec les noms de champs, types de données et descriptions suivants :

Nom champ	Type de données	Description
NoPoste	NuméroAuto	Champ clé primaire de Postes
Intitulé	Texte	L'intitulé du poste, par exemple Comptable, Assistant comptable, Technicien de maintenance informatique ou Directeur financier
Domaine	Texte	Domaine d'activité, tel que Comptabilité, Informatique, Vente, Finance ou Agriculture
SalaireAnnuel	Monétaire	Le salaire annuel rapporté à 12 mois
Préférence	Numérique	L'évaluation de votre intérêt pour ce type de poste : de 1, pour faible, à 5, pour forte, ce qui indique votre préférence pour ce poste ou ce type de poste
NoEmployeur	Numérique	Un champ clé externe vers la table Employeurs

c. Créez une table nommée **Employeurs** avec les noms de champs, types de données et descriptions suivants :

Nom champ	Type de données	Description
NoEmployeur	NuméroAuto	Champ clé primaire d'Employeurs
Société	Texte	Le nom de société (ou compagnie) de l'employeur
RueEmp	Texte	La partie rue et numéro de rue de l'adresse de l'employeur
CPEmp	Texte	Le code postal de l'adresse de l'employeur
VilleEmp	Texte	La ville de l'employeur
ProvEmp	Texte	La province, dans le cas du Québec, ou le pays en Europe
TélEmp	Texte	Le numéro complet de téléphone, y compris les indicatifs international et régional

d. Assurez-vous de définir le NoEmployeur comme la clé primaire de la table Employeurs et le NoPoste comme celle de la table Postes.

e. Associez les tables Employeurs et Postes dans une relation un-à-plusieurs par l'entremise du champ commun NoEmployeur. À un employeur correspondent zéro, un ou plusieurs postes. Appliquez l'intégrité référentielle.

f. Cherchez (par exemple sur l'internet) des sources potentielles fiables de données sur les employeurs et entrez au moins cinq enregistrements dans la table Employeurs.

g. Sur base d'informations fiables, recherchez pour chacun de ces employeurs potentiels une ou deux offres d'emploi et entrez-les dans la table Postes via la sous-feuille de données de la table Employeurs. Du fait de la relation un-à-plusieurs, un employeur peut proposer une seule offre, plusieurs offres ou aucune offre de poste(s).

h. Créez une requête qui sélectionne la Société de la table Employeurs, ainsi que l'Intitulé, le SalaireAnnuel et la Préférence de la table Postes. Triez les enregistrements en ordre descendant de Préférence. Enregistrez cette requête sous le nom ListePostes et imprimez la feuille de données obtenue, si votre professeur vous le demande.

i. Fermez la feuille de données de ListePostes, fermez la base de données OffresEmploi.accdb et quittez Access 2010.

Atelier visuel

Ouvrez la base de données Basketball-B.accdb de votre dossier Projets et activez le contenu à l'invite. Créez une requête fondée sur les tables Joueuses, Statistiques et Rencontres comme à la figure B-23. Des critères y ont été ajoutés de manière à n'afficher que les enregistrements où les valeurs des champs RO (rebonds offensifs) et RD (rebonds défensifs) sont supérieures ou égales à 1 et les valeurs du champ 3PtsR (paniers à 3 points) sont supérieures ou égales à 2. Les enregistrements sont triés en ordre décroissant des rebonds offensifs. Enregistrez la requête sous le nom **MeilleuresJoueuses**, puis fermez la requête, la base de données Basketball-B.accdb et quittez Access 2010.

FIGURE B-23

Nom	Prénom	RO	RD	3PtsR	Date	Adversaire
Grenier	Isabelle	5	3	2	2010-11-23	Northern Illinois
Brassard	Claudia	3	1	3	2010-11-30	Louisiana Tech
Johnson	Nikki	2	4	2	2011-01-01	Oklahoma
Grenier	Isabelle	2	3	2	2010-12-11	Drake
Grenier	Isabelle	2	2	2	2010-11-30	Louisiana Tech
Brassard	Claudia	2	5	2	2011-01-08	Kansas
Brassard	Claudia	2	1	2	2011-01-01	Oklahoma
Brassard	Claudia	2	2	2	2010-12-29	Buffalo
Brassard	Claudia	2	1	2	2010-11-23	Northern Illinois
Grenier	Isabelle	1	4	2	2011-01-04	Texas
Brassard	Claudia	1	4	2	2011-01-04	Texas
Brassard	Claudia	1	1	3	2010-12-11	Drake
Brassard	Claudia	1	2	2	2010-11-13	Iowa

Utiliser des formulaires

Si vous pouvez entrer et modifier des données dans les feuilles de données, les concepteurs de bases de données préfèrent construire et développer des formulaires, qui constituent la méthode privilégiée d'interaction des utilisateurs avec une base de données. Dans une feuille de données, vous devez parfois faire défiler l'affichage à droite ou à gauche pour voir l'ensemble des champs, ce qui génère de l'inconfort et une perte de temps. Le formulaire résout ces problèmes puisqu'il permet d'organiser à votre guise les champs à l'écran selon la meilleure disposition possible. Les formulaires acceptent aussi des éléments graphiques comme des images, des photos, et des éléments d'interaction, comme des boutons et des onglets, qui facilitent et accélèrent d'autant les saisies de données, tout en garantissant la précision des saisies et une meilleure sécurité des données. Michèle Piloubeau, responsable chez Voyages Tour Aventure du développement des voyages organisés en France, souhaite que vous développiez des formulaires pour améliorer l'accès aux informations des voyages, leur entrée et leur modification dans la base de données VTA.

OBJECTIFS

Exploiter l'Assistant Formulaire

Créer un formulaire double affichage

Utiliser le mode Page de formulaire

Ajouter des champs à un formulaire

Modifier des contrôles de formulaire

Créer des calculs

Modifier l'ordre de tabulation

Insérer une image

Exploiter l'Assistant Formulaire

Un **formulaire** est un objet de base de données Access, dont le but fondamental est de placer les champs d'un enregistrement selon une disposition personnalisée, pour permettre ensuite l'entrée, la modification et la suppression des enregistrements. Le formulaire fournit un écran de saisie et de navigation parmi les données, facile d'emploi. Les formulaires offrent en outre de nombreux avantages en termes de productivité et de sécurité à l'**utilisateur**, le principal intéressé par l'entrée, la modification et l'analyse des données de la base de données. En tant que **concepteur de base de données**, c'est-à-dire la personne responsable de la création et de la maintenance des tables, requêtes, formulaires et états, vous avez besoin d'un accès direct à tous les objets de la base de données; vous utilisez le volet de navigation à cet effet. Les utilisateurs, eux, ne peuvent pas accéder à tous les objets de la base de données. Imaginez le désastre si l'un d'eux supprimait toute une table de données. Vous éviterez ce genre de problème en ne fournissant aux utilisateurs que les fonctionnalités dont ils ont besoin, dans des formulaires d'usage aisé, confortable et efficace. ▰▰▰ Michèle vous demande de créer un formulaire pour entrer et modifier les informations sur les voyages organisés.

ÉTAPES

1. **Démarrez Access, ouvrez la base de données VTA-C.accdb et activez le contenu si vous y êtes invité.**

   Plusieurs méthodes mènent à la création d'un formulaire mais, la plus populaire fait appel à l'Assistant Formulaire. L'**Assistant Formulaire** est un outil d'Access qui vous demande les informations dont il a besoin pour créer un formulaire, comme la source des enregistrements, la présentation et le titre du formulaire.

2. **Cliquez sur l'onglet Créer du Ruban, puis sur le bouton Assistant Formulaire.**

   L'Assistant Formulaire s'ouvre et vous demande de choisir les champs pour ce formulaire. Vous voulez créer un formulaire pour entrer et modifier les données de la table Voyages.

3. **Déroulez la liste des Tables/Requêtes, cliquez sur Table : Voyages, puis cliquez sur le bouton Sélectionner tous les champs >> .**

   À ce stade, si vous vouliez ajouter d'autres champs au formulaire, vous pourriez les sélectionner dans d'autres tables. Mais ici, le formulaire contient déjà tous les champs nécessaires.

4. **Cliquez sur Suivant, cliquez sur le bouton d'option Colonne simple, cliquez sur Suivant, tapez le titre Formulaire de saisie des Voyages, cliquez sur Terminer.**

   Le formulaire s'ouvre en **mode Formulaire** (figure C-1). Le tableau C-1 résume les trois modes d'affichage des formulaires. Chaque composant d'un formulaire s'appelle un **contrôle**. Les noms des champs apparaissent sous la forme de contrôles étiquettes dans la première colonne du formulaire. Une **étiquette** affiche un texte qui ne change pas lorsque vous naviguez d'un enregistrement à un autre. Les étiquettes servent à décrire d'autres contrôles d'un formulaire, comme les zones de texte qui, elles, affichent les valeurs des champs. Une étiquette sert aussi dans les en-têtes et les pieds de formulaires. Les valeurs des champs d'un enregistrement s'affichent dans des contrôles de type zone de texte ou zone de liste déroulante, dans la deuxième colonne du formulaire. La **zone de texte** est le type de contrôle utilisé le plus souvent pour afficher des valeurs de champs. Une zone de texte permet d'entrer, modifier, rechercher, trier et filtrer des données. La valeur du champ Catégorie s'affiche, elle, dans une zone de liste déroulante. La **zone de liste déroulante** est une combinaison de deux contrôles : une zone de texte et une zone de liste. D'un clic sur la petite flèche de liste, vous pouvez afficher une liste de valeurs mais vous pouvez aussi modifier la valeur directement dans la partie zone de texte du contrôle.

ASTUCE

Cliquez d'abord sur une valeur d'un champ pour identifier le champ que vous voulez trier ou filtrer avant de cliquer sur un des boutons de tri ou de filtrage.

5. **Cliquez sur Découverte de la vie sous-marine dans la zone de texte NomVoyage, cliquez sur le bouton Croissant du groupe Trier et filtrer, puis cliquez sur Enregistrement suivant ▶ dans la barre de navigation pour aller au deuxième enregistrement.**

   Architecture coloniale en Guyane est le deuxième enregistrement quand les enregistrements sont triés en ordre croissant des valeurs du champ NomVoyage. La barre de navigation affiche le numéro de l'enregistrement actuel et le nombre total d'enregistrements, comme elle le ferait dans une feuille de données.

6. **Modifiez Architecture coloniale en Guyane en Architecture traditionnelle en Guyane.**

   La figure C-2 montre le résultat obtenu. Les formulaires apparaissent en mode Formulaire pour constituer le principal outil d'entrée, de modification et de suppression de données dans une base de données Access.

7. **Cliquez du bouton droit sur l'onglet Formulaire de saisie des Voyages, cliquez sur Fermer.**

   À la fermeture d'un formulaire, Access enregistre automatiquement les modifications apportées.

FIGURE C-1 : Formulaire de saisie des Voyages en mode Formulaire

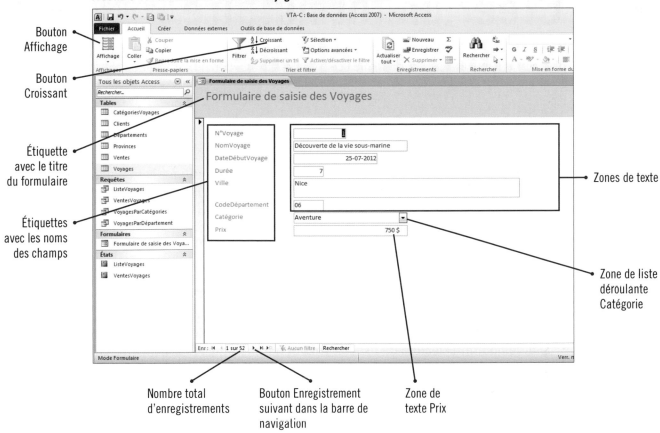

Bouton Affichage

Bouton Croissant

Étiquette avec le titre du formulaire

Étiquettes avec les noms des champs

Zones de texte

Zone de liste déroulante Catégorie

Nombre total d'enregistrements

Bouton Enregistrement suivant dans la barre de navigation

Zone de texte Prix

FIGURE C-2 : Modifier des données dans une zone de texte

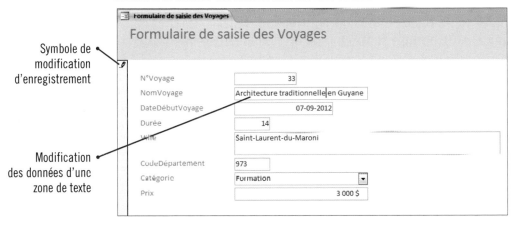

Symbole de modification d'enregistrement

Modification des données d'une zone de texte

TABLEAU C-1 : Modes d'affichage d'un formulaire

Mode d'affichage	But principal
Formulaire	Visualiser, entrer, modifier et supprimer des données.
Page	Modifier la taille, l'emplacement ou la mise en forme des contrôles. Ce mode affiche des données pendant les modifications de présentation, ce qui permet de corriger l'apparence et d'améliorer le confort d'utilisation d'un formulaire en fonction de données réelles.
Création	Modifier les fonctionnalités les plus complexes d'un formulaire, comme les sections d'en-tête de détails et de pied de page, ou accéder à la gamme complète des contrôles et des propriétés de formulaire. Le mode Création de formulaire n'affiche aucune donnée.

Créer un formulaire double affichage

Outre l'Assistant Formulaire, Access 2010 propose plusieurs autres outils de création de formulaires. Le tableau C-2 identifie ces outils et leurs buts. ▰▰▰▰▰ Michèle vous demande de créer un autre formulaire pour gérer les données des clients. Pour l'occasion, vous décidez d'utiliser un formulaire double affichage.

ÉTAPES

1. **Dans le volet de navigation, cliquez sur la table Clients, cliquez sur l'onglet Créer, cliquez sur le bouton Plus de formulaires, puis cliquez sur Formulaire double affichage.**

   Les données de Clients apparaissent dans un **formulaire double affichage** (figure C-3). Le principal intérêt d'un tel formulaire réside dans ses deux volets : le volet supérieur affiche les champs d'un enregistrement selon une disposition propre et personnalisée, tandis que le volet inférieur affiche quelques enregistrements sous forme d'une feuille de données, ce qui permet d'évoluer rapidement parmi les enregistrements. Les deux volets sont synchronisés en permanence, ce qui signifie que, lorsque vous modifiez, triez ou filtrez des enregistrements dans le premier volet, le second volet est automatiquement mis à jour, et vice versa. La barre de navigation indique la présence de 35 enregistrements au total.

2. **Cliquez sur QC dans la zone de texte CodeProvince, cliquez sur l'onglet Accueil, cliquez sur le bouton Sélection du groupe Trier et filtrer, puis cliquez sur Différent de «QC».**

   Le filtrage restitue deux enregistrements dont le champ CodeProvince contient une valeur différente de QC. Vous devez modifier une donnée dans l'enregistrement de Charlotte Villeneuve.

PROBLÈME

Assurez-vous de modifier l'enregistrement dans le volet inférieur.

3. **Dans le volet inférieur, cliquez sur Charlotte dans le champ Prénom du premier enregistrement, remplacez le prénom Charlotte par Caroline, cliquez sur un des champs de l'autre enregistrement, puis cliquez sur Caroline dans le premier enregistrement du volet inférieur.**

   Le déplacement d'un enregistrement modifié à un autre entraine automatiquement l'enregistrement des données et, ceci, que ce soit dans le volet supérieur ou inférieur. Observez que Caroline apparait dans le champ Prénom des deux volets (figure C-4).

4. **Cliquez sur le sélecteur de l'enregistrement d'Alexis Pelletier dans le volet inférieur, puis cliquez sur le bouton Supprimer du groupe Enregistrements de l'onglet Accueil.**

   Un message apparait pour indiquer que vous ne pouvez supprimer cet enregistrement parce que la table Ventes contient des enregistrements connexes. Il s'agit là d'un avantage de l'intégrité référentielle dans les relations un-à-plusieurs établies entre les tables Clients, Ventes et Voyages. L'intégrité référentielle interdit la création d'**enregistrements orphelins**, c'est-à-dire des enregistrements du côté *plusieurs* de la relation, soit ici la table Ventes, qui ne possèdent pas de correspondance dans la table du côté un, soit la table Clients dans ce cas-ci.

5. **Cliquez sur OK, cliquez du bouton droit sur l'onglet du formulaire Clients, cliquez sur Fermer, cliquez sur Oui lors de l'invite à enregistrer les modifications, puis cliquez sur OK pour enregistrer le formulaire sous le nom Clients.**

TABLEAU C-2 : Outils de création de formulaire

Outil	Icône	Crée un formulaire
Formulaire		D'un clic, sur base de la table ou de la requête sélectionnée.
Création de formulaire		Depuis zéro et donne accès aux modifications de conception en mode Création de formulaire.
Formulaire vierge		En mode Page, sans contrôle prédéfini.
Assistant Formulaire		Sur base des réponses à une suite de questions dans les boites de dialogue de l'Assistant Formulaire.
Navigation		De navigation parmi les différentes zones de la base de données.
Plus de formulaires		Selon des modèles prédéfinis : Plusieurs éléments, Feuille de données, Formulaire double affichage, Boite de dialogue modale, Graphique croisé dynamique, Tableau croisé dynamique.
Formulaire double affichage		Où la partie supérieure affiche les données selon une disposition particulière parmi les précédentes et la partie inférieure affiche les données dans une feuille de données.

FIGURE C-3: Table Clients dans un formulaire double affichage

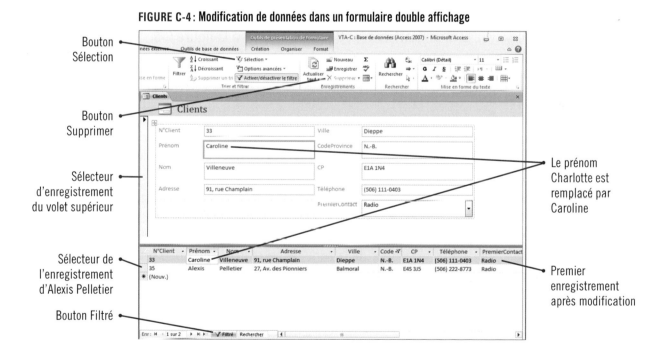

Enregistrement du N°Client 1 dans le volet supérieur

Valeur QC dans la zone de texte CodeProvince

Volet supérieur

Enregistrement du N°Client 1 dans le volet inférieur

Volet inférieur

Un total de 35 enregistrements

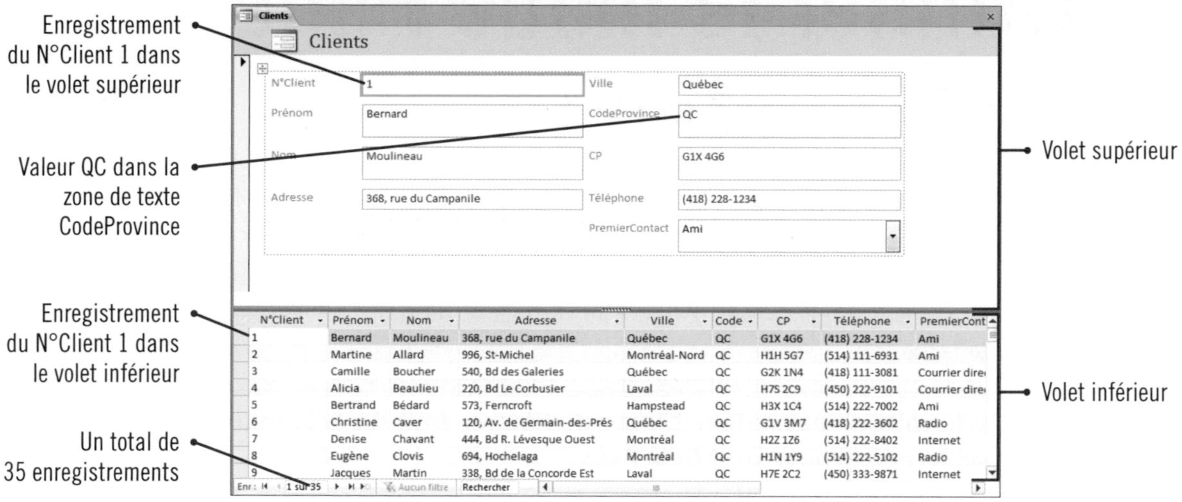

FIGURE C-4: Modification de données dans un formulaire double affichage

Bouton Sélection

Bouton Supprimer

Sélecteur d'enregistrement du volet supérieur

Le prénom Charlotte est remplacé par Caroline

Sélecteur de l'enregistrement d'Alexis Pelletier

Premier enregistrement après modification

Bouton Filtré

Access 2010

Utiliser le mode Page de formulaire

Le **mode Page** permet d'apporter quelques modifications de présentation de formulaire pendant que vous naviguez parmi les données. Par exemple, vous pouvez ajouter ou supprimer un champ du formulaire ou corriger des détails de mise en forme, tels que les polices et les couleurs.  Michèle souhaite que vous apportiez quelques modifications d'aspect au Formulaire de saisie des Voyages. Le mode Page vous aide dans cette tâche.

ÉTAPES

1. **Dans le volet de navigation, cliquez du bouton droit sur le Formulaire de saisie des Voyages, puis cliquez sur Mode Page.**

   En mode Page, vous pouvez vous déplacer parmi les enregistrements mais vous ne pouvez ni ajouter ni modifier de données comme vous le feriez en mode Formulaire.

PROBLÈME

Si votre troisième enregistrement n'est pas celui de l'Association des jeunes d'Emmanuelle, triez les enregistrements en ordre croissant du champ NomVoyage.

2. **Cliquez deux fois sur le bouton Enregistrement suivant pour atteindre le troisième enregistrement, Association des jeunes d'Emmanuelle.**

   Le mode Page sert surtout à apporter quelques petites modifications, essentiellement de présentation, comme corriger des étiquettes et des éléments de mise en forme.

3. **Cliquez sur l'étiquette N°Voyage pour la sélectionner, cliquez juste après le ° de N°, appuyez sur [Espace], supprimez le V de Voyage pour le remplacer par un v minuscule, puis appuyez sur [Entrée].**

   Vous souhaitez corriger aussi quelques autres étiquettes.

PROBLÈME

Vérifiez que vous modifiez les *étiquettes de la colonne de gauche* et non les zones de texte de la colonne de droite.

4. **Poursuivez la modification des étiquettes comme à la figure C-5.**

   Vous changez en rouge la couleur de texte des deux premières étiquettes, N° Voyage et Nom Voyage, pour attirer l'attention sur celles-ci.

5. **Cliquez sur l'étiquette N° voyage, cliquez sur l'onglet Accueil, cliquez sur Couleur de police ▲, cliquez sur l'étiquette Nom voyage, puis cliquez sur ▲.**

   Souvent, vous voudrez appliquer une même mise en forme à plusieurs contrôles. Par exemple, vous décidez de réduire la largeur des zones de texte Ville et Prix. Dans ce cas, sélectionnez d'abord les zones de texte avant d'appliquer la modification et elle s'appliquera aux deux contrôles.

PROBLÈME

Assurez-vous de modifier les zones de texte de la colonne de droite et non les étiquettes de la colonne de gauche.

6. **Cliquez sur Paris dans la zone de texte Ville, pressez et maintenez [Maj] enfoncée, cliquez sur 500 $ dans la zone de texte Prix, relâchez la touche [Maj], puis, à l'aide du pointeur ↔, glissez le bord droit de la sélection vers la gauche, pour réduire la largeur des champs et faire en sorte que la largeur de la zone de texte Prix soit à peu près égale à celle de la zone de texte Code département.**

   La figure C-6 montre un aperçu du mode Page du Formulaire de saisie des Voyages. En modes Page et Création de formulaire, les pointeurs revêtent une grande importance car ils indiquent ce qui va se produire si vous glissez le pointeur. Le tableau C-3 décrit les pointeurs à l'écran et leurs rôles.

TABLEAU C-3 : Formes du pointeur

Forme	Quand apparait-elle ?	Action
↖	Quand vous pointez un contrôle non sélectionné du formulaire; c'est le pointeur par défaut.	Un clic avec ce pointeur *sélectionne* un contrôle.
⊹	Lorsque vous pointez le coin supérieur gauche ou la bordure d'un contrôle en mode Création de formulaire ou l'intérieur d'un contrôle en mode Page.	Le glissement d'un ou plusieurs contrôles avec ce pointeur *déplace* le ou les contrôles sélectionnés.
↕, ↔, ↘, ↗	Quand vous pointez une poignée de redimensionnement, sauf la plus grande dans le coin supérieur gauche en mode Création.	Le glissement avec un de ces pointeurs *redimensionne* le contrôle.

FIGURE C-5: Modification en mode Page des étiquettes du Formulaire de saisie des Voyages

Ajoutez un espace et remplacez le V par v dans l'étiquette N°Voyage

Ajoutez un espace et remplacez le V par v dans l'étiquette NomVoyage

Ajoutez deux espaces et remplacez les majuscules par des minuscules dans l'étiquette DateDébutVoyage

Ajoutez un espace et remplacez le D par d dans l'étiquette CodeDépartement

FIGURE C-6: Formulaire de saisie des Voyages final en mode Page

Les textes des étiquettes N° voyage et Nom voyage sont en rouge

Le pointeur de redimensionnement

La largeur des zones de texte est réduite

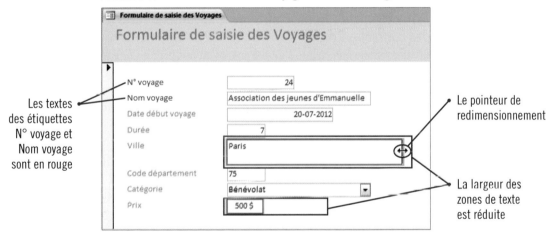

Ajouter des champs à un formulaire

L'ajout et la suppression de champs dans un formulaire sont des activités usuelles que vous effectuez soit en mode Page, soit en mode Création de formulaire, à partir de la **fenêtre Liste de champs**. La fenêtre Liste de champs énumère les tables de la base de données et les champs qu'elles contiennent. Pour ajouter un champ à un formulaire, glissez-le de la Liste de champs jusqu'à l'emplacement souhaité du formulaire. Pour supprimer un champ d'un formulaire, cliquez sur le champ dans le formulaire pour le sélectionner, puis appuyez sur [Suppr]. La suppression d'un champ d'un formulaire ne le supprime pas de la table sous-jacente et n'a aucune conséquence sur les données contenues dans le champ. Vous pouvez afficher et masquer la Liste de champs à l'aide du bouton Ajouter des champs existants du groupe Outils, sous l'onglet Création. Michèle vous demande d'ajouter la description de la table CatégoriesVoyages au Formulaire de saisie des Voyages. Vous pouvez utiliser le mode Page et la Liste de champs pour atteindre ce but.

ÉTAPES

1. **Si nécessaire, cliquez sur l'onglet Création des Outils de présentation de formulaire, cliquez sur Ajouter des champs existants du groupe Outils, puis cliquez sur le lien Afficher tous les tableaux de la Liste de champs, si la fenêtre Liste de champs n'apparaît pas comme à la figure C-7.**

   La fenêtre Liste de champs s'affiche comme à la figure C-7. Notez que cette fenêtre est scindée en sections. La section supérieure affiche les tables utilisées actuellement dans le formulaire; la section centrale montre les tables associées; la section inférieure présente les autres tables. Un bouton déplier-replier à gauche de chaque nom de table permet de déplier (afficher) la liste des champs de cette table ou de la replier (masquer). Le champ Description se situe dans la table CatégoriesVoyages, dans la section centrale.

   ASTUCE

   Si vous commettez une erreur, cliquez sur le bouton Annuler ⟲ et réessayez.

2. **Cliquez sur le bouton Déplier ⊞ à gauche de la table CatégoriesVoyages, glissez le champ Description jusque dans le formulaire, puis utilisez le pointeur ⁺ᵏ pour déplacer la nouvelle zone de liste déroulante NomDépartement et son étiquette légèrement à droite et en dessous des contrôles Prix.**

   Lorsque vous ajoutez ainsi un champ à un formulaire, Access génère deux contrôles : une étiquette descriptive portant le nom du champ et une zone de texte, ou une zone de liste déroulante comme ici, pour recevoir le contenu du champ. Dans la fenêtre Liste des champs, la table CatégoriesVoyages se déplace de la section centrale à la section supérieure. Les contrôles placés, vous alignez et redimensionnez les nouveaux contrôles pour les harmoniser avec les autres contrôles du formulaire. Le mode Création de formulaire est préférable pour les opérations d'alignement.

   PROBLÈME

   Si le groupe Redimensionnement et classement n'apparaît pas, faute de place sur le Ruban, il se présente sous la forme d'un bouton. Cliquez sur le bouton Redimensionnement et classement, cliquez sur Aligner, puis sur Gauche.

3. **Cliquez du bouton droit sur l'onglet du Formulaire de saisie des Voyages, cliquez sur Mode Création, cliquez sur l'étiquette Description, pressez et maintenez [Maj] enfoncée, cliquez sur l'étiquette Prix, relâchez [Maj], cliquez sur l'onglet Organiser des Outils de création de formulaire, cliquez sur le bouton Aligner du groupe Redimensionnement et classement, puis cliquez sur Gauche.**

   Ensuite, vous redimensionnez les étiquettes.

4. **Les deux étiquettes encore sélectionnées, cliquez sur le bouton Taille/Espace du groupe Redimensionnement et classement, puis cliquez sur Au plus large.**

   Les nouveaux contrôles sont en place. Vous décidez d'ajouter un nouvel enregistrement. Pour modifier, ajouter ou supprimer des données, vous devez utiliser le formulaire en mode Formulaire.

   PROBLÈME

   Ne vous inquiétez pas si votre valeur du N° voyage ne correspond pas à celle de la figure C-8 car, comme il s'agit d'une valeur NuméroAuto, elle est contrôlée par Access.

5. **Cliquez sur l'onglet Accueil, cliquez sur Affichage 🖿 pour accéder au mode Formulaire, cliquez sur Nouvel enregistrement (vide) 🖿 dans la barre de navigation, cliquez dans la zone de texte Nom voyage, puis entrez les données du nouvel enregistrement dans le formulaire modifié, comme à la figure C-8.**

   Observez que, lorsque vous sélectionnez une valeur de la zone de liste déroulante Catégorie, la description se met automatiquement à jour. Ceci provient de la relation un-à-plusieurs établie entre les tables CatégoriesVoyages et Voyages, dans la fenêtre Relations.

FIGURE C-7 : Liste de champs en mode Page

Bouton Replier de la table Voyages (votre table peut ne pas être dépliée)

Liste de champs courante

Liste des tables associées

Bouton Ajouter des champs existants

Liste de champs complète

Liste des autres tables

Bouton Déplier de la table CatégoriesVoyages

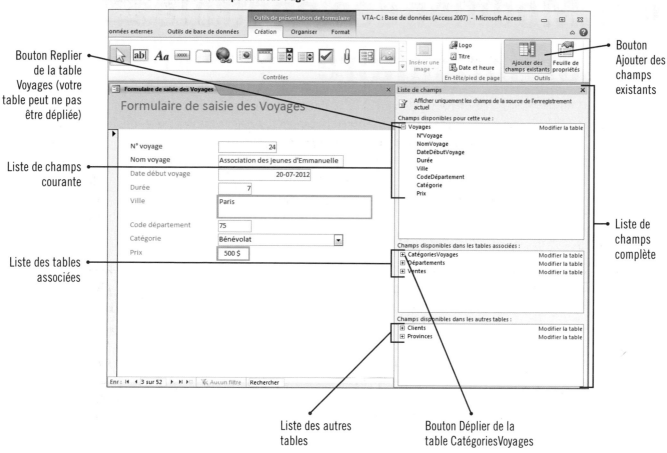

FIGURE C-8 : Ajout d'un enregistrement dans le Formulaire de saisie des Voyages mls à jour et en mode Formulaire

Votre N° voyage peut différer de celui-ci

Étiquette Prix

Étiquette Description

Nouvelle zone de liste déroulante

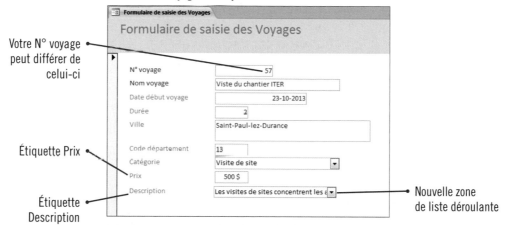

Contrôles dépendants ou indépendants

Les contrôles sont soit dépendants, soit indépendants. Les **contrôles dépendants** affichent des valeurs à partir d'un champ, comme les zones de texte et les zones de liste déroulante. Les **contrôles indépendants** n'affichent pas des données mais permettent de décrire les données ou d'améliorer la présentation des formulaires. Les étiquettes constituent le type le plus fréquent de contrôle indépendant mais il y en a d'autres, comme les traits, les images, les onglets et les boutons de commande. L'astuce la plus efficace

pour détecter qu'un contrôle est dépendant consiste à observer le formulaire lorsque vous allez d'un enregistrement à un autre. Comme un contrôle dépendant affiche des données, son contenu change lors de l'évolution parmi les enregistrements. Il affiche les données du champ auquel il est lié dans l'enregistrement actuel. À l'inverse, le contrôle indépendant, comme une ligne ou une étiquette, ne varie pas dans le formulaire quand vous évoluez d'un enregistrement à un autre.

Modifier des contrôles de formulaire

Vous avez déjà apporté bien des modifications à des contrôles de formulaire, comme changer la couleur de texte d'étiquettes et la taille de zones de texte. Les étiquettes et les zones de texte sont les contrôles les plus usités. Le tableau C-4 décrit d'autres contrôles usuels. Lorsque vous modifiez des contrôles, vous en changez les **propriétés**, c'est-à-dire les caractéristiques. Certaines propriétés des contrôles ne sont cependant visibles et modifiables que dans la **Feuille de propriétés** des contrôles. Comme VTA propose plus de voyages organisés de catégorie Aventure que de toute autre catégorie, vous décidez de remplacer la valeur prédéfinie, «par défaut», du contrôle Catégorie par Aventure. Vous intervenez également sur la Feuille de propriétés pour appliquer aux contrôles des améliorations de taille et d'alignement.

ÉTAPES

1. **Cliquez sur le bouton Affichage Mode Page de l'onglet Accueil, puis cliquez sur le bouton Feuille de propriétés du groupe Outils.**

   La fenêtre Feuille de propriétés s'ouvre pour remplacer celle de la Liste des champs. Elle répertorie toutes les propriétés de l'objet sélectionné.

2. **Cliquez sur la zone de liste déroulante Catégorie, cliquez sur l'onglet Données de la Feuille de propriétés, si celui-ci n'est pas déjà sélectionné, cliquez dans la case Valeur par défaut, entrez Aventure, puis appuyez sur [Entrée].**

   La Feuille de propriétés revêt l'aspect de la figure C-9. Access offre son assistance dans le respect des règles de syntaxe lors de l'entrée de valeurs dans la Feuille de propriétés. Ainsi, il ajoute automatiquement les guillemets verticaux autour du mot Aventure, pour indiquer que la valeur par défaut est de type Texte. Les propriétés sont classées selon des catégories, sous les onglets Format, Données, Événement et Autres. L'onglet Toutes regroupe toutes les propriétés du contrôle. Vous pouvez apporter toutes les modifications possibles à un contrôle grâce à sa Feuille de propriétés, même si vous trouverez sans doute plus de confort dans l'utilisation des boutons du Ruban pour appliquer ces mêmes modifications. La Feuille de propriétés change à mesure que vous utilisez les boutons du Ruban pour modifier un contrôle.

   PROBLÈME
   Assurez-vous de cliquer sur l'étiquette N° voyage et non sur la zone de texte N°Voyage de droite.

3. **Cliquez sur l'onglet Format de la Feuille de propriétés, cliquez sur l'étiquette N° voyage du formulaire pour la sélectionner, cliquez sur l'onglet Accueil du Ruban, puis cliquez sur Aligner le texte à droite du groupe Mise en forme du texte.**

   Observez que la **propriété Aligner le texte** a été automatiquement mise à jour dans la Feuille de propriétés, de Standard à Droite, même si vous avez modifié cette propriété à l'aide du Ruban au lieu de la Feuille de propriétés.

4. **Cliquez sur l'étiquette Nom voyage, pressez et maintenez [Maj] enfoncée, puis cliquez sur chacune des autres étiquettes de la première colonne du formulaire.**

   Vous sélectionnez ainsi toutes les étiquettes, sauf la première, ce qui vous permet de leur appliquer la même propriété d'alignement du texte en une seule fois.

   PROBLÈME
   Vous devrez éventuellement cliquer deux fois sur le bouton Aligner le texte à droite.

5. **Cliquez sur Aligner le texte à droite du groupe Mise en forme du texte.**

   Ne vous laissez pas impressionner par la quantité de propriétés disponibles dans la Feuille de propriétés pour chaque contrôle du formulaire ni par la variété des méthodes de modification de ces propriétés. Avec le temps, vous apprendrez à connaître la plupart de ces propriétés. Pour l'heure, l'essentiel est de comprendre le but de la Feuille de propriétés et de savoir que plusieurs moyens existent pour modifier ces propriétés.

6. **Cliquez sur Enregistrer dans la barre d'outils Accès rapide, cliquez sur Affichage Mode Formulaire du groupe Affichages, cliquez sur Nouvel enregistrement (vide) dans la barre de navigation, puis entrez l'enregistrement présenté à la figure C-10.**

   Désormais, lors de l'entrée de nouveaux enregistrements avec ce formulaire, Aventure est proposé comme valeur par défaut de la zone de liste déroulante Catégorie. «Par défaut» signifie que vous pouvez accepter cette valeur ou la modifier, soit en l'entrant au clavier, soit en la sélectionnant à l'aide de la liste déroulante. Les étiquettes sont alignées à droite, ce qui les rapproche des zones de texte qu'elles décrivent.

FIGURE C-9 : Utilisation de la Feuille de propriétés

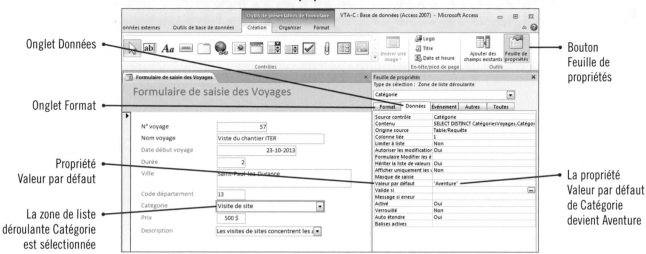

Onglet Données
Onglet Format
Propriété Valeur par défaut
La zone de liste déroulante Catégorie est sélectionnée

Bouton Feuille de propriétés
La propriété Valeur par défaut de Catégorie devient Aventure

FIGURE C-10 : Formulaire de saisie des Voyages modifié

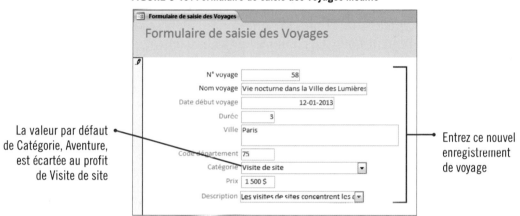

La valeur par défaut de Catégorie, Aventure, est écartée au profit de Visite de site

Entrez ce nouvel enregistrement de voyage

TABLEAU C-4 : Contrôles de formulaires usuels

Contrôle	Utilisation	Dépendant	Indépendant
Étiquette	Fournit un texte descriptif cohérent, alors que vous évoluez parmi les enregistrements; l'éti-quette est le type le plus fréquent des contrôles indépendants; il sert occasionnellement de lien hypertexte vers un autre objet de la base de données, un fichier externe ou une page web.		x
Zone de texte	Affiche une donnée d'un enregistrement de la source de données sous-jacente, en vue de la modifier ou d'y entrer des informations; la zone de texte est le type de contrôle dépendant le plus usité.	x	
Zone de liste	Affiche une liste d'occurrences possibles de données pour un champ.	x	
Zone de liste déroulante	Affiche une liste d'occurrences possibles de données pour un champ et propose une zone de texte dans laquelle vous pouvez taper du texte au clavier; elle combine en un seul contrôle une zone de liste et une zone de texte.	x	
Onglet	Crée un aspect tridimensionnel dans un formulaire.		x
Case à cocher	Affiche une valeur «oui» ou «non» pour un champ; si la case est cochée, elle a la valeur «oui».	x	
Bouton bascule	Affiche une valeur «oui» ou «non» pour un champ; si le bouton est enfoncé, il a la valeur «oui».	x	
Bouton d'option	Présente une liste de choix possibles pour un champ.	x	
Groupe d'options	Présente et organise une liste de choix possibles (usuellement sous forme de boutons d'option) pour un champ.	x	
Trait et Rectangle	Dessine des lignes et des rectangles sur le formulaire.		x
Bouton de commande	Offre un moyen facile d'exécuter une commande ou une macro.		x

Créer des calculs

Les zones de texte servent généralement à afficher les données de champs sous-jacents et sont de ce fait liées à ces champs. La liaison d'une zone de texte à un champ est définie par la **propriété Source contrôle** sous l'onglet Données de la Feuille de propriétés pour cette zone de texte. Une zone de texte peut toutefois afficher le résultat d'un calcul. Pour créer un calcul dans une zone de texte, entrez une expression en lieu et place d'un nom de champ dans la propriété Source contrôle. Une **expression** est constituée d'un signe égal et d'une combinaison de noms de champs, de symboles (comme +, −, / et *) et de fonctions (Somme, Compte ou Moyenne) qui calculent un résultat. Le tableau C-5 propose quelques exemples d'expressions. Michèle vous demande d'ajouter au Formulaire de saisie des Voyages une zone de texte qui calcule la date de fin de visite. Vous ajoutez donc cette zone de texte au formulaire en mode Page.

ÉTAPES

PROBLÈME

Si le groupe Redimensionnement et classement n'apparaît pas, faute de place sur le Ruban, il se présente sous la forme d'un bouton. Cliquez sur le bouton Redimensionnement et classement, puis sur Taille/Espace.

ASTUCE

Des pressions sur les touches fléchées permettent également de déplacer un contrôle sélectionné.

PROBLÈME

Au cas où vous placeriez la nouvelle zone de texte de façon incorrecte, cliquez sur le bouton Annuler ↶ et réessayez.

PROBLÈME

Le numéro initial de votre étiquette dépend des précédentes opérations réalisées sur le formulaire donc il peut différer de cet exemple.

1. **Cliquez du bouton droit sur l'onglet du Formulaire de saisie des Voyages, puis cliquez sur Mode Création.**

   Vous voulez ajouter le calcul de la date de fin de voyage juste en dessous de la zone de texte Durée. Vous devez d'abord redimensionner les contrôles des champs Ville et CodeDépartement.

2. **Cliquez sur l'étiquette Ville, pressez et maintenez [Maj] enfoncée, cliquez sur la zone de texte Ville, cliquez sur l'étiquette Code département, cliquez sur la zone de texte CodeDépartement pour sélectionner les quatre contrôles, relâchez [Maj], cliquez sur l'onglet Organiser, cliquez sur le bouton Taille/Espace du groupe Redimensionnement et classement, puis cliquez sur Au plus petit.**

   Les champs Ville et CodeDépartement redimensionnés, vous êtes prêt à les déplacer pour laisser de la place au nouveau contrôle de calcul de date de fin de voyage.

3. **Cliquez dans une zone vide du formulaire pour désélectionner les quatre contrôles, cliquez sur la zone de texte CodeDépartement, avec le pointeur ⁺↕, déplacez-la vers le bas, cliquez sur la zone de texte Ville, puis utilisez le pointeur ⁺↕ pour la déplacer vers le bas.**

   Pour ajouter le calcul qui détermine la date de fin de voyage, soit la date de début additionnée de la durée, commencez par ajouter une zone de texte au formulaire entre les zones de texte Durée et Ville.

4. **Cliquez sur l'onglet Création, cliquez sur Zone de texte 🔲 du groupe Contrôles, puis cliquez entre les zones de texte Durée et Ville pour insérer la nouvelle zone de texte.**

   L'ajout d'une nouvelle zone de texte s'accompagne automatiquement de l'insertion d'une étiquette à gauche de celle-ci.

5. **Double-cliquez sur l'étiquette Texte27 de gauche, entrez Date fin voyage, puis appuyez sur [Entrée].**

   Cette étiquette identifie clairement la zone de texte située à sa droite. L'étape suivante consiste à entrer l'expression de calcul de la date de fin du voyage.

6. **Cliquez dans la nouvelle zone de texte pour la sélectionner, cliquez sur l'onglet Données de la Feuille de propriétés, cliquez dans la propriété Source contrôle, entrez =[DateDébutVoyage]+[Durée], puis appuyez sur [Entrée] pour mettre à jour le formulaire (figure C-11).**

   Toute expression entrée dans une zone de texte débute avec le signe égal (=). Lorsque vous référencez un champ dans une expression, des [crochets], et non des (parenthèses) ni des {accolades}, entourent les noms de champs. Dans une expression, vous devez taper le nom du champ exactement comme il a été créé en mode Création de table, mais vous n'êtes pas obligé de respecter les minuscules et les majuscules.

7. **Cliquez sur Affichage 🔳 pour basculer en mode Formulaire, cliquez dans la zone de texte Nom voyage, cliquez sur le bouton Croissant, sélectionnez le 7 dans la zone de texte Durée, entrez 5, puis appuyez sur [Entrée].**

   Observez que la date de fin de voyage, calculée par une expression à partir de la durée dudit voyage, s'est automatiquement corrigée à cinq jours après la date du début du voyage. La figure C-12 montre le Formulaire de saisie des Voyages mis à jour avec le calcul de la date de fin pour le voyage Découverte de la vie sous-marine.

FIGURE C-11 : Ajout d'une zone de texte pour calculer une valeur

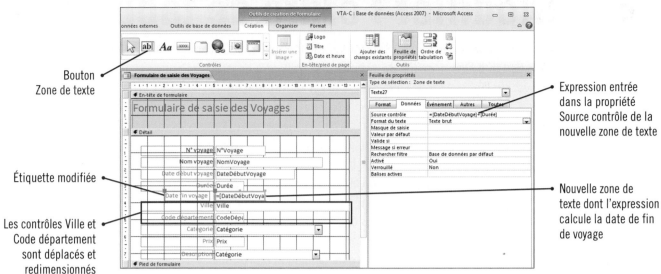

Bouton Zone de texte

Étiquette modifiée

Les contrôles Ville et Code département sont déplacés et redimensionnés

Expression entrée dans la propriété Source contrôle de la nouvelle zone de texte

Nouvelle zone de texte dont l'expression calcule la date de fin de voyage

FIGURE C-12 : Affichage du résultat du calcul en mode Formulaire

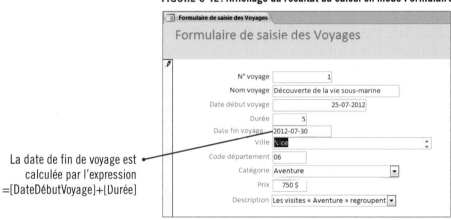

La date de fin de voyage est calculée par l'expression =[DateDébutVoyage]+[Durée]

TABLEAU C-5 : Quelques exemples d'expressions

Exemple d'expression	Description
=Somme([Salaire])	Utilise la **fonction Somme** pour calculer la somme des valeurs du champ Salaire.
=[Prix]*1,05	Multiplie le contenu du champ Prix par 1,05, ce qui revient à afficher la valeur du champ Prix, majorée de 5 %.
=[Sous-total]+[FraisLivraison]	Ajoute la valeur du champ FraisLivraison à la valeur du champ Sous-total.
=Moyenne([Frais])	Utilise la **fonction Moyenne** pour calculer la moyenne des valeurs du champ Frais.
=Date()	Exploite la **fonction Date** pour afficher la date actuelle sous la forme imposée par le contrôle ou, à défaut, par les options régionales de Windows.
="Page " &[Page]	Affiche le mot Page, suivi d'un espace et du résultat du champ [Page], un champ géré automatiquement par Access, qui contient le numéro de page courant.
=[Prénom] & " " & [Nom]	Affiche en un seul contrôle les valeurs des champs Prénom et Nom, séparés par un espace.
=Gauche([NuméroArticle],2)	Utilise la **fonction Gauche** pour n'afficher que les deux premiers caractères du champ NuméroArticle.

Modifier l'ordre de tabulation

Après avoir positionné tous les contrôles sur le formulaire, vous voudrez vérifier l'ordre de tabulation et les arrêts de tabulation. L'**ordre de tabulation** est l'ordre de déplacement de la cible de saisie lorsque vous appuyez sur [Tab] en mode Formulaire. L'**arrêt de tabulation** fait référence au fait qu'il est ou non possible de se déplacer dans un contrôle avec la touche [Tab] lors de la saisie ou de la modification de données; en d'autres termes, si le contrôle peut recevoir la cible de saisie. Rappelons que la **cible de saisie**, ou **focus**, indique quel est le champ modifié si, à un moment précis, vous commencez à taper. Par défaut, toutes les zones de texte et toutes les zones de liste déroulante ont leur propriété Arrêt tabulation définie à Oui mais certaines zones de texte, comme celles qui contiennent une expression, ne servent pas à l'entrée de données. Par conséquent, la propriété Arrêt tabulation d'une zone de texte correspondant à une expression calculée doit être réglée sur Non. Les contrôles qui ne sont pas associés à des champs, comme les étiquettes et les traits, ne peuvent recevoir le focus parce qu'ils ne servent pas à entrer ni à modifier des données. Vous décidez de vérifier l'ordre de tabulation du Formulaire de saisie des Voyages, puis de changer l'ordre et les arrêts de tabulation de manière adéquate en mode Création.

ÉTAPES

1. **Appuyez un nombre suffisant de fois sur [Tab] pour vous déplacer dans plusieurs enregistrements et observez l'évolution de la cible de saisie parmi les contrôles dépendants du formulaire.**

   Comme la zone de texte date de fin de voyage est issue d'une expression, elle ne devrait en principe pas recevoir la cible de saisie. Pour éviter que la zone de texte Date fin voyage reçoive la cible de saisie, il suffit de régler sa propriété Arrêt tabulation à Non dans sa Feuille de propriétés. La Feuille de propriétés est accessible en modes Création et Page, au choix.

2. **Cliquez du bouton droit sur l'onglet du Formulaire de saisie des Voyages, cliquez sur Mode Création, cliquez dans la zone de texte qui correspond à Date fin voyage, cliquez sur l'onglet Autres de la Feuille de propriétés, double-cliquez dans la propriété Arrêt tabulation pour la basculer de Oui à Non, puis changez la propriété Nom en DateFinVoyage, comme à la figure C-13.**

   L'onglet Autres de la Feuille de propriétés contient les propriétés que vous devez modifier pour changer l'arrêt et l'ordre de tabulation. La **propriété Arrêt tabulation** détermine si le contrôle accepte la cible de saisie, tandis que la **propriété Index tabulation** contient l'ordre numérique de visite de tous les contrôles du formulaire, dont la propriété Arrêt tabulation est définie à Oui. La **propriété Nom** de l'onglet Autres est également importante car elle identifie le nom du contrôle, qui sert à des fins diverses dans la base de données Access. Pour vérifier l'application des changements effectués à l'arrêt de tabulation, vous revenez au monde Formulaire.

3. **Cliquez sur le bouton Affichage de l'onglet Création pour basculer en mode Formulaire, puis appuyez neuf fois sur [Tab] pour aller jusqu'à l'enregistrement suivant.**

   Comme l'arrêt de tabulation a été supprimé dans la zone de texte DateFinVoyage, la cible de saisie parcourt les contrôles du haut vers le bas et élude le contrôle issu du calcul. Pour vérifier l'ordre de tabulation de l'ensemble du formulaire en une seule boite de dialogue, vous devez d'abord passer en mode Création de formulaire.

4. **Cliquez du bouton droit sur l'onglet du Formulaire de saisie des Voyages, cliquez sur Mode Création, puis cliquez sur le bouton Ordre de tabulation du groupe Outils.**

   La fenêtre Ordre de tabulation s'ouvre (figure C-14). Elle permet de visualiser d'un coup d'œil l'enchaînement des contrôles parcourus par la cible de saisie et leur ordre. Pour changer l'ordre de tabulation d'un contrôle, cliquez sur le sélecteur du contrôle à gauche du contrôle et glissez celui-ci vers le haut ou le bas de la liste. Une telle opération renumérote la propriété Index tabulation dans la Feuille de propriétés des champs concernés.

5. **Cliquez sur OK pour fermer la boite de dialogue Ordre de tabulation, cliquez sur le bouton Feuille de propriétés pour masquer la fenêtre, puis cliquez sur Enregistrer pour sauvegarder vos modifications.**

FIGURE C-13 : Définir les propriétés de tabulation dans la Feuille de propriétés

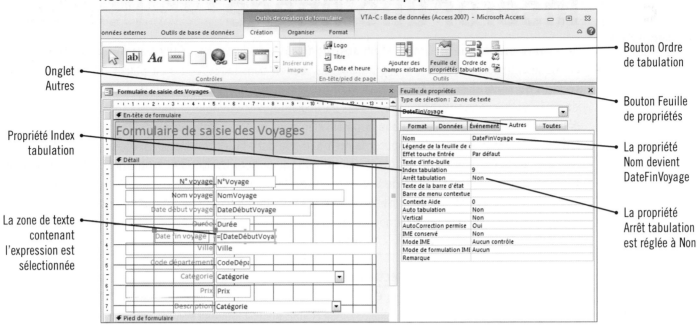

- Onglet Autres
- Propriété Index tabulation
- La zone de texte contenant l'expression est sélectionnée
- Bouton Ordre de tabulation
- Bouton Feuille de propriétés
- La propriété Nom devient DateFinVoyage
- La propriété Arrêt tabulation est réglée à Non

FIGURE C-14 : Boite de dialogue Ordre de tabulation

- Le sélecteur, à gauche du nom du contrôle
- Le contrôle DateFinVoyage

Insérer une image

Les **objets graphiques**, comme les photos, les logos ou les images clipart peuvent donner du panache et une allure professionnelle à un formulaire. La section dans laquelle ils sont placés est importante. La **section de formulaire** détermine où les contrôles sont affichés et(ou) imprimés. Le tableau C-6 détaille les différentes sections de formulaire et leurs particularités. Par exemple, si vous ajoutez un logo de société dans l'en-tête de formulaire, l'image apparaitra en haut du formulaire en mode Formulaire, ainsi qu'au sommet d'un imprimé. Si vous ajoutez la même image dans la section Détail, elle s'imprimera à côté de chaque enregistrement car la section Détail est reproduite pour chaque enregistrement. 🖌️ Michèle vous a suggéré d'ajouter le logo de VTA en haut du formulaire. Vous pouvez ajouter ce contrôle tant en mode Page qu'en mode Création de formulaire mais, si vous voulez le déposer dans la section En-tête de formulaire, vous devez impérativement le faire en mode Création.

ÉTAPES

1. **Cliquez sur la barre de la section En-tête de formulaire, cliquez sur le bouton Insérer une image du groupe Contrôles, cliquez sur Parcourir, puis allez dans votre dossier Projets.**
   La boite de dialogue Insérer une image s'ouvre et vous invite à indiquer l'emplacement du fichier de l'image.

2. **Double-cliquez sur LogoVTA.bmp, puis cliquez dans la partie droite de la section d'en-tête du formulaire.**
   L'image LogoVTA.bmp apparait dans la partie droite de l'entête du formulaire. Vous la redimensionnez à environ 3 cm x 3 cm.

> **PROBLÈME**
>
> Le coin inférieur droit touche la bordure supérieure de la section Détail. Pour redimensionner le logo de VTA, cliquez d'abord sur celui-ci pour le sélectionner.

3. **L'image du logo de VTA sélectionnée, utilisez le pointeur ⬉ pour glisser le coin inférieur droit de l'image vers le haut et la gauche, pour qu'elle atteigne la taille approximative de 3 cm sur 3 cm, puis glissez le bord supérieur de la section Détail vers le haut à l'aide du pointeur ╋, comme à la figure C-15.**
   Quand une image ou un contrôle est sélectionné en mode Création de formulaire, vous pouvez utiliser les **poignées de dimensionnement**, les petits carrés présents aux quatre coins de la zone de sélection. Faites glisser une poignée pour redimensionner l'image ou le contrôle. Le formulaire est achevé et vous pouvez l'ouvrir en mode Formulaire pour visualiser les résultats des modifications.

4. **Cliquez sur Enregistrer 💾 dans la barre d'outils Accès rapide, puis cliquez sur Affichage 🖼️ pour basculer en mode Formulaire.**
   Vous ajoutez un nouvel enregistrement dans le Formulaire de saisie des Voyages finalisé.

5. **Entrez le nouvel enregistrement proposé à la figure C-16, avec votre nom en guise de valeur pour le Nom voyage.**
   Imprimez à présent ce seul enregistrement.

6. **Cliquez sur l'onglet Fichier, cliquez sur Imprimer dans la barre de navigation, cliquez sur Imprimer, cliquez sur l'option Enregistrement(s) sélectionné(s), puis cliquez sur OK.**

7. **Fermez le Formulaire de saisie des Voyages, cliquez sur Oui si vous êtes invité à l'enregistrer, fermez la base de données VTA-C.accdb, puis quittez Access 2010.**

TABLEAU C-6 : Sections d'un formulaire

Section	Les contrôles placés dans cette section s'impriment :
En-tête de formulaire	Une seule fois, au sommet de la première page de l'épreuve.
Détail	Une fois pour chaque enregistrement.
Pied de formulaire	Une seule fois à la fin de la dernière page de l'épreuve.

FIGURE C-15 : Ajout d'une image à la section En-tête du formulaire

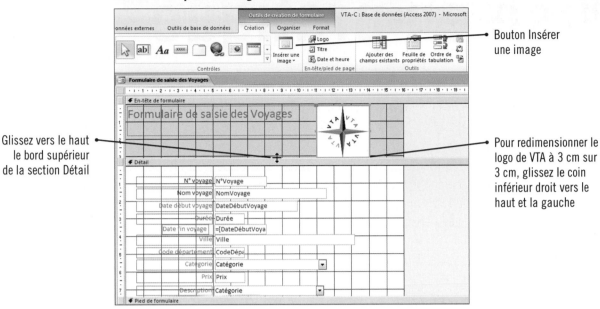

Bouton Insérer une image

Glissez vers le haut le bord supérieur de la section Détail

Pour redimensionner le logo de VTA à 3 cm sur 3 cm, glissez le coin inférieur droit vers le haut et la gauche

FIGURE C-16 : Version finale du Formulaire de saisie des Voyages avec son nouvel enregistrement

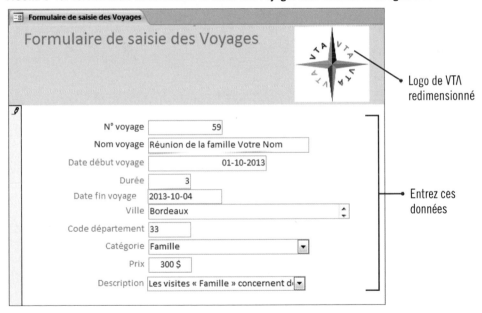

Logo de VTA redimensionné

Entrez ces données

Mise en pratique

Révision des concepts

Identifiez les éléments de l'affichage en mode Création de formulaire de la figure C-17.

FIGURE C-17

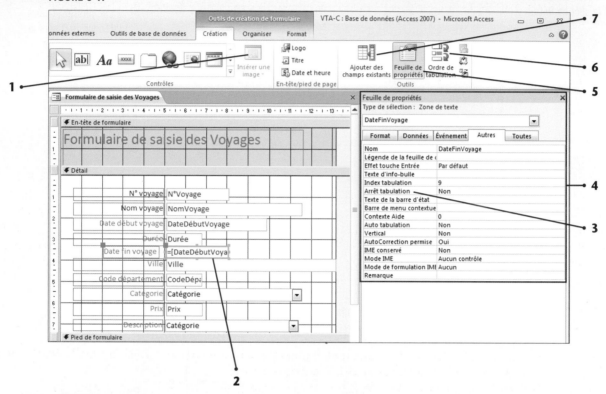

Associez chaque terme à la description qui lui convient.

8. **Contrôle dépendant**
9. **Contrôle calculé**
10. **Section Détail**
11. **Concepteur de base de données**
12. **Ordre de tabulation**
13. **Section Pied de formulaire**

a. La manière dont la cible de saisie se déplace d'un contrôle dépendant à l'autre en mode Formulaire.

b. Créé par l'entrée d'une expression dans une zone de texte.

c. Les contrôles placés ici sont affichés et imprimés une fois pour chaque enregistrement de la source d'enregistrements sous-jacente.

d. Dans un formulaire, permet d'afficher des données issues d'un champ.

e. Les contrôles placés ici sont affichés et imprimés une seule fois à la fin de l'affichage ou de l'impression.

f. La personne responsable de la construction et de l'entretien des tables, des requêtes, des formulaires et des états.

Choisissez la meilleure réponse à chaque question.

14. **Chacun des éléments placés dans un formulaire s'appelle un(e):**

   a. Contrôle
   b. Élément
   c. Outil
   d. Propriété

15. **Parmi les suivants, quel élément n'est très probablement pas un objet image?**

   a. Logo
   b. Clipart
   c. Calcul
   d. Photo

16. Le contrôle dépendant le plus usité est:
- **a.** L'étiquette
- **b.** La zone de liste déroulante
- **c.** La zone de liste
- **d.** La zone de texte

17. Le contrôle indépendant le plus utilisé est:
- **a.** Le bouton de commande
- **b.** L'étiquette
- **c.** La zone de texte
- **d.** La zone de liste déroulante

18. Quel mode d'affichage de formulaire *ne* permet *pas* de voir des données?
- **a.** Page
- **b.** Aperçu avant impression
- **c.** Création
- **d.** Feuille de données

19. Quelle propriété utilisez-vous pour définir l'ordre de parcours des contrôles par la cible de saisie?
- **a.** Source contrôle
- **b.** Index tabulation
- **c.** Texte d'info-bulle
- **d.** Valeur par défaut

20. Lorsque vous entrez un calcul dans une zone de texte, le premier caractère est un(e):
- **a.** Signe égal, =
- **b.** Crochet gauche, [
- **c.** Parenthèse gauche, (
- **d.** Astérisque, *

Révision des techniques

1. Révision des techniques
- **a.** Ouvrez la base de données AgencesImmo-C.accdb de votre dossier Projets. Activez le contenu si vous y êtes invité.
- **b.** Cliquez sur l'onglet Créer, puis utilisez l'Assistant Formulaire pour créer un formulaire basé sur tous les champs de la table Agents. Choisissez la disposition en Colonne simple et intitulez le formulaire **Formulaire de saisie des Agents**.
- **c.** Ajoutez un enregistrement avec votre nom. Notez que le champ N°Agent est un champ de type NuméroAuto, incrémenté automatiquement lorsque vous entrez votre prénom et votre nom. Indiquez le numéro de téléphone de votre établissement de formation (école) en guise de numéro de téléphone de l'agent et 4 comme valeur du champ N°Agence.
- **d.** Enregistrez et fermez le Formulaire de saisie des Agents.

2. Créer un formulaire double affichage
- **a.** Cliquez sur la table Agents dans le volet de navigation, cliquez sur l'onglet Créer, cliquez sur le bouton Plus de formulaires, puis cliquez sur Formulaire double affichage.
- **b.** Basculez en mode d'affichage Formulaire, puis allez jusqu'à l'enregistrement du N°Agent 11, de Robert Zacharie, que ce soit dans la partie supérieure ou inférieure du formulaire double affichage.
- **c.** Cliquez sur le sélecteur d'enregistrement, dans un des deux volets, supérieur ou inférieur, du formulaire, pour le N°Agent 11, puis cliquez sur le bouton Supprimer du groupe Enregistrements pour supprimer cet agent immobilier. Cliquez sur Oui à l'invite à confirmer la suppression.
- **d.** Allez jusqu'à l'enregistrement du N°Agent 5, de Julie Lemieux, au choix, dans le volet supérieur ou inférieur du formulaire. Remplacez Lemieux par **Dupireux**.
- **e.** Cliquez sur le sélecteur d'enregistrement du N°Agent 5, Julie Dupireux, et cliquez sur le bouton Supprimer du groupe Enregistrements. Un message apparait, qui explique pourquoi vous ne pouvez supprimer cet enregistrement. Rédigez un texte écrit sur feuille de papier pour expliquer la notion d'enregistrement orphelin et comment elle s'applique à cette situation. Cliquez sur OK.
- **f.** Cliquez du bouton droit sur l'onglet du formulaire Agents, cliquez sur Fermer, cliquez sur Oui à l'invite d'enregistrer les modifications et indiquez **Formulaire Agents double** affichage en guise de nom de formulaire.

3. Utiliser le mode Page de formulaire
- **a.** Ouvrez le Formulaire de saisie des Agents en mode Page.
- **b.** Modifiez les étiquettes de gauche pour qu'elles prennent respectivement les intitulés suivants: **Numéro d'agent**, **Prénom d'agent**, **Nom d'agent**, **Téléphone agent** et **Numéro d'agence**.
- **c.** Changez en noir la couleur de police des étiquettes.
- **d.** Redimensionnez les zones de texte PrénomAgent, NomAgent, TélAgent et N°Agence de droite pour qu'elles adoptent la même largeur que la zone de texte N°Agent.
- **e.** Enregistrez le Formulaire de saisie des Agents.

4. Ajouter des champs à un formulaire
- **a.** Ouvrez la fenêtre Liste de champs, puis dépliez la liste des champs de la table Agences.
- **b.** Glissez le champ NomAgence de la Liste de champs jusque dans le formulaire, puis déplacez l'étiquette NomAgence et sa zone de texte en dessous des contrôles du Numéro d'agence.

Révision des techniques (suite)

c. Corrigez le libellé de l'étiquette pour qu'elle devienne **Nom d'agence**.

d. Changez en noir la couleur du texte de l'étiquette Nom d'agence.

e. Enregistrez le formulaire et fermez la fenêtre de la Liste de champs.

5. Modifier des contrôles de formulaire

a. En mode Page, avec le bouton Aligner le texte à droite de l'onglet Accueil, alignez à droite le texte de toutes les étiquettes de la colonne de gauche.

b. Basculez en mode Formulaire, puis utilisez la zone de liste déroulante Nom d'agence pour modifier le nom d'agence de l'agent numéro 1 en **Camden et Camden Immobilier**.

c. Si la zone de liste déroulante n'est pas assez vaste pour afficher la totalité du nom de cette agence, revenez au mode Page pour augmenter la largeur de la zone de liste déroulante, autant que nécessaire pour que le nom d'agence s'y affiche en totalité.

6. Créer des calculs

a. Basculez en mode Création, puis ajoutez une zone de texte dans la section En-tête de formulaire, en dessous de l'étiquette Formulaire de saisie des Agents. Supprimez l'étiquette associée au champ et créée automatiquement en même temps que la zone de texte.

b. Augmentez la largeur de la zone de texte pour qu'elle soit à peu près de la même largeur que le texte de l'étiquette Formulaire de saisie des Agents, puis entrez l'expression suivante dans la zone de texte, destinée à afficher les mots **Informations de l'agent**, suivis du prénom de l'agent, d'un espace et de son nom :

="Informations de l'agent "&[PrénomAgent]&" "&[NomAgent]

c. Enregistrez le formulaire, puis affichez-le en mode Formulaire. Vérifiez que la nouvelle zone de texte affiche correctement les espaces parmi le texte. Revenez en mode Création pour modifier l'expression, si nécessaire.

d. En mode d'affichage Formulaire, modifiez le nom d'agent du premier enregistrement, de Lecompte en **Lebel**.

e. Pressez [Tab] pour accéder à la zone de texte Téléphone agent et observez la répercussion du nom dans l'expression de la section En-tête de formulaire.

7. Modifier l'ordre de tabulation

a. Affichez le formulaire en mode Création et ouvrez la Feuille de propriétés.

b. Sélectionnez la nouvelle zone de texte contenant l'expression, puis changez sa propriété Arrêt tabulation en Non.

c. Dans la section Détail du formulaire, sélectionnez la zone de texte N°Agent, puis changez sa propriété Arrêt tabulation en Non. Comme les champs NuméroAuto ne peuvent subir de modification de la part de l'utilisateur, il est en effet logique de les exclure de l'ordre de tabulation.

d. Fermez la Feuille de propriétés.

e. Enregistrez le formulaire et affichez-le en mode Formulaire. Avec la touche [Tab], parcourez les contrôles du formulaire et vérifiez que l'ordre de parcours est séquentiel dans la section Détail, de haut en bas. Si ce n'est le cas, basculez en mode Création et utilisez le bouton Ordre de tabulation de l'onglet Création pour réorganiser l'enchainement des contrôles.

8. Insérer une image

a. Affichez le formulaire en mode Création et cliquez sur la barre de la section En-tête de formulaire.

b. Ajoutez l'image **AVendre.bmp** dans la partie droite de l'en-tête, puis redimensionnez l'image pour qu'elle fasse environ 3 cm de côté.

c. Faites glisser vers le haut le bord supérieur de la barre de section Détail, pour réduire l'espace laissé vacant sous l'image.

FIGURE C-18

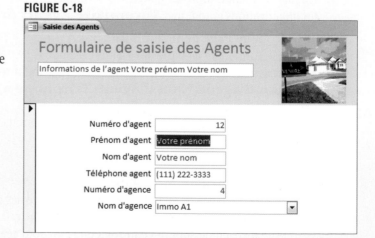

d. Enregistrez le formulaire, basculez l'affichage en mode Formulaire. Déplacez la cible de saisie d'enregistrement en enregistrement et observez le contrôle calculé : affiche-t-il correctement le texte ?

e. Allez à l'enregistrement avec votre nom et, si votre professeur vous le demande, imprimez seulement cet enregistrement.

f. Fermez le Formulaire de saisie des Agents, fermez la base de données AgencesImmo-C.accdb et quittez Access.

Exercice personnel 1

Du fait de votre intérêt particulier pour la plongée sous-marine, vous avez été chargé par Voyages Tour Aventure de proposer des activités de plongée aux amateurs, en fonction de leurs gouts et des principaux sites de plongée sous-marine réputés dans le monde entier. Les sites ne manquent pas sur l'internet pour vanter les mérites de tel ou tel site de plongée. Pour gérer tous les voyages que VTA propose dans ce domaine et les inscriptions des plongeurs amateurs ou professionnels, vous avez déjà constitué une base de données. Au cours de l'exercice qui suit, vous créez un formulaire de saisie pour gérer les voyages spécifiques à la plongée sous-marine.

a. Démarrez Access, ouvrez la base de données PlongéeVTA-C.accdb qui figure parmi vos dossiers Projets et activez le contenu à l'invite.

b. À l'aide de l'Assistant Formulaire, créez un formulaire qui reprend tous les champs de la table Voyages, sous la présentation Colonne simple, et intitulez ce formulaire **Saisie des voyages de plongée sous-marine**.

c. Basculez le formulaire en mode Page, puis supprimez la zone de texte IdVoyage et son étiquette.

d. En mode Création de formulaire, sélectionnez toutes les zones de texte sauf la dernière, Commentaires, et réduisez-en la hauteur à la plus petite : cliquez sur le bouton Taille/Espace du groupe (ou du bouton) Redimensionnement et classement, de l'onglet Organiser dans les Outils de création de formulaire, puis cliquez sur Au plus petit. *Conseil* : Ne confondez pas « le plus petit », qui réduit la *hauteur* des contrôles à celle du contrôle le moins haut, avec « le plus étroit », qui réduit la *largeur* des contrôles à celle du plus étroit des contrôles sélectionnés.

e. En mode Création de formulaire, redimensionnez les zones de texte Lieu, Ville, ProvinceEtat, Pays, Hébergement et Commentaires pour que leur largeur ne dépasse pas celle de la zone de texte Classement. *Conseil* : Sélectionnez également la zone de texte Classement et cliquez sur le bouton Taille/Espace, puis sur Au plus étroit.

f. Exploitez les modes Page et Création de formulaire pour déplacer, modifier, mettre en forme et aligner les étiquettes et leurs zones de texte comme à la figure C-19. Observez les espaces insérés entre les mots des étiquettes et que ces étiquettes sont alignées à droite. Sélectionnez une couleur parmi les bleus clairs pour le texte des étiquettes et un bleu foncé pour celui des zones de texte.

g. En mode Formulaire, entrez le commentaire de voyage indiqué à la figure C-19, en remplaçant « Entrez votre nom » par votre propre patronyme.

h. Enregistrez le formulaire, puis, si votre professeur vous le demande, imprimez seulement le premier enregistrement qui mentionne votre nom.

i. Fermez le formulaire Saisie des voyages de plongée sous-marine, fermez la base de données PlongéeVTA-C.accdb et quittez Access 2010.

FIGURE C-19

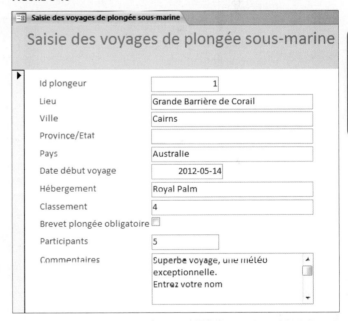

Exercice personnel 2

Vous avez édifié une base de données Access pour suivre les membres d'une association d'aide à la communauté. La base de données liste les noms des membres et leurs adresses, ainsi que leurs niveaux de coopération dans l'association, qui évoluent en fonction de la contribution horaire bénévole des membres à la communauté.

a. Démarrez Access, ouvrez la base de données Membres-C.accdb de votre dossier Projets, activez le contenu à l'invite.

b. À l'aide de l'Assistant Formulaire, créez un formulaire reprenant tous les champs de la table Membres et le seul champ Récompense de la table Niveaux.

c. Affichez les données par Membres, utilisez la disposition en Colonne simple. Intitulez le formulaire **Saisie des Membres**.

d. Entrez un nouvel enregistrement avec votre nom et l'adresse de votre établissement de formation (école). Accordez-vous le niveau **1**. Dans le champ RécompensePayée, entrez **75**. Le champ Récompense affiche automatiquement 100 car la valeur est extraite de la table Niveaux et dépend de l'entrée dans le champ Niveau, qui associe les tables Membres et Niveaux.

e. En mode Page, ajoutez une zone de texte sous le champ Récompense.

Exercice personnel 2 (suite)

f. Ouvrez la Feuille de propriétés de cette zone de texte et, dans sa propriété Source contrôle, entrez l'expression qui calcule la différence entre la Récompense et la RécompensePayée : **=[Récompense]-[RécompensePayée]**.

g. Ouvrez la Feuille de propriétés de la nouvelle étiquette et changez le contenu de sa propriété Légende en **Solde**.

h. Alignez à droite toutes les étiquettes de la première colonne.

i. Définissez à **Non** la propriété Arrêt tabulation du champ calculé, puis fermez la Feuille de propriétés.

Difficultés supplémentaires

- Basculez en mode Création de formulaire, puis faites glisser le bord droit du formulaire jusqu'à la marque 18 sur la règle horizontale.

- Redimensionnez les trois dernières zones de texte qui contiennent RéconpensePayée, Récompense et l'expression de calcul du solde, pour qu'elles aient la même largeur que la nouvelle zone de texte de calcul de solde, puis alignez les données à droite dans ces trois zones de texte.

- Ouvrez la Feuille de propriétés pour la zone de texte qui contient l'expression de calcul et changez sa propriété Format, sous l'onglet Format, en Monétaire. Fermez la Feuille de propriétés.

- Cliquez dans une zone vierge du formulaire, à droite des zones de texte, cliquez sur le bouton Insérer une image, allez dans votre dossier Projets, cliquez sur l'image **NiveauMembre. bmp**, puis insérez cette image à droite de la zone de texte Société.

- Déplacez et redimensionnez si nécessaire les contrôles pour accueillir l'image correctement dans le formulaire, enregistrez le formulaire, basculez-le en mode Formulaire, trouvez l'enregistrement qui contient votre nom et modifiez la valeur de RécompensePayée en **85**, comme à la figure C-20.

FIGURE C-20

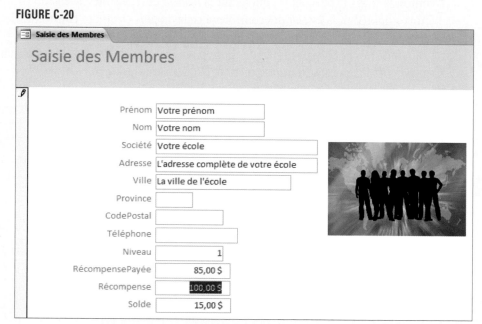

j. N'imprimez que l'enregistrement qui contient votre nom et seulement si votre professeur vous y invite.

k. Enregistrez et fermez le formulaire Saisie des Membres, fermez la base de données Membres-C.accdb, puis quittez Access 2010

Exercice personnel 3

Vous avez édifié une base de données Access pour gérer les dépôts de déchets dans un centre de recyclage. Plusieurs associations déposent régulièrement des matières recyclables, mesurées au poids en kilogrammes au moment du dépôt.

a. Démarrez Access, ouvrez la base de données Recyclage-C.accdb de votre dossier Projets et activez le contenu à l'invite.

b. À l'aide de l'Assistant Formulaire, créez un formulaire reprenant tous les champs de la requête ListeDépôts, affichez les données par Dépôts, dans une disposition Colonne simple. Intitulez le formulaire **Liste des Dépôts**.

c. Basculez en mode Page et mettez toutes les étiquettes en gras.

d. Basculez en mode Création de formulaire et redimensionnez les zones de texte NomCentre et NomAssociation pour que leur hauteur et leur largeur soient identiques à celles de la zone de texte Poids.

Exercice personnel 3 (suite)

FIGURE C-21

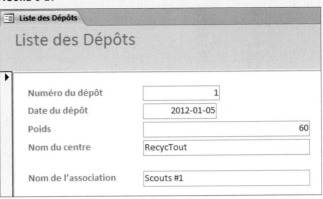

e. En mode Page, modifiez les étiquettes NoDépôt et DateDépôt respectivement en **Numéro du dépôt** et **Date du dépôt**. Modifiez également les étiquettes NomCentre et NomAssociation qui deviennent **Nom du centre** et **Nom de l'association** (figure C-21).

f. Retournez en mode Formulaire, remplacez une entrée de l'association JEC par votre nom, puis imprimez le formulaire avec un enregistrement où figure votre nom, si votre professeur vous le demande.

Difficultés supplémentaires

- Dans le formulaire Liste des Dépôts en mode Formulaire, filtrez les enregistrements pour ne retenir que ceux dont l'association porte votre nom.
- Dans le formulaire Liste des Dépôts en mode Formulaire, triez les enregistrements filtrés en ordre décroissant de date de dépôt.
- Affichez l'aperçu avant impression, puis imprimez le premier enregistrement du formulaire avec les seuls enregistrements filtrés et triés, si votre professeur vous y invite.

g. Enregistrez et fermez le formulaire Liste des Dépôts, fermez la base de données Recyclage-C.accdb et quittez Access.

Défi

Une base de données Access constitue un excellent outil pour gérer et suivre des offres d'emploi et les candidatures à ces offres. Cet exercice vous propose de créer un formulaire pour faciliter l'entrée de données dans la base de données de recherche d'emploi.

a. Démarrez Access, ouvrez la base de données RechercheEmploi-C.accdb de votre dossier Projets et activez le contenu à l'invite.

b. Cliquez sur l'onglet Créer, puis utilisez l'Assistant Formulaire pour créer un formulaire reprenant tous les champs des tables Employeurs et Postes.

c. Affichez les données par Employeurs, dans une disposition Feuille de données. Acceptez les noms proposés pour le formulaire et le sous-formulaire, puis ouvrez le formulaire pour visualiser les informations.

d. Exploitez les modes Page et Création de formulaire pour modifier les tailles et les emplacements des étiquettes et des zones de texte, comme à la figure C-22. Notez que les colonnes du sous-formulaire ont été corrigées pour visualiser la totalité des informations.

e. Remplacez le nom de la compagnie du premier enregistrement par **Votre Nom Informatique Ltée** et, si votre professeur vous y invite, imprimez seulement cet enregistrement.

f. Enregistrez et fermez le formulaire Employeurs, fermez la base de données RechercheEmploi-C.accdb, puis quittez Access.

FIGURE C-22

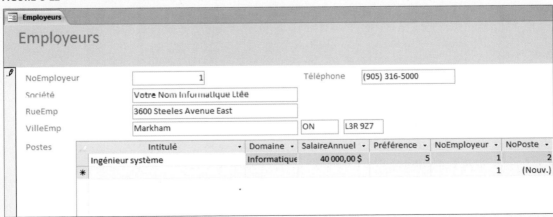

Access 2010

Atelier visuel

Ouvrez la base de données Basketball-C.accdb de votre dossier Projets et activez le contenu à l'invite. Utilisez l'Assistant Formulaire pour créer le formulaire double affichage de la figure C-23, fondé sur tous les champs de la table Joueuses. Redimensionnez les zones de texte Année et Position comme indiqué sur la figure. Déplacez les zones de texte VilleOrigine et ProvOrigine comme suggéré. Glissez vers le haut le séparateur des deux volets pour réduire l'espace vide entre les deux affichages. Dans le volet inférieur, déplacez la colonne Année juste après la colonne Nom, puis élargissez la colonne VilleOrigine pour afficher la totalité de son contenu. En mode Création de formulaire, corrigez l'ordre de tabulation pour qu'il devienne plus naturel et réglez à Non l'Arrêt tabulation de la zone de texte N°Joueuse. Affichez les informations en mode Formulaire et triez les enregistrements en ordre croissant de Nom. Remplacez le Nom et le Prénom du premier enregistrement par **votre nom** et **votre prénom**, puis, si votre professeur vous le demande, imprimez ce seul enregistrement. Enregistrez et fermez le formulaire Joueuses, fermez la base de données Basketball-C.accdb et quittez Access.

FIGURE C-23

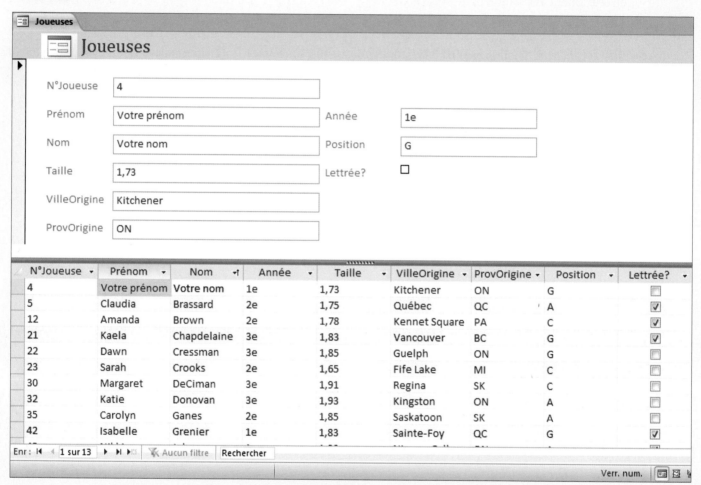

Utiliser des états

Un **état** est un objet Access utilisé pour créer des impressions à l'aspect professionnel. S'il est possible d'imprimer une feuille de données d'une table ou un formulaire, l'état demeure l'objet fondamental destiné à l'impression du contenu d'une base de données parce qu'il offre beaucoup plus d'options de mise en page, de disposition et de synthèse. Un état peut ainsi tirer parti d'améliorations visuelles comme des polices et des couleurs multiples, des éléments graphiques supplémentaires comme des images clipart et des traits, ainsi que des en-têtes et des pieds de groupe multiples. Les états constituent également des outils d'analyse des données très puissants. Un état peut calculer des totaux et des moyennes, compter des éléments et extraire des informations statistiques à partir de groupes d'enregistrements. Michèle Piloubeau, responsable du développement des tours organisés en France chez Voyages Tour Aventure, vous demande de réaliser des états pour l'aider à partager et à analyser des données.

OBJECTIFS

Utiliser l'Assistant État

Utiliser le mode Page d'état

Examiner les sections d'un état

Imposer des regroupements et des ordres de tri

Ajouter des sous-totaux et des comptages

Redimensionner et aligner les contrôles

Mettre en forme un état

Créer des étiquettes de publipostage

Utiliser l'Assistant État

Vous pouvez créer des états à l'aide de l'**Assistant État**, un outil qui vous pose des questions pour vous guider parmi les étapes du développement initial de l'état et qui ressemble à l'Assistant Formulaire. Vos réponses à l'Assistant État déterminent la source des enregistrements, le style et la disposition de l'état. La **source d'enregistrements** est la table ou la requête qui contient les champs et les enregistrements affichés dans l'état. L'Assistant État vous aide aussi à trier, grouper et analyser les enregistrements.
Vous envisagez d'utiliser l'Assistant État pour créer un état pour énumérer les voyages par régions.

1. **Démarrez Access, ouvrez la base de données VTA-D.accdb et activez le contenu si vous y êtes invité, cliquez sur l'onglet Créer du Ruban, puis sur le bouton Assistant État du groupe États.**

   L'Assistant État s'ouvre, vous invitant à choisir les champs que vous souhaitez inclure dans l'état. Vous pouvez sélectionner des champs d'une ou plusieurs tables ou requêtes.

   PROBLÈME

   Si vous sélectionnez un champ par erreur, cliquez sur le champ à éliminer dans la liste des champs sélectionnés, puis cliquez sur le bouton Supprimer le champ < .

2. **Déroulez la liste Tables/Requêtes, cliquez sur Table : Régions, double-cliquez sur le champ NomRégion, déroulez la liste Tables/Requêtes, cliquez sur Table : Voyages, cliquez sur le bouton Sélectionner tous les champs >> , cliquez sur CodeDépartement dans la liste Champs sélectionnés, cliquez sur Supprimer le champ < .**

   En sélectionnant le NomRégion de la table Régions et tous les champs de la table Voyages, sauf le code de département, vous disposez de tous les champs dont vous avez besoin pour constituer l'état, y compris le nom complet de la région, tout en évitant de reprendre le code de la région présent dans la table Régions (figure D-1).

3. **Cliquez sur Suivant, puis sur par Régions, si nécessaire.**

   Le choix par Régions regroupe les enregistrements au sein de chaque région. En plus des options de regroupement d'enregistrements, l'Assistant vous demande ensuite si vous voulez classer les enregistrements au sein de chaque groupe. L'Assistant État permet ainsi d'appliquer jusqu'à quatre champs de tri, en ordre soit croissant, soit décroissant.

   ASTUCE

   Cliquez sur Précédent pour revoir les boites de dialogue précédentes de l'Assistant.

4. **Cliquez sur Suivant, cliquez à nouveau sur Suivant pour n'ajouter aucun niveau de regroupement, déroulez la liste du premier champ de tri, cliquez sur DateDébutVoyage, puis sur Suivant.**

   Les dernières questions de l'Assistant concernent l'apparence et la création du titre de l'état.

5. **Parmi les options de Disposition, cliquez sur Échelonné, cliquez sur l'Orientation Paysage, cliquez sur Suivant, entrez Voyages par région en guise de titre de l'état, cliquez sur Terminer.**

   L'état Voyages par région s'affiche en mode **Aperçu avant impression**, qui présente l'état comme il paraitra réellement lors de l'impression (figure D-2). Les enregistrements sont groupés par région, la première étant l'Alsace, puis triés en ordre croissant du champ DateDébutVoyage au sein de chaque région. Les états sont des objets en **lecture seule**, ce qui signifie qu'ils lisent des données et les affichent, mais ils ne peuvent en aucun cas servir pour modifier (ou ajouter) des données. Pour obtenir un état avec des données actualisées, modifiez d'abord les données dans les feuilles de données des tables et des requêtes, ou dans les formulaires, puis demandez l'édition (ou l'aperçu avant impression) de l'état qui interroge ces données. Les données sont automatiquement mises à jour comme dans tout objet qui dépend des données des tables.

6. **Examinez les quelques sections de regroupement qui suivent la première, l'Alsace, puis cliquez sur le bouton Page suivante ▶ de la barre de navigation pour visualiser la deuxième page de l'état.**

   Même en **orientation Paysage** (où les lignes de données s'inscrivent sur la longueur de la page, 11" ou 29,7 cm, par opposition à l'**orientation Portrait**, où les lignes de données s'inscrivent sur la largeur de la page, 8½" ou 21 cm), les champs de l'état Voyages par région peuvent ne pas apparaitre correctement sur une feuille de papier. Les étiquettes des en-têtes de colonnes et les données de ces colonnes méritent un redimensionnement pour améliorer la disposition de l'ensemble. Selon le type de moniteur que vous utilisez, vous devez éventuellement faire défiler le contenu de l'écran pour voir tous les champs de la page.

FIGURE D-1 : Sélection des champs d'un état à l'aide de l'Assistant État

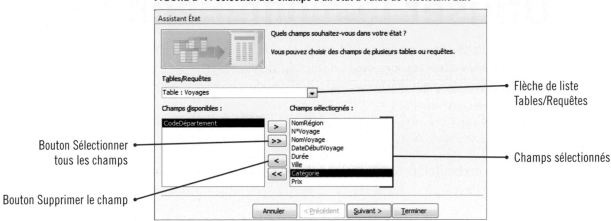

Flèche de liste
Tables/Requêtes

Bouton Sélectionner
tous les champs

Bouton Supprimer le champ

Champs sélectionnés

L'étiquette
DateDébutVoyage
est tronquée

FIGURE D-2 : Voyages par région en mode Aperçu avant impression

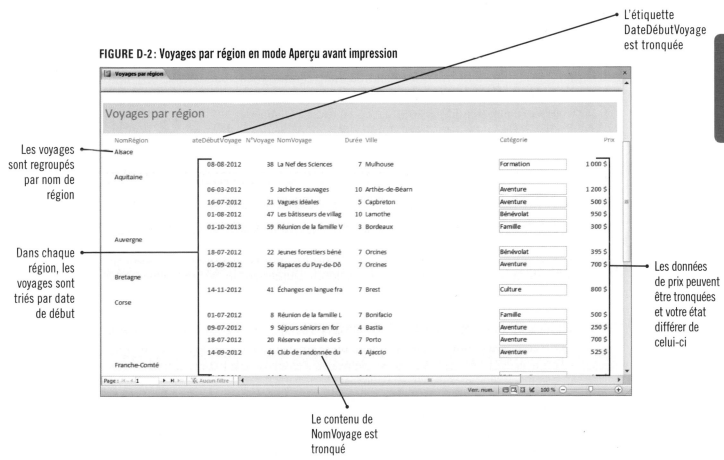

Les voyages
sont regroupés
par nom de
région

Dans chaque
région, les
voyages sont
triés par date
de début

Les données
de prix peuvent
être tronquées
et votre état
différer de
celui-ci

Le contenu de
NomVoyage est
tronqué

Utiliser le mode Page d'état

À l'instar des formulaires, les états possèdent plusieurs modes d'affichage que vous empruntez pour accomplir diverses activités de conception et de visualisation sur ces états. Si certaines tâches peuvent être accomplies dans plusieurs modes d'affichage différents, chacun possède une spécialisation principale pour faciliter votre travail sur les états. Le tableau D-1 décrit les différents modes d'affichage des états. Michèle vous demande de modifier l'état Voyages par région de sorte que tous les champs soient visibles sur la largeur d'une feuille de papier en mode Paysage. Vous utilisez le mode Page d'état pour atteindre ce but.

1. **Cliquez du bouton droit sur l'onglet de l'état Voyages par région, puis cliquez sur Mode Page.**

   Le **mode Page** applique à l'état une grille qui sert de repère pour redimensionner, déplacer et disposer les contrôles. Vous décidez de réduire la largeur de la colonne Ville pour laisser plus de place à la colonne NomVoyage. Pour mieux repérer les besoins d'espace de la colonne ville, vous recherchez une des villes dont le nom est le plus long.

2. **Faites défiler la fenêtre si nécessaire pour accéder à la valeur de Ville Arthès-de-Béarn, cliquez sur cette valeur, puis utilisez le pointeur ↔ pour glisser le bord droit de la colonne Ville vers la gauche et, ainsi, la réduire tout en conservant l'affichage de toute la ville (figure D-3).**

   La réduction de largeur de la colonne Ville laisse de l'espace libre dans l'état.

3. **Cliquez sur une des valeurs de la colonne Prix, utilisez le pointeur ⁺↖ pour déplacer les valeurs de Prix à gauche de la colonne Catégorie, cliquez sur l'étiquette Prix, puis utilisez le pointeur ⁺↖ pour déplacer l'étiquette Prix à gauche de l'étiquette Catégorie.**

   Toutes les colonnes de l'état s'inscrivent à l'intérieur des limites d'une seule feuille de papier en orientation Paysage. La colonne NomVoyage n'affiche pas tout son contenu. Vous en augmentez la largeur en déplaçant les colonnes suivantes vers la droite, dans la limite de la largeur de page.

4. **Cliquez sur la valeur 7 de la colonne Durée, pressez et maintenez [Maj] pressée, cliquez sur la valeur Mulhouse de la colonne Ville, cliquez sur 1000 $ dans la colonne Prix, cliquez sur Formation dans la colonne Catégorie.**

   Vous sélectionnez ensuite les étiquettes des en-têtes de colonnes.

5. **Maintenez [Maj] pressée, cliquez sur l'étiquette Durée, cliquez sur l'étiquette Ville, cliquez sur l'étiquette Prix, cliquez sur l'étiquette Catégorie, utilisez le pointeur ⁺↖ pour déplacer ces colonnes vers la droite, pour que le bord droit de la colonne Catégorie touche presque le bord droit de la limite de page, puis relâchez [Maj].**

   Vous avez déplacé ces colonnes pour laisser de la place à la colonne NomVoyage. Vous élargissez cette dernière pour voir son contenu.

6. **Cliquez sur l'étiquette NomVoyage, pressez et maintenez [Maj] pressée, cliquez sur La Nef des Sciences dans la colonne NomVoyage, utilisez le pointeur ↔ pour glisser le bord droit de la colonne jusqu'à toucher la colonne Durée sans la dépasser, puis relâchez [Maj].**

   Toutes les colonnes sont disposées et dimensionnées pour afficher au mieux leur contenu sur la largeur d'une feuille de papier. Vous décidez de centrer certaines données pour améliorer la lecture.

7. **Cliquez sur une des valeurs de la colonne N°Voyage, cliquez sur l'onglet Accueil, cliquez sur Centrer ≡ du groupe Mise en forme du texte, cliquez sur l'en-tête N°Voyage, puis sur ≡.**

   Le contenu de la colonne N°Voyage est centré, ce qui en améliore la lecture. Le mode Page vous permet aussi de modifier le texte des étiquettes de colonnes.

8. **Double-cliquez sur l'étiquette DateDébutVoyage, entrez Date début, puis appuyez sur [Entrée]. Cliquez sur l'étiquette NomRégion, cliquez entre Nom et Région et appuyez sur [Ret. arr.] pour ne laisser que Région dans cette étiquette. Appuyez sur [Entrée] pour confirmer la modification. Modifiez aussi les étiquettes N°Voyage et NomVoyage pour leur ajouter des espaces entre les mots et mettre un v minuscule à Voyage.**

   Cette modification des étiquettes améliore la lecture de l'état et lui donne un aspect plus professionnel.

9. **Poursuivez le redimensionnement des colonnes pour que toutes les données soient visibles, gérez en particulier les plus longues valeurs des données, de sorte que votre état prenne l'aspect de la figure D-4.**

   Toutes les étiquettes sont placées dans la section En-tête de page, pour qu'elles ne s'impriment qu'une seule fois par page. Les contrôles zones de texte sont disposés dans la section Détail. Selon votre moniteur, il se peut que vous deviez faire défiler le contenu de l'écran pour afficher toutes les colonnes en mode Page de formulaire.

FIGURE D-3 : Modification de colonne en mode Page d'état

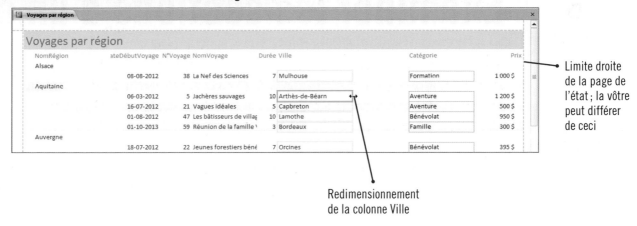

Limite droite de la page de l'état ; la vôtre peut différer de ceci

Redimensionnement de la colonne Ville

FIGURE D-4 : Présentation finale de l'état Voyages par région en mode Page d'état

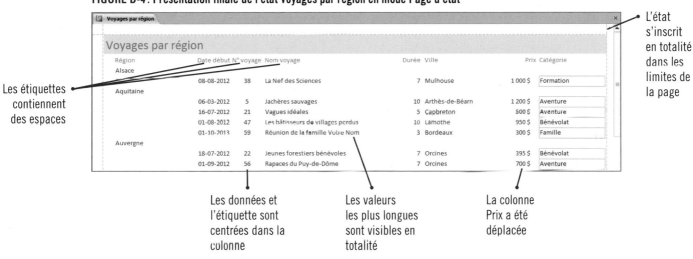

L'état s'inscrit en totalité dans les limites de la page

Les étiquettes contiennent des espaces

Les données et l'étiquette sont centrées dans la colonne

Les valeurs les plus longues sont visibles en totalité

La colonne Prix a été déplacée

TABLEAU D-1 : Modes d'affichage d'un état

Mode d'affichage	But principal
État	Visualiser rapidement l'état, sans les sauts de pages.
Aperçu avant impression	Afficher chaque page de la totalité d'un état, comme il se présentera à l'impression.
Page	Modifier la taille, l'emplacement ou la mise en forme des contrôles. Ce mode affiche des données réelles pendant les modifications de présentation, ce qui en fait l'outil de choix lorsqu'il s'agit de corriger l'apparence et la disposition des contrôles d'un état.
Création	Modifier les sections d'un état ou accéder à la gamme complète des contrôles et des propriétés de l'état. Le mode Création d'état n'affiche aucune donnée.

Examiner les sections d'un état

Les **sections** d'un état déterminent comment et avec quelle fréquence les contrôles de ces sections s'impriment dans l'état final. Par exemple, les contrôles de la section En-tête d'état ne sont imprimées qu'une seule fois, au début de l'état, tandis que les contrôles placés dans la section Détail sont reproduits une fois pour chaque enregistrement de l'état. Le tableau D-2 décrit les différentes sections d'un état. Accompagné de Michèle, vous visitez les sections obtenues dans l'aperçu avant impression de l'état Voyages par région.

ÉTAPES

PROBLÈME

Cliquez éventuelle-ment sur l'état plusieurs fois pour agrandir puis réduire l'affichage et, ainsi, vous placer à l'en-droit voulu de l'état.

1. **Cliquez du bouton droit sur l'onglet de l'état Voyages par région, cliquez sur Aperçu avant impression, cliquez si nécessaire sur Première page ◄ dans la barre de navigation pour voir la première page de l'état, puis cliquez au milieu de l'état, près du bord upérieur, pour agrandir la vue à 100 %, comme à la figure D-5.**

   La première page comporte quatre sections : l'En-tête d'état, l'En-tête de page, l'En-tête de groupe CodeRégion et la section Détail.

2. **Cliquez sur Page suivante ► dans la barre de navigation pour examiner la 2ᵉ page.**

   La deuxième page de l'état peut ne contenir aucune donnée. Cela signifie que l'état est un peu trop large pour s'inscrire dans une seule feuille de papier. Ce problème se règle en mode Création d'état, en déplaçant légèrement le bord droit de l'état en deçà de la marge de page.

ASTUCE

Survolez l'indicateur d'erreur ◈ pour afficher une descrip-tion de l'erreur.

3. **Cliquez du bouton droit sur l'onglet Voyages par région, cliquez sur Mode Création, faites défiler la fenêtre jusqu'à atteindre l'extrémité droite de la page à l'aide de la barre de défilement horizontale, glissez le bord droit de l'état vers la droite, au-delà de la marque 11" (ou 29 cm) de la règle horizontale, pointez sur l'indicateur d'erreur du coin supérieur gauche de l'état, puis glissez le bord droit de l'état aussi loin que possible vers la gauche, comme à la figure D-6.**

   En mode Création d'état, vous pouvez travailler sur les sections d'état et y apporter des modifications que vous ne pouvez appliquer dans d'autres modes d'affichage, comme réduire la largeur. Le mode Création d'état n'affiche aucune donnée. Pour que tout l'état s'inscrive dans toute la largeur d'une page en orientation Paysage, vous devez déplacer ou rétrécir les contrôles pour qu'ils ne dépassent pas la marque 10 1/2" (ou 28,5 cm) de la **règle** horizontale, pour laisser libres les marges de 1/4" (0,65 cm) de marges gauche et droite. L'**indicateur d'erreur** du coin supérieur gauche de l'état signale que le contenu de l'état est trop large pour s'inscrire dans une seule feuille de papier.

4. **Glissez d'environ 1/2" (1 cm) vers la gauche la zone de texte avec l'expression de numéro de page, puis glissez le bord droit de l'état vers la gauche, en deçà du repère 10 1/2" (28,5 cm) de la règle horizontale.**

   L'indicateur d'erreur disparait automatiquement, ce qui confirme que l'état s'inscrit dans la largeur d'une seule feuille de papier. Pour vérifier la qualité de vos modifications, vous affichez l'état en mode Aperçu avant impression.

ASTUCE

Vous pouvez aussi utiliser les boutons d'affichage du coin inférieur droit de l'état pour sélectionner le mode d'affichage souhaité.

5. **Cliquez du bouton droit sur l'onglet Voyages par région, cliquez sur Aperçu avant impression, cliquez dans l'état pour agrandir l'affichage et examiner la page, cliquez deux fois de suite sur ► pour aller à la dernière page de l'état (figure D-7).**

   La dernière page de l'état, la page 3, montre l'encadrement du contenu de l'état par les sections En-tête de page et Pied de page, dans toutes les pages (sauf la première, où la section En-tête état s'affiche au début de cette page). L'aperçu montre également que l'en-tête de groupe lié au champ CodeRégion est imprimé une fois par région et comment les voyages de chaque région sont créés dans la section Détail. Le parcours de l'aperçu avant impression indique enfin qu'aucune page vide n'est générée inutilement.

TABLEAU D-2 : Sections d'un état

Section	Où s'imprime cette section ?
En-tête état	En haut de la première page de l'état
En-tête de page	En haut de chaque page, mais sous l'En-tête état à la première page
En-tête de groupe	Avant chaque groupe d'enregistrements
Détail	À chaque enregistrement
Pied de groupe	Après chaque groupe d'enregistrements
Pied de page	Au bas de chaque page
Pied état	À la fin de l'état

FIGURE D-5 : État Voyages par région en mode Aperçu avant impression

En-tête état

En-tête de page

En-tête de groupe CodeRégion

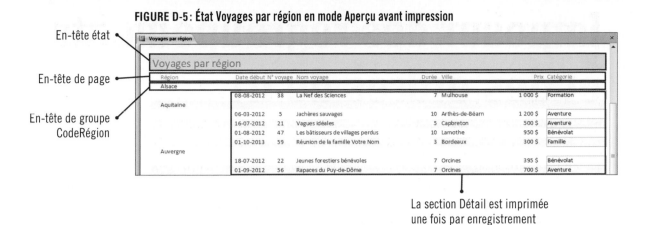

			Voyages par région				
Région	Date début	N° voyage	Nom voyage	Durée	Ville	Prix	Catégorie
Alsace							
	08-08-2012	38	La Nef des Sciences	7	Mulhouse	1 000 $	Formation
Aquitaine							
	06-03-2012	5	Jachères sauvages	10	Arthès-de-Béarn	1 200 $	Aventure
	16-07-2012	21	Vagues idéales	5	Capbreton	500 $	Aventure
	01-08-2012	47	Les bâtisseurs de villages perdus	10	Lamothe	950 $	Bénévolat
	01-10-2013	59	Réunion de la famille Votre Nom	3	Bordeaux	300 $	Famille
Auvergne							
	18-07-2012	22	Jeunes forestiers bénévoles	7	Orcines	395 $	Bénévolat
	01-09-2012	56	Rapaces du Puy-de-Dôme	7	Orcines	700 $	Aventure

La section Détail est imprimée une fois par enregistrement

FIGURE D-6 : État Voyages par région en mode Création

Indicateur d'erreur vert

Icône de l'indicateur d'erreur

En-tête état

En-tête de page

Pied de page

Pied état

La section Détail est imprimée une fois par enregistrement

En-tête de groupe

Le calcul de page doit migrer vers la gauche

Repère 10 1/2" (28,5 cm) de la règle horizontale

Glissement du bord droit de l'état

Access 2010

FIGURE D-7 : État Voyages par région en mode Aperçu avant impression

En-tête de page

En-tête de groupe lié aux données de la région

La section Détail s'imprime une fois pour chaque enregistrement de cette région

Région	Date début	N° voyage	Nom voyage	Durée	Ville	Prix	Catégorie
Polynésie Française							
	21-07-2012	25	Mariage Metayer-Michel	3	Papeete	300 $	Famille
	08-08-2012	31	Cinq jours au Paradis	8	Hatiheu (Nuku Hiva)	1 800 $	Formation
Rhône-Alpes							
	01-04-2012	7	Club de ski Aéronautes	7	Châtel	600 $	Aventure
	24-06-2012	13	Grands Aventuriers	7	Privas	575 $	Aventure
	02-08-2012	29	Mystères du Rhône	7	Lyon	800 $	Formation
Réunion							
	20-07-2012	23	Jeunes bénévoles de Saint-Denis	7	Saint-Denis	425 $	Bénévolat
	03-10-2012	36	Musée de volcanologie	7	Saint-Denis	800 $	Formation

9 décembre 2012   Page 3 sur 3

Votre page finale peut présenter plus ou moins de données, selon l'agencement de vos contrôles

Page 3

Page suivante

Pied de page

Mode État

Mode Aperçu avant impression

Mode Page d'état

Mode Création d'état

Utiliser des états

Imposer des regroupements et des ordres de tri

Regrouper signifie trier des enregistrements dans un ordre particulier, plus ajouter une section d'en-tête et (ou) de pied, avant et (ou) après chaque groupe de tri. Si, par exemple, vous regroupez les enregistrements sur un champ Province, les sections de regroupement s'appelleraient En-tête de groupe Province et Pied de groupe Province. La section En-tête de groupe Province n'apparait qu'une seule fois pour chaque province de l'état, juste avant les enregistrements relatifs à cette province. La section Pied de groupe Province apparait aussi une seule fois pour chaque province de l'état, immédiatement après les enregistrements de cette province. ████ Les enregistrements de l'état Voyages par région sont actuellement regroupés par régions. Michèle souhaite que vous regroupiez en plus ces enregistrements par catégories (Aventure, Formation et Famille, par exemple) au sein de chaque région.

1. **Fermez l'Aperçu avant impression pour retourner au mode Création d'état, puis cliquez sur le bouton Regrouper et trier du groupe Regroupement et totaux pour ouvrir le volet Regrouper, trier et total (figure D-8).**

   Pour modifier les options de tri ou de regroupement d'un état, vous devez travailler en mode Création. Actuellement, les enregistrements sont groupés selon le champ CodeRégion, puis triés selon le champ DateDébutVoyage. Pour ajouter le champ Catégorie comme champ de regroupement au sein de chaque région, vous utilisez le volet Regrouper, trier et total. Selon les possibilités de votre moniteur, vous devez éventuellement faire défiler la fenêtre de création d'état pour afficher tous les contrôles.

2. **Cliquez sur le bouton Ajouter un groupe dans le volet Regrouper, trier et total ; cliquez sur Catégorie, cliquez sur le bouton Monter 🔼 pour que la Catégorie s'inscrive entre le CodeRégion et la DateDébutVoyage, puis cliquez sur le bouton Plus pour afficher les options du groupe Catégorie.**

   Une section En-tête de groupe Catégorie apparait dans la fenêtre de Création d'état, juste en dessous de la section En-tête de groupe CodeRégion. Pour n'imprimer l'information de catégorie qu'une seule fois par région, vous déplacez le contrôle Catégorie de la section Détail vers la section En-tête de groupe Catégorie.

3. **Cliquez du bouton droit sur la zone de liste déroulante Catégorie dans la section Détail, cliquez sur Couper dans le menu contextuel, cliquez du bouton droit dans la section En-tête de groupe Catégorie, cliquez sur Coller, puis glissez la zone de liste déroulante Catégorie vers la droite, pour la placer comme à la figure D-9.**

   Du fait que la catégorie est placée dans l'en-tête de groupe correspondant, elle ne sera imprimée qu'une fois par catégorie, au sein de chaque région. L'étiquette Catégorie n'est plus nécessaire dans l'en-tête de page.

4. **Cliquez du bouton droit sur l'étiquette Catégorie de la section En-tête de page, cliquez sur Couper, puis basculez en mode Aperçu avant impression et agrandissez l'affichage à 100 % si nécessaire.**

   L'état Voyages par région prend l'aspect de la figure D-10. Notez que les valeurs du champ Catégorie n'apparaissent plus qu'une fois par catégorie, avant la liste des enregistrements de chaque catégorie.

FIGURE D-8 : Volet Regrouper, trier et total

Bouton Regrouper et trier

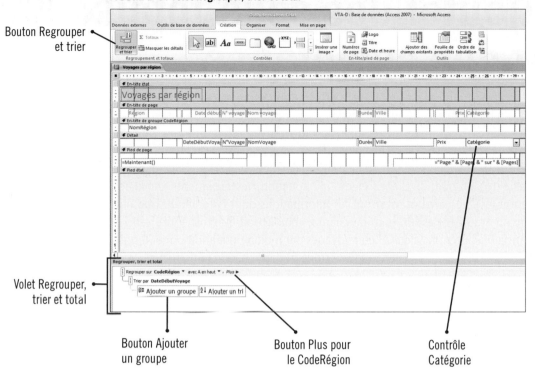

Volet Regrouper, trier et total

Bouton Ajouter un groupe

Bouton Plus pour le CodeRégion

Contrôle Catégorie

FIGURE D-9 : État Voyages par région avec la nouvelle section En-tête de groupe Catégorie

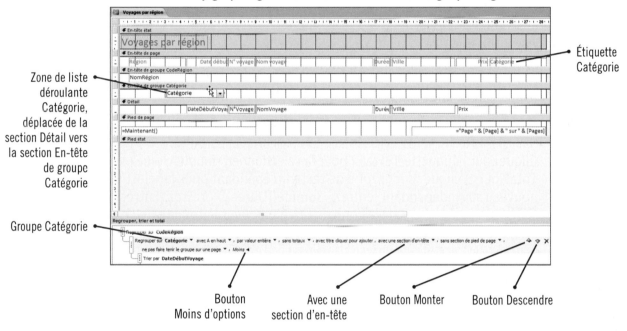

Zone de liste déroulante Catégorie, déplacée de la section Détail vers la section En-tête de groupe Catégorie

Étiquette Catégorie

Groupe Catégorie

Bouton Moins d'options

Avec une section d'en-tête

Bouton Monter

Bouton Descendre

FIGURE D-10 : État Voyages par région regroupé par région et catégorie

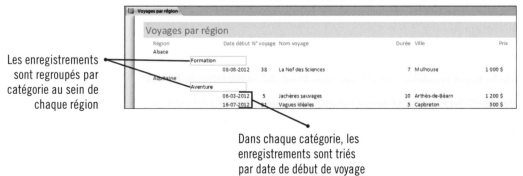

Les enregistrements sont regroupés par catégorie au sein de chaque région

Dans chaque catégorie, les enregistrements sont triés par date de début de voyage

Utiliser des états

Ajouter des sous-totaux et des comptages

Vous créez un **calcul** dans un état en saisissant une expression dans une zone de texte. Lorsque l'état est affiché en mode Aperçu avant impression ou imprimé, l'expression est évaluée et son résultat inséré dans l'état. Une **expression** est une combinaison de noms de champs, d'opérateurs (comme +, -, / et *) et de fonctions produisant une valeur unique. Une **fonction** est une formule prédéfinie, comme Somme ou Compte, qui permet de créer facilement un calcul. Remarquez que toute expression débute par le symbole d'égalité (=) et que, si elle contient une fonction, les arguments de la fonction sont placés entre (parenthèses). Les **arguments** sont les informations dont la fonction a besoin pour générer le résultat. Lorsqu'un argument est un nom de champ, celui-ci doit être mis entre [crochets]. ▓▓▓▓▓ Michèle vous demande d'ajouter un calcul à l'état Voyages par région pour additionner les nombres de jours de voyage dans les enregistrements de chaque catégorie et dans chaque région.

1. **Basculez en mode Création d'état.**

   En toute logique, l'endroit où vous devez implanter les sous-totaux de chaque groupe est dans la section Pied de groupe, après le groupe en question. Vous utilisez le volet Regrouper, trier et total pour ouvrir les sections Pied de groupe des champs Catégorie et CodeRégion.

2. **Cliquez sur le bouton Plus (Autres options) du champ CodeRégion dans le volet Regrouper, trier et total, cliquez sur la flèche de liste sans section de pied de page, cliquez sur avec une section de pied de page, puis faites de même pour le champ Catégorie (figure D-11).**

   Contrairement à ce qu'indique l'option *avec une section de pied de page*, Access insère une section, non de pied de page mais de pied de groupe, correspondant au champ sélectionné. Ces sections de pied de groupe ouvertes, vous pouvez y ajouter les contrôles de calcul des durées de voyage pour chaque catégorie, puis pour chaque région. Ce calcul est réalisé par une expression dans une zone de texte.

3. **Cliquez sur Zone de texte 🔳 du groupe Contrôles, puis cliquez dans la section Pied de groupe Catégorie, juste sous la zone de texte Durée.**

   L'ajout d'une nouvelle zone de texte crée automatiquement une étiquette à sa gauche. En premier lieu, vous modifiez l'étiquette pour identifier clairement l'information, puis vous modifiez la zone de texte pour qu'elle contienne l'expression correcte de somme des nombres de jours de voyage.

4. **Cliquez sur l'étiquette Texte19 pour la sélectionner, double-cliquez sur Texte19, entrez Total jours :, cliquez sur la zone de texte Indépendant pour la sélectionner, cliquez de nouveau sur Indépendant, entrez =Somme([Durée]), pressez [Entrée], puis augmentez si nécessaire la largeur de la zone de texte pour voir la totalité de l'expression.**

   L'expression =Somme([Durée]) exploite la fonction Somme pour additionner les jours du champ Durée. Comme cette expression est présente dans la section Pied de groupe Catégorie, le calcul ne porte que sur les durées d'une catégorie bien précise et se répète à chaque changement de catégorie de voyage. Pour additionner les valeurs de Durée pour chaque région, l'expression doit s'insérer dans le Pied de groupe CodeRégion.

5. **Cliquez du bouton droit sur la zone de texte =Somme([Durée]), cliquez sur Copier, cliquez du bouton droit dans la section Pied de groupe CodeRégion, cliquez sur Coller, puis appuyez plusieurs fois sur [→] pour placer les contrôles dans la section Pied de groupe CodeRégion, juste sous ceux de la section Pied de groupe Catégorie (figure D-12).**

   Les expressions placées dans les deux sections, il reste à réduire la hauteur de ces sections pour limiter la perte d'espace inutile.

6. **Faites glisser vers le haut le bord supérieur de la barre de section Pied de groupe CodeRégion, pour réduire cette section à la hauteur des contrôles, faites de même pour le bord supérieur de la section Pied de page (figure D-12).**

   Les contrôles en place et la hauteur des pieds de groupe adaptée pour recevoir ces contrôles sans perte d'espace, il vous reste à tester les résultats de votre travail.

7. **Basculez en mode Aperçu avant impression, puis placez-vous dans l'état pour voir les voyages en Corse sur la deuxième page.**

   Comme l'indique la figure D-13, VTA propose des voyages qui totalisent 15 jours de voyage de la catégorie Aventure et 7 jours de voyage de catégorie Famille, pour un total de 22 jours dans la région Corse. Les expressions de calcul de ce genre s'appellent des données de synthèse, qui présenteront mieux lorsqu'elles seront alignées correctement sous les valeurs des durées individuelles. La leçon suivante vous propose de redimensionner et d'aligner les contrôles.

FIGURE D-11 : Ouverture des sections de pied de groupe

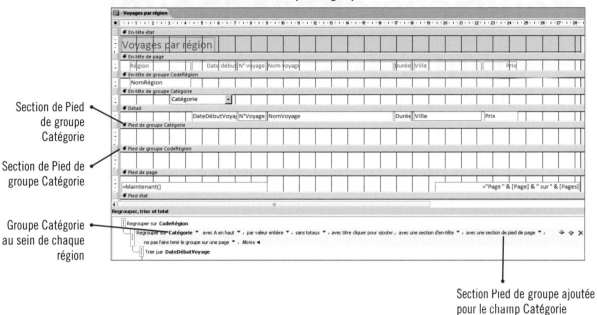

Section de Pied de groupe Catégorie

Section de Pied de groupe Catégorie

Groupe Catégorie au sein de chaque région

Section Pied de groupe ajoutée pour le champ Catégorie

FIGURE D-12 : Ajout des sous-totaux aux sections de pied de groupe

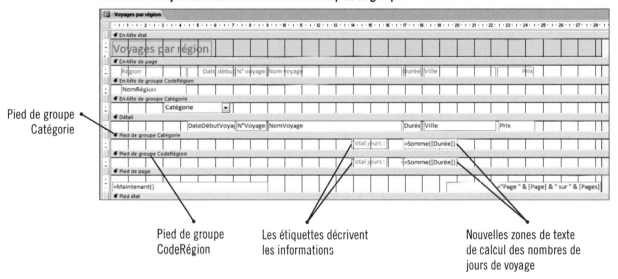

Pied de groupe Catégorie

Pied de groupe CodeRégion

Les étiquettes décrivent les informations

Nouvelles zones de texte de calcul des nombres de jours de voyage

FIGURE D-13 : Aperçu avant impression des calculs du nouveau groupe

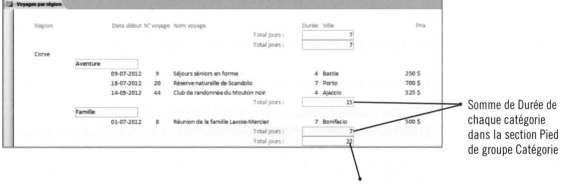

Somme de Durée de chaque catégorie dans la section Pied de groupe Catégorie

Somme des valeurs de Durée du Pied de groupe CodeRégion, pour tous les voyages en Corse

Redimensionner et aligner les contrôles

Après avoir inclus les informations désirées dans les sections adéquates d'un état, vous pouvez décider d'y aligner les données. L'alignement des contrôles sur des lignes et dans des colonnes précises améliore la lisibilité de l'information. Il existe deux types de commandes d'**alignement**. Vous pouvez aligner un contrôle à gauche, au centre ou à droite à l'intérieur de son propre cadre à l'aide des boutons Aligner le texte à gauche ▤, Centrer ▤ et Aligner le texte à droite ▤ de l'onglet Accueil. Vous pouvez également aligner les bords des contrôles par rapport à un autre à l'aide des commandes Gauche, Droite, Haut et Bas du bouton Aligner sous l'onglet Réorganiser en mode Création d'état. ▦▦▦ Vous décidez d'élargir et d'aligner certains contrôles pour améliorer la lisibilité de l'état Voyages par région. Le mode Page d'état est un bon choix pour appliquer ce genre de modification.

ÉTAPES

1. **Basculez en mode Page, puis cliquez sur le bouton Regrouper et trier pour masquer le volet Regrouper, trier et total.**

    Vous alignez sur la colonne Durée l'expression qui totalise les nombres de jours de voyage pour chaque catégorie.

2. **Cliquez sur la zone de texte Total jours du Pied de groupe Catégorie, cliquez sur l'onglet Accueil, cliquez sur le bouton Centrer ▤ du groupe Mise en forme du texte, puis utilisez le pointeur ↔ pour redimensionner la zone de texte, pour que les données soient alignées sur la colonne Durée (figure D-14).**

    L'expression de calcul mise en forme comme souhaité dans le Pied de groupe Catégorie, vous pouvez rapidement appliquer les mêmes modifications au calcul du Pied de groupe CodeRégion.

    PROBLÈME

    En cas d'erreur de manipulation, cliquez sur le bouton Annuler ↺ de la barre d'outils Accès rapide.

3. **Cliquez sur la zone de texte Total jours du Pied de groupe CodeRégion, cliquez sur ▤, puis redimensionnez à l'aide du pointeur ↔ la zone de texte à la même largeur que la zone de texte de la section Pied de groupe Catégorie.**

    Les deux zones de texte sont centrées et alignées à l'identique, ce qui en facilite la lecture sur l'état. Pour des nombres plus longs ou plus complexes, vous pourriez aligner les valeurs sur leur virgule décimale.

    PROBLÈME

    Si le nom de la région ne s'affiche pas en totalité, élargissez le contrôle NomRégion dans la section En-tête de groupe CodeRégion.

4. **Faites défiler le contenu de l'état pour voir tous les voyages en Rhône-Alpes (figure D-15).**

    Vous pouvez redimensionner, aligner et mettre en forme plus d'un contrôle à la fois. Le tableau D-3 propose des techniques de sélection de plusieurs contrôles à la fois en mode Création d'état.

Déplacer et redimensionner des contrôles avec précision

Vous pouvez déplacer et redimensionner des contrôles au moyen de la souris mais il est plus facile d'obtenir des résultats précis en utilisant le clavier. Appuyer sur les touches fléchées tout en maintenant [Ctrl] enfoncée déplace les contrôles sélectionnés d'un **pixel** (point d'image) à la fois dans la direction de la flèche. Appuyer sur les touches fléchées tout en maintenant [Maj] enfoncée redimensionne les contrôles sélectionnés d'un pixel à la fois.

FIGURE D-14 : Redimensionnement des contrôles en mode Page d'état

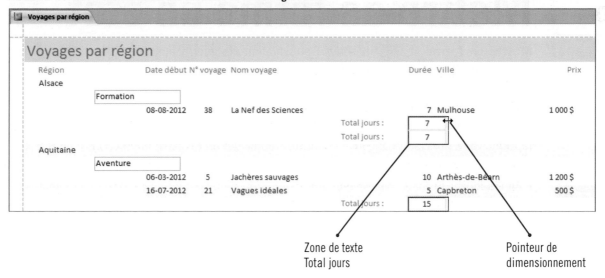

Zone de texte
Total jours

Pointeur de
dimensionnement

FIGURE D-15 : Aperçu des contrôles alignés et élargis

Zones de texte
élargies et alignées

TABLEAU D-3 : Sélectionner plusieurs contrôles simultanés en mode Création d'état

Technique	Description
Clic, [Maj] + clic	Cliquez sur un contrôle, pressez et maintenez [Maj] enfoncée, puis cliquez sur d'autres contrôles pour sélectionner chacun de ces contrôles.
Dessiner un rectangle de sélection	Cliquez puis glissez le pointeur pour dessiner un cadre de sélection en mode Création d'état, de sorte que chaque contrôle survolé totalement ou partiellement par ce cadre est sélectionné.
Cliquer dans une règle	Cliquez dans la règle verticale ou horizontale pour sélectionner tous les contrôles que la ligne de sélection intercepte.
Glisser dans une règle	Cliquez, puis glissez le pointeur dans la règle verticale ou horizontale pour sélectionner tout contrôle que la ligne de sélection intercepte, à mesure que le pointeur glisse dans la règle.

Mettre en forme un état

Mettre en forme signifie améliorer la présentation des informations. Le tableau D-4 présente plusieurs commandes de mise en forme populaires de l'onglet Format des Outils de création d'état. Même si l'Assistant État applique automatiquement de nombreux attributs de format à un état, vous adapterez sans doute souvent la présentation à vos besoins. ▓▓▓▓▓ Après avoir examiné l'état Voyages par région en compagnie de Michèle, vous décidez de corriger l'arrière-plan de certaines sections pour mieux les faire ressortir du rapport. Votre principal changement consiste à appliquer un dégradé aux sections d'en-tête et de pied de groupe du CodeRégion (au lieu des sections alternées proposées initialement par l'Assistant État simple). Pour appliquer de telles modifications aux sections de l'état, vous devez intervenir en mode Création d'état.

ÉTAPES

ASTUCE

Le raccourci clavier qui correspond à Annuler est [Ctrl] [Z]. Le raccourci clavier [Ctrl] [Y] correspond à Rétablir.

1. **Basculez l'état en mode Création, cliquez sur la barre de la section d'En-tête de groupe CodeRégion, cliquez sur l'onglet Format, déroulez la liste du bouton Autre couleur de ligne, cliquez sur Aucune couleur, cliquez sur le bouton Remplissage de forme, puis cliquez sur le carré de couleur Rouge foncé 2 (figure D-16).**

   Vous appliquez une modification semblable, avec une couleur différente, à la section En-tête de groupe Catégorie.

2. **Cliquez sur la barre de la section En-tête de groupe Catégorie, déroulez la liste du bouton Autre couleur de ligne, cliquez sur Aucune couleur, cliquez sur le bouton Remplissage de forme, puis cliquez sur le carré de couleur Vert 2 (juste à droite du Rouge foncé 2 parmi les couleurs standards).**

   Lorsque vous faites appel aux boutons Autre couleur de ligne et Remplissage de forme, vous modifiez en réalité respectivement les propriétés **Autre couleur fond** et **Couleur fond**, disponibles dans la Feuille de propriétés de la section ou du contrôle sélectionné. Si les fonds colorés permettent de différentier les parties d'un état, soyez toutefois prudent avec les couleurs sombres car elles peuvent apparaitre en noir sur certaines imprimantes et la plupart des télécopieurs.

3. **Basculez en mode Page pour vérifier le résultat de vos modifications.**

   Les sections d'en-tête de région et de catégorie apparaissent désormais plus clairement. Vous corrigez la présentation du titre de l'état.

4. **Cliquez sur l'étiquette Voyages par région de la section En-tête état, cliquez sur l'onglet Accueil, puis cliquez sur le bouton Gras ⌐G⌐ du groupe Mise en forme du texte.**

   Le résultat de la mise en forme prend l'aspect de la figure D-17. Vous ajoutez une étiquette dans la section Pied état qui vous identifie.

5. **Basculez en mode Création, glissez d'environ 1/2" (1,5 cm) vers le bas le bord inférieur de la barre de section Pied état, cliquez sur le bouton Étiquette ⌐Aa⌐ du groupe Contrôles, cliquez au centre de la section Pied état, tapez Réalisé par Votre Nom, appuyez sur [Entrée], cliquez sur l'onglet Accueil, cliquez sur Gras ⌐G⌐, puis sur Centrer ⌐≡⌐ du groupe Mise en forme du texte.**

6. **Enregistrez l'état, affichez l'Aperçu avant impression et imprimez si nécessaire l'état Voyages par région, puis fermez l'état.**

FIGURE D-16 : Mise en forme des arrière-plans des sections

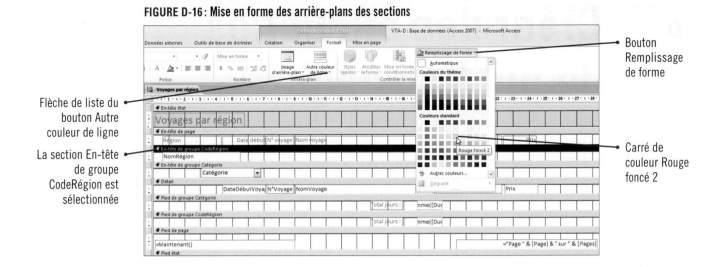

Flèche de liste du bouton Autre couleur de ligne

La section En-tête de groupe CodeRégion est sélectionnée

Bouton Remplissage de forme

Carré de couleur Rouge foncé 2

FIGURE D-17 : Mise en forme finale de l'état Voyages par région

Mise en gras du titre Voyages par région

Rouge foncé 2 appliqué au fond de l'en-tête du groupe CodeRégion

Vert 2 appliqué au fond de l'en-tête du groupe Catégorie

TABLEAU D-4 : Commandes utiles de mise en forme

Bouton	Nom du bouton	Description
G	Gras	Met ou enlève l'attribut gras.
I	Italique	Met ou enlève l'attribut italique.
S	Souligné	Met ou enlève l'attribut souligné.
▤	Aligner le texte à gauche	Aligne à gauche le contrôle sélectionné à l'intérieur de ses bordures.
▤	Centrer	Centre le contrôle sélectionné à l'intérieur de ses bordures.
▤	Aligner le texte à droite	Aligne à droite le contrôle sélectionné à l'intérieur de ses bordures.
◇ Remplissage de forme ▾	Remplissage de forme	Change la couleur d'arrière-plan du contrôle sélectionné.
Autre couleur de ligne ▾	Autre couleur de ligne	Change la couleur d'arrière-plan des enregistrements alternatifs (pairs) dans la section sélectionnée.
A	Couleur de police	Change la couleur du texte du contrôle sélectionné.
✎ Contour de forme ▾	Couleur du trait Épaisseur de ligne Type de ligne	Change la couleur des bordures du contrôle sélectionné. Change le style et l'épaisseur des bordures du contrôle sélectionné. Change l'aspect visuel spécial du contrôle sélectionné.

Créer des étiquettes de publipostage

Lorsqu'il s'agit de produire un adressage de masse pour diffuser par exemple de la publicité par voie postale, l'édition d'étiquettes avec les noms et les adresses des clients potentiels s'avère indispensable. Les étiquettes sont également précieuses dans d'autres types d'utilisations, comme le repérage de dossiers ou l'identification de personnes. N'importe quelle donnée d'une base de données Access peut servir de base à la création d'étiquettes, grâce à l'**Assistant Étiquette**, un assistant de création d'état spécialisé, capable de placer et de dimensionner avec précision des informations sur des centaines de formats d'étiquettes professionnels. Michèle vous demande de créer des étiquettes de publipostage sur base des adresses de la table Clients. L'Assistant Étiquette est votre meilleur allié dans cette tâche.

ÉTAPES

1. **Dans le volet de navigation, cliquez sur la table Clients, cliquez sur l'onglet Créer, puis cliquez sur le bouton Étiquettes du groupe États.**

   La première boite de dialogue de l'Assistant Étiquette s'ouvre. La zone de liste déroulante Filtrer par fabricant propose une trentaine de fabricants d'étiquettes normalisées. Comme Avery constitue une certaine référence, ce fabricant est proposé par défaut. Le fabricant sélectionné, votre tâche suivante consiste à choisir le numéro de produit qui correspond aux étiquettes que vous utiliserez pour l'impression. La zone de liste de taille d'étiquette fournit la principale source de cette information. Dans le cas qui nous occupe, vous utiliserez des étiquettes Avery L7560, un type très commun d'étiquettes, exploité pour des publipostages et bien d'autres usages.

2. **Faites défilez les numéros de référence, puis cliquez sur le type Avery L7560 (figure D-18).**

   Notez que la sélection du numéro de référence règle automatiquement les dimensions des étiquettes et le nombre de colonnes par planche d'étiquettes.

3. **Cliquez sur Suivant, cliquez à nouveau sur Suivant pour accepter les propositions prédéfinies de couleur et de police.**

   La troisième question de l'Assistant Étiquette porte sur le contenu de l'étiquette. Vous ajoutez des champs en provenance de la table Clients dans un format de publipostage standard.

4. **Double-cliquez sur Prénom, appuyez sur [Espace], double-cliquez sur Nom, pressez [Entrée], double-cliquez sur Adresse, pressez [Entrée], double-cliquez sur Ville, entrez une virgule et un [Espace], double-cliquez sur CodeProvince, pressez [Espace], puis double-cliquez sur CP.**

   Si votre étiquette prototype ne correspond pas exactement à celle de la figure D-19, supprimez les champs et recommencez. Veillez à placer un espace entre le prénom et le nom de la première ligne, une virgule et un espace entre la ville et le code de province, ainsi qu'un espace entre le code de province et le code postal (le champ CP).

5. **Cliquez sur Suivant, double-cliquez sur Nom pour le sélectionner comme champ de tri, cliquez sur Suivant, cliquez sur Terminer pour accepter le nom Étiquettes Clients pour ce nouvel état, puis cliquez sur OK à l'invite.**

   La figure D-20 montre une partie de l'état obtenu. Il est généralement conseillé d'imprimer sur du papier normal la première page de ce genre d'état pour vérifier que tout est aligné correctement, avant de passer à l'impression sur de vraies étiquettes.

6. **Cliquez sur le bouton Imprimer de l'onglet Aperçu avant impression, cliquez dans la zone de texte De, entrez 1, cliquez dans la zone À, entrez 1, puis cliquez sur OK si votre professeur vous demande une copie sur papier.**

7. **Fermez l'état Étiquettes Clients, fermez la base de données VTA-D.accdb, puis quittez Access 2010.**

FIGURE D-18 : Boite de dialogue Assistant Étiquette

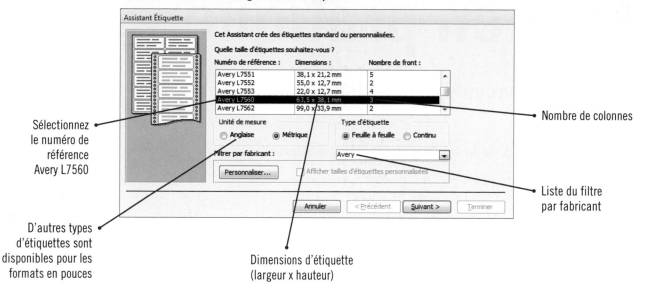

Sélectionnez le numéro de référence Avery L7560

D'autres types d'étiquettes sont disponibles pour les formats en pouces

Dimensions d'étiquette (largeur x hauteur)

Nombre de colonnes

Liste du filtre par fabricant

FIGURE D-19 : Construction de l'étiquette prototype

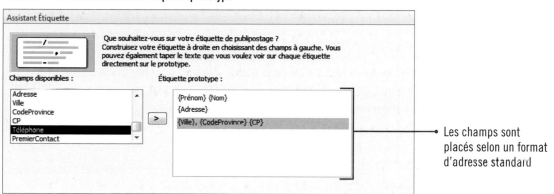

Les champs sont placés selon un format d'adresse standard

FIGURE D-20 : État Étiquettes Clients

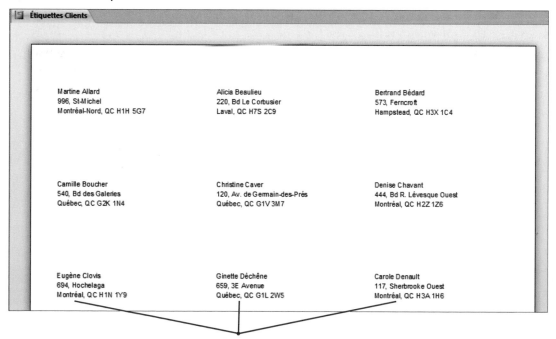

Les informations de la table Clients sont fusionnées dans un format d'étiquette Avery L7560

Mise en pratique

Révision des concepts

Identifiez les éléments de la fenêtre en mode Création d'état de la figure D-21.

FIGURE D-21

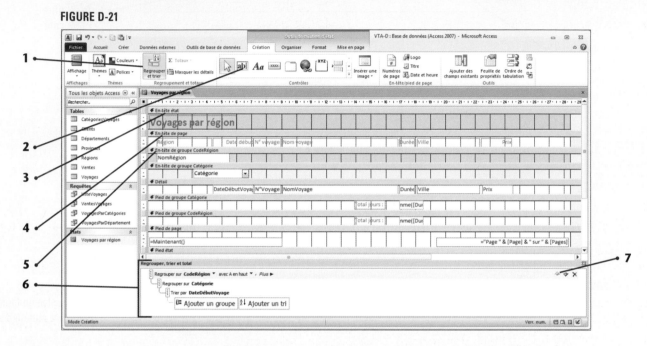

Associez chaque terme à sa description.

8. **Expression**
9. **Section**
10. **Section Détail**
11. **Propriété Source (de l'état)**
12. **Mise en forme**
13. **Regroupement**
14. **Alignement**

a. À gauche, centré ou à droite en sont les choix usuels.
b. S'imprime une fois pour chaque enregistrement.
c. Identifie les champs et les enregistrements transmis à un état.
d. Permet de trier les enregistrements *et* de créer une section.
e. Détermine l'emplacement où un contrôle apparait dans un état, ainsi que sa fréquence d'apparition.
f. Une combinaison de noms de champs, d'opérateurs et de fonctions qui donnent en résultat une valeur simple.
g. Améliore l'apparence des informations imprimées dans un état.

Choisissez la meilleure réponse à chaque question.

15. Parmi les propositions suivantes, quelle est celle qui *ne* constitue *pas* un mode d'affichage d'état valable?
   a. Aperçu avant impression
   b. Mode Création
   c. Mode Page
   d. Mode Section

16. Quel type de contrôle la section Détail reçoit-elle le plus souvent?
   a. Image
   b. Trait
   c. Étiquette
   d. Zone de texte

17. Dans quelle section d'état place-t-on généralement le titre de l'état?
   a. En-tête état
   b. Détail
   c. Pied de groupe
   d. Pied état

18. **Dans quelle section d'un état trouve-t-on le plus souvent une expression calculée qui présente la numérotation des pages ?**

    a. En-tête état   **c.** Détail

    b. Pied de groupe   **d.** Pied de page

19. **Parmi les suivantes, quelle est l'expression qui calculerait le nombre d'enregistrements à l'aide du champ Prénom ?**

    a. =Compte([Prénom])   **c.** =Compte[Prénom]

    b. =Compte(Prénom)   **d.** =Compte{Prénom}

20. **Pour aligner les bordures de plusieurs contrôles les unes par rapport aux autres, vous utilisez les commandes d'alignement de l'onglet :**

    a. Mise en forme.   **c.** Création.

    b. Aperçu avant impression.   **d.** Organiser.

Révision des techniques

1. **Utiliser l'Assistant État.**

    a. Ouvrez la base de données AgencesImmo-D.accdb de votre dossier Projets. Activez le contenu si vous y êtes invité.

    b. À l'aide de l'Assistant État, créez un état qui se fonde sur les champs NomAgent et TélAgent de la table Agents et les champs Type, Surface, Chambres, Bains et Prix de la table Propriétés.

    c. Affichez les données par Agents, n'ajoutez aucun autre niveau de regroupement et triez les enregistrements en ordre décroissant de Prix.

    d. Utilisez la disposition Échelonné et l'orientation Paysage. Intitulez l'état **Portefeuille agents**.

    e. Affichez la première page de l'aperçu de l'état. Relevez les champs et les noms de champs qui nécessitent plus de place pour s'afficher en totalité.

2. **Utiliser le mode Page d'état.**

    a. Basculez en mode Page d'état.

    b. Réduisez la largeur des colonnes NomAgent et TélAgent au strict nécessaire.

    c. Modifiez l'étiquette NomAgent en **Agent**, l'étiquette TélAgent en **Téléphone**, et l'étiquette Surface en **Surface (m²)**.

    d. Affichez l'Aperçu avant impression et examinez toutes les pages de l'état.

3. **Examiner les sections d'un état.**

    a. Basculez en mode Création d'état.

    b. Glissez la zone de texte qui affiche le calcul de numéro de page du coin inférieur droit de la section Pied de page, vers la gauche pour placer son bord droit sur le repère 9″ (23 cm) de la règle horizontale.

    c. Sélectionnez toutes les étiquettes de la section En-tête de page, *sauf* l'étiquette Agent. (*Conseil* : Cliquez dans la règle verticale à la hauteur des étiquettes de la section En-tête de page pour sélectionner toutes les étiquettes de la section, pressez et maintenez [Maj] pressée, puis cliquez sur l'étiquette Agent pour la désélectionner.) À l'aide de la touche [←], déplacez en bloc toutes les étiquettes sélectionnées vers la gauche, jusqu'à toucher l'étiquette Agent.

    d. Sélectionnez la zone de texte TélAgent de la section En-tête de groupe N°Agent et déplacez-la vers la gauche pour l'aligner sur l'étiquette correspondante de la section En-tête de page.

    e. Sélectionnez de même tous les contrôles de la section Détail et déplacez-les vers la gauche pour les aligner sur les étiquettes correspondantes de la section En-tête de page.

    f. Glissez le bord droit de l'état vers la gauche jusqu'au repère 10 1/2″ (27 cm) de la règle horizontale.

4. **Imposer des regroupements et des ordres de tri.**

    a. Ouvrez le volet Regrouper, trier et total.

    b. Ajoutez le champ Type comme niveau de regroupement entre le champ de regroupement N°Agent et le champ de tri Prix.

    c. Coupez la zone de liste déroulante Type de la section Détail et collez-la dans la section En-tête de groupe Type.

    d. Déplacez la zone de liste déroulante Type pour aligner son bord gauche sur le repère 1″ (2,5 cm) de la règle horizontale, puis réduisez la hauteur de la section En-tête de groupe Type au strict nécessaire.

    e. Supprimez l'étiquette Type de la section En-tête de page.

    f. En mode Page d'état, déplacez les colonnes (étiquettes et zones de texte) au plus près de la colonne Prix.

    g. Sélectionnez la zone de texte Type et alignez-en les informations à droite dans la zone de texte.

Révision des techniques (suite)

5. **Ajouter des sous-totaux et des comptages.**
   a. Basculez en mode Création d'état, puis ouvrez la section Pied de groupe N°Agent.
   b. Ajoutez une zone de texte à la section Pied de groupe N°Agent, juste en dessous de la zone de texte Prix de la section Détail. Remplacez le texte de son étiquette par **Sous-total :** et entrez l'expression **=Somme([Prix])** dans la zone de texte. Réduisez la hauteur de la section au strict nécessaire.
   c. Glissez le bord inférieur de la barre Pied état d'environ 1/4″ (1 cm) pour réserver un peu d'espace dans le pied d'état.
   d. Copiez et collez la nouvelle zone de texte et son étiquette dans la section Pied état, alignées sur celles de la section Pied de groupe N°Agent.
   e. Modifiez le texte de l'étiquette dans la section Pied état en **Total général :**.
   f. Affichez l'aperçu avant impression et examinez la dernière page de l'état pour vérifier les résultats des deux calculs dans leurs sections respectives.

6. **Redimensionner et aligner les contrôles.**
   a. Basculez en mode Page, fermez le volet Regrouper, trier et total, puis allez à la dernière page de l'état pour voir les calculs de Sous-total et de Total général.
   b. Alignez à droite le texte des étiquettes Sous-total et Total général. Déplacez ces étiquettes pour que leurs bords droits soient alignés l'un sur l'autre.
   c. Alignez également les bords droits des zones de texte de calcul sur le bord droit de la colonne Prix. (*Conseil* : Pour aligner avec précision les bords droits de deux contrôles, basculez en mode Création d'état, sélectionnez les deux contrôles simultanément, cliquez sur le bouton Aligner du groupe Redimensionnement et classement, sous l'onglet Organiser des Outils de création d'état, puis cliquez sur Droite. En mode Page d'état, utilisez la souris ou les touches de déplacement pour aligner manuellement les contrôles.)
   d. Enregistrez l'état.

7. **Mettre en forme un état.**
   a. Basculez en mode Création d'état, changez l'Autre couleur de ligne de la section Détail en Aucune couleur.
   b. Changez l'Autre couleur de ligne de la section En-tête de groupe Type en Aucune couleur.
   c. Changez l'Autre couleur de ligne de la section En-tête de groupe N°Agent en Aucune couleur, puis changez la couleur de Remplissage de forme de cette section en Vert 2.
   d. Sélectionnez la zone de texte NomAgent de la section En-tête de groupe N°Agent, puis changez la couleur de Remplissage de forme en Vert 2 pour l'harmoniser avec la section. Appliquez la même couleur de remplissage à la zone de texte TélAgent.
   e. Mettez en gras le titre de l'état, **Portefeuille agents**, dans la section En-tête état.
   f. Double-cliquez sur une poignée de dimensionnement de l'étiquette de l'en-tête d'état pour l'étendre automatiquement en fonction de son contenu. Veillez à double-cliquer sur une des poignées de dimensionnement et non dans l'étiquette, ce qui ouvrirait la Feuille de propriétés.
   g. Changez en noir la couleur de police de toutes les étiquettes de la section En-tête de page.
   h. Enregistrez, puis visualisez l'état en mode Aperçu avant impression. Il devrait prendre l'aspect de la figure D-22.
   i. En mode Création, ajoutez une étiquette avec votre nom dans la partie gauche de la section Pied état.
   j. Revenez en mode Aperçu avant impression, puis fermez l'état Portefeuille agents.

8. **Créer des étiquettes de publipostage.**
   a. Cliquez sur la table Agences dans le volet de navigation, puis lancez l'Assistant Étiquette.
   b. Sélectionnez le format d'étiquette Avery L7560 et acceptez les réglages d'apparence proposés.
   c. Construisez un prototype d'étiquette avec le NomAgence sur la première ligne, la Rue sur la deuxième ligne, puis, sur la troisième ligne, la Ville, une virgule et un espace, la Province, un espace et le CP.
   d. Triez en ordre croissant de NomAgence et intitulez l'état **Étiquettes Agences**.

FIGURE D-22

Portefeuille agents						
Nom	Téléphone		Prix	Surface (m²)	Chambres	Bains
Huard	418-222-8877					
		Nouvelle				
			129000	333	2	3
		Villa				
			90000	378	4	4
		Sous-total :	219000			
Lecompte	418-111-9900					
		Nouvelle				
			135000	322	3	2,5
		Villa				
			85000	135	3	2
		Sous-total :	220000			

Révision des techniques (suite)

e. Affichez l'aperçu avant impression de l'état. Cliquez sur OK si une boite de dialogue vous signale un souci d'espace horizontal.

f. Si votre professeur vous demande d'imprimer l'état Étiquettes Agences, ouvrez la table Agences, remplacez le nom de l'Agence Ski et Soleil par **Agence votre nom**. Fermez la table Agences, rouvrez l'état Étiquettes Agences, puis imprimez-le.

g. Fermez l'état Étiquettes Agences, fermez la base de données AgencesImmo-D.accdb, puis quittez Access 2010.

Exercice personnel 1

Directeur administratif d'une société internationale d'organisation de congrès et de salons professionnels, vous avez créé une base de données pour suivre les congrès, les participants, les inscriptions et les compagnies participantes. Votre but est de créer un état des dernières données d'inscription des participants.

a. Démarrez Access, ouvrez la base de données Congrès-D.accdb de votre dossier Projets, puis activez le contenu à l'invite.

b. À l'aide de l'Assistant État, créez un état avec les champs PrénomParticipant et NomParticipant de la table Participants, le champ NomCompagnie de la table Compagnies, ainsi que les champs NomCongrès et Pays de la table Congrès.

c. Affichez vos données par Congrès, n'ajoutez aucun niveau de regroupement supplémentaire et triez les données en ordre croissant de NomCompagnie, puis de NomParticipant.

d. Utilisez la disposition Bloc et l'orientation Portrait, puis nommez l'état **Liste des Congrès**.

e. En mode Page, changez les étiquettes de la section En-tête de page NomCongrès en **Congrès**, NomCompagnie en **Compagnie**, Nom participant en **Participant**, puis supprimez l'étiquette PrénomParticipant.

f. Ouvrez le volet Regrouper, trier et total, puis cliquez sur le bouton Plus (Autres options) pour ouvrir les sections En-tête de groupe et Pied de groupe du champ NomCompagnie.

g. En mode Création d'état, agrandissez la section En-tête de groupe N°Congrès d'environ 1/2" (1 cm), puis appliquez un copier-coller pour déplacer la zone de texte NomCongrès de la section Détail vers la section En-tête de groupe N°Congrès. Alignez à droite la zone de texte NomCongrès par rapport à l'étiquette Congrès de la section En-tête de page. Glissez le bord supérieur de la barre de section En-tête de groupe NomCompagnie pour réduire l'espace vide de la section En-tête de groupe N°Congrès.

h. Agrandissez la section En-tête de groupe NomCompagnie d'environ 1/4" (0,5 cm). Glissez la zone de texte NomCompagnie vers le bas de la section En-tête de groupe NomCompagnie. D'un couper-coller, déplacez la zone de texte Pays de la section Détail vers la section En-tête de groupe N°Congrès et placez-la juste au-dessus de la zone de texte NomCompagnie de la section En-tête de groupe NomCompagnie.

i. Supprimez les étiquettes Pays et Compagnie de la section En-tête de page.

j. En mode Page d'état, faites défiler l'état pour le parcourir dans son ensemble et élargissez les zones de texte NomCongrès et NomCompagnie autant que nécessaire pour y afficher les noms complets. Veillez toutefois à ne pas étendre les données au-delà de la largeur limite de l'état dans son orientation Portrait.

k. En mode Création, agrandissez la section Pied de groupe NomCompagnie et entrez une expression dans une nouvelle zone de texte pour calculer le nombre de participants par compagnie, **=Compte([NomParticipant])**. Alignez cette zone de texte sous la zone de texte NomParticipant.

l. Modifiez l'étiquette de cette nouvelle zone de texte pour qu'elle affiche **Nombre :**. Appliquez-lui la couleur de police Noir.

m. Changez en Noir la couleur de police des étiquettes de l'intitulé de l'état et de la section En-tête de page. Affichez l'aperçu avant impression de l'état. Le décompte des participants pour le premier congrès devrait être de 21.

n. Si votre professeur vous demande d'imprimer l'état, basculez en mode Création, ajoutez votre nom dans la section En-tête état, puis imprimez la première page de l'état.

o. Enregistrez puis fermez l'état Liste des Congrès, fermez la base de données Congrès-D.accdb et quittez Access 2010.

Exercice personnel 2

Vous avez édifié une base de données Access pour suivre les membres d'une association d'aide à la communauté. La base de données énumère les noms des membres et leurs adresses, ainsi que leurs niveaux de coopération dans l'association, qui évoluent par rangs en fonction de la contribution horaire bénévole des membres à la communauté.

a. Démarrez Access, ouvrez la base de données Membres-D.accdb de votre dossier Projets, puis activez le contenu à l'invite.

b. Ouvrez la table Membres et remplacez le prénom et le nom de l'enregistrement de France Gustavsen par vos propres prénom et nom, puis fermez la table Membres.

c. À l'aide de l'Assistant état, créez un état comprenant les champs Niveau et Récompense de la table Niveaux, puis les champs Prénom, Nom et RécompensePayée de la table Membres.

d. Visualisez les données par Niveaux. N'ajoutez aucun niveau de regroupement et triez les enregistrements en ordre croissant de Nom.

e. Choisissez la disposition Échelonné et l'orientation Portrait. Intitulez l'état **État des récompenses dues**, puis visualisez l'aperçu de l'état.

f. Basculez en mode Création, utilisez le volet Regrouper, trier et total pour ouvrir la section Pied de groupe NumNiveau.

g. Ajoutez une zone de texte à la section Pied de groupe NumNiveau, juste en dessous de la zone de texte RécompensePayée. Remplacez le contenu de l'étiquette par **Nombre:** et l'expression dans la zone de texte par **=Compte([RécompensePayée])**.

h. Agrandissez si nécessaire la section Pied de groupe NumNiveau, puis ajoutez une deuxième zone de texte à cette section, juste en dessous de la précédente. Remplacez le contenu de l'étiquette par **Sous-total :** et l'expression de la zone de texte par **=Somme([RécompensePayée])**.

i. Déplacez, redimensionnez et alignez les zones de texte de la section Pied de groupe NumNiveau, pour les aligner sous la zone de texte RécompensePayée de la section Détail.

Difficultés supplémentaires

- Ouvrez la Feuille de propriétés de la zone de texte contenant =Somme([RécompensePayée]). Réglez la propriété Format à **Monétaire** et la propriété Décimales à **2**.
- Agrandissez si nécessaire la section Pied de groupe NumNiveau et ajoutez une troisième zone de texte juste en dessous de la deuxième. Remplacez le texte de son étiquette par **Récompenses dues moins payées:**.
- Remplacez le contenu de la zone de texte par l'expression **=Compte([RécompensePayée])*[Récompense]-Somme([RécompensePayée])**, qui compte le *nombre de valeurs* dans le champ RécompensePayée, le multiplie par le champ Récompenses, puis soustrait du résultat la somme des valeurs du champ RécompensePayée pour la section. Ceci permet d'obtenir le solde des récompenses à payer.
- Dans la Feuille de propriétés, ajustez la propriété Format de cette zone de texte à **Monétaire** et sa propriété Décimales à **2**.

j. Alignez les bordures droites de la zone de texte RécompensePayée de la section Détail avec les bordures droites de toutes les zones de texte de la section Pied de groupe NumNiveau.

k. Enregistrez l'État des récompenses dues, affichez son Aperçu avant impression, puis fermez l'état.

l. Fermez la base de données Membres-D.accdb, puis quittez Access.

Exercice personnel 3

Vous avez édifié une base de données Access pour gérer les dépôts de déchets recyclables dans un centre de recyclage. Plusieurs associations déposent régulièrement des matériaux recyclables, mesurés au poids en kilogrammes au moment du dépôt.

a. Démarrez Access, ouvrez la base de données Recyclage-D.accdb de votre dossier Projets et activez le contenu à l'invite.

b. Ouvrez la table Centres, dans le champ NomCentre, ajoutez votre nom à la suite de **Déchetterie locale** dans l'enregistrement de la Déchetterie locale, puis fermez la table.

c. À l'aide de l'Assistant État, créez un état avec le champ NomCentre de la table Centres, les champs DateDépôt et Poids de la table Dépôts, et NomAssociation de la table Associations.

d. Affichez les données par Centres, n'ajoutez aucun regroupement et triez les enregistrements en ordre croissant de DateDépôt.

e. Choisissez la disposition Échelonné et l'orientation Portrait. Intitulez l'état **État des Dépôts**.

f. En mode Page d'état, centrez l'étiquette Poids et les données de la colonne Poids. Redimensionnez les autres étiquettes pour que leur contenu s'affiche intégralement.

g. Ajoutez des espaces et remplacez les majuscules par des minuscules dans les étiquettes, pour que NomCentre devienne **Nom centre**, DateDépôt devienne **Date dépôt** et NomAssociation devienne **Nom association**.

Exercice personnel 3 (suite)

h. En mode Création d'état, ouvrez le volet Regrouper, trier et total et ajoutez une section Pied de groupe NoCentre.

i. Ajoutez une zone de texte à la section Pied de groupe NoCentre, juste en dessous de la zone de texte Poids, avec l'expression **=Somme([Poids])**.

j. Renommez l'étiquette de cette nouvelle zone de texte en **Poids total centre :** et déplacez-la vers la gauche pour qu'elle ne chevauche pas la zone de texte.

k. Redimensionnez et alignez les bords de la zone de texte =Somme([Poids]) de la section Pied de groupe NoCentre sur la zone de texte Poids de la section Détail. Centrez le contenu de la zone de texte =Somme([Poids]).

l. Agrandissez la section Pied état, puis copiez-collez la zone de texte =Somme([Poids]) et son étiquette de la section Pied de groupe NoCentre dans la section Pied état.

m. Modifiez en **Poids total général :** le texte de l'étiquette présente dans la section Pied état.

n. Déplacez et alignez les contrôles de la section Pied état sur les contrôles correspondants de la section Pied de groupe NoCentre.

o. Glissez les bords supérieurs de toutes les sections pour réduire autant que possible les espaces vides de l'état, puis affichez la dernière page de l'Aperçu avant impression (figure D-23). Les espacements peuvent légèrement différer dans votre état par rapport à la figure, mais le sous-total et le total général des poids doivent y correspondre.

p. Enregistrez, puis fermez l'État des Dépôts. Fermez la base de données Recyclage-D.accdb et quittez Access.

FIGURE D-23

2012-06-02	60	Vers Demain
2012-07-18	65	Vers Demain
2012-10-21	60	Club Lions
2012-11-04	100	Scouts #1
2012-11-18	85	Les responsables
2012-12-10	50	Vers Demain
Poids total centre :	2720	
Poids total général :	9365	

Défi

Une base de données Access constitue un excellent outil pour gérer et suivre des offres d'emploi et les candidatures à ces offres. Cet exercice vous propose de créer un état pour faciliter la lecture et l'analyse des données de la base de données de recherche d'emploi.

a. Démarrez Access, ouvrez la base de données RechercheEmploi-D.accdb de votre dossier Projets et activez le contenu à l'invite.

b. Ouvrez la table Employeurs et entrez cinq nouveaux enregistrements avec les données de cinq employeurs potentiels.

c. À l'aide des sous-feuilles de données correspondantes, entrez cinq autres offres d'emplois, issues de préférence de votre propre expérience, soit cinq offres du même employeur, soit une offre par employeur, soit toute combinaison intermédiaire. Vérifiez l'orthographe de tout le texte que vous entrez.

d. À l'aide de l'Assistant État, créez un état qui énumère tous les champs de la table Employeurs, sauf le champ NoEmployeur, ainsi que tous les champs de la table Postes, sauf les champs Préférence, NoEmployeur et NoPoste.

e. Affichez les données par Employeurs, n'ajoutez aucun autre niveau de regroupement ni ordre de tri.

f. Sélectionnez la disposition Bloc et l'orientation Paysage, puis intitulez l'état **Offres d'emploi**.

g. En mode Page d'état, renommez les étiquettes de la section En-tête de page RueEmp en **Rue**, CPEmp en **C.P.**, VilleEmp en **Ville**, ProvEmp en **Prov.**, TélEmp en **Téléphone**, SalaireAnnuel en **Salaire**.

h. En mode Page, redimensionnez les colonnes et leurs étiquettes pour que les données s'inscrivent lisiblement dans la largeur d'une page en orientation Paysage.

i. En mode Création d'état, déplacez vers la gauche l'expression de calcul du numéro de page de la section Pied de page, pour que son bord droit affleure le repère 10 1/2" (26 cm) de la règle horizontale.

j. Visualisez l'Aperçu avant impression, enregistrez l'état Offres d'emploi, puis imprimez-le si nécessaire.

k. Fermez l'état Offres d'emploi, fermez la base de données RechercheEmploi-d.accdb, puis quittez Access.

Atelier visuel

Ouvrez la base de données Basketball-D.accdb de votre dossier Projets et activez le contenu à l'invite. D'abord, entrez votre propre nom à la place de celui de Claudia Brassard dans la table Joueuses. Votre but est de créer l'état présenté à la figure D-24. Choisissez les champs Prénom, Nom, VilleOrigine, ProvOrigine de la table Joueuses et les champs LR, 3PtsT et LFT de la table Statistiques. Affichez les données par Joueuses, n'ajoutez aucun autre niveau de regroupement ni d'ordre de tri. Choisissez une disposition en Bloc et l'orientation Portrait, puis intitulez l'état **Résultats par Joueuses**. En mode Page d'état, redimensionnez toutes les colonnes pour qu'elles s'inscrivent sur la largeur d'une feuille de papier en orientation Portrait. Modifiez les étiquettes de la section En-tête de page comme indiqué. En mode Création, déplacez le calcul du numéro de page en deçà de la marge de page et déplacez le bord droit de la page pour éliminer les pages vides. Ouvrez la section Pied de groupe Joueuses et ajoutez les expressions qui additionnent respectivement les champs LR, 3PtsT et LFT. Modifiez, redimensionnez et alignez les contrôles pour obtenir un résultat impeccable.

FIGURE D-24

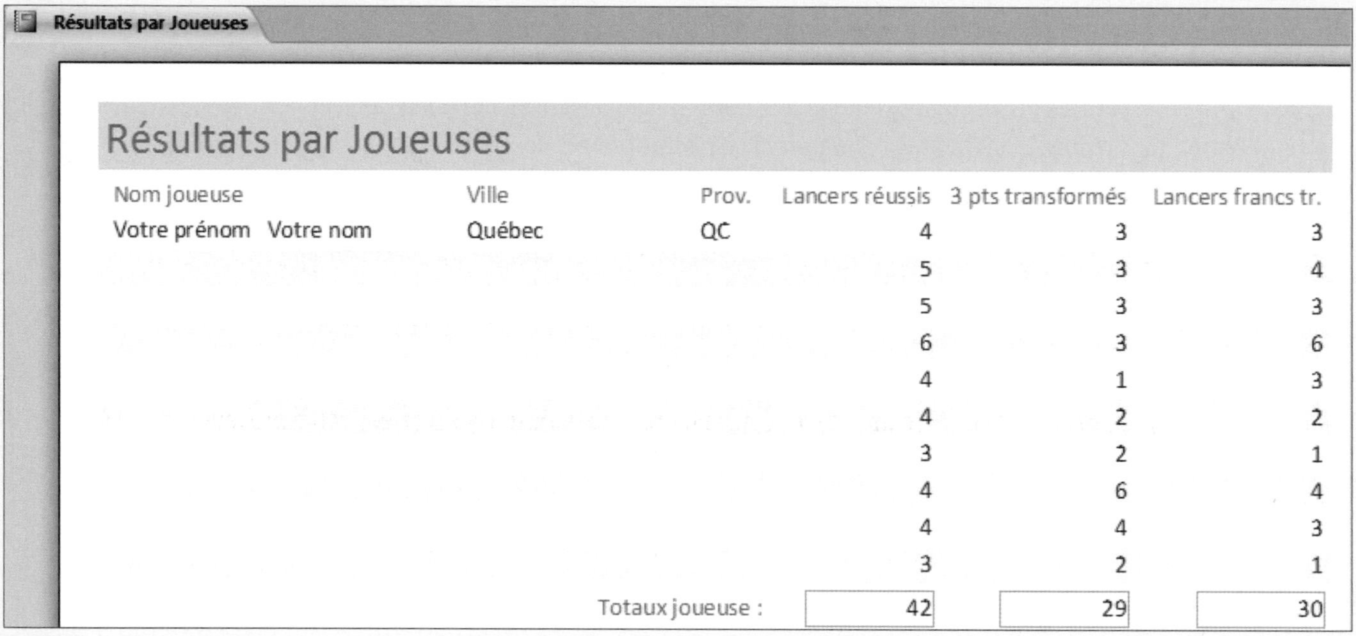

Nom joueuse		Ville	Prov.	Lancers réussis	3 pts transformés	Lancers francs tr.
Votre prénom	Votre nom	Québec	QC	4	3	3
				5	3	4
				5	3	3
				6	3	6
				4	1	3
				4	2	2
				3	2	1
				4	6	4
				4	4	3
				3	2	1
		Totaux joueuse :		42	29	30

Titre : Résultats par Joueuses

Restructurer une base de données

Dans ce module, vous apprendrez à ajouter de nouvelles tables à une base de données et à les relier dans une relation un-à-plusieurs afin de créer une base de données relationnelle. Vous travaillerez avec des champs dotés de types de données différents (Texte, Numérique, Monétaire, Date/Heure et Oui/Non) pour définir les données stockées dans la base de données. Vous créerez et utiliserez des champs Pièce jointe pour y emmagasiner des images. Vous modifierez aussi plusieurs propriétés des tables et des champs pour mettre en forme et valider les données. En collaboration avec Michèle Piloubeau, responsable du développement des tours organisés en France chez Voyages Tour Aventure, vous développez une base de données Access pour suivre les voyages, les clients et les ventes des voyages organisés qu'elle a créés. La base de données comprend plusieurs tables, que vous devrez relier, restructurer et étendre, de manière à créer une base de données relationnelle.

OBJECTIFS

Comprendre les bases de données relationnelles

Créer des tables reliées

Créer des relations un-à-plusieurs

Créer des champs Listes de choix

Modifier des champs Texte

Modifier des champs Numérique et Monétaire

Modifier des champs Date/Heure

Modifier les propriétés de validation d'un champ

Créer des champs Pièce jointe

Comprendre les bases de données relationnelles

Une base de données relationnelle a pour objet d'organiser et de stocker les données de façon à réduire la redondance des données, tout en augmentant la souplesse avec laquelle ces données peuvent être interrogées et analysées. Pour y parvenir, une base de données relationnelle utilise des tables reliées plutôt qu'une seule grosse table.  Jusqu'ici, le Service commercial de Voyages Tour Aventure a suivi les informations des ventes de tours organisés à l'aide d'une seule table Access, nommée Ventes (figure E-1). Vous constatez là un problème de redondance des données, car certains enregistrements dédoublent les mêmes informations sur les voyages et les clients. Vous étudiez donc les principes de la conception de bases de données relationnelles afin d'aider les services de VTA à réorganiser les champs de la table unique dans une base de données relationnelle bien conçue.

DÉTAILS

Suivez ces principes pour réorganiser une liste en une base de données relationnelle bien structurée :

- **Concevez chaque table pour que les champs qu'elle contient décrivent un seul sujet.**

  La table Ventes illustrée à la figure E-1 comporte actuellement quatre sujets : des voyages, des clients, des ventes et les paiements afférents. L'insertion de plusieurs sujets dans une seule table crée des données redondantes. Par exemple, le nom d'un client doit être entré chaque fois que ce client achète un voyage différent ou effectue un paiement. La redondance dans les données entraine un surcroit de travail de saisie, augmente le risque d'erreur et exige une plus grande capacité de stockage. Qui plus est, elle limite les possibilités de recherche, d'analyse et de création d'états sur les données. Ces inconvénients peuvent être réduits par une structure de base de données relationnelle bien conçue.

- **Identifiez une clé primaire pour chacune des tables.**

  Un **champ clé primaire** est un champ qui contient des informations uniques pour chaque enregistrement. Un champ d'identification d'employé ou de numéro d'assurance sociale (NAS) est souvent utilisé à cette fin dans une table du personnel. Le nom de famille pourrait bien sûr servir de clé primaire dans une petite base de données, mais n'en demeure pas moins un mauvais choix, puisqu'une telle clé ne convient plus dès que deux personnes portent le même patronyme.

- **Définissez des relations un-à-plusieurs.**

  Pour relier les données d'une table à une autre, il faut un champ commun aux deux tables. Ce champ commun sera la clé primaire dans la table située du côté « un » de la relation et la **clé étrangère** (ou **clé externe**) dans la table située du côté « plusieurs » de la relation. La clé primaire contient une entrée unique pour chaque enregistrement, alors que la clé étrangère peut contenir la même valeur dans plusieurs enregistrements pour créer une relation un-à-plusieurs. Par exemple, vous associerez un champ N°Client, qui joue le rôle de clé primaire dans la table Clients, à une clé étrangère N°Client de la table Ventes, pour joindre un client à plusieurs ventes à ce client. Notez que le champ de liaison ne porte pas nécessairement le même nom dans les tables « un » et « plusieurs ».

  La nouvelle structure des champs de la base de données des voyages est illustrée à la figure E-2. Un client pouvant participer à plusieurs voyages, les tables Clients et Ventes possèdent donc une relation un-à-plusieurs basée sur les champs de liaison N°Client respectifs. Un voyage pouvant faire l'objet de plusieurs ventes, les tables Voyages et Ventes ont donc une relation un-à-plusieurs basée sur leur champ commun N°Voyage. Enfin, une vente peut faire l'objet de plusieurs paiements, ce qui implique une relation un-à-plusieurs selon le champ commun N°Vente.

FIGURE E-1 : Ventes dans une table unique, données redondantes

NomVoyage	Ville	Prix	N°Vente	DateVente	Prénom	Nom	DatePaie	MntPaiement
Découverte marine	Nice	750,00 $	2	2012-03-30	Mérisa	Vachon	2012-03-02	50,00 $
Découverte marine	Nice	750,00 $	118	2012-03-30	Christine	Caver	2012-03-03	60,00 $
Club de ski Cyclone	Tarbes	850,00 $	1	2012-04-30	Christine	Caver	2012-04-02	70,00 $
Club de ski Cyclone	Tarbes	850,00 $	1	2012-04-30	Christine	Caver	2012-05-20	100,00 $
Découverte marine	Nice	750,00 $	120	2012-04-30	Claude	Huberty	2012-05-21	75,00 $
Découverte marine	Nice	750,00 $	86	2012-04-30	Louise	Garneau	2012-05-22	150,00 $
Club de ski Cyclone	Tarbes	850,00 $	1	2012-04-30	Christine	Caver	2012-06-02	200,00 $

Les informations des voyages sont dupliquées dans chaque vente et chaque paiement

Les informations de vente sont dupliquées pour chaque paiement

Les informations du client sont dupliquées dans chaque vente et chaque paiement

Champs des paiements

FIGURE E-2 : Des tables associées réduisent les données redondantes

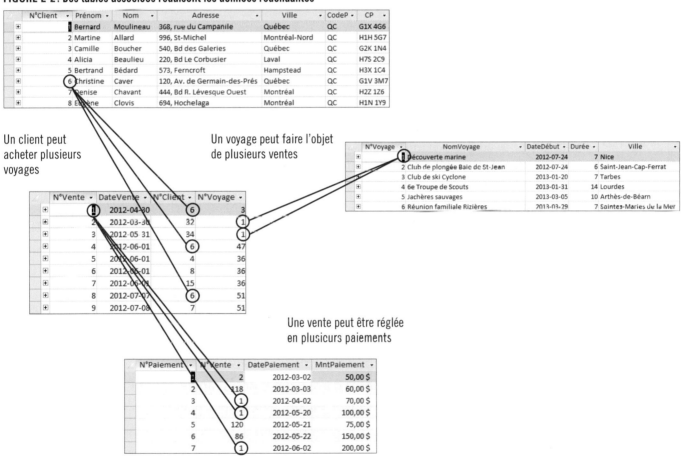

Un client peut acheter plusieurs voyages

Un voyage peut faire l'objet de plusieurs ventes

Une vente peut être réglée en plusieurs paiements

Relations plusieurs-à-plusieurs

Pendant la conception d'une base de données, vous vous apercevez parfois que deux tables ont une relation **plusieurs-à-plusieurs**. Pour lier ces tables, vous devez créer une troisième table, appelée **table de jonction**, contenant deux champs de clés étrangères, qui serviront de côté « plusieurs » dans les relations un-à-plusieurs avec les deux tables originales. Dans notre étude de cas, les tables Clients et Voyages entretiennent une relation plusieurs-à-plusieurs puisqu'un client peut acheter plusieurs voyages et qu'un voyage implique la participation de plusieurs clients. La table Ventes joue précisément le rôle de table de jonction des deux autres tables.

E

Access 2010

Créer des tables reliées

La conception sur papier d'une base de données relationnelle valide est suivie de la création des tables dans Access. Toutes les caractéristiques d'une table, telles que les noms des champs, les types de données, la description des champs, les propriétés des champs, les propriétés des listes de choix et les clés primaires, sont définies en **mode Création de table**. ▓▓▓▓ Vous créez la table Paiements à partir de la conception de votre nouvelle base de données.

ÉTAPES

1. **Démarrez Access, ouvrez la base de données VTA-E.accdb et activez le contenu si vous y êtes invité.**

   Les tables Clients, Ventes et Voyages, ainsi que les tables secondaires Provinces, Départements et Régions, existent déjà dans la base de données. Vous devez créer la table Paiements.

2. **Cliquez sur l'onglet Créer du Ruban, puis cliquez sur le bouton Création de table du groupe Tables.**

   Le mode Création de table s'ouvre, dans lequel vous saisissez le nom, le type et les propriétés des champs de la table. Choisissez des noms de champs assez courts mais descriptifs et distinctifs. Un nom de champ entré dans une table en mode Création servira de nom par défaut dans tous les formulaires, requêtes et états ultérieurs.

> **ASTUCE**
>
> Vous pouvez spécifier le type de données à saisir en tapant la première lettre, voire la deuxième lettre, de chaque type.

3. **Tapez N°Paiement, appuyez sur [Entrée], déroulez la liste Type de données, cliquez sur NuméroAuto, appuyez sur [Tab], entrez Clé primaire de la table Paiements, puis appuyez sur [Entrée] pour passer à la ligne suivante.**

   Le type de données NuméroAuto attribue automatiquement le prochain nombre entier disponible à chaque nouvel enregistrement. Ce type de données sert souvent pour le champ clé primaire d'une table, parce qu'il contient toujours une valeur unique pour chaque enregistrement.

> **PROBLÈME**
>
> Si vous définissez un champ incorrect comme champ clé primaire, cliquez à nouveau sur le bouton Clé primaire pour désactiver la clé primaire, recommencez avec le champ adéquat.

4. **Tapez les noms, types de données et descriptions des autres champs de la figure E-3.**

   Les descriptions des champs sont facultatives. Elles sont néanmoins utiles car elles donnent des détails sur la nature de chaque champ, surtout si les noms des champs sont abrégés à l'extrême.

5. **Cliquez sur N°Paiement dans la colonne Nom du champ, puis cliquez sur Clé primaire du groupe Outils.**

   Un symbole de clé apparait à gauche de N°Paiement pour indiquer que ce champ est défini comme clé primaire de cette table. Un champ clé primaire endosse deux rôles : il identifie de façon unique chaque enregistrement de sa table et il peut servir de côté « un » d'une relation un-à-plusieurs avec d'autres tables. Le tableau E-1 décrit quelques exemples usuels de relations un-à-plusieurs.

> **ASTUCE**
>
> Pour supprimer ou renommer une table existante, cliquez du bouton droit sur le nom de la table dans le volet de navigation, puis cliquez sur Supprimer ou Renommer.

6. **Cliquez sur Enregistrer 🖫 dans la barre d'outils Accès rapide, tapez Paiements dans la zone de texte Nom de table, cliquez sur OK, puis fermez la table.**

   La table Paiements figure désormais comme objet table dans le volet de navigation de la base de données VTA-E.accdb (figure E-4).

Spécifier le type de données d'un champ clé étrangère

Une clé étrangère (ou clé externe) dans la table du côté « plusieurs » d'une relation doit être du même type de donnée (Texte ou Numérique) que la clé primaire à laquelle elle est reliée dans la table du côté « un » de la relation. Toutefois, le champ de type NuméroAuto dans la table « un » fait exception à cette règle.

Dans ce cas, la clé étrangère de liaison dans la table « plusieurs » est obligatoirement de type Numérique. Notez aussi que la propriété Taille du champ d'un champ Numérique utilisé comme clé étrangère doit être Entier long, pour que sa taille corresponde à la propriété Taille du champ de la clé primaire de type NuméroAuto.

Restructurer une base de données

FIGURE E-3 : Nouvelle table Paiements en mode Création

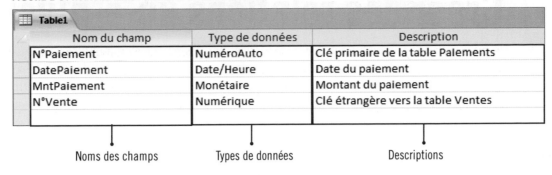

Nom du champ	Type de données	Description
N°Paiement	NuméroAuto	Clé primaire de la table Paiements
DatePaiement	Date/Heure	Date du paiement
MntPaiement	Monétaire	Montant du paiement
N°Vente	Numérique	Clé étrangère vers la table Ventes

Noms des champs   Types de données   Descriptions

FIGURE E-4 : Table Paiements dans le volet de navigation de la base de données VTA-E

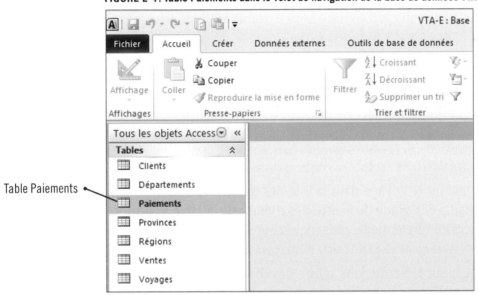

Table Paiements

TABLEAU E-1 : Exemples usuels de relations un-à-plusieurs

Table du côté « un » de la relation	Table du côté « plusieurs » de la relation	Champ de liaison	Description
Produits	Ventes	N°Produit	Un champ N°Produit, unique dans une table Produits, peut figurer plusieurs fois dans une table Ventes.
Étudiants	Inscriptions	RéfÉtudiant	Un champ RéfÉtudiant doit être unique dans une table Étudiants mais figure plusieurs fois dans une table Inscriptions, autant de fois que ce même étudiant est inscrit à des cours différents.
Employés	Promotions	IDEmployé	Un champ IDEmployé, unique dans une table Employés, peut figurer plusieurs fois dans une table Promotions (l'employé a été promu plusieurs fois au cours des années).

Créer des relations un-à-plusieurs

Après avoir créé les tables, vous devez les associer par des relations un-à-plusieurs adéquates, à l'aide du champ clé primaire de la table du côté « un » et le champ de clé étrangère de la table du côté « plusieurs ». Pour éviter de recommencer plusieurs fois le même travail, assurez-vous de toujours terminer la mise en place des relations entre vos tables avant de bâtir des requêtes, des formulaires ou des états utilisant des champs de plusieurs tables. ▓▓▓ Vous définissez les relations un-à-plusieurs entre les différentes tables de la base de données VTA-E.

ÉTAPES

ASTUCE

Pour déplacer une liste des champs, faites glisser la barre de titre de sa table.

1. **Cliquez sur l'onglet Outils de base de données du Ruban, cliquez sur le bouton Relations, cliquez sur le bouton Afficher la table du groupe Relations, double-cliquez sur Clients, double-cliquez sur Ventes, double-cliquez sur Voyages, double-cliquez sur Paiements, puis fermez la boite de dialogue Afficher la table.**

   Les listes des champs des tables Provinces, Départements et Régions apparaissent dans la fenêtre Relations, auxquelles viennent s'ajouter les quatre tables que vous venez de sélectionner. Les clés primaires sont identifiées par un petit symbole de clé à gauche du nom du champ correspondant. Toutes les listes des champs étant visibles dans la fenêtre Relations, vous êtes prêt à relier les tables entre elles par des relations un-à-plusieurs.

ASTUCE

Pour afficher tous les champs d'une table, faites glisser vers le bas la bordure inférieure de sa liste des champs.

2. **Cliquez sur N°Client dans la liste des champs de la table Clients, puis faites glisser le champ vers le champ N°Client de la liste des champs de la table Ventes.**

   Faire glisser un champ d'une table à une autre dans la fenêtre Relations a pour effet de relier les deux tables avec les champs sélectionnés et ouvre la boite de dialogue Modifier des relations (figure E-5). L'intégrité référentielle aide à assurer l'exactitude des données.

PROBLÈME

Si vous devez supprimer une relation et recommencer, cliquez du bouton droit sur la ligne de relation visée, puis choisissez Supprimer.

3. **Cochez la case Appliquer l'intégrité référentielle dans la boite de dialogue Modifier des relations, puis cliquez sur Créer.**

   La **ligne un-à-plusieurs** montre la relation entre le champ N°Client de la table Clients et le champ N°Client de la table Ventes. Le côté « un » de la relation est la valeur de N°Client, unique pour chaque enregistrement de la table Clients. Le côté « plusieurs » de la relation est identifié par le symbole infini pointant vers le champ N°Client de la table Ventes. Vous devez également relier la table Voyages à la table Ventes.

4. **Cliquez sur N°Voyage dans la liste des champs de la table Voyages, faites-le glisser vers le champ N°Voyage de la liste des champs de la table Ventes, cochez la case Appliquer l'intégrité référentielle, puis cliquez sur Créer.**

   Vous devez ensuite associer la table Paiements à la table Ventes.

5. **Cliquez sur N°Vente dans la liste des champs de la table Ventes, faites-le glisser vers le champ N°Vente de la liste des champs de la table Paiements, cochez la case Appliquer l'intégrité référentielle, cliquez sur Créer, puis faites glisser la barre de titre de la liste des champs de la table Voyages pour que les liens soient clairs et ne se chevauchent pas.**

   La fenêtre Relations devrait maintenant ressembler à celle de la figure E-6.

PROBLÈME

Cliquez sur le bouton Paysage de l'onglet Aperçu avant impression si l'état est trop large pour l'orientation Portrait.

6. **Cliquez sur le bouton Rapport de relations du groupe Outils, cliquez sur le bouton Imprimer de l'onglet Aperçu avant impression, puis cliquez sur OK.**

   Un aperçu de la fenêtre Relations, appelé l'**état des relations**, montre la structure de votre base de données et comprend les noms des tables et des champs, les clés primaires et les lignes de relations un-à-plusieurs. Cet imprimé sera très utile plus tard, lorsque vous créerez des requêtes, des formulaires et des états utilisant des champs provenant de plusieurs tables. Notez qu'il n'est pas toujours nécessaire de lier chaque table directement à toutes les autres.

7. **Cliquez du bouton droit sur l'onglet Relations pour VTA-E, cliquez sur Fermer, cliquez sur Oui pour enregistrer l'état, puis cliquez sur OK pour accepter le nom d'état prédéfini.**

   L'état Relations pour VTA-E est enregistré dans la base de données, comme en atteste le volet de navigation.

8. **Fermez la fenêtre Relations et cliquez sur Oui, le cas échéant, au message vous invitant à enregistrer les changements.**

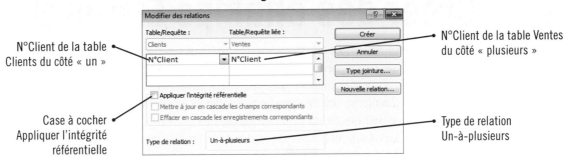

FIGURE E-5 : Boîte de dialogue Modifier des relations

N°Client de la table
Clients du côté « un »

N°Client de la table Ventes
du côté « plusieurs »

Case à cocher
Appliquer l'intégrité
référentielle

Type de relation
Un-à-plusieurs

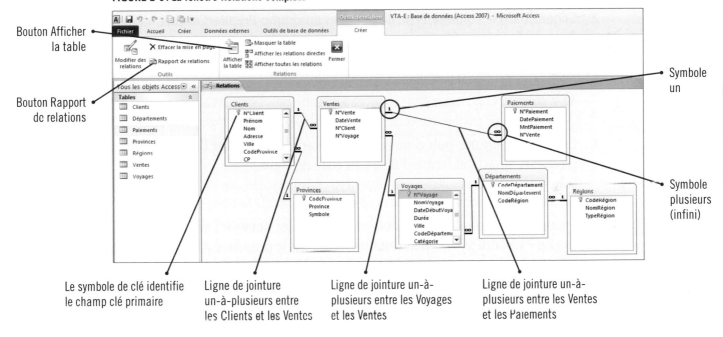

FIGURE E-6 : La fenêtre Relations complète

Bouton Afficher
la table

Bouton Rapport
de relations

Symbole
un

Symbole
plusieurs
(infini)

Le symbole de clé identifie
le champ clé primaire

Ligne de jointure
un-à-plusieurs entre
les Clients et les Ventes

Ligne de jointure un-à-
plusieurs entre les Voyages
et les Ventes

Ligne de jointure un-à-
plusieurs entre les Ventes
et les Paiements

Appliquer l'intégrité référentielle

L'intégrité référentielle est un ensemble de règles qui aident à assurer qu'aucun enregistrement orphelin ne sera laissé ni créé dans la base de données. Un **enregistrement orphelin** est un enregistrement de la table « plusieurs » (également appelée **table enfant**) qui ne possède pas d'entrée correspondante dans le champ de liaison de la table « un » (également appelée **table parente**). L'intégrité référentielle empêche l'apparition d'enregistrements orphelins de bien des façons. Quand l'intégrité référentielle est appliquée, vous ne pouvez entrer de valeur dans le champ de clé étrangère, dans la table enfant, qui n'existe déjà dans le champ de liaison de la table parente. L'intégrité référentielle empêche aussi l'utilisateur de supprimer un enregistrement dans la table parente si une entrée correspondante existe encore dans le champ clé étrangère de la table enfant. Vous devriez, si possible, appliquer l'intégrité référentielle à toutes les relations un-à-plusieurs. Par contre, si vous travaillez sur une base de données qui contient déjà des enregistrements orphelins, vous ne serez pas autorisé à mettre en œuvre ce puissant ensemble de règles, tant que vous n'aurez pas repéré les enregistrements orphelins et corrigé les données pour qu'aucun enregistrement orphelin ne subsiste. Le processus fastidieux de suppression et de réparation des enregistrements orphelins porte quelquefois le nom de nettoyage de la base de données.

Créer des champs Listes de choix

Un **champ Liste de choix** est un champ qui contient des propriétés Liste de choix. Les **propriétés Liste de choix** sont des propriétés d'un champ qui permettent de fournir une liste déroulante de valeurs pour ce champ. Ces valeurs peuvent être stockées dans une autre table ou être entrées directement dans la propriété **Contenu** du champ lui-même. Les bons candidats pour ce genre de propriété sont les champs qui renferment un ensemble défini et limité de valeurs correctes, comme Province, Genre ou Service. Vous pouvez définir des propriétés Liste de choix pour un champ en mode Création de table, au moyen de l'**Assistant Liste de choix**. Le champ PremierContact de la table Clients identifie la manière dont un client a pris contact pour la première fois avec Voyages Tour Aventure, par exemple par l'entremise d'un ami (valeur Ami), à la suite d'une recherche sur internet (Internet) ou en réponse à une publicité à la radio (Radio). Du fait que le champ PremierContact n'accepte que quelques valeurs correctes, ce champ constitue un excellent candidat pour devenir un champ Liste de choix.

1. **Cliquez du bouton droit sur la table Clients dans le volet de navigation, puis cliquez sur Mode création.**

   L'Assistant Liste de choix est inclus dans la liste Type de donnée du champ.

2. **Cliquez dans la colonne Type de données du champ PremierContact, déroulez la liste Type de données, puis cliquez sur Assistant Liste de choix.**

   L'Assistant s'ouvre et vous informe sur la manière dont la liste de choix obtiendra ses valeurs.

3. **Cliquez sur Je taperai les valeurs souhaitées, cliquez sur Suivant, cliquez dans la première cellule de la colonne Col1, tapez Ami, appuyez sur [Tab], puis tapez les autres valeurs de la figure E-7.**

   Ces valeurs seront proposées dans cet ordre par la liste déroulante du champ PremierContact.

4. **Cliquez sur Suivant, puis cliquez sur Terminer pour accepter l'étiquette par défaut (PremierContact) et fermer l'Assistant Liste de choix.**

   Observez que le champ demeure de type Texte. L'Assistant Liste de choix est un outil de définition des propriétés Liste de choix d'un champ ; ce n'est pas un type de données en soi.

ASTUCE

Le bouton Options de mise à jour des propriétés 📝 simplifie la propagation des modifications apportées aux propriétés d'un champ, à tout endroit où ce champ est utilisé dans la base de données.

5. **Cliquez sur l'onglet Liste de choix et examinez les nouvelles propriétés Liste de choix du champ PremierContact, puis double-cliquez sur la propriété Autoriser les modifications de la liste de valeurs pour changer sa valeur de Non en Oui (figure E-8).**

   L'Assistant Liste de choix vous a aidé à attribuer les bonnes propriétés de Liste de choix au champ PremierContact. Vous pouvez néanmoins toujours les saisir ou les modifier directement si vous connaissez les valeurs à utiliser pour chaque propriété. La propriété Contenu stocke les valeurs qui sont affichées dans la liste déroulante d'un champ Liste de choix. La propriété **Limiter à liste** de Liste de choix détermine si l'utilisateur peut entrer une nouvelle valeur dans le champ qui possède d'autres propriétés Liste de choix ou, au contraire, si les entrées sont strictement limitées aux valeurs déjà présentes dans la liste déroulante.

6. **Cliquez sur Affichage 🔲 pour basculer en mode Feuille de données, cliquez sur Oui au message vous demandant d'enregistrer la table, appuyez sur [Tab] huit fois pour atteindre le champ PremierContact, déroulez la liste PremierContact (figure E-9), puis cliquez sur Ami.**

   Le champ PremierContact présente désormais une liste de valeurs autorisées pour ce champ. Pour modifier la liste en mode Feuille de données, cliquez sur le bouton **Modifier les éléments de liste** 📝, sous la liste.

7. **Fermez la table Clients.**

Créer des champs à valeurs multiples

Les **champs à valeurs multiples** permettent de sélectionner plus d'une valeur dans la liste déroulante d'un champ. L'intérêt de ces champs à valeurs multiples qu'ils autorisent la sélection et le stockage de plus d'une option, tout en réduisant la complexité du travail nécessaire pour la gestion de ces choix. Pour créer un champ à valeurs multiples, entrez Oui dans la propriété **Autoriser plusieurs valeurs** de l'onglet Liste de choix, en mode Création de table. Cette fonctionnalité n'est disponible que dans une base de données créée ou enregistrée au format de fichier Access 2007.

Restructurer une base de données

FIGURE E-7 : Saisie des valeurs dans l'Assistant Liste de choix

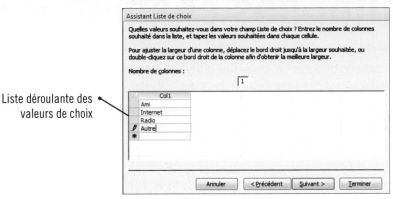

Liste déroulante des valeurs de choix

FIGURE E-8 : Affichage des propriétés Liste de choix

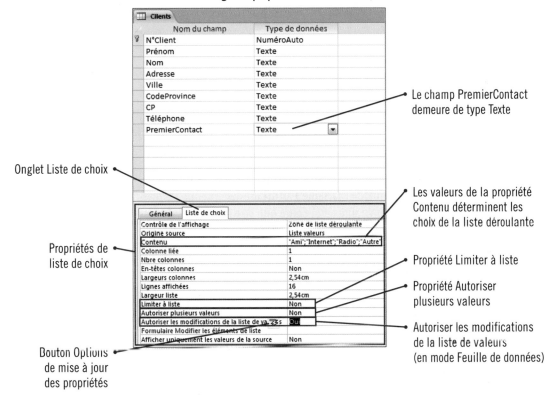

Le champ PremierContact demeure de type Texte

Onglet Liste de choix

Les valeurs de la propriété Contenu déterminent les choix de la liste déroulante

Propriétés de liste de choix

Propriété Limiter à liste

Propriété Autoriser plusieurs valeurs

Autoriser les modifications de la liste de valeurs (en mode Feuille de données)

Bouton Options de mise à jour des propriétés

FIGURE E-9 : Utilisation d'un champ Liste de choix dans une feuille de données

Liste déroulante du champ Liste de choix

Cliquez sur le bouton Modifier les éléments de liste pour corriger la liste de choix

Modifier des champs Texte

Les **propriétés de champ** sont des caractéristiques qui s'appliquent à chaque champ d'une table, comme sa taille, sa valeur par défaut ou sa légende. Ces propriétés contribuent à assurer l'exactitude et la clarté d'une base de données en contrôlant la saisie, le stockage et l'affichage des données. Toute modification des propriétés se fait en mode Création. Reportez-vous au tableau E-2 pour plus de détails sur les propriétés des champs Texte. Alors que vous révisez la table Clients avec Michèle, vous décidez de modifier les propriétés de plusieurs champs Texte de cette table.

ÉTAPES

1. **Cliquez du bouton droit sur la table Clients dans le volet de navigation, cliquez sur Mode création dans le menu contextuel.**

   La table Clients s'ouvre en mode Création de table. Les propriétés du champ apparaissent sous l'onglet Général dans la partie inférieure de la fenêtre et s'appliquent au champ sélectionné. Ces propriétés varient selon le type de données du champ. Par exemple, lorsqu'un champ est de type Texte, la **propriété Taille du champ** est visible. Elle détermine le nombre de caractères que l'on peut entrer dans le champ. Dans le cas d'un champ Date/Heure, toutefois, la taille est contrôlée par Access et ne s'affiche donc pas dans le volet des propriétés. La plupart des propriétés de champ sont facultatives mais, quand elles sont obligatoires, Access leur fournit une valeur par défaut.

2. **Appuyez sur [↓] pour aller d'un champ à l'autre et examiner leurs propriétés dans la partie inférieure de la fenêtre.**

   Le bouton **sélecteur de champ** à gauche du nom du champ indique le champ sélectionné.

3. **Cliquez sur le nom du champ PremierContact, double-cliquez sur 255 dans la zone de texte Taille du champ, tapez 8, cliquez sur Enregistrer ⊞ dans la barre d'outils Accès rapide, puis cliquez sur Oui.**

   La taille maximale et la taille par défaut des champs Texte est de 255 caractères. En général, donner à un champ texte une taille aussi petite que possible, mais suffisante pour accepter l'entrée la plus longue prévue, améliore l'efficacité de la base de données. Vous pouvez augmenter cette taille par la suite si nécessaire. Dans certains cas, le fait de réduire la propriété Taille du champ permet d'éviter des erreurs typographiques. Ainsi, vous pourriez décider de réduire à deux caractères le code de province si celui-ci s'inscrit sur deux lettres, pour éviter que l'utilisateur tape erronément une province, du genre QCC pour Québec. Comme la plus longue entrée du champ PremierContact est « Internet », soit 8 caractères, vous ne perdez aucune donnée pendant la modification de cette propriété.

4. **Modifiez la propriété Taille du champ à 30 pour les champs Prénom et Nom, cliquez sur ⊞, puis cliquez sur Oui.**

   Cette taille de champ Texte est suffisante pour la saisie des entrées les plus longues prévues. La propriété **Masque de saisie** contrôle les valeurs ajoutées dans une zone de texte et offre un guide visuel lors de la saisie des données.

PROBLÈME

Si l'Assistant Masque de saisie n'est pas installé sur votre ordinateur, vous pouvez atteindre le même résultat en tapant directement !(999) 000-0000;;_ dans la propriété Masque de saisie du champ Téléphone.

5. **Cliquez sur le nom du champ Téléphone, cliquez dans la zone de texte Masque de saisie, cliquez sur le bouton Générer ⋯ pour lancer l'Assistant Masque de saisie, cliquez si nécessaire sur Numéro de téléphone dans la liste Masque de saisie, cliquez sur Suivant, cliquez sur Suivant, puis cliquez sur Terminer.**

   L'écran de la table Clients en mode Création devrait maintenant ressembler à celui de la figure E-10, qui montre la propriété Masque de saisie entrée pour le champ Téléphone.

6. **Cliquez du bouton droit sur l'onglet de la table Clients, cliquez sur Mode Feuille de données, cliquez sur Oui pour enregistrer la table, appuyez sur [Tab] autant que nécessaire pour atteindre le champ Téléphone du premier enregistrement, tapez 4182281234, puis appuyez sur [Entrée].**

   La propriété Masque de saisie du champ Téléphone crée un guide visuel qui facilite la saisie des données.

7. **Fermez la table Clients.**

FIGURE E-10 : Modification des propriétés d'un champ Texte

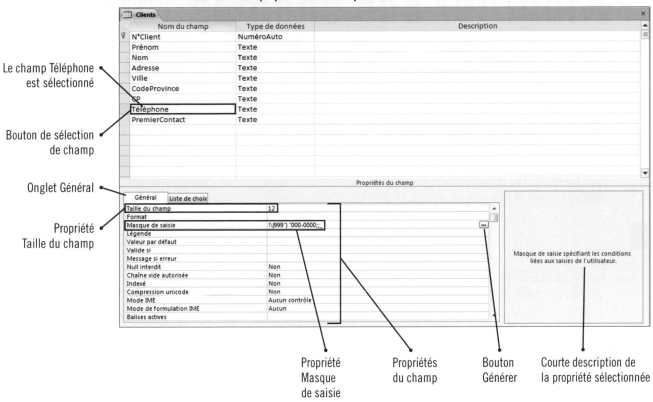

Le champ Téléphone est sélectionné

Bouton de sélection de champ

Onglet Général

Propriété Taille du champ

Propriété Masque de saisie

Propriétés du champ

Bouton Générer

Courte description de la propriété sélectionnée

TABLEAU E-2 : Propriétés générales d'un champ Texte

Propriété	Description	Exemple de champ	Exemple de saisie
Taille du champ	Contrôle le nombre de caractères autorisés dans le champ.	Province	2
Format	Contrôle l'affichage et l'impression des données.	Province	> (force les caractères à s'afficher en majuscules)
Masque de saisie	Fournit un modèle de saisie des données à entrer.	Téléphone	!(999) 000-0000;1;_
Légende	Libellé utilisé pour décrire le champ dans la première ligne d'une feuille de données, d'un formulaire ou d'un état. Si cette propriété ne contient aucune valeur, le nom du champ est utilisé par défaut.	N°Employé	N° d'employé
Valeur par défaut	Valeur entrée automatiquement dans un champ pour les nouveaux en registrements.	Ville	Montréal
Null interdit	Détermine si une valeur est requise pour ce champ.	Nom	Oui

Exploiter la propriété Masque de saisie

La propriété Masque de saisie procure un modèle de saisie des données réparti en trois sections, séparées par des points-virgules. La première partie donne le modèle du genre de données qu'on peut introduire. Par exemple, 9 représente un chiffre facultatif, 0 un chiffre obligatoire, ? une lettre optionnelle et L une lettre obligatoire. La deuxième section détermine si tous les caractères affichés (les parenthèses et tirets dans un numéro de téléphone, par exemple) sont stockés ou non dans le champ. Un 0 stocke tous les caractères donnés, comme (418) 555-7722, et le 1 ne stocke que les données entrées, comme 4185557722. La troisième section du masque détermine les caractères dont Access se sert pour guider l'utilisateur. Les choix courants sont l'astérisque (*), le soulignement (_) ou le dièse (#).

Modifier des champs Numérique et Monétaire

Même si les champs de type Numérique et Monétaire présentent plusieurs propriétés identiques à celles des champs Texte, chaque type de données possède sa propre liste de propriétés valides. Les champs Numérique et Monétaire contenant tous deux des chiffres, leurs propriétés sont très semblables. Les champs de type Monétaire servent à stocker des valeurs représentant de l'argent et les champs de type Numérique conservent tous les autres genres de valeurs numériques, comme des quantités, des mesures et des résultats chiffrés. La table Voyages renferme un champ Numérique, Durée, et un champ Monétaire, Prix. Vous décidez de modifier les propriétés de ces deux champs.

ÉTAPES

1. **Cliquez du bouton droit sur la table Voyages dans le volet de navigation, cliquez sur Mode création dans le menu contextuel, puis cliquez sur le nom du champ Durée.**

   La valeur par défaut de la propriété Taille du champ d'un champ Numérique est **Entier long**. Reportez-vous au tableau E-3 pour en savoir plus sur les options offertes pour la taille des champs de type Numérique. Comme Access régit la manière dont les chiffres d'un champ Monétaire sont arrondis dans les calculs, la propriété Taille du champ n'est donc pas disponible pour les champs de type Monétaire.

2. **Cliquez sur Entier long dans la zone de texte Taille du champ, déroulez la liste des propriétés Taille du champ, puis choisissez Octet.**

   La valeur **Octet** de la propriété Taille du champ permet des entrées de 0 à 255. Elle réduit donc considérablement les valeurs possibles et limite les capacités de stockage du champ Durée.

3. **Cliquez sur le nom du champ Prix, cliquez sur Auto dans la zone de texte de la propriété Décimales, déroulez la liste Décimales, cliquez sur 0, puis appuyez sur [Entrée].**

   Votre écran devrait ressembler à celui de la figure E-11. Comme les prix de tous les voyages de VTA sont des valeurs entières, il n'est pas nécessaire d'afficher les décimales.

4. **Enregistrez, puis affichez la table en mode Feuille de données.**

   Comme aucune des entrées du champ Durée n'est supérieure à 255, la valeur maximale admise pour un champ Numérique de taille Octet, vous ne perdrez aucune donnée. Vous vérifiez le comportement issu des modifications de ces propriétés.

5. **Appuyez trois fois sur [Tab] pour atteindre le champ Durée du premier enregistrement, tapez 800, puis appuyez sur [Tab].**

   Comme 800 dépasse la valeur autorisée par la propriété Taille du champ égale à Octet du champ Durée, Access affiche un message d'erreur indiquant que l'entrée est incorrecte pour ce champ.

6. **Appuyez deux fois sur [Échap] pour supprimer la valeur incorrecte du champ Durée, puis appuyez quatre fois sur [Tab] pour atteindre le champ Prix.**

   Les données de ce champ n'affichent plus de décimales.

7. **Tapez 750,25 dans le champ Prix du premier enregistrement, appuyez sur [▼], puis cliquez sur 750 $ dans le champ Prix du premier enregistrement.**

   Même si la propriété Décimales du champ Prix indique que les entrées dans ce champ sont *formatées* pour ne rien afficher après la virgule décimale, 750,25 est la valeur réellement stockée dans le champ. La mise en forme de la propriété Décimales ne change pas les données mais affecte leur *présentation*.

8. **Fermez la table Voyages.**

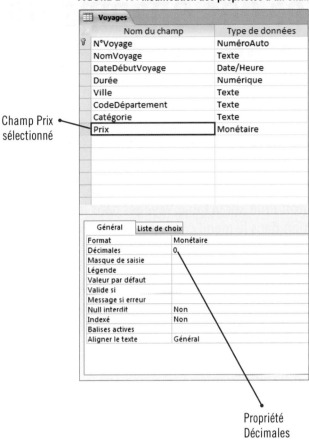

Champ Prix sélectionné

Propriété Décimales

TABLEAU E-3 : Propriétés générales d'un champ de type Numérique ou Monétaire

Propriété	Description
Taille du champ	Détermine le nombre le plus long pouvant être saisi dans le champ, ainsi que son type (entier ou fractionnaire).
Octet	Stocke les nombres entre 0 et 255 (sans décimale).
Entier	Stocke les nombres entre –32 768 et 32 767 (sans décimale).
Entier long	Stocke les nombres entre –2 147 483 648 et 2 147 483 647 (sans décimale).
Réel simple	Stocke les nombres avec 6 décimales jusqu'à 10 à la puissance 38 ou –38.
Réel double	Stocke les nombres avec 10 décimales jusqu'à 10 à la puissance 324 ou –324.
Décimales	Détermine le nombre de chiffres affichés à droite du séparateur décimal.

Modifier des champs en mode Feuille de données

Quand vous examinez une table en mode Feuille de données, l'onglet Champs du Ruban propose de nombreuses options de modification des champs et de leurs propriétés. Ainsi, vous pouvez ajouter et supprimer des champs, modifier le nom ou le type de données d'un champ mais également modifier bien d'autres propriétés comme la légende, la valeur par défaut et le format. Le mode Création de table donne toutefois accès à *toutes* les propriétés d'un champ, y compris la totalité de ses propriétés de Liste de choix.

Modifier des champs Date/Heure

Plusieurs propriétés d'un champ Date, comme Masque de saisie, Légende et Valeur par défaut, ressemblent de près à celles des champs de type Texte ou Numérique. Mais c'est surtout la propriété **Format** d'un champ Date qui nous intéresse, puisqu'elle permet d'afficher les dates de bien des façons, par exemple 25 janvier 2008, 25-jan-08, 2008-01-25 ou 08-01-25. ▓▓▓▓▓ Vous voulez changer le format du champ Date de la table Voyages de façon à afficher quatre chiffres pour l'année et deux chiffres pour les valeurs des mois et des jours, dans l'ordre jour, mois et année, soit 31-12-2010, par exemple.

ÉTAPES

1. **Cliquez du bouton droit sur la table Voyages dans le volet de navigation, cliquez sur Mode création dans le menu contextuel, puis cliquez sur le nom du champ DateDébutVoyage.**

   Vous voulez afficher les dates sous la forme 25/01/2010 au lieu de la présentation prédéfinie des dates, qui dépend des options régionales de Windows, par exemple 2010-01-25.

2. **Cliquez dans la propriété Format, puis déroulez la liste Format.**

   Plusieurs formats Date/Heure sont proposés mais aucun ne correspond à celui que vous souhaitez. Vous pouvez définir un format personnalisé en tapant les symboles représentant le format voulu.

3. **Tapez jj/mm/aaaa et appuyez sur [Entrée].**

   La propriété Format modifiée (figure E-12) force le champ à indiquer deux chiffres pour le jour, deux pour le mois et quatre pour l'année. Les parties de la date seront séparées par des barres obliques.

4. **Enregistrez la table, affichez la feuille de données, puis cliquez sur le bouton Nouvel enregistrement (vide) de la barre de navigation.**

   Pour tester le nouveau champ DateDébutVoyage, vous pouvez ajouter un enregistrement à la table.

5. **Appuyez sur [Tab] pour atteindre le champ NomVoyage, tapez Rapaces du Puy-de-Dôme, appuyez sur [Tab], tapez 9 jan 2013, appuyez sur [Tab], tapez 7, appuyez sur [Tab], tapez Orcines, appuyez sur [Tab], tapez 63, appuyez sur [Tab], tapez Aventure, appuyez sur [Tab], puis entrez 700.**

   Votre écran devrait ressembler à celui de la figure E-13. Le nouvel enregistrement est ajouté dans la table Voyages. La propriété Format du champ DateDébutVoyage a forcé l'affichage de la date sous la forme 09/01/2013, comme voulu. Observez que vous avez entré la date sous la forme j mmm aaaa, ce qui lève toute ambiguïté quant à l'interprétation de l'ordre du jour et du mois, quelles que soient les options régionales de Windows, tandis que l'affichage impose la forme jj/mm/aaaa.

Gérer les options régionales et les champs de types Date/Heure, Numérique et Monétaire

La présentation des champs Date/Heure, Numérique et Monétaire est directement liée aux *options régionales* locales de Windows. Le principal intérêt de cette approche est qu'une date entrée sous la forme 2012-12-25 par un Québécois apparaîtra à un Français ou à un Belge sous la forme 25/12/2012 et, à un Américain, sous la forme 12/25/2012. Ceci n'est valable que lorsque vous choisissez un des formats prédéfinis, proposés par la liste de choix de la propriété Format d'un champ de type Date/Heure. Access permet cependant d'imposer un format spécifique, personnalisé, auquel cas la présentation ne respecte plus le format usuel d'une personne d'une région du globe différente de la vôtre. Il en va de même avec les champs de type Numérique, où le symbole du séparateur décimal,

la virgule en français ou le point en anglais, est suggérée par les formats standards d'Access. Si vous devez distribuer une base de données à des correspondants d'une région du monde différente de la vôtre, préférez les formats standards d'Access, qui s'ajusteront en fonction de votre interlocuteur. Une exception à ce conseil concerne les champs de type Monétaire. Un dollar canadien n'étant pas un euro, un franc CFA n'étant pas un franc suisse, Access verrouille le format des nombres de type Monétaire en fonction de l'*origine* de la base de données et adapte le masque de saisie en fonction de l'unité monétaire d'origine. Il est possible, mais fortement déconseillé, de déroger à cette règle.

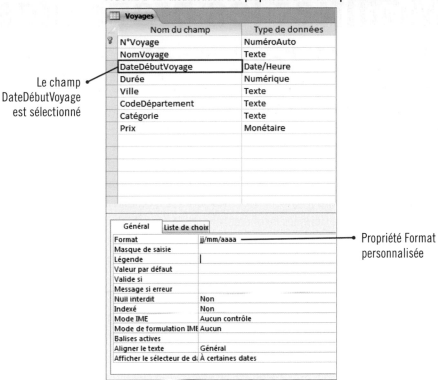

Le champ
DateDébutVoyage
est sélectionné

Propriété Format
personnalisée

FIGURE E-13 : Vérification de la propriété Format du champ DateDébutVoyage

	N°Voyage	NomVoyage	DateDébut'	Duré	Ville	CodeDép	Catégorie	Prix
⊞	48	Viaduc de Millau	31/07/2012	10	Milleau	12	Culture	1 400 $
⊞	50	Les grands musées d'art et d'histoire	07/08/2012	9	Paris	75	Formation	800 $
⊞	51	Club de randonnée des canyons du Ver	08/01/2010	7	Esparron de Verdon	04	Aventure	950 $
⊞	52	Visite de Paris, vue de la Seine	19/12/2012	4	Paris	75	Visite de site	700 $
⊞	53	Séjour de pêche en rivière d'altitude	31/08/2012	7	Cazères	31	Aventure	1 400 $
⊞	54	Traversée de la Baie du Mont St-Michel	25/10/2013	4	Le Mont St-Michel	50	Visite de site	500 $
⊞	55	Feux d'artifice du 1er aout	31/07/2013	3	Châtel	74	Visite de site	300 $
⊞	56	Conservatoire du Saumon	05/05/2013	4	Chanteuges	43	Aventure	800 $
⊞	57	La Venise des Alpes	04/07/2013	3	Annecy	74	Visite de site	500 $
⊞	58	Croisière épique en Méditerranée	01/08/2013	10	Marseille	13	Aventure	2 000 $
⊞	59	Rapaces du Puy-de-Dôme	09/01/2013	7	Orcines	63	Aventure	700
⁂	(Nouv.)							

La propriété Format jj/mm/aaaa
imposée au champ DateDébutVoyage

Utiliser les Balises actives

Les **balises actives** sont des boutons qui apparaissent automatiquement dans certaines circonstances et qui affichent un petit menu d'options utiles pour la tâche en cours. Access fournit le bouton **Options de mise à jour des propriétés** ⬚ pour vous permettre de répercuter rapidement aux autres objets de la base de données qui utilisent le champ dont vous venez de modifier les propriétés.

Le **bouton Indicateur d'erreur** ◈ est une autre balise active qui permet d'identifier les erreurs potentielles de conception. Par exemple, si vous travaillez sur un état en mode Création et si cet état est trop large par rapport à la taille d'une feuille de papier, le bouton Indicateur d'erreur apparait dans le coin supérieur gauche du bouton de sélection de l'état pour vous avertir du problème.

Access 2010

Modifier les propriétés de validation d'un champ

Les propriétés de champ Valide si et Message si erreur aident à éliminer les entrées incorrectes dans un champ en établissant des règles de saisie. La propriété **Valide si** détermine l'acceptabilité d'une entrée. Par exemple, une règle Valide si pour un champ Date/Heure pourrait indiquer que les dates valables se situent le ou après le 6 janvier 2012. Pour un champ Monétaire, elle pourrait indiquer que, pour être acceptées, les entrées doivent être comprises entre 0 $ et 1 500 $. La propriété **Message si erreur** sert à afficher un message informant l'utilisateur qu'il tente de saisir des données en conflit par rapport à la propriété Valide si. Ces règles interdisent la saisie de données incohérentes dans la base de données. ⬛⬛⬛⬛ Michèle vous rappelle que les voyages organisées de VTA commencent au plus tôt le 1er juin 2012. Vous exploitez les propriétés de validation pour établir cette règle pour le champ DateDébutVoyage de la table Voyages.

ÉTAPES

1. **Cliquez sur Affichage ☑ de l'onglet Accueil pour basculer en mode Création, cliquez sur le nom du champ DateDébutVoyage s'il n'est pas déjà sélectionné, cliquez dans la propriété Valide si, puis tapez >=2012-06-01.**

   Cette entrée ne permettra de saisir que des dates égales ou postérieures au 1er juin 2012. Le tableau E-4 donne d'autres exemples d'expressions de validation. La propriété Message si erreur affiche un message utile à l'utilisateur qui tenterait d'inscrire une date en conflit avec la règle Valide si.

2. **Cliquez dans la propriété Message si erreur, puis tapez La date doit être supérieure ou égale au 1er juin 2012.**

   La table Voyages en mode Création devrait maintenant ressembler à celle de la figure E-14. Access a modifié la propriété Valide si pour afficher >=#2012-06-01#. Les dièses (#) servent à encadrer les critères de date.

3. **Enregistrez la table, puis cliquez sur Oui quand le système vous invite à tester les données existantes.**

   Comme il n'y a pas de date antérieure au 1er juin 2012 dans le champ DateDébutVoyage, les données actuelles ne comportent pas d'erreur et la date est enregistrée. Vous testez maintenant le fonctionnement des propriétés Valide si et Message si erreur.

4. **Cliquez sur Affichage ▦ sous l'onglet Création pour afficher la feuille de données, appuyez deux fois sur [Tab] pour atteindre le champ DateDébutVoyage, tapez 2012-05-01, puis appuyez sur [Tab].**

   Comme vous avez tenté d'entrer une date incorrecte, en vertu de la propriété Valide si, une boite de message s'ouvre et affiche le texte de la propriété Message si erreur (figure E-15).

5. **Cliquez sur OK pour fermer la fenêtre de message.**

   Les propriétés de validation fonctionnent correctement.

6. **Appuyez sur [Échap] pour rejeter l'entrée erronée.**

7. **Fermez la table Voyages.**

FIGURE E-14 : Entrée des propriétés de validation

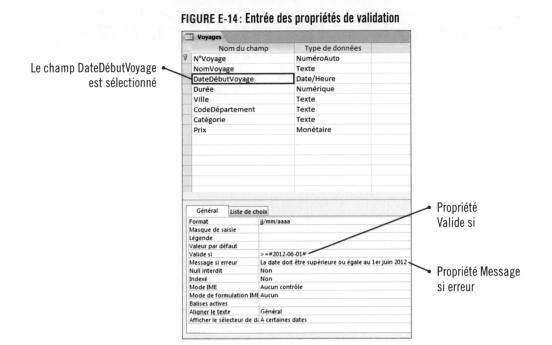

Le champ DateDébutVoyage est sélectionné

Propriété Valide si

Propriété Message si erreur

FIGURE E-15 : Message si erreur

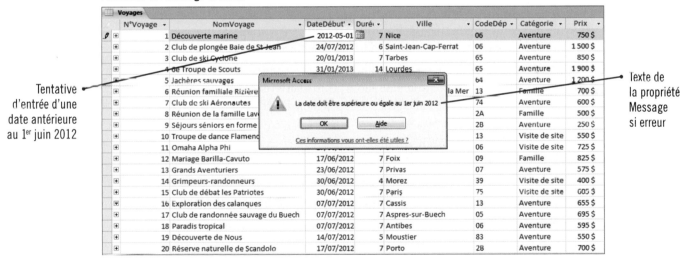

Tentative d'entrée d'une date antérieure au 1er juin 2012

Texte de la propriété Message si erreur

TABLEAU E-4 : Expressions de validation

Type de donnée	Expression de validation	Description
Numérique ou Monétaire	>0	Le nombre doit être positif.
Numérique ou Monétaire	>10 Et <100	Le nombre doit être compris entre 10 et 100, exclus.
Numérique ou Monétaire	10 Ou 20 Ou 30	Le nombre doit valoir 10, 20 ou 30.
Texte	"QC" Ou "On" Ou "NB"	L'entrée doit être QC, ON ou NB.
Date/Heure	>=#7/1/93#	La date doit égaler ou être ultérieure au 7 janvier 1993.
Date/Heure	>#1/1/10# And <#1/1/12#	La date doit être comprise entre le 1er janvier 2010 et le 1er janvier 2012, exclus.

Créer des champs Pièce jointe

Un **champ Pièce jointe** permet de joindre à un enregistrement un fichier externe, tel qu'un document Word, une présentation PowerPoint, un classeur Excel ou un fichier image. Les anciennes versions d'Access n'autorisaient que la liaison ou l'incorporation (d'objets) de données externes à l'aide du type de données **OLE** (*object linking and embedding*). Le type de données Pièce jointe est d'une grande supériorité par rapport au champ OLE, parce qu'il stocke les données de manière plus efficace, il permet de stocker plus de formats de fichiers que son ancêtre, comme les images JPEG, et il n'exige aucun logiciel pour visualiser les fichiers à partir d'Access. ▓▓▓▓▓ Michèle voudrait insérer des images dans les formulaires et les états, par exemple pour mieux décrire et vendre les voyages. Pour l'heure, elle vous demande d'ajouter une photo des clients pour personnaliser la relation avec les clients. Vous utilisez un champ Pièce jointe pour emmagasiner des images JPEG correspondant aux photos d'identification des clients.

ÉTAPES

1. **Cliquez du bouton droit sur la table Clients dans le volet de navigation, cliquez sur Mode création, puis agrandissez la fenêtre du mode Création de table.**

   Vous pouvez insérer le nouveau champ à tout endroit de la liste.

2. **Cliquez sur le sélecteur du champ Adresse, cliquez sur le bouton Insérer des lignes sous l'onglet Création, cliquez dans la cellule Nom du champ, entrez Photo, appuyez sur [Tab], déroulez la liste Type de données, puis cliquez sur Pièce jointe (figure E-16).**

   Le nouveau champ est créé ; il ne vous reste plus qu'à y insérer des données en mode Feuille de données.

3. **Cliquez sur Enregistrer 🖫 dans la barre d'outils Accès rapide, cliquez sur Affichage 🔳 dans l'onglet Création pour basculer en mode Feuille de données, puis appuyez sur [Tab] autant de fois que nécessaire pour atteindre le nouveau champ Photo correspondant au deuxième enregistrement, celui de Martine Allard.**

   La cellule d'un champ Pièce jointe affiche une attache trombone avec le nombre de fichiers joints entre parenthèses. Vous n'avez encore joint aucun fichier à aucun de ces champs, de sorte que tous les enregistrements affichent zéro (0) fichiers joints. Vous pouvez joindre un fichier à ce champ directement en mode Feuille de données.

4. **Cliquez du bouton droit sur l'icône de pièce jointe 🔘 du deuxième enregistrement, cliquez sur Gérer les pièces jointes dans le menu contextuel, cliquez sur Ajouter, allez dans votre dossier Projets, double-cliquez sur MAllard.jpg, puis cliquez sur OK.**

   Le fichier MAllard.jpg fait à présent partie du deuxième enregistrement et la feuille de données indique qu'un (1) fichier est joint au champ Image du premier enregistrement. Vous pouvez ajouter plusieurs pièces jointes à un même champ. Ainsi, vous pourriez par exemple ajouter une deuxième photo de cette cliente à son champ Pièce jointe Photo. Vous pouvez visualiser tous les types de pièce jointe directement dans la feuille de données mais vous pouvez également afficher les images dans un formulaire ou un état qui expose ces informations.

5. **Double-cliquez sur l'icône de pièce jointe 🔘 du deuxième enregistrement, pour ouvrir la boite de dialogue Pièces jointes (figure E-17), puis cliquez sur Ouvrir.**

   L'image s'ouvre dans le programme associé dans votre ordinateur à l'extension .jpg, par exemple la Visionneuse de photos Windows. L'extension de nom de fichier **.jpg** correspond au format d'image **JPEG**. L'association JPEG (Joint Photographic Expert Group) définit les normes des algorithmes de compression permettant d'enregistrer des fichiers d'images sous une forme efficacement compressée, pour les réutiliser ensuite dans des bases de données ou des pages web.

6. **Fermez la fenêtre qui affiche l'image MAllard.jpg, cliquez sur Annuler dans la boite de dialogue Pièces jointes, fermez la table Clients, fermez la base de données VTA-E.accdb et quittez Access.**

Restructurer une base de données

FIGURE E-16 : Ajout d'un champ Pièce jointe

Bouton Insérer des lignes

Nom du champ Photo

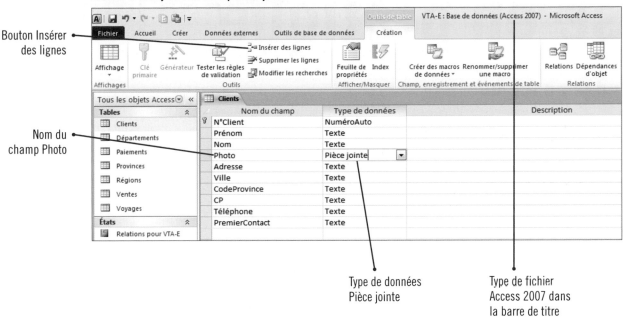

Type de données Pièce jointe

Type de fichier Access 2007 dans la barre de titre

FIGURE E-17 : Ouverture d'un fichier joint

Le champ contient 1 pièce jointe

Le champ ne contient aucune pièce jointe

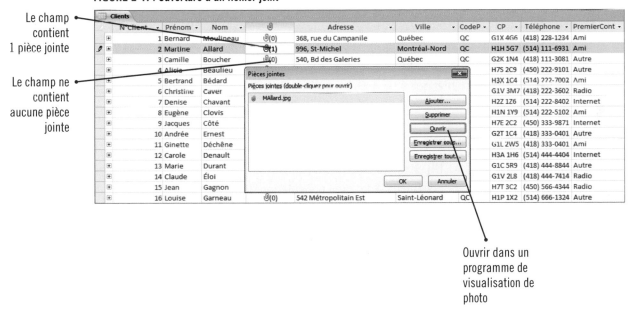

Ouvrir dans un programme de visualisation de photo

Reconnaitre les formats de bases de données

Lorsque vous créez une base de données vide dans Microsoft Office Access 2010, celui-ci donne automatiquement au fichier l'extension **.accdb** et l'enregistre au format de fichier de base de données Access 2007. Ceci explique que la barre de titre d'Access 2010 affiche (Access 2007). L'enregistrement d'une base de données au format de fichier Access 2007 permet à des utilisateurs d'Access 2007 ou d'Access 2010 de partager la même base de données. Vous devez savoir que ce format n'est pas lisible par les anciennes versions d'Access, telles que 2000, 2002 (XP) et 2003. Lorsque vous devez partager une même base de données avec des gens qui utilisent Access 2000, 2002 ou 2003, faites appel à la commande Enregistrer sous de l'onglet Fichier, pour enregistrer la base de données au format Access 2000, dont l'extension de nom de fichier est **.mdb**. Les bases de données au format de fichier Access 2000 sont en effet lisibles (et modifiables) par toute version d'Access 2000 à 2010. Certaines fonctionnalités spécifiques, telles que les champs à valeurs multiples et les pièces jointes, ne sont toutefois accessibles que lorsque vous gérez une base de données Access 2007.

Mise en pratique

Révision des concepts

Identifiez les éléments de la fenêtre Relations de la figure E-18.

FIGURE E-18

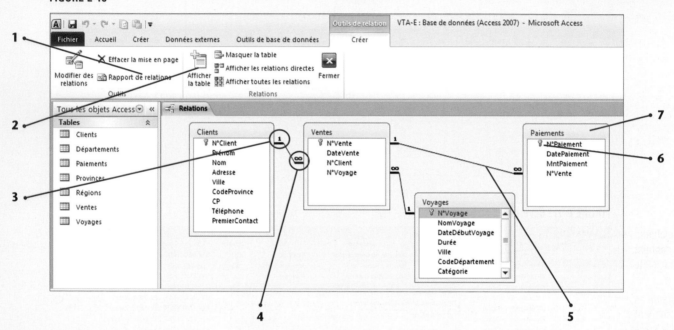

Associez chaque terme à sa description.

8. **Champ clé primaire**
9. **Propriétés de validation**
10. **Mode Création de table**
11. **Contenu**
12. **Limiter à liste**
13. **Masque de saisie**
14. **Propriétés Liste de choix**
15. **Champ à valeurs multiples**
16. **Champ Pièce jointe**

a. Un champ qui permet d'emmagasiner des fichiers externes comme un document Word, une présentation PowerPoint, un classeur Excel ou un fichier d'image.

b. Un champ contenant une information unique pour chaque enregistrement d'une table.

c. Un champ autorisant un ou plusieurs choix simultanés dans une liste déroulante associée à ce champ.

d. Cette propriété détermine si vous pouvez entrer une valeur inédite dans un champ.

e. Des propriétés d'un champ qui permettent de fournir une liste déroulante de valeurs pour un champ.

f. Une fenêtre Access dans laquelle sont définies toutes les caractéristiques d'une table, comme les noms et les propriétés de ses champs.

g. Cette propriété d'un champ fournit un guide visuel qui facilite l'entrée de données.

h. Les propriétés d'un champ qui permettent d'éviter des saisies de données incohérentes dans le champ.

i. La propriété de Liste de choix qui indique où le champ Liste de choix doit prendre sa liste de valeurs.

Choisissez la meilleure réponse à chaque question.

17. **Lequel des problèmes suivants indique le plus clairement qu'il faut restructurer une base de données ?**
    a. L'Assistant Masque de saisie n'a pas été utilisé.
    b. Des données en double apparaissent dans plusieurs enregistrements d'une table.
    c. Certains champs n'ont pas de propriétés de validation.
    d. L'intégrité référentielle est appliquée aux relations entre les tables.

18. **Lequel des éléments suivants n'est pas défini en mode Création de table ?**
    a. Le champ clé primaire
    b. La propriété Taille du champ
    c. Les types des données
    d. L'adjonction d'une pièce jointe

19. **Quel but poursuit l'application de l'intégrité référentielle ?**
    a. Éviter des entrées incorrectes dans le champ clé primaire.
    d. Exiger une entrée pour chaque champ de chaque enregistrement.
    c. Interdire l'entrée d'enregistrements orphelins.
    d. Imposer l'application de règles de validation significatives.

20. **Pour créer une relation plusieurs-à-plusieurs entre deux tables, vous devez créer :**
    a. Une table de jonction.
    b. Deux champs clés primaires dans chaque table.
    c. Deux relations un-à-un entre les deux tables et leur appliquer l'intégrité référentielle.
    d. Des champs clés étrangères dans chaque table.

21. **Le champ de jonction dans la table du côté « plusieurs » s'appelle :**
    a. Champ clé primaire.
    b. Champ Pièce jointe.
    c. Champ enfant.
    d. Champ clé étrangère.

22. **Quelle est l'extension de nom de fichier prédéfinie pour une base de données créée en Access 2010 ?**
    a. .acc10
    b. .accdb
    c. .mdb
    d. .mdb10

23. **Si le champ clé primaire de la table du côté « un » est de type NuméroAuto, quel doit être le type de données du champ de jonction de la table du côté « plusieurs » ?**
    a. NuméroAuto
    b. Numérique
    c. Texte
    d. Pièce jointe

24. **Quel symbole permet d'identifier le champ « plusieurs » d'une relation un-à-plusieurs (avec intégrité référentielle) dans la fenêtre Relations ?**
    a. Flèche
    b. Clé
    c. Infini
    d. Triangle

25. **Le processus de suppression et de réparation des enregistrements orphelins d'une base de données s'appelle communément :**
    a. La jointure des tables.
    b. La conception d'une base de données relationnelle.
    c. L'analyse de performances.
    d. Le nettoyage de la base de données.

Révision des techniques

1. **Comprendre les bases de données relationnelles.**

   a. Écrivez sur papier les champs dont vous aurez besoin pour créer une base de données relationnelle, destinée à gérer les informations sur les membres d'une association philanthropique ou communautaire.

   b. Déterminez quels champs contiendraient des données redondantes, si tous les champs devaient faire partie d'une même table.

   c. Répartissez les champs en tables divisées par sujet, puis identifiez la clé primaire de chaque table.

   d. Supposez que votre base de données contienne deux tables : Membres et Activités. Si vous n'avez pas identifié ces deux tables plus tôt, regroupez les champs sous ces deux noms de table, puis identifiez la clé primaire de chaque table, la clé étrangère dans la table Membres et la façon dont ces tables seraient liées dans une relation un-à-plusieurs.

2. **Créer des tables reliées.**

   a. Démarrez Access 2010, puis créez une nouvelle base de données nommée **Membres-E** dans votre dossier Projets.

   b. En mode Création de table, créez une nouvelle table nommée **Membres** et définissez les champs et les types de données de la figure E-19.

   FIGURE E-19

Nom du champ	Type de données
N°Membre	NuméroAuto
Prénom	Texte
NomFamille	Texte
Ville	Texte
Téléphone	Texte
AdrCourriel	Texte
DDNaissance	Date/Heure
Genre	Texte

   c. Définissez N°Membre comme clé primaire, enregistrez puis fermez la table.

   d. Créez une deuxième table en mode Création, nommée **Activités**, avec les champs et les types de la figure E-20.

   FIGURE E-20

Nom du champ	Type de données
N°Activité	NuméroAuto
N°Membre	Numérique
DateActivité	Date/Heure
Lieu	Texte
Description	Texte
Durée	Numérique
ValeurService	Monétaire

   e. Désignez le champ N°Activité comme clé primaire, enregistrez, puis fermez la table.

Révision des techniques (suite)

3. Créer des relations un-à-plusieurs.

a. Ouvrez la fenêtre Relations, double-cliquez sur Membres, puis double-cliquez sur Activités pour ajouter les deux tables dans la fenêtre Relations. Fermez la boite de dialogue Afficher la table.

b. Redimensionnez les listes des champs pour que leur contenu s'affiche au complet, puis faites glisser le champ N°Membre de la table Membres vers le champ N°Membre de la table Activités pour créer une relation un-à-plusieurs entre ces deux tables.

c. Appliquez l'intégrité référentielle et créez la relation un-à-plusieurs entre les deux tables (figure E-21).

FIGURE E-21

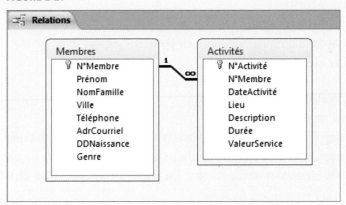

d. Créez l'état des Relations de la base de données Membres-E, ajoutez votre nom dans une étiquette de la section En-tête d'état en mode Création, puis, si votre professeur vous y invite, imprimez l'état.

e. Enregistrez et fermez l'état Relations avec son nom prédéfini, enregistrez puis fermez la fenêtre Relations.

4. Créer des champs Listes de choix.

a. Ouvrez la table Membres en mode Création, puis lancez l'Assistant Liste de choix pour le champ Genre.

b. Choisissez l'option qui permet de saisir vos propres valeurs, puis entrez **Féminin**, **Masculin** et **Inconnu** comme valeurs de la colonne de choix.

c. Acceptez l'étiquette par défaut **Genre**, puis terminez l'Assistant Liste de choix.

d. Enregistrez et fermez la table Membres.

5. Modifier des champs Texte.

a. Ouvrez la table Membres en mode Création.

b. Utilisez l'Assistant Masque de saisie pour créer une propriété Masque de saisie pour le champ Téléphone. Choisissez le masque de saisie Numéro de téléphone. Acceptez les autres options prédéfinies proposées par l'assistant. (*Indice* : Si l'Assistant Masque de saisie n'est pas installé sur votre ordinateur, tapez **!(999) 000-0000;;_** dans la propriété Masque de saisie du champ Téléphone.)

c. Corrigez la taille des champs Prénom, NomFamille et Ville à **30**. Ramenez à **10** la taille du champ Téléphone et à **8** la taille du champ Genre. Enregistrez la table Membres.

d. Ouvrez la table Membres en mode Feuille de données et entrez un nouvel enregistrement avec vos propre prénom et nom de famille, ainsi que la ville et le téléphone de votre école. Notez l'effet du masque de saisie sur le champ Téléphone. Entrez **1995-01-01** dans le champ DDNaissance, et la valeur adéquate pour le champ Genre.

Révision des techniques (suite)

6. Modifier des champs Numérique et Monétaire.

  a. Ouvrez la table Activités en mode Création.

  b. Corrigez la propriété Décimales du champ Durée en **0**.

  c. Corrigez la propriété Décimales du champ ValeurService en **2**.

  d. Enregistrez et fermez la table Activités.

7. Modifier des champs Date/Heure.

  a. Ouvrez la table Activités en mode Création.

  b. Ouvrez la propriété Format du champ DateActivité en **jj/mm/aaaa**.

  c. Enregistrez et fermez la table Activités.

  d. Ouvrez la table Membres en mode Création.

  e. Changez la propriété Format du champ DDNaissance en **jj/mm/aaaa**.

  f. Enregistrez et fermez la table Membres.

8. Modifier les propriétés de validation d'un champ.

  a. Ouvrez la table Membres en mode Création.

  b. Cliquez sur le nom du champ DDNaissance, cliquez dans la zone de texte Valide si, tapez **<2000-01-01**. (Observez qu'Access ajoute automatiquement des symboles dièse autour du critère de date dans la propriété Valide si.)

  c. Cliquez dans la zone de texte Message si erreur et tapez **La date de naissance doit être antérieure au 1/1/2000**.

  d. Enregistrez les modifications, puis ouvrez la table Membres en mode Feuille de données.

  e. Testez les propriétés de validation en allant jusqu'au champ DDNaissance et en tapant une date au-delà du 1er janvier 2000, par exemple 2001-01-01. Cliquez sur OK dans la boite de dialogue d'avertissement du message si erreur, appuyez sur [Échap] pour restaurer la valeur du champ Naissance à sa valeur initiale, puis fermez la table Membres.

9. Créer des champs Pièce jointe.

  a. Ouvrez la table Membres en mode Création, ajoutez un nouveau champ après le champ Genre, nommé **Photo**, de type Pièce jointe, puis enregistrez la table.

  b. Affichez la table Membres en mode Feuille de données, puis joignez une photo de vous-même au champ Photo du premier enregistrement. Si vous ne disposez pas d'une photo de vous-même, utilisez le fichier **Membre1.jpg**, disponible dans votre dossier Projets.

  c. Fermez la table Membres.

  d. À l'aide de l'Assistant Formulaire, créez un formulaire fondé sur tous les champs de la table Membres. Choisissez la disposition Colonne simple et intitulez le formulaire **Formulaire de saisie des Membres**.

  e. Si votre professeur vous y invite, imprimez la première page du formulaire qui présente la photo dans le champ Photo, puis fermez le formulaire.

  f. Fermez la base de données Membres-E.accdb, puis quittez Access.

Exercice personnel 1

Gérant d'une boutique de location d'instruments de musique, vous avez décidé de créer une base de données vous permettant d'assurer le suivi des instruments et de leur location aux élèves des écoles avoisinantes. Les champs requis pour votre base sont répartis dans quatre tables : Instruments, Locations, Clients et Ecoles.

a. Démarrez Access et créez dans votre dossier Projets une nouvelle base de données nommée **Musique-E.accdb**.

b. En mode Création de table, construisez les quatre tables de la base de données Musique-E à partir des informations de la figure E-22. Notez que les éléments en gras désignent les clés primaires.

c. Dans la table Locations, tapez **>2011-01-01** dans la propriété Valide si du champ DateLocation. Ce changement autorisera seulement la saisie de dates ultérieures au 1er janvier 2011, du fait que ce commerce a été ouvert à cette date.

d. Dans la propriété Message si erreur du champ DateLocation, tapez **La date de location doit être ultérieure au 1er janvier 2010**. Notez qu'Access ajoute des signes dièse (#) au critère de date de la propriété Valide si.

e. Enregistrez et fermez la table Locations.

f. Ouvrez la fenêtre Relations, ajoutez-y les tables Instruments, Locations, Clients et Ecoles, puis créez les relations un-à-plusieurs indiquées à la figure E-23. N'oubliez pas d'appliquer l'intégrité référentielle à chacune des relations.

g. Affichez l'aperçu avant impression de l'état Relations, ajoutez votre nom sous forme d'étiquette dans l'entête de l'état, puis, si votre professeur vous le demande, imprimez l'état en vous assurant bien que tous les champs de toutes les tables sont visibles.

h. Enregistrez l'état des relations sous son nom prédéfini, puis fermez-le. Fermez la fenêtre Relations en sauvegardant sa disposition à l'invite.

i. Fermez la base de données Musique-E.accdb et quittez Access.

FIGURE E-22

Table	Nom du champ	Type de données
Locations	**N°Location**	NuméroAuto
	N°Client	Numérique
	N°Série	Texte
	DateLocation	Date /Heure
Clients	Prénom	Texte
	NomFamille	Texte
	Rue	Texte
	Ville	Texte
	Province	Texte
	CodePostal	Texte
	N°Client	**NuméroAuto**
	CodeEcole	Texte
Instruments	Description	Texte
	N°Série	**Texte**
	LoyerMensuel	Monétaire
Ecoles	NomEcole	Texte
	CodeEcole	**Texte**

FIGURE E-23

Exercice personnel 2

Vous décidez de créer une base de données qui illustre les dons de sang à des banques du sang par les employés de votre compagnie. Vous souhaitez suivre des informations comme le nom des employés, leur service, leur groupe sanguin, la date de leur don et l'hôpital où a eu lieu la collecte. Vous voulez également relever des informations succinctes sur le lieu de collecte, comme le nom de l'hôpital et son adresse.

a. Démarrez Access et créer une nouvelle base de données nommée **DonsDuSang.accdb** dans votre dossier Projets.

b. Créez une table **Employés** avec les champs nécessaires et les types de données adéquats pour enregistrer le numéro de l'employé, généré automatiquement, son prénom, son nom de famille et son groupe sanguin. Faites du numéro d'employé la clé primaire de la table.

c. Ajoutez des propriétés de liste de choix au champ groupe sanguin de la table Employés pour imposer des valeurs de groupes sanguins : **A+**, **A−**, **B+**, **B−**, **O+**, **O−**, **AB+** et **AB−**.

d. Créez une table dénommée **Dons**, avec les champs des types adéquats pour enregistrer un numéro automatique de don, la date du don de sang et le numéro d'employé du donneur, qui servira de clé étrangère vers la table Employés. Faites du numéro de don la clé primaire de la table Dons.

e. Créez une table **Hôpitaux** avec les champs et les types de données nécessaires pour enregistrer le code de l'hôpital, le numéro du don (champ clé étrangère), le nom de l'hôpital, sa rue, sa ville, sa province et son code postal. Faites du numéro d'hôpital la clé primaire de la table.

f. Dans la fenêtre Relations, créez une relation un-à-plusieurs avec intégrité référentielle entre la table Employés et la table Dons, à l'aide du champ commun numéro d'employé.

g. Dans cette même fenêtre, créez une relation un-à-plusieurs avec intégrité référentielle entre la table Dons et la table Hôpitaux, par l'entremise du champ commun numéro de don. La figure E-24 présente la fenêtre Relations finale. Bien entendu, les noms de champs que vous aurez choisis peuvent différer de ceux illustrés

h. Affichez l'aperçu avant impression de l'état des relations, ajoutez votre nom dans une étiquette de l'en-tête de l'état, puis imprimez l'état. Assurez-vous que tous les champs de la table soient visibles.

i. Enregistrez l'état des relations sous le nom prédéfini proposé, puis fermez-le. Enregistrez et fermez la fenêtre Relations.

j. Fermez la base de données DonsDuSang.accdb, puis quittez Access.

FIGURE E-24

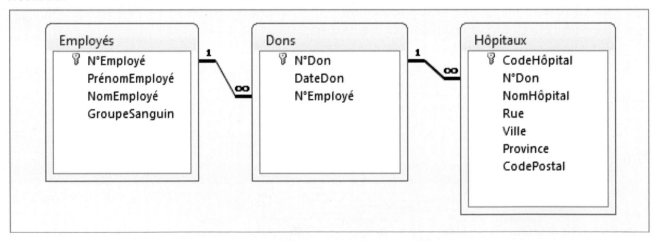

Exercice personnel 3

Cet exercice exige une connexion à internet.

Membre et gestionnaire d'une équipe de hockey amateur, vous décidez de créer une base de données pour vous faciliter la gestion des informations sur les joueurs, les parties et les statistiques des parties.

   a. Démarrez Access et créez une nouvelle base de données nommée **Hockey-E.accdb** dans votre dossier Projets.

   b. Créez la table **Joueurs** avec les champs et les types de données appropriés pour enregistrer le prénom, le nom et le numéro de joueur. Utilisez le numéro de joueur comme clé primaire.

   c. Créez une table **Parties** avec les types de données adéquats pour enregistrer un numéro de partie automatique, la date de la partie, le nom de l'équipe adverse, le fait que votre équipe ait obtenu la victoire (V) ou subi une défaite (D), le score de votre équipe et le score de l'équipe adverse. Utilisez le numéro automatique de partie comme clé primaire.

   d. Créez une table **Statistiques** avec les champs nécessaires pour enregistrer le numéro de partie, le numéro du joueur, les buts, les aides, le nombre de points du joueur, le nombre de pénalités. La table ne nécessite pas de clé primaire.

   e. Dans la fenêtre Relations, créez une relation un-à-plusieurs avec intégrité référentielle entre les tables Parties et Statistiques, sur le champ commun numéro de partie.

   f. Dans la fenêtre Relations, créez une relation un-à-plusieurs avec intégrité référentielle entre les tables Joueurs et Statistiques, par l'entremise du champ commun numéro de joueur. La fenêtre Relations devrait prendre l'aspect de la figure E-25. (Les noms de vos champs peuvent différer de ceux proposés.)

FIGURE E-25

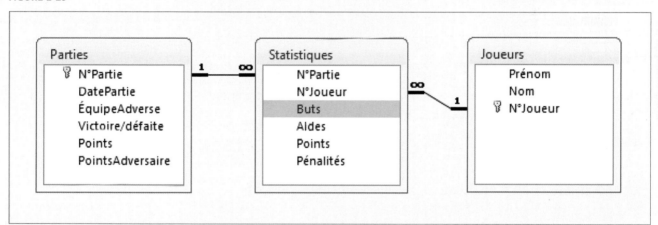

   g. Affichez l'aperçu avant impression de l'état Relations, ajoutez votre nom dans une étiquette de la section d'en-tête d'état, vérifiez que tous les champs de chaque table soient visibles, puis imprimez l'état si votre professeur vous le demande.

   h. Enregistrez l'état des relations sous le nom prédéfini, puis fermez l'état. Enregistrez, puis fermez la fenêtre Relations.

Difficultés supplémentaires

   ■ Entrez votre nom dans la table Joueurs, avec **1** comme numéro de joueur. À l'aide de votre moteur de recherche habituel, trouvez la composition d'une équipe de hockey de votre région et entrez les informations de dix autres joueurs dans la table Joueurs. Fermez la table Joueurs.

   ■ Recherchez les parties jouées récemment par cette équipe et entrez un enregistrement avec le score d'une partie dans la table Parties. Fermez la table.

   ■ Ouvrez la table Joueurs, utilisez la sous-feuille de données pour entrer les statistiques de la partie n° 1 pour chacun des onze joueurs. Ces résultats ne doivent pas nécessairement représenter une véritable rencontre mais doivent demeurer réalistes. Ainsi, faites en sorte que le total des points de tous les joueurs ne dépasse pas le total des points de la partie. (*Indice* : Recherchez si nécessaire sur le web le vocabulaire du hockey qui détaille les acronymes utilisés habituellement pour décrire les résultats des parties.)

   i. Fermez la base de données Hockey-E.accdb, puis quittez Access.

Défi

Une base de données Access constitue un excellent outil pour gérer et suivre des offres d'emploi et vos candidatures
à ces offres. Cet exercice vous propose de modifier deux champs de la table Postes dans la base de données de recherche
d'emploi pour que les options de liste de choix facilitent l'entrée des données, de manière cohérente et précise.

a. Démarrez Access, ouvrez la base de données RechercheEmploi-E.accdb de votre dossier Projets et activez le contenu
à l'invite.

b. Ouvrez la table Postes en mode Création. Cliquez sur le champ NoEmployeur, puis lancez l'Assistant Liste de choix.

c. Dans ce cas-ci, vous voulez que le champ NoEmployeur de la table Postes obtienne à la fois le NoEmployeur et la
Société à partir de la table Employeurs ; par conséquent, vous sélectionnez l'option proposée par défaut, « Je veux
que le champ Liste de choix extraie les valeurs d'une autre table ou requête. »

d. La table Employeurs contient les champs nécessaires pour obtenir les résultats attendus. Sélectionnez les champs
NoEmployeur et Société. Triez les enregistrements en ordre croissant de Société.

e. Ôtez la coche de la case « Colonne clé cachée (recommandé) », pour que la colonne NoEmployeur s'affiche également
dans la liste de choix.

f. Sélectionnez NoEmployeur comme le champ dans lequel vous stockerez les données. Cliquez sur Terminer, puis cliquez
sur Oui lorsque vous êtes invité à enregistrer la table.

g. Enregistrez la table, puis testez le champ NoEmployeur en mode Feuille de données. Vous devriez voir le NoEmployeur
et le nom de Société dans la liste déroulante (figure E-26).

FIGURE E-26

Intitulé	Domaine	SalaireAnnuel	Préférence	NoEmployeur	NoPoste
Rédacteur vie	Assurances	30 000,00 $	3	2	1
Ingénieur système	Informatique	40 000,00 $	5	1	2
Délégué commercial	Pharmaceutiqu	35 000,00 $	2	3	3
Ingénieur en génie civil	Ingénierie	55 000,00 $	4	4	4
Technicien en mécanique du bâ	Ingénierie	25 000,00 $	3	4	5
Ingénieur en géotechnique	Ingénierie	30 000,00 $	4	4	6
Styliste	Habillement	35 000,00 $	2	5	7

2	AXA
1	IBM Canada Ltd
3	Ratiopharm inc
4	Teknika HBA
5	Vêtements Pe

Défi (suite)

h. Revenez au mode Création, cliquez dans le champ Préférence et lancez l'Assistant Liste de choix. Le champ enregistre les valeurs comprises de 1 à 5 selon le niveau de préférence. Vous allez entrer manuellement ces valeurs par l'entremise de l'option « Je taperai les valeurs souhaitées ».

i. Entrez **1**, **2**, **3**, **4** et **5** dans la colonne Col1, puis acceptez la proposition d'étiquette Préférence pour ce champ Liste de choix.

j. Enregistrez la table et testez le champ Préférence en mode Feuille de données. La liste déroulante devrait proposer les valeurs de 1 à 5, comme l'indique la figure E-27.

FIGURE E-27

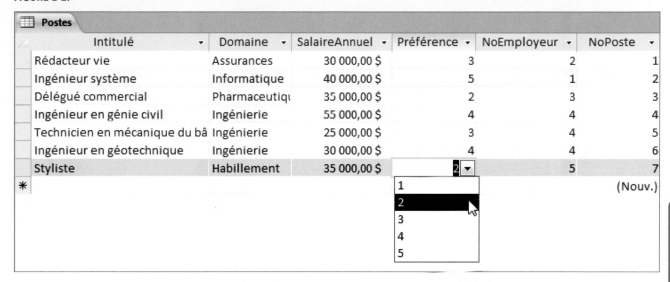

Access 2010

Défi (suite)

k. Retournez au mode Création et modifiez en Oui la propriété Limiter à liste de l'onglet Liste de choix, dans la Feuille de propriétés du champ Préférence, ainsi que du champ NoEmployeur.

l. Enregistrez la table, testez les champs Préférence et NoEmployeur. Vous ne pouvez en principe pas ajouter d'entrée qui n'existe déjà dans les listes.

m. Fermez la table Postes, puis ouvrez la fenêtre Relations.

n. Double-cliquez sur la ligne de jointure créée par l'Assistant Liste de choix entre les tables Employeurs et Postes. Cochez la case Appliquer l'intégrité référentielle, puis cliquez sur OK. La fenêtre Relations adopte l'aspect illustré à la figure E-28.

FIGURE E-28

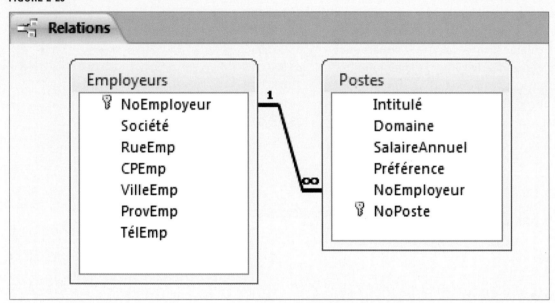

Défi (suite)

Difficultés supplémentaires

- À l'aide de l'Assistant Formulaire, créez un formulaire et un sous-formulaire avec tous les champs des deux tables Employeurs et Postes.
- Affichez les données par Employeurs et adoptez la disposition Feuille de données pour le sous-formulaire.
- Intitulez le formulaire **Formulaire de saisie des Employeurs** et le sous-formulaire **Postes Sous-Formulaire**.
  Affichez le formulaire en mode Page.
- Basculez en mode Création de formulaire, exploitez toutes vos connaissances pour déplacer, redimensionner, aligner et modifier les contrôles pour obtenir le résultat illustré à la figure E-29.
- Ajoutez un enregistrement au sous-formulaire de la première société, avec des données fictives mais réalistes.
  Notez que les valeurs du NoEmployeur et du NoPoste sont automatiquement fournies.

FIGURE E-29

o. Enregistrez et fermez la fenêtre Relations, Enregistrez et fermez la base de données RechercheEmploi-E.accdb, puis quittez Access.

Atelier visuel

Ouvrez la base de données Formations-E.accdb de votre dossier Projets et activez le contenu à l'invite. Créez une nouvelle table intitulée **Fournisseurs** d'après les champs et les types de données illustrés à la figure E-30. Changez ensuite la taille des champs ProvinceF à **2**, CodePostalF à **7** et TélF à **10**. Changez la taille de tous les autres champs Texte à **30**. Appliquez au champ TélF un masque de saisie du type Téléphone. Vérifiez que le NoFournisseur est bien la clé primaire de la table. Associez les tables dans la fenêtre Relations, comme à la figure E-31, puis affichez le rapport des relations en orientation paysage. Si nécessaire, déplacez et redimensionnez les listes de champs, pour que l'état imprime le tout sur une seule feuille de papier. Ajoutez votre nom dans une étiquette de la section d'en-tête de l'état pour documenter l'état des relations.

FIGURE E-30

Nom du champ	Type de données
NoFournisseur	NuméroAuto
NomFournisseur	Texte
RueF	Texte
VilleF	Texte
ProvinceF	Texte
CodePostalF	Texte
TélF	Texte

FIGURE E-31

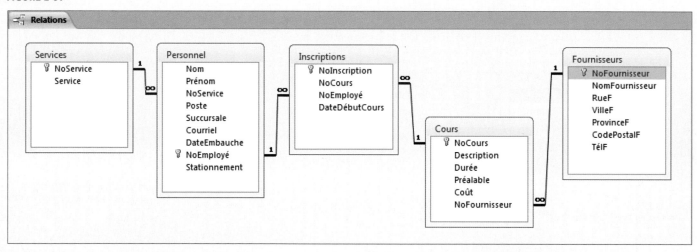

Restructurer une base de données

Créer des requêtes évoluées

Vous aurez besoin de ces fichiers :

VTA-F.accdb
Membres-F.accdb
Musique-F.accdb
AgencesImmo-F.accdb
BoursesScolaires-F.accdb
Formations-F.accdb

Les **requêtes** sont des objets de base de données qui organisent les champs d'une ou plusieurs tables en une seule feuille de données. Les **requêtes Sélection**, le type le plus utilisé, extraient des informations de certains enregistrements d'une ou de plusieurs tables reliées et affichent les résultats dans une feuille de données. Elles servent également à trier des enregistrements, à développer de nouveaux champs calculés à partir de champs existants et à calculer des statistiques pour obtenir, par exemple, la somme ou la moyenne des valeurs d'un champ. Les requêtes permettent aussi de présenter les données sélectionnées dans un Tableau croisé dynamique ou dans un Graphique croisé dynamique. Ces vues affichent des informations sur des groupes résumés de données dans un tableau ou un graphique croisé. La base de données de VTA a été modifiée pour recevoir plus de clients, de voyages et de ventes. En collaboration avec Michèle Piloubeau, vous créez des requêtes pour interroger la base de données des voyages en France et analyser les informations qu'elle contient.

OBJECTIFS

Créer une requête Sélection sur plusieurs tables

Trier des requêtes et visualiser le SQL

Développer des requêtes ET

Développer des requêtes OU

Créer des champs calculés

Créer des requêtes de synthèse

Créer des requêtes Analyse croisée

Créer un tableau et un graphique croisés dynamiques

Créer une requête Sélection sur plusieurs tables

Vous créez des requêtes à l'aide de l'**Assistant Requête simple** ou en spécifiant directement les champs et les critères nécessaires en mode Création de requête. La création d'une requête sélection à l'aide de l'Assistant Requête simple est aisée et rapide, mais l'utilisation du **mode Création de requête** offre bien plus de souplesse et d'options dans la sélection des informations et la manière de les présenter. Lors de l'ouverture (on dit aussi l'«**exécution**») d'une requête, les champs et les enregistrements que vous avez sélectionnés dans la requête s'affichent en **mode Feuille de données de requête**. Le mode Feuille de données ne duplique pas les données stockées dans la feuille de la table d'origine mais donne plutôt une autre présentation des informations, dans ce que l'on appelle une vue logique des données. Si vous modifiez ou entrez des données dans une feuille de requête, les données de la table sous-jacente sont automatiquement mises à jour. ⬛⬛⬛ Michèle vous demande de créer une requête pour analyser les paiements effectués par les clients. Vous rassemblez dans une seule feuille de données des champs provenant des tables Clients, Voyages, Ventes et Paiements pour présenter les données répondant aux besoins d'analyse.

ÉTAPES

1. **Démarrez Access, ouvrez la base de données VTA-F.accdb de votre dossier Projets et activez le contenu si vous y êtes invité.**

2. **Cliquez sur l'onglet Créer du Ruban, puis cliquez sur le bouton Création de requête.**

   La boite de dialogue Afficher la table s'ouvre et affiche toutes les tables de la base de données. Elle permet de sélectionner les tables contenant les champs à utiliser dans la fenêtre de requête.

PROBLÈME

Si, par inadvertance, vous ajoutez deux fois la même table à une requête, cliquez sur la barre de titre de la liste des champs superflue, puis appuyez sur [Suppr].

3. **Double-cliquez sur Clients, double-cliquez sur Ventes, double-cliquez sur Voyages, double-cliquez sur Paiements, puis cliquez sur Fermer.**

   Le volet supérieur de la requête en mode Création présente les **listes des champs** des quatre tables. Chaque liste affiche le nom de la table associée dans sa barre de titre. Pour modifier la présentation des listes de champs dans la fenêtre mode Création, faites glisser leur barre de titre pour les déplacer ou faites glisser leur bordure pour les redimensionner. Les relations entre les tables sont signalées par des **lignes de jointure un-à-plusieurs** entre les champs de liaison. Les champs à présenter dans la feuille de données sont ajoutés dans les colonnes du volet inférieur de la fenêtre de requête, la grille de création ou grille de requête.

PROBLÈME

Pour voir tous les champs de la table Voyages, faites glisser vers le bas le bord inférieur de sa liste des champs.

4. **Double-cliquez sur le champ Prénom de la liste des champs de Clients pour ajouter le champ à la première colonne de la grille de création, double-cliquez sur NomC, double-cliquez sur NomVoyage de la liste des champs de Voyages, double-cliquez sur Prix de la liste des champs de Voyages, double-cliquez sur DatePaiement dans la liste de champs de Paiements, puis double-cliquez sur MntPaiement, comme à la figure F-1.**

   Lorsque vous *double-cliquez* sur un champ dans une liste des champs, celui-ci s'ajoute automatiquement à l'emplacement libre suivant de la grille de création. Lorsque vous faites *glisser* un champ vers la grille de création, les champs déjà présents sont décalés vers la droite pour accueillir le nouveau champ.

5. **Cliquez sur Affichage ▦ du groupe Résultats pour exécuter la requête et ouvrir la feuille de données de la requête.**

   La feuille de données apparait (figure F-2). Cette feuille présente les six champs, sélectionnés en mode Création. La feuille de données affiche 80 enregistrements, qui représentent autant de règlements. Certains paiements sont issus du même client. La requête a sélectionné plusieurs fois Christine Caver, parce qu'elle est associée à plusieurs ventes de voyages et à plusieurs paiements. Le voyage Club de plongée Baie de St-Jean est également répété dans la feuille de données, parce qu'il fait l'objet de plusieurs ventes à des clients qui ont effectué plusieurs paiements. Le nom de famille de Christine Caver a changé, suite à son mariage. Elle s'appelle désormais Christine Renard.

6. **Double-cliquez sur n'importe quelle occurrence de Caver dans la colonne NomC, entrez Renard, puis cliquez sur un autre enregistrement.**

   Comme les données de Christine sont stockées physiquement dans un seul enregistrement de la table Clients, même si elles sont sélectionnées plusieurs fois dans la requête parce que cette cliente a effectué plusieurs paiements, le fait de changer une seule occurrence de son nom de famille met automatiquement à jour les autres sélections de cette donnée dans la requête, ainsi que dans toutes les autres requêtes, tous les formulaires et les états fondés sur cette donnée.

FIGURE F-1 : Mode Création de requête avec six champs dans la grille de requête

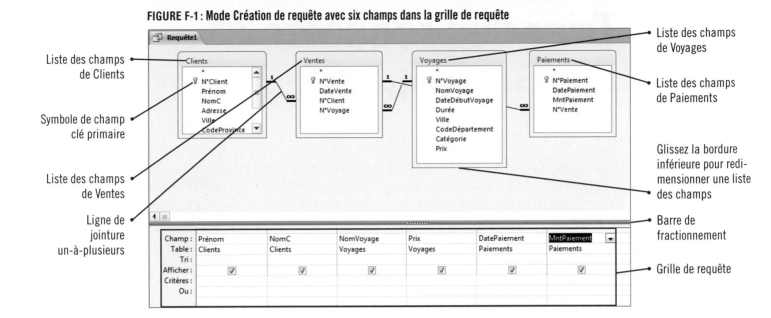

Liste des champs de Clients

Symbole de champ clé primaire

Liste des champs de Ventes

Ligne de jointure un-à-plusieurs

Liste des champs de Voyages

Liste des champs de Paiements

Glissez la bordure inférieure pour redimensionner une liste des champs

Barre de fractionnement

Grille de requête

FIGURE F-2 : Feuille de données de requête avec les informations associées

Champs de la table Clients

Christine Caver a effectué plusieurs paiements

80 enregistrements de paiements

Champ de la table Paiements

Champs de la table Voyages

Le Club de plongée Baie de St-Jean a fait l'objet de plusieurs paiements de plusieurs clients

Prénom	NomC	NomVoyage	Prix	DatePaieme	MntPaieme
Christine	Caver	Club de ski Cyclone	850 $	2012-04-30	250,00 $
Mérisa	Vachon	Découverte marine	750 $	2012-04-30	450,00 $
Camille	Turcotte	Découverte marine	750 $	2012-04-30	750,00 $
Christine	Caver	Les bâtisseurs de villages perdus	950 $	2012-04-30	600,00 $
Alicia	Beaulieu	Musée de volcanologie	800 $	2012-06-01	600,00 $
Eugène	Clovis	Musée de volcanologie	800 $	2012-06-01	600,00 $
Jean	Gagnon	Musée de volcanologie	800 $	2012-06-01	600,00 $
Christine	Caver	Club de randonnée des canyons du Ver	950 $	2012-07-07	100,00 $
Denise	Chavant	Club de randonnée des canyons du Ver	950 $	2012-07-08	200,00 $
Eugène	Clovis	Club de randonnée des canyons du Ver	950 $	2012-07-09	200,00 $
Jacques	Côté	Club de randonnée des canyons du Ver	950 $	2012-07-09	200,00 $
Jacques	Côté	Musée de volcanologie	800 $	2012-07-09	600,00 $
Bernard	Moulineau	Club de plongée Baie de St-Jean	1 500 $	2012-04-01	750,00 $
Martine	Allard	Club de plongée Baie de St-Jean	1 500 $	2012-07-11	750,00 $
Camille	Boucher	Club de plongée Baie de St-Jean	1 500 $	2012-07-23	250,00 $
Bertrand	Bédard	Club de plongée Baie de St-Jean	1 500 $	2012-07-11	750,00 $
Ginette	Déchêne	Club de plongée Baie de St-Jean	1 500 $	2012-07-11	750,00 $
Claude	Huberty	Club de ski Cyclone	850 $	2012-07-11	450,00 $
Francine	Levesque	Club de ski Cyclone	850 $	2012-07-12	450,00 $
Catherine	Morency	Club de ski Cyclone	850 $	2012-07-12	450,00 $
Grégoire	Normand	Club de ski Cyclone	850 $	2012-07-13	450,00 $
Gabriel	Ouelet	Club de ski Cyclone	850 $	2012-07-13	450,00 $
Andrée	Ernest	6e Troupe de Scouts	1 900 $	2012-07-14	1 000,00 $

Enr : 1 sur 80 — Aucun filtre — Rechercher

Access 2010

Supprimer un champ de la grille de requête

Si vous ajoutez par mégarde un champ inapproprié à la grille de création de requête, pour le supprimer, cliquez sur le sélecteur de champ (la fine barre grise qui surplombe le nom du champ dans la grille), puis pressez [Suppr]. La suppression d'un champ de la grille d'une requête écarte celui-ci de la vue logique des données de la requête, donc de sa feuille de données, mais ne supprime en aucun cas le champ de la base de données. Un champ n'est défini, et les données correspondant à ce champ ne sont stockées, que dans une table.

Créer des requêtes évoluées

Trier des requêtes et visualiser le SQL

Le **tri** consiste à réorganiser les enregistrements en ordre croissant ou décroissant du contenu d'un champ. Les requêtes autorisent la définition de plusieurs niveaux de tri. Dans ce cas, les opérations de tri sont effectuées de gauche à droite. Le champ de gauche est le champ de premier niveau de tri. Les ordres du tri définis en mode Création de requête sont enregistrés avec l'objet requête. ▨▨▨▨▨ Michèle vous suggère de trier les champs en ordre alphabétique croissant du nom de famille des clients. Et si le client a effectué plus d'un règlement pour un ou des voyages, vous décidez de trier ensuite les enregistrements par dates de paiement.

ÉTAPES

1. **Cliquez sur le bouton Affichage ▨ de l'onglet Accueil pour retourner en mode Création de requête.**

   Pour trier les enregistrements par nom de famille, puis par date de paiement, le champ Nom doit être le champ de tri principal et DatePaiement le champ de tri secondaire.

2. **Dans la grille de création de requête, cliquez dans la cellule Tri du champ NomC, déroulez la liste Tri, cliquez sur Croissant, cliquez dans la cellule Tri du champ DatePaiement, déroulez la liste Tri, puis cliquez sur Croissant.**

   Votre grille devait maintenant ressembler à celle de la figure F-3.

3. **Cliquez sur le bouton Affichage ▨ du groupe Résultats pour visualiser la feuille de données.**

   Les enregistrements de la feuille de données s'affichent à présent en ordre alphabétique des valeurs du champ NomC. Quand une même valeur apparait dans le champ NomC, les enregistrements sont ensuite triés en ordre chronologique du champ DatePaiement (figure F-4). Martine Allard a effectué deux règlements, le premier en date du 11 juillet 2012 et le second en date du 23 juillet 2012.

4. **Cliquez sur le bouton Enregistrer ▨ de la barre d'outils Accès rapide, entrez ClientsPaiements en guise de nom dans la boite de dialogue Enregistrer sous, puis cliquez sur OK.**

   Lorsque vous enregistrez une requête, vous n'enregistrez en fait que la vue logique des données, c'est-à-dire la sélection des champs et des enregistrements des tables sous-jacentes, et non les données sous-jacentes. D'un point de vue technique, lorsqu'Access enregistre une requête, il le fait sous forme d'instructions **SQL** (**Structured Query Language** ou langage de requête structuré). Vous pouvez examiner, puis intervenir sur des instructions SQL à l'aide des objets requête d'Access, mais vous pouvez aussi voir le code SQL généré, grâce à l'affichage en mode SQL.

5. **Déroulez la liste du bouton Affichage ▨, puis cliquez sur Mode SQL, puis cliquez dans la partie vierge de la fenêtre SQL pour désélectionner le code.**

   Le code SQL de la figure F-5 détermine les champs sélectionnés à l'aide de l'instruction **SELECT**, la façon dont les tables sont jointes, après le mot-clé **FROM**, et le ou les ordres de tri des données, juste après le mot-clé **ORDER BY**. Il n'est heureusement pas nécessaire de connaitre le langage SQL ni de rédiger du code SQL pour sélectionner et trier des données de tables multiples. Le mode Création de requête offre une interface visuelle d'usage relativement simple, qui permet d'extraire et de trier les données des tables sous-jacentes, sans imposer de devenir spécialiste de la programmation en SQL.

6. **Fermez la requête ClientsPaiements.**

FIGURE F-3 : Définition de plusieurs ordres de tri dans une requête en mode Création

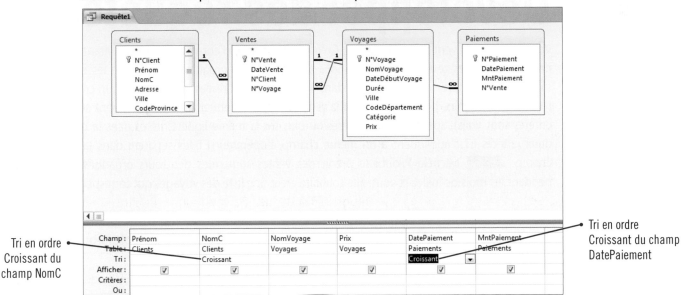

Tri en ordre Croissant du champ NomC

Tri en ordre Croissant du champ DatePaiement

FIGURE F-4 : Enregistrements triés sur les champs NomC, puis DatePaiement

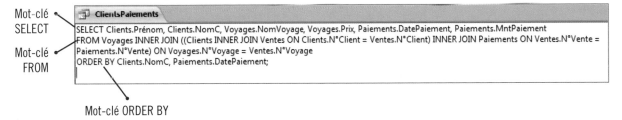

Ordre de tri principal

Ordre de tri secondaire

FIGURE F-5 : Affichage en mode SQL

Mot-clé SELECT

Mot-clé FROM

Mot-clé ORDER BY

ClientsPaiements

```
SELECT Clients.Prénom, Clients.NomC, Voyages.NomVoyage, Voyages.Prix, Paiements.DatePaiement, Paiements.MntPaiement
FROM Voyages INNER JOIN ((Clients INNER JOIN Ventes ON Clients.N°Client = Ventes.N°Client) INNER JOIN Paiements ON Ventes.N°Vente =
Paiements.N°Vente) ON Voyages.N°Voyage = Ventes.N°Voyage
ORDER BY Clients.NomC, Paiements.DatePaiement;
```

Définir un ordre de tri différent de l'ordre de sélection des champs d'une feuille de données

Si la base de données comporte plusieurs clients de même nom mais de prénoms différents et s'il faut inclure un deuxième tri sur le prénom, alors que l'affichage doit présenter les colonnes dans l'ordre Prénom puis NomC, il existe une solution simple (figure F-6). Il suffit de placer une copie de NomC en première position dans la grille de création et de désactiver sa case à cocher Afficher. Cette colonne ne s'affichera donc pas dans la feuille de données. Les enregistrements triés par NomC, puis par Prénom, seront affichés dans l'ordre Prénom et Nom.

FIGURE F-6 : Modification de l'ordre de tri pour trier en fonction d'un champ non affiché

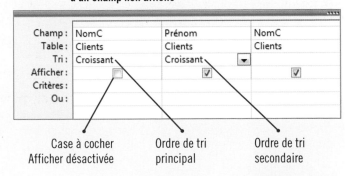

Case à cocher Afficher désactivée

Ordre de tri principal

Ordre de tri secondaire

Développer des requêtes ET

Vous voudrez souvent limiter en mode Création le nombre d'enregistrements résultant d'une requête. Les **critères** sont des tests ou des restrictions appliqués aux enregistrements. Seuls les enregistrements qui satisfont aux critères seront affichés dans la feuille de données résultante. Pour créer un **critère ET** (en d'autres termes, pour demander à la requête de sélectionner un enregistrement seulement si *tous* les critères sont vrais), spécifiez deux critères ou plus sur la même ligne Critères dans la grille de création. Si deux critères ET s'appliquent à un même champ, l'opérateur ET les séparera dans la cellule Critères du champ. ░▓▒▓ Michèle Piloubeau prédit des ventes soutenues des tours organisés du type Aventure pendant les mois de juillet et août. Elle souhaite créer une liste des voyages qui correspondent à ces critères.

ÉTAPES

1. **Cliquez sur l'onglet Créer, cliquez sur le bouton Création de requête, double-cliquez sur Voyages, puis cliquez sur le bouton Fermer.**

   Pour obtenir la liste des voyages de type Aventure, vous devez ajouter le champ Catégorie à la grille de requête. Vous voulez ensuite connaitre le nom des voyages et leur date de début.

2. **Redimensionnez la liste des champs de la table Voyages pour en voir tous les champs au complet, double-cliquez sur le champ NomVoyage, double-cliquez sur le champ DateDébutVoyage, puis double-cliquez sur le champ Catégorie.**

   Pour ne voir que les voyages de type Aventure, vous devez ajouter un critère sur le champ Catégorie dans la grille de création.

3. **Cliquez dans la première cellule Critères du champ Catégorie, puis tapez Aventure.**

   Pour rechercher tous les voyages du mois de juillet, utilisez le **caractère générique** astérisque (*) dans la partie jour du critère de DateDébutVoyage.

4. **Cliquez dans la première cellule Critères du champ DateDébutVoyage, tapez 2012-07-*, puis appuyez sur [↓].**

   La figure F-7 montre qu'Access vous assiste dans la rédaction d'un critère en respectant la **syntaxe des critères**, l'ensemble des règles qui régissent l'écriture de critères de sélection. Access ajoute automatiquement des guillemets verticaux autour des critères textuels dans les champs Texte, comme "Aventure" dans le critère du champ Catégorie. Les critères des champs Numérique, Monétaire et Oui/Non ne sont entourés d'aucun caractère. Access ajoute en outre l'**opérateur Comme** au critère du champ DateDébutVoyage, parce que celui-ci contient le caractère générique astérisque. Access utilise l'opérateur Comme pour rechercher les valeurs d'un champ qui correspondent au **masque** que vous spécifiez. Le tableau F-1 propose de plus amples informations sur les opérateurs de comparaison et la syntaxe des critères d'Access.

5. **Cliquez sur le bouton Enregistrer 🖫 de la barre d'outils Accès rapide, tapez AventureJuillet, cliquez sur OK, puis cliquez sur le bouton Affichage ▦ pour obtenir les résultats de la requête.**

   La figure F-7 montre les résultats obtenus.

6. **Fermez la requête Aventu reJuillet.**

FIGURE F-7 : Saisie de critères ET sur la même ligne de critères

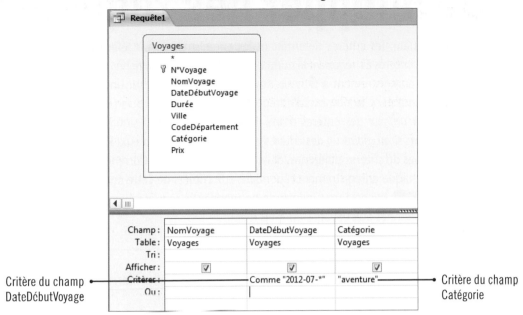

Critère du champ DateDébutVoyage ● ———————— Comme "2012-07-*" | "aventure" ———— ● Critère du champ Catégorie

FIGURE F-8 : Feuille de données des enregistrements Aventure de juillet

AventureJuillet		
NomVoyage	DateDébut	Catégorie
Découverte marine	24/07/2012	Aventure
Club de plongée Baie de St-Jean	24/07/2012	Aventure
Exploration des calanques	07/07/2012	Aventure
Club de randonnée sauvage du Buech	07/07/2012	Aventure
Paradis tropical	07/07/2012	Aventure
Découverte de Nous	14/07/2012	Aventure

Tous ces enregistrements ont une DateDébutVoyage en juillet ET sont de la Catégorie Aventure

TABLEAU F-1 : Opérateurs de comparaison

Opérateur	Description	Exemple	Résultat
>	Supérieur à	>50	Valeur dépassant 50
>=	Supérieur ou égal à	>=50	Valeur égale ou supérieure à 50
<	Inférieur à	<50	Valeur inférieure à 50
<=	Inférieur ou égal à	<=50	Valeur inférieure ou égale à 50
<>	Différent de	<>50	La valeur est un nombre, autre que 50
Entre...ET	Trouve des valeurs entre deux nombres ou dates	Entre #2012-02-02# Et #2013-02-02#	Trouve des dates entre le 2 février 2012 et le 2 février 2013, inclusivement
Dans	Trouve une valeur dans une liste	Dans("QC","ON","NB")	Valeur égale à QC, ON ou NB
Null	Trouve des enregistrements vides	Null	Aucune valeur entrée
Est Pas Null	Trouve les enregistrements qui ne sont pas vides	Est Pas Null	Une valeur a été entrée, quelle qu'elle soit
Comme	Trouve des enregistrements correspondant au critère	Comme "A*"	Valeur commençant par A
Pas	Trouve des enregistrements ne correspondant pas au critère	Pas 2	Nombres autres que 2

Développer des requêtes OU

Dans une requête, les critères déterminent les enregistrements à sélectionner dans la feuille de données résultante. Les critères ET *réduisent* le nombre d'enregistrements affichés dans la feuille de données résultante en forçant un enregistrement à satisfaire tous les critères inscrits sur une même ligne. Les **critères OU**, au contraire, augmentent le nombre d'enregistrements résultants, puisqu'un enregistrement est éligible dès qu'il répond à *un seul* des critères d'une ligne. Les critères OU signifient que la requête sélectionne les enregistrements si *au moins un* des critères est vrai pour chacun d'eux. Pour entrer des critères OU, rédigez-les sur des lignes de critères différentes dans la grille de création. Comme chaque ligne de critère est évaluée séparément, chaque enregistrement répondant aux critères de cette ligne est ajouté à la feuille de données résultante. ▓▓▓▓ Michèle vous demande de modifier la requête AventureJuillet pour étendre les enregistrements sélectionnés aux voyages du mois d'aout.

ÉTAPES

1. **Cliquez du bouton droit sur la requête AventureJuillet dans le volet de navigation, puis cliquez sur Mode création dans le menu contextuel.**

   Pour ajouter un critère OU, vous devez définir le critère dans la première ligne Ou disponible suivante de la grille de création. Par défaut, la grille de création affiche huit lignes Ou pour des critères supplémentaires, mais vous pouvez en ajouter d'autres à l'aide du bouton Insérer des lignes de l'onglet Créer des Outils de requête.

2. **Dans la colonne DateDébutVoyage, cliquez sur la cellule de critères suivante, entrez 2012-08-*, puis cliquez sur Affichage ⊞ pour obtenir la feuille de données.**

   La feuille de données passe de neuf à quatorze enregistrements, reprend trois voyages de la catégorie Formation et un voyage de type Bénévolat. Comme aucun critère n'a été spécifié sur la même ligne dans la colonne Catégorie, vous obtenez tous les voyages d'aventure de juillet et tous les voyages d'aout, de quelque catégorie que ce soit. Pour ne sélectionner que les voyages d'aout, seulement de catégorie Aventure, vous devez reproduire ce critère sur les deux lignes des critères de catégories de voyages.

3. **Cliquez sur ⬚ pour revenir au mode Création, cliquez dans la cellule libre suivante de critère de la colonne Catégorie, entrez Aventure, puis cliquez ailleurs dans la grille (figure F-9).**

   Chaque critère entré est évalué distinctement, ce qui explique que vous deviez ajouter le même critère «aventure» dans deux lignes successives du champ Catégorie, dans la grille de requête.

4. **Cliquez sur ⊞ pour retourner à la Feuille de données.**

   La figure F-10 indique que la feuille de données sélectionne dix enregistrements. Quand aucun ordre de tri n'est spécifié, les enregistrements sont triés en ordre croissant selon le champ clé primaire de la première table de la requête, soit N°Voyage dans ce cas-ci, même si ce champ n'est pas sélectionné dans la requête. Tous les enregistrements sélectionnés sont de catégorie Aventure et débutent en juillet ou en aout 2012.

5. **Cliquez sur l'onglet Fichier, cliquez sur Enregistrer l'objet sous, entrez AventureJuilletAout, cliquez sur OK, puis cliquez sur l'onglet Accueil.**

   La requête AventureJuilletAout est enregistrée comme un nouvel objet de type requête dans le volet de navigation.

6. **Fermez la requête AventureJuilletAout.**

   Le volet de navigation de VTA-F.accdb affiche les trois requêtes créées, en plus de la requête AnalyseProvince qui figurait déjà dans la base de données.

FIGURE F-9 : Saisie de critères OU sur des lignes distinctes

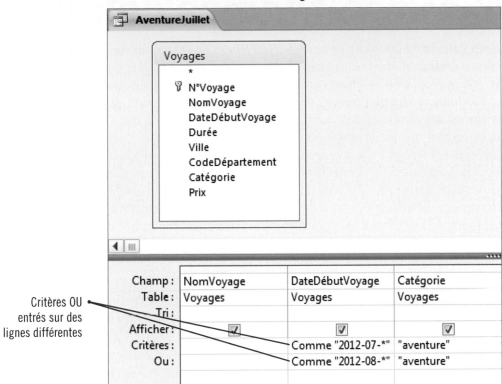

Critères OU entrés sur des lignes différentes

FIGURE F-10 : Des critères OU ajoutent des enregistrements à la feuille de données

NomVoyage	DateDébut'	Catégorie
Découverte marine	24/07/2012	Aventure
Club de plongée Baie de St-Jean	24/07/2012	Aventure
Exploration des calanques	07/07/2012	Aventure
Club de randonnée sauvage du Buech	07/07/2012	Aventure
Paradis tropical	07/07/2012	Aventure
Découverte de Nous	14/07/2012	Aventure
Réserve naturelle de Scandolo	17/07/2012	Aventure
Vagues idéales	17/07/2012	Aventure
Oueds et Rios radeau	31/07/2012	Aventure
Séjour de pèche en rivière d'altitude	31/08/2012	Aventure

Les voyages Aventure vendus en juillet et aout

Utiliser des caractères génériques dans les critères

Pour rechercher d'une manière plus générale, vous emploierez un **caractère générique** dans un critère pour représenter tout caractère dans le critère. Vous pouvez utiliser un **point d'interrogation (?)** pour représenter un seul caractère et un **astérisque (*)** pour en représenter plusieurs. Les caractères génériques sont souvent employés avec l'opérateur Comme. Ainsi, le critère Comme "2010-10-*" affichera toutes les dates du mois d'octobre 2010 et le critère Comme "F*" affichera toutes les entrées commençant par la lettre F.

Créer des champs calculés

Un **champ calculé** est un champ de donnée créé en fonction des valeurs d'autres champs. Ainsi, le calcul de la valeur d'un champ Taxe s'obtient par la multiplication de la valeur d'un champ Montant hors-taxes par un pourcentage. Pour créer un champ calculé et remplir automatiquement chaque enregistrement avec la valeur correcte de ce champ, définissez une expression qui décrit le calcul dans la grille de création. Une **expression** est une combinaison de noms de champs, d'opérateurs (tels que +, -, / et *) et de fonctions qui produit en résultat une valeur simple. Les opérateurs arithmétiques et les fonctions présentés dans les tableaux F-2 et F-3 servent à effectuer des opérations mathématiques au sein d'Access. Les **fonctions** sont des formules prédéfinies qui permettent, par exemple, de compter un nombre d'enregistrements, de totaliser des valeurs, de calculer le remboursement d'un emprunt ou d'obtenir une date. ▰▰▰▰ Michèle vous demande de déterminer le nombre de jours entre les dates des ventes de voyages et les dates de départ de ces voyages. Pour obtenir cette information, vous créez un champ calculé nommé Délai qui soustrait la DateVente de la DateDébutVoyage. Vous créez également un calcul pour déterminer une commission sur chaque vente de voyage.

ÉTAPES

1. **Cliquez sur l'onglet Créer du Ruban, cliquez sur le bouton Création de requête, double-cliquez sur Voyages, double-cliquez sur Ventes, puis cliquez sur Fermer dans la boite de dialogue Afficher la table.**

   Vous ajoutez d'abord à la grille les champs que vous souhaitez afficher dans la requête.

2. **Double-cliquez sur le champ NomVoyage, double-cliquez sur le champ DateDébutVoyage, double-cliquez sur le champ Prix, puis double-cliquez sur le champ DateVente.**

   Pour créer un champ calculé, tapez un nom de champ descriptif, suivi du signe deux-points (:) dans la cellule Champ de la grille de création, puis écrivez une expression. Les noms de champs utilisés dans une expression doivent figurer entre crochets [...].

   ASTUCE

   Pour afficher une longue entrée dans une cellule d'un champ, vous pouvez aussi cliquer du bouton droit dans la cellule, puis cliquer sur Zoom.

3. **Cliquez dans la cellule Champ de la cinquième colonne, tapez Délai:[DateDébutVoyage]-[DateVente], puis faites glisser le pointeur ↔ de la bordure droite du sélecteur de colonne vers la droite pour rendre toute l'entrée visible.**

   Vous créez ensuite le deuxième champ calculé qui détermine la commission due sur chaque vente, obtenue comme 11% de la valeur du champ Prix.

   PROBLÈME

   Si vous utilisez un point au lieu de la virgule dans l'expression, Access affiche un message signalant l'entrée d'un point, d'un point d'exclamation ou de parenthèses non valides. Corrigez 0.11 en 0,11.

4. **Cliquez dans le champ vide de la sixième colonne, puis entrez l'expression Commission:[Prix]*0,11.**

   Basez-vous sur la figure F-11 pour vérifier votre expression. Vous visualisez la feuille de données pour voir les résultats des champs calculés.

5. **Cliquez sur le bouton Affichage ▦, appuyez sur [Tab], entrez 26/07/2012 dans le champ DateDébutVoyage du premier enregistrement, appuyez sur [Tab], entrez 1000 dans le champ Prix du premier enregistrement, puis pressez [↓].**

   La figure F-12 montre la feuille de données obtenue, avec les deux champs calculés. Le champ Délai est calculé correctement et affiche le nombre de jours entre la DateDébutVoyage et la DateVente. Le champ Commission est également calculé comme valant le Prix multiplié par 0,11, soit 11%. Toute modification de valeur d'un champ utilisé dans une expression de champ calculé est répercutée dans le résultat du champ calculé.

6. **Cliquez sur Enregistrer ▦ dans la barre d'outils Accès rapide, tapez DélaisEtCommissions dans la boite de dialogue Enregistrer sous, cliquez sur OK et fermez la feuille de données.**

TABLEAU F-2 : Opérateurs arithmétiques

Opérateur	Description
+	Addition
−	Soustraction
*	Multiplication
/	Division
^	Exponentiation

FIGURE F-11 : Création d'un champ calculé

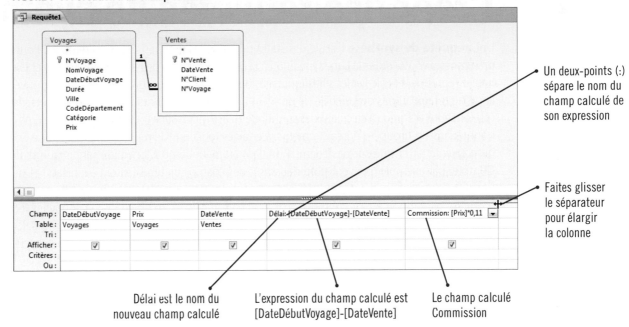

Un deux-points (:) sépare le nom du champ calculé de son expression

Faites glisser le séparateur pour élargir la colonne

Délai est le nom du nouveau champ calculé

L'expression du champ calculé est [DateDébutVoyage]-[DateVente]

Le champ calculé Commission

FIGURE F-12 : Affichage et test des champs calculés

NomVoyage	DateDébut'	Prix	DateVente	Délai	Commission
Découverte marine	26/07/2012	1 000 $	2012-03-30	118	110
Découverte marine	26/07/2012	1 000 $	2012-05-31	56	110
Découverte marine	26/07/2012	1 000 $	2012-04-30	87	110
Découverte marine	26/07/2012	1 000 $	2012-06-30	26	110
Découverte marine	26/07/2012	1 000 $	2012-03-30	118	110
Découverte marine	26/07/2012	1 000 $	2012-04-30	87	110
Club de plongée Baie de St-Jean	24/07/2012	1 500 $	2012-07-11	13	165
Club de plongée Baie de St-Jean	24/07/2012	1 500 $	2012-07-11	13	165
Club de plongée Baie de St-Jean	24/07/2012	1 500 $	2012-07-11	13	165
Club de plongée Baie de St-Jean	24/07/2012	1 500 $	2012-07-11	13	165
Club de plongée Baie de St-Jean	24/07/2012	1 500 $	2012-05-11	74	165
Club de plongée Baie de St-Jean	24/07/2012	1 500 $	2012-07-11	13	165
Club de plongée Baie de St-Jean	24/07/2012	1 500 $	2012-07-11	13	165
Club de plongée Baie de St-Jean	24/07/2012	1 500 $	2012-07-11	13	165
Club de plongée Baie de St-Jean	24/07/2012	1 500 $	2012-07-12	12	165
Club de ski Cyclone	20/01/2013	850 $	2012-04-30	265	93,5

Le champ calculé Commission multiplie la valeur de Prix par 11%, soit 0,11

Le champ calculé Délai détermine le nombre de jours entre la DateDébutVoyage et la DateVente

TABLEAU F-3 : Fonctions usuelles

Fonction	Expression simple et description
DATE	DATE()-[DateNaissance] Calcule le nombre de jours entre aujourd'hui et la date du champ DateNaissance. Les expressions Access ne sont pas sensibles à la casse des caractères ; en d'autres termes, DATE()-[DateNaissance] équivaut à date()-[datenaissance] et à DATE()-[DATENAISSANCE]. Par conséquent, tirez parti de la casse des caractères pour faciliter la lecture et la compréhension des expressions que vous rédigez.
VPM	VPM([Taux],[Npm],[Va]) Calcule le remboursement mensuel d'un emprunt ; le champ Taux contient le taux d'intérêt, le champ Npm le nombre de paiements mensuels et le champ Va la valeur actuelle du montant total emprunté.
GAUCHE	GAUCHE([NomFamille],2) Renvoie les deux premiers caractères du contenu du champ NomFamille.
DROIT	DROIT([N°Article],3) Renvoie les trois derniers caractères du contenu du champ N°Article.
NBCAR	NBCAR([Description]) Renvoie le nombre de caractères du champ Description.

Créer des requêtes de synthèse

Une **requête de synthèse** calcule des statistiques sur des groupes d'enregistrements. Pour créer une requête de synthèse, vous ajoutez la ligne Opération à la grille de création de requête pour spécifier la manière dont vous voulez regrouper et calculer les statistiques à l'aide de fonctions de regroupement. Vous pouvez aussi ajouter une ligne de totaux au bas de la feuille de données de toute table ou requête. Les **fonctions de regroupement** (ou fonctions d'agrégat) calculent des statistiques telles qu'un sous-total, le nombre ou la moyenne d'un champ donné dans un groupe d'enregistrements. Certaines fonctions de regroupement comme Somme et Moyenne ne peuvent porter que sur des champs de type Numérique ou Monétaire, tandis que d'autres, Min, Max et Compte, par exemple, peuvent porter aussi sur des champs de type Texte. Le tableau F-4 décrit les principales fonctions de regroupement. Une différence fondamentale entre les statistiques affichées par une requête de synthèse, par rapport à celles obtenues par des champs calculés, réside dans le fait que les requêtes de synthèse effectuent des calculs qui décrivent un groupe d'enregistrements, tandis que les champs calculés fournissent un nouveau champ de donnée pour chaque enregistrement. ▓▓▓▓ Michèle vous demande de déterminer le nombre de jours entre les dates des ventes de voyages et les dates de départ de ces voyages. Pour obtenir cette information, vous créez un champ calculé nommé Délai qui soustrait la DateVente de la DateDébutVoyage. Vous créez également un calcul pour déterminer une commission sur chaque vente de voyage.

ÉTAPES

1. **Cliquez sur l'onglet Créer du Ruban, cliquez sur le bouton Création de requête, double-cliquez sur Ventes, double-cliquez sur Voyages, puis cliquez sur Fermer dans la boîte de dialogue Afficher la table.**

   Peu importe l'ordre dans lequel vous ajoutez les listes des champs dans la fenêtre Création de requête, il importe de déplacer et redimensionner correctement les listes de champs pour voir distinctement tous les noms des champs et les lignes de jointure.

2. **Double-cliquez sur le champ N°Vente de la liste des champs de Ventes, double-cliquez sur le champ Catégorie de la liste des champs de Voyages, double-cliquez sur le champ Prix de la liste des champs de Voyages, puis cliquez sur le bouton Affichage ▦ pour obtenir la feuille de données.**

   La feuille de données affiche 80 enregistrements, qui correspondent à tous les enregistrements que contient la table Ventes. Vous pouvez ajouter une ligne de totaux à toute feuille de données, quelle qu'elle soit.

3. **Cliquez sur le bouton Totaux du groupe Enregistrements, cliquez dans la cellule Totaux sous le champ Prix, déroulez la liste Totaux, cliquez sur Somme, puis élargissez la colonne Prix pour afficher le total au complet.**

   La feuille de données reçoit une ligne de totaux au bas de la liste des enregistrements. Elle affiche le total des champs Prix, soit 72 625 $. D'autres statistiques de regroupement sont disponibles, comme Moyenne, Nombre, Maximum, Minimum, Écart type et Variance. Pour créer des sous-totaux par Catégorie, vous devez modifier la requête en mode Création.

4. **Cliquez sur le bouton Affichage ▨ pour revenir au mode Création de requête, cliquez sur le bouton Totaux du groupe Afficher/Masquer, cliquez ensuite sur Regroupement dans la cellule Opération de la colonne N°Vente, déroulez la liste Regroupement, cliquez sur Compte, cliquez dans la cellule Opération de la colonne Prix, déroulez la liste Regroupement, puis cliquez sur Somme.**

   La ligne Opération a été ajoutée à la grille de création de requête, en dessous de la ligne Table. Pour calculer des statistiques de synthèse pour chacune des catégories, le champ Catégorie devient le champ de Regroupement (figure F-13).

5. **Cliquez sur Affichage ▦ pour voir la feuille de données, élargissez les colonnes au besoin pour voir leurs noms en entier, cliquez dans la ligne Totaux du champ SommeDePrix, déroulez la liste, puis cliquez sur Somme, puis cliquez dans une autre ligne de la feuille de données pour ôter la sélection.**

   La catégorie Aventure remporte le palmarès des ventes avec 54 ventes totalisant 54 550 $. Le revenu total de toutes les ventes est de 72 625 $ (figure F-14).

6. **Cliquez sur Enregistrer ▤ dans la barre d'outils Accès rapide, entrez SynthèseCatégories, cliquez sur OK et fermez la feuille de données.**

FIGURE F-13 : Requête de synthèse en mode Création

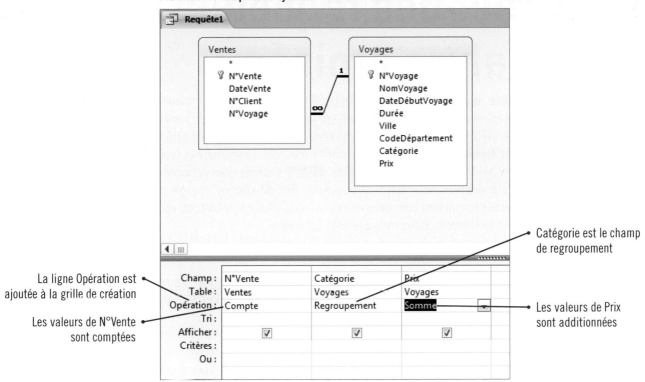

La ligne Opération est ajoutée à la grille de création

Les valeurs de N°Vente sont comptées

Catégorie est le champ de regroupement

Les valeurs de Prix sont additionnées

FIGURE F-14 : Feuille de données de synthèse

Comptage du nombre d'enregistrements de chaque catégorie

Ligne Total

Sous-totaux des valeurs de Prix dans chaque catégorie

Total général des valeurs de Prix

TABLEAU F-4 : Fonctions de regroupement ou d'agrégat

Fonction	Description
Somme	Total des valeurs d'un champ
Moyenne	Moyenne des valeurs d'un champ
Min	Valeur minimale d'un champ
Max	Valeur maximale d'un champ
Compte	Nombre de valeurs d'un champ (à l'exception des valeurs NULL)
Écart type (ou StDev)	Écart type des valeurs d'un champ
Variance (ou Var)	Variance des valeurs d'un champ
Premier	Valeur du champ du premier enregistrement d'une table ou d'une requête
Dernier	Valeur du champ du dernier enregistrement d'une table ou d'une requête

Créer des requêtes
Analyse croisée

Une **requête analyse croisée** nécessite généralement trois champs pour calculer des statistiques, comme la somme ou la moyenne d'un champ, en regroupant les enregistrements selon un deuxième champ, servant d'en-tête de ligne, et selon un troisième champ, servant d'en-tête de colonne. Vous pouvez utiliser l'**Assistant Requête analyse croisée** pour vous aider à construire la feuille de données ou la développer directement en mode Création de requête. Michèle vous propose de poursuivre votre analyse des prix par catégories en résumant les valeurs des prix de chaque voyage de chaque catégorie. La requête Analyse croisée fonctionne bien dans ce cas car vous voulez le sous-total du champ Prix, résumé en fonction de deux autres champs, le NomVoyage et la Catégorie.

ÉTAPES

1. **Cliquez sur l'onglet Créer du Ruban, cliquez sur Création de requête, double-cliquez sur Voyages, double-cliquez sur Ventes, puis cliquez sur Fermer dans la boite de dialogue Afficher la table.**

   Pour créer cette requête, vous avez besoin de champs de la table Voyages mais vous devez aussi inclure la table Ventes pour afficher les informations de voyages de chaque enregistrement de la table Ventes.

2. **Double-cliquez sur le champ NomVoyage, double-cliquez sur le champ Catégorie, puis double-cliquez sur le champ Prix.**

   La première étape de la création d'une requête Analyse croisée consiste à créer la requête de sélection, constituée ici des trois champs nécessaires au rapport d'analyse croisée.

3. **Cliquez sur Affichage 🔲 pour examiner les données des 80 enregistrements avant toute synthèse, puis cliquez sur Affichage 📐 pour retourner au mode Création.**

   Pour résumer ces 80 enregistrements dans un rapport d'analyse croisée, vous devez transformer la requête de sélection actuelle en une requête analyse croisée.

4. **Cliquez sur le bouton Analyse croisée du groupe Type de requête.**

   Observez que deux nouvelles lignes sont ajoutées à la grille de création de requête : la ligne Opération et la ligne Analyse. La **ligne Opération** détermine les champs qui regroupent ou résument les enregistrements, tandis que la **ligne Analyse** identifie l'emplacement parmi les trois possibles que chaque champ occupe dans le rapport d'analyse : En-tête de ligne, En-tête de colonne ou Valeur. Le **champ Valeur** est en principe un champ numérique, comme un Prix, dont Access peut calculer la somme ou la moyenne.

5. **Cliquez dans la cellule Opération du champ Prix, déroulez la liste Regroupement, cliquez sur Somme, cliquez dans la cellule Analyse du champ NomVoyage, déroulez la liste, cliquez sur En-tête de ligne, cliquez dans la cellule Analyse du champ Catégorie, déroulez la liste, cliquez sur En-tête de colonne, cliquez dans la cellule Analyse du champ Prix et cliquez sur Valeur.**

   La figure F-15 montre la fenêtre Création de requête à l'issue de ces opérations. Notez les choix effectués dans les lignes Opération et Analyse de la grille de création.

6. **Cliquez sur Affichage 🔲 pour voir la feuille de données d'analyse croisée.**

   La figure F-16 montre le résultat de la feuille de données d'analyse croisée. La feuille de données présente les 80 enregistrements des ventes, résumés par Catégorie, le champ utilisé comme entêtes de colonnes, et par NomVoyage, le champ qui sert d'en-têtes de lignes. Vous pouvez à tout moment échanger les en-têtes de lignes et de colonnes sans que ceci influe sur les informations présentées. L'usage veut toutefois que les entrées les plus nombreuses soient affichées en en-têtes de lignes (ici, NomVoyage) pour réduire la largeur d'impression de la feuille de données, quitte à en augmenter la longueur.

7. **Cliquez sur Enregistrer 🔲, tapez AnalyseCroiséeVoyages comme nom de requête, cliquez sur OK, puis fermez la feuille de données.**

   Dans le volet de navigation, les requêtes analyse croisée possèdent une icône à leur gauche qui diffère des requêtes sélection.

Créer des requêtes évoluées

FIGURE F-15 : Requête analyse croisée en mode Création

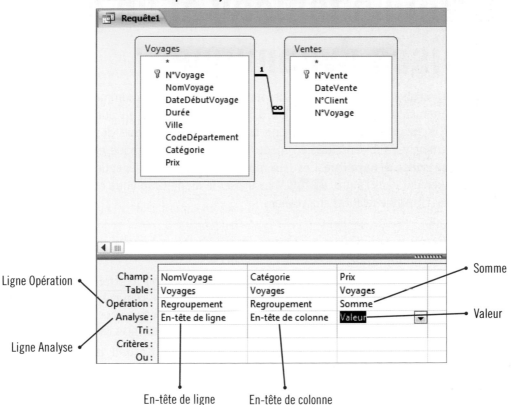

Ligne Opération
Ligne Analyse

Somme
Valeur

En-tête de ligne   En-tête de colonne

FIGURE F-16 : Feuille de données de la requête analyse croisée

En-têtes de lignes
(valeurs du champ
NomVoyage)

En-têtes de colonnes
(valeurs du champ
Catégorie)

Sommes des
valeurs de Prix

Utiliser les assistants de requête

Access propose quatre assistants de requête pour faciliter la création de requêtes : Requête simple, Requête analyse croisée, Requête trouver les doublons et Requête de non correspondance. L'Assistant Requête simple aide à créer des requêtes de sélection. L'**Assistant Requête trouver les doublons** permet de déterminer si une table contient des valeurs redondantes dans un ou plusieurs champs. L'**Assistant Requête de non correspondance** permet de sélectionner les enregistrements d'une table n'ayant aucun enregistrement correspondant dans une autre table. Pour accéder à ces assistants, cliquez sur le bouton Assistant Requête de l'onglet Créer.

Créer un tableau et un graphique croisés dynamiques

Un **tableau croisé** permet de calculer des statistiques, telles que la somme ou la moyenne, en regroupant les enregistrements comme une requête d'analyse croisée, tout en autorisant le filtrage des données affichées. Un **graphique croisé** est une représentation graphique des données d'un tableau croisé. Vous construisez un tableau croisé en mode Tableau croisé dynamique et un graphique croisé en mode **Graphique croisé dynamique**. Ces deux modes d'affichage sont liés et une modification à l'un se retrouve automatiquement dans l'autre. ⬛⬛⬛ Vous utilisez le mode Graphique croisé dynamique pour présenter des données d'analyse relatives aux voyages.

ÉTAPES

1. **Dans le volet de navigation, double-cliquez sur la requête AnalyseProvince pour en voir la feuille de données.**

   Vous pouvez voir les données de toute table, toute requête ou tout formulaire en modes Tableau croisé dynamique ou Graphique croisé dynamique. AnalyseProvince contient le nom du client, le code de la province du client, le nom du voyage et son prix. L'analyse des voyages les plus appréciés dans diverses provinces permet d'orienter les dépenses de marketing sur les provinces les moins actives.

2. **Déroulez la liste du bouton Affichage 🖊 de l'onglet Accueil, puis cliquez sur Mode Graphique croisé dynamique.**

   En mode Graphique croisé dynamique, vous faites glisser un champ de la liste des champs vers une des **zones du graphique**, une position où vous voulez que le champ soit affiché. Les champs de la **Liste des champs du graphique** proviennent d'un objet sous-jacent, ici la requête AnalyseProvince. Les équivalences entre les zones de destination d'un tableau croisé, d'un graphique croisé et d'une requête analyse croisée sont présentées dans le tableau F-5.

   PROBLÈME

   Il se peut que vous deviez déplacer la Liste des champs du graphique pour mieux voir les zones de dépôt des champs : glissez-la simplement.

3. **Faites glisser NomVoyage de la Liste des champs du graphique vers la zone Déposer champs de catégories ici, près du bas de la fenêtre.**

   La zone de destination présente une bordure bleue lorsque vous y faites glisser un champ. Les valeurs du champ NomVoyage sont placées sur l'axe des abscisses, aussi appelé l'**axe des catégories**. Pour supprimer un champ, faites-le glisser de la fenêtre du graphique vers l'extérieur.

   PROBLÈME

   Si le graphique croisé dynamique n'apparait pas, basculez en mode Feuille de données, puis à nouveau en mode Graphique croisé dynamique pour rafraichir le graphique.

4. **Faites glisser CodeProvince vers la zone Déposer champs de séries ici, puis faites glissez Prix vers la zone Déposer les champs de données ici.**

   L'axe des y de ce graphique, également appelé **axe des valeurs**, additionne les prix des voyages pour chaque province. Les couleurs des barres du graphe représentent des valeurs par province, mais ne sont pas identifiées tant que vous n'ajoutez pas de légende.

5. **Cliquez sur le bouton Liste des champs pour masquer la liste des champs du graphique, puis cliquez sur le bouton Légende du groupe Afficher/Masquer pour afficher la légende.**

   La légende indique à présent les couleurs associées aux barres qui représentent chaque province (figure F-17). Pour voir les informations dans un tableau croisé, vous devez changer de mode d'affichage.

6. **Déroulez la liste du bouton Affichage 🖊 de l'onglet Créer, puis cliquez sur Mode Tableau croisé dynamique.**

   Le tableau croisé apparait, avec les valeurs discrètes des données tirées du graphique croisé. Les tableaux croisés ressemblent au niveau de leur structure aux requêtes croisées, mais ils permettent en plus de déplacer et de filtrer les données. Par exemple, vous pouvez analyser à la fois une seule province et un seul nom de voyage. Vous souhaitez comparer l'intérêt des clients du Nouveau-Brunswick et du Québec pour le voyage Jachères sauvages.

7. **Déroulez la liste NomVoyage, cliquez dans la case à cocher Tous pour en ôter la coche, cliquez dans la case Jachères sauvages pour l'activer, puis cliquez sur OK.**

   La figure F-18 montre les résultats obtenus par le tableau croisé filtré. À ce stade, si vous basculiez en mode Graphique croisé dynamique, la vue serait également filtrée, pour n'afficher sur le graphique que les données relatives au voyage Jachères sauvages.

8. **Enregistrez et fermez la requête AnalyseProvince, fermez la base de données VTA-F.accdb et quittez Access.**

FIGURE F-17 : Graphique croisé dynamique

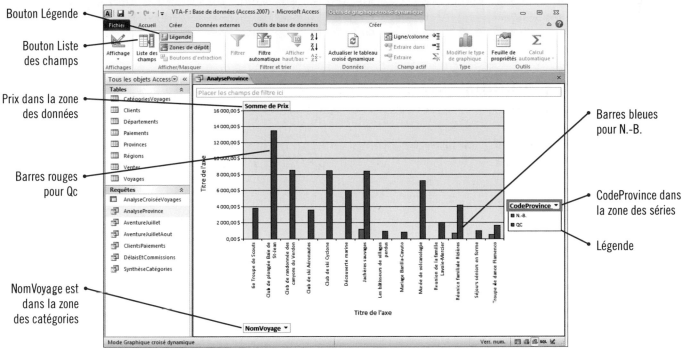

Bouton Légende

Bouton Liste des champs

Prix dans la zone des données

Barres rouges pour Qc

NomVoyage est dans la zone des catégories

Barres bleues pour N.-B.

CodeProvince dans la zone des séries

Légende

FIGURE F-18 : Tableau croisé dynamique filtré sur les Jachères sauvages

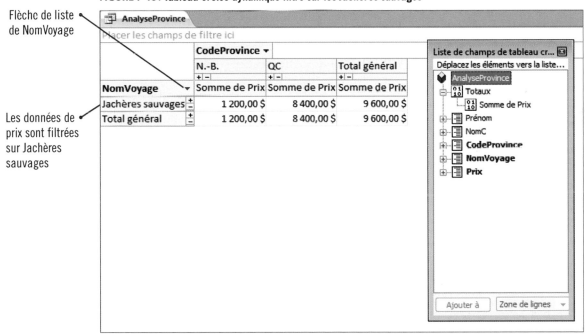

Flèche de liste de NomVoyage

Les données de prix sont filtrées sur Jachères sauvages

TABLEAU F-5 : Zones de champs d'un tableau et d'un graphique croisés dynamiques

Zone de champ d'un tableau croisé	Zone de champ d'un graphique croisé	Ligne Analyse d'une analyse croisée
Champ de filtre	Champ de filtre	(N'existe pas)
Champ de ligne	Champ de catégories	En-tête de ligne
Champ de colonne	Champ de séries	En-tête de colonne
Totaux ou champs de détail	Champ de données	Valeur

Mise en pratique

Révision des concepts

Identifiez les éléments de l'affichage en mode Création de la figure F-19.

FIGURE F-19

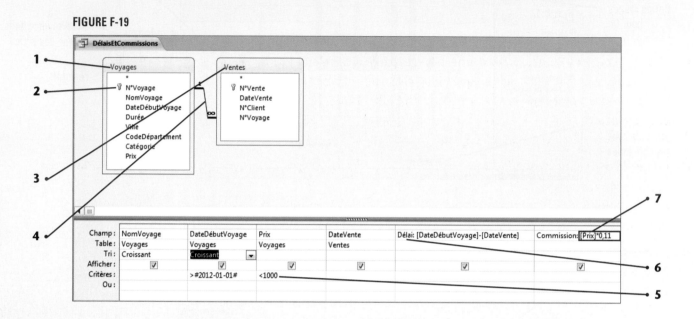

Associez chaque terme à sa description.

8. **Graphique croisé dynamique**

9. **Requête Sélection**

10. **Caractère générique**

11. **Critères ET**

12. **Tri**

13. **Critères OU**

a. Présentation graphique des données.

b. Disposition des enregistrements d'une feuille de données dans un ordre donné.

c. Entrés sur plusieurs lignes d'une grille de création de requête.

d. L'astérisque (*) ou le point d'interrogation (?), utilisé dans des critères de requête.

e. Recherche des champs de tables associées et en affiche les enregistrements dans une feuille de données.

f. Entrés sur une seule ligne d'une grille de création de requête.

Choisissez la meilleure réponse à chaque question.

14. La feuille de données résultante d'une requête :

a. présente une vue logique des données sélectionnées dans les tables sous-jacentes.

b. duplique les données de la feuille de données des tables sous-jacentes.

c. est un fichier de données distinct.

d. est une copie des données provenant des tables sous-jacentes.

15. Les requêtes *ne peuvent pas* servir à :

a. calculer de nouveaux champs de données.

c. saisir ou mettre des données à jour.

b. définir le champ de clé primaire d'une table.

d. trier des enregistrements.

16. Si vous modifiez des données d'une table utilisée dans la feuille de données d'une requête :

a. vous devrez à nouveau relier la requête à la table pour actualiser les données.

b. les données seront automatiquement actualisées dans la requête.

c. vous devrez également actualiser la feuille de données de la requête.

d. vous pourrez décider d'actualiser ou non les données dans la requête.

17. Parmi les propositions suivantes laquelle *n'est pas* une fonction de regroupement disponible dans une requête de synthèse ?

a. Moyenne

c. Sous-total

b. Compte

d. Max

18. L'ordre de tri des enregistrements dans une requête est déterminé par :

a. l'ordre de définition des champs dans la table sous-jacente.

b. l'importance des informations que contiennent les champs.

c. l'ordre alphabétique des noms de champ.

d. la position de gauche à droite des champs de tri dans la grille de création.

19. La présentation des données dans une requête Analyse croisée s'apparente le plus :

a. au mode Tableau croisé dynamique.

b. au mode Feuille de données d'une table.

c. au mode Graphique croisé dynamique.

d. à l'Aperçu avant impression d'un état.

20. Sur quel nombre de champs une requête Analyse croisée est-elle généralement construite ?

a. 1

c. 3

b. 2

d. Plus de 5

21. Dans une requête Analyse croisée, quel champ serait le plus approprié dans la ligne Opération pour effectuer des calculs ?

a. Prénom

c. Service

b. Prix

d. Province

Révision des techniques

1. Créer une requête Sélection sur plusieurs tables.

a. Démarrez Access 2010, ouvrez la base de données Membres-F.accdb de votre dossier Projets et activez le contenu si vous y êtes invité.

b. Créez une requête Sélection en mode Création à partir des tables Noms et Codes postaux.

c. Ajoutez les champs suivants à la grille de création, dans l'ordre donné :
- Prénom, NomMembre et Adresse de la table Noms
- Ville, Province et Code postal de la table Codes postaux

d. En mode Feuille de données, remplacez le nom de famille de l'enregistrement de Jean Dujardin par votre nom.

e. Enregistrez la requête sous le nom **ListeAdresses**, affichez et imprimez la feuille de données, puis fermez la requête.

2. Trier des requêtes et visualiser le SQL.

a. Ouvrez la requête ListeAdresses en mode Création.

b. Faites glisser un autre champ Prénom à droite du champ NomMembre dans la grille de création, afin que les trois premiers champs soient Prénom, NomMembre et Prénom.

c. Ajoutez le critère de tri croissant aux champs des deuxième et troisième colonnes, puis ôtez la coche Afficher dans la troisième colonne.

d. Enregistrez la requête sous le nom **ListeAdressesTriée**, affichez et imprimez la feuille de données, puis fermez la requête.

3. Développer des requêtes ET.

a. Ouvrez la requête ListeAdressesTriée en mode Création.

b. Entrez **M*** (l'astérisque est un caractère générique) dans la ligne Critères du champ NomMembre pour sélectionner toutes les personnes dont le nom de famille débute par M. La syntaxe appropriée, Comme "M*", s'affiche automatiquement lorsque le curseur quitte la cellule.

c. Entrez **QC** comme critère ET pour le champ Province. Veillez à saisir le critère sur la même ligne pour créer un critère ET.

d. Affichez la feuille de données. Elle ne montre que les membres du Québec dont le nom commence par la lettre M.

e. Entrez une nouvelle valeur dans le champ Ville du premier enregistrement pour identifier de façon unique la liste que vous imprimerez.

f. Enregistrez la requête sous le nom **NomsMQuébec**. Affichez, imprimez, puis fermez la feuille de données.

4. Développer des requêtes OU.

a. Ouvrez la requête NomsMQuébec en mode Création.

b. Tapez **L*** dans la deuxième ligne de critère (la ligne Ou) du champ NomMembre.

c. Tapez **QC** dans la deuxième ligne de critère (la ligne Ou) du champ Province, pour ajouter à cette requête les personnes du Québec dont le nom de famille débute par L.

d. Enregistrez la requête sous le nom **NomsMLQC**, affichez et imprimez la feuille de données, puis fermez la requête.

5. Créer des champs calculés.

a. Créez une nouvelle requête Sélection en n'utilisant que la table Noms.

b. Ajoutez les champs suivants à la grille de création, dans l'ordre donné : Prénom, NomMembre et DateNaissance.

c. Créez le champ calculé Âge dans la quatrième colonne de la grille de création à partir de l'expression **Âge: Int((Maintenant()-[DateNaissance])/365)** pour calculer l'âge d'une personne en années à partir des données du champ DateNaissance. La fonction Maintenant() renvoie la date (ainsi que l'heure) courante. L'expression Maintenant()-[DateNaissance] détermine le nombre de jours que la personne a vécus. La fonction Int() retourne la partie entière du nombre placé entre les parenthèses. Ainsi, si le calcul indique qu'une personne a vécu 23,5 années, Int(23,5) donne 23.

d. Triez sur le champ Âge en ordre décroissant, puis affichez la feuille de données.

e. Enregistrez votre requête sous le nom **CalculÂge**, affichez, puis fermez la requête.

Révision des techniques (suite)

6. Créer des requêtes de synthèse.

  a. Créez une nouvelle requête Sélection en mode Création à partir des tables Noms et Activités.

  b. Ajoutez les champs suivants à la grille : Prénom et NomMembre de la table Noms, Durée (hres) de la table Activités.

  c. Ajoutez une ligne Opération à la grille de création et changez la fonction du champ Durée (hres) de Regroupement en Somme.

  d. Triez le champ Durée (hres) en ordre décroissant.

  e. Enregistrez la requête sous le nom **SynthèseDurée**, affichez la feuille de données, élargissez les colonnes pour que la totalité de leur nom et de leur contenu soit visible, imprimez la feuille de données, puis enregistrez et fermez la requête.

7. Créer des requêtes Analyse croisée.

  a. Créez une requête Sélection à partir des champs Ville et Province de la table Codes postaux et Frais de la table Noms. Enregistrez la requête sous le nom **FraisCroisés**, puis affichez la requête en mode Feuille de données.

  b. Revenez en mode Création de requête, cliquez sur le bouton Analyse croisée pour ajouter les lignes Opération et Analyse à la grille de création.

  c. Sélectionnez Ville comme en-tête de ligne et Province comme en-tête de colonne. Totalisez le champ Frais dans le tableau d'analyse croisée.

  d. Affichez la feuille de données (figure F-20) *Indice* : La figure mentionne «Votre ville» et il est clair que les résultats que vous obtiendrez avec votre propre ville seront différents de ceux de la figure.

  e. Imprimez la feuille de données si nécessaire, puis enregistrez et fermez la requête.

FIGURE F-20

FraisCroisés			
Ville	NB	ON	QC
Bathurst	50,00 $		
Brampton		50,00 $	
Brossard			50,00 $
Caledon		50,00 $	
Campbellton	50,00 $		
Edmunston	50,00 $		
Florenceville	25,00 $		
Frédéricton	50,00 $		
Kingston		150,00 $	
Longueuil			50,00 $
Moncton	25,00 $		
Montréal			75,00 $
Oakville		25,00 $	
Ottawa		50,00 $	
Paquetteville	25,00 $		
Red Bridge	400,00 $		
Rimouski			25,00 $
Shawnee	100,00 $		
Shédiac	50,00 $		
St-Jean	75,00 $		
Votre ville			150,00 $

8. Créer un tableau et un graphique croisés dynamiques.

  a. Créez une requête Sélection à partir du champ Province de la table Codes postaux et des champs Accrédité et Frais de la table Noms. Enregistrez la requête sous le nom **AnalyseFrais** et affichez la feuille de données.

  b. Passez en mode Graphique croisé dynamique, ouvrez si nécessaire la liste des champs du graphique.

  c. Faites glisser le champ Province sur Déposer champs de catégorie ici, le champ Accrédité sur Déposer champs de séries ici et le champ Frais sur Déposer les champs de données ici. Si nécessaire, rafraîchissez le graphique croisé : basculez en mode Feuille de données puis à nouveau en mode Graphique croisé dynamique.

  d. Fermez la liste des champs, affichez la légende, puis imprimez le graphique croisé dynamique (figure F-21).

  e. Basculez en mode Tableau croisé dynamique, filtrez les données pour n'afficher que les enregistrements dont la province est le Nouveau-Brunswick (NB) ou le Québec (QC), puis imprimez le tableau croisé.

  f. Enregistrez la requête, fermez la base de données Membres-F.accdb et quittez Access.

FIGURE F-21

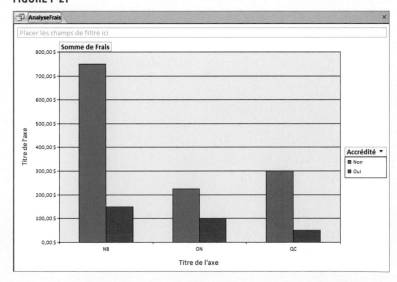

Exercice personnel 1

Gérant d'une boutique de location d'instruments de musique, vous avez décidé de créer une base de données vous permettant d'assurer le suivi des instruments et de leur location aux élèves des écoles avoisinantes. Après avoir loué plusieurs instruments, vous aimeriez interroger la base de données et afficher quelques requêtes pour analyser les informations sur les écoles.

a. Démarrez Access, ouvrez la base de données Musique-F.accdb de votre dossier Projets et activez le contenu si vous y êtes invité.

b. Créez une requête basée sur les champs suivants, dans l'ordre indiqué :
- NomÉcole de la table Écoles
- DateLocation de la table Locations
- Description de la table Instruments

   (*Indice* : Vous devrez ajouter la table Clients pour établir la connexion entre la table Écoles et la table Locations, même si vous n'utilisez aucun de ses champs dans cette requête.)

c. Triez la requête selon le champ NomÉcole en ordre croissant et le champ DateLocation en ordre croissant.

d. Enregistrez la requête sous le nom **LocationsÉcoles**, affichez la feuille de données, remplacez le nom de l'école secondaire André Laurendeau par celui de votre école et imprimez la feuille de données.

e. Modifiez la requête LocationsÉcoles en supprimant le champ Description. Utilisez ensuite le bouton Totaux pour grouper les enregistrements par nom d'école (NomÉcole) et compter les enregistrements d'après le champ DateLocation. Imprimez la feuille de données et enregistrez la requête sous le nom **CompteÉcoles**. Fermez la feuille de données.

f. À partir de la requête LocationsÉcoles, créez une requête Analyse croisée et nommez-la **ÉcolesCroisées**. Ôtez les ordres de tri. Utilisez le champ Description comme en-tête de ligne et NomÉcole comme en-tête de colonne. Appliquez la fonction Compte au champ DateLocation.

g. Enregistrez, affichez, imprimez si nécessaire, puis fermez la requête.

h. Modifiez la requête LocationsÉcoles pour obtenir les écoles affichant le mot **Primaire** dans le champ NomÉcole. (*Indice* : Le critère devra comporter un caractère générique.)

i. Enregistrez l'objet requête sous le nom **LocationsPrimaires**, affichez, imprimez si nécessaire, puis fermez la feuille de données.

j. Fermez la base de données Musique-F.accdb et quittez Access.

Exercice personnel 2

Gérant d'une boutique de location d'instruments de musique, vous avez créé une base de données pour assurer le suivi de vos instruments et de leur location aux élèves des écoles avoisinantes. Vous utilisez des requêtes pour analyser les données sur les clients et la location des instruments.

   a. Démarrez Access, ouvrez la base de données **Musique-F.accdb** de votre dossier Projets et activez le contenu si vous y êtes invité.

   b. Créez une requête basée sur les champs suivants, dans l'ordre indiqué :
   - Description et FraisMensuels de la table Instruments
   - NomClient, Code postal et Ville de la table Clients

   (*Indice* : Vous devrez ajouter la table Locations pour établir la connexion entre la table Clients et la table Instruments, même si vous n'utilisez aucun de ses champs dans cette requête.)

   c. Ajoutez le champ Code postal en première colonne et activez le tri en ordre croissant de ce champ. Ôtez la coche Afficher du premier champ Code postal.

   d. Spécifiez l'ordre de tri croissant pour le champ Description.

   e. Enregistrez la requête sous le nom **AnalyseCodePostal**.

   f. Affichez la feuille de données, remplacez le nom Johnson par votre propre nom de famille, puis imprimez si nécessaire, et fermez la feuille de données.

   g. Modifiez la requête AnalyseCodePostal en ajoutant un critère qui permet d'obtenir les enregistrements dont le champ Description indique **Violon**.

   h. Enregistrez cette requête sous le nom **Violons**.

Difficultés supplémentaires

   ■ Modifiez la requête Violons en ajoutant un critère ET spécifiant que la ville doit être **Laval**.
   ■ Enregistrez cette requête sous le nom **ViolonsLaval**.
   ■ Modifiez la requête ViolonsLaval en ajoutant un critère OU permettant d'obtenir les enregistrements associés aux violons ou aux guitares, à Laval.
   ■ Enregistrez cet objet requête sous le nom **ViolonsGuitaresLaval**, affichez la feuille de données, puis fermez la requête.
   ■ En mode Création de requête, créez une requête Analyse croisée à partir du champ Description de la table Instruments comme en-tête de colonne et le champ NomÉcole de la table Écoles comme en-tête de ligne. Appliquez l'opération Somme au champ FraisMensuels. Veuillez noter que les listes des champs de Locations et de Clients sont indispensables dans cette requête pour connecter les tables Instruments et Écoles.
   ■ Enregistrez la requête analyse croisée sous le nom **ÉcolesInstrumentsCroisés**, affichez la feuille de données obtenue, puis, si votre professeur vous le demande, imprimez-la en orientation Paysage et avec des marges réduites, de manière à l'ajuster sur une page.

   i. Fermez la base de données Musique-F.accdb et quittez Access.

Exercice personnel 3

Vous êtes agent immobilier et, dans le cadre de cette activité, vous utilisez une base de données Access pour établir les listes de biens immobiliers à vendre ou à louer dans votre région. Les requêtes permettent de répondre aux questions que vous vous posez à propos des propriétés et d'analyser les valeurs des logements.

a. Démarrez Access, ouvrez la base de données **AgencesImmo-F.accdb** de votre dossier Projets et activez le contenu si vous y êtes invité.

b. En mode Création de requête, créez une requête basée sur les champs suivants, dans l'ordre indiqué :
- NomAgence de la table Agences
- PrénomAgent et NomAgent de la table Agents
- Surface et Prix de la table Propriétés

c. Triez les enregistrements en ordre décroissant de Prix.

d. Enregistrez la requête sous le nom **PrixDemandés**, affichez la feuille de données, remplacez le nom de l'agent Pedneault par le vôtre dans l'enregistrement de prix le plus élevé, puis, si nécessaire, imprimez la feuille de données.

e. En mode Création de requête, modifiez la requête PrixDemandés et créez un champ calculé qui détermine le prix au mètre carré. Nommez ce champ **PrixAuMètreCarré**, dont l'expression calcule le prix d'un bien divisé par sa surface, soit **[Prix]/[Surface]**.

f. Ôtez tout tri de la requête, puis triez les enregistrements en ordre décroissant du PrixAuMètreCarré et affichez la feuille de données. Enregistrez et fermez la requête PrixDemandés.

g. Rouvrez la requête PrixDemandés en mode Création, cliquez du bouton droit sur le champ PrixAuMètreCarré, cliquez sur Propriétés, puis changez la propriété Format en **Monétaire**.

Difficultés supplémentaires

- Dans la requête PrixDemandés en mode Création, supprimez les champs PrénomAgent, NomAgent et Surface.
- Avec l'option Enregistrer l'objet sous, enregistrez la requête sous le nom **AnalysePrixAuMètreCarré**.
- Affichez la feuille de données, puis remplacez le nom de l'agence Agence Ski et Soleil par votre nom, suivi de **Immobilier**.
- En mode Création, ajoutez la ligne des totaux (ligne Opération), puis calculez la somme du champ Prix et utilisez la fonction de regroupement Moyenne pour obtenir la moyenne du champ calculé PrixAuMètreCarré.
- En mode Feuille de données, ajoutez la ligne de totaux et affichez la somme du champ Prix. Augmentez la largeur des colonnes pour en afficher la totalité des contenus (figure F-22).
- Enregistrez, imprimez la requête, si nécessaire, puis fermez la requête.

FIGURE F-22

AnalysePrixAuMètreCarré		
NomAgence	SommeDePrix	PrixAuMètreCarré
Votre nom Immobilier	1 358 563,00 $	930,72 $
Immo A1	355 000,00 $	799,55 $
Immo Saint-Jean	1 463 599,00 $	629,32 $
Camden et Camden Immobilier	1 289 500,00 $	624,90 $
Total	4 466 662,00 $	

h. Fermez la base de données AgencesImmo-F.accdb et quittez Access.

Défi

Un des exemples d'application d'Access dans la vie quotidienne est celui du projet de service communautaire. Vous travaillez avec la conseillère d'orientation d'une université ; vous lui apportez votre aide pour dompter la base de données Access dont elle vient d'hériter et qui recense toutes les possibilités de bourses d'études. Vous l'aidez à maintenir la base de données à jour et à produire quelques requêtes.

Cet exercice exige une connexion à internet.

a. Démarrez Access, ouvrez la base de données **BoursesScolaires-F.accdb** de votre dossier Projets et activez le contenu si vous y êtes invité.

b. Menez une recherche sur l'internet pour trouver au moins cinq nouvelles bourses qui relèvent de votre domaine et ajoutez-les à la table Bourses.

c. Menez une recherche sur l'internet ou dans le contexte de votre école ou de votre institut de formation, pour trouver au moins une bourse scolaire qui intéresse le domaine des affaires et une autre qui relève du domaine des sciences, et ajoutez ces enregistrements à la table Bourses en utilisant les champs existants.

d. Créez une requête nommée **Affaires** qui affiche tous les enregistrements du domaine des Affaires.

e. Ajoutez un critère OU à la requête Affaires pour sélectionner également les bourses scolaires qui relèvent des sciences sociales. Enregistrez cette requête sous le nom **AffairesOuSocial**.

f. Créez une requête qui sélectionne le NomBourse, la DateLimite et le Montant de la table Bourses, trie les enregistrements en ordre croissant de DateLimite et décroissant de Montant. Enregistrez cette requête sous le nom **ListeMaîtreBourses**.

Difficultés supplémentaires

- Affichez la requête ListeMaîtreBourses en mode Tableau croisé dynamique, puis faites glisser le champ Montant jusque dans la zone Placer les totaux ou les champs de détails ici, le champ NomBourse dans la zone Placer les champs de ligne ici et DateLimite par mois dans la zone Placer les champs de filtre ici.

- Filtrez le tableau d'analyse croisée aux seules bourses de l'année **2013** (figure F-23).

g. Enregistrez la requête ListeMaîtreBourses, fermez la base de données BoursesScolaires-F.accdb et quittez Access.

FIGURE F-23

NomBourse	Montant
Académie d'excellence de la jeunesse du Rotary International	1 200,00 $
Association des diplômés de l'Université Laval - Club de Montréal	2 000,00 $
Bourse artistique Donna Reed	1 200,00 $
Bourse de la National Art Honor Society	3 000,00 $
Bourse de Papa John	1 200,00 $
Bourse de réussite sociale AXA	2 400,00 $
Bourse d'études dans les domaines des affaires, des sciences et de l	1 000,00 $
Bourse d'études de l'AAMR-Québec	2 000,00 $
Bourse d'études supérieures à Héma-Québec	15 000,00 $
Bourse d'études supérieures pour la recherche de la Fondation Clau	4 000,00 $
Bourse Fernand-Séguin	12 000,00 $
Bourse Pierre Dugua de Mons - Bourse de mobilité de premier et de	2 500,00 $
Bourse Target All-Around	12 000,00 $
Bourses d'études de RBC Groupe Financier pour les autochtones	4 000,00 $
Bourses pour enfants de militaires É.-U.	1 800,00 $
Bureau des bourses et de l'aide financière de l'Université Laval	1 000,00 $
Concours Lépine	22 500,00 $
Concours musical international Reine Élisabeth	22 500,00 $
Concours national d'essais sur la Paix	1 200,00 $
Concours Siemens Westinghouse	120 000,00 $
Conseil d'orientation scolaire supérieure des Associations des Grand	1 200,00 $
CRSNG - Bourses de recherche de 1er cycle en milieu universitaire	4 500,00 $

Dans le tableau (figure F-23) : ListeMaîtreBourses, DateLimite par mois ▾, 2013, Placer les champs de colonne ici.

Atelier visuel

Ouvrez la base de données **Formations-F.accdb** de votre dossier Projets et activez le contenu si vous y êtes invité. En mode Création de requête, édifiez une nouvelle requête avec le champ Service de la table Services, les champs Coût et champ Description de la table Cours. Enregistrez la requête sous le nom **AnalyseCours**, affichez la requête en mode Tableau croisé dynamique, puis configurez-la comme à figure F-24. Enregistrez la requête et imprimez-la.

FIGURE F-24

AnalyseCours			
Placer les champs de filtre ici			
		Placer les champs de colonne ici	
Description ▾	**Service** ▾	**Coût** ▾	
⊟ Access - Intermédiaire	Comptabilité	400,00 $	
	Livres	400,00 $	
	Markéting	400,00 $	
	Ressources humaines	400,00 $	
	Total		
⊟ Access - Notions de base	Comptabilité	200,00 $	
		200,00 $	
	Livres	200,00 $	
	Markéting	200,00 $	
	Ressources humaines	200,00 $	
	Vidéo	200,00 $	
	Total		
⊟ Access - Problèmes pratiques	Comptabilité	200,00 $	
	Livres	200,00 $	
	Markéting	200,00 $	
	Total		
⊟ Excel - Intermédiaire	Café	200,00 $	
	Expédition	200,00 $	
	Exploitation	200,00 $	
	Musique	200,00 $	
		200,00 $	
	Ressources humaines	200,00 $	

Améliorer les formulaires

Un **formulaire** est un objet de base de données conçu pour faciliter la saisie, la recherche et la modification des données. La création des formulaires fait appel à des **contrôles**, tels que des étiquettes, des zones de texte, des zones de liste déroulante et des boutons de commande, qui permettent de manipuler les données avec plus de rapidité et de fiabilité que dans les simples feuilles de données. Lorsqu'un formulaire contient un **sous-formulaire**, ils permettent ensemble d'afficher simultanément un enregistrement et les données associées provenant d'un autre objet (table ou requête). Une telle combinaison autorise, par exemple, l'affichage des données d'un client, en même temps que la liste de ses commandes.  Michèle Piloubeau veut améliorer la convivialité de plusieurs formulaires de la base de données de Voyages Tour Aventure en y ajoutant des sous-formulaires, des listes déroulantes, des groupes d'options et des boutons de commande pour entrer, rechercher et filtrer les données.

OBJECTIFS

Exploiter le mode Création de formulaire

Créer des sous-formulaires

Aligner les contrôles

Ajouter une zone de liste déroulante pour saisir
  des données

Ajouter une zone de liste déroulante pour
  rechercher des données

Ajouter des boutons de commande

Ajouter des groupes d'options

Ajouter des contrôles à onglets

Exploiter le mode Création de formulaire

Le **mode Création de formulaire** est le contexte dans lequel vous modifiez les détails de structure d'un formulaire. Le principal intérêt du mode Création est de donner accès à toutes les possibilités de modification d'un formulaire. ▓▓▓▓▓ Michèle Piloubeau vous demande de créer un formulaire de saisie des données des clients. Vous créez ce formulaire depuis zéro en mode Création.

ÉTAPES

1. **Démarrez Access, ouvrez la base de données VTA-G.accdb de votre dossier Projets, activez le contenu si vous y êtes invité, cliquez sur l'onglet Créer du Ruban, puis cliquez sur le bouton Création de formulaire du groupe Formulaires.**

   Un formulaire vierge s'affiche en mode Création. La première étape que vous devez mener consiste à connecter le formulaire vierge à une **source d'enregistrements** sous-jacents, c'est-à-dire une table ou une requête contenant les données que le formulaire doit afficher. Les champs de la source d'enregistrements viennent peupler la Liste de champs. Ce formulaire tirera ses enregistrements sources de la table Clients.

ASTUCE

Cliquez sur le bouton Générer [...] de la propriété Source pour générer ou modifier une requête de source des enregistrements du formulaire.

2. **Double-cliquez sur le bouton de sélection du formulaire pour ouvrir la Feuille de propriétés du formulaire, cliquez sur l'onglet Données, déroulez la liste de la propriété Source, puis cliquez sur Clients.**

   Ce n'est que lorsque la source des enregistrements est sélectionnée que vous pouvez ajouter des contrôles au formulaire, du moins des contrôles dépendants. Rappelez-vous que les contrôles dépendants, tels que les zones de texte et les zones de liste déroulante, affichent des données de la source d'enregistrements, tandis que les contrôles indépendants, comme les étiquettes de texte, les traits et les boutons de commande, servent à identifier et clarifier les informations à l'intention des personnes qui devront utiliser le formulaire.

PROBLÈME

Pour voir le champ Genre, vous devez probablement faire défiler ou agrandir la Liste de champs.

3. **Cliquez sur le bouton Ajouter des champs existants du groupe Outils pour ouvrir la Liste de champs, cliquez sur N°Client dans cette Liste de champs, pressez et maintenez [Maj] enfoncée, cliquez sur Genre, relâchez [Maj], puis glissez la sélection dans le formulaire, aux alentours du repère 4 cm de la règle horizontale et du repère 1 cm de la règle verticale.**

   Tous les champs de la table Clients sont ajoutés au formulaire (figure G-1). Les champs CodeProvince, PremierContact et Genre se présentent sous la forme de listes déroulantes parce qu'ils comportent des propriétés de liste de choix. Les autres champs sont affichés comme des zones de texte, sauf le champ Photo, qui est en fait de type Pièce jointe. Enfin, des étiquettes sont ajoutées devant chaque champ avec le nom du champ correspondant. Vous pouvez modifier la disposition des champs, les uns par rapport aux autres.

PROBLÈME

Assurez-vous de sélectionner les contrôles dépendants de droite et non les étiquettes de gauche.

4. **Cliquez dans une zone vierge du formulaire pour désélectionner les champs, cliquez sur la zone de texte Téléphone, pressez et maintenez [Ctrl] enfoncée, cliquez sur la liste déroulante PremierContact, la zone de texte Courriel, le rectangle Photo et la zone de liste déroulante Genre pour les ajouter à la sélection, puis relâchez [Ctrl].**

   Ainsi sélectionnés, les champs et leurs étiquettes se déplaceront en groupe.

5. **Glissez les contrôles sélectionnés vers le haut et la droite pour les placer à environ 1 cm à droite des contrôles NomC et Adresse, puis cliquez sur le bouton Affichage 🔲 pour basculer en mode Formulaire.**

   La figure G-2 montre le résultat obtenu par le formulaire en mode Formulaire.

6. **Cliquez sur Enregistrer 🔲 dans la barre d'outils Accès rapide, donnez le nom SaisieClients au formulaire, cliquez sur OK, puis fermez le formulaire SaisieClients.**

FIGURE G-1 : Ajout des champs en mode Création de formulaire

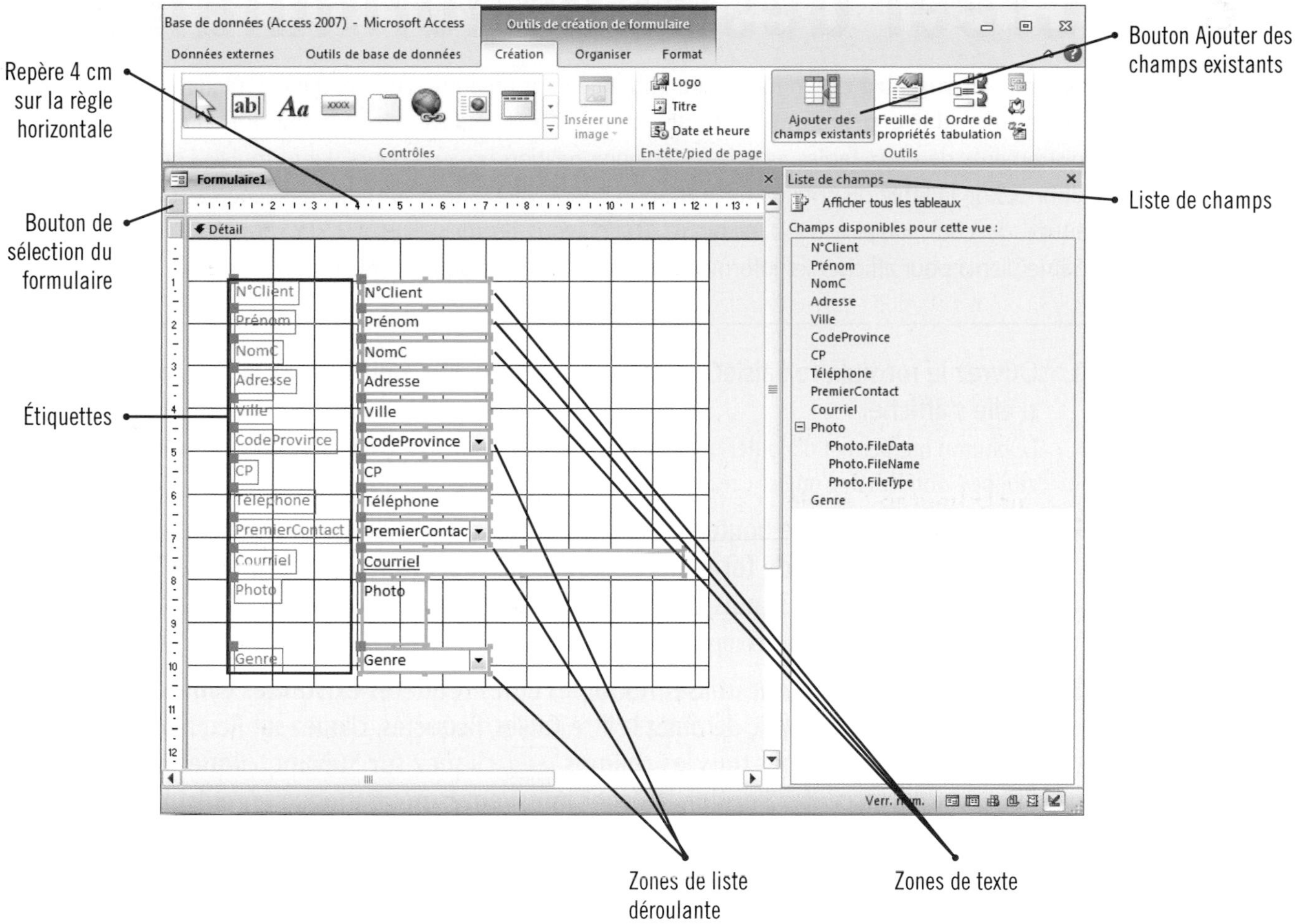

Repère 4 cm sur la règle horizontale

Bouton de sélection du formulaire

Étiquettes

Zones de liste déroulante

Zones de texte

Bouton Ajouter des champs existants

Liste de champs

FIGURE G-2 : Le nouveau formulaire affiché en mode Formulaire

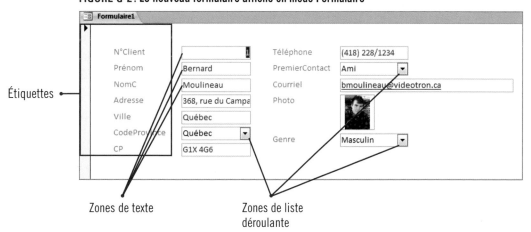

Étiquettes

Zones de texte

Zones de liste déroulante

Access 2010

Créer des sous-formulaires

Un **sous-formulaire** est un formulaire imbriqué dans un autre. Le formulaire contenant le sous-formulaire est le **formulaire principal**. La combinaison d'un formulaire avec un sous-formulaire affiche les enregistrements de deux tables associées dans une relation un-à-plusieurs. Le formulaire principal affiche des données de la table du côté *un* de la relation, tandis que le sous-formulaire affiche des données de la table située du côté *plusieurs* de la relation. ░░░░░ Vous décidez d'ajouter un sous-formulaire au formulaire SaisieClients pour afficher les informations des ventes de chaque client.

ÉTAPES

1. **Ouvrez le formulaire SaisieClients en mode Création, puis fermez la Liste de champs si elle s'affiche.**

   Le bouton qui permet d'ajouter un contrôle sous-formulaire fait partie de la troisième rangée de boutons du groupe Contrôles de l'onglet Création, des Outils de création de formulaire.

PROBLÈME

Si l'Assistant Sous-formulaire ne démarre pas, cliquez sur le bouton Autres du groupe Contrôles, puis cliquez sur Utiliser les Assistants Contrôle pour activer l'option.

2. **Cliquez deux fois sur le bouton de flèche vers le bas ⌄ du groupe Contrôles pour faire défiler la liste des contrôles de formulaire, cliquez sur le bouton Sous-formulaire/Sous-état ▦, comme à la figure G-3, puis cliquez dans le formulaire, en dessous de l'étiquette CP.**

   Le contrôle sous-formulaire comporte un assistant qui facilite l'ajout du contrôle au formulaire.

3. **Cliquez sur Suivant pour utiliser les tables et les requêtes existantes comme données de source du sous-formulaire, déroulez la liste Tables/Requêtes, cliquez sur Requête : InfosVentes, cliquez sur Sélectionner tous les champs ▸▸ , cliquez sur Suivant, cliquez encore sur Suivant pour accepter l'option Afficher infosVentes pour chaque enregistrement en Clients utilisant N°Client, puis cliquez sur Terminer pour accepter InfosVentes sous-formulaire comme nom du nouveau contrôle sous-formulaire.**

   La **disposition du formulaire** désigne la présentation générale des données et des contrôles sur le formulaire. Par défaut, en mode Création de formulaire, les sous-formulaires affichent leurs contrôles dans une présentation en colonnes mais leur propriété **Affichage par défaut** est réglée à Feuille de données. Le tableau G-1 propose une description des dispositions de formulaires. La différence de disposition du sous-formulaire n'apparait que lorsque vous affichez le formulaire en mode Formulaire.

4. **Cliquez sur le bouton Affichage ▦ pour basculer en mode Formulaire, puis allez jusqu'à l'enregistrement de N°Client 6, Christine Renard, qui a acheté cinq voyages.**

   Les ventes pour chaque client apparaissent dans le sous-formulaire sous la forme d'une feuille de données à mesure que vous évoluez parmi les enregistrements des clients dans le formulaire principal. Le formulaire principal et le sous-formulaire sont liés par l'entremise du champ commun N°Client. Redimensionnez les colonnes du sous-formulaire pour faciliter la lecture des informations.

ASTUCE

Double-cliquez sur le trait entre les noms des champs pour ajuster automatiquement la largeur de la colonne à gauche du trait, en fonction de la plus longue de ses données.

5. **Pointez sur le trait compris entre les noms des champs et utilisez le pointeur ↔ pour redimensionner les colonnes du sous-formulaire (figure G-4).**

   Le formulaire SaisieClients affiche deux barres de navigation. La barre intérieure concerne les enregistrements du sous-formulaire, tandis que la barre extérieure concerne les enregistrements du formulaire principal.

6. **Cliquez du bouton droit sur l'onglet du formulaire SaisieClients, cliquez sur Fermer, puis cliquez sur Oui à l'invitation à enregistrer les modifications aux deux objets formulaires.**

Lier le formulaire et le sous-formulaire

Si le formulaire et le sous-formulaire semblent mal liés, accédez à la Feuille de propriétés du sous-formulaire et prêtez une attention particulière aux propriétés **Champs fils** et **Champs pères** de l'onglet Données. Ces propriétés indiquent les champs qui servent de liaison entre le formulaire principal et le sous-formulaire.

FIGURE G-3 : Ajout du contrôle sous-formulaire

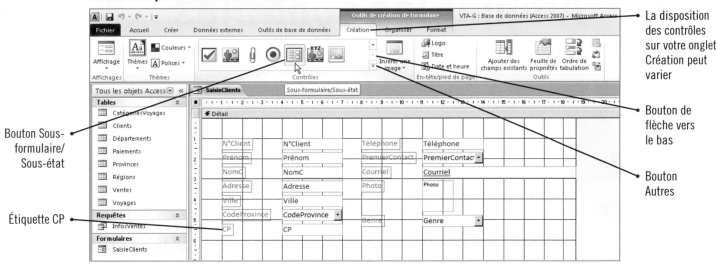

Bouton Sous-
formulaire/
Sous-état

Étiquette CP

La disposition
des contrôles
sur votre onglet
Création peut
varier

Bouton de
flèche vers
le bas

Bouton
Autres

FIGURE G-4 : État final du formulaire Clients et du sous-formulaire InfosVentes

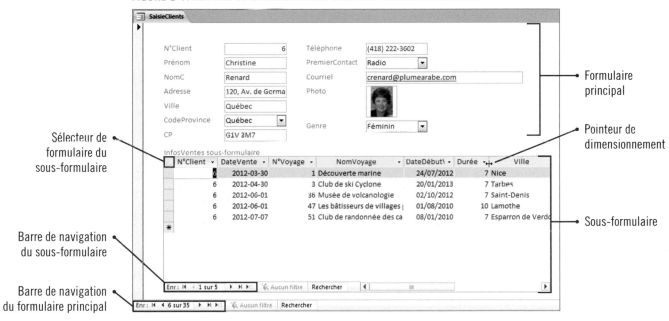

Sélecteur de
formulaire du
sous-formulaire

Barre de navigation
du sous-formulaire

Barre de navigation
du formulaire principal

Formulaire
principal

Pointeur de
dimensionnement

Sous-formulaire

TABLEAU G-1 : Dispositions des formulaires

Disposition	Description
Colonne simple	Présentation prédéfinie pour les formulaires principaux, où chaque champ s'affiche sur une ligne séparée, avec une étiquette à sa gauche et un enregistrement par écran.
Tabulaire	Chaque champ s'affiche dans sa propre colonne et chaque enregistrement sous forme de ligne.
Feuille de données	Les champs et les enregistrements s'affichent comme dans la feuille de données d'une table ou d'une requête.
Tableau croisé dynamique	Les champs et les enregistrements s'affichent à la manière d'un tableau croisé dynamique.
Graphique croisé dynamique	Les champs s'affichent à la façon d'un graphique croisé dynamique.

Access 2010

Aligner les contrôles

Un formulaire bien conçu est logique, facile à lire et à utiliser. L'alignement des bords des contrôles peut faire toute la différence lorsqu'il s'agit d'améliorer l'efficacité d'un formulaire. Pour aligner les bordures gauche, droite, supérieure et inférieure de deux contrôles ou plus, utilisez le bouton Aligner du groupe Redimensionnement et classement, sous l'onglet Organiser du Ruban. ▓▓▓▓▓ Marc Piloubeau vous suggère d'aligner les contrôles du formulaire principal et de corriger leur disposition pour faciliter la lecture du formulaire, puis d'agrandir la photo pour la rendre plus lisible.

ÉTAPES

ASTUCE

Pour sélectionner plusieurs contrôles ; cliquez sur le premier contrôle, puis maintenez la touche [Ctrl] ou [Maj] pressée et cliquez sur d'autres contrôles pour les ajouter à la sélection.

1. **Cliquez du bouton droit sur le formulaire SaisieClients dans le volet de navigation, cliquez sur Mode Création, cliquez sur l'étiquette N°Client dans le formulaire principal, pressez et maintenez [Maj] enfoncée, cliquez sur les autres étiquettes de la première colonne, cliquez sur l'onglet Organiser, cliquez sur le bouton Aligner, puis cliquez sur Droite.**

   L'alignement des bordures droites des étiquettes en facilite la lecture et les rapproche des contrôles qu'elles décrivent.

2. **Cliquez sur la zone de texte N°Client, pressez et maintenez [Maj] enfoncée, cliquez sur les autres zones de texte et zones de liste déroulante de la deuxième colonne, puis faites glisser vers la gauche une des poignées centre-gauches de redimensionnement d'un des contrôles sélectionnés.**

   Ne laissez qu'un petit espace entre les étiquettes de la première colonne et les contrôles associés de la deuxième colonne (figure G-5).

3. **Sélectionnez toutes les étiquettes de la troisième colonne, cliquez sur le bouton Aligner du groupe Redimensionnement et classement, cliquez sur Droite, puis appuyez six fois sur [←].**

   Ne laissez que peu d'espace entre les contrôles dépendants de la deuxième colonne et les étiquettes de la troisième colonne. Les contrôles du formulaire ainsi alignés et déplacés le plus loin possible vers la gauche, vous redimensionnez la zone de texte Courriel.

4. **Cliquez sur la zone de texte Courriel, puis glissez vers la gauche la poignée de redimensionnement centre-gauche jusqu'au repère 15 cm de la règle horizontale.**

   Vous supprimez l'étiquette Photo, puis redimensionnez et déplacez le rectangle de la photo pour l'agrandir un peu plus.

PROBLÈME

Le bouton Annuler ↶ peut défaire plusieurs actions en mode Création de formulaire.

5. **Cliquez sur l'étiquette Photo, appuyez sur [Suppr], cliquez sur le cadre Photo pour le sélectionner, utilisez le pointeur ⁘ pour déplacer le cadre vers le coin supérieur droit du formulaire, utilisez le pointeur ⤢ pour tirer la poignée de redimensionnement inférieure gauche de manière à occuper tout l'espace disponible, cliquez sur l'onglet Accueil, puis cliquez sur le bouton Affichage ▦ pour visualiser les modifications.**

   La figure G-6 montre le résultat final du formulaire SaisieClients. Poursuivez vos aménagements en mode Création pour vous approcher du résultat suggéré.

6. **Enregistrez et fermez le formulaire SaisieClients.**

FIGURE G-5 : Alignement et redimensionnement des contrôles

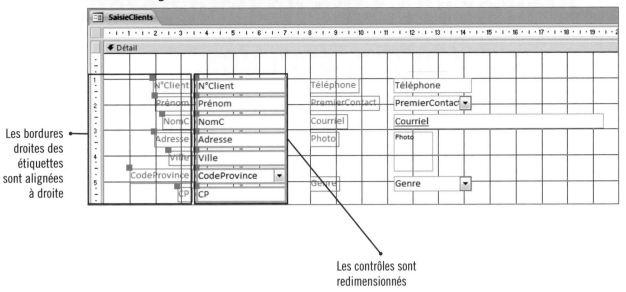

Les bordures droites des étiquettes sont alignées à droite

Les contrôles sont redimensionnés

FIGURE G-6 : Le résultat final obtenu pour le formulaire SaisieClients

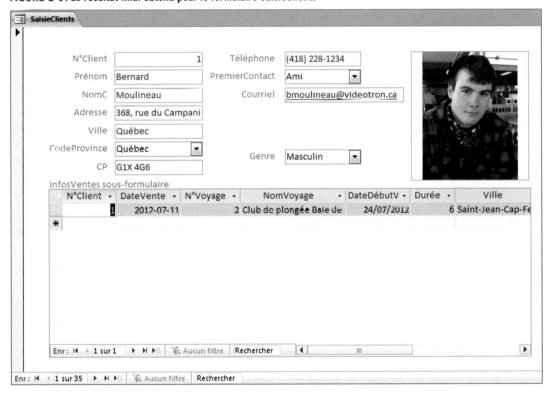

Ajouter une zone de liste déroulante pour saisir des données

Si un ensemble fini de valeurs peut être identifié pour les données qu'un utilisateur peut saisir dans un champ, l'usage d'une zone de liste déroulante à la place d'une zone de texte peut s'avérer judicieux, dans la mesure où elle guide l'utilisateur avec une série de choix précis, sans possibilité d'erreur de frappe. Les contrôles **zone de liste** et **zone de liste déroulante** présentent à l'utilisateur une liste de valeurs possibles. La zone de liste déroulante autorise également l'utilisateur à saisir une entrée au clavier ; elle constitue donc une combinaison des contrôles zone de texte et zone de liste. Vous pouvez créer un contrôle de ce type à l'aide de l'**Assistant Zone de liste déroulante** mais vous pouvez aussi remplacer une zone de texte existante par une zone de liste ou une zone de liste déroulante. Les champs qui possèdent des propriétés Liste de choix sont automatiquement créés sous forme de zones de liste déroulante dans les nouveaux formulaires. Les champs clés étrangères constituent d'excellents candidats pour donner naissance à des zones de liste déroulante. Marc vous propose de modifier le contrôle associé au N°Voyage dans le sous-formulaire pour le convertir en une zone de liste déroulante. Ainsi, les utilisateurs du formulaire pourront choisir le voyage à partir d'une liste de voyages existants quand un client achètera un nouveau voyage.

ÉTAPES

1. **Ouvrez le formulaire SaisieClients en mode Création, cliquez du bouton droit sur la zone de texte N°Voyage du sous-formulaire, pointez Remplacer par, puis cliquez sur zone de liste déroulante.**

   Le contrôle zone de texte est remplacé par une zone de liste déroulante mais ce n'est pas fini : vous devez remplir la liste avec les valeurs issues de la table Voyages.

2. **Cliquez sur le bouton Feuille de propriétés du groupe Outils, cliquez sur l'onglet Données de la Feuille de propriétés, cliquez dans la case de la propriété Contenu, puis cliquez sur Générer ⟦...⟧.**

   Cliquer sur le bouton Générer de la propriété **Contenu** provoque l'ouverture de la fenêtre du Générateur de requêtes. Celle-ci permet de sélectionner les valeurs à afficher dans la liste de la zone de liste déroulante.

3. **Double-cliquez sur Voyages, puis cliquez sur Fermer dans la boite de dialogue Afficher la table.**

   La table source des données de la liste est sélectionnée. L'étape suivante consiste à sélectionner les champs.

4. **Double-cliquez sur N°Voyage dans la liste de champs de la table Voyages pour l'ajouter en première colonne de la grille de requête, double-cliquez sur NomVoyage, déroulez la liste Tri de la colonne NomVoyage, cliquez sur Croissant, cliquez sur le bouton Fermer de l'onglet Création, puis cliquez sur Oui pour enregistrer les modifications.**

   La figure G-7 montre que le début d'une instruction SELECT s'affiche dans la propriété Contenu du contrôle N°Voyage. Il s'agit d'une instruction SQL que vous pouvez modifier à tout moment à l'aide du bouton Générer ⟦...⟧. Si vous aviez enregistré la requête sous un nom particulier, vous auriez pu indiquer dans la propriété Contenu le nom de cette requête, à la place de l'instruction SELECT.

5. **La zone de liste déroulante N°Voyage étant sélectionnée, cliquez sur l'onglet Format de la Feuille de propriétés, cliquez dans la propriété Nbre colonnes, entrez 2, cliquez dans la propriété Largeurs colonnes, entrez 1,5;8, cliquez dans la propriété Largeur liste, entrez 9,5, enregistrez le formulaire, puis affichez-le en mode Formulaire.**

   Le fait d'entrer 1,5;8 dans la propriété Largeurs colonnes règle la largeur de la première colonne à 1,5 cm et la largeur de la seconde colonne à 8 cm. Notez que, dans les éditions françaises d'Access, le séparateur de telles valeurs est le point-virgule (;). Si vous aviez entré 1.5,8, à l'anglaise, vous auriez probablement reçu un message d'erreur de la part d'Access. Pour tester la nouvelle zone de liste déroulante, vous ajoutez un enregistrement de vente dans le sous-formulaire.

6. **Déroulez la liste N°Voyage du deuxième enregistrement du sous-formulaire, faites défiler la liste des voyages pour sélectionner Club de randonnée du Mouton noir dans la liste, appuyez sur [Tab], entrez 2013-08-01 comme DateDébutVoyage, puis appuyez sur →.**

   La figure G-8 montre l'entrée du nouvel enregistrement. Le champ N°Voyage est un champ clé étrangère de la table Ventes et il est joint aux informations de voyage par l'entremise du champ clé primaire N°Voyage de la table Voyages. La sélection d'un N°Voyage déterminé remplit automatiquement les champs de la requête provenant de Voyages et correspondant à ce N°Voyage.

Améliorer les formulaires

FIGURE G-7 : Remplacement de la zone de texte N°Voyage par une zone de liste déroulante

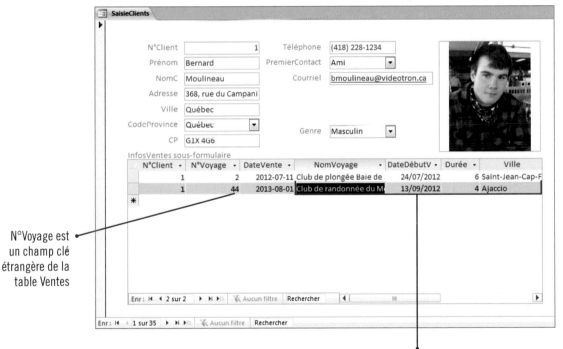

- Bouton Feuille de propriétés

Zone de texte N°Voyage remplacée par une zone de liste déroulante

Instruction SQL SELECT dans la propriété Contenu

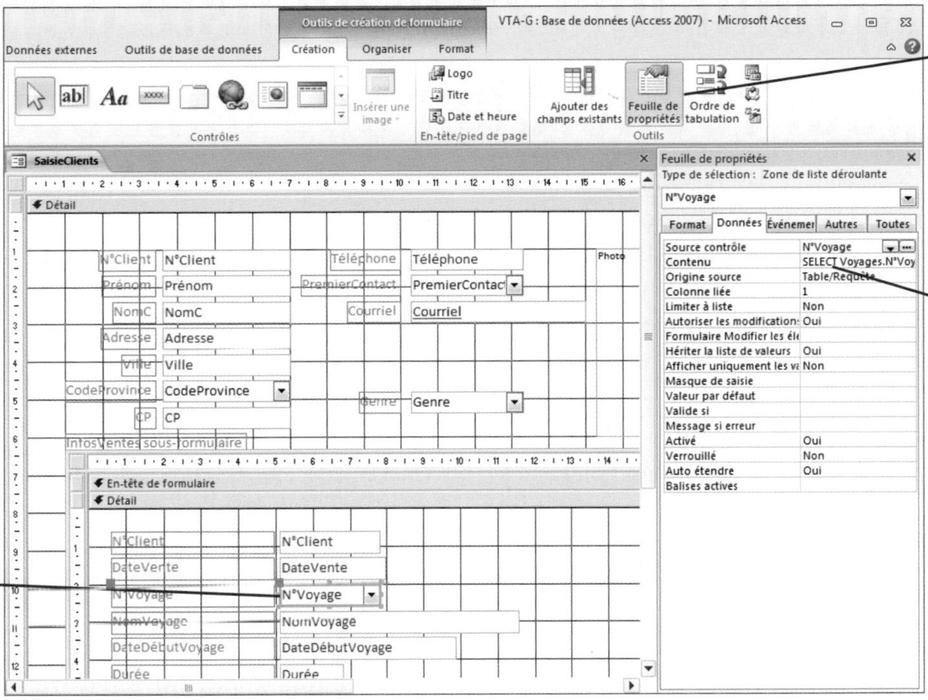

FIGURE G-8 : Utilisation de la nouvelle zone de liste déroulante N°Voyage pour ajouter un enregistrement

N°Voyage est un champ clé étrangère de la table Ventes

Les valeurs sont entrées automatiquement du fait de la relation entre la table Ventes et la table Voyages

Zone de liste déroulante ou zone de liste ?

Les contrôles Zone de liste et Zone de liste déroulante sont très semblables mais ce dernier remporte la palme de la popularité auprès des utilisateurs, pour deux raisons. Bien que tous deux offrent à l'utilisateur un choix dans une liste, la zone de liste déroulante permet aussi à l'utilisateur de saisir au clavier une autre valeur unique (à moins que la propriété **Limiter à liste** soit réglée à Oui).

Plus important, les utilisateurs préfèrent son mode de fonctionnement de liste qui se déroule, notamment pour des raisons de gain de place dans les formulaires. La zone de liste permet aussi de choisir dans une liste de valeurs mais l'utilisateur doit la faire défiler pour effectuer son choix, sans cette action de « déroulement ».

Ajouter une zone de liste déroulante pour rechercher des données

Généralement, les zones de liste déroulante servent à entrer des données mais elles permettent aussi de rechercher des enregistrements. Les contrôles réservés à la navigation sont souvent placés dans l'en-tête des formulaires pour en faciliter le repérage et les distinguer des contrôles réservés à la saisie et à l'affichage des données. Les **sections** déterminent l'emplacement des contrôles à l'écran et où ils sont imprimés sur papier. Pour plus de détails sur les différentes sections d'un formulaire, reportez-vous au tableau G-2. ▓▓▓▓ Vous décidez d'ajouter une zone de liste déroulante à l'en-tête de formulaire pour accélérer la recherche d'un client dans le formulaire SaisieClients.

1. **Cliquez du bouton droit sur l'onglet du formulaire SaisieClients, cliquez sur Mode Création, fermez la Feuille de propriétés si elle est ouverte, puis cliquez sur le bouton Titre du groupe En-tête/pied de page sous l'onglet Création.**

   La section En-tête de formulaire s'ouvre et affiche une étiquette remplie avec le nom du formulaire. Vous modifiez l'étiquette puis ajoutez la zone de liste déroulante nécessaire pour rechercher les clients.

2. **Dans le texte de l'étiquette de l'en-tête de formulaire, cliquez entre les mots Saisie et Clients, pressez [Espace], entrez des, pressez [Espace], puis, à l'aide du pointeur ↔, glissez vers la gauche la poignée de dimensionnement centre-gauche pour atteindre le repère 8 cm de la règle horizontale.**

   L'en-tête du formulaire est ouvert, l'espace libre est suffisant sur la droite de l'en-tête pour accueillir la nouvelle zone de liste déroulante destinée à rechercher les enregistrements.

3. **Cliquez sur Zone de liste déroulante ▦ du groupe Contrôles, cliquez dans l'en-tête de formulaire au repère 12 cm de la règle horizontale et à environ 0,5 cm sur la règle verticale, cliquez sur l'option Rechercher un enregistrement dans mon formulaire… dans l'Assistant Zone de liste déroulante, cliquez sur Suivant, double-cliquez sur NomC, double-cliquez sur Prénom, cliquez sur Suivant, cliquez sur Suivant pour accepter les largeurs de colonnes et accepter la colonne clé cachée qui est cochée. Entrez Trouver client : comme étiquette de la liste déroulante, puis cliquez sur Terminer.**

   La nouvelle zone de liste déroulante est installée dans la section En-tête de formulaire (figure G-9). L'étiquette qui l'accompagne est peu lisible à cause de la couleur du texte. Vous la modifiez et élargissez la zone de liste déroulante.

4. **Cliquez sur l'étiquette Trouver client :, cliquez sur l'onglet Accueil, déroulez la liste du bouton Couleur de police ▲▾, cliquez dans la case de couleur Bleu foncé, Texte 2 (rangée du dessus, quatrième case depuis la gauche), cliquez dans la zone de liste déroulante Indépendant, à l'aide du pointeur ↔, glissez la poignée de dimensionnement centre-droite vers la bordure droite du formulaire pour élargir la zone au maximum, puis cliquez sur Affichage ▦.**

5. **Déroulez la liste Trouver client :, puis cliquez sur Clovis.**

   La zone de liste déroulante fonctionne comme prévu : elle recherche le client nommé Clovis, mais la liste n'est pas exactement en ordre alphabétique des noms des clients. Vous réglez ceci en mode Création de formulaire, en corrigeant les propriétés de la liste déroulante.

Pour modifier le nombre d'éléments qu'une zone de liste déroulante affiche, modifiez la propriété **Lignes affichées** de l'onglet Format.

6. **Cliquez du bouton droit sur l'onglet SaisieClients, cliquez sur Mode Création, double-cliquez sur la bordure de la zone de liste déroulante Indépendant dans l'en-tête du formulaire pour ouvrir la Feuille de propriétés, cliquez sur l'onglet Données de la Feuille de propriétés, cliquez sur le SELECT dans la propriété Contenu, puis cliquez sur Générer [...] de la propriété Contenu.**

   L'Assistant Requête s'ouvre pour modifier les champs et les ordres de tri des valeurs de la zone de liste déroulante.

7. **Double-cliquez dans la cellule Tri de la colonne NomC, double-cliquez dans la cellule Tri de la colonne Prénom, cliquez sur le bouton Fermer de l'onglet Créer, cliquez sur Oui à l'invite à enregistrer les modifications, cliquez sur Affichage ▦, puis déroulez la liste de Trouver client :.**

   Cette fois, la liste de la zone de liste déroulante trie les noms, puis les prénoms en ordre alphabétique croissant (figure G-10).

8. **Sélectionnez à nouveau Clovis dans la zone de liste déroulante pour la tester, puis enregistrez et fermez le formulaire SaisieClients.**

Améliorer les formulaires

FIGURE G-9 : Ajout d'une zone de liste déroulante pour rechercher des enregistrements

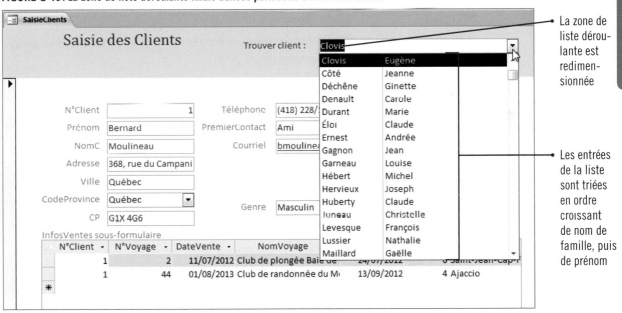

Repère 8 cm sur la règle horizontale

Section En-tête de formulaire

Étiquette SaisieClients modifiée

Bouton Zone de liste déroulante

Bouton Titre

Repère 12 cm sur la règle

Étiquette de la nouvelle zone de liste déroulante

Nouvelle zone de liste déroulante

FIGURE G-10 : La zone de liste déroulante finale utilisée permet de trouver des clients

La zone de liste déroulante est redimensionnée

Les entrées de la liste sont triées en ordre croissant de nom de famille, puis de prénom

TABLEAU G-2 : Sections d'un formulaire

Section	Description
Détail	S'affiche une fois pour chaque enregistrement.
En-tête de formulaire	S'affiche au sommet du formulaire et contient souvent des boutons de commande ou une étiquette contenant le titre du formulaire.
Pied de formulaire	S'affiche au bas du formulaire et contient souvent des boutons de commande ou une étiquette donnant des instructions sur l'emploi du formulaire.
En-tête de page	S'affiche au sommet d'un formulaire imprimé et comprend des informations comme la date ou le numéro de page.
Pied de page	S'affiche au bas d'un formulaire imprimé et contient des informations comme la date ou le numéro de page.

Ajouter des boutons de commande

Le **bouton de commande** permet d'exécuter une action simple en mode Formulaire, comme l'impression de l'enregistrement en cours, l'ouverture d'un autre formulaire ou la fermeture du formulaire actuel. Les boutons de commande sont fréquemment placés dans la section En-tête de formulaire ou Pied de formulaire. Vous ajoutez un bouton de commande dans la section Pied de formulaire du formulaire SaisieClients, pour permettre aux employés de VTA d'imprimer l'enregistrement en cours.

1. **Dans le volet de navigation, cliquez du bouton droit sur le formulaire SaisieClients, cliquez sur Mode Création, fermez la Feuille de propriétés si elle s'affiche, puis faites défiler la fenêtre pour accéder au bas du formulaire et à la section Pied de formulaire.**

   Un formulaire bien conçu épargne aux utilisateurs les tâches accessoires, fastidieuses et inutiles. Dans cet ordre d'idée, vous redimensionnez le sous-formulaire et réduisez la hauteur du formulaire pour éviter à l'utilisateur de faire défiler la fenêtre pour accéder au pied du formulaire.

   PROBLÈME

   Pour sélectionner les poignées de dimensionnement du bas du sous-formulaire, il se peut que vous deviez faire glisser vers le bas la barre de section Pied de formulaire.

2. **Cliquez sur la bordure du sous-formulaire pour le sélectionner, glissez vers le haut la poignée de dimensionnement centre-bas à l'aide du pointeur ↕ pour réduire de moitié environ la hauteur du sous-formulaire, puis, à l'aide du pointeur ✛, glissez vers le haut le bord supérieur de la section Pied de formulaire pour éliminer l'espace vide (figure G-11).**

   Le formulaire étant ainsi réduit, vous pouvez ajouter à la section Pied de formulaire le bouton de commande nécessaire pour imprimer l'enregistrement en cours.

3. **Cliquez sur le bouton Bouton ⬚ du groupe Contrôles, puis cliquez dans le Pied de formulaire au repère 3 cm de la règle horizontale.**

   L'Assistant Bouton de commande s'ouvre et énumère plus d'une trentaine d'actions usuelles associées à un bouton de commande, organisées en six catégories (figure G-12).

4. **Cliquez sur Opérations sur enreg. dans la liste Catégories, cliquez sur Imprimer un enregistrement dans la liste Actions, cliquez sur Suivant, cliquez sur Suivant pour accepter l'image proposée par défaut, entrez ImprimerFiche comme nom de bouton, puis cliquez sur Terminer.**

   L'ajout de ce bouton de commande évite d'imprimer inutilement tous les enregistrements des clients alors que le seul enregistrement en cours suffit.

5. **À l'aide du pointeur ✛, glissez la bordure inférieure de la section Pied de formulaire vers le haut, jusqu'à recouvrir le bouton de commande, pour réduire l'espace vide.**

   Vous pouvez tester le formulaire et le nouveau bouton d'impression.

6. **Cliquez sur le bouton Affichage ⬚, cliquez sur le bouton ImprimerFiche de la section Pied de formulaire, puis cliquez sur OK pour confirmer l'impression d'un seul enregistrement.**

7. **Enregistrez et fermez le formulaire SaisieClients.**

FIGURE G-11 : Redimensionnement du sous-formulaire pour éviter le défilement vertical

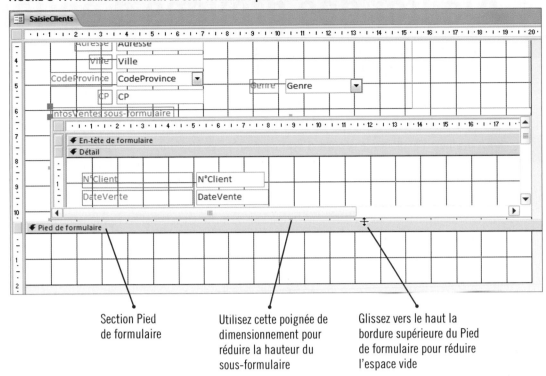

Section Pied
de formulaire

Utilisez cette poignée de
dimensionnement pour
réduire la hauteur du
sous-formulaire

Glissez vers le haut la
bordure supérieure du Pied
de formulaire pour réduire
l'espace vide

FIGURE G-12 : Assistant Bouton de commande

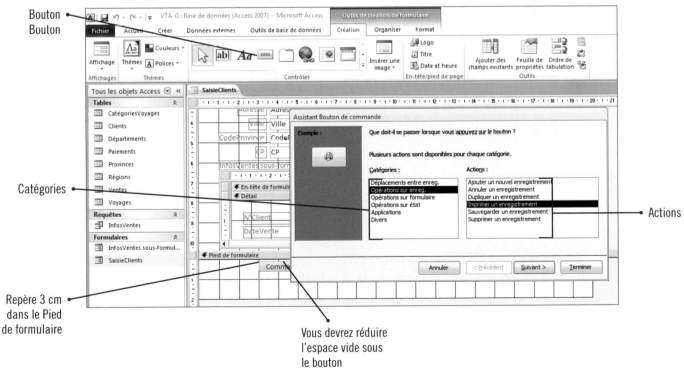

Bouton
Bouton

Catégories

Repère 3 cm
dans le Pied
de formulaire

Actions

Vous devrez réduire
l'espace vide sous
le bouton

Ajouter des groupes d'options

Le **groupe d'options** est un type de contrôle dépendant, fréquemment utilisé pour les champs ne comportant qu'un nombre réduit de valeurs disponibles. Vous placez des contrôles **case d'option** dans un groupe d'options pour orienter l'utilisateur vers une valeur spécifique pour un champ. Les boutons d'un groupe d'options sont mutuellement exclusifs : l'utilisateur ne peut sélectionner qu'un seul bouton à la fois.

███████ Michèle vous demande de créer un nouveau formulaire pour visualiser les voyages et les ventes. Vous décidez d'exploiter le groupe d'options pour gérer les données du champ Durée d'un voyage.

ÉTAPES

1. **Dans le volet de navigation, cliquez sur la table Voyages, cliquez sur l'onglet Créer, puis cliquez sur le bouton Formulaire du groupe Formulaires.**

   Une combinaison formulaire-sous-formulaire s'affiche en mode Page, proposant des informations sur un voyage dans le formulaire principal et les enregistrements des ventes correspondantes dans le sous-formulaire. Vous supprimez la zone de texte Durée et vous redimensionnez les contrôles pour laisser de la place à un groupe d'options.

2. **Cliquez sur la zone de texte Durée, pressez [Suppr], cliquez sur le cadre de positionnement devenu vide, appuyez sur [Suppr], cliquez sur la bordure droite d'un des contrôles, puis, à l'aide du pointeur ↔, glissez vers la gauche la bordure droite des contrôles, jusqu'à réduire leur largeur de moitié.**

   Vous ajoutez de nouveau le champ Durée dans le formulaire sous la forme d'un contrôle groupe d'options, dans l'espace que vous venez de libérer.

3. **Cliquez du bouton droit sur l'onglet Voyages, cliquez sur Mode Création, cliquez sur le bouton Groupe d'options ⊞ du groupe Contrôles, puis cliquez à droite de la zone de texte N°Voyage.**

   L'Assistant Groupe d'options démarre et vous invite à préciser les étiquettes des options. Tous les voyages vendus par Voyages Tour Aventure présentent des durées de 3, 4, 5, 7, 10 ou 14 jours. Les étiquettes et les valeurs associées reflètent et décrivent ces données.

PROBLÈME

La figure G-13 montre les noms des étiquettes et les valeurs correspondantes dans l'Assistant Groupe d'options, comme ils apparaissent à la fin de l'étape 4.

4. **Entrez les Noms des étiquettes (figure G-13), cliquez sur Suivant, cliquez sur Non, je ne veux pas définir de valeur par défaut, cliquez sur Suivant, puis entrez les valeurs correspondant aux étiquettes, comme à la figure G-13.**

   Les Valeurs sont les données que vous entrez dans le champ et correspondent à la **propriété Valeur contrôle** de chaque bouton d'option. Les Noms des étiquettes, qui correspondent à la **propriété Légende** de l'onglet Format, sous la Feuille de propriétés de chaque étiquette, sont des textes de description, qui clarifient chaque option.

5. **Cliquez sur Suivant, cliquez sur Stocker la valeur dans ce champ, déroulez la liste, cliquez sur Durée, cliquez sur Suivant, cliquez sur Suivant pour accepter les boutons d'options en style Échelonné, entrez Durée comme étiquette du groupe, puis cliquez sur Terminer.**

   Vous visualisez le résultat et utilisez le nouveau groupe d'option en mode Formulaire.

6. **Cliquez sur Affichage ▦ pour entrer en mode Formulaire, cliquez deux fois successives sur Enregistrement suivant ▶ dans la barre de navigation pour accéder au voyage Club de ski Cyclone, puis cliquez sur le bouton d'option 5 jours.**

   Votre formulaire devrait adopter l'aspect de la figure G-14. Vous avez modifié la durée de ce voyage de 7 en 5 jours. Pour ajouter d'autres boutons d'option à ce groupe d'options par la suite, travaillez en mode Création de formulaire et utilisez le contrôle Bouton d'option ⦿ de l'onglet Création. Pour modifier la valeur correspondant à ce nouveau bouton d'option, ouvrez la Feuille de propriétés du bouton d'option et changez le contenu de sa propriété Valeur contrôle.

7. **Cliquez du bouton droit sur l'onglet de formulaire Voyages, cliquez sur Fermer, cliquez sur Oui à l'invite à enregistrer les modifications, puis cliquez sur OK pour accepter le nom Voyages suggéré pour le formulaire.**

FIGURE G-13 : Noms d'étiquettes et Valeurs du Groupe d'options

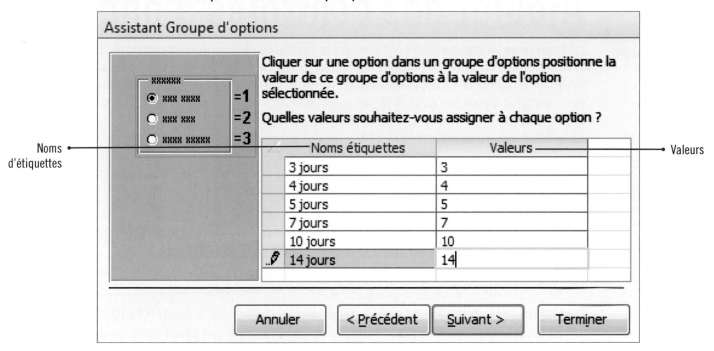

Noms d'étiquettes →

Valeurs →

FIGURE G-14 : Le formulaire Voyage et son groupe d'options pour le champ Durée

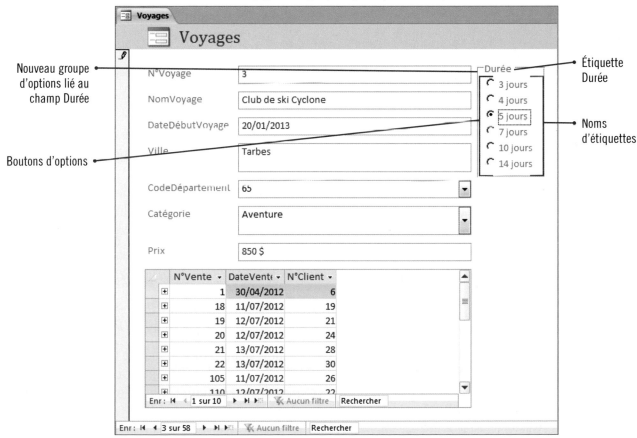

Nouveau groupe d'options lié au champ Durée →

Boutons d'options →

→ Étiquette Durée

→ Noms d'étiquettes

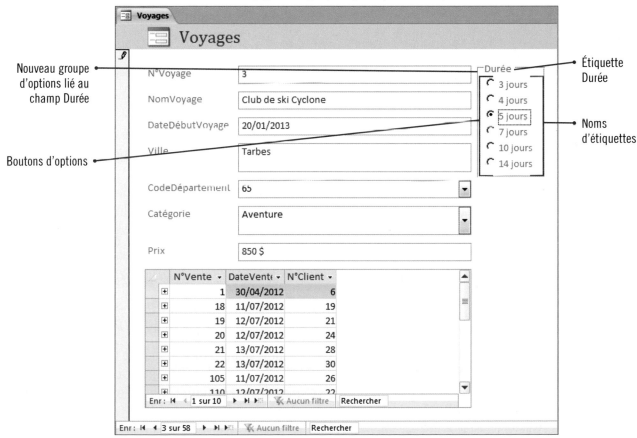

Protéger les données

Il n'est pas toujours sain de permettre à tous les utilisateurs d'un formulaire de modifier toutes les données affichées. Vous devrez parfois limiter l'accès des utilisateurs à certaines données d'un formulaire. Vous pouvez par exemple concevoir vos formulaires pour restreindre les modifications à des contrôles déterminés. Pour ce faire,

modifiez les propriétés Activé et Verrouillé d'un contrôle. La **propriété Activé** spécifie si un contrôle peut être sélectionné et *recevoir la cible de saisie* (le focus) en mode Formulaire. La **propriété Verrouillé** spécifie si vous pouvez *modifier* les données du contrôle en mode Formulaire.

Améliorer les formulaires

Access G-15

Ajouter des contrôles à onglets

Le **contrôle onglet** fait partie des outils modernes de création de formulaires. Il permet de donner un aspect tridimensionnel à un formulaire, de sorte que vous organisez de nombreux contrôles sur des pages différentes, puis vous les visualisez en cliquant sur les onglets, un peu à la façon d'un carnet d'adresses à index alphabétique. Vous connaissez déjà ce type de contrôle parce que vous l'avez déjà rencontré à mainte reprise dans des boites de dialogue, où Access les utilise pour structurer les informations. Ainsi, la Feuille de propriétés d'un formulaire utilise des onglets pour structurer les propriétés par catégories : Format, Données, Événement, Autres et Toutes. Michèle vous demande d'organiser les informations de la base de données selon deux catégories : les Voyages et les Clients. Vous créez un nouveau formulaire, où vous utilisez des contrôles onglets et des boutons de commande pour faciliter l'accès aux informations des voyages et des clients.

ÉTAPES

1. **Cliquez sur l'onglet Créer, cliquez sur le bouton Formulaire vierge du groupe Formulaires, cliquez sur le bouton Contrôle Onglet ☐, puis cliquez dans le formulaire.**

   Un nouveau contrôle Onglet vient se placer automatiquement dans le coin supérieur gauche du formulaire avec deux onglets. Vous renommez ces onglets pour identifier leurs rôles.

2. **Cliquez sur l'onglet Page1 pour le sélectionner, cliquez sur le bouton Feuille de propriétés du groupe Outils, cliquez sur l'onglet Autres de la Feuille de propriétés, double-cliquez sur Page1 dans la propriété Nom, entrez Clients, puis pressez [Entrée].**

   Vous donnez également un nom significatif à l'onglet Page2.

   ASTUCE

   Pour ajouter ou supprimer une page, cliquez du bouton droit sur un onglet et choisissez Insérer page ou Supprimer page, respectivement.

3. **Cliquez sur l'onglet Page2 pour le sélectionner, cliquez sur l'onglet Autres de la Feuille de propriétés s'il n'est pas déjà sélectionné, double-cliquez sur Page2 dans la propriété Nom, entrez Voyages, puis pressez [Entrée].**

   Les onglets sont descriptifs de leurs fonctions. Vous pouvez ajouter les contrôles à chaque page. Dans ce cas-ci, vous ajoutez des boutons de commande dans chaque page.

4. **Cliquez sur l'onglet Clients, cliquez sur Bouton ▦ du groupe Contrôles, cliquez au centre de la page Clients, cliquez sur la catégorie Opérations sur formulaire, cliquez sur Ouvrir un formulaire, cliquez sur Suivant, cliquez sur SaisieClients, cliquez sur Suivant, puis cliquez sur Terminer.**

   Ce bouton ouvre le formulaire SaisieClients en mode Formulaire. Vous ajoutez le bouton d'ouverture du formulaire Voyages à l'onglet Voyages.

5. **Cliquez sur l'onglet Voyages, cliquez sur Bouton ▦ du groupe Contrôles, cliquez au centre de la page Voyages, cliquez sur la catégorie Opérations sur formulaire, cliquez sur Ouvrir un formulaire, cliquez sur Suivant, cliquez sur Voyages, cliquez sur Suivant, puis cliquez sur Terminer.**

   La figure G-15 donne un aperçu du formulaire obtenu à la suite de ces opérations. Pour tester les boutons de commande, vous basculez en mode Formulaire.

6. **Cliquez sur le bouton Affichage ▦, cliquez sur le bouton de commande de l'onglet Voyages, cliquez sur l'onglet de formulaire Formulaire1, cliquez sur l'onglet Clients, cliquez sur le bouton de commande de l'onglet Clients, puis cliquez de nouveau sur l'onglet Formulaire1.**

   La figure G-16 présente l'écran que vous obtenez. Les deux boutons de commande ont ouvert les formulaires Voyages et SaisieClients dont les onglets sont venus s'ajouter à l'onglet du Formulaire1. Ce nouveau formulaire vous permet d'ajouter des objets de la base de données (des tables, des requêtes, des formulaires et des états) qui facilitent la gestion des sujets relatifs aux clients et aux voyages. Vous présentez les boutons correspondants dans le formulaire pour simplifier la navigation parmi les éléments importants. Par conséquent, vous nommez naturellement ce nouveau formulaire « Navigation ».

7. **Cliquez du bouton droit sur l'onglet Formulaire1, cliquez sur Fermer, cliquez sur Oui à l'invite à enregistrer les modifications, entrez Navigation en guise de nom du formulaire, cliquez sur OK, puis fermez la base de données VTA-G.accdb.**

FIGURE G-15 : Ajout de boutons de commande à un contrôle onglet

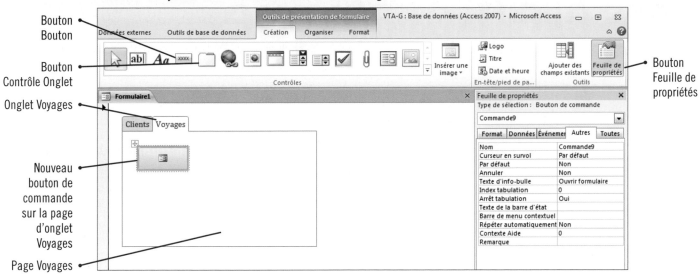

Bouton
Bouton

Bouton
Contrôle Onglet

Onglet Voyages

Nouveau
bouton de
commande
sur la page
d'onglet
Voyages

Page Voyages

Bouton
Feuille de
propriétés

FIGURE G-16 : Formulaire de navigation

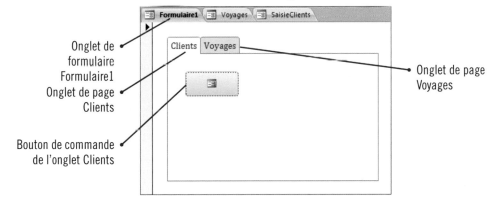

Onglet de
formulaire
Formulaire1

Onglet de page
Clients

Bouton de commande
de l'onglet Clients

Onglet de page
Voyages

Mise en pratique

Révision des concepts

Identifiez les éléments de l'affichage en mode Création de formulaire de la figure G-17.

FIGURE G-17

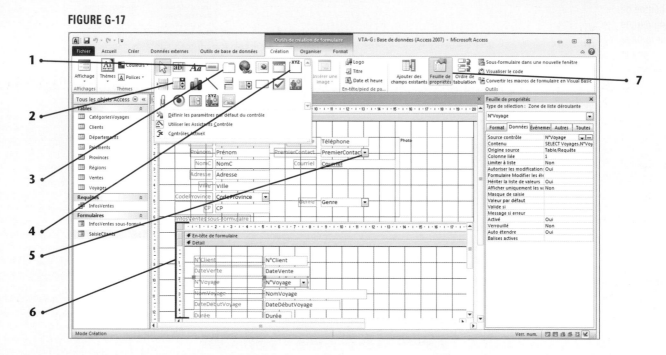

Associez chaque terme à sa description.

8. **Bouton de commande**
9. **Sous-formulaire**
10. **Contrôle Onglet**
11. **Groupe d'options**
12. **Zone de liste déroulante**

a. Ce contrôle dépendant affiche une liste d'entrées mutuellement exclusives pour un champ.

b. Un contrôle dépendant constitué d'une zone de texte et d'une zone de liste.

c. Ce type de contrôle affiche des enregistrements associés à l'enregistrement du formulaire principal.

d. Un contrôle indépendant qui, lors d'un clic, exécute une action.

e. Ce contrôle fournit une présentation tridimensionnelle à un formulaire pour organiser d'autres contrôles.

Choisissez la meilleure réponse à chaque question.

13. **Quel contrôle est le mieux adapté à afficher trois choix, 1, 2 ou 3, dans un champ nommé Niveau ?**
   a. Groupe d'options
   b. Zone de texte
   c. Étiquette
   d. Bouton de commande

14. **Quel contrôle utiliseriez-vous pour amorcer une action d'impression ?**
   a. Groupe d'options
   b. Zone de texte
   c. Bouton de commande
   d. Zone de liste

15. **Quel type de contrôle utiliseriez-vous pour afficher une liste de choix des provinces et territoires du Canada ?**
   a. Case à cocher
   b. Zone de liste déroulante
   c. Étiquette de champ
   d. Zone de liste

16. **Pour afficher de nombreux enregistrements reliés dans un formulaire, vous utilisez un(e) :**
   a. Sous-formulaire
   b. Modèle de disposition
   c. Zone de liste
   d. Contrôle liaison

17. **Parmi les suivantes, quelle propriété d'un formulaire définit les champs et enregistrements affichés dans un formulaire ?**
   a. Contenu
   b. Source
   c. Affichage par défaut
   d. Formulaire de modification des éléments de liste

18. **Quelle est la disposition la plus utilisée pour un formulaire principal ?**
   a. Feuille de données
   b. En colonnes
   c. Globale
   d. Tableau croisé dynamique

19. **Quelle est la disposition la plus utilisée pour un sous-formulaire ?**
   a. En colonnes
   b. Globale
   c. Tableau croisé dynamique
   d. Feuille de données

20. **Pour aligner les bordures gauches de contrôles, que devez-vous faire en premier ?**
   a. Cliquer sur l'onglet Organiser du Ruban
   b. Cliquer sur l'onglet Création du Ruban
   c. Sélectionner les contrôles dont vous voulez aligner les bordures
   d. Aligner les données au sein des contrôles eux-mêmes

21. **Quel est le type de contrôle le plus souvent utilisé dans un groupe d'options ?**
   a. Bouton de commande
   b. Case d'option
   c. Bouton bascule
   d. Case à cocher

Révision des techniques

1. **Exploiter le mode Création de formulaire.**
   a. Démarrez Access, ouvrez la base de données Membres-G.accdb de votre dossier Projets et activez le contenu si vous y êtes invité.
   b. Créez un nouveau formulaire en mode Création, ouvrez la Feuille de propriétés du formulaire et sélectionnez Membres comme Source des enregistrements.
   c. Ouvrez la Liste de champs, puis ajoutez tous les champs de la table Membres au formulaire.
   d. Déplacez les contrôles DateNaissance, Frais, N°Membre, Accrédité et Niveau dans une deuxième colonne, juste en face et à droite du Prénom, à environ 10 cm sur la règle horizontale.
   e. Enregistrez ce formulaire sous le nom **ActivitésMembres**.

2. **Créer des sous-formulaires.**
   a. Dans le formulaire ActivitésMembres en mode Création, utilisez l'assistant Sous-formulaire pour créer un sous-formulaire sous l'étiquette Code postal, à environ 4 cm sur la règle verticale.
   b. Utilisez les trois champs de la table Activités dans le sous-formulaire. Affichez les Activités de chaque enregistrement de Membres utilisant NoMembre et nommez le sous-formulaire **Activités**.
   c. Glissez vers le haut la bordure inférieure du formulaire jusqu'à toucher le contrôle sous-formulaire.
   d. Visualisez le formulaire ActivitésMembres en mode Formulaire et déplacez-vous dans quelques enregistrements. Notez que le formulaire pourrait être avantageusement amélioré avec un alignement plus judicieux des contrôles et que la zone de texte Adresse est trop étroite pour afficher l'adresse en totalité.

Révision des techniques (suite)

3. **Aligner les contrôles.**

   a. Basculez en mode Création, puis modifiez les étiquettes NomMembre en **Nom**, DateNaissance en **Date de naissance**, NoMembre en **N° membre**.

   b. Sélectionnez ensemble les quatre étiquettes de la première colonne, ajustez leur taille à leur contenu et alignez-les sur leur bordure droite.

   c. Déplacez l'étiquette Accrédité pour qu'elle se situe entre les étiquettes N° membre et Niveau, à gauche de la case à cocher, décalez l'étiquette Date de naissance légèrement vers la gauche pour la détacher de la zone de texte DateNaissance, puis sélectionnez les cinq étiquettes de la troisième colonne et alignez leurs bordures à droite.

   d. Sélectionnez les étiquettes Prénom, Date de naissance, les zones de texte Prénom et DateNaissance, puis alignez leurs bordures supérieures.

   e. Sélectionnez ensemble les étiquettes Nom et Frais, ainsi que les zones de texte NomMembre et Frais, puis alignez leurs bordures supérieures.

   f. Sélectionnez les étiquettes Adresse, N° membre, ainsi que les zones de texte Adresse et NoMembre, puis alignez leurs bordures supérieures.

   g. Faites de même avec les étiquettes Code postal et Accrédité, ainsi que la zone de texte Code postal et la case à cocher Accrédité.

   h. Redimensionnez les zones de texte Adresse et Code postal à environ deux fois leur largeur initiale.

   i. Sélectionnez les zones de texte Prénom, NomMembre, Adresse et Code postal, alignez leurs bordures gauches. Alignez également les bordures gauches des zones de texte DateNaissance, Frais et NoMembre, ainsi que la case à cocher Accrédité et la zone de liste déroulante Niveau.

   j. Enregistrez le formulaire ActivitésMembres.

4. **Ajouter une zone de liste déroulante pour saisir des données.**

   a. En mode Création de formulaire, cliquez du bouton droit sur la zone de texte Code postal et remplacez-la par une zone de liste déroulante.

   b. Dans la Feuille de propriétés de cette nouvelle zone de liste déroulante, cliquez dans la propriété Contenu, puis cliquez sur le bouton Générer.

   c. Dans le Générateur de requête, sélectionnez la seule table Codes postaux, puis double-cliquez sur les champs Code postal et Ville pour les ajouter à la grille de requête.

   d. Fermez la fenêtre du Générateur de requêtes et enregistrez les modifications.

   e. Sous l'onglet Format de la Feuille de propriétés, changez en **2** la propriété Nbre colonnes et en **2;4** la propriété Largeurs colonnes.

   f. Fermez la Feuille de propriétés, puis enregistrez le formulaire ActivitésMembres et visualisez-le en mode Formulaire.

   g. Dans le premier enregistrement de Michel Lemieux, changez le code postal en **J1P 3L4** à l'aide de la zone de liste déroulante. Remplacez le prénom et le nom de cet enregistrement par les vôtres.

5. **Ajouter une zone de liste déroulante pour rechercher des données.**

   a. Affichez le formulaire ActivitésMembres en mode Création.

   b. Ouvrez la section En-tête du formulaire d'un clic sur le bouton Titre de la section En-tête/pied de page de l'onglet Création.

   c. Modifiez l'étiquette de l'en-tête de formulaire et entrez **Activités des membres**, puis réduisez la largeur à la taille nécessaire pour en afficher le contenu.

   d. Ajoutez une zone de liste déroulante dans la partie droite de l'en-tête de formulaire et sélectionnez l'option « Rechercher un enregistrement dans mon formulaire... » de l'Assistant Zone de liste déroulante.

   e. Sélectionnez les champs NoMembre, NomMembre et Prénom, dans cet ordre.

   f. Cachez la colonne clé.

   g. Étiquetez la zone de liste déroulante **TROUVER LE MEMBRE :**.

   h. Déplacez et élargissez à au moins 5 cm la zone de liste déroulante, modifiez en Noir la couleur de texte de l'étiquette pour qu'elle soit plus lisible, enregistrez le formulaire ActivitésMembres, puis affichez-le en mode Formulaire.

   i. Utilisez la zone de liste déroulante de recherche pour retrouver l'enregistrement de Mathis Durant. Notez que la liste déroulante n'est pas classée en ordre alphabétique des noms.

   j. Retournez en mode Création de formulaire, dans la propriété Contenu de la zone de liste déroulante, utilisez le bouton Générer pour accéder au Générateur de requêtes, puis ajoutez un ordre de tri croissant aux champs NomMembre et Prénom, dans cet ordre.

   k. Fermez le Générateur de requêtes et enregistrez les modifications. Visualisez le formulaire ActivitésMembres en mode Formulaire et recherchez l'enregistrement de Robert Bouchard. Notez que, cette fois, les enregistrements sont triés par ordre alphabétique des noms, puis des prénoms des membres.

Révision des techniques (suite)

6. Ajouter des boutons de commande.

   a. Affichez le formulaire ActivitésMembres en mode Création.

   b. Déplacez et redimensionnez les contrôles pour que la totalité du formulaire, en-tête, détails et pied de formulaire s'affichent complètement sur l'écran sans nécessiter de défilement.

   c. À l'aide de l'Assistant Bouton de commande, ajoutez un bouton au milieu de la section Pied de formulaire.

   d. Sélectionnez l'action Imprimer un enregistrement de la catégorie Opérations sur enregistrements.

   e. Préférez un texte pour le bouton, entrez **Imprimer enregistrement**, puis nommez le bouton **BoutonImprimer**.

   f. À l'aide de l'Assistant Bouton de commande, ajoutez un bouton de commande dans la partie droite de la section Pied de formulaire.

   g. Choisissez l'action Fermer un formulaire de la catégorie Opérations sur formulaire.

   h. Sélectionnez l'option texte du bouton et entrez **Fermer**, puis nommez le bouton **BoutonFermer**.

   i. Sélectionnez les deux boutons pour les aligner sur leurs bordures supérieures.

   j. Enregistrez le formulaire en mode Formulaire, recherchez l'enregistrement à votre nom, imprimez le formulaire si votre professeur vous le demande, à l'aide du bouton d'impression que vous venez de créer.

   k. Fermez le formulaire ActivitésMembres à l'aide du nouveau bouton de commande Fermer.

7. Ajouter des groupes d'options.

   a. Ouvrez le formulaire ActivitésMembres en mode Création.

   b. Comme le champ Frais contient toujours soit 25 $, soit 50 $, ce champ est un excellent candidat pour la mise en place d'un groupe d'options. Supprimez la zone de texte et l'étiquette Frais. Déplacez les contrôles NoMembre, Accrédité et Niveau avec leurs étiquettes vers le bas pour laisser de la place pour le groupe d'options.

   c. Cliquez sur le bouton Groupe d'options du groupe Contrôles sous l'onglet Création, puis cliquez dans le formulaire où la zone de texte Frais précédente était située.

   d. Entrez **25 $** et **50 $** comme noms d'étiquettes, ne sélectionnez pas de valeur par défaut, puis entrez **25** et **50** en guise de valeurs correspondantes.

FIGURE G-18

   e. Stockez la valeur dans le champ Frais, utilisez des cases d'options, le style Échelonné et ajoutez la légende **Montant frais** pour ce groupe d'options.

   f. Déplacez et alignez les contrôles de date de naissance sous les contrôles du code postal, puis déplacez le groupe d'options Montant frais et les autres contrôles autant que nécessaire pour que tous ces contrôles s'affichent clairement.

   g. Enregistrez le formulaire ActivitésMembres, visualisez-le en mode Formulaire. À l'aide de la zone de liste déroulante TROUVER LE MEMBRE, recherchez l'enregistrement correspondant à votre nom, puis changez le montant des frais en **25 $** avec le nouveau groupe d'options. La figure G-18 montre un aperçu du formulaire final.

   h. Utilisez le bouton Fermer du pied de formulaire pour fermer le formulaire ActivitésMembres.

8. Ajouter des contrôles à onglets.

   a. Créez un nouveau formulaire vierge et ajoutez-lui un contrôle Onglet.

   b. Ouvrez la Feuille de propriétés et, dans la propriété Nom, renommez Page1 en **Infos membres**, puis Page2 en **Infos activités**.

   c. Cliquez du bouton droit sur l'onglet Infos activités, cliquez sur Insérer une page et renommez la troisième page en **Infos frais**.

   d. Sous l'onglet Infos membres, ajoutez un bouton de commande qui actionne l'Aperçu d'un état, de la catégorie Opérations sur état. Sélectionnez l'état ListeMembres, choisissez l'option Texte pour le bouton, entrez **Aperçu état Liste des membres** comme texte et nommez le bouton **BoutonListeMembres**.

Révision des techniques (suite)

e. Sous l'onglet Infos activités, ajoutez un bouton de commande avec l'action Ouvrir un formulaire de la catégorie Opérations sur formulaire. Sélectionnez le formulaire ActivitésMembres, choisissez d'ouvrir le formulaire et d'afficher tous les enregistrements, préférez l'option Texte pour le bouton et entrez le texte **Ouvrir formulaire Activités membres** et nommez le bouton **BoutonActivitésMembres**.

f. Sous le même onglet Infos activités, ajoutez un second bouton de commande qui actionne l'Aperçu d'un état, de la catégorie Opérations sur état. Sélectionnez l'état AnalyseActivités, choisissez l'option Texte pour le bouton, entrez **Aperçu état Analyse activités** comme texte et nommez le bouton **BoutonAnalyseActivités**.

g. Alignez, puis élargissez les boutons de l'onglet Infos activités au plus large d'entre eux, pour que la totalité des textes soit visible (figure G-19).

h. Sous l'onglet Infos frais, ajoutez un bouton de commande avec l'action Aperçu d'un état de la catégorie Opérations sur état. Sélectionnez l'état AnalyseFrais, choisissez l'option Texte du bouton et entrez le texte **Aperçu état Analyse frais**. Nommez ce bouton **BoutonAnalyseFrais**.

i. Enregistrez le formulaire sous le nom **Navigation**, puis visualisez-le en mode Formulaire.

FIGURE G-19

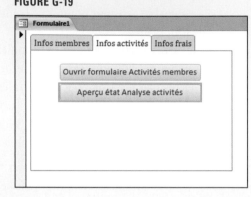

j. Testez chacun des boutons de chaque onglet du formulaire navigation pour vérifier que tout se déroule comme prévu.

k. Fermez tous les objets ouverts, puis fermez la base de données Membres-G.accdb.

Exercice personnel 1

Gérant d'une boutique de location d'instruments de musique, vous avez créé une base de données pour assurer le suivi des instruments et de leur location aux élèves des écoles avoisinantes. Après avoir loué plusieurs instruments, vous aimeriez créer un formulaire évolué pour faciliter la saisie des nouvelles locations.

a. Démarrez Access, ouvrez la base de données Musique-G.accdb de votre dossier Projets et activez le contenu si vous y êtes invité.

b. Utilisez l'Assistant Formulaire pour créer un formulaire basé sur tous les champs des tables Clients et Locations.

c. Affichez les données par Clients, sélectionnez une présentation Feuille de données, puis acceptez les titres proposés par défaut, **Clients** pour le formulaire principal et **Locations Sous-formulaire** pour le sous-formulaire.

d. Ajoutez un enregistrement au sous-formulaire des Locations, pour Rachel Bacon ; entrez le numéro de série **888335** et la date du **1er octobre 2013**. Notez qu'aucune entrée n'est nécessaire dans le champ NoLocation car c'est un champ de type NuméroAuto. Aucune entrée n'est nécessaire également dans le champ NoClient car c'est la clé étrangère qui assure la liaison du formulaire principal au sous-formulaire ; il est rempli automatiquement quand les formulaires sont dans cette disposition.

e. Remplacez le nom de Rachel Bacon par le vôtre.

Difficultés supplémentaires

- Ouvrez le formulaire Clients en mode Création.
- Alignez à droite le texte de chacun des contrôles étiquettes dans la première colonne du formulaire principal. (*Indice* : Utilisez le bouton Aligner le texte à droite de l'onglet Accueil.)
- Réduisez de moitié environ la largeur des zones de texte NoClient et NoÉcole, puis déplacez-les à droite des zones de texte Prénom et NomClient.
- Modifiez les étiquettes NomClient, NoClient et NoÉcole, respectivement en **Nom**, **N° client** et **N° école**.
- Supprimez les champs NoLocation et NoClient du sous-formulaire.

Exercice personnel 1 (suite)

- Ouvrez la Liste de champs, puis glissez le champ Description de la table Instruments vers le sous-formulaire, au-dessus des zones de texte existantes. (*Indice* : Cliquez sur Afficher tous les tableaux, puis examinez la section des Champs disponibles dans les tables associées de la Liste de champs.)
- Poursuivez le déplacement et le redimensionnement des contrôles pour que votre formulaire s'affiche en mode Formulaire comme à la figure G-20.

FIGURE G-20

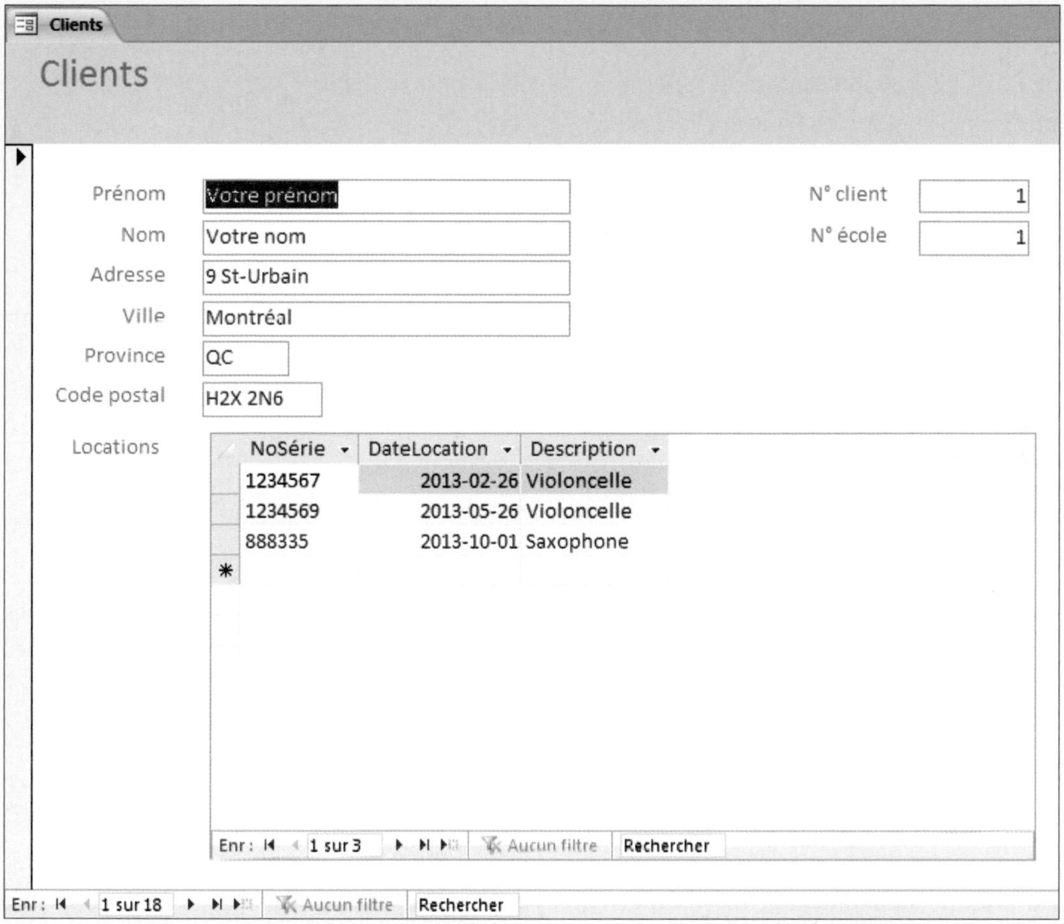

f. Enregistrez et fermez le formulaire Clients, fermez la base de données Musique-G.accdb, puis quittez Access.

Exercice personnel 2

Au titre de gérant d'une association communautaire dont le but est de regrouper des informations pour faciliter l'accès à des listes de propriétés à vendre dans une région, vous avez constitué une base de données pour suivre les listes de ces biens immobiliers par agent et par agence immobilière. Vous souhaitez développer un ensemble formulaire et sous-formulaires pour établir une liste des biens de chaque agent et de chaque agence.

- **a.** Démarrez Access, ouvrez la base de données AgencesImmo-G.accdb de votre dossier Projets et activez le contenu si vous y êtes invité.
- **b.** À l'aide de l'Assistant Formulaire, créez un formulaire fondé sur tous les champs des tables Agences, Agents et Propriétés.
- **c.** Visualisez les données par agences, sélectionnez la disposition Feuille de données pour chaque sous-formulaire et acceptez les titres proposés **Agences**, **Agents Sous-formulaire** et **Propriétés Sous-formulaire**.
- **d.** En mode Création, faites appel à l'Assistant Zone de liste déroulante pour créer une liste déroulante dans l'en-tête du formulaire pour rechercher un enregistrement du formulaire principal. Sélectionnez le champ NomAgence, cachez la colonne clé et intitulez l'étiquette de ce contrôle **TROUVER AGENCE :**.
- **e.** Modifiez en Noir la couleur de l'étiquette TROUVER AGENCE :, écartez vers la gauche l'étiquette pour qu'elle ne chevauche pas la zone de liste déroulante, puis élargissez la zone de liste déroulante à environ deux fois sa largeur initiale.
- **f.** Ajoutez un bouton dans une zone vierge du formulaire principal pour imprimer l'enregistrement courant. Sélectionnez l'action Imprimer un enregistrement de la catégorie Opérations sur enregistrements. Acceptez l'image proposée pour le bouton et donnez au bouton le nom explicite **BoutonImprimer**.

Exercice personnel 2 (suite)

Difficultés supplémentaires

■ Exploitez tout ce que vous avez appris pour modifier, redimensionner, déplacer et aligner les bordures des contrôles pour obtenir un résultat comparable à celui de la figure G-21. (*Indice* : Quand vous créez un formulaire à l'aide de l'Assistant, puis que vous souhaitez modifier les contrôles indépendamment les uns des autres en mode Création de formulaire, il peut s'avérer nécessaire d'utiliser le bouton Supprimer la disposition de l'onglet Organiser pour dissocier les contrôles.)

FIGURE G-21

g. Enregistrez le formulaire, affichez-le en mode Formulaire, puis utilisez la zone de liste déroulante pour rechercher l'Agence Ski et Soleil.

h. Redimensionnez les colonnes des sous-formulaires pour voir le plus possible d'informations. Remplacez les nom et prénom de Josée Monast par les vôtres, dans le premier enregistrement du sous-formulaire des Agents, puis, si votre professeur vous y invite, imprimez le seul enregistrement courant, à l'aide du bouton de commande créé à cet effet.

i. Fermez le formulaire, enregistrez les modifications, fermez la base de données AgencesImmo-G.accdb, puis quittez Access.

Exercice personnel 3

Gérant d'une association communautaire dont le but est de regrouper des informations pour faciliter l'accès à des listes de propriétés à vendre dans votre région, vous avez constitué une base de données pour suivre les listes de ces biens immobiliers par agent et par agence immobilière. Vous souhaitez créer un formulaire de navigation pour faciliter et accélérer l'accès aux requêtes, aux formulaires et aux états que contient votre base de données.

a. Démarrez Access, ouvrez la base de données AgencesImmo-G.accdb de votre dossier Projets et activez le contenu si vous y êtes invité.

b. Créez un nouveau formulaire vide et ajoutez-lui un contrôle Onglet.

c. Ouvrez la Feuille de propriétés, utilisez la propriété Nom pour renommer Page1 en **Agents** et Page2 en **Propriétés**.

d. Sous l'onglet Agents, ajoutez un bouton de commande avec l'action Aperçu d'un état de la catégorie Opérations sur états. Sélectionnez l'état Agents, choisissez l'affichage d'un Texte sur le bouton, entrez le texte **Aperçu Agents**, puis nommez le bouton **cmdAgents**. Notez que cmd est un préfixe souvent utilisé pour nommer les boutons de commande.

e. Sous l'onglet Propriétés, ajoutez un bouton de commande avec l'action Exécuter une requête de la catégorie Divers. Sélectionnez la requête ToutesPropriétés, préférez un Texte pour le bouton, entrez **Ouvrir requête ToutesPropriétés** comme texte et nommez le bouton **cmdToutesPropriétés**.

FIGURE G-22

f. Sous l'onglet Propriétés, ajoutez un second bouton de commande avec l'action Aperçu d'un état de la catégorie Opérations sur états. Sélectionnez l'état ListePropriétés, choisissez un Texte pour le bouton, entrez **Aperçu Liste propriétés** en guise de texte, puis nommez le bouton **cmdListePropriétés**.

g. Enregistrez le formulaire sous le nom **Système de navigation immobilière**, puis visualisez le formulaire en mode Formulaire. La figure G-22 montre le nouveau formulaire avec l'onglet Propriétés sélectionné.

h. Testez chacun des boutons de commande des onglets Agents et Propriétés.

i. Fermez tous les objets ouverts, puis fermez la base de données AgencesImmo-G.accdb et quittez Access.

Défi

Vous avez créé une base de données Access pour recenser toutes les possibilités de bourses d'études. Pour améliorer l'efficacité et l'utilité de cette base, vous créez quelques formulaires d'un usage aisé.

a. Démarrez Access, ouvrez la base de données BoursesScolaires-G.accdb de votre dossier Projets et activez le contenu si vous y êtes invité.

b. Créez un formulaire à double affichage à partir de la table Bourses, enregistrez-le sous le nom **Bourses**.

c. En mode Création, ajoutez une zone de liste déroulante pour trouver une bourse par son nom dans la section En-tête de formulaire. Cachez la colonne clé et étiquetez la zone de liste déroulante **TROUVER UNE BOURSE:**.

d. Basculez en mode Formulaire pour tester la nouvelle zone de liste déroulante. En mode Création, élargissez la zone de liste déroulante pour que le texte de tous les noms des bourses d'études s'affiche en totalité dans la zone. Changez en Noir la couleur de l'étiquette TROUVER UNE BOURSE :.

e. En mode Création, portez la propriété Lignes affichées, sous l'onglet Format, à **50** et, à l'aide du bouton Générer de la propriété Contenu, ajoutez un ordre croissant sur le champ NomBourse dans la requête.

f. Enregistrez le formulaire. En mode Formulaire, recherchez la Bourse de Papa John. Remplacez **Papa John** dans le nom de la bourse d'étude par votre nom (figure G-23). Ensuite, si votre professeur vous le demande, imprimez ce seul enregistrement, à l'aide de l'option Enregistrement(s) sélectionné(s) de la boite de dialogue Imprimer.

g. Enregistrez et fermez le formulaire Bourses, fermez la base de données BoursesScolaires-G.accdb et quittez Access.

FIGURE G-23

Access 2010

Atelier visuel

Ouvrez la base de données AgencesImmo-G-AV.accdb de votre dossier Projets et activez le contenu si vous y êtes invité. Utilisez le mode Création pour créer un formulaire comprenant tous les champs de la table Propriétés. Exploitez tout ce que vous avez appris pour modifier, redimensionner et aligner les contrôles et leurs bordures. Les champs Type, chambres et Garage comportent un nombre limité de valeurs. Déterminez ces valeurs et créez des groupes d'options qui permettent de voir et de modifier les valeurs. Pour le type de logement, sélectionnez une valeur par défaut égale à « (Inconnu) », valeur 0, en fin de liste d'options. Comme valeurs de types de logement, inspirez-vous du contenu du champ IntituléType de la table Types. Pour la mise en forme des groupes d'options, choisissez des cases d'options et le style échelonné. Quant au prix, information majeure, la taille de police a été portée à 14. Enfin, pour regrouper les informations de description des propriétés, un contrôle Rectangle les entoure, que vous redimensionnerez à votre guise (figure G-24).

FIGURE G-24

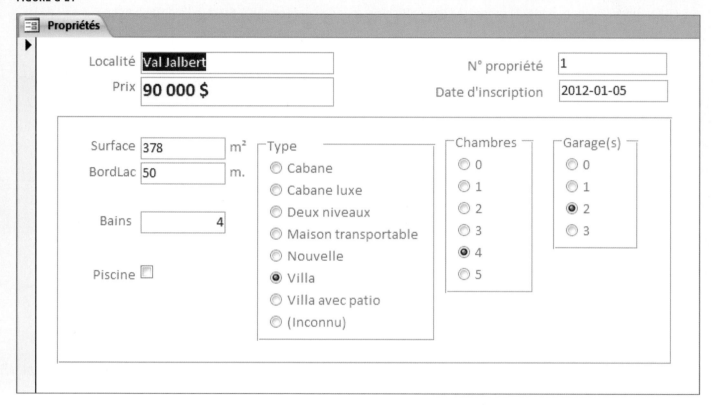

Analyser des données avec des états

Même si les données peuvent être imprimées à partir des formulaires ou des feuilles de données, les **états** offrent un meilleur contrôle sur l'impression et une plus grande souplesse dans la présentation des informations de synthèse. Pour créer un état, vous ajoutez des contrôles dépendants, comme des zones de texte, affichant les valeurs des champs sous-jacents, et des contrôles indépendants, comme des traits, des graphiques ou des étiquettes, permettant d'identifier les données et d'améliorer la présentation. Les particularités supplémentaires des états, comme la réalisation d'états de synthèse et d'états paramétrés, la mise en place d'une mise en forme conditionnelle sont autant de possibilités qui agrémentent la création des états, ces objets de base de données Access qui ne présentent pas seulement les données plus agréablement mais analysent et clarifient les informations de Voyages Tour Aventure.

OBJECTIFS

Exploiter le mode Création d'état

Créer des états paramétrés

Appliquer une mise en forme conditionnelle

Ajouter des traits

Utiliser la fonction Reproduire la mise en forme et les mises en forme automatiques

Ajouter un sous-état

Modifier les propriétés d'une section

Créer des états de synthèse

Exploiter le mode Création d'état

Le **mode Création d'état** est le mode de construction d'un état qui permet d'agir sur la gamme complète de propriétés de l'état, de ses sections et de ses contrôles. ▓▓▓▓▓ Michèle Piloubeau vous demande de concevoir un état qui affiche tous les voyages regroupés par catégories et triés en ordre décroissant de prix. Vous édifiez ce rapport en mode Création d'état.

ÉTAPES

1. **Démarrez Access, ouvrez la base de données VTA-H.accdb de votre dossier Projets, activez le contenu à l'invite, cliquez sur l'onglet Créer, puis cliquez sur le bouton Création d'état du groupe États.**

   La première étape de l'édification d'un état en mode Création consiste à identifier la source des enregistrements.

2. **Cliquez sur le bouton Feuille de propriétés du groupe Outils, cliquez sur l'onglet Données, déroulez la liste Source, puis cliquez sur Voyages.**

   La source des enregistrements identifiée, vous êtes prêt à ajouter des contrôles dans l'état. Pour afficher les voyages regroupés par catégories dans le rapport, vous devez ajouter une section d'en-tête de groupe Catégorie. Le tableau H-1 décrit les différentes sections d'un état.

3. **Faites défiler la fenêtre de l'état jusqu'à la section Pied de page, utilisez le pointeur [↕] pour glisser vers le haut la bordure supérieure de la section Pied de page jusqu'au repère 2 cm sur la règle verticale, puis cliquez sur le bouton Regrouper et trier sous l'onglet Création, pour ouvrir le volet Regrouper, trier et total, s'il n'est déjà ouvert.**

   Le volet Regrouper, trier et total permet de spécifier des champs de regroupement et de tri. Il permet aussi d'ouvrir des en-têtes et pieds de groupes.

   PROBLÈME

   Si vous sélectionnez un champ erroné de regroupement ou de tri, modifiez-le à l'aide des listes déroulantes des boutons Regrouper et trier.

4. **Cliquez sur le bouton Ajouter un groupe du volet Regrouper, trier et total, cliquez sur Catégorie, cliquez sur le bouton Ajouter un tri du volet Regrouper, trier et total, cliquez sur Prix, déroulez la liste du bouton du plus petit au plus grand, puis cliquez sur du plus grand au plus petit (figure H-1).**

   Les champs de regroupement et de tris sont prêts. Vous pouvez passer à l'étape suivante, qui consiste à ajouter les contrôles à l'état.

5. **Dans le groupe Outils du Ruban, cliquez sur le bouton Ajouter des champs existants, cliquez sur N°Voyage dans la Liste de champs, pressez et maintenez [Maj] enfoncée et cliquez sur Prix dans la Liste de champs pour sélectionner tous les champs de la table Voyages, glissez les champs sélectionnés vers la section Détail de l'état, puis fermez la fenêtre Liste de champs.**

   Vous coupez et collez les contrôles de Catégorie vers la section En-tête de groupe Catégorie.

6. **Cliquez dans une zone libre de l'état pour désélectionner les champs, cliquez du bouton droit sur la zone de liste déroulante Catégorie, cliquez sur Couper dans le menu contextuel qui s'affiche, cliquez du bouton droit dans la section En-tête de groupe Catégorie, puis cliquez sur Coller dans le menu contextuel.**

   Les données vous semblent se décrire d'elles-mêmes et vous considérez que les étiquettes descriptives ne sont pas vraiment indispensables. Vous supprimez les étiquettes et disposez les zones de texte sur la page pour finir l'état.

   PROBLÈME

   Assurez-vous de supprimer les étiquettes de gauche et de déplacer les zones de texte de droite.

7. **Cliquez sur chaque étiquette de la première colonne et pressez [Suppr] pour supprimer toutes les étiquettes de la section Détail, déplacez et redimensionnez les zones de texte qui demeurent, puis réduisez la hauteur de la section Détail comme à la figure H-2.**

8. **Cliquez sur le bouton Enregistrer 🖫 de la barre d'outils Accès rapide, entrez VoyagesParCatégories comme nom de ce nouvel état, cliquez sur OK, visualisez la première page de l'état (figure H-3), puis fermez l'état.**

FIGURE H-1: Création d'un état en mode Création d'état

Bouton Regrouper et trier

Section En-tête de groupe Catégorie

Repère 2 cm sur la règle verticale

Sélection de Catégorie comme champ de regroupement

Sélection de Prix comme champ de tri

Bouton Feuille de propriétés

Bouton Ajouter des champs existants

Voyages est sélectionné dans la propriété Source

Remontez le Pied de page pour réduire la hauteur de la section Détail

Du plus grand au plus petit équivaut au tri décroissant

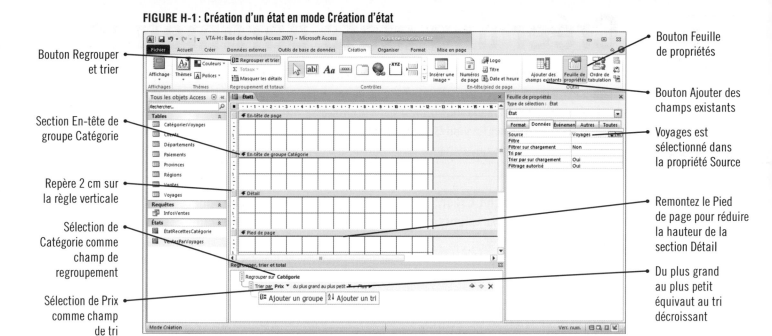

FIGURE H-2: Déplacement et redimensionnement des contrôles de la section Détail

Les contrôles de Catégorie sont déplacés dans la section En-tête de groupe Catégorie

Redimensionnez et déplacez les contrôles dans la section Détail

Glissez vers le haut le Pied de page pour réduire la hauteur de la section Détail

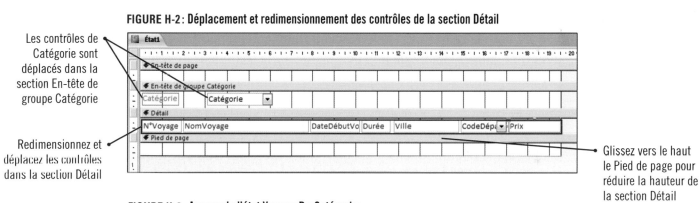

FIGURE H-3: Aperçu de l'état VoyagesParCatégories

Les enregistrements sont groupés par catégories

Les enregistrements sont triés en ordre décroissant de Prix

Access 2010

TABLEAU H-1: Sections d'un état

Action	Où s'imprime-t-elle ?	À quoi sert le plus souvent cette section ?
En-tête état	En haut de la première page de l'état	À imprimer un titre ou un logo.
En-tête de page	En haut de chaque page, mais sous l'en-tête d'état de la première page	À imprimer des titres, des dates ou des numéros de page au sommet des pages.
En-tête de groupe	Avant chaque groupe d'enregistrements	À identifier la valeur du champ de regroupement.
Détail	À chaque enregistrement	À imprimer les données des enregistrements.
Pied de groupe	Après chaque groupe d'enregistrements	À calculer des statistiques de synthèse sur les groupes d'enregistrements.
Pied de page	Au bas de chaque page	À imprimer des dates ou des numéros de page au bas des pages.

Créer des états paramétrés

Un **état paramétré** est un état particulier qui demande de préciser des critères pour déterminer les enregistrements à utiliser dans l'état. Pour créer un état paramétré, vous fondez l'état sur une requête paramétrée, dont vous indiquez le nom dans la propriété **Source** de l'état. Michèle souhaite un rapport montrant toutes les ventes de voyages dans une période donnée, variable à la demande. Vous créez une requête paramétrée qui demande à l'utilisateur deux dates, puis vous créez l'état établi sur cette requête.

ÉTAPES

1. **Cliquez sur l'onglet Créer, cliquez sur le bouton Création de requête du groupe Requêtes, double-cliquez sur Clients, double-cliquez sur Ventes, double-cliquez sur Voyages, puis cliquez sur Fermer.**

   Vous tirez des champs des trois tables dans l'état ; vous devez donc les inclure dans la requête qui fournit les enregistrements de l'état.

2. **Double-cliquez sur Prénom et NomC dans la liste de champs de Clients, DateVente dans la liste de champs de Ventes, agrandissez la liste de champs de Voyages, puis double-cliquez sur Prix et NomVoyage dans la liste de champs de Voyages.**

   Pour ne sélectionner que les enregistrements vendus dans une période donnée, vous ajoutez des critères paramétrés au champ DateVente.

3. **Cliquez dans la cellule Critères du champ DateVente, tapez Entre [Entrez la date de début] Et [Entrez la date de fin], puis élargissez la colonne DateVente (figure H-4).**

   Pour tester la requête, vous l'exécutez et saisissez les dates aux invitations à entrer les paramètres. Les **critères paramétrés** sont des textes entrés entre [crochets droits] qui invitent l'utilisateur à entrer les critères lors de chaque exécution de la requête. Dans le cas qui nous concerne, l'utilisateur sera invité à entrer les dates de début et de fin.

4. **Cliquez sur le bouton Affichage ▦ de l'onglet Créer des Outils de requête pour exécuter la requête, tapez 2012-07-01 dans la boite de dialogue Entrez la date de début, cliquez sur OK, tapez 2012-07-31 dans la boite de dialogue Entrez la date de fin, puis cliquez sur OK.**

   La feuille de données affiche 59 enregistrements, correspondant tous à des ventes de juillet 2012.

5. **Cliquez sur Enregistrer ▦ dans la barre d'outils Accès rapide, tapez VentesParamétrées comme nom de cette requête, puis cliquez sur OK.**

   Le bouton État de l'onglet Créer permet de générer très rapidement un état sur la requête VentesParamétrées sélectionnée dans le volet de navigation.

6. **Cliquez sur la requête VentesParamétrées dans le volet Navigation, cliquez sur l'onglet Créer, cliquez sur le bouton État du groupe États.**

   L'état s'affiche en mode Page et énumère les enregistrements de juillet 2012. Vous vérifiez l'état dans l'aperçu, avant de l'enregistrer.

ASTUCE
Pour réduire la largeur de l'état en mode Création, glissez vers la gauche la bordure droite de l'état.

7. **Fermez la requête VentesParamétrées; travaillez en mode Page et en mode Création d'état pour réduire la largeur de l'état, pour qu'il s'inscrive dans les marges d'une seule page, et augmentez la hauteur du champ calculé du pied d'état ; enregistrez l'état sous le nom VentesParamétrées, puis affichez-en l'aperçu, avec les dates de début 2012-07-01 et de fin 2012-07-31 (figure H-5).**

FIGURE H-4 : Création de critères paramétrés dans une requête

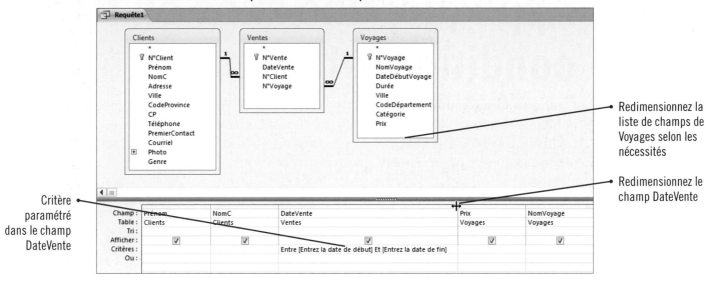

Critère
paramétré
dans le champ
DateVente

Redimensionnez la
liste de champs de
Voyages selon les
nécessités

Redimensionnez le
champ DateVente

FIGURE H-5 : Aperçu de l'état paramétré

La largeur
des colonnes
Prénom et
NomC est
réduite

Toutes les
valeurs de
DateVente
sont entre
le 1er et le
31 juillet 2012

Le bord droit
de l'état est
déplacé pour
réduire la
largeur de
l'état

Rédiger des critères paramétrés

Lorsque vous entrez des critères paramétrés en mode Création de requête, vous devez les entourer de [crochets droits]. Au moment de l'exécution de la requête, un tel critère s'affiche sous la forme d'une invite dans une boite de dialogue Entrez une valeur de paramètre.

Le texte que vous entrez entre les crochets droits dans le critère s'affiche comme texte d'invite, tandis que le texte de la saisie dans la boite de dialogue d'invite sert de critère final dans le champ qui contient le critère.

Appliquer une mise en forme conditionnelle

La **mise en forme conditionnelle** permet de modifier l'apparence d'un contrôle en fonction de critères que vous déterminez. Elle permet ainsi d'attirer l'attention sur des données importantes ou exceptionnelles d'un formulaire ou d'un état. ▓▓▓ Vous appliquez une mise en forme conditionnelle à l'état VentesParamétrées pour mettre l'accent sur les différents niveaux de prix de voyages.

ÉTAPES

1. **Cliquez du bouton droit sur l'onglet de l'état VentesParamétrées, cliquez sur Mode création.**

2. **Cliquez sur la zone de texte Prix de la section Détail, cliquez sur l'onglet Format, cliquez sur le bouton Mise en forme conditionnelle du groupe Contrôler la mise en forme.**

   La boite de dialogue Gestionnaire de règles de mise en forme conditionnelle s'affiche pour vous demander de définir les règles de mise en forme. Vous souhaitez que l'arrière-plan des valeurs de Prix comprises entre 500 et 1000 soit mis en jaune.

3. **Cliquez sur Nouvelle règle, cliquez dans la zone de texte à droite de la flèche Entre, entrez 500, cliquez dans la zone de texte en face de et, entrez 999, déroulez la liste du bouton de couleur d'arrière-plan ▥ ·, cliquez sur la case Jaune de la rangée du bas, puis cliquez sur OK.**

   Vous ajoutez une deuxième règle de mise en forme conditionnelle pour que l'arrière-plan des valeurs supérieures ou égales à 1000 soit mis en vert clair.

ASTUCE

Vous pouvez apporter jusqu'à trois mises en forme conditionnelles à n'importe quelle combinaison de contrôles sélectionnés.

4. **Cliquez sur Nouvelle règle, cliquez sur la flèche de liste à droite d'Entre, cliquez sur supérieure ou égale à, cliquez dans la zone Valeur, entrez 1000, déroulez la liste du bouton de couleur d'arrière-plan ▥ ·, cliquez dans la case Vert clair de la rangée du bas, puis cliquez sur OK.**

   La boite de dialogue du Gestionnaire de règles de mise en forme conditionnelle devrait prendre l'aspect de la figure H-6.

5. **Cliquez sur OK dans la boite de dialogue du Gestionnaire de règles de mise en forme conditionnelle, cliquez du bouton droit sur l'onglet de l'état VentesParamétrées, cliquez sur Aperçu avant impression, entrez 2012-05-01 dans la boite de dialogue Entrez la date de début, cliquez sur OK, entrez 2012-05-31 dans la boite de dialogue Entrez la date de fin, puis cliquez sur OK.**

   Les règles de mise en forme conditionnelle sont ainsi définies qu'elles affichent un arrière-plan jaune à trois valeurs de Prix parce que celles-ci sont comprises entre 500 et 1000 (figure H-7). À la seule valeur de Prix supérieure à 1000, les règles de mise en forme conditionnelle appliquent un arrière-plan vert. Les deux autres valeurs de Prix qui ne correspondent à aucune des conditions définies dans la boite de dialogue Gestionnaire de règles de mise en forme conditionnelle reçoivent la mise en forme par défaut.

6. **Enregistrez et fermez l'état VentesParamétrées.**

FIGURE H-6 : Boite de dialogue Gestionnaire de règles de mise en forme conditionnelle

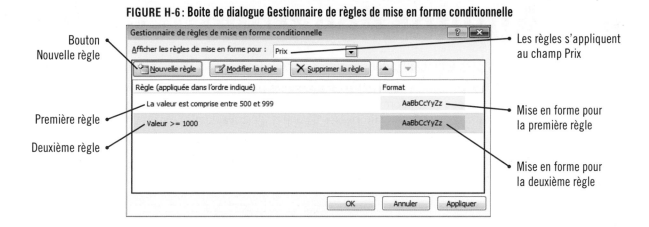

Bouton Nouvelle règle

Les règles s'appliquent au champ Prix

Première règle

Deuxième règle

Mise en forme pour la première règle

Mise en forme pour la deuxième règle

FIGURE H-7 : Mise en forme conditionnelle appliquée à l'état VentesParamétrées

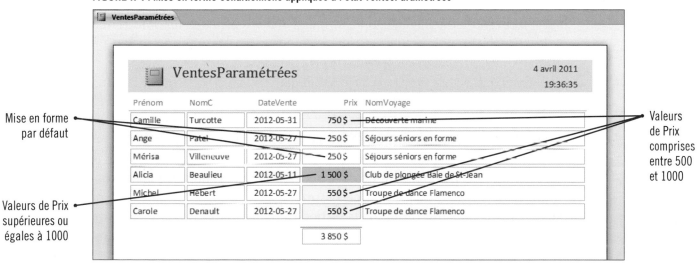

Mise en forme par défaut

Valeurs de Prix supérieures ou égales à 1000

Valeurs de Prix comprises entre 500 et 1000

Mise en forme conditionnelle à l'aide de barres de données

Une nouvelle fonctionnalité d'Access 2010 permet de comparer les valeurs d'une colonne entre elles grâce à de petites barres de données. Pour accéder à cette fonction, utilisez l'option de type de règle Comparaison aux autres enregistrements dans la boite de dialogue Nouvelle règle de mise en forme (figure H-8).

FIGURE H-8 : Mise en forme conditionnelle avec des barres de données

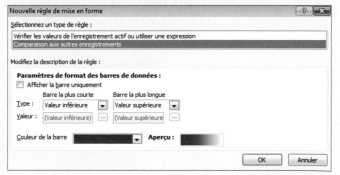

Analyser des données avec des états

Ajouter des traits

Les **traits** permettent, à l'instar des autres contrôles indépendants, de mettre en évidence des champs, de clarifier des informations. Vous pouvez par exemple distinguer les informations de l'en-tête d'état et de l'en-tête de page des autres informations de l'état, grâce à un trait horizontal. Mais vous pouvez aussi insister sur les sous-totaux et les totaux généraux grâce à des traits courts de soulignement. ▰▰▰▰ Michèle apprécie les données de l'état ÉtatRecettesCatégorie mais elle aimerait que vous amélioriez la présentation de cet état par l'ajout d'un calcul de total général et une meilleure séparation des catégories. Les traits sont l'instrument idéal pour améliorer la clarté des informations.

ÉTAPES

1. **Dans le volet de navigation, double-cliquez sur l'état ÉtatRecettesCatégorie pour l'ouvrir en mode État, puis faites défiler l'état jusqu'à sa fin.**

   L'état serait considérablement amélioré par des traits de séparation entre les catégories de voyages et un total général sur la dernière page. Vous effectuez ces modifications en mode Création d'état.

2. **Cliquez du bouton droit sur l'onglet ÉtatRecettesCatégorie, cliquez sur Mode création, cliquez du bouton droit sur la zone de texte =Somme([Recette]) dans la section Pied de groupe Catégorie, cliquez sur Copier, cliquez du bouton droit dans la section Pied état, cliquez sur Coller, appuyez sur [→] autant de fois que nécessaire pour placer l'expression juste en dessous de celle du Pied de groupe Catégorie, cliquez sur Sous-total : dans le Pied état pour sélectionner l'étiquette, double-cliquez sur celle-ci pour en sélectionner le texte, entrez Total général :, puis appuyez sur [Entrée].**

   Placée dans la section Pied état, l'expression =Somme([Recette]) calcule la somme de Recette sur la totalité de l'état, tandis que, placée dans la section Pied de groupe Catégorie, la même expression ne calcule la somme de Recette que sur toutes les occurrences d'une même Catégorie et, ceci, pour chaque Catégorie. Le total général en place, vous ajoutez les traits de séparation des catégories.

ASTUCE

En mode Création, les traits ne sont pas toujours aisés à repérer. Lisez l'encadré «Résoudre les soucis de traits» de cette leçon, qui propose quelques astuces pour gérer les traits.

3. **Dans le groupe Contrôles du Ruban, cliquez sur la flèche de défilement vers le bas ⊡ de la liste des contrôles pour en afficher la deuxième ligne, cliquez sur le bouton Trait ⬉, pressez et maintenez [Maj] enfoncée, glissez le pointeur horizontalement du coin supérieur gauche de =Somme([Recette]) de la section Pied de groupe Catégorie, vers son coin supérieur droit, relâchez [Maj], appuyez sur [Ctrl][C] pour copier le trait, cliquez dans la section Pied état, appuyez deux fois sur [Ctrl][V] pour coller deux fois le trait, puis déplacez les traits juste en dessous de =Somme([Recette]), dans la section Pied état.**

   Appuyer sur [Maj] pendant le tracé d'un trait garantit que ce trait sera parfaitement vertical ou horizontal. Le simple trait déposé juste au-dessus du calcul dans la section Pied de groupe Catégorie indique que le calcul est un sous-total. Le double trait en dessous du calcul dans la section Pied état indique qu'il s'agit d'un total général. Pour bien séparer visuellement les différentes catégories, vous ajoutez un trait horizontal supplémentaire.

4. **Dans le groupe Contrôles du Ruban, cliquez sur la flèche de défilement vers le bas ⊡ de la liste des contrôles, cliquez sur le bouton Trait ⬉, pressez et maintenez [Maj] enfoncée, puis glissez le pointeur horizontalement le long de la section Pied de groupe Catégorie.**

   En mode Création, l'état ÉtatRecettesCatégorie final se présente tel qu'à la figure H-9.

5. **Cliquez du bouton droit sur l'onglet de l'état ÉtatRecettesCatégorie, cliquez sur Mode État, puis allez jusqu'à la fin de l'état.**

   La figure H-10 montre la dernière page de l'état, avec le trait de la section Pied de groupe Catégorie, ainsi que les traits qui identifient les sous-totaux et le total général.

FIGURE H-9 : Ajout de traits à l'état

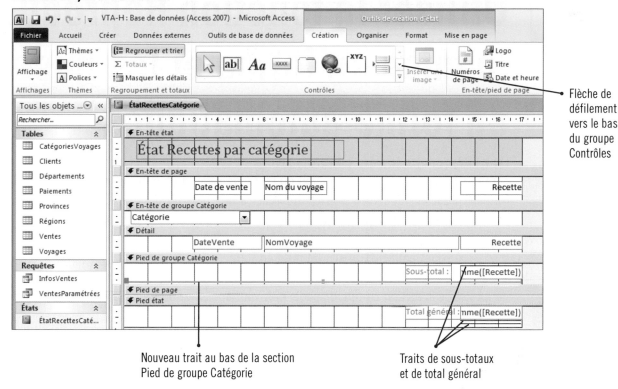

Flèche de défilement vers le bas du groupe Contrôles

Nouveau trait au bas de la section Pied de groupe Catégorie

Traits de sous-totaux et de total général

FIGURE H-10 : Fin de l'état ÉtatRecettesCatégorie en mode État

2012-07-26	Réunion de la famille Lavoie-Mercier	100,00 $
	Sous-total :	2 750,00 $
Formation		
2012-06-01	Musée de volcanologie	200,00 $
2012-06-01	Musée de volcanologie	200,00 $
2012-06-01	Musée de volcanologie	200,00 $
2012-06-01	Musée de volcanologie	600,00 $
2012-06-01	Musée de volcanologie	600,00 $
2012-06-01	Musée de volcanologie	600,00 $
2012-06-01	Musée de volcanologie	200,00 $
2012-06-01	Musée de volcanologie	200,00 $
2012-07-09	Musée de volcanologie	600,00 $
2012-06-01	Musée de volcanologie	300,00 $
2012-07-09	Musée de volcanologie	100,00 $
2012-07-09	Musée de volcanologie	100,00 $
2012-06-01	Musée de volcanologie	100,00 $
	Sous-total :	4 000,00 $
	Total général :	26 150,00 $

Trait du sous-total

Traits du total général

Le nouveau trait au bas de la section Pied de groupe Catégorie améliore la séparation visuelle des catégories

Résoudre les soucis de traits

Les traits sont souvent difficiles à trouver en mode Création d'état parce qu'ils se placent trop près des bordures des sections ou d'autres contrôles. Pour trouver un trait placé trop près de la fin d'une section, glissez vers le bas la barre de la section suivante pour agrandir la section qui contient le trait et ainsi découvrir le trait. Pour tracer un trait parfaitement horizontal, maintenez [Maj] enfoncée pendant que vous créez ou redimensionnez le trait. Par accident, il est facile d'élargir un trait qui dépasse les marges d'une page de papier, ce qui provoque l'impression de pages supplémen-

taires, sans aucune donnée et, donc, sans intérêt. Pour résoudre ce problème, compactez les contrôles qui dépassent la largeur de la feuille de papier et glissez vers la gauche la bordure droite de l'état. Notez que les marges d'une feuille au format $8^1/_2$" x 11" sont souvent de $^1/_4$", ce qui limite la largeur disponible de l'état à 8". En orientation Paysage, la limite disponible est de $10^1/_2$". Pour une page au format A4, de 21 cm x 29,7 cm, les marges étant de 0,64 cm, les limites des modes Portrait et Paysage sont respectivement de 19,7 cm et 28,4 cm.

Utiliser la fonction Reproduire la mise en forme et les mises en forme automatiques

L'outil **Reproduire la mise en forme** permet de copier des propriétés multiples de mise en forme d'un contrôle à un autre en mode Création ou en mode Page, de formulaire ou d'état. Les **thèmes** sont des formats prédéfinis que vous pouvez appliquer à une base de données pour y inclure toutes sortes de fioritures comme, par exemple, une police, un ensemble de couleurs ou des alignements particuliers, valables pour tous les formulaires et tous les états. Vous considérez que l'ÉtatRecettesCatégorie mérite quelques embellissements de mise en forme qui le rendront d'autant plus agréable à consulter. Vous utilisez l'outil Reproduire la mise en forme pour changer rapidement les caractéristiques des étiquettes de la section En-tête de page, puis vous appliquez un thème à l'ensemble de l'état.

1. **Cliquez du bouton droit sur l'état ÉtatRecettesCatégorie dans le volet de navigation, cliquez sur Mode création, cliquez sur l'étiquette État Recettes par catégorie dans l'En-tête état, cliquez sur l'onglet Accueil, cliquez sur le bouton Reproduire la mise en forme, puis cliquez sur l'étiquette Date de vente de l'En-tête de page.**

   L'outil Reproduire la mise en forme a appliqué plusieurs caractéristiques de mise en forme, dont la police, la couleur de police et la taille des caractères de l'étiquette de l'en-tête d'état à l'étiquette Date de vente de l'en-tête de page. Si la police et sa couleur vous plaisent pour l'étiquette, la taille des caractères, en revanche, est trop importante.

2. **Cliquez sur l'étiquette Date de vente, déroulez la liste Taille de police** 18 ▾ **du groupe Mise en forme du texte, cliquez sur 12, double-cliquez sur le bouton Reproduire la mise en forme, cliquez sur l'étiquette Nom du voyage dans la section En-tête de page, cliquez également sur l'étiquette Recettes de cette section, puis appuyez sur [Échap] pour libérer le pointeur ⬚🖌 de l'outil Reproduire la mise en forme.**

   Vous maitrisez à présent tout ce qu'il faut savoir sur l'outil Reproduire la mise en forme. Vous êtes prêt à découvrir la richesse des thèmes en matière de mise en forme d'un état.

3. **Cliquez sur l'onglet Création, cliquez sur le bouton Thèmes, survolez quelques thèmes pour observer les modifications qu'ils appliqueraient à l'état, faites défiler la liste des Thèmes jusqu'au bas de celle-ci, puis cliquez sur Promenade (dernière colonne, troisième ligne à partir du bas), comme à la figure H-11.**

   Le thème Promenade donne à l'arrière-plan de la section En-tête état un aspect brun-gris. Tous les textes ont désormais des polices cohérentes, les contrôles d'une même section portant tous la même taille de police et des couleurs complémentaires. Vous visualisez l'état pour vérifier la qualité des modifications et les résultats tels qu'ils apparaitraient à l'impression.

4. **Cliquez du bouton droit sur l'onglet ÉtatRecettesCatégorie, puis cliquez sur Aperçu avant impression.**

   La première page de l'état apparait comme à la figure H-12.

5. **Enregistrez et fermez l'ÉtatRecettesCatégorie.**

FIGURE H-11 : Application d'un thème à un état

Bouton Thèmes

Onglet Création

Thème Promenade

Couleurs et polices du theme Promenade

Faites défiler la liste pour voir le thème Promenade

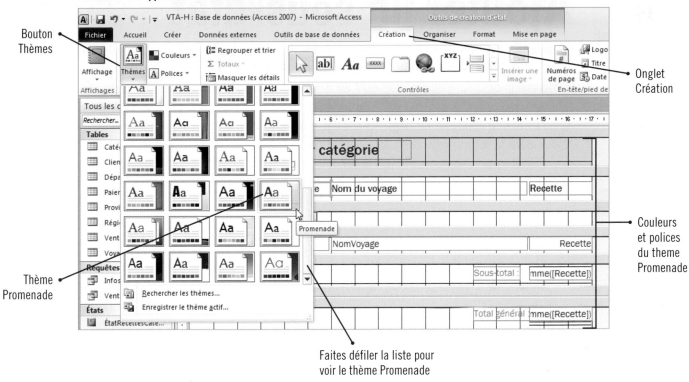

FIGURE H-12 : Aperçu avant impression de la mise en forme de l'ÉtatRecettesCatégorie

État Recettes par catégorie

	Date de vente	Nom du voyage	Recette
Aventure			
	2012-07-26	Séjours séniors en forme	150,00 $
	2012-04-30	Club de ski Cyclone	250,00 $
	2012-07-15	Jachères sauvages	600,00 $
	2012-07-15	Jachères sauvages	600,00 $
	2012-07-15	Jachères sauvages	600,00 $
	2012-07-22	Club de ski Aéronautes	300,00 $
	2012-07-22	Club de ski Aéronautes	300,00 $
	2012-07-14	6e Troupe de Scouts	1 000,00 $
	2012-07-26	Séjours séniors en forme	250,00 $
	2012-07-13	Club de ski Cyclone	450,00 $
	2012-04-30	Club de ski Cyclone	250,00 $
	2012-05-27	Séjours séniors en forme	200,00 $
	2012-07-13	Club de ski Cyclone	100,00 $

Ajouter un sous-état

Un **sous-état** est un contrôle qui imprime un état dans un autre état. L'état qui contient le contrôle sous-état s'appelle l'**état principal**. Vous pouvez utiliser un sous-état lorsque vous voulez changer l'ordre d'impression des informations, alors qu'il est géré normalement par Access. Par exemple, si vous voulez que les totaux généraux, qui se trouvent habituellement dans la section Pied état, imprimée sur la dernière page, apparaissent au contraire sur la première page, vous pouvez placer un sous-état avec les informations des totaux dans la section En-tête du formulaire principal, qui s'imprime en premier lieu. ▰▰▰ Vous voulez que l'ÉtatRecettesCatégorie s'imprime automatiquement à la fin de l'état VoyagesParCatégories. Pour obtenir ce résultat, vous utilisez un sous-état dans la section Pied d'état.

ÉTAPES

1. **Cliquez du bouton droit sur l'état VoyagesParCatégories dans le volet de navigation, cliquez sur Mode création, cliquez du bouton droit dans une zone vierge de l'état, puis cliquez sur En-tête/pied de rapport pour ouvrir les sections En-tête état et Pied état.**

   Les sections d'en-tête et de pied d'état étant ouvertes, vous pouvez ajouter le sous-état ÉtatRecettesCatégorie.

2. **Cliquez sur le bouton Autres ▾ du groupe Contrôles, cliquez sur le bouton Sous-formulaire/Sous-état ▦, puis cliquez près de la bordure gauche du Pied état pour démarrer l'Assistant Sous-formulaire (figure H-13).**

   La première question de l'Assistant Sous-état se résume à définir les données que vous souhaitez pour le sous-état.

3. **Cliquez sur la case d'option Utiliser un état ou un formulaire existant dans l'Assistant Sous-état, cliquez sur ÉtatRecettesCatégorie s'il n'est déjà sélectionné, cliquez sur Suivant, cliquez sur Aucun à la question relative au lien entre les états, cliquez sur Suivant, puis cliquez sur Terminer pour accepter le texte proposé pour l'étiquette.**

   La section Pied état contient l'état ÉtatRecettesCatégorie en tant que sous-état. Par conséquent, l'ÉtatRecettesCatégorie s'imprimera à la fin de l'impression de l'état VoyagesParCatégories. L'étiquette qui accompagne le sous-état est sans grand intérêt ; par conséquent, vous la supprimez.

   > **PROBLÈME**
   > Si l'étiquette RecettesCatégorie n'est pas visible, déplacez légèrement le contrôle sous-état.

4. **Cliquez sur l'étiquette ÉtatRecettesCatégorie associée au sous-état, puis appuyez sur [Suppr].**

   La figure H-14 donne un aperçu de ce que vous devriez obtenir. Vous visualisez les résultats de ces modifications.

5. **Cliquez du bouton droit sur l'onglet ÉtatRecettesCatégorie, cliquez sur Aperçu avant impression, puis parcourez les différentes pages de l'état.**

   L'état VoyagesParCatégories occupe les deux premières pages de l'état, tandis que l'ÉtatRecettesCatégorie débute au sommet de la troisième page.

6. **Enregistrez et fermez l'état VoyagesParCatégories.**

Analyser des données avec des états

FIGURE H-13 : Boite de dialogue Assistant Sous-état

Assistant
Sous-état

Côté gauche
de la section
Pied état

Contrôle
Sous-état

Bouton
Autres

Utiliser un état ou un
formulaire existant

ÉtatRecettesCatégorie

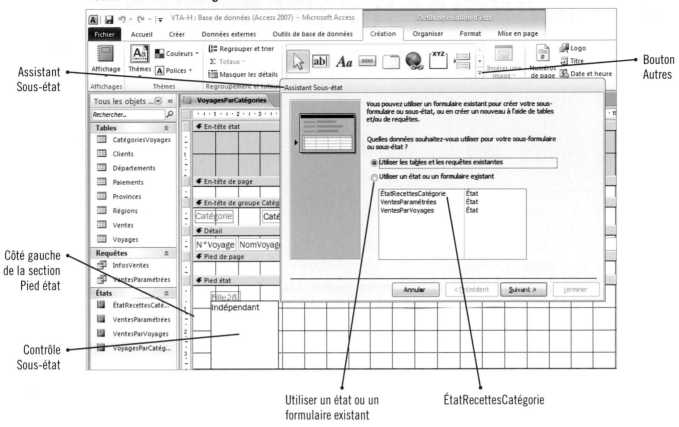

FIGURE H-14 : Sous-état en mode Création d'état

Section
Pied état

Nouveau
sous-état

Étiquette
ÉtatRecettesCatégorie
supprimée

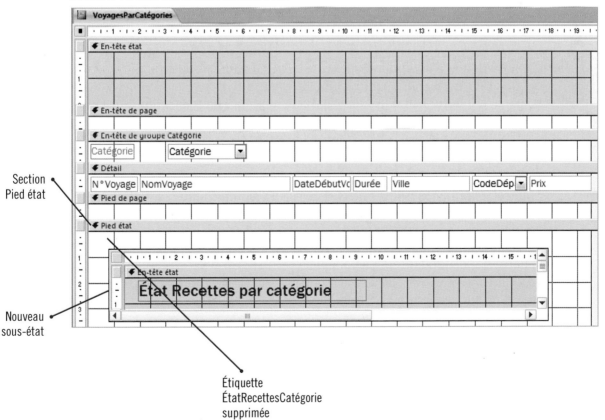

Modifier les propriétés d'une section

Les **propriétés des sections** d'un état sont les caractéristiques qui définissent chaque section. Leurs réglages dépendent autant d'améliorations de rendu de l'état. Vous pouvez ainsi décider d'imprimer chaque nouvel en-tête de groupe au sommet d'une nouvelle page ou d'appliquer une couleur d'arrière-plan à cette section. Michèle vous suggère de modifier l'état VentesParVoyages pour que chaque voyage s'imprime sur une nouvelle page.

ÉTAPES

1. **Cliquez du bouton droit sur l'état VentesParVoyages dans le volet de navigation, puis cliquez sur Mode création.**

   Pour imposer à chaque catégorie de s'inscrire au sommet d'une nouvelle page, vous ouvrez et modifiez le Pied de groupe NomVoyage.

ASTUCE

Si le volet Regrouper, trier et total n'est pas ouvert, cliquez sur le bouton Regrouper et trier sous l'onglet Création du Ruban.

2. **Cliquez sur le bouton Plus (Autres options) dans le volet Regrouper, trier et total, déroulez la liste sans section de pied de page, puis cliquez sur avec une section de pied de page.**

   À l'ouverture d'une section, Access lui donne une hauteur de 2 cm, excessive par rapport à vos besoins. Vous réduisez la hauteur de la section à un demi-centimètre.

3. **Glissez vers le haut la bordure supérieure de la barre de section Pied de page, à l'aide du pointeur ⬍, jusqu'à environ 0,5 cm sur la règle verticale.**

   Pour imposer l'impression de chaque voyage au début d'une nouvelle page, vous devez modifier la **propriété Saut de page** de la section Pied de groupe NomVoyage.

4. **Double-cliquez sur la barre de section Pied de groupe NomVoyage pour en ouvrir la Feuille de propriétés. Dans celle-ci, cliquez sur l'onglet Format, déroulez la liste Saut de page, puis cliquez sur Après section (figure H-15).**

   Pour améliorer la présentation du rapport, vous déplacez les contrôles présents dans l'en-tête d'état vers l'en-tête de page. Ainsi, vous retrouverez sur chaque page les informations générales de l'état, c'est-à-dire le titre, la date et l'heure, en plus des étiquettes des colonnes de données. Mais pour cela, il faut d'abord faire un peu de place dans l'en-tête de page pour accueillir les contrôles supplémentaires.

5. **Glissez vers le bas la bordure supérieure de l'En-tête de groupe NomVoyage pour lui donner une hauteur triple de sa hauteur initiale, cliquez dans la règle verticale, à gauche et en face de l'étiquette NomVoyage de la section En-tête de page, puis utilisez le pointeur ✛↕➔ pour déplacer vers le bas les étiquettes jusqu'au bas de la section En-tête de page.**

   L'espace ainsi laissé disponible dans la partie supérieure de la section En-tête de page est prêt à accueillir les contrôles de la section En-tête état. Pour ce faire, un couper-coller est nécessaire.

6. **Dans la section En-tête état, faites glisser le pointeur de haut en bas dans la règle verticale pour sélectionner tous les contrôles de cette section, cliquez sur l'onglet Organiser du Ruban, cliquez sur le bouton Supprimer la disposition du groupe Table, cliquez sur l'onglet Accueil, cliquez sur le bouton Couper du groupe Presse-papiers, cliquez sur la barre de section En-tête de page, cliquez sur le bouton Coller, puis glissez vers le haut la barre de section En-tête de page pour fermer la section En-tête état (figure H-16).**

   Vous affichez l'aperçu avant impression pour vérifier que chaque page contient les informations d'en-tête et que chaque voyage débute sur une nouvelle page.

7. **Cliquez du bouton droit sur l'onglet de l'état VentesParVoyages, cliquez sur Aperçu avant impression, puis allez à la deuxième page (figure H-17).**

   Chaque voyage fait désormais l'objet d'une impression au début d'une nouvelle page et les contrôles précédemment présents dans l'en-tête de l'état sont reproduits au sommet de chaque page, parce qu'ils ont été déplacés de l'en-tête d'état à l'en-tête de page. Bien entendu, si vous aviez copié, et non coupé, les contrôles de l'en-tête d'état pour les coller dans l'en-tête de page, ils se seraient imprimés deux fois sur la première page : une fois du fait de l'en-tête d'état, une seconde fois du fait de l'en-tête de page.

8. **Enregistrez et fermez l'état VentesParVoyages.**

FIGURE H-15 : Ajustement d'une propriété de section

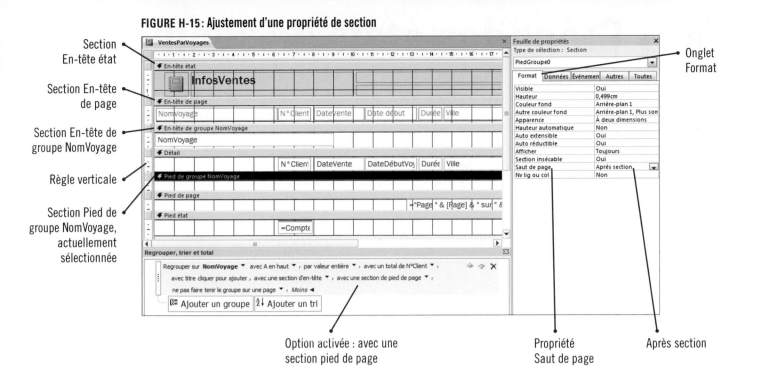

Section En-tête état

Section En-tête de page

Section En-tête de groupe NomVoyage

Règle verticale

Section Pied de groupe NomVoyage, actuellement sélectionnée

Onglet Format

Option activée : avec une section pied de page

Propriété Saut de page

Après section

FIGURE H-16 : Déplacement des contrôles de l'en-tête d'état à l'en-tête de page

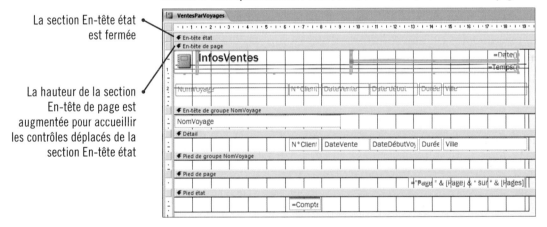

La section En-tête état est fermée

La hauteur de la section En-tête de page est augmentée pour accueillir les contrôles déplacés de la section En-tête état

FIGURE H-17 : Deuxième page de l'état VentesParVoyages

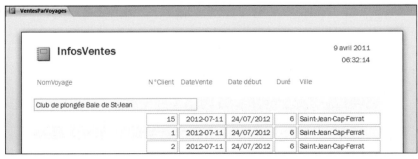

Créer des états de synthèse

Les **états de synthèse** sont des états destinés à présenter des statistiques sur des groupes d'enregistrements et non des données détaillées sur tous les enregistrements. Les états de synthèse se fondent sur des fonctions d'Access comme Somme, Compte et Moyenne, dans des expressions qui calculent les statistiques souhaitées. Ces expressions se placent dans des zones de texte, le plus souvent dans des sections de pied de groupe. Michèle souhaite disposer d'un état qui résume les recettes engendrées par chaque catégorie de visite. Vous créez une copie d'ÉtatRecettesCatégorie, que vous modifiez pour rencontrer ce souhait.

ÉTAPES

1. **Dans le volet de navigation, cliquez du bouton droit sur ÉtatRecettesCatégorie, dans le menu contextuel qui s'affiche, cliquez sur Copier, cliquez du bouton droit dans une zone libre du volet de navigation, cliquez sur Coller, entrez SynthèseCatégories comme nom d'état, puis cliquez sur OK.**

   Un état de synthèse peut contenir des contrôles dans les sections En-tête de groupe et Pied de groupe mais, comme il ne présente que des statistiques, et non des détails sur les enregistrements, il ne contient en principe aucun contrôle dans sa section Détail. Dès lors, vous supprimez les contrôles présents dans la section Détail et vous repliez complètement la section.

2. **Dans le volet de navigation, cliquez du bouton droit sur l'état SynthèseCatégories, cliquez sur Mode création, cliquez dans la règle verticale en face de la section Détail pour sélectionner tous les contrôles qu'elle contient, pressez [Suppr], puis glissez vers le haut la bordure supérieure de la barre de section Pied de groupe Catégorie pour fermer la section Détail.**

   Vous pouvez également supprimer les étiquettes d'en-têtes de colonnes de la section En-tête de page.

3. **Cliquez dans la règle verticale en face de la section En-tête de page pour sélectionner tous les contrôles qu'elle contient, pressez [Suppr], puis glissez vers le haut la bordure supérieure de la barre de section En-tête de groupe Catégorie pour fermer la section En-tete de page.**

   Comme les en-tête et pied de page ne contiennent aucun contrôle, nous pouvons simplifier la présentation de l'état en mode création par la désactivation de ces barres de sections.

4. **Cliquez du bouton droit dans une zone vierge de l'état, puis cliquez sur En-tête/Pied de page dans le menu contextuel qui s'affiche, pour supprimer les barres de sections En-tête de page et Pied de page.**

   Les sections et les contrôles inutiles ont été supprimés (figure H-18). Il reste à vérifier l'aperçu final de l'état de synthèse.

5. **Cliquez du bouton droit sur l'onglet de l'état SynthèseCatégories, puis cliquez sur Aperçu avant impression.**

   La figure H-19 montre le résultat obtenu, soit un rapport d'une seule page qui résume les recettes attendues pour l'ensemble des ventes de voyages.

6. **Enregistrez et fermez l'état SynthèseCatégories, fermez la base de données VTA-H.accdb et quittez Access.**

FIGURE H-18 : Mode Création de l'état SynthèseCatégories

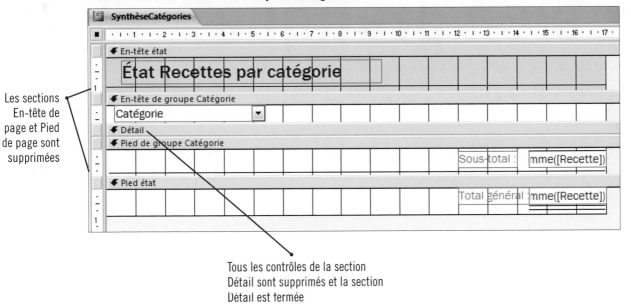

Les sections En-tête de page et Pied de page sont supprimées

Tous les contrôles de la section Détail sont supprimés et la section Détail est fermée

FIGURE H-19 : Mode Aperçu avant impression de l'état SynthèseCatégories

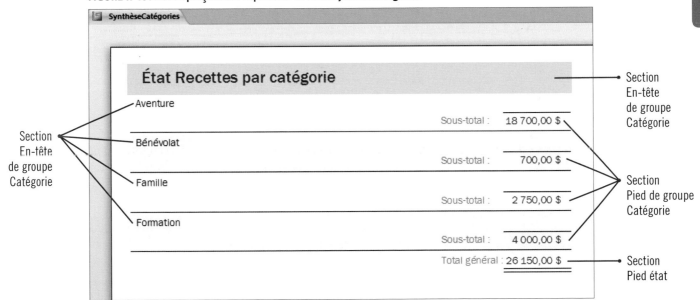

Mise en pratique

Révision des concepts

Identifiez les éléments de l'affichage en mode Création d'état de la figure H-20.

FIGURE H-20

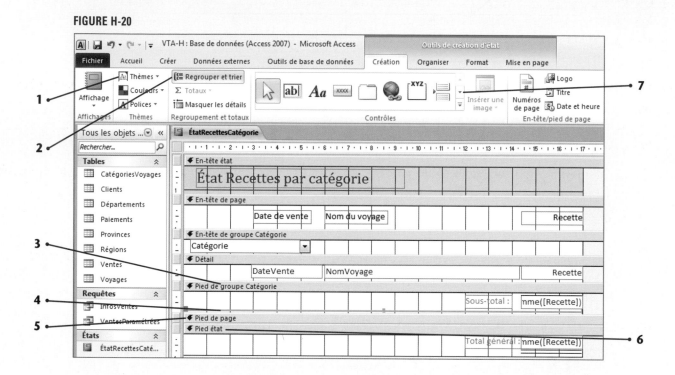

Associez chaque terme à sa description.

8. **État de synthèse**
9. **État paramétré**
10. **Mise en forme conditionnelle**
11. **Reproduire la mise en forme**
12. **Thème**

a. Permet de copier plusieurs propriétés de mise en forme d'un contrôle à un autre en mode Création d'état.

b. Invite l'utilisateur à entrer les critères en fonction desquels les enregistrements de l'état sont sélectionnés.

c. Une manière de modifier l'apparence d'un contrôle d'un formulaire ou d'un état selon des critères donnés.

d. Montre des statistiques sur des groupes d'enregistrements.

e. Fournit des mises en forme prédéfinies pour les appliquer à un formulaire ou un état dans sa totalité.

Choisissez la meilleure réponse à chaque question.

13. **Quel contrôle utiliseriez-vous pour séparer visuellement des groupes d'enregistrements dans un état?**

    a. Trait

    b. Groupe d'options

    c. Cadre d'objet dépendant

    d. Image

14. **Parmi les suivantes, quelle propriété utiliseriez-vous pour imposer l'impression d'un groupe d'enregistrements au début d'une nouvelle page?**

    a. Pagination

    b. Afficher si

    c. Calculer

    d. Saut de page

15. **Quelle fonctionnalité utilisez-vous pour recopier les caractéristiques de mise en forme d'un contrôle à un autre?**

    a. Assistant Contenu automatique

    b. Reproduire la mise en forme

    c. Assistant Page d'état

    d. Thème

16. **Sur quelle touche appuyez-vous lorsque vous créez un trait, pour faire en sorte qu'il soit parfaitement horizontal?**

    a. [Ctrl]

    b. [Maj]

    c. [Alt]

    d. [↖]

17. **Quel est le nom de la fonctionnalité qui permet d'appliquer les mêmes caractéristiques de mise en forme à tous les contrôles d'un état simultanément?**

    a. Assistant Mise en forme

    b. Thèmes

    c. Étiquetage

    d. Palette de mise en forme

18. **Dans un état, dans quel type de contrôle entrez-vous une expression destinée à calculer des valeurs?**

    a. Zone de texte

    b. Zone de liste déroulante

    c. Étiquette

    d. Bouton de commande

19. **Dans quelle section trouve-t-on le plus souvent des calculs sur des groupes d'enregistrements?**

    a. En-tête de page

    b. Pied de page

    c. Détail

    d. Pied de groupe

20. **Quel contrôle utilisez-vous pour combiner deux états?**

    a. Sous-état

    b. Zone de liste déroulante

    c. Zone de liste

    d. Regrouper et trier

Révision des techniques

1. Exploiter le mode Création d'état.

  a. Démarrez Access 2010, ouvrez la base de données AgencesImmo-H.accdb de votre dossier Projets et activez le contenu si vous y êtes invité.

  b. Ouvrez la requête ListeAgents et remplacez le nom de famille de Marie Pednault par le vôtre. Fermez la requête ListeAgents.

  c. Créez un nouvel état en mode Création fondé sur la requête ListeAgents.

  d. Sélectionnez le champ NomAgence comme champ de regroupement et NomAgent comme champ de tri.

  e. Ajoutez le champ NomAgence dans l'en-tête de groupe NomAgence. Supprimez l'étiquette NomAgence qui accompagne la zone de texte, placez la zone de texte NomAgence dans la partie gauche de l'en-tête de groupe NomAgence et élargissez la zone de texte à environ 7 cm. Réduisez la hauteur de la section En-tête de groupe NomAgence au strict minimum.

  f. Ajoutez les champs N°Agent, PrénomAgent, NomAgent et TélAgent à la section Détail. Supprimez toutes les étiquettes associées et placez les zones de texte horizontalement en haut de la section Détail.

  g. Glissez vers le haut la bordure supérieure de la barre de section Pied de page pour réduire au minimum l'espace vierge de la section Détail.

  h. Enregistrez l'état sous le nom **ListeAgents**, puis affichez-en l'aperçu avant impression (figure H-21). Les largeurs et l'espacement de vos contrôles peuvent différer de ceux de la figure.

  i. Fermez l'état ListeAgents.

FIGURE H-21

Agence Ski et Soleil			
4	Michèle	Jutten	(418) 444-7788
3	Josée	Monast	(418) 333-3344
Camden et Camden Immobilier			
5	Julie	Lemieux	(418) 223-0044
7	Denise	Maltais	(418) 220-4466
6	Stéphanie	Simard	(418) 228-5577
Immo A1			
10	Gilbert	Claune	(819) 523-9999
11	Robert	Zacharie	(819) 523-1111
Immo Saint-Jean			
9	Déborah	Boudrault	(418) 333-0123
1	Georges	Huard	(418) 222-8877
2	Philippe	Lecompte	(418) 111-9900
8	Marie	Votre nom	(418) 888-7777

2. Créer des états paramétrés.

  a. Créez une requête en mode Création d'état, comprenant les champs PrénomAgent, NomAgent et TélAgent de la table Agents. Ajoutez les champs Type, Localité, Surface et Prix de la table Propriétés.

  b. Pour le champ Prix, entrez le critère paramétré suivant : **<[Entrez le prix maximum]**.

  c. Testez la requête en basculant en mode Feuille de données, entrez **200000** dans la boite de dialogue Entrez le prix maximum, puis cliquez sur OK. La requête devrait afficher 21 enregistrements dont le Prix est inférieur à 200 000 $. Enregistrez cette requête sous le nom **PrixParamétré**, puis fermez la requête.

  d. Dans le volet de navigation, cliquez sur la requête PrixParamétré, puis cliquez sur État sous l'onglet Créer. Entrez **250000** dans la boite de dialogue Entrez le prix maximum, puis cliquez sur OK.

  e. Travaillez en mode Page d'état pour adapter la largeur de chaque colonne à son contenu et faire en sorte que tous les champs s'inscrivent sur la largeur d'une seule feuille de papier en orientation Portrait.

  f. En mode Création d'état, ajoutez à la section En-tête état une étiquette avec votre nom. Au besoin, augmentez légèrement la hauteur de la section d'en-tête d'état.

  g. Glissez la bordure droite de l'état pour garantir que l'état ne dépasse pas la largeur de la page en orientation Portrait. Ceci peut vous amener également à déplacer vers la gauche les contrôles des sections de pied de page ou de pied d'état.

  h. Affichez l'Aperçu avant impression de l'état, entrez **250000** à l'invite, puis imprimez l'état, si votre professeur vous le demande.

  i. Enregistrez l'état sous le nom **PrixParamétré**, puis fermez-le.

Révision des techniques (suite)

3. Appliquer une mise en forme conditionnelle.

    a. Ouvrez l'état PrixParamétré en mode Création d'état, cliquez sur la zone de texte Prix, puis ouvrez la boite de dialogue Gestionnaire de règles de mise en forme conditionnelle.

    b. Ajoutez une règle pour appliquer la couleur d'arrière-plan vert clair aux valeurs de Prix comprises entre **0** et **99999**.

    c. Ajoutez une règle pour appliquer la couleur d'arrière-plan jaune aux valeurs de Prix comprises entre **100000** et **199999**.

    d. Ajoutez une règle pour appliquer la couleur d'arrière-plan rouge aux valeurs de Prix supérieures ou égales à **200000**.

    e. Testez l'état en mode Aperçu avant impression et entrez la valeur **400000** à l'invite.

4. Ajouter des traits.

    a. Ouvrez l'état PrixParamétré en mode Création d'état, puis utilisez le volet Regrouper, trier et total pour ajouter un ordre de tri. Triez les enregistrements en ordre décroissant (du plus grand au plus petit) du champ Prix.

    b. Ajoutez une zone de texte au pied de l'état, juste en dessous de la colonne Prix, avec l'expression de calcul =Somme([Prix]) et modifiez le texte de l'étiquette en **Total général**:. Ajustez la taille de la zone de texte sur celle de la colonne Prix. (*Conseil* : Cliquez sur la zone de texte Prix, pressez [Maj] pendant que vous cliquez sur la zone de texte =Somme([Prix]) pour les sélectionner toutes les deux, cliquez du bouton droit sur une des deux zones de texte sélectionnées, cliquez sur Taille dans le menu contextuel qui s'affiche, puis cliquez sur Au plus étroit.) Appliquez le format Monétaire à cette zone de texte et alignez son contenu à droite.

    c. Réduisez la largeur de l'état : glissez la bordure droite de l'état vers la gauche, jusqu'à toucher la colonne Prix.

    d. Augmentez la hauteur de la section Pied état à environ le double de sa hauteur actuelle.

    e. Tracez un court trait horizontal juste au-dessus de la zone de texte avec l'expression =Somme([Prix]) dans la section Pied état, copiez et collez deux fois ce trait, puis repositionnez les deux derniers traits juste en dessous de la zone de texte pour indiquer qu'il s'agit d'un total global.

    f. Enregistrez l'état, puis visualisez les modifications en mode Aperçu avant impression, avec la valeur **150000** à l'invite.

5. Utiliser la fonction Reproduire la mise en forme et les mises en forme automatiques.

    a. Ouvrez l'état PrixParamétré en mode Page d'état, entrez la valeur **250000** lorsque vous y êtes invité.

    b. Changez le texte l'étiquette PrixParamétré de la section En-tête état en **Analyse Prix**.

    c. Appliquez le thème Angles (première ligne, deuxième colonne parmi les thèmes prédéfinis) à l'état. Redimensionnez les colonnes et les champs calculés du pied d'état si nécessaire.

    d. Changez la couleur de police de l'étiquette PrénomAgent dans la section d'en-tête de page en Automatique (noir).

    e. Utilisez l'outil Reproduire la mise en forme pour copier le format de l'étiquette PrénomAgent aux étiquettes NomAgent, TélAgent, Type, Localité de la section d'en-tête de page.

    f. Changez la couleur de police de l'étiquette Surface de la section d'en-tête de page en Automatique (noir).

    g. Reproduisez la mise en forme de l'étiquette Surface à celle de Prix.

    h. Enregistrez et fermez l'état PrixParamétré.

Révision des techniques (suite)

6. **Ajouter un sous-état.**

   a. Ouvrez ListePropriétés en mode Page d'état et redimensionnez les zones de texte dont la largeur est insuffisante pour afficher toutes les données. Assurez-vous toutefois de ne pas dépasser la limite de la page en mode Paysage.

   b. Ouvrez l'état ListeAgents en mode Page et, de même, élargissez les zones de texte qui ne peuvent afficher leurs données au complet, sans dépasser la limite d'une feuille de papier en mode Portrait. Réduisez la hauteur des sections En-tête et Pied de page. Enregistrez puis fermez l'état ListeAgents.

   c. Affichez l'état ListePropriétés en mode Création d'état. Dans la section Pied état, ajoutez l'état ListeAgents en tant que sous-état, à l'aide de l'Assistant sous-état. Sélectionnez Aucun quand l'assistant vous demande s'il faut lier le formulaire principal au sous-formulaire et acceptez tel quel le nom prédéfini de ListeAgents.

   d. Supprimez l'étiquette ListeAgents qui accompagne le sous-état dans le pied d'état.

   e. Affichez l'aperçu de chaque page de l'état pour vérifier que les données sont clairement et complètement visibles. Élargissez tout contrôle qui bride les informations, tout en vérifiant que les contrôles ne débordent pas de la marge droite de page.

   f. Réduisez la largeur de l'état si nécessaire en mode Création d'état, puis enregistrez et fermez l'état.

7. **Modifier les propriétés d'une section.**

   a. Affichez l'état ListePropriétés en mode Création d'état. Modifiez la propriété Saut de page de la section de pied de groupe Agents.N°Agent en Après section. (Note : Le champ N°Agent est présent dans la liste de champs de l'état comme provenant de deux tables, Agents et Propriétés. Quand il y a ambigüité, Access emploie la convention *NomDeTable.NomDeChamp* pour spécifier que le champ de regroupement provient de la table Agents.)

   b. Ouvrez la section Pied de page et ajoutez une étiquette, **Créé par votre nom**.

   c. Enregistrez et visualisez l'état ListePropriétés pour vérifier que la propriété de la section impose l'impression de chaque groupe d'enregistrements relatifs à un agent immobilier sur une nouvelle page (figure H-22). Vérifiez également que le pied de chaque page affiche bel et bien l'étiquette du créateur de cet état.

   d. Fermez l'état ListePropriétés.

FIGURE H-22

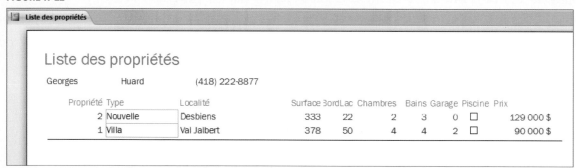

Révision des techniques (suite)

8. Créer des états de synthèse.

a. Cliquez du bouton droit sur l'état ListePropriétés dans le volet de navigation, cliquez sur Copier, cliquez du bouton droit dans le volet de navigation, cliquez sur Coller, puis entrez **ListeDeSynthèse**.

b. Ouvrez ListeDeSynthèse en mode Création, supprimez le sous-état de la section de pied d'état, supprimez aussi tous les contrôles de la section Détail et toutes les étiquettes de la section Agents.N°Agent. (*Indice* : Ne supprimez pas les zones de texte PrénomAgent, NomAgent et TélAgent de la section En-tête de groupe Agents.N°Agent.)

c. Réduisez l'espace désert et inutile des sections Détail et En-tête de groupe Agents.N°Agent.

d. Agrandissez l'espace de la section Pied de groupe Agents.N°Agent, déplacez le trait vers le bas de cette dernière section, puis ajoutez une zone de texte dans la partie droite de cette section avec l'expression **=Somme([Prix])**.

e. Modifiez l'étiquette associée à cette zone de texte en **Sous-total de Prix :**, puis déplacez et redimensionnez à l'envi les contrôles.

f. Ouvrez la Feuille de propriétés de la zone de texte =Somme([Prix]), cliquez sur l'onglet Format, dans la propriété Format, sélectionnez Monétaire, puis réglez à 0 la propriété Décimales.

g. Copiez la zone de texte =Somme([Prix]) et collez-la dans la section Pied état, juste en dessous de celle de la section Agents.N°Agent, puis modifiez l'étiquette associée en **Total général :**.

h. Tracez deux traits sous la zone de texte=Somme([Prix]) de la section Pied état pour indiquer qu'il s'agit d'un total global.

i. Réglez la propriété Saut de page de la section Pied de groupe Agents.N°Agent à Non.

j. Visualisez l'aperçu de l'état. Basculez en orientation Portrait, redimensionnez les sections et déplacez les contrôles en mode Création, pour atteindre l'équivalent de la figure H-23, puis enregistrez et fermez l'état.

k. Fermez la base de données AgencesImmo-H.accdb et quittez Access.

FIGURE H-23

Liste des propriétés

Georges	Huard	(418) 222-8877
		Sous-total de Prix : 219 000 $
Philippe	Lecompte	(418) 111-9900
		Sous total de Prix : 220 000 $
Josée	Monast	(418) 333-3344
		Sous-total de Prix : 744 613 $
Michèle	Jutten	(418) 444-7788
		Sous-total de Prix : 613 950 $
Julie	Lemieux	(418) 223-0044
		Sous-total de Prix : 384 400 $
Stéphanie	Simard	(418) 228-5577
		Sous-total de Prix : 569 700 $
Denise	Maltais	(418) 220-4466
		Sous-total de Prix : 335 400 $
Marie	Votre nom	(418) 888-7777
		Sous-total de Prix : 779 699 $
Déborah	Boudrault	(418) 333-0123
		Sous-total de Prix : 244 900 $
Gilbert	Claune	(819) 523-9999
		Sous-total de Prix : 355 000 $
		Total général : 4 466 662 $

Exercice personnel 1

Gérant d'une boutique de location d'instruments de musique, vous avez créé une base de données pour assurer le suivi des instruments et de leur location aux élèves des écoles avoisinantes. Après avoir loué plusieurs instruments, vous aimeriez créer un état pour énumérer toutes les transactions de location de chaque instrument.

a. Démarrez Access, ouvrez la base de données Musique-H.-accdb de votre dossier Projets et activez le contenu si vous y êtes invité.

b. À l'aide de l'Assistant État, créez un état bâti sur les champs Prénom et NomClient de la table Clients, le champ DateLocation de la table Locations, ainsi que les champs Description et FraisMensuels de la table Instruments.

c. Affichez les données par Instruments, n'ajoutez pas d'autre niveau de regroupement, triez les données en ordre décroissant de DateLocation, de la plus récente à la plus ancienne, appliquez la disposition Échelonné et l'orientation Portrait, puis intitulez l'état **État des locations d'instruments**.

d. Ouvrez l'état en mode Création, changez le premier niveau de regroupement de N°Série en Description et ouvrez la section Pied de groupe Description.

e. Dans la section Pied de groupe Description, entrez l'expression **=Compte([NomClient])** dans un contrôle Zone de texte indépendant et modifiez le texte de l'étiquette associée en **Nombre de clients:**.

f. Réglez la propriété Saut de page de la section Pied de groupe à Après section.

g. Entrez votre nom dans une nouvelle étiquette dans la section En-tête état. Utilisez l'outil Reproduire la mise en forme pour donner à votre nom la même présentation que le titre de l'état État des locations d'instruments. Double-cliquez sur une des poignées de coin de dimensionnement de l'étiquette qui contient votre nom pour en ajuster la taille au contenu.

h. Enregistrez l'état et affichez l'aperçu avant impression (figure H-24).

i. Déplacez, redimensionnez et alignez les champs si nécessaire, puis imprimez l'état, si votre professeur vous le demande.

j. Enregistrez et fermez l'État des locations d'instruments, fermez la base de données Musique-H.accdb et quittez Access.

FIGURE H-24

Exercice personnel 2

Gérant d'une boutique de location d'instruments de musique, vous avez créé une base de données pour assurer le suivi de la location de vos instruments aux élèves des écoles avoisinantes. Après avoir loué plusieurs instruments, vous créez un état de synthèse qui montre le nombre d'instruments loués par les clients issus de chaque école.

a. Démarrez Access, ouvrez la base de données Musique-H-accdb de votre dossier Projets et activez le contenu si vous y êtes invité.

b. Créez une requête en mode Création de requête avec les champs suivants : NomÉcole de la table Écoles et DateLocation de la table Locations. (*Indice* : Incluez la table Clients pour établir les relations adéquates entre les Écoles et les Locations.) Enregistrez cette requête sous le nom **SynthèseÉcoles**, puis fermez celle-ci.

c. Créez un nouvel état en mode Création, puis, dans la propriété Source, sélectionnez la requête SynthèseÉcoles.

d. Ajoutez NomÉcole comme champ de regroupement et ajoutez le champ NomÉcole dans la partie gauche de l'en-tête de groupe NomÉcole. Supprimez l'étiquette NomÉcole, puis élargissez la zone de texte NomÉcole pour atteindre une largeur d'environ 5 cm.

e. Ajoutez une zone de texte dans la partie droite de la section d'en-tête de groupe NomÉcole, avec l'expression **=Compte([DateLocation])**. Supprimez l'étiquette qui l'accompagne.

f. Alignez en haut les deux zones de texte de l'en-tête de groupe NomÉcole.

g. Glissez vers le haut la bordure supérieure de la barre de section Pied de page pour refermer complètement la section Détail.

h. Ajoutez à la section En-tête de page une étiquette contenant votre nom. Appliquez à cette étiquette la police Arial Black et une taille de police de 14 points. Si nécessaire, redimensionnez l'étiquette pour en afficher la totalité du texte.

i. À l'aide de l'outil Reproduire la mise en forme, copiez les propriétés de mise en forme de l'étiquette qui contient votre nom, vers les deux zones de texte de la section En-tête de groupe NomÉcole. Redimensionnez ces zones de texte pour que leur contenu s'affiche au complet.

j. Enregistrez l'état sous le nom **SynthèseÉcoles**, puis visualisez l'Aperçu avant impression (figure H-25).

k. Fermez l'état SynthèseÉcoles, fermez la base de données Musique-H.accdb, puis quittez Access.

FIGURE H-25

Votre nom	
André-Laurendeau - Secondaire	**8**
Bloomfield - Primaire	**6**
Maurice-Duplessis - Secondaire	**5**
Renée-Pelletier - Secondaire	**6**
Sainte-Marie - Primaire	**12**

Exercice personnel 3

Gérant d'une boutique de location d'instruments de musique, vous avez créé une base de données pour assurer le suivi de la location de vos instruments aux élèves des écoles avoisinantes. Votre programme de location étant parfaitement au point, vous avez besoin d'un état paramétré pour chaque type d'instrument.

a. Démarrez Access, ouvrez la base de données Musique-H-accdb de votre dossier Projets et activez le contenu si vous y êtes invité.

b. Créez une requête basée sur le champ DateLocation de la table Locations, les champs Description et FraisMensuels de la table Instruments et les champs Prénom et NomClient de la table Clients.

c. Entrez les critères paramétrés **Entre [Entrez la date de début] Et [Entrez la date de fin]** pour le champ DateLocation, puis **[Entrez un type d'instrument, comme violon]** pour le champ Description.

d. Enregistrez la requête sous le nom **LocationParamétrée** et fermez celle-ci.

e. À l'aide de l'Assistant État, créez un état fondé sur tous les champs de la requête LocationParamétrée. Visualisez les données par Instruments, n'ajoutez pas d'autre champ de regroupement, triez les enregistrements en ordre croissant de DateLocation, sélectionnez la disposition Contour et l'orientation Portrait. Intitulez l'état **Informations instruments**.

f. Pour répondre aux invites, entrez **2013-01-01** pour la date de début, **2013-06-30** pour la date de fin. Pour le type d'instrument, entrez **violon** à l'invite.

g. En mode Création d'état, appliquez le thème Essentiel. Si nécessaire, redimensionnez le titre de l'état dans l'en-tête d'état pour en afficher le texte complet.

h. Entrez votre nom dans une étiquette de la section d'en-tête d'état. Mettez-la en forme avec une taille et une couleur qui facilite sa lecture.

Difficultés supplémentaires

■ Ajoutez des espaces entre les mots des étiquettes de la section En-tête de groupe Description : FraisMensuels, DateLocation et NomClient. Assurez-vous de modifier les contrôles étiquettes et non les zones de texte qui portent les mêmes noms.

■ Ajoutez une section Pied de groupe Description.

■ Ajoutez une zone de texte à la section Pied de groupe Description avec l'expression **=Compte([NomClient])* [FraisMensuels]**. Modifiez le texte de l'étiquette associée en y entrant le texte Recette mensuelle :, puis déplacez cette nouvelle zone de texte pour aligner sa bordure gauche sur celle de la zone de texte NomClient. Décalez vers la gauche l'étiquette associée à la nouvelle zone de texte pour la décoller de celle-ci.

■ Ouvrez la Feuille de propriétés de l'expression. Sous son onglet Format, réglez la propriété Format à Monétaire et la propriété Décimales à 0.

■ Réduisez la hauteur de la section Pied de groupe Description au strict minimum.

i. Affichez l'état pour les dates de location comprises entre **2013-01-01** et **2013-06-30**. Pour le type d'instrument, entrez **violon** à l'invite. Si vous avez achevé les étapes des difficultés supplémentaires, l'aperçu de votre état devrait prendre l'allure de la figure H-26.

j. Enregistrez l'état Informations instruments, imprimez-le si votre professeur vous le demande, fermez la base de données Musique-H.accdb, puis quittez Access.

FIGURE H-26

Informations instruments		Votre nom
Description	Violon	
Frais Mensuels		35,00 $
Date Location	Prénom	Nom Client
2013-03-29	Nancy	Gray
2013-03-29	Kristen	Reis
2013-04-28	Michel	Lebrun
	Recette mensuelle :	105 $

Défi

Vous avez créé une base de données pour recenser les opportunités de bourses d'études. Vous analysez les bourses à l'aide d'un état où vous exploitez la mise en forme conditionnelle.

a. Démarrez Access, ouvrez la base de données boursesScolaires-H.accdb de votre dossier Projets et activez le contenu si vous y êtes invité.

b. À l'aide de l'Assistant État, créez un état à partir de la table Bourses. Ajoutez tous les champs. Utilisez Domaine, puis Montant comme niveaux de regroupement, puis cliquez sur le bouton Options de regroupement de l'Assistant État et choisissez 5000s comme intervalles de regroupement. Triez les enregistrements en ordre décroissant de DateLimite. Sélectionnez la disposition Échelonné et l'orientation Paysage. Intitulez l'état **BoursesParDomaine**.

c. Affichez l'aperçu de l'état, puis ajoutez votre nom dans une étiquette à côté du titre de l'état.

d. En mode Page, corrigez l'étiquette DateLimite en **Date limite**, l'étiquette NomBourse en **Bourse d'étude**, puis l'étiquette du titre de l'état en **Bourses d'étude par domaine**.

e. Redimensionnez les colonnes pour que les textes soient visibles si possible en totalité, puis déplacez la bordure droite de l'état vers la gauche en mode Création, pour que l'ensemble s'inscrive dans la largeur d'une feuille de papier.

f. Agrandissez la section En-tête de page pour atteindre environ 2 cm sur la règle verticale, déplacez les étiquettes de la section au bas de celle-ci, déplacez les étiquettes de la section En-tête état vers la section En-tête de page, puis fermez complètement la section En-tête état.

g. Ouvrez la section Pied de groupe Domaine, puis modifiez sa propriété Saut de page en Après section. Réduisez complètement la hauteur de cette section.

h. Affichez l'Aperçu avant impression, puis allez à la huitième page de l'état pour visualiser la liste des bourses d'études dans le domaine des sciences (figure H-27).

i. Enregistrez et fermez l'état BoursesParDomaine, fermez la base de données BoursesScolaires-H.accdb, puis quittez Access.

FIGURE H-27

Domaine	Montant par 5000s	Date limite	N°	Bourse d'étude	Montant
Sciences					
	0 - 5000				
		2013-04-28	100	CRSNG - Bourses de recherche de 1er cycle en milieu universitaire	4 500 $
		2013-03-30	94	Bourse d'études supérieures pour la recherche de la Fondation Claude-Drouin	4 000 $
		2013-03-17	92	Bureau des bourses et de l'aide financière de l'Université Laval	1 000 $
	20000 - 25000				
		2013-03-07	89	Concours Lépine	22 500 $
	25000 - 30000				
		2013-03-13	91	Fonds québécois de la recherche sur la nature et les technologies (FQRNT)	25 000 $
	120000 - 125000				
		2013-09-29	3	Concours Siemens Westinghouse	120 000 $

Bourses d'étude par domaine — Votre nom

Atelier visuel

Ouvrez la base de données Formations-H.accdb de votre dossier Projets et activez le contenu si vous y êtes invité. À l'aide de l'Assistant État, créez un état fondé sur les champs Description, MaxParticipants et IdCours de la table Cours, DateSession de la table Sessions, Suivi le de la table Inscriptions, Prénom et NomEmp de la table Personnel. Organisez les données par Cours. N'ajoutez aucun autre niveau de regroupement ni de tri. Sélectionnez la disposition Contour et l'orientation Portrait. Intitulez l'état **Remplissage des sessions**. Le but de cet état est de déterminer au premier coup d'œil le remplissage des sessions de cours et de comparer les inscriptions au nombre maximum de participants admis à chaque session. En mode Création, déplacez la zone de texte MaxParticipants, avec son étiquette, de l'en-tête de groupe IdCours vers la section d'en-tête de groupe IdSession, à droite de la zone de texte DateSession. Modifiez l'étiquette MaxParticipants en **Participants (Max/Nbre/%):**. Ajoutez une nouvelle zone de texte à la section d'en-tête de groupe IdSession, à droite de la zone de texte MaxParticipants, avec l'expression **=Compte([IdSession])**. Supprimez l'étiquette associée à cette zone de texte. Ajoutez une zone de texte à droite de la zone de texte =Compte([IdSession]) avec l'expression **=Compte([IdSession])/[MaxParticipants]** et supprimez l'étiquette associée. Dans la Feuille de propriétés de cette zone de texte, sous l'onglet Format, modifiez la propriété Format de ce contrôle en **Pourcentage**, puis la propriété Décimales en **0**. Affichez l'aperçu avant impression de l'état pour vérifier que le calcul des pourcentages de participants s'effectue correctement. Ensuite, en mode Création, cliquez sur l'onglet Format du Ruban et ajoutez de nouvelles règles de mise en forme conditionnelle pour modifier l'arrière-plan de la zone de texte avec l'expression =Compte([IdSession])/[MaxParticipants] : pour les valeurs du champ inférieures à 1, l'arrière-plan sera en vert clair, pour les valeurs égales à 1, l'arrière-plan sera en jaune, pour les valeurs supérieures à 1, l'arrière-plan sera en rouge et la couleur de police en blanc. Corrigez les intitulés des étiquettes pour qu'ils soient plus intelligibles (par exemple, NomEmp devient **Nom employé**, DateSession devient **Date de session** et ainsi de suite). Ouvrez la section Pied de groupe IdSession et tracez un trait de fin de groupe sur la largeur de la page. Supprimez toutes les zones de texte de la section Détail et les étiquettes correspondantes de la section d'en-tête de groupe IdSession. Réduisez la hauteur de la section Détail pour la fermer complètement. Réduisez les espaces inutiles des autres sections. Redimensionnez et placez les colonnes pour afficher les données au complet, sans dépasser la largeur limite de la feuille de papier en mode Portrait. Ajoutez une étiquette dans l'en-tête d'état avec votre nom et corrigez votre présentation de l'état pour obtenir le résultat proposé à la figure H-28. L'affichage des dates peut différer de celui de la figure. Enregistrez puis fermez l'état, fermez la base de données Formations-H.accdb, puis quittez Access.

FIGURE H-28

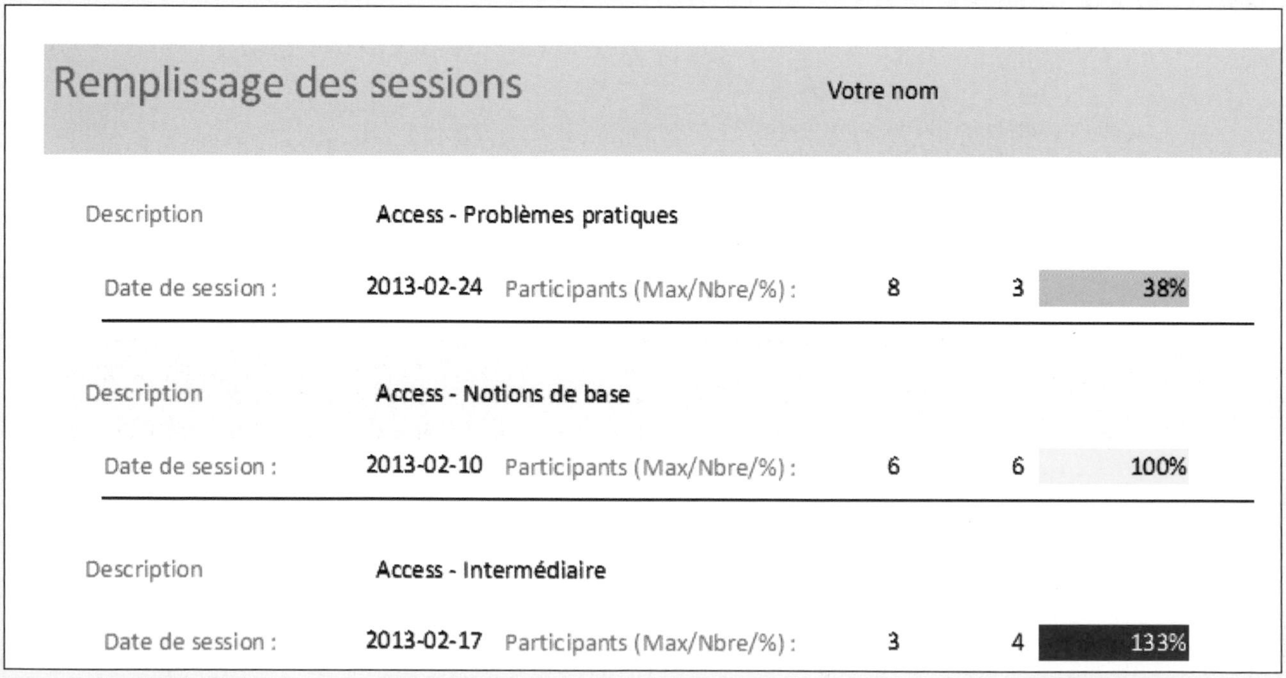

Glossaire

.accdb Cette extension de fichier signifie généralement que la base de données est au format d'une base de données Access 2007.

.mdb L'extension de fichier des bases de données Access 2000 et 2002–2003.

Actif Le document, le programme ou l'objet actuellement disponible ; sur la barre des tâches, le bouton du document actif apparait avec un fond de couleur plus foncée alors que ceux des autres documents ouverts sont de couleur différente.

Activé (propriété) La propriété d'un contrôle qui détermine si le contrôle peut recevoir le focus en mode Formulaire.

Affichage automatique Une fonctionnalité qui permet de pointer une option dans une palette de choix et d'en voir immédiatement le résultat dans le document sans cliquer réellement sur l'option.

Affichage Graphique croisé dynamique Le mode qui permet de créer un graphique croisé.

Affichage par défaut (propriété) Une propriété d'un formulaire qui détermine la manière dont un sous-formulaire s'affiche automatiquement dans une feuille de données ou un formulaire continu.

Affichage Tableau croisé dynamique Le mode dans lequel vous créez un tableau croisé.

Affichages Réglages de présentation qui affichent ou masquent des éléments sélectionnés d'un document dans la fenêtre du document, pour faciliter la concentration sur une certaine tâche, comme la mise en forme ou la lecture du texte.

Aperçu Avant d'imprimer un document, ce mode affiche le document exactement comme il apparaitra sur la feuille de papier.

Aperçu avant impression Avant d'imprimer un état ou tout autre objet Access, ce mode l'affiche exactement comme il apparaitra sur la feuille de papier.

Argument Information qu'utilise une fonction pour créer une réponse finale. Des arguments multiples sont séparés par des points-virgules. L'ensemble des arguments d'une fonction est entouré d'une paire de parenthèses.

Arrêt de tabulation Dans Access, ceci désigne le fait que l'utilisateur puisse ou non atteindre un contrôle à l'aide de [Tab] ou [Entrée] en mode Formulaire, lorsqu'il saisit des données ; en d'autres termes, définit le fait que le contrôle puisse obtenir le focus.

Assistant État Un assistant d'Access qui facilite la création d'états.

Assistant Formulaire Un assistant d'Access qui facilite la création de formulaires.

Assistant Liste de choix L'assistant utilisé en mode Création de table pour définir les propriétés Liste de choix et, ainsi, permettre au champ de rechercher ses valeurs possibles dans une autre table ou dans une liste de valeurs. Par exemple, vous pourriez utiliser l'Assistant Liste de choix pour spécifier que le champ NumClient de la table Ventes affiche les valeurs du champ NumClient de la table Clients.

Assistant Requête analyse croisée Cet assistant facilite la création de requêtes Analyse croisée en identifiant les champs nécessaires pour les en-têtes des lignes et des colonnes, ainsi que les champs résumés dans la feuille de données.

Assistant Requête de non correspondance Un assistant conçu pour créer une requête, destinée à retrouver les enregistrements d'une table qui n'ont aucun enregistrement associé dans une autre table.

Assistant Requête simple Cet assistant aide à la création d'une requête Sélection.

Assistant Requête trouver les doublons Un assistant conçu pour créer une requête, destinée à retrouver des valeurs redondantes dans un ou plusieurs champs.

Assistant Zone de liste déroulante Cet assistant demande de préciser quelques informations pour créer un contrôle dépendant Zone de liste déroulante.

Autre couleur d'arrière-plan/remplissage (propriété Autre couleur fond) Une propriété qui détermine la couleur qui alterne avec le blanc à l'arrière-plan d'une section d'un état.

Axe des catégories L'axe horizontal dans un graphique croisé dynamique. Également appelé *axe des x*.

Axe des valeurs Dans un graphique croisé, désigne l'axe vertical. Également appelé l'*axe des y*.

Balise active Un bouton contextuel qui fournit un petit menu avec des options et s'affiche dans certaines conditions, pour vous aider à accomplir une tâche, corriger une erreur. Par exemple, le bouton d'Options de correction automatique, qui vous aide à corriger la typographie et à modifier des propriétés, et le bouton Indicateur d'erreur, qui identifie les erreurs potentielles en mode Création de formulaire et d'état, sont des balises actives.

Barre d'outils Accès rapide Une barre d'outils personnalisable recevant des boutons pour les commandes d'Office les plus courantes, comme Enregistrer, Annuler (une action).

Barre de dimensionnement Une fine barre grise qui sépare la liste des champs de la grille de création en mode Création de requête.

Bouton d'option Un type de contrôle utilisé pour afficher une liste réduite d'options exclusives mutuellement, sélectionnables pour un champ, par exemple, masculin et féminin dans le cas d'un champ nommé Genre, dans un formulaire ou un état.

Bouton de commande Ce contrôle indépendant fournit une manière conviviale de lancer une action à partir d'un formulaire.

Boutons de déplacement Les boutons du coin inférieur gauche d'une feuille de données qui permettent de se déplacer rapidement parmi les enregistrements de l'objet sous-jacent et d'ajouter un nouvel enregistrement.

Calcul Une nouvelle valeur créée par l'entrée d'une expression dans une zone de texte d'un formulaire ou d'un état.

Calendrier interactif intégré Un calendrier qui s'affiche automatiquement et dans lequel vous pouvez sélectionner des dates pour un champ date.

Capture d'écran Un instantané de l'écran, obtenu comme si vous en preniez une photo avec un appareil photo, et que vous pouvez ensuite coller dans un document.

Caractère générique Un caractère spécial utilisé dans des critères pour rechercher, filtrer et requérir des données. L'astérisque (*) représente tout un groupe de caractères. Par exemple, 1-514* dans le critère de recherche de numéros de téléphone produira tous les enregistrements dont le numéro de téléphone commence par 1-514. Le point d'interrogation représente (?) un seul caractère.

Champ calculé Un champ créé en mode Création de requête, obtenu en résultat d'une expression basée sur des champs existants, contenant des fonctions d'Access et des opérateurs arithmétiques. Par exemple, l'expression Bénéfice:[PrixDétail]-[PrixGrossiste] dans la cellule d'un champ de la grille de création de requête crée un champ calculé nommé Bénéfice et obtenu par différence entre les valeurs des champs PrixDétail et Prix Grossiste de l'enregistrement.

Champ clé étrangère Dans une relation un-à-plusieurs entre deux tables, la clé étrangère est le champ de la table du côté plusieurs, associé au champ clé primaire de la table du côté un.

Champ clé primaire Un champ contenant une information unique pour chaque enregistrement. Un champ clé primaire ne peut jamais avoir de valeur vide ou nulle.

Champ de valeur Un champ numérique, comme Prix, qui peut faire l'objet d'un calcul de somme ou de moyenne.

Champ Liste de choix Un champ affublé de propriétés de proposition de choix. Les propriétés Liste de choix permettent de créer une liste déroulante de valeurs pour peupler le champ.

Champ Pièce jointe Ce type de champ permet d'associer à l'enregistrement un fichier externe, comme un document Word, une présentation PowerPoint, un classeur Excel ou le fichier d'une image.

Champs à valeurs multiples Un champ de type zone de liste déroulante ou zone de liste qui autorise la sélection de plusieurs valeurs simultanées.

Champs de clé composite Plusieurs champs d'une table qui, groupés, constituent une clé unique pour chaque enregistrement

Champs fils Cette propriété d'un sous-formulaire définit le champ qui sert du côté plusieurs de la liaison entre le sous-formulaire et le formulaire principal.

Champs pères Cette propriété d'un sous-formulaire définit le champ qui sert du côté un de la liaison entre le sous-formulaire et le formulaire principal.

Cible de saisie (ou focus) Indique quel est le champ modifié si, à un moment précis, vous commencez à taper.

Collaboration en ligne La capacité à intégrer des réactions ou à partager des informations sur Internet ou via le réseau interne (intranet) d'une entreprise.

Commande d'alignement Une commande utilisée en mode Création ou Page d'un formulaire ou d'un état pour aligner à gauche, au centre ou à droite, une valeur au sein de son contrôle, ou encore pour aligner en haut, en bas, à droite ou à gauche la bordure du contrôle par rapport à d'autres contrôles.

Compatibilité ascendante La caractéristique d'un logiciel qui lui permet de lire et d'enregistrer des modifications dans des documents créés dans des versions plus anciennes du logiciel.

Compatible La capacité de différents programmes de travailler conjointement et d'échanger des données.

Concepteur de base de données La personne responsable de la création, de l'entretien et de l'évolution des tables, des requêtes, des formulaires et des états.

Contenu Cette propriété, qui fait partie des propriétés Liste de choix, définit la liste des valeurs d'un champ Liste de choix.

Contrôle dépendant Un contrôle utilisé dans un formulaire ou un état pour afficher les données d'un champ sous-jacent; ceci permet de modifier et d'insérer des données dans une table à partir d'un formulaire.

Contrôle indépendant Un contrôle qui ne change pas d'un enregistrement au suivant et qui n'existe que dans le but de clarifier un formulaire ou d'en améliorer la présentation, à l'aide d'éléments tels que des étiquettes, des traits et des images clipart.

Contrôle Onglet Un contrôle indépendant créé pour donner un effet tridimensionnel à un formulaire. Les contrôles y sont répartis dans des onglets et ils s'affichent lorsque l'utilisateur clique sur les onglets correspondants.

Contrôle Tout élément d'un formulaire ou d'un état tel qu'une étiquette, une zone de texte, un trait, une zone de liste déroulante et ainsi de suite. Un contrôle est soit dépendant, soit indépendant (éventuellement calculé).

Couleur d'arrière-plan/remplissage (propriété Couleur fond) La propriété qui détermine la couleur d'arrière-plan du contrôle ou de la section sélectionnée dans un formulaire ou un état.

Critère OU Ces critères se placent sur des lignes différentes de la grille de création de requête. Un enregistrement satisfait la requête et donc apparait dans la feuille de données si au moins le critère d'une des lignes est respecté.

Critère ET Des critères placés sur la même ligne Critères de la grille de création de requête. Tous les critères de la même ligne doivent être satisfaits pour qu'un enregistrement apparaisse dans la feuille de données résultante.

Critères Les règles et conditions de restriction qui déterminent les enregistrements affichés lors de la recherche ou du filtrage des enregistrements dans une feuille de données ou un formulaire, ou encore dans la création d'une requête.

Date (fonction) Une fonction intégrée d'Access utilisée pour afficher la date courante dans un formulaire ou un état; sa syntaxe est Date().

Disposition La présentation globale avec laquelle un formulaire affiche les champs du jeu d'enregistrements sous-jacent. Parmi les dispositions usuelles, citons En colonnes, Tabulaire, Feuille de données, Graphique et Tableau croisé. Les formulaires utilisent souvent la disposition En colonne, tandis que les sous-formulaires exploitent plutôt la disposition Feuille de données.

Données de synthèse Des données calculées par une expression dans une zone de texte. Placées dans un pied de groupe ou toute autre section d'un état (ou d'un formulaire), ces données résument les données de la section, à l'aide de fonctions comme Somme, Compte et ainsi de suite.

Enregistrement courant L'enregistrement qui possède le focus ou est en cours de modification.

Enregistrement orphelin Un enregistrement du côté plusieurs de la relation qui ne possède pas de correspondance dans la table du côté un.

Est Null Un critère qui recherche tous les enregistrements dans lesquels aucune saisie n'a été effectuée dans le champ.

Est Pas Null Un critère qui recherche tous les enregistrements dans lesquels au moins une saisie a été effectuée dans le champ.

État de synthèse Un état qui calcule et imprime des informations sur des enregistrements regroupés.

État paramétré Un état qui vous invite à entrer des critères pour déterminer les enregistrements à imprimer.

État principal Désigne l'état qui contient un contrôle sous-état.

État Un objet d'Access capable de créer des impressions de qualité professionnelle et contient des améliorations telles que des en-têtes, des pieds de groupes pour y effectuer des calculs sur des groupes d'enregistrements.

Exécuter une requête Action d'ouvrir une requête et de voir les champs et les enregistrements sélectionnés par cette requête, présentés dans une feuille de données.

Expression Une combinaison de valeurs, de fonctions et d'opérateurs qui calcule une seule valeur. Les expressions d'Access commencent par un signe égal et s'inscrivent dans une zone de texte en mode Création d'état ou de formulaire.

Feuille de données Une grille semblable à celle d'une feuille de calcul, qui affiche les champs en colonnes et les enregistrements en lignes.

Feuille de propriétés Cette fenêtre affiche une liste exhaustive des propriétés de l'objet sélectionné (contrôle, section ou objet) en mode Création de formulaire ou d'état.

Fichier Une collection de données électroniques stockées sous un nom unique, qui la distingue des autres fichiers.

Filtre par formulaire Une technique de filtrage des données dans un formulaire, permettant la définition de plusieurs critères simultanés.

Filtre par sélection Une technique de sélection des enregistrements vis-à-vis de l'égalité à une valeur.

Focus *Voir* Cible de saisie.

Fonction de regroupement Une fonction, telle que Somme, Moyenne ou Compte, utilisée dans une requête de synthèse pour calculer des informations sur un groupe d'enregistrements.

Fonction Une formule spéciale et prédéfinie, qui fournit un raccourci vers un calcul usuel, par exemple Somme ou Moyenne.

Format (propriété) Une propriété d'un champ qui contrôle la manière dont les informations qu'il contient sont affichées et imprimées.

Formulaire Un objet Access fournissant un écran de saisie d'usage aisé, affichant généralement un seul enregistrement à la fois.

Formulaire à double affichage Ce type de formulaire affiche deux aperçus simultanés des mêmes données; un formulaire traditionnel et une feuille de données.

Formulaire principal Désigne le formulaire qui contient un contrôle sous-formulaire.

Graphique croisé Une représentation graphique de données d'un tableau croisé.

Graphisme *Voir* Image.

Grille de création de requête Le volet inférieur du mode Création de requête où vous définissez les champs, les ordres de tri et les critères de restriction de la requête.

Groupe d'option Un contrôle dépendant déposé sur un formulaire ou un état, qui regroupe plusieurs boutons d'option, fournissant une liste réduite de choix possibles pour un champ.

Image Une information non textuelle, comme une photo, une image clipart, un objet dessiné ou un graphique. Comme les images sont fondamentalement à orientation graphique (sans nombres ni lettres), on les désigne aussi d'images graphiques.

Indépendant Désigne un contrôle qui n'affiche pas de données.

Indicateur d'erreur (bouton) Cette balise active permet d'identifier des erreurs potentielles de conception en mode Création d'état ou de formulaire.

Intégrer Incorporer dans un programme un document ou des extraits d'un document créé par un autre programme; par exemple, intégrer un graphique Excel dans une présentation PowerPoint ou une table Access dans un document Word.

Intégrité référentielle L'ensemble des règles qui régissent l'entrée de données et garantit l'exactitude des données.

Interface Désigne l'apparence et le comportement d'un programme, notamment l'apparence des commandes et la manière dont la fenêtre du programme les organise à l'écran.

Interface utilisateur Terme général désignant toute manière dont vous agissez sur un logiciel.

JPEG L'acronyme de Joint Photographic Experts Group, qui définit les normes des algorithmes de compression permettant de stocker des images dans un format de fichier compressé efficacement.

Lecture seule La propriété d'un objet qui indique que cet objet peut lire et afficher des données mais ne peut pas modifier (écrire dans) les données.

Ligne Analyse Une ligne de la grille de création de requête qui spécifie l'emplacement, parmi les trois possibles, que chaque champ occupe dans la requête d'analyse; En-tête de ligne, En-tête de colonne ou Valeur.

Ligne de jointure un-à-plusieurs La ligne de jointure qui apparait dans la fenêtre Relations et montre les champs des tables associées par la relation. La ligne d'une relation un-à-plusieurs affiche un « 1 » à côté du champ qui sert du côté un de la relation et un symbole infini à côté du champ qui représente le côté plusieurs de la relation, quand l'intégrité référentielle est appliquée à cette relation.

Ligne de jointure Le trait qui identifie les champs par l'entremise desquels une relation a été établie entre deux tables.

Ligne de totaux La ligne d'une grille de création de requête qui permet de spécifier la manière dont les enregistrements sont regroupés et résumés à l'aide de fonctions de regroupement.

Limiter à liste Propriété d'un contrôle zone de liste déroulante permettant de limiter la saisie parmi les options déjà présentes dans la liste.

Liste des champs du graphique La liste des champs de l'enregistrement sous-jacent d'un graphique croisé dynamique.

Liste des champs La liste des champs disponibles dans la table ou la requête que représente la liste des champs.

Logiciel de base de données relationnelle Un logiciel qui, comme Access, sert à gérer des données réparties dans une base de données relationnelle.

Macro Un objet Access qui enregistre une suite de touches de clavier ou de commandes comme celles d'impression d'une série d'états dans une ligne ou qui permet d'afficher une barre d'outils à l'ouverture d'un formulaire.

Masque de saisie (propriété) Une propriété d'un champ qui offre un guide visuel d'aide à la saisie des données par les utilisateurs.

Message si erreur Cette propriété d'un champ ou d'un contrôle définit le message qui apparait si un utilisateur tente de saisir une valeur ne respectant pas la règle de validation du champ ou du contrôle.

Mise en forme Amélioration de l'apparence d'une information par l'entremise de caractéristiques comme la police, la taille et la couleur.

Mise en forme conditionnelle Une mise en forme basée sur des critères spécifiés. Par exemple, une zone de texte peut être mise en forme pour afficher sa valeur en rouge si cette valeur est un nombre négatif.

Mode Création de requête La fenêtre de développement des requêtes, où vous spécifiez les champs à afficher, les ordres de tri et les critères de restriction des enregistrements résultants. Les résultats sont affichés dans le mode Feuille de données.

Mode Création de table Désigne le mode d'affichage d'une table qui permet d'y ajouter, modifier ou supprimer les contrôles et d'ajuster les propriétés de ceux-ci.

Mode Création Un type d'affichage dans lequel la structure de l'objet est modifiable. Tous les objets Access possèdent un mode Création.

Mode État Le mode d'affichage proposé par Access pour afficher le maximum de données que l'écran permet d'un visualiser.

Mode Feuille de données Un mode d'affichage des enregistrements d'un objet sous forme d'une feuille de données. Les objets Table, Requête et la plupart des formulaires possèdent un mode Feuille de données.

Mode Feuille de données de requête L'affichage d'une requête qui présente les champs et les enregistrements sélectionnés par la requête dans une feuille de données.

Mode Formulaire Mode d'interaction avec un objet Formulaire qui affiche les données du jeu d'enregistrements sous-jacent et permet la saisie et la modification de ces données.

Mode Modification Le mode dans lequel Access suppose que vous essayez de modifier un champ donné, de sorte que des séquences de touches telles que [Ctrl] [Fin], [Ctrl] [↖], [→] et [←] déplacent le point d'insertion au sein du champ.

Mode Page Un mode d'affichage d'Access qui autorise quelques modifications au formulaire ou à l'état, tout en affichant les données.

Mode déplacement Le mode d'accès aux contrôles dans lequel Access considère que vous vous déplacez parmi les contrôles (au lieu de vous déplacer au sein d'un contrôle) d'une feuille de données, de sorte que les séquences de touches comme [Ctrl] [↖] et [Ctrl] [Fin] vous déplacent respectivement au premier et au dernier champs de la feuille de données.

Modèle Un fichier échantillon, comme une base de données prédéfinie proposée par le logiciel Microsoft Access.

Modifier les éléments de liste Un clic sur ce bouton permet, en mode Formulaire, d'ajouter des éléments à la liste des choix possibles d'une zone de liste déroulante.

Module Un objet Access qui enregistre du code de programmation Visual Basic pour étendre les fonctions des procédures d'automatisation d'Access.

Moyenne (fonction) Cette fonction prédéfinie d'Access calcule la moyenne des valeurs d'un champ donné.

Nom du champ Le nom donné à un champ d'une table.

Null (entrée vide) L'état d'absence de valeur dans un champ. Des entrées comme 0 dans un champ numérique ou l'espace dans un champ de type Texte ne sont pas considérées comme nulles. Les requêtes et les filtres recherchent parfois des données selon un critère Est Null dans des champs pour repérer les champs vides. À l'inverse, le critère Est Pas Null recherche tous les enregistrements où une entrée a été saisie, quelle qu'elle soit.

NuméroAuto Type de donnée d'un champ dans lequel Access entre automatiquement un entier séquentiel pour chaque enregistrement de la feuille de données. Ces numéros ne peuvent jamais être réutilisés, même si l'enregistrement correspondant est supprimé.

Objet OLE Ce type de données d'un champ enregistre dans le champ des pointeurs vers des fichiers liés, comme des images, de la musique, des clips vidéo ou des feuilles de calcul, créés dans d'autres programmes.

Opérateur Comme Opérateur de comparaison d'Access permettant de créer des requêtes pour rechercher des données selon un critère avec un caractère générique.

Ordre de tabulation La séquence selon laquelle les contrôles d'un formulaire reçoivent le focus lorsque l'utilisateur appuie sur [Tab] ou [Entrée] en mode Formulaire.

Orientation Portrait Un mode d'affichage ou d'impression sur une feuille où la largeur d'impression (27,9 cm) est plus grande que la longueur (21,6 cm).

Orientation Paysage Désigne la manière d'imprimer une page sur la grande longueur d'une feuille de papier, quelle que soit sa taille.

Palette Une collection de propositions parmi lesquelles vous pouvez effectuer un choix. Fonctionnalité souvent associée à l'Affichage automatique.

Pixel Le pixel est une mesure d'un élément d'image à l'écran.

Poignées de (re)dimensionnement Petits carrés aux quatre coins d'un contrôle sélectionné dans Access. Faites glisser une des poignées pour redimensionner le contrôle. Souvent abrégé en poignées.

Propriété Une caractéristique qui définit plus finement un champ, un contrôle, une section ou un objet.

Propriétés d'un champ Les caractéristiques qui définissent complètement le champ.

Propriétés de section Les caractéristiques qui définissent chaque section d'un état.

Propriétés Liste de choix Les propriétés dont le réglage permet de fournir dans un champ une liste de valeurs plausibles pour ce champ.

Règle de validation Placée dans la propriété Valide si d'un champ d'un formulaire, une règle de validation permet d'éliminer toute saisie déraisonnable et irréaliste, en définissant des critères qu'une valeur saisie doit respecter avant d'être acceptée dans la base de données.

Règle Guide vertical et (ou) horizontal qui apparait en mode Création de formulaire ou d'état pour faciliter le repérage lors du positionnement des contrôles.

Regroupement Technique de tri d'enregistrements en un ordre déterminé, assortie de l'apparition d'une section avant et après chaque groupe d'enregistrements.

Relation plusieurs-à-plusieurs La relation établie entre deux tables d'une base de données Access où à un enregistrement d'une table correspondent plusieurs enregistrements de la seconde table et inversement. Access n'autorise pas la création de relations plusieurs-à-plusieurs entre tables. Pour associer deux tables dans une telle relation, vous devez créer une troisième table intermédiaire et créer deux relations un-à-plusieurs distinctes entre les deux tables et la table intermédiaire, dite de jointure.

Relation un-à-plusieurs L'association établie entre deux tables dans une base de données Access, par l'entremise d'un champ commun. Le champ d'association s'appelle la clé primaire de la table du côté un de la relation, et s'appelle la clé étrangère dans la table du côté plusieurs de la relation.

Reproduire la mise en forme L'outil idéal pour recopier les caractéristiques de mise en forme d'un contrôle dans un autre contrôle, en mode Création de formulaire ou d'état.

Requête Ce type d'objet Access fournit un affichage des données en forme de feuille de données, qui s'apparente à celui des tables. Il permet aussi de ne fournir à l'utilisateur qu'un sous-ensemble de données et (ou) d'enregistrements d'une ou plusieurs tables. Les requêtes répondent aux utilisateurs lorsqu'ils ont une question à propos des données de la base de données.

Requête Analyse croisée Ce type de requête représente les données selon une disposition de tableau croisé, où les champs servent d'en-têtes de colonnes et de lignes, à la façon des tableaux croisés dynamiques des tableurs.

Requête de synthèse Une requête créée pour calculer et afficher des informations sur des enregistrements regroupés.

Requête Sélection Le type de requête le plus fréquent, qui recherche des données d'une ou plusieurs tables associées et affiche ses résultats dans une feuille de données.

Ruban La zone de la fenêtre du programme de la suite Office qui affiche les commandes, réparties dans des groupes, sous des onglets.

Section Un emplacement d'un formulaire ou d'un état contenant des contrôles. La section dans laquelle un contrôle est présent détermine l'emplacement (à l'écran ou sur papier) et la fréquence de l'apparition du contrôle.

Sélecteur de champ Le bouton à gauche d'un champ d'une table en mode Création qui indique le champ en cours de sélection. Désigne aussi la fine barre grise qui apparait au-dessus de chaque champ dans la grille de création de requête.

Séparateur de colonne Le fin trait qui sépare les noms des champs à leur gauche et à leur droite.

Somme (fonction) Fonction mathématique conçue pour calculer le total des valeurs d'un champ.

Source (propriété) Dans un formulaire ou un état, cette propriété détermine la table ou la requête qui contient les champs et les enregistrements qu'affiche le formulaire ou l'état. C'est la propriété la plus importante d'un objet formulaire ou état. Dans le même ordre d'idée, un contrôle dépendant possède une propriété Source contrôle qui identifie le champ auquel le contrôle est associé.

Source contrôle (propriété) Une propriété d'un contrôle dépendant qui détermine le champ sous-jacent auquel le contrôle est lié.

Sous-formulaire Un formulaire placé dans un autre formulaire, affichant des enregistrements d'une autre table ou requête. Un sous-formulaire affiche généralement plusieurs enregistrements simultanés, présentés dans une feuille de données.

SQL (Structured Query Language) Un langage normalisé conçu pour formuler une requête d'informations auprès d'un système de base de données relationnelle.

Suite (logicielle) Un groupe de programmes fournis ensemble et qui partagent une interface semblable, facilitant d'autant le transfert de compétences et de contenu d'un logiciel à un autre de la suite.

Symbole de modification d'enregistrement Ce symbole en forme de crayon apparait dans le sélecteur à gauche de l'enregistrement en cours de modification, tant dans une feuille de données que dans un formulaire.

Symbole infini Ce symbole indique le côté « plusieurs » dans une relation un-à-plusieurs.

Syntaxe des critères Les règles d'écriture des critères. La syntaxe des critères impose par exemple que les chaines de texte soient entourées de guillemets verticaux (" "), tandis que les critères de dates doivent être entourés de signes dièse (#).

Table Collection d'enregistrements relatifs à un même sujet, comme les enregistrements des clients ou des fournisseurs.

Table de jointure Une table créée pour remplacer une relation plusieurs-à-plusieurs entre deux tables par deux relations un-à-plusieurs entre ces tables et une nouvelle table de jointure.

Tableau croisé Une disposition de données utilisant un champ comme en-têtes de colonnes, un autre champ comme en-têtes de lignes et résume dans le corps les données d'un troisième champ, généralement de type numérique.

Thème Combinaison préétablie de couleurs, polices et attributs de mise en forme applicables à un document, dans tout programme de la suite Office.

Trier Réordonner les enregistrements dans l'ordre croissant ou décroissant des valeurs d'un champ spécifique.

Type de données Une propriété obligatoire de tout champ qui définit le genre de données qu'un champ peut recevoir. Parmi les types de données valables, citons NuméroAuto, Texte, Numérique, Monétaire, Date/Heure, Objet OLE et Mémo.

Utilisateur Terme global désignant la personne principalement intéressée par l'utilisation des données d'une base de données et, de ce fait par la saisie, la modification et l'analyse des données.

Verrouillé (propriété) Cette propriété d'un contrôle spécifie si l'utilisateur peut modifier les données dans le contrôle en mode Formulaire.

Volet de navigation Le volet de la fenêtre de programme Access qui permet de parcourir les différents objets (tables, requêtes, formulaires, états, macros et modules) de la base de données.

Vue logique La feuille de données d'une requête porte parfois le nom de vue logique des données parce qu'elle ne constitue pas une copie des données mais bien un aperçu (une vue) des données des tables sous-jacentes.

Zone de liste Ce contrôle dépendant affiche une liste de choix possibles pour la saisie dans le contrôle et est principalement utilisé dans des formulaires.

Zone de liste déroulante Un contrôle dépendant utilisé pour afficher une liste d'entrées possibles pour un champ et qui permet aussi d'entrer une valeur directement au clavier. Il s'agit de la combinaison d'un contrôle zone de liste et d'un contrôle zone de texte.

Zones du graphique ou du tableau Un emplacement d'un graphique ou tableau croisé où vous pouvez déposer un champ. Les zones d'un tableau sont celles du champ de filtre, du champ de ligne, du champ de colonne et des totaux ou champs de détail. Les zones d'un graphique croisé sont celles du champ de filtre, du champ de catégories, du champ de séries et du champ de données.

Zoom arrière Une fonctionnalité qui affiche une plus grande partie d'un document à l'écran, mais au prix d'une taille réduite des détails et qui n'affecte en rien la taille réelle du document.

Zoom avant Une fonctionnalité qui permet de faire apparaitre un document en plus grand, tout en montrant une partie plus réduite de ce document à l'écran et qui n'affecte en rien la taille réelle du document.

Index

Microsoft® PowerPoint 2010

Collection illustrée

LES
ÉDITIONS
**REYNALD
GOULET**
INC.

Microsoft® PowerPoint 2010 – Collection illustrée

© 2011 Les Éditions Reynald Goulet inc.
Tous droits réservés. On ne peut reproduire aucun extrait de ce livre sous quelque forme ou par quelque procédé que ce soit – machine électronique, mécanique, à photocopier, à enregistrer ou autrement – sans avoir obtenu au préalable, la permission écrite des Éditions Reynald Goulet inc.

Traduction et adaptation : Colette Michel et Michèle Simond
Couverture : Martineau Design Graphique
Infographie : Ayotte Graphe

Diffusion exclusive
Les Éditions Reynald Goulet inc.
www.goulet.ca

Cet ouvrage est une version française de
Microsoft® PowerPoint 2010 – Illustrated Introductory
David W. Beskeen
© 2011 Course Technology – Une division de Cengage Learning

Nous reconnaissons l'aide financière du gouvernement du Canada par l'entremise du Fonds du livre du Canada (FLC) pour nos activités d'édition.

Gouvernement du Québec – Programme de crédit d'impôt pour l'édition de livres – Gestion SODEC

Dépôt légal :
Bibliothèque et Archives nationales du Québec
Bibliothèque et Archives Canada

Imprimé au Canada
14 13 12 11   5 4 3 2 1

ISBN 978-2-89377-430-5

Renonciation

L'auteur et l'éditeur de cet ouvrage ont fait tous les efforts pour préparer ce livre ainsi que les programmes et les fichiers qu'il contient, y compris dans l'élaboration, la recherche et les contrôles sur l'efficacité des théories et pro-grammes. L'auteur et l'éditeur n'offrent aucune garantie de quelque ordre que ce soit, expresse ou implicite, pour ce qui concerne ces programmes et fichiers ni la documentation présentés dans ce livre. L'auteur et l'éditeur ne pourront être tenus pour responsables de tout dommage accessoire ou indirect, lié à ou causé par la fourniture, la performance ou l'utilisation de ces programmes.

Les Éditions Reynald Goulet se réservent le droit d'apporter tout changement à ce livre sans préavis.

À lire avant de commencer

Installation de la suite Microsoft Office 2010

Ce livre a été rédigé et testé à l'aide de Microsoft Office 2010 – Professionnel, avec une installation complète sur Microsoft Windows 7. Le navigateur Web utilisé pour toutes les étapes qui nécessitent un navigateur est Internet Explorer 8. Il peut arriver que, pour expliquer clairement une fonctionnalité du programme, une caractéristique ne faisant pas partie de l'installation standard soit présentée. Certains exercices s'effectuent sur le web. Vous devez posséder une connexion internet pour réaliser ces exercices.

Que sont les fichiers Projets ?

Afin de réaliser les leçons et les exercices de ce livre, vous avez besoin de fichiers de travail. Ces fichiers contiennent des documents préparés pour accélérer l'exécution des leçons et centrer l'apprentissage sur la tâche en cours d'étude. Tous les fichiers nécessaires se trouvent sur le site web http://www.goulet.ca à l'adresse du livre.

Pour télécharger vos fichiers Projets, lisez les explications sur la page couverture intérieure du début du livre. Pour simplifier le texte des modules, il est seulement fait référence dans celui-ci à un « dossier Projets ». Il s'agit d'un nom générique désignant l'emplacement où se trouvent les fichiers de travail du module en cours. C'est à vous de constituer les dossiers Projets dont vous avez besoin.

Pourquoi mon écran est-il différent du livre ?

1. Les composants de votre bureau, sa présentation et les options de certaines boites de dialogue peuvent différer selon la version de Windows utilisée.

2. Selon les capacités matérielles de votre système, les paramètres régionaux et d'affichage définis dans votre ordinateur, vous pouvez remarquer les différences suivantes :
   - Votre écran peut sembler plus petit ou plus grand selon la résolution utilisée (les figures sont réalisées à partir d'une résolution de 1024 x 768) et l'aspect du Ruban peut varier selon cette résolution.
   - Les couleurs des divers éléments de l'écran peuvent être différentes.
   - Les dates, les heures, les numéros de téléphone et les symboles monétaires affichés dépendent de vos paramètres régionaux.

3. Le Ruban, la zone bleue au sommet des fenêtres de Microsoft Office 2010, s'adapte aux différentes résolutions. Si votre écran est réglé à une définition inférieure à 1024 x 768, vous ne verrez pas tous les boutons des figures du livre. Les groupes de boutons s'affichent toujours mais ces groupes peuvent être condensés en un seul bouton, sur lequel vous devez cliquer pour accéder aux boutons décrits dans les étapes.

Préface

Bienvenue dans Microsoft PowerPoint 2010 – Collection illustrée. Ce livre à l'orientation très visuelle vous propose un enseignement pratique de toutes les facettes de Microsoft PowerPoint 2010. Les leçons présentent les différents éléments illustrés ci-contre.

Comment le livre est-il organisé ?

Le livre est divisé en huit modules. Ces modules étudient la création, la modification et l'amélioration d'une présentation, la création de graphiques, les objets liés ainsi que plusieurs fonctionnnalités avancées.

Quels sont les types d'instructions fournies dans le livre ? Avec quel niveau de difficulté ?

Les leçons utilisent le cadre de la société fictive Voyages Tour Aventure, une agence de voyages. Les tâches demandées dans les pages bleues à la fin de chaque module sont de difficulté croissante. Les fichiers Projets et les études de cas, utilisant de nombreux exemples internationaux et professionnels, fournissent une grande diversité d'applications réalistes et intéressantes des techniques étudiées.
Ces tâches comprennent :

- **La révision des concepts**, permettant de tester la compréhension par une série de questions à choix multiples et d'identifications d'éléments visuels.

- **La révision des techniques**, fournissant un entrainement pratique supplémentaire, mettant en œuvre pas à pas tous les outils étudiés.

- **Les exercices personnels et défis**, fondés sur des projets précis requérant une mise en application réfléchie des techniques apprises dans le module. Ces exercices sont de difficulté croissante, le premier étant le plus facile et souvent détaillé par étape.

Chaque double page traite d'une seule technique.

Un texte concis introduit les principes de base de la leçon et présente la situation pratique étudiée.

B
PowerPoint 2010

Utiliser les outils de révision et de langue

Lorsque le travail tire à sa fin, il reste à le vérifier attentivement et à corriger les erreurs. Vous pouvez utiliser l'outil de vérification orthographique de PowerPoint pour rechercher et corriger les fautes d'orthographe. Cet outil compare tous les mots des diapositives au contenu du dictionnaire électronique intégré. Vous devez quand même vérifier la ponctuation, la grammaire et les usages incorrects car le vérificateur ne reconnait que les mots mal orthographiés et inconnus et non les mauvaises formulations. Par exemple, le vérificateur n'identifiera pas comme erreur le mot « miel » alors que vous vouliez écrire « ciel ». PowerPoint offre aussi des outils linguistiques qui traduisent des mots ou des phrases de votre langue par défaut en une autre langue au moyen de l'outil Microsoft® Translator. ▨▨▨▨ Votre présentation est terminée pour l'instant et c'est le moment idéal pour en vérifier l'orthographe. Vous faites ensuite l'essai de l'outil de traduction parce que la présentation finale sera traduite en anglais.

ÉTAPES

PROBLÈME
Si le vérificateur trouve un autre mot, tel que votre nom sur la diapositive 1, cliquez sur Ignorer tout dans la boite de dialogue Orthographe.

1. **Ouvrez l'onglet** Révision **sur le Ruban, puis cliquez sur le bouton** Orthographe **dans le groupe** Vérification.
   PowerPoint commence à vérifier l'orthographe de la présentation. Lorsqu'un mot mal orthographié ou inconnu est trouvé, la boite de dialogue Orthographe apparait (figure B-15). Ici, PowerPoint a identifié le mot mal épelé « Esclusif » sur la diapositive 4 et suggère de le remplacer par le mot correct « Exclusif ».

2. **Cliquez sur** Remplacer.
   PowerPoint remplace le mot erroné puis poursuit la vérification orthographique du reste de la présentation. S'il trouve d'autres mots qu'il ne reconnait pas, remplacez-les ou ignorez-les. Une fois la vérification terminée, la boite de dialogue Orthographe se ferme et un message vous informant que la vérification est terminée s'affiche dans une boite.

ASTUCE
L'orthographe du texte inséré dans des objets ou des images n'est pas vérifiée.

3. **Cliquez sur** OK, **cliquez sur la** vignette de la diapositive 1 **dans l'onglet** Diapositives, **puis enregistrez votre présentation.**
   La fenêtre d'avertissement est fermée. Vous voulez maintenant voir comment fonctionne l'outil de traduction.

4. **Cliquez sur le bouton** Traduire **dans le groupe** Langue, **puis sélectionnez** Choisir la langue de traduction.
   La boite de dialogue Options de langue de traduction s'ouvre.

5. **Cliquez sur la flèche de liste de la zone** Traduire en, **cliquez sur** Anglais (États-Unis), **puis cliquez sur** OK.
   La boite de dialogue Options de langue de traduction est fermée.

6. **Cliquez sur le bouton** Traduire **dans le groupe** Langue, **cliquez sur** Mini-traducteur Anglais (États-Unis), **cliquez n'importe où dans l'objet de pied de page, puis sélectionnez tout le texte.**
   L'outil de traduction de Microsoft commence à analyser le texte sélectionné et la boite semi-transparente Microsoft® Translator apparait sous le texte.

ASTUCE
Pour copier dans une diapositive le texte traduit, cliquez sur le bouton Copier au bas de la fenêtre du Traducteur Microsoft, cliquez du bouton droit sur la diapositive, puis cliquez sur une option de collage.

7. **Déplacez le pointeur sur la** boite Microsoft® Translator.
   Si vous êtes connecté à internet, une traduction anglaise du texte s'affiche (figure B-16). Le réglage de la langue de traduction reste actif jusqu'à ce que vous le changiez.

8. **Cliquez sur le bouton** Traduire **dans le groupe** Langue, **cliquez sur** Choisir la langue de traduction, **déroulez la liste de la zone** Traduire en, **cliquez sur** Allemand (Allemagne), **cliquez** OK, **cliquez de nouveau sur le bouton** Traduire, **puis cliquez sur** Mini-traducteur Allemand (Allemagne).
   Le mini-traducteur est désactivé et la langue de traduction est rétablie à la valeur par défaut.

9. **Donnez une copie de votre présentation à votre formateur, puis quittez PowerPoint.**

PowerPoint B-16

Modifier une présentation

Des astuces ou des problèmes sont évoqués exactement là où c'est nécessaire, à côté de l'étape elle-même.

L'exercice suivant, nommé Défi, est plus ouvert, exigeant d'approfondir l'étude de la solution de façon plus indépendante.

• Les ateliers visuels, montrant une solution terminée et requérant la réalisation de cette solution sans aucune indication d'étape à suivre, obligeant ainsi l'élève à créer sa propre démarche de façon indépendante.

Quelle est l'approche utilisée?

Pourquoi l'approche utilisée de cette collection est-elle si efficace pour enseigner les techniques informatiques? C'est très simple. Chaque technique est présentée dans une double page en vis-à-vis, les instructions détaillées étape par étape se trouvant sur la page de gauche et les illustrations claires et explicatives, sur la page de droite. L'utilisateur peut se concentrer sur un même sujet sans avoir à tourner la page. Cette conception unique rend l'information très accessible et facile à assimiler, tout en fournissant d'excellentes références une fois le cours achevé. Cette approche pratique convient aussi bien à l'apprentissage autonome qu'aux classes dirigées par un formateur.

Fichiers Projets et solutions

Les fichiers Projets et leurs solutions sont disponibles sur le site web de l'éditeur. Vous pouvez les télécharger à l'adresse www.goulet.ca.

Pour les instructions de téléchargement, consultez la page de couverture intérieure.

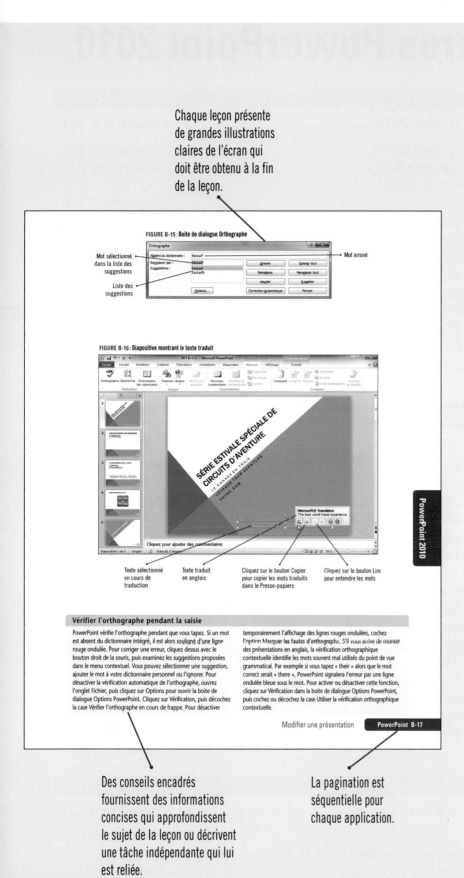

Chaque leçon présente de grandes illustrations claires de l'écran qui doit être obtenu à la fin de la leçon.

Des conseils encadrés fournissent des informations concises qui approfondissent le sujet de la leçon ou décrivent une tâche indépendante qui lui est reliée.

La pagination est séquentielle pour chaque application.

Table des matières PowerPoint 2010

Module G

Module H

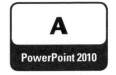
Créer une présentation avec PowerPoint 2010

Vous aurez besoin de ce fichier :
Aucun

Microsoft Office PowerPoint 2010 est un logiciel puissant qui permet de créer visuellement des présentations dynamiques. Avec PowerPoint, vous pouvez créer des diapositives individuelles et les afficher sous forme de diaporama sur votre écran, avec un vidéo-projecteur ou sur Internet. Voyages Tour Aventure (VTA) est un voyagiste spécialisé dans les voyages culturels et d'aventure garants d'expériences uniques hors des sentiers battus. À titre d'agent commercial pour VTA, une de vos responsabilités est de préparer de nouveaux circuits en Amérique du Nord, notamment au Canada et en Alaska que VTA pourra vendre sur Internet depuis son site web. Vous venez de terminer vos recherches sur les voyages en train au Canada et devez maintenant créer une présentation sur PowerPoint 2010 pour présenter les résultats de votre étude.

OBJECTIFS

Définir les logiciels de présentation

Concevoir une présentation efficace

Examiner la fenêtre PowerPoint

Saisir du texte dans une diapositive

Ajouter une nouvelle diapositive

Appliquer un thème

Comparer les modes d'affichage

Imprimer une présentation PowerPoint

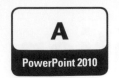
Définir les logiciels de présentation

Un **logiciel de présentation** est un logiciel qui permet d'organiser et de présenter de l'information. Qu'il s'agisse de la présentation d'un nouveau produit ou de l'animation d'une réunion, un logiciel de ce type peut aider à communiquer efficacement vos idées. Vous pouvez utiliser PowerPoint pour créer la présentation ainsi que les commentaires pour l'orateur et les documents pour l'assistance. Le tableau A-1 décrit les éléments qui peuvent être créés à l'aide de PowerPoint. Vous devez commencer à travailler sur la présentation que vous utiliserez pour présenter les nouveaux circuits en train au Canada. Comme vous connaissez peu PowerPoint, vous commencez par explorer ses possibilités. La figure A-1 montre à quoi ressemble une présentation imprimée en tant que document pour l'assistance. La figure A-2 illustre le document pour l'orateur de la même présentation.

DÉTAILS

PowerPoint facilite la réalisation des tâches suivantes :

- #### Saisir et modifier facilement du texte
  Les commandes d'édition et de mise en forme de PowerPoint sont organisées en fonction de la tâche que vous effectuez. Vous pouvez donc saisir, modifier et mettre en forme le texte de façon rapide et efficace afin de produire les meilleurs résultats dans le moins de temps possible.

- #### Changer l'apparence des données
  PowerPoint offre de nombreux effets capables de transformer radicalement l'apparence du texte, des graphismes et des diapositives. En explorant les possibilités du programme, vous découvrirez combien il est facile de changer l'aspect de votre présentation.

- #### Structurer et organiser l'information
  À partir du moment où vous commencez à utiliser PowerPoint, vous n'avez plus à vous préoccuper outre mesure de l'exactitude et de l'ordre de vos informations. En effet, le programme permet de réorganiser et de modifier en un clin d'œil n'importe quel texte, graphisme et diapositive de la présentation.

- #### Incorporer des données provenant d'autres sources
  Lorsque vous créez des présentations, vous utilisez souvent des données de sources diverses. PowerPoint permet d'importer du texte, des photos, des données numériques et des faits provenant d'autres fichiers créés dans des programmes comme Word, Excel et Access de Microsoft ou encore de Corel WordPerfect ou d'Adobe Photoshop. Vous pouvez également incorporer des objets graphiques provenant d'Internet, d'autres ordinateurs, d'un appareil photo numérique ou d'autres programmes graphiques. Assurez-vous bien d'avoir le droit d'utiliser des œuvres que vous n'avez pas créées vous-même.

- #### Présenter l'information de diverses manières
  PowerPoint offre différentes méthodes pour présenter l'information. Vous pouvez, par exemple, imprimer des documents ou un plan de la présentation pour l'assistance ou encore afficher votre présentation à l'ordinateur sous forme de diaporama électronique ou sur un grand écran au moyen d'un appareil de projection. Pour atteindre un public plus vaste encore, vous pouvez publier la présentation sur Internet de sorte que des internautes du monde entier puissent la regarder depuis leur navigateur.

- #### Collaborer à plusieurs sur une même présentation
  PowerPoint facilite l'interaction avec les collègues ou les collaborateurs à l'aide d'internet. Vous pouvez envoyer une présentation en tant que pièce jointe à un courriel afin de recevoir les commentaires d'un collègue. Si vous faites partie d'une équipe nombreuse collaborant au même projet, vous pouvez définir un espace partagé sur internet pour que chaque membre de l'équipe ait accès à la présentation.

FIGURE A-1 : Document PowerPoint pour l'assistance

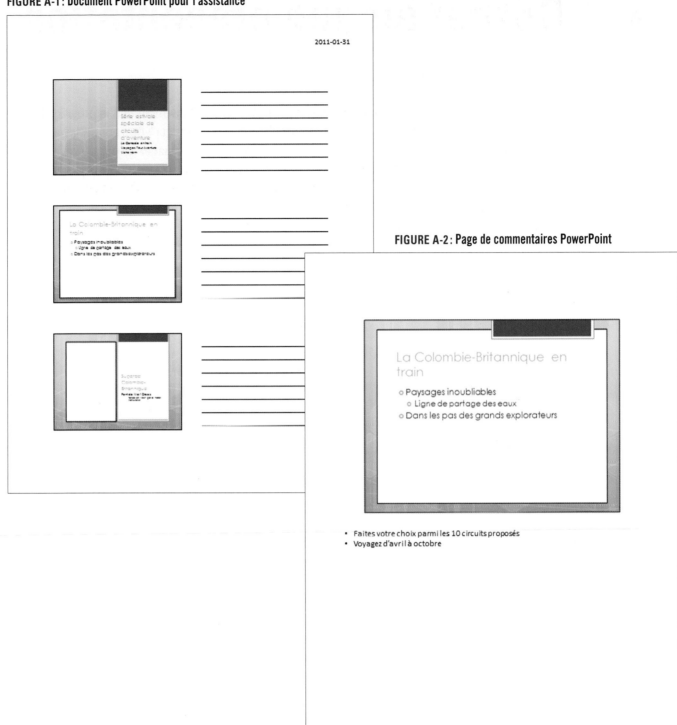

2011-01-31

FIGURE A-2 : Page de commentaires PowerPoint

La Colombie-Britannique en train

o Paysages inoubliables
  o Ligne de partage des eaux
o Dans les pas des grands explorateurs

• Faites votre choix parmi les 10 circuits proposés
• Voyagez d'avril à octobre

TABLEAU A-1 : Présenter de l'information avec PowerPoint

Méthode	Description
Présentations à l'écran	Exécuter un diaporama sur l'ordinateur ou sur grand écran à l'aide d'un vidéoprojecteur.
Commentaires	Imprimer une page avec l'image d'une diapositive et des commentaires pour l'orateur ou le public.
Documents pour l'assistance	Imprimer des documents pour l'assistance comportant une, deux, trois, quatre, six ou neuf diapositives par page.
Diffusion d'un diaporama	Publier un diaporama sur internet ou un intranet pour permettre à d'autres personnes de le visualiser au moyen de leur navigateur web.
Mode plan	Imprimer un plan de la présentation pour faire ressortir les points principaux.

Concevoir une présentation efficace

Avant de créer une présentation, vous devez avoir une bonne vue d'ensemble de l'information que vous voulez transmettre. PowerPoint est un programme puissant et souple qui vous donne la possibilité de commencer une présentation simplement en entrant le texte de votre message. Si vous prévoyez utiliser un modèle de conception ou un thème précis, vous pouvez débuter votre présentation en travaillant sur son design. Mais dans la plupart des cas, vous commencerez par saisir le texte, puis vous l'habillerez sur mesure en fonction du contexte et du public visé. À ce stade, il est aussi important de tenir compte non seulement du public cible mais aussi de l'endroit où la présentation aura lieu. Vous devez donc songer aux ressources matérielles dont vous aurez besoin, comme un équipement audio, un projecteur ou un ordinateur. Utilisez les recommandations suivantes pour vous aider à concevoir une présentation efficace. La figure A-3 illustre un plan de présentation bien conçu.

DÉTAILS

Durant l'élaboration d'une présentation, il est important de :

- **Définir le contenu et les grandes lignes du message à communiquer**

  Plus de temps vous mettrez à élaborer le message et son plan, meilleure sera votre présentation. Une présentation dont le message est clair et se lit comme une histoire et qui est bien illustrée visuellement aura un effet puissant sur le public. Débutez la présentation par une description générale des voyages en train au Canada et les genres de circuits offerts par Voyages Tour Aventure (figure A-3).

- **Vérifier le public ciblé et l'endroit où la présentation aura lieu**

  Le public et l'endroit de la présentation sont des facteurs majeurs quant au type de présentation à créer. Ainsi, une présentation destinée à une réunion du personnel dans une salle de conférence n'a pas besoin d'être aussi élaborée ou détaillée qu'une présentation pour un grand public dans un auditorium. L'éclairage de la pièce, la lumière naturelle, la position de l'écran et la disposition de la salle sont des facteurs intervenant sur la façon dont le public répondra à la présentation. La présentation que vous allez créer se déroulera dans un petit auditorium devant la direction et les équipes de ventes de VTA.

- **Déterminer le médium de sortie**

  Les options de sortie d'une présentation comprennent le diaporama à l'écran, des documents en noir et blanc ou en couleurs ou une diffusion en ligne. Tenez compte des contraintes de temps et de disponibilité du matériel avant de décider du type de sortie à produire. Comme vous allez parler dans un petit auditorium devant un groupe important et que vous avez accès à un ordinateur et un équipement de projection, vous décidez que le diaporama est le meilleur choix pour votre présentation.

- **Définir le style**

  L'intérêt visuel, les graphismes et la disposition se conjuguent pour communiquer votre message. Vous pouvez choisir l'un des thèmes professionnels fournis avec PowerPoint, modifier l'un de ces thèmes ou créer le vôtre. Vous décidez d'adopter l'un des thèmes de conception de PowerPoint pour bien transmettre les renseignements sur les nouveaux circuits.

- **Décider quels autres éléments seront utiles à la présentation**

  Vous ne devez pas seulement préparer les diapositives mais aussi vous charger des éléments supplémentaires comme les commentaires pour le présentateur et les documents pour l'assistance. Les pages de commentaires vous aideront à vous rappeler les détails clés et vous distribuerez les documents au public pour qu'il puisse s'y référer durant la présentation.

Diapositive 1
*Série estivale spéciale
de circuits d'aventure
– Le Canada en train*

Diapositive 2
*La Colombie-Britannique
en train
- Paysages
- Dans les pas des grands
explorateurs*

Diapositive 3
*Superbe Colombie-Britannique
– Pont de Wolf Creek*

Diapositive 4
*Caractéristiques des circuits
en Colombie-Britannique
- Forfaits offerts
- Itinéraires*

À propos des droits d'auteur

On appelle « propriété intellectuelle » toute idée ou création de l'esprit humain. Les lois sur le droit d'auteur s'appliquent à toute œuvre originale de nature littéraire, dramatique, musicale ou artistique, ce qui comprend les livres, les pages web, les jeux informatiques, les œuvres d'art et les photographies. Le droit d'auteur protège l'expression d'une idée, mais non les faits ou les concepts sous-jacents. Autrement dit, le sujet dont il est question n'est pas protégé, mais la façon dont il est exprimé l'est; par exemple, lorsque plusieurs personnes photographient le même coucher de soleil. Le droit d'auteur existe sur l'œuvre originale dès sa création, sans qu'il soit nécessaire de l'enregistrer auprès d'un bureau officiel ou d'afficher le symbole de copyright, ©.

L'utilisation équitable est une exception prévue par la loi sur le droit d'auteur qui permet, à certaines conditions, d'utiliser un matériel protégé sans le consentement préalable du propriétaire de l'œuvre. Déterminer si l'emploi équitable s'applique à une œuvre dépend de l'objectif visé, de la nature de l'œuvre, de la quantité à reproduire et de l'incidence sur la valeur de l'œuvre. Une utilisation non autorisée d'une œuvre protégée (comme le téléchargement d'une photo ou d'une chanson depuis le web) constitue une violation du droit d'auteur et est passible de poursuites.

PowerPoint 2010

La fenêtre PowerPoint

Au démarrage de PowerPoint, une diapositive vide apparait dans la fenêtre. PowerPoint offre différents **modes d'affichage** qui permettent de visualiser la présentation sous différentes formes. Par défaut, elle s'ouvre en mode **Normal**. Ce mode est celui que vous utilisez principalement pour rédiger, modifier et concevoir votre présentation. En mode Normal, la fenêtre est divisée en trois zones appelées **volets** : le volet de gauche, qui propose les onglets Plan et Diapositives, le volet le plus grand qui contient la diapositive et le petit volet Commentaires, placé sous le volet Diapositive. Les déplacements dans chaque volet se font à l'aide des barres de défilement. ▓▓▓ La fenêtre PowerPoint et ses éléments du mode Normal sont décrits ci-dessous.

ÉTAPES

PROBLÈME

Si vous ne trouvez pas Microsoft PowerPoint 2010 dans le menu Tous les Programmes, demandez l'aide de votre formateur ou d'un technicien.

1. **Cliquez sur le bouton Démarrer ⊕ dans la barre des tâches, cliquez sur Tous les programmes, cliquez sur Microsoft Office, puis cliquez sur Microsoft PowerPoint 2010.**

   PowerPoint démarre et la fenêtre PowerPoint s'ouvre (figure A-4).

En vous guidant sur la figure A-4, examinez les éléments de la fenêtre PowerPoint, puis trouvez et comparez les éléments décrits ci-dessous :

- Le **Ruban**, une large bande de style barre d'outils qui occupe toute la largeur de la fenêtre PowerPoint, regroupe toutes les commandes principales du programme. Chaque jeu de commandes est identifié par un **onglet** ; par exemple, l'onglet Accueil est sélectionné par défaut (figure A-4). Les commandes sont ensuite organisées par **groupes** selon leur fonction dans l'onglet du Ruban. Ainsi, les commandes de mise en forme telles Gras, Italique et Souligner sont situées sous l'onglet Accueil, dans le groupe Police.

- L'**onglet Plan** affiche le texte de votre présentation sous la forme d'un plan, c'est-à-dire sans graphismes ni autres objets visuels. Dans cet onglet, il est facile de déplacer du texte dans une diapositive ou vers une autre en le faisant glisser pour réorganiser l'information.

- L'**onglet Diapositives** affiche les diapositives de votre présentation sous forme de petites images, appelées **vignettes**. Vous pouvez naviguer rapidement parmi les différentes diapositives d'une présentation en cliquant sur les vignettes. Cet onglet permet aussi d'ajouter, de supprimer ou de réorganiser des diapositives.

- Le **volet Diapositive** affiche la diapositive en cours.

- Le **volet Commentaires** sert à taper des notes sur le contenu d'une diapositive. Vous pouvez imprimer ces commentaires et vous y référer pendant que vous parlez, ou les imprimer comme documents pour le public. Le volet Commentaires n'est pas affiché lorsque vous présentez un diaporama.

- La **barre d'outils Accès rapide** fournit un accès immédiat aux commandes fréquentes, comme Enregistrer, Annuler et Rétablir. Cette barre d'outils est toujours visible quel que soit l'onglet ouvert dans le Ruban. Elle est également personnalisable. Cliquez le bouton Personnaliser la barre d'outils Accès rapide pour ajouter ou supprimer des commandes.

- Les **raccourcis Mode d'affichage**, dans la barre d'état, permettent de passer rapidement d'un mode d'affichage à un autre.

- La **barre d'état**, située au bas de la fenêtre PowerPoint, affiche des messages sur la tâche en cours et l'objet affiché, ainsi que le numéro de la diapositive active et le nom du thème appliqué. Elle affiche également les commandes de zoom, le bouton Ajuster la diapositive à la fenêtre ▦ et des informations sur d'autres outils comme les signatures et les permissions.

- Le **curseur de zoom**, situé dans le coin droit de la barre d'état, permet de régler rapidement le facteur de zoom.

FIGURE A-4 : Fenêtre PowerPoint en mode Normal

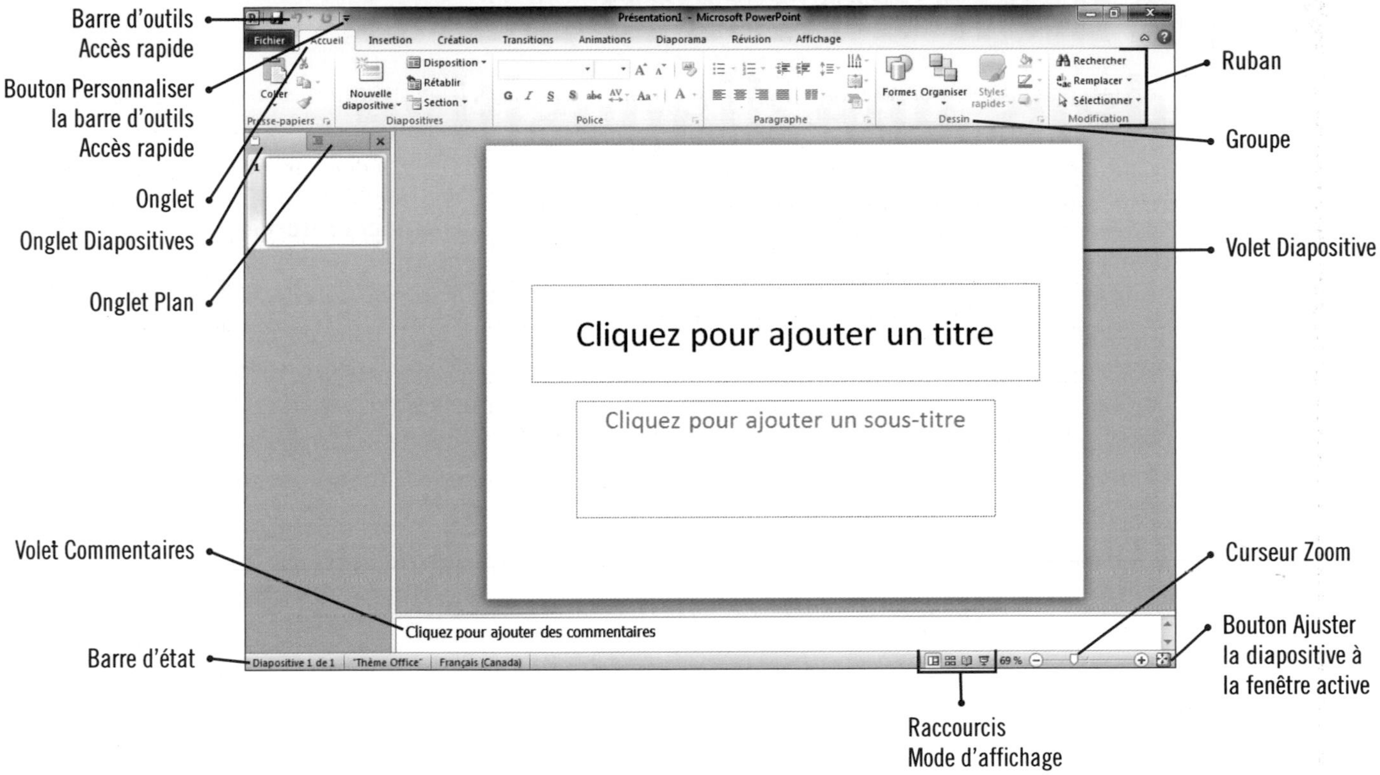

Barre d'outils Accès rapide

Bouton Personnaliser la barre d'outils Accès rapide

Onglet

Onglet Diapositives

Onglet Plan

Volet Commentaires

Barre d'état

Ruban

Groupe

Volet Diapositive

Cliquez pour ajouter un titre

Cliquez pour ajouter un sous-titre

Curseur Zoom

Bouton Ajuster la diapositive à la fenêtre active

Cliquez pour ajouter des commentaires

Raccourcis Mode d'affichage

Afficher une présentation en nuances de gris ou en noir et blanc

Afficher une présentation en nuances de gris ou en noir et blanc pur est très utile lorsque vous l'imprimez sur une imprimante monochrome et que vous voulez être certain qu'elle se présente correctement. Pour voir l'aspect de votre présentation en nuances de gris ou en noir et blanc, ouvrez l'onglet Affichage, puis cliquez sur le bouton Nuances de gris ou sur le bouton Noir et blanc dans le groupe. Selon le bouton choisi, l'onglet Nuances de gris ou Noir et blanc apparaitra et le Ruban affichera différents paramètres que vous pouvez personnaliser. Si l'aspect d'un des objets en nuances de gris ou en noir et blanc ne vous convient pas, vous pouvez changer sa couleur d'origine. Cliquez sur l'objet avec le bouton droit, pointez Paramètres de nuances de gris ou Paramètres noir et blanc (selon le mode dans lequel vous êtes) et choisissez l'une des options du sous-menu.

Créer une présentation avec PowerPoint 2010

Saisir du texte dans une diapositive

Chaque fois que vous démarrez PowerPoint, une nouvelle présentation comportant une diapositive de titre vierge s'ouvre en mode Normal. La diapositive de titre contient deux **espaces réservés** – les deux encadrés pointillés – dans lesquels vous entrez du texte. Le premier, qui renferme la phrase « Cliquez pour ajouter un titre », est l'**espace réservé au titre**. Le second, l'**espace réservé au corps de texte**, contient la mention «Cliquez pour ajouter un sous-titre». Pour saisir un texte dans un espace réservé, cliquez simplement dans l'encadré, puis commencez à taper. Une fois la saisie terminée, l'espace réservé devient un objet de texte. Le terme **objet** désigne tout élément que l'on peut manipuler dans une diapositive. Les objets sont les blocs de construction d'une diapositive. Commencez à travailler sur votre présentation en entrant du texte dans la diapositive de titre.

ÉTAPES

1. Placez le pointeur sur l'espace réservé intitulé Cliquez pour ajouter un titre.

Le pointeur prend la forme I lorsque vous le placez sur l'espace réservé. Dans PowerPoint, le pointeur change souvent de forme selon la tâche en cours.

2. Cliquez sur l'espace réservé au titre dans le volet Diapositive.

Le point d'insertion, une ligne verticale clignotante, précise l'endroit où le texte sera inséré dans l'espace réservé au titre. Un cadre de sélection avec une bordure pointillée et des poignées de dimensionnement s'affiche autour de l'espace réservé, indiquant que cette zone est sélectionnée et prête à recevoir du texte. Lorsqu'un espace réservé ou un objet est sélectionné, vous pouvez en changer la forme ou la dimension en faisant glisser une des poignées de dimensionnement (figure A-5).

> **PROBLÈME**
> Si vous faites une faute de frappe, appuyez sur [Ret Arr] pour effacer le caractère erroné.

3. Tapez Série estivale spéciale de circuits d'aventure.

PowerPoint centre le texte et le renoue à la ligne dans l'espace réservé au titre. Celui-ci est désormais un objet texte. Observez que le texte est aussi affiché dans la vignette de l'onglet Diapositives.

4. Dans le volet Diapositive, cliquez dans l'espace réservé au sous-titre.

L'espace réservé au sous-titre est prêt à recevoir le texte.

5. Tapez Le Canada en train et appuyez sur [Entrée].

Le point d'insertion passe à ligne suivante dans l'objet texte.

6. Tapez Voyages Tour Aventure, appuyez sur [Entrée], tapez Série de circuits d'aventure, appuyez sur [Entrée], puis tapez Votre nom.

Remarquez que le bouton Options d'ajustement automatique ⊞ est apparu près de l'objet texte. Quand il est visible, ce bouton indique que PowerPoint a automatiquement diminué la taille du texte afin qu'il entre intégralement dans l'espace réservé.

7. Cliquez sur Options d'ajustement automatique ⊞, puis sélectionnez Arrêter l'ajustement du texte à cet espace réservé dans le menu déroulant.

Le texte dans l'espace réservé reprend sa taille initiale et déborde de l'espace réservé.

8. Placez le pointeur en I à droite de d'aventure, faites glisser le pointeur vers la gauche pour sélectionner toute la ligne de texte, appuyez sur [Ret Arr], puis cliquez n'importe où à l'extérieur de l'objet texte.

La ligne de texte « Série de circuits d'aventure » est effacée et le bouton Options d'ajustement automatique disparait (figure A-6). Cliquer dans une zone vide de la diapositive désélectionne tous les objets.

9. Cliquez sur Enregistrer 🔲 dans la barre d'outils Accès rapide pour ouvrir la boite de dialogue Enregistrer sous et enregistrez la présentation sous le nom PPT A-VTA dans votre dossier Projets.

Observez que le nom de fichier entré automatiquement par PowerPoint dans la boite de dialogue Enregistrer sous est le titre de la diapositive.

FIGURE A-5 : Espace réservé au titre prêt à recevoir le texte

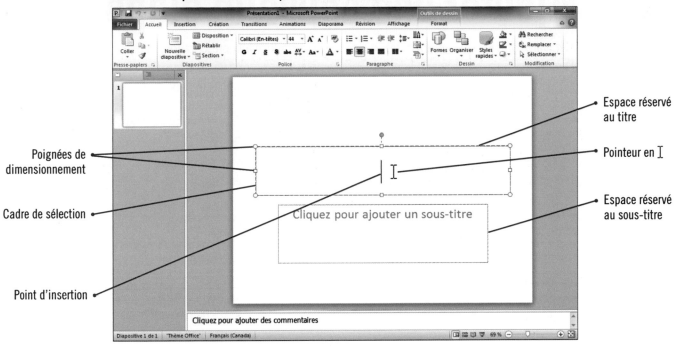

Espace réservé au titre

Pointeur en I

Espace réservé au sous-titre

Poignées de dimensionnement

Cadre de sélection

Point d'insertion

FIGURE A-6 : Texte dans la diapositive de titre

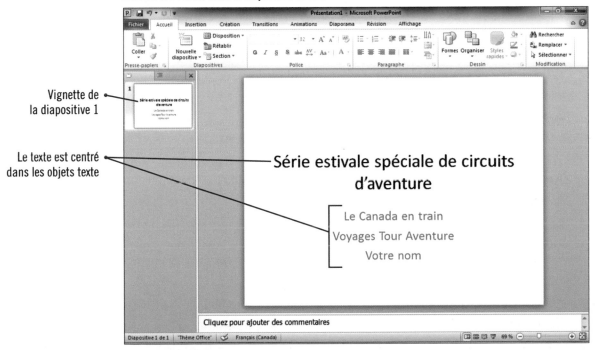

Vignette de la diapositive 1

Le texte est centré dans les objets texte

Enregistrer les polices avec une présentation

Lorsque vous créez une présentation, elle utilise les polices installées dans votre ordinateur. Si vous devez ouvrir la présentation sur un autre ordinateur, le texte peut changer d'apparence si cet ordinateur dispose de jeux de polices différents. Pour préserver l'aspect de votre présentation sur tout genre d'ordinateur, vous pouvez enregistrer, ou incorporer, les polices dans la présentation. Cliquez sur l'onglet Fichier, puis sur le bouton Options. La boite de dialogue Options PowerPoint apparait. Cliquez sur Enregistrement dans le volet de gauche et cochez la case Incorporer les polices dans le fichier.

Cliquez sur l'option Incorporer tous les caractères, puis cliquez sur OK pour fermer la boite de dialogue. Cliquez sur Enregistrer dans la barre d'outils Accès rapide. La présentation sera désormais identique sur tout ordinateur. Néanmoins, cette option entraine une augmentation significative de la taille du fichier, aussi ne l'employez qu'à bon escient. Vous être libre d'incorporer n'importe quelle police TrueType ou OpenType fournie avec Windows. Vous ne pouvez pas incorporer les polices TrueType sur lesquelles il existe des restrictions de licence.

Ajouter une nouvelle diapositive

Généralement, lorsque vous ajoutez une nouvelle diapositive à la présentation, vous avez une bonne idée de l'apparence que vous voulez lui donner. Par exemple, vous pouvez vouloir une diapositive comportant un titre surmontant une liste numérotée et une image. Pour faciliter la création de telles diapositives, PowerPoint propose neuf dispositions prédéfinies. Une **disposition de diapositive** offre des espaces réservés au texte et aux objets organisés d'une manière précise sur la diapositive. Vous avez déjà utilisé la disposition Diapositive de titre dans la leçon précédente. Si aucune des dispositions prédéfinies ne convient à vos besoins, vous pouvez en modifier une existante ou créer une disposition personnalisée. Pour continuer à développer la présentation, vous créez une diapositive définissant la nouvelle série de circuits.

ÉTAPES

ASTUCE

Vous pouvez facilement changer la disposition de la diapositive active en cliquant sur le bouton Disposition dans le groupe Diapositives de l'onglet Accueil.

1. **Cliquez sur le bouton Nouvelle diapositive dans le groupe Diapositives de l'onglet Accueil.**

   Une nouvelle diapositive vide (maintenant la diapositive active) apparait en deuxième position dans votre présentation (figure A-7). Cette nouvelle diapositive contient un espace réservé au titre et un espace réservé à un contenu. Un **espace réservé à un contenu** peut servir à insérer du texte ou un objet tel un tableau, un diagramme ou une image. Le tableau A-2 décrit les icônes d'espace de contenu. Observez que la barre d'état indique Diapositive 2 de 2 et que l'onglet Diapositives contient maintenant deux vignettes.

2. **Tapez La Colombie-Britannique en train, puis cliquez en bas dans l'espace réservé à un contenu.**

   Le texte que vous avez tapé s'affiche dans l'espace réservé au titre et le point d'insertion clignote au sommet de l'espace réservé à un contenu.

3. **Tapez Paysages inoubliables et appuyez sur Entrée.**

   Le point d'insertion apparait directement sous le texte lorsque vous appuyez sur [Entrée] et une nouvelle puce de premier niveau s'affiche automatiquement.

4. **Appuyez sur [Tab].**

   La nouvelle puce de premier niveau est mise en retrait et devient une puce de deuxième niveau.

ASTUCE

Vous pouvez aussi appuyer sur [Maj] [Tab] pour réduire le niveau de liste.

5. **Tapez Ligne de partage des eaux, appuyez sur [Entrée], puis cliquez sur le bouton Réduire le niveau de liste 📑 dans le groupe Paragraphe.**

   Le bouton Réduire le niveau de liste transforme la puce de deuxième niveau en puce de premier niveau.

6. **Tapez Dans les pas des grands explorateurs, puis cliquez sur la flèche de liste du bouton Nouvelle diapositive dans le groupe Diapositives.**

   La galerie des dispositions du thème Office s'ouvre. Chaque disposition de diapositive y est identifiée par un nom descriptif.

7. **Cliquez sur la disposition Contenu avec légende, puis tapez Superbe Colombie-Britannique.**

   Une nouvelle diapositive contenant trois espaces réservés à un contenu apparait comme troisième diapositive.

8. **Cliquez dans l'espace de contenu inférieur gauche, tapez Pont de Wolf Creek, appuyez sur [Entrée], cliquez sur le bouton Augmenter le niveau de liste 📑, puis tapez Fondé en 1857 par la Fraser Ironworks.**

   Le bouton Augmenter le niveau de liste déplace le point d'insertion d'un niveau vers la droite. Observez que cet espace réservé à du texte n'utilise pas de puces pour identifier les différentes lignes de texte.

9. **Cliquez dans une zone vide de la diapositive, puis cliquez sur Enregistrer 💾 dans la barre d'outils Accès rapide.**

   Le bouton Enregistrer sauvegarde tous les changements apportés au fichier. Comparez votre écran à celui de la figure A-8.

FIGURE A-7 : Nouvelle diapositive vide en mode Normal

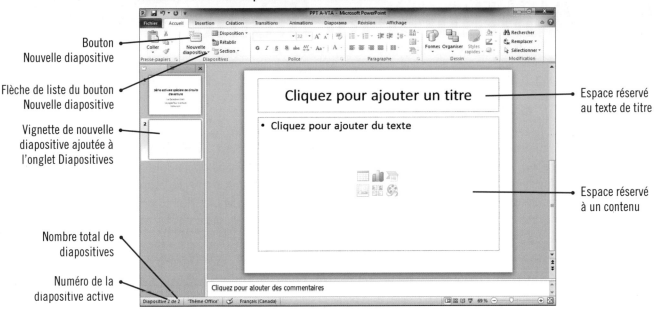

Bouton Nouvelle diapositive

Flèche de liste du bouton Nouvelle diapositive

Vignette de nouvelle diapositive ajoutée à l'onglet Diapositives

Nombre total de diapositives

Numéro de la diapositive active

Espace réservé au texte de titre

Espace réservé à un contenu

FIGURE A-8 : Nouvelle diapositive avec la disposition Contenu avec légende

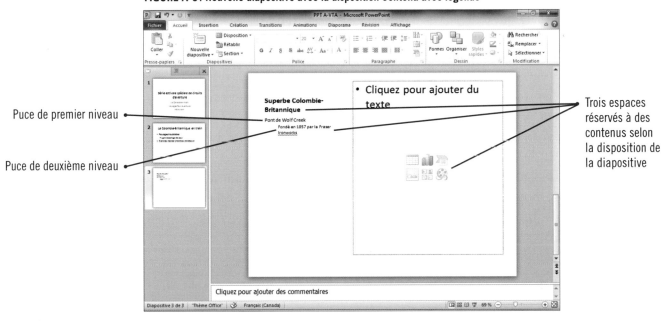

Puce de premier niveau

Puce de deuxième niveau

Trois espaces réservés à des contenus selon la disposition de la diapositive

TABLEAU A-2 : Icônes d'espace réservé à un contenu

Cliquez sur cette icône	pour insérer
▦	un tableau
▥	un graphique
▨	un graphique SmartArt
▣	une image à partir d'un fichier
▤	une image clipart
◉	un vidéoclip

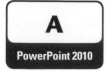

Appliquer un thème

PowerPoint offre de nombreux thèmes prédéfinis pour vous aider à créer une présentation professionnelle d'aspect contemporain. Un **thème** de conception contient un jeu de 12 couleurs coordonnées appelées **couleurs de thème** pour les remplissages, les traits et les ombres; des polices de titre et de texte appelées **polices de thème**; et des effets de traits et de remplissage appelés **effets de thème**. Tous ces éléments sont harmonisés pour créer un aspect homogène. Dans la plupart des cas, vous choisirez un thème unique pour toute votre présentation, mais rien ne vous empêche d'en utiliser plusieurs, voire un thème différent pour chaque diapositive. Vous pouvez appliquer un thème tel quel ou en modifier n'importe quel élément en fonction de vos besoins. À moins d'avoir à utiliser un thème au design précis comme le celui de votre société ou d'un produit, il est souvent plus facile et plus rapide d'utiliser l'un des thèmes prédéfinis de PowerPoint. Si vous personnalisez un thème, vous pouvez le sauvegarder pour pouvoir le réutiliser par la suite. ▓▓▓▓ Vous décidez de changer le thème par défaut de la présentation.

ÉTAPES

1. **Cliquez sur la vignette de la diapositive 1 dans l'onglet Diapositives.**

   La diapositive 1, la diapositive de titre, apparait dans le volet Diapositive.

2. **Cliquez sur l'onglet Création dans le Ruban, et pointez le thème Aspect dans le groupe Thèmes (figure A-9).**

   L'onglet Création s'ouvre et un aperçu dynamique du thème Aspect est visible sur la diapositive. Un **aperçu dynamique** permet de voir le résultat d'une option sans appliquer effectivement cette option. Cet aperçu dure environ une minute avant que la diapositive revienne à son aspect d'origine. La première vignette de thème à gauche identifie le thème actif appliqué à la présentation, ici, le thème par défaut, soit le thème Office. Selon la résolution et la taille d'écran de votre moniteur, vous voyez de cinq à onze thèmes dans le groupe Thèmes.

3. **Déplacez lentement le pointeur ⬭ sur les autres thèmes, puis cliquez une fois sur la flèche de défilement vers le bas du groupe Thèmes.**

   Un aperçu dynamique du thème est appliqué à la diapositive chaque fois que vous survolez une vignette avec le pointeur et une info-bulle identifie le nom du thème.

4. **Déplacez le pointeur ⬭ sur les thèmes, puis cliquez sur le thème Couture.**

   Le thème Couture est appliqué à toutes les diapositives de la présentation. Observez la nouvelle couleur d'arrière-plan, les éléments graphiques, les polices et la couleur du texte. Vous décidez que ce thème ne convient pas à votre présentation.

ASTUCE

Une façon d'appliquer plusieurs thèmes à la même présentation consiste à cliquer sur le bouton Trieuse de diapositive dans la barre d'état, à sélectionner une diapositive ou un groupe de diapositives, puis à leur appliquer le thème voulu.

5. **Cliquez sur le bouton Autres ⏷ dans le groupe Thèmes.**

   La galerie de tous les thèmes apparait. Au sommet de la fenêtre, dans la section Cette présentation, se trouve le thème actuellement appliqués à la présentation. Vous remarquez que seul le nom Couture se trouve ici puisque vous venez de l'appliquer à l'étape précédente en remplacement du thème par défaut. La section Prédéfini identifie les 40 thèmes standards fournis avec PowerPoint.

6. **Cliquez avec le bouton droit de la souris sur le thème Angles dans la section Prédéfini, puis cliquez sur Appliquer aux diapositives sélectionnées.**

   Le thème Angles a été appliqué seulement à la diapositive 1. Vous aimez ce thème et décidez de l'appliquer à toutes les diapositives.

7. **Cliquez avec le bouton droit sur le thème Angles dans le groupe Thèmes, puis cliquez sur Appliquer à toutes les diapositives.**

   Le thème Angles est appliqué aux trois diapositives. Examinez les vignettes des diapositives pour voir à quoi elles ressemblent.

8. **Cliquez sur le bouton Diapositive suivante ⬇ au bas de la barre de défilement vertical.**

   Comparez votre écran à la figure A-10.

9. **Cliquez sur le bouton Diapositive précédente ⬆ au bas de la barre de défilement vertical, puis enregistrez vos modifications.**

FIGURE A-9: Diapositive montrant un thème différent

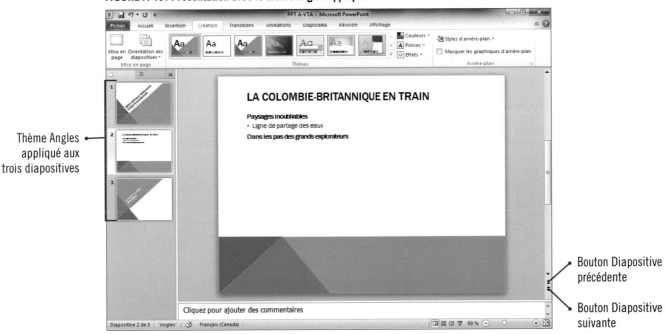

Thème actuellement appliqué

Thème Office

Thème Angles

Flèche de défilement vers le bas du groupe Thèmes

Bouton Autres

Nouvelle police

Nouvel élément graphique

FIGURE A-10: Présentation avec le thème Angles appliqué

Thème Angles appliqué aux trois diapositives

Bouton Diapositive précédente

Bouton Diapositive suivante

Personnaliser un thème

Vous n'êtes pas limité aux seuls thèmes prédéfinis de PowerPoint. Vous pouvez en effet modifier un des modèles fournis pour créer votre propre thème. Vous pourriez donc utiliser les couleurs de votre entreprise ou de votre école comme arrière-plan des diapositives de la présentation, ou utiliser les polices dont votre entreprise se sert pour faire connaitre sa marque. Pour modifier un thème existant, vous pouvez changer les couleurs, les polices et les effets de ce thème, puis l'enregistrer sous un nouveau nom pour usage ultérieur. Il suffit pour cela de cliquer sur le bouton Autres du groupe Thèmes et de choisir Enregistrer le thème actif. Vous pouvez aussi créer une toute nouvelle police ou couleur thématique en cliquant sur le bouton Polices du thème ou Couleurs du thème, puis en choisissant Nouvelles polices de thème ou Nouvelles couleurs de thème. Vous travaillez alors dans la boite de dialogue Créer de nouvelles polices de thème ou Créer de nouvelles couleurs de thème pour définir les attributs de votre thème personnel.

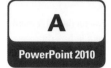
Comparer les modes d'affichage

PowerPoint offre cinq modes d'affichage : Normal, Trieuse de diapositives, Page de commentaires, Diaporama et Lecture. Chaque mode dévoile la présentation sous un autre point de vue et permet des manipulations différentes. Le **mode Normal** est le mode principal d'édition dans lequel vous saisissez le texte et ajoutez les graphismes et autres objets. Le **mode Trieuse de diapositives** sert surtout à réorganiser les diapositives, mais vous pouvez aussi y ajouter des effets et des thèmes. Le **mode Page de commentaires** permet d'ajouter des notes importantes pour chaque diapositive. Le **mode Diaporama** est destiné à une présentation publique et affiche la présentation sur la totalité de l'écran. Quant au mode Lecture, il permet de visualiser et réviser une présentation dans une grande fenêtre sur l'écran. Pour passer facilement d'un mode à un autre, utilisez les boutons de raccourci situés dans la barre d'état à côté du curseur de zoom. La plupart de ces modes peuvent aussi être activés depuis l'onglet Affichage. Le tableau A-3 donne une brève description des différents modes d'affichage. Examinez les modes d'affichage de PowerPoint en commençant par le mode Normal.

ÉTAPES

1. **Cliquez sur l'onglet Plan, puis cliquez sur la petite icône de diapositive 🔳 en regard de la diapositive 2.**

   Le texte de la diapositive 2 est sélectionné dans l'onglet Plan et la diapositive 2 apparait dans le volet Diapositive (figure A-11). Observez aussi que la barre d'état indique le numéro de la diapositive active, le nombre total de diapositives et le nom du thème appliqué.

2. **Cliquez sur l'onglet Diapositives, puis cliquez sur la vignette de la diapositive 1.**

   La diapositive 1 s'affiche dans le volet Diapositive. Des vignettes de toutes les diapositives de la présentation apparaissent dans l'onglet Diapositives et comme ce dernier est plus étroit que l'onglet Plan, le volet Diapositive est agrandi. Le curseur de défilement vertical revient en haut de la barre de défilement vertical.

ASTUCE

Vous pouvez aussi basculer entre les modes d'affichage en utilisant les commandes du groupe Affichages des présentations de l'onglet Affichage.

3. **Cliquez sur le bouton Trieuse de diapositives 🔠 dans la barre d'état.**

   Une reproduction miniature de chacune des diapositives de la présentation apparait dans la fenêtre. Vous pouvez examiner le flux des diapositives et les déplacer seules ou en groupe en les faisant glisser pour en modifier l'ordre.

4. **Double-cliquez sur la miniature de la diapositive 1, puis cliquez sur le bouton Mode Lecture 📖 dans la barre d'état.**

   La première diapositive remplit l'écran (figure A-12). Le mode Lecture est utile pour réviser une présentation ou la montrer à quelqu'un directement sur votre ordinateur. Les commandes situées dans la barre d'état facilitent les déplacements entre les diapositives.

5. **Cliquez sur le bouton Diaporama 🖥 dans la barre d'état.**

   La première diapositive remplit maintenant tout l'écran sans la barre de titre ni la barre d'état. Ce mode permet de répéter votre présentation en affichant les diapositives telles qu'elles apparaitront dans un diaporama.

ASTUCE

Vous pouvez aussi appuyer sur [Entrée], [Espace], [Page préc], [Page suiv] ou sur les touches fléchées pour passer d'une diapositive à une autre dans le diaporama.

6. **Cliquez sur le bouton gauche de la souris pour visionner les diapositives une à une jusqu'à la diapositive noire, puis cliquez une dernière fois pour revenir au mode Normal.**

   La diapositive noire qui apparait après la dernière diapositive signale la fin du diaporama. Quand le diaporama est terminé, le programme vous ramène automatiquement à la diapositive et au mode d'affichage en cours avant l'exécution du diaporama, en l'occurrence la diapositive 1 en mode Normal.

7. **Ouvrez l'onglet Affichage et cliquez sur le bouton Page de commentaires dans le groupe Affichages des présentations.**

   Le mode Page de commentaires affiche une image réduite de la diapositive au-dessus d'un grand espace réservé. Vous pouvez insérer du texte dans cette zone, puis imprimer la page pour votre usage personnel.

8. **Cliquez sur le bouton Normal dans le groupe Affichages des présentations.**

FIGURE A-11 : Mode Normal affichant l'onglet Plan

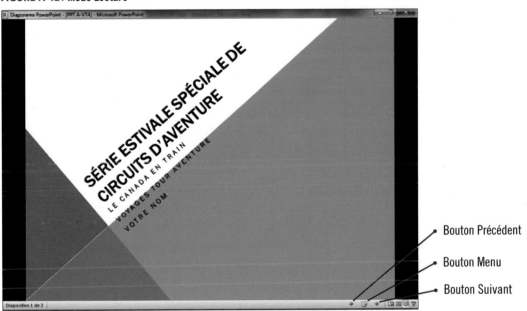

Onglet Plan

Onglet Diapositives

Icône de diapositive

Nom du thème

Bouton Normal

Bouton Trieuse de diapositives

Bouton Mode Lecture

Bouton Diaporama

FIGURE A-12 : Mode Lecture

Bouton Précédent

Bouton Menu

Bouton Suivant

TABLEAU A-3 : Modes d'affichage de PowerPoint

Mode d'affichage	Bouton	Nom du bouton	Description
Normal		Normal	Affiche simultanément le volet contenant les onglets Plan et Diapositives, et les volets Diapositive et Page de commentaires. Activez ce mode pour travailler en même temps sur le contenu, la disposition et les pages de commentaires de votre présentation.
Trieuse de diapositives		Trieuse de diapositives	Affiche une reproduction miniature de toutes les diapositives. Utilisez ce mode pour réorganiser vos diapositives et leur ajouter des effets spéciaux.
Diaporama		Diaporama	Affiche votre présentation sur la totalité de votre écran.
Mode Lecture		Mode Lecture	Affiche votre présentation dans une grande fenêtre sur votre écran.
Page de commentaires	Pas de bouton de raccourci		Affiche une image réduite de la diapositive active au-dessus d'une grande zone de texte dans laquelle vous pouvez saisir ou visualiser des commentaires.

Imprimer une présentation PowerPoint

Vous imprimez votre présentation lorsque vous voulez la réviser ou quand elle est terminée et que vous en voulez une copie papier. La révision d'un imprimé à différentes étapes de la préparation d'une présentation vous donne une perspective globale de son contenu et de sa fluidité. Vous pouvez aussi passer une dernière fois en revue chaque diapositive avant de lancer l'impression. Une fois votre travail terminé, même si la présentation n'est pas complètement prête, vous pouvez fermer le fichier de présentation et quitter PowerPoint. ▓▓▓▓ Vous avez terminé l'ébauche de votre présentation. Vous l'enregistrez et la passez en revue, puis vous imprimez les diapositives et les pages de commentaires afin de pouvoir les réviser plus tard. Vous fermez ensuite le fichier et quittez PowerPoint.

ÉTAPES

1. **Cliquez sur le bouton** Enregistrer ▣ **dans la barre d'outils Accès rapide, ouvrez l'onglet Fichier, puis cliquez sur** Imprimer.

   La fenêtre d'impression s'ouvre (figure A-13). Remarquez le volet d'aperçu du côté droit de la fenêtre: il affiche automatiquement la première diapositive de la présentation.

2. **Cliquez sur le bouton** Page suivante ▶ **au bas du volet d'aperçu, puis cliquez une fois encore sur** ▶.

   Chacune des diapositives de la présentation apparait dans le volet d'aperçu.

3. **Cliquez sur le bouton** Imprimer.

   Toutes les diapositives de la présentation s'impriment.

4. **Cliquez sur l'onglet** Fichier **sur le Ruban, cliquez sur** Imprimer, **puis cliquez sur le bouton** Diapositives en mode Page entière **dans la section** Paramètres.

   La galerie des dispositions d'impression s'ouvre. Vous pouvez y indiquer ce que vous voulez imprimer (diapositives, documents pour l'assistance, pages de commentaires ou plan) et y préciser d'autres options d'impression. Pour économiser le papier lorsque vous révisez vos diapositives, vous pouvez les imprimer sous forme de documents pour l'assistance, un mode qui permet de disposer jusqu'à 9 diapositives par page. Les options que vous activez dans cette boite y restent jusqu'à ce que vous les changiez ou fermiez la présentation.

5. **Cliquez sur** 3 diapositives, **cliquez sur le bouton** Couleur **dans la section** Paramètres, **puis cliquez sur** Noir et blanc intégral.

   PowerPoint élimine la couleur et affiches les diapositives sous forme de vignettes en regard de lignes vides (figure A-14). L'emploi de documents pour l'assistance avec trois diapositives par page est une excellente façon d'imprimer votre présentation lorsque vous voulez permettre à votre public de prendre des notes. L'impression en noir et blanc intégral, donc sans nuances de gris, permet d'économiser l'encre de l'imprimante.

6. **Cliquez sur le bouton** Imprimer.

   Toutes les diapositives de votre présentation s'impriment sur une page. Les diapositives y sont présentées sous forme de vignettes en regard de lignes vides.

7. **Ouvrez l'onglet** Fichier **sur le Ruban, puis cliquez sur** Fermer.

   Si vous avez modifié votre présentation depuis la dernière sauvegarde, un message de PowerPoint apparait vous demandant si vous voulez enregistrer les modifications au fichier.

8. **S'il y a lieu, cliquez sur** Enregistrer **pour fermer le message d'avertissement.**

   La fenêtre de la présentation se ferme.

9. **Ouvrez l'onglet** Fichier **puis cliquez sur** Quitter.

   Le programme PowerPoint se ferme et vous revenez au bureau Windows.

FIGURE A-13 : Fenêtre d'impression

Imprimante active

Réglages actuels de l'imprimante

Cliquez pour changer la plage d'impression

Cliquez pour sélectionner une disposition d'impression

Bouton Précédent

Pointez ceci pour obtenir des renseignements supplémentaires sur un élément

Volet d'aperçu

Bouton suivant

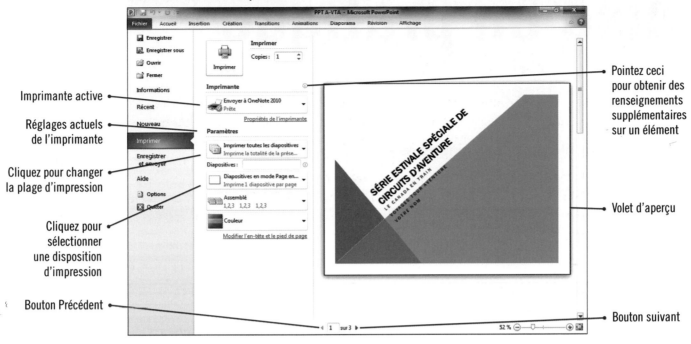

FIGURE A-14 : Fenêtre d'impression avec paramètres modifiés

Bouton Imprimer

Le nom de votre imprimante peut être différent

L'aperçu montre la présentation en noir et blanc

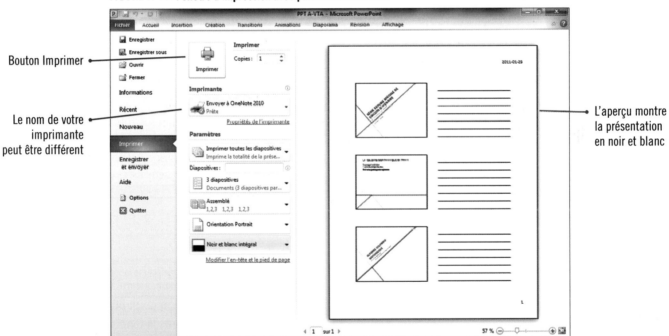

Windows Live et Office Web Apps

Tous les programmes Office permettent l'incorporation de commentaires et rétroactions qu'on appelle la collaboration en ligne depuis internet ou un réseau d'entreprises. Grâce à l'**informatique en nuage** (travail effectué dans un environnement virtuel), vous pouvez profiter sur la toile de programmes appelés Office Web Apps, qui sont des versions simplifiées des programmes constituant la suite Microsoft Office 2010. Ces programmes étant en ligne, ils ne prennent aucun espace disque et sont accessibles au moyen de Windows Live SkyDrive, un service gratuit de Microsoft. Grâce à Windows Live SkyDrive, vos collègues et vous pouvez créer et stocker des documents dans un « nuage » et les rendre accessibles à toute personne autorisée. Pour utiliser Windows Live SkyDrive, il vous faut un identifiant Windows Live (gratuit), que vous pouvez obtenir sur le site web de Windows Live.

Mise en pratique

Révision des concepts

Identifiez chaque élément de la fenêtre de PowerPoint (figure A-15).

FIGURE A-15

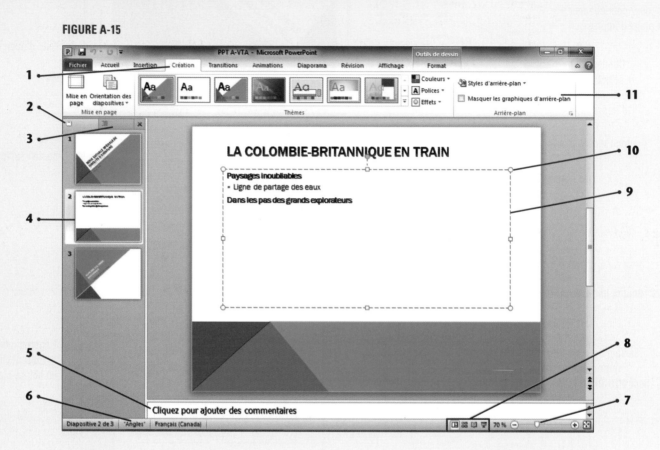

Associez chaque terme à sa description.

12. **Mode Lecture**

13. **Volet Commentaires**

14. **Mode Diaporama**

15. **Disposition de diapositive**

16. **Ruban**

17. **Curseur de zoom**

a. Mode d'affichage qui affiche une présentation sur la totalité d'un écran d'ordinateur et qui est destiné à une présentation en public.

b. Permet de modifier la taille de la diapositive dans la fenêtre.

c. Mode d'affichage utilisé pour réviser une présentation ou la montrer à quelqu'un directement sur un écran d'ordinateur.

d. Dispose les espaces réservés d'une manière précise sur la diapositive.

e. Sert à écrire un texte relatif au contenu de la diapositive.

f. Sert à organiser toutes les commandes de PowerPoint.

Sélectionnez la meilleure réponse à chaque question.

18. Lequel des énoncés suivants à propos de l'incorporation d'informations est *incorrect* ?

   a. Vous pouvez importer du texte et des données numériques dans PowerPoint.

   b. Vous pouvez ouvrir une présentation PowerPoint dans un autre programme afin d'incorporer des données.

   c. Des images provenant d'Adobe Photoshop peuvent être insérées dans une présentation.

   d. Des images provenant d'un appareil photo numérique peuvent être insérées dans PowerPoint.

19. Terminez cette phrase : « Le droit d'auteur protège l'expression d'une idée... » :

   a. mais pas les faits ou les concepts sous-jacents.

   b. y compris tous les sujets généraux.

   c. seulement s'il est enregistré auprès du Bureau du droit d'auteur.

   d. en vertu de la Politique en matière d'utilisation équitable.

20. Lequel ou lesquels des éléments suivants sont situés dans la barre d'état et permettent de passer rapidement d'un mode d'affichage à un autre ?

   a. Bouton Ajuster la diapositive à la fenêtre active   **c.** Curseur zoom

   b. Bouton Changer de mode d'affichage   **d.** Afficher les raccourcis

21. Comment appelle-t-on la ligne verticale clignotante qui apparait lorsque vous tapez du texte ?

   a. Poignée de texte   **c.** Ligne d'insertion de texte

   b. Espace réservé   **d.** Point d'insertion

22. Le mode d'affichage qui remplit l'écran avec chaque diapositive de la présentation s'appelle :

   a. Mode Diaporama   **c.** Mode Lecture

   b. Mode Ajuster à la fenêtre   **d.** Mode Normal

23. Outre le volet Diapositive, où pouvez-vous saisir le texte de la diapositive ?

   a. Volet Lecture   **c.** Onglet Plan

   b. Mode Page de commentaires   **d.** Onglet Diapositives

24. Quel est le rôle de la disposition d'une diapositive dans une présentation ?

   a. Mettre toutes vos diapositives en ordre.

   b. Appliquer automatiquement tous les objets que vous pouvez utiliser sur une diapositive.

   c. Définir l'organisation de tous les éléments sur une diapositive.

   d. Permettre d'appliquer un modèle à la présentation.

25. Lequel des éléments suivants n'est pas inclus dans un thème de conception ?

   a. Effets   **c.** Couleurs

   b. Images   **d.** Polices

Révision des techniques

1. Examiner la fenêtre PowerPoint.

   a. S'il y a lieu, démarrez PowerPoint.

   b. Identifiez autant d'éléments de la fenêtre PowerPoint que possible sans consulter le texte et les figures de ce module.

   c. Décrivez le rôle ou la fonction de chaque élément.

   d. Consultez le texte du module pour chaque élément que vous ne reconnaissez pas.

2. Saisir du texte dans une diapositive.

   a. Dans le volet Diapositive en mode Normal, entrez le texte **Projet de protection des territoires des Alutiiq** dans l'espace réservé au titre.

   b. Dans l'espace réservé au sous-titre, tapez **Lac Karluk sur l'ile Kodiak**. Guidez-vous sur la figure A-16 pour compléter la diapositive.

FIGURE A-16

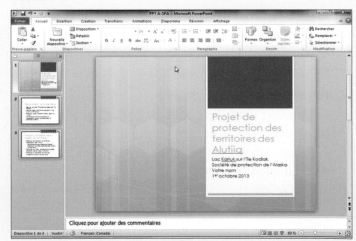

Révision des techniques (suite)

c. À la ligne suivante de l'espace réservé, tapez **Société de protection de l'Alaska**.

d. À la ligne suivante de l'espace réservé, tapez votre nom.

e. À la ligne suivante de l'espace réservé, tapez **1er octobre 2013**. Laissez PowerPoint ajuster la taille du texte dans l'espace réservé.

f. Désélectionnez l'objet texte.

g. Enregistrez la présentation dans votre dossier Projets sous le nom **PPT A-SPA**.

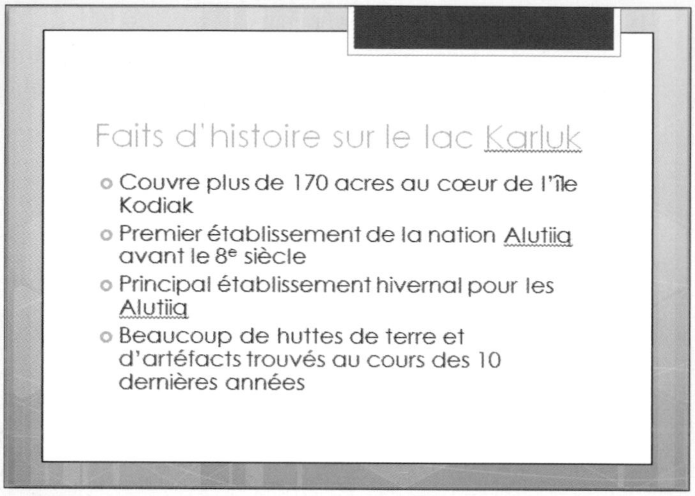

3. Ajouter une nouvelle diapositive.

a. Créez une nouvelle diapositive.

b. Entrez-y le texte présenté dans la figure A-17.

c. Créez encore une nouvelle diapositive.

d. Entrez-y le texte présenté dans la figure A-18.

e. Enregistrez vos modifications.

4. Appliquer un thème.

a. Cliquez sur l'onglet Création.

b. Cliquez sur le bouton Autres du groupe Thème, puis pointez tous les thèmes.

c. Localisez le thème Grille et appliquez-le à la diapositive sélectionnée.

d. Allez à la diapositive 1.

e. Localisez le thème Austin, puis appliquez-le à la diapositive 1.

f. Appliquez le thème Austin à toutes les diapositives de la présentation.

g. Utilisez le bouton Diapositive suivante pour passer à la diapositive 3, puis enregistrez vos modifications.

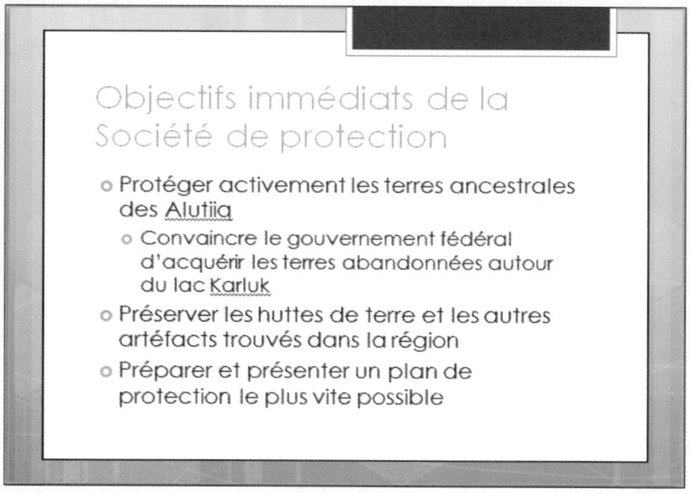

5. Comparer les modes d'affichage.

a. Cliquez sur l'onglet Affichage.

b. Cliquez sur le bouton Trieuse de diapositives du groupe Affichages de présentations.

c. Cliquez sur le bouton Pages de commentaires du groupe Affichages de présentations, puis cliquez deux fois sur le bouton Diapositive précédente.

d. Cliquez sur le bouton Mode Lecture du groupe Affichages de présentations, puis cliquez sur le bouton Diapositive suivante.

e. Cliquez sur le bouton Normal dans la barre d'état, puis cliquez sur le bouton Diaporama.

f. Faites avancer les diapositives jusqu'à ce qu'un écran noir apparaisse, puis cliquez pour terminer la présentation.

g. Enregistrez vos modifications.

6. Imprimer une présentation.

a. Imprimez toutes les diapositives en tant que documents à raison de 4 diapositives horizontales par page et en couleur.

b. Imprimez le plan de la présentation.

c. Fermez le fichier en enregistrant vos modifications.

d. Quittez PowerPoint.

FIGURE A-17

Faits d'histoire sur le lac Karluk

- Couvre plus de 170 acres au cœur de l'île Kodiak
- Premier établissement de la nation Alutiiq avant le 8e siècle
- Principal établissement hivernal pour les Alutiiq
- Beaucoup de huttes de terre et d'artéfacts trouvés au cours des 10 dernières années

FIGURE A-18

Objectifs immédiats de la Société de protection

- Protéger activement les terres ancestrales des Alutiiq
  - Convaincre le gouvernement fédéral d'acquérir les terres abandonnées autour du lac Karluk
- Préserver les huttes de terre et les autres artéfacts trouvés dans la région
- Préparer et présenter un plan de protection le plus vite possible

Exercice personnel 1

Vous travaillez pour la société *Services BioSoins*, une entreprise qui offre des services de nettoyage après sinistre environne-mental et des services de gestion de projets. Une de vos tâches consiste à accompagner votre patron dans ses missions de vente et il vous a demandé de créer une présentation décrivant et comparant les services offerts par Services BioSoins.

a. Démarrez PowerPoint.

b. Dans l'espace réservé au titre de la Diapositive 1, tapez **Services BioSoins**.

c. Dans l'espace réservé au sous-titre, tapez **votre nom**, appuyez sur **[Entrée]**, puis tapez la date du jour.

d. Appliquez le thème Papier à la diapositive.

e. Enregistrez votre présentation dans votre dossier Projets sous le nom **PPT A-BioSoins**.

f. Utilisez les figures A-19 et A-20 pour ajouter deux autres diapositives à votre présentation. (*Indice* : La diapositive 2 utilise la disposition Comparaison.)

g. Utilisez les commandes de l'onglet Affichage pour passer en revue tous les modes d'affichage de PowerPoint.

h. Imprimez la présentation en tant que document, avec 3 diapositives par page et en noir et blanc intégral.

i. Enregistrez et fermez le fichier, puis quittez PowerPoint.

FIGURE A-19

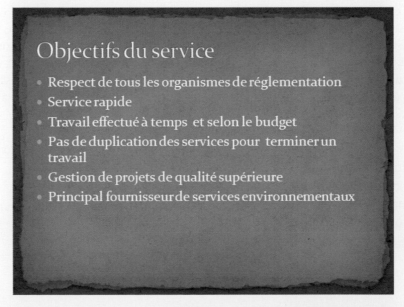

FIGURE A-20

Exercice personnel 2

Vous avez récemment été promu à la direction des ventes chez *Avionique Ultra*, un fabricant d'avions personnels, dont divers types d'ultralégers et d'avions composites. Une de vos tâches consiste à présenter les résultats des ventes à la réunion annuelle des dirigeants. Voici les données de base des quantités vendues à utiliser dans votre présentation : 283 Aircruiser, 105 Aéro Twin, 89 UltraVol, 73 Tomahawk V et 47 Vision II. Tenez compte qu'Avionique Ultra opère dans six régions du pays : Nord-Ouest, Ouest, Sud, Centre, Atlantique et Nord-Est. Vous savez aussi que les ventes ont augmenté de 5 % l'année dernière et que le chiffre d'affaires total a atteint 49 millions de dollars. La présentation doit comprendre au moins cinq diapositives.

a. Consacrez du temps à la conception de votre présentation. Quel est le meilleur moyen de présenter les données fournies ? Quelles autres informations utiles pourriez-vous ajouter ?

b. Démarrez PowerPoint.

c. Donnez à la présentation un titre approprié dans la diapositive de titre et tapez la date du jour et votre nom dans l'espace réservé au sous-titre.

d. Ajoutez des diapositives et entrez le texte adéquat.

e. Sur la dernière diapositive de la présentation, entrez les informations suivantes :
Avionique Ultra
Boite postale 77
Saint-Hubert (QC) J3T 1Y5

f. Appliquez un thème. Une de vos diapositives pourrait ressembler à celle de la figure A-21.

FIGURE A-21

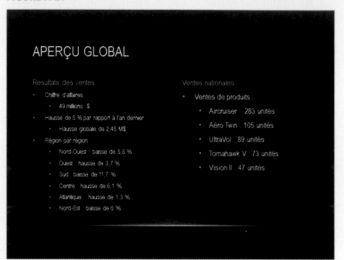

Difficultés supplémentaires

- Passez en mode Page de commentaires.
- Ajoutez des commentaires à trois diapositives.
- Imprimez les pages de commentaires de la présentation.

g. Passez les différents modes d'affichage en revue. Exécutez le diaporama au moins une fois.

h. Enregistrez votre présentation dans votre dossier Projets sous le nom **PPT A-Avionique Ultra**.

i. Fermez la présentation et quittez PowerPoint.

Exercice personnel 3

Vous travaillez pour Baja Central, une société qui importe des marchandises du Mexique. La société veut étendre son marché au monde entier. Le directeur du marketing internet vous a demandé de concevoir et de monter une présentation PowerPoint qu'il pourra utiliser pour développer un service internet amélioré ciblant les pays occidentaux. Ce nouveau service permettra aux clients d'acheter toutes sortes de produits mexicains. Les articles offerts comprennent des bijoux en argent et turquoise, des faits main, de l'artisanat folklorique, de la poterie de cuisine, des articles décoratifs en bois et des articles en cuir. Votre présentation devra fournir des détails sur les produits et les prix. si vous en avez la possibilité, utilisez Internet pour rechercher les informations nécessaires. La présentation devra comprendre au moins cinq diapositives.

a. Consacrez du temps à la conception de votre présentation. De quelles informations un consommateur a-t-il besoin pour acheter des articles sur le site web ?

b. Démarrez PowerPoint.

c. Donnez à la présentation un titre approprié dans la diapositive de titre et tapez la date du jour et votre nom dans l'espace réservé au sous-titre.

d. Ajoutez des diapositives et placez-y le texte adéquat.

Exercice personnel 3 (suite)

e. Dans la dernière diapositive de la présentation, tapez les informations suivantes :
Baja Central Ltée
Adolfo P Limon « T »
Oaxaca, Mexique
ZC 98000
Tel: 50-001-660-44
info@bajacentral.com

f. Appliquez un thème. Une de vos diapositives pourrait ressembler à celle de la figure A-22.

g. Parcourez les différents modes d'affichage. Exécutez le diaporama au moins une fois.

h. Enregistrez votre présentation dans votre dossier Projets sous le nom **PPT A-Baja**.

i. Fermez la présentation et quittez PowerPoint.

FIGURE A-22

Défi

Chaque année, votre collège organise un important événement de levée de fonds pour aider un organisme caritatif local. Vous êtes membre du Conseil consultatif des étudiants (CCÉ) qui est responsable de choisir l'organisation à soutenir. Cette année, le CCÉ a porté son choix sur la banque alimentaire de votre municipalité et organisera à cette fin un concours de préparation de chili. La compétition devra inclure des équipes locales et professionnelles de cuisiniers provenant de toute la région. Vous avez été élu pour présenter la proposition du CCÉ à la prochaine réunion du Comité des événements du collège.

a. Consacrez du temps à la conception de votre présentation. Partez des hypothèses suivantes : le concours dure deux jours; la publicité sera faite à l'échelon local et régional; des groupes de musiciens locaux seront également invités, il y aura un secteur pour les enfants avec jeux et animation; l'événement se déroulera sur les terrains adjacents au Bureau municipal. Si possible, effectuez des recherches sur Internet pour vous aider à formuler vos idées.

b. Démarrez PowerPoint.

c. Donnez à la présentation un titre approprié dans la diapositive de titre et tapez le nom de votre école, la date du jour et votre nom dans l'espace réservé au sous-titre.

d. Ajoutez des diapositives et placez-y le texte adéquat. Vous devez créer au moins trois diapositives. Des diapositives types pourraient ressembler à celles des figures A-23 et A-24.

e. Affichez le diaporama de votre présentation.

f. Enregistrez votre présentation dans votre dossier Projets sous le nom **PPT A-Chili**.

g. Fermez la présentation et quittez PowerPoint.

FIGURE A-23

FIGURE A-24

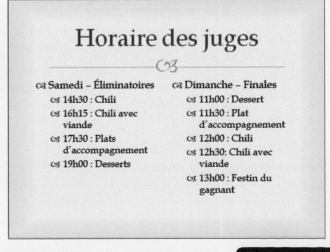

Atelier visuel

Créez la présentation illustrée dans les figures A-24 et A-25. N'oubliez pas de placer votre nom dans la diapositive de titre. Enregistrez la présentation dans votre dossier Projets sous le nom **PPT A-Paysagement**. Imprimez les diapositives.

FIGURE A-25

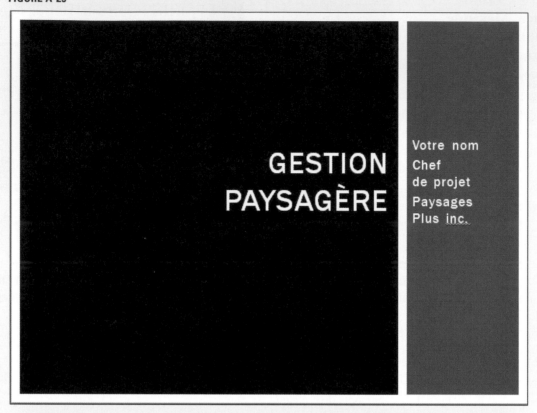

FIGURE A-26

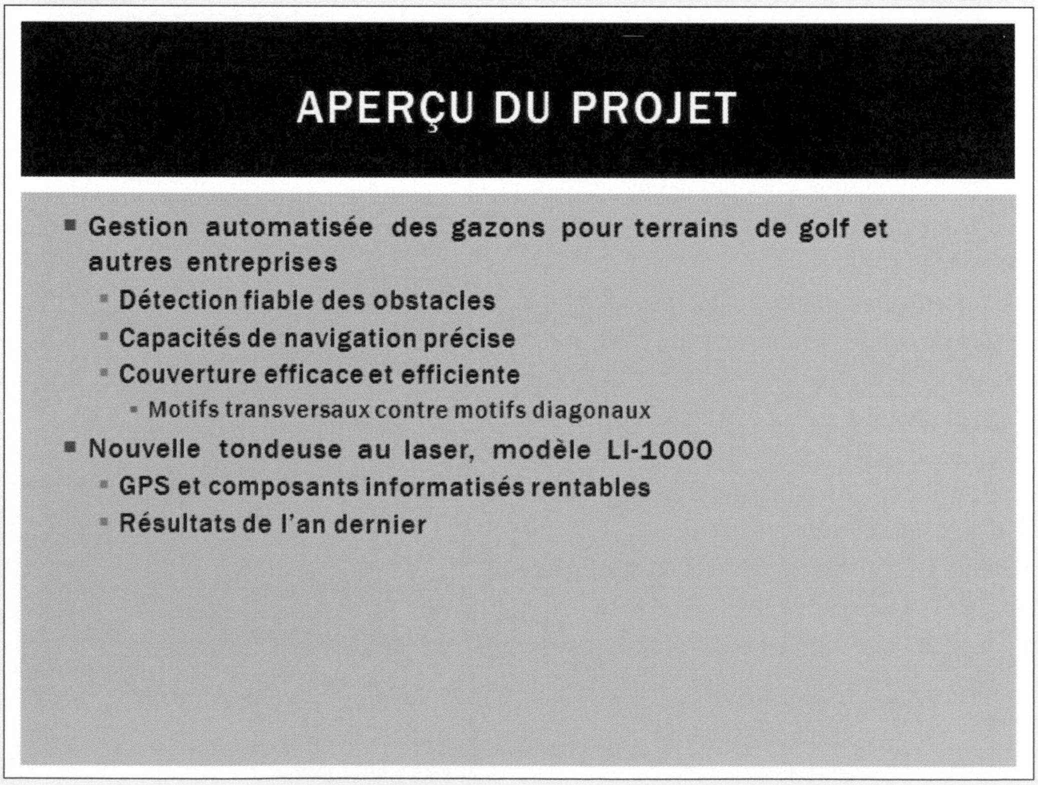

Modifier une présentation

Vous avez vu dans le module précédent comment saisir du texte, ajouter une nouvelle diapositive et appliquer un thème. Vous êtes maintenant prêt à passer au stade de la création de présentations d'allure professionnelle par la mise en forme du texte et l'utilisation d'objets dessinés. Dans ce module, vous continuez votre présentation sur les circuits en train au Canada. Vous allez saisir du texte dans l'onglet Plan, le mettre en forme, dessiner et modifier des objets, ajouter des informations dans le pied de page des diapositives et vérifier l'orthographe de la présentation.

OBJECTIFS

Saisir du texte dans l'onglet Plan

Mettre du texte en forme

Convertir du texte en SmartArt

Insérer et modifier des formes

Ajuster et reproduire des formes

Aligner et grouper des objets

Ajouter des en-têtes et des pieds de page

Utiliser les outils de révision et de langue

Saisir du texte dans l'onglet Plan

Vous pouvez saisir le texte d'une présentation directement dans la diapositive affichée dans le volet Diapositive. Mais si vous préférez vous concentrer sur le texte sans vous préoccuper de la disposition, vous pouvez alors entrer le texte dans l'onglet Plan. Dans ce mode, les en-têtes, ou titres des diapositives, apparaissent en premier. Sous chaque titre, chaque point de niveau inférieur ou chaque ligne d'une liste à puces, est mis en retrait par rapport au titre. Chaque retrait dans le plan ajoute un niveau de puces à la diapositive. ▰▰▰ Vous passez en mode Plan pour saisir le texte de deux autres diapositives pour votre présentation.

ÉTAPES

1. **Démarrez PowerPoint, ouvrez la présentation PPT B-1.pptx qui se trouve dans votre dossier Projets et enregistrez-la sous le nom PPT B-VTA.**

   Une présentation portant le nouveau nom apparait dans la fenêtre PowerPoint.

2. **Cliquez sur la vignette de la diapositive 2, puis cliquez sur l'onglet Plan.**

   L'onglet Plan s'élargit pour afficher le texte des diapositives. L'icône et le texte de la diapositive 2 sont mis en surbrillance pour signaler leur sélection.

3. **Cliquez sur l'onglet Accueil, déroulez la liste Nouvelle diapositive du groupe Diapositives, puis cliquez sur Titre et contenu.**

   Une nouvelle diapositive, la diapositive 3, s'affiche sous la deuxième avec la disposition Titre et contenu. Un point d'insertion clignote en regard de cette diapositive dans l'onglet Plan. Le texte que vous entrez à côté d'une icône de diapositive devient le titre de la diapositive.

4. **Tapez Circuits dans les Rocheuses, appuyez sur [Entrée], puis appuyez sur [Tab].**

   Quand vous appuyez une première fois sur [Entrée], vous créez une nouvelle diapositive. Mais comme vous voulez entrer du texte à puce dans la diapositive 3, vous appuyez sur [Tab] afin que le texte saisi devienne un texte à puces dans la diapositive 3 (figure B-1). Observez que le texte que vous avez entré dans l'espace réservé pour le titre est tout en majuscules. Cela vient des réglages de la police dans le thème de conception.

5. **Tapez British Columbia Railways Inc., appuyez sur [Entrée], tapez Société basée à Vancouver (CB), puis appuyez sur [Entrée].**

   Chaque fois que vous appuyez sur [Entrée], le point d'insertion descend d'une ligne.

6. **Appuyez sur [Maj][Tab].**

   Parce que vous travaillez depuis l'onglet Plan, une nouvelle diapositive (numéro 4) est créée lorsque vous appuyez sur [Maj][Tab].

7. **Tapez Forfaits de BC Railways, appuyez sur [Ctrl][Entrée], tapez Circuit Royal, appuyez sur [Entrée], tapez Circuit Esclusif tel quel avec l'erreur, appuyez sur [Entrée], tapez Circuit De luxe, appuyez sur [Entrée], puis tapez Circuit Classique.**

   Appuyer sur [Ctrl][Entrée] pendant que le curseur se trouve dans l'objet titre déplace le curseur dans l'espace réservé au contenu.

8. **Placez le pointeur sur l'icône de la diapositive 3 dans l'onglet Plan.**

   Le pointeur prend la forme ✛. La diapositive 3 n'est pas à la position désirée.

9. **Faites glisser l'icône de la diapositive 3 jusqu'à ce qu'une ligne horizontale apparaisse au-dessus de l'icône 2, puis relâchez le bouton de la souris.**

   La troisième diapositive prend la place de la deuxième (figure B-2).

10. **Cliquez sur l'onglet Diapositives, puis enregistrez votre travail.**

    L'onglet Plan est fermé et l'onglet Diapositives est maintenant visible dans la fenêtre.

Modifier une présentation

FIGURE B-1 : Onglet Plan affichant une nouvelle diapositive

Onglet Plan

Nouvelle diapositive

Titre de la nouvelle diapositive

Nouvelle diapositive avec la disposition Titre et contenu

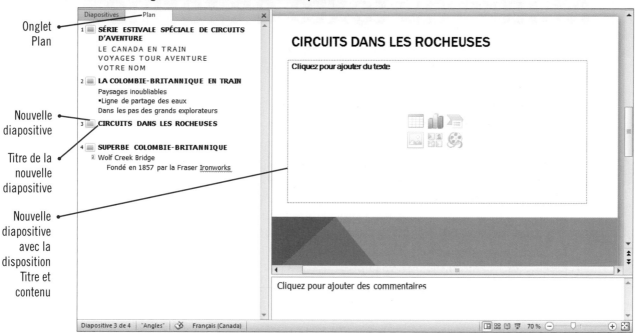

FIGURE B-2 : Onglet Plan montrant la diapositive déplacée

Pointeur de déplacement

Diapositive déplacée

Veillez bien à mal épeler ce mot

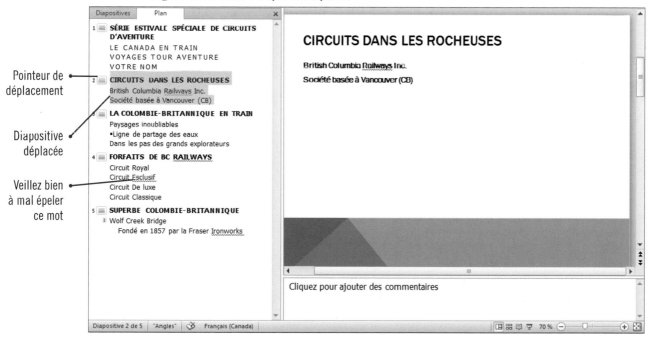

Définir les autorisations

Vous pouvez définir des autorisations d'accès pour les personnes appelées à vérifier ou à modifier votre travail et ainsi garder le contrôle sur le contenu de votre présentation. Par exemple, vous pouvez donner à une personne l'autorisation de modifier votre présentation mais pas de l'imprimer. Un autre utilisateur sera autorisé à visualiser la présentation sans pouvoir ni la modifier ni l'imprimer.

Vous pouvez aussi donner un accès complet à la présentation. Pour pouvoir utiliser cette fonction, vous devez avoir accès à un service de gestion des droits de Microsoft ou d'une autre société. Puis, pour définir les autorisations d'accès, ouvrez l'onglet Fichier, cliquez sur Information, cliquez sur le bouton Protéger la présentation, pointez Restreindre l'autorisation par les personnes, puis cliquez sur l'option désirée.

Mettre du texte en forme

Après avoir saisi et édité le texte dans une présentation, vous pouvez en modifier l'apparence afin de mettre le message en valeur. Un texte important doit être mis en évidence afin de le démarquer des autres textes ou objets de la diapositive. Par exemple, si une diapositive contient deux objets texte, vous pouvez attirer l'attention sur un de ces deux objets en modifiant sa couleur, sa police ou sa taille. ▰▰▰ Vous décidez de mettre en forme le texte de la deuxième diapositive de votre présentation.

ÉTAPES

ASTUCE

Vous pouvez choisir d'afficher ou non la mini barre d'outils. Pour cela, ouvrez l'onglet Fichier sur le Ruban, puis cliquez sur Options.

1. **Cliquez sur la vignette de la diapositive 2 dans l'onglet Diapositives, puis double-cliquez sur Rocheuses dans l'objet texte.**

   Le mot « Rocheuses » est sélectionné et une mini barre d'outils semi-transparente apparait au-dessus du texte. Cette mini barre d'outils comprend les commandes de mise en forme de base, tels gras et italique, et s'ouvre lorsque vous sélectionnez du texte avec la souris. Elle facilite et accélère la mise en forme du texte, surtout lorsque l'onglet Accueil n'est pas actif.

2. **Déplacez le pointeur sur la mini barre d'outils, cliquez sur la flèche du bouton Couleur de police ▲ ▾, puis cliquez sur la case Violet sous Couleurs standard.**

   Le texte devient violet (figure B-3). Dès que le pointeur survole la mini barre d'outils, celle-ci devient clairement visible. Lorsque vous cliquez sur la flèche du bouton Couleur de police, une galerie s'ouvre et affiche les couleurs du thème et les couleurs standards. Remarquez que ce bouton, dans la mini barre d'outils et dans l'onglet Accueil, affiche la dernière couleur sélectionnée.

ASTUCE

Pour sélectionner un objet texte qui n'est pas sélectionné, appuyez sur [Maj], cliquez sur l'objet texte, puis relâchez [Maj].

3. **Déplacez le pointeur sur la bordure de l'objet texte jusqu'à ce qu'il prenne la forme ⁺⃗₊, puis cliquez sur la bordure.**

   L'objet texte de titre est sélectionné en entier et toute modification que vous y apporterez affectera tout le texte de l'objet. Lorsque l'objet entier est sélectionné, vous pouvez modifier sa taille, sa forme et d'autres attributs. Changer la couleur du texte contribue à le mettre en valeur.

4. **Cliquez sur le bouton Couleur de police ▲ ▾ dans le groupe Police.**

   Tout le texte dans l'objet de titre devient violet.

5. **Déroulez la liste Police du groupe Police.**

   La liste des polices disponibles s'ouvre. La police utilisée dans l'objet titre, Franklin Gothic Medium, est sélectionnée au début de la liste des polices du thème.

6. **Cliquez sur Algerian dans la section Toutes les polices.**

   La police Algerian remplace la police d'origine dans l'objet de titre. Remarquez que lorsque le pointeur survole la liste des polices, le texte de l'objet présente un aperçu de la police survolée.

7. **Cliquez sur Souligner S dans le groupe Police, puis cliquez sur Augmenter la taille de police A˙ dans le même groupe.**

   Tout le texte est maintenant souligné et sa taille a été augmentée à 32 points.

8. **Cliquez sur Espacement des caractères AV˙ dans le groupe Police, puis cliquez sur Espacé.**

   L'espacement entre les lettres dans la zone de texte du titre augmente légèrement. Comparez votre diapositive à celle de la figure B-4.

9. **Cliquez dans un espace vide de la diapositive à l'extérieur de l'objet texte pour le désélectionner, puis enregistrez votre travail.**

FIGURE B-3 : Mot sélectionné et mini barre d'outils affichée

La couleur du texte est modifiée

Bouton Couleur de police

Mini barre d'outils

Flèche du bouton Couleur de police

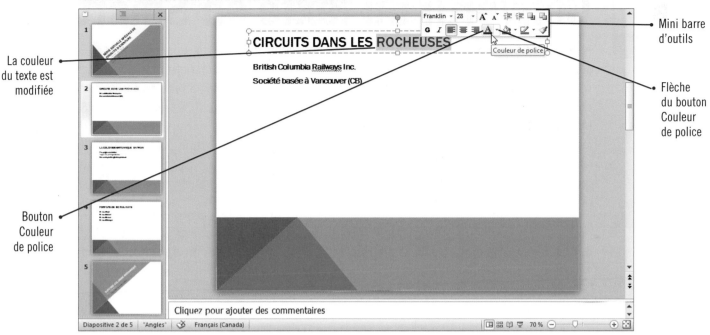

FIGURE B-4 : Texte mis en forme

Texte mis en forme

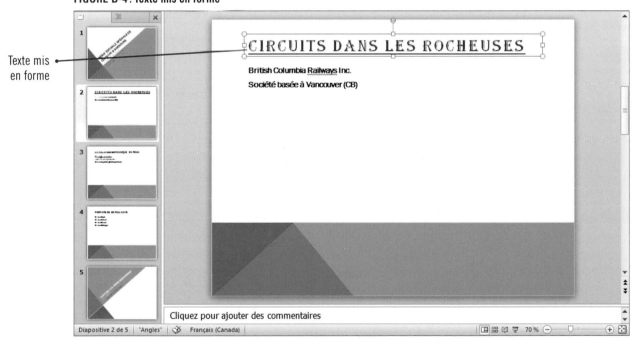

Remplacer le texte et les polices

En révisant votre travail, vous pouvez décider de remplacer du texte ou certaines polices dans toute la présentation au moyen de la commande Remplacer. Le texte visé peut être un mot, une expression ou une phrase. Pour remplacer un texte précis, ouvrez l'onglet Accueil, puis cliquez sur le bouton Remplacer dans le groupe Modification. Dans la boite de dialogue Remplacer, tapez le texte à remplacer, puis le texte de remplacement. La même commande permet aussi de remplacer une police par une autre : cliquez sur la flèche du bouton Remplacer, puis cliquez sur Remplacer les polices pour ouvrir la boite de dialogue Remplacer la police.

Modifier une présentation

Convertir du texte en SmartArt

Parfois le texte ne produit pas l'effet souhaité, quelles que soient les modifications apportées aux couleurs ou autres attributs de mise en forme. La possibilité de convertir du texte en un objet graphique SmartArt accroit votre capacité à dynamiser un texte. Un graphique **SmartArt** est un diagramme de qualité professionnelle, qui rehausse votre texte de manière visuelle. Il existe huit catégories ou types de graphiques SmartArt qui intègrent des graphismes destinés à illustrer le texte différemment. Par exemple, vous pouvez montrer les étapes d'un échéancier ou des relations proportionnelles, ou encore illustrer comment des éléments sont reliés à un tout. Vous pouvez créer un graphique SmartArt à partir de rien ou convertir un texte existant en quelques simples clics. ███████ Vous voulez rendre votre présentation visuellement dynamique. Vous allez donc convertir le texte de la diapositive 4 en un graphique SmartArt.

ÉTAPES

1. **Cliquez sur la vignette de la diapositive 4, cliquez n'importe où dans l'objet texte, puis cliquez sur le bouton Convertir en graphique SmartArt [⊞▾] dans le groupe Paragraphe de l'onglet Accueil.**

   Une galerie de types de graphiques SmartArt apparait. Comme c'est le cas avec de nombreuses commandes PowerPoint, vous pouvez prévisualiser un aperçu de l'effet d'une disposition avant de déterminer votre choix. Vous pouvez examiner chacune des dispositions SmartArt offert et voir comment chacune change l'aspect du texte.

2. **Déplacez le pointeur sur les différentes dispositions SmartArt offertes dans la galerie.**

   Remarquez comment le texte s'intègre au graphique et comment la couleur et la police changent chaque fois que le pointeur survole une disposition différente. Le nom de chaque disposition SmartArt apparait dans une info-bulle.

3. **Cliquez sur la disposition Liste pyramidale dans la galerie.**

   Un graphique SmartArt remplace le texte dans la diapositive et l'onglet Création des Outils SmartArt est ajouté au Ruban (figure B-5). Un graphique SmartArt comporte deux parties : le graphique lui-même et un volet texte dans lequel vous saisissez et modifiez le texte.

4. **Cliquez sur chacune des puces dans le volet Texte, puis cliquez sur le bouton Fermer de ce volet.**

   Notez qu'à chaque clic sur une puce, un cadre de sélection apparait autour de l'objet texte dans le graphique SmartArt. Le volet de texte se ferme.

5. **Cliquez sur le bouton Autres [▾] dans le groupe Dispositions, cliquez sur Autres dispositions, cliquez sur la disposition Matrice simple, puis cliquez sur OK.**

   Le graphique SmartArt se transforme. Vous pouvez radicalement modifier l'apparence d'un graphique SmartArt en lui appliquant un **style SmartArt** qui est un ensemble prédéfini d'options de mise en forme simples et 3D conformes au thème de la présentation.

6. **Déplacez lentement le pointeur au-dessus des styles dans le groupe Styles SmartArt, puis cliquez sur Autres [▾] dans le même groupe.**

   Un aperçu dynamique de chaque style s'affiche dans le graphique. Les styles SmartArt sont regroupés par sections; le groupe du haut propose les meilleures correspondances pour le document.

7. **Déplacez le pointeur sur tous les styles dans galerie, puis cliquez sur Effet intense.**

   Le style Effet intense ajoute un biseau et de la lumière dans le coin gauche supérieur des zones de texte.

8. **Cliquez dans un espace vide de la diapositive à l'extérieur du graphique SmartArt pour le désélectionner, puis enregistrez votre travail.**

   Comparez votre diapositive à celle de la figure B-6.

FIGURE B-5 : Texte converti en graphique SmartArt

Bouton Volet Texte

Bouton Fermer du volet Texte

Volet Texte

Bouton Autres

Onglet Création des Outils SmartArt

Graphique SmartArt

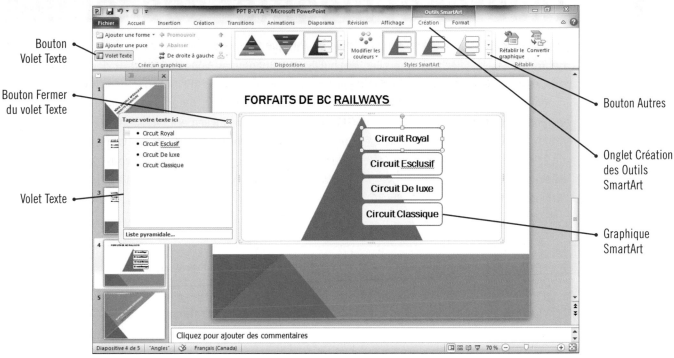

FIGURE B-6 : Graphique SmartArt terminé

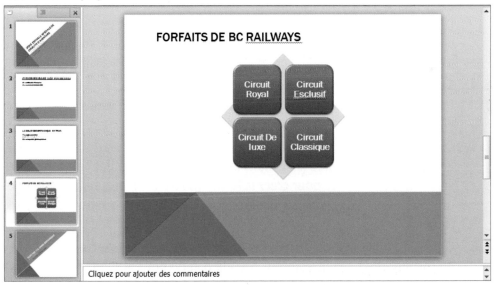

Choisir un graphique SmartArt

Au moment de choisir un graphique SmartArt pour une diapositive, gardez à l'esprit que le graphisme doit servir à communiquer efficacement votre message, ce que ne peuvent faire tous les types de graphique SmartArt. Vous devez tenir compte du texte à illustrer. Par exemple, est-ce que le texte présente les étapes d'un processus, un processus en continu ou une information non séquentielle ? La réponse à cette question déterminera le type de graphique SmartArt à choisir. La quantité de texte à illustrer exerce aussi une influence sur la disposition du graphique. La plupart du temps, ce sont les éléments clés qui sont placés dans un graphique SmartArt. Enfin, certaines dispositions de graphique sont limitées par le nombre de formes qu'elles peuvent accepter. Il est donc primordial d'en choisir une capable d'illustrer votre texte de manière adéquate. Essayez différents types de graphiques jusqu'à trouver celui qui convient et amusez-vous en le faisant !

Insérer et modifier des formes

On peut améliorer une présentation PowerPoint par l'ajout de formes, telles des lignes, des figures géométriques, des flèches, des étoiles, des bulles et des bannières. Vous pouvez créer des formes simples ou grouper plusieurs formes pour former une figure complexe. Plusieurs attributs d'une forme sont modifiables, notamment la couleur de remplissage, la couleur et le style de ligne. Vous pouvez aussi leur appliquer une ombre et des effets 3D. Au lieu de modifier les attributs individuellement, vous pouvez appliquer un style rapide à la forme. Un **style rapide** est un ensemble d'options de mise en forme comprenant entre autres un style de ligne, une couleur de remplissage et des effets spéciaux. ▰▰▰ Vous décidez de dessiner quelques formes sur la diapositive 3 de votre présentation, formes qui serviront à identifier les différents itinéraires ferroviaires offert par la BC Railways.

ÉTAPES

1. **Cliquez sur la vignette de la diapositive 3 dans l'onglet Diapositives.**

   La diapositive 3 s'affiche dans le volet Diapositive.

2. **Enfoncez la touche [Maj], cliquez sur l'objet texte, puis relâchez [Maj].**

   L'objet texte est sélectionné. Si vous cliquez sur un objet texte sans appuyer sur [Maj], un cadre de sélection pointillé apparait, indiquant que l'objet est actif et prêt à recevoir du texte. L'objet texte lui-même n'est toutefois pas sélectionné.

3. **Placez le pointeur sur la poignée de dimensionnement inférieure du centre. Quand le pointeur prend la forme ⬍, faites glisser cette poignée vers le haut pour obtenir le résultat de la figure B-7.**

   La taille de l'objet texte diminue. Lorsque vous placez le pointeur sur une poignée de dimensionnement, il prend la forme ⬍. La direction des flèches dépend de la poignée survolée. Quand vous faites glisser une poignée, le pointeur prend la forme ✛ et une zone grisée marque la taille de l'objet texte.

ASTUCE

Si vous appuyez sur [Maj] pendant que vous glissez le pointeur pour créer une forme, cette dernière conserve des proportions égales.

4. **Cliquez sur le bouton Formes dans le groupe Dessin.**

   Une galerie de formes regroupées par type apparait. Le premier groupe contient les formes récemment utilisées. Des info-bulles vous aident à identifier les formes.

5. **Cliquez sur la forme Rogner un rectangle avec un coin diagonal ▱ dans la section Rectangles, positionnez le ✛ dans la zone vide sous l'objet texte, faites glisser le pointeur vers le bas et la droite pour créer la forme (figure B-8), puis relâchez le bouton de la souris.**

   Une forme de rectangle ayant la couleur de remplissage par défaut est placée sur la diapositive. Vous pouvez changer le style de la forme en lui appliquant un style rapide depuis le groupe Styles de formes.

PROBLÈME

Si votre forme n'a pas à peu près la même taille que celle de la figure B-8, faites glisser une des poignées de coin pour la redimensionner.

6. **Ouvrez l'onglet Format des Outils de dessin, cliquez sur Autres ▾ dans le groupe Styles de formes, déplacez le pointeur dans la galerie pour afficher l'aperçu des effets sur la forme, puis cliquez sur Effet discret – Vert olive, 4 accentué.**

   Un style rapide vert pâle doté de couleurs de dégradé, de trait et d'ombre cordonnées est appliqué à la forme.

7. **Cliquez sur le bouton Contour de forme dans le groupe Styles de formes, pointez Épaisseur, puis passez le pointeur sur les différentes options d'épaisseur pour en voir l'effet sur la forme.**

   L'épaisseur de ligne de la forme change chaque fois que vous passez le pointeur sur un nouvel effet.

8. **Cliquez sur 2 ¼ pt, cliquez dans une zone vide de la diapositive, puis enregistrez votre travail.**

FIGURE B-7 : Objet texte redimensionné

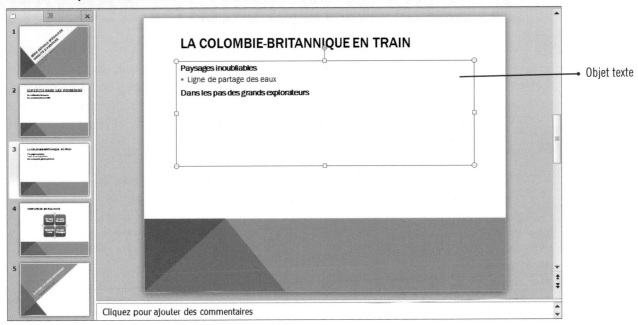

Objet texte

FIGURE B-8 : Forme Rogner un rectangle avec un coin diagonal

Modifier la taille et la position des formes

En règle générale, vous redimensionnez un objet simplement en faisant glisser une des poignées de redimensionnement qui entourent l'extérieur de la forme. Il peut néanmoins être nécessaire de le redimensionner avec plus de précision. Lorsqu'une forme est sélectionnée, l'onglet Format des Outils de dessin apparait dans le Ruban et offre différentes options dont des commandes de dimensionnement. Les commandes Hauteur de la forme et Largeur de la forme du groupe Taille permettent de changer ces valeurs pour une forme. Vous pouvez aussi ouvrir la boite de dialogue Taille et position qui permet de modifier la taille d'une forme, de la faire pivoter et d'en modifier l'échelle et la position dans la diapositive.

Ajuster et reproduire des formes

Après avoir créé une forme, vous pouvez encore en peaufiner les détails. PowerPoint permet d'ajuster diverses caractéristiques des formes pour en changer l'aspect. Par exemple, vous pouvez modifier la pointe d'une flèche dont l'apparence ne vous satisfait pas. Vous pouvez aussi ajouter du texte à la majorité des formes et les copier ou les déplacer. ▄▄▄▄▄ Vous voulez placer trois rectangles identiques dans la diapositive 3. Vous modifiez d'abord la forme du rectangle déjà en place, puis vous en faites des copies.

ÉTAPES

1. **Cliquez sur le rectangle dans la diapositive 3 pour la sélectionner.**

   En plus des poignées de dimensionnement, deux autres sortes de poignées apparaissent. Vous utilisez la **poignée d'ajustement**, un petit losange jaune, pour modifier l'apparence d'un objet. Cette poignée apparait à côté de la caractéristique la plus importante de l'objet, ici les côtés diagonaux du rectangle. Quant à la **poignée de rotation**, le cercle vert, elle sert à faire pivoter l'objet.

2. **Faites glisser la poignée de dimensionnement centrale gauche d'environ 0,63 cm vers la droite, puis relâchez le bouton de la souris.**

> **ASTUCE**
>
> Vous pouvez facilement afficher ou masquer la grille en cochant ou décochant la case Quadrillage dans le groupe Afficher de l'onglet Affichage.

3. **Placez le pointeur au milieu du rectangle sélectionné. Quand le pointeur prend la forme ✥, faites glisser le rectangle pour l'aligner avec la gauche du texte de l'objet texte (figure B-9).**

   Une copie semi-transparente du rectangle s'affiche pendant que vous déplacez le rectangle pour faciliter le positionnement de la forme. PowerPoint utilise une grille masquée pour aligner les objets en les forçant à « s'accrocher » à la grille. Pour désactiver l'alignement automatique sur la grille, maintenez la touche Alt enfoncée pendant que vous faites glisser des objets. Ajustez la position du rectangle de façon qu'il soit semblable à cela de la figure B-9.

> **PROBLÈME**
>
> Pour effectuer des ajustements précis, enfoncez et maintenez la touche [Alt], puis faites glisser la poignée d'ajustement.

4. **Placez le pointeur sur la poignée d'ajustement de droite du rectangle, puis, lorsqu'il prend la forme ▷, faites glisser la poignée entièrement vers la gauche.**

   L'aspect du rectangle est modifié.

5. **Positionnez ✥ sur le rectangle, puis enfoncez et maintenez la touche [Ctrl].**

   Le pointeur prend la forme ▨ pour indiquer que PowerPoint va réaliser une copie lorsque vous ferez glisser la souris.

6. **Tout en gardant [Ctrl] enfoncée, faites glisser le rectangle vers la droite jusqu'à ce que la copie de la forme se trouve dans un espace vide de la diapositive, relâchez le bouton de la souris, puis relâchez [Ctrl].**

   Une copie exacte du rectangle apparait dans la diapositive.

> **ASTUCE**
>
> Tous les objets formes utilisent la ligne d'ajustement pointillée pour vous aider à aligner les formes au sommet, au bas ou à un côté d'une forme.

7. **Le deuxième rectangle étant toujours sélectionné, répétez les étapes 5 et 6 pour créer un troisième rectangle, puis tapez Route du Nord.**

   Une ligne pointillée s'affiche à travers le centre des formes. Elle identifie la ligne médiane des formes et vous aide à les aligner. Le texte apparait dans la forme sélectionnée. Le texte fait maintenant partie du rectangle et, si vous le déplacez ou le faites pivoter, le texte se déplacera conformément. Comparez votre diapositive à celle de la figure B-10.

8. **Cliquez sur le rectangle du centre, tapez Passe de l'Ouest, cliquez sur le rectangle de gauche, tapez Les Explorateurs, puis cliquez dans un espace vide de la diapositive.**

   Cliquer dans une zone vide de la diapositive désélectionne tous les objets sélectionnés.

9. **Enregistrez votre travail.**

FIGURE B-9 : Forme redimensionnée dans la diapositive

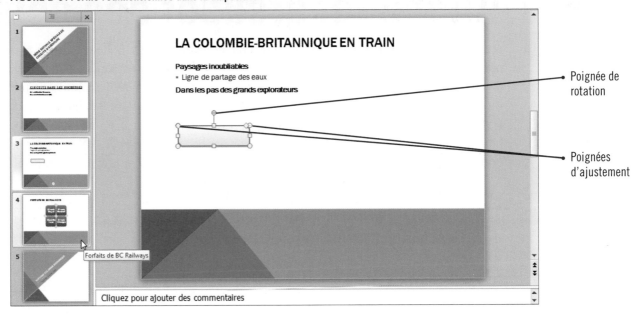

Poignée de rotation

Poignées d'ajustement

FIGURE B-10 : Clone de la forme dans la diapositive

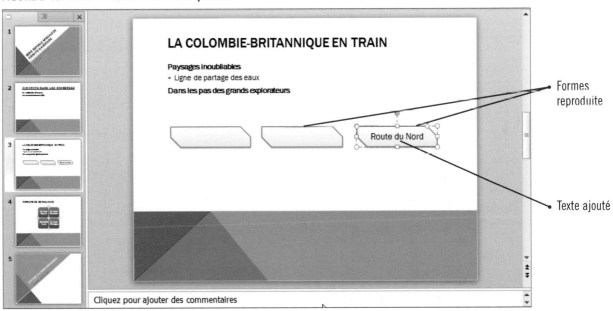

Formes reproduite

Texte ajouté

Comprendre les objets PowerPoint

Tout objet dans une diapositive, que ce soit du texte, une forme, un diagramme, une image ou tout autre objet, est empilé sur la diapositive dans l'ordre de sa création. Ainsi, si vous ajoutez trois formes à une diapositive, la première forme est placée au bas de la pile et la dernière au sommet. Chaque objet peut être déplacé vers le haut ou vers le bas selon l'apparence que vous voulez donner aux objets sur une diapositive. Pour placer un objet à l'avant de la pile, sélectionnez-le, puis cliquez sur le bouton Avancer dans le groupe Organiser de l'onglet Format des Outils de dessin. Pour le placer à l'arrière de la pile, cliquez sur le bouton Reculer dans le groupe Organiser de l'onglet Format des Outils de dessin. Vous pouvez aussi ouvrir le volet Sélection et visibilité en cliquant sur Volet Sélection du groupe Organiser afin de réorganiser tous les objets dans la diapositive.

Modifier une présentation

Aligner et grouper des objets

Après avoir créé et modifié des objets, vous pouvez les positionner précisément sur la diapositive pour obtenir l'effet recherché. Grâce aux commandes Aligner du groupe Organiser, vous pouvez accrocher des objets sur une grille de lignes verticales et horizontales à espacement égal. La commande Grouper **fusionne** des objets en un seul, ce qui fixe leurs positions relatives et en facilite le déplacement. Les commandes Distribuer, situées avec les commandes Aligner, répartissent les objets uniformément soit verticalement, soit horizontalement dans la diapositive ou selon leur position respective. 　　 Vous êtes prêt à placer et grouper les formes de la diapositive 3 afin de lui donner une apparence uniforme et organisée.

ÉTAPES

ASTUCE

Pour ajouter un nouveau repère à la diapositive, appuyez sur [Ctrl] puis faites glisser un repère existant. Le repère de départ reste en place pendant que vous déplacez le nouveau. Pour supprimer un repère, faites-le glisser hors de la diapositive.

1. **Cliquez avec le bouton droit dans un espace vide de la diapositive, puis cliquez sur Grille et repères dans le menu contextuel.**
   La boite de dialogue Grille et repères s'ouvre.

2. **Cochez la case Afficher les repères de dessin à l'écran, puis cliquez sur OK.**
   Les repères de dessin sont deux lignes pointillées qui se croisent au centre de la diapositive et aident à positionner les objets.

3. **Placez le pointeur ⤡ sur le repère horizontal dans un espace vide de la diapositive, appuyez et maintenez enfoncé le bouton de la souris jusqu'à ce que le pointeur affiche un guide de mesure, puis faites glisser ce guide vers le bas jusqu'à ce que la mesure indique 3,17.**

4. **Placez le pointeur ⬚ sur le rectangle Les Explorateurs (pas sur le texte qu'il contient), puis faites glisser la forme afin que le côté inférieur du rectangle touche le repère horizontal (figure B-11).**
   La forme se fixe ou « s'accroche » au repère horizontal.

5. **La forme Les Explorateurs étant sélectionnée, enfoncez et maintenez la touche [Maj], cliquez sur les deux autres rectangles, puis relâchez [Maj].**
   Les trois formes sont sélectionnées.

6. **Ouvrez l'onglet Format des Outils de dessin, cliquez sur le bouton Aligner dans le groupe Organiser, puis cliquez sur Aligner en bas.**
   Les formes sont désormais alignées horizontalement le long de leur bordure inférieure. Les formes du haut se sont déplacées vers le bas et se sont alignées sur la forme du bas.

7. **Cliquez sur le bouton Aligner, puis sur Distribuer horizontalement.**
   Les objets sont maintenant répartis également entre eux.

ASTUCE

Les règles peuvent vous aider à aligner des objets. Pour les afficher, cliquez avec le bouton droit dans un espace vide de la diapositive, puis cliquez sur Règle dans le menu contextuel.

8. **Cliquez sur le bouton Grouper dans le groupe Organiser, cliquez sur Grouper, puis appuyez sur la touche fléchée [←] ou sur [→] jusqu'à ce que la poignée de rotation se trouve sur ou très près du repère vertical (figure B-12).**
   Les objets fusionnent en un seul objet sans toutefois perdre leurs attributs propres. Observez que les poignées de dimensionnement et la poignée de rotation apparaissent maintenant sur le bord extérieur de l'objet groupé et non autour de chaque objet individuel.

9. **Faites glisser le repère horizontal vers le haut jusqu'à ce que le guide de mesure indique 0,00, ouvrez l'onglet Affichage, puis cliquez sur la case Repères dans le groupe Afficher.**
   Les repères ne sont plus affichés.

10. **Cliquez dans un espace vide de la diapositive, puis enregistrez votre travail.**

FIGURE B-11 : Forme repositionnée

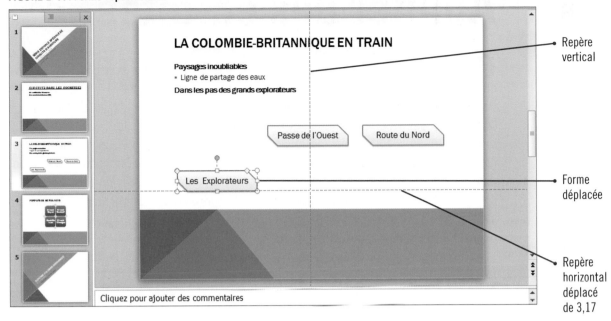

FIGURE B-12 : Formes alignées et groupées

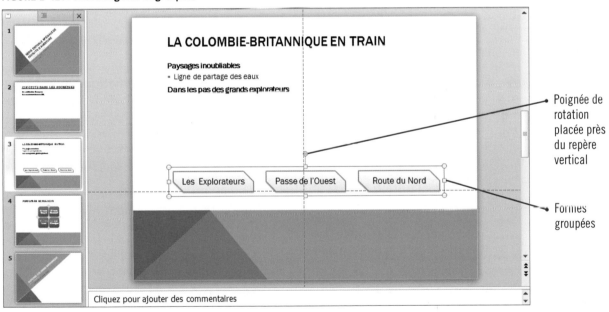

Distribuer des objets

Il y a deux façons de **distribuer** des objets dans PowerPoint : les uns en fonction des autres ou relativement au bord de la diapositive. Si vous choisissez de les répartir relativement les uns aux autres, PowerPoint divise également l'espace vide entre tous les objets sélectionnés. Quand le programme répartit les objets par rapport à la diapositive, il divise également l'espace vide entre les objets sélectionnés à partir du bord de la diapositive. Pour distribuer les objets les uns par rapport aux autres, cliquez sur le bouton Aligner du groupe Organiser de l'onglet Format des Outils de dessin, puis sélectionnez Aligner les objets sélectionnés. Pour les répartir par rapport à la diapositive, cliquez sur le bouton Aligner du groupe Organiser de l'onglet Format des Outils de dessin, puis cliquez sur Aligner sur la diapositive.

Ajouter des en-têtes et des pieds de page

Le texte d'un en-tête ou d'un pied de page, tel un nom de produit ou d'entreprise, le numéro de la diapositive ou la date, peut donner à vos diapositives une touche de finition et aider l'assistance à suivre la présentation. Vous pouvez ajouter un pied de page aux diapositives et un en-tête et un pied de page aux commentaires et documents. Le contenu du pied de page que vous appliquez aux diapositives est visible dans les modes d'affichage de la présentation et à l'impression. Les en-têtes et les pieds de page des commentaires et documents sont visibles lors de l'impression des commentaires, des documents et du plan. Vous ajoutez un pied de page aux diapositives de votre présentation des circuits en train au Canada pour aider l'assistance à en suivre le cours.

ÉTAPES

ASTUCE

La position des objets de pied de page sur une diapositive dépendent du thème de la présentation.

1. **Ouvrez l'onglet Insertion sur le Ruban puis cliquez sur le bouton En-tête/Pied dans le groupe Texte.**

   La boite de dialogue En-tête et pied de page apparait (figure B-13). Elle renferme deux onglets : Diapositive, qui est sélectionné, et Commentaires et documents. Il existe trois types de texte de pied de page : Date et heure, Numéro de diapositive et Pied de page. Les rectangles au bas de la zone Aperçu marquent le statut et la position par défaut de chacun de ces trois espaces réservés.

2. **Cochez l'option Date et heure pour la sélectionner.**

   Les options auxiliaires de Date et heure peuvent maintenant être sélectionnées. L'option Mise à jour automatique est sélectionnée par défaut. Elle actualise automatiquement la date et l'heure à chaque ouverture ou impression du fichier.

ASTUCE

Si vous voulez qu'une date fixe, telle la date de création de la présentation, apparaisse au visionnement ou à l'impression, cliquez sur l'option Fixe, puis saisissez la date dans la zone Fixe.

3. **Cliquez sur la flèche de liste de l'option Mise à jour automatique, puis cliquez sur la huitième option.**

   L'heure est ajoutée à la date.

4. **Cochez la case Numéro de diapositive, cochez la case Pied de page, puis tapez votre nom.**

   La zone Aperçu montre que les trois espaces réservés de pied de page sont sélectionnés.

5. **Cochez l'option Ne pas afficher sur la diapositive de titre.**

   Ce choix empêche l'affichage sur la diapositive de titre des informations saisies dans cette boite de dialogue.

6. **Cliquez sur Appliquer partout.**

   La boite de dialogue se ferme et les informations saisies sont appliquées à toutes les diapositives sauf la diapositive de titre. Comparez votre diapositive à celle de la figure B-14.

7. **Cliquez sur la vignette de la diapositive 1 dans l'onglet Diapositives, puis cliquez sur le bouton En-tête/Pied dans le groupe Texte.**

   La boite de dialogue En-tête et pied de page s'ouvre à nouveau.

8. **Cochez la case Ne pas afficher sur la diapositive de titre pour désélectionner l'option, cochez la case Pied de page, puis sélectionnez le texte dans la zone de texte Pied de page.**

PROBLÈME

Si vous avez cliqué sur Appliquer partout à l'étape 9, cliquez sur Annuler dans la barre d'accès rapide, puis répétez les étapes 7 à 9.

9. **Tapez La meilleure expérience mondiale du voyage, cliquez sur Appliquer, puis enregistrez votre travail.**

   Seul le texte de la zone de texte Pied de page apparait sur la diapositive de titre. Cliquer sur Appliquer place l'information de pied de page uniquement sur la diapositive active.

FIGURE B-13 : Boite de dialogue En-tête et pied de page

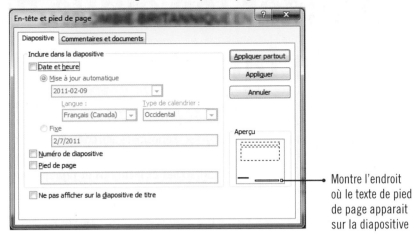

Montre l'endroit
où le texte de pied
de page apparait
sur la diapositive

FIGURE B-14 : Informations du pied de page affichées sur la diapositive

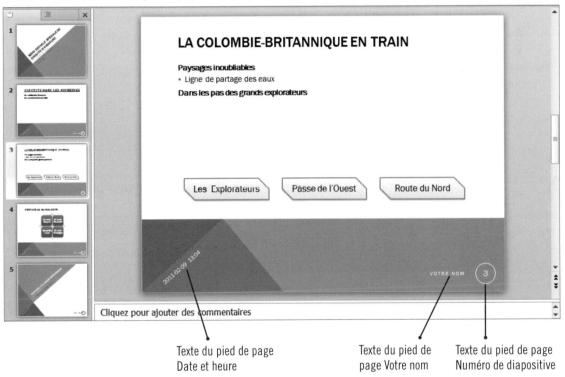

Texte du pied de page
Date et heure

Texte du pied de
page Votre nom

Texte du pied de page
Numéro de diapositive

Saisir et imprimer des commentaires

Vous pouvez ajouter des commentaires aux diapositives pour vous rappeler certains points pendant la présentation ou pour ajouter des précisions aux documents pour l'assistance. Les commentaires n'apparaissent pas sur les diapositives pendant la projection d'un diaporama. Vous entrez des commentaires dans une diapositive dans le volet Commentaires en mode d'affichage Normal ou en mode Page de commentaires. Pour saisir des commentaires, cliquez dans le volet Commentaires puis tapez le texte. Pour ajouter des objets graphiques dans les commentaires, vous devez utiliser le mode Page de commentaires. Pour activer ce mode, ouvrez l'onglet Affichage, puis cliquez sur le bouton Page de commentaire dans le groupe Affichages des présentations. Vous pouvez imprimer vos

commentaires en cliquant sur l'onglet Fichier pour ouvrir le mode Backstage, puis en cliquant sur Imprimer. Dans la section Paramètres, déroulez la liste du bouton Diapositives en mode Page entière (ce bouton conserve le dernier réglage utilisé pour l'impression et son nom peut donc différer) pour ouvrir la galerie, puis cliquez sur Pages de commentaires. Après vérification des paramètres d'impression, cliquez sur le bouton Imprimer. Les pages de commentaires peuvent être distribuées à l'assistance et servir d'aide-mémoire. Si vous ne saisissez pas de commentaires dans le volet Commentaires et que vous imprimez des pages de commentaires, les diapositives sont imprimées sous forme de vignettes avec des lignes vides à leur droite pour permettre l'ajout de notes manuscrites.

Modifier une présentation

Utiliser les outils de révision et de langue

Lorsque le travail tire à sa fin, il reste à le vérifier attentivement et à corriger les erreurs. Vous pouvez utiliser l'outil de vérification orthographique de PowerPoint pour rechercher et corriger les fautes d'orthographe. Cet outil compare tous les mots des diapositives au contenu du dictionnaire électronique intégré. Vous devez quand même vérifier la ponctuation, la grammaire et les usages incorrects car le vérificateur ne reconnait que les mots mal orthographiés et inconnus et non les mauvaises formulations. Par exemple, le vérificateur n'identifiera pas comme erreur le mot « miel » alors que vous vouliez écrire « ciel ». PowerPoint offre aussi des outils linguistiques qui traduisent des mots ou des phrases de votre langue par défaut en une autre langue au moyen de l'outil Microsoft® Translator. ▀▄▀▄ Votre présentation est terminée pour l'instant et c'est le moment idéal pour en vérifier l'orthographe. Vous faites ensuite l'essai de l'outil de traduction parce que la présentation finale sera traduite en anglais.

ÉTAPES

1. **Ouvrez l'onglet Révision sur le Ruban, puis cliquez sur le bouton Orthographe dans le groupe Vérification.**

   PowerPoint commence à vérifier l'orthographe de la présentation. Lorsqu'un mot mal orthographié ou inconnu est trouvé, la boite de dialogue Orthographe apparait (figure B-15). Ici, PowerPoint a identifié le mot mal épelé « Esclusif » sur la diapositive 4 et suggère de le remplacer par le mot correct « Exclusif ».

2. **Cliquez sur Remplacer.**

   PowerPoint remplace le mot erroné puis poursuit la vérification orthographique du reste de la présentation. S'il trouve d'autres mots qu'il ne reconnait pas, remplacez-les ou ignorez-les. Une fois la vérification terminée, la boite de dialogue Orthographe se ferme et un message vous informant que la vérification est terminée s'affiche dans une boite.

3. **Cliquez sur OK, cliquez sur la vignette de la diapositive 1 dans l'onglet Diapositives, puis enregistrez votre présentation.**

   La fenêtre d'avertissement est fermée. Vous voulez maintenant voir comment fonctionne l'outil de traduction.

4. **Cliquez sur le bouton Traduire dans le groupe Langue, puis sélectionnez Choisir la langue de traduction.**

   La boite de dialogue Options de langue de traduction s'ouvre.

5. **Cliquez sur la flèche de liste de la zone Traduire en, cliquez sur Anglais (États-Unis), puis cliquez sur OK.**

   La boite de dialogue Options de langue de traduction est fermée.

6. **Cliquez sur le bouton Traduire dans le groupe Langue, cliquez sur Mini-traducteur Anglais (États-Unis), cliquez n'importe où dans l'objet de pied de page, puis sélectionnez tout le texte.**

   L'outil de traduction de Microsoft commence à analyser le texte sélectionné et la boite semi-transparente Microsoft® Translator apparait sous le texte.

7. **Déplacez le pointeur sur la boite Microsoft® Translator.**

   Si vous êtes connecté à internet, une traduction anglaise du texte s'affiche (figure B-16). Le réglage de la langue de traduction reste actif jusqu'à ce que vous le changiez.

8. **Cliquez sur le bouton Traduire dans le groupe Langue, cliquez sur Choisir la langue de traduction, déroulez la liste de la zone Traduire en, cliquez sur Allemand (Allemagne), cliquez OK, cliquez de nouveau sur le bouton Traduire, puis cliquez sur Mini-traducteur Allemand (Allemagne).**

   Le mini-traducteur est désactivé et la langue de traduction est rétablie à la valeur par défaut.

9. **Donnez une copie de votre présentation à votre formateur, puis quittez PowerPoint.**

FIGURE B-15 : Boite de dialogue Orthographe

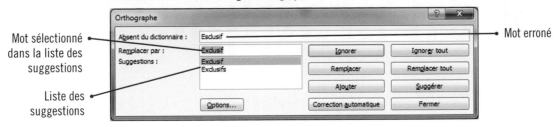

Mot sélectionné dans la liste des suggestions

Liste des suggestions

Mot erroné

FIGURE B-16 : Diapositive montrant le texte traduit

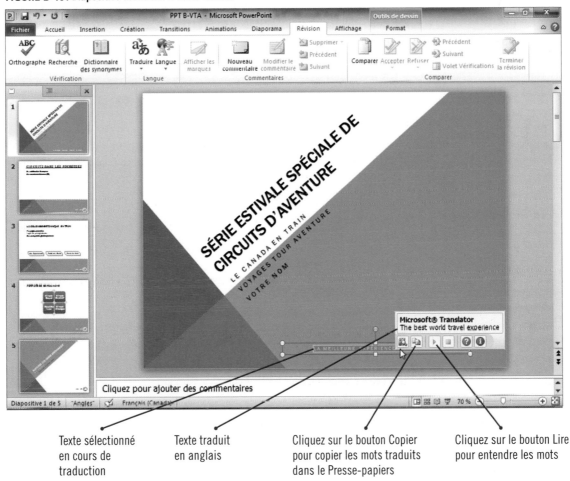

Texte sélectionné en cours de traduction

Texte traduit en anglais

Cliquez sur le bouton Copier pour copier les mots traduits dans le Presse-papiers

Cliquez sur le bouton Lire pour entendre les mots

Vérifier l'orthographe pendant la saisie

PowerPoint vérifie l'orthographe pendant que vous tapez. Si un mot est absent du dictionnaire intégré, il est alors souligné d'une ligne rouge ondulée. Pour corriger une erreur, cliquez dessus avec le bouton droit de la souris, puis examinez les suggestions proposées dans le menu contextuel. Vous pouvez sélectionner une suggestion, ajouter le mot à votre dictionnaire personnel ou l'ignorer. Pour désactiver la vérification automatique de l'orthographe, ouvrez l'onglet Fichier, puis cliquez sur Options pour ouvrir la boite de dialogue Options PowerPoint. Cliquez sur Vérification, puis décochez la case Vérifier l'orthographe en cours de frappe. Pour désactiver temporairement l'affichage des lignes rouges ondulées, cochez l'option Masquer les fautes d'orthographe. S'il vous arrive de monter des présentations en anglais, la vérification orthographique contextuelle identifie les mots souvent mal utilisés du point de vue grammatical. Par exemple si vous tapez « their » alors que le mot correct serait « there », PowerPoint signalera l'erreur par une ligne ondulée bleue sous le mot. Pour activer ou désactiver cette fonction, cliquez sur Vérification dans la boite de dialogue Options PowerPoint, puis cochez ou décochez la case Utiliser la vérification orthographique contextuelle.

Mise en pratique

Révision des concepts

Identifiez chaque élément de la fenêtre (figure B-17).

FIGURE B-17

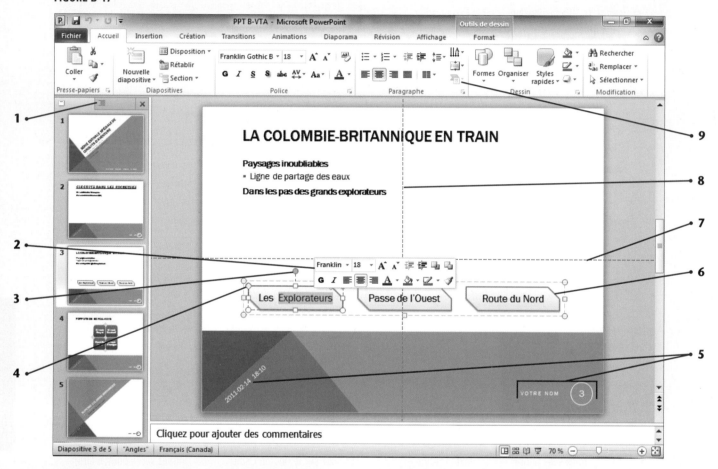

Associez chaque terme à sa description.

10. **Style rapide**
11. **Poignée de rotation**
12. **Distribuer**
13. **Mini barre d'outils**
14. **Graphique SmartArt**
15. **Grouper**

a. Sert à espacer les objets de manière égale.
b. Diagramme qui illustre visuellement le texte.
c. Sert à faire pivoter un objet.
d. Combiner plusieurs objets en un seul.
e. Sert à mettre en forme le texte sélectionné.
f. Ensemble d'options de mise en forme prédéfinies applicables à un objet.

Choisissez la meilleure réponse à chaque question.

16. Lequel de ces énoncés à propos de l'onglet Plan est *faux* ?

a. Chaque ligne de texte en retrait crée une nouvelle diapositive.

b. Vous pouvez y saisir le texte directement.

c. Il est organisé au moyen d'en-têtes et de sous-points.

d. Les en-têtes sont semblables à des titres de diapositive.

17. Qu'est-ce qui apparait juste au-dessus du texte lorsqu'il est sélectionné ?

a. Styles rapides

b. Bouton Option

c. Mini barre d'outils

d. Bouton Options d'ajustement automatique

18. Que fait la poignée d'ajustement à une forme ?

a. Change l'apparence de la forme

b. Change le style de la forme

c. Change la dimension de la forme

d. Remplace la forme par une autre forme

19. Lequel de ces éléments décrit le mieux un diagramme professionnel illustrant un texte ?

a. Une forme

b. Un graphique SmartArt

c. Une disposition de diapositive

d. Un objet QuickStyle

20. Lequel de ces énoncés à propos de la vérification orthographique est *faux* ?

a. Le vérificateur orthographique identifie les mots inconnus comme étant mal épelés.

b. L'orthographe est vérifiée pendant la saisie du texte.

c. Vous pouvez corriger un mot mal épelé en cliquant dessus avec le bouton droit de la souris et en sélectionnant le bon mot dans un menu contextuel.

d. Tous les mots mal utilisés sont corrigés automatiquement.

21. Lequel de ces énoncés à propos des objets groupés est *faux* ?

a. Les objets groupés ont une poignée de rotation.

b. Des poignées de dimensionnement apparaissent autour de l'objet groupé.

c. Chaque objet est muni de ses propres poignées de dimensionnement et d'une poignée de rotation.

d. Les objets groupés fonctionnent comme un objet unique.

22. À quoi les objets s'accrochent-ils lorsque vous les déplacez ?

a. Les bords de la diapositive

b. Une grille masquée

c. Des repères de dessin

d. Des points d'ancrage

Révision des techniques

1. Saisir du texte dans l'onglet Plan.

a. Ouvrez la présentation PPT B-2.pptx depuis votre dossier Projets, puis enregistrez-la sous le nom **PPT B-PisciNet Pro**. La figure B-18 montre la présentation terminée.

b. Créez une nouvelle diapositive après la diapositive 2 avec la disposition Titre et contenu.

c. Ouvrez l'onglet Plan, puis tapez **Principales voies de marketing**.

d. Appuyez sur [Entrée], appuyez sur [Tab], tapez **Forums en ligne**, appuyez sur [Entrée], tapez **Messages instantanés**, appuyez sur [Entrée], tapez **Annonces classées en ligne**.

e. Déplacez la diapositive 3 au-dessus de la diapositive 2.

f. Rouvrez l'onglet Diapositives.

g. Enregistrez les changements.

FIGURE B-18

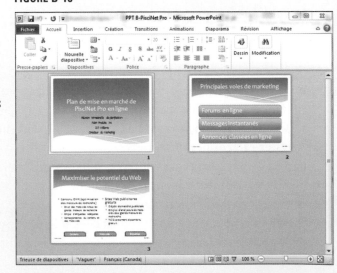

2. Mettre du texte en forme.

a. Allez à la diapositive 1.

b. Sélectionnez le nom **D.T. Williams**, puis placez le pointeur sur la mini barre d'outils.

c. Déroulez la liste Couleur de police, puis cliquez sur Bleu foncé, Texte 2 dans les couleurs du thème.

Modifier une présentation

   d. Sélectionnez l'objet texte, puis appliquez la couleur Bleu foncé, Texte 2 à tout le texte.

   e. Déroulez la liste Taille de police, puis cliquez sur 24.

   f. Cliquez sur le bouton Italique.

   g. Cliquez sur le bouton Espacement des caractères, puis cliquez sur Rapproché.

   h. Enregistrez les modifications.

3. Convertir du texte en SmartArt.

   a. Cliquez sur l'objet texte de la diapositive 2.

   b. Cliquez sur le bouton Convertir en graphique SmartArt, puis appliquez la disposition graphique Liste de blocs verticale à l'objet texte.

   c. Cliquez sur le bouton Autres dans le groupe Dispositions, cliquez sur Autres dispositions, cliquez sur Liste dans la boite de dialogue Choisir un graphique SmartArt, puis cliquez sur Liste à puces verticale.

   d. Cliquez sur le bouton Autres dans le groupe Styles SmartArt, puis appliquez le style Effet intense au graphique.

   e. Fermez le volet texte s'il y a lieu, puis cliquez dans un espace vide de la diapositive à l'extérieur du graphique SmartArt.

   f. Enregistrez les modifications.

4. Insérer et modifier des formes.

   a. Activez la diapositive 3.

   b. Appuyez sur [Maj], cliquez sur les deux objets texte, relâchez [Maj], puis faites glisser la poignée de dimensionnement centrale inférieure pour diminuer la taille des objets texte.

   c. Cliquez sur le bouton Formes dans le groupe Dessin, puis insérez la forme Rogner et arrondir un rectangle à un seul coin depuis la galerie de formes (figure B-19).

FIGURE B-19

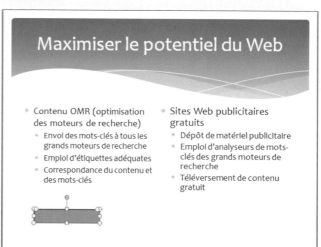

   d. Cliquez sur le bouton Autres dans le groupe Styles de formes de l'onglet Format des Outils de dessin, puis cliquez sur Contour lumière 1, remplissage couleur – Vert, 3 accentué.

   e. Cliquez sur le bouton Effets sur la forme dans le groupe Styles de forme, pointez Ombre, puis cliquez sur Décalage diagonal vers le bas à droite.

   f. Cliquez sur le bouton Contour de forme dans le groupe Styles de forme, puis cliquez sur Noir, Texte 1, plus clair 25%.

   g. Cliquez dans un espace vide de la diapositive, puis enregistrez votre travail.

5. Ajuster et reproduire une forme.

   a. Sélectionnez le rectangle, puis faites glisser la poignée d'ajustement de gauche jusqu'au bout vers la droite.

   b. Faites glisser le rectangle jusqu'à l'aligner sur le texte de l'objet texte de gauche à environ 1,75 cm du bas de la diapositive.

   c. Cliquez sur le bouton Rotation dans le groupe Organiser, puis cliquez sur Retourner horizontalement.

   d. Enfoncez [Ctrl] et faites deux copies du rectangle.

   e. Tapez **Étiquettes** dans le rectangle de droite, tapez **mots-clés** dans le rectangle du centre, puis tapez **Contenu** dans le rectangle de gauche.

   f. Cliquez dans un espace vide de la diapositive, puis enregistrez votre travail.

6. Aligner et grouper des objets.

   a. Sélectionnez le rectangle de droite, appuyez sur [Maj], puis déplacez la forme jusqu'à ce qu'elle s'aligne sur le bord droit du texte situé dans l'objet texte de droite.

   b. Sélectionnez les trois rectangles.

   c. S'il y a lieu, ouvrez l'onglet Format des Outils de dessin, cliquez sur le bouton Aligner, puis sélectionnez Aligner en bas.

   d. Cliquez sur le bouton Aligner dans le groupe Organiser, puis cliquez sur Distribuer horizontalement.

   e. Groupez les trois rectangles, puis affichez les repères à l'écran.

Révision des techniques (suite)

f. Déplacez le repère horizontal jusqu'à ce que 3,06 apparaisse, puis cliquez sur ou jusqu'à ce que les rectangles se trouve sur le repère horizontal ou à proximité. Comparez votre diapositive à celle de la figure B-20.

g. Désactivez l'affichage des repères puis enregistrez votre travail.

FIGURE B-20

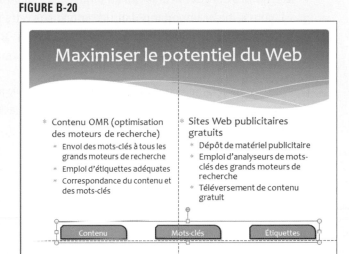

7. **Ajoutez des en-têtes et des pieds de page.**

a. Ouvrez la boite de dialogue En-tête et pied de page.

b. Dans l'onglet Diapositives, cochez la case Date et heure pour la sélectionner, cliquez sur le bouton d'option Fixe, puis entrez la date du jour dans la zone de texte Fixe.

c. Ajoutez le numéro de la diapositive au pied de page.

d. Tapez votre nom dans la zone de texte Pied de page.

e. Appliquez le pied de page à toutes les diapositives sauf la diapositive de titre.

f. Ouvrez de nouveau la boite de dialogue En-tête et pied de page, puis cliquez sur l'onglet Commentaires et documents.

g. Entrez la date du jour dans la zone de texte Fixe.

h. Tapez le nom de votre cours dans la zone de texte En-tête, puis cochez la case Numéro de page.

i. Tapez votre nom dans la zone de texte Pied de page.

j. Appliquez ces informations à tous les commentaires et documents.

k. Enregistrez les modifications.

8. **Vérifiez l'orthographe.**

a. Vérifiez l'orthographe du document et corrigez tout mot mal épelé. Ignorez les mots corrects que le vérificateur ne reconnait pas. Il y a au moins un mot mal orthographié dans la présentation.

b. Allez à la diapositive 3, puis réglez la langue du mini-traducteur à Russe.

c. Examinez la traduction russe de deux ou trois mots et d'une phrase dans la diapositive 3.

d. Choisissez une autre langue (ou plus si vous le voulez), traduisez des mots ou des phrases sur la diapositive, rétablissez la langue par défaut à Allemand, puis arrêtez le mini-traducteur.

e. Enregistrez vos modifications, fermez le fichier et quittez PowerPoint.

Exercice personnel 1

Vous êtes le directeur du Centre des Arts de la scène du Manitoba à Winnipeg et une de vos tâches consiste à organiser des levées de fonds. Vous le faites en prenant la parole dans des entreprises, des associations et autres organismes de la province. Vous rencontrez chaque année de nombreux groupes pour présenter le calendrier de la prochaine saison. Vous devez poursuivre une présentation déjà amorcée.

a. Démarrez PowerPoint, ouvrez la présentation PPT B-3.pptx située dans votre dossier Projets et enregistrez-la sous le nom **PPT B-Centre des Arts**.

b. Utilisez l'onglet Plan pour ajouter les puces suivantes à la diapositive Engagement à l'excellence :
Étude
Application
Expérimentation
Excellence

c. Appliquez le thème Technique à la présentation.

d. Sur la diapositive 3, appliquez la couleur de police Orange, Accentuation 6, plus clair 40% à chaque nom de spectacle.

e. Changez les textes à puces de la diapositive 5 par le graphique SmartArt Liste accentuée verticale, puis appliquez-lui le style Effet moyen.

Exercice personnel 1 (suite)

Difficultés supplémentaires

- Activez le mode Page de commentaires.
- Ajoutez des commentaires à au moins deux diapositives. Ces commentaires doivent liés au contenu et doivent vous sembler importants dans le contexte de cette présentation.
- Enregistrez cette présentation sous le nom **PPT B-Centre des Arts Défi** dans votre dossier Projets. Lorsque vous présenterez votre travail à votre formateur, remettez-lui un imprimé des pages de commentaires.

f. Vérifiez l'orthographe de la présentation (il y a au moins une faute d'orthographe), puis visualisez le diaporama.

g. Ajoutez votre nom en pied de page des commentaires et documents, puis enregistrez les changements.

h. Fermez le fichier, puis quittez PowerPoint.

Exercice personnel 2

Vous êtes directeur chez Schweizerhaus S.A., une société de services financiers située à Berne en Suisse. Votre patron vous a demandé de monter une présentation expliquant les grandes lignes du processus hypothécaire qu'il utilisera lors d'une prochaine conférence.

a. Démarrez PowerPoint, ouvrez la présentation PPT B-4.pptx située dans votre dossier Projets et enregistrez-la sous le nom **PPT B-Hypothèque**.

b. Appliquez le thème Livre relié à la présentation.

c. Allez à la diapositive 4, sélectionnez les trois formes Banques, Sociétés de crédit et Investisseurs privés, puis utilisez la commande Aligner pour les distribuer verticalement et les aligner sur leurs bordures gauches.

d. Sur la diapositive 4, sélectionnez les trois formes Emprunteur, Courtier hypothécaire et Sociétés de crédit, puis utilisez la commande Aligner pour les distribuer horizontalement et les aligner sur leurs bordures inférieures.

e. Sélectionnez toutes les formes, puis appliquez-leur le style Effet intense – Noir, 1 foncé depuis le groupe Styles de formes, puis déplacez ces formes vers le bas tel qu'illustré à la figure B-21.

f. À l'aide de la galerie de formes, tracez une flèche large de 2¼ pt entre toutes les formes. (*Indice* : Dessinez une flèche, ajustez l'épaisseur de la ligne à 2¼ pt avec le bouton Contour de forme, puis reproduisez la forme.)

FIGURE B-21

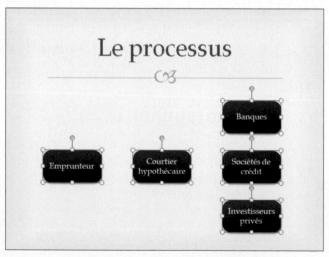

g. Ajoutez une sixième diapositive à la fin de la présentation, puis tapez les renseignements suivants dans l'onglet Plan :

Résumé du programme

> **Nous trouverons l'hypothèque adéquate pour vous. Votre emprunt sera à la mesure de vos moyens. Notre hypothèque vous fera réaliser des économies. Aucune intervention gouvernementale**

h. Vérifiez l'orthographe de la présentation, exécutez le diaporama, puis affichez les diapositives en mode Trieuse de diapositives.

i. Ajoutez le numéro de page et votre nom en pied de page des commentaires et documents, puis enregistrez les changements.

j. Fermez le fichier, puis quittez PowerPoint.

Exercice personnel 3

Vous êtes distributeur d'aliments naturels à Lille. Votre entreprise, Bio-Diversité, a connu une évolution régulière depuis sa fondation il y a dix ans, mais les ventes et les profits ne croissent plus depuis 12 mois. Dans le but de stimuler la croissance et de vous permettre d'étendre vos affaires aux départements voisins, vous décidez d'acquérir *Tout Nature*, un important négociant d'aliments naturels. Utilisez PowerPoint pour préparer une présentation destinée à convaincre un groupe d'investisseurs intéressés. Imaginez le contenu de la présentation.

a. Démarrez PowerPoint, créez une nouvelle présentation, puis appliquez le thème Sillage à la présentation.

b. Sur la diapositive de titre, tapez **Plan de croissance** comme titre et **Bio-Diversité** comme sous-titre.

c. Enregistrez la présentation dans votre dossier Projets sous le nom **PPT B-BioDiversité**.

d. Ajoutez cinq autres diapositives avec les titres suivants : **Historique**, **Situation actuelle**, **Buts de l'acquisition**, **Fonds nécessaires** et **Équipe de gestion**.

e. Entrez du texte approprié dans les espaces réservés au texte de chacune des diapositives en vous servant des modes Diapositives et Plan.

f. Convertissez le texte d'une des diapositives en graphique SmartArt, puis appliquez au graphique le style Encastré.

Difficultés supplémentaires

■ Dans le groupe Modification de l'onglet Accueil, cliquez sur la flèche du bouton Remplacer, puis cliquez sur Remplacer les polices.

■ Remplacez la police Trébuchet MS par la police Eras Medium ITC.

■ Enregistrez la présentation sous le nom **PPT B-BioDiversité Défi** dans votre dossier Projets.

g. Vérifiez l'orthographe de la présentation, exécutez le diaporama, puis affichez les diapositives en mode Trieuse de diapositives.

h. Ajoutez le numéro de diapositive et votre nom au pied de page des diapositives, puis enregistrez le fichier.

i. Fermez la présentation, puis quittez PowerPoint.

Défi

Le directeur du département a demandé à votre professeur d'informatique à l'Université Centrale de convertir son cours de technologie appliquée en un cours accéléré destiné aux étudiants et professionnels. Le professeur a demandé votre aide pour créer une présentation destinée au web qui servira d'outil promotionnel auprès des entreprises. La majeure partie des informations se trouve sur des diapositives et il vous reste à compléter les informations, ajouter un thème et mettre le texte en forme.

a. Démarrez PowerPoint, ouvrez la présentation PPT B-5.pptx située dans votre dossier Projets, puis enregistrez-la sous le nom **PPT B-Cours 101**.

b. Ajoutez une nouvelle diapositive à la suite de la diapositive Informations avec la même disposition, tapez **Détails du cours** dans l'espace réservé au titre, puis saisissez dans l'onglet Plan ce qui suit sous forme de texte à puces :
Unix/Systèmes d'information
Réseaux
Méthodes appliquées
Solutions technologiques
Conception de logiciel
Applications

c. Appliquez le thème Papier à la présentation.

d. Sélectionnez l'objet titre de la diapositive 1 (*Indice* : Appuyez sur [Maj] pour sélectionner l'objet entier), puis appliquez-lui la couleur de police Jaune.

e. Remplacez la police du titre par Century Gothic.

f. Cliquez sur le bouton Options d'ajustement automatique, puis sélectionnez Arrêter l'ajustement du texte à cet espace réservé.

g. Transformez le texte de la diapositive 4 en graphique SmartArt. Choisissez un style approprié pour une liste.

h. Appliquez un style au graphique, puis affichez le diaporama.

i. Ajoutez le numéro de page et votre nom dans le pied de page des commentaires et documents, puis enregistrez les changements.

j. Fermez la présentation, puis quittez PowerPoint.

Atelier visuel

Créez la présentation montrée aux figures B-22 et B-23. Ajoutez la date du jour comme date sur la diapositive titre. Enregistrez la présentation sous le nom **PPT B-Commerce agricole** dans votre dossier Projets. (*Indice* : Le style SmartArt utilisé pour l'objet SmartArt est un style 3D.) Vérifiez vos diapositives en mode Diaporama, puis ajoutez votre nom en pied de page des commentaires et documents. Enregistrez la présentation, fermez le fichier, puis quittez PowerPoint.

FIGURE B-22

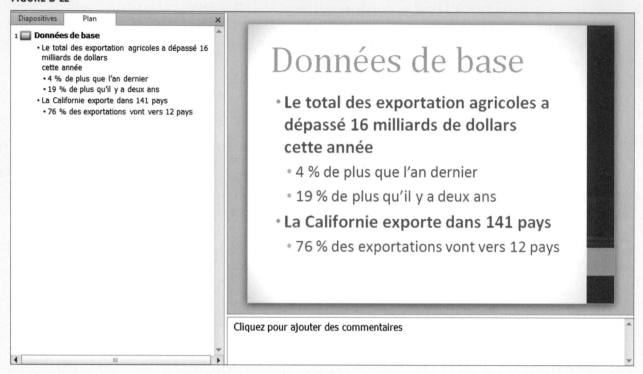

FIGURE B-23

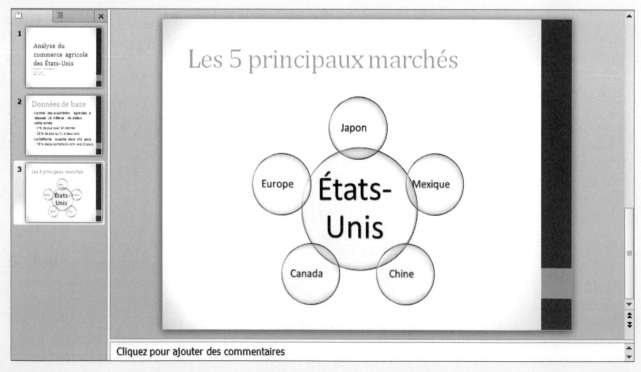

PowerPoint 2010

Insérer des objets dans une présentation

En plus du texte, un bon présentateur se sert d'éléments visuels, tels graphiques, graphismes et photos, pour aider à transmettre le message. Les éléments visuels maintiennent l'intérêt du public, permettent d'illustrer des concepts et aident l'assistance à se concentrer sur le contenu de la présentation. Dans ce module, vous agrémentez votre présentation avec des éléments visuels dont une image clipart, une photo et un graphique. Vous mettez également ces objets en forme au moyen des puissants outils d'édition d'objets de PowerPoint.

OBJECTIFS

Insérer un texte de Microsoft Word

Insérer une image clipart

Insérer et mettre en forme une photo

Insérer une zone de texte

Insérer un graphique

Saisir et modifier les données d'un graphique

Insérer un tableau

Insérer et modifier un objet WordArt

Insérer un texte de MS Word

Il est facile d'insérer dans une présentation PowerPoint des textes enregistrés dans différents formats tels Microsoft Word (.docx), format universel *Rich Text Format* (.rtf), fichier de texte brut (.txt) et document HTML (.htm). Si vous avez un plan sauvegardé dans Microsoft Word, vous pouvez l'importer dans PowerPoint pour créer une nouvelle présentation ou ajouter des diapositives à une présentation existante. Quand vous importez un document dans une présentation, PowerPoint crée une structure de plan fondée sur les styles présents dans le document. Par exemple, un style Titre 1 dans le document Word devient un titre de diapositive dans PowerPoint et un style Titre 2 devient un texte de premier niveau dans une liste à puces. Si vous insérez un fichier de texte brut, PowerPoint crée alors un plan basé sur les tabulations au début des paragraphes du document. Les paragraphes sans tabulation deviennent des titres de diapositive et ceux avec une tabulation deviennent le texte de premier niveau dans une liste à puces. Vous avez un document Microsoft Word contenant des renseignements sur différents itinéraires de trains au Canada. Vous voulez l'insérer dans votre présentation pour créer plusieurs nouvelles diapositives.

ÉTAPES

1. **Démarrez PowerPoint, ouvrez la présentation PPT C-1.pptx de votre dossier Projets, enregistrez-la sous le nom PPT C-VTA, cliquez sur l'onglet Plan, puis sur l'icône de la diapositive 3 ▦ dans cet onglet.**

   La diapositive 3 s'affiche dans le volet Plan. Quand vous cliquez sur une icône de diapositive dans l'onglet Plan, le titre et le texte associés sont mis en surbrillance, indiquant que cette diapositive est sélectionnée. Avant d'importer un plan dans une présentation, vous devez d'abord déterminer où le placer. Vous voulez insérer le texte du document Word dans de nouvelles diapositives suivant la diapositive 3.

2. **Déroulez la liste du bouton Nouvelle diapositive dans le groupe Diapositives, puis cliquez sur Diapositives à partir d'un plan.**

   La boite de dialogue Insérer un plan s'ouvre.

3. **Naviguez vers votre dossier Projets, sélectionnez le document Word PPT C-2.docx, puis cliquez sur Insertion.**

   Quatre nouvelles diapositives (4, 5, 6 et 7) sont ajoutées à la présentation (figure C-1).

4. **Lisez le contenu de la diapositive 4 dans le volet Diapositive, puis passez en revue le texte des diapositives 5, 6 et 7 dans l'onglet Plan.**

   Le contenu de la diapositive 7 fait référence à un itinéraire abandonné et n'est pas nécessaire pour cette présentation.

5. **Cliquez sur l'onglet Diapositives, puis cliquez avec le bouton droit de la souris sur la vignette de la diapositive 7.**

   Un menu contextuel proposant les commandes les plus fréquentes s'ouvre.

6. **Cliquez sur Supprimer la diapositive dans le menu contextuel.**

   La diapositive 7 est supprimée de la présentation. La diapositive suivante devient la nouvelle diapositive 7 et s'affiche dans le volet Diapositive.

7. **Cliquez sur la diapositive 6 dans l'onglet Diapositives et faites-la glisser au-dessus de la diapositive 5.**

   Les diapositives 5 et 6 changent de place. Vous voulez que le texte du plan que vous venez d'insérer adopte le thème de la présentation.

8. **Cliquez sur la vignette de la diapositive 4, puis cliquez sur le bouton Rétablir dans le groupe Diapositives.**

   Observez que le type de police et les attributs de mise en forme du texte de la diapositive ont changé en fonction des polices du thème de la présentation. Le bouton Rétablir réinitialise les espaces réservés de la diapositive à leur position, taille et mise en forme de texte par défaut selon le thème Angles de la présentation.

9. **Cliquez sur la vignette de la diapositive 5, enfoncez et maintenez [Maj], cliquez sur la vignette de la diapositive 6, relâchez [Maj], cliquez sur le bouton Rétablir, puis cliquez Enregistrer 🖫 dans la barre d'accès rapide.**

   Les nouvelles diapositives insérées ont maintenant toutes le même thème que le reste de la présentation. Comparez votre écran à celui de la figure C-2.

ASTUCE

Si votre présentation comporte de nombreuses diapositives, vous pouvez les organiser en sections dans l'onglet Diapositives. Pour créer une section, cliquez sur la diapositive à partir de laquelle la section doit commencer, cliquez sur le bouton Section dans le groupe Diapositives de l'onglet Accueil, puis cliquez sur Ajouter une section.

FIGURE C-1 : Onglet Plan montrant le texte importé

Texte importé de Word

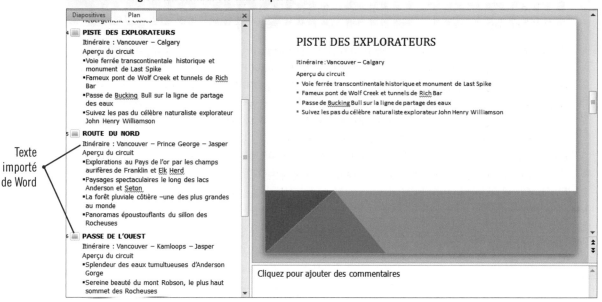

FIGURE C-2 : Diapositive affichant les polices du thème appliquées

Le type de police et les attributs de mise en forme sont conformes au thème

Diapositive déplacée

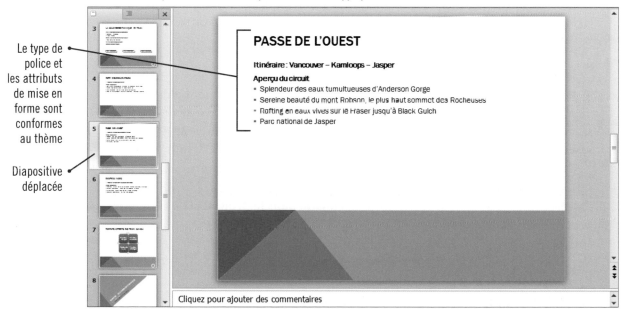

Insérer des diapositives provenant d'autres présentations

Pour insérer dans la présentation active des diapositives provenant d'une autre présentation, déroulez la liste du bouton Nouvelle diapositive dans le groupe Diapositives, puis cliquez sur Réutiliser les diapositives. Le volet Réutiliser les diapositives apparait à la droite de la fenêtre. Cliquez sur le bouton Parcourir, cliquez sur Rechercher le fichier dans la liste déroulante, localisez la présentation à utiliser, puis cliquez sur Ouvrir. Cliquez sur chacune des diapositives à placer dans la présentation. Les nouvelles diapositives adoptent automatiquement le thème de la présentation active, sauf si vous cochez la case Conservez la mise en forme source. Vous pouvez aussi copier des diapositives d'une présentation à une autre. Ouvrez les deux présentations et passez en mode Trieuse de diapositives dans les deux ou utilisez la commande Réorganiser tout pour voir les deux présentations, sélectionnez les diapositives voulues, puis copiez-les et collez-les ou faites-les glisser dans la présentation voulue.

Insérer une image clipart

PowerPoint donne accès à une collection de types de clips multimédias assortis, notamment des illustrations appelées **images clipart**, des photographies, des animations, des vidéos et des sons. Les cliparts et autres fichiers multimédias sont stockés dans la **Bibliothèque multimédia Microsoft**, un programme distinct d'indexation de fichiers, et sont identifiés par des mots-clés descriptifs. La Bibliothèque multimédia est organisée en dossiers appelés **collections** que vous pouvez personnaliser en ajoutant, en déplaçant ou en supprimant des clips. Les images clipart et autres fichiers multimédia sont accessibles de sources diverses, dont le site web de Microsoft Office. Vous pouvez également acheter des collections dans le commerce. Pour améliorer la présentation VTA, vous ajoutez une image clipart dans une diapositive, puis vous en ajustez la taille et la position.

ÉTAPES

1. **Cliquez sur la flèche de défilement vers le haut dans l'onglet Diapositives, cliquez sur la vignette de la diapositive 2, puis cliquez sur l'icône Images clipart 🖼 dans l'espace réservé au contenu.**

   Le volet de tâche Images clipart s'ouvre. Au sommet du volet de tâches dans la zone Rechercher, vous entrez un mot-clé descriptif pour effectuer une recherche d'images. Si vous voulez limiter la recherche à des types de clips multimédias précis, cliquez sur la flèche de liste de la zone Les résultats devraient être, puis sélectionnez ou désélectionnez des types particuliers de clips.

2. **Vérifiez que la case Inclure le contenu Office.com est cochée, sélectionnez tout texte apparaissant dans la zone Rechercher, tapez locomotive, puis déroulez la liste Les résultats devraient être.**

   Vous ne voulez chercher que des images clipart de la catégorie Illustrations. Limiter la recherche aux seules catégories qui vous intéressent réduit considérablement le nombre de fichiers d'images que PowerPoint doit parcourir pour produire les résultats demandés.

3. **Cliquez dans toutes les cases à cocher activées pour les désélectionner, cochez la case Illustrations, cliquez sur OK, cliquez sur la flèche vers le bas, puis cliquez sur la vignette de l'image montrée dans la figure C-3.**

   L'image choisie apparait dans l'espace réservé au contenu et l'onglet Format des Outils de dessin est activé dans le Ruban. Vous pouvez modifier la taille d'une image clipart en faisant glisser une de ses poignées de coin, mais vous pouvez aussi la **mettre à l'échelle** en choisissant une taille ou un pourcentage de modification précis.

4. **Sélectionnez 3 dans la zone Hauteur de la forme, tapez 6,08, puis appuyez sur [Entrée].**

   L'image de la locomotive double proportionnellement de taille. Observez le nombre affiché dans la zone Largeur de la forme : sa valeur est passée de 5,01 cm à 10,18 cm.

5. **Déroulez la liste du bouton Bord de l'image dans le groupe Styles d'images, puis cliquez sur la case Noir, Texte 1 dans la rangée supérieure.**

   Une bordure noire apparait autour de l'objet.

6. **Déroulez la liste du bouton Bord de l'image, pointez Épaisseur et choisissez un trait continu de 2 ¼ pt d'épaisseur.**

   L'image de la locomotive est maintenant encadrée par une bordure épaisse de 2 ¼ pt.

7. **Faites glisser l'image de la locomotive vers le milieu de la zone vide, cliquez sur le bouton Couleur dans le groupe Ajuster, puis cliquez sur Orange, couleur accent 2 sombre.**

   Vous n'aimez ni le nouvel alignement ni la nouvelle couleur de l'image.

8. **Cliquez sur la flèche de liste du bouton Annuler 🔄 dans la barre d'outils Accès rapide, cliquez sur Déplacer l'objet, cliquez dans une zone vide de la diapositive, puis enregistrez vos modifications.**

   L'emploi de la flèche de liste du bouton Annuler permet d'annuler plusieurs actions d'un coup, dans le cas présent les commandes Recolorier l'image et Déplacer l'objet.

9. **Positionnez l'image tel qu'illustré à la figure C-4, déroulez la liste Les résultats devraient être dans le volet Images clipart, cochez la case Tous types de clips multimédias, cliquez sur OK, puis cliquez sur le bouton Fermer ❌ du volet de tâche.**

   La prochaine fois que vous chercherez un clip, PowerPoint cherchera parmi tous les types de médias. Comparez votre diapositive à celle de la figure C-4.

FIGURE C-3 : Écran présentant le volet Images clipart

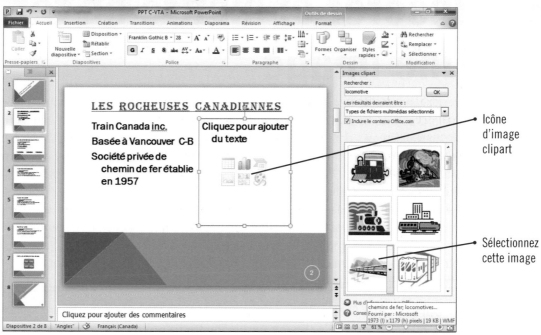

Icône
d'image
clipart

Sélectionnez
cette image

FIGURE C-4 : Diapositive avec l'image clipart mise en forme

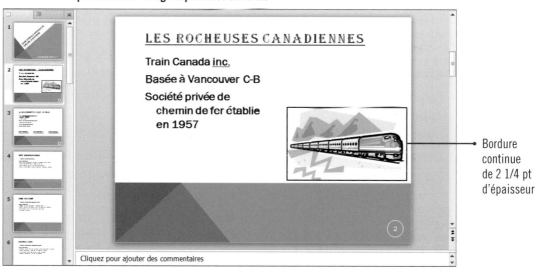

Bordure
continue
de 2 1/4 pt
d'épaisseur

Trouver plus d'images en ligne

Si vous ne trouvez pas les images et les clips dont vous avez besoin à partir du volet de tâche Images clipart, vous pouvez facilement télécharger et utiliser des images clipart du site web Office.com. Pour accéder à cette page, cliquez sur le lien **Plus d'informations sur Office.com** en bas du volet Images clipart. Si votre connexion à internet est active, ceci démarrera votre navigateur et le connectera directement à la bonne page. Vous pouvez effectuer des recherches sur ce site par mots-clés ou parcourir les images par catégories. Chaque clip téléchargé est automatiquement inséré dans la Bibliothèque multimédia et apparait dans le volet Images clipart.

Insérer et mettre en forme une image

Dans PowerPoint, le terme **image** peut désigner plusieurs choses : une photo numérique, un dessin, une image clipart ou tout autre graphisme créé dans une autre application. Vous pouvez insérer 14 types d'images différentes dans une présentation, dont celles au format JPEG ou BMP. Comme tous les autres objets PowerPoint, vous pouvez les mettre en forme et leur appliquer un style pour les harmoniser avec le reste de la présentation. Vous pouvez également **rogner** une image, c'est-à-dire en masquer une partie que vous ne souhaitez pas afficher. La partie rognée de l'image fait toujours partie du fichier d'image, sauf si vous la supprimez en appliquant les réglages de compression d'image dans la boite de dialogue Compresser les images. Vous vous êtes servi de votre appareil photo numérique pour prendre des photographies lors de vos excursions en train. Dans cette leçon, vous allez insérer une photo que vous avez enregistrée sur votre ordinateur au format JPG. Vous allez ensuite la rogner et la mettre en forme.

ÉTAPES

ASTUCE
Vous pouvez aussi insérer une image en cliquant sur le bouton Image du groupe Illustrations de l'onglet Insertion.

1. **Dans l'onglet Diapositives, cliquez sur la flèche vers le bas, cliquez sur la vignette de la diapositive 8, puis cliquez sur l'icône Insérer une image depuis un fichier 🖼 dans l'espace réservé au contenu.**

   La boite de dialogue Insérer une image s'ouvre et affiche les images disponibles dans la Bibliothèque Images par défaut.

2. **Naviguez jusqu'à votre dossier Projets, sélectionnez le fichier PPT C-3.jpg, puis cliquez sur Insérer.**

   L'image apparait dans l'espace réservé au contenu de la diapositive et l'onglet Format des Outils de dessin s'ouvre sur le Ruban. Vous voulez rogner certains des effets de réflexion du côté droit de l'image.

ASTUCE
Cliquez sur la flèche de liste du bouton Rogner pour profiter des autres options de rognage. Vous pouvez ainsi rogner à une forme de la galerie de formes et rogner à des dimensions communes de photographie ou selon un rapport hauteur-largeur.

3. **Cliquez sur le bouton Rogner dans le groupe Taille, puis placez le pointeur sur la poignée de rognage inférieure de droite.**

   Le pointeur prend la forme ⌐. Lorsque la commande Rogner est active, des poignées de rognages apparaissent à côté des poignées de dimensionnement.

4. **Faites glisser le coin de l'image vers le haut et la gauche tel qu'illustré à la figure C-5, puis appuyez sur [Échap].**

   PowerPoint propose plusieurs options de mise en forme de photos et vous décidez d'en essayer quelques-unes.

5. **Dans l'onglet Format des outils Image, cliquez sur le bouton Autres ▾ dans le groupe Styles d'images, puis choisissez Cadre double, noir (1ʳᵉ rangée).**

   L'image est maintenant entourée d'un cadre noir.

6. **Cliquez sur le bouton Corrections dans le groupe Ajuster, déplacez le pointeur sur les vignettes pour voir comment la photo change, puis cliquez sur Accentuer : 50% dans la section Ajuster la netteté.**

   La netteté de l'image a été améliorée.

7. **Cliquez sur le bouton Effets artistiques dans le groupe Ajuster, déplacez le pointeur sur les vignettes pour voir comment la photo change, puis cliquez dans une zone vide de la diapositive.**

   Les effets artistiques sont tous intéressants mais aucun ne fonctionnera bien avec cette photo. Vous décidez de compresser la photo afin de supprimer les zones rognées et de réduire la taille du fichier.

ASTUCE
Si vous souhaitez appliquer un des effets artistiques de la galerie d'effets à une photo compressée, compressez d'abord l'image afin de préserver la meilleure qualité de photo possible.

8. **Cliquez sur la photo, cliquez sur le bouton Compresser les images 🖼 dans le groupe Ajuster, assurez-vous que l'option Utiliser la résolution du document soit cochée, puis cliquez sur OK.**

   Les parties rognées de la photo sont éliminées et la photo est compressée.

9. **Faites glisser la poignée de dimensionnement inférieure droite de façon à augmenter la taille de la photo et à l'aligner sur le côté droit du numéro de la diapositive, cliquez dans une zone vide la diapositive, puis enregistrez vos modifications (figure C-6).**

FIGURE C-5 : Utilisation du pointeur de rognage pour masquer une partie de l'image

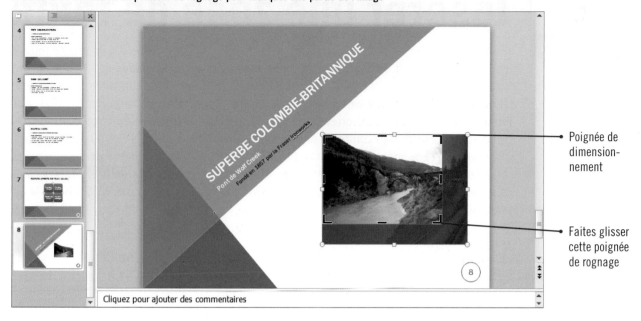

Poignée de dimension-nement

Faites glisser cette poignée de rognage

FIGURE C-6 : Image rognée et stylisée

Image à laquelle de nouveaux effets ont été appliqués

Compression d'image

Il est essentiel de savoir que la compression d'une image réduit les détails dans cette image. Elle peut donc sembler différente de ce qu'elle était avant d'être compressée. La compression modifie aussi la quantité de couleurs dans une image sans toutefois en altérer la qualité. Par défaut, toutes les images insérées dans PowerPoint sont automatiquement compressées en fonction des réglages définis dans la boite de dialogue Options PowerPoint. Pour trouver ces réglages, ouvrez l'onglet Fichier, cliquez sur Options, puis cliquez sur Options avancées dans le volet de gauche. Vous pouvez changer les réglages de compression ou arrêter la compression automatique des images dans la section Taille et qualité de l'image.

Insérer des objets dans une présentation

Insérer une zone de texte

Comme vous le savez déjà, vous saisissez un texte sur une diapositive dans un espace réservé de titre ou de contenu placé sur la diapositive selon un modèle de disposition prédéfini. Il peut parfois arriver que ces espaces réservés ne conviennent pas pour donner au texte l'efficacité souhaitée. Vous pouvez alors créer une zone de texte personnelle en cliquant sur le bouton Zone de texte du groupe Texte de l'onglet Insertion. Vous pouvez produire deux sortes de zones de texte : une **étiquette de texte** sans renvoi automatique à la ligne pour des phrases courtes et une **zone d'édition**, pour des phrases ou des paragraphes où les mots sont renvoyés à la ligne à l'intérieur des limites de la zone. Ces deux types de zones de texte peuvent être mises en forme et modifiées comme n'importe quel autre objet texte. Vous décidez d'ajouter une zone de texte à la photo de la diapositive 8. Vous créez pour cela une zone d'édition sur la diapositive, tapez et modifiez le texte, puis le mettez en forme.

ÉTAPES

1. **Ouvrez l'onglet Insertion sur le Ruban, cliquez sur le bouton Zone de texte dans le groupe Texte, puis placez le pointeur dans la zone vide au-dessus et à gauche du texte du titre.**

   Le pointeur prend la forme ↓.

ASTUCE

Pour créer une étiquette de texte, cliquez sur le bouton Zone de texte, placez le pointeur à l'endroit où placer le texte, cliquez une fois, puis tapez le texte.

2. **Faites glisser le pointeur vers le bas et la droite pour créer une zone de texte d'environ 7,6 cm de long.**

   Lorsque vous commencez à faire glisser le pointeur, un contour de la zone de texte apparait, indiquant la largeur de l'objet en cours de création. Quand vous relâchez le bouton de la souris, un point d'insertion s'affiche dans l'objet texte, dans ce cas une zone d'édition. Cela indique que vous pouvez entrer du texte. La police et le style de caractères sont affichés dans le groupe Police du Ruban.

3. **Tapez Le 2ᵉ jour du tour, à l'est de Kamloops à 20 km.**

   Observez que la zone d'édition s'agrandit à mesure que le texte est renvoyé sur une deuxième ligne dans la zone de texte. Votre écran devrait ressembler à celui de la figure C-7. Après avoir saisi le texte, vous remarquez que cette phrase se lirait mieux si elle était formulée autrement.

4. **Sélectionnez à 20 km à l'aide du pointeur ⌶, positionnez le pointeur ☖ au-dessus du texte sélectionné, puis enfoncez et maintenez le bouton gauche de la souris.**

   Le pointeur prend la forme ☖.

5. **Faites glisser la sélection à gauche du mot « à » (devant à l'est de...) dans la zone de texte, puis relâchez le bouton de la souris.**

   Une ligne d'insertion bleu pâle apparait pendant que vous faites glisser la sélection. Elle signale l'endroit où PowerPoint insère le texte quand vous relâchez le bouton de la souris. Les mots « à 20 km » sont déplacés devant « à l'est de » et sont encore sélectionnés. Vous devez maintenant régler l'espacement des mots.

ASTUCE

Vous pouvez aussi déplacer du texte entre des objets texte sur une diapositive, ainsi que dans l'onglet Plan avec la technique du glisser-déposer.

6. **Cliquez entre les mots km et à dans le texte, puis appuyez sur [Espace].**

   Les mots dans la zone de texte sont maintenant espacés correctement.

7. **Déplacez le pointeur ⌶ sur le bord de la zone de texte jusqu'à ce qu'il prenne la forme ⛶, cliquez sur le cadre de la zone de texte (qui devient solide), puis cliquez sur le bouton Italique _I_ dans le groupe Police.**

   Tout le texte de la zone de texte est mis en italique.

8. **S'il y a lieu, faites glisser la poignée centrale de droite de la zone de texte vers la droite pour que le texte tienne sur deux lignes, placez le pointeur ⛶ sur le contour de la zone de texte, puis faites glisser la zone au-dessus de la photo.**

   Votre diapositive devrait ressembler à celle de la figure C-8.

9. **Cliquez sur le bouton Mode Lecture 📖 dans la barre d'état, examinez la diapositive, appuyez sur [Échap], puis enregistrez les changements.**

FIGURE C-7 : Nouvel objet texte

Nouvel objet texte

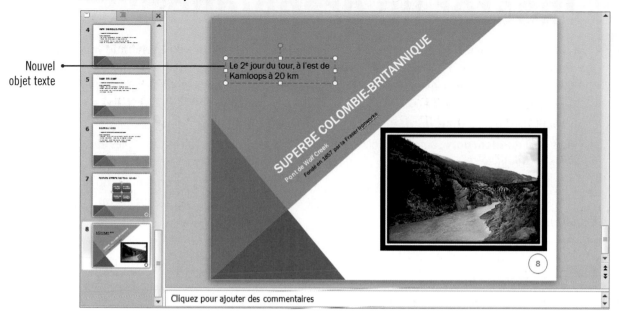

FIGURE C-8 : Objet texte mis en forme

Texte mis en forme

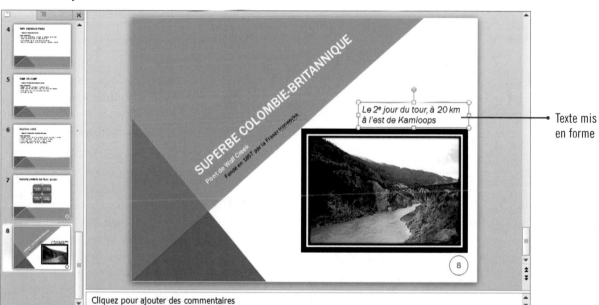

Envoyer une présentation par courriel

Vous pouvez envoyer par courriel une copie d'une présentation à un collègue afin qu'il la modifie et y ajoute des commentaires. Vous pouvez le faire à l'aide d'un programme de messagerie électronique comme Outlook. Même si vous pouvez joindre des fichiers à votre programme de courriel, vous pouvez aussi envoyer une présentation directement depuis PowerPoint. Pour ce faire, ouvrez l'onglet Fichier, cliquez sur Enregistrer et envoyer, puis cliquez sur Envoyer à l'aide de la messagerie dans le volet du centre. Votre programme de messagerie s'ouvre et crée automatiquement un message contenant la présentation en tant que fichier joint. Vous pouvez aussi joindre et envoyer par courriel une copie de la présentation en format PDF ou XPS. Ces deux formats de fichier préservent la mise en forme du document, permettent le partage de fichiers et peuvent être affichés en ligne et imprimés.

Insérer des objets dans une présentation

Insérer un graphique

La meilleure façon de transmettre une information numérique passe souvent par une aide visuelle comme un graphique. Si Microsoft Excel est installé sur votre ordinateur, PowerPoint l'utilise pour créer des graphiques. Si ce n'est pas le cas, PowerPoint utilise alors **Microsoft Graph**, un programme qui permet de créer des graphiques dans vos diapositives. Un **graphique** est une représentation visuelle de données numériques qui figurent dans une **feuille de données**. Lorsque vous insérez un objet graphique dans PowerPoint, on dit alors qu'il est **incorporé**, autrement dit intégré dans la présentation, comme le sont les autres objets placés sur les diapositives. Toutefois, la source de données de cet objet, dans ce cas Excel, peut être ouverte à des fins d'édition. Les changements que vous apportez aux données d'un objet incorporé au moyen des outils de PowerPoint ne sont pas répercutés dans la source de données originale. Vous insérez un graphique sur une nouvelle diapositive.

ÉTAPES

ASTUCE

Vous pouvez aussi ajouter un graphique à une diapositive en cliquant sur le bouton Graphique du groupe Illustrations dans l'onglet Insertion du Ruban.

1. **Cliquez sur la diapositive 7 dans l'onglet Diapositives, puis appuyez sur [Entrée].**

   Une nouvelle diapositive ayant la même disposition que la diapositive sélectionnée, dans ce cas Titre et contenu, est ajoutée à la présentation.

2. **Cliquez dans l'espace réservé au titre et tapez Sondage comparatif sur les vacances.**

3. **Cliquez sur l'icône Insérer un graphique 📊 dans l'espace réservé au contenu.**

   La boite de dialogue Insérer un graphique s'ouvre (figure C-9). Chaque type de graphique comprend plusieurs styles 2D et 3D. Le type Histogramme, par exemple, propose 19 styles différents. L'Histogramme groupé est le style de graphique par défaut. Une brève explication des divers types de graphiques est donnée dans le tableau C-1.

PROBLÈME

Si la fenêtre Excel couvre la diapositive en PowerPoint, redimensionnez les deux fenêtres côte à côte à l'aide des poignées de coin.

4. **Cliquez sur OK.**

   Excel s'ouvre dans une fenêtre partageant l'écran avec PowerPoint (figure C-10). La fenêtre PowerPoint affiche l'histogramme groupé et la fenêtre Excel présente des données d'exemple dans une feuille de calcul. Sur le Ruban, l'onglet Création des Outils de graphique contient les commandes servant à travailler sur le graphique dans PowerPoint. La feuille de données est constituée de lignes et de colonnes dont l'intersection forme une **cellule**. On identifie une cellule par la position de sa ligne et de sa colonne. Ainsi, la cellule située au croisement de la colonne A et de la ligne 1 est appelée cellule A1. Les cellules de la colonne de gauche contiennent des **étiquettes d'axes** qui identifient les données de la ligne. Par exemple, « Catégorie 1 » est une étiquette d'axe. Les cellules de la ligne supérieure apparaissent dans la **légende** et décrivent les données figurant dans la série. Les cellules situées au-dessous et à droite des étiquettes d'axes contiennent les valeurs représentées dans le graphique. Chaque colonne et ligne de données de la feuille est désignée par le terme **série de données**. À chaque série de données correspondent des **marqueurs de données** dans le graphique, à savoir des représentations graphiques telles que des barres, des colonnes ou des secteurs. Les cases grises numérotées sur le côté gauche de la feuille de données sont les **en-têtes de ligne**, et celles alignées au sommet de la feuille et affichant des lettres sont les **en-têtes de colonne**.

5. **Placez le pointeur sur la feuille de données dans la fenêtre Excel.**

   Le pointeur prend la forme ✛. La cellule A6 est sélectionnée, comme le montre la bordure épaisse qui l'entoure. La cellule ainsi sélectionnée s'appelle **cellule active**.

6. **Cliquez dans la cellule C4.**

   La cellule C4 est maintenant la cellule active.

7. **Cliquez sur le bouton Fermer de la fenêtre Excel ⊠ dans la barre de titre.**

   La fenêtre Excel se ferme et la fenêtre PowerPoint remplit l'écran. Le nouveau graphique dans la diapositive affiche les données provenant de la feuille de données Excel.

8. **Cliquez dans une zone vide de la diapositive pour désélectionner l'objet graphique, puis enregistrez les changements.**

   L'onglet Création des Outils de graphique disparait.

FIGURE C-9 : Boite de dialogue Insérer un graphique

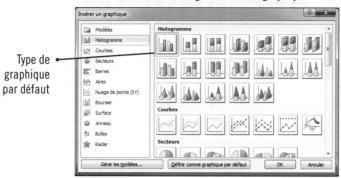

Type de graphique par défaut

FIGURE C-10 : Les fenêtres PowerPoint et Excel côte à côte

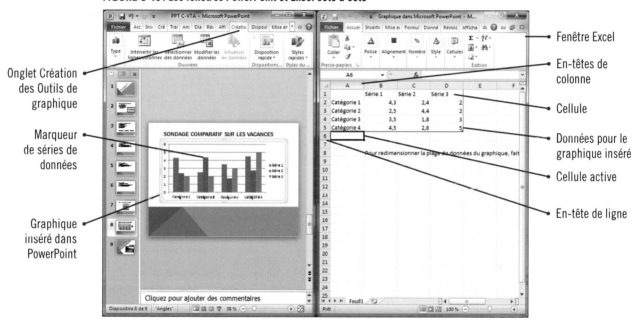

Onglet Création des Outils de graphique

Marqueur de séries de données

Graphique inséré dans PowerPoint

Fenêtre Excel

En-têtes de colonne

Cellule

Données pour le graphique inséré

Cellule active

En-tête de ligne

TABLEAU C-1 : Types de graphiques

Type de graphique	Icône	Utilisation
Histogramme		Suivre les valeurs au fil du temps ou par catégories
Courbes		Suivre les valeurs au fil du temps
Secteurs		Comparer des valeurs individuelles à l'ensemble
Barres		Comparer des valeurs par catégories ou au fil du temps
Aires		Montrer la contribution au fil du temps de chaque série de données à l'ensemble
Nuage de points (XY)		Comparer des paires de valeurs
Boursier		Afficher des informations boursières ou des données scientifiques
Surface		Montrer les tendances des valeurs sur deux dimensions
Anneau		Comparer des valeurs individuelles à l'ensemble avec de nombreuses séries de données
Bulles		Indiquer la taille relative de points de données
Radar		Montrer les changements aux valeurs par rapport à un point central

Saisir et modifier les données d'un graphique

Après avoir inséré un graphique dans votre présentation, vous devez remplacer les données d'exemple par des informations réelles. Si ces données se trouvent déjà dans une feuille de calcul ou une autre source, vous pouvez les importer. Sinon, tapez vos propres informations dans la feuille de données. PowerPoint actualise le graphique au fur et à mesure que vous modifiez la feuille de données. ▦▦▦▦ Vous entrez et mettez en forme les données d'un sondage qui demandait aux gens d'évaluer quatre catégories de vacances à partir de trois critères : le prix, la sécurité et la culture.

ÉTAPES

1. **Cliquez sur le graphique dans la diapositive 8, ouvrez l'onglet Création des Outils de graphique, puis cliquez sur le bouton Modifier les données dans le groupe Données.**

   Le graphique est sélectionné dans PowerPoint et la feuille de données s'ouvre dans une fenêtre Excel distincte. Vous devez remplacer les données par les bons renseignements.

   > **ASTUCE**
   > Cliquez sur le graphique dans la fenêtre PowerPoint, puis déplacez le pointeur sur chaque barre de l'histogramme pour voir les valeurs des données sources.

2. **Cliquez dans la cellule Série 1, tapez Prix, appuyez sur [Tab], tapez Sécurité, appuyez sur [Tab], puis tapez Culture.**

   Les étiquettes de légende sont saisies. Appuyer sur [Tab] déplace la cellule active d'une cellule à la fois vers la droite. Appuyer sur [Entrée] dans la feuille de calcul déplace la cellule active d'une cellule à la fois vers le bas dans une colonne.

3. **Cliquez dans la cellule Catégorie 1, tapez Train standard, appuyez sur [Entrée], tapez Train de luxe, appuyez sur [Entrée], tapez Croisière, appuyez sur [Entrée], tapez Classique, puis appuyez sur [Entrée].**

   Les étiquettes d'axes figurent maintenant dans la feuille et le graphique dans la fenêtre PowerPoint reflète les modifications.

4. **Entrez les données figurant dans la figure C-11 pour terminer la feuille de données, puis appuyez sur [Entrée].**

   La colonne A doit être élargie afin de rendre visibles toutes les informations de la cellule A2.

   > **ASTUCE**
   > Vous pouvez aussi faire glisser un séparateur de colonne pour redimensionner la largeur d'une colonne en fonction de l'entrée la plus large.

5. **Amenez le pointeur ⊕ sur le séparateur de colonnes entre les colonnes A et B. Quand il prend la forme ✛, double-cliquez.**

   La colonne A est élargie et vous pouvez désormais voir toutes les données.

6. **Dans la fenêtre PowerPoint, cliquez sur le bouton Intervertir les lignes/colonnes du groupe Données.**

   Les données tracées sur l'axe des x sont interverties et se déplacent sur l'axe des y. L'axe des y est également désigné par le terme axe vertical ou **axe des valeurs**. Quant à l'axe des x, il est aussi appelé axe horizontal ou **axe des catégories**. Observez que la légende affiche maintenant les nouvelles étiquettes de l'axe horizontal au lieu de celles de l'axe vertical. Vous avez fini d'entrer les données dans la feuille Excel.

7. **Cliquez sur le bouton Fermer ▨✕▨ de la fenêtre Excel.**

   Observez que les hauteurs des colonnes du graphique, ainsi que les valeurs le long de l'axe vertical, se sont ajustées pour refléter les valeurs saisies. Les étiquettes de colonnes sont maintenant sur l'axe des catégories du graphique et les étiquettes de ligne sont données dans la légende.

8. **Cliquez sur le bouton Autres ▽ dans le groupe Styles du graphique, puis cliquez sur Style 26 (4ᵉ rangée).**

   Le nouveau style appliqué au graphique donne une apparence tridimensionnelle aux marqueurs des données de l'histogramme.

9. **Cliquez à l'extérieur de la zone de graphique, puis enregistrez la présentation.**

   Comparez votre écran à celui de la figure C-12.

FIGURE C-11 : Feuille de calcul présentant les données du graphique

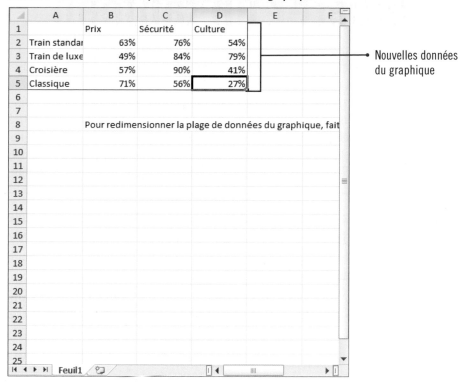

Nouvelles données du graphique

FIGURE C-12 : Graphique mis en forme

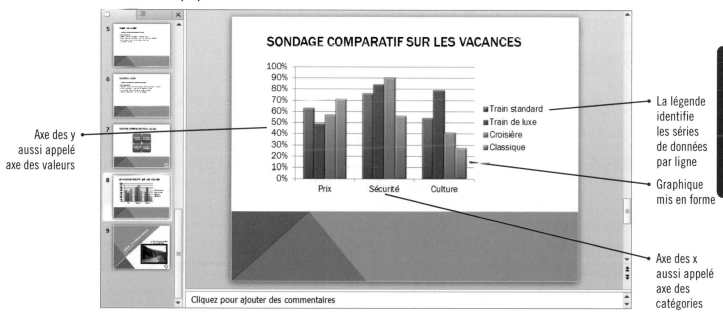

Axe des y aussi appelé axe des valeurs

La légende identifie les séries de données par ligne

Graphique mis en forme

Axe des x aussi appelé axe des catégories

Intervertir les lignes et les colonnes

Si vous avez de la difficulté à vous représenter l'effet de la commande Intervertir les lignes/colonnes, pensez à ce qui est représenté dans le graphique. L'expression **séries en lignes** signifie que les valeurs de chaque ligne dans la feuille de données sont tracées sur l'axe des y, et que les étiquettes de ligne sont montrées sur l'axe des x. Les étiquettes de l'axe des colonnes apparaissent dans la légende. L'expression **séries en colonnes** signifie que les données figurant dans les colonnes de la feuille de calcul sont tracées sur l'axe des y et que les étiquettes de l'axe des lignes sont montrées dans la légende. Quant aux étiquettes de l'axe des colonnes, elles sont tracées sur l'axe des x.

Insérer des objets dans une présentation

Insérer un tableau

Pendant la préparation d'une présentation, il peut vous arriver d'avoir à introduire des informations qu'il serait préférable de présenter dans un tableau. Si, par exemple, vous voulez comparer les caractéristiques de base de trois croisières, un tableau conviendra parfaitement. Une fois le tableau créé, deux nouveaux onglets, Création des Outils de tableau et Disposition des Outils de tableau, apparaissent dans le Ruban. L'onglet Création permet d'appliquer des styles de couleurs, de modifier les bordures des cellules et d'ajouter des effets aux cellules. Quant à l'onglet Disposition, il permet d'ajouter des lignes et des colonnes, d'ajuster la taille des cellules et d'aligner le texte dans les cellules. ▄▄▄▟▟ Vous décidez qu'un tableau est ce qui conviendra le mieux pour illustrer les différents services offerts par la société ferroviaire.

ÉTAPES

ASTUCE

Vous pouvez également créer un tableau en cliquant sur le bouton Tableau du groupe Tableaux de l'onglet Insertion. Ensuite, faites glisser le pointeur ⬚ sur la grille du tableau pour définir un tableau de la taille de votre choix.

1. **Cliquez du bouton droit sur la diapositive 7, cliquez sur Nouvelle diapositive dans le menu contextuel, cliquez sur l'espace réservé au titre, puis tapez Niveaux de service et prix.**

   La galerie Insérer un tableau s'ouvre. Vous allez y définir avec le pointeur le nombre de colonnes et de lignes voulu dans le tableau.

2. **Cliquez sur l'icône Insérer un tableau ▦, tapez 4 dans la zone Nombre de colonnes, cliquez dans la zone Nombre de lignes, cliquez sur la flèche vers le haut de la zone jusqu'à ce que 5 apparaisse, puis cliquez sur OK.**

   Un tableau de quatre colonnes et cinq lignes apparait sur la diapositive et l'onglet Création des Outils de tableau s'ouvre dans le Ruban. Le tableau contient 20 cellules. Le point d'insertion se trouve dans la première cellule du tableau, prêt à recevoir du texte.

ASTUCE

Appuyer sur [Tab] quand le point d'insertion est dans la dernière cellule d'un tableau ajoute une nouvelle ligne.

3. **Tapez Classique, appuyez sur [Tab], tapez De luxe, appuyez sur [Tab], tapez Exclusif, appuyez sur [Tab], tapez Royal et appuyez sur [Tab].**

   Le texte que vous avez saisi est affiché dans les quatre cellules supérieures du tableau. Appuyer sur [Tab] déplace le point d'insertion dans la cellule suivante. Si vous appuyez sur [Entrée], le point d'insertion passe à la ligne suivante dans la même cellule.

4. **Entrez le reste du texte du tableau figurant dans la figure C-13.**

   Le tableau aurait meilleure apparence s'il était mis en forme différemment.

5. **Cliquez sur le bouton Autres ▽ du groupe Styles de tableau, défilez jusqu'au bas de la galerie, puis cliquez sur Style moyen 3 - Accentuation 2.**

   L'arrière-plan et la couleur du texte changent conformément au style de tableau choisi.

ASTUCE

Vous pouvez changer la hauteur ou la largeur d'une cellule en faisant glisser sa bordure.

6. **Cliquez dans la cellule supérieure gauche, ouvrez l'onglet Disposition des Outils de tableau, cliquez sur le bouton Sélectionner dans le groupe Tableau, choisissez Sélectionner la ligne, puis cliquez sur le bouton Centrer ▤ dans le groupe Alignement.**

   Le texte de la ligne supérieure est centré horizontalement dans chaque cellule.

7. **Cliquez sur le bouton Sélectionner dans le groupe Tableau, choisissez Sélectionner le tableau, puis cliquez sur le bouton Centrer verticalement ▤ dans le groupe Alignement.**

   Le texte de tout le tableau est maintenant centré verticalement dans chaque cellule. Le tableau présenterait mieux si toutes les lignes avaient la même hauteur.

8. **Cliquez sur le bouton Distribuer les lignes ▤ dans le groupe Taille de la cellule, ouvrez l'onglet Création des Outils de tableau, puis cliquez sur Effets ▱▾ dans le groupe Styles de tableau.**

   La galerie des effets s'ouvre.

9. **Pointez Biseau, cliquez sur Bordure marquée, appuyez trois fois sur la touche [↓], cliquez à l'extérieur du tableau, puis enregistrez la présentation.**

   L'effet 3D fait ressortir les cellules du tableau. Le tableau a meilleure apparence ainsi éloigné du titre de la diapositive. Comparez votre diapositive à celle de la figure C-14.

FIGURE C-13 : Tableau inséré avec ses données

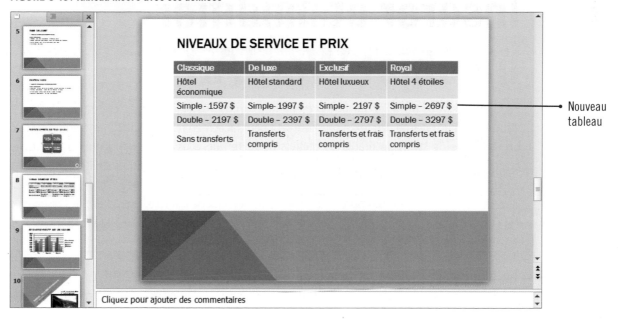

FIGURE C-14 : Tableau mis en forme

Dessiner des tableaux

Sélectionnez la diapositive dans laquelle vous voulez placer le tableau, cliquez sur le bouton Tableau dans le groupe Tableaux de l'onglet Insertion, puis cliquez sur Dessiner un tableau. Le pointeur prend la forme ✎. Faites glisser ce pointeur pour définir les limites du tableau dans la zone voulu de la diapositive. Un contour pointillé apparait pendant le traçage. Ensuite, vous dessinez les lignes et les colonnes de votre tableau. Ouvrez l'onglet Création des Outils de tableau, cliquez sur le bouton Dessiner un tableau dans le groupe Traçage des bordures, puis tracez les lignes des colonnes et des rangées. Assurez-vous de tracer à l'intérieur des limites du tableau.

Insérer et modifier un objet WordArt

Pendant que vous travaillez sur une présentation, un de vos objectifs doit être de la rendre intéressante et visuellement attrayante. Un texte présenté seul peut facilement être perçu comme ennuyeux. **WordArt** est un ensemble de styles décoratifs ou d'effets de texte que vous pouvez appliquer à tout objet texte pour attirer l'attention du public sur un point particulier. WordArt peut s'utiliser de deux façons : vous pouvez appliquer un style WordArt à un objet existant ou créer un nouvel objet WordArt. Les styles et les effets WordArt comprennent des ombres, des réflexions, des jeux de lumière, des reliefs, des biseaux, des rotations 3D et des transformations. Vous employez WordArt pour créer un objet WordArt sur la diapositive 3.

ÉTAPES

> **ASTUCE**
>
> Vous pouvez appliquer un style WordArt à n'importe quel texte. Pour cela, sélectionnez le texte, cliquez sur l'onglet Format des Outils de dessin sur le Ruban, puis cliquez sur le style voulu dans le groupe Styles WordArt.

1. **Cliquez sur la vignette de la Diapositive 3 dans l'onglet Diapositives, ouvrez l'onglet Insertion sur le Ruban, puis cliquez sur le bouton WordArt dans le groupe Texte.**

   La galerie WordArt s'ouvre. Elle propose 30 styles de texte WordArt différents.

2. **Cliquez sur Remplissage – Bleu glacier, Texte 2, contour – Arrière-plan 2 (le 1er style dans la 1re rangée).**

   Un objet texte apparait au centre de la diapositive. Il affiche un échantillon de texte doté du style que vous venez de sélectionner.

3. **Cliquez sur le bord de l'objet WordArt. Quand le pointeur prend la forme ↖, faites glisser l'objet vers la zone vide de la diapositive.**

4. **Cliquez sur Autres ▼ dans le groupe Styles WordArt, déplacez la souris sur tous les styles WordArt proposés dans la galerie, puis cliquez sur Remplissage - Orange, Accentuation 2, biseau mat doux.**

   Le style du texte dans l'objet WordArt est remplacé par le nouveau style choisi.

5. **Sélectionnez le texte Votre texte ici dans l'objet WordArt, cliquez sur le bouton Réduire la taille de police A˅ dans la mini barre d'outils jusqu'à ce que 40 s'affiche dans la zone Taille de police, tapez Meilleures vacances, appuyez sur [Entrée], puis tapez garanties au Canada.**

   Le texte est plus petit et s'affiche sur deux lignes.

6. **Cliquez sur le bouton Effets du texte dans le groupe Styles WordArt, pointez Transformer, cliquez sur Triangle vers le bas dans la première rangée de la section Déformation, puis cliquez dans une zone vide de la diapositive.**

   L'effet de transformation est appliqué à l'objet WordArt. Comparez votre diapositive à celle de la figure C-15.

7. **Cliquez sur Mode Lecture ▦ dans la barre d'état, cliquez sur Suivant ➡ jusqu'à la diapositive 10, cliquez sur Menu ▭, puis cliquez sur Arrêter le diaporama.**

8. **Cliquez sur Trieuse de diapositives ▦ dans la barre d'état.**

   Comparez votre écran à celui de la figure C-16.

9. **Cliquez sur le bouton Normal ▭ dans la barre d'état, ajoutez votre nom dans le pied de page des commentaires et documents, enregistrez vos modifications, puis quittez PowerPoint.**

FIGURE C-15 : Objet WordArt inséré sur la diapositive

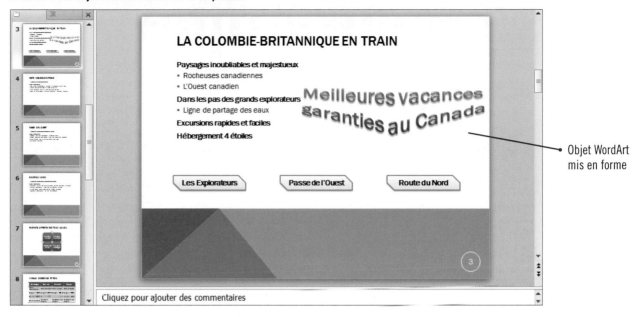

Objet WordArt
mis en forme

FIGURE C-16 : Présentation terminée affichée en mode Trieuse de diapositives

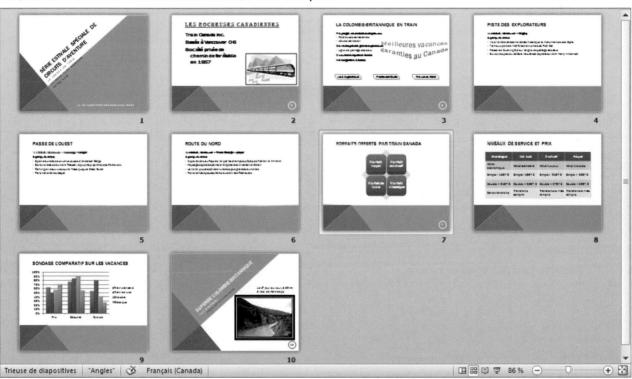

Enregistrer une présentation sous forme de vidéo

Vous pouvez enregistrer une présentation PowerPoint sous forme de vidéo haute-fidélité incorporant tous les minutages, transition, animations et narrations. La vidéo peut être distribuée sur disque, sur le web ou par courriel. Selon le mode d'affichage souhaité pour la vidéo, vous avez le choix de trois réglages de résolution : Qualité HD & ordinateur, Internet & DVD, et Appareils mobiles. Le réglage de grande taille, Qualité HD & ordinateur (960 × 720), sert à la présentation sur un écran d'ordinateur, un projecteur ou tout autre dispositif d'affichage haute résolution. Le réglage de taille moyenne, Internet & DVD (640 × 480) est utilisé pour le téléchargement sur le web ou la gravure sur un DVD standard. Quant au réglage de petite taille, Appareils mobiles (320 240), il est utilisé pour les appareils mobiles dont les lecteurs multimédias portables comme Microsoft Zune. Pour enregistrer une présentation sous forme de vidéo, ouvrez l'onglet Fichier, cliquez sur Enregistrer et envoyer, cliquez sur Créer une vidéo, choisissez vos réglages, puis cliquez sur le bouton Créer la vidéo.

Insérer des objets dans une présentation

Mise en pratique

Révision des concepts

Identifiez chaque élément de la fenêtre de PowerPoint (figure C-17).

FIGURE C-17

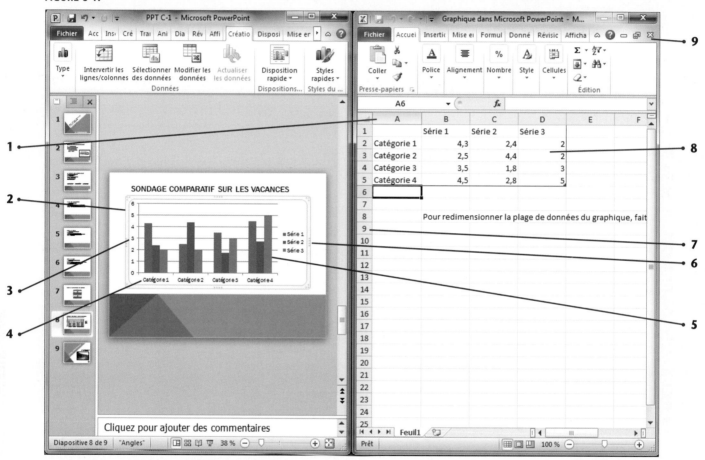

Associez chaque terme à sa description.

10. **Collection**

11. **Rogner**

12. **Feuille de données**

13. **Tableau**

14. **Modèle**

a. Contient les données numériques affichées dans un graphique.

b. Dossier de la Bibliothèque multimédia où les images clipart sont stockées.

c. Présentation prédéfinie et déjà mise en forme et qui renferme habituellement du texte d'exemple.

d. Objet PowerPoint qui compare des données dans des lignes et des colonnes.

e. Masque une partie d'une photo ou d'une image.

Sélectionnez la meilleure réponse à chaque question.

15. Comment appelle-t-on le système de fichiers indexés servant à enregistrer les images clipart, les photos et les films ?

a. Index des cliparts

b. Galerie WordArt

c. Bibliothèque multimédia Microsoft

d. Collections médias Office

16. D'après ce module, quel type de média définit-on comme du dessin ou de l'art créé dans un autre programme ?

a. Image

b. Clipart

c. Vidéo

d. Animation

17. Dans PowerPoint, comment appelle-t-on la représentation graphique de données sur une diapositive ?

a. Tableau

b. Feuille de données

c. Légende

d. Graphique

18. D'après ce module, lequel des objets suivants choisiriez-vous pour comparer des données côte à côte ?

a. Tableau

b. Graphique

c. Plan

d. Grille

19. Un objet qui a sa propre source de données et qui devient partie intégrante de votre présentation après l'y avoir inséré décrit bien lequel des éléments suivants ?

a. Un plan Word

b. Un objet incorporé

c. Un objet WordArt

d. Un tableau

20. On appelle _____ une présentation qui a été conçue et mise en forme avec des éléments d'arrière-plan, des couleurs et autres éléments graphiques et que vous pouvez utiliser pour créer une nouvelle présentation.

a. modèle

b. thème

c. collection

d. galerie

21. On utilise _____ pour appliquer un ensemble de styles de texte décoratifs ou des effets de texte au texte.

a. un modèle

b. un format de texte enrichi

c. une collection

d. WordArt

Révision des techniques

1. **Insérer un texte depuis Word.**

a. Ouvrez le fichier PPT C-4.pptx de votre dossier Projets et enregistrez le sous le nom **PPT C-Vista**. Vous allez créer la présentation illustrée à la figure C-18.

b. Dans l'onglet Diapositives, cliquez sur la diapositive 3, puis utilisez la commande Diapositives à partir d'un plan pour importer le fichier **Word PPT C-5.docx** depuis votre dossier Projets.

c. Dans l'onglet Diapositives, déplacez la diapositive 5 au-dessus de la diapositive 4.

FIGURE C-18

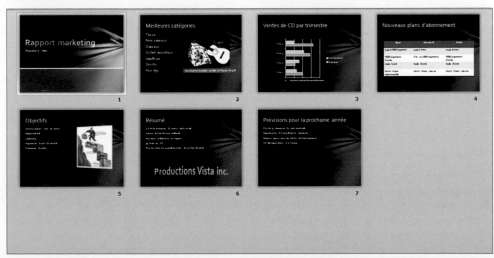

Insérer des objets dans une présentation

PowerPoint 2010

PowerPoint C-19

Révision des techniques (suite)

d. Dans l'onglet Diapositives, supprimez la diapositive 7, Développement possible.

e. Sélectionnez les diapositives 4, 5 et 6 dans l'onglet Diapositives, et appliquez-leur les réglages par défaut du thème, puis enregistrez votre travail.

2. Insérer une image clipart.

a. Sélectionnez la diapositive 4 et remplacez sa disposition par la disposition Deux contenus.

b. Appuyez sur Maj, cliquez sur l'objet texte, puis changez la taille de la police à 18.

c. Cliquez sur l'icône Images clipart dans l'espace réservé à un contenu de droite, cherchez une image clipart à l'aide du mot-clé **ambitions**, insérez cette image comme illustré à la figure C-18, puis fermez le volet Images clipart.

d. Cliquez sur le bouton Bord de l'image et changez la couleur de la bordure à Or, Accentuation2.

e. Cliquez sur le bouton Bord de l'image et changez l'épaisseur à 3 pt.

f. Cliquez sur le bouton Effets des images, pointez Rotation 3D, puis choisissez Perspective gauche.

g. Faites glisser l'image de façon que son sommet s'aligne sur le haut de l'objet texte, puis enregistrez les modifications.

3. Insérer et mettre en forme une photo.

a. Sélectionnez la diapositive 2 et insérez-y la photo **PPT C-6.jpg**.

b. Rognez complètement la section bleu clair du haut de la photo, puis rognez le côté gauche d'environ 0,63 cm.

c. Déplacez la photo vers le haut de façon à la centrer dans la zone vide de la diapositive.

d. Cliquez sur le bouton Couleur, puis changez la couleur de la photo à Noir et blanc : 25 %.

e. Enregistrez les changements.

4. Insérer une zone de texte.

a. Dans la diapositive 2, insérez une zone de texte sous la photo.

b. Tapez **Soumissions privées et musicales en hausse de 9 %**.

c. Supprimez le mot **et**, puis faites glisser **musicales** avant **privées**.

d. Sélectionnez la zone de texte et cliquez sur le bouton Autres dans le groupe Styles de formes de l'onglet Format des Outils de dessin.

e. Cliquez sur Effet intense – Vert, 6 accentué.

f. S'il y a lieu, redimensionnez la zone de texte de façon que tout le texte tienne sur une seule ligne, puis centrez l'objet sous la photo.

5. Insérer un graphique.

a. Allez à la diapositive 3, Ventes de CD par trimestre, ouvrez l'onglet Insertion sur le Ruban, cliquez sur le bouton Graphique dans le groupe Illustrations, puis insérez un graphique en barres groupées.

b. Fermez Excel.

6. Saisir et modifier les données du graphique.

a. Affichez les données du graphique.

b. Entrez les données du tableau C-2 dans la feuille de données.

c. Effacez les données de la colonne D, puis fermez Excel.

d. Changez le style du graphique à Style 12 dans le groupe Styles du graphique.

e. Déplacez le graphique au centre de la zone vide de la diapositive, puis enregistrez les modifications.

TABLEAU C-2

	National	International
Trim 1	390 957	263 902
Trim 2	229 840	325 854
Trim 3	585 063	435 927
Trim 4	665 113	203 750

7. Insérer un tableau.

a. Ajoutez une nouvelle diapositive après la diapositive 3 avec la disposition Titre et contenu.

b. Ajoutez le titre **Nouveaux plans d'abonnement**.

c. Insérez un tableau de 3 colonnes et 5 lignes.

d. Entrez les données du tableau C-3, puis changez le style du tableau à Style moyen 3 - Accentuation 3 (*Indice* : Utilisez la technique du Copier-Coller pour reproduire les données identiques du tableau.)

e. Centrez le texte de la ligne supérieure.

f. Dans l'onglet Disposition des Outils de tableau, distribuez les lignes du tableau.

TABLEAU C-3

Base	Standard	Étoile
0,99 $/téléchargement	4,99 $/mois	12,95 $/mois
Téléchargements illimités	Max. 25 téléchargements	Téléchargements illimité
Accès limité	Accès illimité	Accès illimité
Haute vitesse recommandée	Haute vitesse requise	Haute vitesse requise

g. Déplacez le tableau au centre de la zone vide de la diapositive, puis enregistrez les modifications.

Révision des techniques (suite)

8. Insérer et mettre en forme un objet WordArt.

    a. Allez à la diapositive 6, puis insérez un objet WordArt utilisant le style *Remplissage – Marron, Accentuation 3, contour – Texte 2*.

    b. Tapez **Productions Vista inc.**, puis appliquez le style WordArt *Remplissage – Or, Accentuation 2, biseau mat doux*.

    c. Appliquez l'effet de transformation Gonflé en haut (7e ligne de la section Déformation) au texte WordArt, puis déplacez l'objet au centre de la zone vide de la diapositive.

    d. Affichez le diaporama, puis vérifiez l'orthographe de la présentation.

    e. Ajoutez votre nom dans le pied de page des diapositives, puis enregistrez les modifications.

    f. Fermez la présentation et quittez PowerPoint.

Exercice personnel 1

Vous êtes consultant en gestion financière pour Stratégia Finances, située à Namur en Belgique. Une de vos tâches consiste à créer des présentations sur différents investissements financiers, présentations qui sont publiées sur le site web de la société. Dans la présentation destinée à une prochaine réunion, vous insérez des illustrations, une zone de texte et un graphique.

    a. Ouvrez le fichier PPT C-7.pptx de votre dossier Projets et enregistrez-le sous le nom **PPT C-Stratégia**.

    b. Ajoutez votre nom dans le pied de page de toutes les diapositives, puis appliquez le thème Horizon à la présentation.

    c. Insérez un histogramme groupé sur la diapositive 6, puis tapez les données du tableau C-4 dans la feuille de données. Supprimez toutes les données inutiles pour le graphique.

    d. Appliquez le Style 35 au graphique, puis déplacez-le légèrement vers le bas pour l'éloigner du titre.

Difficultés supplémentaires

- Ouvrez l'onglet Disposition des Outils de graphique, cliquez sur le bouton Légende, puis choisissez Afficher la légende au-dessus.
- Ouvrez l'onglet Mise en forme des Outils de graphique, déroulez la liste Éléments de graphique dans la Zone de traçage du groupe Sélection active, puis choisissez Série "3 ans".
- Déroulez la liste Remplissage de forme, puis cliquez sur Or, Texte 2 dans les couleurs du thème.

TABLEAU C-4

	1 an	3 ans	5 ans	7 ans
Obligations	2,2 %	3,2 %	3,9 %	4,5 %
Actions	1,9 %	2,2 %	4,2 %	3,6 %
Fonds communs de placement	2,6 %	4,0 %	8,4 %	6,4 %

    e. Insérez une image clipart représentant des balances sur la diapositive 2, puis placez-la et mettez-la en forme à votre gré. (*Indice* : Utilisez le mot-clé **balances** pour rechercher une image.)

    f. Dans la diapositive 3, utilisez les commandes Aligner et Distribuer du groupe Organiser de l'onglet Format des Outils de dessin pour aligner et répartir les objets afin que les formes soient alignées par leur sommet et réparties horizontalement.

    g. Vérifiez l'orthographe de la présentation, affichez le diaporama, apportez toute modification utile, puis enregistrez votre travail. Vous pouvez vous référer à la figure C-19.

    h. Donnez une copie de votre présentation à votre formateur, fermez le fichier et quittez PowerPoint.

FIGURE C-19

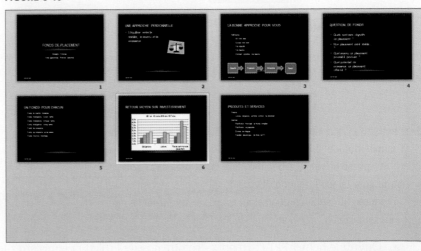

Exercice personnel 2

Vous travaillez pour Alcom Domotique, une société qui fournit des systèmes domotiques résidentiels intégrés. Vous devez améliorer une présentation concernant un nouveau produit que la société veut lancer au prochain salon international des nouvelles technologies. Vous allez compléter la présentation commencée en lui ajoutant des illustrations, une zone de texte et un graphique.

a. Démarrez PowerPoint, ouvrez le fichier **PPT C-8.pptx** de votre dossier Projets et enregistrez-le sous le nom **PPT C-Alcom**.

b. Ajoutez votre nom et la date du jour dans l'espace réservé au sous-titre de la diapositive 1.

c. Organisez les objets de la diapositive 2 à l'aide des commandes Aligner, Distribuer et Grouper. Ajoutez et ajustez d'autres formes, ou convertissez un objet texte en objet SmartArt pour améliorer la présentation.

d. Sur la diapositive 3, donnez un style à l'image, recolorez-la et ajoutez-lui un effet d'image.

e. Appliquez le thème Livre relié à la présentation.

f. Insérez le document Word du fichier **PPT C-9.docx** pour créer des diapositives supplémentaires à partir d'un plan après la diapositive 2.

g. Créez une nouvelle diapositive après la diapositive 4, intitulez-la **Croissance des systèmes intégrés**, puis insérez un graphique.

h. Saisissez les données du tableau C-5, puis mettez le graphique en forme en utilisant au moins deux commandes de mise en forme. Vous devez être capable de nommer les commandes que vous avez appliquées au graphique.

TABLEAU C-5

	Année passée	Cette année	Année prochaine
Traditionnel	73	94	103
Intégré	15	36	55

i. Insérez une zone de texte sur la diapositive Alcom Domotique (diapositive 7). Créez vos propres coordonnées de société. Mettez la zone de texte en forme.

j. Vérifiez l'orthographe, affichez le diaporama et effectuez les ajustements nécessaires. Voir la figure C-20.

k. Enregistrez la présentation, fermez le fichier et quittez PowerPoint.

FIGURE C-20

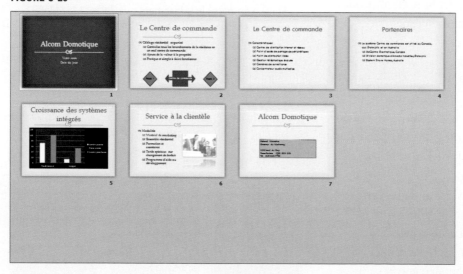

Exercice personnel 3

Votre société, Quiproquo Inc., produit des logiciels d'apprentissage des langues. Une fois par an, Quiproquo rencontre au cours d'une réunion importante son plus gros client, le Ministère de l'immigration, pour l'informer des nouveaux produits et recevoir ses commentaires sur les produits existants. Votre patron a commencé une présentation et vous demande de l'examiner et de l'enrichir en ajoutant divers éléments.

a. Ouvrez le fichier PPT C-10.pptx de votre dossier Projets et enregistrez-le sous le nom **PPT C-Quiproquo**.

Exercice personnel 3 (suite)

b. Appliquez un thème adéquat à la présentation.

c. Insérez le plan Word PPT C-11.docx après la diapositive Produits révisés, puis rétablissez les paramètres d'origine sur les diapositives 5, 6 et 7.

d. Mettez le texte en forme afin de faire ressortir l'information la plus importante.

e. Insérez un tableau adapté sur la diapositive de votre choix. Créez les données nécessaires ou convertissez une liste à puces en tableau.

f. Ajoutez au moins deux formes appropriées pour mettre en valeur le contenu des diapositives. Mettez les objets en forme à l'aide des styles de forme. Si nécessaire, servez-vous des commandes Aligner, Distribuer et Grouper pour organiser vos formes.

Difficultés supplémentaires

- Choisissez une diapositive sur laquelle ajouter une image clipart. Ouvrez le volet de tâche Images clipart et cliquez sur le lien Plus d'informations sur Office.com pour accéder au site web Office.com.
- Insérez une image appropriée de la catégorie Enseignement. (*Indice* : Assurez-vous de connaitre les mots-clés de l'image afin d'accélérer la recherche.)
- Mettez l'image en forme à l'aide des commandes de l'onglet Format des Outils de dessin.
- Vous devez pouvoir expliquer comment vous avez mis l'objet en forme.

g. Vérifiez l'orthographe, affichez le diaporama et effectuez les ajustements nécessaires.

h. Ajoutez votre nom dans le pied de page des commentaires et documents, puis, enregistrez votre travail.

i. Fermez le fichier, puis quittez PowerPoint.

Défi

Vous faites partie du Comité d'échange d'étudiants de votre école et vous avez la responsabilité de présenter les renseignements à propos des échanges passés à différentes organisations intéressées. Vous avez besoin d'une présentation illustrée qui met en valeur un voyage dans un pays étranger. Créez une présentation avec vos propres photos ou celles d'un ami qui vous en a donné l'autorisation.

Note : Votre dossier de fichiers Projets contient trois photos (PPT C-12.jpg, PPT C-13.jpg et PPT C-14.jpg) de Dijon en France, au cas où vous auriez besoin d'images pour réaliser cet exercice.

a. Démarrez PowerPoint, créez une nouvelle présentation vierge et enregistrez-la sous le nom **PPT C-Échange** dans votre dossier Projets.

b. Localisez et insérez les photos que vous voulez utiliser. Placez une photo sur chaque diapositive en utilisant la disposition Contenu avec légende.

c. Ajoutez des légendes à chaque photo et donnez un titre à la diapositive. Si vous utilisez les photos fournies, vous pouvez effectuer des recherches par internet sur Dijon (France) et sur la Bourgogne.

d. Appliquez un thème que vous jugez approprié, puis insérez un titre adéquat et votre nom sur la diapositive de titre.

e. Vérifiez l'orthographe puis visionnez le diaporama final. Voir la figure C-21.

f. Ajoutez un numéro de diapositive et le titre de votre cour dans le pied de page à toutes les diapositives. Enregistrez votre travail.

g. Fermez le fichier et quittez PowerPoint.

FIGURE C-21

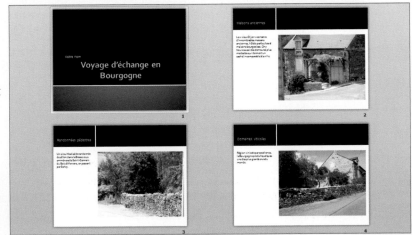

Atelier visuel

Créez une présentation d'une diapositive ressemblant à la figure ci-dessous (C-22). La disposition utilisée est une disposition spécifiquement conçue pour les photos. Insérez le fichier d'image **PPT C-15.jpg**. Ajoutez votre nom dans le pied de page de la diapositive, enregistrez la présentation sous le nom **PPT C-Guide** dans votre dossier Projets, vérifiez l'orthographe, puis donnez une copie de votre travail à votre formateur.

FIGURE C-22

Finaliser une présentation

Vous aurez besoin de ces fichiers :

PPT D-1.pptx

PPT D-2.jpg

PPT D-3.pptx

PPT D-4.jpg

PPT D-5.pptx

PPT D-6.pptx

PPT D-7.pptx

Même si cela n'est pas obligatoire, un thème d'aspect professionnel et homogène pour toute la présentation est important pour piquer la curiosité et maintenir l'intérêt de votre public sur le sujet présenté. PowerPoint vous aide à obtenir une présentation harmonieuse en fournissant des techniques pour personnaliser la disposition et l'arrière-plan de vos diapositives. Après avoir terminé votre travail sur le texte et les autres objets de votre présentation, vous êtes prêt à appliquer des effets en vue de finaliser la manière dont les diapositives et les objets apparaitront dans un diaporama. Vous avez vérifié la présentation et êtes satisfait des diapositives que vous avez créées pour Voyages Tour Aventure. Vous êtes maintenant prêt à finaliser l'apparence des diapositives et à ajouter des effets pour relever l'intérêt de la présentation.

OBJECTIFS

Modifier les masques

Personnaliser l'arrière-plan et le thème

Utiliser les commandes de diaporama

Définir les transitions et les minutages

Animer des objets

Inspecter une présentation

Évaluer une présentation

Créer un modèle

Modifier les masques

Chaque présentation PowerPoint comprend un ensemble de **masques** dans lesquels sont stockées des informations sur le thème et les dispositions des diapositives, dont la position et la taille des espaces réservés au texte et au contenu, les polices, l'arrière-plan, la couleur et les effets. Il existe trois modes de masques : le mode Masque des diapositives, le mode Masque du document et le mode Masque des pages de notes. Les modifications apportées au masque des diapositives sont répercutées dans toutes les diapositives en mode Normal, celles apportées au masque des pages de notes se retrouvent en mode Page de commentaires et celles du masque du document sont appliquées aux documents imprimés. La modification d'un masque a pour principal avantage d'appliquer les changements à l'ensemble de la présentation et vous évite donc d'avoir à modifier chaque diapositive individuellement. Vous voulez ajouter le logo de VTA sur chaque diapositive de votre présentation. Vous allez donc ouvrir la présentation et y insérer le logo dans le masque des diapositives.

ÉTAPES

1. **Démarrez PowerPoint, ouvrez la présentation PPT D-1.pptx située dans votre dossier Projets, enregistrez le fichier sous le nom PPT D-VTA, puis cliquez sur l'onglet Affichage sur le Ruban.**

   La diapositive de titre apparait.

ASTUCE

Vous pouvez aussi afficher le masque des diapositives en maintenant la touche [Maj] enfoncée et en cliquant sur le bouton Normal de la barre d'état.

2. **Cliquez sur le bouton Masque des diapositives dans le groupe Modes Masque, défilez jusqu'au sommet du volet des vignettes de diapositives, puis cliquez sur la vignette Angles Masque des diapositives (la première vignette).**

   Un nouvel onglet, l'onglet Masque des diapositives, apparait à côté de l'onglet Accueil sur le Ruban. Le mode Masque des diapositives apparait ouvert dans le volet Diapositive (figure D-1). Ce masque est le masque principal du thème (ici, le thème Angles). Chaque thème vient avec ses propres masques. Chaque espace réservé au texte dans le masque identifie la taille de la police, le style, la couleur et la position du texte dans la diapositive en mode Normal. Par exemple, l'espace réservé au titre est placé en haut de la diapositive et utilise la police Franklin Gothic Medium, noire, toute en majuscules et en 28 pt. Les titres de diapositives utilisent tous ce style et ce format de police. Tout élément de conception que vous placez dans le masque principal apparaitra sur toutes les diapositives de la présentation. Les dispositions de diapositives situées sous le masque principal dans le volet des diapositives respectent les renseignements de ce masque. Toutes les modifications que vous apportez au masque principal, y compris les changements aux polices, sont répercutées dans tous les masques de disposition.

ASTUCE

En mode Masque des diapositives, vous pouvez cliquer avec le bouton droit sur une vignette pour afficher un menu contextuel.

3. **Pointez chacune des dispositions de diapositive dans le volet gauche, puis cliquez sur la vignette Deux contenus Disposition.**

   Lorsque le pointeur survole une vignette, une info-bulle affiche le nom de la disposition et la liste des diapositives qui utilisent ce masque dans la présentation. Les diapositives 2, 5, 7 et 9 utilisent le masque Deux contenus.

4. **Cliquez sur la première vignette, Angles Masque des diapositives, ouvrez l'onglet Insertion sur le Ruban, puis cliquez sur le bouton Image du groupe Images.**

   La boite de dialogue Insérer une image apparait.

5. **Sélectionnez le fichier PPT D-2.jpg dans votre dossier Projets, puis cliquez sur Insérer.**

   Le logo de VTA apparait sur le masque et fera désormais partie de toutes les diapositives de la présentation. Le logo est trop grand et doit être repositionné.

6. **Cliquez sur 7,68 dans la zone Largeur de la forme du groupe Taille, tapez 2,5, appuyez sur [Entrée], faites glisser le logo dans le coin supérieur gauche de la diapositive, puis cliquez dans une zone vide.**

   Le graphisme s'accroche dans le coin de la diapositive.

7. **Cliquez sur l'onglet Masque des diapositives sur le Ruban, puis cliquez sur le bouton Conserver dans le groupe Modifier la forme de base.**

   Le fait de conserver le masque sélectionné assure que le masque principal Angles restera ancré à cette présentation même si vous décidez, un jour, d'utiliser un autre masque. Comparez votre écran à celui de la figure D-2.

8. **Cliquez sur le bouton Normal ▣ dans la barre d'état, puis enregistrez vos modifications.**

FIGURE D-1 : Mode Masque des diapositives

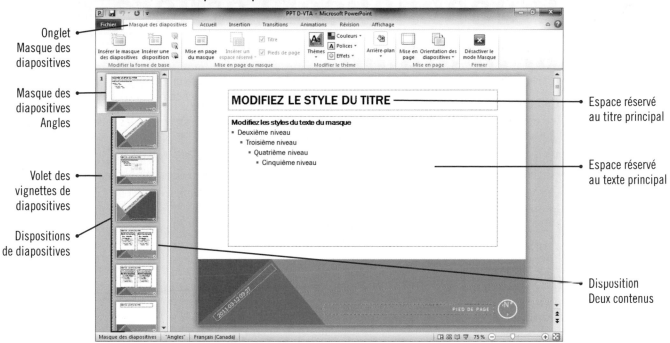

Onglet Masque des diapositives

Masque des diapositives Angles

Volet des vignettes de diapositives

Dispositions de diapositives

Espace réservé au titre principal

Espace réservé au texte principal

Disposition Deux contenus

FIGURE D-2 : Logo ajouté au masque des diapositives

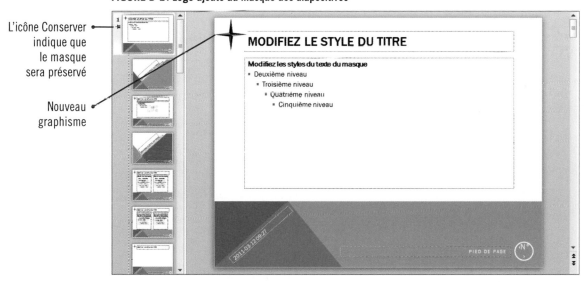

L'icône Conserver indique que le masque sera préservé

Nouveau graphisme

Créer des dispositions personnalisées

Avec le temps vous en viendrez peut-être à vouloir créer des dispositions personnalisées. Par exemple, vous aurez peut-être à créer des présentations pour un client comportant des diapositives montrant quatre images et leurs légendes. Pour faciliter cette tâche, vous pouvez créer une disposition de diapositive personnalisée qui ne comporte que les espaces réservés nécessaires. Pour ce faire, activez le mode Masque des diapositives, puis cliquez sur le bouton Insérer une disposition dans le groupe Modifier la forme de base. Une nouvelle disposition apparait dans le volet des vignettes de diapositives. Vous pouvez ajouter plusieurs espaces réservés différents, tels que Contenu, Texte, Image, Graphique, Tableau, SmartArt, Média et Image clipart. Cliquez sur le bouton Insérer un espace réservé dans le groupe Mise en page du masque, sélectionnez l'espace réservé voulu, faites glisser ┼ pour créer l'espace réservé, puis positionnez l'espace réservé sur la diapositive. En mode Masque des diapositives, vous pouvez ajouter ou supprimer des espaces réservés dans n'importe quelle disposition. Vous pouvez donner un nom plus descriptif à une disposition personnalisée en cliquant sur le bouton Renommer du groupe Modifier la forme de base et en entrant un nom adéquat.

Personnaliser l'arrière-plan et le thème

Chaque diapositive d'une présentation PowerPoint possède un **arrière-plan**, à savoir l'espace situé derrière le texte et les graphismes. Modifier l'arrière-plan permet de mettre en valeur les diapositives grâce à des images et à des couleurs. Une **image d'arrière-plan** est un objet placé sur le masque des diapositives. Vous pouvez modifier rapidement l'arrière-plan en appliquant un style d'arrière-plan qui est un ensemble de couleurs dérivées des couleurs du thème. Les **couleurs de thème** déterminent les couleurs de tous les éléments des diapositives de votre présentation, y compris l'arrière-plan, le texte et les lignes, les ombres, les remplissages, les accentuations et les liens hypertexte. Chaque thème PowerPoint possède son propre jeu de couleurs (tableau D-1). 🔳🔳🔳🔳 La présentation VTA nécessite des améliorations. Vous décidez de modifier l'arrière-plan des diapositives en changeant les couleurs et les polices du thème.

ÉTAPES

1. **Ouvrez l'onglet Création sur le Ruban, puis cliquez sur le bouton Styles d'arrière-plan du groupe Arrière-plan.**

   Une galerie de styles d'arrière-plan apparait. Visualisez l'aperçu des différents styles proposés.

> **ASTUCE**
>
> Pour appliquer un style d'arrière-plan uniquement à certaines diapositives, sélectionnez les diapositives concernées, cliquez du bouton droit sur un style d'arrière-plan, puis cliquez sur Appliquer aux diapositives sélectionnées.

2. **Déplacez le pointeur ⬚ sur chacun des styles, puis cliquez sur Style 2.**

   La figure D-3 montre le nouvel arrière-plan dans la diapositive 1 et dans les vignettes des autres diapositives. Même si vous travaillez en mode Normal, le nouveau style d'arrière-plan est appliqué au masque des diapositives et à chacune des dispositions de diapositives. Le nouvel arrière-plan n'apparait pas sur toute la diapositive, ce qui signifie qu'il existe une image d'arrière-plan sur le masque des diapositives qui empêche l'affichage de tout l'arrière-plan.

3. **Cliquez sur la vignette de la diapositive 2, puis cochez la case Masquer les graphiques d'arrière-plan dans le groupe Arrière-plan.**

   Toutes les images d'arrière-plan de cette diapositive (logo de VTA et formes colorées au bas de la diapositive) sont masquées et seuls les objets texte restent visibles.

4. **Cliquez sur la case Masquer les graphiques d'arrière-plan, cliquez sur le bouton Styles d'arrière-plan, puis cliquez sur Style 1.**

   Tous les éléments d'arrière-plan et le fond blanc réapparaissent. Le fond blanc d'origine est celui qui convient le mieux. Les couleurs de thème les mieux assorties au logo de VTA feraient un plus bel effet que les couleurs thématiques actuelles.

> **ASTUCE**
>
> Pour créer vos propres couleurs de thème, cliquez sur le bouton Couleurs, puis sur Nouvelles couleurs de thème. Vous pouvez aussi créer des polices de thème personnelles en cliquant sur le bouton Polices, puis sur Nouvelles polices de thème.

5. **Cliquez sur le bouton Couleurs dans le groupe Thèmes, déplacez le pointeur sur chacun des thèmes intégrés, puis cliquez sur Aspect.**

   Les nouvelles couleurs de thème sont appliquées au masque des diapositives et à tous les éléments de la présentation, y compris les éléments d'arrière-plan, les tableaux, le graphisme SmartArt sur la diapositive 4 et le graphique de la diapositive 11. Observez que la police, la couleur et le format du texte du titre n'ont pas changé. C'est ce qu'on appelle une **exception**. Les exceptions sont des changements que vous apportez directement au texte d'une diapositive et qui ne correspondent pas aux polices du thème dans le masque des diapositives.

6. **Cliquez sur la vignette de la diapositive 4, cliquez sur le bouton Effets dans le groupe Thèmes, déplacez le pointeur sur chacun des thèmes intégrés, puis cliquez sur Élémentaire.**

   Observez les nouveaux effets de thème appliqués au graphique SmartArt. Comme dans le cas des couleurs de thème, les nouveaux effets sont appliqués au masque des diapositives et à toutes les diapositives de la présentation.

7. **Cliquez sur la vignette de la diapositive 5, cliquez sur le bouton Polices dans le groupe Thèmes, déplacez le pointeur sur chacun des thèmes intégrés, cliquez sur Composite, puis enregistrez votre travail.**

   Les nouvelles polices de thème sont appliquées à la présentation. Comparez votre écran à celui de la figure D-4.

FIGURE D-3 : Nouveau style d'arrière-plan appliqué à la diapositive

Le nouvel arrière-plan est appliqué à toutes les diapositives

Le style d'arrière-plan apparait derrière tous les objets de la diapositive

FIGURE D-4 : Diapositive montrant les nouvelles couleurs et les nouvelles polices de thème

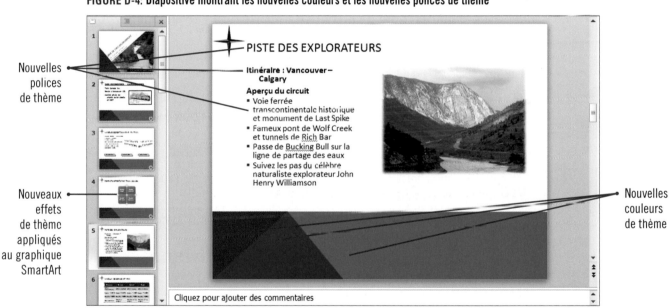

Nouvelles polices de thème

Nouveaux effets de thème appliqués au graphique SmartArt

Nouvelles couleurs de thème

TABLEAU D-1 : Couleurs de thème

Élément	Description
Couleurs de texte/d'arrière-plan	Couleurs contrastantes pour les caractères saisis et l'arrière-plan des diapositives.
Couleurs d'accentuation	Six couleurs sont utilisées pour les formes, les lignes dessinées et le texte. La couleur d'ombre pour le texte et les objets et la couleur de remplissage et de contour pour les formes sont toutes des couleurs d'accentuation. Le contraste de toutes ces couleurs correspond adéquatement avec les couleurs de l'arrière-plan et du texte.
Couleur de lien hypertexte	Couleur utilisée pour les liens hypertextes que vous insérez.
Couleur de lien hypertexte visité	Couleur utilisée pour les liens hypertextes après que l'on ait cliqué dessus.

Utiliser les commandes de diaporama

PowerPoint permet d'afficher une présentation en mode diaporama sur un ordinateur. Un diaporama sert surtout à montrer une présentation à un public, soit par Internet, soit au moyen d'un projecteur relié à votre ordinateur. Comme vous l'avez constaté, le mode Diaporama affiche une à une les diapositives de la présentation sur la totalité de votre écran. De nombreuses options sont disponibles en mode Diaporama afin d'ajuster la présentation à vos besoins. Par exemple, vous pouvez dessiner sur les diapositives, les **annoter** ou sauter à d'autres parties de la présentation. 🔲 Vous voulez apprendre le fonctionnement d'un diaporama et ses options afin de vous préparer à livrer votre présentation en public. Vous exécutez le diaporama et testez quelques-unes de ses options.

ÉTAPES

1. **Cliquez sur la vignette de la diapositive 1, puis cliquez sur le bouton Diaporama 🖵 dans la barre d'état.**

   La première diapositive s'affiche en plein écran.

2. **Appuyez sur [Espace].**

   La diapositive 2 s'affiche. Appuyer sur [Espace] ou cliquer avec le bouton gauche est le moyen le plus simple d'avancer dans un diaporama. Le tableau D-2 présente d'autres commandes au clavier pour le mode Diaporama. Vous pouvez aussi utiliser le menu contextuel Diaporama pour naviguer dans un diaporama.

> **ASTUCE**
>
> Si vous connaissez la diapositive à afficher dans le diaporama, tapez son numéro et appuyez sur [Entrée].

3. **Cliquez avec le bouton droit de la souris n'importe où à l'écran, pointez Aller à dans le menu contextuel, puis cliquez sur 7 Passe de l'Ouest.**

   Le diaporama saute à la diapositive 7. Vous pouvez marquer les points importants d'une présentation en annotant une diapositive durant la présentation au moyen d'un des outils d'annotation de PowerPoint.

> **PROBLÈME**
>
> Les boutons de la barre d'outils Diaporama sont semi-transparents et se fondent dans la couleur d'arrière-plan de la diapositive.

4. **Déplacez le pointeur � dans le coin inférieur gauche de l'écran pour afficher la barre d'outils Diaporama, cliquez sur Options du pointeur ✐, puis cliquez sur Surligneur.**

   Le pointeur prend la forme d'un surligneur ▌.

5. **Faites glisser ▌ pour surligner le texte des première et quatrième puces.**

   Lorsqu'un outil d'annotation est actif, les clics de souris n'avancent pas le diaporama. Vous pouvez néanmoins passer à la diapositive suivante en appuyant sur [Espace] ou [Entrée].

6. **Cliquez sur ✐ dans la barre d'outils Diaporama, cliquez sur Stylet, tracez un cercle autour du tunnel dans la photo, puis appuyez sur [Échap].**

   Appuyer sur [Échap] ou sur [Ctrl] [A] pendant que vous utilisez le pointeur d'annotation (stylet ou surligneur) rétablit le pointeur à la forme ⍿. Comparez votre écran à la figure D-5.

7. **Cliquez sur ✐ dans la barre d'outils Diaporama et cliquez sur Gomme. Quand le pointeur prend la forme ✎, cliquez sur l'annotation surlignée dans la quatrième puce.**

   L'annotation est effacée.

8. **Appuyez sur [Échap], cliquez sur ✐, puis cliquez sur Supprimer toutes les entrées manuscrites sur la diapositive.**

   Les annotations de la diapositive 7 sont toutes effacées. Vous avez aussi l'option d'enregistrer les annotations que vous ne supprimez pas en mode Diaporama. Les annotations ainsi sauvegardées apparaissent sous forme d'objets dessinés dans le mode Normal.

> **ASTUCE**
>
> Pour masquer temporairement une diapositive durant un diaporama, cliquez sur l'écran avec le bouton droit de la souris, pointez Écran, puis sélectionnez Écran noir ou Écran Blanc.

9. **Cliquez sur le bouton Menu du diaporama ▤, pointez sur Aller à, puis cliquez sur 1 Série de circuits d'aventure.**

   La diapositive 1 apparaît.

10. **Appuyez sur [Entrée] pour parcourir les diapositives puis, lorsque la diapositive noire apparait à la fin du diaporama, appuyez sur [Espace].**

    La diapositive noire marque la fin du diaporama. Vous revenez à la diapositive 1 en mode Normal.

FIGURE D-5: Diaporama présentant la diapositive 7 avec des annotations

TABLEAU D-2: Touches de commande du diaporama

Touche du clavier	Description
[Entrée], [Espace], [Pg suiv], [S], [↓], [→]	Avance à la diapositive suivante
[E]	Efface les annotations de la diapositive
[↖], [Fin]	Va à la première ou à la dernière diapositive d'un diaporama
[M]	Affiche une diapositive masquée
[Pg préc] ou [↑]	Revient à la diapositive précédente
[B]	Bascule entre la diapositive et un écran blanc
[A]	Fait une pause dans le diaporama; appuyez de nouveau pour reprendre
[N]	Bascule entre la diapositive et un écran noir
[Ctrl][N]	Affiche/masque les annotations sur une diapositive
[Ctrl][A]	Transforme le pointeur en ⃕
[Échap]	Met fin au diaporama

Définir les transitions et les minutages

Vous pouvez préciser comment les diapositives apparaissent et disparaissent de l'écran au cours d'un diaporama et définir leur durée d'affichage. Les **transitions** sont des effets vidéo et/ou audio spéciaux qui déterminent comment les diapositives se présentent à l'écran et en sortent. Le **minutage** désigne la durée d'affichage d'une diapositive. Normalement, vous établissez un minutage lorsque vous voulez que le diaporama s'exécute automatiquement. Trouver le minutage adéquat est important puisqu'il détermine combien de temps votre public a pour visionner chaque diapositive. La durée d'affichage peut varier d'une diapositive à l'autre. 🔲🔲🔲 Vous décidez d'utiliser des transitions et de fixer sept secondes d'affichage pour chaque diapositive.

ÉTAPES

1. **Vérifiez que la diapositive 1 est sélectionnée, puis ouvrez l'onglet Transitions sur le Ruban.**

   Les transitions sont classées par type dans trois groupes.

2. **Cliquez sur Autres ⤓ dans le groupe Accès à cette diapositive, puis cliquez sur Paillettes dans la section Captivant.**

   L'effet de transition joue sur la diapositive et une icône de transition ⭐ apparait en regard de la vignette dans l'onglet Diapositives (figure D-6). Vous pouvez personnaliser une transition en changeant son orientation et sa vitesse.

   ASTUCE

   Vous pouvez ajouter un son qui jouera avec la transition en le sélectionnant dans la zone Son du groupe minutage.

3. **Cliquez sur le bouton Options d'effet dans le groupe Accès à cette diapositive, cliquez sur Losanges – Du haut, cliquez sur la flèche vers le bas du bouton Durée du groupe Minutage jusqu'à ce que 2,00 s'affiche, puis cliquez sur le bouton Aperçu du groupe Aperçu.**

   La transition Paillettes joue désormais à partir du haut de la diapositive pendant 2 secondes. Vous pouvez appliquer cette transition personnalisée à toutes les diapositives de la présentation.

4. **Cliquez sur le bouton Appliquer partout dans le groupe Minutage, puis cliquez sur Trieuse de diapositives ⊞ dans la barre d'état.**

   La transition Paillettes personnalisée est appliquée à toutes les diapositives, comme le montrent les icônes de transition placées sous chaque diapositive. Vous avez également la possibilité de définir le déroulement du diaporama : soit manuel soit automatique avec minutage.

5. **Cliquez dans la case Manuellement sous Passer à la diapositive suivante dans le groupe Minutage pour désactiver cette option.**

   Cela arrête le déroulement manuel de la présentation. Comme vous pouvez établir à la fois des minutages manuels et automatiques dans une même présentation, vous devez donc décocher l'option Manuellement ici. Vous pouvez maintenant définir un minutage automatique.

   ASTUCE

   Pour voir l'effet d'une transition sur une diapositive, cliquez sur l'icône de transition affichée sous la diapositive visée en mode Trieuse de diapositives.

6. **Cliquez sur la flèche vers le haut de la zone Après jusqu'à ce que 00:07,00 apparaisse dans la zone, puis cliquez sur le bouton Appliquer partout.**

   Le minutage entre les diapositives est de 7 secondes, comme l'indique le temps affiché sous chaque diapositive en mode Trieuse de diapositives (figure D-7). Quand vous passerez le diaporama, chaque diapositive restera à l'écran pendant 7 secondes. Vous pouvez toutefois outrepasser le minutage d'une diapositive et accélérer le diaporama en appuyant sur [Espace] ou [Entrée] ou en cliquant sur le bouton gauche de la souris.

7. **Appuyez sur le bouton Diaporama 🖵 dans la barre d'état, puis observez le déroulement du diaporama.**

8. **Lorsque la diapositive noire apparait à la fin du diaporama, appuyez sur [Espace], puis enregistrez les modifications.**

   Le diaporama se termine et la diapositive 1 est sélectionnée en mode Trieuse de diapositives.

FIGURE D-6 : Transition appliquée à la diapositive

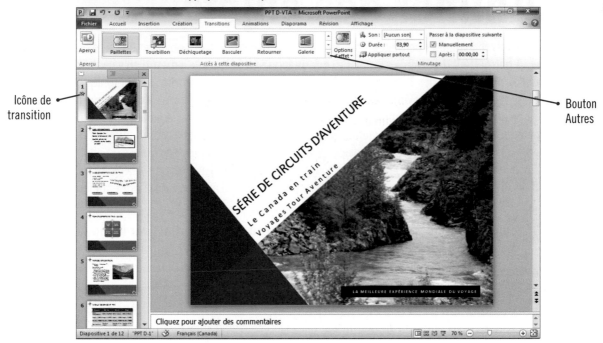

Icône de transition

Bouton Autres

FIGURE D-7 : Transitions et minutage visibles en mode Trieuse de diapositives

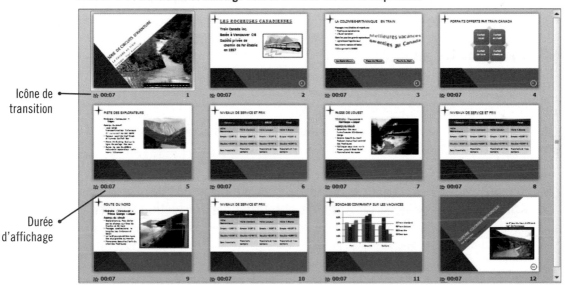

Icône de transition

Durée d'affichage

Répétition du minutage d'un diaporama

Vous pouvez fixer différents minutages pour vos diapositives. Par exemple, vous pouvez afficher la diapositive pendant 20 secondes, la deuxième pendant une minute, et ainsi de suite. Pour régler les minutages, cliquez sur le bouton Vérification du minutage dans le groupe Configuration de l'onglet Diaporama. Le diaporama est lancé et la barre d'outils Enregistrement s'ouvre (figure D-8). Elle comprend des boutons de pause et d'avancement à la diapositive suivante. Une fois cette barre d'outils ouverte, répétez votre présentation. PowerPoint fait le suivi de la durée d'affichage de chaque diapositive et règle le minutage en conséquence. Quand la répétition est terminée, le programme affiche le temps total enregistré pour la présentation. Ce nouveau minutage pourra être réutilisé lors de la prochaine exécution du diaporama.

FIGURE D-8 : Barre d'outils Répétition

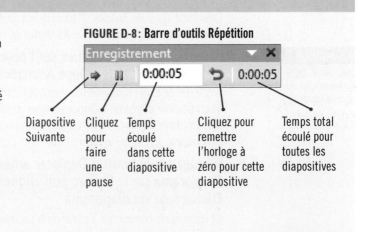

Diapositive Suivante

Cliquez pour faire une pause

Temps écoulé dans cette diapositive

Cliquez pour remettre l'horloge à zéro pour cette diapositive

Temps total écoulé pour toutes les diapositives

Animer des objets

Les effets d'animation permettent d'établir le mode d'apparition des objets et du texte durant un diaporama et vous permettent de contrôler le flux de l'information et les éléments à mettre en valeur. Vous pouvez animer du texte, des images, des sons, des hyperliens, des diagrammes SmartArt, des graphiques et des éléments de graphiques individuels. Vous pouvez, par exemple, appliquer un effet d'estompement à du texte à puces de façon que les paragraphes apparaissent un par un sur la diapositive. Les animations sont regroupées dans quatre catégories : Ouverture, Accentuation, Quitter et Trajectoires. Les animations d'entrée et de sortie appliquent un effet à l'entrée ou à la sortie d'une diapositive. Une animation d'emphase impose un effet à un objet déjà visible à l'écran et une animation de type Trajectoires fait bouger un objet selon une trajectoire précise sur la diapositive. Vous animez le texte et les graphismes de plusieurs diapositives de la présentation.

ÉTAPES

1. **Double-cliquez sur la vignette de la diapositive 1 pour réactiver le mode Normal, ouvrez l'onglet Animations sur le Ruban, puis cliquez sur la photographie de rivière.**

   Le texte et d'autres objets, comme une photographie, peuvent être animés pour un diaporama.

2. **Cliquez sur Autres ▼ dans le groupe Animations, pointez chacune des options d'animation dans la galerie, puis cliquez sur Forme dans la catégorie Ouverture.**

   Lorsque vous pointez l'un des effets, un aperçu de l'effet d'animation est présenté. Les animations peuvent être sérieuses et strictes ou bien humoristiques. Il est donc important de choisir des effets convenant au genre de votre présentation. Un petit 1, appelé balise d'animation ⒈, apparait dans le coin supérieur de la photo. Les **balises d'animation** précisent l'ordre dans lequel les objets sont animés sur le diaporama.

3. **Cliquez sur le bouton Options d'effet dans le groupe Animations, cliquez sur Losange, puis cliquez sur la flèche vers le haut de l'option Durée du groupe Minutage jusqu'à ce que la zone affiche 04,00.**

   Les options d'effet changent pour chaque animation. La forme de losange appliquée à l'animation s'agence bien avec la forme de l'image. Augmenter la durée de l'animation lui donne aussi un effet plus théâtral. Comparez votre écran à celui de la figure D-9.

4. **Cliquez sur Diaporama ☴ dans la barre d'état, puis appuyez sur [Échap] quand la diapositive 3 s'affiche.**

   L'animation Forme avec effet Losange commence après l'effet de transition et est active sur la diapositive 1.

5. **Sur la diapositive 3, cliquez sur l'objet de texte à puces, cliquez sur ▼ dans le groupe Animations, puis cliquez sur Agrandir et tourner dans la section Ouverture.**

   L'animation Agrandir et tourner est appliquée à l'objet de texte à puces. Chaque ligne de texte est dotée d'une balise d'animation et chaque paragraphe affiche un numéro différent. Par conséquent, chaque paragraphe est animé indépendamment.

6. **Cliquez sur le bouton Aperçu dans le groupe Aperçu, cliquez sur le bouton Options d'effet dans le groupe Animations, sélectionnez Tout à la fois, puis cliquez sur la flèche vers le haut de la zone Durée du groupe Minutage jusqu'à ce que 02,50 s'affiche.**

   Observez que les balises d'animations pour chaque ligne de texte à puces portent désormais le même numéro (1). Ceci indique que les lignes de texte s'animent toutes en même temps.

7. **Appuyez sur [Maj], cliquez sur l'objet des formes au bas de la diapositive, relâchez [Maj], cliquez sur ▼ dans le groupe Animations, puis sélectionnez Boucles dans la section Trajectoires.**

   Un objet de trajectoire s'affiche sur l'objet formes et identifie le sens et la forme, ou trajectoire, de l'animation. Vous pouvez déplacer, redimensionner et modifier le sens de la trajectoire en tout temps. Remarquez la balise d'animation 2 pour l'objet formes. Elle indique que cet objet est animé après l'objet texte. Comparez votre diapositive à celle de la figure D-10.

8. **Cliquez sur le bouton Déplacer antérieurement dans le groupe Minutage, ouvrez l'onglet Diaporama sur le Ruban, puis cliquez sur le bouton À partir du début dans le groupe Démarrage du diaporama.**

   Le diaporama commence à partir de la première diapositive. Les animations rehaussent l'attrait de la présentation.

9. **À l'apparition de la diapositive noire, appuyez sur [Espace], puis enregistrez les modifications.**

FIGURE D-9 : Diapositive montrant l'animation appliquée à la photo

Balise d'animation

FIGURE D-10 : Diapositive montrant l'animation appliquée à l'objet forme

Balises d'animation

Balise d'animation

Objet trajectoire

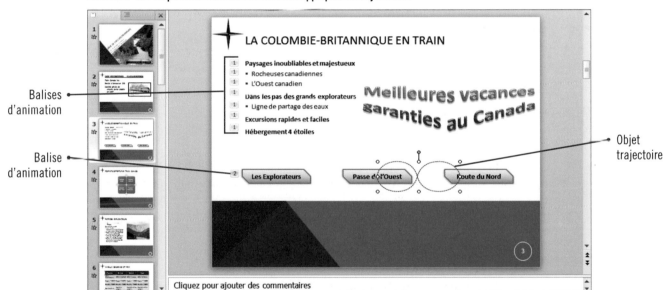

Aide-mémoire pour une présentation

Vous devriez toujours répéter une présentation, si possible dans la salle et avec l'ordinateur que vous utiliserez. Servez-vous de cet aide-mémoire pour vous préparer :

- Est-ce que PowerPoint ou la visionneuse PowerPoint est installé sur l'ordinateur ?
- Votre fichier de présentation est-il présent sur le disque dur de l'ordinateur que vous utiliserez ? Pensez à placer un raccourci du fichier sur le bureau. Avez-vous une copie de secours de la présentation sur un support amovible, une clé USB par exemple ?
- L'appareil de projection fonctionne-t-il correctement ? Les diapositives sont-elles lisibles depuis le fond de la salle ?

- Pouvez-vous régler l'**éclairage** pour permettre au public de voir aussi bien les diapositives que les documents ? Vous pouvez désigner un responsable si les commandes de l'éclairage ne sont pas à votre portée.
- Est-ce que l'emplacement de l'**ordinateur** vous permet d'ajouter des annotations et de contrôler l'avancement des diapositives ? Si ce n'est pas le cas, désignez quelqu'un pour manipuler l'ordinateur.
- Avez-vous suffisamment de **documents pour l'assistance** ? Apportez des copies supplémentaires. Décidez du moment pour les distribuer ou, si vous préférez, placez-les sur les sièges des participants.

Inspecter une présentation

Réviser une présentation est une étape importante, non seulement pour trouver et corriger les erreurs, mais aussi pour trouver et supprimer des données d'entreprise ou personnelles confidentielles ainsi que des propriétés de document que vous ne voulez pas partager. Si vous partagez des présentations, particulièrement par internet, il est judicieux d'inspecter le fichier de présentation au moyen de l'**Inspecteur de documents**, lequel recherche les données cachées et les informations personnelles stockées dans le document lui-même ou dans ses propriétés. Les propriétés d'un document, ou **métadonnées**, contiennent des renseignements propres à la présentation, comme le nom de l'auteur ou de la personne qui a enregistré le fichier en dernier, le sujet, le titre et la date de création. L'Inspecteur de document peut aussi localiser et supprimer d'autres informations, tels les notes de présentation, les commentaires, les annotations, le contenu invisible ou hors diapositive et les données XML personnalisées. Vous décidez de visualiser les propriétés du document et d'en ajouter quelques-unes, d'inspecter le fichier de présentation et d'en savoir plus sur la commande Marquer comme final.

ÉTAPES

ASTUCE

Cliquez sur le bouton Propriétés, puis cliquez sur Propriétés avancées pour ouvrir la boite de dialogue Propriétés et voir ou modifier plus de propriétés du document.

1. **Ouvrez l'onglet Fichier sur le Ruban. Dans la section Informations, cliquez sur Propriétés dans le volet de droite, puis cliquez sur Afficher le panneau de documents.**

   Le volet Propriétés du document s'ouvre et affiche l'emplacement du fichier et le titre de la présentation. Vous allez maintenant y saisir des données descriptives.

2. **Saisissez les données de la figure D-11, cliquez sur Fermer ⊠ dans le volet des propriétés, puis cliquez sur Oui pour enregistrer les modifications au document.**

   Ces données fournissent des renseignements détaillés sur le fichier que vous pouvez utiliser pour identifier et organiser le fichier. Ces informations peuvent aussi servir de critères de recherche pour localiser le fichier. Vous allez maintenant utiliser l'Inspecteur de documents pour rechercher des données que vous voudrez peut-être enlever de la présentation.

3. **Ouvrez l'onglet Fichier. Dans la section Informations, cliquez sur Vérifier la présence de problèmes dans le panneau du centre, puis cliquez sur Inspecter le document.**

   La boite de dialogue Inspecteur de document s'ouvre. Cet outil vérifie six types d'informations que vous pourriez effacer de la présentation avant de la partager.

ASTUCE

Si vous devez enregistrer la présentation dans une version antérieure de PowerPoint, vérifiez les éléments non pris en charge au moyen de la commande Vérifier la compatibilité.

4. **Vérifiez que tous les points de vérification sont cochés, puis cliquez sur Inspecter.**

   La présentation est inspectée et la boite de dialogue Inspecteur de document affiche le rapport (figure D-12). L'inspecteur a trouvé des propriétés de document (celles que vous avez saisies) et des notes de présentation (qui se trouvent sur la diapositive 12). Vous décidez de conserver les propriétés du document mais de supprimer les notes de présentation.

5. **Cliquez sur le bouton Supprimer tout dans la section Notes de présentation, puis cliquez sur Fermer.**

   Tous les commentaires sont supprimés du volet de Notes.

6. **Cliquez sur le bouton Protéger la présentation, cliquez sur Marquer comme final, puis cliquez sur OK dans le message d'avertissement.**

   Lisez le contenu de la boite d'avertissement qui apparait pour comprendre ce qui arrive au fichier et comment reconnaitre une présentation marquée comme finale. Vous décidez de poursuivre l'opération.

ASTUCE

Les présentations marquées comme finales dans PowerPoint 2010 ne sont pas en lecture seule si elles sont ouvertes dans une version antérieure du programme.

7. **Cliquez sur OK, ouvrez l'onglet Accueil sur le Ruban, cliquez sur la vignette de la diapositive 1 dans l'onglet Diapositives, puis cliquez n'importe où dans l'objet de titre.**

   Remarquez que le Ruban n'est plus affiché et qu'une boite d'avertissement indique que la présentation est marquée comme finale et est donc maintenant en mode lecture seule (figure D-13). Un fichier en **lecture seule** ne peut être modifié d'aucune façon. Pour pouvoir modifier une présentation en lecture seule, il faut en changer le statut « Marquée comme finale ». Comme vous n'avez pas encore terminé votre travail sur cette présentation, vous allez donc changer son statut.

8. **Cliquez sur le bouton Modifier quand même dans la boite d'avertissement, puis enregistrez les changements.**

   Le Ruban et toutes les commandes sont réactivés et vous pouvez de nouveau modifier le fichier.

FIGURE D-11 : Volet Propriétés du document

L'emplacement de votre fichier sera différent

Ajoutez ces informations

Bouton Fermer

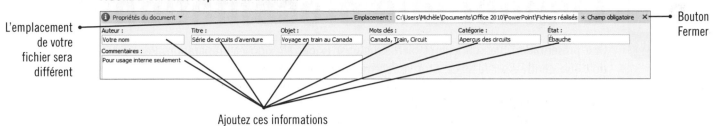

FIGURE D-12 : Boite de dialogue Inspecteur de document

FIGURE D-13 : Présentation marquée comme finale

Signale que la présentation est en mode Lecture seule

Boite d'avertissement

Signature numérique

Qu'est-ce qu'une signature numérique et pourquoi s'en servir dans PowerPoint ? Une **signature numérique** est analogue à une signature manuscrite en ce sens qu'elle authentifie votre document à la différence qu'elle est chiffrée par l'ordinateur et n'est pas visible dans la présentation elle-même. Trois grandes raisons justifient l'ajout d'une signature numérique à une présentation : identifier le signataire du document, garantir que le contenu de la présentation n'a pas été modifié depuis sa signature, et garantir l'origine du document signé. Pour ajouter une signature numérique, ouvrez l'onglet Fichier, cliquez sur le bouton Protéger la présentation, cliquez sur Ajouter une signature numérique, puis suivez les instructions des boites de dialogue.

Finaliser une présentation

Évaluer une présentation

Une présentation bien conçue et bien structurée exige réflexion et préparation. Pour être efficace, elle doit être centrée sur le sujet, être visuellement attrayante et facile à comprendre. Les éléments visuels exercent une grande influence sur l'intérêt et la concentration du public et sont déterminants pour le succès de la présentation. Le tableau D-3 présente des renseignements généraux sur l'impact d'une présentation visuelle. 🔳🔳🔳 Vous savez que votre patron et vos collègues feront la critique de votre présentation. Vous décidez donc de prendre le temps d'évaluer sa structure et son efficacité.

ÉTAPES

1. **Cliquez sur le bouton** Mode Lecture 📖 **sur la barre d'état, puis appuyez sur [Espace] à la fin du diaporama.**

2. **Cliquez sur la vignette de la diapositive 5 dans l'onglet Diapositives, cliquez sur le bouton Section dans le groupe Diapositives, plus cliquez sur Ajouter une section.**

   Deux nouvelles sections apparaissent dans le volet Diapositives : celle que vous avez créée et appelée Section sans titre, et une section pour toutes les diapositives au début, intitulée Section par défaut. Les sections sont utiles pour organiser les diapositives en groupes logiques.

3. **Cliquez du bouton droit de la souris sur Section sans titre, sélectionnez Renommer la section, tapez Détail des forfaits, puis cliquez sur Renommer.**

4. **Cliquez sur Trieuse de diapositives 🔡 dans la barre d'état, enregistrez votre travail, puis comparez votre écran à celui de la figure D-14.**

5. **Double-cliquez sur la diapositive 1, ajoutez votre nom au pied de page des commentaires et documents, évaluez votre présentation conformément aux principes qui suivent, puis fermez la présentation.**

   La figure D-15 présente une diapositive mal conçue. Comparez-la aux conseils ci-dessous et à votre présentation.

DÉTAILS

Lorsque vous évaluez une présentation, il est important de :

- **Se concentrer sur le message et garder le texte concis**

  N'inscrivez pas sur les diapositives tout ce que vous prévoyez dire. Laissez le public attendre vos explications sur les points clés de votre présentation. Limitez-vous à six lignes de six à huit mots par diapositive. Utilisez des listes à puces pour marquer visuellement l'importance des points. Le texte de la présentation ne doit donner que les grandes lignes de votre message. Complétez l'information donnée sur les diapositives par des explications et des détails pendant le déroulement de la présentation.

- **Créer une structure simple, facile à lire et appropriée au contenu**

  Un thème assure la cohérence d'une présentation. Si vous créez votre propre disposition, gardez-la simple et utilisez les éléments de conception avec parcimonie. Utilisez les mêmes éléments dans toute la présentation pour ne pas semer la confusion.

- **Choisir des couleurs attrayantes facilitant la lecture des diapositives**

  Utiliser des couleurs contrastées pour l'arrière-plan et le texte rend celui-ci plus facile à lire. Si la présentation se fait sur écran, vous pouvez utiliser presque toute combinaison de couleurs coordonnées.

- **Utiliser des polices et des styles faciles à lire et qui mettent le texte important en évidence**

  En règle générale, n'utilisez pas plus de deux polices dans une présentation et faites-en varier la taille qui ne devrait jamais être inférieure à 24 points. Utilisez les attributs gras et italique à bon escient.

- **Utiliser des éléments visuels pour transmettre le message**

  Les éléments visuels les plus courants sont les cliparts, les photos, les graphiques, les feuilles de calcul, les tableaux et les vidéos. Si possible, remplacez le texte par un élément visuel, mais sans surcharger les diapositives. Il n'y a pas de mal à laisser un espace vide dans une diapositive.

FIGURE D-14 : Présentation finale en mode Trieuse de diapositives

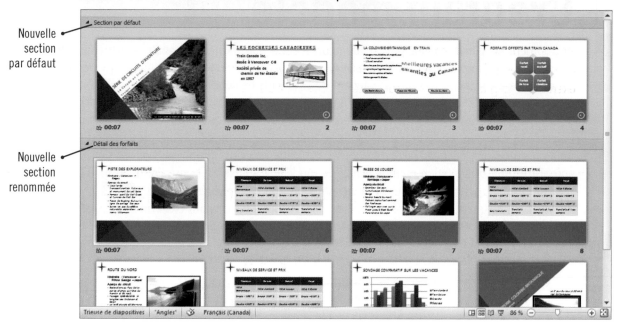

Nouvelle section par défaut

Nouvelle section renommée

FIGURE D-15 : Diapositive mal conçue

Trop de polices et de styles

Trop de mots

Forme inutile et sans rapport avec le thème

Le thème ne convient pas au contenu

Duplication inutile de l'image clipart

Trop de couleurs de police

Trop de texte sur la diapositive

Police difficile à lire texte perdu sur la diapositive

TABLEAU D-3 : Impact d'une présentation visuelle sur l'auditoire

Impact	Description
Perception visuelle	L'œil reçoit 75 % de tous les stimuli de l'environnement.
Apprentissage	55 % de ce qui est appris provient directement de messages visuels.
Rétention	Combiner messages visuels et verbaux peut augmenter la mémorisation de près de 50 %.
Objectifs de la présentation	Une présentation visuelle vous donne 67 % plus de chances d'atteindre vos objectifs.
Durée de la rencontre	Une présentation visuelle peut diminuer de 26,8 % la durée moyenne d'une rencontre.

Source: Presenters Online, www.presentersonline.com

Finaliser une présentation

Créer un modèle

Au moment de planifier votre présentation, sachez que vous n'êtes pas limité aux thèmes standards de PowerPoint ou à ceux trouvés sur le web. Vous pouvez aussi créer une présentation au moyen d'un modèle. Un **modèle** est un type de fichier contenant des éléments de conception personnalisés sur le masque des diapositives, un arrière-plan, des dispositions et un thème. Il peut aussi inclure des graphismes et du contenu. Vous pouvez créer un modèle à partir d'une présentation vide ou vous pouvez modifier une présentation PowerPoint existante et l'enregistrer comme modèle. Si vous modifiez une présentation existante, vous pouvez, au besoin, changer ou supprimer les couleurs, les objets graphiques ou les polices. Quand vous enregistrez une présentation comme fichier de modèle, le suffixe .potx est ajouté au nom de fichier. Vous pouvez ensuite utiliser ce modèle comme base pour de nouvelles présentations. ▓▓▓▓▓ Vous avez pour le moment fini de travailler sur votre présentation. Vous voulez maintenant créer un modèle utilisant le thème de conception de cette présentation afin que d'autres personnes puissent l'utiliser.

ÉTAPES

1. **Ouvrez l'onglet Fichier sur le Ruban, cliquez sur Nouveau, assurez-vous que Nouvelle présentation est sélectionné dans la section Modèles et thèmes disponibles, puis cliquez sur Créer.**

   Une nouvelle présentation apparait. Vous allez l'enregistrer comme modèle.

2. **Ouvrez l'onglet Fichier sur le Ruban, cliquez sur Enregistrer sous, déroulez la liste de la zone Type, puis cliquez sur Modèle PowerPoint (*.potx).**

   Comme il s'agit d'un modèle, PowerPoint ouvre automatiquement le dossier où sont stockés les modèles dans votre ordinateur.

3. **Localisez votre dossier Projets, sélectionnez le nom de fichier par défaut Présentation1 dans la zone Nom de fichier, tapez PPT D-VTA Modèle comme dans la figure D-16, puis cliquez sur Enregistrer.**

   La présentation est enregistrée comme modèle PowerPoint dans votre dossier Projets et la nouvelle présentation modèle apparait dans la fenêtre PowerPoint.

4. **Ouvrez l'onglet Création sur le Ruban, cliquez sur Autres ⊡ dans le groupe Thèmes, puis cliquez sur Rechercher les thèmes.**

   La boite de dialogue Sélectionner un thème ou un document à thème s'ouvre.

5. **Localisez votre dossier Projets, sélectionnez PPT D-VTA, puis cliquez sur Appliquer.**

   Le thème de conception de la présentation PPT D-VTA, y compris ses transitions et minutages, est appliqué au modèle de présentation PPT D-VTA Modèle. Tous les éléments du masque des diapositives, dont les dispositions, couleurs, formes, polices et éléments d'arrière-plan de la présentation PPT D-VTA sont également appliqués au modèle.

6. **Cliquez sur l'espace réservé au titre, tapez Modèle VTA, cliquez sur l'espace réservé au sous-titre, tapez Modèle pour usage interne – Votre nom, puis enregistrez les changements.**

   Vous n'avez pas besoin de conserver les transitions et les minutages qui avaient été définis pour la présentation PPT D-VTA.

7. **Ouvrez l'onglet Transitions sur le Ruban, cliquez sur Autres ⊡ dans le groupe Accès à cette diapositive, cliquez sur Aucune, décochez la case Après dans le groupe Minutage, puis cliquez sur Appliquer partout dans le même groupe.**

   Les transitions et les minutages sont supprimés de la présentation.

8. **Ouvrez l'onglet Affichage, cliquez sur le bouton Trieuse de diapositives dans le groupe Affichages des présentations, puis faites glisser le curseur Zoom jusqu'au bout vers la droite.**

   La figure D-17 présente le modèle final de présentation en mode Trieuse de diapositives.

9. **Double-cliquez sur la diapositive 1, enregistrez votre travail, fermez la présentation, puis quittez PowerPoint.**

FIGURE D-16 : Boite de dialogue Enregistrer sous

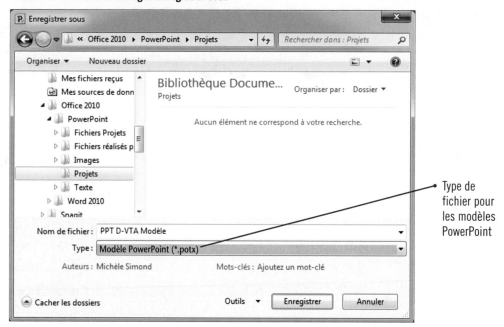

Type de
fichier pour
les modèles
PowerPoint

FIGURE D-17 : Modèle terminé en mode Trieuse de diapositives

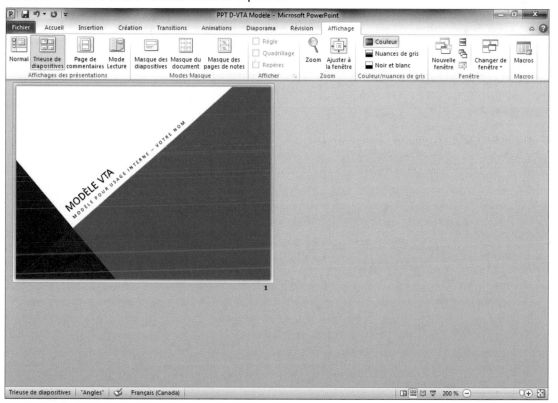

Commande Collage spécial

La commande Collage spécial sert à coller du texte ou des objets dans PowerPoint au moyen d'un format de fichier précis. Supposons que vous vouliez coller un texte comme image ou comme texte brut sans mise en forme. Pour ce faire, copiez le texte puis, dans PowerPoint, cliquez sur la flèche du bouton Coller, cliquez sur Collage spécial, puis sélectionnez l'option adéquate de format de fichier. La commande Collage spécial permet aussi de lier à PowerPoint un objet ou des informations sélectionnées provenant d'un autre programme. Cette technique est utile lorsque vous voulez lier une partie d'une feuille de calcul Excel ou un graphique d'un tableur qui contient à la fois une feuille de calcul et un graphique. Pour lier seulement le graphique, ouvrez la feuille de calcul Excel puis copiez le graphique. Tout en gardant Excel et le fichier source ouverts, déroulez la liste du bouton Coller, cliquez sur Collage spécial, cliquez sur le bouton d'option Coller avec liaison, puis cliquez sur OK.

Mise en pratique

Révision des concepts

Identifiez chaque élément de la fenêtre de PowerPoint (figure D-18).

FIGURE D-18

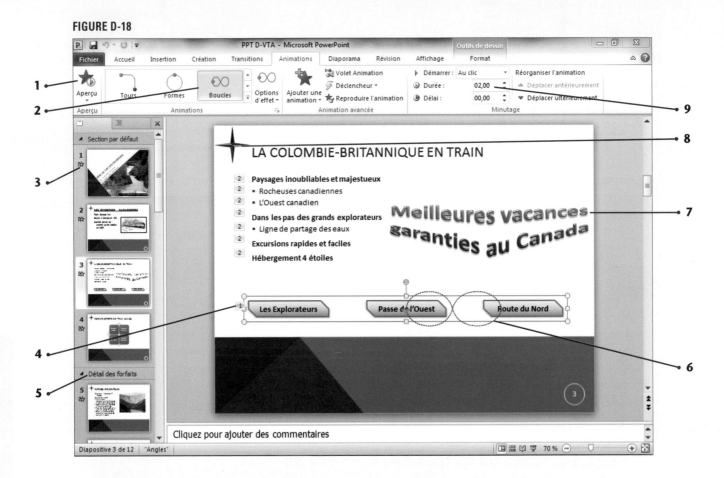

Associez chaque terme à sa description.

10. **Masques**

11. **Annoter**

12. **Métadonnées**

13. **Balise d'animation**

14. **Transitions**

15. **Arrière-plan**

a. Désigne l'ordre d'animation des objets.

b. La zone située derrière le texte et les graphismes.

c. Contiennent les propriétés du document, dont le nom de l'auteur.

d. Dessiner sur une diapositive durant un diaporama.

e. Diapositives qui stockent les informations de thème et d'espaces réservés.

f. Effet visuel régissant le mode d'entrée et de sortie d'une diapositive dans un diaporama.

Sélectionnez la meilleure réponse à chaque question.

16. Quel est le nom de l'effet qui détermine comment une diapositive entre et sort durant un diaporama ?
- **a.** Transition
- **b.** Minutage
- **c.** Thème
- **d.** Animation

17. Quel élément est défini par un objet placé sur le masque des diapositives ?
- **a.** Un graphique d'arrière-plan
- **b.** Un logo
- **c.** Une forme
- **d.** Un espace réservé de masque

18. Lequel des énoncés suivants est *faux* à propos des masques ?
- **a.** Chaque disposition de diapositive dans une présentation possède une disposition correspondante dans le mode Masque.
- **b.** Le thème de conception est placé sur le masque des diapositives.
- **c.** Les masques stockent de l'information.
- **d.** Les modifications apportées au masque des diapositives sont répercutées dans les masques des documents et des pages de commentaires.

19. Quel type de fichier PowerPoint *ne peut pas* être modifié ?
- **a.** Un fichier inspecté
- **b.** Un fichier enregistré sous un autre format
- **c.** Un fichier en lecture seule
- **d.** Un fichier modèle

20. L'effet qui contrôle comment un objet apparait à l'écran durant un diaporama se nomme :
- **a.** Transition
- **b.** Animation
- **c.** Trajectoire
- **d.** Modèle

21. L'Inspecteur de document recherche les _____ et les informations personnelles qui sont stocké(e)s dans le fichier de présentation.
- **a.** thèmes
- **b.** données cachées
- **c.** balises d'animation
- **d.** réglages vidéo

22. D'après cette leçon, quel critère devriez-vous utiliser pour évaluer une présentation ?
- **a.** Remplacer le plus souvent possible les éléments visuels par du texte.
- **b.** Les diapositives doivent contenir la majeure partie de l'information à présenter.
- **c.** Utiliser de nombreux éléments différents pour conserver l'attention du public.
- **d.** Le message doit être planifié de manière concise.

Révision des techniques

1. Modifier les masques.
- **a.** Ouvrez le fichier PPT D-3.pptx situé dans votre dossier Projets, puis enregistrez la présentation sous le nom **PPT D Nouveau produit**.
- **b.** Ouvrez le mode Masque à partir de l'onglet Affichage, puis cliquez sur la vignette Origine Masque des diapositives.
- **c.** Insérez l'image PPT D-4.jpg, puis redimensionnez-la à 2 cm de large.
- **d.** Déplacez l'image dans le coin supérieur droit du masque de la diapositive, puis désélectionnez cette image.
- **e.** Conservez le masque Origine, passez en mode d'affichage Normal, puis enregistrez vos modifications.

2. Personnaliser l'arrière-plan et le thème.
- **a.** Activez la diapositive 3, ouvrez l'onglet Création, puis ouvrez la galerie des styles d'arrière-plan.
- **b.** Appliquez le Style 5 à l'arrière-plan.
- **c.** Ouvrez la boite de dialogue Mise en forme de l'arrière-plan.
- **d.** Réglez la transparence à 25 %, appliquez l'arrière-plan à toutes les diapositives, puis fermez la boite de dialogue.
- **e.** Cliquez sur le bouton Couleurs et cliquez sur Office. Cliquez sur le bouton Polices, puis cliquez sur Office Classique 2.
- **f.** Enregistrez les changements.

3. Utiliser les commandes de diaporama.
- **a.** Lancez le diaporama à partir de la diapositive 1, puis continuez jusqu'à la diapositive 4.
- **b.** Utilisez le Stylet pour encercler les expressions **Acheteurs précoces**, **Grand public** et **Trainards**.
- **c.** Allez à la diapositive 5, puis utilisez le Surligneur pour mettre en évidence les mots **Prix**, **Présentation** et **Réponse à la demande**.

d. Cliquez sur la diapositive avec le bouton droit de la souris, allez à la diapositive 4, puis effacez toutes les annotations sur cette diapositive.

e. Avancez à la diapositive 5, effacez tous les surlignages, puis redonnez la forme de flèche ⌐ au pointeur.

f. Appuyez sur [↖], visionnez le diaporama au complet, ne sauvegardez aucune annotation, puis enregistrez les changements.

4. Définir les transitions et les minutages.

a. Activez le mode Trieuse de diapositives, cliquez sur la vignette de la diapositive 1, puis appliquez la transition Tourbillon à la diapositive.

b. Appliquez l'option d'effet À partir du bas, changez la durée à 3,00, puis appliquez la transition à toutes les diapositives.

c. Changez le minutage de la diapositive à 5 secondes, puis appliquez-le à toutes les diapositives.

d. Passez en mode Normal, visionnez le diaporama, puis enregistrez votre travail.

5. Animer des objets.

a. Sélectionnez la diapositive 3, ouvrez l'onglet Animations, puis sélectionnez la forme E sur la diapositive.

b. Appliquez l'effet d'animation Rotation à l'objet, cliquez sur la flèche Prix, appliquez-lui l'effet Flottant entrant, puis affichez l'aperçu des animations.

c. Dans la diapositive 4, appliquez l'effet Rotation (section Accentuation) à l'objet Titre.

d. Sélectionnez les six objets du graphique, cliquez sur le bouton Autres dans le groupe Animation, cliquez sur Autres effets d'entrée, puis appliquez une animation de votre choix de la section Captivant aux six objets sélectionnés.

e. Appliquez des effets d'animation aux objets d'au moins deux autres diapositives de la présentation.

f. Modifiez au besoin les effets d'animation, puis enregistrez les changements.

6. Inspecter une présentation.

a. Ouvrez le volet Propriétés du document, tapez **Produit Internet** dans la zone de texte Objet, puis tapez **Révision** dans la zone de texte État.

b. Fermez ce volet, puis ouvrez la boite de dialogue Inspecteur de document.

c. Vérifiez que Contenu des objets hors diapositive est coché, puis inspectez la présentation.

d. Supprimez le contenu hors diapositives et les annotations de présentation, puis fermez la boite de dialogue et enregistrez les modifications.

7. Évaluer une présentation.

a. Allez à la diapositive 1 et exécutez le diaporama.

b. Évaluez la présentation au moyen des critères présentés dans cette leçon, puis rédigez une évaluation écrite.

c. Déplacez la diapositive 6 sous la diapositive 8.

d. Vérifiez l'orthographe de la présentation, ajoutez le numéro de diapositive et votre nom au pied de page de toutes les diapositives, puis enregistrez les changements.

e. Passez au mode Trieuse de diapositives, puis comparez votre présentation à celle de la figure D-19.

f. Fermez la présentation.

FIGURE D-19

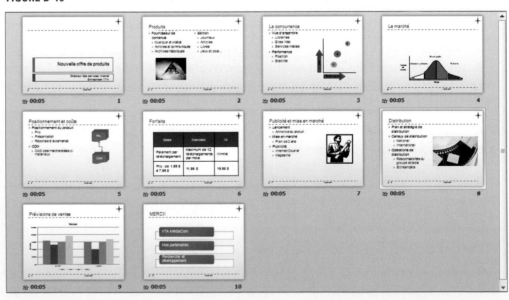

Révision des techniques (suite)

8. Créer un modèle

    a. Créez une nouvelle présentation, puis enregistrez-la comme modèle PowerPoint sous le nom **PPT D-Modèle** dans votre dossier Projets.

    b. Cliquez sur le bouton Autres dans le groupe Thèmes de l'onglet Création, recherchez les thèmes, localisez votre dossier Projets, sélectionnez PPT D-Nouveau produit, puis cliquez sur Appliquer.

    c. Tapez **Modèle pour VTA** dans l'espace réservé au titre, puis tapez **votre nom** dans l'espace réservé au sous-titre.

    d. Supprimez les effets de transition et d'animation, enlevez le minutage, puis sélectionnez l'option Manuellement dans le groupe Minutage.

    e. Enregistrez votre travail.

    f. Fermez la présentation, puis quittez PowerPoint.

Exercice personnel 1

Vous travaillez pour Voyages Tournier, une agence de voyages établie à Montréal. Vous avez élaboré une présentation qui sera disponible sur le site web de la société. Il vous reste à y ajouter des transitions, des minutages et des effets d'animation.

    a. Ouvrez le fichier PPT D-5.pptx de votre dossier Projets, puis enregistrez la présentation sous le nom **PPT D-Voyages Tournier**.

    b. Ajoutez le numéro de page et votre nom dans le pied de page de toutes les diapositives sauf la diapositive titre.

    c. Appliquez l'animation Flottant entrant au texte de titre de toutes les diapositives.

    d. Appliquez l'animation Balayer aux objets de texte à puce de chaque diapositive qui en comporte.

    e. Appliquez l'animation Forme au tableau de la diapositive 8, puis changez l'option d'effet à Boite.

    f. Appliquez la transition Déchiquetage, appliquez un minutage de 7 secondes, puis appliquez le tout à toutes les diapositives.

    g. Vérifiez l'orthographe de la présentation, puis enregistrez les changements.

    h. Exécutez le diaporama et évaluez la présentation. Apportez toutes modifications nécessaires.

    i. Fermez le fichier, puis quittez PowerPoint.

Exercice personnel 2

Vous êtes ingénieur chez Sports Ultra, une société qui conçoit et fabrique des accessoires de sport. Sports Ultra crée des produits tels des casques de cycliste, des supports à bicyclettes et des pagaies destinés principalement aux marchés américains et européens. Vous devez terminer une présentation trimestrielle montrant l'évolution des nouvelles technologies de l'entreprise. Pour cela, vous allez y ajouter des animations, personnaliser l'arrière-plan et inspecter le document.

    a. Ouvrez le fichier PPT D-6.pptx de votre dossier Projets, puis enregistrez la présentation sous le nom **PPT D-Sports Ultra**.

    b. Appliquez un thème de conception approprié, puis appliquez un nouveau style d'arrière-plan convenant au thème.

    c. Appliquez la transition Ondulation à toutes les diapositives, puis animez les objets suivants : le texte de la diapositive 2, l'objet clipart de la diapositive 3, le tableau de la diapositive 4 et l'image de la diapositive 6. Exécutez le diaporama pour évaluer les effets ajoutés, puis faites les ajustements nécessaires.

    d. Exécutez l'Inspecteur de document en sélectionnant toutes les options, identifiez tous les éléments trouvés, fermez la boite de dialogue, puis examinez les diapositives pour y repérer les éléments trouvés.

    e. Ajoutez une diapositive à la fin de la présentation et inscrivez-y les éléments trouvés par l'Inspecteur de document.

    f. Réexécutez l'Inspecteur de document et supprimez tous les éléments sauf les propriétés du document.

Exercice personnel 2 (suite)

Difficultés supplémentaires

- En mode Trieuse de diapositives, cliquez sur le bouton Vérification du minutage dans le groupe Configuration de l'onglet Diaporama.
- Fixez la durée de chaque diapositive.
- Enregistrez les nouveaux minutages.

g. Ajoutez votre nom au pied de page de toutes les diapositives, vérifiez l'orthographe de la présentation, enregistrez votre travail, puis exécutez le diaporama pour évaluer votre présentation.

h. Fermez la présentation et quittez PowerPoint.

Exercice personnel 3

Vous travaillez pour Placements JB, un cabinet spécialisé dans l'investissement et les fonds de retraite. Votre supérieur vous a demandé de créer une présentation sur les possibilités de régimes de retraite pour les petites entreprises. Cette présentation sera publiée sur le site web du cabinet. Vous avez déjà saisi les informations et vous devez maintenant ajouter un thème, mettre certains renseignements en forme, ajouter quelques effets d'animation et fixer un minutage.

a. Ouvrez le fichier PPT D-7.pptx de votre dossier Projets, puis enregistrez la présentation sous le nom **PPT D-Retraite**.

b. Appliquez un thème approprié.

c. Animez les objets suivants : les formes sur la diapositive 3 et le texte et le clipart de la diapositive 5. Exécutez le diaporama pour évaluer les effets ajoutés, puis apportez les réglages nécessaires.

d. Convertissez le texte de la diapositive 4 en graphique SmartArt Radial simple (catégorie Cycle).

e. Appliquez le style Effet intense au graphique SmartArt, puis donnez-lui les couleurs Plage de couleurs – Couleurs vives 2 à 3.

f. Allez à la diapositive 3, alignez ensemble les formes Secteur et Qualité, puis les formes Placement et Échéance.

g. Ajustez les formes de flèches alignées de manière à les centrer sur l'ovale Achat/Vente, puis appliquez une durée de 15 secondes aux diapositives 3 à 7 et de 5 secondes aux diapositives 1 et 2.

h. Ajoutez une section entre les diapositives 5 et 6, puis renommez la section **Fonds**.

i. Renommez la section par défaut à **Introduction**.

Difficultés supplémentaires

- Ouvrez le mode Masque, sélectionnez la dernière disposition, puis cliquez sur le bouton Insérer une disposition.
- Cliquez sur la flèche du bouton Insérer un espace réservé, cliquez sur Table, puis faites glisser le pointeur dans l'espace vide de la diapositive. (*Indice* : Dessinez l'espace réservé de telle sorte qu'il occupe la majeure partie de l'espace vide.)
- Passez en mode Normal, appliquez la nouvelle disposition personnalisée aux diapositives 6 et 7. S'il y a lieu, ajustez l'espace réservé en Mode Masque.

j. Ajoutez votre nom au pied de page des diapositives, vérifiez l'orthographe de la présentation, enregistrez votre travail, puis exécutez le diaporama pour évaluer la présentation.

k. Fermez la présentation et quittez PowerPoint.

Défi

Vous travaillez à l'association des étudiants de l'Université du Québec à Sept-Iles. Créez une présentation décrivant tous les services offerts par l'association. La présentation sera éventuellement publiée sur le site web de l'université.

a. Concevez et créez une présentation décrivant les services et événements offerts à l'association. Utilisez des données de votre propre association ou trouvées sur le web. La présentation devra comprendre au moins six diapositives.

b. Utilisez un thème approprié.

c. Ajoutez des images clipart et des photos, puis stylisez et personnalisez au moins une image.

d. Enregistrez la présentation sous le nom **PPT D- AEUQSI** dans votre dossier Projets. Lancez le diaporama, évaluez le contenu de votre présentation et apportez les ajustements nécessaires.

e. Ajoutez des transitions, des effets d'animation et des minutages. Réexécutez le diaporama pour évaluer les effets ajoutés.

f. Ajoutez le numéro de diapositive et votre nom au pied de page des diapositives. Vérifiez l'orthographe, enregistrez et inspectez la présentation, puis donnez une copie de votre travail à votre formateur.

g. Créez un modèle à partir de cette présentation. Enregistrez le modèle sous le nom **PPT D- AEUQSI Modèle** dans votre dossier Projets.

h. Tapez **Modèle pour l'AEUQSI** dans l'espace réservé au titre, tapez votre nom dans l'espace réservé au sous-titre, supprimez les transitions et animations, fermez le fichier et quittez PowerPoint.

FIGURE D-20

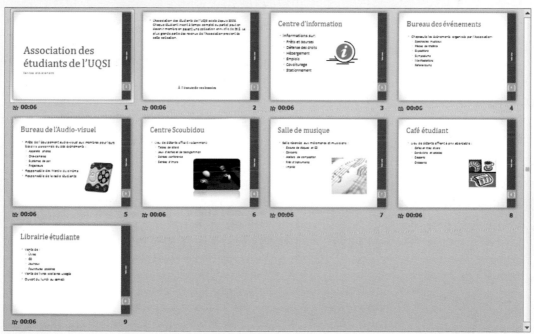

Atelier visuel

Créez un nouveau modèle de présentation PowerPoint nommé **PPT D-École Modèle** dans votre dossier Projets. Modifiez le modèle conformément aux figures D-21 et D-22. La diapositive de la figure D-22 utilise une disposition personnalisée que vous devrez créer.

FIGURE D-21

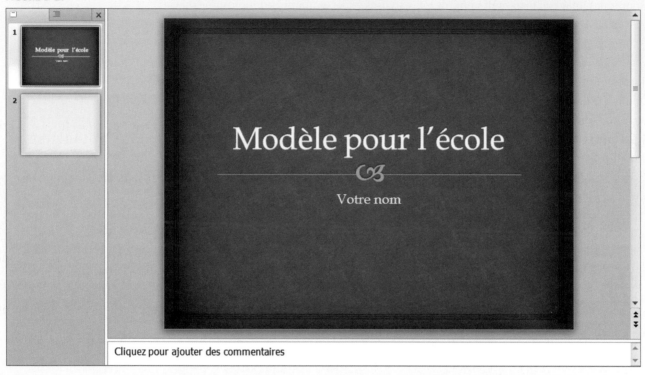

FIGURE D-22

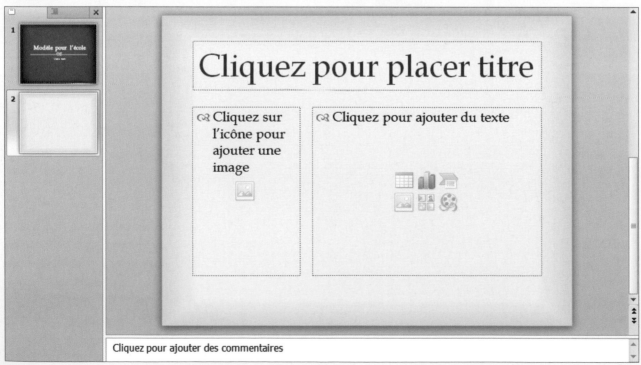

Travailler avec les outils avancés et les masques

Maintenant que vous savez comment créer une présentation et exécuter un diaporama, vous êtes prêt à apprendre les outils plus avancés de PowerPoint. Ces outils, tels les connecteurs, les commandes Reproduire les animations et Reproduire la mise en forme, et les dispositions de diapositive personnalisées vous aideront à créer des présentations captivantes. Savoir comment modifier les masques vous donne également la liberté de personnaliser vos diapositives ainsi que les notes et les documents. En tant qu'associé aux ventes pour Voyages Tour Aventure, vous avez travaillé sur une présentation qui donne des précisions sur les circuits de voyage en train au Canada. Par suite des commentaires de certains de vos collègues, vous révisez votre présentation en améliorant des formes, en personnalisant les animations et les masques des diapositives.

OBJECTIFS

Dessiner et mettre en forme des connecteurs

Utiliser les outils avancés de mise en forme

Personnaliser les effets d'animation

Créer des dispositions personnalisées

Mettre en forme le texte du masque

Modifier les retraits de texte du masque

Ajuster les objets texte

Personnaliser les masques du document
   et des pages de notes

Dessiner et mettre en forme des connecteurs

PowerPoint propose un ensemble d'outils qui permettent de créer trois types de connecteurs à traits ou à flèches : droits, en angle ou en arc. Vous pouvez ainsi relier des formes par une ligne ou par une forme. Vous pouvez aussi utiliser l'outil Courbe pour créer une ligne courbe à main levée. Une fois le connecteur dessiné, vous pouvez le mettre en forme à l'aide des Styles rapides, des couleurs de contour et des effets. Vous allez ajouter des lignes de connexion entre les formes de la diapositive 3 et les mettre en forme afin d'améliorer son apparence.

ÉTAPES

1. **Démarrez PowerPoint, ouvrez la présentation PPT E-1.pptx de votre dossier Projets, enregistrez-la sous le nom PPT E-VTA, puis cliquez sur la vignette de la diapositive 3 dans l'onglet Diapositives.**

   La diapositive 3 s'affiche.

2. **Cliquez sur le bouton Formes dans le groupe Dessin, cliquez du bouton droit de la souris sur le bouton Connecteur en angle ⌐ dans la section Lignes, sélectionnez Mode Verrouillage du dessin dans le menu contextuel, puis positionnez le + sur le point d'ancrage supérieur ● de la forme Les Explorateurs.**

   Observez que la forme propose quatre points d'ancrage possibles pour une ligne ou une flèche de connexion. Le mode Verrouillage du dessin permet de dessiner plusieurs fois avec la même forme sans avoir à la sélectionner chaque fois dans la galerie des formes. (Voir la figure E-1.)

PROBLÈME

Si vous relâchez accidentellement le bouton de la souris avant d'atteindre un point d'ancrage ●, le trait reçoit un point terminal à cet emplacement. Faites alors glisser ce point terminal vers le point d'ancrage voulu.

3. **Enfoncez le bouton gauche de la souris sur le ●. Quand le pointeur prend la forme + faites-le glisser vers le ● gauche de la forme Passe de l'Ouest.**

   Des poignées rouges (cercles) apparaissent à chaque extrémité du connecteur, indiquant qu'il est relié aux deux formes. Le trait comporte deux poignées d'ajustement (losanges jaunes) qui permettent d'en modifier la trajectoire.

4. **Placez le + sur le ● inférieur de la forme Passe de l'Ouest puis faites-le glisser vers le ● inférieur de la forme Route du Nord.**

   Un second connecteur part désormais du bas de la forme Passe de l'Ouest vers le bas de la forme Route du Nord.

ASTUCE

Si vous réorganisez des formes reliées par des connecteurs, ces derniers restent ancrés aux formes et se déplacent avec elles.

5. **Appuyez sur [Échap], cliquez sur le connecteur de gauche, placez ⬚ sur la poignée rouge de la forme Passe de l'Ouest, puis faites glisser la poignée rouge vers le ● supérieur de la forme Passe de l'Ouest.**

   Appuyer sur la touche [Échap] a pour effet de déverrouiller le mode de dessin. Le connecteur gauche part maintenant du haut de la forme Les Explorateurs jusqu'au haut de la forme Passe de l'Ouest (figure E-2).

6. **Ouvrez l'onglet Format des Outils de dessin sur le Ruban, cliquez sur le bouton Autres ▾ dans le groupe Styles de formes, puis cliquez sur Ligne modérée – 2 accentué (2ᵉ rangée).**

   Le style de la ligne, avec son effet d'ombre, se distingue mieux.

7. **Cliquez sur la flèche du bouton Contour de forme dans le groupe Styles de formes pour ouvrir la galerie, pointez Épaisseur, puis cliquez sur 3 pt.**

   La ligne est maintenant plus épaisse et plus facile à voir.

ASTUCE

Pour réacheminer un connecteur vers les points les plus rapprochés entre les formes, cliquez sur le connecteur avec le bouton droit de la souris, plus sélectionnez Rediriger les connecteurs.

8. **Cliquez du bouton droit sur le connecteur de gauche, pointez Types de lien dans le menu contextuel, puis cliquez sur Connecteur en arc.**

   Le connecteur a maintenant la forme d'un arc. Vous préférez toutefois sa forme précédente.

9. **Cliquez sur Annuler ↩ dans la barre d'outils Accès rapide, cliquez dans une zone vide de la diapositive, puis enregistrez la présentation.**

   Comparez votre diapositive à celle de la figure E-3.

FIGURE E-1 : Forme avec ses points d'ancrage

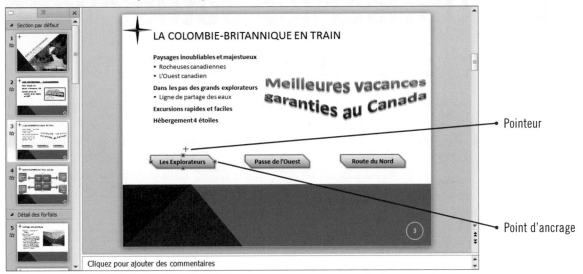

Pointeur

Point d'ancrage

FIGURE E-2 : Connecteur déplacé

Poignée
d'ajustement

Connecteur
déplacé

FIGURE E-3 : Diapositive montrant un connecteur mis en forme

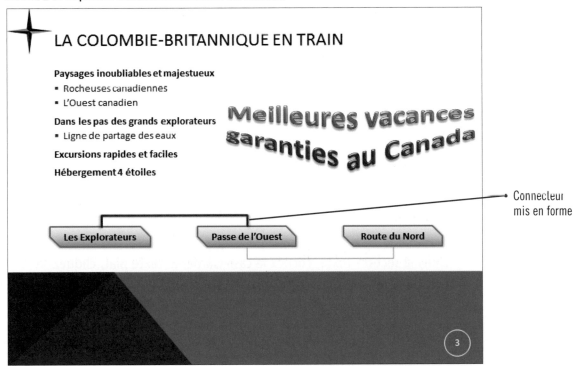

Connecteur
mis en forme

Tracer une forme libre

Une forme libre peut être formée de lignes droites, de lignes courbes ou d'une combinaison des deux. Pour tracer une forme libre, ouvrez l'onglet Accueil, cliquez sur le bouton Formes du groupe Dessin, puis cliquez sur Forme libre 🖰 dans la section Lignes. Faites glisser le pointeur pour dessiner la forme voulue, puis double-cliquez quand vous avez terminé. Pour tracer une ligne droite avec l'outil Forme libre, cliquez à l'endroit où le trait doit commencer, déplacez la souris dans le sens désiré pour la ligne, cliquez pour insérer un point d'arrêt ou un coin, puis double-cliquez pour désactiver l'outil lorsque vous avez fini. Pour modifier une forme libre, cliquez sur l'objet avec le bouton droit de la souris, puis sélectionnez Modifier les points dans le menu contextuel.

Utiliser les outils avancés de mise en forme

Les outils avancés de mise en forme de PowerPoint vous permettent de modifier les attributs de n'importe quel objet. Vous pouvez formater du texte et des objets au moyen de textures et de remplissage, des effets 3D et des ombres. Si vous voulez appliquer les mêmes effets à plusieurs objets afin de donner un aspect homogène à une diapositive, vous pouvez utiliser l'outil Reproduire la mise en forme pour copier les attributs d'un objet et les plaquer sur un autre objet. ░▒▓ Dans cette leçon, vous terminez la mise en forme des connecteurs sur la diapositive 3, puis vous utilisez les outils avancés de mise en forme pour améliorer le diagramme de la diapositive 4.

ÉTAPES

ASTUCE

Vous pouvez aussi appliquer des effets et des styles de forme aux objets texte au moyen des commandes offertes dans l'onglet Format des Outils de dessin.

1. **Cliquez du bouton droit sur le connecteur de gauche, cliquez sur Reproduire la mise en forme ⫘ dans la mini barre d'outils, puis placez le pointeur ⬚ ⬚ sur le connecteur de droite.**

   L'outil Reproduire la mise en forme « ramasse » (copie) les attributs d'un objet et les colle sur le prochain objet que vous sélectionnez.

2. **Cliquez sur le connecteur de droite, puis cliquez dans une zone vide de la diapositive.**

   Les deux connecteurs ont maintenant une mise en forme identique (figure E-4).

3. **Cliquez sur la diapositive 4 dans l'onglet Diapositives, cliquez du bouton droit sur la forme du diagramme qui commence par « Meilleur prix », cliquez sur Format de la forme dans le menu contextuel, puis cliquez sur l'option Remplissage avec image ou texture.**

   La boite de dialogue Format de l'image s'ouvre.

ASTUCE

Pour remplir une forme avec une image, cliquez sur la forme avec le bouton droit de la souris, cliquez sur Format de la forme, cliquez sur l'option Remplissage avec image ou texture, puis cliquez sur le bouton Fichier pour trouver et insérer l'image voulue.

4. **Faites glisser la boite de dialogue de façon à rendre visible la forme sélectionnée, déroulez la liste du bouton Texture, cliquez sur le carré Marbre vert, puis cliquez sur Format 3D dans le volet gauche.**

   La texture Marbre vert remplit la forme. Les options Format 3D apparaissent dans la boite de dialogue.

5. **Dans la section Biseau, cliquez sur la flèche du bouton Haut, choisissez Inclinaison douce, cliquez ensuite sur la flèche du bouton Éclairage dans la section Surface, puis cliquez sur l'icône Glaciale dans la section Rafraichissant.**

   L'effet d'éclairage définit mieux l'effet de biseau.

6. **Cliquez sur Rotation 3D dans le volet gauche, déroulez la liste Valeurs prédéfinies puis, dans la première ligne de la section Perspective, cliquez sur Perspective droite.**

   La perspective de la forme change, et l'effet et sa profondeur sont maintenant visibles.

7. **Dans la section Texte, cochez la case Garder le texte plat, cliquez sur Style de trait dans le volet gauche, cliquez sur la flèche vers le haut de la zone Largeur jusqu'à ce que 4 pt apparaisse, puis cliquez sur Fermer.**

   La boite de dialogue Format de l'image est fermée et les effets sont appliqués à la forme. Le texte y reste plat et ne prend donc pas prévalence sur la perspective droite de la forme. Le trait entourant la forme est agrandi à 4 points.

ASTUCE

Vous pouvez aussi appuyer sur [Échap] pour désactiver l'outil Reproduire la mise en forme.

8. **Ouvrez l'onglet Accueil sur le Ruban, double-cliquez sur ⫘ dans le groupe Presse-papiers, cliquez sur chacune des trois formes de diagramme restantes, puis cliquez de nouveau sur ⫘ pour désactiver l'outil Reproduire la mise en forme.**

   Un double-clic sur le bouton Reproduire la mise en forme permet d'appliquer le même format à de nombreux objets de la diapositive sans avoir à resélectionner la fonction chaque fois. Les quatre formes de diagramme ont désormais le même remplissage, la même police et le même effet 3D.

9. **Cliquez dans une zone vide de la diapositive et enregistrez les changements.**

   Comparez votre écran à celui de la figure E-5.

FIGURE E-4 : Diapositive montrant les connecteurs mis en forme

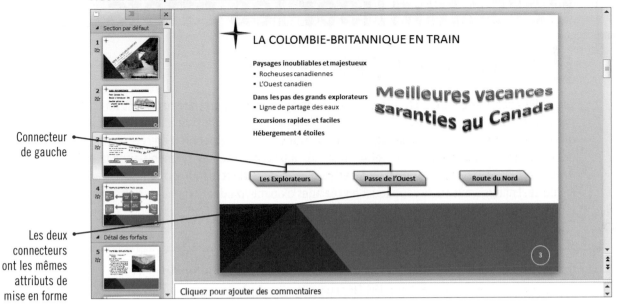

Connecteur de gauche

Les deux connecteurs ont les mêmes attributs de mise en forme

FIGURE E-5 : Diapositive avec les formes terminées

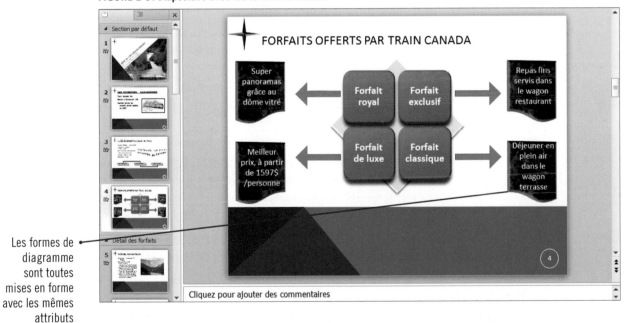

Les formes de diagramme sont toutes mises en forme avec les mêmes attributs

Créer des colonnes dans une zone de texte

Certaines informations textuelles se présentent mieux si elles sont mises en colonnes. Avec PowerPoint 2010, il est possible de créer des colonnes dans les objets texte. Pour ce faire, sélectionnez l'objet, cliquez sur le bouton Colonnes dans le groupe Paragraphe de l'onglet Accueil, puis cliquez sur l'une des commandes :

Une colonne, Deux colonnes, Trois colonnes ou Autres colonnes. Cette dernière option permet de définir jusqu'à 16 colonnes et de personnaliser l'espace entre chacune. Vous pouvez afficher la règle pour mieux adapter les colonnes et ajuster leur largeur.

Travailler avec les outils avancés et les masques

Personnaliser les effets d'animation

Les effets d'animation permettent de contrôler la manière dont l'information apparait sur chaque diapositive pendant un diaporama. La façon la plus simple d'animer un objet consiste à lui appliquer un effet standard du groupe Animations de l'onglet Animations. D'autres effets d'animation d'entrée, d'emphase, de sortie et de trajectoire peuvent également être appliqués aux objets depuis le menu situé au bas du groupe Animations. Vous pouvez personnaliser les effets d'animation, dont le moment du démarrage, la direction et la vitesse. Enfin, si vous voulez appliquer les réglages d'animation d'un objet à un autre, vous pouvez le faire au moyen de la commande Reproduire les animations. 🖾🖉 Vous avez commencé à animer les formes de la diapositive 4 et vous devez maintenant terminer votre travail.

ÉTAPES

1. **Ouvrez l'onglet Animations sur le Ruban, puis cliquez sur le bouton Aperçu dans le groupe Aperçu.**
   Observez les animations qui ont déjà été appliquées aux objets de cette diapositive.

> **ASTUCE**
>
> Pour supprimer tous les effets d'animation d'un objet, sélectionnez l'objet, cliquez sur le bouton Autres dans le groupe Animations, puis cliquez sur Aucune.

2. **Cliquez sur la flèche supérieure de gauche, cliquez sur Autres ▼ dans le groupe Animations, cliquez sur Autres effets d'entrée au bas de la galerie pour ouvrir la boite de dialogue Modifier un effet de début, cliquez sur Balayer dans la section De base, puis cliquez sur OK.**
   Observez qu'un aperçu de l'animation est présenté et qu'une balise d'animation s'affiche en regard de la flèche sélectionnée.

3. **Cliquez sur le bouton Options d'effet dans le groupe Animations, cliquez sur À partir de la droite, cliquez sur la flèche de la zone Démarrer dans le groupe Minutage, sélectionnez Après la précédente, puis cliquez sur le bouton Aperçu.**
   Remarquez que le numéro de la balise d'animation sur la forme de flèche a changé de 1 à 0. Cela indique que cet effet d'animation est désormais associé au dernier objet animé, en l'occurrence la forme de diagramme inférieure de droite.

4. **Cliquez sur le diagramme supérieur de gauche, cliquez sur Estomper dans le groupe Animations, cliquez sur la flèche de la zone Démarrer dans le groupe Minutage, sélectionnez Après la précédente, puis cliquez sur la flèche vers le haut de la zone Durée jusqu'à ce que 00,75 apparaisse.**
   Le diagramme est animé après la flèche. Comparez votre diapositive à celle de la figure E-6.

5. **Cliquez sur la flèche inférieure de droite, cliquez sur le bouton Reproduire l'animation dans le groupe Animation avancée, puis cliquez sur la flèche supérieure de droite.**
   Observez que lorsque vous utilisez la fonction Reproduire la mise en forme, tous les réglages d'animation de la flèche inférieure de droite sont appliqués à la flèche du haut, y compris l'attribut Démarrer (Après la précédente).

> **ASTUCE**
>
> Pour régler une animation de sorte qu'elle s'exécute après que vous cliquiez sur un autre objet, cliquez sur le bouton Déclencheur dans le groupe Animation avancée, pointez Sur clic de, puis sélectionnez un objet.

6. **Cliquez sur le diagramme inférieur de droite, cliquez sur le bouton Reproduire l'animation, cliquez sur le diagramme supérieur de droite, puis cliquez sur le bouton Aperçu.**
   Toutes les animations sont exécutées sur la diapositive. Certaines d'entre elles auraient meilleur effet si elles étaient retardées.

7. **Cliquez sur le graphique SmartArt, cliquez sur la flèche vers le haut de la zone Délai dans le groupe Minutage jusqu'à ce que 01,00 apparaisse, cliquez sur la flèche inférieure de gauche, déroulez la zone Délai vers le haut jusqu'à ce que 01,00 apparaisse, puis cliquez sur le bouton Aperçu.**
   Les diagrammes sont maintenant visibles plus longtemps.

8. **Appliquez un délai de 01,00 aux trois autres formes de flèche, cliquez sur le graphique SmartArt, cliquez sur le bouton Ajouter une animation dans le groupe Animation avancée, puis cliquez sur Rotation.**
   La fonction Ajouter une animation permet d'appliquer plusieurs animations au même objet. Le graphique SmartArt en comporte maintenant deux.

9. **Cliquez sur le bouton Aperçu, cliquez sur le graphique SmartArt, puis enregistrez les modifications.**
   Comparer votre écran à celui de la figure E-7.

FIGURE E-6 : Diapositive montrant les effets d'animation appliqués

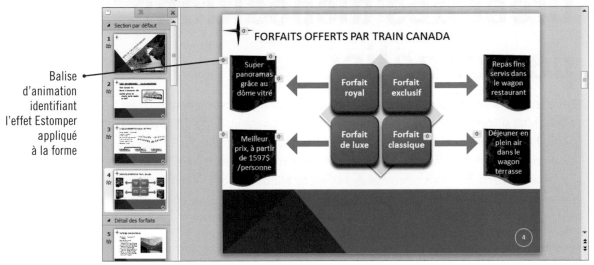

Balise
d'animation
identifiant
l'effet Estomper
appliqué
à la forme

FIGURE E-7 : Diapositive montrant les effets d'animation terminés

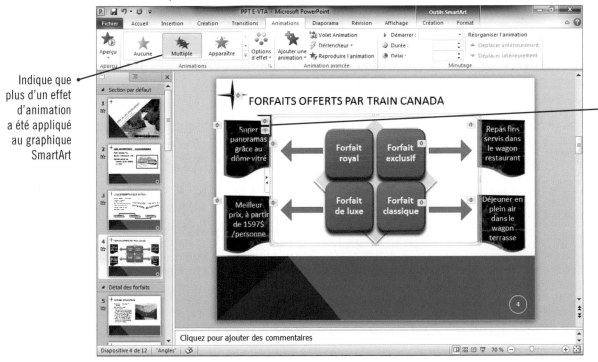

Indique que
plus d'un effet
d'animation
a été appliqué
au graphique
SmartArt

Identifie les
deux animations
appliquées au
graphique
SmartArt

PowerPoint 2010

Comprendre le minutage des animations

Chaque objet animé sur une diapositive a un moment de démarrage lié aux autres objets animés. Trois options de démarrage sont offertes : *Au clic, Avec la précédente et Après la précédente*. L'option Au clic lance l'effet d'animation quand vous cliquez sur la souris. L'option Avec la précédente démarre l'effet en même temps que l'effet précédent dans la liste des animations, ce qui exécute simultanément plusieurs effets d'animation. L'option Après la précédente lance l'effet d'animation immédiatement après la fin de l'effet précédent sans qu'il soit nécessaire de cliquer.

Travailler avec les outils avancés et les masques

Créer des dispositions personnalisées

Les dispositions standards de diapositive fournies par PowerPoint permettent de créer la majorité des diapositives. Mais si vous devez souvent modifier une disposition standard pour vos présentations, une disposition personnalisée pourrait vous être utile. Pour créer une disposition personnalisée, vous dessinez sur la diapositive des espaces réservés choisis parmi huit types différents dont texte, graphique et média. Vous créez et sauvegardez vos dispositions personnalisées en mode Masque, ce qui les rend ensuite partie intégrante de la présentation. ▓▓▓▓ Vous décidez de créer une disposition personnalisée affichant des vignettes d'image qui serviront de boutons de navigation durant un diaporama.

ÉTAPES

1. **Ouvrez l'onglet Affichage sur le Ruban, cochez la case Règle dans le groupe Afficher, puis cliquez sur le bouton Masque des diapositives dans le groupe Modes Masque.**
   Le mode Masque des diapositives s'ouvre et les règles sont affichées.

2. **Cliquez sur la dernière disposition de diapositive dans le volet des vignettes de diapositives, puis cliquez sur le bouton Insérer une disposition du groupe Modifier la forme de base.**
   Une nouvelle disposition est ajoutée à la présentation et apparait dans le volet des vignettes avec un espace réservé au titre et des espaces de pied de page (figure E-8). La nouvelle disposition de diapositive contient tous les éléments d'arrière-plan associés au thème actif.

3. **Cliquez sur la flèche du bouton Insérer un espace réservé dans le groupe Mise en page du masque, puis cliquez sur Image.**
   Le pointeur prend la forme ╋.

4. **Placez le ╋ sur la diapositive de façon que le pointeur s'aligne sur le repère 10 cm du côté gauche de la règle horizontale et sur le repère 6,25 cm au sommet de la règle verticale.**
   La position du pointeur sur la diapositive est représentée par des lignes pointillées sur les règles.

5. **Tracez un cadre en faisant glisser le pointeur vers le bas et la droite jusqu'à ce qu'il s'aligne sur le repère 6,25 cm sur la règle horizontale et le repère 2,5 cm sur la règle verticale.**
   Un espace réservé à une image mesurant environ 3,75 cm carrés apparait sur la diapositive. Vous pouvez dupliquer cet espace réservé.

6. **Ouvrez l'onglet Accueil, déroulez la liste du bouton Copier ▣ ▾ dans le groupe Presse-papiers, cliquez sur Dupliquer, puis répétez cette manœuvre encore six fois.**
   La diapositive renferme désormais huit espaces réservés à une image.

7. **Faites glisser chacun des espaces réservés sur la diapositive en vous guidant sur la figure E-9, puis cliquez sur l'onglet Masque des diapositives sur le Ruban.**
   Les espaces réservés sont organisés sur la disposition de diapositive.

8. **Cliquez sur le bouton Renommer dans le groupe Modifier la forme de base, sélectionnez le nom par défaut, tapez Image, cliquez sur Renommer, puis placez le pointeur sur la dernière vignette de disposition dans le volet de gauche.**
   Le nouveau nom de la disposition de diapositive personnalisée s'affiche dans une info-bulle. La nouvelle disposition Image apparait désormais lorsque vous cliquez sur le bouton Disposition sur la flèche de liste du bouton Nouvelle diapositive.

9. **Cliquez dans une zone vide de la diapositive avec le bouton droit de la souris, cliquez sur Règle, cliquez sur le bouton Désactiver le mode Masque, puis enregistrez vos modifications.**

FIGURE E-8 : Nouvelle disposition de diapositive personnalisée

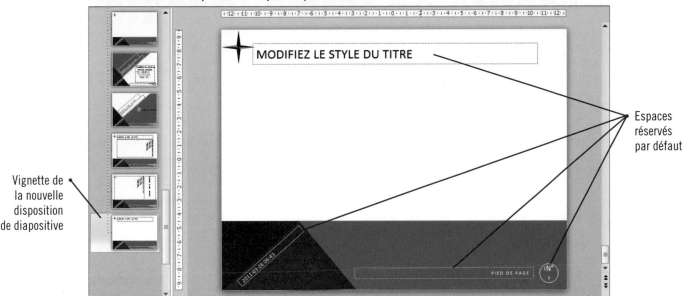

Vignette de
la nouvelle
disposition
de diapositive

Espaces
réservés
par défaut

FIGURE E-9 : Disposition de diapositive personnalisée avec ses nouveaux espaces réservés

Nouveaux
espaces
réservés pour
une image

Rétablir la disposition du Masque des diapositives

Si un espace réservé manque dans le Masque des diapositives, vous pouvez le réinsérer à partir de la boite de dialogue Mise en page du masque (figure E-10). Pour ouvrir cette boite de dialogue, cliquez sur le bouton Mise en page du masque dans le groupe Mise en page du masque. Cochez la case de l'espace réservé manquant pour le réappliquer et cliquez sur OK. Pour rétablir une disposition en mode Masque, déroulez la liste de la commande Insérer un espace réservé dans le groupe Mise en page du masque, puis tracez l'espace réservé voulu dans la disposition.

FIGURE E-10 : Boite de dialogue Mise en page du masque

Travailler avec les outils avancés et les masques

Mettre en forme le texte du masque

Pour assurer un assortiment harmonieux de polices et de styles à votre présentation, il est préférable de mettre les textes en forme avec des polices de thème standards ou d'apporter des modifications de mise en forme au texte des espaces réservés en mode Masque. Un thème comprend généralement deux polices : une police principale pour les titres et une pour le corps du texte. Ces polices peuvent être de la même famille ou, au contraire, être très contrastantes. Vous pouvez aussi apporter des modifications spécifiques en mode Masque, et y changer la couleur, le style et la taille du texte, ainsi que le type de puces que vous pouvez remplacer par un caractère spécial, une image provenant de la Bibliothèque de clip (ou d'une autre source) ou une photo numérisée. 🖼🖼🖼 Vous décidez d'apporter quelques modifications à la mise en forme des espaces réservés au texte dans le masque des diapositives.

ÉTAPES

1. **Appuyez sur [Maj], cliquez sur Normal ▣ dans la barre d'état, relâchez [Maj], puis cliquez sur la vignette Angles Masque des diapositives dans le volet de gauche.**

   Le mode Masque est activé et est affiché à la diapositive du Masque des diapositives dans le volet de gauche.

> **ASTUCE**
>
> Pour insérer une image comme puce, cliquez sur Image dans la boite de dialogue Puces et numéros, puis cliquez sur l'image voulue.

2. **Cliquez avec le bouton droit sur l'espace réservé au texte de Deuxième niveau, pointez Puces dans le menu contextuel, puis cliquez sur Puces et numéros.**

   La boite de dialogue Puces et numéros s'affiche, ouverte à l'onglet À puces. L'onglet Numérotée sert à créer des listes numérotées par des chiffres ou des lettres.

3. **Cliquez sur Personnaliser, déroulez la liste Police, défilez dans la liste, puis cliquez sur Webdings.**

   La boite de dialogue Caractères spéciaux présente les choix de puces disponibles pour la police Webdings.

4. **Défilez jusqu'au bas de la liste de caractères spéciaux, cliquez sur le symbole indiqué dans la figure E-11, puis cliquez sur OK.**

   Le nouveau symbole apparait dans la boite de dialogue Puces et numéros.

5. **Déroulez la liste Couleur, puis cliquez sur Vert foncé, Accentuation4.**

   La couleur et la taille de la nouvelle puce de premier niveau du texte du masque sont modifiées.

> **ASTUCE**
>
> Pour réinitialiser la puce au symbole par défaut, cliquez sur Rétablir dans la boite de dialogue Puces et numéros. Cliquer sur Rétablir ne restaure pas les valeurs de couleur et de taille initiales.

6. **Cliquez sur la flèche vers le bas du bouton Taille jusqu'à ce que 80 apparaisse, puis cliquez sur OK.**

   Le symbole et la couleur de la nouvelle puce dans le deuxième niveau de l'espace réservé au texte du masque changent. La taille de la puce est réduite à 80 % de la taille du texte de deuxième niveau.

7. **Cliquez sur le bouton Polices dans le groupe Modifier le thème, défilez vers le bas de la liste des polices et cliquez sur Promenade.**

   Toutes les polices de la présentation changent. Ce changement est répercuté dans toutes les dispositions de diapositives présentes dans le volet des vignettes.

8. **Cliquez sur le bouton Désactiver le mode Masque dans le groupe Fermer, cliquez sur la vignette de la diapositive 5 dans l'onglet Diapositives, puis enregistrez les modifications.**

   Vous voyez comment les modifications affectent les listes à puces en mode Normal. Comparez votre écran à celui de la figure E-12.

FIGURE E-11 : Boîte de dialogue Caractères spéciaux

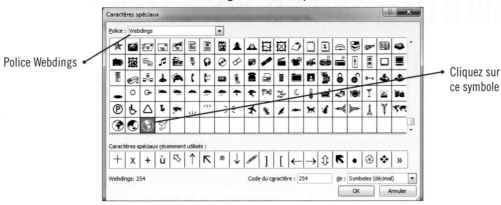

Police Webdings

Cliquez sur
ce symbole

FIGURE E-12 : Diapositive affichant les nouvelles puces et polices de thème

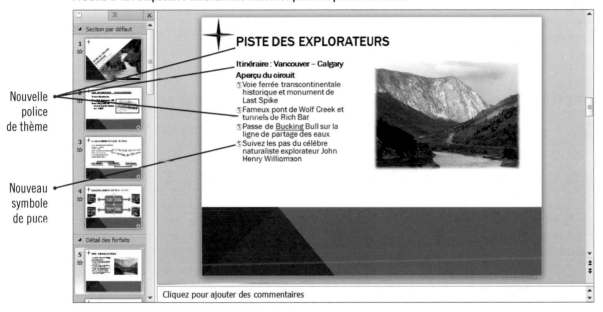

Nouvelle
police
de thème

Nouveau
symbole
de puce

Comprendre les exceptions au masque des diapositives

Si vous changez le format du texte d'une diapositive et appliquez ensuite un autre thème à la présentation, la diapositive touchée conserve les modifications effectuées précédemment au lieu d'adopter les attributs du nouveau thème. Les modifications de mise en forme qui diffèrent du masque des diapositives sont appelées des **exceptions** et ne peuvent être changées que sur les diapositives individuelles où elles apparaissent. Ainsi, vous pouvez changer la police et la taille d'un texte sur une diapositive afin de le mettre en valeur, puis décider ultérieurement d'appliquer un thème différent à la présentation. Le texte mis en forme avant le changement de thème constitue une exception et n'est donc pas affecté par ce nouveau thème. Une autre façon de neutraliser le masque des diapositives consiste à supprimer les graphismes de l'arrière-plan sur une ou plusieurs diapositives afin, par exemple, de concentrer l'attention du public sur le texte de ces diapositives. Pour cela, ouvrez l'onglet Création, puis cochez la case Masquer les graphiques d'arrière-plan dans le groupe Arrière-plan.

Modifier les retraits de texte du masque

Les espaces de masque réservés au texte et au contenu comportent cinq niveaux de texte, appelés **niveaux de retrait**. Vous pouvez utiliser la règle horizontale pour gérer l'espacement entre les puces et le texte ou pour changer la position de tout un niveau de retrait. Chaque niveau de retrait est représenté sur la règle par deux petits triangles et un rectangle, appelés les **repères de retrait**. Vous pouvez modifier le niveau de retrait en déplaçant ces repères sur la règle. Vous pouvez aussi définir quatre types de taquets de tabulation sur la règle horizontale en cliquant sur le **curseur de tabulation** situé à l'extrémité gauche de la règle. Ces taquets indiquent où commence le retrait ou la colonne d'un texte. Les différents repères de retrait et de tabulation sont décrits dans le tableau E-1. Afin de mieux mettre en valeur le texte, vous décidez de modifier les deux premiers niveaux de retrait.

ÉTAPES

1. **Appuyez sur [Maj], cliquez sur Normal ⊞ dans la barre d'état, relâchez [Maj], puis cliquez sur la vignette Angles Masque des diapositives dans le volet gauche.**

   Le masque des diapositives s'ouvre.

2. **Cliquez sur Deuxième niveau dans l'espace réservé au texte, ouvrez l'onglet Affichage sur le Ruban, puis cochez la case Règle dans le groupe Afficher.**

   Les règles horizontale et verticale apparaissent dans l'espace réservé au texte. Les repères de retrait, dans la règle horizontale, sont définis de sorte que la première ligne de texte, dans ce cas-ci la puce, commence à la gauche des lignes suivantes. C'est ce que l'on appelle un **retrait négatif**.

PROBLÈME

Si vous déplacez accidentellement la marque de retrait trop loin, cliquez sur Annuler dans la barre d'outils Accès rapide et recommencez.

3. **Placez le pointeur ⌕ sur le repère de retrait négatif △, puis faites glisser jusqu'au repère 1 cm sur la règle.**

   L'espacement entre la puce de premier niveau et le texte augmente. Comparez votre écran à celui de la figure E-13.

4. **Cliquez sur Troisième niveau dans l'espace réservé au texte, puis faites glisser le repère de retrait à gauche ▢ jusqu'au repère de 1,75 cm (figure E-14).**

   Le niveau de retrait au complet se déplace vers la droite.

5. **Cliquez n'importe où sur la première ligne de texte dans l'espace réservé au texte, puis faites glisser △ jusqu'au bout vers la gauche.**

   Cette manœuvre élimine le retrait négatif pour ce niveau de texte. Comme celui-ci ne comporte pas de puce, il est inutile de lui associer un retrait négatif.

6. **Cliquez sur ⊞ dans la barre d'état, puis cliquez à gauche du mot Aperçu dans le texte.**

   Le mode masque est fermé. La diapositive 5 s'affiche en mode Normal et montre les changements apportés au retrait de texte. Un taquet de tabulation gauche dans la règle permet de déplacer un mot et de l'aligner avec le texte qui le suit dessous.

7. **Cliquez sous le repère 1 cm sur la règle, puis appuyez sur [Tab].**

   Un repère de tabulation apparait sur la règle horizontale. Quand vous appuyez sur [Tab], le mot « Aperçu » se déplace vers la droite et s'aligne sur le texte à puce situé dessous (figure E-15).

8. **Ajoutez et appliquez des tabulations gauches sur le repère 1 cm des objets texte des diapositives 7 et 9.**

   Les diapositives 5, 7 et 9 comportent désormais des tabulations gauches dans les objets texte.

9. **Cliquez dans une zone vide de la diapositive 9, ôtez la coche de la case Règle dans le groupe Afficher, ouvrez l'onglet Accueil, puis enregistrez les modifications.**

   Les règles disparaissent.

FIGURE E-13 : Texte de premier niveau après le déplacement du repère de retrait de première ligne

Déplacez le repère de retrait négatif jusqu'ici

L'espace entre la puce et le texte augmente

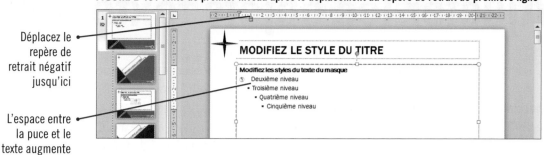

FIGURE E-14 : Retrait de deuxième niveau déplacé

Repère de retrait gauche

Le niveau de retrait se déplace vers la droite

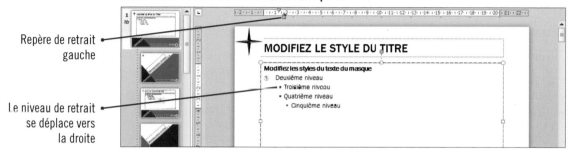

FIGURE E-15 : Règle avec un taquet de tabulation gauche

Taquet de tabulation gauche

Mot aligné par le taquet de tabulation

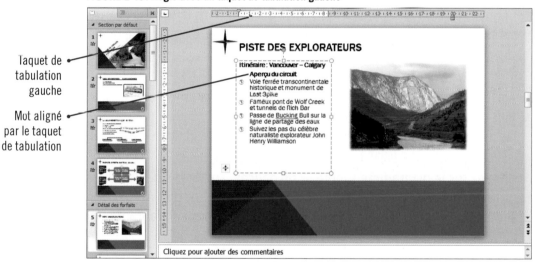

TABLEAU E-1 : Repères de retrait et de tabulation

Symbole	Nom	Fonction
▽	**Repère de retrait de première ligne**	Contrôle la position de la première ligne de texte dans un niveau de retrait.
△	**Repère de retrait négatif**	Contrôle la position du retrait négatif.
▭	**Repère de retrait à gauche**	Déplace simultanément les deux repères de retrait d'un niveau de retrait.
⌐	**Tabulation gauche**	Aligne le texte à gauche sous le taquet.
⊥	**Tabulation centrée**	Centre le texte sous le taquet.
⌐	**Tabulation droite**	Aligne le texte à droite sous le taquet.
⊥	**Tabulation décimale**	Aligne le texte sous le séparateur décimal.

Travailler avec les outils avancés et les masques

Ajuster les objets texte

Vous avez le contrôle complet sur la disposition du texte dans PowerPoint, que le texte soit dans une forme ou dans un objet texte. Tous les textes créés dans PowerPoint sont placés dans une zone de texte dont les **marges** définissent l'espace entre les extrémités du texte et les quatre côtés de la zone de texte. L'espacement entre les lignes de texte peut lui aussi être modifié. Il existe deux types d'espacement du texte : l'espacement du paragraphe et l'interligne. L'**espacement de paragraphe** est l'espace ajouté avant et après le paragraphe (ou niveau de puces). L'**interligne** est la quantité d'espace entre les lignes de texte à l'intérieur d'un même paragraphe. La fonction d'alignement du texte permet de déplacer le texte à l'intérieur des zones de texte ou des formes. Vous décidez de déplacer la marge du texte dans les formes de la diapositive 4 et de changer l'espacement des paragraphes de l'objet texte dans la diapositive 2.

ÉTAPES

1. **Cliquez sur la vignette de la diapositive 4 dans l'onglet Diapositives, cliquez avec le bouton droit dans une zone vide de la diapositive, puis cliquez sur Règle dans le menu contextuel.**

   La diapositive 4 apparait dans le volet Diapositive et les règles sont visibles.

2. **Cliquez avec le bouton droit dans la forme de diagramme supérieure de gauche, cliquez sur Format de l'image dans le menu contextuel, puis déplacez la boite de dialogue afin de voir la forme.**

   La boite de dialogue Format de l'image s'ouvre.

3. **Cliquez sur Zone de texte dans le volet gauche. Dans la section Marge intérieure, cliquez sur la flèche vers le haut de la zone Haut jusqu'à faire apparaitre la valeur 0,5 cm, puis cliquez sur Fermer.**

   Cette manœuvre ajuste la marge supérieure du texte vers le bas et centre le texte à l'intérieur de la forme.

4. **Ajustez les marges des trois autres formes de diagramme de façon à y centrer le texte, puis cliquez dans une zone vide de la diapositive.**

   Les formes de diagramme n'ont pas toutes besoin des mêmes ajustements à leurs marges. Comparez votre diapositive à celle de la figure E-16.

5. **Cliquez sur le diagramme supérieur de gauche, appuyez sur Maj, cliquez sur le diagramme inférieur de gauche, relâchez Maj, ouvrez l'onglet Accueil sur le Ruban, puis cliquez sur Aligner le texte à gauche ▤ dans le groupe Paragraphe.**

   Le texte dans les formes de diagramme de gauche est maintenant aligné à gauche, ce qui convient mieux.

6. **Cliquez sur le diagramme supérieur de droite, appuyez sur Maj, cliquez sur le diagramme inférieur de droite, relâchez Maj, puis cliquez sur Aligner le texte à droite ▤ dans le groupe Paragraphe.**

   Le texte dans les formes de diagramme de droite est maintenant aligné à droite, ce qui convient mieux.

7. **Cliquez sur la vignette de la diapositive 2, appuyez sur Maj, cliquez sur l'objet texte, relâchez Maj, cliquez sur Interligne ▤ dans le groupe Paragraphe, puis cliquez sur Options d'interligne.**

   La boite de dialogue Paragraphe s'ouvre.

8. **Dans la section Espacement, tapez 12 dans la zone de texte Avant, tapez 8 dans la zone Après, puis cliquez sur OK.**

   L'espace avant et après chaque ligne de texte de la diapositive 2 est augmenté. Comparez votre écran à celui de la figure E-17.

9. **Cliquez avec le bouton droit dans une zone vide de la diapositive, cliquez sur Règle pour fermer les règles, puis enregistrez les changements.**

FIGURE E-16 : Marge du texte modifiée dans la forme

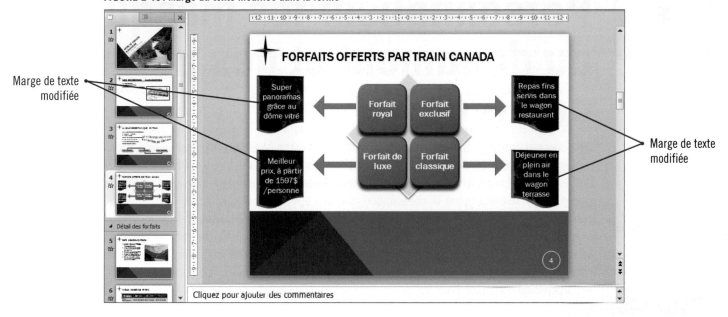

Marge de texte modifiée

Marge de texte modifiée

FIGURE E-17 : Diapositive avec interligne modifié

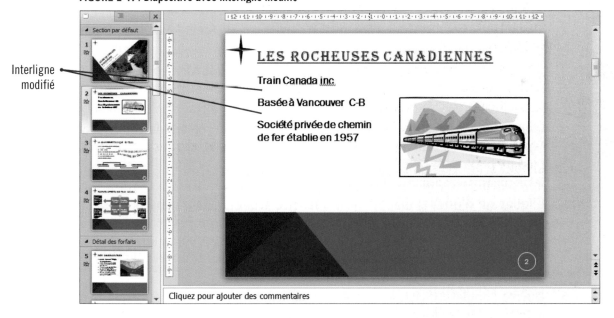

Interligne modifié

Changer l'orientation du texte

Le bouton Orientation du texte, qui se trouve dans le groupe Paragraphe de l'onglet Accueil, permet de changer la direction du texte situé dans un objet texte ou une forme. Quatre options d'orientation sont proposées : Horizontal, Faire pivoter tout le texte de 90°, Faire pivoter tout le texte de 2700° et Empilé. Dans PowerPoint, l'option *Horizontal* est l'orientation standard par défaut pour tous les textes. L'option *Faire pivoter tout le texte de 90°* imprime une rotation au texte qui fait alors face à la marge de droite d'un objet texte ou d'une forme. L'option Faire pivoter tout le texte de 270° fait pivoter le texte de telle sorte qu'il fait face à la marge de gauche d'un objet texte ou d'une forme. Enfin, l'option *Empiler* empile les lettre verticalement l'une au-dessus de l'autre.

Personnaliser les masques du document et des pages de notes

Il est souvent judicieux de fournir au public du matériel complémentaire à utiliser durant le visionnement d'une présentation. Créer des documents pour l'assistance donne aux participants un moyen de suivre et de prendre des notes durant la présentation et de les conserver. En tant que présentateur, les pages de notes auxquelles vous pouvez vous référer durant la présentation peuvent être extrêmement utiles, surtout si la présentation est complexe ou très détaillée. Avant de créer des documents et des pages de notes, vous pouvez les personnaliser en fonction de vos besoins particuliers. ▓▓▓▓ Vous prévoyez créer du matériel complémentaire que vous distribuerez lors de votre présentation. Vous personnalisez le masque du document en modifiant le nombre de diapositives par page et le style de l'arrière-plan. Vous changez ensuite le masque des pages de notes en modifiant la mise en page et l'orientation du papier. Pour terminer, vous imprimez l'ensemble des documents.

ÉTAPES

1. **Ouvrez l'onglet Affichage sur le Ruban, puis cliquez sur le bouton Masque du document dans le groupe Modes Masque.**

   Le masque du document de la présentation apparait et affiche une page contenant six grands espaces réservés vides représentant l'emplacement des diapositives sur le papier. Quatre espaces réservés plus petits représentant les emplacements de l'en-tête, de la date, du pied de page et du numéro de page sont affichés aux quatre coins de la page. Remarquez que l'espace réservé à la date contient la date du jour.

2. **Cliquez sur le bouton Styles d'arrière-plan dans le groupe Arrière-plan, puis cliquez sur Style 10.**

   Si vous utilisez une imprimante couleur, les documents auront un arrière-plan dégradé.

ASTUCE
Pour changer l'orientation des diapositives dans le document, cliquez sur le bouton Orientation des diapositives dans le groupe Mise en page.

3. **Cliquez sur le bouton Diapositives par page dans le groupe Mise en page, puis sélectionnez 3 diapositives.**

   Trois espaces réservés pour les diapositives apparaissent dans la partie gauche du document (figure E-18).

4. **Cliquez sur l'espace réservé à l'en-tête, faites glisser le curseur de zoom jusqu'à 100 %, tapez Circuits en train au Canada, appuyez sur [Pg Suiv], cliquez sur l'espace réservé au pied de page, puis tapez votre nom.**

   Les documents sont maintenant prêts à être imprimés.

5. **Cliquez sur Ajuster la diapositive à la fenêtre active ▨ dans la barre d'état, puis cliquez sur le bouton Désactiver le mode Masque dans le groupe Fermer.**

   Si, à cette étape, vous imprimez la présentation pour votre formateur, utilisez le réglage « 3 diapositives » dans la section Document du volet d'impression. Cette option imprime la présentation selon les paramètres que vous avez définis en mode Masque du document.

6. **Ouvrez l'onglet Affichage, puis cliquez sur le bouton Masque des pages de notes dans le groupe Modes Masque.**

   Le masque des pages de notes apparait et affiche quatre espaces réservés dans les coins, représentant l'en-tête, la date, le pied de page et le numéro de page. Il contient aussi un grand espace réservé au texte des notes et un grand espace réservé contenant le masque des diapositives.

7. **Cliquez sur le bouton Orientation de la page des notes dans le groupe Mise en page, puis cliquez sur Paysage.**

   L'orientation de la page passe au mode Paysage. Remarquez que tous les espaces réservés sont agrandis en fonction de la largeur de la page. Comparez votre écran à celui de la figure E-19.

8. **Cliquez sur le bouton Désactiver le mode Masque dans le groupe Fermer.**

   Si, à cette étape, vous imprimez la présentation pour votre formateur, utilisez le réglage « Page de commentaires » dans la section Mode Page du volet d'impression. Cette option imprime les pages de notes en mode Paysage.

9. **Enregistrez votre travail, puis quittez PowerPoint.**

Travailler avec les outils avancés et les masques

FIGURE E-18: Masque du document

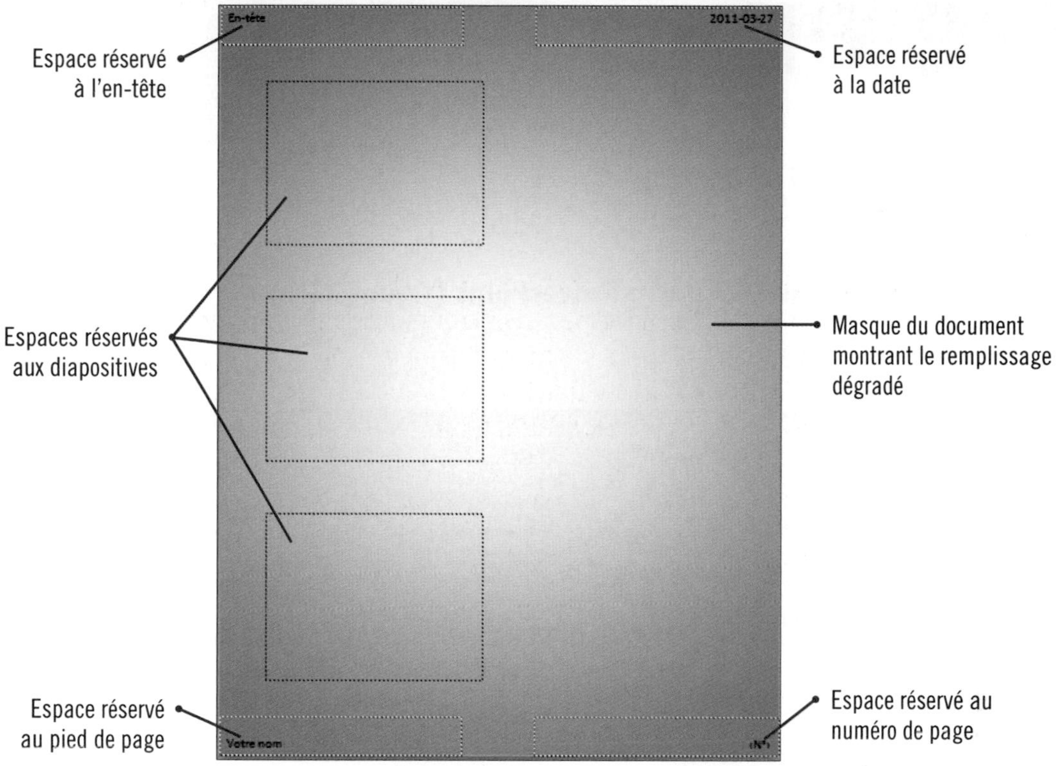

Espace réservé à l'en-tête

Espace réservé à la date

Espaces réservés aux diapositives

Masque du document montrant le remplissage dégradé

Espace réservé au pied de page

Espace réservé au numéro de page

En-tête

2011-03-27

Votre nom

‹N°›

FIGURE E-19: Masque des pages de notes

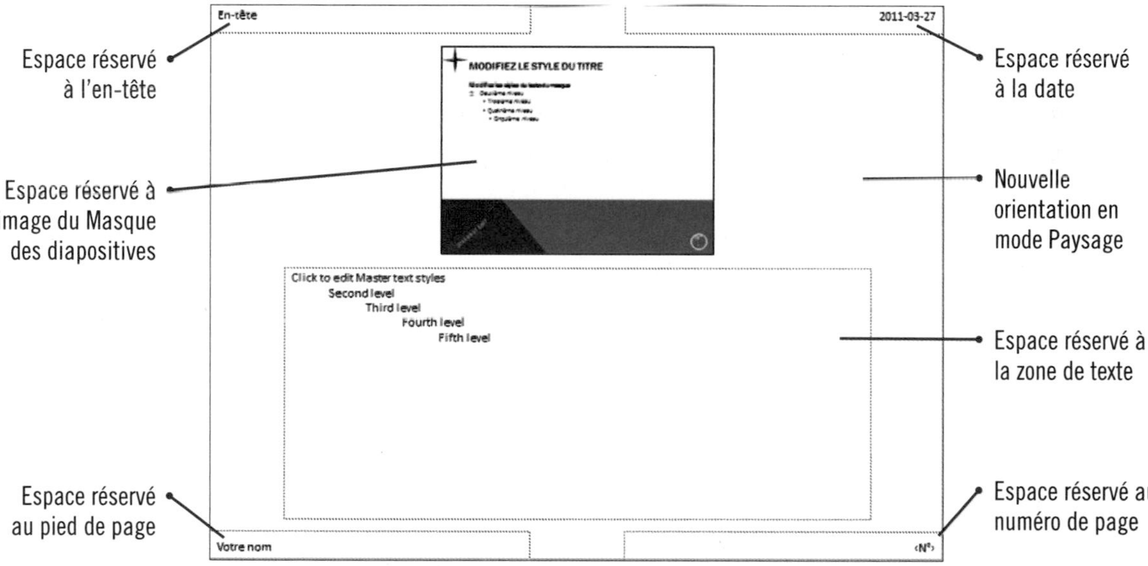

Espace réservé à l'en-tête

Espace réservé à la date

Espace réservé à l'image du Masque des diapositives

Nouvelle orientation en mode Paysage

Espace réservé à la zone de texte

Espace réservé au pied de page

Espace réservé au numéro de page

En-tête

2011-03-27

MODIFIEZ LE STYLE DU TITRE

Click to edit Master text styles
Second level
Third level
Fourth level
Fifth level

Votre nom

‹N°›

Créer des documents pour l'assistance dans Microsoft Word

Il est parfois plus pratique d'utiliser un traitement de texte comme Microsoft Word pour créer des documents ou des pages de commentaires détaillés. Vous pourriez aussi créer un document Word fondé sur le plan de votre présentation. Pour envoyer une présentation à Word, ouvrez l'onglet Fichier sur le Ruban, cliquez sur Enregistrer et envoyer, cliquez sur Créer des documents, puis cliquez sur le bouton Créer des documents. La boite de dialogue Envoyer vers Microsoft Word s'ouvre et présente les cinq options de disposition possibles. Deux dispositions comprennent les notes saisies dans le volet des commentaires d'une présentation. Choisissez une disposition, puis cliquez sur OK. Word s'ouvre et un nouveau document apparait contenant votre présentation dans la disposition choisie. Si vous voulez seulement envoyer le texte de la présentation à Word, cliquez sur la disposition Plan uniquement.

Mise en pratique

Révision des concepts

Identifiez chaque élément de la fenêtre PowerPoint (figure E-20).

FIGURE E-20

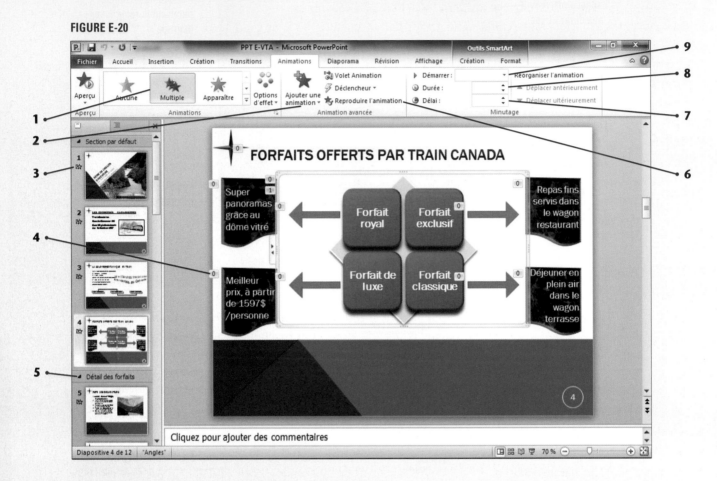

Associez chaque terme à sa description.

10. **Repère de retrait**
11. **Niveau de retrait**
12. **Tabulation**
13. **Espacement de paragraphe**
14. **Retrait négatif**
15. **Interligne**

a. Espacement après l'appui sur la touche [Entrée].

b. Espacement entre les lignes de texte.

c. Représente la position d'un texte sur la règle.

d. Niveau de texte d'un objet texte, commençant généralement par une puce.

e. Identifie l'endroit où commence le retrait du texte ou la colonne.

f. La première ligne de texte commence à la gauche des lignes suivantes.

Sélectionnez la meilleure réponse à chaque question.

16. Verrouiller _____ permet de dessiner la même forme à de nombreuses reprises.
    a. une forme de connecteur
    b. le bouton Formes
    c. le mode Dessin
    d. le pointeur de dessin

17. Les poignées d'ajustement sur une ligne de connexion :
    a. modifient la trajectoire de la ligne.
    b. ajustent l'aspect le plus marquant de la ligne.
    c. changent la taille de la ligne.
    d. permettent de retirer une ligne du point de connexion.

18. Laquelle des affirmations suivantes à propos des connecteurs est *fausse* ?
    a. Le connecteur linéaire dispose d'une poignée d'ajustement en son milieu pour ajuster la trajectoire du connecteur.
    b. Vous pouvez ancrer un connecteur à différents points d'une forme.
    c. Un connecteur est muni de poignées rouges qui s'attachent aux points de connexion d'une forme.
    d. Réorganiser les formes reliées par des connecteurs déplace les connecteurs vers de meilleurs points de connexion.

19. Comment appelle-t-on les petits triangles et le rectangle représentant la position d'un niveau de retrait dans un espace réservé au texte ?
    a. Les repères de retrait
    b. Les taquets de tabulation
    c. Les marques de règle
    d. Les niveaux de retrait

20. Dans PowerPoint, les tabulations
    a. déterminent l'emplacement des marges.
    b. déterminent l'espacement entre les lignes de texte.
    c. indiquent l'endroit où commence un retrait de texte.
    d. ne peuvent être que centrées ou alignées à gauche.

21. L'option de minutage Démarrer : _____ permet d'exécuter plus d'une animation en même temps.
    a. Avant la précédente
    b. Avec la précédente
    c. Au clic
    d. Après la précédente

Révision des techniques

1. **Dessiner et mettre en forme des connecteurs.**
   a. Ouvrez le fichier PPT E-2.pptx de votre dossier Projets et enregistrez-le sous le nom **PPT E-Rapport général**.
   b. Activez la diapositive 4, cliquez sur le bouton Formes du groupe Dessin, cliquez avec le bouton droit sur le connecteur en angle avec flèche, puis cliquez sur Mode Verrouillage du dessin.
   c. Placez le pointeur sur le point de connexion gauche de la forme Usine, puis faites-le glisser vers le connecteur supérieur de la forme Entrepôt régional.
   d. Placez le pointeur sur le point de connexion droit de la forme Usine, puis faites-le glisser vers le connecteur supérieur de la forme Magasins locaux, puis appuyez sur [Échap].
   e. Cliquez sur le bouton Formes, cliquez sur Trait (1ʳᵉ rangée), placez le pointeur sur le point de connexion droit de la forme Entrepôt régional, puis faites-le glisser vers le point de connexion gauche de la forme Magasins locaux.
   f. Cliquez sur le bouton Sélectionner dans le groupe Modification, cliquez sur Volet Sélection, enfoncez et maintenez la touche [Ctrl], cliquez sur Connecteur en angle 10, cliquez sur Connecteur en angle 6, relâchez [Ctrl], puis cliquez sur le bouton Fermer du volet de tâche Sélection et visibilité.
   g. Cliquez avec le bouton droit sur un des connecteurs, cliquez sur Format de la forme, appliquez une largeur de 2 points aux connecteurs et changez la couleur du trait à Trait plein, Noir. Cliquez sur Fermer puis désélectionnez les objets.
   h. Cliquez du bouton droit sur le connecteur reliant la forme Entrepôt régional à la forme Magasins locaux, cliquez sur Format de la forme, déroulez la liste de l'option Type de tiret, cliquez sur Tiret-point, puis cliquez sur Fermer.
   i. Enregistrez la présentation.

2. **Utiliser les outils avancés de mise en forme.**
   a. Allez à la diapositive 1, cliquez avec le bouton droit sur la forme au milieu de la diapositive, puis cliquez sur Format de la forme.
   b. Cliquez sur le bouton d'option Remplissage dégradé, déroulez la liste Couleurs prédéfinies et choisissez Or.
   c. Cliquez sur Style de trait dans le volet gauche, puis augmentez l'option Largeur à 3 pt.
   d. Cliquez sur Ombre dans le volet gauche, déroulez la liste Présélections, choisissez Décalage vers le bas, augmentez Distance à 8 pt, puis cliquez sur Fermer.

e. Cliquez sur le bouton Couleur de police dans le groupe Police, puis sélectionnez Noir, Texte 1.

f. Double-cliquez sur le bouton Reproduire la mise en forme dans le groupe Presse-papiers, allez à la diapositive 4, appliquez les styles copiés à chacun des losanges, appuyez sur [Échap], puis enregistrez les modifications.

3. Personnaliser les effets d'animation.

a. Cliquez sur l'onglet Animations, cliquez sur la forme Usine, cliquez sur le bouton Autres dans le groupe Animations, puis cliquez sur Forme dans la section Ouverture.

b. Cliquez sur le bouton Options d'effet dans le groupe Animations, puis cliquez sur Losange.

c. Sélectionnez le connecteur à angle avec flèche de gauche, cliquez sur le bouton Autres dans le groupe Animations, cliquez sur Autres effets d'entrée, appliquez l'animation Bandes, puis cliquez sur la flèche vers le haut de la commande Durée jusqu'à voir 1,00.

d. Cliquez sur le bouton Reproduire l'animation, puis cliquez sur le connecteur à angle avec flèche de droite.

e. Cliquez sur le bouton Options d'effet dans le groupe Animations, cliquez sur De droite vers le bas, puis cliquez sur le bouton Aperçu.

f. Sélectionnez la forme Entrepôt régional, ajoutez l'animation Forme, puis appliquez l'option d'effet Losange.

g. Utilisez l'outil Reproduire l'animation pour appliquer la même animation à la forme Magasins locaux, puis cliquez sur le bouton Aperçu.

h. Cliquez sur le bouton Volet Animation dans le groupe Animation avancée, cliquez sur 4 Losange 3 dans la liste, cliquez sur la flèche vers le haut de la fonction Réorganiser, puis cliquez sur Lecture dans le Volet Animation.

i. Sélectionnez le connecteur pointillé, cliquez sur le bouton Autres dans le groupe Animations, cliquez sur Autres effets d'entrée, cliquez sur Balayer, cliquez sur OK, puis changez les options d'effet à À partir de la droite.

j. Cliquez sur le bouton Ajouter une animation, cliquez sur Balayer, remplacez l'option d'effet par À partir de la gauche, puis cliquez sur Lecture dans le Volet Animation.

k. Cliquez sur 2 Connecteur en angle dans le Volet Animation, appuyez sur Maj, cliquez sur 2 Connecteur droit 12 dans la liste des animations, relâchez Maj, cliquez sur la flèche de liste de l'option Démarrer dans le groupe Minutage, puis cliquez sur Après la précédente.

l. Fermez le volet de tâche Animation, affichez l'aperçu de vos animations, puis enregistrez vos modifications.

4. Créer des dispositions personnalisées.

a. Passez en mode Masque des diapositives, puis cliquez sur la dernière disposition dans le volet de gauche.

b. Affichez la règle et les repères de dessin, puis insérez une nouvelle disposition.

c. Insérez un espace réservé à un média (option Support) de 7,5 cm carrés, déplacez le repère de dessin vertical vers la gauche à 10,40, montez le repère horizontal jusqu'à 2,50, puis déplacez l'espace réservé à un média à l'intersection des repères.

d. Déplacez le repère de dessin vertical à droite vers 0,00, ajoutez un espace réservé à un tableau de 10 cm x 7,5 cm, puis déplacez l'espace réservé à l'intersection des repères.

e. Nommez la disposition personnalisée **Média et tableau**, désactivez les guides, puis enregistrez votre travail.

5. Mettre en forme le texte du masque.

a. Cliquez sur la vignette Grille Masque des diapositives dans le volet de gauche, puis mettez en gras le texte du premier niveau de retrait dans l'espace réservé au texte à puces.

b. Remplacez le symbole de puce de premier niveau par le caractère Wingdings Livre ouvert (code 38).

c. Utilisez la boite de dialogue Puces et numéros pour réduire la taille de la puce à 75 % du texte.

d. Changez la couleur de puce à Noir (Automatique).

e. Changez la couleur du symbole de puce du deuxième niveau par la couleur de thème Brun tanné, Accentuation1, puis enregistrez les modifications.

6. Modifier les retraits de texte du masque.

a. Déplacez le repère de retrait négatif de la puce de premier niveau à 1,25 cm sur la règle et le repère de retrait gauche de la puce de deuxième niveau comme le montre la figure E-21.

b. Masquez les règles, passez au mode Normal, allez à la diapositive 2 puis enregistrez la présentation.

FIGURE E-21

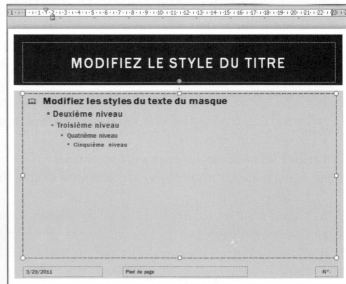

Révision des techniques (suite)

7. Ajuster les objets texte

FIGURE E-22

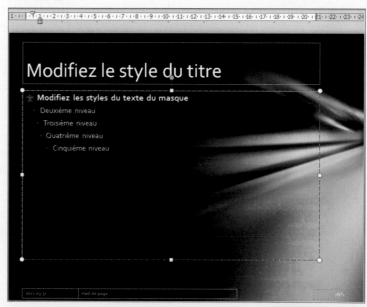

a. Appuyez sur [Maj], cliquez avec le bouton droit n'importe où dans l'objet texte de la diapositive 2, puis sélectionnez Format de la forme dans le menu contextuel.

b. Cliquez sur Zone de texte dans le volet gauche, puis changez l'alignement vertical du texte à Centré par le haut.

c. Définissez les marges intérieures gauche et droite à 1,2 cm.

d. Cochez la case Ajuster la forme au texte, puis cliquez sur Fermer. La figure E-22 montre la présentation terminée.

e. Enregistrez les changements.

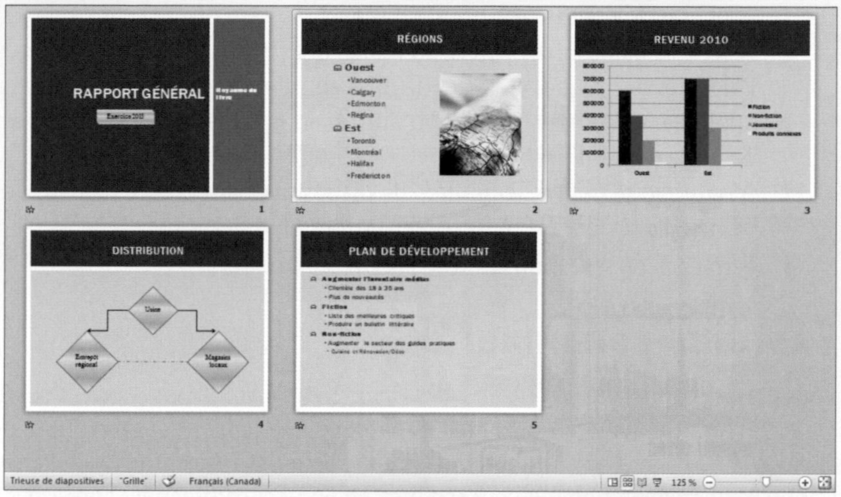

8. Personnaliser les masques du document et des pages de notes.

a. Activez le mode Masque du document.

b. Changez le nombre de diapositives par page à 4 diapositives, puis changez l'orientation du document à Paysage.

c. Dans l'espace réservé à l'en-tête, tapez **Le Royaume du livre**, puis tapez **Votre nom** dans l'espace réservé au pied de page.

d. Fermez le mode Masque du document et passez au mode Masque des pages de notes.

e. Changez le style de l'arrière-plan à Style 9, tapez **Rapport annuel** dans l'espace réservé à l'en-tête, puis tapez votre nom dans l'espace réservé au pied de page.

f. Fermez le mode Masque des pages de notes, vérifiez l'orthographe, et enregistrez les changements. Si vous imprimez la présentation, imprimez-la sous forme de document à 2 diapositives par page.

g. Fermez le fichier et quittez PowerPoint.

Exercice personnel 1

Vous travaillez chez Disques gateWAY, une maison d'édition musicale en pleine croissance spécialisée en musique alternative et en hip hop. Votre travail consiste à rechercher du capital pour développer le marché et augmenter le chiffre d'affaires. Vous avez la responsabilité de créer une présentation destinée à des investisseurs potentiels. Le contenu de la présentation est terminé et vous êtes prêt à ajouter des animations personnalisées et à peaufiner le texte du Masque des diapositives.

FIGURE E-23

a. Ouvrez le fichier PPT E-3.pptx de votre dossier Projets et enregistrez-le sous le nom **PPT E-gateWAY**.

b. Visionnez le diaporama de la présentation en mode Lecture.

c. Affichez le Masque des diapositives, cliquez sur la vignette Mylar Masque des diapositives, puis mettez en gras le texte du premier niveau de retrait.

d. Ajoutez une puce au premier niveau de retrait. Appliquez le caractère de code 34 de la police Webdings et réglez sa taille à 90 % du texte.

e. Ajustez les repères du deuxième niveau de retrait tel qu'illustré dans la figure E-23.

Exercice personnel 1 (suite)

f. Convertissez le texte de la diapositive 4 en graphique SmartArt ayant la disposition Liste de blocs verticale, puis appliquez le style SmartArt Effet discret.

g. Activez la diapositive 6, créez au moins deux formes reliées par des connecteurs et mettez en forme tous les objets à l'aide des techniques évoluées de mise en forme apprises dans ce module.

h. Appliquez des effets d'animation aux objets et au texte sur au moins trois diapositives. Cela fait, affichez le diaporama de votre présentation.

i. Ajoutez votre nom et le numéro de diapositive dans le pied de page des diapositives (sauf sur la diapositive titre), vérifiez l'orthographe, puis enregistrez les modifications.

j. Fermez la présentation et quittez PowerPoint.

Exercice personnel 2

Vous êtes le propriétaire de CUISINE des Deux Anges à Voiron en France. Vous avez bâti votre affaire au cours des cinq dernières années en offrant des services de traiteur pour des fêtes privées, des réceptions de mariage et des événements spéciaux. Pour étendre votre clientèle, vous décidez d'attaquer le marché des entreprises et des événements officiels. Utilisez PowerPoint pour élaborer une présentation qui vous servira à obtenir des commandes auprès des entreprises privées.

a. Ouvrez la présentation PPT E-4.pptx de votre dossier Projets et enregistrez-la sous le nom **PPT E-Traiteur**.

b. Affichez le masque des diapositives, puis cliquez sur la vignette Papier Masque des diapositives. Remplacez la police de thème par Vagues, puis changez la puce de premier niveau de retrait en une flèche ayant 90 % de la taille du texte.

c. Ajustez le repère de retrait du premier niveau de retrait de sorte qu'il y ait un espacement de 0,3 cm entre la puce fléchée et le texte.

d. Recherchez dans les cliparts de PowerPoint et ajoutez une image d'ange dans le masque des diapositives. Mettez l'image en forme au besoin.

e. Reliez les formes de la diapositive 4 par un connecteur en angle avec deux flèches. Appliquez-lui un trait Point carré, noir de 3 pts.

f. Changez à 0 la marge intérieure gauche de chaque forme de la diapositive 4.

g. Allez à la diapositive 2 et changez l'espacement entre les lignes de l'objet texte à 3 pt Avant et 6 pt Après

h. Créez une nouvelle disposition de diapositive utilisant au moins deux espaces réservés différents, puis donnez-lui le nom **Personnel_1**.

i. Affichez la présentation en mode Lecture, puis ajoutez votre nom et le numéro de diapositive dans le pied de page des diapositives (sauf la diapositive de titre).

Difficultés supplémentaires

- Allez à la diapositive 5 et sélectionnez l'objet de texte à puces.
- Ouvrez l'onglet Accueil sur le Ruban, puis cliquez sur le bouton Colonnes dans le groupe Paragraphe.
- Cliquez sur Deux colonnes, cliquez de nouveau sur le bouton Colonnes, puis sélectionnez Autres colonnes.
- Cliquez sur la flèche vers le haut de la zone Espacement jusqu'à ce que 0,7 cm apparaisse, puis cliquez sur OK.
- Enregistrez la présentation sous le nom **PPT E-Traiteur défi** dans votre dossier Projets.

j. Vérifiez l'orthographe et enregistrez votre travail.

k. Fermez le fichier et quittez PowerPoint.

Exercice personnel 3

Vous êtes concepteur de jeux électroniques pour La Zone, un développeur de jeux interactifs sur Internet. Une de vos responsabilités est de préparer de nouveaux concepts de jeux et de les présenter à une réunion de la société. Terminez la présentation fournie, qui propose deux nouveaux concepts de jeux développés par l'entreprise. Utilisez les idées suivantes ou créez deux concepts de votre cru.

- *Forces armées* est un jeu interactif ayant pour thème la Deuxième guerre mondiale et dans lequel vous jouez le rôle d'un espion qui remplit des missions derrière les lignes ennemies. Vous avez le choix de jouer avec et contre d'autres joueurs en ligne pour atteindre un des six objectifs proposés.
- *L'Ordre des chevaliers* est un jeu d'action/aventure médiévale dans lequel le joueur est un mercenaire qui doit combattre les forces ennemies pour sauver des royaumes de la destruction.

Exercice personnel 3 (suite)

a. Ouvrez le fichier PPT E-5.pptx de votre dossier Projets et enregistrez-le sous le nom **PPT E-Zone**. Si vous avez choisi de développer vos propres idées, faites-en le plan, puis créez une nouvelle présentation contenant au moins six diapositives. Que voulez-vous faire connaitre à votre public au sujet de votre idée de produit ?

b. Appliquez un thème adéquat à la présentation. Modifiez-le si nécessaire, par exemple en changeant les objets de l'arrière-plan, la police de thème, la couleur de thème ou les effets.

c. Utilisez des images clipart, des photos, des formes et autres objets nécessaires pour rendre la présentation attrayante.

d. Modifiez n'importe quel texte et ajoutez toute information utile pour créer une présentation professionnelle.

e. Mettez en forme les espaces réservés au texte et au titre dans le masque des diapositives pour les adapter au sujet. Changez la puce du premier niveau de retrait dans l'espace réservé au texte du masque.

f. Créez une disposition de diapositive personnalisée, nommez-la **Concept**, appliquez-la à au moins une diapositive de votre présentation.

g. Changez l'orientation de la page dans le Masque des pages de notes à Paysage, ajoutez votre nom au pied de page des documents et des pages de notes, puis enregistrez la présentation.

h. Visionnez le diaporama, vérifiez l'orthographe, puis enregistrez le fichier.

Difficultés supplémentaires

- Ouvrez l'onglet Fichier, cliquez sur Enregistrer et envoyer, puis cliquez sur le bouton Créer des documents.
- Cliquez sur le bouton d'option Lignes de prise de notes sous les diapositives, puis cliquez sur OK.
- Enregistrez le document sous le nom **PPT E-Zone documents** dans votre dossier Projets.
- Fermez le document et quittez Word.

i. Fermez la présentation et quittez PowerPoint.

Défi

Vous travaillez pour le directeur du Syndicat des étudiants de votre université. Vous avez travaillé sur une présentation qui sera finalement publiée sur le site web de l'université et qui décrit tous les services offerts par le Syndicat. Terminez la présentation en travaillant sur les masques et les effets d'animation.

a. Ouvrez le fichier PPT E-6.pptx de votre dossier Projets et enregistrez-le sous le nom **PPT E-Syndicat**.

b. Appliquez des effets d'animation à au moins quatre des objets de la présentation. Personnalisez les paramètres des animations au besoin.

c. Créez une disposition de diapositive personnalisée et appliquez-la à une diapositive de votre présentation.

d. Mettez en forme les puces et le texte des espaces réservés dans le Masque des diapositives pour les adapter au sujet.

e. Modifiez les retraits et le texte dans le masque des diapositives.

f. Changez l'orientation de la page dans le masque du document à Paysage, ajoutez votre nom au pied de page des documents et des pages de notes, puis enregistrez la présentation.

g. Ajustez l'alignement et l'interligne d'au moins un objet texte.

h. Vérifiez l'orthographe et visionnez le diaporama.

i. Fermez le fichier et quittez PowerPoint.

Atelier visuel

Créez une présentation avec une diapositive semblable à la figure E-24. Insérez des connecteurs. Utilisez les fonctions offertes dans l'onglet Format des Outils de dessin et, plus particulièrement, le bouton Contour de forme pour personnaliser les traits de connexion. Ajoutez votre nom dans le pied de page du document, puis enregistrez la présentation sous le nom **PPT E-Développement** dans votre dossier Projets. Quittez PowerPoint.

FIGURE E-24

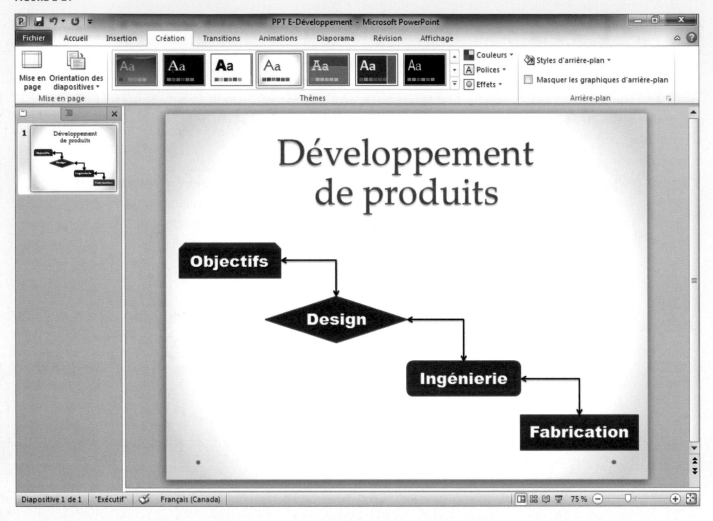

Améliorer les graphiques

Une présentation PowerPoint est d'abord et avant tout un outil de communication visuelle. Les informations fournies par des diapositives contenant des graphismes judicieux ont un plus grand impact que celles ne comportant que du texte. Le meilleur moyen de présenter des données numériques est le graphique. Les données numériques peuvent être présentées par des histogrammes, des barres, des lignes ou des secteurs. Le genre de données à représenter doit être pris en compte lors du choix du type de graphique. Par exemple, un graphique en secteurs convient pour représenter l'importance de chaque élément d'une seule série de données par rapport à l'ensemble des éléments alors qu'un histogramme représente mieux l'évolution de données dans le temps et permet de comparer des points de données. Dans ce module, vous continuez à travailler sur la présentation de VTA qui comporte des graphiques. Vous personnalisez la disposition du graphique, vous mettez en forme ses éléments et vous l'animez. Pour terminer, vous incorporez un graphique Excel et liez une feuille de calcul Excel à la présentation.

OBJECTIFS

Travailler avec des graphiques dans PowerPoint

Modifier la conception et le style d'un graphique

Personnaliser la disposition d'un graphique

Mettre en forme les éléments d'un graphique

Animer un graphique

Incorporer un graphique Excel

Lier une feuille de calcul Excel

Mettre à jour une feuille de calcul liée

Travailler avec des graphiques dans PowerPoint

Une des meilleures façons d'améliorer une présentation consiste à lui ajouter des objets visuels tel un graphique. Un graphique aide l'audience à visualiser et à comprendre des données numériques que vous voulez comparer. Excel étant complètement intégré à PowerPoint, il est donc facile de créer des graphiques extraordinaires dans les diapositives d'une présentation. ▓▓▓▓▓ Le développement de la présentation de VTA vous amène à inclure des graphiques dans plusieurs diapositives. Vous examinez les caractéristiques et les avantages des graphiques et les méthodes de traçage dans PowerPoint.

DÉTAILS

ASTUCE

Si vous ouvrez une présentation contenant un graphique créé avec Microsoft Graph, PowerPoint le reconnait et vous permet de l'ouvrir et de le modifier avec Excel.

- **Créer des graphiques en utilisant Excel depuis PowerPoint**

  Si Microsoft Office 2010 est installé sur votre ordinateur, PowerPoint utilise par défaut Excel pour créer des graphiques. Lorsque vous créez un graphique avec le bouton Graphique, un exemple de graphique est placé dans la diapositive et une fenêtre Excel distincte affichant les données du graphique dans une feuille s'ouvre à côté de la fenêtre PowerPoint. L'affichage simultané des deux fenêtres vous permet de travailler avec les données dans Excel et de visualiser les modifications au graphique dans la fenêtre PowerPoint (figure F-1). Si Excel n'est pas installé, Microsoft Graph s'ouvre et affiche un graphique et une feuille de données dans laquelle vous pouvez saisir vos propres données.

- **Incorporer ou lier un graphique**

  Au moment d'insérer un graphique Excel dans une présentation, deux choix s'offrent à vous : vous pouvez soit l'incorporer, soit le lier. Un **graphique incorporé** est un objet créé dans un autre programme et inséré dans une diapositive. Il devient partie intégrante de la présentation au même titre qu'une photographie ou une image clipart. Les données du graphique incorporé sont stockées dans une feuille Excel qui est intégrée au fichier de la présentation. Vous pouvez incorporer un graphique dans PowerPoint avec le bouton Graphique de l'onglet Insertion ou en copiant un graphique dans Excel et en le collant dans une diapositive. Un **graphique lié** est également créé dans un autre programme, mais il est enregistré dans un fichier distinct et non avec la présentation. Pour apporter des modifications à un graphique Excel lié, vous devez absolument ouvrir le fichier Excel qui contient ce graphique.

ASTUCE

Un modèle de graphique n'enregistre pas le thème ou le style, mais seulement le type de graphique.

- **Modifier des graphiques avec des styles et des dispositions**

  Les thèmes et les effets de thème étant identiques dans tous les programmes Office, vous pouvez appliquer un thème ou un effet précis à un graphique dans Excel et PowerPoint le reconnaitra. L'emploi de thèmes et d'effets harmonise votre graphique aux autres objets de votre présentation. Vous gardez toutefois la possibilité d'ajuster des éléments individuels de ce graphique, comme les séries de données ou la légende. De plus, de nombreuses dispositions peuvent être appliquées à votre graphique. Une disposition de graphique précise l'emplacement des éléments du graphique (titres des axes, étiquettes de données et légende) dans la zone de traçage. Il ne vous est pas possible de créer vos propres dispositions et styles, mais vous pouvez créer un modèle d'un graphique personnalisé et l'appliquer plus tard à un autre graphique.

ASTUCE

Si Excel 2010 n'est pas installé sur votre ordinateur, vous ne pouvez utiliser aucune des fonctions avancées de graphique de Microsoft Office 2010.

- **Appliquer des mises en forme avancées aux graphiques**

  Si les styles prédéfinis ne vous donnent pas les options de mise en forme voulue, vous avez la possibilité de modifier des éléments individuels. Vous pourriez, par exemple, modifier l'aspect des étiquettes de données ou l'affichage des axes. Vous pouvez définir les échelles des axes et ajuster l'intervalle entre les valeurs ou les catégories. Vous pouvez aussi ajouter des courbes de tendance et des barres d'erreur pour mieux renseigner les données. Une **courbe de tendance** est une représentation graphique de l'évolution positive ou négative d'une série de données et peut aussi servir à prévoir des tendances futures. Les **barres d'erreur** identifient les montants erronés possibles par rapport à chaque marqueur de données d'une série. La figure F-2 présente quelques mises en forme avancées.

Améliorer les graphiques

FIGURE F-1 : Fenêtres Excel et PowerPoint ouvertes

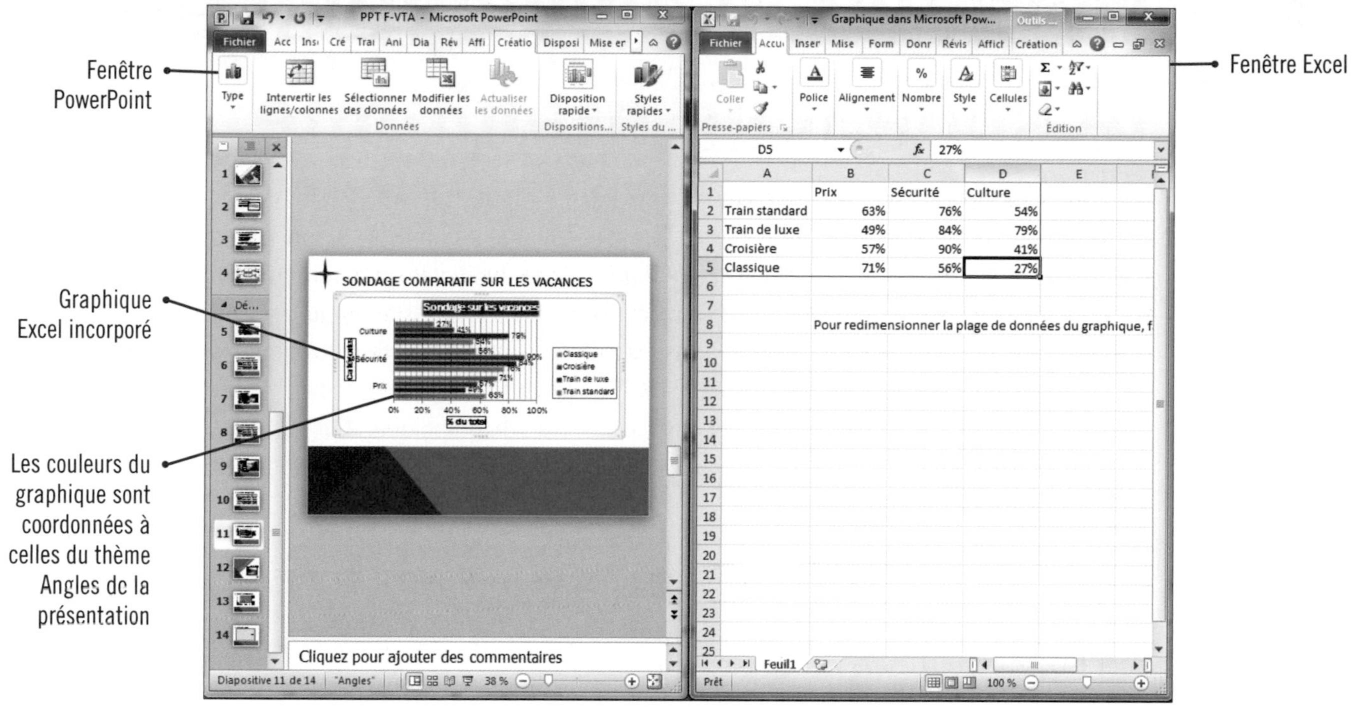

Fenêtre PowerPoint

Graphique Excel incorporé

Les couleurs du graphique sont coordonnées à celles du thème Angles de la présentation

Fenêtre Excel

FIGURE F-2 : Graphique mis en forme

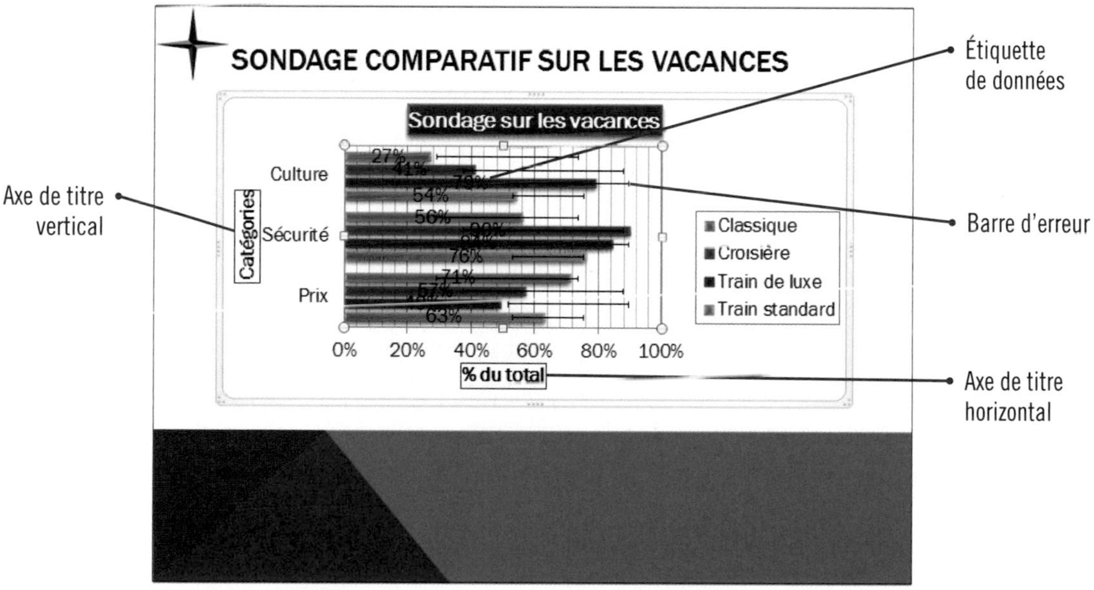

Étiquette de données

Axe de titre vertical

Barre d'erreur

Axe de titre horizontal

Changer la mise en page et l'orientation des diapositives

Lorsque vous devez personnaliser la taille et l'orientation des diapositives de votre présentation, vous pouvez utiliser les commandes du groupe Mise en page de l'onglet Création. Cliquez sur le bouton Mise en page pour ouvrir la boite de dialogue Mise en page dans laquelle vous pouvez changer la largeur et la hauteur des diapositives au moyen de 12 paramètres différents, dont Affichage à l'écran, Format US, Diapositives 35 mm et Bannière. Vous pouvez également définir une taille de diapositive personnalisée en déterminant vous-même la hauteur et la largeur des diapositives. Si la présentation aurait meilleure allure en mode Portrait plutôt que Paysage, vous pouvez définir l'orientation des diapositives dans la boite de dialogue Mise en page en cliquant sur le bouton d'option Orientation dans la section Diapositives. Le paramètre d'orientation des diapositives est distinct de celui des pages de note, documents et plans. Pour changer l'orientation des diapositives depuis le Ruban, cliquez sur le bouton Orientation des diapositives dans le groupe Mise en page de l'onglet Création.

Améliorer les graphiques

Modifier la conception et le style d'un graphique

La possibilité d'utiliser Excel pour créer des graphiques dans PowerPoint présente de nombreux avantages dont la capacité de mettre les graphiques en forme en utilisant les outils de graphiques d'Excel pour personnaliser leur conception, leur disposition et leur format. Après avoir créé un graphique, vous pouvez immédiatement en changer l'apparence en modifiant ses éléments individuels ou en lui appliquant une disposition ou un style prédéfini. Par exemple, vous pouvez sélectionner une disposition qui ajoute un titre de graphique et déplace la légende au bas du graphique. Vous pouvez aussi modifier la couleur et les effets des éléments du graphique en appliquant un des styles de la galerie Styles du graphique. Le graphique des résultats du sondage sur la diapositive 11 doit être amélioré. Vous en modifiez la disposition, le type et le style.

ÉTAPES

1. **Démarrez PowerPoint, ouvrez le fichier PPT F-1.pptx situé dans votre dossier Projets, enregistrez la présentation sous le nom PPT F-VTA, puis cliquez sur la vignette de la diapositive 11 dans le volet Diapositives.**
   La diapositive 11 apparait dans le volet Diapositives.

2. **Cliquez sur le graphique, puis ouvrez l'onglet Création des Outils de graphique sur le Ruban.**
   Le graphique est sélectionné et prêt à être modifié.

3. **Cliquez sur Autres ⊡ dans le groupe Dispositions du graphique, puis cliquez sur Mise en forme 9 dans la galerie.**
   Cette disposition ajoute un titre de graphique et des titres aux axes des valeurs et des catégories (figure F-3).

4. **Cliquez sur Titre du graphique, tapez Sondage sur les vacances, cliquez sur le titre de l'axe vertical (Valeur), tapez % du total, cliquez sur le titre de l'axe horizontal (Catégorie), tapez Catégories, puis cliquez dans une zone vide du graphique.**
   Les nouvelles étiquettes contribuent à identifier des aspects du graphique.

5. **Cliquez sur Autres ⊡ dans le groupe Styles du graphique, puis cliquez sur Style 18.**
   L'option Style 18 enlève une partie de l'ombre et des couleurs foncées afin de faciliter la lecture du graphique. Ce nouveau style ajoute également un contour pâle aux marqueurs de séries de données afin d'accentuer le contraste entre les marqueurs.

6. **Cliquez sur le bouton Modifier le type de graphique dans le groupe Type.**
   La boite de dialogue Modifier le type de graphique apparait.

7. **Cliquez sur Barres dans le volet gauche, vérifiez que Barres groupées est sélectionné, puis cliquez sur OK.**
   Les marqueurs de séries de données sont maintenant sous forme de barres plutôt que de colonnes et sont pivotés de 90 degrés. Remarquez aussi que les axes des valeurs et des catégories ont changé de place. Comparez votre écran à celui de la figure F-4.

8. **Cliquez dans un espace vide de la diapositive, puis enregistrez votre travail.**

FIGURE F-3 : Nouvelle disposition du graphique

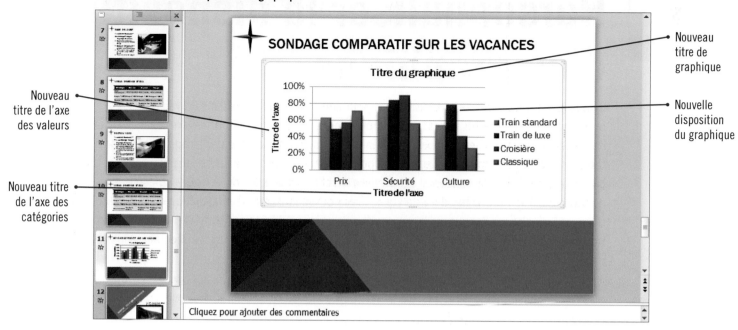

Nouveau titre de graphique

Nouvelle disposition du graphique

Nouveau titre de l'axe des valeurs

Nouveau titre de l'axe des catégories

FIGURE F-4 : Graphique montrant un nouveau style et de nouvelles étiquettes d'axes

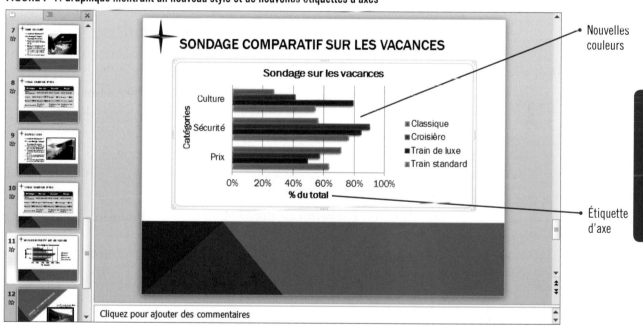

Nouvelles couleurs

Étiquette d'axe

Enregistrer un graphique comme modèle

Si vous voulez réutiliser un graphique personnalisé, vous pouvez l'enregistrer comme modèle (*.crtx) dans le dossier des modèles de graphique. Un modèle de graphique stocke la mise en forme et la disposition d'un graphique. Ensuite, au lieu de recréer le type de graphique, vous appliquez simplement ce modèle à un graphique existant ou en créez un nouveau fondé sur ce modèle. Pour enregistrer un graphique comme modèle, sélectionnez le graphique voulu, puis cliquez sur le bouton Enregistrer comme modèle dans le groupe Type de l'onglet Création des Outils de graphique. Pour appliquer un modèle à un graphique existant, cliquez sur le bouton Modifier le type de graphique dans le groupe Type, cliquez sur Modèles, puis cliquez sur le modèle.

Personnaliser la disposition d'un graphique

Un des nombreux avantages à utiliser Excel pour créer des graphiques dans PowerPoint est la possibilité de personnaliser les éléments du graphique, tels que les étiquettes de données, les axes, les quadrillages et l'arrière-plan. Vous pouvez, par exemple, changer la couleur de la zone de traçage de manière à mieux faire ressortir les marqueurs de données, ou vous pouvez ajouter des quadrillages à un graphique. Les quadrillages, qui s'étendent de l'axe horizontal ou de l'axe vertical sur la zone de traçage, améliorent la lisibilité des données dans le graphique. Il existe deux sortes de quadrillage. Le **quadrillage principal** identifie les unités principales sur l'axe et ses lignes sont habituellement identifiées par des **marques de graduation**, qui sont de petites lignes de mesure à l'intersection des axes qui servent à identifier les catégories, les valeurs ou les séries dans un graphique. Le **quadrillage secondaire** désigne les unités secondaires de l'axe et peut aussi porter des marques de graduation. Vous décidez d'améliorer l'apparence du graphique des résultats en personnalisant certains éléments du graphique.

ÉTAPES

1. **Cliquez sur le graphique, ouvrez l'onglet Disposition des Outils de graphique sur le Ruban, puis cliquez sur le bouton Quadrillage du groupe Axes.**

   Le menu Quadrillage apparait. Le graphique comporte déjà un quadrillage vertical principal.

2. **Pointez Quadrillage vertical principal, puis cliquez sur Quadrillage principal et secondaire.**

   Un quadrillage secondaire est ajouté (figure F-5). Le quadrillage principal est d'une couleur plus sombre que le quadrillage secondaire et est identifié par des marques de graduations à chaque unité de valeur sur l'axe.

3. **Cliquez sur le bouton Table de données dans le groupe Étiquettes, puis cliquez sur Afficher la table de données avec les symboles de légendes.**

   Vous aimez voir les données affichées dans la table de données car elles aident à définir les marqueurs de données. Toutefois, la table occupe trop d'espace et réduit la taille du graphique au point de le rendre illisible.

4. **Cliquez sur le bouton Table de données dans le groupe Étiquettes, cliquez sur Aucune, cliquez sur le bouton Étiquettes de données du même groupe, puis cliquez sur Centrer.**

   La table de données se ferme et les valeurs apparaissent au centre des barres. Les étiquettes de données sont un peu difficiles à lire ainsi.

5. **Cliquez sur le bouton Étiquettes de données du groupe Étiquettes, puis cliquez sur Bord extérieur.**

   Les étiquettes de données sont déplacées à l'extrémité des marqueurs de données.

6. **Cliquez sur le bouton Titres des axes du groupe Étiquettes, pointez Titre de l'axe horizontal principal, puis cliquez sur Autres options de titre pour l'axe horizontal principal.**

   La boite de dialogue Mettre en forme le titre de l'axe s'affiche.

7. **Cliquez sur Couleur de la bordure dans le volet gauche, cliquez sur Trait plein, déroulez la liste de l'option Couleur ⬛ ▾, cliquez sur Rouge, Accentuation2, puis cliquez sur Fermer.**

   Une bordure rouge foncé apparait autour du titre de l'axe des valeurs. Le titre de l'axe des catégories devrait lui aussi avoir belle apparence avec une telle bordure.

8. **Cliquez sur le titre de l'axe vertical (Catégories), puis appuyez sur [F4].**

   Une bordure rouge apparait autour du titre de l'axe des catégories. Appuyer sur [F4] répète l'action précédente de mise en forme.

9. **Cliquez dans un espace vide de la diapositive, puis enregistrez votre présentation.**

   Comparez votre écran à celui de la figure F-6.

FIGURE F-5 : Quadrillage secondaire ajouté au graphique

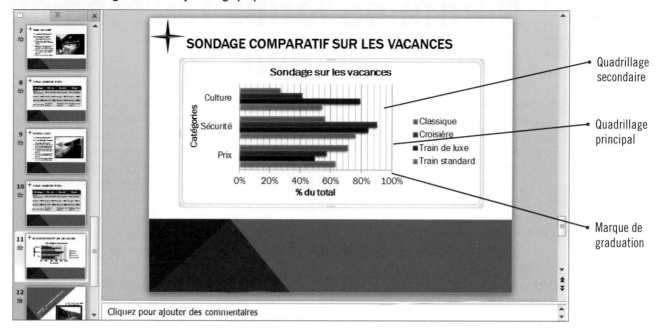

Quadrillage secondaire

Quadrillage principal

Marque de graduation

FIGURE F-6 : Graphique contenant de nouveaux éléments mis en forme

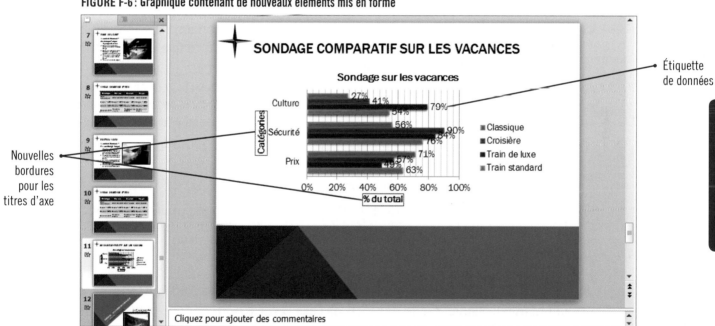

Étiquette de données

Nouvelles bordures pour les titres d'axe

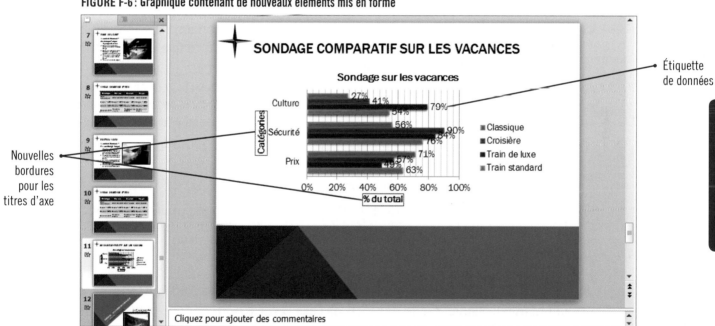

Utiliser le volet de recherche

Au cours du développement d'une présentation, vous pouvez avoir besoin d'aide pour formuler vos idées ou approfondir un sujet. PowerPoint offre un vaste ensemble d'outils en ligne, accessibles depuis le volet de tâche Rechercher, qui vous donnent accès à différents types d'informations. Le volet de recherche comprend les outils suivants : des dictionnaires de synonymes en plusieurs langues,

un outil de traduction et l'accès à divers sites de recherche. Pour ouvrir le volet Recherche, cliquez sur le bouton Recherche dans le groupe Vérification de l'onglet Révision. Le lien Options de recherche, au bas du volet, permet d'ajouter d'autres ouvrages de référence et sites de recherche.

Mettre en forme les éléments d'un graphique

Les styles rapides de PowerPoint offrent de nombreuses options de mise en forme pour tous les éléments d'un graphique. Malgré tous les choix proposés, vous aurez peut-être parfois envie de formater des éléments individuels pour rendre un graphique plus facile à lire et à comprendre. ▓▓▓▓ Vous êtes satisfait des améliorations apportées jusqu'à présent au graphique, mais vous décidez de mettre en forme certains de ses éléments pour mieux les harmoniser au design de la présentation de VTA. Vous songez aussi à utiliser les commandes Copier et Coller pour insérer d'autres graphiques sur une diapositive.

ÉTAPES

ASTUCE

Vous pouvez aussi cliquer sur un marqueur de données du graphique pour sélectionner toutes les séries.

1. **Cliquez sur une zone vide du graphique, ouvrez l'onglet Disposition des Outils de graphique sur le Ruban, déroulez la liste du bouton Éléments de graphique dans le groupe Sélection active, puis cliquez sur Série «Train standard».**

   Tous les marqueurs de données de la série « Train standard » sont sélectionnés dans le graphique.

2. **Cliquez sur l'onglet Mise en forme des Outils de graphique, déroulez la liste du bouton Remplissage de forme dans le groupe Styles de forme, pointez Dégradé, puis cliquez sur Diagonale linéaire – Du coin inférieur gauche au coin supérieur droit dans la section Variations sombres (rangée du bas).**

   Le remplissage des marqueurs de données de la série « Train standard » est maintenant dégradé.

3. **Cliquez sur le bouton Mise en forme de la sélection dans le groupe Sélection active pour ouvrir la boite de dialogue Mise en forme des séries de données, faites glisser le curseur Superposition de séries vers la gauche (vers Séparé) jusqu'à ce que –50 % s'affiche dans la zone de texte Superposition de séries, puis cliquez sur Fermer.**

   Un petit espace est ajouté entre les marqueurs de chaque série de données. La zone de texte Superposition de séries accepte un pourcentage compris entre –100 % et 100 %. Un nombre négatif ajoute un espace et un nombre positif produit un chevauchement des séries. Comparez votre écran à celui de la figure F-7.

4. **Cliquez sur le titre de graphique Sondage sur les vacances, puis cliquez sur Autres ⊡ du groupe Styles de forme.**

   La galerie Styles de forme apparait.

5. **Cliquez sur Effet modéré – Violet foncé, 5 accentué (5e rangée), puis cliquez sur n'importe lequel des nombres de l'axe horizontal (axe des valeurs).**

   Le nouveau style appliqué fait ressortir le titre du graphique. Cliquer sur un des nombres de l'axe horizontal sélectionne l'axe au complet.

6. **Cliquez sur Autres ⊡ du groupe Styles de forme, cliquez sur Ligne discrète – 1 accentué (1re rangée), cliquez sur un des mots de l'axe vertical (Catégories), puis cliquez sur Ligne discrète – 1 accentué dans le groupe Styles de forme.**

   Le nouveau style applique une couleur orangée à l'axe et délimite mieux la zone de traçage.

7. **Cliquez sur la légende avec le bouton droit de la souris, puis cliquez sur Format de la légende dans le menu contextuel.**

   La boite de dialogue Format de légende s'ouvre.

8. **Cliquez sur Couleur de la bordure dans le volet gauche, cliquez sur l'option Trait plein, cliquez sur la flèche de liste du bouton Couleur 🎨▾, cliquez sur Vert foncé, Accentuation4 (rangée du haut), puis cliquez sur Fermer.**

   Une bordure plaine de couleur vert foncé entoure désormais la légende.

9. **Cliquez dans un espace vide de la diapositive, puis enregistrez la présentation.**

   Comparez votre écran à celui de la figure F-8.

FIGURE F-7 : Marqueurs de données modifiés dans le graphique

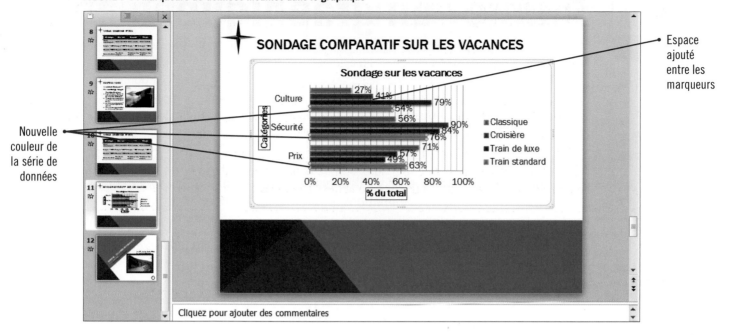

Espace ajouté entre les marqueurs

Nouvelle couleur de la série de données

FIGURE F-8 : Graphique terminé

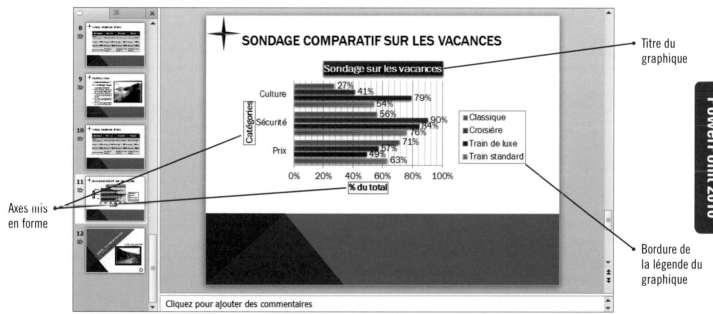

Titre du graphique

Axes mis en forme

Bordure de la légende du graphique

Changer les options de PowerPoint

Vous pouvez personnaliser votre installation de PowerPoint en changeant divers paramètres et préférences. Pour modifier les paramètres, ouvrez l'onglet Fichier sur le Ruban, puis cliquez sur Options pour ouvrir la boite de dialogue Options PowerPoint.

Celle-ci renferme neuf sections dans le volet gauche qui proposent chacune des manières de personnaliser PowerPoint. Par exemple, la section Général offre des options pour afficher la mini barre d'outils, activer l'aperçu instantané et personnaliser votre copie du programme.

Animer un graphique

Les éléments d'un graphique peuvent être animés tout comme le texte et les graphismes. Vous pouvez animer le graphique dans son ensemble ou animer les marqueurs de données individuellement par série ou par catégorie. Dans le premier cas (par série), PowerPoint affiche les marqueurs de données de chaque série (c'est-à-dire les marqueurs de même couleur) comme un groupe unique. Si vous choisissez l'animation par catégorie, le programme affiche également par groupe les marqueurs de données de chaque catégorie du graphique. ⬛⬛⬛⬛ Vous décidez d'animer les marqueurs de séries du graphique.

ÉTAPES

1. **Sélectionnez le graphique s'il y a lieu, ouvrez l'onglet Animations sur le Ruban, cliquez sur Autres ▾ dans le groupe Animations, puis cliquez sur Barres aléatoires.**

   L'animation d'ouverture Barres aléatoires est appliquée au graphique entier et PowerPoint présente l'animation.

2. **Cliquez sur le bouton Volet d'animation dans le groupe Animation avancée, puis cliquez sur la flèche de liste Espace réservé du contenu 3.**

   Le volet Animation s'ouvre et affiche des renseignements précis tels que le genre d'animation (ouverture, sortie, emphase ou trajectoire), la séquence et le délai de l'animation, ainsi que le nom de l'objet animé. Quand vous cliquez sur la flèche de liste d'une animation, vous avez alors accès à d'autres options de personnalisation. Comparez votre écran à celui de la figure F-9.

3. **Cliquez sur ▾ dans le groupe Animations, cliquez sur Entrée brusque, puis cliquez sur la flèche vers le haut de l'option Durée dans le groupe Minutage jusqu'à ce que 01,00 apparaisse.**

   L'animation Entrée brusque remplace l'animation d'entrée Barres aléatoires. Une durée plus longue (ou minutage) ralentit l'animation.

4. **Cliquez sur le bouton Options d'effet dans le groupe Animations, puis cliquez sur Par élément de série dans la section Séquence.**

   Chaque marqueur de données entre brusquement, par série, à partir de la gauche en commençant par la série Train standard. Le graphique comporte désormais 13 balises d'animation (une pour l'arrière-plan et une pour chaque marqueur de série de données).

5. **Cliquez sur la flèche du bouton Développer le contenu ⯆ dans le volet Animation, cliquez sur la première balise d'animation ① sur la diapositive, cliquez sur Estomper dans le groupe Animations, puis cliquez sur la flèche vers le haut de l'option Durée du groupe Minutage jusqu'à ce que 01,50 apparaisse.**

   L'animation Estomper est appliquée à l'arrière-plan de la diapositive. Observez que l'icône de de minutage pour l'animation de l'arrière-plan est plus large pour signaler que cette animation dure plus longtemps.

6. **Cliquez sur le bouton Lecture dans le volet Animation, puis regardez toutes les animations.**

   L'arrière-plan apparait estompé, puis les marqueurs de données font l'un après l'autre une entrée brusque depuis la gauche. Observez la ligne bleue verticale pendant qu'elle passe sur chacune des animations dans le volet Animation.

7. **Cliquez sur Masquer le contenu ⯅ dans le volet Animation, cliquez sur la flèche vers le haut de l'option Délai jusqu'à ce que 00,50 apparaisse, puis cliquez sur le bouton Lecture.**

   Un délai d'une demi-seconde est appliqué entre chaque animation. Observez attentivement l'effet des nouveaux paramètres sur la progression des marqueurs de série animés.

8. **Cliquez sur la flèche de liste de l'option Démarrer dans le groupe Minutage, cliquez sur Après la précédente, cliquez sur le bouton Déclencheur dans le groupe Animation avancée, pointez Sur clic de, puis cliquez sur Titre 1.**

   Maintenant, quand la diapositive 11 apparait en mode Diaporama, vous pouvez cliquer sur le titre de la diapositive pour lire les animations du graphique. Les balises d'animation se combinent en une balise ayant la forme d'un éclair pour indiquer que l'animation comporte un déclencheur.

9. **Cliquez sur Diaporama 🖵 sur la barre d'état, cliquez sur le titre de la diapositive, regardez l'animation, appuyez sur [Échap], fermez le volet Animation, puis enregistrez la présentation.**

   Comparez votre écran à celui de la figure F-10.

FIGURE F-9 : Effet d'animation ajouté à la diapositive

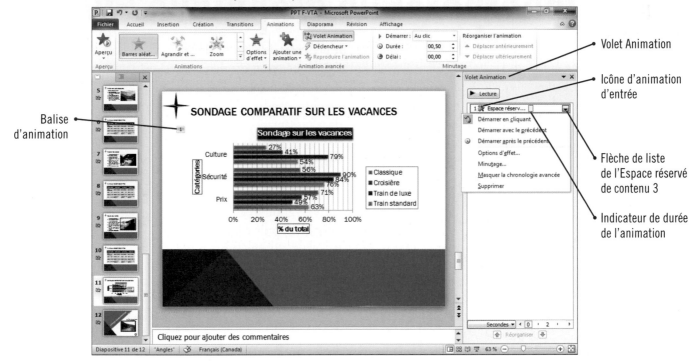

Volet Animation

Icône d'animation d'entrée

Balise d'animation

Flèche de liste de l'Espace réservé de contenu 3

Indicateur de durée de l'animation

FIGURE F-10 : Graphique terminé

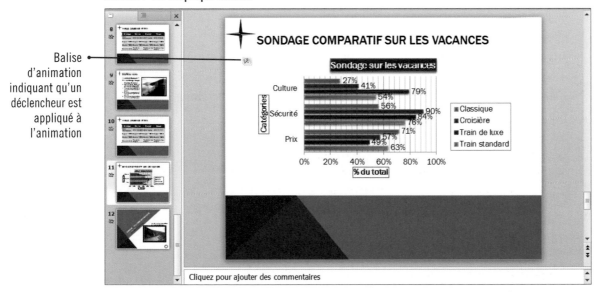

Balise d'animation indiquant qu'un déclencheur est appliqué à l'animation

Ajuster la résolution de l'écran et améliorer la performance

Si votre présentation s'exécute trop lentement ou tremble durant un diaporama, vous pouvez peut-être résoudre le problème en ajustant les paramètres de résolution dont PowerPoint se sert. Par défaut, le programme utilise la résolution du moniteur utilisé pour le diaporama. Pour la modifier, ouvrez l'onglet Diaporama sur le Ruban, cliquez sur le bouton Résolution dans le groupe Moniteurs, puis cliquez sur l'option voulue. Les résolutions plus basses offrent une plus grande rapidité mais une piètre qualité d'image, tandis que les résolutions plus élevées donnent une vitesse moindre mais une meilleure qualité graphique. Il existe d'autres moyens d'améliorer la performance comme : diminuer le nombre d'animations de lettres et de mots uniques, réduire la taille des images animées, et utiliser moins d'animations simultanées. Les objets qui ont des remplissages dégradés ou transparents affectent également la performance.

Améliorer les graphiques

Incorporer un graphique Excel

Lorsqu'un graphique est le meilleur moyen de présenter de l'information dans une diapositive, vous pouvez en créer un directement dans PowerPoint ou incorporer un graphique Excel existant dans la diapositive. Quand vous utilisez un autre programme pour créer un objet, ici Excel, on l'appelle **programme source**. L'objet créé avec le programme source est enregistré dans un **fichier source**. Lorsque vous incorporez un graphique dans une présentation, le fichier de la présentation devient le **fichier de destination**. ▓▓▓▓▓ Vous voulez inclure dans votre présentation des données des ventes de l'année dernière. Vous insérez donc un graphique Excel dans une nouvelle diapositive.

ÉTAPES

ASTUCE

Vous pouvez appuyer sur [Ctrl][D] pour dupliquer une diapositive dans l'onglet Diapositives.

1. **Sélectionnez la vignette de la diapositive 12, ouvrez l'onglet Accueil sur le Ruban, cliquez sur la flèche du bouton Nouvelle diapositive, puis cliquez sur Titre seul.**

   Une nouvelle diapositive ayant la disposition Titre seul apparait sous l'onglet Diapositives et dans le volet Diapositive.

2. **Cliquez sur l'espace réservé au titre, tapez Bénéfices trimestriels, ouvrez l'onglet Insertion sur le Ruban, puis cliquez sur le bouton Objet du groupe Texte.**

   Le nouveau titre s'affiche en majuscules en raison du thème de la présentation. La boite de dialogue Insérer un objet est ouverte. Elle permet de créer un nouveau graphique ou d'insérer un graphique existant dans une diapositive.

ASTUCE

Une autre manière d'incorporer un graphique consiste à l'ouvrir dans Excel, à le copier, puis à le coller dans la diapositive.

3. **Cliquez sur le bouton d'option À partir d'un fichier, cliquez sur Parcourir, sélectionnez le fichier PPT F-2.xlsx dans votre dossier Projets, cliquez sur OK, puis cliquez sur OK dans la boite de dialogue.**

   Le graphique des bénéfices trimestriels apparait et est incorporé à la diapositive. Vous pouvez ouvrir le graphique et le modifier avec les commandes Excel.

4. **Double-cliquez sur le graphique pour l'ouvrir dans Microsoft Office Excel.**

   Le graphique apparait dans une feuille Excel sur la diapositive. Les commandes et les onglets d'Excel apparaissent dans le Ruban sous la barre de titre de PowerPoint (figure F-11).

5. **Cliquez sur l'onglet Feuil2 au bas de la feuille Excel, cliquez sur la cellule B5, tapez 17490,10, appuyez sur [Entrée], puis cliquez sur l'onglet Feuil3.**

   Le changement à la valeur est répercuté dans la série de données du premier trimestre pour la Grande-Bretagne (GB).

ASTUCE

Si le graphique à incorporer se trouve dans une autre présentation, vous pouvez ouvrir les deux présentations et copier le graphique de l'une à l'autre.

6. **Cliquez sur le graphique, ouvrez l'onglet Création des Outils de graphique sur le Ruban, cliquez sur Autres ⊡ dans le groupe Styles du graphique, puis cliquez sur Style 42 (rangée du bas).**

   Le style du graphique arbore désormais de nouvelles couleurs pour les marqueurs de données et la zone de traçage.

7. **Cliquez sur l'axe vertical (Valeurs) avec le bouton droit de la souris, cliquez sur Gras G dans la mini barre d'outils, cliquez sur l'axe horizontal (Catégories), puis appuyez sur [F4].**

   Les étiquettes des deux axes sont mises en gras et sont maintenant plus faciles à lire.

8. **Cliquez à l'extérieur du graphique pour fermer Excel, faites glisser la poignée de dimensionnement supérieure gauche du graphique jusqu'à aligner le graphique sur le mot « Bénéfices », puis faites glisser la poignée de dimensionnement supérieure droite vers le haut et la droite jusqu'à ce que le graphique se trouve directement sous le titre de la diapositive.**

   Comparez votre écran à la figure F-12.

9. **Cliquez dans une zone vide de la diapositive, puis enregistrez la présentation.**

FIGURE F-11 : Graphique Excel incorporé

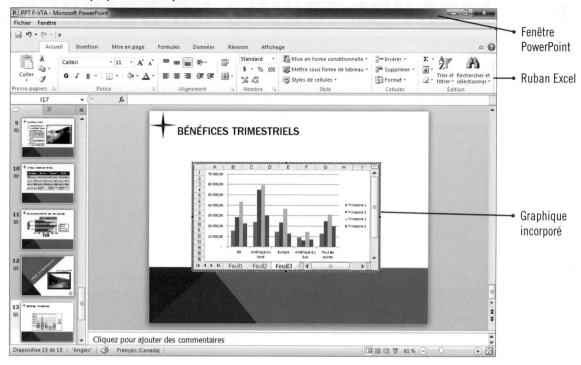

- Fenêtre PowerPoint
- Ruban Excel
- Graphique incorporé

FIGURE F-12 : Graphique Excel mis en forme

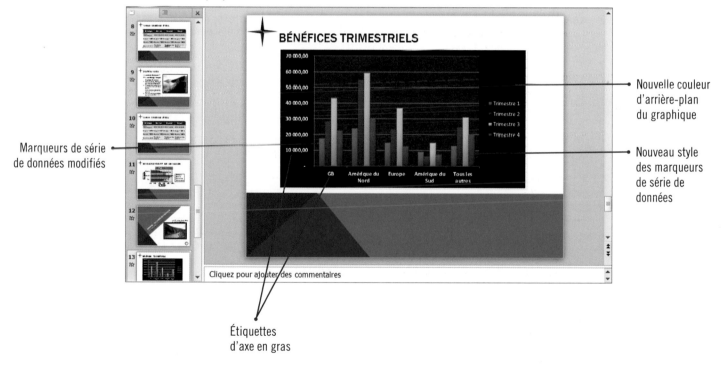

- Marqueurs de série de données modifiés
- Nouvelle couleur d'arrière-plan du graphique
- Nouveau style des marqueurs de série de données
- Étiquettes d'axe en gras

Incorporer une feuille de calcul

Vous pouvez incorporer en tout ou en partie une feuille de calcul dans une diapositive PowerPoint. Pour incorporer une feuille entière, sélectionnez la diapositive de destination, ouvrez l'onglet Insertion sur le Ruban, puis cliquez sur le bouton Objet du groupe Texte. La boite de dialogue Insérer un objet apparait. Cliquez sur À partir d'un fichier, cliquez sur Parcourir, trouvez le fichier de feuille de calcul voulu et double-cliquez sur son nom, puis cliquez sur OK. La feuille est incorporée dans la diapositive. Pour modifier la feuille à l'aide des commandes Excel, double-cliquez dessus. Pour n'insérer qu'une partie d'une feuille de calcul, ouvrez le classeur Excel et copiez les cellules à inclure dans la diapositive.

Lier une feuille de calcul Excel

Une autre manière de relier des objets à une présentation consiste à établir un **lien** (ou connexion) entre le fichier source et le fichier de destination. Au contraire des objets incorporés, un objet lié est stocké dans son fichier source et non dans la diapositive ou le fichier de la présentation. Lorsque vous liez un objet à une diapositive PowerPoint, une représentation (image) de l'objet, non l'objet lui-même, apparait sur la diapositive. Toute modification apportée au fichier source de l'objet lié est automatiquement répercutée dans la présentation. Parmi les objets qui peuvent être liés à PowerPoint, citons des images bitmap, des feuilles de calcul Excel et des diapositives d'autres présentations PowerPoint. Utilisez un lien lorsque vous voulez que votre présentation contienne des données à jour ou que vous incluez un objet susceptible d'évoluer comme une feuille de données comptables. Le tableau F-1 donne des conseils sur la décision de lier ou d'incorporer un objet. ⬛⬛⬛ Vous devez lier et mettre en forme une feuille Excel dans la présentation. La feuille a été créée plus tôt cette année par le service de la comptabilité de VTA.

ÉTAPES

1. **Ouvrez l'onglet Accueil sur le Ruban, cliquez sur le bouton Nouvelle diapositive, puis tapez Revenus de VTA.**

   Une nouvelle diapositive (numéro 14) est créée et s'affiche dans le volet Diapositives et sous l'onglet Diapositive.

2. **Ouvrez l'onglet Insertion, puis cliquez sur le bouton Insérer un objet dans le groupe Texte.**

   La boite de dialogue Insérer un objet s'ouvre.

3. **Cliquez sur le bouton d'option À partir d'un fichier, cliquez sur Parcourir, trouvez et sélectionnez le fichier PPT F-3.xlsx dans votre dossier Projets, cliquez sur OK, cochez la case Liaison, puis cliquez sur OK.**

   La feuille Excel apparait mais elle gagnerait à être agrandie.

4. **Faites glisser la poignée de dimensionnement supérieure gauche vers le haut et la gauche, faites glisser la poignée de dimensionnement supérieure droite vers le haut et la droite, puis centrez la feuille de calcul dans la diapositive tel qu'illustré à la figure F-13.**

   Un arrière-plan de couleur de la feuille ferait mieux ressortir les données de la feuille et attirerait l'attention du public.

5. **Cliquez sur la feuille de calcul avec le bouton droit de la souris, puis cliquez sur Format de l'objet dans le menu contextuel.**

   La boite de dialogue Format d'objet s'ouvre.

6. **Faites glisser la boite de dialogue si elle masque la feuille, puis cliquez sur Remplissage uni.**

   Une couleur orange foncé est appliquée à la feuille, mais elle est trop foncée.

7. **Déroulez la liste du bouton Couleur ⬛▾, cliquez sur Vert foncé, Accentuation4 (rangée du haut), tapez 40 dans la zone Transparence, puis cliquez sur Couleur du trait dans le volet de gauche.**

   La valeur de transparence de la couleur de remplissage est réduite à 40 pourcent, ce qui lui donne une meilleure apparence.

8. **Cliquez sur le bouton d'option Trait plein, déroulez la liste du bouton Couleur ⬛▾, cliquez sur Orange, Accentuation1, puis cliquez sur Style de trait dans le volet de gauche.**

   La feuille de calcul apparait avec une nouvelle couleur de bordure.

9. **Cliquez sur la flèche vers le haut de la zone Largeur jusqu'à 2pt apparaisse, cliquez sur Fermer, cliquez dans un espace vide de la diapositive, puis enregistrez la présentation.**

   La bordure est plus épaisse et plus facile à voir. Comparez votre écran à celui de la figure F-14.

FIGURE F-13 : Feuille Excel liée dans la diapositive

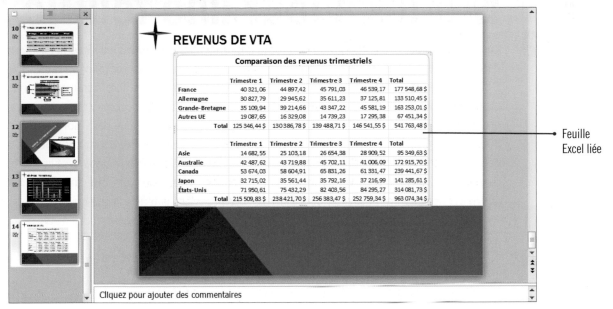

Feuille Excel liée

FIGURE F-14 : Feuille liée mise en forme

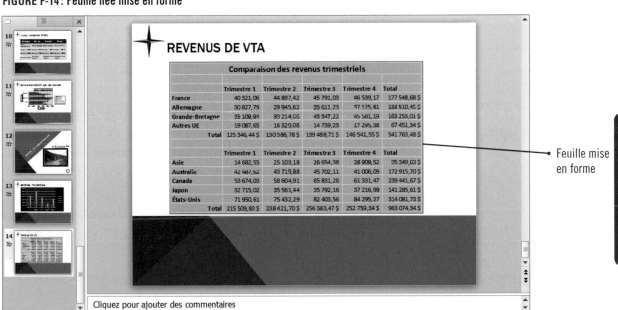

Feuille mise en forme

TABLEAU F-1 : Lier ou incorporer

Situation	Action
Vous êtes le seul utilisateur d'un objet et voulez l'intégrer à votre présentation.	Incorporer
Vous voulez avoir accès à l'objet avec le programme source, même si le fichier source n'est pas disponible.	Incorporer
Vous voulez mettre l'objet à jour manuellement dans PowerPoint.	Incorporer
Vous voulez toujours utiliser les données les plus récentes.	Lier
Le fichier source est partagé sur un réseau ou d'autres utilisateurs y ont accès et peuvent le modifier.	Lier
Vous voulez obtenir un fichier de présentation de taille réduite.	Lier

Améliorer les graphiques

Mettre à jour une feuille liée

Pour apporter des modifications aux données d'un objet lié, vous devez ouvrir le fichier source de cet objet dans le programme source. Par exemple, vous devez ouvrir Word pour modifier un tableau Word lié et ouvrir Excel pour modifier une feuille de calcul Excel liée. Vous pouvez lancer le programme source par un double-clic sur l'objet lié dans la diapositive, comme vous le faites avec un objet incorporé, ou en démarrant le programme source directement. Quand vous travaillez sur objet lié dans son programme source, la présentation PowerPoint peut être ouverte ou fermée. Si des données sont modifiées dans le fichier lié pendant que PowerPoint est fermé, vous serez invité à mettre à jour les diapositives lorsque vous ouvrirez la présentation. ▃▃▃▃▃ Vous venez de recevoir un courriel vous informant que la feuille Excel comporte des données erronées. Vous allez donc modifier ces données dans la feuille liée.

ÉTAPES

> **ASTUCE**
> Vous pouvez aussi double-cliquer sur la feuille liée pour l'ouvrir dans Excel.

1. **Avec le bouton droit de la souris, cliquez sur la feuille Excel dans la diapositive 14, pointez Objet Feuille de calcul lié, puis cliquez sur Edition.**
   Le fichier PPT F-3.xlsx s'ouvre dans la fenêtre Microsoft Excel.

2. **Cliquez dans la cellule D14, tapez 40826,76, cliquez dans la cellule C5, tapez 26312,88, puis appuyez sur [Entrée].**
   Les valeurs du 3e trimestre pour le Japon et du 2e trimestre pour l'Allemagne sont modifiées. Tous les totaux qui comprennent ces valeurs dans les cellules Total sont recalculés en conséquence. Comparez votre écran à celui de la figure F-15.

> **ASTUCE**
> Pour modifier ou ouvrir un objet lié dans une présentation, le fichier source et le programme source doivent être disponibles sur l'ordinateur ou le réseau.

3. **Cliquez sur la cellule B4, enfoncez et maintenez [Maj], cliquez sur la cellule E7, relâchez [Maj], cliquez avec le bouton droit de la souris dans la plage de cellules sélectionnée, cliquez sur la flèche du bouton Format Nombre Comptabilité $ ▾ de la mini barre d'outils, puis cliquez sur $ Français (Canada).**
   Le format de nombre Comptabilité Français (Canada) est appliqué à toutes les cellules sélectionnées.

4. **Cliquez sur la cellule B11, glissez la souris jusqu'à la cellule E15, puis appuyez sur [F4].**
   Le même format de nombre Comptabilité est appliqué aux cellules sélectionnées.

5. **Cliquez sur la cellule F8, appuyez sur [Ctrl], cliquez sur la cellule F16, cliquez sur Gras G du groupe Police, cliquez sur la flèche de liste du bouton Bordure inférieure ▦ ▾ du groupe Police, cliquez sur Bordure épaisse en encadré, puis cliquez sur une cellule vide.**
   L'attribut Gras et une épaisse bordure noire sont appliqués aux cellules F8 et F16 pour mettre les grands totaux en évidence.

> **ASTUCE**
> Si votre présentation est fermée lorsque vous actualisez un objet lié, une boite de dialogue de sécurité s'ouvre à la prochaine ouverture du fichier de présentation. Cliquez sur Mettre à jour les liens pour actualiser l'objet lié.

6. **Cliquez sur Fermer ✕ d'Excel, cliquez sur Enregistrer pour sauvegarder les modifications, puis cliquez dans une zone vide de la diapositive.**
   La fenêtre Excel est fermée. La feuille de calcul Excel dans le fichier de présentation PPT F-VTA.pptx a été mise à jour selon les nouvelles données et montre les changements apportés à la mise en forme. PowerPoint effectue automatiquement tous les changements au fichier lié. Comparez votre écran à celui de la diapositive F-16.

7. **Vérifiez l'orthographe, ajoutez votre nom dans le pied de page des documents pour l'assistance, puis enregistrez la présentation.**
   Si vous imprimez votre présentation, utilisez le réglage Documents, 6 diapositives horizontales.

8. **Fermez la présentation, puis quittez PowerPoint.**

FIGURE F-15 : Feuille de calcul modifiée dans Excel

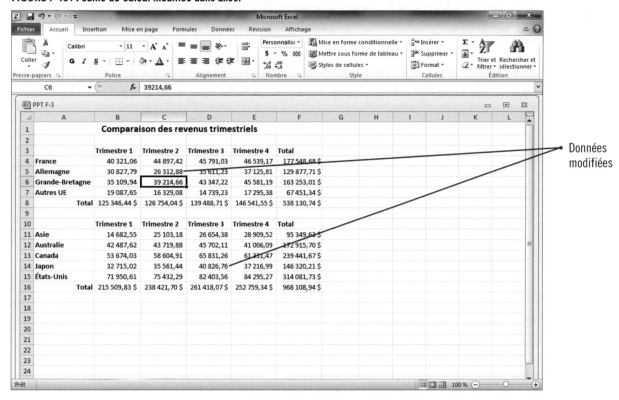

FIGURE F-16 : Diapositive affichant la feuille mise à jour

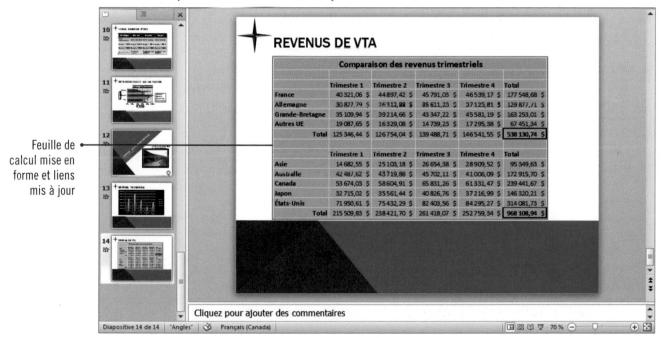

Modifier des liens

Après avoir lié un objet à une présentation, vous pouvez en modifier le lien. La boite de dialogue Liens permet de mettre un lien à jour, d'ouvrir ou de changer le fichier source d'un objet lié, de rompre un lien et de déterminer si la mise à jour d'un objet lié doit se faire automatiquement ou manuellement. Elle est le seul endroit où vous pouvez changer le fichier source d'un objet lié, rompre un lien et modifier la méthode de mise à jour du lien. Pour ouvrir cette boite de dialogue, ouvrez l'onglet Fichier sur le Ruban, puis cliquez sur le bouton Modifier les liens d'accès aux fichiers situé au bas du volet de droite sous Documents associés.

Améliorer les graphiques

Mise en pratique

Révision des concepts

Identifiez chaque élément de la fenêtre de PowerPoint (figure F-17).

FIGURE F-17

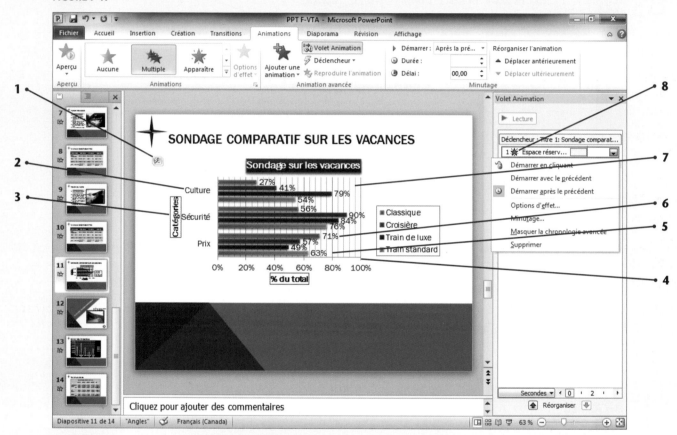

Associez chaque terme à sa description.

9. **Tendance**

10. **Quadrillage principal**

11. **Barres d'erreur**

12. **Fichier source**

13. **Modèle**

a. Identifie les erreurs de données possibles par rapport à chaque marqueur de données dans une série de données.

b. Mise en forme et disposition d'un graphique qui sont enregistrées afin de pouvoir être réutilisées.

c. Fichier qui contient l'objet incorporé que vous insérez dans un fichier PowerPoint.

d. Unité principale sur l'axe d'un graphique qui est habituellement signalée par une marque de graduation.

e. Représentation graphique d'une tendance à la hausse ou à la baisse dans une série de données.

Sélectionnez la meilleure réponse à chaque question.

14. Un graphique _____ affiche les données d'une série de données proportionnellement à la somme de toutes les séries de données.

    a. En secteurs   **c.** De surface

    b. En anneau   **d.** En aire

15. Qu'est-ce qui rend les données plus faciles à lire dans un graphique et s'étend de l'axe horizontal ou vertical à travers la zone de traçage?

    a. Marqueurs de données   **c.** Une plage de données

    b. Quadrillage   **d.** Marques de graduation

16. Quelle méthode d'animation utiliseriez-vous pour afficher indépendamment les marqueurs de série d'une même couleur?

    a. Par série   **c.** Individuellement par catégorie

    b. Individuellement par série   **d.** Par catégorie

17. Quel énoncé suivant est *faux* au sujet des graphiques utilisés dans PowerPoint?

    a. Microsoft Graph est utilisé pour créer un graphique si Excel n'est pas installé.

    b. Un graphique lié est enregistré dans la présentation.

    c. Les thèmes et les effets sont harmonisés entre Excel et PowerPoint.

    d. Les données d'un graphique incorporé sont stockées dans une feuille de calcul Excel.

18. Les petites lignes qui coupent un axe et identifient les catégories sont appelées _____.

    a. Marqueurs de catégorie   **c.** Lignes de traçage du graphique

    b. Marques de graduation   **d.** Coins de graphique

19. Vous utilisez un programme _____ pour créer un objet à insérer dans PowerPoint.

    a. Utilitaire   **c.** Lié

    b. Destination   **d.** Source

20. Pour appliquer les styles d'une présentation à un objet, vous utiliseriez la méthode de collage suivante:

    a. Utiliser les styles de destination   **c.** Conserver uniquement le texte

    b. Utiliser les styles d'origine   **d.** Incorporer

Révision des techniques

1. **Modifier la conception et le style d'un graphique.**

    a. Démarrez PowerPoint, ouvrez le fichier PPT F-4.pptx de votre dossier Projets, puis enregistrez-le sous le nom **PPT F-Livres Italia**.

    b. Sélectionnez le graphique de la diapositive 3.

    c. Ouvrez l'onglet Création des Outils de graphique, puis appliquez la disposition Mise en forme 7 du groupe Dispositions du graphique.

    d. Changez l'étiquette de l'axe vertical (Valeurs) à **Millions**, puis changez l'étiquette de l'axe horizontal (Catégories) à **Divisions**.

    e. Appliquez le style Style 28 du groupe Styles du graphique.

    f. Modifiez le type de graphique en Histogramme groupé à formes cylindriques.

2. **Personnaliser la disposition d'un graphique**

    a. Ouvrez l'onglet Disposition des Outils de graphique, puis remplacez le quadrillage horizontal par un quadrillage horizontal pour les unités principales et ajoutez un quadrillage pour les unités principales verticales.

    b. Cliquez sur le bouton Plancher du graphique dans le groupe Arrière-plan, cliquez sur Autres options de sol, cliquez sur Remplissage uni, déroulez la liste du bouton Couleur, cliquez sur Bleu glacier, Texte 2, puis cliquez sur Fermer.

Révision des techniques (suite)

   c. Cliquez avec le bouton droit sur l'étiquette de l'axe des valeurs, cliquez sur la flèche du bouton Contour de forme dans la mini barre d'outils, puis cliquez sur Blanc, Texte 1.

   d. Sélectionnez le titre de l'axe des catégories, puis appuyez sur [F4].

   e. Cliquez dans un espace vide du graphique, puis enregistrez vos modifications.

3. Mettre en forme les éléments d'un graphique.

   a. Ouvrez l'onglet Disposition des Outils de graphique, cliquez sur la flèche de l'option Éléments de graphique dans le groupe Sélection active, puis sélectionnez Série "Trim 2".

   b. Cliquez sur le bouton Mise en forme de la sélection du groupe Sélection active, puis faites glisser le curseur de Largeur de l'intervalle vers la gauche jusqu'à 150 % environ.

   c. Cliquez sur Remplissage dans le volet gauche, sélectionnez Remplissage dégradé, déroulez la liste Orientation, puis cliquez sur Linéaire vers le bas.

   d. Cliquez sur Format 3D dans le volet gauche, déroulez la liste Matériel, cliquez sur Bordure sombre, puis cliquez sur Fermer.

   e. Cliquez avec le bouton droit sur l'axe des valeurs, puis cliquez sur Mise en forme de l'axe.

   f. Sous Options d'axe, cliquez sur le bouton d'option Fixe de la fonction Unité principale, puis tapez **15** dans la zone de texte.

   g. Déroulez la liste Type de graduation principale, sélectionnez Sur l'axe, cliquez sur Fermer, puis enregistrez vos modifications.

4. Animer un graphique.

   a. Ouvrez l'onglet Animations, puis appliquez l'animation d'ouverture Flottant entrant au graphique.

   b. Cliquez sur le bouton Options d'effet, puis changez l'effet à Par élément de catégorie.

   c. Cliquez sur le bouton Volet Animation, cliquez sur la flèche de liste de l'objet 1 Espace réservé du contenu 4 dans le volet Animation, cliquez sur la flèche pour Afficher des options d'effet supplémentaires, puis ouvrez l'onglet Animation du graphique dans la boite de dialogue.

   d. Ôtez la coche de la case Démarrer l'animation en dessinant l'arrière-plan du graphique pour désactiver cette fonction, puis cliquez sur OK.

   e. Changez la durée à 01,50 et le délai à 00,75 pour toutes les animations.

   f. Fermez le volet Animation, puis enregistrez votre travail.

5. Incorporer un graphique Excel.

   a. Sélectionnez la diapositive 4, puis ouvrez l'onglet Insertion.

   b. Cliquez sur le bouton Objet du groupe Texte, cliquez sur À partir d'un fichier, cliquez sur Parcourir, trouvez et sélectionnez le fichier PPT F-5.xslx dans votre dossier Projets, puis cliquez sur OK et encore sur OK.

   c. Double-cliquez le graphique, puis faites glisser les poignées de dimensionnement centrale de droite de manière à masquer la colonne supplémentaire qui suit la légende.

   d. Ouvrez l'onglet Création des Outils de graphique, puis appliquez le style de graphique Style 40.

   e. Modifiez le quadrillage horizontal de manière à n'afficher que le quadrillage principal.

   f. Cliquez avec le bouton droit sur la légende, cliquez sur la flèche du bouton Contour de forme dans la mini barre d'outils, cliquez sur Automatique, puis cliquez à l'extérieur du graphique.

   g. Redimensionnez le graphique pour qu'il occupe la majeure partie de la diapositive, puis enregistrez les modifications.

6. Lier une feuille de calcul Excel.

   a. Ajoutez une nouvelle diapositive après la diapositive actuelle avec la disposition Titre seul.

   b. Tapez **Publications Italia**, ouvrez l'onglet Insertion, puis cliquez sur le bouton Objet du groupe Texte.

   c. Cliquez sur À partir d'un fichier, sélectionnez le fichier PPT F-6.xslx dans votre dossier Projets, puis liez-le à la diapositive.

   d. Redimensionnez l'objet feuille à l'aide des poignées de dimensionnement.

   e. Cliquez sur la feuille avec le bouton droit de la souris, cliquez sur Format d'objet, cliquez sur le bouton d'option Remplissage uni, déroulez la liste du bouton Couleur, puis cliquez sur Orange, Accentuation3.

   f. Fixez la transparence à 25 %, cliquez sur Fermer, puis enregistrez les changements.

Révision des techniques (suite)

7. Mettre à jour une feuille Excel liée.

a. Double-cliquez sur la feuille de calcul.

b. Sélectionnez les cellules B5 à F9, cliquez sur la flèche du bouton Format Nombre Comptabilité, puis cliquez sur Euro.

c. Cliquez sur la cellule F9, puis cliquez sur le bouton Gras du groupe Police.

d. Cliquez sur la cellule D5, tapez **72492,38**, cliquez sur la cellule E7 et tapez **87253,11**.

e. Fermez la fenêtre Excel, puis cliquez sur Enregistrer pour sauvegarder les changements. Les modifications apparaissent dans la feuille de calcul liée. La figure F-18 montre la présentation terminée.

f. Ajoutez votre nom au pied de page des documents pour l'assistance, enregistrez votre travail, fermez la présentation et quittez PowerPoint.

Exercice personnel 1

Vous êtes à l'emploi de Boucher et Fils, une société de consultants qui aide les entreprises à s'organiser ou se restructurer en vue de devenir plus efficaces et rentables. Vous êtes l'un des quatre conseillers à travailler directement avec les clients. En vue d'une rencontre avec les cadres supérieurs d'une société de communication par internet, vous créez une brève présentation des techniques d'enquête et de production de rapports, les résultats passés par rapport à la concurrence et la philosophie de votre firme. Utilisez PowerPoint pour personnaliser le graphique de la diapositive 5 de la présentation.

a. Démarrez PowerPoint, ouvrez le fichier PPT F-7.pptx situé dans votre dossier Projets, puis enregistrez-le sous le nom **PPT F-Boucher**.

b. Sélectionnez le graphique de la diapositive 5, puis appliquez-lui la Mise en forme 3 de la galerie Dispositions du graphique.

c. Appliquez Style 29 de la galerie de styles du graphique, puis tapez **Cotes comparées** dans la zone de titre du graphique.

d. Changez le type de graphique à Barres groupées, puis ajoutez un quadrillage vertical des unités secondaires.

e. Sélectionnez l'axe des valeurs, cliquez sur Mise en forme de l'axe, cliquez sur Nombre dans le volet gauche, sélectionnez la catégorie Nombre et tapez **1** dans la zone de texte Décimales.

f. Cliquez sur le bouton Étiquettes de données, puis affichez les étiquettes au moyen de l'option Bord extérieur.

Difficultés supplémentaires

■ Cliquez sur l'axe des valeurs avec le bouton droit de la souris, cliquez sur Mise en forme de l'axe, dans la section Options d'axe cliquez sur Unité principale Fixe, puis tapez **0,5**.

■ Dans la section Options d'axe, cliquez sur Unité secondaire Fixe, puis tapez **0,1**.

■ Sélectionnez l'axe des catégories, ouvrez la boite de dialogue Mise en forme de l'axe, cliquez sur Alignement dans le volet gauche, puis tapez **−25** dans la zone Angle personnalisé.

g. Appliquez l'option Bord intérieur aux étiquettes de données, puis vérifiez l'orthographe.

h. Ajoutez votre nom au pied de page des diapositives et des documents, puis affichez la présentation en mode Lecture.

i. Enregistrez la présentation, fermez le fichier et quittez PowerPoint.

Exercice personnel 2

Une de vos responsabilités dans le système scolaire de l'Ontario est de mesurer la performance des programmes éducatifs destinés aux enfants handicapés du pays. Vous devez préparer et faire une présentation à un forum international qui aura lieu prochainement dans la ville de Québec. Vous avez terminé la présentation et vous devez apporter quelques retouches à un graphique.

a. Démarrez PowerPoint, ouvrez le fichier PPT F-8.pptx situé dans votre dossier Projets, puis enregistrez la présentation sous le nom **PPT F-Éducation**.

b. Sélectionnez la diapositive 7, sélectionnez le graphique, puis appliquez-lui le Style 31.

c. Ouvrez l'onglet Disposition des Outils de graphique, cliquez sur le bouton Rotation 3D puis, dans la section Rotation, cliquez une fois sur la flèche vers le haut de X.

d. Ouvrez l'onglet Mise en forme des Outils de graphique, sélectionnez la série de données Maths, puis appliquez un remplissage dégradé « Du centre ».

e. Appliquez à la série Écriture un remplissage avec la texture Liège, ouvrez l'onglet Création des outils de graphique, puis changez la disposition du graphique à Mise en forme 7.

f. Tapez **Cote comparée** comme étiquette de l'axe vertical, puis tapez **Année** pour l'étiquette de l'axe horizontal.

g. Appliquez au graphique l'animation d'ouverture Balayer, puis changez les options d'effet à Par catégorie.

h. Vérifiez l'orthographe, ajoutez votre nom au pied de page des diapositives et des documents, puis enregistrez la présentation.

i. Affichez le diaporama de la présentation, fermez le fichier, puis quittez PowerPoint.

Exercice personnel 3

Industries BVR est une grande société qui développe et produit des appareils médicaux et techniques pour les salles d'opération et d'urgence des hôpitaux de l'Amérique du Nord. Vous êtes représentant commercial et vous avez la tâche de préparer une présentation pour les réunions des chefs de division sur la rentabilité et l'efficacité de chacune des divisions de la société. Utilisez PowerPoint pour élaborer la présentation.

a. Ouvrez le fichier PPT F-9.pptx situé dans votre dossier Projets, puis enregistrez la présentation sous le nom **PPT F-BVR**.

b. Appliquez le thème Clarté, puis ajoutez au moins deux graphiques à la présentation.

c. Ajoutez une nouvelle diapositive intitulée **Division de la société** après la diapositive titre, puis créez un graphique SmartArt pour identifier les sept divisions : Administration, Comptabilité, Ventes, R et D, Essais, Développement et Fabrication.

d. Mettez en forme le nouvel objet SmartArt avec les couleurs et styles SmartArt.

e. Sélectionnez la diapositive Rendement des divisions, puis incorporez-y le fichier Excel PPT F-10.xlsx situé dans votre dossier Projets.

f. Utilisez les poignées de dimensionnement de coin du graphique pour le redimensionner jusqu'à ce qu'il couvre la plus grande partie de la diapositive, puis double-cliquez sur le graphique.

Difficultés supplémentaires

- Ouvrez l'onglet Disposition des Outils de graphique, cliquez sur le bouton Courbe de tendance dans le groupe Analyse, sélectionnez Courbe de tendance linéaire, cliquez sur Ventes, puis cliquez sur OK.
- Cliquez sur l'axe des valeurs avec le bouton droit, puis cliquez sur Mise en forme de l'axe.
- Déroulez la liste de la zone Type de graduation mineure, cliquez sur À l'extérieur, puis cliquez sur Fermer.

g. Appliquez le style 42 au graphique, cliquez sur l'axe des catégories avec le bouton droit, cliquez sur Mise en forme de l'axe, déroulez la liste de l'option Étiquettes des axes, cliquez sur Bas puis sur Fermer.

h. Sélectionnez la diapositive Budget des divisions, puis liez le fichier PPT F-11.xlsx situé dans votre dossier Projets.

i. Ouvrez le fichier lié dans Excel, sélectionnez les cellules B5 à F12, cliquez sur la flèche du bouton Format Nombre Comptabilité dans le groupe Nombre, sélectionnez $ Français (Canada), enregistrez les changements, puis fermez Excel.

Exercice personnel 3 (suite)

j. Cliquez sur la feuille liée avec le bouton droit, cliquez sur Format de l'objet, cliquez sur le bouton Remplissage uni, changez la couleur de remplissage à Rouge, Texte 2 et appliquez une transparence de 25%.

k. Redimensionnez la feuille pour remplir la diapositive, ajoutez votre nom au pied de page des diapositives et des documents, vérifiez l'orthographe, puis affichez le diaporama.

l. Enregistrez la présentation, fermez le fichier et quittez PowerPoint.

Défi

Vous collaborez au journal étudiant de votre école. Une de vos tâches est d'évaluer les jeux d'ordinateur et d'en publier une présentation sur le site web du journal. La présentation identifie les meilleurs jeux selon les étudiants et les critiques. Utilisez PowerPoint pour créer une présentation contenant des informations sur des jeux que vous connaissez ou que vous rechercherez.

Utilisez la présentation fournie comme base de votre présentation et suivez ces directives pour vous aider :

- Incluez trois jeux d'ordinateur dans votre présentation.
- Chaque jeu doit comporter au moins une mission ou objectif précis.
- Les jeux sont évalués sur une échelle de 1,0 à 10,0.
- Il y a trois catégories de jeu : Aventure, Action, Stratégie.
- La présentation doit comporter au moins huit diapositives, y compris la diapositive titre.

Si vous avez accès au web, vous pouvez effectuer des recherches sur les sujets suivants pour vous aider à élaborer les informations nécessaires :

- Critiques d'utilisateurs ou de revues de jeux.
- Prix et descriptions de jeux.

a. Utilisez un moteur de recherche pour trouver des sites web traitant de jeux PC. Prenez connaissance du contenu d'au moins deux sites et imprimez les pages d'accueil des sites visités pour la cueillette d'informations.

b. Ouvrez le fichier PPT F-12.pptx situé dans votre dossier Projets, puis enregistrez la présentation sous le nom **PPT F-Jeux PC**.

c. Ajoutez votre nom dans le pied de page des diapositives et des documents.

d. (Avant de poursuivre, faites une copie du fichier PPT F-13.xlsx.) Liez le graphique du fichier PPT F-13.xlsx situé dans votre dossier Projets à la diapositive Évaluation des jeux.

e. Redimensionnez le graphique dans la diapositive, puis ouvrez le graphique lié dans Excel.

f. Cliquez sur l'onglet Feuil1 au bas de la fenêtre Excel, donnez un nom à chaque jeu, cliquez sur l'onglet Feuil2, puis enregistrez les modifications.

g. Cliquez sur la légende du graphique avec le bouton droit, cliquez sur Supprimer dans le menu contextuel, ouvrez l'onglet Mise en page, cliquez sur le bouton Couleurs, puis cliquez sur Austin.

h. Enregistrez les changements, puis quittez Excel.

i. Créez au moins un graphique SmartArt qui explique brièvement les spécifications d'un des jeux.

j. Créez un tableau donnant le prix de chaque jeu.

k. Améliorez la présentation à l'aide d'images clipart ou d'autres graphismes, d'un thème approprié et d'autres éléments capables de rehausser l'aspect des diapositives.

l. Modifiez le masque des diapositives au besoin.

m. Vérifiez l'orthographe de la présentation, enregistrez le fichier, puis exécutez le diaporama.

n. Ajoutez votre nom au pied de page des diapositives et des documents, enregistrez votre travail, puis fermez la présentation et quittez PowerPoint.

Atelier visuel

Créez une diapositive semblable à celle de la figure F-19. Créez une nouvelle présentation, puis insérez la feuille de calcul Excel PPT-F14.xlsx située dans votre dossier Projets. (*Astuce* : La feuille est mise en forme avec un remplissage bleu foncé ayant une transparence de 60 % et une bordure Or de 3 pts d'épaisseur.) Enregistrez la présentation sous le nom **PPT F-Produits Nature**. Ajoutez votre nom au pied de page de la diapositive.

FIGURE F-19

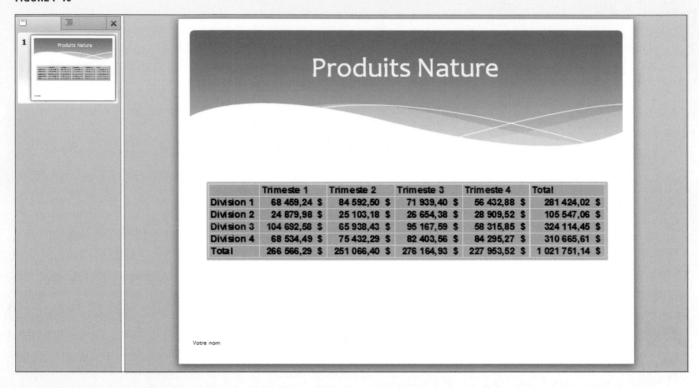

Insérer illustrations, objets et clips multimédias

PowerPoint fournit de nombreux types d'éléments graphiques permettant d'améliorer les présentations. Depuis les tableaux personnalisés et les diagrammes d'allure professionnelle jusqu'aux fichiers audio et aux films, vous avez une vaste panoplie d'options à votre portée. Vous disposez aussi d'autres outils évolués comme les liens hypertextes, les macros et les boutons d'action pour vous aider à enchainer, à simplifier et à mettre en relation les informations. Dans ce module, vous allez travailler sur une courte présentation décrivant les autres possibilités de voyages et qui sera liée à la présentation principale des circuits à laquelle vous avez participé pour Voyages Tour Aventure. Vous allez utiliser les outils évolués de PowerPoint pour personnaliser un tableau et un objet SmartArt, puis insérer une vidéo et un fichier son qui compléteront l'information. Vous allez enfin utiliser une macro pour insérer des photos, ajouter un bouton d'action et lier une présentation à une autre.

OBJECTIFS

Créer un tableau personnalisé

Modifier un graphique SmartArt

Mettre en forme un graphique SmartArt

Insérer un vidéo clipart

Insérer un son

Utiliser les macros

Ajouter un bouton d'action

Insérer un lien hypertexte

Créer un tableau personnalisé

Un tableau est un excellent moyen d'afficher et d'organiser des informations associées. Avec PowerPoint, vous pouvez créer des tableaux à l'allure dynamique. Un tableau créé avec PowerPoint adopte automatiquement le style correspondant au thème appliqué à la diapositive, définissant les combinaisons de couleurs et d'ombrages, le style et la couleur des traits et d'autres attributs. Il est très facile de personnaliser la disposition du tableau et l'organisation des données. Vous pouvez effacer et insérer des lignes ou des colonnes, fusionner plusieurs cellules ou fractionner une cellule en plusieurs. ▰▰▰▰ Vous ouvrez une courte présentation que vous avez commencée sur les autres circuits au Canada et vous terminez la personnalisation du tableau.

ÉTAPES

ASTUCE

En règle générale, il vaut mieux ne pas activer les macros des documents de source inconnue ou dont vous n'êtes pas certain de la sécurité.

1. **Démarrez PowerPoint, ouvrez la présentation PPT G-1.pptm de votre dossier Projets, puis cliquez sur le bouton Activer le contenu dans la barre d'avertissement de sécurité.**

   Bien que cette présentation soit très semblable aux autres, son nom de fichier comporte une extension.pptm au lieu de .pptx. Cette extension indique que le fichier PowerPoint possède une ou des macros. Une **macro** est une action ou un ensemble d'actions servant à automatiser des tâches. Vous activez les macros contenues dans la présentation.

2. **Enregistrez-la sous le nom PPT G-VTA Lien, cliquez sur OK dans le message d'avertissement de confidentialité, puis cliquez sur la vignette de la diapositive 2 dans l'onglet Diapositives.**

   La barre d'avertissement de sécurité se ferme et la diapositive 2 apparait dans le volet Diapositive.

3. **Cliquez sur le tableau de la diapositive 2, cliquez sur l'onglet Outils de tableau Création du Ruban, cliquez sur le bouton Style du stylo dans le groupe Traçage des bordures, puis cliquez sur le style Trait-point-point (5ᵉ style de ligne à partir du haut).**

   Le pointeur devient $\mathscr{I}$, indiquant que vous êtes en mode de dessin.

4. **Cliquez sur la ligne verticale blanche séparant les colonnes Prix et Inclus dans la première ligne du tableau, puis cliquez sur cette même ligne de séparation de colonnes dans chacune des lignes jusqu'au bas du tableau.**

   Comparez votre tableau à celui de la figure G-1.

ASTUCE

Vous pouvez aussi appuyer sur [Échap] pour quitter le mode de dessin.

5. **Cliquez sur le bouton Dessiner un tableau dans le groupe Traçage des bordures, cliquez sur l'onglet Outils de tableau Disposition du Ruban, cliquez sur la cellule Marche/Vélo, puis cliquez sur Fractionner dans le groupe Fusionner.**

   Cliquer sur le bouton Dessiner un tableau ferme le mode de dessin et le pointeur redevient ↳. Le bouton Fractionner ouvre la boite de dialogue Fractionner les cellules. La disposition par défaut est 2 colonnes et 1 ligne et la zone Nombre de colonnes est sélectionnée.

6. **Tapez 1 dans la zone Nombre de colonnes, cliquez une fois sur la flèche supérieure de Nombre de lignes, puis cliquez sur OK.**

   Vous avez fractionné la cellule en deux lignes.

ASTUCE

Pour changer l'orientation du texte dans une zone de texte ou un tableau, cliquez sur le bouton de ce nom dans le groupe Paragraphe, puis choisissez l'orientation voulue.

7. **Double-cliquez sur Vélo pour sélectionner ce mot, cliquez sur l'onglet Accueil du Ruban, cliquez sur le bouton Couper ✂ du groupe Presse-papiers, appuyez sur [Ret arr], cliquez dans la nouvelle ligne, cliquez sur la flèche du bouton Coller, puis cliquez sur Conserver la mise en forme source 🖾.**

   Les deux types de déplacement figurent maintenant sur deux lignes distinctes dans la colonne Transport. Le tableau G-1 donne la description des différentes options du bouton Coller.

8. **Répétez les étapes 5 à 7 pour scinder les prix en deux lignes dans la troisième colonne.**

   Les données Vélo sont maintenant séparées des données Marche. Comparez votre écran à celui de la figure G-2.

9. **Cliquez à l'extérieur du tableau, enregistrez votre présentation, puis cliquez sur OK dans le message d'avertissement de confidentialité.**

FIGURE G-1 : Tableau avec le nouveau style de trait

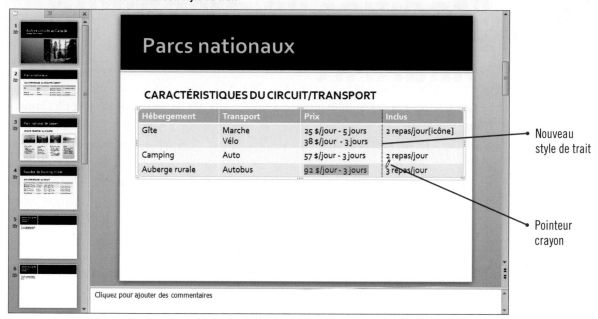

Nouveau style de trait

Pointeur crayon

FIGURE G-2 : Nouvelle ligne de donnée

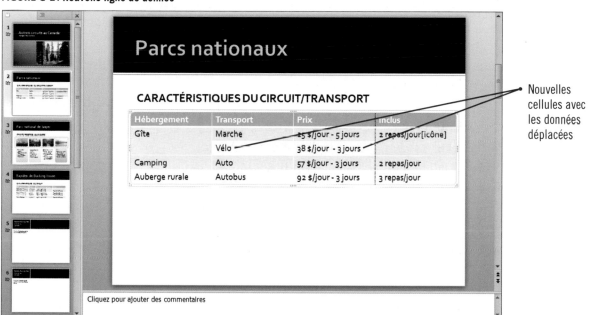

Nouvelles cellules avec les données déplacées

TABLEAU G-1 : Options courantes du bouton Coller

Symbole	Nom du bouton	Résultat
	Conserver la mise en forme source	Utilise les caractéristiques de mise en forme du fichier source de l'objet.
	Utiliser les styles de destination	Utilise les styles de la présentation actuelle.
	Incorporé	Insère l'objet en tant qu'objet incorporé.
	Image	Insère l'objet en tant qu'image.
	Conserver uniquement le texte	Insère l'objet en tant que texte uniquement sans mise en forme.
	Utiliser le thème de destination	Utilise le thème actuel de la présentation.

Insérer illustrations, objets et clips multimédias

Modifier un graphique SmartArt

Les graphiques SmartArt augmentent considérablement les moyens de donner de l'impact à votre contenu. SmartArt vous permet de combiner facilement votre contenu avec un diagramme illustratif, d'améliorer la qualité générale de vos présentations et donc d'augmenter la compréhension du contenu et sa mémorisation par le public. En quelques minutes, avec un peu d'entrainement, vous créez un graphique SmartArt mettant en valeur un texte qui serait resté autrement dans une simple liste à puces. ██████ Vous continuez à travailler sur la présentation des autres circuits Canada en changeant la disposition graphique, en ajoutant une forme et du texte au graphique SmartArt et en modifiant ses couleurs et sa disposition.

ÉTAPES

1. **Cliquez sur la diapositive 3 dans l'onglet Diapositives, cliquez sur la forme Sites visités du graphique SmartArt, puis cliquez sur l'onglet Outils SmartArt Création du Ruban.**

   La forme Sites visités est sélectionnée et affiche des poignées de dimensionnement et une poignée de rotation. Chaque forme du graphique SmartArt est distincte des autres et peut être mise en forme individuellement ou déplacée dans les limites du graphique SmartArt.

2. **Si nécessaire, ouvrez le volet Texte en cliquant sur le bouton volet Texte du groupe Créer un graphique, cliquez sur le bouton Ajouter une puce dans le groupe Créer un graphique, puis tapez Kamloops dans le volet Texte.**

   Une nouvelle puce apparait dans le volet Texte et dans la forme supérieure droite du graphique. Comparez votre écran à celui de la figure G-3.

3. **Cliquez sur le bouton Autres ⊡ du groupe Dispositions, puis cliquez sur Liste d'images horizontale (3ᵉ ligne).**

   La disposition du graphique SmartArt change.

4. **Cliquez sur la flèche du bouton Ajouter une forme dans le groupe Créer un graphique, cliquez sur Ajouter la forme après.**

   Une nouvelle forme de même type apparait et une nouvelle puce est ajoutée dans le volet Texte.

5. **Tapez Extras, appuyez sur [Entrée], puis sur [Tab], tapez Excursion sur l'ile de Victoria, appuyez sur [Entrée], tapez Magasinage au centre de Banff, appuyez sur [Entrée], tapez Guide individuel.**

6. **Cliquez sur le bouton Autres ⊡ du groupe Styles SmartArt, cliquez sur Effet discret dans la section Meilleure correspondance pour le document, puis cliquez sur Modifier les couleurs dans le même groupe.**

   Une galerie de couleurs du thème apparait, montrant le thème appliqué dans la section Accentuation 1.

7. **Dans la section En couleur, cliquez sur Plage de couleurs - Couleurs vives 4 à 5 puis, dans chaque forme, réduisez la taille de police du titre à 17 pour les uniformiser et afin que tout le texte soit visible.**

   Chaque forme a maintenant sa propre couleur.

8. **Cliquez sur le bouton volet Texte dans le groupe Créer un graphique, puis cliquez sur De droite à gauche dans le groupe Créer un graphique.**

   Le graphique se retourne et apparait comme son image inverse. Vous préférez l'allure originale du diagramme.

9. **Cliquez sur De droite à gauche dans le groupe Créer un graphique, cliquez dans une zone vide de la diapositive, enregistrez vos modifications et cliquez sur OK dans le message d'avertissement de confidentialité.**

   Comparez votre écran à celui de la figure G-4.

ASTUCE

Lorsque le volet Texte est ouvert, servez-vous des boutons Promouvoir et Abaisser pour augmenter ou diminuer le niveau des puces ou des formes du graphique.

FIGURE G-3 : Graphique SmartArt avec le texte ajouté

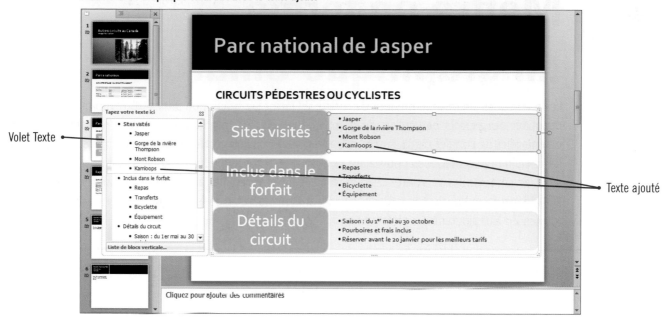

Volet Texte

Texte ajouté

FIGURE G-4 : Graphique SmartArt changé d'allure

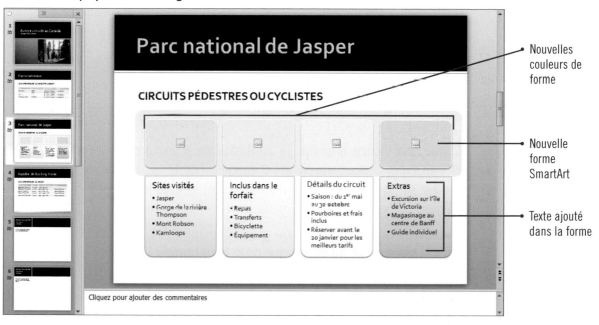

Nouvelles couleurs de forme

Nouvelle forme SmartArt

Texte ajouté dans la forme

Créer une équation mathématique

Vous pouvez insérer ou créer des équations mathématiques à l'aide du bouton Équation du groupe Symbole de l'onglet Insertion. Cliquez sur la flèche du bouton Équation pour accéder à neuf équations classiques, comprenant l'aire du cercle, le théorème de Pythagore et la formule quadratique. Pour créer votre propre équation, cliquez sur le bouton Équation afin d'ouvrir l'onglet Outils d'équation Création. Vous disposez des symboles mathématiques de base et de plusieurs types de structures comprenant les fractions, les exposants, les opérateurs, etc. Il est aussi possible de créer des équations et fonctions intégrales, trigonométriques et matricielles.

Mettre en forme un graphique SmartArt

Les styles et les thèmes permettent de mettre en forme un graphique SmartArt, mais vous devrez souvent peaufiner des aspects particuliers du graphique pour lui donner l'allure que vous recherchez. Grâce aux commandes de l'onglet Outils SmartArt Format, vous pouvez modifier le style, le remplissage, le contour et les effets d'une forme. Vous pouvez aussi convertir le texte d'une forme en WordArt et le mettre en forme avec les commandes WordArt. Chaque forme peut être réduite, agrandie ou transformée en une autre. Vous continuez à travailler sur le graphique SmartArt de la diapositive 3 en modifiant les quatre formes, en leur ajoutant des photos et en ajustant la graphique dans la page.

ÉTAPES

1. **Cliquez sur le graphique SmartArt, cliquez sur l'onglet Outils SmartArt Format du Ruban, puis cliquez sur la forme au-dessus de la forme Sites visités.**
   La forme entourant l'icône d'une image est sélectionnée.

2. **Cliquez sur Modifier la forme dans le groupe Formes, puis cliquez sur Arrondir un rectangle avec un coin diagonal (dernière forme de la section Rectangle).**
   La forme change.

3. **Cliquez sur la forme au-dessus de « Inclus dans le forfait », enfoncez et maintenez la touche [Ctrl], cliquez sur les deux formes suivantes, relâchez [Ctrl], appuyez sur [F4], puis cliquez dans un espace vide du graphique SmartArt.**
   Les quatre formes ont à présent la même nouvelle silhouette (figure G-5).

4. **Cliquez sur l'icône d'image 🖼 dans la première forme de gauche.**
   La boite de dialogue Insérer une image s'ouvre.

5. **Sélectionnez le fichier PPT G-2.jpg dans votre dossier Projets, puis cliquez sur Insérer.**
   L'image est placée dans la forme. Remarquez qu'elle est découpée avec la même silhouette que la forme.

6. **Cliquez sur l'icône d'image 🖼 au-dessus de « Inclus dans le forfait », insérez le fichier PPT G-3.jpg, cliquez sur l'icône d'image suivante 🖼, insérez le fichier PPT G-4.jpg, cliquez sur la dernière icône d'image 🖼 et insérez le fichier PPT G-5.jpg.**
   Les quatre formes ont à présent reçu une photo.

7. **Cliquez dans une zone vide du graphique SmartArt, puis faites glisser les poignées de dimensionnement du graphique pour bien remplir l'espace disponible dans la diapositive.**
   Remplissez la diapositive en laissant une petite marge blanche autour du graphique.

8. **Cliquez dans une zone vide de la diapositive, enregistrez votre travail, puis cliquez sur OK dans le message d'avertissement de confidentialité.**
   Comparez votre écran à celui de la figure G-6.

FIGURE G-5: Formes modifiées dans le graphique SmartArt

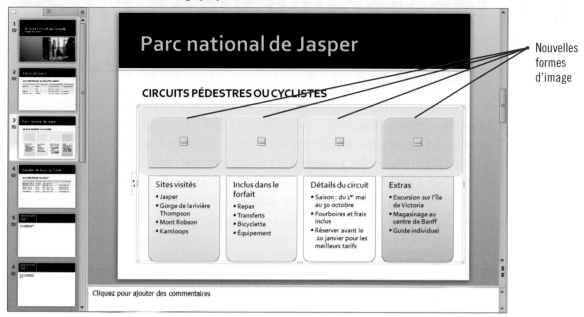

Nouvelles formes d'image

FIGURE G-6: Graphique SmartArt terminé

Images ajoutées

Enregistrer une présentation en format PDF et XPS

Dans certains cas, lors de l'envoi de documents confidentiels ou légaux à d'autres personnes, il est intéressant de pouvoir enregistrer la présentation dans un format figé. Un format figé désigne un format de fichier qui « verrouille » le fichier afin qu'il ne soit pas modifié et donne seulement la possibilité d'afficher ou d'imprimer la présentation. Pour enregistrer une présentation dans un de ces formats figés, cliquez sur l'onglet Fichier du Ruban, cliquez sur Enregistrer et envoyer, cliquez sur Créer un document PDF/XPS, puis cliquez sur Créer PDF/XPS. La boite de dialogue Publier comme PDF ou XPS s'ouvre. Sélectionnez le type de fichier approprié dans la zone Type, définissez les autres options (optimisation), puis publiez votre présentation dans le format choisi. Pour afficher la présentation dans le format figé, vous devez disposer du logiciel de visualisation adéquat, téléchargeable depuis internet.

Insérer une vidéo clipart

Vous pouvez vous servir d'une animation ou d'un film court pour illustrer un point de votre présentation ou capter l'attention de votre public. Une animation ou **fichier vidéo clipart** contient plusieurs images qui défilent en continu ou se déplacent pour donner l'illusion du mouvement. Les animations sont le plus souvent enregistrées sous forme de fichiers GIF (Graphics Interchange Format). PowerPoint propose un grand nombre de GIF animés faisant partie de la **Bibliothèque multimédia**. Celle-ci contient un grand nombre de dessins, photos, images clipart, sons, GIF animés et films que vous pouvez insérer dans vos présentations. Une **vidéo numérique** est une scène en direct enregistrée en format numérique par une caméra. Vous pouvez incorporer ou lier un fichier vidéo numérique depuis votre disque dur ou le lier depuis une page web enregistrée sur internet. Vous continuez à développer votre présentation en insérant depuis la Bibliothèque multimédia une vidéo clipart présentant des randonneurs.

ÉTAPES

1. **Cliquez sur la diapositive 2 dans l'onglet Diapositives, cliquez sur l'onglet Insertion du Ruban, cliquez sur la flèche du bouton Vidéo du groupe Média, puis cliquez sur Vidéo clipart.**

   Le volet Images clipart s'ouvre et affiche les fichiers vidéo clipart de la Bibliothèque multimédia.

2. **Tapez randonnée dans la zone Rechercher, puis cliquez sur OK.**

   PowerPoint cherche les films comportant vélo dans leurs mots-clés.

   PROBLÈME
   Si vous ne voyez pas le fichier vidéo de la figure G-7, choisissez un autre clip ou demandez de l'aide.

3. **Faites défiler les résultats jusqu'à ce que vous trouviez la vignette présentée dans la figure G-7, puis cliquez sur la vignette.**

   Le vidéo clipart apparait au centre de la diapositive.

4. **Cliquez sur le bouton Fermer ☒ du volet Images clipart.**

   Le volet se ferme et l'onglet Outils Image Format est actif dans le Ruban.

5. **Cliquez avec le bouton droit sur l'image et sélectionnez Taille et position dans le menu contextuel.**

   La boite de dialogue Format de l'image s'ouvre.

6. **Dans la section Échelle, double-cliquez sur la valeur 100 dans la zone Hauteur, tapez 250, puis cliquez sur Position dans la liste de gauche.**

   L'animation est agrandie en taille.

   ASTUCE
   Si vous placez un fichier vidéo dans une présentation que vous diffusez, votre auditoire ne pourra pas le voir. PowerPoint ne reconnait pas les fonctions vidéo dans une présentation diffusée.

7. **Sélectionnez la valeur de la zone Horizontal, tapez 16,5, appuyez deux fois sur [Tab], tapez 13,5 dans la zone Vertical, puis cliquez sur Fermer.**

   La vidéo clipart se déplace vers le bas de la diapositive. L'effet serait plus plaisant avec un effet d'atténuation des contours appliqué depuis la galerie Effets des images.

8. **Cliquez sur le bouton Effets des images du groupe Styles d'images, pointez Bordures adoucies, cliquez sur 25 points, puis cliquez sur une zone vide de la diapositive.**

   Comparez votre écran à celui de la figure G-8. L'animation ne sera visible que lorsque vous regarderez la présentation en mode Diaporama.

9. **Cliquez sur le bouton Diaporama 🖵 dans la barre d'état, regardez l'animation, appuyez sur [Échap], enregistrez vos modifications, puis cliquez sur OK dans message d'avertissement de confidentialité.**

FIGURE G-7 : Bibliothèque multimédia présentant les fichiers vidéo clipart

Cliquez sur cette vignette de vidéo clipart

Cette icône signale qu'il s'agit d'un clip animé

FIGURE G-8 : Diapositive terminée avec le fichier vidéo clipart

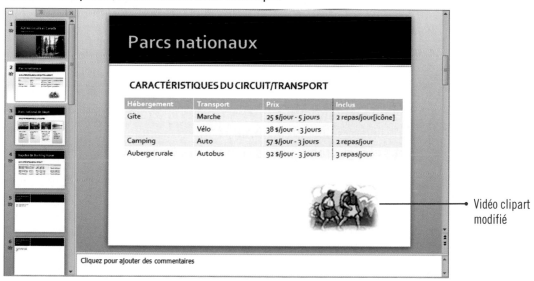

Vidéo clipart modifié

Insérer et modifier une vidéo numérique

Vous pouvez insérer un film provenant de votre disque dur, de la Bibliothèque multimédia, d'un site web ou d'une autre source. Pour insérer un fichier vidéo dans une diapositive, cliquez sur l'onglet Insertion, cliquez sur la flèche du bouton Vidéo du groupe Média, puis choisissez l'option Vidéo à partir du fichier ou Vidéo à partir d'un site Web. L'option Vidéo à partir du fichier ouvrira la boite de dialogue Insérer une vidéo permettant de localiser le fichier et de l'insérer. La boite de dialogue ouverte par l'option Vidéo à partir d'un site web permet de coller le code d'intégration de la vidéo que vous voulez lier à la présentation. Pour lier une vidéo depuis internet, vous devez disposer du code d'intégration (ou *code incorporé*) sinon vous ne pourrez pas lier la vidéo à la présentation. Après avoir regardé la vidéo, vous pouvez utiliser les outils d'édition pour éliminer le début ou la fin du fichier. Vous pouvez aussi appliquer des effets spéciaux à votre vidéo et la démarrer ou la terminer par un effet de fondu.

Insérer un son

PowerPoint permet d'incorporer des sons dans une présentation de la même façon que vous insérez un vidéo clipart ou un film. Vous pouvez ajouter des sons provenant de fichiers sur disque, de la Bibliothèque multimédia ou d'internet. Un son peut être utile pour renforcer le message d'une diapositive ou d'un élément particulier. Si, par exemple, vous présentez une croisière, vous pourriez insérer le son d'une sirène de paquebot sur la diapositive montrant le navire de croisière. ████████ Vous insérez un fichier son de ruisseau dans la forêt dans la diapositive 3 pour renforcer le message de présentation du circuit de randonnée.

ÉTAPES

1. **Cliquez sur la diapositive 3 dans l'onglet Diapositives, cliquez sur l'onglet Insertion du ruban, cliquez sur la flèche du bouton Audio du groupe Média, puis cliquez sur Audio à partir du fichier.**

   La boite de dialogue Insérer un objet audio s'ouvre. Les formats de son qui peuvent être insérés dans une présentation sont les fichiers Windows audio (.wav), MP3 (.mp3) et Windows Media Audio (.wma).

2. **Localisez et cliquez sur le fichier PPT G-6.mp3 dans votre dossier Projets, puis cliquez sur Insérer.**

   Une icône de fichier son accompagnée d'une barre de commande audio apparait au centre de la diapositive (figure G-9).

3. **Faites glisser l'icône du son ◄ vers la droite du titre Circuits pédestres ou cyclistes, puis cliquez sur le bouton Lecture/Pause ▷ de la barre de commande audio.**

   L'icône du son est déplacée à l'extérieur du graphique SmartArt et le fichier est lu. Après avoir entendu le fichier audio, vous décidez de raccourcir la durée de lecture en omettant la première partie du fichier.

4. **Cliquez sur l'onglet Outils audio Lecture du Ruban, cliquez sur le bouton Découper l'audio du groupe Édition, puis faites glisser la boite de dialogue sous l'icône du son.**

   La boite de dialogue Découper audio s'ouvre (figure G-10). Remarquez sur la ligne chronologique, le point de départ (marque verte) et le point de fin (marque rouge) identifiant le début et la fin du fichier audio. Ce fichier dure 32,805 secondes.

5. **Cliquez sur le bouton Lecture ▶ dans la boite de dialogue Découper audio, écoutez le son en suivant sa progression sur la ligne chronologique, puis faites glisser le point de départ ▮ vers la droite jusqu'à ce que vous voyiez 00:12,840 dans la zone Heure de début.**

   La lecture commencera à ce point. Le fichier peut aussi être raccourci en supprimant la fin.

6. **Cliquez sur la flèche inférieure de Heure de fin jusqu'à ce que vous voyiez 00:30,500 (figure G-11), cliquez sur OK, puis cliquez sur ▷ dans la barre de commande audio.**

   La lecture du fichier se fait maintenant entre les nouveaux points de départ et de fin. Par défaut, le fichier est lu lorsque vous cliquez sur l'icône du son durant la présentation.

7. **Cliquez sur la liste du bouton Début dans le groupe Options audio, puis cliquez sur Automatiquement.**

   Le fichier son sera lu dès l'apparition de la diapositive en mode Diaporama.

8. **Cliquez sur le bouton Diaporama ▣ de la barre d'état, puis écoutez le résultat.**

   Remarquez que l'icône du son apparait durant le diaporama. Vous pouvez la masquer en cochant la case Masquer pendant la présentation dans le groupe Options audio.

9. **Appuyez sur [Échap], cliquez dans une zone vide de la diapositive, puis enregistrez les modifications.**

FIGURE G-9 : Diapositive après l'insertion d'un son

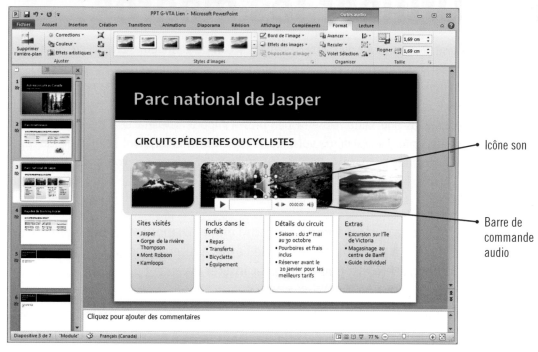

Icône son

Barre de commande audio

FIGURE G-10 : Boite de dialogue Découper audio

Point de départ

Ligne chronologique

Indique la durée du fichier

Point de fin

Bouton Lecture

FIGURE G-11 : Boite de dialogue Découper audio montrant le fichier raccourci

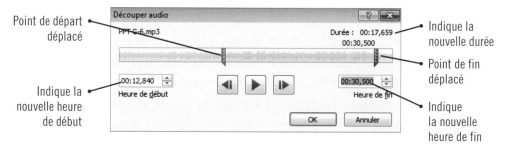

Point de départ déplacé

Indique la nouvelle heure de début

Indique la nouvelle durée

Point de fin déplacé

Indique la nouvelle heure de fin

Enregistrer une narration sur une diapositive

Si votre ordinateur dispose de haut-parleurs, d'une carte son et d'un micro, vous pouvez enregistrer une narration vocale et la reproduire durant le diaporama. Pour enregistrer une narration, cliquez sur l'onglet Insertion du Ruban, cliquez sur la flèche du bouton Audio dans le groupe Média, puis cliquez sur Enregistrer l'audio. La boite de dialogue Enregistrer un son s'ouvre. Pour démarrer l'enregis-trement, cliquez sur le bouton Enregistrer, puis cliquez sur Arrêter lorsque vous avez terminé. Les narrations enregistrées et les autres sons sont incorporés dans la présentation et augmentent la taille du fichier PowerPoint. Vous écouterez la narration en mode Normal en pointant l'icône du son dans la diapositive, puis en cliquant sur le bouton Lecture/pause dans la barre de commande audio.

Utiliser les macros

Comme vous l'avez vu dans la première leçon de ce module, une macro contient l'enregistrement d'une action ou d'un ensemble d'actions que vous utilisez pour automatiser des tâches. Le contenu d'une macro est formé d'une série de codes de commandes créés en VBA (le langage de programmation Visual Basic pour Applications), auxquels vous pouvez accéder avec PowerPoint par l'onglet Développeur. Vous pouvez utiliser les macros pour automatiser à peu près n'importe quelle action répétitive, afin de gagner du temps et d'augmenter l'efficacité de votre travail. Une présentation dont l'extension est .pptm est enregistrée avec une ou plusieurs macros. ██████ Vous utilisez des macros que vous avez déjà créées pour mettre en forme et placer deux photos.

ÉTAPES

ASTUCE

Pour ajouter l'onglet Développeur au Ruban, cliquez sur l'onglet Fichier, cliquez sur Options, cliquez sur Personnaliser le Ruban dans le volet gauche, cochez la case Développeur dans la liste des onglets principaux, puis cliquez sur OK.

1. **Cliquez sur la diapositive 5 dans l'onglet Diapositives, cliquez sur l'icône Insérer une image à partir du fichier 🖻 de l'espace réservé, localisez le fichier PPT G-7.jpg de votre dossier Projets, puis cliquez sur Insérer.**

   L'image apparait dans l'espace réservé.

2. **Cliquez sur l'onglet Affichage du Ruban, puis cliquez sur le bouton Macros dans le groupe Macros.**

   La boite de dialogue Macro s'ouvre affichant les noms des deux macros associées à la présentation.

3. **Cliquez sur Module2.ReductionPhoto dans la liste Nom de la macro, puis cliquez sur Modifier.**

   La fenêtre Visual Basic s'ouvre affichant deux petites fenêtres (figure G-12). Chaque fenêtre représente une macro distincte. Chaque macro a pour tâche de réduire la taille d'une photo et de la placer à un endroit précis sur la diapositive. La différence entre les deux est que la macro Module2 déverrouille le maintien des proportions de la photo, de sorte que toute image peut être réduite aux dimensions définies.

4. **Cliquez sur le bouton Exécuter ▷ de la barre d'outils Standard, puis cliquez sur le bouton Fermer ▬✕▬ de la barre de titre Microsoft Visual Basic.**

   La macro s'exécute et accomplit deux actions sur l'image : elle modifie sa taille à des dimensions précises en largeur et en hauteur et elle la positionne avec précision dans la diapositive.

5. **Cliquez sur la diapositive 6 dans l'onglet Diapositives, cliquez sur l'icône Insérer une image à partir du fichier 🖻 de l'espace réservé, localisez le fichier PPT G-8.jpg de votre dossier Projets, puis cliquez sur Insérer.**

   Une image apparait dans l'espace réservé de la diapositive.

ASTUCE

Pour en savoir plus sur les macros et le langage VBA, cliquez sur le bouton Visual Basic de l'onglet Développeur pour ouvrir la fenêtre Visual Basic, puis cliquez sur le bouton d'aide ❓.

6. **Cliquez sur l'onglet Affichage du Ruban, cliquez sur le bouton Macros du groupe Macros, cliquez sur Module2.ReductionPhoto dans la liste, puis cliquez sur Exécuter.**

   La macro s'exécute et modifie la taille et la position de l'image dans la diapositive.

7. **Cliquez sur l'onglet Outils Image Format du Ruban, cliquez sur le bouton Effets artistiques dans le groupe Ajuster, pointez chacun des effets de la galerie, puis cliquez sur l'effet Emballage plastique.**

   L'effet artistique est appliqué à l'image.

8. **Cliquez sur la diapositive 5 dans l'onglet Diapositives, cliquez sur l'image, appuyez sur [F4], cliquez sur la diapositive 7 dans l'onglet Diapositives, cliquez sur l'image et appuyez sur [F4].**

   Toutes les images de la fin de la présentation ont maintenant reçu le même effet artistique.

9. **Cliquez dans une zone vide de la diapositive, puis enregistrez les modifications.**

   Comparez votre écran à celui de la figure G-13.

FIGURE G-12 : Fenêtre Visual Basic

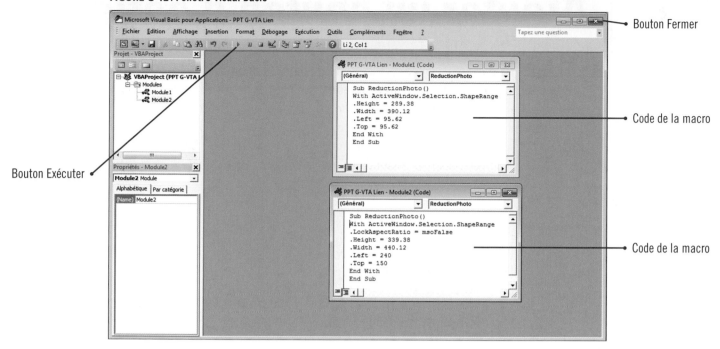

Bouton Fermer

Code de la macro

Code de la macro

Bouton Exécuter

FIGURE G-13 : Présentation après l'insertion des photos

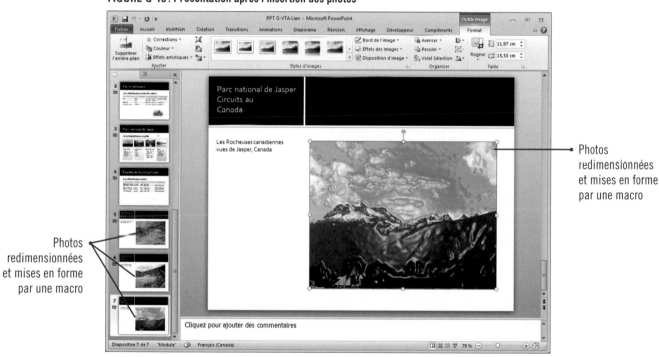

Photos redimensionnées et mises en forme par une macro

Photos redimensionnées et mises en forme par une macro

Sécurité des macros

Activer les macros comporte certains risques. Les macros utilisées dans cette tâche sont formées de commandes simples automatisant la réduction de taille et le positionnement d'une image sur une diapositive. Mais des personnes malintentionnées peuvent introduire un virus destructeur ou un autre programme malveillant dans une macro. Par défaut, PowerPoint désactive les macros à l'ouverture d'un fichier de présentation contenant des macros, afin d'empêcher les dommages possibles. Pour comprendre les paramètres de sécurité de PowerPoint et la vérification des macros, cliquez sur le bouton Sécurité des macros dans l'onglet Développeur ou cliquez sur l'onglet Fichier, cliquez sur Options, puis cliquez sur Centre de gestion de la confidentialité. En règle générale, si vous n'êtes pas certain de pouvoir faire confiance à la source d'une macro, ne l'activez pas.

Ajouter un bouton d'action

Un **bouton d'action** est un bouton interactif créé à partir d'une forme de la galerie des formes et permettant d'accomplir une tâche définie. Par exemple, un bouton d'action peut lancer la lecture d'un film ou d'un son, ou envoyer à une autre diapositive par un lien hypertexte. Un bouton d'action peut aussi envoyer à une adresse internet, à une autre présentation ou à un fichier créé par un autre programme ou lancer l'exécution d'une macro ou un d'autre programme. Les boutons d'action sont le plus souvent utilisés dans les présentations à exécution automatique ou publiées sur le web. ▰▰▰▰ Vous terminez le travail sur cette présentation par l'ajout sur chaque diapositive d'un bouton d'action qui permettra de passer d'une diapositive à l'autre et de revenir à la première diapositive.

ÉTAPES

1. **Cliquez sur la diapositive 1 dans l'onglet Diapositives, puis cliquez sur l'onglet Accueil du Ruban.**

   La diapositive 1 apparait dans le volet Diapositive.

   ASTUCE

   Toutes les formes de la galerie des formes, ainsi que la plupart des autres objets y compris le texte, peuvent être définies comme des boutons d'action. Cliquez sur la forme ou l'objet, cliquez sur l'onglet Insertion, cliquez sur Actions dans le groupe Liens, puis sélectionnez une action.

2. **Cliquez sur le bouton Formes du groupe Dessin pour ouvrir la galerie des formes, cliquez sur Bouton d'action : Suivant ▷ dans la section Boutons d'action, appuyez et maintenez enfoncée [Maj] et dessinez le bouton en vous guidant sur la figure G-14, puis relâchez [Maj].**

   Un petit bouton d'action apparait sur la diapositive et la boite de dialogue Paramètres des actions s'ouvre. Appuyer sur [Maj] en créant la forme permet de conserver les proportions d'origine tout en modifiant la taille.

3. **Vérifiez que Diapositive suivante est sélectionné dans la liste Créer un lien hypertexte vers, puis cliquez sur OK.**

   La boite de dialogue disparait. Une action est maintenant définie pour le bouton d'action : passer à la diapositive suivante.

4. **Cliquez sur l'onglet Outils de dessin Format du Ruban, cliquez sur le bouton Autres ▾ du groupe Styles de forme, puis cliquez sur Contour lumière 1, remplissage couleur Rouge, 6 accentué dans la troisième ligne.**

   Le bouton d'action est plus facile à distinguer.

   ASTUCE

   Utilisez les touches de navigation de votre clavier pour déplacer le bouton d'action sur la diapositive. Vous pouvez aussi appuyer sur [Alt] en faisant glisser le bouton d'action pour effectuer des ajustements de position.

5. **Faites glisser le bouton d'action vers le coin inférieur gauche de la diapositive.**

6. **Cliquez sur l'onglet Accueil du Ruban, cliquez sur le bouton Copier 📋 ▾ du groupe Presse-papiers, cliquez sur la diapositive 2 dans l'onglet Diapositives, puis cliquez sur le bouton Coller.**

   Une copie conforme du bouton d'action, y compris l'action associée, est placée sur la diapositive 2.

7. **Collez une copie du bouton sur les diapositives 3, 4, 5 et 6, cliquez sur la diapositive 7 dans l'onglet Diapositives, cliquez sur le bouton Formes du groupe Dessin, puis cliquez sur Bouton d'action : Accueil 🏠 dans la section Boutons d'action.**

8. **En appuyant sur [Maj], dessinez un bouton d'action semblable au premier, vérifiez que Première diapositive est sélectionné comme action, cliquez sur OK, attribuez-lui le style de forme de l'étape 4, puis positionnez-le dans le coin inférieur gauche de la diapositive.**

   Comparez votre écran à celui de la figure G-15.

9. **Cliquez sur Diaporama 🖵 dans la barre d'état, cliquez sur le bouton d'action Accueil, cliquez sur les boutons d'action pour passer d'une diapositive à l'autre, puis appuyez sur [Échap] pour fermer le diaporama.**

   Le pointeur devient ⏏ lorsque vous cliquez sur un bouton d'action.

10. **Ajoutez votre nom dans le pied de page de la diapositive, enregistrez vos modifications, cliquez sur l'onglet Fichier du Ruban, puis cliquez sur Fermer pour fermer la présentation sans quitter PowerPoint.**

FIGURE G-14 : Nouveau bouton d'action

Boite de dialogue Paramètres des actions

Bouton d'action

FIGURE G-15 : Dernière diapositive affichant le bouton d'action Accueil

Bouton d'action Accueil

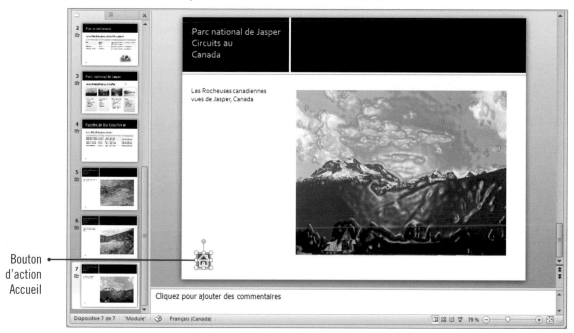

Enregistrer les diapositives en tant qu'images

Vous pouvez enregistrer les diapositives PowerPoint en tant qu'images et les réutiliser ultérieurement dans d'autres présentations, dans un programme graphique et sur une page web. Affichez la diapositive à enregistrer, cliquez sur l'onglet Fichier, puis cliquez sur Enregistrer sous. Dans la boite de dialogue Enregistrer sous, cliquez sur la flèche de la liste Type, sélectionnez le format graphique souhaité, puis donnez un nom au fichier. Les options de format graphique comprennent le format JPEG, le format TIFF, le format PNG, le format GIF et le format Bitmap indépendante du périphérique (.bmp). Cliquez sur Enregistrer, puis choisissez d'exporter cette diapositive seulement ou toutes les diapositives de la présentation dans le message d'alerte.

Insérer un lien hypertexte

Il peut vous arriver de vouloir montrer un document qui ne peut tenir dans une diapositive ou qui est trop détaillé pour la présentation. Dans ce cas, vous pouvez insérer un **lien hypertexte** c'est-à-dire un mot, une expression, un graphique ou un objet dessiné sur lequel il suffit de cliquer pour « sauter à », ou afficher une autre diapositive de la présentation, une autre présentation PowerPoint, un document provenant d'un autre programme, par exemple Word, ou encore une page web. L'insertion d'un lien hypertexte est analogue à la liaison, car vous pouvez modifier l'objet dans son programme source. ▓▓▓▓ Vous ajoutez deux liens hypertextes à la présentation originale sur laquelle vous avez travaillé afin de fournir des éléments supplémentaires concernant le circuit dans le Parc national de Jasper.

1. Ouvrez la présentation PPT G-9.pptx de votre dossier Projets et enregistrez-la sous le nom PPT G-Final.pptx.

2. Cliquez sur la diapositive 6 dans l'onglet Diapositives, sélectionnez Aperçu du circuit dans la zone de texte, cliquez sur l'onglet Insertion du Ruban, puis cliquez sur Lien hypertexte dans le groupe Liens.

La boite de dialogue Insérer un lien hypertexte s'ouvre. Le bouton Fichier ou page Web existant(e) est sélectionné dans le volet Lier à et le bouton Dossier actif est sélectionné dans la section Regarder dans.

3. Localisez le fichier PPT G-10.docx de votre dossier de projets, cliquez sur OK, puis cliquez dans une zone vide de la diapositive.

Vous avez maintenant créé un lien hypertexte depuis « Aperçu du circuit » vers le document PPT G-10.docx, la couleur du texte est devenue verte, la couleur des liens dans le thème de la présentation, et il est souligné. Il est important de tester un lien hypertexte que vous avez créé.

4. Cliquez sur Diaporama 🖵 dans la barre d'état, pointez Aperçu du circuit pour voir le pointeur devenir 🖑, puis cliquez sur le lien.

Microsoft Word s'ouvre et le document Word contenant la description détaillée du circuit apparait (figure G-16).

5. Faites défiler le document pour le lire, puis cliquez sur le bouton Fermer ▇▇▇ de la fenêtre Word.

La diapositive PowerPoint réapparait dans le diaporama. Le lien est maintenant de couleur vert olive, la couleur des liens suivis dans le thème, indiquant que le lien a été suivi ou affiché.

6. Appuyez sur [Échap], cliquez sur la diapositive 8 dans l'onglet Diapositives, cliquez avec le bouton droit sur le bouton d'action Information, cliquez sur Lien hypertexte, cliquez sur le bouton d'option Créer un lien hypertexte vers, déroulez la liste et faites-la défiler jusqu'en bas, puis sélectionnez Autre présentation PowerPoint.

La boite de dialogue Lien hypertexte vers une autre présentation PowerPoint s'ouvre.

7. Localisez le fichier PPT G-11.pptx dans votre dossier Projets, puis cliquez sur OK.

La boite de dialogue Lien hypertexte vers une diapositive s'ouvre. Vous pouvez choisir vers quelle diapositive de la présentation vous créez le lien.

8. Cliquez sur OK pour lier à la diapositive 1, cliquez sur OK pour fermer la boite de dialogue Paramètres des actions, cliquez sur 🖵, cliquez sur le bouton d'action Informations, parcourez la présentation à l'aide des boutons d'action, appuyez sur [Échap] pour fermer le diaporama, puis appuyez sur [Échap] encore une fois.

Le diaporama se termine. Les deux liens hypertextes fonctionnent correctement.

9. Ajoutez votre nom dans les notes et commentaires, enregistrez vos modifications, puis cliquez sur Trieuse de diapositives 🖿 dans la barre d'état.

Comparez votre écran à celui de la figure G-17.

10. Imprimez les documents et les diapositives, fermez la présentation, puis quittez PowerPoint.

FIGURE G-16 : Document Word lié

Document en
Microsoft Word

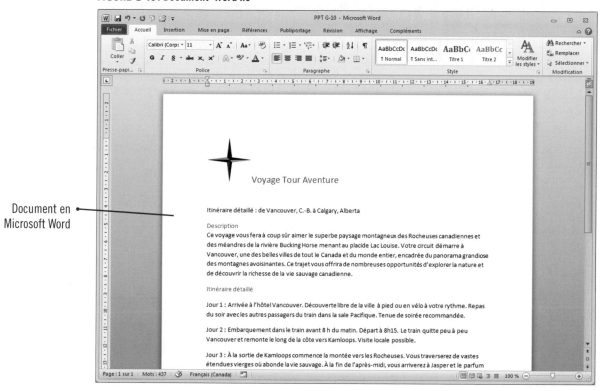

FIGURE G-17 : Présentation finale en mode Trieuse de diapositives

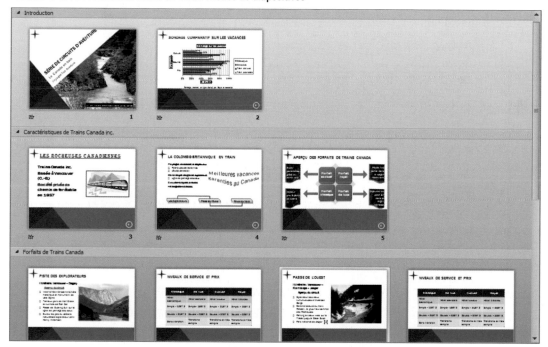

Insérer une capture d'écran

À l'aide du bouton Capture du groupe Images dans l'onglet Insertion, vous pouvez insérer une image, appelée capture, de la fenêtre d'un programme ouvert ou d'une partie spécifique de la fenêtre. Par exemple, vous pouvez vous servir de l'outil Capture pour insérer une image d'une information trouvée sur une page web ou dans un autre document qui ne serait pas transférable dans PowerPoint. Les captures d'écrans sont statiques et ne sont pas mises à jour si la source de l'information change. Lorsque vous cliquez sur le bouton Capture, les reproductions de toutes les fenêtres ouvertes à l'écran apparaissent dans la galerie des fenêtres disponibles. Pour prendre une capture d'une portion d'écran, cliquez sur le bouton Capture, puis cliquez sur Capture d'écran.

Mise en pratique

Révision des concepts

Identifiez chaque élément de la fenêtre de PowerPoint (figure G-18).

FIGURE G-18

Associez chaque terme à sa description.

9. **Bouton Équation**

10. **.pptm**

11. **Vidéo animée**

12. **Macro**

13. **Bouton d'action**

14. **Lien hypertexte**

a. Identifie un fichier de présentation contenant des macros.

b. Fichier qui contient de nombreuses images réunies qui bougent durant un diaporama.

c. Cliquez pour créer des intégrales et des fonctions mathématiques.

d. Forme interactive qui exécute une tâche précise lorsqu'on clique dessus.

e. Mot ou graphisme mis en forme qui accède à une page web lorsqu'on clique dessus.

f. Ensemble d'actions que vous utilisez pour automatiser des tâches.

Sélectionnez la meilleure réponse à chaque question.

15. Un format _____ est un format de fichier qui « verrouille » le fichier et empêche toutes modifications futures.

- **a.** Film
- **b.** GIF
- **c.** Avec macros activées
- **d.** Disposition fixe

16. Quel énoncé décrit le mieux la fonction d'un lien hypertexte dans PowerPoint ?

- **a.** Un bouton utilisé dans un tableau pour lancer un diaporama.
- **b.** Cliquer durant un diaporama pour afficher un fichier Excel.
- **c.** Est utilisé pour les animations.
- **d.** Active une macro.

17. Qu'est-ce qui combine un contenu avec un diagramme illustratif ?

- **a.** Un lien hypertexte
- **b.** Un tableau
- **c.** SmartArt
- **d.** Un bouton d'action

18. Qu'est-ce qu'un fichier GIF animé ?

- **a.** Un ensemble d'images réunies
- **b.** Un lien hypertexte
- **c.** Un son
- **d.** Un film numérique

19. D'après cet ouvrage, un(e) _____ est une action en direct saisie en format numérique.

- **a.** Un fichier GIF
- **b.** Une vidéo
- **c.** Un lien hypertexte
- **d.** Une macro

20. Une macro est fondamentalement une série de _____ que vous créez dans Visual Basic pour applications.

- **a.** Boutons d'action
- **b.** Suffixes de fichier
- **c.** Fichiers liés
- **d.** Codes de commandes

Révision des techniques

1. Créer des tableaux personnalisés.

- **a.** Démarrez PowerPoint, ouvrez le fichier PPT G-12.pptx de votre dossier Projets, cliquez sur le bouton Activer le contenu, puis enregistrez la présentation sous le nom **PPT G-Coop du fromage**.
- **b.** Allez à la diapositive 5, sélectionnez le tableau, ouvrez l'onglet Création des Outils de tableau, cliquez sur le bouton Autres dans le groupe Styles de tableau, puis cliquez sur Style moyen 1 – Accentuation 3 dans la section Moyen.
- **c.** Cliquez sur le bouton Épaisseur du stylo dans le groupe Traçage des bordures, sélectionnez 2¹/₄ pt, puis appliquez ce nouveau style de ligne à la bordure horizontale inférieure de la première ligne.
- **d.** Appliquez le même style de ligne à la séparation verticale entre les cellules de la première rangée, puis cliquez sur le bouton Dessiner un tableau.
- **e.** Sélectionnez le tableau, ouvrez l'onglet Disposition des Outils de tableau, cliquez sur le bouton Marges de cellule du groupe Alignement, puis cliquez sur Large.
- **f.** Cliquez n'importe où dans la cellule supérieure gauche, cliquez sur le bouton Sélectionner du groupe Tableau, cliquez sur Sélectionner la ligne, puis cliquez sur le bouton Centrer du groupe Alignement.
- **g.** Cliquez n'importe où dans la dernière ligne du tableau, puis cliquez sur le bouton Insérer en dessous dans le groupe Lignes et colonnes.
- **h.** Cliquez dans la cellule gauche de la nouvelle ligne, tapez **Tomme de Savoie**, appuyez sur [Tab], tapez **Valençay**, puis enregistrez les changements.

2. Concevoir un graphique SmartArt.

- **a.** Allez à la diapositive 4, cliquez sur le graphique SmartArt, puis cliquez sur l'onglet Outils SmartArt Création.
- **b.** Cliquez sur le bouton Autres du groupe Dispositions, puis cliquez sur Liste verticale avec images (dans la 4ᵉ rangée).
- **c.** Ouvrez le volet Texte si nécessaire, cliquez sur la flèche du bouton Ajouter une forme dans le groupe Créer un graphique, puis cliquez sur Ajouter la forme après.
- **d.** Tapez **Production**, appuyez sur [Entrée], cliquez sur le bouton Abaisser du groupe Créer un graphique, tapez **Fromage de vache : 1,96 million de tonnes**, appuyez sur [Entrée], tapez Fromage de chèvre 0,88 million de tonnes, appuyez sur [Entrée], tapez **Fromage bleu 0,25 million de tonnes**.
- **e.** Fermez le volet Texte, cliquez sur le bouton Modifier les couleurs dans le groupe Styles SmartArt, puis cliquez sur Plage de couleurs – Couleurs vives 5 à 6 dans la section En couleur.
- **f.** Cliquez sur le bouton De droit à gauche dans le groupe Créer un graphique.
- **g.** Redimensionnez et repositionnez le graphique SmartArt pour le centrer dans la diapositive, puis enregistrez les modifications.

Révision des techniques (suite)

3. Mettre en forme un graphique SmartArt.

  a. Ouvrez l'onglet Format des Outils SmartArt, cliquez sur le cercle du haut dans le graphique, puis cliquez sur le bouton Plus petit dans le groupe Formes.

  b. Utilisez encore le bouton Plus petit pour diminuer la taille des deux autres cercles du graphique.

  c. Cliquez sur l'icône Insérer une image dans le cercle du bas, puis localisez et insérez le fichier PPT G-13.jpg de votre dossier Projets.

  d. Répétez les instructions de l'étape précédente pour insérer le fichier PPT G-13.jpg dans les deux autres cercles puis enregistrez les modifications.

4. Insérer un clipart animé.

  a. Allez à la diapositive 7, ouvrez l'onglet Insertion sur le Ruban, cliquez sur la flèche du bouton Vidéo dans le groupe Média, puis cliquez sur Vidéo clipart pour ouvrir le volet Images clipart.

  b. Insérez un fichier GIF animé de votre choix dans la diapositive en recherchant sur les mots **courrier électronique**.

  c. Redimensionnez et repositionnez l'animation GIF au besoin.

  d. Cliquez sur le bouton Effets des images dans le groupe Styles d'images, puis appliquez un effet de votre choix.

  e. Visionnez l'animation en mode Diaporama, fermez le volet Images clipart, puis enregistrez votre travail.

5. Insérer un son.

  a. Allez à la diapositive 2.

  b. Ouvrez l'onglet Insertion sur le Ruban, cliquez sur la flèche du bouton Audio du groupe Média, puis cliquez sur Audio à partir d'un fichier.

  c. Localisez et insérez le fichier PPT G-14.wav de votre dossier Projets.

  d. Faites une lecture du son, réglez le son de façon qu'il commence automatiquement pendant la présentation, puis déplacez l'icône d'audio sous le carte de France.

  e. Utilisez la boite de dialogue Découper l'audio pour changer l'heure de fin à 00:01,700.

  f. Cochez la case Masquer pendant la présentation dans le groupe Options audio, cliquez sur le bouton Diaporama dans la barre d'état, examinez la diapositive, appuyez sur [Échap], puis enregistrez la présentation.

6. Utiliser des macros.

  a. Allez à la diapositive 6, ouvrez l'onglet Insertion sur le Ruban, puis cliquez sur le bouton Image dans le groupe Images.

  b. Trouvez et insérez le fichier PPT G-15.jpg de votre dossier Projets.

  c. Ouvrez l'onglet Affichage sur le Ruban, cliquez sur le bouton Macros du groupe Macros, puis cliquez sur Exécuter dans la boite de dialogue Macros.

  d. Faites glisser l'image au centre de la zone vide au-dessus du texte situé au bas de la diapositive. Utilisez les repères pour vous aider à centrer l'image.

  e. Cliquez sur l'onglet Format des Outils Image, cliquez sur le bouton Autres du groupe Styles d'images, cliquez sur Cadre métallique dans la rangée du haut, puis enregistrez votre travail.

7. Ajouter des boutons d'action.

  a. Allez à la diapositive 1, cliquez sur le bouton Formes du groupe Dessin, puis cliquez sur Bouton d'action : Suivant.

  b. Dessinez un petit bouton, cliquez sur OK dans la boite de dialogue Paramètres des actions, puis placez le bouton dans le coin supérieur gauche de la diapositive.

  c. Ouvrez l'onglet Format des Outils de dessin, cliquez sur le bouton Autres du groupe Styles de formes, puis cliquez sur Effet intense – Jaune clair, 4 accentué dans la rangée du bas.

  d. Copiez le bouton d'action et collez-le sur les diapositives 2 à 7.

  e. Allez à la diapositive 8, cliquez sur le bouton Formes, cliquez sur Bouton d'action : Début, dessinez un petit bouton, cliquez sur OK, puis faites glisser le bouton vers le coin supérieur gauche de la diapositive.

  f. Cliquez sur la diapositive 7, cliquez sur le bouton d'action, cliquez sur le bouton Reproduire la mise en forme du groupe Presse-papiers, cliquez sur la diapositive 8, puis cliquez sur le bouton d'action.

  g. Exécutez le diaporama à partir de la diapositive 1 et testez les boutons d'action, puis enregistrez votre travail.

8. Insérer un lien hypertexte.

  a. Passez à la diapositive 6, puis sélectionnez les mots **Jorge Fonseca** dans l'objet texte.

  b. Ouvrez l'onglet Insertion, cliquez sur le bouton Lien hypertexte du groupe Liens, localisez et insérez le fichier PPT G-16.docx de votre dossier Projets, puis cliquez sur OK.

Révision des techniques (suite)

c. Cliquez dans le volet des commentaires et tapez **Le lien hypertexte ouvre la critique de Jorge Fonseca sur le Camembert français 2013**.

d. Lancez le mode Diaporama, cliquez sur le lien hypertexte, lisez l'article, puis cliquez sur le bouton Fermer de la fenêtre Word.

e. Appuyez sur [Échap], puis ajoutez votre nom au pied de page des diapositives.

f. Vérifiez l'orthographe de la présentation, puis affichez le Diaporama à partir de la diapositive 1.

g. Apportez toutes modifications nécessaires. La figure G-19 montre la présentation terminée.

h. Enregistrez votre travail et quittez PowerPoint.

FIGURE G-19

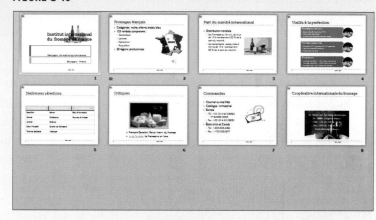

Exercice personnel 1

Tanger Entreprises est une société d'architecture industrielle spécialisée en conception d'usines de fabrication à l'échelle mondiale. En tant qu'analyste financier de la société, vous devez effectuer des recherches et produire un rapport sur un contrat possible de conception et de construction d'une grande usine en Chine.

a. Ouvrez le fichier PPT G-17.pptx de votre dossier Projets et enregistrez-le sous le nom **PPT G-Chine**.

b. Sur la diapositive 3, appliquez le style Style à thème 1 – Accentuation 5 au tableau, puis dessinez une ligne verticale pointillée au centre du tableau en utilisant le bouton Style du stylo.

c. Cliquez dans la première rangée du tableau, insérez une ligne au-dessus de cette ligne, tapez **Élément** dans la cellule gauche et **Budget** dans la cellule droite.

d. Cliquez dans la cellule Frais généraux/Profit, fractionnez-la en deux colonnes et une ligne, puis déplacez le mot Profit dans la nouvelle colonne et effacez la barre oblique.

e. Créez un nouveau graphique SmartArt sur la diapositive 4 en utilisant les données suivantes : **Planification et conception**, **Acquisition et aménagement du site**, **Travaux souterrains**, **Construction du bâtiment** et **Finitions et achèvement**.

f. Changez les couleurs du graphique par celles d'un thème en couleur, puis appliquez un style 3D.

g. Changez la forme d'au moins une des formes du graphique SmartArt en utilisant le bouton Modifier la forme, puis cliquez sur le bouton De droite à gauche du groupe Créer un graphique de l'onglet Création des Outils SmartArt.

h. Ajoutez votre nom au pied de page des diapositives, puis enregistrez le fichier.

Difficultés supplémentaires

- Créez une nouvelle diapositive avec la disposition Titre et contenu, tapez **Organisation du projet** dans l'espace réservé au titre, puis créez un organigramme SmartArt hiérarchique.
- Remplissez les zones de texte avec les postes suivants : **Chef de projet**, **Contremaitre**, **Directeur de la conception** et **Coordonnateur du projet**.
- Cliquez sur la forme supérieure, cliquez sur le bouton Disposition du groupe Créer un graphique, puis cliquez sur Retrait à droite.
- Mettez le graphique en forme en modifiant le style et le jeu de couleurs, apportez toutes autres modifications nécessaires, puis enregistrez la présentation sous **PPT G-Chine Défi**.

i. Vérifiez l'orthographe de la présentation, affichez le diaporama, puis fermez le fichier et quittez PowerPoint.

Exercice personnel 2

Vous êtes Chef de l'exploitation du Groupe Fisher, une grande banque d'investissement à Toronto. Le groupe songe à acquérir la société Services financiers Ramsès, un plus petit organisme basé à Montréal. En tant que membre de l'équipe des opérations financières, vous devez présenter des prévisions sur cette acquisition à un comité spécial formé par le Groupe Fisher pour étudier le projet proposé.

a. Ouvrez la présentation PPT G-18.pptx de votre dossier Projets et enregistrez-le sous le nom **PPT G-Fisher**.

b. Mettez en forme le tableau de la diapositive 3 selon les indications suivantes : (1) appliquez-lui un style Léger 2 de la section Clair de la galerie des styles de tableau ; (2) dessinez trois séparateurs verticaux de cellule en trait pointillé de 1½ pt ; et (3) cochez la case À la première colonne dans le groupe Options de style de tableau.

c. Convertissez le texte de la diapositive 5 en graphique SmartArt en utilisant l'une des dispositions de liste.

d. Mettez en forme le graphique SmartArt en lui appliquant un jeu de couleurs Accentuation 3, puis en remplaçant le style SmartArt par le style Effet discret.

e. Insérez une vidéo sur la diapositive 3. Utilisez le mot **profit** pour trouver un GIF animé adéquat.

f. Sélectionnez le mot **Ramsès** sur la diapositive 2, ouvrez l'onglet Insertion, cliquez sur le bouton Lien hypertexte du groupe Liens, localisez et insérez le fichier PPT G-19.pptx de votre dossier Projets, puis cliquez sur OK.

g. Ajoutez votre nom dans le pied de page des diapositives, vérifiez l'orthographe, puis enregistrez la présentation.

h. Affichez le diaporama de la présentation et cliquez sur le lien hypertexte de la diapositive 2.

i. Fermez le fichier et quittez PowerPoint.

Exercice personnel 3

Vous êtes depuis peu à l'emploi de Rinco inc., une entreprise qui exporte des biens et services vers divers pays d'Asie dont le Japon, Hong Kong, la Chine et les Philippines. Une de vos responsabilités est de préparer de courtes présentations sur divers sujets afin de les publier sur le site web de la société. Vous préparez ces présentations à partir de données fournies par d'autres secteurs de l'entreprise.

a. Ouvrez le fichier PPT G-20.pptx de votre dossier Projets et enregistrez-le sous le nom **PPT G-Rinco**.

b. Appliquez un thème à la présentation et modifiez l'arrière-plan ou d'autres objets pour donner à votre présentation une allure professionnelle.

c. Convertissez le texte de la diapositive 3 en graphique SmartArt, puis mettez en forme le graphique SmartArt en vous servant des commandes de mise en forme disponibles.

d. Insérez une animation appropriée sur la dernière diapositive.

e. Insérez un son sur la diapositive 2. Utilisez le mot **navire** pour rechercher un son.

f. Changez la disposition des graphiques sur les diapositives 4 et 5, et mettez-les en forme.

g. Créez, mettez en forme et positionnez des boutons d'action Suivant sur les diapositives 1 à 5.

h. Créez, mettez en forme et positionnez des boutons d'action Précédent sur les diapositives 2 à 6, puis créez, mettez en forme et positionnez un bouton d'action Début.

Difficultés supplémentaires *(Matériel requis : microphone branché, carte audio et haut-parleurs)*

■ Préparez une narration pour une ou deux diapositives, puis enregistrez cette narration en suivant une des deux étapes suivantes :

■ **Une diapositive** : Pour ajouter une narration à une diapositive, activez la diapositive voulue, ouvrez l'onglet Insertion, cliquez sur la flèche du bouton Audio, sélectionnez Enregistrer l'audio, cliquez sur le bouton Enregistrer dans la boite de dialogue Enregistrer un son, enregistrez votre narration, puis cliquez sur le bouton Arrêter pour mettre fin à l'enregistrement.

■ **Plusieurs diapositives** : Pour ajouter une narration à plusieurs diapositives qui sera jouée avec un diaporama, ouvrez l'onglet Diaporama, cliquez sur le bouton Enregistrer le diaporama dans le groupe Configuration, cliquez sur Commencer l'enregistrement au début, sélectionnez les options voulues dans la boite de dialogue, cliquez sur Démarrez l'enregistrement, enregistrez votre narration, puis appuyez sur [Échap] pour mettre fin à l'enregistrement.

Exercice personnel 3 (suite)

i. Ajoutez votre nom dans le pied de page des diapositives, vérifiez l'orthographe, enregistrez les changements, puis visionnez le diaporama (figure G-20).

j. Fermez la présentation et quittez PowerPoint.

FIGURE G-20

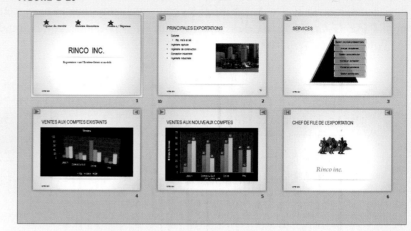

Défi

Une des tâches obligatoires de votre cours de commerce consiste à faire une présentation de 15 minutes sur le sujet de votre choix. L'objectif de la présentation est de persuader la classe (et votre formateur) de prendre une décision éclairée sur le sujet exposé selon votre capacité à communiquer les faits. Vous décidez de créer une présentation utilisant des photos et d'autres médias jouant en arrière-plan durant la présentation.

Pour développer le contenu de cette présentation :

- Choisissez un sujet personnel, par exemple votre sport ou passe-temps préféré.
- Utilisez vos propres clips (photos, sons et films). Si vous n'en avez pas, utilisez la Bibliothèque multimédia.

a. Ouvrez le fichier PPT G-21.pptx de votre dossier Projets et enregistrez-le sous le nom **PPT G-Commerce**. Ce fichier ne possède aucun contenu.

b. Ajoutez votre nom, la date et le numéro de diapositive au pied de page de toutes les diapositives, sauf la diapositive titre.

c. Décidez du sujet de la présentation, puis réfléchissez aux résultats que vous voulez obtenir et aux informations nécessaires pour créer les diapositives.

d. Insérez une photo (personnelle ou provenant de la Bibliothèque multimédia) sur chaque diapositive, puis déplacez chaque photo au centre de sa diapositive.

FIGURE G-21

e. Insérez un ou plusieurs sons appropriés. Vous pouvez enregistrer un son ou utilisez un de ceux offerts dans la Bibliothèque multimédia.

f. Insérez un(e) ou plusieurs vidéos ou films provenant de votre ordinateur ou de la Bibliothèque multimédia.

g. Donnez un titre à chaque diapositive et ajoutez du texte lorsque c'est nécessaire. Créez des diapositives supplémentaires au besoin.

h. Appliquez un thème approprié à votre présentation.

i. Vérifiez l'orthographe de la présentation, visionnez le diaporama final et enregistrez le fichier. (Voir l'exemple illustré à la figure G-21.)

j. Fermez la présentation et quittez PowerPoint.

Atelier visuel

Créez une diapositive semblable à celle de la figure G-22. Le graphique SmartArt est créé avec la disposition Liste à puces horizontal, le style 3D Dessin animé et les couleurs Boucle dégradée – Accentuation 1. Enregistrez la présentation sous le nom **PPT G-Californie** dans votre dossier Projets. Ajoutez votre nom dans le pied de page de la diapositive et enregistrez le fichier.

FIGURE G-22

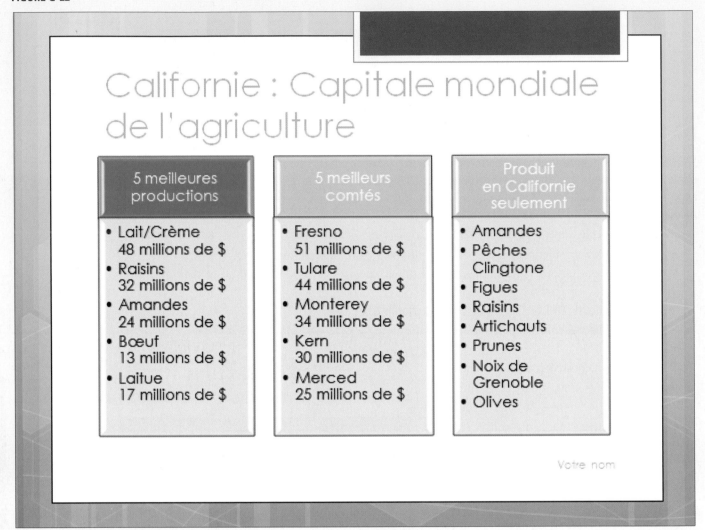

Insérer illustrations, objets et clips multimédias

Utiliser les outils avancés

PowerPoint offre de nombreuses options pour préparer et distribuer une présentation terminée. Vous pouvez par exemple envoyer la présentation pour vérification, recevoir des commentaires et des modifications, puis les incorporer dans votre présentation. À ce stade de développement, vous pouvez aussi créer des diaporamas personnalisés et utiliser des options avancées pour configurer et distribuer un diaporama. Avec PowerPoint, vous pourrez aussi créer des albums photo qui seront partagés.  Avant de distribuer la présentation sur les circuits par train, vous devez l'envoyer pour révision à d'autres membres du personnel. Une fois les révisions terminées, vous pourrez incorporer les modifications et commentaires reçus. Vous allez créer un diaporama personnalisé, modifier les options de diaporama et préparer la présentation pour être distribuée. Vous profitez des derniers moments de la journée pour créer un album photo de vos proches qui ont travaillé dans l'industrie du chemin de fer et pour en apprendre un peu plus sur la diffusion des présentations par internet.

OBJECTIFS

Envoyer une présentation pour révision

Combiner des présentations révisées

Utiliser les options avancées de diaporama

Créez un diaporama personnalisé

Préparer une présentation pour diffusion

Utiliser les modèles et ajouter des commentaires

Créer un album photo

Diffuser une présentation

Envoyer une présentation pour révision

Après avoir terminé une présentation, il est toujours utile de demander à d'autres personnes de vérifier la validité et la clarté du contenu. Vous pouvez envoyer la présentation par courrier électronique à une personne éloignée. Si Microsoft Outlook est installé sur votre ordinateur, vous pouvez l'ouvrir directement à partir de PowerPoint et envoyer le fichier de la présentation comme pièce jointe. Un relecteur peut ouvrir la présentation sur son ordinateur, apporter des modifications et des commentaires, puis vous la renvoyer par courriel. ▓▓▓▓▓ Vous utilisez Outlook pour envoyer votre présentation à votre superviseur et obtenir ses commentaires et suggestions.

ÉTAPES

PROBLÈME
Si Outlook n'est pas installé sur votre ordinateur, vous ne pourrez pas réaliser cette leçon, passez à la leçon suivante.

1. **Démarrez PowerPoint, ouvrez la PowerPoint PPT H-1.pptx de votre dossier Projets, puis enregistrez-la sous le nom PPT H-VTA.**

2. **Cliquez sur l'onglet Fichier du Ruban, cliquez sur Enregistrer et envoyer, puis cliquez sur le bouton Envoyer en tant que pièce jointe dans la section Envoyer à l'aide de la messagerie.**

   Microsoft Outlook s'ouvre dans une nouvelle fenêtre de message (figure H-1). La ligne Objet comprend le nom de la présentation et la présentation est automatiquement jointe au message.

3. **Cliquez sur le bouton À dans la fenêtre de message.**

   La boite de dialogue Choisir des noms : Contacts apparait. Si votre liste de Contacts Outlook contient des adresses, vous pouvez l'utiliser pour sélectionner l'adresse de la personne qui révisera la présentation.

ASTUCE
Vous pouvez double-cliquer sur une adresse courriel de votre liste de contacts.

4. **Cliquez sur Annuler, puis saisissez votre adresse de courriel dans la zone de texte À.**

   Votre adresse électronique apparait dans la fenêtre de message.

5. **Cliquez dans le corps du message, puis tapez SVP, vérifiez et donnez-moi vos commentaires. Merci.**

   Le message est prêt à envoyer. Comparez votre écran à celui de la figure H-2.

6. **Cliquez sur le bouton Envoyer dans la fenêtre de message Outlook.**

   Outlook envoie le message contenant le fichier attaché et la fenêtre Outlook se ferme.

ASTUCE
Si la présentation envoyée contient des fichiers liés, vous devez joindre ceux-ci à votre message ou transformer les fichiers liés en objets incorporés.

7. **Démarrez Outlook, cliquez sur l'onglet Envoyer/recevoir du Ruban, puis cliquez sur le bouton Envoyer/recevoir tous les dossiers dans le groupe Envoyer et recevoir.**

   Vous attendrez peut-être un moment avant que le fichier que vous vous êtes envoyé à vous-même arrive dans la boite de réception avec la présentation jointe. Si le message est sélectionné, il apparait dans le volet de lecture.

8. **Cliquez sur le bouton Fermer ▬x▬ de Outlook.**

   Outlook se ferme et la fenêtre PowerPoint apparait.

FIGURE H-1 : Fenêtre de message Outlook

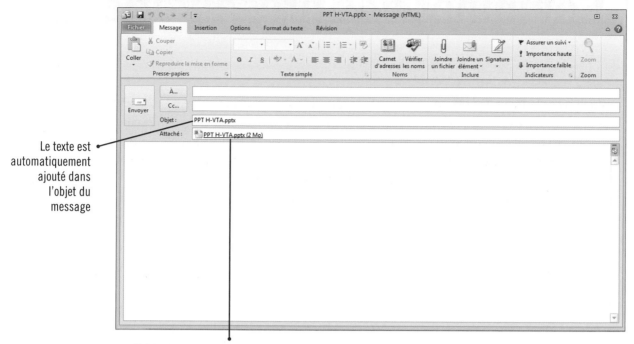

Le texte est automatiquement ajouté dans l'objet du message

Fichier de la présentation PowerPoint joint

FIGURE H-2 : Commentaires supprimés

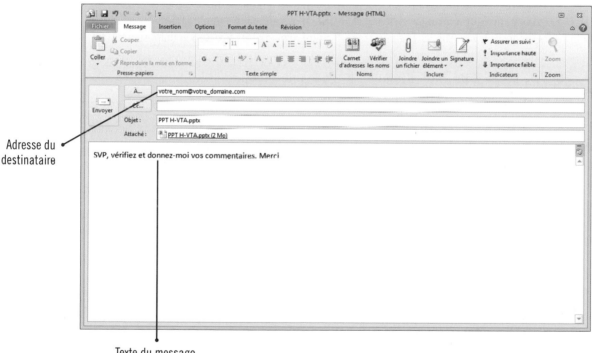

Adresse du destinataire

Texte du message

Créer un package avec la présentation

Avant de copier ou de distribuer une présentation, vous devriez toujours commencer par vérifier qu'elle ne contient pas de données personnelles ou confidentielles à ne pas divulguer. Une fois que vous êtes prêt à enregistrer la présentation sur un support ou dans un dossier, cliquez sur l'onglet Fichier, puis cliquez sur Enregistrer et envoyer. Cliquez sur Package de présentation pour CD-ROM, puis cliquez sur le bouton Package pour CD-ROM. La boite de dialogue Créer un package pour CD-ROM s'ouvre, affichant le nom de la

présentation en cours dans la liste des fichiers à copier. À ce stade, vous pouvez ajouter ou supprimer des présentations que vous voudriez placer dans le même package. Tous les objets liés et incorporés seront inclus dans le package. Dans la boite de dialogue, cliquez sur le bouton Copier dans un dossier pour enregistrer la présentation dans un dossier de votre ordinateur ou du réseau, ou insérez un CD dans votre lecteur et cliquez sur le bouton Copier sur le CD-ROM. Suivez les instructions, puis cliquez sur Fermer lorsque le traitement est terminé.

Combiner des présentations révisées

Lorsqu'un réviseur a terminé de revoir votre présentation et vous la renvoie, vous pouvez fusionner les modifications de la présentation du réviseur dans votre présentation originale, au moyen de la commande Comparer de l'onglet Révision. Vous pouvez accepter les modifications individuellement, par diapositives, par réviseur, si plusieurs personnes ont apporté des corrections ou accepter globalement toutes les modifications de la présentation. Vous avez aussi l'option de rejeter certaines ou toutes les modifications et de terminer la révision sans apporter de changement. ▰▰▰▰ Vous avez envoyé la présentation VTA à votre superviseur qui l'a revue et vous l'a renvoyée. Vous êtes maintenant prêt à combiner la présentation révisée avec votre original.

ÉTAPES

1. **Cliquez sur l'onglet Révision du Ruban, puis cliquez sur le bouton Comparer du groupe Comparer.**

   La boite de dialogue Cliquez sur Fichier pour fusionner avec la présentation actuelle s'ouvre.

2. **Localisez la présentation PPT H-2.pptx de votre dossier Projets, cliquez sur PPT H-2.pptx, puis cliquez sur Fusionner.**

   La présentation révisée est fusionnée avec votre original. Le volet Révisions s'ouvre dans la partie droite de l'écran. Il contient deux onglets : l'onglet Diapositives et l'onglet Détails. L'onglet Diapositives affiche une vignette de la diapositive actuelle et montre à quoi ressemblerait la diapositive si les modifications suggérées étaient appliquées. L'onglet Détails affiche la liste des différentes modifications individuelles par réviseur pour la diapositive actuelle. La première modification, dans l'objet texte de la diapositive 4, est identifiée par une marque de révision (figure H-3).

   ASTUCE

   Pour accepter toutes les modifications de la diapositive active ou de toute la présentation, cliquez sur la flèche de la liste Accepter, puis sélectionnez l'option voulue.

3. **Cochez la case Toutes les modifications de Content Placeholder 2, puis passez en revue les modifications de l'objet texte.**

   « à la portée de tous » remplace « rapides et faciles » dans la troisième puce de premier niveau de l'objet texte. La marque de révision et les trois cases sont maintenant cochées, indiquant que les modifications ont été acceptées.

4. **Cliquez sur le bouton Suivant du groupe Comparer, cliquez sur la marque de commentaire MS6 dans le haut de la diapositive, puis lisez le commentaire.**

   La diapositive 9 apparait dans le volet Diapositive, présentant une marque de révision et une vignette de commentaire étiquetée MS6.

5. **Cliquez sur le bouton Supprimer du groupe Commentaires, cliquez sur la marque de révision de la diapositive, puis cochez la case Textbox 2 inséré.**

   Une nouvelle zone de texte apparait sur la diapositive affichant une remarque sur les repas. Vous décidez de refuser cette modification, mais de créer ultérieurement une diapositive proposant les repas.

6. **Cliquez sur la case Textbox 2 inséré pour ôter la coche, cliquez sur le bouton Suivant du groupe Comparer, puis cliquez sur Continuer dans le message.**

   Toutes les modifications ont été passées en revue. La diapositive 4 apparait dans le volet Diapositive, présentant les modifications acceptées.

7. **Cliquez sur le bouton Suivant du groupe Commentaires, puis cliquez sur Continuer dans le message.**

   La diapositive 1 apparait, présentant un commentaire (figure H-4).

   ASTUCE

   Pour refuser toutes les modifications de la diapositive active ou de toute la présentation, cliquez sur la flèche de la liste Refuser, puis sélectionnez l'option voulue.

8. **Cliquez sur la flèche de la liste Supprimer du groupe Commentaires, cliquez sur Supprimer toutes les marques dans cette présentation, puis cliquez sur Oui dans le message.**

   Tous les commentaires de la présentation sont supprimés.

9. **Cliquez sur le bouton Terminer la révision du groupe Comparer, lisez le message, cliquez sur Oui, puis enregistrez votre présentation.**

   Le volet Révisions se ferme.

FIGURE H-3 : Fenêtre de PowerPoint avec le volet Révisions ouvert

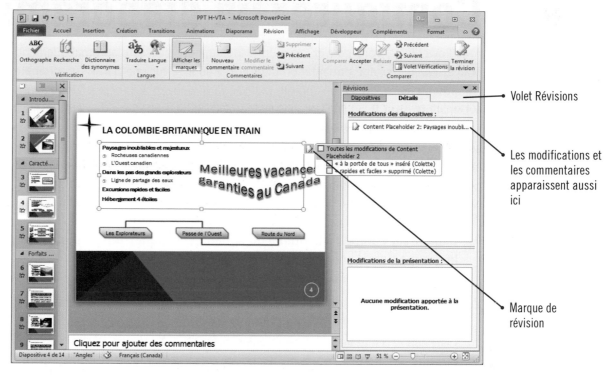

- Volet Révisions
- Les modifications et les commentaires apparaissent aussi ici
- Marque de révision

FIGURE H-4 : Diapositive avec un commentaire

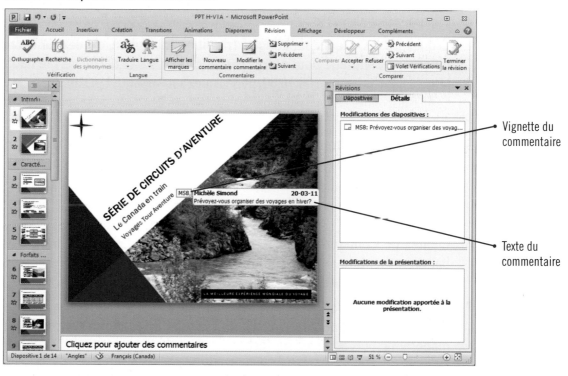

- Vignette du commentaire
- Texte du commentaire

Collaborer sur une présentation

En utilisant un logiciel de collaboration, tel SharePoint Foundation 2010, Microsoft SharePoint Server 2010 ou Microsoft Office Live Workspace, vous pouvez travailler simultanément à plusieurs par internet sur une même présentation. Pour configurer une présentation en collaboration avec vous comme auteur original, cliquez sur l'onglet Fichier, cliquez sur Enregistrer et envoyer, puis cliquez sur Enregistrer dans SharePoint. Choisissez un emplacement ou un serveur SharePoint pour enregistrer une copie principale de la présentation, puis cliquez sur le bouton Enregistrer sous. Toutes les modifications apportées à la présentation sont enregistrées, y compris le nom du collaborateur et l'emplacement des modifications dans la présentation. Pour utiliser cette fonctionnalité, tous les auteurs doivent posséder PowerPoint installé sur leur ordinateur.

Configurer un diaporama

Avec PowerPoint, vous pouvez créer un diaporama qui s'exécute automatiquement. Par exemple, vous pouvez configurer une présentation pour être visionnée sur une borne (un ordinateur autonome) à un congrès ou dans un autre endroit public. Vous pouvez aussi créer un diaporama à déroulement automatique sur CD ou DVD ou sur une clé USB. Plusieurs options de personnalisation d'un diaporama sont possibles. Par exemple, vous pouvez inclure des liens hypertextes ou des boutons pour venir en aide aux utilisateurs pendant la présentation. Vous pouvez aussi synchroniser une narration avec les diapositives et utiliser un minutage manuel ou automatique pour le défilement. **Vous préparez la présentation pour un déroulement automatique.

ÉTAPES

1. **Cliquez sur l'onglet Diaporama du Ruban, puis cliquez sur Configurer le diaporama dans le groupe Configuration.**

   La boite de dialogue Paramètres du diaporama contient des options définissant le déroulement du diaporama.

2. **Cliquez sur le bouton d'option Visionné sur une borne (plein écran) dans la section Type de diaporama de la boite de dialogue Paramètres du diaporama.**

   Cette option définit une présentation autonome qui peut être visionnée sans présentateur.

3. **Vérifiez que l'option Toutes est sélectionnée dans la section Diapositives et que l'option Utiliser le minutage existant l'est dans la section Défilement des diapositives.**

   Toutes les diapositives font partie du diaporama et PowerPoint changera de diapositive en respectant le minutage défini (figure H-5).

4. **Cliquez sur OK, cliquez sur l'onglet Transitions du Ruban, cliquez sur la case Manuellement du groupe Minutage pour ôter la coche, cliquez sur la flèche vers le haut de la case Après jusqu'à faire apparaitre 00:10,00, puis cliquez sur Appliquer partout dans le groupe Minutage.**

   Chaque diapositive de la présentation sera affichée pendant 10 secondes avant le passage automatique à la diapositive suivante.

5. **Cliquez sur le bouton Diaporama 🖵 de la barre d'état, regardez le diaporama, laissez-le recommencer, appuyez sur [Échap], puis cliquez sur l'onglet Diaporama du Ruban.**

   PowerPoint passe à la diapositive suivante toutes les dix secondes. Après la dernière diapositive, le diaporama redémarre parce que l'option Borne passe la présentation en boucle jusqu'à ce que quelqu'un appuie sur [Échap].

6. **Cliquez sur Configurer le diaporama dans le groupe Configuration, cliquez sur Présenté par un présentateur (plein écran), puis cliquez sur OK.**

   Les options du diaporama reprennent leurs valeurs par défaut.

7. **Cliquez sur la diapositive 1 dans l'onglet Diapositives, cliquez sur Masquer la diapositive dans le groupe Configuration, cliquez sur À partir du début dans le groupe Démarrage du diaporama, puis appuyez sur [Échap].**

   Le diaporama commence à la diapositive 2. Remarquez que la vignette de la diapositive 1 est estompée et que son numéro est encadré et barré dans le volet Diapositives, indiquant que la diapositive est masquée (figure H-6).

8. **Cliquez avec le bouton droit sur la diapositive 1 de l'onglet Diapositives, cliquez sur Masquer la diapositive dans le menu contextuel, puis enregistrez vos modifications.**

   La diapositive 1 n'est plus masquée, ni estompée et l'icône de diapositive masquée est supprimée.

FIGURE H-5 : Boîte de dialogue Paramètres du diaporama

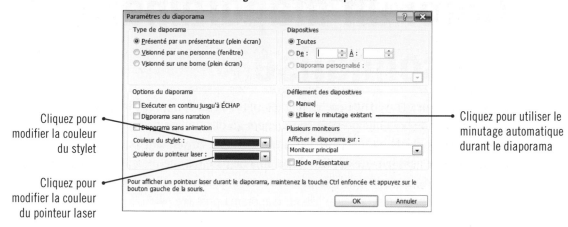

Cliquez pour modifier la couleur du stylet

Cliquez pour modifier la couleur du pointeur laser

Cliquez pour utiliser le minutage automatique durant le diaporama

FIGURE H-6 : La diapositive 1 est masquée

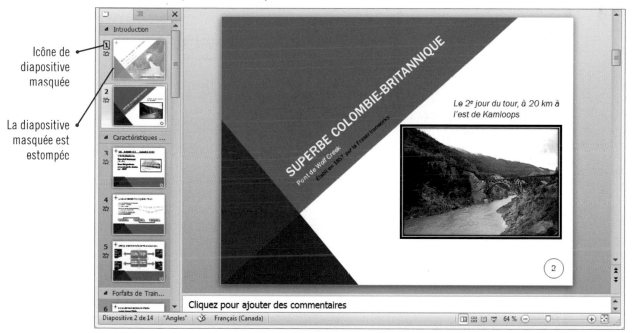

Icône de diapositive masquée

La diapositive masquée est estompée

Utiliser le mode Présentateur

Le mode Présentateur permet d'exécuter une présentation sur deux écrans, un à votre usage et l'autre à l'intention du public. L'utilisation de deux moniteurs vous donne plus de contrôle sur la présentation en vous permettant de cliquer sur les vignettes des diapositives pour passer directement à un autre emplacement ou d'exécuter d'autres programmes au besoin. Ce mode présente des icônes, des boutons et d'autres outils qui vous aident à parcourir facilement une présentation. Les notes du présentateur, invisibles pour l'auditoire, sont affichées en gros caractères faciles à lire. Pour utiliser ce mode, votre ordinateur doit pouvoir contrôler deux moniteurs et l'utilisation des deux moniteurs doit être activée, ainsi que l'option Utiliser le mode Présentateur dans le groupe Moniteurs de l'onglet Diaporama. Il suffit ensuite de suivre les directives.

Créer un diaporama personnalisé

Un diaporama personnalisé permet d'adapter une présentation à des circonstances ou à un public différent. Par exemple, une présentation peut comprendre 25 diapositives destinées à de nouveaux clients alors que 12 seulement sont intéressantes pour des clients existants. PowerPoint fournit deux types de personnalisation : de base et avec liens hypertextes. Un diaporama de base est une présentation séparée ou une présentation comprenant des diapositives de la présentation originale. Un diaporama avec liens hypertextes est une présentation séparée (secondaire) liée au diaporama primaire. ░░░░░ On vous a demandé de créer une version de la présentation des circuits Canada en train destinée à une réunion de la direction. Vous créez donc un diaporama personnalisé contenant uniquement les diapositives nécessaires à cette assistance. Vous apprenez également à utiliser un pointeur laser durant un diaporama.

ÉTAPES

> **ASTUCE**
>
> Pour imprimer un diaporama personnalisé, cliquez sur l'onglet Fichier, cliquez sur Imprimer, cliquez sur Imprimer toutes les diapositives en dessous de Paramètres, puis sélectionnez le nom du diaporama personnalisé dans la dernière section.

1. **Cliquez sur l'onglet Diaporama du Ruban, cliquez sur Diaporama personnalisé dans le groupe Démarrage du diaporama, cliquez sur Diaporamas personnalisés, puis cliquez sur Nouveau.**

   La boite de dialogue Définir un diaporama personnalisé s'ouvre. Les diapositives de la présentation actuelle apparaissent dans la liste Diapositives de la présentation.

2. **Maintenez enfoncée la touche [Ctrl], cliquez sur la diapositive 1, cliquez sur les diapositives 3 à 12, relâchez [Ctrl], puis cliquez sur Ajouter.**

   Les onze diapositives sélectionnées sont transférées dans la liste des diapositives du diaporama personnalisé (figure H-7).

3. **Cliquez sur 3. La Colombie-Britannique en train dans la liste de droite, puis cliquez sur la flèche Monter à droite de la liste et faites remonter cette diapositive d'une place.**

   La diapositive passe de la troisième à la deuxième place. Vous pouvez modifier l'ordre des diapositives à l'aide des flèches Monter et Descendre.

4. **Cliquez sur 11. Sondage comparatif sur les vacances, cliquez sur Supprimer, sélectionnez le contenu de la zone de texte Nom du diaporama, tapez Brève présentation Train, puis cliquez sur OK.**

   Le nom de la présentation personnalisée est affiché dans la boite de dialogue Diaporamas personnalisés. Le diaporama personnalisé n'est pas enregistré séparément sur votre ordinateur même si vous lui avez donné un nouveau nom. Pour exécuter un diaporama personnalisé, vous devez d'abord ouvrir la présentation qui a servi à le créer. Vous pouvez ensuite ouvrir le diaporama personnalisé depuis la boite de dialogue Diaporamas personnalisés.

5. **Cliquez sur Afficher, regardez le diaporama Brève présentation Train, puis appuyez sur [Échap] pour y mettre fin.**

   Les diapositives sont présentées dans l'ordre défini dans la boite de dialogue Définir un diaporama personnalisé. Lorsque le diaporama se termine, la présentation revient au mode Normal.

> **ASTUCE**
>
> Pour changer la couleur du pointeur laser, cliquez sur l'onglet Diaporama, cliquez sur le bouton Configurer le diaporama, puis cliquez sur la flèche à droite de la zone Couleur du pointeur laser.

6. **Cliquez sur À partir du début dans le groupe Démarrage du diaporama, cliquez sur l'écran avec le bouton droit, pointez Diaporama personnalisé, puis cliquez sur Brève présentation Train.**

   Le diaporama personnalisé Brève présentation Train apparait en mode Diaporama.

7. **Lorsque la diapositive 3 apparait, maintenez enfoncée la touche [Ctrl], cliquez et maintenez le bouton gauche de la souris, déplacez le pointeur laser dans la diapositive (figure H-8), relâchez [Ctrl], relâchez le bouton de la souris, puis continuez la présentation.**

   Le pointeur laser peut être utilisé dans n'importe quelle présentation durant un diaporama.

8. **Appuyez sur [Échap] pour terminer le diaporama, puis enregistrez vos modifications.**

FIGURE H-7 : Boite de dialogue Définir un diaporama personnalisé

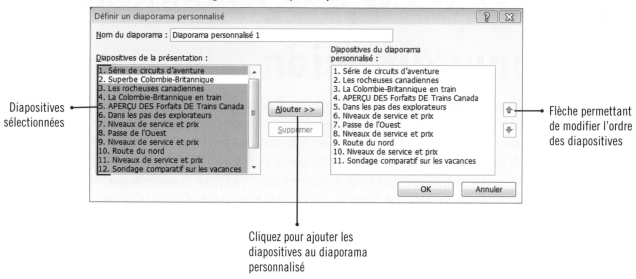

Diapositives
sélectionnées

Cliquez pour ajouter les
diapositives au diaporama
personnalisé

Flèche permettant
de modifier l'ordre
des diapositives

FIGURE H-8 : Diapositive 3 affichée durant le diaporama

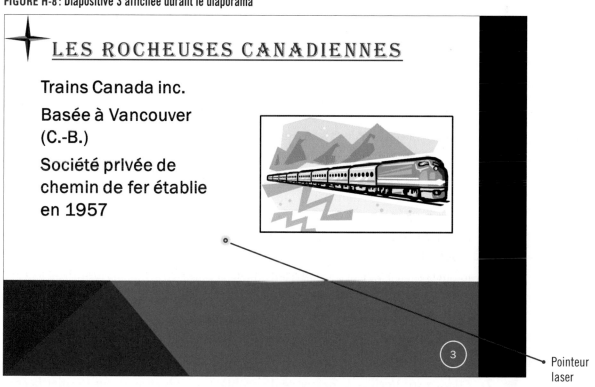

Pointeur
laser

Lier à un diaporama personnalisé

Vous pouvez utiliser des boutons d'action pour passer du diaporama « parent » au diaporama personnalisé. Cliquez sur Formes dans le groupe Dessin de l'onglet Accueil, cliquez sur un bouton d'action, puis dessinez-le sur la diapositive. Déroulez la liste Créer un lien hypertexte vers, cliquez sur Diaporama personnalisé, cliquez sur le nom du diaporama à lier, puis cliquez sur OK. Vous pouvez mainte-nant cliquer sur le bouton d'action pendant le diaporama pour exécuter le diaporama personnalisé. Vous pouvez aussi créer une table des matières interactive en utilisant les diaporamas personnalisés. Créez les entrées de la table des matières sur une diapositive, puis créez un lien depuis chaque entrée vers la section correspondante, en créant un diaporama personnalisé pour chaque section.

Préparer une présentation pour diffusion

La préparation et la révision d'une présentation avant sa diffusion sont des étapes essentielles, particulièrement si vous vous souciez des questions de sécurité de l'information sur Internet. Une façon d'assurer la sécurité d'une présentation est de lui affecter un mot de passe afin que seules les personnes autorisées puissent l'afficher et la modifier. Si la présentation peut être ouverte dans une version antérieure de PowerPoint, il vaut mieux vérifier la compatibilité de la présentation. Certaines caractéristiques de PowerPoint 2010, tels les graphiques SmartArt, ne sont pas compatibles avec plusieurs versions antérieures. ⬛⬛⬛ Vous voulez en apprendre plus sur les outils de sécurité et de compatibilité de PowerPoint en vue de les utiliser dans les présentations et les autres documents.

ÉTAPES

1. **Cliquez sur la diapositive 1 dans l'onglet Diapositives, cliquez sur l'onglet Fichier du Ruban, cliquez sur Protéger la présentation, puis cliquez sur Chiffrer avec mot de passe.**
   La boite de dialogue Chiffrer un document apparait.

2. **Tapez 123abc.**
   Chaque caractère tapé est remplacé par un rond noir pour en empêcher la lecture par un œil indiscret (figure H-9).

> **PROBLÈME**
> Si vous vous trompez en confirmant le mot de passe, une boite de dialogue vous en avertit.

3. **Cliquez sur OK pour ouvrir la boite de dialogue Confirmer le mot de passe, tapez 123abc, puis cliquez sur OK.**
   La présentation est maintenant dotée d'un mot de passe. Après la fermeture de la présentation, son ouverture exige la saisie du mot de passe dans une boite de dialogue. La présentation est chiffrée, c'est-à-dire protégée contre les utilisateurs non autorisés.

4. **Cliquez sur Fermer, cliquez sur Enregistrer pour enregistrer les modifications, puis ouvrez le fichier PPT H-Vta.pptx de votre dossier Projets.**
   La boite de dialogue Mot de passe apparait.

> **ASTUCE**
> D'autres options de mot de passe sont disponibles en cliquant sur Enregistrer sous, sur Outils, puis sur Options générales.

5. **Tapez 123abc, puis cliquez sur OK.**
   La présentation s'ouvre. Attention : Si vous oubliez le mot de passe, il n'y a aucun moyen de le retrouver, ni depuis la présentation ni en s'adressant à Microsoft, et la présentation ne pourra plus être ouverte ni modifiée.

6. **Cliquez sur l'onglet Fichier, cliquez sur le bouton Protéger la présentation, cliquez sur Chiffrer avec mot de passe, sélectionnez le mot de passe, appuyez sur [Suppr], puis cliquez sur OK.**
   Le mot de passe est supprimé et ne sera plus nécessaire pour ouvrir la présentation.

> **ASTUCE**
> L'outil de vérification d'accessibilité vérifie si le document contient des éléments qui poseraient des problèmes de lecture aux personnes handicapées de la vue. Cliquez sur l'onglet Fichier, cliquez sur le bouton Vérifier la présence de problèmes, puis cliquez sur Vérifier l'accessibilité pour ouvrir le volet Vérificateur d'accessibilité.

7. **Cliquez sur Vérifier la présence de problèmes, puis cliquez sur Vérifier la compatibilité.**
   Le Vérificateur de compatibilité de Microsoft Office PowerPoint analyse la présentation puis ouvre la boite de dialogue de résultats (figure H-10). Chaque élément de la boite de dialogue signale une fonctionnalité absente des versions antérieures de PowerPoint. Si cette présentation est exécutée dans une version antérieure, ces éléments fonctionneront avec des capacités réduites ou pas du tout.

8. **Utilisez la flèche de défilement pour lire tous les éléments de la boite de dialogue, cliquez sur OK, ajoutez votre nom dans le pied de page des documents et commentaires, puis cliquez sur Trieuse de diapositive 🔠 dans la barre d'état.**
   La boite de dialogue se ferme. Comparez votre écran à la figure H-11.

9. **Enregistrez votre travail, puis selon les instructions de votre formateur, fermez la présentation mais ne quittez pas PowerPoint.**

FIGURE H-9 : Boite de dialogue Chiffrer le document

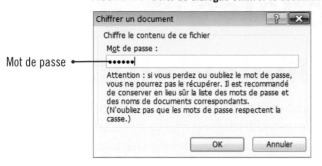

Mot de passe

FIGURE H-10 : Résultats du vérificateur de compatibilité

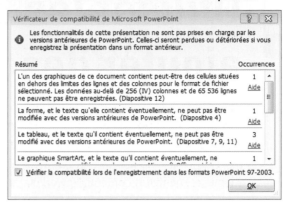

FIGURE H-11 : Présentation finale en mode Trieuse de diapositive

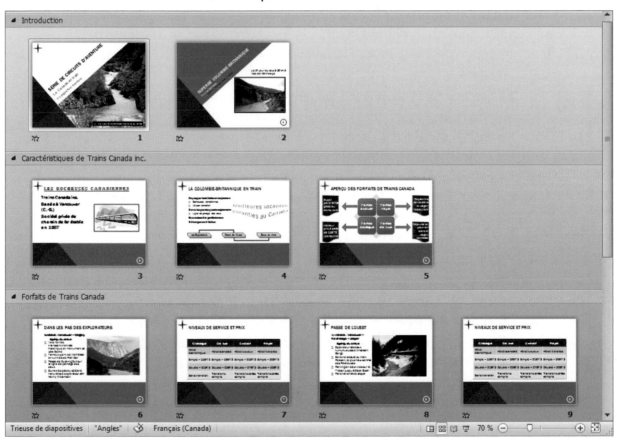

Créer un mot de passe fort

Un mot de passe fort est essentiel à la sécurité d'une présentation, de documents confidentiels, de comptes internet et d'informations personnelles. Un mot de passe fort est une chaine aléatoire complexe associant des lettres minuscules et majuscules, des nombres et des symboles. Le mot de passe utilisé dans cette leçon, 123abc, est faible. Bien qu'il comporte des lettres et des nombres, c'est un mot de passe séquentiel facile à deviner. Voici quelques conseils pour un bon mot de passe : (1) il doit comporter au moins 8 caractères, (2) mélangez minuscules, majuscules, nombres et symboles, (3) si possible, utilisez des mots ou des phrases faciles à retenir mais difficiles à deviner, (4) gardez-le secret et ne l'envoyez jamais par courriel, (5) changez-en régulièrement.

Utiliser les modèles et ajouter des commentaires

PowerPoint offre de nombreuses façons de créer une présentation : à partir d'une présentation vierge, d'un thème, d'un modèle ou d'une présentation existante. Un **modèle** est un type de présentation contenant des informations de personnalisation appliquées au masque et aux dispositions des diapositives. Un modèle peut contenir des couleurs, des polices, des effets, un style d'arrière-plan, généralement associés par un thème, et même un contenu. PowerPoint installe sur votre ordinateur une variété de modèles comprenant la présentation standard vierge et des modèles d'exemple. Vous pouvez aussi télécharger des modèles en ligne depuis le site web Microsoft Office Online. Vous devez explorer les modèles disponibles aptes à afficher les images des prochaines offres spéciales à publier sur le site web de VTA.

ÉTAPES

1. **Cliquez sur l'onglet Fichier, puis cliquez sur Nouveau.**

   Le volet Modèles et thèmes disponibles apparait. L'icône Nouvelle présentation est sélectionnée.

2. **Cliquez sur Exemples de modèles, cliquez sur chaque vignette pour voir le modèle dans le volet d'aperçu, puis cliquez sur Album photo contemporain (figure H-12).**

   Tous ces modèles sont installés sur votre ordinateur et sont disponibles. Chaque modèle est fourni avec un exemple de contenu, y compris du texte et des graphismes.

3. **Cliquez sur Créer dans le volet d'aperçu, cliquez sur le bouton Enregistrer 🔲 de la barre d'outils Accès rapide, puis enregistrez le fichier sous le nom PPT H- Album exemple dans votre dossier Projets.**

   Une nouvelle présentation de six diapositives apparait dans la fenêtre du programme.

> **ASTUCE**
>
> Vous pouvez copier le texte d'un commentaire sur la diapositive en cliquant sur la vignette de commentaire, puis en faisant glisser le texte sur un espace vide de la diapositive.

4. **Cliquez sur l'onglet Révision du ruban, cliquez sur le bouton Nouveau commentaire dans le groupe Commentaires, puis tapez Ce type d'album photo pourrait convenir pour notre prochaine projection.**

   Une zone de commentaires apparait sur la diapositive à côté d'une vignette de commentaire (figure H-13).

5. **Cliquez sur la diapositive 5 dans le volet Diapositives, cliquez sur la photo du milieu, cliquez sur Nouveau commentaire dans le groupe Commentaires, puis tapez L'utilisation de différents styles d'images rend très bien.**

   Un nouveau commentaire est ajouté à la photo du milieu de la diapositive 5.

> **ASTUCE**
>
> Double-cliquez sur la vignette du commentaire pour ouvrir la zone de texte afin de modifier ou de compléter le commentaire.

6. **Cliquez sur le bouton Précédent du groupe Commentaires, cliquez sur Modifier le commentaire, puis tapez J'aime vraiment ce style d'images.**

   La zone de commentaire s'ouvre. Pour ajouter un texte ou modifier un commentaire, la zone de texte du commentaire doit être ouverte.

7. **Cliquez sur le bouton Afficher les marques du groupe Commentaires.**

   Toute indication de commentaire disparait. Le bouton Afficher les marques est un interrupteur qui bascule entre l'affichage et le masquage des commentaires.

8. **Cliquez sur le bouton Suivant du groupe Commentaires, puis cliquez sur le bouton Afficher les marques, ajoutez votre nom au pied de page de la diapositive, puis enregistrez votre travail.**

   La vignette du commentaire est de nouveau visible. Après l'enregistrement de la présentation, la vignette du commentaire devient A2 pour identifier le commentaire comme deuxième commentaire provenant de l'auteur de la présentation.

9. **Selon les instructions de votre formateur, fermez la présentation mais ne quittez pas PowerPoint.**

FIGURE H-12 : Choix des modèles d'exemple disponibles

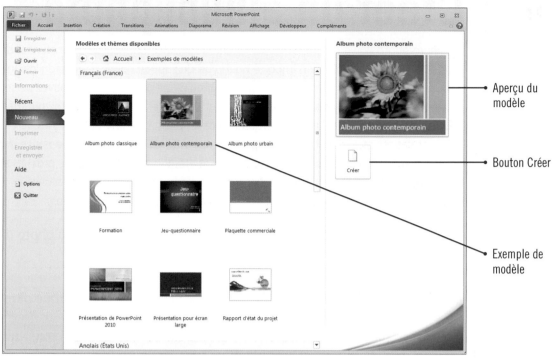

- Aperçu du modèle
- Bouton Créer
- Exemple de modèle

FIGURE H-13 : Diapositive d'exemple après le choix du modèle et insertion d'un commentaire

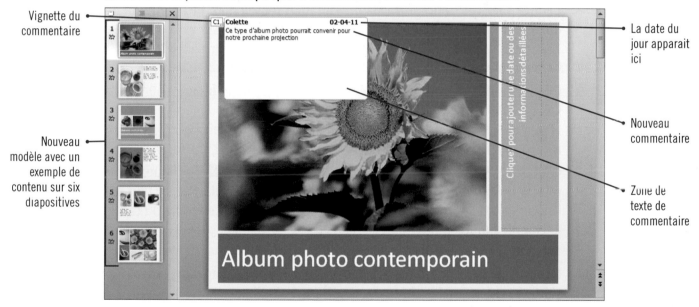

- Vignette du commentaire
- Nouveau modèle avec un exemple de contenu sur six diapositives
- La date du jour apparait ici
- Nouveau commentaire
- Zone de texte de commentaire

Enregistrer une présentation dans SkyDrive sur Windows Live

SkyDrive est un espace de stockage gratuit protégé par un mot de passe, fourni par Microsoft sur le site web Windows Live. Les fichiers que vous téléchargez et enregistrez sur SkyDrive peuvent être ouverts depuis n'importe quel ordinateur permettant d'accéder à Internet. L'espace disponible est de 25 Gb, et vous pouvez partager des fichiers avec d'autres utilisateurs faisant partie de votre réseau de contact Windows Live. Pour profiter de ce service, vous devez posséder un identificateur Windows Live ID, que vous pouvez obtenir sur le site web Windows Live. Par le suite, pour enregistrer un fichier de présentation sur SkyDrive, cliquez sur l'onglet Fichier du Ruban, cliquez sur Enregistrer et envoyer, cliquez sur Enregistrer dans le site Web, cliquez sur le bouton de connexion, puis suivez les indications.

Créer un album photo

Un album photo PowerPoint est une présentation spécialement conçue pour afficher des photographies. Les images peuvent provenir de n'importe quel type de support, qu'il s'agisse du disque dur, d'une clé USB, d'un appareil photo numérique, d'un numériseur ou d'une webcam. Vous pouvez personnaliser la disposition en ajoutant un titre aux diapositives, en plaçant un cadre autour des photos ou en appliquant un thème. Vous pouvez aussi ajouter une légende, convertir les photos en noir et blanc, les faire pivoter, appliquer des effets artistiques et ajuster la luminosité et le contraste. Durant une pause dans votre travail, vous décidez d'utiliser PowerPoint pour créer un album présentant certains de vos proches ayant travaillé dans les chemins de fer au début du 20ᵉ siècle.

ÉTAPES

1. **Cliquez sur l'onglet Insertion du Ruban, puis cliquez sur Album photo dans le groupe Images.**

   La boite de dialogue Album photo s'ouvre.

2. **Cliquez sur Fichier/disque, sélectionnez le fichier PPT H-3.jpg situé dans votre dossier Projets, puis cliquez sur Insérer.**

   La photo apparait dans l'aperçu et son nom est ajouté à la liste des images (figure H-14). Les boutons situés sous l'aperçu permettent de faire pivoter la photo et d'en ajuster le contraste et la luminosité.

3. **Cliquez sur Fichier/disque, sélectionnez le fichier PPT H-4.jpg, maintenez enfoncée la touche [Maj], cliquez sur le nom PPT H-7.jpg, relâchez [Maj], puis cliquez sur Insérer.**

   Quatre photos sont ajoutées à la liste.

4. **Cliquez sur Créer, enregistrez la présentation sous le nom PPT H-Album Photo dans votre dossier Projets, puis remplacez le titre par Notre famille sur rail.**

   PowerPoint crée une nouvelle présentation avec une page titre et une diapositive contenant chaque photo insérée. Le nom de l'utilisateur apparait par défaut en sous-titre.

5. **Cliquez sur la flèche du bouton Album photo du groupe Images, puis cliquez sur Modifier l'album photo.**

   La boite de dialogue Modifier l'album photo s'ouvre. Elle permet de mettre en forme les photos et de modifier la disposition de la présentation.

6. **Cliquez sur PPT H-3.jpg, maintenez enfoncée la touche [Maj], cliquez sur PPT H-7.jpg, relâchez [Maj], déroulez la liste Présentation de l'image dans la section Présentation de l'album, cliquez sur 1 image avec un titre, déroulez la liste Forme du cadre, cliquez sur Rectangle ombré centré, puis cliquez sur Mettre à jour.**

   Toutes les diapositives ont maintenant un espace réservé au titre et une ombre a été ajoutée aux photos.

7. **En vous guidant sur la figure H-15, cliquez sur chaque diapositive dans l'onglet Diapositives et donnez-lui le titre correspondant, puis cliquez sur Trieuse de diapositives 🔳 dans la barre d'état.**

   Toutes les diapositives comportent maintenant un titre.

8. **Faites glisser le curseur Zoom 🔽 de la barre d'état jusqu'à ce que votre écran soit semblable à la figure H-15, puis ajoutez votre nom dans le pied de page des diapositives.**

9. **Enregistrez vos modifications, fermez la présentation, puis quittez PowerPoint.**

FIGURE H-14 : Boite de dialogue Album photo

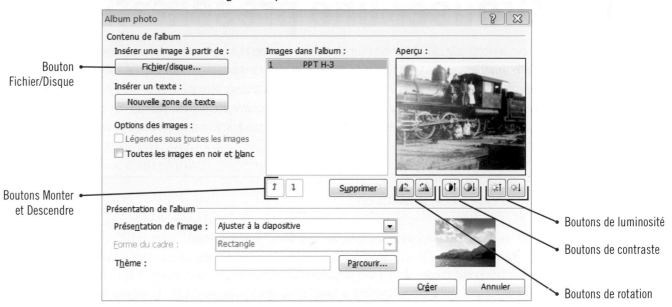

Bouton Fichier/Disque

Boutons Monter et Descendre

Boutons de luminosité

Boutons de contraste

Boutons de rotation

FIGURE H-15 : Album photo terminé

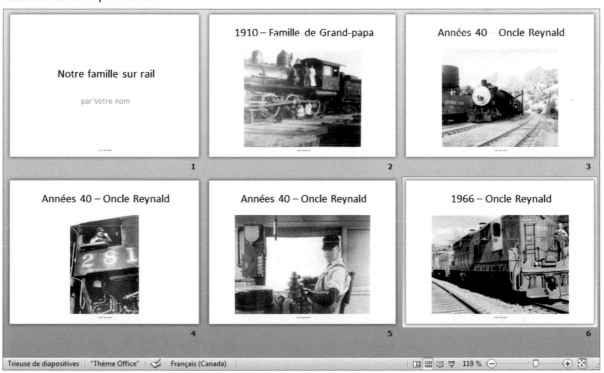

Enregistrer un diaporama

L'outil Enregistrer le diaporama donne la possibilité d'enregistrer les narrations audio, les minutages des diapositives et des animations et les mouvements du pointeur laser de tout le diaporama. Cela se révèle pratique lorsque le diaporama doit être mis à la disposition du public pour une écoute libre. Pour enregistrer un diaporama, cliquez sur l'onglet Diaporama, déroulez la liste Enregistrer le diaporama du groupe Configuration, puis commencez l'enregistrement au début. Choisissez les éléments à enregistrer, puis lancez l'enregistrement. Pour enregistrer une narration, vous devez disposer d'un micro, d'une carte-son et de haut-parleurs. Une icône son apparait sur chaque diapositive comportant une narration.

Diffuser une présentation

Il peut être difficile de rassembler simultanément en un même lieu toutes les personnes auxquelles s'adresse une présentation, c'est pourquoi l'outil de diffusion de PowerPoint fournit un moyen de contourner cette difficulté en diffusant la présentation pour les spectateurs éloignés. PowerPoint permet de diffuser une présentation en temps réel par internet à l'aide d'un navigateur web. ░░░░ En préparation à la diffusion d'une présentation destinée aux filiales de votre société à l'étranger, vous apprenez les rudiments de la diffusion avec PowerPoint.

DÉTAILS

- ### Qu'est-ce que la diffusion ?

  À l'aide de l'outil de diffusion de PowerPoint, vous pouvez présenter un diaporama à tout utilisateur d'Internet. Pour voir la présentation diffusée, un spectateur doit connaitre l'adresse URL de la présentation afin de pouvoir y accéder. Vous pouvez envoyer le lien par courriel avant ou durant la diffusion sans interférer avec la diffusion elle-même. Vous devez disposer d'un service réseau pour héberger une diffusion, comme le Service PowerPoint Diffusion, disponible à tous les titulaires d'un identifiant Windows Live ID. Vous pouvez aussi passer par le service de diffusion de votre société ou de votre organisation si elle a installé les applications web Microsoft Office.

- ### Préparer une présentation pour la diffusion

  Avant de diffuser un diaporama, vérifiez que vous êtes connecté à internet ou au serveur d'une organisation avec un site de diffusion disposant des applications Web Microsoft Office. Pour héberger une diffusion, vous devez utiliser un des navigateurs web reconnus : Internet Explorer, Firefox ou Safari. Toutes les fonctionnalités PowerPoint ne sont pas disponibles dans la diffusion et certains outils sont altérés. Par exemple, les transitions de la présentation sont converties en Fondu, et les sons, y compris les narrations, et les vidéos ne sont pas transmis. Il n'est pas possible d'annoter ou de marquer les diapositives durant la diffusion et les liens hypertextes ne sont pas montrés. N'oubliez pas non plus que des limitations de taille des fichiers peuvent être imposées par le service de diffusion.

- ### Diffuser une présentation

  Pour diffuser une présentation, cliquez sur le bouton Diffuser le diaporama du groupe Démarrage du diaporama dans l'onglet Diaporama. La boite de dialogue Diffuser le diaporama s'ouvre (figure H-16). Vous pouvez modifier le service de diffusion ou démarrer la diffusion. Cliquez sur Démarrer la diffusion et vous obtenez une boite de dialogue de sécurité de Windows, dans laquelle vous donnerez votre identifiant et votre mot de passe pour accéder au site de diffusion. Une fois la connexion effectuée, PowerPoint définit une adresse URL sur le serveur de diffusion et affiche le lien afin que vous puissiez le copier ou l'envoyer par messagerie aux personnes à qui est destinée la présentation (figure H-17). Une barre Mode diffusion apparait sous le Ruban dans la fenêtre de PowerPoint, vous avertissant que la présentation est en cours de diffusion et que vous ne pouvez pas la modifier. Cliquez sur Démarrer le diaporama dans la boite de dialogue pour ouvrir la présentation en mode Diaporama. Lorsque vous voulez terminer cette diffusion, cliquez sur Arrêter la diffusion dans le groupe Diffusion ou sur Fin de la diffusion dans la barre Mode de diffusion.

- ### Voir une présentation diffusée

  Pour voir une présentation en tant que spectateur, vous devez accéder à l'adresse Internet (URL) fournie par l'hébergeur de la diffusion. Cette adresse peut être envoyée par message électronique ou copiée et envoyée. Lorsqu'une personne distante clique sur le lien de l'URL, le diaporama s'ouvre dans son navigateur. La personne peut alors suivre en direct la présentation durant sa diffusion.

FIGURE H-16 : Boite de dialogue Diffuser le diaporama

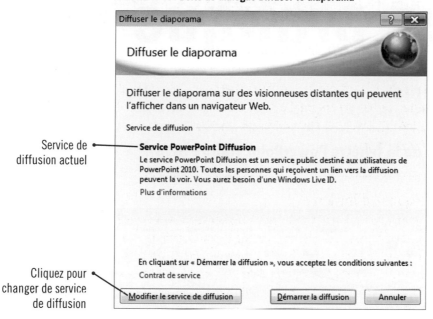

Service de diffusion actuel

Cliquez pour changer de service de diffusion

FIGURE H-17 : Présentation prête pour la diffusion

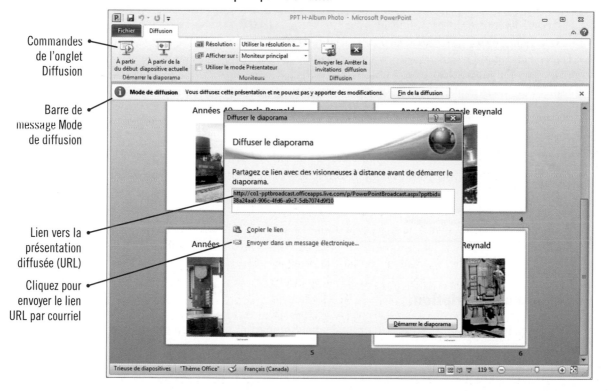

Commandes de l'onglet Diffusion

Barre de message Mode de diffusion

Lien vers la présentation diffusée (URL)

Cliquez pour envoyer le lien URL par courriel

Publier les diapositives dans une bibliothèque de diapositives

Si votre ordinateur est connecté à un serveur réseau exécutant le logiciel Office SharePoint Server 2007 ou Office SharePoint Server 2010, vous pouvez stocker vos diapositives dans un dossier appelé une **bibliothèque de diapositives**, ce qui en permet la modification par d'autres personnes et vous permet de gérer et de suivre les modifications et d'avoir accès à la dernière version de vos diapositives. Pour publier des diapositives dans une bibliothèque de diapositives créée sur un serveur, cliquez sur l'onglet Fichier, cliquez sur Enregistrer et envoyer, cliquez sur Publier les diapositives, puis cliquez sur Publier les diapositives. La boite de dialogue Publier les diapositives s'ouvre. Cliquez sur Parcourir pour sélectionner l'emplacement de la Bibliothèque à utiliser. Cochez ensuite les diapositives à publier et cliquez sur Publier.

Mise en pratique

Révision des concepts

Identifiez chaque élément de la fenêtre PowerPoint (figure H-18).

FIGURE H-18

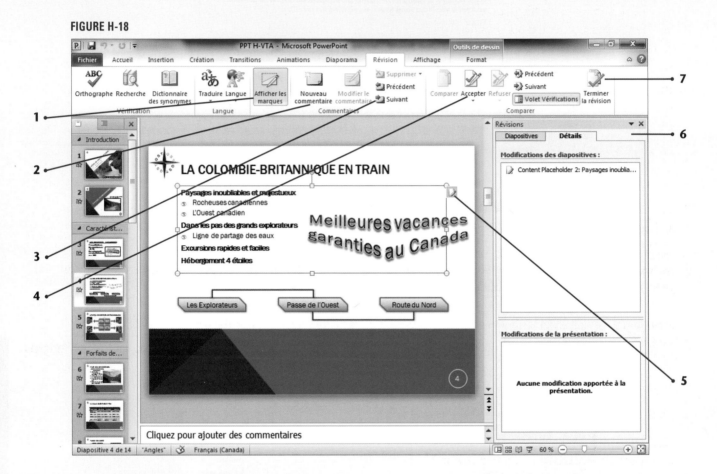

Associez chaque terme à sa description.

8. **Bibliothèque de diapositives**

9. **Diaporama personnalisé avec lien hypertexte**

10. **Diaporama personnalisé de base**

11. **Borne**

12. **Modèle**

a. Un ordinateur autonome qui peut exécuter un diaporama sans intervention.

b. Un dossier sur un serveur réseau qui stocke des diapositives que d'autres personnes peuvent ouvrir et modifier.

c. Un diaporama spécial créé à partir d'une sélection de diapositives d'une présentation.

d. Un ordinateur autonome qui peut exécuter un diaporama sans intervention de l'utilisateur.

e. Un genre de présentation qui contient une disposition et un contenu personnalisés.

Sélectionnez la meilleure réponse à chaque question.

13. Lorsque vous combinez deux présentations, vous _____ toutes les modifications d'une présentation dans votre présentation d'origine.

a. liez

b. fusionnez

c. supprimez

d. hyperliez

14. Quel mode d'affichage permet de visionner une présentation sur deux moniteurs?

a. Mode Moniteurs multiples

b. Mode Lecture

c. Mode Présentateur

d. Mode Cinéma

15. Quel énoncé suivant est *faux* au sujet d'une présentation destinée à être exécutée sur un ordinateur autonome?

a. Votre présence est inutile pour exécuter le diaporama.

b. Vous pouvez utiliser des boutons d'action pour parcourir les diapositives.

c. La présentation peut boucler en continu.

d. La présentation fonctionne mieux avec un minutage manuel.

16. Que créez-vous lorsque vous voulez présenter des diapositives particulières à un public ciblé?

a. Un fichier chiffré

b. Une diffusion

c. Un modèle

d. Une diaporama personnalisé

17. Créer _____ vous aide à protéger votre présentation

a. Un mot de passe

b. Un lien hypertexte

c. Un serveur partagé

d. Une bibliothèque de diapositives

18. _____ est une présentation spéciale destinée précisément à afficher des photographies.

a. Une diffusion

b. Un modèle de photographie

c. Un album photo

d. Une bibliothèque dc diapositives

19. Lequel des éléments suivants identifie les fonctionnalités qui peuvent ne pas fonctionner dans des versions antérieures de PowerPoint?

a. Un serveur SkyDrive

b. Le vérificateur de compatibilité

c. Une borne

d. L'Inspecteur de documents

20. Vous pouvez utiliser PowerPoint pour _____ une présentation sur internet à un auditoire éloigné.

a. Diffuser

b. Publier

c. Emballer

d. Réviser

Révision des techniques

1. Envoycr unc présentation pour révision

a. Démarrez PowerPoint, ouvrez le fichier PPT H-8.pptx de votre dossier Projets, puis enregistrez-le sous le nom **PPT H-Café du Quartier**. (*Remarque* : Vous ne pourrez réaliser les trois étapes suivantes que si Outlook ou autre programme de messagerie est installé et configuré sur votre ordinateur.)

b. Ouvrez l'onglet Fichier, cliquez sur Enregistrer et envoyer, puis cliquez sur le bouton Envoyer en tant que pièce jointe.

c. Tapez un bref message dans le courriel, puis envoyez-vous la présentation.

d. Ouvrez Microsoft Outlook ou autre programme de messagerie, ouvrez le courriel que vous vous êtes envoyé, puis fermez la messagerie.

2. Combiner des présentations révisées.

a. Ouvrez l'onglet Révision, puis cliquez sur le bouton Comparer dans le groupe Comparer.

b. Trouvez le fichier PPT H-9.pptx dans votre dossier Projets, cliquez sur PPT H-9.pptx, puis cliquez sur Fusionner.

c. Lisez le commentaire sur la diapositive, supprimez ce commentaire, puis cochez la case pour accepter les changements à la diapositive 3.

d. Cliquez 3 fois sur le bouton Suivant dans le groupe Comparer, puis cliquez sur Continuer dans la boite de dialogue.

e. Cliquez sur la vignette de la diapositive 1 dans l'onglet Diapositives, cliquez sur le bouton Suivant dans le groupe Commentaires, lisez le commentaire sur la diapositive 2, puis supprimez le commentaire.

f. Terminez la révision, cliquez sur Oui pour sauvegarder les changements de révision, puis enregistrez votre travail.

Révision des techniques (suite)

3. Configurer un diaporama.

   a. Ouvrez l'onglet Diaporama, cliquez sur Configurer le diaporama, configurez un diaporama qui sera visionné sur une borne en utilisant un minutage automatique, puis ouvrez l'onglet Transitions.

   b. Enlevez la coche de l'option Manuellement, définissez un minutage de 5 secondes pour toutes les diapositives, exécutez une fois le diaporama au complet, puis appuyez sur [Échap] pour terminer le diaporama.

   c. Reconfigurez le diaporama pour être présenté par un présentateur avec un défilement manuel.

   d. Exécutez le diaporama à partir du début en vous servant des boutons d'action au bas des diapositives. Avancez et reculez dans les diapositives en regardant les effets d'animation, puis appuyez sur [Échap] lorsque vous aurez terminé.

   e. Masquez la diapositive 5, visionnez le diaporama, puis réactivez l'affichage de la diapositive 5.

   f. Après avoir exécuté le diaporama, rétablissez le minutage automatique, puis enregistrez vos modifications.

4. Créer un diaporama personnalisé.

   a. Créez un diaporama personnalisé nommé Objectifs comprenant les diapositives 2, 3, 4 et 5.

   b. Placez la diapositive 3, Soirées Spectacle, avant la diapositive 2, Soirées Lecture.

   c. Affichez le diaporama depuis la boite de dialogue Diaporamas personnalisés, puis appuyez sur [Échap] pour terminer le diaporama.

   d. Affichez la diapositive 1, démarrez le diaporama puis, à l'apparition de la diapositive 1, allez au diaporama personnalisé Objectifs.

   e. Regardez le diaporama personnalisé, passez en mode Normal, puis enregistrez vos modifications.

5. Préparer la diffusion d'une présentation.

   a. Cliquez sur l'onglet Fichier, cliquez sur Protéger la présentation, puis cliquez sur Chiffrer avec mot de passe.

   b. Tapez **12345**, puis retapez le même mot de passe dans la boite de dialogue Confirmer le mot de passe.

   c. Fermez la présentation, enregistrez les changements, ouvrez la présentation, puis tapez **12345** dans la boite de dialogue Mot de passe.

   d. Ouvrez de nouveau la boite de dialogue Chiffrer un document, puis supprimez le mot de passe.

   e. Cliquez sur l'onglet Fichier, cliquez sur Vérifier la présence de problèmes, cliquez sur Vérifier la compatibilité, lisez les renseignements, puis fermez la boite de dialogue.

FIGURE H-19

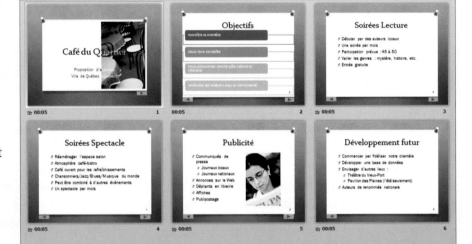

   f. Enregistrez votre travail, ajoutez votre nom au pied de page des commentaires et documents, puis vérifiez l'orthographe de la présentation. La présentation terminée est illustrée dans la figure H-19.

   g. Fermez la présentation.

6. Utiliser des modèles et ajouter des commentaires.

   a. Cliquez sur l'onglet Fichier, cliquez sur Nouveau, cliquez sur Exemples de modèles, cliquez sur Album photo classique, puis cliquez sur Créer.

   b. Enregistrez la présentation dans votre dossier Projets, sous le nom **PPT H-Album photo classique**.

   c. Ouvrez l'onglet Révision sur le Ruban, cliquez sur le bouton Nouveau commentaire, tapez **Que penses-tu de ce modèle pour notre nouvelle série de photos ?**, puis allez à la diapositive 3.

   d. Ajoutez un nouveau commentaire, tapez **Ceci est une disposition de photos intéressante.**, cliquez sur le bouton Précédent, puis cliquez sur Modifier le commentaire.

   e. Tapez **J'aime la conception de cette diapositive titre.**, ajoutez votre nom au pied de page des diapositives, puis enregistrez le fichier.

   f. Fermez la présentation.

Révision des techniques (suite)

7. **Créer un album photo.**

   a. Créez un album photo et insérez-y les fichiers PPT H-10.jpg à PPT H-17.jpg de votre dossier Projets.

   b. Déplacez l'image PPT H-15.jpg en deuxième position, déplacez l'image PPT H-12.jpg en dernière position, créez l'album, puis enregistrez-le sous le nom **PPT H-Vacances** dans votre dossier Projets.

   c. Remplacez le titre sur la diapositive titre par **Mes vacances dans l'Ouest**, puis tapez votre nom dans la zone réservée au sous-titre.

   d. Ouvrez la boite de dialogue Modifier l'album photo, changez la présentation des photos à 1 image, changez la forme du cadre à Cadre simple, blanc, puis mettez la présentation à jour.

   e. Appliquez un arrière-plan noir (onglet Création) aux diapositives, ajoutez votre nom au pied de page de toutes les diapositives sauf celle de titre, puis enregistrez vos modifications. L'album photo terminé est illustré à la figure H-20.

   f. Quittez PowerPoint.

FIGURE H-20

Exercice personnel 1

Vous êtes à l'emploi de Voyages Pacifique, un voyagiste international se spécialisant dans les circuits en Asie et dans les iles du Pacifique. Vos collègues doivent présenter les voyages organisés par l'entreprise dans des conférences et des rencontres. Vous avez commencé une présentation et devez maintenant la terminer. Vous devez créer au moins deux nouvelles diapositives de votre cru basées sur les renseignements suivants : Voyages Pacifique offrira des prix spéciaux (20 % de réduction) sur les voyages aux iles Fidji et Cook au printemps 2013 et proposera des voyages organisés à destination des Philippines, du Japon, de l'Australie et de la Nouvelle-Zélande.

a. Démarrez PowerPoint, ouvrez le fichier PPT H-18.pptx de votre dossier Projets, puis enregistrez-le sous le nom **PPT H-Voyages Pacifique**.

b. Ouvrez l'onglet Révision, utilisez le bouton Suivant dans le groupe Commentaires pour lire chacun des commentaires, puis supprimez le dernier commentaire de la diapositive Villes de départ.

c. Utilisez le bouton Précédent pour revenir aux commentaires précédents, rédigez un nouveau commentaire en réponse à chacun, puis déplacez chaque vignette de commentaire de révision à côté des vignettes des commentaires originaux.

d. Vérifiez la compatibilité de la présentation.

e. Utilisez les renseignements donnés au début pour vous aider à créer deux nouvelles diapositives.

f. Ajoutez au moins trois clips différents (photos, animations, films, clipart ou sons). Utilisez les clips de PowerPoint ou d'une autre source libre de droits.

g. Appliquez des transitions, un minutage et des animations à toutes les diapositives de la présentation.

Exercice personnel 1 (suite)

h. Appliquez un thème enregistré. Dans l'onglet Création, cliquez sur le bouton Autres du groupe Thèmes, cliquez sur Rechercher les thèmes, puis appliquez le thème PPT H-19.thmx situé dans votre dossier Projets.

i. Convertissez le texte de la diapositive 2 en diagramme SmartArt, puis mettez en forme le diagramme à l'aide des techniques apprises.

j. Réexécutez le vérificateur de compatibilité. Prenez note des différences, puis affichez en mode Diaporama.

k. Ajoutez votre nom au pied de page des commentaires et documents, puis vérifiez l'orthographe de la présentation.

l. Enregistrez le fichier, fermez la présentation, puis quittez PowerPoint.

Exercice personnel 2

Vous travaillez au Ministère de l'agriculture, des pêches et de l'alimentation du Québec. Vous avez été chargé de créer une présentation sur les données agricoles de la Californie dont l'ampleur de la production exerce une influence sur les importations et les exportations québécoises. La présentation sera publiée sur le site web du ministère.

a. Démarrez PowerPoint, ouvrez le fichier PPT H-20.pptx de votre dossier Projets, puis enregistrez-le sous le nom **PPT H-Rapport Californie**.

b. Convertissez les informations de la diapositive 5 en graphique SmartArt de type liste avec images. Insérez le fichier PPT H-21.jpg de votre dossier Projets dans chacun des espaces réservés aux images du graphique SmartArt.

c. Mettez en forme l'objet SmartArt à l'aide des commandes des onglets Création et Format des Outils SmartArt.

d. Mettez le tableau de la diapositive 4 en forme. Changez la disposition du tableau de façon que l'information soit affichée correctement, divisez la cellule Bétail et veaux en deux cellules, puis mettez le tableau en forme.

e. Créez un diaporama personnalisé comprenant quatre diapositives de votre choix.

f. Insérez des clips multimédias sur au moins deux diapositives.

Difficultés supplémentaires (*exige une connexion internet*)

- Ajoutez au moins deux commentaires dans la présentation, puis envoyez la présentation en pièce jointe à un courriel à un autre étudiant de la classe.

- Le destinataire devra créer et insérer ses propres commentaires, effectuer au moins une modification au texte, puis vous renvoyer la présentation.

- Après réception du fichier révisé, lisez les commentaires, puis faites les ajustements nécessaires à la présentation.

g. Enregistrez la présentation, ajoutez votre nom au pied de page des documents et commentaires, vérifiez l'orthographe, puis exécutez le diaporama.

h. Fermez la présentation et quittez PowerPoint.

Exercice personnel 3

Vous êtes directeur chez Northwest Cargo Inc., un transporteur maritime de Vancouver. Northwest Cargo contrôle 45 pour cent du commerce maritime entre l'Asie, le Moyen-Orient et la côte ouest du Canada. Vous devez faire une présentation au Comité de l'exploitation de vote société dans laquelle sont exposés le type et le volume des marchandises transportées au cours du dernier trimestre.

Concevez une présentation d'au moins six diapositives à l'aide de ces informations :

- Northwest Cargo transporte de 2800 à 3500 automobiles par trimestre entre Tokyo et Vancouver.
- Northwest Cargo transporte de gros équipements agricoles fabriqués par Caterpillar et par John Deere depuis le Canada.
- Northwest Cargo transporte des produits de consommation tels des appareils électroniques et ménagers, des jouets et des meubles.
- Northwest Cargo possède 10 navires cargos qui ont tous été utilisés au cours du dernier trimestre.
- Northwest Cargo a transporté 3,8 millions de tonnes de marchandises au cours du dernier trimestre.

Exercice personnel 3 (suite)

a. Démarrez PowerPoint, créez une nouvelle présentation en sélectionnant un modèle ou un thème dans la boite de dialogue Nouvelle présentation, puis enregistrez-la sous le nom **PPT H-Northwest**.

b. Utilisez les informations données pour élaborer le contenu de votre présentation. Si vous avez accès à internet, recherchez des informations sur le transport maritime.

c. Utilisez au moins deux clips multimédias différents pour enrichir votre présentation.

d. Appliquez des transitions et des animations et répétez le minutage.

e. Exécutez le diaporama.

Difficultés supplémentaires

- Créez un compte personnel Windows Live ID sur le site web de Microsoft.
- Ouvrez l'onglet Diaporama sur le Ruban, puis cliquez sur Diffuser le diaporama dans le groupe Démarrage du diaporama.
- Suivez les instructions pour inviter un participant ou plus à visionner votre présentation, puis diffusez-la.
- Arrêtez la diffusion.

f. Vérifiez l'orthographe de la présentation, ajoutez votre nom au pied de page des commentaires et documents, puis enregistrez votre travail.

g. Fermez la présentation et quittez PowerPoint.

Défi

Dans le cadre de votre cours d'histoire, vous devez créer un album photo retraçant l'histoire de votre famille et les étapes de votre vie. Vous devez utiliser vos propres photos de famille, d'animaux domestiques, de la maison familiale ou de toute autre activité pertinente.

a. Démarrez PowerPoint, créez un album photo, insérez vos photos et enregistrez la présentation sous le nom **PPT H-Histoire de ma famille** dans votre dossier Projets.

b. Ajoutez votre nom dans la diapositive de titre et dans le pied de page des documents.

c. Utilisez la boite de dialogue Modifier l'album photo pour mettre les photos en forme. Un exemple d'album de photos de famille est illustré à la figure H-21.

d. Vérifiez l'orthographe de la présentation, enregistrez les changements, puis visionnez la présentation finale en mode Diaporama.

e. Fermez la présentation et quittez PowerPoint.

FIGURE H-21

Atelier visuel

Créez la diapositive de la figure H-22. Enregistrez la présentation sous le nom **PPT H-Parcs nationaux**. Le graphique SmartArt utilise la disposition Liste courbe verticale. Appliquez le style SmartArt Encastré, appliquez une transition à la diapositive, appliquez une minutage de 12 secondes, puis appliquez des effets d'animation d'entrée et de sortie à chaque objet du graphique SmartArt. Ajoutez votre nom au pied de page de la diapositive et enregistrez le fichier.

FIGURE H-22

Glossaire

Album photo Type de présentation destiné à afficher des photographies.

Aligner Placer les limites ou les centres d'un objet sur une même ligne.

Annotation Écriture ou dessin à main levée que l'on fait à l'écran au moyen de l'outil Stylo. Les annotations ne sont réalisables qu'en mode Diaporama.

Aperçu avant impression Outil permettant de voir à l'écran le résultat de l'impression de la présentation, sous forme de diapositives, de documents ou de pages de commentaires.

Aperçu dynamique Caractéristique permettant de voir en temps réel le résultat d'une option appliquée aux données lorsqu'elle est survolée par le pointeur dans une galerie ou une palette.

Arrière-plan Zone d'une diapositive située derrière le texte et les graphismes.

Axe des catégories Axe horizontal d'un graphique.

Axe des valeurs Axe vertical d'un graphique.

Balises d'animation Indiquent l'ordre dans lequel les objets sont animés durant le diaporama.

Barre d'état Barre située au bas de la fenêtre de PowerPoint qui fournit des renseignements sur le travail ou le mode d'affichage en cours, comme le numéro de la diapositive active ou le thème de la présentation.

Barre d'outils Accès rapide Petite barre d'outils personnalisable située au sommet de la fenêtre de PowerPoint et contenant des boutons exécutant les commandes les plus fréquemment utilisées telles Enregistrer ou Annuler.

Barre de titre Barre située au sommet de la fenêtre de programme indiquant le nom du document et celui du programme.

Bibliothèque de diapositives Dossier où vous enregistrez des diapositives qui pourront être réutilisées et modifiées.

Bibliothèque multimédia Collection d'images, de dessins, de fichiers de son et de clips vidéo qui peuvent être insérés dans les documents Office.

bmp Extension du format de fichier graphique bitmap.

Borne Ordinateur autonome habituellement situé dans un lieu public et utilisé pour afficher de l'information.

Bouton d'action Bouton interactif que vous pouvez cliquez en mode Diaporama pour réaliser une action, par exemple avancer à la diapositive suivante.

Boutons d'affichage Boutons situés dans la barre d'état sur lesquels on clique pour changer de mode d'affichage.

Cadre de sélection Bordure munie de poignée de dimensionnement autour d'un objet, indiquant que celui-ci est sélectionné. Lorsque la bordure est faite de traits discontinus, elle indique que l'objet est en mode d'insertion de texte.

Capture d'écran Image statique tirée d'une fenêtre d'un programme ouvert et insérée dans une diapositive.

Cellule Intersection d'une ligne et d'une colonne dans une feuille de données, une feuille de calcul ou un tableau.

Cellule active Cellule sélectionnée dans une feuille de données Graph ou une feuille de calcul Excel.

Collaboration en ligne Possibilité d'incorporer des commentaires ou de partager des données par internet ou par un réseau local ou un intranet.

Collection Dossiers de la Bibliothèque multimédia où sont stockés les clipart.

Commentaire Une note attachée à une diapositive.

Compatibilité arrière Caractéristique d'un logiciel permettant aux documents enregistrés dans une ancienne version d'être ouvert dans une nouvelle version.

Connecteur Relie des formes par une ligne ou une forme.

Couleurs du thème Jeu de 12 couleurs coordonnées qui habille une présentation PowerPoint. Un thème affecte une couleur au texte, aux traits, aux remplissages, aux accentuations, aux liens hypertextes et à l'arrière-plan.

Curseur zoom Outil qui permet de modifier le pourcentage d'agrandissement d'une diapositive à l'écran. Situé dans la barre d'état.

Diagramme Voir SmartArt.

Diapositive de titre Première diapositive d'une présentation.

Diffuser Présenter un diaporama à un auditoire en temps réel par internet à l'aide d'un navigateur web.

Disposition de diapositive Détermine l'organisation de tous les éléments d'une diapositive, y compris les espaces réservés au texte et aux contenus.

Distribuer Répartir également les objets horizontalement ou verticalement dans l'espace disponible entre eux ou entre les marges de la diapositive.

Dossier Subdivision d'un support physique qui fonctionne comme un classeur et qui facilite l'organisation des fichiers.

Effets de thème Jeu d'effets de traits et de remplissage.

En-tête de ligne et de colonne Zones grises situées le long des bords gauche et supérieur d'une feuille de données et qui contiennent les identificateurs de lignes et de colonnes.

Encryptage Processus sécuritaire qui protège un fichier contre un accès non autorisé par l'usage d'un mot de passe.

Espace réservé Cadre pointillé destiné à recevoir du texte ou des objets.

Espace réservé au contenu Cadre délimitant l'espace réservé pour saisir du texte ou des objets tels image clipart, tableau, graphique ou image.

Espace réservé au sous-titre Dans la diapositive de titre, cadre réservé au sous-titre de la présentation.

Espace réservé au texte Cadre muni d'une bordure discontinue contenant un texte que vous remplacez par votre propre texte.

Espace réservé au titre Cadre délimitant l'espace réservé pour le titre d'une présentation ou d'une diapositive.

Espacement des paragraphes Espace inséré avant et après le texte d'un paragraphe.

Étiquette d'axe Texte d'une feuille de calcul qui identifie des données.

Étiquette de texte Objet de texte créé au moyen du bouton Zone de texte, dans lequel le texte ne passe pas automatiquement à la ligne. Les zones de texte n'apparaissent pas dans le volet Diapositives.

Exception Modification de la mise en forme qui diffère du masque des diapositives.

Fenêtre PowerPoint Fenêtre contenant l'application PowerPoint. Elle comprend le Ruban, les volets et la fenêtre de présentation.

Feuille de données Document Excel ou Microsoft Graph qui contient les données à représenter visuellement dans le graphique.

Fichier de destination Fichier dans lequel un objet est incorporé, par exemple une présentation.

Fichier vidéo clipart Contient plusieurs images qui défilent en continu ou se déplacent pour donner l'illusion du mouvement.

Format de fichier Désigne le type d'un fichier, par exemple : .wmf, .gif, .docx, .pptx, etc.

Format fixe Format qui « verrouille » le fichier et permet de visualiser et d'imprimer la présentation sans pouvoir la modifier.

Gif Extension du format de fichier graphique Graphics Interchange Format.

Graphique Représentation graphique des données numériques d'une feuille de données ou de calcul. Les graphiques peuvent se présenter sous plusieurs types souvent disponibles en 2D ou en 3D : par exemple, en histogramme, à barres, en secteurs, en aires ou en courbes.

Graphique SmartArt Diagramme de qualité professionnelle qui illustre visuellement une relation, une liste, une structure, un cycle ou un processus.

Grille Lignes verticales et horizontales invisibles et équidistantes qui facilitent l'alignement des objets. La grille est affichable.

Groupe du Ruban Un jeu de commandes associées dans un onglet du Ruban.

Grouper Combiner de nombreux objets en un seul.

Image Photographie numérique, illustration vectorielle ou image clipart créée dans un autre programme et insérée dans PowerPoint.

Image clipart Élément graphique provenant de la Bibliothèque multimédia qui peut être inséré dans un document pour l'illustrer.

Image d'arrière-plan Objet placé sur le masque des diapositives.

Informatique en nuage Accès aux données, applications et ressources d'un serveur via internet ou le réseau d'un entreprise.

Inspecteur de document Outil de PowerPoint qui examine une présentation pour y détecter la présence d'informations personnelles et de données masquées.

Interligne Espacement entre les lignes de texte dans un objet texte.

Jeu de couleurs du thème Voir Couleurs du thème

jpg Extension du format de fichier JPEG.

Lecture seule Attribut d'un fichier qui ne peut être modifié.

Légende Étiquettes de la ligne supérieure d'une feuille de données fournissant des informations sur les données.

Liaison Connexion « vive » entre un fichier source et un fichier cible. Lorsqu'un des deux fichiers est mis à jour, l'autre est automatiquement actualisé. Peut également désigner un lien hypertexte (voir ce terme).

Lien hypertexte Objet ou texte – nom de fichier, mot ou expression – qui, lorsque l'on clique dessus, passe à un autre emplacement du fichier ou ouvre un autre document (une présentation PowerPoint, un fichier Office ou une page web).

Logiciel de présentation Application servant à organiser et à présenter des renseignements formant un message à transmettre.

Macro Action ou jeu d'actions enregistré, utilisé pour automatiser une tâche.

Marque de données Représentation graphique d'une série de données ; une barre ou une colonne par exemple.

Marge Distance entre l'extrémité du texte et l'extrémité de la zone de texte.

Marques de retrait Deux petits triangles et un rectangle sur la règle horizontale indiquant le niveau de retrait du texte sélectionné.

Masque des pages de commentaires Disposition des éléments qui apparaissent lorsque la présentation est affichée en mode Page de commentaires.

Masque des diapositives Dispositions de toutes les diapositives d'une présentation.

Masque des documents Disposition des documents imprimés d'une présentation.

Mettre à l'échelle Donner à la taille d'une image un pourcentage précis de l'image originale.

Microsoft Graph Programme permettant de créer un graphique représentant visuellement des données numériques lorsque vous n'avez pas accès à Excel.

Mini barre d'outils Petite barre d'outils contextuelle qui apparait à côté d'un texte sélectionné.

Minutage des diapositives Durée d'exposition de chaque diapositive à l'écran pendant un diaporama.

Mode d'affichage Façon d'afficher une présentation, à savoir : mode Normal, mode Diapositive, mode Plan, mode Trieuses de diapositives, mode Pages de commentaires, Diaporama. Ces différents modes masquent ou affichent des éléments particuliers dans la fenêtre de document, afin de faciliter la réalisation de certaines tâches comme la mise en forme ou la lecture du texte.

Mode Diaporama Mode d'affichage montrant une présentation sous forme de diaporama électronique ; chaque diapositive remplit l'écran à son tour.

Mode Lecture Mode d'affichage qui montre la présentation dans une grande fenêtre à l'écran.

Mode Normal Mode d'affichage qui divise la fenêtre de présentation en trois sections (Onglet Diapositives ou Plan, volet Diapositive et volet Commentaires).

Mode Présentateur Mode d'affichage permettant d'exécuter une présentation sur deux écrans, un à l'usage du présentateur et l'autre à l'intention du public.

Mode Trieuse de diapositives Mode d'affichage montrant une image miniature de toutes les diapositives dans l'ordre où elles apparaissent dans la présentation. Mode utilisé pour réorganiser les diapositives et ajouter des transitions.

Modèle Modèle de présentation prédéfini proposant différentes mises en page personnalisées apportées au masque des diapositives, aux dispositions et au thème.

Modèle de graphique Fichier special (*.crtx) qui stocke la mise en forme et la disposition d'un Graphique dans le dossier des modèles de Graphique.

Modes de masque Mode stockant diverses informations sur le modèle en cours, dont les styles de police, la position, la taille des espaces réservés, les objets d'arrière-plan et le jeu de couleurs. Les trois modes sont le Masque des diapositives, le Masque de document et le Masque des pages de commentaires.

Narration Enregistrement vocal ajouté dans une diapositive.

Niveaux de retrait Niveaux de texte dans un espace réservé au texte. Chaque niveau est mis en retrait d'une certaine distance de la marge de gauche. L'emplacement des retraits est contrôlé en déplaçant les repères sur la règle.

Objet Un élément placé sur une diapositive qui peut être modifié. Un objet peut être une ligne dessinée, une forme, un texte, une image, un tableau, un graphique, etc.

Objet incorporé Objet créé dans un autre programme et copié dans une présentation PowerPoint. Les objets incorporés restent connectés à l'application dans laquelle ils ont été créés ce qui en facilite la modification.

Onglet Jeu de commandes du Ruban relatives à un ensemble de tâches ou de caractéristiques communes. Les onglets sont divisés en groupes de commandes reliées.

Onglet contextuel Onglet du Ruban qui apparait lorsqu'il est nécessaire pour poursuivre une tâche particulière. Par exemple lorsque vous sélectionnez un graphique, trois onglets contextuels deviennent disponibles : Création, Disposition et Format.

Onglet Diapositives Section du mode Normal qui affiche les diapositives sous formes de petites vignettes.

Onglet Plan Section du mode Normal qui affiche le texte de la présentation sous forme d'un plan, sans graphismes.

Pages de commentaires Mode d'impression de la présentation comportant une image de la diapositive en haut de la page et une zone de texte située sous l'image contenant les commentaires.

Poignée d'ajustement Petit losange jaune apparaissant à la sélection de la plupart des formes automatiques et permettant de modifier l'apparence, mais pas la taille, de la caractéristique principale de la forme.

Poignées de dimensionnement Petits ronds ou carrés qui apparaissent autour d'un objet sélectionné. Faire glisser une de ces poignées change les dimensions de l'objet.

Poignée de rotation Petit poignée ronde et verte apparaissant en haut d'un objet graphique sélectionné et provoquant la rotation de l'objet quand on la fait glisser.

Point d'insertion Ligne verticale clignotante indiquant où apparaitra le prochain caractère tapé dans un espace réservé au texte.

Police de thème Jeu de polices de titre et de texte.

Programme source Programme dans lequel un fichier a été créé.

Puce Petit symbole graphique – habituellement un point rond ou carré – utilisé le plus souvent pour désigner des éléments dans une liste.

Quadrillage *Voir* Grille.

Quadrillage principal Identifie les unités principales sur les axes d'un graphique.

Quadrillage secondaire Identifie les unités secondaires sur les axes d'un graphique.

Retrait négatif Lorsque la première ligne d'un paragraphe commence à gauche de toutes les lignes suivantes.

Rogner Masquer une partie d'une image ou d'un objet au moyen de l'outil de rognage.

Ruban Large bande de style barre d'outils qui occupe toute la largeur de la fenêtre PowerPoint et organise les commandes principales en onglets divisés en groupes.

Sélecteur de tabulation Permet de sélectionner une option d'alignement de tabulation.

Série de données Ligne ou colonne d'une feuille de données qui est affichée dans un graphique.

Serveur web Ordinateur qui héberge des sites web.

Signature numérique Moyen d'authentifier un fichier de présentation en utilisant un chiffrement informatique. Une signature numérique n'est pas visible dans une présentation.

SkyDrive Espace de stockage gratuit protégé par un mot de passe, fourni sur le site Web Windows Live. On peut y stocker jusqu'à 25 Go, sans dépasser 50 Mo par fichier.

SmartArt *Voir* Graphique SmartArt.

Style rapide Style combinant une police, un jeu de couleurs et des effets du thème. Un style rapide peut être appliqué à un graphique SmartArt, une forme, une image, un tableau ou un texte.

Thème Combinaison prédéfinie de couleurs, de polices, d'effets et d'attribut de mise en forme que vous pouvez appliquer à une présentation ou à un document d'un programme Office.

Titre Première ligne sur une diapositive.

Transition Effet spécial utilisé pour passer d'une diapositive à une autre lors d'un diaporama. Chaque diapositive peut posséder son propre effet de transition.

Vérificateur de compatibilité Outil qui recherche des problèmes potentiels de compatibilité entre une présentation PowerPoint 2010 et les versions antérieures du logiciel.

Vidéo numérique Scène en direct enregistrée en format numérique par une caméra.

Vignette Version réduite de la diapositive en cours qui s'affiche dans l'onglet Diapositives et dans le mode Trieuse de diapositives.

Visionneuse PowerPoint Application qui permet de projeter une présentation sur un ordinateur ne disposant pas de PowerPoint.

Volet Section de la fenêtre PowerPoint.

Volet Commentaires En mode Normal, volet qui montre les commentaires concernant la diapositive active. En mode Pages de commentaires, zone située sous l'image de la diapositive contenant le texte des commentaires destinés au présentateur.

Volet de tâche Volet figurant dans une fenêtre séparée et donnant accès à des commandes, des listes, des options et des liens hypertextes comme le volet Personnaliser l'animation.

Volet de texte SmartArt Petit volet attaché au graphique SmartArt permettant de saisir et de modifier le texte du graphique.

Volet Diapositive Section de la fenêtre de présentation contenant une seule diapositive, texte et graphismes inclus.

WordArt Ensemble d'effets de texte et de styles décoratifs appliqués à un texte.

Zone d'édition Objet de texte créé au moyen du bouton Zone de texte pour des phrases ou des paragraphes où les mots sont renvoyés à la ligne à l'intérieur des limites de la zone.

Zoom avant et arrière Boutons permettant de faire varier le pourcentage d'agrandissement de la diapositive à l'écran. Cette valeur n'a aucun effet sur la taille réelle des objets de la diapositive. Le zoom avant agrandit le contenu du document, mais en affiche une plus petite partie, le zoom arrière montre une plus grande partie de la diapositive mais à une taille plus petite.

Index